BOUQUINS

Collection fondée par Guy Schoeller
et dirigée par Jean-Luc Barré

À DÉCOUVRIR AUSSI
DANS LA MÊME COLLECTION

Jacques Bainville, *La Monarchie des lettres. Histoire, politique et littérature*, édition établie et présentée par Christophe Dickès
Maurice Barrès, *Romans et voyages*, 2 vol.
Léon Daudet, *Souvenirs et polémiques*, nouvelle édition
Le Dossier Rebatet. Les Décombres • L'Inédit de Clairvaux, édition établie et annotée par Bénédicte Vergez-Chaignon
Encyclopédie de la Seconde Guerre mondiale, sous la direction de Jean-François Muracciole et Guillaume Piketty
Lucien Febvre, *Vivre l'Histoire*, édition établie par Brigitte Mazon
François Furet, *Penser le XXe siècle*
Charles de Gaulle, *Lettres, notes et carnets*, 3 vol.
Les Grands Procès du XXe siècle, édition établie et présentée par Stéphanie de Saint Marc
Joseph de Maistre, *Œuvres*, édition établie par Pierre Glaudes
Charles Péguy, *Mystique et politique*, édition établie et présentée par Alexandre de Vitry
Joseph Reinach, *Histoire de l'affaire Dreyfus*, 2 vol.
Albert Thibaudet, *Réflexions sur la politique*, édition établie et présentée par Antoine Compagnon

CHARLES MAURRAS

L'AVENIR DE L'INTELLIGENCE
ET AUTRES TEXTES

ÉDITION ÉTABLIE ET PRÉSENTÉE
PAR MARTIN MOTTE

PRÉFACE DE
JEAN-CHRISTOPHE BUISSON

ROBERT LAFFONT

Cet ouvrage a été publié
sous la direction de Christophe Parry

ISBN : 978-2-221-20225-8

Dépôt légal : avril 2018 – N° d'éditeur : 56641/01

UN PROPHÈTE DU PASSÉ

par Jean-Christophe Buisson

La cause serait entendue avant même d'être discutée, voire énoncée. Antidémocrate, nationaliste, antisémite, condamné pour intelligence avec l'ennemi en 1945, chef d'une école de pensée royaliste ayant toute sa vie ou presque voué aux gémonies la Révolution française et le romantisme, les francs-maçons et les protestants, le capitaine Dreyfus et la république, Léon Blum et Victor Hugo, les métèques et les démocrates-chrétiens, Kant et le Progrès, les pacifistes et les « bolchevistes », Charles Maurras, né il y a cent cinquante ans, en avril 1868, et mort en novembre 1952, mériterait largement l'opprobre éditoriale qui est la sienne depuis des décennies. S'il est l'objet de solides biographies intellectuelles (signées Pierre Boutang[1], Victor Nguyen[2], Stéphane Giocanti[3] et Olivier Dard[4] notamment) et si son œuvre est encore aujourd'hui analysée, critiquée et décortiquée dans diverses publications (un « Cahier de L'Herne » en 2011, les essais de François Huguenin[5] et Laurent Joly[6]) ou lors de colloques universitaires (quatre à la Sorbonne entre 2008 et 2011), ses livres ne sont quasiment plus réédités – la dernière publication d'un de ses ouvrages majeurs, *L'Avenir de l'intelligence*, date de 2002. Ce qui tendrait à prouver qu'il n'y a rien, en effet, à sauver parmi les milliers de textes qu'il a écrits en soixante-sept ans. Oui, mais voilà : il y a, sous la plume des figures les plus illustres – et parfois les plus inattendues – de la littérature, de la pensée

1. *Maurras, la destinée et l'œuvre*, Plon, 1984.

2. *Aux origines de l'Action française. Intelligence et politique à l'aube du XXe siècle*, préface de Pierre Chaunu, avertissement et propos liminaire de René Rancœur, Fayard, « Pour une histoire du XXe siècle », 1991.

3. *Maurras. Le chaos et l'ordre*, Flammarion, 2006.

4. *Charles Maurras. Le Maître et l'action*, Armand Colin, 2013.

5. *À l'école de l'Action française. Un siècle de vie intellectuelle*, Jean-Claude Lattès, 1998.

6. *Naissance de l'Action française*, Grasset, 2015.

et de la politique du XXe siècle, ces mots, ces phrases, ces formules, ces compliments, ces hommages, ces remerciements et ces éloges qui incitent à regarder de plus près l'œuvre d'un homme dont le magistère intellectuel recouvrit spectaculairement la France entre 1900 et 1940. Y est salué mille fois tantôt le poète, tantôt l'écrivain, tantôt le philosophe, tantôt l'esthète, tantôt le journaliste, tantôt le théoricien, tantôt le critique littéraire, tantôt le géopoliticien, tantôt le polémiste, tantôt l'éditorialiste.

Ainsi Marcel Proust, qui, dans *Contre Sainte-Beuve*, s'extasie à la lecture du quotidien royaliste *L'Action française*, fondé en 1908 et dirigé par Charles Maurras : « Que Maurras, qui semble détenir aujourd'hui le record de la hauteur, donne sur Lamartine une indication générale, et c'est pour nous mieux qu'une promenade en avion, une cure d'altitude mentale. » En 1913, le même Proust, qui préfacera en 1921 *Tendres stocks* de Paul Morand en évoquant « mes maîtres MM. Léon Daudet et Charles Maurras », s'insurge contre la condamnation de celui-ci à huit mois de prison et 200 francs d'amende après avoir été accusé (à tort, comme le reconnaîtra finalement la justice) d'avoir, à la sortie d'un banquet royaliste, frappé un sergent-clairon du génie puis l'avoir menacé d'un revolver à poignée de nacre en lui disant « tais-toi ou je te brûle ». À l'antidreyfusard virulent, l'auteur de la *Recherche* propose ses services dans le mot qu'il lui adresse « avec l'hommage de mon admiration pour votre talent, de ma sympathie pour votre caractère, et de l'indignation que me cause l'injustice dont vous êtes momentanément victime. Si vous pensiez que les opinions opposées aux vôtres que j'ai jadis exprimées pouvaient donner quelque valeur à un témoignage que mon nom inconnu ne suffirait pas à lui donner, vous n'avez qu'à me dire sous quelle forme je dois vous le fournir. »

Pourfendeur appliqué du classicisme dont se réclame Maurras, inventeur du mot « surréalisme » en 1917, Guillaume Apollinaire meurt de la grippe espagnole le 9 novembre 1918. Le dernier texte que ce lecteur régulier de *L'Action française* publie est consacré à l'ode historique « La bataille de la Marne » de Maurras (« J'ai, du fossé de nos murailles / Où le flot roule ses entrailles, / Fait au Germain calamiteux / Cette chanson que j'ai chantée / À la manière de Tyrtée, / Le maître d'école boiteux »). L'auteur d'*Alcools* y compare Maurras à Ronsard, saluant son audace formelle et « la fermeté de sa langue », « la richesse d'une pensée qui […] sait s'exprimer simplement et harmonieusement ».

En 1923, André Malraux écrit une préface élogieuse de la réédition de l'essai de Maurras consacré à la Restauration, *Mademoiselle Monk*, avant de lui demander quelques années plus tard avec insistance une étude sur le poète André Chénier destinée à paraître dans le « Tableau de la littérature française » qu'il souhaite publier aux éditions de La NRF.

Publié en 1924, *La Musique intérieure*, recueil de poèmes précédé d'une solide préface autobiographique, est considéré par le philosophe Henri

« le portrait sartrien de l'antisémite appartient au même genre que le portrait du Juif par l'antisémite », des références à peine déguisées à l'homme que le directeur charismatique de La NRF durant trois décennies Jean Paulhan jugeait comme le seul penseur français souffrant la comparaison en termes d'influence et de puissance intellectuelles et politiques avec l'Allemand Karl Marx ?

Parmi ceux qui furent touchés, à un moment ou un autre de la vie, par la pensée ou l'œuvre de Maurras, il faudrait encore citer Charles Péguy, un déçu du dreyfusisme, écrivant en 1909 qu'« il fallait qu'une énergique protestation fût élevée contre cet esprit de décadence : aucun autre groupe social que celui de l'Action française n'était en mesure de remplir un rôle qui exige à la fois des lettres et de la foi » ; Colette, qui lui envoie son roman *La Vagabonde* avec une dédicace débutant par un respectueux « mon cher maître » ; les philosophes chrétiens Maurice Clavel (futur compagnon de route des maoïstes qu'il baptisait « chouans » dans les années 1970 !), Pierre Boutang et Jacques Maritain, penseur néothomiste de la démocratie-chrétienne européenne et ambassadeur de France au Vatican après 1945 ; les historiens Philippe Ariès, André Maurois et Raoul Girardet ; les psychanalystes Jacques Lacan et Louis Althusser ; les écrivains d'aventures Pierre Benoit et Joseph Kessel ; les romanciers « hussards » Michel Déon et Jacques Laurent ; le linguiste, historien et anthropologue Georges Dumézil, qui démissionna de son poste de secrétaire de Maurras en 1925 parce qu'il savait son attirance pour le germanisme incompatible avec sa fonction auprès du Maître.

Sans oublier, bien sûr, tous ces dissidents de l'Action française devenus de convaincants écrivains puis de fervents collaborationnistes et dont la haine pour leur ancien maître fut souvent proportionnelle à l'admiration qu'ils lui avaient portée : Lucien Rebatet, Robert Brasillach, Pierre Drieu La Rochelle. Autre dissident d'envergure ayant fui aussi « le despotisme de Maurras » mais pour s'engager, lui, dans la lutte antifasciste : le romancier chrétien Georges Bernanos.

Dans le monde politique aussi, la liste est longue de ceux ayant soit adhéré à la pensée maurrassienne soit dialogué avec le chef de l'AF – malgré, souvent, de profondes divergences. À commencer par plusieurs présidents de la République, d'Alexandre Millerand à François Mitterrand, photographié dans les années 1930 lors d'une manifestation de Camelots du Roi, en passant par Paul Deschanel (avant que sa folie ne soit détectée…), le général de Gaulle – à qui l'on prête la formule « Maurras avait tellement raison qu'il en est devenu fou » et dont la conception de la Ve République est d'essence incontestablement monarchique –, Raymond Poincaré (« votre pensée, vigoureuse et probe ») ou Georges Pompidou assurant, en 1972, devant des étudiants à Sciences Po, que « Maurras a prévu le monde actuel ». Mais il y eut aussi les radicaux Edgar Faure et Édouard Herriot,

Bergson comme « un très beau livre qui, d'un bout à l'autre, prose ou vers, est d'un artiste ». Enthousiasme partagé par l'historien protestant péguyste Daniel Halévy : « Quelle belle page et que de belles pages. La poésie est liée à ce qu'il y a de plus émouvant dans votre vie », écrit-il à Maurras.

Touché par la critique de son récit de sainte Thaïs (« Vous avez compris *Thaïs*. Vous êtes bien le seul »), Anatole France, écrivain officiel de la IIIe République s'il en est, signe la préface de neuf contes philosophiques de Maurras réunis dans *Le Chemin de Paradis* et publié par Calmann-Lévy en 1895.

Admirateur de *Trois idées politiques* (« certaines phrases y sont parfaites, j'en connais aujourd'hui peu, me semble-t-il, pour écrire le français comme vous »), abonné à *L'Action française* qu'il lit « avec une approbation presque constante » durant la Première Guerre mondiale, André Gide ne rompt définitivement avec Maurras qu'au début des années 1920. Dans *Les Faux-Monnayeurs*, il fait dire à un de ses personnages lisant des articles de Maurras une formule qui paraît résumer sa propre pensée : « Ça m'emmerde mais je trouve qu'il a raison. »

Auteur de textes au fumet antiparlementaire très maurrassien (*Tête d'or*, *La Ville*), l'écrivain et diplomate Paul Claudel reconnaît, avant la Première Guerre mondiale, rejoindre le penseur royaliste dans « le dégoût d'un cœur noble qui se sent écrasé par les bestiaux, par la force brute, par le nombre ».

Pour le dramaturge Henry de Montherlant, « la pensée de Maurras répand une lumière dont, comme tout le monde, j'ai reçu les reflets. [...] Il est, avec Bourget et surtout Barrès, l'un des écrivains français vivants auxquels je crois devoir le plus » ; pour le grand poète britannique T. S. Eliot, prix Nobel de littérature en 1948, « Maurras représentait une sorte de Virgile qui nous conduisait aux portes du temple ».

Encore plus intriguant, plusieurs intellectuels qui se retrouveront à l'intérieur ou au côté du mouvement communiste sont séduits – dans leurs jeunes années ou à la fin de leur vie –, par le penseur royaliste : l'écrivain Maurice Blanchot, qui, à propos de *La Dentelle du rempart*, un recueil d'articles, salue « le génie de Maurras » qu'il compare à Platon ; le philosophe et historien de l'art allemand Walter Benjamin (« leur orientation [à Maurras et Daudet] me semble finalement la seule qui permette, sans s'abêtir, de scruter les détails de la politique allemande ») ; Claude Roy, qui passe son adolescence « un livre dans une main, une canne dans l'autre » au sein du mouvement des Camelots du Roi, et écrit dans le journal des étudiants d'AF ; les deux auteurs de *L'Ange*, Guy Lardreau et Christian Jambet, hérauts du mouvement maoïste de la gauche prolétarienne dans les années 1960.

Et comment ne pas voir chez Albert Camus, dénonçant « les doctrines absolues et infaillibles [qui entendent] substituer à la réalité vivante une succession logique de raisonnements », ou chez Raymond Aron, pour qui

écrivant un jour dans une lettre à Maurras que « comme vous, je vénère cette vieille France » ; le parlementaire puis ministre centriste Georges Mandel à qui il arrivait d'appeler l'imprimerie de l'Action française pour vérifier que le compte-rendu de la séance parlementaire à laquelle il avait participé et qui serait publié dans le journal était correct ; Georges Clemenceau, qui envoya un de ses chefs de cabinet (Jules Delahaye) lors de sa nomination à la présidence du Conseil en novembre 1917 pour s'enquérir de ce que Maurras attendait de lui ; Louis Barthou, André Maginot ou Pierre Messmer, manifestant au cri de « À bas les voleurs ! », place de la Concorde, le 6 février 1934, à l'appel de l'Action française.

À cette liste, à en croire certains acteurs ou observateurs de la vie politique contemporaine, il conviendrait aussi d'ajouter le nom de Nicolas Sarkozy qui, en ayant choisi pour conseiller de sa campagne présidentielle 2012 le politologue Patrick Buisson, aurait failli « faire gagner Charles Maurras ». Tant il est vrai que dans la bouche de tous ceux qui ne l'ont pas lu mais connaissent son lourd pedigree, son nom a valeur d'insulte. Un homme qui s'affirmait antisémite et pétainiste est, par définition, détestable et indéfendable. Quand bien même approuver la politique du maréchal Pétain et revendiquer un « antisémitisme d'État » ne relèvent pas exactement du collaborationnisme et du racisme hitlérien, il est impossible de faire entendre cette nuance après la Shoah. Ce qui n'empêche ni n'interdit pas de lire Maurras. Au moins pour comprendre comment il a pu, *via* ses dizaines de milliers d'articles de presse, ses dizaines de textes (récits, essais, critiques, enquêtes, poèmes et même un roman, *Le Mont de Saturne*) et ses prises de parole publiques, toucher tant de Français (et de grands esprits). Et réussir à créer une école de pensée qui, même moribonde, existe toujours en 2018.

Au-delà de certaines expressions ou formules de Maurras passées parfois dans le langage courant sans que ceux qui les prononcent en sachent l'origine ni la signification première (« vivre, c'est réagir » ; « l'Église est la seule Internationale qui tienne » ; « la divine surprise » ; « politique d'abord » ; la distinction « pays légal-pays réel » ; « nous devons être intellectuels et violents » ; « tout désespoir en politique est une sottise absolue » ; « la France, la France seule » ; « la violence au service de la raison », « je suis Romain, je suis humain » : « c'est la revanche de Dreyfus ! ») ; au-delà d'un système de pensée qui, comme tous les systèmes de pensée cohérents, possède son attractivité théorique naturelle ; au-delà d'indéniables qualités stylistiques, notamment dans sa poésie ; au-delà de tout cela, c'est peut-être la modernité de Maurras qui impressionne le plus le lecteur découvrant son œuvre. Certains sujets qu'il a abordés il y a quatre-vingt ou quatre-vingt-dix ans résonnent dans notre monde contemporain avec une troublante familiarité. Nous en retenons ici quatre mais on en trouvera de nombreux autres dans le corpus sélectionné par Martin Motte.

L'Histoire de France. Contre ceux qui estiment que l'unité française se serait faite au prix d'une sorte de fédération spontanée et volontaire des divers éléments ethniques et géographiques dispersés sur le territoire courant des Pyrénées aux Ardennes, Maurras rappelle dès qu'il en a l'occasion que cette unité est au contraire le seul fruit d'une volonté politique : celle des rois capétiens. De même s'agace-t-il contre ceux qui dénoncent systématiquement les actions et les batailles ayant permis à la France de devenir la France et qui semblent regretter que Jules César n'ait pas été battu par Vercingétorix, que Charles Martel ait empêché la civilisation musulmane de s'épanouir au nord de la Loire, que les Albigeois aient été écrasés, que la monarchie administrative se soit superposée à celle féodale, que Jeanne d'Arc ait interdit la fusion avec l'Angleterre ; que la Réforme et la Fronde aient échoué, etc.

L'islam en France. Le 15 juillet 1926 est inaugurée la grande mosquée de Paris en présence du président de la République Gaston Doumergue et du cheikh marocain Moulay Youssef. Malgré la loi de Séparation de 1905, l'État français a participé à hauteur de 500 000 francs pour la construction de l'édifice. Maurras manifeste à cette occasion son ironie et son inquiétude. Ironie de voir autant de pompe républicaine et laïque pour célébrer la naissance d'un lieu de culte si peu laïc. Inquiétude à l'idée que les musulmans puissent considérer ce geste comme un aveu de faiblesse. « D'un point de vue politique, cela exprime quelque chose qui ressemble à une pénétration de notre pays et à sa prise de possession par nos sujets ou nos protégés », avance-t-il.

L'avortement. En 1939, le gouvernement français annonce qu'il veut en finir avec cette pratique qui concerne quatre cent mille femmes par an et demande aux parquets « d'instrumenter » sévèrement contre celles qui font appel aux « faiseuses d'anges ». Au nom de quoi, de quelles valeurs ?, ironise Maurras. Si l'autonomie de l'individu édicté notamment par la Déclaration des droits de l'homme dont se réclame la République française est un principe absolu, il ne souffre aucune limite. Le droit à l'avortement devrait même être inscrit sur la liste des droits sacrés, suggère-t-il. Imparable.

La publication de *Mein Kampf*, enfin. Les Français doivent-ils lire le livre d'Adolf Hitler[1] (la question semble se poser aussi de nos jours) ? Pour le fervent germanophobe qu'est Maurras, cela ne fait aucun doute. « Le langage du monstre [doit] être révélé nu et cru, [...] tout instituteur payé par l'État [devrait être] contraint par l'État de faire connaître l'irréfragable vérité sur l'Allemagne. » Et de militer, au printemps 1934, alors qu'on l'accuse de fomenter au même moment un coup d'État « fasciste », pour qu'un éditeur proche de ses idées (les Nouvelles Éditions latines de Fernand Sorlot), associé à la Ligue contre l'antisémitisme (LICA, ancêtre

1. Voir « Au sujet de *Mein Kampf* (1934) », p. 998 de la présente édition.

de la LICRA), publie cet ouvrage si instructif sur le danger hitlérien en Europe. Huit mille exemplaires seront tirés mais le chancelier du IIIe Reich engagera un procès pour « violation de droit d'auteur » (!), usant d'arguties de droit privé… que les tribunaux français retiendront, ordonnant la saisie des exemplaires traduits. Hitler obtiendra même un franc symbolique de dommages et intérêts !

Homme du passé visionnaire ; germanophobe accusé d'avoir cédé aux sirènes de l'occupant allemand ; chef politique entouré toute sa vie de disciples, de partisans, de collaborateurs, d'amis et de jeunes gens prêts à mourir pour lui, mais enfermé dans une forme de solitude physique et intellectuelle ; théoricien n'ayant de cesse de prôner l'action ; adepte du coup de force se refusant à passer à l'acte quand il en a l'occasion ; éditorialiste quotidien obsédé par le temps long… La vérité d'un homme est toujours multiple, au risque du paradoxe, de la contradiction. Celle de Maurras n'échappe pas à cette règle. Et ce, aussi harmonieuses, homogènes, voire rigides que puissent paraître sa pensée et sa vie.

Une atypique formation intellectuelle

Charles Maurras est presque un enfant de la défaite de 1870 contre la Prusse. Il est né deux ans plus tôt, en avril 1868, à Martigues, d'un père percepteur mais très populaire car s'astreignant à faire d'abord payer les riches afin « de pouvoir patienter pour la rentrée des petites cotes », d'humeur toujours enjouée, favorable à l'Empire libéral, et d'une mère sérieuse, grave, pieuse, nostalgique de l'Ancien Régime et dont la propre mère s'était évanouie à l'annonce de la proclamation de la IIe République en 1848. Le couple est le portrait inversé de celui des parents de Goethe (« De mon père, je tiens la stature, et la conduite sérieuse de la vie ; de ma mère la joyeuse nature et le plaisir de faire des vers »). Chétif, hâve, maigre mais vif et éveillé, il grandit entre jeux (rares) et bagarres (fréquentes) à l'école communale (« l'école du peuple »). Après la mort brutale de son père en 1874 – le premier grand traumatisme de son enfance –, Charles vit entouré de femmes. Parmi elles, sa mère (qui a réussi à l'envoyer à l'école libre nouvellement créée par le curé local), ses tantes et la bonne de la famille, à qui il rendra malicieusement hommage dans l'exergue de son roman *Le Mont de Saturne* :

« “Fais cela !” (Emmanuel Kant)
« “Ne fais pas ça !” (Ma vieille bonne) »

Comme Racine, qui les trouvait plus belles que celles de Paris, le petit Maurras admire les grandes nuits du Midi. Leur souvenir ne le quittera jamais. Son attachement à la Provence – ses couleurs, sa lumière, ses odeurs, ses habitants, ses traditions – grandit à mesure de son éveil au monde et à la nature. Un de ses moments préférés : réciter la prière du vendredi inventée par les pêcheurs de l'étang de Berre, tout proche : « Notre Père, donnez-nous du poisson, assez pour en manger, en donner et nous en laisser voler. »

Indiscipliné mais studieux, il collectionne les prix au collège catholique d'Aix-en-Provence où il habite désormais avec sa mère et son petit frère, Joseph. Il brille en latin et en instruction religieuse, peine en anglais et en mathématiques, s'enflamme pour la poésie de Mistral et de Musset. Premier prix de version grecque en quatrième, il reçoit pour récompense *Les Soirées de Saint-Pétersbourg* du penseur contre-révolutionnaire Joseph de Maistre. C'est l'époque où, sur les bureaux de classe en bois de son collège, il grave au canif de rageurs « VHV » (initiales de « Vive Henri V », titre accordé par les royalistes français au comte de Chambord, dernier descendant de la branche aînée des Bourbon et prétendant officiel au trône en ces premières années de la IIIe République). Sans doute pour complaire à sa mère, le petit Charles se présente comme un royaliste sentimental.

Survient un second drame. Conséquence d'une coqueluche mal soignée ou de bains de mer trop prolongés, Charles Maurras devient sourd à l'âge de quatorze ans. Les effets physiques, psychologiques et même politiques sont immédiats et modifient en profondeur sa personnalité, comme il le reconnaîtra des décennies plus tard. « Je me repliais, mais sur les livres ; je m'enfermais : dans les idées. » Il se met à ressembler à cette ville de Florence qu'il décrit si magnifiquement dans *Anthinéa* : « Murs épais, assises puissantes, ouvertures peu prodiguées… Elle ferme, défend et cloître : c'est tout son service. » D'aucuns avanceront que la surdité – « une nuit du moi », la baptise-t-il – qui l'accablera pour trois quarts de siècle explique certains de ses aveuglements. Ce n'est pas impossible. Pour l'heure, elle le jette dans le désarroi, le doute, la dépression. Il se réfugie dans la poésie (parfois morbide), sans se sentir néanmoins capable, comme du Bellay, d'aller jusqu'à en faire une ode (mais qui sait s'il n'en exista pas une parmi les quinze mille vers qu'il dit avoir brûlés dans sa vie ?). Des idées de suicide le gagnent, la foi le quitte avec d'autant plus d'aisance qu'il lit en cette période Pascal « qui mit en moi un germe que je peux appeler prékantien ». Le voilà devenu, pour quelques années, sceptique schopenhauerien, « contemplateur semi-bouddhiste ». Une évolution qui, dans le domaine des idées et des convictions, se traduit par un abandon du royalisme sentimental maternel pour une adhésion à un rêve improbable de théocratie révolutionnaire… et au romantisme littéraire de type lamartinien (à cette époque, il considère le « malheureux, magnifique et mélodieux » Lamartine comme « notre poète sacré », et vante avec force ses poèmes « qu'il faudrait appeler "doriques" pour la mâle énergie et la sobriété » – il en reviendra…). Il faudra tous les efforts de l'abbé Penon, chargé par sa mère de l'épauler dans ses études, pour non seulement le maintenir à un excellent niveau scolaire malgré son handicap, mais aussi pour cultiver en lui des graines d'espoir et de foi destinées à fleurir à l'âge adulte.

En 1885, au prix d'immenses efforts, notamment financiers, sa mère l'envoie à Paris, son bac en poche, pour s'inscrire en licence d'histoire. C'est son dernier été de jeune homme à Martigues. Intervient, là encore, un événement crucial dans la vie de Charles Maurras. Alors qu'il se promène en barque avec son frère Joseph sur l'étang de Berre, une tempête se lève, jetant le pilote de l'embarcation dans la panique. Or, bien que toujours plongé alors dans sa profonde crise morale (« la vie ne m'était plus très douce, tout avenir semblait fermé » ; « j'aurais fait le dernier plongeon sans regret »), il se surprend à faire preuve d'une « sérénité lucrécienne ». Estimant qu'au fond la vie vaut la peine d'être vécue, il suggère à ses compagnons de prier et œuvre activement de son côté pour empêcher le chavirage. Au loin, il verra néanmoins un homme mourir durant le cyclone.

Ragaillardi, le voilà dans les rues de la capitale, hantant les « cathédrales de livres » que sont les bibliothèques de la Sorbonne et de l'Arsenal. En raison de sa surdité, il fréquente peu les cours, se privant de toute relation amicale sinon celle, naissante, d'un compatriote, le poète provençal Frédéric Amouretti. Au hasard de ses promenades se forge un début de conscience politique : l'omniprésence d'enseignes « à consonance étrangère » (des noms en K, W et Z) le heurte (« les Français étaient-ils encore chez eux en France ? ») ; la visite de musées lui fait prendre conscience de la qualité périssable des trésors accumulés au fil des siècles.

Charles Maurras fait à dix-sept ans et demi ses premiers pas dans le journalisme. Plus précisément : la critique littéraire et philosophique. Après son premier article payé cinq pièces d'or (100 francs) et publié dans la revue du sociologue Frédéric Le Play *La Réforme sociale*, il collabore à *L'Observateur français*, *L'Instruction publique*… Il y montre son goût pour les auteurs provençaux mais aussi Charles Baudelaire (dont il aime autant le dandysme aristocratique que sa critique sévère du progrès infini et de la barbarie de son époque), Alphonse Daudet, Paul Bourget, Émile Zola, Sully Prudhomme. Et surtout le chantre du nationalisme français, Maurice Barrès. Invité à lire *Sous l'œil des Barbares*, premier volume de la trilogie baptisée « Le culte du moi », il en publie une critique élogieuse, qui lui vaut la reconnaissance du futur auteur du *Roman de l'énergie nationale*, autre trilogie contenant notamment *Les Déracinés*. En 1894, Barrès lui ouvre les colonnes du journal *La Cocarde*, qu'il dirige durant quelques mois. Sous le nom de Criton, Maurras y défend la corrida, proteste contre la destruction des murailles antiques d'Antibes et y élabore le concept de « métèques » pour désigner les étrangers, en référence à la Grèce du ve siècle avant Jésus-Christ.

À l'occasion, il n'hésite pas à saluer ceux qu'il considère comme des maîtres : les penseurs contre-révolutionnaires Louis de Bonald, Joseph de Maistre et Hippolyte Taine, mais aussi Anatole France et Honoré de Balzac, dont il apprécie en particulier le livre *Mémoires de deux jeunes mariés* où le romancier fait dire à ses personnages que « la base des sociétés humaines sera toujours la famille », qu'« en coupant la tête à Louis XVI, la Révolution a coupé la tête à tous les pères de famille » et « la liberté, non ! mais des libertés, définies et caractérisées ».

Dans ses jugements littéraires, Maurras est alors autant capable d'admiration que de dureté. S'il vante, comme Fénelon, la simplicité dans l'écriture et estime, comme Buffon, que le style reflète la pensée, il se distingue de la majorité de ses contemporains qui refusent de donner leur vrai sentiment sur ce qu'ils lisent pour se contenter de décrire « sans juger ni conclure ». D'où la profusion d'une critique fade, aseptisée, consensuelle, capable d'aimer Racine et Victor Hugo alors que Maurras, lui, estime la chose impossible car « personne n'aime les contraires » (or, Hugo détestait Racine). Dans le même temps, plus surprenant, il ne cesse de répéter que la beauté d'une œuvre ne doit jamais être jugée à l'aune de la morale et de la religion : « Si l'immoralité, comme tout ce qui affaiblit l'âme, écrit-il, risque de détruire le sens du beau, elle n'est pas non plus incapable de l'affiner. » Un point de vue qui explique que ce futur pourfendeur du romantisme, du naturalisme, du réalisme et du symbolisme (à un moindre degré) laissera Léon Daudet ou d'autres brillants critiques littéraires de l'Action française s'enthousiasmer pour des œuvres parfois à l'opposé du classicisme qu'il vante *urbi et orbi*. Pour autant, il aime déceler chez les maîtres en littérature des leçons politiques. Ainsi de Dante, dont il aime « le beau style », les vers qui disent la philosophie scholastique, la chrétienté catholique et les rêves de monarchie universelle. Il apprécie aussi chez l'auteur de *La Divine Comédie* qu'il soit un héritier ayant adopté la direction de ses maîtres et ses pairs (Virgile, Horace, Homère, Ovide, Aristote…) pour conduire le lecteur, par pentes graduelles, vers des états fixes et clairs. Et s'il admet que Dante peut être triste, il veut convaincre que son texte rayonne de joie et dégage un amour raisonné de la vie et de ses lois. « Poète de la volonté et de la raison », « il est éminemment raisonnable, sensible aux plus fines mesures du goût, mais ne recule en aucun cas devant les déductions tirées de la justice ou de la sagesse » et « incarne et vivifie les idées abstraites parce qu'il les aime ou les hait avec force ». Si ce n'est pas un autoportrait, cela y ressemble beaucoup…

De la littérature à la politique

Peu à peu se construit chez Maurras une réflexion tournée vers la vie et la gestion de la Cité. Avec des raisonnements qu'on pourrait qualifier de techniques. Quel est le régime au meilleur rendement – démographique, militaire, économique – ?, s'interroge-t-il. Peut-on évacuer l'idée d'un conflit permanent entre gouvernant et gouverné ? S'esquisse au gré des lectures et des réflexions une pensée articulée autour d'une certitude et d'une interrogation. La certitude : l'homme est habité par deux activités en société, le travail et l'héritage (matériel, financier, spirituel, historique). L'interrogation : quel pouvoir peut assurer ce double mouvement et arracher la France à son apathie synonyme de décadence ?

À la fin des années 1880, sa pensée politique demeure néanmoins floue. S'il participe, le 2 décembre 1887, à dix-neuf ans et demi, à sa première « émeute » qui renversera le président de la République Jules Grévy (dont le gendre est impliqué dans un scandale de trafic de décorations), il observe à distance le mouvement boulangiste même s'il vote pour son candidat aux élections municipales de 1889, Alfred Naquet – « Bien que je fusse antisémite de cœur », s'empresse-t-il d'ajouter, comme s'il s'étonnait lui-même. Lecteur de Drumont, auteur à succès de *La France juive*, Maurras partage la xénophobie antisémite de l'époque, véhiculée à la fois par une gauche assimilant volontiers les Juifs au capitalisme ploutocratique supposé écraser le peuple et par une frange importante des catholiques imprégnés du vieil antijudaïsme chrétien médiéval.

Ces années-là, sa grande affaire n'est pourtant pas la place des Juifs dans la société française mais celle… de la Provence et de sa langue. La poésie de Mistral et les textes de Jean Moréas et Joseph Roumanille le revigorent, l'empêchent de désespérer d'un monde grignoté par un romantisme mortifère prônant la capitulation de la raison au profit de la passion. Une évidence croît chez lui : la littérature française ne renaîtra qu'en retrouvant sa latinité, dégagée des influences allemande, russe ou anglaise. Et de tourner définitivement le dos aux « briseurs de la chaîne gallique », symbolistes et autres romantiques qui avaient pu le séduire à dix-sept ans, ces décadentistes comme Huysmans dont les livres font la part belle à « la violence pour la violence, la grossièreté qui hurle pour le plaisir, les enfantines crudités, les naïvetés », toutes notions contraires au génie français. Lui-même se met à écrire fébrilement des dizaines et des dizaines de poèmes qui forgent une partie conséquente de son œuvre.

Cette démarche esthétique n'est pas sans effet politique. En fréquentant les écrivains félibres et les chefs de l'École romane fondée à Paris en 1891, il découvre la richesse de la vie littéraire provençale sous l'Ancien Régime. Ainsi donc, les libertés locales précédaient la nuit du 4 août ?

Dès lors, le voilà militant pour une reconstitution des provinces historiques françaises. Agacé par la mollesse des félibres parisiens qui ne comprennent pas que le centralisme jacobin de la IIIe République les force à se contenter d'initiatives aux allures de simple agitation folklorique, il provoque une scission de la Société des félibres de Paris en écrivant un discours lu par son ami Amouretti : « Nous en avons assez de nous taire sur nos intentions fédéralistes. » Exclu, il part fonder sa propre école félibréenne où il développe l'idée que toute réforme décentralisatrice doit se faire par le haut non par le bas. Ce qui passerait par la suppression de départements, entités administratives nées après la Révolution qui ne correspondent, à ses yeux, à aucune réalité vivante.

Sa critique de plus en plus systématique de la Révolution, des Lumières et de leur traduction politique – la république – le pousse à regarder naturellement vers le régime monarchique auquel il se convertit en 1896, au terme d'un voyage en Grèce. Le plus vieux journal de France, *La Gazette de France*, l'a envoyé couvrir les premiers Jeux olympiques de l'ère moderne. Il y reste trois mois. Sur place, il s'intéresse moins aux exploits des athlètes qu'aux à-côtés. Ainsi ironise-t-il sur le sentimentalisme béat présidant à la renaissance des JO : « Où le baron de Coubertin avait espéré enlacer la ronde amie des nations, j'avais vu s'affirmer, s'accentuer, parfois exploser les passions les plus violentes du nationalisme le plus exclusif, même le plus haineux. » De même s'agace-t-il contre ceux qui encouragent leurs champions avec un petit peu trop de ferveur bruyante : les Allemands et les Américains (« on ne voyait que leurs drapeaux, on n'entendait que leur patois »).

Maurras s'applique à observer coureurs, sauteurs et lanceurs de disques ou de javelots qu'à sillonner le pays. Un voyage qui se révèle aussi bouleversant qu'éclairant. Submergé par la beauté et l'harmonie de ce qu'il voit et imagine, il se laisse aller à des crises de folie lyrique. Au Parthénon, il entoure les Propylées de ses bras et les embrasse en « faisant en secret toutes les prières accoutumées aux grands païens ». La vision de toutes ces ruines antiques lui inspire la pose de la première pierre de sa propre église doctrinale : tout faire pour éviter à son pays de vivre une telle décadence et de finir dans le même état. Et ne pas se contenter de sentir qu'une colonne dorique incarne la perfection de la beauté, mais essayer de comprendre la raison de ce sentiment. Pour y parvenir, il a acquis sur place la conviction qu'il convient de rejeter la démocratie. N'est-il pas paradoxal de revenir d'Athènes antidémocrate ?, lui fait remarquer immédiatement Maurice Barrès. Au contraire ! « J'avais vu la nation la plus intelligente du monde, comblée de tous les dons des dieux, accablée de grands hommes, bourrée de grands citoyens, généraux, orateurs, poètes, moralistes ou politiques, une activité admirable, un sol alors fécond, une mer divine, et en moins d'un siècle et demi – comme chez nous –, cette démocratie de privilégiés avait réussi à tout ficher en bas. » Et de conclure que les peuples se tuent à s'abandonner au gouvernement du nombre ; et de remarquer que la France a reculé sur les mers du monde avec la Ire République et le Premier Empire (fruit de la précédente), et sur les terres d'Europe avec le Second Empire (dont le César avait été président de la IIe République) et la IIIe République.

Le 13 novembre 1897, Maurras écrit son premier article véritablement monarchiste dans *Le Soleil* : « À quoi servirait un monarque ». Puis publie *Trois idées politiques. Chateaubriand, Michelet, Sainte-Beuve*, où il esquisse sa philosophie politique en commentant non les œuvres de ces trois écrivains mais l'usage qui est fait de leur nom et de leurs œuvres à son époque. Il insiste en particulier sur Chateaubriand, qui aurait été contaminé par le romantisme et le virus anarchique lors de son séjour en Angleterre, et serait devenu un faux classique laissant sa plume être guidée par l'imagination et les sentiments, et non par la raison – attitude lui interdisant toute structuration de pensée politique digne de ce nom. Une critique du romantisme qu'il prolonge dans *Les Amants de Venise* (sur les amours de Musset, « l'enfant du siècle », et Sand, « la femme de feu ») et *L'Avenir de l'intelligence*. Il y paraît que Jean-Jacques Rousseau est le père naturel du mouvement romantique qui se caractérise, selon Maurras, par le manque de tout sens critique, la négligence de toute faculté logique, une sensualisation extrême de la pensée et la mise en avant de la spontanéité comme outil de jugement esthétique. De là découlerait une vision béatement optimiste de la nature humaine. Mais aussi un profond individualisme – source de la Révolution – et une incontestable dévirilisation de l'homme. Et Maurras de pointer une « curieuse interversion de sexes qui se produit autour de nous » en moquant la « prodigieuse coquette Chateaubriand », « les vieilles coureuses de sabbat » Baudelaire et Verlaine, mais aussi Lamartine, Michelet, Quinet « prêtresses plus ou moins brûlées de leur Dieu », et encore et toujours celui qu'il aimait tant lire adolescent, Musset : « Une étourdie vainement folle de son cœur. » Notons que le penseur du socialisme libertaire, Joseph Proudhon, écrivait peu ou prou la même chose un demi-siècle plus tôt dans son ouvrage de critique littéraire *Les Femmelins*.

Entrée remarquée en Affaire

Début 1898 éclate l'affaire Dreyfus. Jugé trois ans plus tôt par un tribunal militaire qui l'a condamné pour trahison bien qu'il ait toujours clamé son innocence, l'ex-capitaine de l'armée française croupit sur l'île du Diable, oublié de presque tous, victime de l'antisémitisme ambiant qui assimile volontiers les Juifs aux Allemands (donc à des traîtres potentiels) et de l'indifférence générale des partis politiques, à commencer par ceux de gauche (« les prolétaires n'ont rien à faire dans cette bataille qui n'est pas la leur », a édicté le conseil national du Parti ouvrier français). Grâce à son frère Mathieu, qui a publié dans *Le Figaro* en novembre 1897 une contre-enquête établissant que le vrai coupable de trahison était un certain Esterhazy, un mouvement est né, qui réclame la révision de son procès, donc une remise en cause de l'autorité militaire. Des écrivains comme Anatole France ou Émile Zola relaient ardemment ce combat. Un débat, souvent violent, s'ouvre entre justice et honneur de l'armée. À droite, on avance qu'il convient de défendre la nation et son unité, même au prix d'une erreur judiciaire. À gauche, chez les « véritards-justiciards » comme les appelle le leader socialiste Jules Guesde, certains disent préférer la destruction de la société au maintien d'une injustice. Ce à quoi Maurras, qui a décidé de se lancer dans la bataille, rétorque qu'il a malheureusement déjà vu des sociétés sans justice mais pas de justice sans société. Rejetant la formule romaine « *pereat mundus fiat justitia* » (« que périsse le monde, mais que justice se fasse »), il considère que même innocent, Dreyfus doit rester en prison dans la mesure où le combat visant sa libération entraîne à la fois une déstabilisation de l'armée française et les germes d'une guerre civile : deux faits qui ne pourraient que favoriser l'ennemi allemand. Trente ans plus tard, il écrira : « Je ne veux pas rentrer dans le vieux débat coupable ou innocent. Mon avis là-dessus a été que, si par hasard Dreyfus était innocent, il fallait le nommer maréchal de France, mais fusiller une douzaine de ses principaux défenseurs pour le triple tort qu'ils faisaient à la France, à la Paix et à la Raison. »

Désormais investi dans la lutte politique (« j'y suis entré comme on entre en religion »), il compte bien peser sur la recomposition de l'échiquier national. L'affaire Dreyfus a provoqué la naissance de deux camps : les « cosmopolites » contre les « nationalistes » (selon les termes de Barrès). Ces derniers se divisent entre républicains, bonapartistes et monarchistes, eux-mêmes partagés entre différentes factions : orléanistes favorables à une monarchie parlementaire et traditionalistes attachés à la monarchie de droit divin, royalistes sentimentaux et royalistes de raison, catholiques et agnostiques, etc. Pour échapper à ces fractures mortifères, Maurras ne voit qu'une seule solution : élaborer une doctrine qui, par sa cohérence et sa logique, rallierait toutes les bonnes volontés patriotiques. À lui de convaincre que « si vous avez résolu d'être nationaliste, vous serez obligatoirement royaliste, la raison le veut ». Au sein d'une petite revue grise fondée par deux républicains, Maurice Pujo et Henri Vaugeois (descendant d'un régicide), il va s'atteler à en convertir un à un collaborateurs et lecteurs. « Je veux conquérir au royalisme non seulement l'Action mais vous-même et la France entière », lance-t-il crânement à Barrès, dubitatif (et qui le restera jusqu'à sa mort en décembre 1923).

À travers cette revue bimestrielle, qui deviendra un journal quotidien en 1908, ses livres, ses conférences et une grande « Enquête sur la monarchie » aux allures de dialogue platonicien (à vingt personnalités politiques ou littéraires, il demande si « oui ou non l'institution d'une monarchie traditionnelle, héréditaire, antiparlementaire et décentralisée est-elle de salut public » et, à partir de leurs réponses, bâtit une réflexion dont les conclusions séduiront des personnalités comme l'historien Jacques Bainville ou l'écrivain et critique Léon Daudet), Maurras pose lors des premières années du siècle les fondations de sa pensée politique dont il se défendra toujours qu'elle s'apparente à un système de pensée (« On a voulu me faire l'honneur d'un système. Je n'ai rien inventé du tout. Mon objet, la monarchie française, préexistait puisqu'elle a fait la France qui nous a faits »). Elle est en effet d'abord une méthode : l'empirisme organisateur, qui professe que « l'ordre des sociétés importe plus que la liberté des personnes puisque cela est le fondement de ceci ». Plus précisément : la société ne doit pas être bâtie et structurée sur des théories ou des notions abstraites comme Justice, Liberté ou Fraternité (des « nuées ») mais sur la mise à profit des bonheurs du passé en vue de l'avenir souhaitable à la France. En observant les faits historiques naissent des réflexions formant une méthode de pensée qui doit être appliquée à la politique.

Aux antipodes des vieilles duchesses confites dans une mélancolie affective pour le temps des cours royales figées, Maurras se fait plus rationaliste que jamais en cherchant à établir que le nationalisme est une vérité mathématique dérivant de la nature de l'homme : sa dette vis-à-vis de sa terre, son foyer, ses ancêtres. Dans un de ses textes les plus célèbres, « La politique naturelle », tiré de *Mes idées politiques*, il souligne combien, au contraire du petit poussin qui, sorti de sa coquille, peut très vite s'écrier « je suis libre », le petit homme, lui, ne peut rien sans l'aide d'autres hommes qui, durant des années, le feront grandir dans différents cercles de vie dont le plus vaste, mais qui demeure concret, accessible, vivant, est celui de la nation. De même, dans cette société déjà organisée, il y « trouve incomparablement plus qu'il n'y apporte ». D'où une définition de la nation, qui rejoint en partie celle de Renan (« Une nation est une âme, un principe spirituel. Deux choses qui, à vrai dire, n'en font qu'une, constituent cette âme, ce principe spirituel. L'une est dans le passé, l'autre dans le présent. L'une est la possession en commun d'un riche legs de souvenirs ; l'autre est le consentement actuel, le désir de vivre ensemble, la volonté de continuer à faire valoir l'héritage qu'on a reçu indivis. »). Pour Maurras, en effet, la nation se compose des Français morts qui ont laissé un héritage dont il faut se montrer dignes, des Français vivants qu'il faut protéger de l'invasion et de l'anarchie, et des Français à naître à qui il faut transmettre un pays en bonne santé.

Or, poursuit-il, quel est le régime politique le plus capable de défendre l'intérêt de la nation ? La république ? Non. Selon Maurras, l'étincelle spontanée qui lui a permis de s'imposer, dans les années 1870, grâce à des chefs pleins de ferveur et de vigueur, face à des monarchistes partagés entre veulerie et timidité, s'est éteinte. Illusions évanouies, confiance effritée : l'idée républicaine n'est devenue rien d'autre qu'« une sorte de fourniture d'État que de hauts seigneurs de l'État peuvent exiger de grades inférieurs ». Historiquement disqualifiée, la république le serait tout autant sur un plan idéologique. Par essence, puisqu'elle repose sur le principe de l'élection. Or, aux yeux de Maurras, un député est forcément soumis à des intérêts particuliers et à des groupes de pression auxquels il doit céder pour être réélu. Parmi ces groupes de pression, quatre d'entre eux s'avèrent singulièrement malfaisants dans la doxa maurrassienne : les Juifs, les francs-maçons, les métèques et les protestants. Ces « quatre États confédérés » n'auraient qu'un objectif : déconstruire la France des rois. Leur reprendre le pouvoir, établit Maurras, dans une sorte de *Discours de la méthode* royaliste, passe par la restauration d'une monarchie absolue – « absolue », dans sa bouche, s'entend au sens premier du terme, qui signifie indépendante (en l'espèce : de l'élection), non au sens d'illimitée. Parlements régionaux, villes aux pouvoirs locaux étendues, corporations de métiers mariant patrons et ouvriers comme avant la loi Le Chapelier (1791) constitueraient autant de contre-pouvoirs. Autorité en haut, libertés en bas : telle est l'idée-force qu'il développe, l'éloignant des rêves césaristes des Napoléon et de Boulanger hier, de Hitler et Mussolini demain. Toujours, il critiquera avec autant de force le libéralisme, « frère de l'anarchisme », source d'inégalités sociales et d'individualisme sociétal, et l'étatisme, responsable de la mort de Rome, qui a fini par céder sa force centrale en l'éparpillant dans les canaux de l'administration.

Au fond, pour lui, l'autorité n'est pas une fin en soi mais un moyen : le moyen de l'ordre. Elle peut donc être louée. De même aime-t-il rappeler que la force n'est pas forcément brutale et violente (rien ne l'agace plus que son exaltation lyrique professée par Nietzsche avec son « soyons durs »). Tout dépend de son usage : la Force garde la Cité et la Sagesse guide la Force. À ceux qui estiment la notion de force par définition négative, il prend l'exemple du soldat qui tua d'un coup d'épée Archimède, soixante-quinze ans, à Syracuse, en 212 avant Jésus-Christ, tandis qu'il était en train de tracer des cercles sur le sol. Ce geste n'était pas la preuve que ce soldat était plus fort que le savant. Au contraire : il démontre sa faiblesse, son manque de force intellectuelle. Sinon, pose Maurras, il lui aurait fait un salut militaire, lui aurait demandé des leçons de géométrie et d'hydrostatique et l'aurait oint d'huile vierge au sortir de son bain…

Pour le Martégal, le monde s'organise autour d'une dualité entre ordre et désordre, symbolisé politiquement en France par deux régimes antagonistes, monarchie et république. Pour en finir avec celle-ci, un seul mot : contre-révolution. Non comme une révolution contraire mais comme le contraire de la révolution, ainsi que le professait Joseph de Maistre (dont il ne partage pas pour autant la vision volontiers sataniste de la Révolution). Pas question, pour s'emparer du pouvoir, de constituer un parti de masse à l'instar de ce que prônent les socialistes : selon lui, en effet, « la foule suit les minorités énergiques. Ces minorités font l'histoire ». Il s'agit donc de créer une minorité active qui, le jour venu, mènera le coup de force – Lénine, qui se trouve en exil à Paris entre 1908 et 1911, ne dit pas autre chose. Autres penseurs du XIXe siècle dont Maurras emprunte, en les dépoussiérant, certains préceptes : Louis de Bonald, contempteur des excès de l'individualisme et défenseur de la famille et de l'hérédité comme piliers d'une société équilibrée et harmonieuse ; Frédéric Le Play, hostile aux « faux dogmes de 1789 » (la croyance à la perfection originelle de l'homme, le droit permanent à l'insurrection, la croyance à l'égalité des droits) et promoteur du relèvement de la natalité, d'une organisation corporatiste de la société et d'une décentralisation administrative.

Avec eux, il dénonce les trois sources de ce mal contemporain qu'est l'individualisme : la Réforme, le Romantisme, la Révolution. La Réforme a rompu l'unité chrétienne du Moyen Âge pour lui substituer un principe de division spirituelle, politique, géographique : le libre examen, antichambre de l'individualisme religieux ; le Romantisme a promu l'individualisme dans l'art, donc la confusion mentale ; la Révolution a encouragé l'individualisme politique *via* la Déclaration des droits de l'homme. Aux trois R, il oppose les 3 C propres à rétablir l'ordre : Catholicisme, Classicisme, Contre-Révolution.

À l'école de l'Action française

« Notre force est d'avoir raison », « nous avons la supériorité d'avoir une doctrine » : comme Marx et ses disciples, avec en sus l'orgueil propre aux intellectuels de son époque (Julien Benda notamment), Maurras bâtit l'architecture d'une pensée intellectuelle propre à répondre à toutes les interrogations qui se posent légitimement et à proposer la monarchie comme solution imparable à tous les problèmes. Ce véritable *vade-mecum* contre-révolutionnaire, dont les grandes lignes apparaissent dans *L'Avenir de l'intelligence* (1905), évocation de l'histoire littéraire de la France, doublée d'une critique au vitriol des Lumières, de la Révolution et de la ploutocratie contemporaine, il le diffuse à partir de 1906 *via* l'Institut d'Action française (IAF), sorte de contre-université destinée à former une élite intellectuelle française à la pensée contre-révolutionnaire (en politique, en littérature, en histoire, mais aussi dans les sciences sociales, et même la critique d'art et la pensée catholique !), et surtout grâce au journal *L'Action française*, devenu quotidien le 21 mars 1908. Moyennant un modeste salaire de petit reporter, Maurras y écrira chaque jour durant trente-six ans un long éditorial baptisé « La politique » et d'autres articles, avec une prédilection pour la revue de presse (dont il invente le procédé dans la presse française). Dans son bureau décoré avec des photos de Martigues et un buste de Richelieu, devant sa bibliothèque où s'alignent les livres de Burke, La Tour du Pin, Rousseau, Diderot, Voltaire, Jaurès et Trotski, Mussolini et Hitler (mais ni Marx ni Lénine), il s'intéresse à tout car il estime que tout est possiblement motif à réflexion, débat, polémique, propagande : « La curiosité de la veille, celle du jour, du lendemain, m'asservissaient et m'enchantaient : "Qu'allait-il arriver ? – Que fallait-il *faire* arriver ?" »

Dans l'éditorial qu'il signe le 21 mars 1908 (« Le nationalisme intégral »), Maurras expose son programme en détail[1]. Soucieux de voir l'idée suicidaire de lutte des classes et des partis disparaître, il appelle la France à vivre en combattant les forces de mort (vivre, c'est réagir : « Contre les forces de mort »). Promet de ne faire aucun quartier aux ennemis de l'intérêt national. Annonce qu'il combattra l'anarchie parlementaire, économique, bourgeoise (« qui se dit libérale et qui cause plus de malheurs que les bombes des libertaires »), cosmopolite, universitaire (aux mains des maîtres barbares « juifs » et « protestants »). Dans les jours suivants, il affine son programme en appelant, pour parvenir à ses fins, au coup d'État « légitime et nécessaire » que pourrait mener un homme au profil de ce général Monk qui, en 1660, avait remis sur le trône Charles II en Angleterre. Mais pour qu'un Monk existe, souligne Maurras, il faut une réforme intellectuelle et morale du pays qui passe par le mûrissement de l'idée royaliste dans l'opinion. Si Louis Napoléon Bonaparte a réussi son coup d'État en décembre 1851, aime-t-il aussi rappeler, c'est grâce à des décennies de propagande napoléonienne par l'art et les écrivains. À l'Action française d'en faire autant.

Malgré la singularité et la puissance séductrice formelle de la pensée maurrassienne dans une IIIe République qui, parfois, doute d'elle-même et de ses assises intellectuelles, la France ne redevient pas royaliste au début du XXe siècle. On l'a dit, des écrivains et des philosophes lisent assidûment *L'Action française* (qui tire à plusieurs dizaines de milliers d'exemplaires) et saluent respectueusement les ouvrages de Maurras. De même son engagement en faveur du vote des femmes et son enthousiasme à leur entrée dans le cycle des études supérieures en 1910 (« représentez-vous ce que les 2 500 étudiantes de Paris nous annoncent d'artistes, de lettrées, d'avocates, de doctoresses ? ») lui attire-t-il des sympathies inattendues. Mais le mouvement monarchiste ne séduit guère au-delà des frontières du nationalisme français, même si s'esquissent dans les années 1911-1913, *via* un groupe de réflexion baptisé le Cercle Proudhon (en référence au penseur anarchiste dont les royalistes partagent notamment les vues fédéralistes), des rapprochements avec les militants anarcho-syndicalistes tout aussi dégoûtés par la démocratie et intéressés par ce théoricien écrivant que l'AF « n'est ni du centre, ni de la gauche ni de l'extrême gauche et si elle omet de dire qu'elle n'est pas de droite c'est par honnêteté parce qu'il y a un fait historique : la droite a

1. Voir p. 943 de la présente édition.

défendu, souvent fort mal, mais non sans foi ni constance, les principes vitaux du développement national. [...] Mais la droite s'est quelquefois un peu trop inféodée à certains intérêts mondains ou argentins, dont nous sommes, quant à nous, parfaitement libres. » À l'extrême gauche de l'échiquier, un homme en particulier suit de près, en les saluant parfois, les réflexions maurrassiennes : le socialiste Georges Sorel. L'intérêt est réciproque. Par son titre même, son essai sur *Les Illusions du progrès* réjouit les militants d'AF. Et ses *Réflexions sur la violence* ne laissent pas insensibles les plus déterminés des royalistes, bien décidés à répondre à la force qui a permis à la république de s'imposer par « la force légitime mise au service de la raison ».

La violence, Charles Maurras la prône non seulement pour s'emparer du pouvoir le jour J, mais il en encourage en outre volontiers l'usage. Dans les paroles comme dans les actes. Chaque jour, sous sa plume ou celle de ses confrères, *L'Action française* désigne ses adversaires, les attaque, les condamne, les menace. Dans la rue, les membres des trois cents sections de la Ligue d'Action française (les fameux Camelots du Roi) font régulièrement le coup de poing contre leurs ennemis – et ils sont nombreux. Cette double pratique – verbale et physique – de la violence a poussé certains historiens à voir dans le mouvement royaliste une forme de « proto-fascisme ». Ce serait oublier que la violence de parole et de rue est loin d'être l'apanage de l'Action française dans la France d'avant 1914 (comme dans celle de l'entre-deux-guerres). Ce serait aussi oublier que ces violences n'ont rien à voir, dans leur degré, avec celles des mouvements totalitaires étrangers d'après 1918. On chahute les cours d'un professeur germaniste qui a eu le toupet, au mépris du culte de la déesse Revanche, d'emmener ses élèves en Allemagne ; on gifle un ministre (Aristide Briand) ; on fesse un enseignant de la Sorbonne qui ironise sur Jeanne d'Arc... Mais quand certains militants avancent le projet d'assassiner Dreyfus lors du transfert des cendres d'Émile Zola au Panthéon (juin 1908), Maurras s'y oppose fermement. Définitivement. Ce qui ne l'empêchera pas d'écrire dans son journal, condamné un peu plus tard par la justice à publier des lettres du capitaine Dreyfus (innocenté dès 1899 et réhabilité en 1906), que « le traître juif Alfred Dreyfus ne lira point les six pages de ce numéro, sans entrevoir en frissonnant la plaine nue de Satory où [...] douze balles lui apprendront enfin l'art de ne plus trahir et de ne plus troubler ce pays qui l'hospitalise[1]. » Une attitude équivoque à mettre en parallèle avec cette nuit du 6 février 1934, un quart de siècle plus tard, où le même Maurras préfère composer un poème provençal et aller se coucher quand ses troupes attendent un ordre pour se lancer à l'assaut d'une République chancelante lors d'une nuit d'émeute au cours de laquelle quatre Camelots du Roi perdront la vie. « In-Action française », grincera plus tard le fasciste Lucien Rebatet selon qui Maurras, par son isolement physique

1. *L'Action française*, 29 janvier 1912.

mais aussi par son tempérament et la crainte de voir ses belles théories ne pas résister à la réalité, était condamné à l'immobilisme. Comment expliquer autrement d'écrire début janvier 1934 « Au fait ! À l'action ! Nous devons agir, nous sommes décidés à agir ! » et de refuser de passer à l'acte un mois plus tard quand les scandales ont jeté le pays dans une situation préinsurrectionnelle ? Charles « don Quichotte » Maurras ?

Le 31 juillet 1914, Jean Jaurès est assassiné à Paris par un homme qu'on soupçonne dans un premier temps d'être royaliste. Maurras s'insurge immédiatement contre cette hypothèse « contraire à l'esprit et à la lettre des consignes données à nos amis ». Réprouvant cet « attentat deux fois criminel, puisqu'il est stupide », contre un adversaire qu'il n'a jamais haï (« l'indignation n'est pas la haine »), il n'hésite pas à écrire dans son éditorial du 1er août : « Nous nous inclinons devant la mort. » Il ne se prive pourtant pas de reprocher *post mortem* au chef socialiste d'avoir contribué, par son utopie pacifiste, à renforcer l'Allemagne en appelant par exemple à la réduction du service militaire de trois à deux ans tandis que l'Allemagne, elle, augmentait la puissance de son armée. Jaurès meurt « dans la défaite de son rêve », souligne, amer, le penseur monarchiste, après que la social-démocratie allemande se soit ralliée en bloc derrière son empereur – hier voué aux gémonies – pour faire la guerre à l'ouvrier français…

La guerre qui éclate les jours suivants, Maurras l'a plus que tout autre prévue. Dans un livre de 1910 qui reste pour beaucoup un des plus grands essais de géopolitique du XXe siècle, *Kiel et Tanger*[1], il annonçait en le craignant un conflit qui se terminerait par « 500 000 jeunes Français couchés froids et sanglants sur leur terre mal défendue » (il y en aura finalement près de trois fois plus). Estimant que le double mouvement général d'émiettement des empires et de recrudescence des nationalismes était porteur de guerre, il implorait les dirigeants français à ne pas être les seuls au monde à croire naïvement à la paix. Selon lui, les guerres des trente dernières années dans les Balkans comme au Transvaal, en Chine, entre l'Espagne et les États-Unis (à Cuba et aux Philippines), entre la Russie et le Japon, exigeaient d'être considérées pour ce qu'elles étaient : des avertissements. Les signes avant-coureurs d'une déflagration mondiale.

Si, dans *Kiel et Tanger*, Maurras en appelait plus spécifiquement à se méfier du vieil impérialisme prussien dormant sous les habits neufs du IIe Reich allemand, son livre se voulait aussi et avant tout une démonstration de la faiblesse de la politique étrangère de la France dans le cadre des institutions républicaines travaillées par le pacifisme et l'indécision. À partir de 1894-1895, rappelait-il, le gouvernement français (conservateur) avait tenté une alliance avec l'Allemagne et la Russie (actée lors d'une

1. Voir p. 541 de la présente édition.

rencontre des escadres militaires des trois pays au large de Kiel) pour contrer la puissance britannique, en Afrique notamment : or, on n'avait pas développé une marine en conséquence, ce qui aboutit à l'humiliante capitulation de Fachoda (1898). À la suite d'un changement de majorité gouvernementale en faveur du bloc progressiste, Paris s'était ensuite lancé dans une alliance avec l'Angleterre (Entente cordiale, 1904) au risque d'une guerre avec l'Allemagne : or, on n'avait pas développé une armée de terre digne de ce nom. D'où la crise de Tanger, qui avait vu, en 1905, l'empereur allemand Guillaume II se présenter en personne dans le port marocain pour appuyer les exigences territoriales de son pays dans la région – événement qui serait suivi, six ans plus tard, de la crise d'Agadir puis d'une nouvelle guerre franco-allemande en 1914.

De ces alliances aléatoires, Maurras tirait la conclusion que l'instabilité gouvernementale propre à la république affaiblissait par essence sa politique extérieure, alors que celle-ci devait échapper aux soubresauts de l'opinion publique exprimés lors des élections. D'où la nécessité d'un roi, indépendant des partis, pour l'assurer – réflexion dont on sait combien elle importa au général de Gaulle quand il élabora, avec Michel Debré, la si monarchique Constitution de la Ve République qui, par ailleurs, fait justement de la politique étrangère un « domaine réservé » du président…

La logique de ce raisonnement avait impressionné Marcel Sembat, un des leaders de la SFIO. Au point que le chef socialiste lui avait répondu, en 1913, dans un essai au titre percutant : *Faites un Roi sinon faites la paix*. Il y convenait que pour des pacifistes comme lui, si la république ne faisait pas tout pour sauver la paix, elle n'avait pas lieu d'être et ferait mieux de s'effacer au profit d'une monarchie, seule capable, en effet, de mener une politique internationale active, au risque de la guerre. CQFD.

Kiel et Tanger n'était pas le livre d'un belliciste, encore moins d'un pessimiste, mais d'un fin analyste, doublé d'un visionnaire. Annonçant là encore la politique gaullienne des années 1960, il établissait que la France, prenant acte de son affaiblissement vis-à-vis des nations émergentes (Russie, Amérique, Allemagne impériale), devrait prendre la tête de puissances moyennes, réunies sous son autorité morale en une alliance confédérale qui pourrait manœuvrer face aux Grands. Comme jadis les Capétiens, au Moyen Âge, face à l'empire Plantagenet à l'ouest et au Saint Empire romain germanique à l'est.

Entre antigermanisme et germanophobie

14-18 voit Maurras mettre en sourdine ses critiques contre le régime. Seule la victoire compte et, partant, l'unité du pays derrière ses chefs – militaires et politiques –, dont le penseur royaliste veut croire en la bonne foi patriotique durant ces heures sombres. Cette trêve politique, décidée au nom de « la paix civique », a ses limites. Ainsi Maurras et l'Action française n'hésitent-ils pas à tancer le gouvernement lorsqu'il lui semble hésiter à punir les traîtres voire à en protéger certains : par exemple dans l'affaire du journal anarchiste *Le Bonnet rouge* qui aboutit, en août 1917, à la démission du ministre de l'Intérieur Louis Malvy. Deux mois plus tard, c'est encore sous la pression du mouvement monarchiste que le président du Conseil Paul Painlevé, ridiculisé après avoir dénoncé un complot imaginaire des royalistes contre la République (« affaire des Panoplies »), est renversé au profit de Georges Clemenceau. Dans les derniers mois de la guerre, Maurras alerte ses lecteurs et le gouvernement des dangers d'une victoire mal exploitée (« en laissant à l'Allemagne soit l'unité impériale soit l'unité prussienne, double principe de sa force, on lui laisserait le moyen assuré et infaillible de recommencer les hostilités avant dix ans »). C'est la thèse que développera son ami Jacques Bainville, en 1920, dans *Les Conséquences politiques de la paix*. Ce sera le leitmotiv de Maurras dans les deux décennies suivantes. Dès le 12 novembre 1918, il manifeste une joie tempérée de méfiance : « Cependant, il subsiste une armée allemande. Elle tenait notre territoire. Elle va cesser de le souiller. Elle n'est donc pas notre prisonnière. Elle emporte ses armes et ses drapeaux. Que va-t-il sortir de ce qui lui reste de force ? » Sa proposition : renouveler ce chef-d'œuvre diplomatique de Mazarin qu'avaient été les traités de Westphalie, en 1648, éparpillant le monde germanique en de multiples petits États. De même, répète-t-il aux négociateurs des traités de paix, qu'il est chimérique de s'attaquer, comme Napoléon en 1807, à l'armée prussienne et non à l'État prussien. Et qu'il est aberrant de se fier au contrôle qu'un État est supposé effectuer si on n'occupe pas son territoire. Discours qu'entendra Poincaré en 1923 en se décidant à faire envahir la Ruhr par les troupes françaises. Discours qu'oublieront ses successeurs en évacuant Mayence en 1930 puis la Sarre en 1935 (« démuselant l'Allemagne hitlérienne »).

Durant tout l'entre-deux-guerres, Maurras répète son aversion pour le germanisme, sa peur bleu horizon de la renaissance d'une Allemagne unifiée. Dès le milieu des années 1920, il s'inquiète des progrès électoraux en Bavière – « le royaume de la Vierge » – de ce qu'il appelle le « bloc raciste » (le NSDAP de Hitler et ses alliés), qui représente près d'un quart de l'électorat de droite dans la région. Ses avertissements sur le danger que porte le nazisme pour la France comme pour l'Europe sont légion, ses condamnations sans ambages : « Le racisme hitlérien nous fera assister au règne tout-puissant de sa Horde » ; « Hitler prépare la barbarisation méthodique de notre Europe » ; « nous avons exprimé, les premiers et presque les seuls, le solide dégoût que méritent d'inspirer les grumeaux de boue et de sang qui ornent la pourpre d'Hitler ». Certains voient dans la Nuit des longs couteaux (juin 1934) le crépuscule d'un mouvement nazi au bord de l'implosion ? Maurras rejette cette vision optimiste et en appelle au contraire à une vigilance accrue, persuadé que l'événement est moins une prémisse de division qu'une étape (sanglante) de croissance. D'autres voient en la Russie soviétique une garantie contre l'impérialisme hitlérien ? Il leur répond qu'« il n'y a pas de plus grand danger national que l'hitlérisme et le soviétisme. À égalité ! Et ces égaux-là sont faits pour s'entendre. La carte le confirme. L'avenir le vérifiera » (en l'occurrence le 24 août 1939, quand Hitler et Staline signeront le pacte de non-agression germano-soviétique). C'est dans le même souci de renvoyer dos à dos les partisans d'un totalitarisme noir et ceux d'un totalitarisme rouge qu'il écrit, à l'intention de ses compatriotes séduits par le discours nationaliste et antisémite de Hitler, que « les cornichons conservateurs, les gâteux gobinistes qui prendraient Hitler pour un sauveur de l'ordre – de l'ordre français – sont certainement coupables d'un crime devant l'esprit au moins égal à celui de nos moscoutaires et de nos Mexicains puisque c'est au Mexique qu'habite leur Trotsky ».

Antinazi d'abord par antigermanisme, Maurras est indéniablement séduit par l'Italie mussolinienne qui a su, selon lui, dompter l'anarchie, rétablir l'ordre, restaurer la religion, développer sa force militaire, relancer son économie et sa démographie. De même se proclame-t-il défenseur du régime national-conservateur de Salazar au Portugal ou de la « dictature royale » d'Alexandre en Yougoslavie et admirateur du général Franco tenant bon face aux « Rouges ». Des prises de position moins dictées par l'adhésion idéologique à des systèmes faisant une part beaucoup trop grosse à l'État et se revendiquant, au moins pour l'Italie, d'un exécrable esprit « révolutionnaire », que par un souci géopolitique. Face au danger allemand, le théoricien royaliste rêve d'une alliance des pays du sud de l'Europe. Pour lui, la division entre Europe du Nord germanique et Europe du Sud latine (à laquelle ce fier Provençal veut absolument rattacher la France) est une constante historique structurelle depuis le Haut Moyen Âge, la Réforme n'ayant fait que la confirmer. À ne pas la prendre en considération, le risque est grand de voir une fracture idéologique s'y substituer : entre démocraties et régimes autoritaires. Voilà pourquoi Maurras milite pour un rapprochement avec Rome, même quand l'Italie envahit l'Éthiopie. Et supplie qu'on reste neutre dans la guerre civile espagnole. À ceux qui voient dans cette attitude une forme d'indulgence pour les fascismes, Maurras répond qu'il est simplement cohérent. Léon Blum et le président américain Roosevelt ne s'élèvent contre l'Allemagne que depuis qu'elle est devenue hitlérienne donc antidémocrate, note-t-il avec amertume. Lui l'a toujours fait (et on le lui a assez reproché avant 1933, les autorités de la IIIe République tel Briand ayant pour argument que si les vainqueurs faisaient preuve d'agressivité contre l'Allemagne, on risquerait d'empêcher son ralliement aux idées de paix). Parce qu'il considère qu'Hitler n'est que le fils naturel de la République de Weimar, de Guillaume II, de Fichte et de Luther. L'a-t-on écouté quand il suppliait qu'on lise *Mein Kampf* (écrit en 1924) pour comprendre le danger que le chef nazi représentait ? L'a-t-on suivi quand il appelait au réarmement dès le début des années 1930 ? Non et non. Au lieu de quoi, ironisera-t-il à la veille de la Seconde Guerre mondiale, ceux qui, entre 1930 et 1935, disaient « la paix » disaient aussi « désarmement » ; et ceux qui, entre 1935 à 1939, disaient « la guerre ! », oubliaient d'armer. La faute, une nouvelle fois, à un système démocratique paralysant qui pousse à l'indécision et l'inaction, malgré l'imminence et la proximité du danger. Constatant l'absence de réaction à la suite des initiatives du chancelier du IIIe Reich (remilitarisation de la Ruhr, rétablissement du service militaire, Anschluss, etc.), Maurras prendra les accents d'un Démosthène face aux ambitions impérialistes de Philippe II de Macédoine : « Athéniens, il ne faut pas se laisser commander par les événements, mais les prévenir : comme un général marche à la tête de ses troupes, ainsi de sages politiques doivent marcher, si j'ose dire, à la tête des événements ; en sorte qu'ils n'attendent pas les événements pour savoir quelle mesure ils ont à prendre mais les mesures qu'ils ont prises amènent les événements. Vous faites dans vos guerres avec Philippe comme fait le barbare quand il lutte. S'il reçoit un coup, il y porte aussitôt la main. Le frappe-t-on ailleurs ? Il y porte la main encore. Mais de prévenir le coup qu'on lui destine, il n'y pense même pas. Jamais de projets arrêtés. Jamais de précautions. Vous attendez qu'une mauvaise nouvelle vous mette en mouvement. Autrefois, peut-être, vous pouviez sans risque vous gouverner ainsi, mais le moment décisif est venu, il faut une autre conduite » (première Philippique).

Charles Maurras est d'autant moins entendu et suivi dans ses raisonnements en 1939 que son mouvement a perdu de sa superbe au fil des ans. Jacques Bainville est mort en 1936 et Léon Daudet, fatigué, écrit de moins en moins régulièrement dans le quotidien. Plus grave, l'Action française a perdu plusieurs de ses meilleurs éléments, exaspérés voire révoltés par leur chef. À qui, pêle-mêle, ont été reprochés, avec raison ou mauvaise foi, son autocratisme, sa rigidité intellectuelle, ses excès, sa mollesse, son dogmatisme, sa germanophobie, son arrogance, son acceptation *de facto* des institutions (plusieurs députés royalistes comme Léon Daudet ont été élus en 1919 à la Chambre bleu horizon), sa conception léniniste de l'organisation du mouvement, son obsession journalistique au détriment d'une vision plus globale du monde, etc. Parmi les dissidents ayant quitté la maison mère : Georges Valois et Lucien Rebatet, qui s'engageront dans la mouvance fasciste, Henri Charbonneau et Jean Fillol, futurs cagoulards, et surtout des personnalités catholiques comme Jean de Fabrègues, Jacques Maritain ou Georges Bernanos. Ces départs sont ceux qui auront le plus coûté au mouvement royaliste. Politiquement et intellectuellement.

« L'absence de foi ne me dispense pas de voir dans le catholicisme le plus grand bien que j'y aime : très haute bienfaisance dans un passé et un présent d'où l'on n'a pas le droit d'exclure l'avenir. » S'il ne croit plus en Dieu depuis son enfance, Charles Maurras a toujours défendu l'Église catholique en tant qu'institution ayant grandement contribué à la solidification de la monarchie et de l'État français. De fait, l'immense majorité des militants monarchistes qui lui sont dévoués sont catholiques et sensibles à sa défense de l'Église de l'ordre. Il n'en va pas de même au sein des instances dirigeantes catholiques de Paris et de Rome. Inquiètes de son influence auprès d'une frange de la jeunesse croyante, agacées par ses attaques contre les partisans d'une démocratie-chrétienne (le Sillon ou l'Action catholique) qui œuvrent pour la réconciliation entre République et Église, dont les relations s'étaient à nouveau tendues au moment de la loi de Séparation en 1905, elles ont trouvé aussi dans ses livres des motifs religieux pour condamner Maurras. Certains (les plus anciens) sont empreints d'une admiration païenne pour la Grèce antique et/ou font la part belle à un certain positivisme pour attaquer le christianisme social et sa pitié compassionnelle. D'autres développent l'idée que la décadence de l'Occident est née de l'esprit chrétien qui a renversé l'Empire romain, désorganisé la civilisation en laissant une de ses franges lire la Bible en langue vulgaire, favorisé l'émergence des Lumières et aidé à la défense de Dreyfus par sa « théologie de l'individu ». Autant de raisons jugées suffisantes aux yeux du Vatican pour mettre à l'Index Maurras et l'Action française par un décret du 29 décembre 1926[1] (celui de 1914 n'avait finalement pas été promulgué). Le penseur royaliste a beau plaider tour à tour des erreurs de jeunesse (certains livres incriminés ont d'ailleurs reparu depuis leur première publication dans les années 1890-1900 avec des modifications substantielles) ou une machination politique ourdie par des conseillers mal intentionnés de Pie XI (avec l'argument que si Sa Sainteté est infaillible en matière de foi et de doctrine parce qu'il est informé par le Saint-Esprit, il est faillible dans le reste, comme un homme, parce qu'il a des hommes pour informateurs), rien n'y fait. La condamnation est maintenue, sans que Maurras ne modifie le fond de sa pensée : « La monarchie française nous est apparue bonne parce qu'elle a été le bien de la France pendant mille ans. La Papauté nous est apparue excellente parce qu'elle représente un bienfait universel pour l'humanité pendant près de deux millénaires. Aurions-nous cessé d'être monarchistes au lendemain de Rosbach[2] ? Comment cesser d'honorer et de vénérer le

1. Voir « L'Action française condamnée. Les documents et les faits », *L'Action française*, 9 janvier 1927, p. 977 de la présente édition.

2. Défaite des troupes franco-impériales face aux Prussiens de Frédéric II, le 5 novembre 1757.

catholicisme au lendemain d'une petite erreur concernant quelques livres et leur auteur ? »

À la veille de la Seconde Guerre mondiale, le Vatican lève sa mise à l'Index mais le mal a été fait. Des militants par milliers, des dizaines de cadres de premier ordre et des figures intellectuelles ont préféré, non sans déchirement, quitter l'AF et cesser de lire Maurras, plutôt que de se mettre en dehors de la communauté catholique rattachée à Rome.

« Antisémite d'État »

Condamné un jour, consacré le lendemain : Maurras en a l'habitude. L'été 1936, après avoir menacé du « couteau de cuisine » les cent quarante parlementaires favorables aux sanctions contre l'Italie fasciste qui a envahi l'Éthiopie (geste dont il craint qu'il ne pousse Mussolini dans les bras de Hitler) puis invité à « fusiller, mais dans le dos » Léon Blum, président du Conseil, s'il s'avisait de passer à l'acte, le directeur de l'Action française est condamné à huit mois de prison ferme pour « provocation au meurtre par voie de presse ».

La virulence des termes employés est effroyable. Mais elle doit être jugée à l'aune d'une époque où, on l'a dit, la violence verbale est commune dans la presse, à droite comme à gauche. Maurras en est d'ailleurs parfois lui-même la victime. Ainsi *Le Populaire*, le quotidien socialiste que dirige justement Léon Blum, publie-t-il un texte le 1er novembre 1935 dans lequel on peut lire : « Que sonne l'heure de la mobilisation et avant de partir sur la route glorieuse de leur destinée, les mobilisés abattront MM. Béraud et Maurras comme des chiens. »

L'appel au meurtre contre Léon Blum renvoie à double titre à celui lancé dans une lettre ouverte contre le ministre de l'Intérieur Abraham Schrameck en juin 1925. Maurras l'avait écrite après trois tentatives d'assassinat contre sa personne qui avaient fait deux victimes dans les rangs de l'Action française (Ernest Berger et Marius Plateau) et la mort de plusieurs membres du mouvement fascisant des Jeunesses patriotes, tués après des combats de rue contre des communistes. À la suite de ces événements, le ministre de l'Intérieur avait annoncé qu'il ferait appliquer plus durement la loi contre le port d'arme. La décision, à la suite de laquelle trente-six ligueurs royalistes avaient été arrêtés, avait été perçue comme la volonté d'empêcher les « patriotes » de se défendre. D'où la colère de Maurras qui, après avoir rappelé sa patience et ses appels au calme (une « foule énergique n'attendait qu'un signe de nous, j'oserais presque dire un signe de moi, pour se ruer sur les responsables et les châtier. J'ai cru de mon devoir de m'interdire ce signe et d'arrêter cette colère »), avait laissé éclater sa rage : « Et comme voici vos menaces, monsieur Abraham Schrameck, comme vous vous préparez à livrer un grand peuple au couteau et aux balles de vos complices, voici les réponses promises. Nous répondons que nous vous tuerons comme un chien. [...] je donnerai l'ordre de verser votre sang de chien s'il vous arrive d'abuser de la force publique pour ouvrir les écluses de sang français sous les balles et les poignards de vos chers bandits de Moscou. »

Or, il se trouva que plus un seul militant nationaliste ou royaliste n'avait été grièvement blessé ou tué dans les mois qui avaient suivi cet article. Hasard ou non, Maurras y avait vu là le bien-fondé de sa méthode : appeler à la violence contre un homme pour empêcher que soit commise une violence encore plus grande contre un peuple. Et de recommencer, dix ans plus tard, contre Léon Blum.

Il existe un autre point commun entre les deux hommes : ils sont juifs. Un statut qui, aux yeux de Maurras, les rend encore plus coupables. « Il est vrai que, par votre personne, vous n'êtes rien, écrit-il à propos d'Abraham Schrameck. [...] De vous, rien n'est connu. Mais vous êtes le Juif. Vous êtes l'Étranger. Vous êtes le produit du régime et de ses mystères. Vous venez des bas-fonds de la police, des loges et, votre nom semble l'indiquer, des ghettos rhénans. [...] Vos premiers actes connus établissent votre fidélité à la consigne ethnique donnée par votre congénère Alfred Dreyfus le jour de sa dégradation : "Ma race se vengera sur la vôtre". Votre race, une race juive dégénérée, car il y a des Juifs bien nés et qui en éprouvent de la honte, la race des Trotski et des Krassine, des Kurt Eisner et des Béla Kun, vous a chargé maintenant d'organiser la révolution dans notre patrie. »[1]

De cet antisémitisme d'État, qui établit que le Juif, par essence, ne saurait être vraiment français, Maurras ne déviera jamais.

Est-il moins criminel que l'antisémitisme de peau que le penseur royaliste dénonçait régulièrement, le considérant comme « un absurde bobard », la « race au sens physique [étant] un grand sujet de sourire » ?

Une formule comme « il ne s'agit pas de dire "mort aux juifs" mais "à bas les juifs" qui sont montés trop haut chez nous » l'exonère-t-il aux yeux de l'Histoire ?

Se réclamer d'un Ronsard (« je n'aime point les Juifs, ils ont mis en la croix / Ce Christ, ce Messias qui nos pechez efface, / Des prophètes occis ensanglanté la place, / Murmuré contre Dieu, qui leur donna les lois ») fait-il de lui un antisémite excusable ?

Son rejet du racisme hitlérien « qui aboutit au pogrom et qui refuse de considérer dans le Juif une créature humaine pétrie de bien et de mal, dans laquelle le bien peut dominer » suffit-il à l'exonérer de toute responsabilité dans l'antisémitisme ambiant des années 1930 dont on peut estimer qu'il

1. Voir les « Lettres ouvertes au préfet Morain et à Schrameck », p. 969 de la présente édition.

a pu influencer certaines décisions et certains actes criminels en France entre 1940 et 1944 ?

Sûrement pas.

S'il faut se garder d'observer une époque passée avec les lunettes contemporaines, il ne s'agit pas d'être aveugle – ni sourd. Maurras et l'Action française ont sans aucun doute empêché un certain nombre de Français de basculer dans le fascisme ou l'hitlérisme ; mais ils ont aussi participé d'une atmosphère générale hostile aux Juifs qui favorisa l'accomplissement d'atrocités sous l'Occupation.

D'un point de vue strictement intellectuel et politique – si tant est qu'on puisse aborder ce thème sous cet aspect-là –, l'antisémitisme de Maurras n'est pas plus justifiable. Il repose sur des erreurs de jugement et d'analyse. À commencer par le fait de voir dans « le peuple juif » une entité globale, compacte, monolithique, composée d'individus au destin forcément commun et à la pensée unique, quels que soient leur histoire personnelle, leur statut social, leur environnement familial, leur origine géographique ou la date de leur arrivée en France (certains dès le haut Moyen Âge). Pour Maurras, le Juif ne veut pas et ne peut pas s'assimiler. Il est, par sa tradition religieuse, étranger à la civilisation à laquelle appartient la nation française. Son influence intellectuelle à la construction et au développement de la France est nulle. Lui fait-on remarquer qu'il en est un certain nombre parfaitement intégrés dans les rouages des partis politiques (y compris patriotiques) ou de l'État, il n'y voit que tactique, au profit de « l'Étranger ». C'est-à-dire « le Boche ». Or, celui-ci, après 1933, chasse, enferme ou exécute lui-même les Juifs, rendant le raisonnement maurrassien non seulement absurde mais faux.

S'il ne fallait retenir qu'un symbole de cet entêtement intellectuellement erroné à ne voir dans les Juifs que des ennemis de la France, ce serait sans doute cette lettre reçue le 1er août 1918, juste avant la mort sur le front de son auteur, et dont la teneur aurait pu (et dû) ébranler ou faire douter Maurras. Elle était signée Pierre David, un jeune Juif adhérent de l'Action française : « À l'heure où vous lirez ces lignes, j'aurai définitivement acquis, en mêlant mon sang à celui des plus vieilles familles de France, la nationalité que je revendique [...]. Grâce aux fortes méditations que votre pensée m'aura inspirées, la Patrie et la Famille seront devenues pour moi de puissantes réalités [...] et une âpre joie se mêlera à mes dernières souffrances physiques et morales en pensant que je les voue à la défense de la Patrie et à l'enrichissement du patrimoine moral de ma Famille. C'est de cela que je voulais vous exprimer ma suprême reconnaissance. »

Entre l'automne 1936 et l'été 1937, Maurras est emprisonné deux cent cinquante jours dans une cellule de la Santé qu'il a tapissée de photos de Martigues et de la Grèce. Huit mois durant lesquels il continue à écrire quotidiennement dans son journal (sous le pseudonyme de Pellisson) et à mettre la dernière main à la publication de *Mes idées politiques*. Ses conditions d'incarcération lui paraissent acceptables même s'il note, taquin, que la nourriture et le vin qu'on lui sert, quoique convenables, ne souffrent pas la comparaison avec le régime dont jouissait, selon ses propres dires, le marquis de Sade, quand la monarchie l'avait embastillé (en janvier 1789) : crème au chocolat, poulet gras aux marrons, poularde aux truffes, pâté de jambon, marmelade d'abricots…

Maurras est élargi en juillet 1937 : cinquante mille personnes célèbrent sa libération au Vélodrome d'Hiver. Moins d'un an plus tard, nouveau moment de gloire : il entre à l'Académie française. C'est une double revanche : sur son passé récent de condamné et sur son échec à rejoindre le quai Conti, quinze ans plus tôt. Pour succéder à Paul Deschanel, on lui avait alors préféré, pour des raisons manifestement politiques, un obscur ancien gouverneur général de l'Algérie, Célestin Jonnart, auteur de quelques préfaces et discours. La vengeance des royalistes avait été cruelle. Après avoir fait publier ses « œuvres complètes » sous la forme d'un livre composé de pages blanches, les Camelots du Roi avaient, le jour de sa réception sous la Coupole, fait défiler dans les rues de Paris un âne déguisé en académicien et flanqué d'une pancarte portant son nom. Ils avaient ensuite publié le nom de ceux qui avaient voté pour Maurras en récupérant les bulletins de vote dans les poubelles de l'Académie : les maréchaux Foch et Joffre, Henry Bordeaux, Paul Bourget, Maurice Barrès, Anatole France, René Bazin, monseigneur Baudrillart et René Boylesve. Certains d'entre eux en avaient été gênés : c'est depuis ce jour que les bulletins de vote utilisés lors de l'élection d'un Immortel sont consciencieusement incinérés…

Honoré de rejoindre une institution séculaire créée par son cher Richelieu et symbolisant « la France éternelle », Maurras y pénètre armé d'une épée qui résume dans ses grandes lignes ce qu'il est et ce qu'il pense. Sainte Geneviève, patronne de Paris, y figure en motif principal, debout sur une nef défendant la cité contre les Barbares de l'Est. Elle s'appuie sur un écu où se distinguent six fleurs de lys et d'où s'échappent des grappes de fruits (taillées dans des pierres précieuses), qui symbolisent l'abondance des terres de Provence et de France. Figurent aussi une décoration hellénique, sa maison de Martigues et le château de Versailles devant lequel trône la statue équestre de Louis XIV…

Au service du Maréchal

Pas plus l'annonce du pacte de non-agression du 23 août 1939 entre l'Allemagne nazie et la Russie soviétique que la guerre qui éclate en septembre 1939 ne sont, pour Maurras, des surprises. La débâcle de mai-juin 1940 non plus ? Au regard de ses craintes maintes fois exprimées sur le réarmement inexistant ou trop lent de la France face au danger allemand depuis le Front populaire, on peut le supposer. Quant à l'effondrement de la IIIe République au « bénéfice » de la défaite, elle ne lui procure ni joie ni satisfaction. C'est ce qui le différencie des bolcheviks de 1917 œuvrant à la défaite militaire de la Russie pour que s'effondre le tsarisme : « Ce n'est pas nous qui aurions désiré une guerre malheureuse pour renverser un pouvoir, même incompétent, dangereux et ruineux. » Et s'il emploie à l'époque l'expression « divine surprise », ce n'est certes pas pour saluer la défaite ni même la chute d'un régime honni mais le fait que les Français, par le vote des parlementaires élus pourtant en 1936, au moment du Front populaire, aient cru sage (à quatre-vingts exceptions près) de remettre le sort de la France entre les mains du maréchal Pétain. C'est-à-dire à l'homme qui, par son statut et son histoire personnelle, présente *a priori* les garanties les plus sûres pour négocier le mieux possible les intérêts d'une France écrasée par les tanks et les avions allemands. Et, qui sait ?, pour permettre à terme le redressement de la France – le vieux soldat a promis de refaire une armée et une marine. Là et seulement là réside le miracle, « la divine surprise ».

Et si Pétain était aussi ce providentiel général Monk que Maurras appelle de ses vœux depuis plusieurs décennies ? Et si le régime de Vichy, au sud de la ligne de démarcation, en zone non occupée, mettait en œuvre cette société traditionnelle élaborée par le théoricien monarchiste ? La présence de ministres proches de l'Action française, la promesse de créer une organisation du travail corporatiste, la promotion de valeurs vantées par l'AF (travail, famille, patrie, notions ayant par ailleurs constitué avant guerre la devise du mouvement d'anciens combattants les Croix de Feu puis du Parti social français, dirigé par le colonel de La Roque qui, après un passage à Vichy, rejoindra la Résistance avant d'être arrêté et déporté en Allemagne) sont autant de signes qui laissent croire possible une telle perspective. Surtout après décembre 1940, quand le maréchal Pétain chasse Pierre Laval du gouvernement ainsi que le lui avait suggéré quelques mois plus tôt Maurras, par ailleurs très hostile à la création d'un parti unique, comme le réclame l'ancien socialiste devenu proallemand Marcel Déat : « Ne jouons pas la comédie de l'Européen, c'est français que nous sommes. Nous ne gagnerons rien à fournir des rallonges à la conception du vainqueur. Les chiméristes qui s'y appliquent étourdiment se trompent de temps et d'objet. Ils le paieront », écrit Maurras, dont les livres et le journal sont interdits de lecture à Paris. Cible régulière des journaux collaborationnistes, désigné comme « ennemi de l'Allemagne » par les représentants du IIIe Reich comme Otto Abetz, Maurras a par ailleurs vu son neveu et fils adoptif, Jacques, être arrêté et interné dans un camp de l'autre côté du Rhin.

Les relations personnelles entre le chef de l'État français et celui de l'Action française, que seulement douze ans séparent, sont tout sauf étroites. Durant toute la guerre, ils ne se verront que trois fois, bien que Maurras, installé à Lyon dès l'automne 1940, ne soit géographiquement guère éloigné de Vichy. Il ne reçoit la francisque qu'en mai 1943 (deux mille en ont déjà été décorés avant lui) et fait publiquement connaître ses réserves sur l'idée, diffusée par la propagande de l'État français, que la France aurait des péchés à expier. De son côté peu sensible à l'idéal monarchiste, Pétain refuse la proposition d'ajouter trois fleurs de lys au drapeau tricolore et éconduit en août 1942 le comte de Paris se proposant de lui succéder.

Trois mois plus tard, l'Allemagne envahit la zone libre après le débarquement allié en Afrique du Nord et la prise d'Alger par les résistants. Maurras a l'occasion de rejoindre l'Algérie. Certains de ses fidèles l'y encouragent. Il refuse, estimant criminel d'abandonner la France et son chef dans ces heures tragiques. Une attitude que de nombreux monarchistes ne comprennent pas. S'ils admettaient à la rigueur la thèse d'un Pétain préservant tant bien que mal l'idée d'une souveraineté nationale dans la zone non occupée, elle est désormais caduque. La « vichysto-Résistance » n'est plus possible, estiment-ils, dans un pays entièrement sous la botte nazie. Et de rejoindre, pour ceux qui ne l'ont pas encore fait, Londres ou Alger, avec le sentiment bien ancré d'être fidèles à leurs convictions maurrassiennes. Et d'observer avec désarroi, tristesse ou colère leur vieux maître germanophobe refuser de condamner la notion de collaboration (« Pas d'opinion. L'hérétique, disait Bossuet, est celui qui a une opinion »), approuver la création du Service du travail obligatoire et de la Milice[1], accepter sans sourciller le retour au pouvoir de Laval, renvoyer dos à dos Anglais et Allemands au nom de la défense de « la France seule » (slogan publié chaque jour en manchette de *L'Action française*), dénoncer le général de Gaulle, qui a pris « la résolution criminelle d'aller à l'Étranger, y servir l'Étranger sous la fausse couleur de servir la France ».

Ces hommes désolés depuis juin 1940 ou novembre 1942 – Daniel Cordier, secrétaire de Jean Moulin, Gilbert Renault, alias colonel Rémy, fondateur de la confrérie Notre-Dame, le duc de Choiseul-Praslin, Paul Dungler, fondateur du réseau Martial, Jean Eschbach (réseau Ajax), Claude Lamirault (réseau Jade-Fitzroy), le père de Nauroy, aumônier du commando Kieffer, le colonel Dutheil de La Rochère, fondateur du réseau du Musée de l'Homme et très vieil ami de Maurras qu'il est un des rares à tutoyer, Jacques Renouvin, chef des groupes francs de combat, qui mourra à Mauthausen, etc. – se retrouvent à peu près tous dans le propos de Georges Bernanos en 1943, plus féroce et cruel que jamais depuis son exil brésilien : « Royaliste, c'est un nom que j'ai toujours porté. Aujourd'hui,

1. Milice qu'il critiquera ensuite : voir à ce sujet la plaidoirie de Me Goncet, p. 1139 *sq.* de la présente édition.

malheureusement, ramasse ce nom-là qui veut et nous le voyions depuis quelques années planté de travers sur certaines têtes de traîtres qu'il faudra décoiffer d'un soufflet avant de les couper. »

Victime, en avril 1943, à soixante-quinze ans, d'une congestion cérébrale qui diminuera durablement sa santé, plus sourd que jamais, mal informé de la marche du monde (il est sincèrement persuadé que la France Libre est manipulée par Moscou), enfermé dans l'écriture quotidienne de son article pour *L'Action française* (« sa cage de verre », selon le romancier Michel Déon qui est alors son secrétaire), Maurras traverse les mois qui le sépare de la libération de la France dans une grande souffrance. Sa terreur : voir une guerre civile ou une autre occupation succéder à la situation actuelle de la France. D'où son hostilité de principe à un débarquement allié sur le territoire national – fût-il synonyme du départ des troupes allemandes.

Le 8 septembre 1944, trois jours après la libération de Lyon qu'il a lui-même célébrée avec force bouteilles chez un ami et en faisant accrocher un drapeau bleu-blanc-rouge sur la façade de l'Action française, il est arrêté tandis que la presse résistante se déchaîne contre lui, relayant François Mauriac et le Conseil national de la Résistance qui l'ont désigné comme l'inspirateur du régime de Vichy. Il est interné au fort de Montluc puis à la prison Saint-Paul – Saint-Joseph.

Son procès débute en janvier 1945 devant la cour de justice du Rhône, à Lyon[1]. Toute sa défense consiste en une justification globale – politique et morale – de son engagement en faveur du maréchal Pétain. Et au rappel de son antigermanisme depuis quarante ans, ce qui, à ses yeux, le lave de tout soupçon d'intelligence avec l'ennemi. Aux généralités qu'il expose, l'accusation oppose des faits précis (en l'occurrence : ses textes) auxquels il s'attache à répondre pied à pied. Ses articles dénonçant le Débarquement, les gaullistes et les communistes ? Selon lui, il existait sûrement d'autres moyens pour chasser les Allemands que celui consistant à bombarder des villes de France et à imposer aux civils de nouvelles souffrances en les prenant « en otages ». Ses dénonciations *ad hominem* comme celles de Francisque Gay ou de la famille Worms ayant abouti à des interventions de la Milice et de la Gestapo ? Les indications, imprécises, voire fausses, contenues dans ses articles ne sauraient être considérées comme responsables des événements tragiques qui ont suivi, arguent les défenseurs de Maurras. D'ailleurs, soulignent-ils, Francisque Gay a échappé à son arrestation (il était en voyage le jour de la perquisition de son domicile parisien) et Pierre Worms (père de l'écrivain et résistant Roger Stéphane), recherché depuis un an par la Milice et dont le directeur de l'Action française avait signalé qu'il se trouvait sans doute sur la Côte d'Azur (espace relativement vaste), a été arrêté (puis tué) avant la parution

1. Voir p. 1109 de la présente édition.

de l'article incriminé (même si l'annonce de sa disparition est intervenue plusieurs jours après). Et pour des raisons apparemment plus crapuleuses que politiques : ses deux assassins recherchaient les bijoux de son frère... Pour autant, tranchera le président du tribunal, Maurras pouvait-il ignorer que dénoncer un Juif en février 1944 était le promettre à l'arrestation, la spoliation, la déportation, voire la mort ?

Après une heure et quart de délibération des jurés durant laquelle Maurras récite à ses proches « Le songe d'Athalie » de Racine (« ses malheurs n'avaient point abattu sa fierté »), le jugement de la Cour est prononcé le 27 janvier 1945. En vertu de l'article 75 du code pénal, le penseur royaliste est condamné pour « avoir entretenu des intelligences avec une puissance ennemie ou avec ses agents afin de favoriser les entreprises de cette puissance contre la France ». La pire des sanctions vient d'être prononcée pour celui qui prétend défendre l'identité, l'histoire et l'honneur de sa nation depuis un demi-siècle : la trahison. Des « circonstances atténuantes » lui ont été reconnues : il n'est pas condamné à mort mais à la réclusion à perpétuité et à la dégradation nationale. « C'est la revanche de Dreyfus ! », s'exclame-t-il à l'énoncé du verdict, faisant référence, par ces mots, à la fois à la ressemblance entre les deux condamnations (dans leurs motifs comme dans leurs peines), mais aussi à la conviction qu'il paye, par ce procès « politique », le prix de haines entretenues depuis l'Affaire. Même le très gaulliste François Mauriac tique : « Intelligence avec l'ennemi ? C'est bien la seule forme d'intelligence qu'il n'ait jamais eue. »

Interné au régime d'isolement strict à Riom (non loin de Vichy...), puis à la prison de Clairvaux après mars 1947, Maurras lit beaucoup : Proust mais aussi Churchill, Marcel Aymé et de jeunes auteurs en devenir comme Kléber Haedens ou Roger Nimier (qui lui dédie son roman *Perfide*). Il écrit, aussi. Des réponses à l'abondant courrier qu'il reçoit ; des articles sous pseudonyme pour *Aspects de La France*, l'hebdomadaire monarchiste qui a succédé à *L'Action française*, interdite à la Libération ; des requêtes en révision de son procès ; des (très longues) lettres ouvertes au président de la République Vincent Auriol (*Votre bel aujourd'hui*) ; des essais ; des poèmes aux accents lyriques ou mélancoliques. Parmi eux, certains manifestent chez le vieil homme, qui a posé sur sa table de chevet des portraits de sainte Thérèse de Lisieux et du pape Pie X, un réel désir de croire (« Seigneur, endormez-moi dans votre paix certaine / Entre les bras de l'Espérance et de l'Amour »). Ce que confirmera le chanoine Cormier avec qui il multiplie les dialogues dans les derniers mois de sa vie. Il lui dédie même un de ses derniers ouvrages, *La Balance intérieure*, et lui demande, en novembre 1952, l'extrême-onction, dans une formule sans équivoque sur son ultime ralliement : « On ne termine pas sa vie par une supercherie. »

Quelques jours plus tard, le 16 novembre 1952, Charles Maurras rend son dernier souffle. Il est inhumé dans sa chère Provence, dans le caveau familial du cimetière de Roquevaire, tandis que son cœur est déposé à l'intérieur du mur du jardin de la Bastide, la maison de son enfance, chemin de Paradis, à Martigues.

En avril 1968, pour marquer le centenaire de la naissance de Charles Maurras, Gilbert Comte, alors journaliste au *Monde*, propose au directeur du quotidien que soit publiée une double page pour rappeler son parcours, son œuvre et son destin. La réponse d'Hubert Beuve-Méry fuse : « Non, pas question. Maurras, c'est comme l'espéranto, on n'en dit jamais assez de bien, jamais assez de mal. » Finalement, il revient sur sa décision et laisse Comte écrire un long article titré « Un prophète du XIXe siècle », dans lequel il compare Maurras à Marx : deux hommes figés dans leurs certitudes, à l'origine d'écoles de pensée toujours vivantes et dont les mouvements politiques créés d'après leurs théories n'ont cessé de se séparer en tendances rivales voire antagonistes tant leurs pensées auront été sources d'interprétations. En ce qui concerne le penseur royaliste, le phénomène se double du fait que le Maurras du voyage en Grèce de 1896 n'est pas le même que celui de l'affaire Dreyfus, ni celui des années 1908-1914, ni celui de la Première Guerre mondiale, ni celui des années 1930, ni celui des années d'Occupation. Maurras fut, à différentes périodes de sa vie (dont il disait qu'elle se trouvait tout entière dans ses idées et dans ses livres), réactionnaire, révolutionnaire, conservateur, moderne, passéiste, visionnaire, journaliste, écrivain, poète, pamphlétaire, romancier, païen, agnostique, chrétien, platonicien, thomiste, pascalien, comtien, socialisant, anticommuniste, pétainiste, antiétatiste, sectaire, tolérant, nationaliste, universaliste. Ses textes en témoignent. Il ne reste qu'à les lire.

AUTOBIOGRAPHIE

MAURRAS AUTOBIOGRAPHE : DU BERCEAU PROVENÇAL AUX COMBATS PARISIENS

par Martin Motte

« Le maurrassisme, c'est d'abord et surtout la réaction d'un homme devant le malheur de vivre, une thérapeutique personnelle contre le nihilisme. C'est pourquoi il n'y eut jamais, en réalité, qu'un seul maurrassien, Maurras lui-même », a écrit James McCearney[1]. Si tel avait été le cas, l'influence de Maurras sur la vie intellectuelle et politique du premier XXe siècle deviendrait incompréhensible. Mais pour excessif que soit le propos de McCearney, ses prémisses sont en grande partie fondées. Elles expliquent la récurrence des souvenirs personnels sous la plume de Maurras : qu'il traite d'esthétique ou de politique, il convoque volontiers tel ou tel épisode de sa vie à l'appui de ses démonstrations et souvent son drame intérieur y apparaît-il en filigrane.

Les écrits autobiographiques ici présentés évoquent les premières décennies de Maurras, mais ils ne sont nullement premiers dans la chronologie de son œuvre. Il a plus de soixante ans lorsqu'il publie les *Quatre nuits de Provence* et *Au signe de Flore*, plus de soixante-dix quand paraît *Sans la muraille des cyprès*. Il s'agit donc de textes de maturité ou de vieillesse dans lesquels Maurras jette un regard assez apaisé sur ses premiers tourments. Il est même capable d'en sourire, comme le suggère le titre d'un de ses derniers ouvrages, *Tragi-comédie de ma surdité* (qui aurait eu sa place ici s'il n'avait fait l'objet d'une récente réédition). Le jeune Maurras, lui, eût parlé d'une tragédie ; de fait, sa correspondance avec l'abbé Penon dévoile des abîmes de souffrance dont les textes que nous avons retenus ne donnent qu'un écho atténué[2].

* * *

1. James McCearney, *Maurras et son temps*, Albin Michel, 1977, p. 286.
2. *Dieu et le Roi. Correspondance entre Charles Maurras et l'abbé Penon (1883-1928)*, présentée par Axel Tisserand, Privat, 2007.

« Un des plus beaux textes inscrits au *cansounié* provençal » : ainsi Claude Goyard présente-t-il les *Quatre nuits de Provence*[1] (1930). L'expression est de prime abord énigmatique, car on voit mal comment ce volume de souvenirs pourrait relever d'un chansonnier. Ici s'impose un détour par le *Canzoniere* de Pétrarque : le grand poète italien y chante à la fois son amour pour Laure de Noves, les méditations qu'elle lui inspire et son cher séjour provençal, dont il fait « sa Rome, son Athènes et sa patrie[2] ». Il y a de cela dans les *Quatre nuits*, mais elles ne distinguent pas l'objet de l'amour et son cadre. La Laure de Maurras est en effet la Provence elle-même, qui lui inspira tout à la fois son esthétique et sa politique. Comme l'a bien senti Albert Thibaudet, son « action française » fut d'abord une « action provençale[3] », d'où la parenté entre la Provence telle que l'évoquait Pétrarque et la France que célèbre Maurras dans « La prière de la fin » :

> Notre Paris jamais ne rompit avec Rome ;
> Rome d'Athènes en fleur a recueilli le fruit :
> Beauté, raison, vertu, tous les honneurs de l'homme
> Les visages divins qui sortent de ma nuit...[4]

Dans les *Quatre nuits*, ces visages sont ceux d'un père trop tôt disparu, d'une mère admirable et d'une vieille bonne pittoresque, sorte de génie du lieu, puisqu'elle en parle la langue, en connaît les sortilèges et en perpétue les traditions. Au-delà, c'est tout un peuple englouti que ressuscite Maurras : graves paysans de l'Huveaune, savants ecclésiastiques, comtesses déchues mais dignes, vifs pêcheurs des Martigues paraissent tour à tour comme autant de « figurines », dit-il ; de santons, ajoutons-nous d'instinct.

De même que le chatoiement des coloris sauve les santons de la pétrification, les « figurines » des *Quatre nuits* s'animent aux accents d'une vieille chanson française, entonnent les magnifiques Noëls provençaux, se divertissent de comptines et de rondeaux. Elles rappellent en cela combien le mélomane Maurras, tombé à quatorze ans dans le morne gouffre de la surdité, se raccrocha à ses musiques intérieures pour survivre. Ici encore, Claude Goyard a raison de parler de *cansounié* : Maurras ne collabora-t-il pas à l'édition d'un recueil de chants provençaux précisément intitulé *Lou Cansounié de la Prouvènço*[5] ?

---

1. Avant-propos à la réédition des *Quatre nuits* par l'Association des amis de la maison du chemin de Paradis, Paris, 2002, p. 7.
2. Correspondance de Pétrarque citée par Mariella Angeli dans Ève Duperray (dir.), *La postérité répond à Pétrarque*, Beauchesne, 2006.
3. Albert Thibaudet, *Mistral ou la République du soleil*, Hachette, 1930, p. 230.
4. Voir p. 1202 de la présente édition.
5. *Lou Cansounié de la Prouvènço*, Avignon, Roumanille, 1903 ; rééd. Nice, Serre Classic, 2001.

À ce stade toutefois, le lecteur pressé ou obtus pourrait ne voir dans les *Quatre nuits* qu'un divertissement nostalgique, valant surtout par son atmosphère charmante et ses airs gracieux ; la même erreur a été commise à propos de la *Sylvie* de Nerval, qu'admirait Maurras. Or, si l'une et l'autre œuvre s'enracinent dans le quotidien le plus familier, elles s'élèvent par degrés vers de vastes perspectives métaphysiques. Maurras, du reste, l'indique dès le prologue en parlant de « Mémorial intellectuel » : s'agissant de nuits, la connotation pascalienne du terme est pour le moins probable.

La petite musique de ce livre ne doit donc pas faire illusion. Elle réveille les chères figures endormies, mais ce n'est pas elle qui les éternise ni les transfigure : l'éternité, la transfiguration, elles les doivent à l'amour qu'elles ont donné au jeune Charles comme à celui que leur rend le vieux Maurras – en quoi les *Quatre nuits* sont le pendant en prose du « Colloque des morts[1] », vaisseau-amiral de la poésie maurrassienne.

Les *Quatre nuits* jalonnent en outre un cheminement initiatique conduisant Maurras de la plénitude à la chute et de cette chute au début d'une rédemption. La première d'entre elles – un Noël à la Mistral débouchant sur une vision à la Bosco –, illustre le paradis extatique de la petite enfance : Charles est alors en parfaite harmonie avec les siens, avec le monde, avec Dieu. Au détour du récit cependant, un décès subit cueille le lecteur d'un coup de poing à l'estomac. Maurras poursuit comme si de rien n'était, mais cet épisode n'en annonce pas moins l'exil hors du jardin d'Éden.

La deuxième nuit voit la découverte des étoiles, promises à un avenir éclatant sous la plume de Maurras. Elle a la splendeur d'un Van Gogh, mais est aussi traversée d'antagonismes naissants, l'un opposant la chair et l'esprit, l'autre confrontant le rationalisme paternel aux traditions magico-religieuses du peuple provençal : toute la vie de Maurras se consumera en efforts surhumains pour concilier ces tendances divergentes.

La troisième nuit, qui occupe presque la moitié de l'œuvre, donne à Maurras l'occasion d'évoquer sa crise spirituelle. Elle commença classiquement par la découverte du « moi », étape angoissante pour tout enfant, parce qu'elle scelle sa séparation d'avec la totalité protectrice dans laquelle il a baigné jusque-là. Dans le cas de Maurras en outre, cette découverte déboucha sur la coexistence forcée avec un personnage extrêmement difficile à vivre, le dénommé Charles Maurras, qu'il lui fallut supporter pendant huit décennies. Il ne pouvait compter sur la foi pour surmonter ses disgrâces, l'ayant perdue dans la tourmente. Mais il reçut de sa pieuse mère le goût de « veiller de grand cœur à l'être et au réel » : ce don lui permit de remporter une première victoire sur le nihilisme durant la nuit du

1. Voir p. 374 de la présente édition.

Tholonet, qui lui fit percevoir la bonté de l'ordre cosmique et la nécessité de s'y subordonner pour trouver un commencement de paix[1].

La quatrième nuit, qui valida ce premier sursaut, eut lieu en plein jour sur des flots enténébrés par la tempête. À sa grande surprise, Maurras s'y révéla moins fatigué de vivre qu'il ne le croyait et trouva l'énergie nécessaire pour sauver trois existences. Ici joua pour la première fois le ressort qui commanda toute sa pensée et son action ultérieures : qu'il s'agisse d'arracher ses défunts à l'oubli en les éternisant par la littérature ou de protéger la Cité des fureurs de l'histoire, Maurras donna sens à sa vie en combattant implacablement tout ce qu'il identifiait aux forces de mort.

* * *

Aussi abouti formellement que les *Quatre nuits de Provence*, *Sans la muraille des cyprès* (1941) illustre bien la façon dont Maurras mobilise l'autobiographie dans le débat d'idées. Voulant démontrer que la défense de la Cité contre les barbaries internes ou externes est la première exigence de la politique, il revient sur le petit barbare qu'il était en 1882 lorsque, chef de famille de quatorze ans, il imposa à sa mère et à son jeune frère la défiguration du jardin qu'ils tenaient de leurs ancêtres. En trouvait-il laid l'ancien arrangement ? Que non pas ! C'est justement parce que sa beauté le troublait et pour le plaisir de « contrarier sa nature » qu'il désira le saccager. Il attribue rétrospectivement ce caprice aux folies de l'adolescence, mais sans doute faut-il y voir l'expression d'une tendance plus générale à la division contre lui-même qu'il confesse dans « La prière de la fin » :

> Et je ne comprends rien à l'être de mon être :
> Tant de dieux ennemis se le sont disputé !

Maurras avoue du reste ne s'être « jamais bien accoutumé à la vie, ni parfaitement reconnu » en elle. Du moins a-t-il toujours cherché à en comprendre les « lois suprêmes ». La nuit du Tholonet lui avait enseigné la soumission à l'ordre cosmique ; le remords qu'il éprouva d'avoir enlaidi un bien de famille lui enseigna la soumission à l'ordre humain, c'est-à-dire le triple respect dû aux morts (d'où devoir d'hériter), aux vivants (d'où devoir de défendre l'héritage) et aux hommes et femmes à venir (d'où devoir de le transmettre).

Sans la muraille des cyprès est un texte essentiel pour comprendre la fureur – et bien souvent l'injustice – avec laquelle Maurras combattit tous

1. Stéphane Giocanti a justement souligné ce que Maurras doit ici au discours d'Ulysse à Agamemnon dans le *Troïlus et Cressida* de Shakespeare (*Maurras. Le chaos et l'ordre*, Flammarion, 2006, p. 51-52).

ceux qu'il identifiait à la barbarie : il les détesta d'autant plus qu'il se souvenait d'avoir été l'un d'eux et sentait le nihilisme toujours tapi en lui, prêt à resurgir à la moindre occasion.

* * *

La *Confession de Denys Talon* élargit la perspective, puisque Maurras y passe de son propre nihilisme à celui de sa génération. Ce texte est extrait du *Mont de Saturne* (1950), un étonnant « Conte moral, magique & policier » qui ne pouvait être inclus dans le présent volume compte tenu de sa taille, mais dont on ne saurait trop souhaiter la réédition. Son héros, Denys Talon, est un Maurras qui aurait cédé à ses démons intérieurs : il finit apparemment suicidé, mais peut-être s'agit-il d'une mystification[1]. Toujours est-il que l'évocation de sa jeunesse rappelle assez celle de Maurras pour que ce dernier ait jugé bon de la reprendre dans ses *Œuvres capitales* ; nous suivons ici son choix, en incluant toutefois quelques pages de plus qu'il ne l'a fait.

Après un bref retour sur son enfance où réapparaît, divinité familière, la vieille bonne des *Quatre nuits*, Maurras-Talon évoque l'atmosphère dans laquelle grandirent beaucoup de jeunes Français nés aux alentours de 1870. Il en fait un tableau crépusculaire. L'idéologie progressiste qui avait jeté bas les valeurs de l'ancienne France s'avérait en effet incapable de les remplacer. La morale kantienne qu'elle promouvait, avec sa conception du Devoir comme Impératif catégorique, était trop absolue pour mordre sur le réel, ou du moins Maurras le pense-t-il (mais il n'est pas le seul, Barrès et Péguy ayant eux aussi tourné le dos aux cimes glacées de l'Himalaya kantien). Même désastre en esthétique, où la déliquescence des écoles issues du romantisme ne laissait derrière elle que « néants dénégateurs ».

Le seul principe qui échappât à la débâcle, ou plutôt qu'elle favorisât, était le principe de Plaisir : « Plaît ! Plaît pas ! ». Maurras-Talon en fut victime au plan intellectuel, incapable qu'il était de discipliner sa boulimie de savoir, comme au plan moral, car rien ne venait plus canaliser les élans de sa sensualité exacerbée : le Paris qu'il découvrit à dix-sept ans était une jungle sexuelle où toute une « nation de mal mariées, de séparées, de divorcées ou de femmes et de filles parfaitement libres » s'offrait à des jeunes gens que la « décomposition générale » avait rapprochés de leur « animalité primitive »...

La *Confession de Denys Talon* rappelle et complète à bien des égards *Les Déracinés* de Barrès. Elle livre une des clés de la personnalité de Maurras : son énergie lui a permis d'éviter le funeste destin de Denys Talon, mais

1. Le vrai Maurras semble avoir fait au moins une tentative de suicide dans ses jeunes années.

l'anarchie morale qu'il a eue en partage avec ce dernier a aggravé ses blessures intimes, et par conséquent son ressentiment contre les idéologies progressistes.

* * *

Dans *Au signe de Flore* (1931) enfin, dont nous n'avons ici retenu que la « Confession politique » initiale, Maurras raconte les débuts de sa croisade contre ces idéologies. Il évoque d'abord les convictions de ses ancêtres, offrant ainsi une intéressante étude d'histoire et de sociologie politiques, puis son éveil au débat d'idées. Né moins de quatre-vingts ans après la Révolution, il en put encore humer l'atmosphère à travers les récits familiaux : 1793 avait laissé des souvenirs épouvantables, mais 1789 éveillait une certaine sympathie. Maurras y insiste, son éducation n'a pas été celle d'un « Blanc du Midi ». Il eut d'ailleurs sa crise de républicanisme chrétien « doublée d'une fameuse crise de romantisme littéraire », précise-t-il, et dont il n'est pas indifférent de noter qu'elle correspondit au début des tourments évoqués dans la troisième des *Quatre nuits de Provence*.

À ce mysticisme révolutionnaire succéda un double agnosticisme religieux et politique. Mais dès lors que sa vocation était de lutter pour la préservation de la Cité, Maurras ne pouvait se satisfaire d'une posture de « contemplateur demi-bouddhiste » : il lui fallait découvrir les conditions de durée et de prospérité des sociétés qui, à la lecture de Taine, Le Play, Renan et quelques autres, lui apparurent vite incompatibles avec les dogmes de 1789. Deux souvenirs obsédants l'ancrèrent dans cette conviction, celui de l'invasion prussienne de 1870, celui de la Commune de 1871. Pour conjurer le retour de pareilles menaces, il fallait en effet un pouvoir fort. Or, ce que Maurras observait autour de lui le portait à croire que la IIIe République n'était pas à la hauteur du défi : non seulement elle s'enfonçait dans les scandales, mais elle ouvrait la France à l'immigration juive d'Europe centrale et orientale, dont Maurras pensait déjà qu'elle représentait une menace pour la cohésion nationale[1].

Dans le même temps, la IIIe République restait sourde aux revendications régionalistes et décentralisatrices du Félibrige, auquel Maurras, travaillé par la nostalgie de sa Provence, avait adhéré après son installation à Paris. Mais il eut tôt fait de constater que les félibres parisiens ne prenaient pas au sérieux ces revendications. Le Félibrige n'était à leurs yeux qu'un passe-temps littéraire, pas un engagement politique, et pour cause : la plupart d'entre eux étaient trop liés au régime pour en contester le centralisme. De surcroît, constatait Maurras lorsqu'il revenait sous son ciel natal, les

1. Nous reviendrons sur les tenants et les aboutissants de l'antisémitisme maurrassien dans nos introductions aux parties « Esthétique » et « Politique » du présent volume.

Provençaux de Provence eux-mêmes étaient peu conscients des bienfaits que leur eût apportés un statut d'autonomie. Celui-ci ne pouvait venir d'en bas : il fallait donc qu'il vînt d'en haut, mais on ne pouvait compter sur la IIIe République pour cela.

Maurras en était là lorsque *La Gazette de France*, au printemps 1896, l'envoya en Grèce pour couvrir les premiers Jeux olympiques de l'ère contemporaine. Ce voyage, affirme-t-il dans *Au signe de Flore*, transforma son dégoût de la République en adhésion positive à la monarchie, car il lui fit toucher du doigt le recul international de la France, supplantée en mer par la Grande-Bretagne et en Europe continentale par l'Empire allemand. Or, dans ces deux pays, la continuité des fonctions vitales de l'État était assurée par une monarchie…

Nous n'avons pas repris la suite d'*Au signe de Flore*, où Maurras raconte par le menu son engagement antidreyfusard et les débuts de l'Action française. Son interprétation de l'Affaire, souvent captieuse, eût nécessité un appareil critique fort lourd pour un bénéfice modeste, puisqu'on ne manque pas d'excellents livres sur la question : citons en particulier celui de Bertrand Joly qui, au rebours d'une historiographie trop prisonnière des aspects mémoriels de l'Affaire, montre qu'elle fut essentiellement le produit et le cache-misère de la déliquescence institutionnelle propre à la IIIe République[1]. Quant à la fondation de l'Action française, elle a été minutieusement étudiée par Laurent Joly[2].

Dernière précision avant de laisser le lecteur s'aventurer dans les écrits autobiographiques de Maurras : procédant d'une relecture *a posteriori* des événements, ils ne doivent pas être pris pour parole d'Évangile. Il est clair en particulier que Maurras intellectualise et schématise trop son évolution vers la monarchie. En fait, elle dut beaucoup aux opinions de son milieu et n'eut pas la linéarité qu'il lui prête rétrospectivement. Mais ces reconstructions plus ou moins conscientes ne sont-elles pas de règle en matière autobiographique ?

1. Bertrand Joly, *Histoire politique de l'affaire Dreyfus*, Fayard, 2014.
2. Laurent Joly, *Naissance de l'Action française*, Grasset, 2015.

PROLOGUE

La journée va finir sans flammes, j'ai prié qu'on n'allumât point[1]. Que le soir monte avec ses fumées incertaines : le détail, l'accident, l'inutile y seront noyés, il me restera l'essentiel. Ai-je rien demandé d'autre à la vie ?

Donc, çà et là, dans ses transparences divines, traversées de soudaines opacités, le Soir léger et pur se rend, peu à peu, à la Nuit. Sur la pente gauche du ciel, le croissant couleur de perle s'élève, glisse, coule à l'autre versant, pareil aux concessions d'une rêverie fatiguée qui se replie sans hâte et ne faiblit pas sans honneur. Cette face souffrante pourrait décliner en silence. Mais l'accent de sa flamme morte insiste, de très haut, et m'impose, en quelque manière, le ressouvenir du refrain d'un beau chant entendu, il y a de longues années, et qui n'a rien perdu de sa force sur ma pensée. Ses délices renaissent, leur voix remplit mon ciel, devenu tout entier musical et sonore :

Va, mon ami, va,
La lune se lève !
Va, mon ami, va.
La lune s'en va ![2]

L'astre, étonné, a fait une halte apparente. Ma veille est suspendue aussi, mais non le cours de mes pensées qui se précipitent, et les petits

1. Cette première phrase est composée de deux octosyllabes, soit seize pieds. Or, l'étoile figurant sur le blason des comtes de Baux, censément héritée du roi-mage Balthazar qu'ils revendiquaient pour leur ancêtre, comptait seize rais : la tradition félibréenne y voit la préfiguration de l'étoile à sept rais, emblème du Félibrige (car en numérologie, 16 = 1 + 6 = 7). Maurras, féru de littérature allégorique, a donc dissimulé un symbole éminemment provençal dans l'*incipit* des *Quatre nuits de Provence*.

2. Chanson traditionnelle d'origine bretonne et poitevine, reprise par de nombreux interprètes au XXe siècle.

flots qu'elles roulent valent en nombre et en vertu les parcelles étincelantes dont l'éther est criblé.

Le glissement lunaire reprend. J'ai quitté la fenêtre d'où je le regardais, et m'éveille sur ma terrasse provençale[1], un peu scandalisé du temps que je dissipe à subir la révolution nocturne des songes : car je les reconnais pour de simples échos du passé.

Qu'on leur pardonne, ainsi qu'à moi ! Ces hôtes anciens d'une mémoire minutieuse et tenace ont d'abord été convoqués, s'il m'en souvient, comme les témoins du mouvement originaire de ma pensée : ils comparaissent devant moi pour m'aider à écrire un Mémorial intellectuel. Mais je vois bien qu'ils se moquent des témoignages et ne sont animés d'aucun désir étranger à leur joie de vivre ou plutôt de survivre.

N'étant plus rien que ce qu'ils sont et ne voulant rien d'autre, ils marchent et ils parlent, ils pleurent et ils rient sur le théâtre intérieur sans autre objet que de reparaître tels qu'ils furent, non sans se retourner de temps en temps, pour me dire qu'il ne m'est pas permis de *les laisser mourir*.

Pas plus que moi, ils ne s'étonnent de leur étrange résistance aux forces de ruine[2]. Ils sont fidèles, étant vivaces, et me remplissent à mon tour de l'horreur d'un oubli qui doit les coucher avec moi. C'est pour cela que je redis à mes homuncules[3] si vifs, en les dévisageant et en les nommant un par un :

Va, mon ami, va.

Un seul point me surprend, le charme que je trouve au jeu de mes ombres heureuses.

Mais rien n'en délivre mon cœur, il est le prisonnier de ces figurines d'enfance que durant un demi-siècle je me suis montrées, racontées et presque chantonnées, à moi, il est vrai, pour moi seul…

Va, mon ami, va,
La lune s'en va !

Qu'elle aille ! Seulement ne la suivez pas, vous autres, vieux amis, condamnés à passer comme elle ! Restez, attendez, revenez, pour revivre et briller, pour me baigner encore, pendant ces quelques nuits, d'un rayon du jour éternel.

1. Celle de la bastide du chemin de Paradis, à Martigues.
2. Thème central de l'esthétique comme de la politique maurrassienne.
3. Petit homme.

PREMIÈRE NUIT : L'ENTHOUSIASTE

Ceci remonte à l'âge où je ne connaissais en somme que le jour.

La première note contraire m'est venue d'une lampe de porcelaine blanche que mon père aimait beaucoup, car il n'en voulait point d'autre pour travailler.

En même temps que le verre de vin de Bordeaux qui lui servait de goûter, notre vieille bonne la lui montait au bureau du premier étage, dès que nous revenions du chantier des navires où j'avais joué tout l'après-midi[1]. La petite flamme très pure tournoyait lentement sur l'escalier monumental, qui m'initiait aux premières ombres. Bien que, en ces temps reculés, l'on me couchât avant le repas du soir, je n'ignorais pas que mon père ne laissait à personne le soin de redescendre cette chère lumière. Je l'avais vu, une fois ou deux, la déposer sur la table d'un air heureux. Ce devait être à certains jours de fête oubliés : on m'asseyait, je mangeais ma soupe, on m'envoyait au lit, mais, en suivant Sophie après avoir embrassé père et mère, je disais au revoir à l'urne translucide d'où pointait la petite langue dorée qui faisait la guerre aux ténèbres.

C'est sans doute pourquoi ma veillée du 24 décembre 1873 apporta une déception. La table était chargée de gâteaux et de fruits : raisins secs, raisins frais, dattes, nougats, amandes, azeroles, jujubes[2]. Mais la lampe n'y était point : à sa place, deux longs flambeaux de cuivre, plantés de tristes cierges comme je n'en avais vu que sur les autels.

Ma mère a senti mon regard. Elle dit gravement :

— C'est pour la bénédiction du feu.

Je demande :

— Pourquoi ?

1. Allusion au port de Martigues.

2. Amorce des fameux « treize desserts » provençaux de Noël, dont le nombre ne semble pas avoir été fixé avant les années 1920.

— Pour la Noël, le feu nouveau[1].

Elle s'est assise. Mon père est à sa droite. Moi, à gauche, agité de pensées auxquelles toute certitude manquait.

Oh ! je savais par cœur que le fils de Dieu était né cette nuit, et que j'allais le voir entre le bœuf et l'âne, les bergers et les rois. J'étais admis à la fête, parce que j'étais grand et que je lisais les lettres fines du journal. Mais la vague solennité imprimée à toutes les choses me pesait. J'en éprouvais un tel souci que les gourmandises nombreuses me tentaient sans trop m'appeler.

Mais, comme Sophie apportait la grosse anguille dorée au four, que l'on sert, aux veilles de Noël, dans nos ports de pêche[2], je m'étais mis à considérer un certain flacon de muscat avec beaucoup d'amour, et Sophie voulut bien m'en verser un travers de doigt, contre la règle qui réserve le vin doux pour la fin. Ma mère la blâmait, mon père en souriait, mais le feu de l'éclair brillait et courait déjà dans mes veines : je le compare encore à de rapides alternances de lune et de soleil, or liquide, argent vif, qui me chauffaient le cœur, me déliaient l'esprit et d'un seul coup m'ouvraient la conscience et la mémoire toutes grandes. Je suis sûr de n'avoir rien oublié des conversations qui suivirent, et, malgré tant d'années, je les redirai mot pour mot.

Cette extase visible avait mis d'accord mes parents. Ils riaient tous les deux et se rappelaient l'un à l'autre la tribu des petits cousins qui récoltaient ce vin doré et nous l'avaient cédé bon prix. C'étaient des Maurras comme nous. Ils vivaient au lieu dit des Baraques, au Pont de l'Étoile, près de Roquevaire, au bord de l'Huveaune.

Tout Martigues parlant de l'arrivée du nouveau doyen, mon père dit :

— Il est bien jeune, ton curé.

Ma mère répondit :

— C'est un beau défaut, il s'en corrigera tous les jours.

Mon père :

— Il le faudra bien.

Au bout d'un temps :

— Il me paraît enthousiaste.

Le sourire d'accord parfait, à peine revenu, fut troublé, sans pitié, d'une voix perçante :

— Dis, qu'est-ce que c'est qu'enthousiaste, papa ?....

Je m'adressais à lui, dès que je le pouvais, comme à un trésor d'explications, toujours prêt à se répandre sur mes curiosités rallumées. La veille, sur la route, au retour de la promenade, deux chasseurs m'ayant intrigué,

1. Christianisation des anciens rites du solstice d'hiver dans laquelle le feu, signe du renouveau solaire, devient symbole de la naissance du Sauveur. Cette fusion de l'héritage païen et de la théologie chrétienne est omniprésente dans la culture provençale.

2. Traditionnellement, le repas du 24 décembre ne comportait pas de viande.

l'un par la forme de son fusil, l'autre par un cerceau de couleuvres sanguinolentes qu'il portait au bout d'un bâton, mon père prit l'arme, l'ouvrit, la démonta et me donna l'idée du chargement par la culasse avec une clarté que je n'y mettrais pas aujourd'hui. Passant aux reptiles, que je ne connaissais que par mon arche de Noé, il m'en fit l'histoire naturelle en quelques mots dont le sens brilla et dura.

Ces leçons mémorables me remplissaient de confiance, de courage, d'avidité. Mais est-ce qu'enthousiaste allait être plus difficile à expliquer que fusil Lefaucheux[1] ou serpent ?... Quatre yeux, inquiets jusqu'au désespoir, semblaient accuser le questionneur d'exigence. Mon père, soucieux, méditait-il le vers d'Ovide :

Est deus in nobis, agitante calescimus illo[2] ?

Le dur, c'était de l'expliquer. Moi, j'étais bien tranquille, car enfin mes parents avaient employé ce mot, ils devaient savoir ce qu'il voulait dire !

La réponse vint. Claire ?... Un peu moins que d'habitude, d'abord.

Mon père commença par me regarder de côté et même en dessous, en assurant qu'il répondrait dès que je lui aurais répondu :

— Que dis-tu au Bon Dieu avant de te coucher ?...

Je récitai sans faute :

— « Mon Dieu, je vous donne mon cœur, donnez-moi le vôtre, rendez le mien semblable au vôtre. »

— Et alors, dit mon père, qu'arrive-t-il ?...

— Je ne sais pas.

— Tu le sais très bien. Quand tu as bien fait ta prière, le lendemain tu es bon et sage, et tu as plaisir à l'être. Ton bon ange est content, tu es content comme lui : tu es gentil avec ta mère, avec moi, avec Sophie, avec ta marraine, avec Marie de l'Enclos, c'était la paysanne, avec Baptistin, son mari, avec Michel et Maria, leur fils, leur fille, avec Fidèle, Tom, nos chiens, avec Pattelon, mon chat, avec tout le monde.

Cette énumération me plaisait sans me plaire et me donnait le sentiment qu'enthousiaste était loin ; on m'amusait : voulait-on me le faire oublier ? Ma petite figure devait se contracter, je le sentais bien !

Mon père reprit :

— C'est alors que le Bon Dieu t'inspire toutes sortes de bonnes idées. S'il t'envoie un pauvre ou s'il s'habille en pauvre lui-même et que tu lui portes notre sou, tu en ajoutes un de ton fonds, et son remerciement te fait sauter de joie.

— Alors, « ENTHOUSIASTE », c'est mon bon ange, dis ?...

— Un peu, pas tout à fait.

---

1. Armurier français du XIXe siècle.
2. « Il est un dieu en nous, c'est lui qui nous anime » (Ovide, *Fastes*, VI, 5).

C'était justement là le type de réponse qui m'exaspérait.

— Ou bien, est-ce comme mon pauvre frère Romain qui est au ciel[1] ?…

— Pas tout à fait non plus. Ton frère et ton bon ange te bénissent quand tu es ainsi, mais ton EN-THOU-SIAS-ME est en toi, il est à toi, ne vient que de toi et du Bon Dieu qui est partout, même dans toi ; c'est ce qu'il faut que tu comprennes.

Je ne comprenais pas très bien.

Pour mieux serrer le mot et la chose, il parla alors de mes transports. Nous appelions ainsi les grands élans que je prenais pour lui sauter au cou, le bond que je faisais pour voler dans les bras ouverts de ma mère.

— Alors, dis-je, Monsieur le Curé fait des transports ?…

Si jeune que fût ce curé, j'avais peine à me le figurer sautant au cou de qui que ce fût.

— Non. Ce que tu nous fais parce que tu nous aimes, un prêtre enthousiaste le fait vers le Bon Dieu. Il le fait sans remuer, en priant, en Le regardant.

J'ouvrais de grands yeux. Ma mère suivait le dialogue et le surveillait attentivement. J'ai su depuis que mon père était loin d'égaler ou même de partager sa foi. Satisfaite et ravie, presque étonnée du tour qu'avait pris la leçon, mais doutant que j'eusse compris, elle accourut à l'aide.

J'avoue que ses paroles ne me parurent saisissables que par degrés. Il me souvient des mots, confusément du sens. Elle parlait de la bonté qui, animant les hommes de bien, par exemple un bon prêtre, le mènent si loin et si haut qu'il en perd de vue les petits morceaux de boue de la terre…

Ces termes figurés m'auraient laissé perplexe si l'accent de sa voix ne m'eût fasciné, d'autant mieux que le geste des mains, dont elle accompagnait l'admirable éclair de ses yeux, semblait verser, comme eux, des pointes de belle lumière. Ce geste ascendant et rythmé, qui partait de son cœur et qui s'élargissait en forme de gerbe, me rendait à peu près sensible l'acte du bon curé qu'un feu intérieur jetait à la poursuite et à la conquête des autres cœurs ; mais, s'élevant tout seul, pour montrer le chemin, il s'arrêtait pour leur faire signe et retourner vers eux comme la pointe du jet d'eau qui retombe dans le bassin.

… On est prié de me pardonner ces longueurs manifestes, qui me sont douces. Les lentes arabesques dessinées sur le mur par le mouvement musical des mains de ma mère s'échappaient et se délivraient en spirales légères qui me soulevaient avec elles, plus haut que le toit des maisons, la cime des collines, des clochers et des tours. Ainsi me sentais-je ravi au rendez-vous supérieur de toutes les merveilles entendues, lues et peintes, que j'appelais tout bas *le ciel* : beau ciel qui tantôt se brisait contre le

1. Ce frère était mort à deux ans peu avant la naissance de Charles Maurras. Noter l'adjectif « pauvre », synonyme de « défunt » en Provence et dans d'autres régions du Midi.

plafond de la salle, tantôt le perçait et l'ouvrait pour laisser voir la Vierge habillée de rayons qui donnait le sein au petit Jésus : notre jeune curé était agenouillé avec dévotion devant elle, et toute la paroisse derrière lui.

Que fallait-il de plus ?... J'avais voulu savoir : savais-je, ne savais-je pas ?... Le muscat aidant, je m'endormis de tout mon cœur.

Quand je rouvris les yeux, la Crèche, qu'un rideau m'avait cachée tout à l'heure, brillait de nombreuses lumières ; les rangs de petits cierges alternaient avec des soucoupes où germait le blé vert[1]. Des tapis de mousse profonde figuraient la prairie devant l'étable et le berceau, un blanc nuage de farine jouait le champ de neige, et des miroirs, semés de-ci de-là, annonçaient le gel des ruisseaux. Un peuple de statuettes rustiques apportait ses présents à l'Enfant Jésus, et, devant lui, Sophie psalmodiait à demi-voix des Noëls dont je reconnus certains couplets : celui de l'hôtelier qui refusa d'ouvrir à la Vierge et à saint Joseph parce qu'il s'était déjà levé trois fois ; le Noël des Rois Mages sur leurs chameaux chargés de gardes du corps et de pages ; enfin le Noël de la décision, le plus beau, celui qui met en marche les bergères et les bergers en chœur,

À Betelèn
Tóutis ensèn ![2]

L'air uniforme auquel étaient pliées toutes les chansons de Sophie mettait ma mère en belle humeur.

— C'est, dit-elle, *Femme sensible* sur l'air de *Malbrouck*[3].

Elle me prit sur ses genoux et me fit croquer une datte dont elle avait enlevé le noyau, qu'elle tournait et retournait, devant mes yeux vagues, pour me faire admirer un petit O sur le revers.

— Cet O est marqué là, dit-elle, depuis la halte sous le palmier, dans la fuite en Égypte[4]. Quand le petit Jésus aperçut les beaux fruits, il se mit à crier : « O ! O ! »

Je ne sais si l'historiette satisfaisait mon père. Il exposa des vues assez précises sur mon éducation. Bien que je n'eusse pas six ans (on disait : six ans moins un quart), le jeune curé lui avait promis de me mettre bientôt au latin.

1. Aujourd'hui encore, les Provençaux mettent du blé à germer le jour de la Sainte-Barbe (4 décembre) : le 24, il est disposé devant la crèche, sur la table du réveillon, voire sur le rebord extérieur des fenêtres. Il s'agit d'une christianisation de rites agraires païens, le renouveau de la nature devenant symbole de la naissance du Christ.

2. « À Bethléem, tous ensemble ! » : thème commun à plusieurs noëls provençaux depuis Micoulau Sabòli (Nicolas Saboly), prêtre et compositeur avignonnais du XVIIe siècle dont les œuvres sont toujours éditées et chantées en Provence.

3. *Femme sensible* figure dans l'acte II d'*Ariodante*, drame musical de Haendel, de tout autre tonalité que la chanson traditionnelle *Malbouck s'en va-t-en guerre*.

4. L'Évangile selon saint Matthieu rapporte que Joseph, Marie et l'enfant Jésus se sont réfugiés en Égypte pour fuir les desseins meurtriers du roi Hérode Ier.

— N'est-ce pas trop tôt ?... dit ma mère.

— Ce n'est jamais trop tôt. Et puis j'ai demandé aussi qu'il soit enfant de chœur. Il le sera, je l'ai été. J'y tiens. Mais je veux que, en servant la messe, il se rende un peu compte de ce qu'il chantera.

— C'est cela, reprit ma mère, il ne dira pas de sottise au Bon Dieu.

C'était un de ses grands soucis, elle ne priait qu'en français.

— Amen, dit mon père en riant.

Nous étions, ce soir-là, à dix jours de sa mort. Un coup de froid nous l'enleva, le 3 janvier[1], à soixante-deux ans. Je le revois, l'œil brillant, le rire subtil, la voix jeune. Ma mère, plus grave, m'intimidait souvent. Lui, jamais. Je n'éprouvais pas le besoin de lui faire ma cour.

Cependant, je me retournai vers elle, ayant grand soif :

— Maman, donne-moi une goutte de ta bonne eau.

Je trouvais un goût délicieux à l'eau de son verre où il ne tombait pas une larme de vin. Eus-je satisfaction ?... On commençait à me trouver bavard. Je me rendormis peu à peu.

Mais je fus réveillé encore. Il était beaucoup plus tard. La belle figure romaine de mon père s'inclinait avec une sorte d'inquiétude sur mon petit lit. Avais-je un peu trop remué ?... Des coups nombreux tombaient du clocher de l'église de l'Île, de l'autre côté du canal[2]. À la réplique, je comptai jusqu'à douze. Le doigt levé pour m'instruire encore, mon père dit :

— Minuit.

Debout dans la demi-ombre, ma mère ajouta :

— L'heure du mystère.

D'un bond, je fus sur l'oreiller :

— Qu'est-ce que c'est, l'heure du mystère, maman ?

— L'heure des loups. Va, dors !

Ils ont parlé ensemble. J'obéis. Fut-ce récompense ?... Cette nuit de Noël porta en couronne un beau rêve.

Je me revois habillé d'un costume d'enfant de chœur, aube blanche, robe rouge, calotte rouge, dans notre église illuminée, mais parfaitement vide. Sophie, me tenant par la main, me conduit à l'enthousiaste jeune curé. L'étole en croix sur la poitrine et la chape au dos, il officie pour moi seul, afin de m'apprendre à tenir, à garnir et à balancer un bel encensoir de vermeil, dont les chaînettes, entrechoquées, élèvent le son clair et pur souvent entendu à la messe – tin ! tin ! tin ! – que le Songe nomme tout bas ma leçon de Latin.

1. En 1874.

2. Martigues, dite « la Venise provençale », est une ville de canaux et d'îles. La maison natale de Maurras (à ne pas confondre avec la bastide du chemin de Paradis) donne sur le canal Saint-Sébastien ; l'église dont il est question est Sainte-Marie-Madeleine-de-l'Île.

DEUXIÈME NUIT : CHŒUR DES ÉTOILES

Comptons.

De ma Noël de 1873 à celle du bel an de Dieu 1929, comme disent nos Almanachs[1], il a bien dû couler quelque chose comme vingt mille de ces grandes nuits du Midi que Racine trouvait plus belles que les jours de Paris[2] ! En raison de mon temps d'expatriation volontaire, à peine en aurai-je connu un faible tiers.

Si je les ai quittées, me quittèrent-elles jamais ? Leur splendeur générale ni leur feu singulier n'aura cessé de se déployer sur ma vie.

Entre toutes, il me convient de n'en pouvoir oublier une, qui, dans la huitième année de mon âge, m'introduisit au ciel étoilé.

Un soir d'été, à Roquevaire, Sophie, en nous couchant, m'avait confié la nouvelle : nous irions à la Sainte-Baume le lendemain. Un char à bancs conduit par un nommé Vernis, de la Destrousse, nous chargerait de très bonne heure, sans doute au milieu de la nuit, afin d'être là-haut avant le soleil... Elle n'eût point à m'éveiller. J'avais gardé les yeux ouverts dans une pénombre embaumée où j'entendais mon jeune frère gémir, se plaindre, s'étirer...

Nous allions remonter le ruisseau sacré de l'Huveaune, nous allions voir perler et bouillonner, sous leur roche-mère, les chaudes larmes du ruisseau de la Pénitence[3]...

D'un certain magister le rat tenait ces choses[4].

---

1. L'*Armana prouvençau* (almanach provençal édité par les félibres depuis 1855) a longtemps comporté la mention *« pèr lou bel an de Diéu »* suivie de l'année considérée.
2. Racine, lettre à M. Vitart, 1662.
3. Selon la tradition provençale, Marie-Madeleine, débarquée en Camargue avec Marie Salomé et Marie Jacobé – les Saintes-Maries de la Mer –, aurait élu domicile à la Sainte-Baume (*baumo* signifiant « grotte ») pour y pleurer ses péchés, d'où le pèlerinage évoqué par Maurras. L'historicité de ces épisodes est évidemment indémontrable, mais ils attestent la christianisation précoce de la Provence.
4. La Fontaine, « Le Rat et l'Huître », dans les *Fables.*

Je tenais celles-ci de la maîtresse de pension de ma mère, ancienne amie de la famille, personne érudite et pieuse, qui, m'ayant pris en amitié, aimait à me décrire les innombrables pèlerinages de la Provence, qu'elle savait sur le bout du doigt : la Sainte-Baume la rendait d'autant plus éloquente qu'elle n'y manquait pas d'y flétrir la présence sacrilège d'une prétendue statue de la Clairon provenant du tombeau de M. de Valbelle[1]. Je buvais ces récits, m'y embrouillais un peu et finissais par faire d'étroits rapprochements entre la Pénitente éternelle, accroupie dans les bois sous le voile doré d'une chevelure brillante, et cette actrice parisienne, amie, amie coupable, du grand seigneur libertin[2]. Je savais bien laquelle était, matin et soir, transportée par les anges, mais je n'étais pas sûr que l'autre ne l'eût pas rejointe en leur compagnie. Ces mélanges d'historiette et de religion étaient si forts et si durables qu'ils se réveillèrent, aux années suivantes, quand nous recommençâmes la même excursion ; mais, à la première, tout fut dominé par un phénomène physique.

Je me frottais les yeux. Nous nous levions tous deux. Quelques petites lampes erraient autour de nous, pour éclairer, sous des angles inattendus, certains paniers de provisions, ficelés de la veille, en ligne au bas de l'escalier ; plusieurs autres étaient reconnus à tâtons. Je sentis une grosse main velue me tirer au dehors. C'était le cocher Vernis, presque irrité de nos lenteurs. En même temps, ma mère me poussait en avant. Puis, sa voix s'éleva :

— Mais regarde ! regarde !

Une fraîcheur légère et caressante nous venait de la grande porte, ouverte sur l'arc de la nuit. Je levai la tête, et reculai, plus qu'ébloui, transverbéré[3], car, de la profondeur de ces fraîches ténèbres, très loin, très haut, l'invraisemblable multitude de disques d'or, cloués sur un ciel sec et sombre, déployait, devant nous, les cercles convergents de leurs myriades de feux, et ces lumières suraiguës, ces flammes qui perforaient et qui déchiraient, étaient bien différentes des pâles feux crépusculaires que j'avais vus suinter de la paix des beaux soirs : leurs épis flamboyants poussaient comme des épées et des piques sur le tremblement de mon cœur. Quelle angoisse ! Elles étaient trop, accouraient de trop de côtés… L'universel assaut inévitable imposait, après une véritable épouvante, je ne sais quel hébétement douloureux. L'effet en était si puissant que je faillis tomber à la renverse.

1. M. de Valbelle, aristocrate provençal du XVIIIe siècle, fut entre autres l'amant de Mlle Clairon, actrice célèbre à l'époque, qu'il aurait fait représenter sur son tombeau. Ce tombeau fut détruit à la Révolution et la statue fut installée à la Sainte-Baume, où elle se trouve toujours.

2. La réconciliation de la religion et de la volupté est une aspiration récurrente chez Maurras : voir la préface du *Chemin de Paradis*, p. 135 de la présente édition.

3. Transpercé.

Sophie m'avait vu chanceler, elle crut à quelque malaise, et se frappant le front, gémit d'avoir oublié *que je craignais la voiture*. Jugeant que l'odeur du cuir et du crottin produisait déjà son désastre, elle courut à la cuisine et rapporta en triomphe le remède infaillible contre toutes les formes de mal de mer.

Rien de plus simple. Figurez-vous un gros grain de sel de cuisine replié avec soin dans un papier gris, fort rugueux. Elle le suspendit à mon cou comme une médaille, assez bas pour toucher le creux de l'estomac. En même temps, elle murmurait des paroles de dévotion (ou de magie) dont je n'ai conservé qu'une rumeur farouche et vague.

Le fait est que cela suffit. Raffermi et remis d'aplomb, je marchai comme un petit homme, pénétrai la Nuit sans effroi et m'installai dans le char à bancs comme si des millions de lieues d'espaces stellaires ne m'eussent point vidé leurs torrents de flammes dans le cerveau. Équilibre. Assurance. Possession de moi absolue.

Le remède avait donc agi. Amulette ? Imagination ? Ou quoi ? Ni les ressauts du char sur la pierraille de la montée, ni la grêle des flèches d'or qui nous suivit jusqu'au matin, ni même cette haute et lente sensation du vertige dont nous pénètre le déplacement régulier des sphères célestes ne m'imposèrent le moindre trouble physique. Mon œil ravi put suivre en paix l'essaim douloureux des globes sublimes, qui s'envolait en bon ordre au-dessus de nous. Peu à peu, devenu familier de leur majesté, je m'appliquai à reconnaître et à nommer quelques-uns de ces ornements de la Nuit dont j'avais aperçu les figures sommaires dans l'atlas de camarades plus avancés : les Ourses, la Polaire, le Bouvier sous-tendu comme un cerf-volant, Cassiopée en forme de chaise-longue, et cet interminable chemin de Saint-Jacques qui part du bas du ciel et monte en serpentant vers des hauteurs confuses dont j'ambitionnais de connaître, quelque jour, le terme et le sens. Je regardais, sondais, cherchais. Toute mon âme se perdait d'admiration, de curiosité, d'espérance[1].

Pourquoi faut-il que mes notions de la carte du Ciel aient si peu avancé depuis ? Comment ai-je pu demeurer à l'état flottant, sans accéder jamais à cette Reine des sciences[2], autrement qu'en badaud et admirateur du dehors ? Ni mon vieux maître Anatole France, ni Camille Flammarion[3], que je dévorai de bonne heure, ne réussirent à m'embaucher dans leur troupe d'initiés. Toute vie est faillite, mais entre tant de desseins que j'aurai formés, il m'est physiquement pénible d'avoir laissé tomber celui-ci.

1. Il est tentant de voir ici une transposition maurrassienne des vertus théologales du christianisme, avec reprise de l'Espérance mais remplacement de la Foi par la curiosité intellectuelle et de la Charité par l'admiration esthétique.

2. Appellation traditionnelle liée au fait que l'astronomie traite de la réalité physique la plus élevée.

3. Pionnier de l'astronomie populaire à la fin du XIXe siècle et au début du XXe.

Comme, si je tire ma montre, il m'intéresse de concevoir avec précision que les rapides de Marseille et de Paris se croiseront en un tel point, entre telles gares dont je sais les noms, il me plairait et conviendrait de savoir, à toute heure de jour et de nuit, en quelle juste maison des cieux l'inflexible étoile du Nord[1], de sa fronde certaine, lance et loge à coup sûr telle et telle constellation !

Le regret de mon ignorance s'accroît du souvenir des splendeurs généreuses qui s'étaient prodiguées à moi, du haut de la nuit : n'avaient-elles pas éloigné toute horreur, tout vertige ? substitué au trouble des yeux et du cœur les sécurités de la connaissance, les joies de la nomenclature ? et, du compte paisible de la haute merveille, éclairé déjà mon esprit ?

Mais je ne peux non plus m'empêcher de me demander si mon premier trouble eût été dissipé aussi vivement sans l'aide, le concours et la médiation du pauvre petit grain de sel de Sophie : n'est-ce pas lui qui, le premier, arrêta ma panique ? Ne m'a-t-il pas rendu la liberté, la paix de l'admiration ?

Un gris-gris ? Ce n'est pas impossible. Je ne garantis point que les paroles bredouillées par Sophie quand elle m'ajusta son collier de sel aient été absolument orthodoxes.

Et, si j'en doute, c'est à cause d'une scène de petite sorcellerie à laquelle, bien malgré elle, mais par elle, j'assistai peu après.

C'était toujours dans notre jardin de Roquevaire. Elle souffrait d'une rage de dents, tous les remèdes échouaient.

— Émilie, dit-elle enfin à la jeune bonne, vite, vite ! va dire à ta mère de m'enlever le mal aux dents. Émilie s'éloigna en courant dans la direction de la tannerie toute proche, où son père, homme barbu, nu jusqu'à la ceinture, raclait des peaux de bête dans un air empesté. Flairant quelque mystère, je demandai à accompagner Émilie, en expliquant que j'avais des coléoptères à chercher dans le tan : on n'avait qu'à fouiller un peu cette poudre d'écorce de chêne[2], pour mettre au jour de superbes rhinocéros gros comme le pouce et dont la dure élytre brune donne une idée de force géante. Cette fois, je laissai les énormes petites bêtes où elles étaient et suivis Émilie jusque chez sa mère. La patronne de la tannerie logeait au premier. Sur les murs de la salle-cuisine, étincelait, en images d'Épinal, la galerie multicolore des grands hommes de la démocratie : Gambetta, Thiers, Pelletan le père, Garibaldi, Esquiros[3], et bien d'autres...

---

1. La Polaire, toujours fixe dans le Ciel.
2. Utilisée pour tanner les cuirs.
3. Noter l'enracinement provençal de ces personnalités : Thiers est né à Marseille ; Gambetta, Eugène Pelletan, son fils Camille et Alphonse Esquiros furent députés ou sénateurs des Bouches-du-Rhône ; Garibaldi était d'ascendance génoise mais né à Nice.

— Mère, dit Émilie, Sophie a mal aux dents, il faut le lui ôter, elle m'envoie vous le demander.

La vieille femme était assise sur une chaise basse. Elle se leva lentement, jeta trois sarments sur la cendre du foyer, trois bûches sur les sarments, emplit d'eau une marmite qu'elle mit à bouillir et, au premier frémissement, y projeta trois pierres rondes… Cette absurdité me rendait béant. Elle, à croppetons, et l'œil clos, se prit à faire à toute vitesse un nombre incroyable de signes de croix à rebours, en versant, avec la même rapidité, un flot de hautes paroles incompréhensibles, qui ramenaient constamment la voyelle *a… rabla fla, rabla, fla, fla*, c'est ce que j'en ai retenu. La cérémonie fut très longue. L'eau était presque évaporée quand la sorcière, armée de pincettes, saisit les galets un par un et les rejeta derrière elle, d'un air inspiré[1].

— C'est fait, dit-elle à sa fille, le mal aux dents est enlevé, tu peux l'aller dire à Sophie. Quelques minutes plus tard, Sophie nous en faisait part elle-même.

Le grain de sel de la voiture est-il sorti du même sac que ces diableries ? Ou faut-il y voir une innocente superstition paysanne ? De toute façon je suis sûr que mon père eût énergiquement réprouvé ce recours équivoque et superstitieux : les sorciers, les enchanteurs et les diseurs de bonne aventure lui paraissaient fort à leur place dans la musique et la poésie, il les chassait implacablement de la vie. Le premier livre dont il m'eût fait présent fut un volume des *Contes* de Perrault : il faisait beaucoup de cas de ces jolies fables, mais n'eût jamais souffert qu'on négligeât de les traiter de contes faits à plaisir. Un remède de bonne femme, une histoire de revenants l'horripilaient. Avait-il tout à fait raison ? Cette haine des préjugés était-elle sans préjugé ? Il m'est arrivé de penser que notre vieille servante, accordée dans son cœur à tels secrets qui lient le monde, fidèle au merveilleux de son enfance et de son pays, n'avait peut-être pas tout à fait tort non plus contre l'homme du dix-neuvième siècle qu'elle appelait, en pleurant, *« le pauvre Monsieur »*[2].

---

1. Cette scène constitue le pendant maurrassien du chant VI de *Mirèio*, dans lequel Mistral évoque la médecine magique de la sorcière Tavèn. Dans ce contexte, l'insistance de Maurras sur les portraits des « grands hommes de la démocratie » n'est pas innocente : elle vient rappeler que les idéologies progressistes prétendant incarner la raison face à l'obscurantisme religieux ont en fait un versant occultiste (point bien documenté par Philippe Muray dans *Le XIXe siècle à travers les âges*, Denoël, 1989). Notons par ailleurs que l'on trouve encore en Provence de vieilles femmes censées pouvoir « lever le feu » par imposition des mains et récitations de prières, parfois sur recommandation d'un médecin ayant épuisé les ressources de son art.

2. Ici encore « pauvre » a le sens de « défunt ».

TROISIÈME NUIT : LES DEGRÉS ET LES SPHÈRES

Deux mois plus tard, l'heure sonnée de mes études secondaires nous conduisit dans cette ville d'Aix, que l'on appelle bonne, qu'il faudrait dire belle ; mais sa gravité me glaça. Je ne l'ai aimée que de longues années après l'avoir quittée. Il est vrai que j'ai dû finir par reconnaître à ses hautes façades, aux balcons et aux cariatides de ses vieux hôtels, plus d'une affinité avec le caractère de ma petite ville natale et, même, de façon profonde, avec les éléments de ma propre pensée[1]. Cela ne s'est éclairci que plus tard.

J'avais appris avec une véritable consternation que nous habiterions, comme mes cousins de Marseille, une tranche de maison, un étage…

— Au premier, me disait-on.

— Eh ! quoi, même pas au rez-de-chaussée ? Pas de plain-pied avec une rue, un quai, une place ?

— Mais, répondait ma mère, nous allons être sur la place des Prêcheurs.

— Est-ce une place où l'on s'amuse ?

— Tu t'amuseras au collège.

Cela m'entrait mal dans l'esprit.

Quand je récapitule ces neuf années pleines de lumière où, par la grâce d'Aix et de plusieurs Aixois, tout me fut découvert sur le plan de la connaissance, je ne puis me défendre néanmoins de noter quelle diminution cette vie nouvelle entraîna, sur un autre plan, très caché.

Jusque-là, nous avions passé à Martigues l'hiver entier, la première moitié du printemps, la seconde moitié de l'automne, nous réservions à Roquevaire le plein de la belle saison ; mais dans cette vallée de l'Huveaune, comme au bord de l'Étang de Berre, je menais une vie dont j'éprouve aujourd'hui quelque confusion à déterminer la nature.

---

1. Aix, ville aristocratique, siège du Parlement de Provence sous l'Ancien Régime et marquée par l'esthétique gréco-latine, résume de fait la vision du monde de Maurras.

D'après tout ce que j'ai pu voir, il y a peu d'enfants dont on se soit plus occupé. À la différence de mes deux frères, aîné et cadet, j'étais né chétif, maigre, hâve et de peu de poids, mais assez éveillé et décidé à vivre. Je jouais bien, me battais bien. Dans la bande nombreuse des petits garçons et surtout des petites filles qui prenaient leurs ébats, dans les après-midi d'hiver, devant la maison, sur le Quai natal[1], il y en avait peu d'aussi remuants. Je n'obéissais qu'à ma mère, mais il est vrai, au seul mouvement de ses yeux. Un de mes grands plaisirs était de la deviner ; un autre, de me faire son petit perroquet. Elle disait un soir que les autres mamans rentraient leurs poulettes et qu'elle allait rentrer son coq. Le lendemain, au couvre-feu, je n'eus rien de plus pressé que de déclamer :

— Mesdames, vous pouvez rentrer vos poulettes, maman rentre son coq.

Le coq s'était choisi une petite femme

Et lui faisait sa cour
En jouant du tambour[2].

Elle en avait mal à la tête, et s'en plaignait à fendre l'âme. Je lui disais avec passion :

— Marie, quand nous serons grands, tu te feras religieuse. Moi, je me ferai prêtre. Ainsi nous nous verrons souvent[3].

Une petite fièvre ne cessait de m'agiter, paraît-il. C'était peut-être ce qui me rendait attentif à toute chose avec un mélange d'application et d'impatience. « *T'óupiles* », me disait Sophie : tu t'acharnes ! Son opinion était que je finirais par tuer un âne à coups de figue[4].

On n'aurait fait que rire de mon mouvement perpétuel sans le mal que l'on avait à me nourrir. Je ne voulais de rien. Après un sevrage tardif, au bout duquel j'avais eu grand'peine à comprendre que mon lait avait été donné au petit Jésus, qui ne le rendrait plus, nul aliment ne me tentait. Je n'aimais ni les sucreries ni les salaisons. Il fallait la croix et la bannière ou, comme disent les Provençales, il fallait « faire pèlerin », pour m'imposer la plus insignifiante becquée. Ma mère demandait ou faisait demander presque chaque jour à nos bons voisins, les André, les Arnauld, les Granier, rangés sur le Quai près de nous, s'ils n'auraient pas à table quelque chose de bon pour son petit qui ne mangeait pas : alors étaient mis à mes pieds tous nos plus magnifiques butins de terre et de mer, pyramides d'oursins, jattes de champignons ou bottes d'asperges sauvages, amandons plus jeunes et plus frais que des amandes vertes (car la tendre coque se mange, et elle est délicieuse), fèves fraîches au jambon froid,

1. Le quai Saint-Sébastien de Martigues.
2. Nous n'avons pas trouvé l'origine de ces vers.
3. Nouveau télescopage de l'amour divin et des amours terrestres après le passage consacré à Marie-Madeleine dans la deuxième des *Quatre nuits de Provence*.
4. Classique plaisanterie méridionale.

laitues longues qui se grignotent toutes crues avec un peu de sel, gratins dorés de sardines et d'épinards, daubes aromatiques, pot-au-feu succulents comme on n'en trouve pas dans le nord de la France, qui n'y met que du bœuf : ici, en plus du bœuf, du mouton et même du porc, représenté par de grosses saucisses salées avec des pattes de poule pour la liaison.

— Et, vraiment, me dira Daudet, vous aviez le cœur de refuser tant de bonnes choses[1] ?

Je refusais toujours et tout : le cochon rôti à la sauge et le pilau de crabes, la vinaigrette de foie de rougets et la caillette de foie de porc, les loups grillés et les soles frites à l'huile d'olive, les olives, même farcies, et ces larges turbots nommés, à la grecque, des rhombs. Je refusais les bouillabaisses de poissons de Saint-Pierre, de rascasses et de baudroies, dorées d'un beau safran, ou bien noires comme l'Érèbe[2] en raison des petites seiches que l'on y plonge, dignement rehaussées d'une sauce au piment dite « rouille » qui n'a point volé sa réputation de réveiller les morts. Ni saveur, ni arôme ne me mettaient en appétit, et Sophie prononçait que je n'avais « *ni goust ni gousto*[3] », trope hardi m'attribuant une insipidité qui n'était qu'indifférence et dégoût.

Mais commençant à me connaître, cette savante fille s'était ingéniée, et elle avait trouvé ! Armée d'une simple soupe de riz à l'eau, elle allait s'asseoir dans une des barques nombreuses amarrées devant nous et, comme je m'y précipitais pour y sauter aussi, elle m'arrêtait : je devais payer le passage, avaler une cuillerée. Puis elle enjambait le bordage de la barque suivante, sans me permettre de l'y suivre qu'au même prix marqué. Combien de fois le jeu recommençait-il et dans combien de barques jusqu'au suprême grain de riz ! Ainsi arrivait-il de remonter le Quai jusqu'à la maison du curé, mais non sans que j'eusse tenté de forcer le passage, elle inexorable et plus forte ! Trempée et ruisselante, à demi morte de fatigue, mais couronnée et victorieuse, brandissant le trophée de l'assiette vide, elle me ramenait pendu à son tablier, recevant d'un air de déesse les compliments et remerciements mérités.

Mais elle exploitait la victoire en m'obligeant à écouter de longues moralités sur la prodigieuse méchanceté de l'enfant qui refuse la nourriture alors que tant de pauvres pleurent parce qu'ils n'en ont pas : elle me citait ceux que je voyais tous les jours, deux petits Savoyards, ramoneurs, décrotteurs et mendiants[4], Cyrille et Jean-Marie, ou, pour me faire plus de honte, elle remontait à sa vieille petite enfance des froides montagnes

1. Léon Daudet comme Maurras étaient de fins gastronomes.
2. Région des enfers particulièrement obscure, d'après la mythologie grecque.
3. « Ni goût ni saveur ».
4. La Savoie était au XIXe siècle une région trop pauvre pour nourrir ses nombreux enfants. Beaucoup d'entre eux s'expatriaient donc comme ramoneurs et décrotteurs, c'est-à-dire nettoyeurs et cireurs de souliers.

de Die, certains hivers pleins de loups et de neige, où ses frères et elle n'avaient guère que du pain noir avec un peu de porc salé. Par bonheur, son allégresse d'imagination et de cœur savait vite verser au tableau de misère un trait de soleil clair et gai : par exemple l'histoire d'un pauvre hère de chez nous, ivrogne et malchanceux, qui avait rarement de quoi faire manger les siens ; alors, au plafond de leur galetas, par un bout de ficelle, ils pendaient un anchois, leur unique bien, et père, mère, enfants, dansaient et chantaient tout autour, puis, munis d'un croûton, qui passait de main en main, essayaient de racler au vol une bribe du petit poisson qui sautait mieux qu'eux.

— Mais, disais-je, Sophie, est-ce que tu ne crois pas que la ficelle est un peu forte pour tenir un petit anchois ?

— Ils doivent la mettre très fine, répondait Sophie imbattable.

— Mais alors, en dansant, qu'est-ce qu'ils chantent, Sophie ?

— Qu'est-ce que tu veux qu'ils chantent ! La chanson de Quichet, naturellement !

Les Provençaux nomment « *quichet* » de l'anchois broyé, « *esquiché* », qu'on étend sur une large croûte de pain et qu'on présente à un feu rapide. Ceux qui préparent cette rôtie ont le droit immémorial de chanter en famille :

Quicho, papo !
Quicho, mamo !
Quichen tóuti !

« Broyez l'anchois, papa ! Broyez l'anchois, maman ! Broyons-le tous ensemble ! »

Sophie avait raison : qu'eût-on chanté de mieux autour de l'anchois suspendu ! Presque aussi insensible à la faim de ces pauvres qu'à mon propre devoir de boire et de manger, j'aurais bien voulu entrer dans leur ronde ! Il n'y avait que le mouvement qui m'intéressât.

Sophie avait un peu moins à faire l'après-midi, au chantier des navires où elle me menait, si le temps était beau. Là, quand j'avais bien regardé le charpentier fendre son bois ou le scier de long, le calfat manier le rabot, chauffer la poix, caler l'étoupe[1], ce bon air imprégné de sel, de goudron et de tan[2] m'aidait à faire honneur, sur le coup de quatre heures, à ma côtelette dorée. Pourtant je n'y touchais qu'à la condition qu'il me fût permis de la partager avec un petit camarade de mon âge qui apportait, pour son écot, une poutargue[3] incomparable. Il s'appelait Fouquet. Son

---

1. Le calfatage d'un navire consiste à boucher les jointures entre les planches de la coque avec de l'étoupe et à imperméabiliser le tout avec de la poix ou du goudron.
2. Poudre de bois.
3. La poutargue, dite « caviar provençal », est un bloc d'œufs de mulets. C'est une spécialité de Martigues, bien qu'on la trouve en d'autres points de la Méditerranée.

père était un Fouque, pêcheur mort en mer, si j'ai bonne mémoire : le bateau lui avait passé dessus ; son grand-père, « marchand voilier », disait l'enseigne peinte au-dessus de leur magasin.

Nous sommes restés bons amis toute notre vie, Fouquet et moi. Nous ne nous sommes perdus de vue qu'il y a un an parce qu'il s'est donné le tort de mourir le premier. Quand les vacances me ramenaient, nous ne tardions point à nous rencontrer dans la grand'rue, sur quelque pont. On s'arrêtait, et l'on causait. Il n'omettait jamais de rappeler nos âges : – Quarante… Cinquante… Soixante… Soixante et un… Nous étions rarement d'accord sur le compte, car il portait l'année en cours et je ne chiffrais que la révolue. Ce retard l'étonnait. Il se voyait père et grand-père, au lieu que, au laps des mêmes années, je me suis contenté d'amasser et peut-être d'enseigner un peu de sagesse. Mais la vue de Fouquet avait la vertu de me rajeunir, et je nous revoyais, lui et moi, dans la fleur de notre cinquième ou sixième année.

Croira-t-on (mais la méchanceté du monde n'est pas d'hier) qu'en ces temps pastoraux Fouquet fut la victime d'une calomnie, quelques jaloux ayant prétendu qu'il avait donné un coup de hache à sa petite sœur au point de lui trancher ou, selon d'autres, de lui entailler le doigt ? Il n'y avait pas un mot de vrai. Doux, gentil, incapable d'une violence, tel j'ai toujours connu Fouquet. Mais, si mensongère fût-elle, cette rumeur rendait ma vieille Sophie soucieuse. Elle savait très bien qu'il ne lui fallait pas exagérer ses précautions ni ses défenses, car, sans Fouquet, il n'y aurait plus moyen de me faire goûter…

Et, d'un autre côté, l'affaire comportait une hache, une arme ; toutes les armes inquiétaient Sophie. Elle ne voulait pas voir un fusil. L'assurait-on qu'il n'était pas chargé :

— Chargé ou pas chargé, j'en ai peur.

C'était un principe.

Donc, existait-il une hache à la disposition de mon petit ami ?

— Fouquet, dit-elle, *mount'es lou picoussin*, « où est la hache » ?…

— *À l'oustau*, répondit Fouquet. « À la maison ».

De plus en plus préoccupée, elle soupira, réfléchit et dit :

— *Vai lou querre*, « va la chercher ».

Fouquet apporta la hache, que Sophie plaça à ses pieds.

— *Aro*, dit-elle, *anas jouga*. « Maintenant, allez jouer ».

Nos jeux nous rejetaient parfois du côté des grandes personnes. Sophie craignait qu'à la faveur de quelque bataille l'instrument dangereux ne fût dérobé. Elle le ramassa, s'assit dessus, et, désormais tranquille, reprit, non sans majesté, son tricot.

… Attarderais-je ce récit à des babioles pareilles si je n'avais l'espoir qu'elles éveilleraient chez d'autres la mémoire attendrie d'une élite de bons serviteurs tout pareils ?

— *La servante au grand cœur*[1] ?... Mais non, ce n'est pas ça : pas du tout ! Cette emphase, ce ton, Sophie en aurait ri. Les âmes sont plus simples et, ainsi, tellement plus belles ! Ni la mélodramatique tension baudelairienne, ni même l'émotion savamment filée de Lamartine dans son beau livre de *Geneviève*[2] ne correspondent à la vérité.

Notre Sophie avait peut-être essayé de « vivre sa vie ». Le certain est qu'elle a vécu, tout naturellement, la nôtre, et la mienne d'abord. Nos joies étaient ses joies, nos revers siens, siennes nos épreuves ; tout cela lui appartenait comme à l'écorce l'arbre, au fossé le talus. Elle défendait nos intérêts mieux que nous. Je la vois sur le pas de la porte, achetant du poisson ou quelque article de ménage, et mon père, qui rentre, entend un gros prix. Il s'approche, s'étonne, mais, s'il examine l'objet – *Cela*, dit-il, *le vaut.* Le marchandage est arrêté net, mais cette métaphysique de la valeur a mis Sophie hors d'elle. Elle nous en reparle après de longues années, les bras au ciel, et accusant le pauvre Monsieur de n'avoir jamais su acheter. Incapable d'une indélicatesse ou d'une fraude pour son compte, la seule idée de notre avantage lui compose une sorte de raison d'État domestique, ses droits en étant élargis ou ses scrupules relâchés.

Née catholique, et le sachant, car les protestants sont nombreux dans son pays[3], elle n'était pas dévote, mais très croyante. Tout aussi souvent que ma mère et mes tantes, elle répétait : *« Si le Bon Dieu veut »*, l'humble formule conditionnelle mise à tous leurs moindres desseins. En revanche, une autre formule qu'elle tenait de sa propre mère, et qui lui servait de prière du matin et du soir, nous déroutait complètement. Elle était seule à la comprendre. Ce n'était pas du français. Ce n'était pas du latin. Haut-provençal ? Dauphinois[4] ? Les mots en étaient tous si serrés et si imbriqués les uns aux autres qu'il était impossible de les détacher. Il nous fallut à ma mère et à moi, après bien des audiences, de pénibles efforts de décortication pour réussir à isoler les deux versets qui précédaient l'*Ensinsoiti* (moyenne prise entre l'*Ensin siegue* de langue d'oc et l'« Ainsi soit-il » de langue d'oui). Le reste demeurant tout à fait inintelligible, ce finale disait :

matin e sèr
jamai verrai la flamo dis Enfer.

Quel n'a pas été mon étonnement, lorsque, un grand quart de siècle après la mort de Sophie, j'ai rencontré les mêmes paroles au terme de l'antique et rustique oraison que sauve de l'oubli un beau livre de Mme Léon Daudet !

1. Poème de Baudelaire, dans *Les Fleurs du mal.*

2. Le sous-titre en est *Histoire d'une servante.*

3. Au XVIe siècle, les tensions entre les comtes-évêques du Diois et leurs ouailles favorisèrent la diffusion du protestantisme dans cette région des Alpes.

4. Le dialecte du Dauphiné appartient à l'aire linguistique dite franco-provençale, qui forme transition entre les pays d'oc et les pays d'oïl. Elle remonte jusqu'en Suisse.

Cette prière, dit Pampille[1], doit venir du fond des siècles de l'Histoire de France, avec son charme étrange et son mystère de sous-bois. Je la transcrirai après elle :

Trois vierges, trois saints
S'en allaient en pleurant
Rencontrèrent le petit saint Jean
— Où allez-vous ?
— Je vais voir le petit Jésus
Mort sur la croix
Les pieds cloués
Les mains attachées
Le côté percé
Une couronne d'épines sur la tête.
Ceux qui diront cette prière
Soir et matin
Jamais ne verront la flamme de l'Enfer[2].

Sans doute ce finale peut servir de passe-partout à beaucoup de formules pieuses. Mais je crois être sûr de me rappeler que Sophie bredouillait au commencement quelque chose d'assez pareil à « *tres viergi, tres sant* »... Quoiqu'il en soit d'un souvenir sans certitude, de telles coutumes religieuses initient au milieu natal de Sophie. Ses parents devaient être de très bonnes gens de la plus vieille souche de notre robuste paysannerie montagnarde. Elle-même m'a raconté que sa mère, appelée Jeanne, se rappelait fort bien la Révolution :

— Ah ! mes enfants, que vous ne voyiez plus ce que nous avons vu !

J'étais déjà grand garçon qu'un abbé doctrinaire étonnait Sophie et même l'indignait en prétendant que la Révolution continuait encore :

— Mais, lui demandai-je, Sophie, qu'est-ce que c'était que la Révolution ?

Bonne philosophe, elle mit au présent le temps de ses verbes :

— *Es quand tòuti se tuion !* « C'est quand tout le monde s'entre-tue. »

Partie à quinze ans de la Motte-Chalançon, elle avait fait, de place en place, de maison en maison, une cinquantaine de lieues[3] en zigzag, dans la direction d'Avignon, qui semble avoir été l'acropole de sa jeunesse avec sa Grand'place et son Jacquemart[4], qu'elle prononçait « *Jacoumart* », avec un « *ou* » presque muet. Malgré le séjour qu'elle y fit et ses stations du Rhône et de la Crau, avant l'arrêt définitif dans la région de nos Étangs, elle avait gardé certains accents de sa montagne et disait « *de pèn* » au lieu de « *de pan*[5] », « *la mèn* » au lieu de « *la man*[6] »... À ces nuances

1. Surnom de Marthe Daudet.
2. *Comment élever nos filles*, par Mme Léon Daudet, p. 32 [NdA].
3. Environ 220 km, la lieue française valant dans les 4,4 km.
4. Automate sonnant les cloches.
5. « Du pain ».
6. « La main ».

près, je lui dois, comme j'en ai témoigné ailleurs[1], à peu près tout ce que je sais des proverbes et du langage populaire de mon pays. Les instincts d'un bon sang, avivés par l'expérience et servis par une intelligence très vive, donnaient une saveur puissante à sa vieille parole, une franchise unique à l'expression du sentiment et de la pensée. C'était une fille très fière. Mais elle ne l'était de rien autant que de nous, et surtout de moi ; je me trouvais être un peu sa chose et son œuvre : ce qu'elle avait gardé, nourri, en somme sauvé.

Le mariage tardif de mon père et l'arrivée des enfants avaient d'ailleurs commencé par l'importuner un peu, car « *le pauvre Monsieur* » l'avait beaucoup intéressée aux arts de la table, qui étaient devenus impossibles, disait-elle, quand il y eut « *de petits pieds dans la maison* ». Mais à peine avaient-ils été là, comme ces petits pieds avaient été soignés, choyés, enveloppés ! Mon frère aîné, âgé de deux ans, ayant attrapé, selon les uns, le croup, selon d'autres une fluxion de poitrine, elle avait fait le vœu d'aller nu-pieds en pèlerinage jusqu'au rocher de la Bonne Mère[2], s'il guérissait. *L'auriéu fa !*, « je l'aurais fait », répétait-elle, les yeux au ciel. Mais il mourut. C'était trois mois avant ma naissance. J'héritai de ces tendresses désespérées.

… Si l'optimisme est ridicule, combien le pessimisme est superficiel[3] ! Il y a plus qu'injustice, légèreté, à mettre en doute certain grand fond de bonté des êtres. Je ne feindrai pas d'ignorer ce que la dure vie en fait. Mais le pire ingrat ne saurait oublier comment les deux rebords du premier chemin de ma vie furent ornés et illustrés des chefs-d'œuvre de l'affection qui se prodigua sans compter.

Sophie n'y fut point seule. J'ai ouvert les yeux aux lumières d'une véritable petite foule amie qu'il m'est impossible de séparer de l'idée de mes premiers pas. J'ai grandi parmi les sourires d'une clientèle morale empressée comme une cour et tendre comme une famille.

Comment s'était-elle formée ? Je ne puis l'expliquer que par l'œuvre de mes parents, la sympathie qu'ils s'étaient attirée dans leurs deux résidences d'hiver et d'été, les bons offices rendus, malgré leurs modestes moyens, leur bon cœur et leur bonne grâce, un goût naturel de bien faire et aussi, comme dit le peuple, de faire plaisir. Pour les remercier, leur petit enfant fut comblé.

---

1. Dans la préface de *La Musique intérieure* (1925).
2. Piton rocheux dominant le vieux port de Marseille et où est édifiée la basilique Notre-Dame-de-la-Garde.
3. Ce renvoi dos à dos des thèses unilatérales, ici appliqué à l'anthropologie, caractérise toute la pensée de Maurras, ainsi en économie (rejet du libéralisme comme du socialisme), en éthique (rejet de l'hédonisme comme de l'ascétisme), en politique (rejet de la démocratie comme du totalitarisme), etc.

Né, comme il le disait, dans la Perception, puisque son frère aîné, son père, ses grands-pères, bisaïeul, trisaïeul, étaient percepteurs ou, avant 1789, receveurs, mon père, percepteur lui-même, était rompu à la savante diplomatie de village qui décide les contribuables riches ou aisés à payer leurs parts les premiers, afin de pouvoir patienter pour la rentrée des petites cotes. Par son art, un métier ingrat devenait bienfaisant, presque populaire. Ma mère l'y avait aidé. Elle apportait ses titres. Mon grand-père, officier de marine et plus tard maire du pays, avait aimé pareillement à se faire aimer. À Toulon, ses visites aux bureaux de la Majorité[1] étaient ponctuées de salutations ironiques : – Cet animal de Changarnier (il ne s'appelait que Garnier[2]) vient demander quelque chose pour quelqu'un de Martigues ! Aux affections qu'il lui légua, sa fille, toute jeune femme, avait ajouté un ascendant personnel dont je ne veux dire que ce trait assez beau. Un très vieux paysan, né chez nous, était à l'agonie, mais refusait de voir le prêtre. Ma mère accourut avec celle de ses sœurs qui n'était pas mariée : « Mon pauvre Lazare, Monsieur le Curé est là. Sa visite ne fait pas mourir »... Mais le bonhomme se jugeait très bien portant. « Madame » insistait. Il entr'ouvrit un œil mourant et fit ses conditions : il se confesserait, on l'administrerait[3] ; seulement, en cas de malheur, on lui promettait bien de faire passer son cercueil (mais il disait : « *ma caisse*[4] »), devant la maison de Madame.

Bref, en vertu de vieilles mœurs plus durables qu'on ne le dit et qu'il est fou de croire éteintes, un petit public plus attentif encore qu'il n'était ami me regardait, m'aidait à vivre, non sans commettre la grande erreur de parler trop souvent de moi, car l'oreille, que j'avais fine, ne laissait rien passer.

Surtout à la campagne, les bonnes, les paysannes, les artisanes, m'accablaient d'attention et de gâteries. Une seule, âgée de treize ou quatorze ans il est vrai, me contrariait de toute son âme, mais je me vengeais en traitant cette Clara de Prussienne, « Cla-a la P-ussienne ! »

Les autres, s'accordant à me trouver bon « avocat », ne me taquinaient guère que pour me demander « si j'aurais bientôt lu tous les livres » ou pour me faire recommencer mon millième récit du Déluge universel, ou certaines leçons de droit constitutionnel d'où il résultait clairement que le maréchal de Mac-Mahon avait été nommé président de la République[5]. Satisfaites, ravies, elles couraient à leurs armoires qui s'ouvraient toutes seules, pots et bocaux se débouchaient et laissaient ruisseler les fruits à

1. Bâtiment abritant la direction de l'arsenal de Toulon.

2. La confusion venait de ce que Changarnier était un nom fort connu à l'époque, celui d'un général ayant pris part à la conquête de l'Algérie et s'étant présenté à l'élection présidentielle de 1848 comme candidat légitimiste.

3. On lui administrerait l'extrême-onction, sacrement des mourants.

4. Provençalisme.

5. Mac-Mahon fut élu, et non nommé, en 1873, soit lorsque Maurras avait cinq ans.

l'eau-de-vie, cerises agriotes[1], raisins muscats pleins d'esprit et d'arôme, qui m'emplissaient de joie et aussi de fierté, car je les avais gagnés par mon éloquence.

Comment, dans une note de son roman *Noël Granet*, l'admirable poète marseillais Victor Gelu ose-t-il bien parler de l'avarice des paysans de Roquevaire[2] ?… Fort âpres au travail, il n'y a pas de rustiques plus généreux. Ces hommes fiers, ces femmes rieuses, souvent marquées d'un type de beauté antique, me prodiguaient une amitié qui n'avait qu'un tort, celui de stimuler à l'excès ma jeune arrogance.

Je les aimais aussi. J'aimais ce pays de jardin fermé, si différent des horizons découverts de l'Étang de Berre, mais qui en formait le complémentaire pour l'éducation de mes yeux et de tous mes sens. Nous vivions au dernier gradin d'une vallée fraîche et ombreuse, à peu près au niveau des prairies vert et or qui longent l'Huveaune et l'accompagnent jusqu'à la Mer, avec un berceau de grands arbres inclinés sur le petit fleuve celto-ligure, frère lointain de l'Yvette et des Yvelines de l'Île-de-France[3].

Neuf ou dix ans auparavant, à l'occasion du mariage de mon père, mon oncle avait fait complanter, de toutes les essences de fruits et de fleurs du pays, quelques mètres carrés d'une bonne terre, dont nous avions le plein rapport. Le raisin, la prune, la pêche, l'abricot, la noisette, l'orange, s'échappaient à l'envi de cette corne d'abondance, pêle-mêle avec la rose et le *syringa*. Sol aqueux et ciel enflammé. Jamais les défilés de la Nuit et du Jour ne me sont apparus dans un ordre si beau. Devant notre petite maison parfaitement orientée, et comme pour donner une idée des règles du monde, le soleil se levait précisément à gauche, sur Bassan, rocher bleu, arrondi en mufle de fauve ; il se couchait à notre droite sur le cône sévère de Garlaban et, dans son majestueux arc de cercle, pas un rayon, pas un reflet des célestes chaleurs ne pouvaient nous être épargnés : à peine tamisés par un groupe léger de tilleuls, d'ifs et d'arbousiers formés en bosquets devant nous. Nous ne savions pas ou nous savions mal que ce lieu de la France était l'un des plus anciennement occupés et peuplés. Nous ignorions que M. Camille Jullian[4] eût relevé, sur un rocher voisin

1. Provençalisme (le français dit « griottes »).

2. Gelu fut l'un des plus grands écrivains provençaux du XIXe siècle. Il s'opposa au Félibrige pour des raisons à la fois linguistiques, sociologiques et esthétiques, ce qui n'empêcha pas Maurras de prendre une part déterminante à l'érection d'une statue à son effigie dans le Ier arrondissement de Marseille (1891). Cette œuvre a malheureusement été fondue en 1942.

3. La parenté de ces toponymes est incertaine, mais elle témoigne de la volonté de Maurras de trouver des correspondances entre sa Provence natale et son lieu d'exil volontaire.

4. Historien natif de Marseille, qui mena des recherches pionnières sur les Gaulois et fut élu professeur au Collège de France en 1905.

de quelque cent mètres, la mystérieuse épitaphe de DERCEIA, fille de VENILATUS, et qu'à moindre distance, sous de grands peupliers et des houx, abattus depuis, les troupeaux venaient boire dans un sarcophage gallo-romain, aujourd'hui brisé, à moins qu'il ne soit perdu dans quelque musée. La jeune folie du Présent vagabondait par-dessus ces pauvres et nobles vestiges, comme l'avaient dû faire de nombreuses générations d'enfants, mes prédécesseurs, sans autre souci que leurs jeux. Le soir venu, sur les deux notes du cri de la chouette, il fallait bien rentrer, et, comme il n'était pas facile de m'arracher au buis odorant des parterres, à mes plantations de concombres et de géraniums, on m'invitait à venir passer en revue les personnages du papier peint qui couvrait la salle à manger : chacun avait reçu de moi quelque nom de parent ou d'ami, de paysan ou de domestique ; je lui adressais la parole et, des voix complaisantes faisant la réponse en mon nom, la comédie se prolongeait et rendait moins amères les cérémonies du coucher. Comme il n'y avait pas de tapisserie semblable dans notre maison de Martigues, j'avais insolemment donné à ma ville natale le surnom de « Mal-Tapissée ».

Mais dès notre rentrée d'hiver, je retrouvais à Mal-Tapissée, d'île en île, de canal en canal, mon autre galerie de chères figures vivantes depuis Marie et les petites filles du Quai, jusqu'à mon bon Fouquet sur le chantier du Cours. Quand j'avais assez joué avec lui, Sophie me lavait et me frictionnait ; son moyen de couper court aux protestations était de me demander ce que je lui donnerais quand je serais grand :

— Je te donnerai une belle robe, une belle maison et un petit bateau pour te promener sur l'eau.

— Et puis ? disait Sophie.

— Je te donnerai un jardin avec des roses et des vignes qui grimperont, avec un puits d'eau fraîche, avec un grand bassin où tu pourras prendre ton bain…

— C'est tout ce que tu me donneras quand tu seras grand ?

— Non : je te donnerai des rideaux.

— De vieux rideaux de coton blanc comme ceux de ma chambre !

— Pas du tout, de beaux rideaux rouges comme ceux du salon de compagnie de maman !

— Qu'est-ce que tu pourras me donner encore ?…

— Un peu de vin (la pauvre, comme sa maîtresse, buvait de l'eau), un peu de vinaigre, un peu d'huile et un peu de sel. Du bois pour te chauffer, et aussi du drap noir pour te faire un châle pendant l'hiver…

La liste des présents, dont personne ne me demandait où je les prendrais, s'allongeait ou s'abrégeait au goût des heures, mais leur flot ruisselant avait fini par faire des jalouses entre les amies de Sophie, qui nous écoutaient en tirant l'aiguille des coutures ou la navette des filets. L'une, pour qui j'avais beaucoup de considération (c'était la propre mère du sacristain boiteux de l'église de l'Île), se jeta au travers de mes munificences et demanda sa part :

— Et moi, la vieille Caste, qu'est-ce que tu me donneras quand tu seras grand ?

Je n'y avais jamais pensé. Sincère, je restai muet. L'autre se déchaînait :

— Tu vois ! Tout pour Sophie ! Rien pour la vieille Caste ! La vieille Caste, tu l'envoies chauffer au soleil. Au soleil, la vieille Caste, au soleil !

L'indignation, sentie, la faisait crier en cadence et, aux grands jours, presque chanter. Alors, je lui prenais les mains comme pour le rondeau que me faisaient danser les petites filles :

Le rondeau
Nouveau :
Capitaine, capitaine !
Le rondeau
Nouveau
Capitaine de vaisseau[1] !

Mais, en entrant en danse, la vieille y adaptait ses propres paroles et je ne sais plus sur quel air nous chantions tous les deux : « Au soleil, la vieille Caste, au soleil ! » Sous le ciel d'hiver éclatant qui rendait mon inhumanité moins cruelle, je goûtais, quant à moi, à la haute allégresse de donner et de refuser, qui fait le principal de la vie des maîtres des choses.

Pour ne rien ôter d'essentiel à cette descente curieuse jusqu'aux derniers fils des racines les plus déliées de première existence morale, je dois relater un souvenir de beaucoup antérieur à tout ce qui est rapporté ici et qui me marque la rencontre de moi-même, l'éveil net, distinct, conscient, d'un sentiment de la vie personnelle. Cela eut lieu au cours d'une marche de quelques minutes que je fis seul, ce qui m'étonne encore, et au bout de laquelle je me vois arrêté, immobile, à l'angle de notre vieux Pont Saint-Sébastien, aujourd'hui Pont Marceau, alors élevé en dos d'âne, avec des parapets de pierre qui contenaient d'informes débris antiques : têtes d'animaux, il m'en souvient bien. Une idée inouïe vient de me traverser et, à vrai dire, de me percer.

L'idée : *Moi, Moi.* Qu'était-ce, *moi* ? qu'est-ce que j'étais ? je prononçai à haute voix mon prénom suivi de mon nom, en substituant un *S* au *Ch*, faute de savoir prononcer. Néanmoins je prononçai sans difficulté : *Moi, moi.* Remis en marche, de nouveau arrêté sur le sommet du pont, mon regard abaissé suivait la vibration du bord inférieur de ma petite robe[2]. Que m'était tout cela à *moi* ? À *moi*, ces alentours… ? Faibles forces

1. Nous n'avons pu identifier l'origine de ce rondeau, possiblement locale vu sa tonalité maritime.

2. Les garçons étaient alors habillés en filles jusqu'à l'âge de sept ans.

naissantes, essor des biens imaginaires dont je devais combler Sophie, mais non la vieille Caste, tout ce flot remontant de la source *moi*, *moi*, qu'était et que voulait ce jaillissement d'inconnu ? Je me le demandais beaucoup, et même trop.

Sans la fermeté d'esprit de ma mère qui le suivait de près, ce penchant eût fort bien tourné aux caprices d'enfant gâté, aux grimaces d'enfant prodige. J'étais encore extrêmement jeune, elle ne perdait pas une occasion de m'avertir avec exactitude de notre situation et de ce qui en pouvait résulter : nous étions sans fortune, je devrais travailler beaucoup ; et de bonne heure, dès que j'aurais mes grades[1] ; étant l'aîné, le Chef, il dépendait de moi que mon jeune frère pût ou non achever son éducation[2]. Très sensible aux cruelles nécessités matérielles que la demi-ruine des siens lui avait fait subir, elle pratiquait, avec le goût et l'art de se passer de l'argent, la double vertu de l'épargner et de l'employer. Fort active, levée avant nous tous, la dernière couchée, les plus vives complaisances de l'amour-propre l'appliquaient à nous élever à la dure, dans l'oubli de tout superflu, en frappant d'un mépris altier les besoins fictifs et coûteux de *paraître*, pour veiller de grand cœur à l'être et au réel. Il a bien fallu nous rendre compte plus tard que, non seulement notre robuste santé générale s'est ressentie de ce dressage spartiate, mais la bonne habitude imposée nous faisait vivre satisfaits à très bon compte, dans une atmosphère d'indépendance où je peux dire que nulle fierté juvénile ne heurta rien qui l'humiliât.

Sauf deux ou trois jeunes garçons, fils de petits fonctionnaires comme mon père et aussi les cadets du futur archevêque de Chambéry[3] (avec lequel il me souvient d'avoir joué aux barres comme j'avais six ans et qu'il en avait dix-huit), je ne voyais que mes camarades d'école. À Roquevaire, chez les Frères, il y avait beaucoup de petits paysans. À Martigues…

Mais, à Martigues j'ai suivi non pas une école, mais deux.

Libéral, et croyant à l'Amérique imaginaire des Tocqueville et des Laboulaye[4], mon père était (ou peu s'en faut) partisan de ce que nous appelons l'école unique : il jugeait que son fils devait commencer ses études sur les mêmes bancs que les enfants du peuple : Louis-Philippe n'avait-il pas envoyé ses fils au lycée[5] ? En vertu de ce beau raisonnement il m'avait fait inscrire à l'école communale, et conduit par la main chez l'instituteur. L'essai ne fut pas très heureux. Trois ou quatre séances avaient suffi pour me mettre au courant de tous les plus gros mots dont se

1. Titres universitaires, dans le langage du XIXe siècle.
2. Rappelons que le père de Maurras était mort en 1874.
3. Monseigneur Castellan, qui semble d'ailleurs avoir été sensible aux idées de Maurras.
4. Laboulaye, disciple de Tocqueville, fut à l'origine de la souscription pour l'érection de la statue de la Liberté.
5. Les fils du roi des Français furent élèves du lycée Henri-IV.

servaient mes compagnons. Presque aussi savant que Vert-Vert[1], incapable de m'en cacher, je n'ouvrais plus la bouche sans mettre la maison à feu.

— Qui t'a fait la classe aujourd'hui ?

Je répondais sans hésiter :

— Monsieur Laguèche.

— Il ne s'appelle pas Monsieur Laguèche, il s'appelle Monsieur Laurent.

— Nous l'appelons Laguèche, parce qu'il est louche de l'œil[2].

Innocentes et effroyables, de telles mœurs mettaient ma mère en larmes et consternaient Sophie. Mon père prit enfin sa canne et son chapeau, mais ce ne fut pas pour représenter à l'instituteur la nécessité de châtier le vocabulaire des jeunes mousses. Homme de sens, il alla droit chez le curé pour le prier et le supplier d'ouvrir une école libre dont le petit public fût seulement un peu choisi. L'école qu'il sollicitait ne fut prête que quelques mois après sa mort, et j'y fus dès le premier jour. Le vicaire, M. l'abbé Burel, qui gardait un culte pour mon père, en était le directeur. Il avait pour adjoint un ancien séminariste, nommé Jacques Richaud, qu'une santé délicate avait éloigné des ordres majeurs[3] : il nous enseignait avec cœur tout ce qu'il savait et savait fort bien. C'est lui qui, me voyant dévorer je ne sais quelle sèche chronologie de Romulus à Jules César, me fit cadeau de l'*Histoire romaine* d'Émile Lefranc[4] où tout est raconté d'une façon vivante. Ce beau livre remplissait mes loisirs à la nouvelle école. Installée, à l'origine dans une petite chambre au troisième étage Grand'rue de l'Île, elle emménagea l'année suivante d'abord rue de l'École-Vieille, puis au Trou du Mât, bref s'étendit et prospéra. Je dois déclarer que le ton y fut toujours parfait. Pas un de mes petits camarades qui n'eût ce que ma mère appelait la politesse du cœur. Ils sortaient d'une élite de pêcheurs, d'artisans et de commerçants. Mais, sauf ceux qui étudiaient pour être prêtres[5], la plupart retardait sur moi, ce qui ne laissait pas d'élever une petite cloison entre nous.

Le sentiment qu'ils m'inspiraient touchait parfois à la jalousie. Ils vivaient entre eux, je n'étais pas tout à fait des leurs, leur provençal m'échappait souvent[6], comme le sens exact des murmures qu'ils échangeaient en riant.

---

1. Héros éponyme du poème de Jean-Baptiste Gresset (1734), le perroquet Vert-Vert épouvante les bonnes sœurs du couvent où il a été recueilli en répétant les jurons appris des mariniers de la Loire.

2. En provençal *guecho*, « louche » [NdA].

3. C'est-à-dire qu'il n'était ni prêtre, ni diacre.

4. Lefranc avait publié des ouvrages à destination des élèves de l'enseignement catholique, ce qui contribue à expliquer que M. Richaud l'ait tenu en grande estime. Son *Abrégé d'histoire romaine* (1833) et son *Histoire romaine* (1835) furent réédités.

5. Cette remarque atteste la haute valeur intellectuelle du clergé catholique au XIXe siècle.

6. Le vocabulaire maritime provençal incorpore en particulier des mots d'origine grecque, héritage des colonies phocéennes, alors que le reste du vocabulaire provençal

Pourquoi le nom de mon autre patrie, Roquevaire, les mettait-il si fort en joie ? Je finis par savoir qu'il y avait à Martigues un individu surnommé Roquevaire à qui appartenait un âne dont la queue était mal coupée. Eux n'avaient pas à demander ces choses ! Ils les savaient sans les avoir apprises. Et puis, ils rentraient seuls, ou en groupe, à leurs maisons, au lieu qu'on venait me chercher. Ah ! comme ils étaient libres. Je l'étais fort peu quant à moi. Hors de mon cercle domestique où je continuais à tyranniser, cette distinction représentait une charge.

Il y en avait d'autres. Le jour illustre où je dépouillai la robe des filles pour être promu petit homme, avec chemisette empesée, culotte et le reste, mon premier mouvement avait été de tirer mon linge au-dessus de la ceinture afin de le faire bouffer et bouillonner : ainsi faisaient les petits gamins qui passaient en dansant devant nos croisées et ainsi, tout pareil à ce débraillé de bonne nature, m'est apparu plus tard le flottant du drapé antique ; mais ces idées de l'autre monde firent la risée de Sophie : elle se hâta de tirer et de renfoncer ma chemise, de serrer mes bretelles, de boutonner gilet, veston, telle étant, disait-elle, la tenue d'enfants comme il faut, non d'enfants de personne ! Quand elle m'eut auréolé, vers l'occiput, d'un chapeau de feutre noir à larges revers, dits à la Rabagas[1], et muni de rubans qui pendaient plus bas que l'épaule, je me sentis habillé comme un petit singe. Sophie prononçait : petit *prince*.

J'en étais là de ces grandeurs quand notre installation à Aix me mêla brusquement à une nombreuse troupe d'enfants et d'adolescents de toute origine, mais dont beaucoup, par l'âge, le savoir, la fortune ou le train de vie, se trouvaient à un échelon supérieur. Plusieurs portaient très gentiment ces beaux noms de Provence, que notre peuple honore et bafoue tour à tour. Mais, tandis que, à Martigues, parents, maîtres, serviteurs n'avaient cessé de me répéter que *noblesse oblige*, voilà que, à Aix, les mêmes personnes prenaient un petit air pointu pour donner à entendre que la noblesse véritable n'était pas du nom, mais du cœur. Assurément ! Rien de plus vrai, mais que m'avait-on dit jusque-là ? Je ne le remarquai point sans malice.

Avant Aix, je n'avais qu'une lueur très fugitive de la distribution des rangs sociaux, connaissant mieux les rois d'Homère que les ducs et les

---

est dans sa grande majorité issu du latin. Plus généralement, la langue provençale connaît d'importantes variations selon les lieux et les milieux, comme d'ailleurs la langue d'oïl avant la normalisation impulsée par l'Académie française. Joua enfin l'ascendance de Maurras : la bourgeoisie provençale, qui avait fait du français un signe de sa supériorité sociale, ne parlait plus guère provençal qu'avec ses paysans et ses domestiques. Elle ne maîtrisait donc plus tout le clavier de ce qui avait été au XIIe siècle la première langue littéraire d'Europe occidentale. Seule faisait exception la frange des élites ralliée au Félibrige, mais ce n'était pas le cas des parents de Maurras.

1. Dénomination sans doute tirée de *Rabagas*, comédie de Victorien Sardou (1872).

comtes de la cour des rois francs. Une sottise que je fis dira mon ignorance. C'était dans les deux ou trois ans qui précédèrent l'entrée au collège. Un beau jour demeuré si proche dans ces lointains brillants ! Nul effort pour le raviver. Les yeux clos, je retrouve et me nomme en chantant, ce samedi d'août 1874 ou 1875,

> Un jour d'été que tout était lumière,
> Vie et douceur[1]…

Le bel après-midi finit, après avoir été fort chaud, dans notre petit jardin fleuri de Saint-Estève. Ma mère a la visite des dames de Cabre-Roquevaire, vieille famille autrefois reine du pays. Malgré les revers de fortune, qui leur ont fait quitter le Château, la mère et la fille n'ont pas voulu s'éloigner du village ; entourées du respect de tous, elles vivent de petites rentes, auxquelles s'ajoute le produit de la Recette des Postes allouée par l'Empire ou l'Ordre moral[2]. Je les aimais beaucoup, surtout Mademoiselle, dont le jeu favori était de me faire passer et repasser à travers son guichet, « comme une lettre », disait-elle, « comme un petit paquet mal recommandé qu'on timbrait de grosses caresses ».

Ce soir-là, elle ne veut pas jouer : assise sagement entre sa mère et la mienne, elle parle de toutes choses : « Oui, Madame » »… « Non, Madame »… « Merci, Madame »… Elle trempe des gâteaux secs dans du vin de Malaga.

L'heure avance. Le soleil est tombé de l'autre côté de la haute montagne. Ces dames se lèvent. Nous devions, nous aussi, rentrer au village, comme nous faisions à la fin de chaque semaine, en raison des offices[3] du lendemain. Ma mère demande le temps de mettre son chapeau, afin de faire route avec ses amies. Un quart de lieue au plus. Nous nous mettons en marche. Ces dames et ma mère, d'abord. Je les suis de quelques pas, cramponné à Sophie, mon jeune frère entre les bras de sa bonne Émilie, notre paysan Marius[4] sur le même rang. Je trotte dans la poudre blanche de la route nationale, y plonge avec délices mes brodequins, pourquoi ? pour la raison que c'est défendu. Sophie m'en fait l'observation en montrant ces dames devant (ou derrière) lesquelles j'aurais eu un devoir particulier d'être sage :

— Madame la comtesse… dit-elle.

1. Victor Hugo, « Guitare » (*Les Rayons et les ombres*, 1840). Ce poème, une des rares pièces hugoliennes goûtées par Maurras, a été admirablement mis en musique par Brassens sous le titre *Gastibelza*.

2. L'Ordre moral est le régime de transition qui caractérisa les débuts de la IIIe République, alors dominée par la coalition des droites.

3. Cérémonies religieuses.

4. Prénom très populaire en Provence (cf. Pagnol), commémorant le général romain qui vainquit les Teutons près d'Aix en 102 avant Jésus-Christ.

Je réplique, brusquement, tout bas :

— Pourquoi sont-elles comtesses ?

Sophie ne le sait pas, Émilie non plus.

Mais, originaire de Tourves, pays très rouge, et fille d'un proscrit du Deux Décembre[1], la républicaine Émilie remarque aigrement que leur nom de Cabre veut dire en patois « Les Chèvres »… Le mot, à peine ouï, un mauvais petit trait part et vole :

— Si elles sont des chèvres, il faut leur traire le lait.

… C'est de moi ! J'ai lancé cette lâcheté, cette méchanceté grossière. Rouge de honte et m'échappant des gros rires d'Émilie et de Marius, de Sophie elle-même, je prends un grand élan pour courir à ma mère, comme pour lui demander aide et secours contre mon démon. Elle n'avait rien entendu. On se garda de le lui dire, heureusement ! Mais si je comprends la promptitude de mon remords, je ne m'explique pas de quel fond avait pu jaillir ce coup d'ingratitude et de trahison. Mademoiselle avait bien refusé de jouer, mais j'avais été sans rancune. Alors ? Alors, j'avais cédé à la pression d'une évidence trop vive. Madame de Cabre portait des coques[2]. Les coques argentées de Madame de Cabre, tordues et recourbées de chaque côté d'un petit visage aigu, délicat, tout en nerfs, semblaient bien l'encadrer d'une fine paire de cornes comme les chevrettes en ont : le démon de l'analogie[3] avait fait le reste !

Aucune envie révolutionnaire ne m'habitait, j'avais toujours admis de bon cœur le sens supérieur d'un propos souvent répété, que la tradition faisait remonter à ma grand'mère paternelle :

— Mes enfants, il ne faut jamais regarder au-dessus de vous. Regardez au-dessous.

Mais justement j'avais pris l'habitude d'un petit monde d'amis inférieurs qui, à Aix, allait me manquer tout à fait.

Émilie s'était mariée à Roquevaire, Sophie restait à nous attendre à Martigues : nous avions bien amené provisoirement avec nous une excellente et brave fille, du nom d'Annette, un peu large et forte à mon goût, mais dont mon jeune frère fit ses délices entre sa quatrième et sa cinquième année.

L'affection d'Annette et de mon frère dura d'ailleurs toute leur vie. Elle se fût jetée à l'eau pour le servir, il la traita toujours comme

1. Un homme jadis banni de France pour avoir manifesté son opposition au coup d'État de Louis Napoléon Bonaparte (2 décembre 1851) ; la Provence fournit d'ailleurs le plus gros contingent d'insurgés contre le Prince-Président. Ce dernier avait choisi la date du 2 décembre en écho à la victoire remportée par son oncle à Austerlitz (2 décembre 1804) et à son sacre (2 décembre 1895). Lui-même prit le titre d'empereur des Français et le nom de Napoléon III le 2 décembre 1852.

2. Type de coiffure.

3. Maurras reprend ici le titre d'un texte de Mallarmé paru dans *Divagations* (1897).

une espèce de parente. Homme mûr, médecin fameux, devenu l'un des grands chirurgiens français d'Extrême-Orient, il passait de longues heures de ses congés chez Annette et un pêcheur nommé Seguin qu'Annette avait épousé sur le tard, avec qui il aimait à fumer la pipe en silence[1].

Nous étions en moins bons termes, Annette et moi.

D'abord de crainte de donner ombrage à Sophie. Et aussi parce que j'étendais injustement à Annette la vague hostilité que m'inspirait son père ! C'était une espèce de colosse, un type de géant tyrien[2] qui vendait, le dimanche, à la porte de l'église, des berlingots exquis, de délicieux bâtonnets de miel torréfié, et certain sirop de réglisse auquel assurément les mouches avaient trop de part. L'aristocrate Sophie m'avait défendu de toucher à cet étalage et, pour ruiner la marchandise, décriait le vendeur dont elle me faisait d'horribles peintures. La marmaille qui sortait de messe ou de vêpres[3], aussi méchante que Sophie, faisait la ronde autour du bonhomme en lui chantant le sobriquet Pierre-Peau qu'on lui avait décerné je ne sais pourquoi, le tout sur un vieil air :

Piaro-Pèu
Ti boutèu
Soun plèn de sarrio
Piaro-Pèu
Ti boutèu
Soun plèn de savèu[4].

Il les mettait en fuite du geste, mais les gamins ne manquaient pas de se venger en lui criant de loin : « Napoulitan ! Napoulitan ![5] »

Ce reproche irritait Annette.

---

1. Voir « La gourmandise natale », p. 339 de la présente édition.

2. De Tyr, ville de la côte libanaise qui joua un rôle moteur dans la colonisation phénicienne de la Méditerranée : ce sont par exemple des Tyriens qui fondèrent Carthage. Le père d'Annette n'était évidemment pas tyrien, mais devait présenter un type sémitique au demeurant fréquent sur les côtes provençales vu leurs échanges pacifiques ou guerriers avec le Levant et le Maghreb. Maurras lui-même attribuait son nom à une lointaine origine maure, ce que ne manquèrent pas d'exploiter contre lui, pendant la Seconde Guerre mondiale, les idéologues racistes des milieux proallemands (notamment Céline).

3. Office du soir.

4. « Pierre-Peau / Tes mollets / Sont pleins de sciure / Pierre-Peau / Tes mollets / De sable sont pleins »... La chanson provençale traditionnelle nomme Isabeau au lieu de Pierre-Peau [NdA].

5. À la fin du XIXe siècle, la rivalité franco-italienne en Tunisie et la concurrence des travailleurs français et des immigrés italiens sur le marché de l'emploi suscitèrent une vague d'italophobie. C'est en Provence qu'elle culmina, avec les « Vêpres marseillaises » (17-19 juin 1881, trois morts) et les massacres d'Aigues-Mortes (17 août 1893, entre huit et dix-sept morts). L'épisode raconté par Maurras se situe dans les années 1870.

— Mon père n'était pas napolitain, disait-elle fièrement. *Nimai bachin* (« ni piémontais »). *Èro Ginouvès*. « Il était génois ».

Curieuses distinctions entre les quartiers de noblesse des peuples de l'Italie ! Sur quoi les fondait-elle ?

Pour Annette, un Génois était plus qu'un Napolitain ou qu'un vulgaire Piémontais. Plus même qu'un « *Bachin* », quoique *Bachin* signifie Génois, en Provence[1]. Nos vieux proverbes assurent que, s'il faut quatre chrétiens pour attraper un Juif, il faudrait quatre Juifs pour tromper un Génois. Je n'ai jamais ouï dire que « Pierre-Peau » ait trompé grand monde.

Sa fille nous quitta après dix-huit mois de séjour à Aix : la vie chère n'est pas d'hier, ma mère apercevait avec effroi la limite de ses moyens. Les amis de mon père et du sien lui offrirent de nous obtenir des bourses de l'État au collège Bourbon qui allait devenir le lycée Mignet. Elle refusa, tenant à l'enseignement ecclésiastique, si coûteux fût-il, et préféra congédier la pauvre Annette qui en pleura toutes les larmes de son corps. Une femme de ménage la remplaça. Notre mère se contraignit à préparer nos repas de ses belles mains. De tous les sacrifices de nos temps difficiles, il n'y en eut pas de plus dur, me confiait-elle plus tard.

La gêne assez pénible que j'en avais dut augmenter mon trouble de petit dépaysé, déclassé et dépossédé. La gentillesse, l'amitié, la distinction de mes nouveaux camarades n'y firent rien. Rien non plus, nos mois de vacances que nous passions d'abord à Roquevaire, puis à Martigues, après le partage de famille qui nous attribua la maison d'été et le jardin de notre grand'mère, que j'habite aujourd'hui[2]. Là comme ailleurs, je me disais que *ce n'était plus la même chose* ! Non, je ne me retrouvais plus : Aix, en changeant ma vie, l'obligeait à des efforts de tension, à des mouvements de repli, sans sauver l'équilibre et sans retrouver le niveau.

Par chance, j'étais bon élève. Si ma Huitième fut manquée, bien que j'eusse apporté un petit bagage d'histoire de France, d'histoire romaine et de latin, ma Septième fut très brillante : onze prix, treize nominations, dit un vieux palmarès, et les classes suivantes ne furent pas mauvaises, jusqu'à ma Quatrième, au-delà de laquelle je devins sourd.

La logique des choses aurait voulu qu'à ce moment le silence tendît à rétablir en moi ce qu'une transplantation physique et morale avait affaibli ou détruit : c'était l'occasion ou jamais de retrouver dans l'isolement matériel une vie intérieure approfondie, accrue. Il n'en fut rien. Le silence, la demi-mort de ma personne profonde se trouvèrent même aggravés. Ni les connaissances que j'acquérais par degrés, ni l'initiation régulière aux

1. Il s'agirait d'une abréviation de *Bachichin*, soit en dialecte génois « Baptiste », prénom très fréquent à Gênes (Victor Gelu, cité par Mistral, article « Bachin » de son grand dictionnaire *Le Trésor du Félibrige*).

2. C'est la bastide du chemin de Paradis.

plaisirs de l'esprit ne m'empêchèrent de retarder, de plus en plus, sur ma pensée. Je me repliais, mais sur les livres ; je m'enfermais : dans les idées. J'achevais de me perdre de vue, cela fut littéral.

Grâce à des maîtres excellents, grâce au maître éminent dont le nom est inséparable de mes premiers progrès réels dans la vie de l'intelligence, celui qui devait devenir Monseigneur Penon[1], les passions intellectuelles, qui me saisirent, m'eurent bientôt pris tout entier. Mais le fait est que je n'y retrouvai rien, ou presque rien, du chœur des sentiments et des volontés qui avaient animé, pétri, configuré ma première enfance. Ce que j'avais senti de personnel alors ne subsistait plus qu'en sommeil et ne sortait que par hasard, il y fallait le choc d'une grave injustice ou quelque bataille violente avec un méchant compagnon ; mais alors j'éclatais en scènes farouches dont le collège retentissait, traitant un maître d'imbécile, ou arrachant les gonds de la pièce où l'on m'enfermait, quitte à me rendormir au ron-ron des prix de sagesse !

Timidité ? Non : loin de là. Simple repliement. L'autorité supérieure me reprochait alors de manquer d'expansion ; de n'être même pas communicatif. J'étais rentré dans ma coquille, où je fis un très long séjour sans y ruminer autre chose que ce qui grouillait au dehors.

Ce genre de mise au repos de l'être intime a-t-il été un mal absolu ? Et n'est-ce pas à la faveur de cette nuit du « moi » sentant et du « moi » voulant, que le rayon des connaissances extérieures put me traverser froid et pur ?... Sur un caractère assoupi, comme mortifié, les habitudes de l'esprit, les disciplines de l'étude purent mûrir leur fruit à l'abri des secousses.

Les questions et les doutes sur la religion, la curiosité des successions et des révolutions de l'histoire, surtout le culte des poètes, absorbaient, aspiraient, captivaient les parties essentielles du drame intérieur sous-jacent : LA POÉSIE emportait et sublimait tout, de sorte que je finissais par ne plus distinguer si tout n'était pas rêverie.

Et ceci représente neuf années d'une adolescence.

Mais, au terme de cette formation presque uniquement cérébrale, à l'avant-dernier mois de ma classe de philosophie, les Jésuites d'Aix, qui étaient les obligés du diocèse depuis les Décrets de 1880[2], lui firent leur politesse annuelle : un certain nombre de grands élèves, dont j'étais, reçut une hospitalité complète de trois jours, ou de quatre, dans la belle maison de campagne que l'Ordre possédait à Saint-Joseph-du-Tholonet.

En principe, il ne s'agissait que de retraite religieuse, mais avec les franchises et les égards dus à de petits hommes, selon un règlement très

1. Évêque de Moulins, dont la correspondance avec Maurras a été publiée par Axel Tisserand sous le titre *Dieu et le Roi* (Toulouse, Privat, 2007).

2. Décrets expulsant de France les jésuites, dont les biens furent alors administrés par les diocèses.

libéral que nous observâmes de notre mieux : le Manrèze[1] tenait le fond de nos tiroirs, j'avais apporté mon Bourdaloue[2] et, par-dessus, divers poètes, dont Musset, Ronsard et Chénier. Nous lisions et goûtions de tout. Je fus surtout sensible à l'exceptionnelle beauté du site[3].

À l'ample pureté des lignes d'horizon répondait, sur une étendue de plusieurs hectares, la profonde douceur des ombrages et des eaux vives. Non ces eaux recueillies dans la neige des Alpes qui accourent à travers un département pour baigner des rivages mourant de soif : de vives eaux, sourdant de la roche même, qui exhalaient dans l'air la fraîcheur de leur souterrain. Non ces arbres plantés d'hier, au vert jaunâtre et un peu sot, tant il est tendre, et qui sentent encore la rigole des pépinières : de beaux et larges troncs, noueux, rugueux, mousseux à souhait, souvent tout évidés, et qui portaient très haut de splendides couronnes de bronze vert, marronniers, cèdres vénérables, ou lauriers d'Apollon penchant la columelle de leur bois lisse et clair, toute sorte d'autres essences que j'oublie, sans être sûr de n'en point imaginer quelques-unes, tant ce domaine-type s'est agrandi et embelli dans mon souvenir ! Déjà brûlante, l'herbe embaumait et, bien que juin fût imminent, elle était verte encore, tirant à peine sur le gris de la sauge et du thym ; tout restait frais et neuf par les avenues droites ou les chemins tournants ombragés de sureaux et de noisetiers, ou les larges rotondes qu'inondait un maître soleil.

Par endroits, aux limites de la propriété, étaient ménagés des belvédères spacieux d'où s'épanouissait, jusqu'à la Montagne de la Victoire, comme un cirque lunaire d'immenses guérets nus, de croupes pelées, et de coteaux de pierre pâle, sous le sombre tachetage des chênes nains.

De ce grave désert qu'ont surtout déboisé les révolutions et les guerres sortait un muet témoignage qui valait la leçon des bibliothèques d'histoire, et nous le méditions du rebord de ce paradis, sauvegardé par les artifices d'une mainmorte que bénit la Justice et que proscrit la Loi[4].

C'est alors que, bercé des méditations variées, où je me plus toujours à prendre et à quitter les Idées pour l'Histoire, l'Histoire pour les Arts ou pour la Nature, nous regagnions l'ombreux couvert de masses végétales

1. Les *Exercices spirituels* de saint Ignace de Loyola, fondateur des jésuites au XVIe siècle, sont couramment appelés « le Manrèse », du nom de la ville de Catalogne à proximité de laquelle saint Ignace fit retraite dans une grotte.

2. Jésuite français du XVIIe siècle, réputé pour la solidité de sa pensée.

3. Elle a également inspiré Paul Cézanne.

4. Les domaines des congrégations religieuses étaient des « biens de mainmorte », c'est-à-dire que n'étant pas possédés par un particulier sujet à la mort mais par une institution, ils échappaient aux impôts successoraux. Maurras considère cette mesure comme juste parce qu'elle donne à l'Église les moyens matériels de sa mission spirituelle et civilisatrice, mais rappelle que la loi a toujours tenté de la limiter pour des raisons fiscales et idéologiques.

dignes du génie de Poussin[1] ; nous gravissions les lents degrés des terrasses superposées en longeant des parterres où l'architecte n'intervient que pour mettre en valeur la figure et le mouvement d'un beau sol : tapis luxuriants, noirs bassins d'eau dormante, gradins de dalle grise, incrustés de mousse noirâtre, jours légers des balustres qui brodaient leur dentelle sur l'arête ou la pente des talus verdoyants gorgés de mystères vitaux.

C'est là, je veux l'inscrire, comme à l'entrée des grottes antiques où se sont opérées quelques rencontres immortelles[2], c'est là, et non ailleurs, que, à la sollicitation caressante d'un baudelairisme effréné, tel poète en herbe se mit en devoir de sonder, avec une piété naïve, quelques-uns des secrets de sa vie profonde, afin d'y démêler, *loin des yeux du soleil*[3], et moyennant les tricheries, les petites fraudes autorisées dans l'opacité de cette ombre, quelle perle pourrait bien naître et laquelle voudrait mûrir du dépôt prolongé et quintessencié de ses peines et de ses joies ! Là, non ailleurs, sous le berceau du feuillage plein de mensonges, une Nuit artificielle, entreprenant sur l'Esprit clair, le combla et le satura d'erreurs aimées, mais moins aimables, qu'il accueillit avec une espèce d'ivresse, pour accroître et forcer, dès leur germe apparu, ses singularités d'enfant perplexe et d'adolescent tiraillé. C'est là, et non ailleurs, que Psyché[4] perdue, retrouvée, et sa sœur la Princesse mal endormie, et plus mal réveillée encore, l'Âme amortie et renaissante de ce qu'il prenait pour Lui-même, de ce qu'il imaginait être Soi, sembla lui revenir d'une décade de silence, mais avec bien des masques, avec bien des grimaces, dont la plus folle lui semblait la pure expression de son cœur ! En les ranimant pêle-mêle, il éprouvait une manière de bonheur à se méconnaître pour se mieux déguiser, et plus sincèrement. Ainsi témoignait-il, une fois encore, comme il est vrai que la jeunesse comporte un carnaval de l'esprit, du cœur et du sens.

— C'est là, c'est là !...

Disons plutôt que CE FUT LÀ.

Car la fausse Arcadie[5] n'eut pas tout à fait le dernier mot. Et même elle essuya, dans cette soirée, un violent échec de principe, car elle y subit la première ou du moins la plus forte des réactions de ma vérité. Je parle de la vérité d'une nature, de la sincérité d'un cœur.

J'avais beau dire, j'eus beau redire !

---

1. Maurras voyait en l'œuvre de ce peintre une des plus pures expressions du classicisme français.

2. Les grottes sont, dans de très nombreuses mythologies ou traditions religieuses, des lieux de rencontre entre l'humain et le divin.

3. Baudelaire, « Tristesse de la Lune », dans *Les Fleurs du mal*.

4. Personnification de l'âme humaine dans la mythologie grecque.

5. L'Arcadie, région centrale du Péloponnèse, est le symbole d'un âge d'or perdu. La fausse Arcadie dont parle Maurras est la « Nuit artificielle » qu'il vient d'évoquer.

Après Baudelaire exaltant la Loi en vue du Péché et vantant la Règle au profit de la Transgression[1], j'avais beau feindre d'écouter les versets haletants du pauvre Lamennais[2], dont la Foi devenait le stimulant de l'Anarchie : tant de fausses ténèbres, assemblées de main d'homme, eurent beau me rouler dans les ébriétés de la bacchanale commune, je ne sais quoi levait en moi comme un antidote, pour rétablir avec loyauté tantôt la nature des choses et tantôt la figure exacte de mon émotion : en art et en morale, en histoire et en politique je savais bien et, mieux encore, je *sentais* pourquoi les résistances utiles et les audaces nécessaires ont toujours différé de la basse doctrine de l'excellence propre de ces insurrections dont je voyais et avouais la menteuse fécondité. La fureur subversive pouvait déchaîner son système dans les imaginations mal lunées : je savais et voyais qu'il n'y avait ni commune mesure, ni même aucun rapport réglé, entre le fantasme libérateur et les fermes substances hors desquelles s'enfuit même la pensée du bonheur. Quelques subtiles apparences qui se pussent jouer dans le clair-obscur de l'Âme et de l'Heure, et de quelque intérêt que les honorât ma folie, un mouvement était plus fort et né du plus ancien et du meilleur de moi : le goût simple, l'appétit passionné du vrai[3].

Voilà donc qu'un beau soir planait, le soir réel qui vient du ciel et non de la voûte des arbres : l'enchantement, le charme universel de la Nuit. Cette Nuit vraie, la douce, la puissante, et l'égale, et la bienfaisante, s'étant bientôt fermée, surprit le cœur de grand enfant comme pour le glacer du fer froid d'une lance aiguë. Elle le contraignit à rentrer en lui-même pour le faire abonder dans sa nature véritable, qui lui rendit le bon, le chaud, le fort et le clair de sa vie.

Il remonta, en bondissant de marche en marche, jusqu'au balcon aérien de la chambre haute et, là, le vent d'été qui errait sous nos marronniers et recueillait aussi un dernier soupir d'aubépines, se saisit des autres parfums qui stagnaient ou rampaient en nappes profondes, du bas en haut des murs endormis, leur grand bouquet ouvert et s'élargissant vers le ciel. Qu'ai-je éprouvé alors ?... Troublé ? Enivré ? Apaisé plutôt. Et même fortifié dans la possession vague et dans la maîtrise diffuse de biens spirituels qui me promettaient le salut. Le *moi* ? et le *qui-moi* ? de l'ancien

1. C'est ce que suggère le titre même des *Fleurs du mal* : le Mal, qui présente un attrait propre, suppose le Bien.

2. Prêtre de tendance républicaine voire socialiste, Lamennais rompit en 1834 avec l'Église, à qui il reprochait son conservatisme politique et social ; il fut élu député en 1848.

3. À rapprocher de ce qu'écrit Maurras *supra* sur l'éducation que lui donna sa mère. On retrouve ce thème dans *Le Mont de Saturne*, dont le héros est plusieurs fois sauvé de ses démons intérieurs par les ressources morales que ses ancêtres lui ont léguées à son insu.

murmure d'enfance, ne revenait qu'au naturel, aussi dépouillé de jactance et de respect humain que des tristesses de la vanité offusquée : la légitime équidistance des prétentions sans règle, des rabaissements sans honneur !

— Moi, moi ? – Et puis après ?... À ton degré, et dans ta sphère ! Ta petite enfance s'était trop naïvement reflétée et trop mirée dans une étrange miniature de prince. Adolescent inopprimé, qu'as-tu subi depuis, que d'imaginaires revers ? Pour l'entre-deux, bientôt, la raison et la vie assigneront leurs grades dont chacun a son sens et même sa justice, où rien ne peut gonfler personne ni le désobliger, ce fameux moi se contentant, le beau premier[1], à meilleur compte, avec moins de regrets et de mélancolies qu'il ne s'en forgeait tout d'abord !

Des ténèbres égales s'étaient répandues sur la terre. Il en sortait, dans le lointain, de petites lanternes, contenant de faibles lueurs branlées au pas d'un chariot, ou qui tremblaient peut-être au poing d'un frère-lai[2] aussi noctambule que moi. Ce passant anonyme, domestique de prêtre ou paysan endormi, l'un abruti, peut-être ivrogne (ou lançant aux étoiles une belle chanson), l'autre cristallisé et confit dans l'obéissance (à moins qu'il n'y fût exalté et sanctifié !) ce quelqu'un, je ne sais qui, n'importe qui, était-il donc moins libre et plus heureux, ou, sinon, moins heureux, plus libre que le héros secret de ma rêverie concentrique ? Toutes les conjectures étaient possibles, toutes les explications et tous les hasards : nul cas sérieux de félicité ou d'infélicité ne me semblait devoir concorder nécessairement avec les postes de la fortune ou de son revers.

D'ailleurs, quelle pitié que la fortune ou l'infortune, toutes les deux promises à la même borne de notre mort ! Les lieux inférieurs des tables de la vie comportent, au surplus, tant de stations et tant d'étages, et tant de pentes douces ou de talus abrupts, coupés de secrètes échelles ! Parallèles aux molles glissades, tant d'efforts ascendants, dont quelques-uns débordent les ouvertures du possible et n'en retombent point sans palmes ni trophées !

Le commun désir du bas monde enflait ainsi la Nuit jusqu'à la croisée du veilleur, qu'animait, lui aussi, la fureur d'aspirer et de respirer à son aise, afin de s'éclairer et de s'informer de plus haut.

Ainsi, sous la tenture de cet air sombre, la campagne se soulevait avec moi et tout comme moi : je la sentais monter comme si elle n'eût rien été que la suite de mon regard, que j'offrais tout entier, lisse, nu, grand ouvert, à tout ce qu'épanchaient de grave et que pleuvaient de beau les cataractes du firmament, pleines d'autant de vœux et d'appels que d'étoiles, et qui semblaient crouler du poids de leurs promesses, sous les innombrables configurations du vrai bien.

---

1. Provençalisme équivalant à « le tout premier ».
2. Moine d'humble rang, affecté aux menus travaux d'un monastère.

Ainsi versée et répandue, cette large Nuit de printemps dut remuer quelqu'une des semences de poésie dont rien ne m'a plus délivré : probablement aussi versa-t-elle un peu de raison. Sans conseiller ni suggérer un système de hiérarchies inflexibles, l'ordre supérieur de ces beaux cercles de lumière, *lucida sidera*[1], m'aura, textuellement, révélé les hautes maximes qui servirent depuis à me dégager, jusqu'à m'en dégoûter, de l'inextricable malaise qu'imposent ou suscitent l'enflure de l'orgueil, les fermentations de la brigue, les fumées des espoirs et des vœux de domination.

Cinq ans plus tard, la même réflexion fut poursuivie et complétée sur la terrasse du château de Pau[2] : dès cette nuit du Tholonet, je nommai par leurs noms les bas lieux d'où m'avait chassé mon mouvement le plus naturel. Ce sont les lieux où l'on contracte, comme une maladie, l'habitude et le goût de se tenir pour mesure de soi et pour soleil du monde. Le soleil est là-haut, que nous ne créons pas, ni ses sœurs les étoiles. C'est à nous de régler au céleste cadran, comme au pas de nos idées-mères, la démarche de notre cœur et de notre corps. Nous ne nous possédons qu'à la condition d'acquérir la notion de nos dépendances pour conserver un sens de la disproportion des distances de l'Univers. Si, en présence de ces vastes éloignements, il nous était permis de nous contenter de nous-mêmes, ne serions-nous pas nos premières dupes ? Rien ne contente et ne rassasie que le Ciel.

Sans doute, l'Inerte, l'Immobile ou le Paresseux doivent être qualifiés misérables. Un parti décent doit être tiré des justes forces de chacun. Il est des chemins faits et des poids soulevés, de notables élévations surmontées et gravies méritoirement, dont il faut goûter le prix et l'honneur, sans les soumettre aux mensurations inhumaines. Il y a surtout les passions. L'Amour, la Curiosité, l'Ambition[3], selon leur flux et leur reflux, donnent, ravissent, rendent, à notre succès, comme à notre échec, une splendeur flottante, fugitive et immémorialement désirée. Il reste toujours vrai, et bon, et souhaitable que la vie des hommes s'accroisse à la chaude vertu de

1. « Constellations lumineuses » auxquelles le poète Horace confiait la sécurité du navire transportant son ami Virgile (*Odes*, I, 3).

2. « C'est de la terrasse du château de Pau [...] qu'il y a onze ans, en 1890, il m'est arrivé de sentir la nécessité naturelle de la soumission pour l'ordre et la beauté du monde », écrivit Maurras à Barrès en octobre 1901 (*La République ou le Roi, correspondance de Maurice Barrès et Charles Maurras (1888-1923)*, présentée par Guy Dupré, Paris, Plon, 1973, p. 345).

3. Soit les trois concupiscences distinguées par saint Augustin dans *La Cité de Dieu* : la *libido sentiendi* ou passion sensuelle au sens large (sexe, nourriture, confort...), la *libido sciendi* ou passion intellectuelle et la *libido dominandi* ou passion de dominer. Mais alors que saint Augustin recommande de les juguler, Maurras, marqué par la philosophie épicurienne, cherche à définir leur bon usage, celui dans lequel l'homme ne s'en rend pas esclave.

ces miroirs magiques. L'extravagance et la folie seraient de fermer notre petite âme aux passions. Mais il faut ajouter une mise en garde légère.

« Défends-toi de changer leurs noms, ne leur permets jamais d'en usurper un autre, ni beau, ni laid, aucun. Ne les reçois point sous le masque, ou religieux, ou philosophique, ou moral[1]. Ne crains pas de leur arracher barbe et manteau. Si tu ne veux pas être trompé sur elles, mets-les toutes nues ! Et surtout prends bien garde de ne les croire qu'à demi quand elles te racontent qu'elles sont le Bonheur. L'une, l'autre, la troisième, toutes trois ensemble n'en sont que la poursuite ardente[2]. Tu pourras varier ton gradin sur l'amphithéâtre, y mieux voir, être mieux assis : pour le secret des béatitudes profondes, n'en attends rien qui soit supérieur de beaucoup aux pures inactions du sommeil.

« Surtout ne va pas croire que tout se réduise à lutter pour ton aliment. Le nécessaire est peu. Que ce peu nous contente ou non, c'est une autre affaire ! Mais, au vrai, que faut-il ?... Du feu, du pain, du vin. Des fruits, des viandes, quelque poisson. Le toit, le vêtement. Certains instruments de travail et, fût-il illusoire, le sentiment de disposer ainsi de toi-même. Des choses aussi simples n'ont pas à être costumées de trop grands mots : ils brouilleraient tout d'un faux sens.

« Ni l'excès de tels biens n'alourdit toujours, ni la pénurie n'est toujours à plaindre. Lucullus, subjuguant l'Asie, n'y perdit pas un coup de dent[3] : des anchois, des olives, et quelques figues sèches régalèrent longtemps le très noble héliaste qui fut le juge de Socrate et l'ami de Platon[4].

« Sur le plan voisin, où l'on traite des honneurs du commandement, il faut aussi te délivrer des fades mensonges qui courent. L'autorité est une charge plus qu'une dignité. L'éclat du rang lui-même est lourd. Du reste, commander se rapporte au bien du foyer ou de la cité, non au tien, si tu entends par là ton plaisir. Le plaisir que prenait Sophie à te servir fut-il supérieur, fut-il égal, fut-il inférieur à celui que tu pris à être servi par Sophie ? Te voilà obligé de convenir que la priorité du contentement aura été pour elle et ta réponse détruit tout ce qui se colporte de l'inégalité

1. C'est précisément ce que Maurras reproche au romantisme : au lieu d'assumer leurs passions comme passions, les romantiques les érigent en absolu. Elles deviennent alors principe de malheur personnel et d'anarchie sociale (voir dans le présent volume *Les Amants de Venise*).

2. À rapprocher de la thèse développée par Platon dans *Le Banquet* : voir, dans *Les Vergers sur la mer*, « L'amitié de Platon », p. 185 de la présente édition.

3. Général romain du Iᵉʳ siècle avant Jésus-Christ, vainqueur des armées du Pont et d'Arménie lors de la troisième guerre mithridatique et gastronome éclairé.

4. Nous n'avons pu identifier ce personnage. Sans doute s'agit-il d'un des disciples de Socrate ayant assisté à son procès : Platon en mentionne plusieurs dans l'*Apologie de Socrate*, mais sans préciser s'ils siégeaient comme héliastes (juges) ou se trouvaient simplement dans l'assistance.

sociale des cœurs, elle ruine du tout au tout ce que maint nigaud eût pensé des rapports de Sophie et de son petit prince.

« Le berger se plaint de n'être pas roi, le roi de n'être pas berger. Mais, à aucun moment, le Ciel ne fît le rêve d'attacher aucune ombre de ses Souverains Biens au sort du berger ou du roi : le genre d'utilité de l'un et de l'autre procède d'un genre de raisons tout à fait différent, qui fait et veut qu'ils servent, mais ne se servent pas[1].

« Jette un nouveau regard sur le cirque du monde, dont les ordres s'étagent comme les cercles de la nuit. Observe et considère combien les affinités et les répulsions, les échanges et les mélanges, étant tous très divers, engendrent pêle-mêle la liberté de l'âme autant que sa servitude, et l'inquiétude autant que l'égalité de l'humeur. À moins de n'en vouloir retenir que les rares pointes extrêmes, les hauts et les bas de l'Être et de la Fortune paraissent souvent dignes de sourires équivalents : ils méritent, en somme, à peu près tout autant la déploration que l'action de grâces.

« Indifférent et large, divers et plan, tel est le chemin de la vie ! Quelque attention exagérée que le désir des hommes accorde à leur réussite ou à leur échec, ces vicissitudes ne tiennent à leur bien, ni à leur mal, que par un lien fortuit, lâche et léger. Peu importe à chaque personne son destin ! L'Esprit s'en affranchit : il peut même en jouer jusqu'au point d'exceller à tirer le bien de son mal[2], fût-ce du plus cruel, selon les deux leçons de l'ÉPREUVE QUI DÉFINIT et du SACRIFICE QUI RÉGÉNÈRE. »

L'aurore me trouva affermi et concentré dans la vue claire de ces principes. Heureusement trop faible pour les suivre avec plénitude, je les ai toujours professés, car nul ne se repent d'adhérer à des idées meilleures que soi[3].

---

1. Maurras évacue ici la *libido dominandi* comme il avait précédemment évacué la *libido sentiendi* en ce qui concerne la nourriture, mais il est frappant qu'il n'évoque ni la *libido sentiendi* dans sa dimension amoureuse, ni la *libido sciendi* – qui furent assurément ses deux passions majeures.

2. Ce thème est classique en théologie, car il est la seule façon de concilier l'existence du mal avec la bonté divine. Maurras y a été sensibilisé par son éducation catholique et par le proverbe provençal « *Lou Diable porto pèiro* », « le Diable porte pierre » (sous-entendu : au bâtiment de Dieu), placé par Mistral en épigraphe de son poème *Nerto*.

3. Nouvelle critique implicite du romantisme : en absolutisant leurs passions, les romantiques se ferment à tout principe extérieur et supérieur à eux. Mais la position de Maurras n'en est pas moins ambiguë, puisqu'il se félicite de ne pouvoir suivre pleinement les principes qu'il reconnaît.

QUATRIÈME NUIT : MÉTÉORES MARINS

Il n'y a pas plus de deux ou trois étés qu'entre la cinquante-neuvième et la soixantième année de mon âge, une certaine nuit, je fus tiré de mes habitudes de dormeur profond et complet. Autour de mes murailles une rumeur très insolite s'élevait, une étrange demi-clarté se jouait sur les vitres et, comme elle ne pouvait guère venir de l'aube, je voulus m'en rendre compte et allumai une bougie.

La pendule marquait minuit et demi. De la croisée mal jointe, les longs ruisseaux d'une eau rapide coulaient et accusaient une trombe extérieure violente. À mon oreille même, un lourd tonnerre ne cessait pas de gronder : ce jour grisâtre, étendu uniformément sur l'inondation, provenait donc d'une succession rapide de longs éclairs qui semblaient n'en former qu'un seul.

Si, par instant, quelque raie d'ombre, une pause d'obscurité, coupait d'un interstice la trame pâle de l'illumination continue, cet éclair noir passait plus vite que l'éclair enflammé : la terre et le ciel retombaient dans ce frémissement de lumière blafarde, pulsation électrique secouant et raclant les cordes, les nerfs de la Nuit. Cependant, à flots drus et durs, un déluge pleuvait des nues ; ses torrents se précipitaient de toutes les pentes, en large nappe oblique, avec une telle furie qu'il me semblait, à tout moment, que la maigre épaule de roche et d'humus qui soutient la maison allait céder, glisser, arrachant, entraînant, dans cette débâcle liquide, les arbres, le terrain, avec mes murs, mon toit, mon lit. Les cheminées pleines de vent frémissaient et hurlaient, les tuiles s'envolaient, charriées, concassées et mises en poudre, à la volonté du flot monstrueux d'où sortaient, en manière de balise ou d'épave, la plume obscure des cyprès et le bras d'amandiers tordus. Un certain battement de vague se gonflait aux marches du seuil avec une rumeur pleine de menaces : l'œil de l'esprit ne rêvait plus que de gouvernail et de rame, à moins qu'une ancre d'espérance nous retînt sur la déclivité de tout ce limon.

L'or égal des foudres livides enduisait toute chose. Nul détail ne restait dans l'ombre qui portât un signe alarmant. Rien n'échappait, et tout pendait, fallait-il être prêt à tout ?...

La menace dura plus que je ne saurai dire. Trois quarts d'heure ? Une heure ?... Ou bien deux ?... J'avais tiré ma chaise dans une embrasure laissée à sec et tendait mes curiosités. Qu'allait-il bien sortir du déchaînement ?... Cette fois, rien ne vint. Peu à peu, les longs éclairs se décomposèrent ; les rechutes dans la nuit noire, plus fréquentes, furent plus lourdes, jusqu'à ce que, l'averse enfin apaisée, l'ombre eût reconquis la campagne, qui néanmoins vibrait encore de secrètes fulgurations.

Vite recouché, rendormi, un ancien souvenir que j'avais tout à fait perdu revint me visiter alors, et mon sommeil fut soulevé et durement bercé du même mouvement de houle qui m'avait autrefois balancé, sur le même parquet de la même chambre, dans la même vieille maison, voilà plus de quarante années, au lendemain du naufrage et du sauvetage qui, à la table de famille, émut si longtemps nos veillées !

La nuit de Tholonet, relatée au chapitre qui précède, est des premiers jours de l'été 1885. Nous sommes au 3 août suivant.

On dirait aujourd'hui qu'il est dix-neuf heures moins un quart[1]. Nous montons une petite barque (ou « barquet ») que l'on nous a prêtée. J'ai à bord mon jeune frère, treize ans, et l'un de ses camarades, fils de pêcheur et un peu mousse, plus âgé que lui de dix-huit mois.

Nous venons de nous baigner à la plage de la Charbonnière[2], aujourd'hui barrée et endiguée par les enrochements du Canal de Marseille au Rhône[3]. Vers la petite ville qui sort de l'eau sur le couchant[4], nous ramons à longs coups, sans égard à l'avis qui a été donné au départ : – Dépêchez-vous, il vient de l'orage[5]...

Mais dans un air très calme, les enfants entendent au loin un coup de tonnerre, dont ils me font part. Bah ! nous avons le temps.

Presque nu, je ne cesse point de m'habiller sans hâte, tout entier au plaisir de me sécher sous le ciel roux, où ne vogue pas un nuage.

Mais presque aussitôt, et très distinct pour moi, un second roulement me fait lâcher mes habits et sauter à l'avant, car les rames flottent dans la main de mes compagnons : la bourrasque est allée plus vite que nous.

---

1. On disait sept heures moins le quart dans la jeunesse de Maurras.
2. Maurras resta un fervent adepte des bains de mer jusqu'à la Seconde Guerre mondiale.
3. Ce canal fut ouvert en 1925.
4. Martigues.
5. Provençalisme : le français dirait « l'orage arrive ».

Le vingtième d'une seconde : un voile gris couvre le zénith, l'eau inquiète et comme bouillante donne, par ses frissons de sens contraires, la pensée d'un partage entre deux courants qui hésitent à se former ; elle reste donc presque en place, bien qu'un vent suraigu ait commencé de siffler.

Je ne saurais traduire le trouble de cet instant.

— Avons-nous le temps d'arriver ? dis-je au jeune pêcheur que mon cœur vient d'élire pour capitaine : il a la formation, la compétence, l'hérédité[1].

Des yeux pleins d'effroi me répondent.

Il ajoute, de bouche :

— Nous ne sommes pas bien.

Il avait repris une rame. Il l'abandonne brusquement. Je la saisis, mon frère tenant l'autre, d'un poing très ferme. Nous tentons de donner quelques impulsions régulières. Mais l'eau, comme devenue trop légère, a refusé le point d'appui.

Le ciel s'est assombri encore. Il pèse lourdement. De ce point du couchant où nos yeux viennent se poser sur le petit port où vivent nos maisons, nos parents et tout notre cœur, voici que se dresse, et accourt aux vitesses de chevaux emportés ou de trains rapides, une espèce de mur, d'un gris sale (liquide ou gazeux, qui savait ?), haut de deux ou trois mètres et dans lequel, tout aussitôt, nous nous trouvons pris, enfermés. Ce ne peut pas être une vague, nous n'en sommes pas recouverts, ni la pluie : même oblique, elle nous eût fouettés d'en haut. Banc de brume sans doute plus épais, et plus lourd que toutes les nuits ! Mon Baudelaire ayant chanté, d'un coin sournois de ma mémoire, « que le ciel et la mer sont noirs comme de l'encre[2] », je ne puis m'empêcher de comparer leur ombre épaissie à une bouillabaisse noire, mais d'un noir absolu : quelle seiche géante a souillé la mer et le ciel ?

La nuit, la nuit. Bien assis, et même calés, mon frère et moi, sur le premier banc de la petite embarcation, d'où nous essayions quelques dérisoires efforts, c'est à grand'peine que nous découvrons l'arrière du bateau, qui finit par nous devenir invisible ; à quelques lignes devant nous, c'est à peine si nous voyons le visage ou les bras de notre compagnon cramponné sur l'avant. Mais nous n'échappons pas à la détresse de son cri. Il appelle son père, il appelle sa mère. Nous ne réussissons à l'apaiser qu'en lui conseillant un vœu à la Vierge. La prière vibrante qu'il tire de son cœur épanouit les répugnances d'une jeune vie à mourir.

1. Formation et hérédité ne s'opposent nullement mais se complètent dans la pensée de Maurras : voir *Mes idées politiques* dans le présent volume.

2. Baudelaire, « Le voyage », poème des *Fleurs du mal* qui commence par les célèbres vers : « Ô Mort, vieux capitaine, il est temps ! Levons l'ancre ! – Ce pays nous ennuie, ô Mort ! Appareillons ! » On verra un peu plus loin combien le jeune Maurras était sujet à cette tentation.

... Nous nous sentions portés, comme maniés par une force sans mesure, mais sujette à des changements qui ressemblent à des retours. Après une course rectiligne de quelques minutes, notre barque, saisie par un mouvement de recul, laboure en sens inverse le même sillon. C'est peut-être ce qui explique que nous ne soyons pas allés nous briser contre quelque pierre du quai, auquel cette course furieuse semblait bien aboutir. La même raison dut nous épargner le choc contre les petits écueils du rivage vers lequel nous rétrogradions sans virer de bord.

D'autres fois, dans le flot qui nous emportait, nous sentions la barque tourner sur elle-même et recommencer à filer dans une direction nouvelle. Ou bien la coquille de noix, piquant droit au ciel, retombait le bec en avant ; elle tendait au fond, et jamais n'y toucha. Manquant dix fois d'être pulvérisée de la sorte, elle gardait son équilibre. Comment ? je ne l'ai jamais su.

Il ne m'était pas difficile de goûter, là-devant, un sentiment de sérénité lucrécienne[1]. À contempler cette tempête sans la craindre, j'avais peu de mérite, traversant une petite crise morale où ma jactance intellectuelle de lecteur de Schopenhauer[2] était multipliée par les âcres saveurs, abondamment ruminées, de quelques gros chagrins plus personnels. La vie ne m'était plus très douce. Elle m'apparaissait de moins en moins brillante. Tout avenir semblait fermé. Depuis trois ans, j'appliquais ce que j'avais de bravoure à prévoir sans révolte que le sens de l'ouïe ne me serait pas rendu, et j'en étais conduit à un état de détachement dans lequel les plus chères amitiés élues, comme les plus puissantes affections naturelles, ne me paraissaient plus appelées à beaucoup compter.

Pour tout dire, j'étais aussi fort mécontent de mon année de Philosophie[3] qui s'était mal terminée. Au rebours de l'année précédente où j'avais cueilli avec gloire les palmes du premier baccalauréat, je venais d'y subir un échec complet : en attendant que la session d'automne rendît avec usure les diplômes et l'honneur, cette mauvaise humeur était sans limite. À dix-sept ans les petites choses tournent volontiers au *rien ne*

---

1. Lucrèce, poète latin du Ier siècle avant Jésus-Christ, fut l'un des auteurs qui marqua le plus Maurras. Son ouvrage *De natura rerum* (*De la nature des choses*) développe la philosophie épicurienne, ou art de se libérer des passions et des inquiétudes qui empêchent le bonheur. On y trouve notamment les fameux vers : « Il est doux de contempler du rivage les flots soulevés par la tempête / Et le péril d'un malheureux qui lutte contre la mort / Non pas qu'on prenne plaisir à l'infortune d'autrui / Mais parce que la vue est consolante des maux qu'on n'éprouve point » (II, 1-4). En l'occurrence, Maurras et ses deux compagnons étaient ces malheureux luttant contre la noyade, mais Maurras savait que Lucrèce recommande d'accepter la mort sans révolte.

2. Schopenhauer, philosophe pessimiste du XIXe siècle reprenant plusieurs intuitions de Lucrèce, a lui aussi beaucoup marqué Maurras.

3. Soit l'actuelle terminale.

m'est plus[1]. Qu'eussé-je regretté ? Donc, que redoutais-je[2] ? J'aurais fait le dernier plongeon sans regret.

Et cependant, d'où me venait certaine ardeur contraire, qui me remplissait de surprise ?

De quelle cachette ignorée et de quelle poche secrète des instincts maîtres de la vie sortait l'élan rageur avec lequel ma volonté s'était mise en bataille contre l'abîme ? Car le fait est que je travaillais à survivre : je dévouais à nous défendre tout ce qu'il fallait pour tenir, pour durer et persévérer. C'était fort peu, sans doute, car il y avait peu à faire, mais enfin le poing adhérait à la rame, je prêchais l'espérance, je conseillais la foi[3] : aux deux enfants qui l'épiaient, mon visage montrait la tranquillité qui leur était due. Contrairement à mes idées claires, à mes convictions conscientes, qui, elles, penchaient toutes au désir d'éternel repos, quel était donc ce réflexe supérieur ? Je repense aux instants de cette vie double lorsque je veux comprendre que tant d'antimilitaristes français aient pu faire la guerre en si braves soldats ! J'aimais la mort. Et quelque chose de plus fort que moi, mais en moi, tendait à la vaincre. Le sang. La vie. La force ! Cela était, parce que cela était. Ma volonté profonde déclarait qu'il fallait que ce fût mieux encore : s'il faisait nuit, retrouver le jour ; s'il y avait danger, y échapper jusqu'à la sécurité. Rien d'autre ne valait, ne brillait devant ma pensée.

Un seul cas, bien délibéré, m'ouvrait quelque licence de me résigner à périr : le seul cas où l'un ou l'autre des enfants dont j'étais l'aîné eût été ravi de mon bord.

Je ne me figurais aucun moyen de ne pas plonger après lui pour me soustraire au déshonneur de cet équipage diminué. Nous étions partis trois et nous reviendrions trois ou ne reviendrions pas. Je les couvais donc l'un et l'autre comme je n'ai jamais couvé d'autres biens, mes yeux les vissant à la barque, bien que leur présence ne me fût parfois attestée, à travers

1. Sentence que Valentine Visconti fit graver sur les murs de son château de Blois après l'assassinat de son mari le duc Louis d'Orléans en 1407.

2. Selon Épicure et Lucrèce, penseurs matérialistes, il n'y a rien après la mort et elle n'est donc pas à redouter, surtout si elle délivre d'une vie de souffrance. Cette tentation matérialiste fut contrecarrée chez Maurras par des aspirations spirituelles héritées de son éducation catholique et dont témoigne notamment sa poésie, en particulier le « Colloque des morts » (p. 374 de la présente édition).

3. Deux des vertus théologales du christianisme. Maurras n'évoque pas la troisième, la Charité, pourtant la plus importante dans la spiritualité chrétienne puisqu'elle est aux deux autres ce que la fin est aux moyens. Quelques lignes plus loin, il rattache sa décision de lutter à une impulsion vitale d'une part, au sens de l'honneur de l'autre : faut-il y voir les voiles pudiques d'une charité envers soi-même et ses deux compagnons que Maurras n'ose appeler par son nom ou sont-ce les substituts d'une vertu qui lui fait défaut ? Quoi qu'il en soit, on est ici au cœur de son drame spirituel.

cette obscurité prodigieuse, que par l'éclat furtif d'un bouton de chemise ou le feu d'un jeune regard.

Tranquillisé par la décision prise, je pouvais revenir en paix à ma chère philosophie et discuter avec moi-même sur les preuves de l'existence ou de l'inexistence du monde extérieur, ardent et très puéril sujet des obsessions de ce temps-là. C'est que, la vue des choses me donnant des joies sans mesure, j'étais désespéré qu'elles pussent venir d'une illusion de mes sens. Le cauchemar kantiste et pascalien me tenait plus à cœur que l'ouragan qui nous ballottait. Je me murmurais le verset : « Notre âme est jetée dans le corps où elle trouve nombre, temps, dimension[1] »… Les yeux ainsi rouverts sur la nuit de l'esprit lui accordaient pour le moins autant d'importance qu'aux ténèbres extérieures, bien que leur beauté me suspendît d'admiration, elle aussi.

L'épais brouillard physique parvint à se résoudre. Ce fut très lent. Du noir profond, puis du gris sombre, émergea tout d'abord une figure générale de la tempête que nous avions sentie, ouïe, plutôt que vue. Un cercle de clarté d'environ dix ou douze mètres se fit autour de nous, et bientôt, à notre joie, puis à notre horreur, y parut une tête d'homme nageant, vers qui nous eûmes la naïveté de crier au secours[2]. Cet infortuné se noyait. Un foulard noué sous le menton encadrait sa face livide, il criait lui aussi, les enfants l'entendirent. Nous répondîmes : « Hé ! l'homme ! Hé ! Ho ! »

Presque à sec, sur nos bonnes planches, nous pouvions nous donner le luxe de ce cri.

Le malheureux rouvrit-il la bouche ? La vague qui l'avait rapproché l'éloigna. Ce fut pour toujours. Nous continuions à plaquer notre coup d'aviron qui, s'il ne faisait pas de bien, ne faisait pas de mal : nous nous maintenions, nous étions.

Le petit mousse, rassuré, s'était assis à l'aise, puis remis debout, pour aider mon frère à ramer. Un coup de vent rapide déblaya le haut de l'espace. Au beau ciel bleu, frais et sans pli, l'étang reparut à son tour, mais vert, démonté, parcouru de très hautes vagues qui nous soulevaient comme plume et nous laissaient retomber en pilant du poivre. Puis ce fut une longue houle glauque, frangée d'écume, mais plus riche d'espérance qu'un arc-en-ciel[3] : elle nous poussait à la rive. Le vent très vif soufflait de même et ramenait au point où nous avait saisis le fléau.

---

1. Ce fragment des *Pensées* de Pascal suggère que nos perceptions ne rendent pas compte des réalités extérieures, mais seulement des formes *a priori* que leur imprime notre esprit. Une telle idée heurtait Maurras (voir son *Pascal puni*). Elle fut ultérieurement systématisée par Kant, l'une des bêtes noires de Maurras comme de son ami Barrès (voir, de ce dernier, *Les Déracinés*).

2. L'horreur éprouvée par les jeunes gens à la vue du malheureux contredit les vers de Lucrèce évoqués plus haut et semble traduire un mouvement de charité.

3. Allusion à l'épisode biblique de l'arche de Noé.

Martigues était fort loin, il devenait bien plus facile de regagner la Charbonnière, ce qui fut l'affaire d'un bon nombre de coups de rame, magistraux, qu'asséna le jeune pêcheur redevenu notre patron et notre chef[1]. Mais cet effort fut long, il nous parut plus long encore. Dès que nous eûmes pied, nous nous jetâmes à l'eau tous trois, pour traîner la barque et la mettre à sec.

Alors, et alors seulement, nous regardâmes autour de nous. Deux hommes sortaient de la mer, harassés, et claquaient des dents. Partis à trois de cette plage sur un bateau comme le nôtre, ils avaient rêvé de se sauver à la nage et commis la folie de quitter l'embarcation. Leur camarade ne savait pas nager.

— Vous me soutiendrez ? leur dit-il.

Un coup de vent les sépara, ils ne le revirent plus. Le noyé était mon aîné de trois ans. Bientôt majeur, il avait de l'aisance, un joli avenir, de l'intelligence et du goût, on ajoutait : l'amour. Le quatrième jour, son corps fut retrouvé, les yeux dévorés, et méconnaissable. Quand nous suivîmes son cercueil, mon frère me confia qu'il avait la sensation d'y avoir été enfermé.

Il est vrai qu'à Martigues l'on nous avait pleurés. Le père de notre compagnon s'était mis en mer : il n'avait détaché sa barque que pour chercher des corps. Nous revenions à petits pas le long du rivage, appesantis par la fatigue, dans la douceur du soir. Sur le port se tenaient, en groupe, tête baissée et bras pendants, nos familles et nos amis. Personne n'en croyait ses yeux. Après les larmes, quel triomphe ! Pour cacher leur émotion ou pour l'exprimer, les pêcheurs nous prenaient à part, l'un après l'autre, et nous assuraient que nous avions travaillé comme de vieux marins :

— *Avès travaia coume de vièi marin.*

Nous n'avions fait aucun travail et nous n'avions mérité qu'un éloge : nous n'avions pas quitté le bateau, et nous le ramenions sans avoir perdu un agrès.

Pour cet événement, l'année quatre-vingt-cinq s'est longtemps appelée l'« année du cyclone », à Martigues. Grand mot qui fait un peu sourire devant la bonne et belle petite cupule d'eau bleue[2]. Mais notre sort s'était si bien joué là que, le soir du sinistre, dès que je fus couché dans la solitude et dans l'ombre, toutes les phases de la tourmente se représentèrent

1. Maurras a été le chef spirituel du bord en inspirant la foi et l'espérance à ses deux compagnons ; ayant accompli sa mission, il peut rendre le pouvoir au chef temporel qu'est le jeune marin. Ce partage des tâches évoque la coopération de l'Intelligence et de la Monarchie évoquée dans *L'Avenir de l'intelligence*, que l'on trouvera dans le présent volume.

2. Noter cependant que le provençal ne dit pas « l'étang de Berre » mais « *La mar de Berro* », « la mer de Berre », signifiant ainsi que cette vaste lagune n'est pas de tout repos.

à ma pensée, une par une, et mon sommeil roula, tangua, renouvela les rapts verticaux de la vague, les chutes perpendiculaires à trois pouces du fond, et surtout cette horreur, que Racine a bien dite : « L'horreur d'une profonde nuit[1] », de cette fausse Nuit marine[2], la plus sombre que j'aie connue ! Retrouvée, revécue, ressentie, du fond de mon lit, sa simple image parvenait à m'infliger le sentiment hideux dont la réalité m'avait fait grâce entière : LA PEUR.

1. Racine, *Athalie*, II, 5.
2. Écho à la fausse nuit végétale du Tholonet, évoquée dans la troisième des *Quatre nuits de Provence*.

SANS LA MURAILLE DES CYPRÈS

Sans la muraille des cyprès que nos jardiniers, laboureurs, vignerons, plantent d'un bout à l'autre de leur plaine battue des vents, qu'est-ce qu'y deviendraient les myrtes et les roses, les souches et les blés, l'herbage des prairies et tout le petit peuple des fraisiers et des fèves, des oignons, des aulx, des piments ? De son rempart de feuille noire, ce guerrier protecteur doit sauver ce qui pointe des précoces végétations, voilà son utilité principale.

Les poètes et les sages se sont bien efforcés de surprendre et de définir quelques autres symboles exprimés par ce beau tronc odoriférant, ce style fier, ce branchage plein d'harmonie : détourner les coups de la foudre, marquer l'heure au soleil[1], porter haut dans le deuil l'intérêt donné à la vie, avertir que tout est mortel[2]… Soit ! Mais cela ne vient que fort loin après le grand devoir, qui est de monter la faction contre l'intempérie. Le cyprès dure, endure, il se tient immobile et fort contre tous ces esprits d'éternelle mobilité qui courent nos espaces et déchaînent le trouble sur les frêles semences de l'espérance et de la foi ; quelle loi ne serait caduque, quelle constante naturelle ne céderait à l'incessante variation, si le gardien inébranlable ne s'élevait de dures racines qui ne tremblent point ?

Solide et sûr, il permet ainsi l'éclosion des plus tendres promesses, il les défend de flotter à vau-l'eau, à même le vent…

De pareils bienfaiteurs ne sauraient être appelés de simples amis. Ce sont des maîtres.

Et c'est pourquoi, selon les usages de la jeunesse, il se trouve que j'ai débuté dans ma longue vie en offensant ces maîtres sacrés.

Cette offense mortelle succédait, il est vrai, au plus bel exploit de mon adolescence.

---

1. Selon la méthode du cadran solaire.
2. Le cyprès est souvent planté près des tombes dans les pays méditerranéens, en tant que symbole d'immortalité. En effet, il reste vert toute l'année et son bois est imputrescible.

Je n'avais pas mes quatorze ans. On procédait à un partage de famille qui avait tardé. Selon l'usage établi chez nos bons bourgeois de Provence, notre grand'mère avait légué à ses enfants une maison de ville, une « campagne[1] » et un jardin. La sœur aînée de notre mère annonçait l'intention de se réserver la maison. Sa cadette voulait prendre le champ de vignes, d'olives et de blé. « Prends le jardin, maman ! disais-je, prends le jardin. » Elle hésitait. Cette petite propriété, deux hectares et demi de fleurs, de fruits et de légumes, était moins de rapport que d'agrément ; elle avait ceci d'onéreux qu'il fallait dédommager d'autres héritiers. Mais je voulais le jardin, et le voulais bien. Jadis, quand nous étions plus jeunes, avant d'aller à Aix pour nos études secondaires, on nous conduisait au « jardin », pour le moins tous les jeudis et les dimanches, et nous en revenions armés de ces grands roseaux verts qu'on appelle chez nous des cannes, et qui tournaient, comme nos têtes, à tous les vents. Puis j'aimais, au jardin, le jardinier, la jardinière qui me faisaient boire le lait de leurs brebis et manger « le pain de maison » qu'ils pétrissaient eux-mêmes. Et j'aimais plus que tout le pavillon carré assis au-dessus des parterres, et qui m'avait ri de tout temps par l'or de sa façade, la broderie de ses fenêtres et les denticules de sa corniche ; n'avait-il pas été bâti au XVIIe siècle, avec le reste des pierres de l'église de l'Île[2] ? La tradition le disait, c'était un nouveau lien de cette vieille pierre à moi.

Au fond, le vœu de notre mère allait d'accord. Seulement mon désir s'exprimait tout haut avec une force d'insistances qui finirent par l'emporter. On paya ce qu'il fallut, le jardin fut à nous, et bien nous en prit[3].

Lorsque, ses soixante ans sonnés, un peu meurtrie par dix années de Paris brumeux, notre mère eut vu partir son second fils pour les colonies et, me laissant dans la grand'ville, revint seule en Provence, cette maison rustique, ce jardin sec et chaud, cette terrasse ensoleillée et embaumée que purifient les vents qui passent, lui auront dispensé une trentaine d'années tranquilles. Nous l'aurons gardée jusqu'au bout, saine, lucide, gaie, en pleine possession de ses facultés, enfin digne d'elle et de son pays. Les « prends le jardin, maman » n'auront pas fait conclure une mauvaise affaire, ni donné un mauvais conseil. J'en triomphai, mais ce triomphe fut suivi d'une lourde chute.

Aux premières vacances, celles de 1882, on s'était tant bien que mal installé en procédant à quelques accommodations très rudimentaires.

1. C'est-à-dire une maison de campagne entourée de quelques cultures.

2. L'église Sainte-Madeleine de l'Île, au cœur de Martigues.

3. On l'appelait aussi l'Enclos ; dénomination malheureuse pour un espace qui, de mémoire humaine, n'avait jamais été clos. Jardin est le terme le plus ancien. Je vois encore la maîtresse de pension de ma mère, Mlle Gal, qui enseignait à Aix, mais venait de Martigues, secouer les belles coques blanches qui encadraient sa grande figure rose, en disant à son élève favorite : – Ainsi, Valérie prend la maison, Mathilde la campagne et toi le jardin ? C'est parfait [NdA].

« Réformer pour conserver... », c'était déjà le bon programme. Or, parallèle à la maison, perpendiculaire à l'allée centrale, il existait, comme un petit jardin dans le grand, complètement effacé du sol aujourd'hui, quelques pauvres carrés d'iris, d'œillets et de roses, abondamment tendus de toiles d'araignées, bornés par des demi-lunes de pierre grise et – écoutez-moi bien ! – complantés de puissants cyprès, de neuf grands cyprès plus que beaux qui passaient pour avoir deux siècles. On disait au juste : cent quatre-vingt-dix ans. Notre malchance voulut qu'un nouveau fermier vînt d'entrer en charge, excellent homme, mais maniaque : il détestait nos cyprès parce que leurs racines énormes lui mangeaient de la bonne terre arable et, disait-il, empiétaient sur le verger, sur le fruitier. Ses premières réclamations furent mal reçues, il les répéta, il osa parler d'abattre nos arbres...

— Les plus anciens ! les plus grands ! les plus beaux ! c'était un péché !

Ma mère et mon frère en étaient indignés. Quel mauvais démon me fit prendre le contre-pied ? Je plaidai pour l'ennemi des arbres et sur un ton de fausse raison, si persuasif que peu à peu j'obtins le plus triste et le plus honteux des succès. On peut trouver comme un écho de ma faute flagrante et de mon repentir gêné dans un petit poème de ma *Musique intérieure* qui a pour titre « Les Témoins » :

Le sort et ses coups, la Vie et ses songes
  Ne sont pas obscurs,
Disent les cyprès que la lune allonge
  Au ras de ton mur.

Devant la maison que trois siècles dorent,
  Fuseaux ténébreux,
Nous recommençons le rêve d'enclore
  Votre jardin creux...

Tu dis que la loi les a fait renaître ?
  Mais je vois encor
Quel rustre acharné qui te dit son maître
  Nous porta la mort[1].

Si la jeunesse est folle, l'adolescence l'est bien plus. Dans ses dix ans, mon jeune frère était bien plus sage que moi. Il existait entre nous cette autre différence que j'aimais à contrarier ma nature et qu'il suivait la sienne bonnement et candidement avec une santé joyeuse. « Veux-tu venir, lui disait-on, chez le pâtissier ». Il répondait : « Allez » ou « tirer les macarons à la foire ? », « au bain ?... », « en classe ?... », « à table ?... », « Allez ! allez !... ». Nous l'appelions Monsieur Allez... Le plaisir qu'il prenait à ne rien refuser de l'avance des choses, ou de celle des gens, faisait ainsi du plus joyeux des compagnons le plus sensé des conseillers. Ah ! ce n'est pas à lui que l'on eût donné le chagrin pour la joie, ni la peine pour

1. Voir le poème complet, p. 391-392 de la présente édition.

le bonheur. J'ai cru le voir revivre un jour dans le « Bref de sagesse » mistralien : « Écoute mes paroles, disait mon oncle Guigue, mieux vaut un bon conseil, mignon, qu'un bon soufflet[1]. »

Ainsi, ne lui était-il jamais arrivé de céder à la détestable habitude de se faire de l'opposition à soi-même pour bouder son plaisir ou pour le contester, comme c'était mon cas perpétuel.

Plus donc j'y réfléchis en y appliquant toutes les ressources de la mémoire et de l'expérience, et plus il me semble certain que je ne pris parti contre nos beaux cyprès qu'en raison de leur charme mystérieux et de cette beauté contre laquelle je voulais me mettre en garde, au nom de quelque chose de meilleur encore, pour y faire un sacrifice dont la peine me semblait avoir aussi sa beauté. Tout est dit contre l'erreur de cette Antiphysie stoïcienne[2]. Il me fut dur et long de m'affranchir de ce préjugé de raison appauvrie ou dénaturée. Alors que le paysan avait réagi suivant ce qu'il croyait son intérêt, moi, nouveau philosophe scythe[3], je m'étais plu au conformisme de cette barbarie.

Elle eut donc le dessus, et les cyprès furent abattus. Je vois encore saigner entre leurs ramures d'un vert bronzé la chair rose de leurs aubiers… Le dernier tronc à peine couché au sol, tout aussitôt, sans intervalle, j'eus la claire conscience de la faute, et le deuil du malheur, et le désir de réparer l'irréparable ou de le compenser. Quelques saisons après ce crime, quand de médiocres labours eurent occupé toute la place du jardin de notre grand'mère, je fis planter en sens inverse (où et comme je pus), du nord au sud, le nombre double de celui des cyprès sacrifiés : dix-huit. Un seul est mort depuis. Le reste me murmure les versets et les répons de l'expiation méritée. Au surplus, leur croissance ne m'apporta qu'un faible repos d'esprit. Je caressai longtemps le rêve de dédier d'autres satisfactions aux ombres des premiers martyrs, mais la vie à Paris et mes rares retours ne le permirent pas.

Ce fut plus tard, beaucoup plus tard, que je pus construire à la bordure du Chemin de Paradis ma double « Allée des Philosophes » ; 18 cyprès par ci, 18 cyprès par là, répétés de chaque côté, ce qui fit les 72. Plus récemment encore, apparurent les 11 qui dominent terrasse et jardin d'est en ouest[4], mais ces derniers ont une histoire.

Ils avaient été commandés dans l'hiver 1927-1928 et n'étaient jamais arrivés du village d'horticulteurs où ils m'avaient été promis. Un petit

1. Extrait du *Brèu de Sagesso* de Mistral, dans son recueil *Lis Óulivado* (*Les Olivades*).

2. Les philosophes stoïciens estimaient que l'on doit combattre ses passions, ce que Maurras juge « antiphysique », c'est-à-dire antinaturel.

3. Allusion à une fable de La Fontaine, « Le philosophe scythe » (livre XII, fable n° 20).

4. Les rideaux de cyprès sont plantés d'est en ouest en Provence, pour faire barrage aux vents du nord, mistral et tramontane.

accident de santé survenu en juin me retint à la campagne pendant tout l'été, et je voulus mettre à profit cette occasion de les planter.

— Mais, dirent les compétences, on ne plante pas en été…

Mon ami Henri Mazet, l'architecte, dont l'érudition légendaire s'étend à toute chose, m'avait raconté un jour, d'après un professeur d'arboriculture de lui connu, que l'on peut parfaitement planter des arbres en n'importe quelle saison, pourvu que ce soit la nuit, avant le lever du soleil, tant que dure, paraît-il, le sommeil des plantes. Que risquait-on à essayer ? On prit date.

Le pépiniériste de Saint-Andiol jura de nouveau qu'il livrerait ses plants, tel soir, à telle heure sonnée, ce qui permettrait à mon camion de me les remettre avant minuit. Quelle angoisse ! Nous étions réunis à quelques-uns sur la terrasse pour bien recevoir et pour vite planter ; les onze trous avaient été creusés, garnis d'une eau fraîche et limpide avec tout ce qu'il fallait pour les reboucher sans retard… Minuit arrive. Une heure sonne. Puis deux. Enfin, les mélancoliques coups de trois heures : le jour approche, et pas de camion ! Accident ? Manque de parole ? Les deux ouvriers réquisitionnés bâillaient, voulaient partir, et nous trompions nos impatiences sur lesquelles tournait l'implacable ciel de la nuit en égrenant des souvenirs, en récitant des vers, en chantant des chansons, ou en les écoutant.

Le côté de l'aurore pâlissait vaguement. Trois heures et demie ! Bientôt quatre, et le désespoir… quand un gros œil rougeâtre s'ouvrit dans le chemin : camion ! cyprès ! tout !… ils furent débarqués en cinq minutes, placés dans les ronds d'eau, dressés et enterrés en moins de temps qu'on ne l'écrit. Les dernières façons[1] étaient administrées au sol foulé et aplani quand, du Pilon du Roi[2], l'astre allongea quelque lumière. La nuit cessait à peine. Mais tout était fait avant jour, nous étions en règle avec le professeur de Mazet. Le serions-nous avec la nature ? Les onze cyprès prendraient-ils ? Ils ont pris, grandi, prospéré. Ils ont même, on aura tout vu, subi les épreuves du feu, dans un grand incendie champêtre qui, en les roussissant, n'a mordu qu'à la feuille ; on ne peut même dire qu'ils en aient été abîmés.

Les Onze que voilà ne furent pas mes derniers nés. J'en ai planté encore quelque huit dizaines de l'autre côté de la maison, d'ouest en est, et tous, ils manifestent une énergique volonté de vivre. Infiniment plus sage que son prédécesseur de 1882, mon paysan d'aujourd'hui a planté pour son compte, en avant de son potager, plus de cent autres braves cyprès utilitaires. Arrivons-nous au demi-mille ?

On peut y arriver, car il en est bien d'autres, et beaucoup plus beaux, qui n'existent encore que dans mes rêves, et rien ne peut me délivrer du cher souci de voir grandir leurs fantômes légers en un endroit où je médite

---

1. Terres meubles.
2. Un des principaux sommets de la chaîne de l'Étoile, au nord de Marseille et à l'est de Martigues.

de les aligner, juste à notre limite du nord-couchant, sur cette arête de colline qui aboutit près du moulin.

Sans doute, ainsi plantés, les arbustes naissants seront-ils longtemps invisibles. Mon âge ne me permet pas d'espérer de les voir dépasser la masse des autres végétations et découper leur noble dentelle sur mon horizon. Mais avec moi, comme sans moi, le temps fera son œuvre, les fûts puissants prendront racine, ils grandiront et peu à peu la forme sublimée atteindra, quelque jour, aux libres espaces du ciel. À la condition qu'il n'y ait ni invasion barbare, ni abattage insensé, que le feu les respecte et qu'une terre favorable ne manque pas à ses coutumes et à mon espoir, il naîtra dans ce lieu choisi, sur cette côte, déjà parfaite de lignes, quelque chose de comparable, et peut-être supérieur, à l'admirable allée, gloire et honneur de Malaucène, que j'ai vue non loin de Vaison, cette double montée de cyprès qui fait oublier tout ce que la Toscane, l'Ombrie et la Grèce ont pu donner de graves, d'élégants et fiers décors forestiers.

À mi-côte j'aurai pris soin d'élever une stèle en pierre du pays, qui portera ces mots du vieil Olivier de Serres, seigneur de Pradel[1], dans son *Théâtre d'agriculture et mesnage des champs* :

> LES PLUS DIGNES ARBRES DE TOUT LE GÉNÉRAL DES AUTRES,
> VESTUS ET DESPOUILLÉS, ET PLUS PROPRES AUX COUVERTURES,
> SONT LES CYPRÈS ET LAURIERS, DESQUELS LES BONNES QUALITÉS DE COULEURS,
> DE SENTEUR ET D'OBÉISSANCE, RENDENT LES OUVRAGES MAGNIFIQUES.

Mais le laurier est ambitieux[2]. Il convient de nous en tenir à nos fiers cyprès dont la majesté est simple et humaine. Puissent-ils, très vieux et très hauts, pointe aiguisée, large poitrine, sans rien de maigre ou de fluet, justifiant leur beau nom de pyramidaux, prodiguer l'ombre, la vigueur, la paresse, la fierté, la confiance, la sécurité à maint arrière-neveu qui se soit rendu digne d'une pareille « couverture ».

Quels neveux ? Ceux de l'âme ou ceux du sang ? J'ai des uns et des autres[3].

En vérité, lors que je reviens en arrière et repense aux êtres que je continue, il m'est difficile de dire ce qui me possède le plus, de mes antécesseurs selon la nature ou de ceux qui m'ont ouvert les voies de l'esprit.

Ceux de la chair me tiennent à un degré que je ne saurais dire. Bien que fort inconnus de moi, mes quatre aïeux étant morts avant ma naissance, ils m'ont été rendus présents, directs et vivants, par les transmissions du langage. Ma mère était la plus étonnante des évocatrices. Ce qu'elle me

1. Gentilhomme du Vivarais, il vécut à cheval entre les XVIe et XVIIe siècles.
2. Le laurier couronnait les généraux vainqueurs dans l'Antiquité.
3. Maurras considérait comme des neveux ses jeunes disciples de l'Action française. Par ailleurs, il avait adopté les enfants de son frère à la mort de ce dernier.

disait se peignait dans mes yeux, comme si je le voyais. Ce qui avait passé en elle passait ainsi en moi, même ce qu'elle ne tenait que de la bouche de mon père dont le père et la mère étaient morts avant son mariage. Son propre grand-père, qui me précéda de cent ans dans l'ermitage du chemin de Paradis, je le rencontre, je le vois, le salue dans l'allée familière, et j'écoute ses soliloques, fort éloquents, paraît-il, de vieil avocat, et je ne peux oublier, sur son lit de mort, un corps dont la blancheur émerveilla longtemps les ensevelisseuses. Cette ronde d'images qui n'a cessé de tournoyer en moi le long de ma vie n'a rien de commun avec ce que l'on peut appeler la voix du sang. Mais le sang peut aider à l'imaginer et à le concevoir, lorsque des paroles fidèles ont donné à l'esprit leur secousse précise, pour ressusciter en quelque manière, comme dit Mistral, « les aïeux que nous n'avons pas connus[1] ». Cette transmission vibrante exerça un long pouvoir de reviviscence sur tout ce que j'ai de tête et de cœur.

Mais, à ce point de constance et de permanence, l'obsession du passé détermine un égal intérêt pour les images de l'avenir. Aucun petit enfant n'est venu de moi[2]. Ceux de mon frère vivent et déjà ils revivent. Mon rêve habituel ne peut s'empêcher de leur dire quelque chose comme ce que chantait Mistral des aïeux.

Eux aussi, ils vivront, ils tiendront.

Ils se défendront à leur tour contre les choses, selon la vieille loi que l'on subit sans la comprendre et sans la discuter. Qu'ils soignent comme moi les arômes de mon jardin ! Qu'ils les respectent mieux que moi ! Qu'ils y laissent grandir la chère essence mystérieuse ! Et puissent mes cyprès, devenus plus grands que des chênes, former dans un bois sacré semi-circulaire l'ombrage qui abrite leurs jeunes filles et leurs jeunes gens ! Rien ne m'est plus doux à considérer d'ensemble, de loin et d'en haut.

Mais il convient aussi que d'autres hôtes puissent également venir rêver dans ce chœur végétal, embelli par sa vétusté[3]. Je ne descends pas seulement de femmes de Martigues, d'hommes de Roquevaire, d'Auriol, d'Avignon, de La Ciotat, et de ces lointains ancêtres gavots qui vécurent des siècles sur notre piton des Maurras. D'autres pères et mères, d'autres aïeux et aïeules ont déterminé la règle de ma pensée, sa méthode, son rythme, son élan et ses freins ; comment oublier tous ces maîtres qui m'ouvrirent les étendues de l'espace où tournent les idées et qui m'y composèrent mon refuge, mon armement, mon espérance ? Les uns sur les

1. Vers de « La Cansoun dis Àvi » (« La Chanson des Aïeux »), dans *Lis Óulivado*.

2. Ce n'était pas l'avis de Valentine de Saint-Pons, maîtresse du jeune Maurras, qui pensait avoir eu une fille de lui en 1893 – à moins qu'elle n'ait été de son mari. Mais il est clair que pour Maurras, la paternité suppose une reconnaissance de l'enfant qui, en l'occurrence, ne pouvait être faite sans compromettre sa maîtresse.

3. C'est pourquoi Maurras lègue le Chemin de Paradis à la ville de Martigues.

gradins de l'Église de l'Ordre[1] ; les autres dans les cercles de la Poésie ou de la Sagesse ; d'autres me distillant le doux et l'amer des expériences de la Vie ? Que ne dois-je à tous ? Comme, de tous côtés, l'on ose m'assurer que d'autres nouveaux hommes seront aussi redevables en quelque mesure à la trace que je puis laisser, il est difficile de rejeter toute hypothèse de ces neveux spirituels, ils pourront exister et par eux, avec eux, leur propre postérité, naturelle ou mystique.

Ce que je laisse n'est rien au prix de ce que j'ai reçu[2]. Mais puisque j'aurai donné de la vie et du mouvement à certains esprits, ceux-là auront un titre à venir dialoguer sous mes arbres pour en goûter l'âpre et chaude salubrité.

Aux derniers, comme aux premiers, je veux dire aujourd'hui : qu'ils soient les bienvenus ! Mes cyprès ont été plantés en pensant à eux. Mes successeurs de droit ou de fait sont priés de les accueillir comme leurs frères naturels. Je leur en ferai au besoin un devoir, à défaut d'une loi.

Car il faut le redire, en terminant cette page, qui introduit un recueil de pensées fort générales et abstraites, leur sécheresse ne doit tromper ni rebuter qui que ce soit ; c'est apparence pure. Jeunes gens, jeunes filles de ma double postérité, il ne serait pas juste de vous figurer que rien n'ait pu vraiment m'abstraire de votre pensée vivante et prochaine, c'est le contraire qui est certain… Je l'écris dans une espèce de testament.

Leur parler de ces hautes généralités revient à dire ce qui convient à tous les hommes et à toutes les femmes, dans ce qui leur est le plus commun et ce qui se retrouve pour chacun et chacune dans toutes les moindres parcelles de l'espace et du temps ; ainsi répétons-nous les mêmes vérités élémentaires dans chaque opération de l'arithmétique.

On dit : la Vie, la Vie. La vie ! Elle est dans deux et deux font quatre comme dans un premier baiser ou un dernier soupir. On s'imagine ne pouvoir saisir au juste la vie que dans les cas particuliers qu'on isole du reste. Or c'est dans ce reste très général que la vraie vie est rassemblée le plus puissamment et s'exerce le plus profondément.

La vie m'est échue comme une surprise extraordinaire, je ne m'y suis jamais bien accoutumé, ni parfaitement reconnu. Mais j'ai toujours cherché, comme unique moyen de m'y adapter, les lois suprêmes qui la règlent pour cadencer le mouvement de cette aventure inouïe.

Le peu que j'ai pu y comprendre apporte une évidence claire. Nous sommes des « nous » bien plus que des « moi »[3] ; ces « nous » font une

---

1. Notamment l'abbé Penon, devenu évêque de Moulins, qui fut pour Maurras un père de substitution.

2. Cette phrase résume l'anthropologie de Maurras, pour qui l'homme est fondamentalement un héritier ; toute sa politique en découle. Voir *infra Mes idées politiques*.

3. Autre résumé de l'anthropologie maurrassienne.

chaîne très longue, mais très serrée, et c'est en nous efforçant de la concevoir que nous avons chance de reconnaître notre nature et pouvons la saisir dans ce qu'elle a de simple et de sûr.

Le bienfait des bienfaits, comme le bonheur des bonheurs, serait donc d'accéder à l'expression la plus large possible de l'être humain. Ainsi seraient réunies les lumières les plus complètes sur sa condition et sur son destin. N'en croyez jamais les pauvres esprits qui accusent de froideur et d'aridité soit la haute philosophie, soit la grande poésie, et nommez insensé quiconque se refuse à comprendre ou hésite à sentir comment c'est là et non ailleurs que bat le cœur du monde et flambe ce qu'il a d'amour. Ainsi vous rendrez-vous un compte clair du principe qui, dans l'ordre des temps[1], passe avant tous les autres, celui de la défense et de la protection, le Principe du rempart, le Théorème du cyprès, le plus humain de tous, puisque tout homme doit être d'abord défendu, et par conséquent gouverné : *Politique d'abord.*

Rien n'est plus nécessaire au champ et à celui qui le travaille, à la maison et à celui qui l'habite, que le lointain rempart qui doit les protéger, rien n'est plus important que de maintenir ce rempart en bon état, bien garni de guerriers et de munitions, lui-même posé, défendu et éclairé par une politique vigilante.

Qui n'y prend pas garde livre tout, immeuble, meubles, et se condamne soi-même aux plus douloureuses des migrations.

1. C'est-à-dire dans l'ordre de la priorité, non dans celui de la dignité. Voir *infra Mes idées politiques*.

CONFESSION DE DENYS TALON

« Fais cela ! »
Emmanuel Kant

« Ne fais pas ça. »
Ma Vieille Bonne

Mon nihilisme paisible, mon doux anarchisme moral fut commun à bien des hommes de ma génération, 1870 environ. Ils s'étaient comme moi séparés de la précédente. Nous trouvions derrière nous des exemples, devant nous des principes. Je ne sais pas encore comment ceci et cela fut si rapidement abandonné, ni quel cyclone l'emporta et le balaya.

La question la plus embarrassante qui pût être posée à ma vingtième année était sans conteste : « Pourquoi fais-tu cela ? ou ne le fais-tu pas ? » Cela n'aurait pas fait le pli d'une difficulté pour nos parents. Admirablement équilibrés, leur vie se tenait ordonnée et claire, leur croyance et leurs idées concouraient à motiver de façon très simple les jugements de leur action. Esprit et cœur jouaient ensemble avec les justes amours-propres et les intérêts légitimes. Quant aux points sur lesquels le sentiment et la passion peuvent se dérégler (un digne quant-à-soi pouvant tourner à l'égoïsme), ces risques d'erreur se trouvaient aussi marqués, non moins clairs, à leur conscience, et celle-ci veillait.

Je les revois, oui, consciencieux, mais non conformistes, ne ressemblant en rien aux moutons de Panurge, religieux sans être dévots, bien que ma mère fût très pieuse. Croyants et pratiquants l'un et l'autre. Mon père, ancien capitaine au long cours[1] et propriétaire terrien, elle, sa cousine germaine. Ils vivaient bien, et faisaient le bien, sans apparence d'effort ni même d'application, avec un naturel parfait, souriant chez l'une, un peu bougon chez l'autre, car il était facilement irrité par l'injustice, l'ingratitude ou la mauvaise foi. Je ne les ai jamais entendus échanger un mot aigre, ni se permettre une médisance.

Ce bonheur sérieux et solide posait, comme tout, sur des fondations matérielles sûres. Ils avaient gardé à peu près telle quelle la petite fortune

1. En fait, le père de Maurras était percepteur. Mais la famille avait effectivement compté des marins.

des leurs, qu'ils dépensaient avec économie, mais avec charité. Suivant eux, l'ordre social devait, tant bien que mal, correspondre à un ordre moral qui le fortifiât, mais le justifiât.

Quand je n'étais pas sage, ma vieille bonne avait mandat de me menacer du violon municipal[1]. Un jour qu'elle y insistait : « Oui, répartis-je, mais j'ai quelqu'un qui me délivrera... – Tu penses à M. Guirard », dit-elle... M. Guirard était le juge de paix du canton. Son fils était de mon âge. Nous échangions des politesses. Il venait déjeuner à la maison le dimanche, et j'allais chez lui le jeudi. On me le donnait toujours en modèle : « Regarde Albert ! Comme il est sage !... Albert est soigneux... Albert a du goût... Il ne se ronge pas les ongles ! Il a déjà une maîtresse de piano, quand tu ne sais pas encore tes notes. Regarde-le... » La contemplation mystique de l'idéal Albert m'avait fait bien voir de ses père et mère. M. et Mme Guirard me comblaient de gâteries. C'est pourquoi, dans mes fredaines, j'estimais pouvoir compter sur l'autorité discrétionnaire du juge de paix. « Oui, mais, me dit ma bonne, si M. Guirard n'est pas sage, on le mettra en prison comme toi... – Tiens ! Et qui l'y mettra ?... – Tiens ! mais les autres juges. » Ce jour-là, M. Guirard perdit beaucoup du prestige de sa belle toque argentée, de sa robe flottante et de la ceinture bleu-ciel qu'on lui voyait à la procession de la Fête-Dieu[2] ; il m'apparut beaucoup moins secourable et moins puissant... Autour de moi les simples se satisfaisaient de l'idée d'une hiérarchie judiciaire complète, à laquelle embrancher et arc-bouter les conduites privées. Pour notre âge, des souffles obscurs et violents nous avaient fait rouler au bas de ces justes hauteurs, et quelquefois un peu plus bas, jusqu'à la fosse. L'insolente sauvagerie de l'enfant de la nature avait tourné à une insubordination méthodique, sans doute stimulée par la turlutaine du Progrès et la conséquence que nous en tirions : les jeunes en savent plus long que les vieux, les enfants valent mieux que les parents. Ceux-ci n'ayant connu que les diligences, nous avions les chemins de fer ; à eux la poste, à nous le télégraphe électrique. Le décri de l'autorité, la ridicule diffamation du gendarme et du commissaire, étaient accompagnés de l'apothéose du voleur, du brigand, de l'irrégulier, quel qu'il fût. Un petit ami qui avait bon bec nous disait : « Je viens d'Aix, j'ai vu les Assises ; est-ce beau ! Vous n'avez pas vu ça ? Les juges en robe rouge et toque d'or. Les gardes en soldats. Puis les accusés ! Vous savez, on les met sur une estrade aussi haute que le tribunal. Et si vous voyiez comme ils sont habillés ! – Les accusés ? Mal habillés, n'est-ce pas ? – C'est le contraire. Tout en noir. – Et même en queue de morue, dit ma bonne, qui avait du sens. – Certainement, en habit noir et queue de morue », répétait l'autre avec aplomb.

1. La prison municipale.
2. Les processions, très répandues dans toute l'ancienne France, étaient particulièrement populaires dans le Midi.

Maurras, vers 1890 © Louis Denis-Valvérane

Ainsi courait cette édition enfantine des *Misérables*. Ainsi se préparaient bien des inversions, précédant des convulsions qui devaient venir, sèches ou sanglantes. Ne dites pas que je les tire de trop loin, tout cela se tient et s'appelle quand les idées-mères s'effondrent ou qu'elles s'effacent.

La République conservatrice se mourait et voilà qu'arrivait et se consolidait la République des républicains ; nos juges de paix devaient bientôt cesser d'aller à la procession, puis les processions de sortir de l'église de Saint-Tropez[1]. Comme l'Hier et l'Aujourd'hui, comme la Route et le Rail, ce qui aurait dû se composer s'opposait ; le religieux et le rationnel, le social et le moral perdaient leur cohérence au moment de notre adolescence et de notre première jeunesse. On ne croyait plus guère en rien, et l'on n'y voyait plus très clair.

Vingt fois l'on a repris l'examen de ce qui fut destructeur et démoralisant dans nos classes de philosophie. La vraie cause est plus ancienne pour moi. Elle devait dater d'à peu près toutes nos marottes, depuis le funeste Pascal, qui saturait nos classes d'Humanités et de Rhétorique[2], comme on disait alors. La Philosophie avait, au moins, l'avantage de mettre un peu d'ordre dans ce capharnaüm.

Je ne voudrais pas faire un honneur immérité à la médiocre brigade des poétereaux déclamateurs normaliens qui, assis au bas bout de la table baudelairienne, s'étaient appliqués à des variantes laborieuses de la *Charogne* et de la *Martyre*[3]. Mais leur faiblesse les avait établis juste au niveau de nos quinze ans désarmés. C'est pourquoi, pas plus que l'illustre sonnet des *Larmes* :

> Eau, sel, soude, mucus et phosphate de chaux,
> Ô larmes, diamants du cœur, laissez-moi rire,

tel autre inclyte[4] « blasphème » ne pouvait comporter de grandes puissances de dissolution :

> Tes père et mère, ça ? C'est ça que l'on révère !
> Allons donc ! On est fils du hasard qui lança
> Un spermatozoïde aveugle[5]...

Pouah ! Oui, la fréquentation de ces néants dénégateurs, la familiarité que nous en prîmes avaient bien tendu, en nous dégoûtant, à leur prêter une espèce d'autorité. Pas du tout sur les devoirs filiaux, qui n'en furent ni négligés ni différés. Mais on en moquait les fondements. On en brocardait

1. Allusion à la politique anticléricale mise en œuvre à partir des années 1880. Saint-Tropez est la patrie de Denys Talon, le double de Maurras.

2. Sur l'hostilité de Maurras envers Pascal, voir *supra* la quatrième des *Quatre nuits de Provence*.

3. Poèmes de Baudelaire (dans *Les Fleurs du mal*).

4. Célèbre.

5. Ces vers, comme les précédents, sont extraits des *Blasphèmes* (1884), de Jean Richepin.

les raisons. À la limite de cet état déliquescent, me renaît en mémoire cette déclaration offerte à des parents que je sais ; on les aimait beaucoup, et on les adorait, mais c'est qu'ils étaient bons, gentils, aimables, délicieux, et nullement parce qu'ils étaient les auteurs de nos jours. Comme tels, ils auraient bien plutôt des comptes à rendre. On tenait à honneur de ne montrer aucune gratitude expresse pour le fichu cadeau de cette chienne de vie. Notre jeunesse ne se plaignait pourtant pas de la vie. Elle aimait les bonnes choses, et les autres ne lui faisaient pas peur. Le mauvais ton acquis était surtout extérieur, mais, venu du dehors, il gagnait au dedans. L'Existence mordait de plus en plus sur la Conscience.

Quant aux infortunés maîtres ou camarades qui proposaient encore de dire *il faut*, ou *l'on doit*, la réponse était tenue prête, *il ne faut rien, l'on ne doit rien.*

*
* *

Dans cette décomposition générale, quelque chose survivait-il ? Peut-être le bon pli d'habitudes saines, devenues un peu moins morales que physiques. Leur puissance tenait à ce qu'elles avaient d'invétéré : entre toutes, la tendance innée au travail.

Non que l'on se fût mis, parmi nous, à aimer le travail à contre-sens et pour lui-même. On appréciait son fruit, les connaissances qu'il donnait, son illumination du monde et de la vie, ses vastes ouvertures aux ambitions de l'esprit, sa réponse aux curiosités éveillées.

Oh ! je ne flânais pas. Cependant, sans flâner, nous ne travaillions plus comme on le faisait avant nous, aux temps où était suivie une règle complexe qui associait la nécessité, le devoir d'état, le dévouement, l'honneur, le plaisir, le profit. *En rustiquant*, disait mon père à la latine, en s'occupant à travers bois, vignes et labours, il donnait un modèle d'activité infatigable. Ma mère se faisait un devoir et une joie de commenter les peines de son mari pour en faire valoir les motifs raisonnables, les mobiles sains et, disait-elle, nous le faire comprendre et imiter.

Beaux exemples ! Douce leçon ! Il ne faudrait pas croire que *rien n'entrât*, je n'étais pas insensible ni imperméable. Mais, d'ensemble, tout cela glissait parce que le nœud qui en liait les parties me faisait désormais défaut. Défaut dont je ne souffrais pas ; ce qui manquait, en fait, ne manquait ni à ma conscience ni à mon intelligence, attendu que je n'avais aucune conscience, distincte, d'un Denys Talon qui fut moi, et son sujet n'importait pas à mon intelligence qui s'en moquait. Elle était toute à mes objets – j'aurais presque dit : à mes rêves.

Mon intelligence courait bien d'autres choses, autrement belles et bonnes, riches et gaies, que mon pauvre moi ! « Tenys Talon, Tenys Talon », me répétai-je un jour que j'étais bien petit, si petit que je ne savais pas encore prononcer le D[1]. En me demandant qui pouvait être ce Denys Talon, je poussais devant moi les galets du port. À chaque coup de pied répond le battement de ma petite robe, qui me faisait penser à *moi* comme à quelque chose d'un étranger. En revanche, tout ce qui passait à la portée de mes yeux et de ma cervelle, corps physiques, corps glorieux[2], vagues fumées, nuées brillantes, ou la simple voilure d'un ciel d'azur tendu sur une tête folle se disputaient les forces de mon attention violente. Dès mes premiers moments d'émancipation juvénile, j'avais choisi de travailler d'arrache-pied à tout, hormis peut-être à ce qui s'abstenait de me faire un certain signe d'appel personnel. Comme ma pauvre mère m'avait reproché assez amèrement ma nullité en je ne sais plus quelle branche de mes études : « Cependant, lui répondis-je, tu vois, je travaille… » Elle répliqua par un trait de lumière : « Oui, à ce qui te plaît. » Ce n'était pas « bien » travailler pour elle. Je n'oublierai pas de sitôt la secrète tristesse de ce visage, qui ne parlait qu'en souriant ; la réticence me fit sentir qu'elle lisait en moi beaucoup plus avant que moi-même. Était-ce difficile ? Je n'y lisais rien du tout. De même, on m'avait grondé souvent de ne pas me montrer plus communicatif, plus expansif, plus confiant. Je n'avais rien à confier, répandre, ni communiquer. Ma vie intérieure, déjà faible, allait s'atténuant encore et rien ne l'avait remplacée que ce qu'avait démêlé ma mère ; la Toute-Puissance de mon Plaisir, maître et gouverneur de ma vie.

Sans doute existe-t-il des plaisirs sains et d'autres plaisirs malsains.

Je ne connaissais pour ma part que le Plaisir, avec sa contrepartie naturelle : le Déplaisir. Une critique universelle avait mis toutes mes autres distinctions en poussière, et cette cendre fine représentait d'anciens goûts naturels ou acquis, et des traces d'hérédité ou d'éducation qui n'étaient pas destinées à exercer beaucoup d'autorité sur mon cœur.

Un mauvais prêtre, comme je n'en ai connu qu'un ou deux à Paris, m'avait frappé par une curiosité sans pudeur dans la manière de questionner les gens sur eux-mêmes. C'était une espèce d'écrivain bohème, ambigu d'intrigant et de renégat, plus ou moins simoniaque[3]. Il osa me dire un jour : « Quels sont vos buts de carrière ? » Je n'avais pas dix-huit ans. « Aucun », lui répondis-je, plus véridiquement qu'il ne pouvait le croire. Il se mit en colère : « Pas de but dans la vie ? Mais vous devez en avoir un. Quoi ! Pas un idéal ? » Un idéal ? J'en avais cinquante. Sans parler du vague désir de faire de beaux livres (ce qui ne venait pas au tout premier plan), mon premier idéal était de débrouiller, en deux temps et trois

---

1. La même scène est racontée dans la troisième des *Quatre nuits de Provence* (voir *supra*).
2. Voir le texte portant ce titre p. 170 *sq.* de la présente édition.
3. Prêtre qui monnaye les sacrements qu'il devrait administrer gratuitement.

mouvements, les sept énigmes du monde que Du Boys Reymond avait couronnées de son *ignoramus, ignorabimus*, dans son discours à l'Université de Berlin[1]. J'avais cet autre idéal de construire un navire ailé qui pût suivre à marche d'étoile le soleil couchant sur nos mers[2]. En quoi cela regardait-il ce clerc interrogant ? J'étais ingénieur, pontonnier, architecte, quand il s'agissait de tracer ou de reformer de nouveaux projets de grande voirie provençale. Est-ce que j'avais à le lui dire ? De quoi se mêlait-il ? Je ne voulus plus le revoir, et suivis en paix mes démons.

J'étais zoologiste ou botaniste, et je me prononçais *contre* l'Évolution si je relisais l'entomologiste Fabre[3], *pour* elle si je rejoignais Darwin, Romanès et Spencer[4]. Philologue, à la poursuite du sens des mots avec Michel Bréal[5], je courais sur les pas de Renan vers les tabernacles de Sem[6], et je n'en rédimais pas moins l'Alsace et la Lorraine avec le général Boulanger, Paul Déroulède et Maurice Barrès. Je rétablissais dans ses droits la nationalité provençale, sa poésie, sa langue, avec Mistral et mon ami Frédéric Amouretti[7]. Naturaliste en littérature, selon la recette de Zola, impressionniste avec Goncourt, symboliste avec Mallarmé[8], je n'étais pas moins fasciné par la Chimie, l'analyse du Tout devant mener à sa synthèse, et l'on y maniait de si beaux cristaux de toutes couleurs ! J'abolissais le paupérisme, j'incorporais le Prolétariat à la société, je rendais à la France le sens de ses idées et de ses institutions fondatrices. Non moins que l'Encyclopédie, la théologie me *plaisait*, comme aurait dit ma mère, et la religion n'était pas exclue ; quelque mélodieux abbé, dans une église de campagne, entonnait-il l'*O salutaris hostia* ou laissait-il tomber les notes diamantines d'*Ave Maris stella*[9], je voyais le ciel et les anges. Seulement, le ciel et les anges ne venaient pas me voir.

---

1. Emil du Bois-Reymond, physiologiste allemand d'origine française, avait énoncé en 1880 sept problèmes scientifico-philosophiques insolubles, d'où sa conclusion : « Nous ignorons et nous ignorerons. »
2. Ce rêve est évoqué plus d'une fois dans l'œuvre de Maurras.
3. Ce grand savant fut en outre félibre, ce qui contribue à expliquer l'intérêt que lui porte Maurras.
4. Romanes fut un proche de Darwin, mais ce dernier se méfiait des idées de Spencer. Maurras met donc sur le même plan des théories fort différentes.
5. Fondateur de la sémantique moderne, Bréal avait appuyé l'œuvre de Mistral.
6. Renan était spécialiste des langues sémitiques.
7. Amouretti, un des disciples les plus ardents de Mistral, fut le mentor de Maurras en matière de fédéralisme et de géopolitique.
8. En réalité, Maurras combattit vigoureusement ces trois écoles littéraires (voir la partie « Esthétique » dans la présente édition).
9. Le premier de ces deux chants est de saint Thomas d'Aquin, dont la pensée a profondément marqué Maurras ; le second, plus ancien, est un hymne à Marie, qualifiée d'« étoile de la mer ». Il touchait doublement Maurras en raison de sa dévotion à la Vierge (qui survécut à sa perte de la foi) et parce que la mer l'a toujours fasciné.

Je tournai mes yeux de tous les côtés. Un mien cousin, médecin, m'ayant passé un gros tome d'anatomie, c'est tout juste si je ne décidai une prompte inscription à la Faculté. Cependant, je « faisais » une licence d'histoire : jamais prise, jamais passée ! À la suite d'une longue maladie de croissance, la relecture de ma géométrie d'écolier me tentait d'un retour improbable aux sciences exactes. Quelques mois de rue d'Ulm[1] ne me calmaient pas. J'allais à tout comme la limaille à l'aimant et, s'il est clair que je retournais vite aux deux mêmes pôles préférés, la Philosophie et la Poésie, je me disais aussi : « l'Hébreu ? le Grec ? Pourquoi pas ? » Oui, pourquoi pas ? En un cas comme dans tous, ce qui m'emportait était l'élan de soumission à ce beau savoir convoité ; ce n'était point pour un *moi* vaniteux ni fier que je suivais, comme des Muses, ces disciplines trop variées ou trop distantes, je me livrais à elles pour leur amour, l'amour de leur grande beauté. Je ne me proposais nullement de les confiner dans quelque sérail personnel ; loin de me proposer pour centre, pôle ou foyer, c'était moi qui demandais à chacune d'être le mien, ou l'un des miens, et espérais de recevoir l'appel de leurs bouches sublimes. D'elles tout m'attirait, je me sentais leur proie. Proie charmée, subjuguée. Proie indévorée, et proie résistante, car elle subsistait en dépit de mon immense oubli de moi.

Ainsi, allais-je tout courir, tout goûter ou fleurer. Cela durait ou ne durait pas. Cela me bousculait et me recouvrait au point de me noyer ; parfois aussi, ce chaos vivant me laissait émerger et se composait et s'organisait au-dessous de moi, mais cela ne s'est jamais produit sans quelque opération extérieure où je ne fus pour rien, que théâtre ou patient. S'il a pu sortir de moi quelque chose qui ait eu accent, sens, ou figure d'unité et d'utilité, il faut en reporter le mérite total à l'arbitraire du Plaisir et du Déplaisir, mes veilleurs et mes éclaireurs sous-jacents ; eux seuls, de tout temps, conférèrent une libre sécurité à cette suite d'exercices où j'aurais dû me rompre le cou.

Supposé que par l'effet de tant de voltiges, j'eusse été abaissé de beaucoup de degrés au-dessous de moi-même et largement rétrogradé sur l'échelle animale, soyez sûr que j'y aurais mis peu de mauvaise volonté et nulle intention dissidente. Le mal se serait fait sans moi. Ainsi s'est fait aussi quelque bien. Lorsque, en réalité, le poste actif et le bilan positif de ma jeunesse à l'aventure l'ont emporté, de beaucoup, sur le négatif, quelles que fussent la dispersion et la dissipation de mes successions de dévergondages, ce résultat heureux ne m'a été, je le répète, ni dû, ni imputable en rien. Simple merveille ! Oui, le miracle ! Les habitudes de mon rêve en ont fait tous les frais ; le classique et vulgaire tour de force du somnambule qui court au rebord de son toit. Mes yeux étaient aussi fermés que les siens sur ma route. Je risquais une chute verticale. Seul, mon plaisir, directeur ou interdicteur, aura su, je ne sais comment, imposer

1. Siège de l'École normale supérieure.

la ligne blanche ou grise de la direction ou des exclusions. Je n'avais que cela pour moi. C'était toujours cela : « Plaît ! Plaît pas ! »

Là, et là seulement, furent orientées dix années de ma vie d'esprit.

*

* *

Et ma vie pratique, donc !

Et ma vie morale, – si l'on peut dire !

La mort morale me guettait. Comment me fut-elle épargnée ? Il n'est qu'une réponse : J'ai rêvé ces trois vies au lieu de les vivre.

Aucune des facultés de l'homme éveillé n'y est intervenue. Ni la raison qui règle, ni le jugement qui choisit, ni la volonté qui impose, ni, moins encore, le sens élémentaire de la dignité qui refuse. Sur ce dernier chapitre, l'absence de toute loi connue pouvait me perdre de débauches ou me mener fort bien aux avant-dernières des vilenies. Là aussi, les opérations de sauvetage, faites pour moi, le furent en l'absence de moi, et j'y étais témoin de mes actes sans en être l'acteur.

J'étais venu vivre à Paris. Telle est la diversité de notre beau Paris qu'il est, à coup sûr, un des lieux du monde où sont pratiquées les plus magnifiques vertus. Mais, du secteur où je m'étais placé, on ne les voyait pas, elles ne passaient guère par là où nous campions et, mes amis et moi n'avions, à peu près, devant nous, que les aspects de la plus confortable dissolution.

Figurez-vous un séjour qui, pour n'être pas sans tristesse, avait aussi son charme, avec son air de friche ou, comme disent les coloniaux, de brousse, et les anglomanes, de jungle, disons, nous, de *forêt dantesque :* spacieux terrain vague qui n'était à personne et qui était à tous, sur lequel abondait la plus étrange population féminine, véritable nation de mal mariées, de séparées, de divorcées ou de femmes et de filles parfaitement libres, qui, pour n'être point galantes au sens vénal, étaient tout à fait dépourvues de raison de se conduire d'une autre manière que nous. Qui, nous ? Eh ! bien, des jeunes gens dont les origines sociales étaient bonnes ou excellentes, mais à qui ce Paris-là avait fait donner deux ou trois tours de roue vers leur animalité primitive, ils n'en revenaient qu'aux vacances…

Les deux moitiés de l'être humain, faites l'une pour l'autre[1], y trouvaient les facilités nécessaires pour toutes les figures d'une vie très simplifiée.

Autre chose y était facilitée encore : c'était l'éclosion et la culture de ce que j'appellerai, faute d'un meilleur mot, les petites amours. Petites ou moyennes, sans être bien recommandables, elles valaient néanmoins par

1. Sur ce thème, voir « L'amitié de Platon », p. 185 de la présente édition.

la loyauté sincère, l'absence de toute comédie[1]. Le train en était naturel et doux. Les graves accidents n'y étaient pas communs, beaucoup de liaisons étaient interchangeables, nouées et dénouées de manière assez indolore et comme à volonté. Et puis, là, tout le monde avait au front le même rayon de jeunesse et sa fraîche merveille de spontanéité. L'on m'aurait étonné en me révélant que tel était alors à peu près mon seul bien moral et, en tous cas, ma seule lumière pour me conduire. Le couple enfant du Paradis terrestre ne savait pas qu'il était nu. L'idée de m'habiller au moral ne se serait pas offerte. Qu'est-ce que j'en aurais fait ? Que me fût-il resté si ma sincérité avait émergé de ma nuit ?

Tous ceux qui m'ont connu savent combien je fus sensible au charme féminin sous toutes ses formes, à son mystère sous tous les masques. Je chassais de race. Telle avait été la seule faiblesse de mon pauvre père. Il avait bien fini par se surmonter. C'est qu'il l'avait voulu. Pour moi, que voudrais-je jamais ? J'aimais les visages moins que les corps, les corps moins que les âmes. Si la robe est un voile, la chair en est un autre bien plus épais, que seules ont soulevé les libertés de l'amour. Mes yeux, que dilatait presque douloureusement la vue d'une belle fille, n'étaient donc pas, au juste, ce que le divin Michel-Ange a nommé le chemin de l'amour et la source des larmes[2], ils ne m'ouvraient d'abord qu'un grand chemin d'admirations éperdues. Le baiser qui venait, s'il venait, n'était désiré, demandé, obtenu, goûté et rendu que pour conduire au terme, là où se découvre le secret de sa fleur, dans l'abandon sublime du bonheur mutuel. Mais que l'on ne s'y trompe pas : il ne s'agissait point du tout de composer un bouquet d'âmes à l'usage égoïste d'un « amateur » quelconque ! Pas plus que d'éblouir les autres ou moi-même en imposant des étiquettes fabuleuses à des vérités de rencontre et de situation où tout était singulier et unique en soi. Je ne gonflais ni ne *soufflais*[3] mes plus chères idoles pour les faire apparaître plus hautes que nature ; de quelque rang qu'elles fussent, l'Objet convoité, possédé, conservait les attraits et les attributs d'un Objet. Loin de prétendre à m'assujettir l'amie de passage, c'est moi qui me formais loyalement sur elle pour me fondre et pour me confondre de mon mieux. Le prétexte d'un Devoir eût été ridicule, mais la plus volante des fantaisies comportait, malgré tout, un désir de servir dans l'oubli de moi et le double goût du bonheur. On me dira que ce fut là beaucoup de servitudes volontaires… Mais si elles plaisaient ainsi ?

1. Par opposition aux amours de Sand et de Musset que décrit Maurras dans *Les Amants de Venise*.

2. Allusion à un madrigal de Michel-Ange, dont les peintures et les sculptures ont fait oublier qu'il fut aussi poète.

3. Allusion probable aux « souffleurs », ces faux alchimistes qui simulaient la transmutation du plomb en or.

C'est de là que suivait et découlait, de façon presque matérielle, cette sincérité dont j'ai parlé et qu'il vaudrait mieux appeler une libre franchise : ni système, ni règle, mais, de bon cœur, ce qui ne veut pas dire de tout cœur, l'obéissance pure aux décisions suprêmes du Plaisir et du Déplaisir : chargées ou aimantées de sourdes préférences, plus faciles et plus spontanées les unes que les autres, je ne me mêlais point de les classer comme des odeurs ou des formes. Le voluptueux égoïste veut se faire soleil. Je ne me voulais que planète, et m'appliquais à graviter autour de l'Objet, sans rien demander que d'en être véritablement emporté, ravi et aspiré, pour ne pas dire bu et tari, ce qui est une fin comme une autre.

Je ne fais point un panégyrique de mes objets, tout charmants, ni le mien. Et je ne dissimule pas leur commun et grave défaut d'avoir été successifs, changeants, très mobiles même. C'était le côté faible du régime qui fut naturel à l'extraordinaire « Réserve » zoologique où notre sensibilité juvénile prenait forme et figure. Ce pays n'avait rien d'un modèle, je ne le montre ni pire ni meilleur. Mais au moraliste qui condamne ou qui plaint, dans ce manque total d'engagement et de lien, une égale absence de prise sur l'avenir, je réponds que le présent lui-même n'y existait guère ou n'était point senti, dans le mouvement de son vol.

CONFESSION POLITIQUE

Bien qu'on l'ait beaucoup dit, je ne suis pas *né* royaliste. Je ne suis même pas tout à fait un « Blanc » du Midi, comme Barrès aimait à l'écrire. Les amateurs de pittoresque se sont souvent servis de cette étonnante figure des *Rois en exil*, Élysée Méraut[1], pour expliquer mes idées sur la Monarchie ou pour illustrer mon culte des Princes. La vérité, plus complexe, est aussi plus simple.

I

Le cas de ma famille, paternelle et maternelle, est celui de l'immense majorité de la petite bourgeoisie du XIXe siècle, très divisée sur la politique ; les ménages eux-mêmes s'y sont trouvés en désaccord sur bien autre chose que la forme du gouvernement ou les principes d'autorité et de liberté ! Leurs divergences ont été morales, religieuses, et ont paru gagner les suprêmes racines de la conception de la vie.

Souvent aussi était-ce d'apparence pure. J'en pourrais donner, pour les miens, des signes variés. Mon père et ses sept frères et sœurs avaient reçu de leur père une collection de prénoms tirés de Plutarque ou de Tite-Live, l'aîné appelé Romain, le second Aristide, un troisième Sabin, un autre Camille[2]... tandis que leur bonne mère, déclarant ne rien entendre à tous ces faux dieux, n'appelait ses enfants que par les noms chrétiens de Jean-Baptiste, Joseph, Gustave, etc. Ce qui ne l'empêchait pas de s'appeler elle-même Apollonie et de me léguer l'extraordinaire prénom de Photius qui était héréditaire dans sa propre famille. Son arrière-petit-neveu, mon cousin au troisième degré le docteur Charles Poutet, qui s'appelle aussi Photius, ne sait pas plus que moi comment cet équivalent grec du

1. Personnage monarchiste d'un roman d'Alphonse Daudet.
2. Les prénoms romains étaient très en honneur dans les milieux républicains.

« Lucien » latin nous est venu par le cours des générations. Nous ne nous connaissons aucun aïeul phanariote[1] ni hellène. Quelque Grec de Marseille aura-t-il servi de parrain à un ascendant éloigné ? L'explication est vraisemblable, mais ce n'est pas ainsi que l'avait entendu la malice villageoise, qui en avait fait un bon conte anticlérical.

L'un quelconque de nos grands-pères, déjà féru de costume antique et voulant baptiser son fils Phocion, l'alla dire à la sacristie. Le curé de Roquevaire, à moins que ce ne fût celui d'Auriol, jeta un cri d'horreur : – *Mais c'est un hérétique, mais c'est un schismatique ! Votre Phocion a séparé Byzance de Rome ! Il ne sera pas dit qu'un de mes paroissiens s'appelle jamais Phocion. Je le baptiserai Photius*[2]... Notre aïeul, s'excusant d'en remontrer ainsi, soutint que Phocion ne pouvait être responsable d'aucun schisme : nullement théologien, mais orateur et général d'armée, quatre siècles avant que l'Évangile fût prêché dans Athènes, ce n'était pas sa faute s'il avait ignoré le vrai Dieu. – *C'est vous qui confondez !* repartit le bon prêtre, *c'est Phocion qui s'est placé hors de l'Église, votre enfant sera Photius, ou rien !* Ainsi fut fait et, malgré les protestations, le registre paroissial porta, garda, perpétua le malencontreux Photius, et les parents se rattrapèrent en daubant à l'envi sur l'ignorance de leur pasteur : ils ignoraient eux-mêmes les trois ou quatre Photius du Martyrologe, antérieurs au schisme et très légitimes patrons, un des saints Photius s'étant même honoré par la défense des arts plastiques contre les briseurs d'images qui le mirent à mort sous Léon l'Isaurien[3].

Quoi qu'il en soit de la gravité de ces désaccords ou de ces fantaisies dans l'ordre des croyances, il ne faut pas beaucoup remonter dans le passé de la France pour atteindre une couche tout à fait unanime de bons sujets du Roi. Le grand-père paternel dont je viens de parler, était un abonné fidèle des *Débats* royalistes, pendant la Restauration. L'heure approchait sans doute où les folles rancunes du vicomte de Chateaubriand et les complaisances coupables de Bertin allaient débaucher, bien au-delà de leur brillante équipe littéraire, le malheureux public qui la lisait et la suivait[4]. C'est avec de bons royalistes que l'artifice libéral fabriqua peu à peu des républicains.

Il dut en être de beaucoup de modestes familles ainsi que de la nôtre. Leur bibliothèque dit l'histoire de leurs idées. Lectrices ardentes de la *Monarchie selon la Charte*, puis du *Consulat et l'Empire*[5], elles finirent

1. Grec du quartier du Phanar, à Constantinople, ayant choisi de collaborer avec les autorités ottomanes après la chute de la ville en 1453.

2. Photios ou Photius Ier, patriarche de Constantinople au IXe siècle, a longtemps été tenu pour responsable du schisme ayant séparé l'orthodoxie et le catholicisme. Le curé dont parle Maurras le confond avec Phocion.

3. Cet épisode aurait eu lieu en 730.

4. Allusion à l'évolution libérale de Chateaubriand et de Bertin, directeur du *Journal des débats*, à partir de 1824.

5. Livres de Chateaubriand et d'Adolphe Thiers.

par les pamphlets de Lamartine ou ceux de Proud'hon. Tel est le glissement du siècle. Une trentaine d'années plus tard, mon père en était à la duperie de l'Empire libéral. Mais, ulcéré par Sedan et devenu le client du *Bien Public*, il mourut en 1874 plein d'espérance dans Monsieur Thiers[1]. Son frère aîné était resté orléaniste intransigeant. Deux de leurs cadets tournèrent à la République exaltée, un peu enragée, même communarde.

Extrêmement stricte en matière religieuse, ma mère avait été élevée dans l'horreur de la Révolution. Son bisaïeul arrêté et emprisonné avait échappé par miracle. Le président du tribunal révolutionnaire d'Orange, ancien garçon d'auberge, à qui il avait eu l'esprit de donner autrefois de larges pourboires, se porta fort de son civisme et le fit relâcher. Mais la détention avait dû être longue. Ma mère m'a souvent montré avec émotion le mince étui que l'on glissait dans la soupe du prisonnier et qui lui apportait l'écriture des siens. Je n'ai plus retrouvé cette petite épave, mais je conserve encore la clochette fêlée des messes clandestines célébrées pendant la Terreur. Là était, là durait le cœur des idées politiques léguées par ma grand'mère, morte à Martigues avant ma naissance.

En février 1848, on revenait en bande à la maison de ville par le chemin de Paradis, alors très passager ; ma mère et ses sœurs, toutes petites filles, qui marchaient en avant, furent les premières à apprendre les journées de Paris et la Révolution. Elles se mirent à courir pour supplier les gens de *ne rien en dire à leur mère*. Quand, bien assise au coin du feu, on lui fit connaître l'avènement de la deuxième République, elle s'évanouit.

Si forts que fussent ces exemples et ces impressions, l'esprit de ma mère inclinait aux idées libérales. Elle pensa très longtemps que 1789, bien différent de 1793, avait signifié un affranchissement, scellé une juste révolte, détruit de longues iniquités. Le mécanisme de l'ancienne organisation de la France ne lui apparut que beaucoup plus tard ; elle approchait de la cinquantaine, et j'étais plus que grand garçon, quand une lecture assidue de Madame de Sévigné la fit compatir aux soucis et aux tribulations que donnait à la pauvre marquise le régiment acheté à monsieur son fils : ainsi distingua-t-elle le vieil équilibre historique des services et des honneurs[2]. En aucun temps, je dois le dire, elle n'avait manifesté la moindre foi dans une bonne République, et M. Thiers ne lui avait paru estimable qu'au titre de fourrier des princes d'Orléans.

— Mais ton père pensait le contraire, avait-elle soin d'ajouter, il ne croyait pas à la monarchie.

— Et ton père à toi, demandais-je, qu'est-ce qu'il était, en politique ?

1. C'est-à-dire en une république conservatrice.

2. L'achat et l'entretien d'un régiment représentaient des dépenses considérables pour la noblesse.

Mon grand-père était né de légitimistes ardents. Le grand cri d'adoration de sa mère était : « mon duc de Berry[1] », le prince à la mode. Demeuré carliste[2] sous le gouvernement de Juillet, il finit par céder, comme le reste de la Marine française, aux beaux dons séducteurs, vaillance, grâce, esprit populaire, tour familier, du prince de Joinville[3], sous les ordres de qui il avait navigué. Un jour, que j'ai lieu de placer après les années 40, ce prince charmant lui fit l'honneur d'une visite dans sa propre maison. Qui fut bien attrapé ? Ce furent les petites filles, qui, attendant le fils du Roi, se figuraient la toque à plumes, le haut de chausses et le justaucorps des Contes de fées : il fallut faire la révérence à un bel officier de marine en petite tenue !

— La première déception de ma vie, disait souvent ma mère, en riant.

Elle n'en avait pas moins gardé un faible pour la branche cadette ; la fusion, puis la reconnaissance régulière du comte de Paris la comblèrent d'espoir[4].

Pour ma part, je subis d'autres influences et fus d'abord pour Henri V. Rien n'est plus clair en moi que le souvenir de la haute vague de légitimisme qui, au lendemain de la guerre[5], passa sur un grand nombre de familles françaises. Je ne parle point du tout des familles aristocratiques ou grand'bourgeoises, je parle du peuple et de ces éléments du peuple avec lesquels j'avais contact : ma bonne, les amies de ma bonne, dont beaucoup étaient aussi « blanches » et plus « blanches » que leurs maîtresses. « Ne raillez point et ne riez point. On écoutait venir sur les routes les chevaux blancs qui ramènent le Roi. Henri Dieudonné venait rétablir le principe d'autorité d'où sortent les deux forces sociales : le commandement et l'obéissance. Il venait rétablir l'ordre humain avec l'ordre divin. » Je n'ai jamais pu lire les belles stances du discours de l'abbé Lantaigne dans *L'Orme du mail*[6] sans qu'une mémoire docile émût en moi, toute pareille, la vieille chanson d'une certaine « Miette », « Miette du Château » disait-on, sur la prairie de Roquevaire, et au pèlerinage de Saint-Jean de Garguier. J'étais de la troupe d'enfants qu'il lui arrivait de garder pêle-mêle quand les autres domestiques s'en déchargeaient. Je revois ces bords du Riou et de l'Huveaune, ou ces pelouses du Château qui appartenait, je

1. Fils de Charles X.
2. C'est-à-dire partisans de Charles X.
3. Fils de Louis-Philippe et amiral.
4. Le comte de Paris, petit-fils de Louis-Philippe, fut considéré comme candidat légitime au trône de France dès lors que le comte de Chambord (également appelé « Henri V » par ses partisans), y avait renoncé. Mais ce point n'a jamais fait l'unanimité dans les milieux monarchistes.
5. La guerre de 1870, considérée par beaucoup de conservateurs comme le châtiment des erreurs des régimes en place depuis 1830.
6. Roman d'Anatole France.

crois, aux oncles de Mgr Castellan, aujourd'hui archevêque de Chambéry. Le moyen de rendre Miette éloquente était, je le savais, d'attacher à ma canne rouge mon petit mouchoir blanc. Alors, elle parlait, alors, elle chantait comme l'abbé Lantaigne : *Il viendra, il viendra, il va revenir, notre Roi ! Il n'y a que les méchants* (li marrias) *pour le craindre. Il est si bon ! il est si beau !* La voix était mouillée de larmes, et ce fidèle cœur la faisait monter en tremblant.

C'est aux mêmes moments qu'en Languedoc courait la ronde ouvrière et paysanne :

S' Enri V deman venié !
A ! quinto festo !
A ! quinto festo !
S' Enri V deman venié !
A ! quinto festo acò sarié !

I' anarian tóuti !
I' anarian tóuti !
E menarian nòstis enfant !
Nosti journado
Sarien pagado
Ren que de pèço de vint franc !

« Si Henri V demain venait
« Ah ! quelle fête !
« Ah ! quelle fête !
« Si Henri V demain venait !
« Ah ! quelle fête ce serait !
« Nous irions tous, nous irions tous,
« Et nous mènerions nos enfants,
« Nos journées seraient payées
« Toutes en pièces de vingt francs ! »

L'imagination créatrice du peuple était entrée en jeu. On avait vu passer le Roi sur le pont d'Avignon. Il était avec la reine, il allait à Paris.

— Et elle était belle, la Reine, Louise ?...

Louise Espérandieu, en service à Aix chez nos voisins de la place des Prêcheurs, était native de Sénas, sur la Durance, elle avait servi à Avignon, elle y avait vu le carrosse. Très vivement Louise reprochait à ses maîtres de se faire une idée peu gracieuse de la Comtesse de Chambord :

— Mais non ! mais non ! Une grande, belle femme. Tenez ! voyez !

Et Louise faisait la Reine, mélange de douceur et de majesté qu'on admirait en chœur. Cela était affirmé avec tant de feu que j'ai cru fort longtemps à une apparition mystérieuse du comte et de la comtesse de Chambord à Avignon, pour quelque voyage secret entre 1871 et 1874. Les plus fortes autorités m'ont assuré de concert qu'il n'y avait rien de plus impossible. Mais en l'honneur de ce voyage très fabuleux, combien de V. H. V. (Vive Henri V) aurai-je sculptés au canif sur ma table de collégien pendant que mon voisin de salle d'études lui dédiait des vers dont j'ai retenu le premier :

Quelle bonté sur son visage est peinte !

Les *Lettres vendéennes* du vicomte Walsh[1], lues et relues chaque année aux vacances, avaient sans doute stimulé et développé cet état d'esprit qui me paraissait devoir durer autant que la vie. Il n'en fut rien. Vers ma douzième ou treizième année le vent, qui tournait, emporta toutes ces ferveurs royalistes. Un certain abbé Ricard, conférencier à la faculté de théologie, ayant pris La Mennais pour sujet de leçons qui faisaient courir tout Aix, j'eus la curiosité de lire les *Paroles d'un Croyant*[2]. Ce fut un autre coup de foudre. Les tirades enflammées, les images bibliques, leurs cris saccadés, haletants, et leur suite d'hallucinations fantômales m'initièrent à la philosophie de la liberté, à la doctrine de l'affranchissement par l'insurrection. Le monde m'apparut divisé en oppresseurs et en opprimés, exploités et exploiteurs ; tous les riches, méchants ; les pauvres, divinement bons ; chacun des signes du pouvoir ou de la richesse correspondant à quelque corne de la Bête, toute révolte populaire justifiée et comblée de bénédiction : cette sorte de Spartacisme[3], nourri de sentiments pieux et d'une notion exaltée de justice divine et d'humanité indomptable (*mais l'âme se rit d'eux, elle est libre*) ne permettait absolument qu'un type de régime : la théocratie révolutionnaire. Je m'étais donc fait républicain théocrate, et sans bouder aux conséquences, communauté de biens, égalité absolue des parents et des enfants, des maîtres et des élèves : « N'appelez personne votre père car vous n'avez qu'un père et il habite dans les Cieux. N'appelez personne votre maître, car vous n'avez qu'un maître et il habite dans les Cieux. » Bref le sermon sur la Montagne et le *Magnificat*, mais détournés du sens spirituel et céleste[4] : frénésie qui, doublée d'une fameuse crise de romantisme littéraire, dura quelque trois ou quatre ans.

C'était une assez folle impasse. Je sentais vaguement l'absurde. Une observation, une raison naissante m'obligeaient de temps en temps à me dire à moi-même ce que j'objectais plus tard à M. Marc Sangnier[5] :

— Voyons ! les époques de foi, le moyen-âge de Saint Louis n'ont même pas conçu ce gouvernement direct de Dieu et du Pape. Qu'est-ce que cela peut signifier au temps présent, quand la foi au Maître des choses est rabattue dans le for intérieur d'une minorité ?…

1. Joseph-Alexis Walsh, écrivain légitimiste.
2. Livre paru en 1834 et marquant l'évolution de Lamennais vers le catholicisme social.
3. Allusion à Spartacus, chef des esclaves révoltés contre Rome en 73-71 avant Jésus-Christ.
4. Maurras suggère ici que les révolutionnaires font une lecture erronée des Évangiles.
5. Figure de proue de la démocratie chrétienne.

Cependant nul autre régime que celui-là ne me semblait fondé en droit : et c'est pourquoi, dans la période qui s'étend de ma seizième année aux approches de la vingtième, je dus entrer à pleines voiles dans un parti d'indifférence. J'étais las d'adhérer au sentiment ou à l'humeur, et les querelles politiques me paraissaient des fantaisies vouées aux contradictions éternelles. Ce scepticisme était de source religieuse et, lorsque j'eus perdu la foi, je persévérai dans l'état de sans-parti ou, bientôt (Schopenhauer aidant[1]) de contemplateur à demi-bouddhiste.

II

Par une contradiction qui n'étonnera que ceux qui ont oublié leur jeunesse, je sentis, au même moment, s'éveiller en moi, extrêmement vif, un goût de curiosité désintéressée sur le rapport précis que peuvent soutenir les institutions ou les lois avec la faiblesse ou la force des États, avec l'heur ou le malheur des hommes associés. Très insensible aux préférences personnelles (je n'en avais plus), aux préséances théoriques (toutes s'annulaient à mes yeux), ma réflexion tendait, avec une véritable passion, vers le problème latéral du *rendement* de chaque régime.

Légitimes ou non, fondés sur la liberté ou l'autorité, accrochés à un principe ou à un autre, que valaient au total, pour le salut et pour la prospérité des sociétés, le *régime A*, ou le *régime B*, ou le *régime C ?...*

J'avais lu, on s'en doute, avec un solide profit, Taine et Le Play. Leur manière de traiter la question s'était imposée toute seule. Je retrouvais Joseph de Maistre, je le relisais mieux, ainsi que Bossuet, et j'approchais Comte et Renan[2]. Comte mettait en déroute la pernicieuse et factice opposition des intérêts du gouvernant et du gouverné, car celui-ci trouve son plus sérieux avantage à être dirigé et guidé, quand, tout au fond, la charge du chef est bien faite pour décevoir les ambitieux et les cupides beaucoup plus que pour les payer :

On va d'un pas plus ferme à suivre qu'à conduire[3] *!*

Renan acheva de me rendre sensible le service que toute élite, sincèrement absorbée dans les soucis supérieurs, rend et doit rendre, même sans le vouloir, à toute multitude. Je dois quelque chose à l'école empirique et historique anglaise. Sumner Maine et Lyall, les Indianisants ajoutèrent

1. Voir la quatrième des *Quatre nuits de Provence*.

2. En d'autres termes, Maurras trouve chez des auteurs rationalistes et positivistes (Taine, Le Play, Comte, Renan) la confirmation d'intuitions anthropologiques, sociales et politiques développées par des auteurs catholiques (Bossuet et Maistre). Cette synthèse est caractéristique de la démarche maurrassienne.

3. Extrait de la traduction en vers donnée par Corneille de *L'Imitation de Jésus-Christ*, traité de piété de la fin du Moyen Âge.

aux leçons de l'enquête française une information élargie, systématique et aventurée, mais pleine de sens[1].

Détaché de tous les systèmes, j'étais seulement tombé en arrêt, au chapitre des idées-mères, devant trois curieux caractères de la vie de l'homme en société :

d'abord sa passion de changer, de modifier, de transfigurer les produits bruts de la nature au moyen de son industrie comme pour y incorporer, avec ses sueurs, son esprit ; comme pour humaniser ces matériaux, se les assimiler, les rapprocher de lui, avant de les employer pour boire ou pour manger ;

en second lieu, le caractère successif et non simultané de l'immense labeur de notre espèce : les hommes ne sont pas tous réunis en un même instant, sur une même ligne de départ, ainsi que le caprice d'un Démiurge aurait pu l'établir ; leur position est autre, car ils se suivent par larges équipes, leur succession se développe sur une série de centenaires et de millénaires dont on n'aperçoit ni le terme ni le début ; et cela ne peut qu'ajouter à leurs différences personnelles, qu'accentuer et redoubler la disparité de leurs moyens et de leurs fortunes ;

troisième caractère : l'homme ainsi embarqué dans la suite des temps, son travail n'est pas arrêté, et n'est même pas limitable au plan de sa vie personnelle ; l'homme se plaît à constituer et à transmettre des réserves d'épargne matérielle, dites Capital, ou des réserves spirituelles, dites Mémoire ou Tradition, qui président à la politique et aux mœurs, aux sciences, à la poésie et aux arts.

Combien tout serait différent sans ces trois propriétés de la nature de l'homme !

Si l'on n'était industrieux, vivrait-on en société ? Si l'on ne se développait dans le temps, y aurait-il ni génération, ni famille ? Et l'unité du genre humain pourrait-elle exister sans ce capital que les révolutionnaires de ma jeunesse surnommaient *infâme* et que moi, j'appelais *divin* ?

Ce capital préexistant dote et honore les hommes, les pare et les polit dès leur venue au monde, sans que ces heureux animaux aient rien fait pour cela. L'attrait en est si fort qu'il les provoque au travail, à l'intelligence et à l'invention. Ce qui rassemble ce capital bienfaiteur est donc très bonne chose ; ce qui le dissipe est moins bon. Bon, le travail ; bonne l'épargne. Et, comme l'énergie de l'homme perd en puissance ce qu'on peut désirer lui gagner en extension, c'est bien au siège resserré et stable du foyer

1. Le juriste et anthropologue Sumner Maine vécut aux Indes dans les années 1860. Il était très critique envers la démocratie, lui reprochant de développer un individualisme très dangereux pour la famille et par conséquent pour la société. Quant à Lyall, il fut l'un des grands administrateurs britanniques des Indes dans la seconde moitié du XIXe siècle et un pionnier de l'histoire indienne.

de famille que la production, l'acquisition, la conservation ont le plus de chances de réussir, car l'instinct personnel y est modéré et réglé par des amours toutes prochaines, la générosité y est équilibrée par un égoïsme sain. Ainsi se tiennent et se lient la puissance, la durée et l'hérédité ; ainsi, la constitution des grandes familles, la réunion de vastes biens, la possibilité d'éducation et de culture. Quelques circonstances exceptionnelles peuvent détendre de tels liens, sans les desserrer tout à fait, comme il est arrivé par la surabondance temporaire des ressources naturelles, en Amérique : on y a redoublé la production individuelle, on y a réduit l'épargne privée ; mais l'inégalité n'aura pas cessé d'y grandir.

Le socialisme communiste pourrait à la rigueur appliquer sa loi de l'égalité théorique à un genre humain qui naîtrait et mourrait tout entier dans le même jour : les besoins d'ordre et de justice seraient concentrés sur un même rang de coureurs, dans un espace immobile. Il suffirait de deux ou trois verges de fer, telles que la Faim et l'Amour, pour réduire au travail ce milliard d'éphémères : l'égalité et l'autorité pourraient s'y combiner pour produire la prospérité d'un instant.

Mais, si tout est coulé dans le Temps, si les âges se succèdent et les générations, aucune force humaine ne peut empêcher les plus aptes, les plus laborieux, les plus forts de prévoir des vicissitudes, d'envisager des risques, de prendre des garanties, d'élever des défenses, pour eux-mêmes d'abord et puis pour la chair de leur chair. Garanties inégales. Défenses mesurées à l'industrie et à l'ingéniosité de chacun. Ce régime de pure inégalité, surtout s'il est accumulé longtemps, est bien capable d'entraîner des injustices de répartition, soit en lésant presque à coup sûr les faibles dans le juste calcul de leur part de labeur, soit aussi en livrant les puissants à la démesure de leurs propres passions : actifs, sobres, avides, leur dure faculté d'épargne et de travail peut tendre à ne leur laisser presque rien du fruit qu'ils procréent, et tout bien finit par aller s'entasser dans les sècheries des greniers ou des coffres-forts. Je n'exagère point la part ni la fréquence de ces beaux excès : quand ils sont conscients de devoirs égaux à leurs droits, les patriciats peuvent se réduire à un degré disciplinaire de sacrifice et de privation que prendrait en horreur la plus misérable des plèbes.

Mais contre ces abus de l'appropriation, le communisme se prévaudra en vain du nom de l'ordre et de la justice. Il n'y aurait bientôt plus rien à ordonner, au moral ni au matériel, si la loi communiste arrachait aux plus qualifiés des humains leur juste pouvoir de produire, de jouir du produit ou d'en réserver une part pour leurs descendants. Une grande partie de ces richesses, créées *par* et *pour* quelques-uns, se convertit, peu à peu, en bien-être et en bien-aise de tous.

Dès lors, la question était tout à fait simple : *voulais-je ou ne voulais-je pas de l'existence, de la production de ces biens ?* Si je la voulais, il fallait me résigner : le profit en irait tout d'abord à ses créateurs privilégiés. Je pouvais préférer que ces biens ne sortissent point du néant : sous cette absurde condition, je pouvais préférer mon désir de l'égalité, l'élever au-dessus de tout comme l'obélisque de mon désert. Tel est le rendement du dogme démocratique essentiel, quand il veut que l'*inégalité soit le mal*. Mais le fait est qu'elle est un bien. Non le bien unique. Non le souverain bien : l'inégalité n'est pas Dieu. C'est un bien qu'il faut accorder avec les autres, spécialement avec ceux qui permettent à tout le monde de vivre. Un régime d'inégalité, limitée par l'action d'une autorité qui la freine, sauvegardera même les devoirs de justice et de charité qui veillent à la vie et au développement de ces moins doués ou moins pourvus qu'on appelle déshérités par un véritable abus de langage.

Il n'y a point de déshérités. L'homme est un héritier. Le mendiant qui dévore son pain noir au coin d'une borne bénéficie de l'œuvre des vingt siècles dont il est précédé, aristocrate assis sur l'épargne de milliers d'aïeux. La pitié, la pitié réelle due à ce malheureux et à ses semblables, présents et futurs, est précisément la raison qui prescrit de ne pas oublier autant que le fait notre siècle, la juste protection due à la semence des Forts. Car, outre l'Initiative et l'Invention qui leur appartiennent neuf fois sur dix, ce n'est que leur semence qui fait ce capital par qui tout avance. Il n'est point de progrès sans elle. Se protègerait-elle toute seule ? Quelquefois. Non toujours. Il serait imprudent de trop se fier aux ressources d'Un seul quand il est perpétuellement en danger d'être recouvert par la coalition de Tous ou de Beaucoup.

Du Nietzsche, alors ? Erreur. Malgré son *méditerranisons la musique*[1], dont mon incompétence appréciait confusément la portée, l'auteur de *Zarathoustra* me fit, au début, une espèce d'horreur que j'ai exprimée plusieurs fois. Le « soyons dur » me paraissait un contresens. Fermeté, bienveillance, rigueur sur soi, libéralité pour autrui, tels me semblaient être les signes distinctifs de toute vraie supériorité chez les hommes. Si, donc, il me fallait nommer, après Aristote et Platon, Pascal[2] et Bossuet, Comte et Renan, un écrivain qui m'ait désigné, du droit fil de son rayon, les convenances naturelles de l'homme et de la société, je ne devrais pas écrire le nom de Nietzsche, mais celui d'un philosophe belge assez oublié qui professa à l'Université de Liège, M. Delbœuf[3] : non qu'il m'ait enseigné, à vrai dire, grand'chose, mais pour l'excitation et pour l'allégresse que me donna son originale façon d'utiliser certaines figures de la chimie quant à la position de nos problèmes sociaux. Son démon de l'analogie le conduisait à d'agréables comparaisons entre le jeu du peuple gras avec le peuple maigre et les alternances de produits stables avec les composés volatils, le produit inférieur

1. « Il faut méditerraniser la musique », écrit Nietzsche en réaction à Wagner (*Le Cas Wagner*, 1888).

2. Il est intéressant que Maurras cite ici Pascal parmi ses inspirateurs, car il est généralement très critique envers lui (voir la quatrième des *Quatre nuits de Provence*).

3. Joseph Delbœuf exerça notamment une certaine influence sur Freud.

ou démocratique de telle réaction étant appelé « sulfate de soude », « acide chlorhydrique » le fier composé patricien. On m'excusera de ces amusettes.

Elles eurent leur utilité pour l'ensemble des libres opérations de l'esprit que je menai sur mes ruines de théocratisme lamennaisien et de premier royalisme sentimental. Le germe déposé par les miens avait aussi semé une préférence énergique donnée au bien sur le mal, au salut et à la conservation sur la dégradation et la chute. Mais comment conserver ? Une chose était laissée en blanc : le concret, le pratique. Je n'imaginais pas quel régime serait à désirer pour la France, je ne me le demandais même pas, mais j'étais sur la voie que m'avait découverte le tranquille exercice de la pensée. La Démocratie bien exclue, la République m'imposant une méfiance croissante, je n'étais pas encore royaliste.

III

C'est peu de dire que la politique active ne m'attirait pas. Je la tenais plus qu'en horreur : presque en mépris. Patriote et même assez bon citoyen, j'avais fait ma première émeute à l'âge de dix-neuf ans, le 2 décembre 1887, place de la Concorde, avec deux cent mille autres Parisiens, à l'unanime cri d'*À bas les voleurs*, pour renverser M. Grévy dont le propre gendre, Daniel Wilson, avait été convaincu d'un sordide trafic de la Légion d'honneur[1] ; mais j'étais comme tant d'autres, qui voient la liaison entre la gestion politique et le cas physique ou moral du pays, mais veulent y fermer les yeux. Si ma propre doctrine m'en faisait un reproche, je l'endormais en considérant que le mal démocratique était définitif et insurmontable. Osais-je consentir à la mort de la France ? Pour cela non. Mais j'y pensais le moins possible.

Le premier Boulangisme m'avait répugné par son aspect de démagogie. Je me rendis peu à peu à ses allures de réveil national, et l'évolution conservatrice du Général me décida même à avaler, pour l'amour de lui, un assez dur crapaud : majeur en 1889, et vivant rue Cujas, au cinquième arrondissement, je donnai mon premier bulletin de vote au juif Naquet[2], bien que je fusse antisémite de cœur ! La vérité profonde est que l'indiscipline des partis de droite avait été si souvent blâmée devant moi que j'avais voulu débuter par la plus méritoire des obéissances. Il ne me déplaisait pas non plus de voir un prince comme le comte de Paris, qui passait pour « parlementaire », s'allier de la sorte au peuple et à l'armée. Néanmoins, j'étais sans foi dans sa Restauration, je croyais la monarchie morte, en me demandant néanmoins si, tout au contraire, l'avenir n'était pas à quelque

1. Grévy, président de la République depuis 1879, démissionna le même jour.

2. Alfred Naquet, qui venait de l'anarchisme, fut néanmoins le conseiller politique du général Boulanger.

cinquième dynastie ! En 1890, malgré la secousse donnée à l'opinion par l'arrivée du jeune duc d'Orléans réclamant sa gamelle de conscrit dans l'armée française[1], j'estimais Léon XIII un fameux politique pour s'être éloigné du « cadavre » des anciens partis[2]. Mais, bien que j'eusse écrit pas mal d'articles, surtout littéraires, dans son *Observateur français*[3], premier organe du ralliement à la République, les partis nouveaux ne m'attiraient que par intermittences très faibles car les droites républicaines ne me semblaient pas beaucoup plus fraîches que leurs voisines de bancs, et c'est à *La Gazette de France*[4] que l'esprit politique et social me semblait tout au fond le plus satisfaisant et le mieux lié, De toute façon, la Monarchie parlementaire, comme la République parlementaire, me semblait tourner le dos aux postulats essentiels de toutes mes études. Un historien de grand talent, polémiste de premier rang, M. Thureau-Dangin, avec qui j'eus l'honneur de deux entretiens, me fit l'effet d'un homme d'un autre âge[5] : comment son goût éminent de l'ordre s'attardait-il à un régime de verbiage et de compétition sans limite ? Comment ne discernait-il pas que le règne du parlement stimulait et favorisait tous les défauts de l'esprit gaulois[6], mais ne pouvait en tempérer ni corriger un seul ? Sans que je fisse aucun effort pour la propager ou même la communiquer, la clarté croissante de cette pensée solitaire redoublait l'activité de ma recherche, et j'en tirais les nouvelles, les flagrantes joies de la certitude.

Cela n'allait pas sans écrire beaucoup de choses que je ne gardais pas pour moi. Intéressée à bien trop d'objets à la fois, mon activité se divisait entre de petites bibliographies de philosophie qui me passionnaient, des commentaires sur les poètes, des essais d'économie politique, et sociale. Verlaine autant que Taine, Bonald autant que Moréas furent mes dieux. Le même jour, Barrès trouva deux articles de moi, l'un dans la très jeune *Revue indépendante*, l'autre dans la vénérable *Réforme sociale*. Comme il plaisantait cette dispersion : *je ne sais où je vais*, lui dis-je, en toute vérité.

Je conserve de lui un curieux feuillet de diagnostic sur ma vie littéraire future où, sous le signe d'un vagabondage intellectuel à la Diderot, j'étais justement comparé à une *mer de lait* pleine de germes divergents, en voie d'éclosion successive, sans que le rapport en fût visible encore. Cependant tel vieil article de journal ou de revue, remontant à la vingtième année, ou,

1. Fils du comte de Paris, Philippe d'Orléans demanda à faire son service militaire dans l'armée française, bravant ainsi la loi de 1886 bannissant les prétendants au trône de France du territoire français. Il écopa de quatre mois de prison.

2. En 1892, le pape Léon XIII incita les catholiques français, pour la plupart monarchistes, à se rallier à la république.

3. Journal très proche du Vatican.

4. Journal monarchiste.

5. Paul Thureau-Dangin était un catholique libéral et républicain.

6. C'est-à-dire la propension à la division, déjà soulignée par les historiens latins.

un peu plus tard, telles pages de mon *Chemin de Paradis* (la Préface[1], le conte des *Serviteurs*) trahirent, par delà ces fermentations incertaines, une vague communauté de direction et de sens. Je peux dire qu'à cette époque la Politique commençait à m'apparaître justiciable des critères du vrai et du faux. Une science ? Non, le mot me semblait ambitieux et prématuré pour un ensemble encore peu lié. Mais, à défaut d'un corps de notions interdépendantes, j'entrevoyais une suite de connaissances établies avec solidité et susceptibles d'être graduellement ordonnées.

Sous la longue chute des ans, il ne m'est pas possible de penser à ces heures de méditation et de découverte sans en ressentir encore la commotion, l'enthousiasme, la lumineuse et chaude satisfaction. L'effort que j'appliquais aux analyses de la vie des peuples anciens et modernes me semblait riche en résultats fructueux : chaque fois qu'une cause de la maladie ou de la santé sociale, de la perte publique ou du salut commun devenait quelque peu sensible et palpable, une ambition presque satisfaite frémissait en moi secrètement. J'ai perdu ou brûlé presque tous mes mémoriaux, mais j'en ai retrouvé le reflet fidèle dans une page de sept à huit ans plus récente qui en garde comme la vibration. Un mot utile m'ayant sauté aux yeux dans un volume que je lisais, j'avais cru boire d'un trait toutes les poésies de la connaissance. Le meilleur moyen d'en donner une idée sera tout simplement de transcrire ce monologue, dont je prie d'excuser l'emphase en faveur de sa sincérité et même de sa vérité. Ce qui excède vers la fin la limite de l'expression personnelle et fait allusion aux sentiments d'une collectivité y sera expliqué à temps :

MÉDITATION

A. – Un gros livre que je désirais depuis trois saisons vient de m'être apporté ce soir, le grand traité des *Formes littéraires de la pensée grecque* (Alcan) par M. Henri Ouvré. Henri Ouvré est connu depuis quelque temps de quiconque fréquente la belle antiquité. Il a conté la vie et commenté les discours de *Démosthène* (Oudin). Il a mis en nouvelles, en contes, en récits chaque stade du rêve et de l'imagination helléniques dans son petit volume de mythes sacrés, composés, comme il dit *Sur les marches du Temple* (Perrin). Mais ce n'est pas de lui, ni même de son livre que je veux parler.

J'ai ouvert le livre, et bien au hasard. Mais béni soit le livre, j'y trouve aussitôt à songer. Tout au bas de la page 160, M. Henri Ouvré parle des derniers annalistes grecs, ceux-là qui précédèrent les historiens et les géographes. Ces logographes[2], dit-il, méritent le nom de savants. « Ils connurent par occasion l'allégresse que nous donne la vérité, la *possession du rensei-*

1. Reprise dans la présente édition, p. 135.

2. Chroniqueurs antérieurs à Hérodote qui, au Ve siècle avant Jésus-Christ, fonda l'histoire et la géographie en tant que sciences.

gnement petit, mais indestructible, atôme qui restera identique dans toutes les synthèses ultérieures. » Et M. Ouvré rappelle le commencement d'un ouvrage d'Hécatée[1], en faisant remarquer le ton d'enthousiasme scientifique (et de mépris pour les ignorants) qui éclate dans cette phrase : « Moi, Hécatée le Milésien, je dis ces choses et j'écris comme elles me paraissent, car, à mon avis, les propos des Hellènes sont nombreux et ridicules. »

M. Ouvré constate qu'en effet, s'il y a bien des fables chez Hécatée, il y a aussi des détails concrets et authentiques sur les peuples, les villes, leurs sites et leurs fleuves. Par son désir de posséder la vérité, de la dégager des on-dit et de l'isoler des contradictions humaines, ce gauche critique, cet humble et maladroit collectionneur de faits participe de la majesté du savoir humain. Il y a fourni sa contribution. *Je dis ces choses.* Et les choses que disait le vieil Hécatée sont vérifiées aujourd'hui. *À mon avis, les propos des Hellènes sont nombreux et ridicules.* Et, de longs âges après sa mort, des hommes inconnus, menant leur vie aux mêmes bords que le vieil Hécatée, reconnaissent qu'il est impossible de ne pas être de son avis.

Avoir raison, c'est encore une des manières dont l'homme s'éternise : avoir raison et changer les propos « nombreux et ridicules » de ses concitoyens, Hellènes ou Français, en un petit nombre de propositions cohérentes et raisonnables, c'est, quand on y réussit seulement sur un point, le chef-d'œuvre de l'énergie.

B. – Les propos des Hellènes sont nombreux et ridicules. Excusez-moi si les paroles du vieil Hécatée me poursuivent. Elles me semblent de la nouveauté la plus fraîche par leur application.

Dans le temps d'Hécatée, l'histoire et la géographie étaient au premier rudiment. Jusque-là certaines histoires s'étaient transmises, et l'on s'était toujours enquis et pourvu de quelques indications topographiques, plus ou moins éclaircies de *figures*, avant de mettre en route soit une flotte, soit une armée. Mais, parce que les expéditions lointaines étaient rares, on ne s'occupait guère de démêler le véritable du fabuleux : peut-être même qu'un récit moins chargé de mensonge ou de fiction eût été moins couru et moins applaudi qu'une hâblerie pure. Tout le monde ayant un intérêt à mentir comme à entendre des mensonges, le fabricant des contes ne se gênait aucunement avec le public qu'il ne gênait point.

Mais peu à peu, quand les rapports des peuples s'étendirent et s'accrurent tant par le progrès des besoins que par celui des industries destinées à les satisfaire, quand il y eut des matelots qui s'embarquaient pour une lointaine contrée, des armateurs qui y lançaient leurs bâtiments et des négociants qui les remplissaient de leurs richesses, la nécessité du contrôle

1. Hécatée de Milet vécut en Ionie (Asie mineure) de 550 à 480 avant Jésus-Christ environ.

éveilla naturellement l'esprit critique. Il y eut des récits exacts quand on sentit l'intérêt de l'exactitude, et, l'intérêt croissant, le progrès fut constant. Si l'on compare le vieil Hécatée, né avant Hérodote, à Strabon qui vécut du temps d'Auguste et de Tibère[1], ce progrès continu, poursuivi au sein du même monde et en exécution de la même cause maîtresse, fait l'enchantement du regard. Les « propos nombreux et ridicules » se sont tantôt évanouis, tantôt rangés à la limite de la connaissance comme de simples motifs d'ornementation : ces fables qui, jadis, servaient d'explication et de support à tout sont devenues à peine sensibles. Le dernier progrès de l'analyse et du savoir les résoudra en fumée et en cendres quand les nécessités nouvelles auront poussé les hommes à des aventures nouvelles.

C. – Les propos des Hellènes sont nombreux et ridicules, les miens ne paraîtraient ni moins nombreux ni plus sérieux au vieil annaliste ionien si, revenu au milieu de nous, il pouvait penser que mon propos se borne au cercle de la science historique ou géographique :

— Eh ! dirait-il, voilà un peu trop d'apparat pour en arriver à conclure que les Européens du XXe siècle de l'ère chrétienne sont plus avancés dans la connaissance de la terre et des peuples que nous l'étions vingt-cinq siècles en deçà.

— Vieil Hécatée, lui répondrais-je, vous auriez bien raison si j'arrêtais là mon dessein. Mais, Père vénérable, il est un peu plus étendu. Votre géographie et votre ethnographie ne m'étaient qu'un chemin détourné pour y parvenir. Tout ce que j'en disais servait d'acheminement à la Politique. C'est à la Politique que votre phrase de ce soir m'a rendu attentif.

D. – En Politique, vieil Hécatée, nous ne sommes pas beaucoup plus avancés aujourd'hui que vous ne pouviez l'être, cinq ou six siècles avant Jésus-Christ, pour la description de la terre et l'histoire des hommes. La Politique balbutie, et ses bégaiements mis à la suite les uns des autres font une interminable théorie de « propos nombreux et ridicules » comme ceux que vous reprochiez aux Hellènes de votre temps. De quel effroyable chaos d'absurdités sans nombre cette politique moderne est issue, je ne sais pas si vous pouvez vous en faire idée suffisante.

Vous êtes né, vous avez vécu en un monde où la sagesse politique était presque aussi nécessaire que, de nos jours, de bons renseignements commerciaux. Vos villes, vos États qui avaient leurs révolutions, leurs tyrannies, leurs catastrophes reconnaissaient pourtant certaines grandes lois contre lesquelles il n'y a pas d'exemple (mais je dis d'exemple certain) qu'ils aient osé s'insurger. Par exemple, vieil Hécatée, de tous temps, vos foyers furent les premières pierres de vos cités : quelque dévergondage que dût

1. Soit à cheval entre le Ier siècle avant Jésus-Christ et le Ier siècle après Jésus-Christ.

se permettre plus tard, en des temps moins durs, l'imagination presque sémite d'un Platon[1], on n'essaya jamais de ne pas les mettre en pratique. Croiriez-vous, homme des vieux temps, qu'il y a, de nos jours, une grande peine à faire recevoir d'un cercle de gens raisonnables ces deux positions, cependant évidentes et qui se complètent :

a) L'individu n'est pas une unité sociale.

b) La première unité sociale, c'est la famille ?

Voilà ce qui n'est accueilli, de notre temps, vieil Hécatée, que par des discussions sans fin.

Dites que les intelligences un peu affaiblies n'entendent plus très bien le sens des vocables. Dites que, remarquablement épaissies ou ramollies, les cervelles ne possèdent peut-être plus la force d'attention qui est indispensable à l'appréhension de ces vérités. Dites que, occupés d'autres travaux, la plupart de nos sages ont beaucoup délaissé ce genre d'études ou s'y sont parfois égarés. Ces excuses, qui ont leur valeur, sont d'une insuffisance qu'il convient de sentir. Il y a de nos jours des esprits distingués qui connaissent le sens des mots. Il y a des cervelles assez souples et fortes pour soutenir avec constance et promptitude les mâles assauts de Pallas[2]. Enfin, sur ce sujet lui-même, ces esprits fermes ont pensé. Ils ont même pensé le vrai.

Nous avons un philosophe mathématique, né au Midi, qui, par la voie mathématique, a trouvé et prouvé que, en effet, l'individu n'est pas une unité sociale et que la première unité sociale, c'est la famille. Nous avons aussi la même proposition découverte et démontrée par un philosophe physicien, né dans le Nord, et qui n'usa dans sa découverte et les preuves de celle-ci que de la voie des sciences d'expérience. Le premier de ces philosophes ne crut ni à Dieu ni à diable. L'autre, cher Milésien, fut un chrétien pieux. Si les preuves de l'un ou de l'autre, si les preuves des deux ensemble n'avaient pas été jugées assez fortes, il me semble que leur rencontre et leur accord présentaient un phénomène assez merveilleux pour impressionner le public ou, du moins, à défaut du public, les principaux et les plus sages…

(Il n'a pas échappé à nos lecteurs que j'essaye ici d'attirer l'attention d'Hécatée, philosophe ionien, mort il y a vingt-cinq siècles, sur le théorème fondamental de la Politique, tel que l'ont formulé de nos jours Le Play, chrétien, normand, praticien de l'induction, et Comte positiviste, languedocien, praticien de la déduction.

Hécatée de Milet ne me donnant aucun signe d'improbation, je continuai de converser avec lui.)

---

1. Allusion à *La République*, dans laquelle Platon préconise la communauté des femmes et des enfants. Dans sa maturité, Maurras aura une vision bien plus positive de Platon : voir « L'amitié de Platon », p. 185 de la présente édition.

2. Pallas Athéna, déesse d'Athènes et figure centrale du Panthéon maurrassien en tant qu'incarnation de la pensée.

Le public, Hécatée, vaut aujourd'hui ce qu'il valait de votre temps. Comme il est plus nombreux ses propos sont aussi, comme vous disiez bien, plus nombreux et plus ridicules. Mais il est moins bien encadré. Il n'est plus encadré du tout. Vous aviez un corps des principaux et des sages. Il n'y a rien de tel chez nous. Comme il suffit pour être qualifié sage de passer quelques examens ou de moduler sous prétexte de discours quelques cris confus, la profession de chef, de magistrat et de prince, appartient au premier venu qu'il convienne à la multitude de regarder. Vous n'avez aucune idée de cela.

Le croiriez-vous, mon Hécatée ? Les dignes délégués de cette multitude vaine se sont assemblés hier dans l'édifice destiné en apparence aux plus saintes délibérations. Il y avait quelques semaines qu'ils ne s'y étaient rencontrés. Savez-vous quel a été leur premier travail ? Ils ont voté presque à l'unanimité (moins huit voix) l'affichage aux deniers publics d'un ramas de calembredaines et d'inepties composé, voici un peu plus d'un siècle, par la réunion des plus pauvres têtes que notre France ait jamais portées[1].

L'article premier de ce factum[2] plus qu'indigent déclare que les hommes naissent libres. Hélas ! vieil Hécatée, devant nos principaux et parmi les meilleurs de ces principaux, parmi ceux qui siègent à droite et qui ont mérité le beau titre de Cornichons, vous seriez obligé de parler fort longtemps avant de faire entendre que, de toutes les créatures, l'homme est peut-être la moins libre à sa naissance, étant incapable de marcher comme fait le poussin nouveau-né, de discerner et de prendre sa nourriture autour de lui ni même de s'assimiler le moindre élément du dehors[3]. Quand, le cordon coupé, il a cessé de dépendre de sa mère, il dépend de sa nourrice, puis de son pédagogue, puis de son père, et de son chef, tout cela pour son plus grand bien : il ne s'accroît qu'à cette condition. Si l'homme dont nous parlons n'est pas un sauvage, s'il est d'une civilisation opulente, à proportion que cette civilisation est plus avancée cet homme dépendra davantage, il sera engagé dans un plus grand nombre de liens. La liberté n'est pas au commencement, mais à la fin. Elle n'est pas à la racine, mais aux fleurs et aux fruits de la nature humaine ou pour dire mieux de la vertu humaine. On est plus libre à proportion qu'on est meilleur. Il faut le devenir. Vieil Hécatée, que vous ririez ! Nos hommes ont cru s'attribuer le prix de l'effort en affichant partout dans leurs mairies et leurs écoles, dans leurs ministères et leurs églises que ce prix s'acquiert sans effort, Mais afficher partout que chacun naît millionnaire vaudrait-il à chacun l'ombre même du million ?

---

1. La Déclaration des droits de l'homme et du citoyen de 1789, dont l'affichage fut votée par la Chambre des députés en 1901.
2. Raisonnement juridique.
3. Maurras développe ce point dans la préface de *Mes idées politiques* (voir p. 717 de la présente édition).

Le même factum, Hécatée, prétend en outre que le but de toute association politique est la conservation des droits naturels et imprescriptibles de l'homme. Nous savions que le but de toute cité, c'est la vie, non seulement la vie humaine, mais la vie animale, la vie individuelle de chacun, aucun de nous n'étant viable sans « l'association politique ! » L'affiche votée par quatre cent six voix contre huit ajoute que le principe de toute souveraineté réside essentiellement dans la nation : votre temps n'avait pas encore oublié de noter que tous les pouvoirs viennent des dieux maîtres du monde, autrement dit de profondes lois naturelles que l'homme n'a point faites et auxquelles il faut bien que l'homme se conforme s'il ne veut point périr ! L'affiche dit : la loi est l'expression de la volonté générale. Vous sentiez qu'elle est l'expression des nécessités et des convenances du salut ou de la prospérité du public : auriez-vous sans cela nourri des prêtres aux frais de l'État ou écouté les sages qui furent vos législateurs ?

E. – Hécatée, ô vieux mort et enseveli bienheureux, je ne troublerai pas ta cendre d'une analyse plus complète des sottises qu'on affichera par toute la France. Tu en as idée maintenant et tu peux mesurer l'égale sottise de nos nobles et de nos gueux. Ils se valent parfaitement. Tous les propos nombreux et tous les propos ridicules que tu as pu recueillir sur la source des fleuves, sur leurs cours, sur la langue et les mœurs des populations, tous les amas de fables qu'il t'a diverti de détruire sur ces objets ne sont rien auprès des imaginations qui se débitent parmi nous sur la politique.

Comme tu leur parlais d'une voix ferme, vieil Hécatée, pour les choses que tu savais : « Moi, Hécatée le Milésien, je dis ces choses, et j'écris comme elles me paraissent... » Quant aux propos nombreux et ridicules des Hellènes, ton enthousiasme du vrai en faisait justice, et tu savais que l'avenir en ferait justice après toi.

Puissions-nous t'imiter, et parler aussi bien sur les choses que nous savons !...

Mais c'est ici que change le ton de mon monologue. Il s'oriente vers la pratique. Si tout ce qui précède est conforme à mes sentiments de spéculateur isolé, tels qu'ils pouvaient être éprouvés de 1892 à 1895, ce qui suit porte une autre date : 1901... En 1901, j'avais bien cessé d'hésiter devant l'action politique proprement dite. Me trouvant déjà entouré de compagnons, d'amis qui pensaient comme moi, je pouvais écrire :

Quelles que soient nos origines et quelles que soient nos méthodes, même quelles que soient nos philosophies divergentes, il est en Politique des vérités que tout établit, que rien ne dément, et contre lesquelles le verbiage de l'orateur ou la manœuvre de l'intrigant ne feront que pitié.

Elles triompheront ainsi que triomphèrent les renseignements d'Hécatée, au fur et à mesure que le monde sentira le besoin de les vérifier.

F. – Mais le monde en aura besoin. Le monde aura besoin de la vérité politique comme il a eu besoin de la vérité géographique et ethnographique, par un jeu naturel des nécessités qui l'animent.

La brusque augmentation de valeur, donnée à la planète depuis cinquante ans[1], a sans doute développé un peu partout le nationalisme, c'est-à-dire le sentiment et la conscience de chaque groupe ou territoire donné ; il y a un nationalisme dans les moindres sous-groupes du monde slave, il y en a un au Japon, un en Chine, un aux Philippines et tous les germes nationaux ne sont pas encore sortis. Le Nationalisme est le grand fait du monde moderne. Mais le nationalisme, partout où il le peut, exhale comme un souffle de conquête et d'absorption tantôt pacifique et tantôt guerrière : un puissant impérialisme. De sorte que ceux qui naguère parlaient de réduire toutes les questions politiques, soit, en un sens, à des questions morales, soit, en un autre sens à des questions économiques, seront bientôt forcés de nous avouer que toutes, présentement, se ramènent à un grand problème de Mécanique ou pour mieux dire, de Physique politique. À la meilleure organisation politique, des faits manifestes viendront décerner le pouvoir de régner sur les autres faits et de leur mesurer ainsi la vie ou la mort ; l'état présent du monde où l'ancienne Europe est dissoute[2], après avoir dissous l'ancienne chrétienté[3], n'autorise ni d'autres prévisions, ni même d'autres rêves.

On aura besoin de la Politique, l'empirisme d'autrefois ne suffira plus, on prendra en horreur les fables et leurs fabulistes, la blagologie et ses blagologues, parce que l'on sera dans la nécessité absolue de savoir ce qui fait les peuples prospères, les civilisations florissantes, les citoyens riches, paisibles et heureux. On l'étudiera probablement sur beaucoup de ruines. Heureux qui, averti par les ruines d'autrui, se mettra le premier à ce salutaire examen !

G. – Aujourd'hui, nous ne voyons pas l'avantage matériel de notre parole. Nous étant donné la peine d'étudier et de réfléchir, nous savons : et le savoir ne nous sert de rien. Je veux dire qu'il ne sert de rien à notre patrie. Ceux que nous avions convaincus ont encore dans l'oreille le poids de nos discours ; ce plat rhéteur qui passe, ce chiffon de papier qu'on lit, n'importe quelle distraction le leur fera oublier. Quoi d'étonnant ? Deux

1. Allusion à la révolution industrielle.
2. Allusion à l'Europe des traités de Westphalie (1648), régie par le droit dynastique.
3. Allusion à l'Europe d'avant la Réforme, dans laquelle la papauté exerçait un pouvoir arbitral.

cent mille cadavres ont jonché nos campagnes, voilà trente ans[1] : mais ils n'ont pas encore persuadé nos concitoyens de la vérité qu'ils montrèrent à Renan *que la démocratie est le grand dissolvant de l'institution militaire*. Ce sont des patriotes qui flattent la démocratie ! Vainement M. de Vogüé[2], dans *La Liberté*, l'autre soir, à propos des notes de Villebois-Mareuil au Transvaal[3], invoquait-il ce beau témoignage taché de sang. Il n'y a pas encore d'intérêt assez vif, pour faire préférer aux fables politiques une vérité politique. Comme pour la géographie du temps d'Hécatée, c'est de fictions que le public a faim et soif, c'est de fictions que les fournisseurs de ce public se sont approvisionnés le plus largement : oui, le meilleur de ce public, les meilleurs de ses fournisseurs, je dis les royalistes et je dis les nationalistes !

H. – On pourrait imposer la vérité de force. Les dégâts que pourrait entraîner cette imposition seraient de peu, en comparaison de tant de dégâts futurs qu'elle épargnerait. Je ne crains pas de dire que, pour un esprit libre et un bon esprit, voilà l'espoir le plus sacré.

Mais cet espoir peut être trompé. L'énergie organisatrice peut ne point faire son coup d'éclat au temps nécessaire. Elle peut le faire et le manquer. Elle peut ne point le manquer et son entreprise, bien commencée, finir mal. Car tout est possible.

Ce qui est impossible, c'est que l'art, c'est que la science de la Politique, plus nécessaires chaque jour, se composent sur d'autres bases que celles que nous ont déterminées nos maîtres et que nous essayons d'affermir après eux : de nos petits faits bien notés, de nos lois prudemment et solidement établies, de nos vérités incomplètes, mais en elles-mêmes indestructibles, de là et non d'ailleurs, la science politique s'élèvera. Nous sommes – à trois ? – à quatre ? – à cinq ? – à dix ? – nous sommes Hécatée le Milésien. Placés aux commencements de notre science, nous avons néanmoins le droit de répéter la fière et dédaigneuse profession du savoir : « Moi, Hécatée le Milésien, je dis ces choses et j'écris comme elles me paraissent, car à mon avis les propos des Hellènes sont nombreux et ridicules. »

Répétons cela fermement.

Ces dernières paroles sonnent bien un départ, enseignes déployées, pour aller, pour voler à la conquête des intelligences sur le programme d'une action.

1. Allusion à la guerre de 1870.
2. Eugène Melchior de Vogüé, diplomate et homme de lettres catholique.
3. Cofondateur de l'Action française en 1898, le colonel de Villebois-Mareuil partit combattre les Britanniques aux côtés des Boers en 1899 et fut tué au combat en 1900. Il inspira à Edmond Rostang le personnage de Cyrano de Bergerac.

Il reste à exposer comment j'en arrivai là : que s'était-il passé entre ce mouvement décisif et la contemplation immobile qui m'avait d'abord retenu ?

IV

Immobile... Immobile... C'est, il faut l'avouer, beaucoup dire, et, si je fais une révision attentive de tous mes premiers souvenirs, il convient de rabattre un peu du fakirisme dans lequel je croyais m'être retranché. Une autre politique m'avait, pour ainsi dire, ressaisi par-dessous et plus profondément.

La politique que j'avais méprisée était celle des partis, à la conquête de leur aliment dans l'État ; c'étaient les aboiements pour ou contre les constitutions, ou les rivalités entre l'opportunisme, le radicalisme et le socialisme naissant. Mais, de bonne heure, de façon à peine consciente, j'avais été gagné par trois sentiments alors nouveaux et qui auront tenu depuis une place croissante dans la vie civique française.

Dès les tous premiers pas que je fis dans Paris, dans la matinée du 2 décembre 1885, j'avais été frappé, ému, presque blessé du spectacle matériel de ces belles rues et de ces grands boulevards que pavoisait, du rez-de-chaussée jusqu'au faîte, une multitude d'enseignes étrangères, chargées de ces noms en K, en W, en Z que nos ouvriers d'imprimerie appellent spirituellement les lettres juives[1]. *Les Français étaient-ils encore chez eux en France ?* Quiconque tendait à poser cette question éveillait en moi des mouvements confus d'approbation et d'adhésion.

Mais, d'autre part, aux jours qui suivirent, comme je visitais avec une ardeur d'admiration que je n'oserais exprimer, les Musées où reposent tant de grandes forces amies, Poussin, Lorrain, Vinci, Titien et Raphaël[2], les immenses dépôts de livres, les collections des signes matériels de la valeur et de la noblesse du genre humain, j'étais également saisi de la qualité périssable de ces trésors, du risque dont ils sont grevés à toute minute, soit l'usure du temps, soit la rage des éléments, soit surtout la folie assassine et incendiaire des hommes, et la pensée du moindre coup que porterait par exemple à une Galerie du Louvre, à un salon de l'Arsenal ou de la Mazarine[3], un boulet ennemi comme en 1870, ou le jet du pétrole comme en 1871[4], tous ces sombres Possibles m'éveillaient aux passions

1. Allusion à l'installation en France de nombreux Juifs d'Europe de l'Est à la fin du XIXe siècle.

2. Il est significatif que le Provençal Maurras ne retienne du Louvre que des peintres italiens ou français influencés par l'art italien.

3. Deux des plus belles bibliothèques parisiennes.

4. Allusion aux incendies allumés par les communards, qui détruisirent notamment le palais des Tuileries.

d'une crainte et d'une pitié plus qu'humaines. Mon droit à la durée et au maintien de tant de trésors m'apparut le premier des droits.

D'un troisième côté, ma Provence m'était devenue beaucoup plus chère, de loin. Je relisais, même je découvrais quelques-uns des grands poètes de l'étonnante Renaissance qui achevait de donner là-bas sa plus haute flamme avec Aubanel, qui allait mourir en 1886, avec Roumanille qui disparut en 1891, avec Mistral heureusement éloigné encore des magnificences de son coucher de 1914. Leurs vers nous possédaient, mon frère et moi, et nous poursuivaient, notre petit appartement parisien en bourdonnait le jour et la nuit. Ma mère assurait, pour me taquiner, que j'avais appris le provençal à Paris. Plaisanterie à part, c'était bien Paris qui m'avait rempli de ce grand amour pour la langue de notre peuple, pour ses légendes pleines de sagesse et de poésie, ses coutumes fidèles, ses jeux, ses proverbes si sages, ses mœurs si variées, que seule unifiait l'égale beauté de son ciel. De loin j'avais cru sage d'entreprendre une sorte de géographie poétique de mon pays, replaçant chaque poète et chaque poème dans le domaine qui l'avait nourri ou qu'il reflétait. Ce désir d'inventorier le génie des lieux me conduisit naturellement à l'étude de notre histoire, belle, sinon heureuse, et, à me rendre un compte exact du mal vraiment mortel que nous faisaient, depuis 1789, le nivellement et le conformisme nés de la centralisation. La renaissance mistralienne n'aura été au fond que la réaction de l'élite devant l'uniformité jacobine imposée à un peuple qui en souffrait à son insu. Quand les vacances me ramenaient à Martigues je m'enfermais dans nos Archives pour en tirer une suite d'étonnements que rien n'épuisait : les libertés de la vie locale étaient donc à situer en avant de la nuit du 4 août ? notre force, notre politesse, notre éducation, notre véritable civilisation avaient donc précédé la prise de la Bastille ? Il eût fallu pouvoir aller dire cela à Victor Hugo. Il venait malheureusement de mourir.

Un Éloge d'Aubanel couronné par la Société des félibres de Paris m'introduisit dans le milieu de poètes et d'artistes que dominait un certain nombre de députés et de sénateurs méridionaux, démocrates traditionnels, possédés du génie électoral, rompus aux méthodes parlementaires. Leurs conversations, fort libres, qui ne cachaient que fort peu de chose, m'aidèrent beaucoup par la suite à pénétrer soit le mécanisme, soit l'esprit de la République. Je dois témoigner que c'étaient de fort braves gens, quelques-uns légèrement débraillés à la Gambetta, mais bons camarades, bons vivants, amis des livres et des idées. Ils firent grand accueil à mon discours de bienvenue sur les *Trente beautés de Martigues*, puis me bombardèrent secrétaire général de leur revue mensuelle le *Viro Souléu* (« le Tournesol »). Ils m'accueillirent même dans une espèce de saint-des-saints que présidait chaque soir au Café Voltaire[1] le plus fin et

1. Situé place de l'Odéon, le Café Voltaire fut l'un des établissements les plus prestigieux du Paris littéraire aux XVIIIe et XIXe siècles.

le plus savant lettré, la tête la plus chantante, mais le plus mauvais caractère qu'il m'ait été donné de connaître jamais : c'était Paul Arène[1]. Là aussi je connus M. Pierre Laffitte, le successeur d'Auguste Comte à la direction du Positivisme, Baptiste Bonnet, l'auteur un jour fameux des *Mémoires d'un valet de ferme*, que lui avait généreusement traduits Alphonse Daudet.

Il faut avouer que tout ce monde avait vécu tranquille jusqu'au jour où notre jeunesse le troubla, je dis la mienne et celle de Frédéric Amouretti. Mon aîné de cinq ans, historien et géographe de carrière, il préparait l'agrégation ; né à Toulon, mais originaire de Cannes, tout frais arrivé d'Aix où il avait connu mes condisciples, mes maîtres et mes amis, Frédéric Amouretti était rapidement devenu mon frère de pensée et d'âme. Le rêve de l'action, l'imagination de l'action qui m'occupait à mon insu le possédait très consciemment. Si bien qu'à nous deux,

D'animaux malfaisants fîmes un très bon plat[2].

Ni la littérature du Café Voltaire, ni l'agréable cour d'amour que l'on allait faire à Sceaux une fois l'an[3] ne remplissaient le dessein mistralien ni la mission du Félibrige. Nous nous en aperçûmes et résolûmes d'y ajouter un effort effectif en faveur de la renaissance des provinces historiques, et même de leur Fédération, disions-nous, en souvenir de *la constitution fédérale de l'ancienne France* dont parlent tous nos vieux auteurs. Comme les félibres de Paris entreprenaient chaque année un voyage dans quelque région du pays d'Oc, nous en profitâmes pour affirmer cette pensée et l'accréditer parmi les jeunes gens que nous visitions. En 1890, j'avais eu l'honneur et le plaisir de persuader, en traversant Agen, le poète Jean Carrère, qui a fortement marqué en ce domaine et plusieurs autres. L'année suivante, 11 août 1891, la parole enflammée de Xavier de Magallon fit un splendide accueil à la félibrée de Martigues que Mistral en personne avait présidée. Puis, l'hiver venu, quand le chef du félibrige, Félix Gras, vint rendre leur visite aux pèlerins du Café Voltaire, nous lui lûmes une déclaration[4] qui précisait la volonté de mener une campagne en règle pour la régénération de pouvoirs locaux, amortis ou domestiqués. Le programme apparut gros d'ambitions et de dangers. Le Gouvernement s'en émut, paraît-il : des représentations furent faites par le préfet de la Seine au vénérable M. Sextius Michel qui cumulait les fonctions de président du félibrige de Paris, de Franc-Maçon fervent et de maire du XVe arron-

1. Arène fut notamment le co-auteur des *Lettres de mon moulin* d'Alphonse Daudet.
2. Parodie d'un vers de La Fontaine (« Le Singe et le Chat »).
3. Les cours d'amour sont, depuis le Moyen Âge, des réunions dédiées à la poésie de langue d'oc. Celle de Sceaux, au sud de Paris, fut instituée en 1879 par Paul Arène au motif que le fabuliste Florian, natif du Gard, est enterré dans cette localité. Cette cour d'amour est toujours célébrée aujourd'hui.
4. Voir p. 489 de la présente édition.

dissement. Entre nous et lui, une querelle commença, qui fut vive et ne fut point courte. L'accusation était fermement soutenue par M. Laffitte. Comme j'alléguais contre celui-ci les vues fédéralistes du *Système de politique positive* et le poussais dans ses derniers retranchements, « Eh bien, prononça d'une voix mourante le directeur du Positivisme, Auguste Comte s'est trompé. » Le plafond ne s'écroula point, ni les lustres ne s'éteignirent. Après deux années de débats mon exclusion fut prononcée, douze « jeunes félibres » donnèrent leur démission et nous allâmes fonder de l'autre côté de la Seine une « École parisienne du Félibrige » qui vécut quelque temps au Café du Centre, près des Arts et Métiers, puis revint se fixer aux Cadrans place Saint-Michel et finalement au Café Procope, où elle brilla durant plusieurs belles années, jusqu'aux premiers éclats de l'affaire Dreyfus qui brouilla tout le monde et nous dispersa.

Cependant, les Anciens du Café Voltaire nous traitaient de réactionnaires. Il y avait bien des réactionnaires chez nous, mais aussi des républicains sang de bœuf, Auguste Marin, Jules Ronjat, Adrien Frissant[1], bien d'autres. Étais-je tellement réactionnaire moi-même ?... On a vu quelle doctrine je mûrissais. Mais je n'étais pas royaliste. Il m'arrivait aussi d'éprouver, en plus d'un cas, l'obscur regret de me trouver classé à droite soit par mes tendances d'esprit, soit par la couleur des journaux auxquels je donnais ma collaboration : cette étiquette n'allait-elle pas opposer des difficultés de surcroît à la renaissance de nos groupes provinciaux ? L'excellent Baptiste Bonnet nous entendant parler de *fédéralisme* avait tranquillement compris *féodalisme*, et s'imaginait que nous voulions lui faire battre les étangs pour assurer le sommeil de quelque seigneur ! J'étais résolu à saisir toute occasion de nous montrer étrangers aux catégories politiques et d'entretenir (sainte simplicité !) de bonnes relations avec toutes. Ma première visite au Marquis de La Tour du Pin[2], rue de Solférino, à son journal *La Corporation*, date de cette époque : comme je lui parlais de nos amis républicains décentralisateurs, l'auteur des *Aphorismes de politique sociale* esquissa le plus beau, le plus sceptique des sourires. Nous invitions à nos soirées des littérateurs politiques tels que Lintilhac, déjà sénateur et même, il m'en souvient, M. Gaston Doumergue, alors jeune député[3]. Je conserve sa lettre d'acceptation. Il vint. Nous le reconduisîmes du boulevard de Strasbourg au pont des Saints Pères en faisant de louables efforts pour le convertir ! Mais, ignorant sa confession, il m'échappa de lui parler du calvinisme sans amitié...

Très encouragés, très soutenus par Mistral, nous entretenions des intelligences et des correspondances avec beaucoup de localités des trente-trois

1. Ces hommes restèrent proches de Maurras en dépit de leurs divergences politiques.
2. La Tour du Pin, théoricien du catholicisme social, devint un proche de l'Action française.
3. Il fut président de la République de 1924 à 1931.

départements de langue d'Oc, « jusqu'au Velay, jusqu'au Médoc[1] », partout où l'on nous signalait quelques chances de jeunes recrues. Nous les visitions, ou les faisions visiter. Nous nous efforcions de fonder des groupes, surtout en Provence et aussi vers Nîmes, Montpellier, Toulouse, où étaient nos relations nombreuses et nos plus vives sympathies. La Fédération régionaliste française a dû sortir un peu de là[2].

Entre temps, Barrès faisait de sa *Cocarde* le plus amusant des journaux. Sur la formule : *nous sommes individualistes et décentralisateurs*, les esprits les plus différents, les partis les plus opposés (du collectivisme des députés Gabriel et Eugène Fournière à l'anarchisme de Pierre Denis, ancien secrétaire du général Boulanger), juifs, pratiquants, bons catholiques, librepenseurs intolérants se supportaient ou se déchiraient là-dedans. N'étant pas du tout individualiste, mais par compensation, trois et quatre fois décentralisateur, je pouvais seconder Barrès au rez-de-chaussée du journal, intitulé la « Vie intellectuelle » où furent publiés mes premiers « Criton[3] ». J'y faisais aussi campagne contre les étrangers domiciliés auxquels je donnais le nom de métèques en souvenir des Métèques athéniens auxquels Michel Clerc venait de consacrer une thèse de doctorat[4], et que reprit un peu plus tard le roman de Binet-Valmer[5] ; je protestais contre la hideuse démolition des murailles d'Antibes et soutenais le droit de nos populations aux courses de taureaux, ce qui ne me valut aucun sourire de Madame Séverine[6]. Au bout de six mois, Barrès s'aperçut que son administrateur, Juif marchand de papier, abusait indignement de la position. Comme il le secouait, l'autre mit la main sur son cœur et répondit par un mot épique : *Moi, Monsieur Barrés, je n'ai pas de délicatesse.* Il voulait gagner de l'argent. Ce n'était pas pour cela que Barrès avait pris la *Cocarde*. Il la quitta. Nous le quittâmes à sa suite, tous, et René Boylesve emporta la fin de son premier roman, le *Médecin des Dames de Néans* qui était en cours de publication et qu'il offrait en sacrifice à la solidarité barrésienne !

Cette campagne de six mois avait remué des idées, ému des affinités, fait lever des haines. Mais je restais surpris du peu d'écho éveillé par nos déclarations provinciales. Cependant, nous avions débordé les frontières des pays d'oc ; nous avions essayé de galvaniser Bretagne, Flandre, Vendée, Lorraine. En écoutant les plus adroits des politiciens du régime, j'avais fini par prendre

1. Traduction d'un vers de Mistral (« Espouscado », ou « L'Éclaboussure », dans *Lis Isclo d'or* ou *Les Îles d'or*).

2. De fait, ce mouvement capital pour l'histoire de la réflexion décentralisatrice en France a été fondé en 1900 par Jean Charles-Brun qui avait fréquenté Maurras.

3. Pseudonyme du jeune Maurras.

4. *Les Métèques athéniens ; étude sur la condition légale, la situation morale et le rôle social et économique des étrangers domiciliés à Athènes*, 1857.

5. Binet-Valmer, *Les Métèques, roman de mœurs parisiennes*, 1900.

6. Littératrice libertaire et féministe.

garde qu'ils ne gouvernaient que par la centralisation de laquelle dépendait leur réélection : ils n'y toucheraient pas, ils ne pouvaient pas y toucher. Mais ce public, dont on défendait l'intérêt vital, d'où venait son indifférence ?... Tant de villes, petites et grandes, refusaient l'avenir en se montrant inaccessibles à notre effort pour restaurer la vie locale : quelle indifférence, quelle apathie !

Eh ! ces exclamations revenaient à résoudre la question par la question. On ne nous eût fait des réponses satisfaisantes que si le mal profond avait été moins général. Il fallut du temps pour compter le nombre et l'épaisseur des masses de poussière obscure que l'administration avait superposées à la personnalité de nos pays. La difficulté principale tenait à l'ingratitude des avantages attachés à toute réforme d'un genre un peu noble. La nôtre ne contentait ni les besoins immédiats des agitateurs ni la convoitise spontanée des foules. Elle revenait tout entière au cas supérieur et privilégié, et en quelque sorte royal, des améliorations qui sont urgentes, mais d'une urgence qui ne prend pas les gens à la gorge : besoin vital, mais ignoré. Ces réformes indispensables doivent se faire *par en haut*, moyennant un savant mélange de diplomatie et d'autorité qui suppose un Pouvoir énergique et sage. Notre chimère était de vouloir opérer *d'en bas* par la libre réaction du public. Même dans l'hypothèse improbable où quelque soudaine circonstance l'eût soutenue et secondée, en la doublant de passions vivaces, la chimère n'était pas exempte du risque de déchirer, non pas, on l'a trop dit, l'unité nationale, mais la cohésion de l'État : un certain courant d'anarchie sous-jacente serait aussitôt devenu sensible à fleur de sol. La seule vue du félibrige mistralien agité de rivalités violentes, malgré la majesté de l'œuvre et le haut ascendant du chef, fortifiait ces appréhensions. Que serait-ce quand il ne s'agirait plus de langue ou d'orthographe mais des compétitions d'intérêt urbain et rural jouant à plein, sans le contrepoids d'aucun pouvoir fort !

Un moment, je m'étais arrêté aux remèdes héroïques.

— Soit ! pensai-je, l'expérience prononcera, le débridement complet des libertés locales fera carnage des mauvais ou des faibles, sélection des bons et des forts...

Je fus vite obligé de me dire que la vie du pays ne pouvait être comparée à l'expérimentation d'un sérum. La France n'est pas un cobaye. La cause du fédéralisme étant juste et sainte, il fallait entreprendre de la servir par un autre biais.

V

Que vouloir alors ! Il me souvient d'une promenade sur les hauteurs de la Californie de Cannes[1], en compagnie de Frédéric Amouretti et de

1. Quartier de Cannes très prisé des riches touristes étrangers, dont Maurras parle plus loin.

son ami Joseph Bérenger, le même « bourgeois de Cannes » qui l'avait accompagné chez Fustel de Coulanges quelques années auparavant[1]. L'air embaumé, le ciel ardent nous soufflaient tous les désirs de l'espérance. Comment douter de rien en ce bel endroit ? Tout y florissait. Oui, alors, *que vouloir ?...* C'était bien simple : un nouveau journal et dans des conditions meilleures ! Mes deux hôtes en avaient fait un dans leur ville natale en 1888 et 1889 avec notre ami commun Xavier de Magallon : pourquoi ne pas reprendre l'aventure de ce *Réveil de la Provence* mais sur le même théâtre que la *Cocarde* : à Paris ? On la pousserait à fond avec les mêmes idées. On s'efforcerait seulement d'élargir à la mesure des grands maîtres du XIXe siècle l'idée de réforme conservatrice que la presse de droite tendait à laisser décliner. Ce serait par la tête, par le gouvernement, que l'œuvre de décentralisation serait abordée !

Mais quel gouvernement ?

Mes amis étaient, l'un et l'autre, royalistes militants et, toujours, je me demandais si leur drapeau dynastique ne nuirait pas au juste essor du mouvement rêvé. Vieille objection que se sont faites tant d'autres recrues de l'Action française ! Je l'ai roulée longtemps, très longtemps pour mon compte ; avant d'en éloigner les autres, j'ai dû la chasser de moi-même. Ces scrupules étaient absurdes. Du seul point de vue du succès brut, il y avait avantage à produire un programme complet de l'État central et des États périphériques. Si affaibli que parût alors le parti royaliste, après le Boulangisme, après le ralliement de Léon XIII, il était sage d'en utiliser et d'en intégrer toutes les valeurs... Mais, royalisme à part, j'avais plaisir à abonder dans tous les chapitres du juvénile programme.

Que de fois soit en rédigeant la *Revue d'Action française*, soit en dirigeant le journal, j'aurai repensé à cette libre et lointaine conversation ! Alors comme dix ou vingt ans plus tard, nous voulions tenir en même temps la truelle et l'épée, faire constructions et bataille, polémique et doctrine ; puis recruter des orateurs, enfin grouper du monde et ajouter à l'écrit et à la parole l'organisation, l'action dans la rue. Volontaires du Pape, Croix de Feu, Jeunesses patriotes, fils légitimes ou bâtards des Camelots du Roi et des Étudiants d'Action française, vous flottiez ainsi dans les rêves de ce crépuscule si beau : une sorte de pré-Action française se répandait du ciel sur la terre. Mais le réel devait étrangement dépasser ces images confuses, dont la suite immédiate fut égale à zéro.

Seul le cours de mes idées en fut un peu infléchi. Nous redescendions vers la belle ville, par ses coteaux dorés, vers les plantations de tubéreuses où de jeunes paysannes achevaient leur cueillette de la mi-été. Je ne sais comment, ce doux et calme paysage qui pendait sur la mer

---

1. Le grand historien Fustel de Coulanges fut très lié à Frédéric Amouretti, ce qui permit à l'Action française de se revendiquer de sa pensée.

me rappela ce que mes père et mère m'avaient conté de leur premier voyage dans ce paradis : quand ils eurent dépassé Toulon, qui leur était familier, les honneurs du pays leur furent faits par un ministre du Saint Évangile, de nationalité anglaise, qui parlait trop bien le français et qui savait mieux qu'eux, fils et fille de Provençaux, le nom et le passé des villages et des rivages ! Cela remonte à 1865. Je n'étais pas né. Les compatriotes de lord Brougham[1], et nos autres envahisseurs d'Europe, d'Asie, d'Amérique, n'avaient pas encore eu le temps d'y commettre tous leurs dégâts, et le pays gardait beaucoup de son charme sauvage. J'avais maintenant devant moi les effets du trentenaire qui avait suivi : le pêle-mêle des villas mauresques, des castels gothiques et des casernes allemandes entrechoquant ses toitures disgraciées. Nous rêvions de Provence, nous étions bien servis : c'était Cosmopolis ! Toute cette laideur ne durant que pour s'aggraver, que pourrait-il en être dans trente nouvelles années ?

Vraiment est-ce qu'une autre France, une France moins envahie, et plus maîtresse d'elle-même, n'aurait pas mieux tenu et mieux gardé notre incomparable Corniche ? Une politique générale, une politique de vue d'ensemble, voilà ce qui avait manqué, disais-je. Amouretti, ni Bérenger n'y contredisaient. À quoi leur avait-il servi d'essayer d'enseigner à leur petite ville que « les étrangers » qui l'enrichissaient apportaient un genre d'exploitation plus nuisible qu'utile au bien véritable de tous ? Tout le monde voyait que, si la terre avait enchéri, le prix de la vie avait monté d'autant, et quelque chose d'inappréciable avait disparu : le plaisir d'être chez soi et de vivre entre soi… Hélas ! combien le sentaient ? Pour avoir comparé ces hôtes productifs au charbon de Saint-Étienne ou aux troupeaux de porcs de la vieille Serbie, le *Réveil de la Provence* avait failli sombrer sous l'émeute. Là comme ailleurs les intérêts particuliers canonisés, divinisés, offusquaient l'intérêt général des provinces et de la patrie. Le plus pressant était de rendre un centre fort, une âme vivante, un clair esprit, à ce bien public déchiré.

D'autres plaies demeurées ouvertes nous donnaient la même leçon. Strasbourg et Metz tenaient à mes plus anciennes pensées. Né si loin du théâtre de la dernière guerre[2], je me rappelais qu'elle avait occupé tous les premiers fonds de ma petite enfance ; bien avant le milieu de ma troisième année, j'avais vu mon père et ma mère, front contre front, et les yeux pleins de larmes, suivre, sur un grand atlas le cours irrésistible de l'invasion. Je me rappelais tels Messins qui, ayant opté pour la France, réfugiés à Aix, y habitaient la même maison que nous : famille admirable, vieux père,

1. Homme politique britannique qui mit Cannes à la mode dans les années 1830 et y mourut en 1868.

2. La guerre de 1870.

vieille mère, une fille célibataire, deux fils officiers sur trois, tous unis par l'affection et la religion du pays perdu. À certains jours ils retiraient d'une cassette, enveloppés de chiffon de soie, les pauvres morceaux d'un pain noir, le *Pain du siège*, le prenaient, le tenaient pieusement entre leurs mains et se le passaient comme une relique. Je revoyais d'autres Lorrains, mon professeur de huitième, un abbé Jeannin qui se trouvait être le parent ou l'allié de l'abbé Wetterlé, et M. Wetterlé lui-même qui avait été notre surveillant au collège pendant quelques mois[1] : leur sérieux, leur gaieté, leur courage m'émerveillaient. À Paris dès mon arrivée j'avais recherché par prédilection ces hommes de l'Est : Barrès, René Marc Ferry[2] et d'autres, puis le général Mercier[3], et leur ambiance morale liait étroitement à la reprise de leurs provinces les libertés de ma Provence et la reconstruction des forces françaises. Mais je voyais de plus en plus combien cette reconstruction toujours nommée dans les programmes avançait péniblement dans les faits. Mes deux Cannois en profitaient pour me vanter la propriété et la force de l'outil monarchique. Même alors, cela est certain, je ne me sentais pas royaliste.

Je le suis devenu : beaucoup de mes amis ont jugé que ce fût par le péril soudain où la République impuissante jeta la nation en cédant tout aux Juifs dans l'affaire Dreyfus. J'ai dû le dire et le penser : rien n'est plus exact, sans l'être absolument. La conversion de mon esprit est antérieure d'un an à l'Affaire, elle date des premières semaines que j'ai vécues hors de France, mon voyage de Grèce du printemps de 1896[4].

Sorti de mon pays je le vis enfin tel qu'il est. Que je fus effrayé de le voir si petit ! Comme il apparaissait isolé et flottant dans le vaste monde, différent de l'idée que je m'en faisais ! Jusque-là j'étais vaguement fier de certains actes de relèvement, tel que l'alliance russe[5] : dans Athènes le cœur me saigna pour le genre et le nombre des difficultés que cette espèce de protectorat tsariste nous imposait par tout l'Orient, pour les menaces, les dangers qui en résultaient. Ailleurs je me heurtais au monstrueux développement scientifique, économique, financier, politique, militaire de l'Allemagne, et je ne pouvais m'empêcher de décrire à la *Gazette de France*, qui m'avait envoyé là-bas, la silhouette ultra-prussienne de l'aîné des princes Grecs, cependant fils de la plus française des races de rois étrangers[6] !

1. Il fut ultérieurement député autonomiste au Reichstag, puis député français de 1919 à 1924.
2. Maurras lui dédia *L'Avenir de l'intelligence*, repris dans la présente édition.
3. Ministre de la Guerre au moment de l'affaire Dreyfus et antidreyfusard convaincu.
4. Voir la préface d'*Anthinéa*, p. 145 de la présente édition.
5. L'alliance franco-russe de 1892. Voir *Kiel et Tanger* dans la présente édition.
6. La famille royale de Grèce est d'origine germanique (maison d'Oldenburg), mais apparentée aux Bonaparte et aux Orléans.

Le nationalisme universel étendu jusqu'en Amérique s'imposant *à mes yeux*, tout le bien qu'il arrivait à des étrangers amis de dire de mon pays était d'une qualité tout à fait extérieure à mes préoccupations essentielles : on négligeait son avenir et sa grandeur. Un jour que mon confrère, M. Gabrielidis, le directeur du journal l'*Acropolis*, me menant à la découverte du joli monument chorégique de Lysicrate, parsemait notre promenade de beaux vers indolents et doux de Verlaine, je ne pus m'empêcher de le remercier, mais l'interrogeai avec brusquerie sur notre influence dans le Levant. Sans hésiter il répondit par allusion à l'antique et tragique Athènes : « *Graecia capta ferum victorem*[1]... » Je demandai en vive réplique ce qu'Athènes avait pu valoir sans la liberté !

— Nous étions donc si bas ? Était-ce possible ?... Le traité de Francfort[2] ? Nos provinces prisonnières ? Cela remontait à un quart de siècle : Comment n'était-ce pas en partie réparé, en partie oublié ? Et puis avant 1870, il y avait 1815 et Waterloo ; 1805 et Trafalgar. Je savais l'histoire de la Marine : je ne l'avais jamais bien imaginée ni sentie. De l'Acropole et du Pirée, des hauteurs de l'Hymette et du littoral d'Eleusis, quand les ressouvenirs antiques faisaient trêve, mes yeux couraient la face de la Mer qui fut notre Mer et, de Constantinople à Chypre ou d'Alexandrie à Ceuta, je ne voyais que notre ruine et le progrès des anciens rivaux triomphants. Malte, fille de Rhodes, née de l'hospice de Saint-Jean de Jérusalem, cet hospice fondé par un pèlerin de Provence[3], lui-même issu de ma vieille petite ville, cette île de Malte était occupée depuis cent ans par l'Angleterre : qu'y faisait-elle à notre place ?

— *Et*, me disais-je aussi : *Quelle est la date du dernier assaut donné à Gibraltar par une armée française !* Revenu dans Athènes, je compulsai les dictionnaires et vis que de 1792 à 1815, vingt-trois ans de guerres à l'Angleterre n'avaient ni touché, ni tenté de toucher à cet orgueilleux avant-poste du garnisaire[4] britannique en Méditerranée : nous l'avions assiégé pour la dernière fois pendant la guerre d'Amérique sous le tyran Louis XVI ! Cependant bien d'autres guerres (et lesquelles !) avaient eu lieu au siècle écoulé : de toutes ces morts violentes de milliers de Français, combien d'utiles ? Nos guerres démocratiques n'avaient servi de

1. « *Graecia capta ferum victorem cepit* » : « La Grèce vaincue soumit son farouche vainqueur », Horace, *Épîtres*, II, 1, 156. Gabrielidis signifie ainsi que la France conserve son prestige culturel au Levant, mais non son influence politique, qui a régressé après sa défaite de 1870-1871.

2. Traité mettant fin à la guerre de 1870-1871 et scellant la perte de l'Alsace-Lorraine par la France.

3. Allusion au Bienheureux Gérard dit Tenque (1047-1120), fondateur des Hospitaliers de Saint-Jean (aujourd'hui ordre de Malte), dont la tradition fait un natif de Martigues.

4. Soldat établi en garnison.

rien. Je me récitais à voix haute le rapport du Comité de Salut Public du 14 octobre 1794 : sous les « tyrans » « forts de l'industrie nationale », « dans toute guerre une province nouvelle était la récompense de notre politique et de l'usage de nos forces ». Alors le Pacte de Famille[1] tendait à nous mieux établir au midi de l'Europe par Naples et par Madrid. Alors l'acquisition de la Corse préludait à deux autres opérations de nos rois : prise d'Alger et conquête de l'Algérie. Ces lumières brutales bouleversaient autant que ma carte du monde, ma projection de l'histoire de France et accusaient le point à partir duquel notre plan s'était incliné pour déterminer nos glissades : les eaux perdues avec la première République et le premier Empire, le continent perdu avec le second Empire et la troisième République ! La cause du mal était *une* : et, du fond de ma conscience, le nom du seul topique utile commençait d'émerger.

Dans la traversée du retour, un incident presque ridicule servit de couronne à mes réflexions.

Nous étions sur un paquebot marseillais. Compagnie, capitaine, équipage, tout le monde était du pays. Parmi les passagers les Français étaient clairsemés. Était-ce donc pour le compte des autres races que nous labourions cette mer de Thésée et d'Ulysse, de Pythéas et de Duilius[2] ? Mais le cuisinier, qui avait dû naître au quartier Saint-Jean[3], avait rédigé le menu dans un anglo-français si consolant que le rumpsteack y était figuré en « ronstec ». Je m'abandonnais en silence à la joie d'une traduction libre et belle, quand, de l'autre côté de la table, une dame aux joues colorées, aux dents fortes, saisit le crayon d'or qui paraît son maigre corsage et, image farouche d'une Grande-Bretagne vraiment reine des flots, effaça d'un trait dur notre provençalisme pour rétablir la forme insulaire offensée. Il ne serait pas dit que j'aurais pu battre une dame, mais, par-dessus les verreries, les plats et les fleurs, je lui assénai le regard de l'homme ruiné, dépouillé, qu'on expulse de sa maison. Le vit-elle ? Le comprit-elle ? Ou reproduisait-elle l'invariable définition virgilienne que donna Paul Bourget des Anglais en voyage :

Et penitus toto divisos orbe Britannos[4] ?

À moins qu'elle n'ait ri de ma faible rage impuissante ! Un peuple menacé d'éviction n'a qu'un droit : penser avec courage, décider avec fermeté.

---

1. Alliance établie au XVIIIe siècle entre les Bourbons de France, d'Espagne et d'Italie, pour contrer les ambitions anglaises.

2. Aux héros grecs Thésée et Ulysse, à l'amiral romain Duilius, vainqueur des Carthaginois, Maurras ajoute le nom de Pythéas, navigateur gréco-marseillais du IVe siècle avant Jésus-Christ. Il entend ainsi illustrer la continuité de la Grèce à la France via la Provence.

3. Quartier de Marseille.

4. Extrait des *Bucoliques*, de Virgile : « Chez les Bretons, séparés du reste de l'Univers. »

Le fait est que, de ce moment, la destinée de mon pays a commencé de m'être claire ; je me représentais notre nation parée de tant de qualités sérieuses, point affaiblies, et de tant de charmes toujours brillants, mais réduite à la condition d'une véritable orpheline.

Qu'est-ce que ces fiers Anglais ont ou avaient de plus que nous ? La fidélité à leur ordre et au sens de leur salut. Cette fidélité, je ne l'avais pas reniée, mais je l'avais perdue de vue. On l'avait perdue pour moi avant moi. Mon esprit national avait glissé au plan inférieur, mais ce n'était pas ma faute ni celle des Français contemporains. Je ne songeais d'abord qu'à eux et j'en oubliais mes pères et les pères de mes pères. Quand on veut juger du bien ou du mal, du progrès et de la décadence d'une personne, on prend pour mesure la durée moyenne de l'existence. Quand on forme le même jugement sur un État, il faut regarder, à l'échelle des siècles, non la durée des hommes, mais celle des nations. Il eût été parfaitement injuste de reprocher aux Français vivant en 1896 de n'être ni aussi actifs, ni aussi puissants, ni aussi influents que les Anglais du même millésime, car ces derniers y profitent, comme ceux-là y souffrent, d'une accumulation des circonstances antérieures. Mais cette part faite aux causes et conditions, il importait souverainement d'examiner à quoi tenait leur suite et leur enchaînement.

Qu'est-ce qui a relié, uni dans le temps les générations successives de nos voisins, rivaux, amis et ennemis ? Et qu'est-ce qui nous a déliés, divisés et séparés entre nous ? Pour une part immense, la succession des actes d'un peuple exprime la succession des pouvoirs qui l'ont gouverné. À Londres et à Berlin, dans la période où florirent Berlin et Londres, le gouvernement a été *dynastique* ; il l'était à Paris quand Paris florissait. La suite dynastique crée la cohérence des pouvoirs d'un empire. L'étymologie le dirait à défaut de l'histoire, non seulement parce que la dynastie écarte le système épuisant des compétitions électorales et parlementaires, mais parce qu'il est bon et beau que l'autorité du chef souverain ne soit pas un pouvoir fabriqué de main d'homme, qu'il nous vienne du fond des âges et que les siècles nous le forment et nous l'apportent, nous le nomment et nous l'imposent *tout fait*, comme auréolé de son droit, ce *droit* des chefs que fonde la part majeure qu'ils ont prise à la fabrication du pays.

Quel était notre chef légitime à ce moment-là ? Quinze ans auparavant, un vieillard enthousiaste et mystique, prêtre ou pape de la royauté plus que roi, couronné des épreuves et des majestés du malheur, Henri V. Jusqu'aux trois ou quatre dernières années il avait eu pour successeur un prince-administrateur et soldat, homme dans la force de l'âge, réfléchi et savant, dont les familiers savaient la sagesse hardie, Philippe VII[1].

1. C'est-à-dire le comte de Paris évoqué *supra*.

— Mon cher ami, me disait certain connaisseur, s'il ne fût pas né sur les marches du trône, il est impossible de dire à quelle haute situation son mérite personnel n'aurait pas élevé Monsieur le Comte de Paris.

Enfin un tout jeune homme, dans le beau de sa fleur, mais qui déjà donnait de hautes marques de mérite, Philippe VIII[1] : symbole antique et toujours frais des constants renouveaux d'un même pouvoir par un même sang, tableau vivant de la symétrie et du parallélisme du sort des chefs-nés et de leur nation, le même hasard de naissance créant les nationaux dans le pays, les rois dans la dynastie...

Le hasard secondé par l'éducation n'avait pas fait si mal les choses !

Je ne cessais donc de m'imaginer ce qu'eût été, ce qu'eût pu être notre France si, aux lieux et places de tant de secousses interruptives, séparatrices, énervantes, ces trois continuités vivantes se fussent succédé, depuis 1830 ou 1848 jusqu'à ce jour de mai 1896 !

L'évidence m'en arrachait *enfin* l'aveu : il nous fallait rétablir *enfin* ce régime si nous ne voulions être les derniers des Français.

Pour que vécut la France, il fallait que revînt le Roi.

La décision de mon royalisme intellectuel était prise. Elle ne devint effective qu'au bout d'un an.

1. Fils du comte de Paris, titre qu'il reprit. Il soutint l'action de Maurras.

ESTHÉTIQUE

L'ESTHÉTIQUE MAURRASSIENNE OU LES MÉTAMORPHOSES DE L'ATTICISME

par Martin Motte

France, Proust, Thibaudet, Gide, Valéry, Malraux et d'autres encore : que Maurras ait fasciné tant d'esprits éloignés de sa politique en dit long sur le rayonnement de son esthétique. Pour sa part, il ne dissociait pas ces deux aspects de son œuvre, professant que « les règles de la vie collective et les lois du gouvernement ne sont pas sans rapport avec les principes qui président à l'art du poète quand il met en ordre son peuple d'idées et de mots, de couleurs et de sons[1] ». Il en déduisait l'idée d'une correspondance fondamentale entre la vie politique d'une époque donnée et son climat artistique, de sorte qu'un bon connaisseur de celui-ci pouvait légitimement s'instituer juge de celle-là. Telle fut bien sa trajectoire : « Les Lettres nous ont conduit à la Politique. Notre nationalisme commença par être esthétique[2] », disait-il.

Impossible, dès lors, de séparer l'esthète du penseur monarchiste ; mais il serait dommage de ne lire le premier que pour se documenter sur le second. Il l'a dit lui-même, son « Politique d'abord » signifie que la politique prime dans l'ordre de l'urgence, non dans celui de la dignité[3]. Elle vise par définition le salut de la Cité, mais que vaudrait une Cité où ne fleuriraient pas les plus belles qualités de l'homme ? Or, on ne peut les cultiver sans poser une esthétique. Celle-ci est donc essentielle aux yeux de Maurras. De fait, la science du sentiment, l'art du sentir représentent une part considérable de sa réflexion. Il les a appliqués aux domaines les plus variés : la littérature bien entendu, mais aussi la sculpture, la philosophie, l'amour, les paysages et... la gastronomie.

1. Charles Maurras, « Réflexions préalables sur la critique et sur l'action » (1925), repris dans le t. III des *Œuvres capitales*, Paris, Flammarion, 1954, p. 217.

2. *Id.*, *Quand les Français ne s'aimaient pas*, Paris, Nouvelle librairie nationale, 1916, p. XV.

3. Voir *Mes idées politiques*, p. 717 de la présente édition.

* * *

Le premier manifeste esthétique par lequel Maurras s'est fait connaître est son article « Barbares et Romans » de 1891. Pour en comprendre les enjeux, un bref retour sur l'histoire littéraire du XIXe siècle s'impose. Au commencement était le romantisme, qui ambitionnait de saisir le réel dans son irréductible spécificité mais aussi de faire advenir l'idéal ici-bas. La tension entre ces deux pôles entraîna leur divorce vers le milieu du siècle, d'où l'apparition du courant réaliste en réaction aux illusions romantiques. Dans les années 1860 s'affirma un troisième courant, le Parnasse, qui regroupait les partisans de « l'art pour l'art » : ils reprochaient aux romantiques leurs illusions messianiques et aux réalistes leur indifférence au Beau. Les parnassiens furent à leur tour contestés par le naturalisme, prolongement scientiste du réalisme, puis, vers 1880, par les « décadentistes », qui rejetaient leur formalisme. En 1886 enfin, Jean Moréas renvoya dos à dos le matérialisme naturaliste et la superficialité parnassienne : selon lui, l'art avait pour vocation de manifester les « affinités ésotériques » des phénomènes concrets avec les « Idées primordiales »[1]. Le symbolisme venait de trouver sa formule.

Qu'en était-il pendant ce temps de Maurras ? Il avait certes été marqué par Baudelaire et Schopenhauer[2], deux auteurs prisés des symbolistes, mais sa culture – celle d'un provincial de petite ou moyenne bourgeoisie formé par les bons pères – s'enracinait d'abord dans le classicisme gréco-latin. Il l'avait d'autant mieux assimilé que tout, dans les paysages, la langue, les mœurs et les monuments de sa Provence natale, portait l'empreinte de la Grèce et de Rome. Quant à la France, latine par sa langue et son histoire, il se la figurait comme une Provence élargie. En s'installant à Paris, le jeune homme ne pensait donc pas débarquer en terre étrangère. Or, il eut la douloureuse surprise de constater que les espèces en lesquelles il plaçait sa fierté et ses espoirs étaient largement démonétisées : l'esthétique à la mode regardait vers l'Allemagne de Wagner, la Norvège d'Ibsen ou la Russie de Tolstoï.

Souvenirs de 1870 aidant, Maurras en conclut que la capitale et par voie de conséquence la France entière étaient occupées par les « Barbares » du Nord. Sa réaction prit la forme d'un nationalisme esthétique et se trouva un allié de choix en la personne de Moréas lui-même. En effet, quelques années après avoir porté le symbolisme sur les fonts baptismaux, ce dernier s'en était séparé. Critiquant l'hermétisme gratuit et les expérimentations stylistiques hasardeuses de ses anciens amis, il préconisait désormais un retour à la grande tradition courant de la Grèce, sa patrie d'origine, à la

1. Jean Moréas, « Un manifeste littéraire », *Le Figaro*, 18 septembre 1886.
2. Voir les *Quatre nuits de Provence*, p. 11 de la présente édition.

France classique *via* Rome, la Renaissance italienne et la Pléiade. À bon droit Maurras y inscrivit-il le renouveau littéraire provençal impulsé depuis trente ans par Mistral et le Félibrige : il en publia dans la revue *La Plume* une anthologie dont « Barbares et Romans » était la conclusion.

Ce texte pose déjà le thème central de l'esthétique maurrassienne : le Beau ne réside ni dans la violence des sentiments chère aux romantiques, aux réalistes et aux naturalistes, ni dans la recherche de l'originalité affectionnée par les parnassiens, les « décadentistes » et les symbolistes, non plus d'ailleurs que dans aucun autre élément dont peut se servir l'artiste, mais dans la composition qu'il fait de ces matériaux ou plus exactement dans l'ordre harmonieux qui en résulte.

Maurras, toutefois, ne développait pas les implications artistiques de sa thèse. Ce qui lui importait surtout à ce stade, c'était de démontrer que les félibres n'étaient nullement des séparatistes, comme les en accusaient nombre d'écrivains parisiens, mais les plus authentiques des patriotes, puisqu'ils captaient à sa source l'esthétique méditerranéenne qui a irrigué tout l'art français. Les vrais séparatistes étaient bien plutôt ceux qui pervertissaient la littérature de langue d'oïl en la détournant de la tradition romane qu'elle partage avec la langue d'oc. Au passage, Maurras laissait entendre que la lutte du classicisme gréco-latin contre les barbaries extérieures recoupait celle du paganisme contre le christianisme.

* * *

Publié en 1894 et remanié par la suite, *Le Chemin de Paradis* précise considérablement la thèse soutenue dans « Barbares et Romans ». Il s'agit d'un recueil de neuf contes dont l'unité est telle que nous devions les reprendre tous ou n'en retenir aucun. La première solution étant matériellement impossible, nous nous sommes résolus à n'en garder que la préface. Maurras y annonce son intention de développer un « art intellectuel » donnant accès au « sens des choses » au lieu de cultiver l'émotion pour l'émotion.

En l'occurrence, *Le Chemin de Paradis* est un « traité presque complet de la conduite de la vie ». Maurras l'a conçu comme un antidote aux dérèglements intellectuels et moraux du romantisme et de ses postérités. Il épingle en particulier l'idéalisme allemand, obsédé par « l'Infini » alors que la perfection suppose « la belle notion du fini ». Cela se déduit logiquement de l'impératif d'harmonie, qui est affaire de proportions ; or, on ne peut proportionner que des grandeurs finies. Concrètement, les sectateurs de l'Infini sont victimes d'une idée absolue qui ne peut entrer en relation avec aucune autre idée, et encore moins avec la réalité : certains d'entre eux se vouent fanatiquement à la Volupté, d'autres à la Religion. Pour leur malheur et celui de leurs semblables, ils opposent ces deux dimensions de l'existence alors que la vie bonne, pense Maurras, consiste à les composer, à harmoniser le « démon religieux » et le « démon voluptueux »[1].

Le Religieux, le Voluptueux : deux problèmes majeurs dans la vie de Maurras, qui avait perdu la foi de son enfance, mais non sa faim de sacré, et qui était passionnément épris des plaisirs terrestres. Deux problèmes plus cruciaux encore pour le dédicataire du *Chemin de Paradis*, son ami intime et mentor Frédéric Amouretti : l'ardeur de son catholicisme n'avait d'égale que son érotomanie, qui semble responsable de sa mort précoce (par épuisement ou maladie vénérienne, on ne sait). Mais au-delà, c'est à toute sa génération que s'adresse ici Maurras, celle dont nous l'avons entendu déplorer l'anarchie morale dans la *Confession de Denys Talon*.

Cette volonté d'harmoniser, d'équilibrer, de pondérer l'une par l'autre des notions communément jugées contradictoires caractérise l'approche de Maurras en bien des domaines. Ainsi, dans la préface au *Chemin de Paradis*, s'affirme-t-il à la fois païen et chrétien. Il soutient même que la conciliation de ces deux attitudes est l'essence du catholicisme, dont le grand mérite serait d'avoir discipliné les « turbulentes écritures orientales » en les passant au crible de la sagesse païenne. On comprend bien en quoi ces écritures le heurtent : leur Dieu est absolu, donc apparemment incompatible avec le principe d'équilibre dont se réclame Maurras. Ce Dieu, précise-t-il, « multiplie par l'infini » les divagations subjectives de ses zélateurs fanatiques, en quoi il présente le même danger que le romantisme – celui d'une insurrection permanente des caprices individuels contre l'ordre du monde. Tel est au fond le principe de l'antisémitisme maurrassien, qui procède bien moins de l'antijudaïsme chrétien que de l'antithéisme d'Auguste Comte[2].

Remarquons toutefois combien l'argumentation est fragile : étant à la fois Un et Trine, le Dieu chrétien contient en Lui-même la vie relationnelle et l'harmonie que Lui dénie Maurras. La théologie chrétienne a certes dû se servir d'un concept grec pour formuler ce mystère (un seul Dieu en trois Hypostases, en latin trois Personnes), mais elle n'a fait en cela que développer la révélation centrale des Évangiles et non la trafiquer *a posteriori*, comme le suggère Maurras. Ce Dieu est infini, mais son infinité est de nature ontologique ; elle est la perfection de l'Être, contrairement à l'infini quantitatif auquel on peut toujours ajouter quelque chose et qui n'est donc qu'un indéfini, un indéterminé, une imperfection[3] – soit exactement ce qu'abhorre Maurras. Enfin, ce Dieu a épousé la finitude humaine par le mystère de l'Incarnation. Maurras, qui connaît sa théologie, sait fort

1. Le mot « démon » étant ici utilisé au sens grec d'« esprit surnaturel » et non au sens diabolique que lui donne le christianisme.
2. Voir *Auguste Comte*, p. 643 de la présente édition.
3. Cette distinction apparaît notamment chez saint Thomas d'Aquin.

bien tout cela. Il sait aussi qu'un pouvoir absolu n'est pas par principe un pouvoir tyrannique, il le rappellera sans cesse à propos de la monarchie. Il sait enfin que le christianisme ne cautionne en rien le messianisme temporel des romantiques, puisque le Christ a refusé de devenir le chef révolutionnaire que beaucoup de Juifs attendaient.

Comment dès lors expliquer la violente polémique antichrétienne qui, sous des concessions de pure forme, anime *Le Chemin de Paradis* ? Peut-être par le fait que Maurras, contrairement à son ami Amouretti, n'avait pu surmonter la contradiction entre le dérèglement de sa vie amoureuse et les enseignements évangéliques ; en d'autres termes, par son incapacité à demander et à recevoir la miséricorde divine, comme il le reconnaîtra dans un quatrain bouleversant du « Colloque des morts[1] » :

> Je ne peux plus, même à voix basse,
> Implorer, de ces mots fervents
> Que sut tout homme de ma race,
> La charité d'un Dieu vivant.

Orgueil ? Sans doute, mais pas seulement. Les souffrances morales qu'affrontait le jeune homme ont aussi dû l'inciter à repousser toute espérance surnaturelle de peur d'être déçu. Pour conjurer la tentation du suicide, il lui a semblé plus sûr de revêtir une cuirasse d'insensibilité : d'où le paragraphe consternant dans lequel il affirme que la béatitude serait de « peu vivre », de « peu sentir », voire de « mourir sans avoir vécu ». Il n'a certes pas tort de reprocher au romantisme son « insensé désir d'élever toute vie humaine au paroxysme, qui ôte la paix de tout cœur », mais sa réaction manque singulièrement de cette mesure dont il se veut pourtant le défenseur. *Le Chemin de Paradis* s'avère en cela une impasse. Il n'en montre pas moins la place centrale qu'occupe l'esthétique dans la pensée de Maurras, au carrefour de la théologie, de l'éthique et la politique.

* * *

Avec *Anthinéa* (1901), Maurras continue d'approfondir son esthétique mais l'atmosphère change du tout au tout. Aux imprécations de « Barbares et Romans » et du *Chemin de Paradis* succède un hymne d'allégresse : le critique ne traite pas ici de ce qu'il déteste, mais de ce qui fait sa joie. Cette subite éclaircie, il la doit à sa découverte de la Grèce en 1896. Dans la foulée, il a voyagé en Corse, en Toscane et en Provence afin d'étudier les métamorphoses romanes du génie attique. Les notes qu'il a rapportées de ce périple lui ont fourni la matière d'*Anthinéa*, dont nous n'avons retenu que les parties consacrées à la Grèce.

1. Repris dans la partie « Poésie », p. 374 de la présente édition.

Maurras y expose un art du voyage aux antipodes de ce tourisme dont Jean Mistler disait qu'il consiste à « transporter des gens qui seraient mieux chez eux dans des endroits qui seraient mieux sans eux ». Le touriste soucieux d'exotisme voit tout mais ne comprend rien, puisqu'il recherche par principe ce qui est sans rapport avec sa tradition culturelle. Lorsque Maurras se rend en Attique, il remonte au contraire au principe de son identité, va découvrir enfin ce qu'il chérit depuis l'enfance. Encore le pieux pèlerin ne se jette-t-il pas sur l'Acropole comme un goinfre sur sa pitance : il laisse le génie des lieux lui distiller lentement les étapes de son initiation. L'éducation du goût suppose en effet « de se mettre en présence des belles choses en les laissant venir à soi ». Cette phase de purification est d'autant plus indispensable que le romantisme, par son culte de l'outrance, a réussi à faire passer l'harmonie pour ennuyeuse.

Or, Maurras le répète, c'est l'harmonie comme équilibre de la composition qui définit le grand art. La belle œuvre est toujours un « mystère de conciliation », l'unité du multiple, à la fois « fleur de l'Être et contraire de l'Être », puisqu'elle conjoint l'universel et l'unique. La grandeur du classicisme grec fut d'embrasser à la fois la pensée et la passion, la raison et la puissance, le tout sans l'emphase et la boursouflure du romantisme. Son secret fut « d'être naturel en devenant parfait ».

Atteint dès Homère en littérature, cet apogée s'observe plus tardivement en sculpture, car tous les arts ne marchent pas du même pas : contre le *credo* évolutionniste, Maurras soutient que l'histoire ne connaît pas de progrès linéaire, mais seulement des progrès distincts. Ces progrès sont en outre suivis de déclins. Ainsi la sculpture grecque, après les ébauches barbares des temps mycéniens, toucha-t-elle à la perfection du VIe au IVe siècle avant Jésus-Christ puis sombra dans les copies décadentes de l'ère hellénistique. C'est évidemment le sommet de chaque art, dont La Bruyère faisait l'analogue du point de maturité dans la nature, qu'on doit adopter comme étalon du goût.

Est-ce à dire qu'il ne s'est plus rien fait de beau depuis la Grèce classique ? Évidemment pas, car en recherchant l'essence des choses et en visant l'intellectualité qui constitue la caractéristique distinctive du genre humain, les créateurs de ce temps se sont élevés à l'universel. Par là même, ils ont pu servir d'éducateurs aux artistes d'autres climats et d'autres époques. Le Grand Siècle français, notamment, perpétua leur œuvre, non dans l'imitation servile mais dans la fidélité au principe d'harmonie. C'est à quoi Maurras s'essaie lui aussi dans *Anthinéa*, livre d'où le lyrisme n'est pas absent mais où il se compose avec la réflexion au lieu d'en usurper la place.

Une ombre passe néanmoins sur ces pages lumineuses. Le Parthénon est en ruine, rappelant que la civilisation est constamment menacée par les guerres et les révolutions. La démocratie a tué Athènes, affirme Maurras, et Rome n'a pas su protéger l'héritage grec des « lèpres sémites » ; la France pourrait bien être victime du même sort. Permanence des obsessions maurrassiennes…

* * *

À trente-six ans de distance, *Les Vergers sur la mer* (1937) prolongent explicitement *Anthinéa*, mais cette œuvre de maturité est animée d'intuitions nouvelles. Nous n'en avons là encore retenu que les textes sur la Grèce, de loin les plus importants du recueil.

« Corps glorieux » est une magnifique méditation sur l'art funéraire athénien. Comme toute la statuaire de la Grèce classique, cet art cherchait à saisir le point de perfection des sujets représentés ; c'était en l'occurrence une façon d'éterniser les défunts. Mais au-delà de cette éternité artistique – subjective, aurait dit Auguste Comte[1] –, Maurras, frappé par la sérénité des effigies funéraires, se demande si les Grecs n'espéraient pas une éternité objective, en d'autres termes une résurrection béatifique. Il s'interroge en outre sur la teneur d'une telle espérance et conclut qu'elle n'est nullement déraisonnable (on la retrouve d'ailleurs dans son « Colloque des morts », dont « Corps glorieux » est l'exégèse en prose). C'est pourquoi il blâme les stoïciens, « ces huguenots de l'Antiquité », d'avoir perdu la foi en un possible Au-Delà pour se recroqueviller sur une morale « immanente et laïque », sans espoir et sans grâce. Enfin, il note que la résurrection des corps a aussi été espérée « hors du Polythéisme » : la formule révèle un Maurras moins éloigné du christianisme que celui d'*Anthinéa*.

« L'Orient du mont Hymette » tempère cependant ce constat. Il s'agit d'une étude comparée des paysages de l'Orient et de l'Attique, mais les somptueuses descriptions qu'en donne Maurras ne valent pas pour elles-mêmes : elles commandent l'opposition terme à terme de deux visions du monde. L'Orient est terre des dieux, de l'unité, de l'absolu et de l'infini, l'Attique terre des héros, de la diversité, de la nuance et de la mesure. Entre les deux, Maurras a balancé un instant avant d'en revenir à ses premières amours, car la « netteté » de l'Attique lui semble plus respectueuse de l'homme que la « confusion » de l'Orient. Le polythéisme sort donc vainqueur de cette confrontation avec le monothéisme, mais la partie était doublement biaisée : d'abord, ce que Maurras appelle ici l'Orient se limite à l'Égée vue du mont Hymette ; ensuite, il ne semble toujours pas s'être avisé que l'Incarnation a d'ores et déjà transcendé les antinomies qui l'obsèdent.

« L'amitié de Platon » élargit la critique esthétique à la philosophie. L'entreprise peut sembler contradictoire vu les mises en garde de Platon

1. Voir *Auguste Comte*, p. 643 de la présente édition.

contre les faux-semblants de l'art. Mais ce contempteur des apparences fut lui-même un grand artiste, à preuve « le contour admirablement *distinct* » de ses idées, où Maurras retrouve la marque du génie attique. La postérité de sa philosophie n'est pas moins intéressante pour l'esthète, notamment parce que *Le Banquet* a influencé toute l'histoire du sentiment amoureux en Occident. Le personnage de Diotime fascine particulièrement Maurras : pourquoi un débat où il est *a priori* question d'amours viriles est-il tranché par une femme ? N'est-ce pas la preuve que Platon était sensible aux « complémentaires sacrés » du masculin et du féminin, sur lesquels repose tout l'ordre du monde ? Et Maurras de supposer que la Beauté idéale dont *Le Banquet* fait le terme de la dialectique amoureuse s'est peu à peu hypostasiée en la Vierge Marie, la Dame des troubadours provençaux, la Béatrice de Dante, la Laure de Pétrarque ou la Dulcinée de Cervantès. Sans doute n'est-ce qu'une hypothèse, mais elle ouvre des perspectives fascinantes sur les prolongements esthétiques du platonisme.

« Que nous reste-t-il de la Grèce ? » : telle est la question que l'*Encyclopédie française* posa un jour à Maurras. Tout ou presque, répond-il ! Mais l'intérêt de cet essai tient surtout à son tour d'esprit universaliste. Dans *Anthinéa*, Maurras soulignait déjà que l'aventure grecque s'est prolongée en Italie et en France, c'est-à-dire en terres latines. Il rappelle ici l'influence qu'elle a exercée sur le monde arabe, mais aussi sur Goethe (un des très rares Allemands qui trouvent grâce à ses yeux) ; surtout, il note que rien ne s'oppose à l'hellénisation intellectuelle de l'Afrique et de l'Asie. Tout nationaliste qu'il soit, Maurras ne nie donc pas l'unité du genre humain, même s'il ne la conçoit guère que sous le signe de l'Attique.

Enfin, « L'unité dans l'esprit de la Grèce » souligne le paradoxe qui marque l'histoire de ce pays : toujours divisée contre elle-même au plan politique, la Grèce eut un sens aigu de l'unité dans les domaines artistique, philosophique et scientifique. Elle y a toujours cherché l'universel, en quoi elle est pour Maurras l'antithèse de la Réforme, de la Révolution et du romantisme, ces trois incarnations de l'individualisme[1].

* * *

Dans *Les Amants de Venise* (1902), Maurras se fait critique amoureux comme il est ailleurs critique littéraire, ou plutôt les deux registres se confondent-ils ici, puisque les amants en question sont Alfred de Musset et George Sand. Soucieux de bien établir la chronologie de leur liaison, Maurras mobilise quantité de documents pour mener son enquête policière, mais là n'est pas l'essentiel à ses yeux : « La réflexion, la rêverie sont les

1. Nous reviendrons sur ce thème dans notre introduction à la partie « Politique », p. 455 du présent volume.

deux muses de l'histoire, nulle archive ne les remplace », écrit-il. Le propos suggère qu'en histoire comme en littérature, les matériaux valent avant tout par la composition qui les ordonne. Une telle conception n'est pas sans risque, car elle peut prédisposer l'historien à soumettre les faits au joug d'une idée préconçue – travers dans lequel est souvent tombé Maurras[1]. Reste qu'une simple énumération d'événements donne une chronique, pas un livre d'histoire : il n'a donc pas tort de rappeler l'importance de la raison et de l'imagination dans l'élaboration historique.

Nous avons choisi de ne pas reproduire les passages dans lesquels Maurras confronte et dissèque les pièces à conviction sur lesquelles il fonde ses analyses ; pas davantage ne rouvrirons-nous à nouveau frais le dossier Sand-Musset : était-elle aussi diabolique, était-il aussi veule que le dit Maurras ? La question est secondaire, car le véritable sujet du livre est la conception romantique de l'amour. Ce sentiment y est pris pour une fin en soi, n'admettant aucune limite, affranchie de toute raison, indifférente au mariage, à la procréation et à la société ; dès lors, les amants sont moins épris l'un de l'autre qu'amoureux de l'amour même. Maurras n'eut qu'à s'observer pour décrire cette « cruelle aventure », dont il reconnaît d'emblée avoir été « le théâtre » : « Musset, c'est vous, c'est moi », ajoute-t-il plus loin[2].

Magistralement écrit, souvent drôle, tragique au fond, ce livre perce à jour l'illusion sur laquelle repose l'amour romantique : il se fait gloire de défier la société, mais c'est bien la nature qu'il viole au premier chef. Par sa nature en effet, l'amour tend à autre chose que lui-même, Platon l'avait déjà démontré dans *Le Banquet*. En faire un absolu revient donc à manquer ses finalités naturelles, qui sont aussi des finalités sociales, puisque l'homme est naturellement sociable. Au bout du mirage romantique, il n'y a qu'incapacité à faire confiance comme à se faire confiance, solitude et dévastation de l'âme.

* * *

Le *Prologue d'un essai sur la critique* (1898) est un plaidoyer pour ce qui fut le premier métier de Maurras et resta toujours l'une de ses passions dominantes : la critique littéraire. Ses détracteurs la disent inférieure à la création, puisqu'elle se contente selon eux de la refléter. Curieux reproche

1. Un exemple entre cent : son interprétation des dessous politico-militaires de l'affaire Dreyfus. Voir à ce sujet Olivier Lahaie, « À propos des jugements portés par Charles Maurras sur l'affaire Dreyfus, l'armée française et ses services de renseignements », dans Georges-Henri Soutou et Martin Motte, *Entre la vieille Europe et sa seule France. Charles Maurras, la politique extérieure et la Défense nationale*, Paris, Economica, 2010.

2. Reprise du « Madame Bovary, c'est moi » prêté à Flaubert, mais dont il n'est pas certain qu'il l'ait prononcé.

de la part des réalistes, des parnassiens et autres littérateurs « impressionnistes », réplique Maurras, car leur idéal esthétique est précisément de refléter le monde ou les objets de leur contemplation sans y rien ajouter ! Ce reproche, du reste, ne vise que la « critique descriptive ». Or, Maurras la rejette, car pour lui la critique est bien une forme de création, et créer est tout autre chose que décrire.

Maurras rejette également la « critique psychologique », qui explique l'œuvre par son auteur, la « critique historique », qui en fait le produit de son contexte, et la « critique morale », qui l'évalue selon le critère du bien et du mal : toutes ont le grave inconvénient de rapporter l'œuvre à une norme extérieure au lieu de l'envisager en elle-même. Ceux que Maurras nomme les « esthéticiens » semblent échapper à ce reproche, mais tel n'est pas le cas, car soit ils jugent l'œuvre d'après un archétype du Beau trop absolu pour en saisir la singularité, soit ils la classent dans une sorte d'histoire naturelle des formes artistiques, retombant ainsi dans l'impasse de la « critique historique ».

Plus satisfaisante est la « critique philologique et grammaticale », car elle aborde les matériaux et la composition de l'œuvre. Mais « la critique littéraire proprement dite consiste à discerner et à faire voir le bon et le mauvais dans les ouvrages de l'esprit ». Ce bon et ce mauvais ne sont pas le bien et le mal de la « critique morale », mais des catégories proprement esthétiques concernant le style, c'est-à-dire « l'ordre et le mouvement » que l'artiste a mis dans ses pensées. Le beau style, qui est l'art lui-même, traduit l'harmonie des passions et de la raison, celle-ci modérant celles-là, celles-là vivifiant celle-ci. Il implique naturel et simplicité. Il suppose enfin que l'artiste soit maître de ses matériaux au lieu de devenir l'esclave de la rime ou du mot chatoyant, comme l'ont été les romantiques ; cet esclavage est pour Maurras une marque de barbarie, puisqu'il traduit l'abdication de la raison.

Dès lors, le critique véritable prend suffisamment au sérieux la littérature pour ne pas admettre le syncrétisme : sa tâche est au contraire de juger, de choisir, donc d'exclure. On ne peut selon Maurras aimer à la fois Racine et Hugo, car l'esthétique d'Hugo nie radicalement celle de Racine. De surcroît, la critique est l'une des plus nobles activités de l'esprit, car si « le poète fait l'abrégé de la substance de l'univers, le critique extrait l'essence de cette essence de beauté ».

Ce texte, que T. S. Eliot traduisit en anglais, illustre la liberté dont Maurras fait preuve vis-à-vis de ses maîtres Taine et Sainte-Beuve, tenants de la critique historique et psychologique, comme de son éducation, marquée par un catholicisme souvent enclin à la critique morale. Stéphane Giocanti a justement souligné les parentés entre ses conceptions et celles de Proust[1], ce qui contribue à éclairer l'admiration que lui voua ce dernier. Pour sa

1. *Maurras. Le chaos et l'ordre*, *op. cit.*, p. 152.

part, Maurras avait contribué à la découverte de Proust par la critique extrêmement élogieuse qu'il avait donnée en 1896 de son premier livre, *Les Plaisirs et les Jours.*

* * *

Parmi les nombreux textes de critique littéraire qu'a écrits Maurras, nous avons ici retenu le « Mistral » paru dans le volume posthume *Maîtres et témoins de ma vie d'esprit* (1954) parce qu'il concerne un auteur qu'il a bien connu, beaucoup aimé et rêvé de continuer. À première vue pourtant, ce texte trahit les principes définis dans le *Prologue d'un essai sur la critique* : au lieu d'aborder de front l'œuvre de son maître, Maurras évoque longuement le contexte dans lequel elle a vu le jour, puis s'attarde sur son propre itinéraire félibréen avant de raconter sa rencontre avec Mistral ; c'est alors seulement qu'il étudie la poésie de ce dernier.

Mais en réalité, Maurras ne tombe pas dans les errements de la critique historique : loin d'expliquer l'œuvre, le contexte qu'il décrit la rend inexplicable, puisque la bourgeoisie provençale à laquelle appartenait Mistral méprisait la langue de ses aïeux. Nulle trace non plus de critique psychologique sous la plume de Maurras, qui n'évoque pas l'homme Mistral. Ce qui l'intéresse, c'est d'abord l'acte de volonté souveraine par lequel le poète a refusé d'admettre la disparition du provençal. Ainsi l'apparente digression qui ouvre cette étude est-elle en fait un arc de triomphe célébrant la victoire de Mistral[1] sur le fatalisme inhumain de la « déesse Évolution ».

Pour donner un second souffle à la langue des troubadours, il fallait toutefois en faire un usage qui justifiât cette ambition. Mistral y est parvenu par la « sublime liberté de sa poésie », qui « passe d'un mètre à l'autre sans la moindre difficulté » – car le vrai classicisme est tout sauf la tyrannie d'une norme formelle – et « le naturel de sa noble pensée ». Dans le droit fil de la tradition gréco-latine, Mistral embrasse à la fois « la chair et l'esprit ». Sa poésie est par ailleurs éminemment civique, n'hésitant pas à descendre dans l'arène pour défendre l'identité provençale. Sur ce chapitre, Maurras ne manque bien sûr pas de rappeler la trajectoire politique de son maître, passé des illusions quarante-huitardes au nationalisme français : cela lui permet d'inscrire l'Action française dans le prolongement du Félibrige, bien que ce point n'ait jamais fait l'unanimité parmi les félibres[2].

1. Rappelons que Mistral fut encensé par des personnalités aussi différentes que Lamartine, Mallarmé, le pape Pie X, le président américain Theodore Roosevelt ou le président français Poincaré et qu'il reçut le prix Nobel de littérature en 1904.

2. Nous nous permettons de renvoyer à notre article « Mistral-Maurras : les enjeux d'une filiation », dans Michel Leymarie, Olivier Dard et Jeanyves Guérin (dir.), *Maurrassisme et littérature. L'Action française, culture, société, politique* (IV), Lille, Presses universitaires du Septentrion, 2012.

* * *

De *L'Étang de Berre* (1915), entièrement consacré à la Provence, nous avons ici retenu trois textes. Le premier, « La Petite Ville », évoque Martigues et ses environs. Maurras insiste sur les « formes précises » et la « netteté prodigieuse » de son paysage natal, en cela très semblable à celui de l'Attique. Il note par ailleurs que le calme apparent de Martigues dissimule l'« inquiétude infinie » de ses habitants ; il n'est pas interdit d'entendre ici un accent autobiographique.

Intitulé « Les Changements », le deuxième texte étudie l'évolution des paysages provençaux sous l'effet de la révolution industrielle. Maurras envisage cette dernière de façon équilibrée : il concède qu'elle sème ici et là des « saletés éphémères », mais la crédite aussi d'embellissements imprévus, comme les marais salants de Martigues et leurs « vitraux d'or rouge et d'or glauque ». En bon disciple d'Auguste Comte, et par son intermédiaire de Saint-Simon, il pense plus fondamentalement que la transformation de la nature est une tendance constitutive de l'homme[1]. Contre le « faux esthétisme » d'un Ruskin, il professe par conséquent que « le monde n'est pas un musée » et que « notre vie à le droit de détruire pour reconstruire ». Il n'y a pas à s'en inquiéter outre mesure, conclut-il, car « les moyens de gâter cette vieille planète sont extrêmement limités ».

La même inspiration caractérise l'ode au tramway qu'est « La Patache électrique ». Juxtaposant un substantif venu du passé et un adjectif contemporain, ce titre concilie tradition et modernité : de fait, l'engin nouveau détermine un « réveil imprévu et charmant de nos vieilles mœurs » en rapprochant des classes sociales qu'avaient séparées les compartiments du train (car si Maurras tient aux hiérarchies, il tient plus encore aux échanges qu'elles permettent). De même la « patache électrique » ranime-t-elle les petits bourgs délaissés par les voies ferrées, en quoi elle favorise la décentralisation[2]. Escaladant enfin les hauteurs, elle offre à ses passagers des vues que leur cache le train lorsqu'il s'enfonce dans les entrailles de la montagne. Il est vrai que ses cheminements souterrains débouchent parfois sur d'extraordinaires expériences esthétiques, ainsi celle qui saisit le voyageur quand, au sortir de l'interminable tunnel de la Nerthe, s'offre à lui l'« immense fleur d'azur tendre » du golfe de Marseille : ici, les ingénieurs contemporains se sont montrés dignes de Périclès et des Médicis.

Lorsqu'il écrivit ces deux textes, Maurras sous-estimait à l'évidence le péril majeur que représente une industrialisation incontrôlée. Il revint par la suite

1. Voir *Au signe de Flore* et *Mes idées politiques*, p. 79 et 717 de la présente édition.

2. Voir *L'Idée de la décentralisation*, p. 497 de la présente édition.

de cette erreur : ainsi, en 1931, s'inquiéta-t-il des conséquences de l'industrie pétrochimique sur l'écosystème de l'étang de Berre et protesta-t-il contre la construction d'un pont tournant qui défigurait le paysage martégal. Pourtant, ni « Les Changements » ni « La Patache électrique » ne sombrent dans le vertige techniciste qu'illustre au même moment le futurisme. Du progrès technique, Maurras ne fait nullement un absolu : il l'évalue selon les critères très traditionnels de la prospérité, de l'équilibre social, de la cohésion territoriale et de la beauté. Il ne veut ni le diaboliser, ni le porter aux nues, mais le composer avec d'autres formes de progrès, selon la norme constante de son esthétique.

* * *

Comment mieux clore ce choix de textes que par le feu d'artifice de *La Gourmandise natale* (1949) ? Ce court traité de gastronomie provençale élève très haut l'art de la synesthésie, puisque Maurras, parlant du goût, régale le lecteur de musique : la bouillabaisse devient sous sa plume un « chœur bien réglé d'où s'élancent des *soli* très purs ; quoique fondues, les voix restent distinctes et limpidement personnelles » (toujours l'esthétique de la composition et de l'union sans confusion). Autour de la marmite épicée rôde le fantôme réprobateur de Sophie, l'inoubliable bonne des *Quatre nuits de Provence* qui, plus collet-monté que ses maîtres, ne voulait pas servir un plat de pêcheurs dans une maison bourgeoise. La réaction de Maurras est ici encore celle que lui inspiraient les compartiments du chemin de fer dans « La Patache électrique » : il condamne les « cruelles séparations de classes » qui isolent ce qu'il faudrait unir. Et comme on ne se refait pas, il conclut que la pérennité de la gastronomie provençale suppose le retour à la monarchie…

* * *

Telle que nous venons de la survoler, l'esthétique maurrassienne n'est certes pas à l'abri des critiques. Elle se veut tout entière dirigée contre le romantisme, mais fait de ce vocable un usage réducteur. Elle n'en retient que l'hypertrophie d'un *ego* mécontent de soi, des autres et du monde, auxquels il impose les débordements de sa sensibilité maladive et dont il menace l'équilibre par ses tendances foncièrement destructrices. Maurras a cent fois raison de vouloir terrasser ce monstre, mais il oublie d'autres dimensions du romantisme[1] : son maître Mistral n'en procédait-il pas *via* le principe des nationalités ?

1. Alain de Benoist, « Maurras et le romantisme », *Nouvelle École* n° 66, 2017.

Non moins regrettable est la monomanie grecque de Maurras, d'abord parce qu'elle repose sur une interprétation unilatérale de son objet, dont il retient la dimension apollinienne mais manque le versant dionysiaque, ensuite et surtout parce qu'elle lui a barré l'accès à des univers entiers de beauté. Pour ne prendre qu'un exemple, il est proprement inconcevable que ce promoteur d'une esthétique « romane » se soit si peu intéressé à l'art roman, pourtant florissant en Provence. Il est vrai que c'est un art chrétien, et par conséquent lié à ce judaïsme dont il faisait l'antithèse de la Grèce… Que ne s'est-il rappelé ce que Mistral a reconnu devoir à la Bible[1] !

Cette rage antiromantique pourrait bien avoir comme origine la réaction de Maurras contre ses propres tendances romantiques, notait Thibaudet[2]. De fait, le Martégal confesse dans « La Petite Ville » son restant de nostalgie pour le « mauvais enchanteur Baudelaire ». N'allons pas pour autant réduire son esthétique à la planche de salut qui l'arracha aux pulsions suicidaires de sa jeunesse : en dépit de ses limites et de ses rigidités, elle ne manque ni de cohérence, ni de grandeur. Elle constitue une excellente façon de redécouvrir l'art classique, dont toute l'éducation contemporaine tend à occulter le génie. Quant aux enseignements des *Amants de Venise*, n'hésitons pas à écrire qu'ils peuvent sauver des vies.

1. Voir son avant-propos à sa traduction provençale de la Genèse : *La Genèsi, traducho en prouvençau pèr Frederi Mistral*, Paris, Champion, 1910.
2. Albert Thibaudet, *Les Idées de Charles Maurras*, Paris, Gallimard, 1919.

BARBARES ET ROMANS

Nous avons prétendu offrir aux lettrés de notre âge une collection de modèles. Ils ne seront que sages d'en profiter.

Qui sait si ce n'est point d'ici que pourra découler cette « littérature de demain » sur laquelle chacun discute ? Il est bien vraisemblable que, demain ni après-demain, la littérature française ne renaîtra par le commerce de l'âme germanique. Les barbares peuvent bien infuser du sang neuf à une race ; un rythme neuf aucunement. Il fallut que les Provençaux du Xe siècle retrouvassent le rythme antique pour que la littérature moderne fût. Il fallut que Ronsard lût Homère et Pindare pour que les vrais chants renaquissent du Moyen Âge en perdition. Venise et Florence – et toutes les beautés qui ruisselèrent d'elles – furent aussi nécessaires à la formation de Shakespeare que le grain du froment à la pâte du pain : autre chose put s'y mêler, mais voilà bien l'essentiel.

Ce mystérieux rythme, qui s'étend du midi en ondulations de lumière, on peut le consacrer de mille vocables. Latin, italien, hellène, il est le même. Jean Moréas, ces mois derniers, l'a voulu appeler « roman » et je n'ai pas ouï ce nom sans émotion, y découvrant un peu, comme aux feuillets de son *Pèlerin*[1],

Le tremblement de la mer natale.

Certes, le Barbare est utile. Il a des sensations fortes, violentes, quelquefois jusqu'à inspirer le dégoût. Il est, comme il dit volontiers, « suggestif ». Il se découvre (ou plutôt, il nous découvre, car sa conscience est peu claire) d'intéressants mystères d'âme. Mais il les laisse à l'état brut. Comme son art est court ! Et qu'il est incapable de disposer une harmonie !

1. *Le Pèlerin passionné*, recueil de poèmes paru en 1891.

Au lieu de régir les Barbares, les maîtres romantiques ont trop souvent subi leur domination. Par là, cette date de 1830 qui est pourtant une heure héroïque de la littérature nationale, apparaît un second 1815[1]. Le concept de Beauté qui décore nos races ne s'y détache pas très pur. Pour le restaurer, il faut bien remonter aux sources romanes.

Notre littérature a trouvé plusieurs fois, aux jours d'épuisement, les pensers fructueux et les rêves utiles chez les Italiens et les Espagnols. Or, voici que les Provençaux, en cinquante ans, ont amassé autour de quatre ou cinq chefs-d'œuvre un nombre merveilleux de poèmes de tous les ordres[2]. J'avertis les hommes d'esprit qui se plaignent de sécheresse qu'il y a là un beau courant de limpide harmonie. [...]

Mais cet art d'essence si pure a vite suscité la rumeur des Barbares.

Je ne puis détester M. Huysmans. Un de ses personnages, dans *Là-bas*[3], rend un hommage à la fidélité des hommes du Midi : il fait, avec raison, de ces pandours[4] « ardents et féroces » les compagnons suprêmes du pauvre Charles VII[5], et ceci répond bien au reproche de séparatisme que l'on nous jette à tout propos depuis la guerre de Montfort[6]. Le héros préféré de M. Huysmans regrette, à la vérité, que Xaintrailles et La Hire aient été secondés par la bonne Lorraine. Avec elle, ils ont empêché l'union de l'Angleterre et des Pays-Bas à la France du Nord. Sans Jeanne d'Arc et ces fâcheux, il se serait formé « un unique et puissant royaume du Nord, s'étendant jusqu'aux provinces de la langue d'oc, englobant tous les gens dont les goûts, dont les instincts, dont les mœurs étaient pareils. Au contraire, le sacre du Valois à Reims a fait une France sans cohésion, une France absurde… Il nous a dotés, et pour longtemps, hélas ! de ces êtres au brou de noix et aux yeux vernis, de ces broyeurs de chocolat et mâcheurs d'ail qui ne sont pas du tout des Français. »

M. Huysmans ne nous injurie point très directement, mais je ne crois point l'offenser en supposant que les propos qu'il prête à Des Hermies[7] livrent le fond de sa pensée. Qu'il nous haïsse de la sorte, je le conçois facilement. Que « cette sacrée race latine » l'incommode, je le

1. 1830 est la date de la « bataille d'*Hernani* » (polémique à laquelle donna lieu ce drame de Victor Hugo) et par extension la date marquant l'affirmation du romantisme français. Maurras y voit une nouvelle défaite de la France après celle de Waterloo en 1815.
2. Le plus connu étant celui de Mistral, *Mirèio* ou *Mireille*, paru en 1859.
3. Roman publié en 1891, qui se déroule dans les milieux occultistes et satanistes.
4. Soudards.
5. Roi de France sacré en 1429 grâce à Jeanne d'Arc.
6. C'est-à-dire la croisade contre les Albigeois, au début du XIIIe siècle.
7. Le personnage susmentionné de *Là-bas*.

comprends. Mais tous les Français sont des « latins », si l'on entend par ce mot-là des peuples civilisés par Rome et qui peut-être n'ont subi si aisément son empreinte qu'en raison d'une obscure et lointaine origine commune. C'est donc M. Huysmans qui est, au milieu de nous, un barbare et un étranger[1].

Et son esthétique est bien telle, exposée au seuil de *Là-bas*. Le système consiste à aimer la laideur, pourvu qu'elle soit singulière ou qu'elle dénote un état d'esprit « intéressant ». Elle ne se préoccupe, en aucune manière, du nombre, ni de l'harmonie. Et, si elle rencontre, une fois, la beauté, c'est par hasard, en se contredisant soi-même, en se référant à quelque « latin » ou même en s'inspirant de lui.

J'aime M. Huysmans et M. Lemonnier[2] et ceux qui leur ressemblent, d'être des exemples si nets de la barbarie que nous combattons. La violence, pour la violence, la grossièreté qui hurle pour le plaisir, les enfantines crudités, les niaiseries, rien ne répugne davantage au pur génie français. L'essentiel, qui est l'ordre, lui plut toujours. Que des Barbares, s'unissant, s'ils le veulent, à M. Caraguel[3], poursuivent leur carnaval d'art. Cette race si fine qu'ils voudraient conquérir les repousse du fond du cœur. Ils ne tarderont point à être reconnus pour les étrangers qu'ils sont bien et pour les adversaires. Il y aura un court combat entre les ombres et la lumière ; après lequel on ne verra que des trouvères d'Oïl ou d'Oc, chantant leurs amitiés et leurs similitudes dans les deux langages romans, comme on parlait grec et latin dans la Rome de Marc-Aurèle[4].

Tout l'effort de l'évolution actuelle porte de ce côté.

Ah ! que M. Remy de Gourmont se trompe en affirmant que nous nous détournons de la pensée de la patrie[5]. C'est le contraire qui est vrai. L'abstraction toute pure nous a déçus. C'est pourquoi, désireux de subsister quand même, nous nous sommes penchés avec sollicitude sur l'humble phénomène des nuances de notre sang.

Or, en ceci, nous sommes des privilégiés. Par l'hérédité ou la tradition, tous en France sont ainsi faits que l'assemblée des plus beaux dieux qu'ait possédés le monde est ensevelie dans les cœurs. Et qu'il faut peu de soins pour la ressusciter ! Simplement prendre garde à elle.

---

1. Huysmans était de père néerlandais.
2. Écrivain belge appartenant comme Huysmans au courant dit « décadent ».
3. Joseph Caraguel (qu'épingle *L'Idée de la décentralisation*, repris p. 497 de la présente édition) était lui aussi très hostile à la littérature « décadente », mais pas pour les mêmes raisons que Maurras puisqu'il se réclamait du courant réaliste.
4. Empereur du IIe siècle après Jésus-Christ.
5. Allusion au célèbre article de Gourmont sur le « joujou patriotisme » paru dans le *Mercure de France* en 1891, qui défendait le principe d'un rapprochement franco-allemand.

Connaissons-la dans sa splendide et puissante variété. On n'imagine point de pensée ni de rêve que n'ait point suscités la Méditerranée. En tout, ses riverains ont été les premiers toutes les fois qu'ils l'ont voulu. Je ne connais aucun métaphysicien de l'Allemagne qui soit supérieur à saint Thomas, napolitain, et je préfère infiniment Plotin d'Alexandrie à Rusbroeck l'Admirable[1]. S'il me vient un désir des mélancolies du lakisme[2], je les trouve aussi bien dans Frédéric Mistral :

Oh ! dins li draio engermenido
Leissas me perdre pensatiéu[3] *!...*

Et ne répétons plus que le mystère habite au bord des mers brumeuses. Le soleil aussi est plein de mystère. Ses clartés, ses chaleurs, ses vertiges font délirer, si bien que, aux heures de son règne, « tout s'emplit de formes divines », selon le mot du sage ancien.

N'allons pas davantage, par amour des doctrines qui passent, charger notre mémoire de mots cimmériens. On a enlaidi tous nos arts. On ne les a point augmentés. Tout fut dit avec grâce aux tables fleuries de Platon, et les convives de Thaïs[4] joignent à la plus ferme géométrie de rêves la beauté du discours. On sent plus d'épouvante vraie dans les simples de Canidie[5], cueillis sous la lune livide, que dans toutes les diableries ou s'égaye M. Huysmans. Et laissons-lui ce diable cornu et laid comme ses saints. Gardons le nôtre tel qu'on nous le légua ; il est beau comme Pan, aux pieds de bouc, aux yeux d'étoiles et fait la guerre à Dieu sous la cuirasse verte de feuilles et de fleurs que lui tisse en chantant le vœu de la vaste nature.

Mais ne prions pas que le diable. Revenons chaque jour à la sagesse, à la beauté, qui ceint les murailles d'Athènes. Répétons quelquefois l'oraison magnifique : « Ô noblesse, ô beauté simple et vraie ! déesse dont le culte signifie raison et sagesse, toi dont le temple est une leçon éternelle de conscience et de sincérité, j'arrive tard au seuil de tes mystères, j'apporte à ton autel beaucoup de remords. Pour te trouver, il m'a fallu des recherches infinies[6]… »

1. Le philosophe néoplatonicien Plotin vécut au IIIe siècle de notre ère. Ruysbroeck fut un mystique brabançon du XIVe siècle.

2. Mouvement poétique britannique illustré par Wordsworth et Coleridge notamment.

3. « Ô, dans les sentiers pleins de semences, laissez-moi me perdre pensif… », Mistral, « Grevanço » (« Rancœur »), dans *Lis Isclo d'or* (*Les Îles d'or*), 1885.

4. Allusion au livre II de *Thaïs*, roman d'Anatole France (1891), intitulé *Le Banquet*.

5. Sorcière évoquée dans les œuvres d'Horace (Ier siècle avant Jésus-Christ), qui concocte des poisons à base de plantes (ou simples).

6. Renan, *Prière sur l'Acropole*, 1883.

Puis, s'il faut ajouter un jour avec découragement : « Ô abîme, tu es le dieu unique », n'allons pas renier la Vierge pour si peu : souvenons-nous qu'elle est, par Jupiter son père, petite-fille du Chaos[1] et qu'elle sympathise avec tout l'inconnu, comme la clarté, son symbole, aime à composer avec l'ombre pour tracer les écharpes vives de la couleur.

1891

1. Allusion à la généalogie d'Athéna, déesse chérie de Maurras.

LE CHEMIN DE PARADIS (préface)

À Frédéric Amouretti

Mon cher ami, donnons un signe de la vive amitié qui nous lie depuis trois années et acceptez ce livre dont j'aurais eu plus de plaisir à vous faire présent s'il eût été digne de vous. Mais c'est mon premier livre, et il porte le nom d'un chemin de Provence où nous avons marché ensemble un soir de l'automne dernier.

Vous vous rappelez ce Chemin. Il est pauvre, il est nu et triste, souvent pris entre deux murailles et seulement fleuri de joncs et de plantes salines. Il longe les étangs sur le bord desquels je suis né. Je l'aime chèrement comme tout ce pays qui est, je crois, ce que j'ai de meilleur au monde. Terre maigre et dorée où siffle le vent éternel, ses vergers d'oliviers, ses bois de roseaux et de pins voilent à peine ses rochers ; mais le ciel y est magnifique, exquis le dessin des rivages et si gracieuse la lumière que les moindres objets se figurent dans l'air comme des Esprits bienheureux.

Que je ferme les yeux, je revois d'abord ces clartés. Dans une plaine étroite, avoisinée d'étangs et qui aboutit à la mer, un chemin triste, nu, mais baigné de la riche profondeur de ce ciel et comme brillant au travers, telle est l'idée première que je me suis faite du monde. Telle était aussi l'idée de ce livre avant qu'il fut écrit. Mais il est écrit maintenant et ne ressemble plus du tout à ce beau souvenir. Me voici obligé de lui chercher de moins hautes comparaisons pour exprimer au juste quels modestes essais d'art intellectuel ce titre ambitieux vous annonce.

Je dirai donc que j'aimerais voir ces pages entre vos mains comme ces recueils de vergé filigrané que l'on peut regarder à la Bibliothèque. L'aspect en est bien ordinaire et les yeux malhabiles ne trouvent à chaque feuillet qu'une suite de champs d'une vieille teinte jaunâtre, ou bleuis vaguement. Mais celui qui les offre au rayon d'une lampe ou à la lumière du jour ne manque pas d'y voir transparaître des figures singulières et dignes d'attention, si naïf qu'en soit le dessin, car elles nous conservent les marques distinctives de nos plus anciens artisans[1].

Si peu que soit mon art, il ne laissera pas de donner ainsi quelque joie à qui y cherchera, non plus la cloche, le griffon, l'écu, les lis en fleur, le coq, l'aiguière, la colombe ou les autres symboles de cette industrie primitive, mais les traits d'une simple et pieuse philosophie. Ces traits se feront voir dans leur naturel quand vous présenterez les pages de ces Mythes et de ces Fabliaux au clair intérieur de vos réflexions. Ils se révéleront sous un mince tissu de phrases, dont je peux dire que je n'ai pas écrit une seule sans l'illustrer comme d'un filigrane de sens secrets. Tous apparaîtraient à la longue si ma phrase avait longue vie. Du moins, par vous, par le rayon de vos rêveries attentives, plus d'une humble figure de ce livre fera briller une vérité méconnue ; comme un simple caillou des sentiers de notre Provence participe, au soleil, des ondes du ciel.

Gardez donc de vous attarder à la lettre et à l'apparence. J'ai écrit un livre de fables. N'y cherchez pas la nouveauté des intrigues ourdies ni des étrangetés d'attitudes et de peintures, ni davantage aucun souci de couleur historique. J'ai banni ce souci. Je me suis défendu même de la joie de peindre Arles antique. J'ai laissé le désir de cette émotion, ou vision du monde, dont on fait tant de cas. Fuyant le sublime à la mode, j'ai même tâché de répandre partout une égale lumière. C'est un abri et un bouclier que la lumière ; elle est impénétrable aux curiosités du commun. Les mystères qu'elle recouvre ne seront jamais profanés. Je lui ai confié les miens. Vous les verrez voilés de la pure clarté de leur évidence. Un ou deux seulement paraîtront sous des bigarrures, avec ces airs de déraison où vous vous souviendrez que Brute l'Ancien[2] excella.

Aguzza qui, lettor, ben gli occhi al vero,
Ché 'l velo è ora ben tanto sottile,
Certo che 'l trapassar dentro è leggero[3]...

Je ne sens point de honte à venir après Dante avertir le lecteur de faire effort de bienveillance et de pénétration. Nos aïeux du douzième siècle, qui furent les maîtres de Dante[4], étaient plus exigeants que je ne le serai jamais. Ils voulaient que tout vrai plaisir, esthétique ou de connaissance, demandât un acte d'amour. Ainsi appelaient-ils amour leur douce langue, amour la poésie, amour les délicats problèmes de la Gaie-Science[5], amour enfin toute

1. Ces filigranes permettaient aux papetiers de signer leur production.
2. Fondateur mythique de la République romaine en 509 avant Jésus-Christ, qui s'était fait passer pour fou afin de camoufler ses intentions politiques.
3. « Lecteur, aiguise bien tes yeux sur la vérité, / Le voile est si transparent / que tu pourrais le traverser facilement... », Dante, chant VIII du *Purgatoire*.
4. Allusion à la dette de Dante envers les troubadours provençaux.
5. Ou Gai Savoir : terme des troubadours désignant la science poétique.

science. Le *Breviàri d'Amor*[1] était le livre de lecture encyclopédique dont ils nourrissaient la jeunesse. Ils créèrent ainsi un âge de beauté. Lire y devint une occupation amoureuse ; de sorte qu'il n'était si abstruse théologie, jurisprudence ni casuistique si difficile, qui, enseignée par les poètes, ne prît un sens aisé, vif, coloré et sensible même au regard des plus indifférentes. Cela ne nuisait point aux histoires touchantes où l'amour met aux prises de tendres cœurs et de beaux yeux ; les plus fines nuances y étaient senties, au contraire, avec une ardeur si précise que l'on en fit l'objet d'une dialectique nouvelle.

Notre France du Moyen Âge et de la Renaissance n'ignora pas non plus ce gracieux enseignement par les emblèmes. Et l'usage en est même arrivé jusqu'à nous qui fûmes introduits aux vérités élémentaires de la vie par les fables de La Fontaine et les mythes de Fénelon. C'étaient nos catéchismes de l'éducation nationale. On les met de côté à mesure que fuit le sens caché de leurs légendes. Le prodigieux épaississement des esprits depuis trois quarts de siècle de culture barbare[2] amène une sorte de nuit tout à fait comparable à celle qui précéda l'an mil, tant les facultés de frémir et de sentir ont seules prévalu et crû ! Qui cherchera le sens des choses ? On ne veut plus qu'en être ému. Il n'est jamais question aujourd'hui que de Sentiments. Les femmes, si brisées et humiliées par nos mœurs, se sont vengées en nous communiquant leur nature. Tout s'est efféminé, depuis l'esprit jusqu'à l'amour. Tout s'est amolli. Incapable de disposer et de promouvoir des idées en harmonieuses séries, on ne songe plus qu'à subir.

Et voilà, direz-vous en souriant, à qui je viens offrir ma collection de filigranes mystérieux ! J'avoue que j'ai mal pris mon temps et peu choisi mon siècle. Ne me donnez pas d'espérance. J'ai pu croire autrefois que le mâle amour des idées était près de se réveiller chez plusieurs jeunes hommes de ma génération. Mais j'ai assez vécu pour me convaincre de l'erreur.

Ils aiment les idées comme de belles mortes. Tant d'hommes se sont fait cuire tout vifs pour elles qu'ils leur trouvent le même genre d'intérêt romanesque qui nous enflamme au nom d'une héroïne telle que la Clélie ou Ninon[3]. Ils y cherchent les personnages essentiels de l'histoire humaine. Les moins aveugles vont, en ce sens, jusqu'à reconnaître combien les idées générales de l'amour, du bonheur, de la mort ou de l'art ont plus d'être et de sens que les opaques réalités qui y correspondent. Mais en connaissez-vous un seul qui se soucie de faire un choix entre ces illustres visions et d'appeler sa dame, sa maîtresse, sa conductrice et l'arbitre de ses chemins celle qui lui paraît la plus parfaite, la plus haute et la plus vraie ? Lequel d'entre ces

1. Le *Bréviaire d'Amour* est un poème de Matfre Ermengaud qui vivait à Béziers au XIIIe siècle. Mistral évoque cette œuvre dans son grand poème *Nerto* (1884).

2. C'est-à-dire depuis les débuts du romantisme en France.

3. Clélie est une Romaine qui se serait illustrée dans une guerre contre les Étrusques ; Ninon de Lenclos fut une courtisane et femme de lettres du XVIIe siècle.

idéalistes nouveaux s'est jamais attaché à poursuivre d'une fine et ardente pointe logique les associations de fantômes, usurpatrices du nom et du rang des Idées ? Cet art de penser est perdu. Les anges Psyché et Pallas[1] qui veillaient toutes deux sur les rêves de notre race les ont abandonnés. Que de tristes paralogismes dans les diverses pauvretés écrites et jouées ce printemps, sous couleurs de théâtre philosophique et de dramaturgie néoplatonicienne ! Je n'ai pas besoin de vous rappeler à quel ragoût est mise couramment la parabole de la caverne[2]. Franchement je préfère à ce genre de philosophes les honnêtes barbares qui, sentant leurs cervelles vidées jusqu'à l'os ou bien réduites en liquide et se refusant à l'usage, ont mieux aimé nous prévenir qu'ils suspendaient l'exercice de ces organes.

Mais parlons d'objets plus sérieux. Il n'est point contestable qu'il existe sous le nom de pensée moderne un amas de doctrines si corrompues que leur odeur dégoûte presque de penser. Vous ne me soupçonnerez point d'y être allé puiser le fondement de ma philosophie première. Ces doctrines procèdent de quelques auteurs arrogants dont les noms sont difficiles à prononcer. Ils viennent des contrées où l'on jouit peu du soleil et, selon qu'ils sont nés en pays tudesque ou breton[3], ils entreprennent de nous glacer l'univers, ne permettant d'y voir qu'une conjonction de solides atomistiques, ou nous perdent dans leur astrologie de l'infini. J'ai surtout en horreur ces derniers Allemands. L'Infini ! comme ils disent. Le sentiment de l'Infini ! Rien que ces sons absurdes et ces formes honteuses devraient induire à rétablir la belle notion du fini. Elle est bien la seule sensée. Quel Grec l'a dit ? La divinité est un nombre[4] ; tout est nombré et terminé. N'exceptons ni la volupté ni même les amours. Elles ont leurs points extrêmes et au-delà se dissocient. Définitions certaines, comme chantèrent nos poètes, et justes confins hors desquels s'étend un obscène chaos.

Pour ranimer l'instinct de ces vérités anciennes, je leur ai consacré la part essentielle de mes deux premières histoires, établies comme des colonnettes chargées de lampes de chaque côté de l'ouverture de mon Chemin. Leur clarté, si elle est accueillie et sentie, opérera dans les esprits bien nés une manière de purification et, les plus fortes brumes qui encombrent notre air s'étant ainsi évaporées, tout le reste du livre paraîtra simple, clair, plausible et riant.

Vous y découvrirez comme un traité presque complet de la conduite de la vie. C'est un sujet qui n'est point vierge. Évitez néanmoins, je vous en prie, de me confondre avec les philosophes scythes qui nous promettent le bonheur et ne font que tailler, mutiler et diminuer les essences de notre

---

1. Psyché, allégorie de l'Âme, est une princesse transformée en déesse ; Pallas est l'autre nom d'Athéna.
2. La célèbre allégorie que Platon développe au livre VII de *La République*.
3. C'est-à-dire allemand ou anglais.
4. C'était le thème central de l'école pythagoricienne.

action[1]. J'ai ma façon d'aimer la vie, qui m'éloigne de leurs écoles. Elle ressort assez de la triple division que j'ai adoptée.

Qu'ils prêchent, en effet, la dure doctrine de la conformité à leur système de morale ou le facile rêve de la vie complaisante à nous-mêmes et à nos amours, tous ont la même prétention de nous enfermer dans l'une de ces extrémités. Ils nous tiennent captifs de leurs *Religions* ou nous défendent de sortir du cercle de leurs *Voluptés*. Ils sont persuadés que toute la bonté du monde est nécessairement contenue et serrée ici ou là, à l'exclusion de tout partage, de toute communication. J'ai, pour ma part, marqué au contraire et flétri ces *Religions* et ces *Voluptés* tour à tour, comme semblablement impuissantes à nous contenter toutes seules et, si l'on réussit à les isoler de la sorte, ne manquant point de devenir également fausses, malignes et cruelles.

Comme la nature et l'histoire, ces mythes seront pleins d'exemples de tels accidents. Ils montreront à quel degré l'on peut descendre pour faire honneur à de vains scrupules idéalistes, et aussi comme on peut se blesser et se déchirer faute d'avoir compris que la Réflexion, la Règle, le Calcul vivent dans la nature d'une vie nécessaire comme le Plaisir et l'Amour. Les fous qui ne veulent suivre que le plaisir croient se servir eux-mêmes en se privant de guide, de modérateur et de frein et j'en sais, en revanche, qui, par l'erreur inverse, oublient si bien le propre intérêt de leur joie qu'ils ne laissent jamais de nous sembler un peu comiques ; triomphants ou défaits, ils n'inspirent ni la pitié ni l'admiration sans sourire.

La doctrine de ce *Chemin de Paradis* sera donc que la vie excellente consiste à ne rien méconnaître (*Je ne méprise presque rien*[2], disait Leibniz) ; ensuite à combiner, à concilier dans nos cœurs le démon religieux et le voluptueux, car leur désordre amènerait les plus grands maux ; à empêcher qu'il ne s'élève de nos joies goûtées toutes pures cette pointe fine et secrète dont elles sont tranchées à vif ; à obtenir de notre orgueil qu'il ne se gonfle point ni ne nous dessèche le sens vers quelque unité trop lointaine. En un mot, à créer, selon les trois modèles donnés à la fin de ce livre, d'intérieures *Harmonies*.

Cela sans doute est malaisé et presque merveilleux à naître. Mais je n'ai jamais prétendu qu'il fût aisé de vivre.

J'ajouterai, à l'intention de nos modernes, qu'ils gâtent tout en s'affligeant outre mesure des difficultés de la vie. Il y a remède à la vie. Les bons esprits sont inclinés à la tristesse[3], mais s'éloignent avec ennui des autels emphatiques dressés aux souffrances humaines.

Nos peines, sentent-ils, ne sont guère que les sœurs blessées de nos joies. C'est dire leur peu de substance et leur fragilité. Comme nos joies, elles coulent et se succèdent, elles se perdent, se retrouvent, se transforment

1. Allusion à la fable de La Fontaine « Le Philosophe scythe ».
2. Cette phrase figure dans une lettre du célèbre philosophe allemand.
3. Idée développée par Aristote dans son *Problème XXX*.

à tout instant. Mais, ce qui enlève le plus de leur prix et de leur crédit, nous, leur théâtre et leur sujet, devons passer à notre tour. Nos maux, les maux d'autrui, ces ennuis cesseront à tout le moins avec nous-mêmes et, puisque nous avons contre eux le recours de mourir, il est bien vain, l'unique thème de tant d'oraisons éloquentes et de strophes apitoyées !

Ces sentiments ont eu très peu de force dans ce siècle. Il est tout enivré et gonflé de vivre. Mais il le paye. Il perd de vue le caractère essentiel de la vie, qui est de conspirer à mourir. La vie lui apparaît privée de sens et de figure. Il ne sait plus lui faire tête de sang-froid. Le trouble, la démence, le malaise, la peur avec tous ses frissons d'imbécillité, la lui peignent d'une ridicule importance. S'il souffre, il perd le sens de son peu d'être et de durée. Il ne compare point ce que sont nos douleurs les plus vives à ce que deviendraient les moindres si elles affligeaient une race de dieux. Bien au rebours, chacun divinise son mal. On le projette de la terre jusqu'aux cieux. On l'étend, on le multiplie comme s'il ne devait avoir aucun terme.

Et voyez les effets de l'absurde miséricorde que l'on a des autres et de soi. Sensibilité sans courage, échevelée à tout objet et décernant une valeur démesurée à la vie et à la personne de tous les hommes, elle ne peut que s'emporter aveuglément à l'encontre de ses desseins. Loin qu'elle ait rendu cette exigence moins rude, elle y redouble l'inquiétude, en accentue tous les mécomptes et ruine d'avance l'espoir (qui est, en tout temps, si fragile) d'organiser quelque harmonie. Je ne dis rien des maux nouveaux qu'elle fait abonder.

Une partie de la nature est encore liée d'un calme et rythmique sommeil, ignorant peu de joies, exempte de toutes les peines. Mais écoutons nos philanthropes se ruer à la réveiller : « Il faut être vous, pauvres êtres ! Il faut avoir une âme, il importe d'être bien soi… »

Leurs discours émanciperaient jusqu'aux bêtes de trait s'ils en concevaient le moyen. Ils ne respectent pas la stupeur bienheureuse de ceux qu'ils exhortent à vivre. Ils ne la voient pas. À quels tragiques culs-de-sac est développé le désir, ils l'ignorent si bien que pas un ne soupçonne cette mélancolie de ne point être dieu à laquelle tous les héros ont succombé. Leurs vagues tentatives d'un art « personnel » nous renseignent, d'ailleurs, sur le degré de dignité auquel ils convient la nature. C'est purement le leur. Plate vie et plate pensée, cime bourgeoise où il leur plaît que tendent les douleurs d'une multitude plaintive.

Si c'est un jeu, je n'en connais pas de plus sot. Mais le châtiment des joueurs sera de sortir à leur tour de leur propre stupidité. Ils monteront selon la loi qu'ils infligent à d'autres et, par l'âpre chemin, ils parviendront jusqu'à ce point d'où l'on peut découvrir la figure du mal moderne, et l'effarement ingénu qu'ils feront voir alors, leur repentir trouble et honteux viendront nous compléter le divertissement que nous offre déjà la troupe humanitaire de nos évangélistes ibséniens ou tolstoïsants[1].

C'est un lamentable convoi de sauveurs plus malades que ceux qu'ils prétendent guérir. J'en vois un qui s'afflige de l'émiettement des pensées et propose (pour en sortir) d'augmenter le respect de la conscience individuelle ! Un autre met au feu les livres de science, il y joint ceux qui traitent de l'amour de notre patrie, sans doute pour que les deux points par lesquels il reste possible de garder un peu de discipline et d'accord soient plus vite perdus pour nous[2] ! Un troisième adjure l'Église catholique de devenir, dit-il, l'église de l'esprit, il veut dire de rejeter les images, les croix, les scapulaires, les médailles, toutes divines amulettes dont elle sait endormir çà et là quelque nerf inquiet ou enchanter une personne endolorie[3].

Hélas ! la vraie pitié, la vraie bonté, la vraie justice leur seraient venues par surcroît si nos réformateurs s'étaient d'abord étudiés à penser juste. Une logique médiocre eût bien suffi à leur montrer en quoi gît la béatitude ; cela n'est point, comme ils l'ont trop dit, de tout ignorer, mais, plus profondément, de peu vivre et de peu sentir.

Bienheureux, dira la sensibilité clairvoyante, celui-là dont les œuvres toujours répandues sur les choses ne sont rien qu'effets machinals, liaisons d'habitudes, inertes mouvements et totales occupations ! Incliné sur la terre, il est si proche d'elle qu'il s'en distingue à peine avant d'y rentrer à jamais. « Oh ne l'éveillez pas ! », comme eût supplié Michel-Ange : « cher lui est son sommeil et plus chère encore son essence de pierre. Ne pas voir, ne pas sentir lui est grande grâce[4] ». L'humain mépris devrait frapper quiconque fait vagir la première concupiscence dans le cerveau ou dans les entrailles d'un instinctif, quiconque diminue le vénérable privilège qu'ont parfois ces bénis de mourir sans avoir vécu.

Cet insensé désir d'élever toute vie humaine au paroxysme, c'est le fond de l'erreur moderne qui ôte la paix de tout cœur. Si vous doutez qu'elle ait de même dégradé les esprits, voyez le culte qu'elle a su faire rendre à la liberté. Vous n'entendrez louer nulle part l'unité des consciences, cette excellente condition de la prospérité publique et de l'ordre privé, sauvegarde des faibles, défense des inquiets, forte discipline des forts et qui méritait bien qu'on la payât de temps en temps du prix de quelques larmes accompagnées de cris, même d'un peu de sang versé. Tout le monde l'oublie ; c'est à la seule liberté de conscience que vont aujourd'hui tous les vœux. Le droit sens l'admettrait encore, si l'on se contentait de respecter

1. Ibsen et Tolstoï représentent l'esprit nordique dont Maurras estime qu'il dénature le génie latin de la France.

2. On perçoit ici une ligne de force de la pensée maurrassienne : le lien qu'elle établit entre patriotisme et discipline intellectuelle.

3. Le curieux incroyant qu'était Maurras était très attaché à ces « amulettes ».

4. Paraphrase de l'*Épigramme LXXV* de Michel-Ange (1545).

en celle-ci un effet naturel, consacré par l'histoire, de la mollesse et de l'incurie de nos pères trop lents à se garer de vains fauteurs de nouveautés. Mais est-ce jamais sur ce ton qu'on nous la recommande ? On vante à haute voix cette force exécrable de dissolution et de ruine ainsi qu'un bien tout positif, un gain précieux et une sorte de conquête suprême des âges ; comme s'il était rien de louable et de beau en soi dans la division des idées et le désaccord des doctrines. Conception immonde aux yeux du poète et tout à fait absurde au point de vue du logicien.

Telle est pourtant la conception et l'amour des têtes modernes. Elles se plaisent aux agents de désordre et de confusion. Et ce plaisir est vil au-delà de toute parole. Il nous faut le laisser aux vils comme leur marque propre. Voilà plusieurs années que j'exprime ce sentiment. Je ne crois pas que le cours des choses m'ait pu contredire. Rien ne sera trop cher pour revenir de l'anarchie où nous vivons aux accords et à la beauté. S'il apparaît, en calculant de justes équilibres, qu'il faille que quelques-uns souffrent ou servent, la pensée de souffrir ou de faire souffrir ni celle de faire servir ou de servir ne sauront alarmer une bonté sincère ni choquer d'orgueil bien placé.

En segre corz e en servir
Metz tost son percaz e sa renda...

À suivre cour et à servir
il mit tous ses soins et son bien[1]...

Voilà comme nos vieux romans peignent le parfait chevalier et l'amant idéal ; c'est que l'univers apparaît à l'amant, au héros aussi bien qu'au sage, sur un type d'immense réciprocité de services, pour peu qu'ils y promènent un regard naturel et pur.

Vous avez lu l'*Histoire d'une servante*[2]. Lamartine n'a rien écrit de plus touchant. Mais le pathétique du livre est surtout, à mon sens, l'état du cœur du vieux poète divisé entre ses chers fantômes de liberté et les clartés de son génie. Le goût de sa pauvre servante pour ce qu'elle appelait naïvement « rendre service » lui semble tantôt une merveilleuse effusion des grâces du ciel, tantôt le pli avilissant de serviles hérédités. Pas une heure, il n'a osé s'arrêter à cette pensée, qui lui est venue cependant, que la bonne femme suivait d'abord sa volupté ; de l'humble coin de son foyer de ceps de vigne elle observait la loi qui fait obéir les étoiles[3].

C'est servir, en effet, qui est le premier dans les cœurs. Bien que la rencontre en soit rare, je ne conteste point l'appétit de l'indépendance,

1. Extrait de *Flamenca*, roman occitan du XIIIe siècle.
2. Le titre exact de ce roman de Lamartine est *Geneviève. Histoire d'une servante* (1851).
3. Maurras songe sans doute à une loi de sujétion qui serait le pendant humain de la loi de gravitation dans l'ordre physique, mais serait aussi une loi d'amour. En effet, le dernier vers de la *Divine Comédie* de son cher Dante évoque « l'amour qui meut le Soleil et les autres étoiles ».

l'erreur belle et féconde dont quelques hommes sont aveuglés comme de leur sang. Mais la plupart ne l'éprouvent à aucun degré, si ce n'est comme suggestion et imitation machinale, ce qui est encore servir. Bien mieux, ces suggestions ont fait de récentes misères que nous avons eues sous les yeux ; combien d'esclaves-nés de notre connaissance retrouveraient la paix au fond des ergastules[1] d'où l'histoire moderne les a follement exilés !

Mourants de lâche inquiétude et pourris d'une élégiaque vanité, encore faudrait-il que l'on hâtât pour eux ce bienfait du carcan, ou les verrons-nous parvenus en un état si avancé de décomposition que leur chair en lambeaux empoisonnerait les murènes[2].

Je préjuge qu'on évitera d'objecter à ceci le christianisme. La chaîne d'idées que j'expose est très suffisamment païenne et chrétienne pour mériter le beau titre de catholique qui appartient à la religion dans laquelle nous sommes nés. Il n'est pas impossible que j'aie heurté, chemin faisant, quelque texte brut de la Bible, mais je sais à peine lesquels. D'intelligentes destinées ont fait que les peuples policés du sud de l'Europe n'ont guère connu ces turbulentes écritures orientales qu'extraites, composées, expliquées par l'Église dans la merveille du Missel et de tout le Bréviaire[3]... Je me tiens à ce coutumier, n'ayant rien de plus cher, après les images d'Athènes, que les pompes rigoureuses du Moyen Âge, la servitude de ses ordres religieux, ses chevaliers, ses belles confréries d'ouvriers et d'artistes si bien organisées contre les humeurs d'un chacun, pour le salut du monde et le règne de la beauté.

Ces deux biens sont en grand péril depuis trois ou quatre cents ans[4], et voici qu'on invoque au secours du désordre le bizarre Jésus romantique et saint-simonien de mil huit cent quarante[5]. Je connais peu ce personnage et je ne l'aime pas. Je ne connais d'autre Jésus que celui de notre tradition catholique, « le souverain Jupiter qui fut sur terre pour nous crucifié[6] ». Car autant, ou la conscience morale de Zénon[7], huguenot antique, ou encore le vague Dieu qui multiplie par l'infini les divers *placita* de M. Jules Simon[8]. Bons ou mauvais, nos goûts sont nôtres et il nous est toujours loisible de nous prendre pour les seuls juges et modèles de notre vie ; mais quelle

1. Prisons souterraines.

2. Poissons réputés carnivores auxquels certains empereurs romains, dit-on, jetaient leurs ennemis.

3. Recueil de textes saints proposés à la méditation quotidienne des fidèles.

4. En gros depuis le protestantisme, principe d'anarchie selon Maurras.

5. Autrement dit un Jésus-Christ conçu comme précurseur du socialisme, comme on le voit dès 1825 dans le « Nouveau christianisme » forgé par Claude de Saint-Simon.

6. Dante, *Purgatoire*, chant VI.

7. Zénon de Kition (IVe-IIIe siècle avant Jésus-Christ), fondateur du stoïcisme.

8. Philosophe et homme d'État qui joua un rôle important au début de la IIIe République.

honte de n'en point convenir franchement et de pallier d'exégèse son anarchisme ou son péché ! Ou quelle lâcheté de s'enquérir de paravents de métaphysique morale pour esquiver les servitudes et les sujétions de la vie !

Neuf fois, dans ces récits égalant le nombre des Muses, je me suis appliqué à donner un visage, un corps humain et une démarche vivante à des opinions assez peu courues de nos jours. J'ai osé évoquer en présence de mille erreurs les types achevés de la Raison, de la Beauté et de la Mort, triple et unique fin du monde[1]. Mais je suis consolé de m'être montré téméraire quand je songe combien il est au-dessus de mes forces de dégrader ou de pâlir ces perfections.

Vous connaissez les mots de l'hymne angélique :

> Sous les diverses apparences,
> simples signes à peine réels,
> se cachent de belles substances[2]

Sous l'imperfection du travail et l'indignité des matériaux vous doit apparaître sensible la face des belles idées. Ce serait trop d'orgueil de penser que je les aie pu si entièrement obscurcir qu'il n'en soit descendu dans ce livre quelque étincelle. De leur ciel triste et pur, elles laissent errer un sourire sur ce *Chemin de Paradis*, dont les pèlerins fatigués reconnaîtront à ces clartés quelle voie ils parcourent et comment l'âme noble y est induite à la conception des vrais biens.

Mai 1894

1. Maurras abjura ultérieurement le nihilisme sous-jacent de cette phrase : voir « Corps glorieux ou Vertu de la perfection », p. 170 de la présente édition.
2. Extrait du *Lauda Sion Salvatorem* de saint Thomas d'Aquin, l'un des penseurs qui a le plus marqué Maurras.

PRÉFACE

J'ai fait le voyage d'Athènes au moment des Jeux Olympiques[1], et, les Jeux terminés, j'ai respiré, aussi longtemps que j'ai pu, la violette divine entre l'Acropole, Eleusis, l'Hymette et les champs de Colone. Ayant eu au Nouveau Phalère une conversation qui piqua ma curiosité, je passai peu après en Corse reconnaître une petite ville fondée par des Grecs fugitifs et fidèle à son origine. Je visitai de plus au musée Britannique, sans me soucier de rien d'autre qui fût dans Londres, les neuf salles réservées aux monuments de l'art grec. Un séjour à Florence m'avait appris la ressemblance de la Grèce et de la Toscane en ce qu'elles ont de meilleur.

Plus je les comparais l'une à l'autre, mieux je voyais en quoi elles se distinguent du reste. Quelque avancée que soit la maturité de sa pulpe, le fruit athénien et toscan conserve l'éclat de sa fleur. La perfection n'épuise pas l'élan de la force. Le rythme est pur, pourtant la matière palpite, et l'œuvre d'art respire comme le dernier des vivants.

La parenté des caractères me fit souvenir aussitôt d'une étymologie qui a été proposée en Allemagne pour le nom de la ville et de la déesse athénienne. Athènes nous serait venue d'*anthinea*, qui veut dire fleurie ; Athènes à l'origine disait en grec ce que dit Florence en latin. Congédions les philologues : les uns veulent qu'Athènes ait signifié la déesse qui n'a pas été en nourrice, étant née grande fille de la tête de Jupiter[2] ; les autres la dérivent d'un vocable albanais qui veut dire figuier. Ni vérité ni fable ne valent contre *ANTHINEA*. Une tige mystique unit les deux chefs-d'œuvre de la Grèce et de la Toscane. Je ne saurais penser Florence sans souvenir d'Athènes, moderne et barbare sans doute, mais encore capable de soutenir un si beau nom.

1. Ceux de 1896, les premiers des temps modernes.
2. Allusion au mythe de la naissance d'Athéna, qui fait d'elle la déesse de l'intelligence.

Une *ANTHINEA*[1], fleur du monde, printemps des pensées et des arts, s'élargit nécessairement et nous désigne d'autres lieux qu'Athènes et que Florence. Elle me fit songer tout d'abord à écrire un traité de la conformité du Valois et du Parisis[2] avec l'Attique la plus pure. Aucune terre n'est mieux prise dans l'enceinte d'*ANTHINEA* que la douce et nerveuse patrie d'un Jean Racine, d'un Voltaire, d'un La Fontaine[3].

Le difficile était de faire sentir comme je le sens le rapport de ce territoire avec nos terrains brûlés du Midi. La gaucherie des mots me découragea et, remettant l'ouvrage à des temps de sagesse et de force supérieure, je me rejetai sur une étude de la Provence. Quelques lieux que je coure, c'est toujours à celui-là que je reviendrai ; c'est là que tout me ramènera mort ou vif[4].

Platon a écrit de l'Attique : « Notre pays a éprouvé ce qui arrive aux petites îles ; si on le compare dans son état actuel à ce qu'il était autrefois, on le trouvera semblable à un corps malade qui n'a conservé que ses os et, tout ce qu'il renfermait de terre molle et grasse ayant coulé autour du rivage, il ne présente plus que l'apparence d'un corps décharné. Mais, quand il était dans son intégrité[5]... etc. »

Ce paysage d'un trait léger et presque aérien répond parfaitement aux lignes que je trouve gravées sous ma paupière quand je ferme les yeux. Si l'on en veut le nom précis, c'est toute la portion palustre et maritime de l'arrondissement d'Aix. L'indication servira de peu aux touristes. Il est aisé de faire cette course sans y rien voir ; la vraie beauté ne touche que les âmes qu'elle a choisies.

Des intelligences peu avancées me feront le reproche de soumettre la science du beau à la loi des lieux et des races. Mais leur censure me ménage la plus facile des répliques. Ce que je loue n'est point les Grecs, mais l'ouvrage des Grecs et je loue non d'être grec, mais d'être beau. Ce n'est point parce qu'elle est grecque que nous allons à la beauté, mais parce qu'elle est belle nous courons à la Grèce. Tout en courant, prenons garde de distinguer, en Grèce et hors de Grèce, que la flamme, moins pure, eut quelquefois un moindre éclat. D'ailleurs, choisir n'est pas exclure, ni préférer sacrifier. Un enthousiasme critique est le frein de la complaisance ; une critique enthousiaste donne à la sagesse le frein dont elle a besoin, elle aussi.

Autrefois on étudiait seulement la Grèce classique, celle qui porte le péplos[6]. Ce péplos composait, il figurait tout l'hellénisme. Ce fut le premier stade. On le dépassa. Las du péplos, Renan écrivit la phrase fameuse :

1. Le XVIIe siècle aurait dit Anthinée. Notre langue n'a pas retrouvé encore l'audace et le pouvoir de l'assimilation [NdA].

2. Régions situées au nord de Paris, qui ont joué un grand rôle dans l'histoire de la dynastie capétienne.

3. En lesquels Maurras voit de purs représentants de l'esthétique classique.

4. De fait, le corps de Maurras fut inhumé à Roquevaire et son cœur à Martigues.

5. Platon, *Critias*.

6. Tunique féminine.

« L'ennui, oui, l'ennui[1]... » La Grèce du péplos passa pour ennuyeuse, du moins pour les esprits profondément gâtés entre lesquels Renan se rangeait avec modestie. Et ce fut le deuxième stade. Mais le troisième commença quand on s'aperçut que la Grèce a connu toute sorte de vêtements, de coiffures, de manières, d'ordres, de goûts. On ne nous parla plus d'ennui, et la Grèce devint tout à fait amusante. Avant de trouver l'essentiel et même après l'avoir trouvé, les Grecs ont cueilli tout le reste, l'artificieux, le bizarre et aussi bien le laid. Oui, le laid. Cependant de jeunes lecteurs commencent à bâiller. Quelques-uns se demandent même si rien valait le péplos du commencement. En effet, rien au monde n'est beau comme le beau. Aussitôt que le beau lui cause de l'ennui, un honnête homme s'examine et travaille à se corriger.

Le quatrième stade du goût français peut donc s'ouvrir, qui ramènerait au premier et qui l'emporterait pourtant sur le premier comme une préférence réfléchie sur un bon instinct. Il est bien de sentir qu'une belle colonne dorique, c'est le beau parfait[2]. Il est meilleur de le sentir et de savoir la raison de son sentiment. Le divin péplos restauré, l'esprit classique rajeuni et recompris, quelle source de renaissance ! L'art et même la vie des Grecs ne sont pas d'immobiles objets ayant été une fois, puis ensevelis. Il faut les concevoir dans leur suite perpétuelle, à travers la mémoire et le culte du genre humain. Chacun s'arrête et puise à cette onde jeune et limpide, dont le murmure est divinement accordé à ce que l'homme universel a de plus profond. Parlant de Sophocle, Racine se borne pour toute louange à le mettre dans les imitateurs d'Homère. Que Racine a raison ! Gloire aux seuls homérides ! Ils ont surpris le grand secret qui n'est que d'être naturel en devenant parfait. Tout art est là, tant que les hommes seront hommes.

L'esthétique est la science du sentiment. Si l'on passait sa vie à examiner ce qu'on sent, le naturel disparaîtrait. L'auteur se félicite, bien loin qu'il s'en excuse, d'avoir jeté en ce petit livre beaucoup de réflexions étrangères à l'esthétique.

[...] Mon ami Maurice Barrès s'est publiquement étonné que j'eusse rapporté d'Attique une haine aussi vive de la démocratie. Si la France moderne ne m'avait persuadé de ce sentiment, je l'aurais reçu de l'Athènes antique. La brève destinée de ce que l'on appelle la démocratie dans l'Antiquité m'a fait sentir que le propre de ce régime n'est que de consommer ce que les périodes d'aristocratie ont produit[3]. La production, l'action demandait un ordre puissant. La consommation est moins exigeante : ni le tumulte, ni la routine ne l'entrave beaucoup.

1. Renan, *Prière sur l'Acropole* (1883).
2. Le dorique est le plus sobre des trois ordres architecturaux de la Grèce.
3. L'âge d'or de la démocratie athénienne se limite au Ve siècle avant Jésus-Christ.

Des biens que les générations ont lentement produits et capitalisés, toute démocratie fait un grand feu de joie. Mais une flamme est plus prompte à donner des cendres que le bois du bûcher ne l'avait été à mûrir. L'énormité de notre capital national ne soit pas engendrer de trompeuse sécurité. Être nationaliste et vouloir la démocratie, c'est vouloir à la fois gaspiller la force française et l'économiser, ce qui est, je crois, l'impossible.

[…] L'antique institution et magistrature royale fit la France. Elle l'éleva au plus haut point de sa vigueur. Il est évident que la France y sera ramenée dès qu'elle sentira son insuffisance civique et le besoin d'y suppléer afin de vivre […].

Dépaysé, tous mes circuits me ramenaient ainsi à réfléchir sur mon pays ou sur moi-même. C'est de la sorte qu'on se fait et qu'on se retrouve sans cesse, car personne ne peut s'extirper du milieu de soi.

Hoc se quisque modo fugit ; at quem, scilicet, ut fit,
Effugere haud potis est, ingratis hæret[1]...

Lucrèce, qui fait cette observation, y trouve une vive amertume et, toutes les fois que j'en repasse dans ses âpres vers les motifs, je partage le sentiment de sa pitié cruelle devant l'inanité de l'agitation. Cependant, son livre fermé, ce même sujet qui l'irrite ne me semble pas sans douceur.

Qu'un voyage ne soit qu'un déplacement mensonger ; que l'homme y traîne ses passions, ses idées, ses manies, toute sa personne captive ; qu'on ne voie des choses nouvelles que ce qu'on en veut voir et qu'on possédait à l'avance ; qu'après mille lieues faites pour se délivrer de Paris, on se réveille en pleine discussion familière ; qu'on reconnaisse trait pour trait un pays où l'on ne fait que de débarquer : ces petits malheurs très certains céderont aisément à la volonté souple qui en tirera ses plaisirs. Nous avons tant d'âmes distinctes ! Une fuite sur les horizons de la terre ranime quelque face inaccoutumée de nous-mêmes, et voilà nos vrais mouvements ! Entre ces figures passées, quelques-unes proviennent de notre adolescence ou même de plus loin, et celles-ci ruissellent du charme vigoureux que notre nouveauté communiquait aux décrépitudes du monde. Il y a quelque part un petit garçon de huit ans qui, lorsqu'il lui plaît de renaître, m'apporte dans ses yeux l'allégresse des primitifs.

Je le revois, tel qu'il était sous les tilleuls et les lauriers-roses de sa Provence et penché sur le livre qu'il lisait du matin au soir. L'*Odysée* était sa passion. Il en peuplait les jeux, le sommeil, en parlait sans cesse, ne sachant qu'admirer le plus du courage, de la patience ou de l'art du héros. Ce grand calomnié d'Ulysse le fascinait par le nombre de ses talents, la

1. « C'est ainsi que chacun fait sans cesse ; mais on ne peut s'éviter, on se retrouve, ou s'importune… » (Lucrèce, *De natura rerum*, III).

diversité de sa vie, soit qu'il fût consolé par la nymphe marine ou sauvé des sirènes par la protection de Pallas... La grande dignité du langage homérique faisait son impression sur ce tendre cerveau. Il en savait par cœur tous les endroits émouvants et majestueux. Il se les déclamait en riant de plaisir : « Muse, contez-moi les aventures de cet homme prudent... »

Dessiné par Homère, son jeune univers se parait de divinités inégales, mais uniques de force, de caprice et de volupté. Ayant trouvé dans un album l'aimable figure des *Grâces* liées de guirlandes de fleurs, les fossettes de leurs nobles académies lui parurent le signe de sa religion.

— Soit, disait-il un peu plus tard au catéchiste, mais pourquoi pas Phœbus-Apollon ou Pallas ?

En souvenir de cet enfant et de la compagnie dans laquelle il me faisait vivre, je n'ai pu me résoudre à dépouiller l'Olympe grec de son ancien masque latin. Sans doute j'aurais dû écrire Zeus à la place de Jupiter, Poseidon au lieu de Neptune. Mais les graves Romains qui embrassèrent l'hellénisme comme le plus doux des devoirs envers la haute humanité ont fait cet amalgame des dieux de leur patrie avec les dieux dont ils appelaient la lumière. Ils ont voulu se mêler au corps de la Grèce. Nous avons mieux à faire qu'à les en écarter. Tous les grands hommes de la France ont continué ce mélange. En le quittant, il faudrait que nous les quittions. Comme la poésie, comme l'amour, la tradition est faite d'une entente délicate d'accords subtils. Un rien la trouble. Pour un rien, vaut-il la peine de troubler notre tradition ?

Une jolie fable de La Fontaine attribue à des hommes d'Attique mon hérésie. On les entend donner le nom de Cérès à leur Déméter :

Cérès, commença-t-il, faisait voyage un jour,
Avec l'anguille et l'hirondelle...
... L'assemblée, à l'instant,
Cria tout d'une voix : — Et Cérès, que fit-elle ?[1]

J'aime trop La Fontaine et les plaisirs qu'il répandit, en même temps qu'Homère, sur ma petite enfance pour lui chercher une querelle dont tout le fruit serait de me tirer de sa communion délicieuse. Accordons que sa nomenclature des dieux est entachée de fautes graves et soyons sages, gardons-la. Tenons serré le lien qui nous tient réunis avec les Pères de notre esprit et de notre goût.

J'ai, par piété, inscrit leur nom sur la base d'*ANTHINEA*. Qu'ils en soient les héros fondateurs et conservateurs.

LE VOYAGE D'ATHÈNES

Un poète français m'avait dit en riant, le jour de mon départ : — Vous allez à Athènes comme à un rendez-vous d'amour.

1. La Fontaine, « Le Pouvoir des fables ».

Et cette blanche Athènes aperçue de la haute mer, « Ô terre » murmurai-je comme la fille de Sophocle[1], « terre comblée des plus grands éloges, à toi de les justifier ! »

Nulle justification plus rapide. On m'avait annoncé une déception. Je n'ai rien senti de pareil. Dussé-je être montré au doigt de tous les modernes comme un écrivain dépourvu d'imagination et pauvrement ébloui des choses réelles, j'écris cet aveu sans pudeur.

Durant un mois, j'ai su ce que c'est que la grâce, j'ai su ce que c'est que la force et j'ai connu par un toucher sensuel et physique ce que c'est que l'essence claire de leur accord. Le jour se consumait avec avidité, je le voyais tomber avec une ardente tristesse. Il ne me semblait pas que j'eusse interrogé assez de places solennelles ni exercé suffisamment les puissances de curiosité et de réflexion. [...]

Les semaines charmantes ! L'Antiquité sévère et douce qui m'encourageait d'un sourire quittait pour moi, l'un après l'autre, ses secrets vêtements et si quelque ignorance, comme il advint, tenait ma pensée suspendue ou que même quelque méprise éclatât et me confondît, je n'en éprouvais nulle peine ; mais, pareil aux premiers Florentins humanistes qui touchaient de leur front les volumes d'Homère qu'ils ne pouvaient pas déchiffrer, j'en étais consolé par un sentiment de la légèreté de mes fautes au prix de ma certitude et de mes plaisirs.

* * *

Or, il n'était point rare que, parmi ces plaisirs, je fusse poursuivi par des esprits sombres et faux, toujours enclins à la querelle. [...]

Un voyageur de profession, fier d'avoir aperçu un grand nombre de pagodes et de mosquées : « Vous avez, disait-il, un esprit tout atrophié et une tête rétrécie par l'éducation classique.

— Eh ! lui répliquais-je en moi-même, l'éducation romantique n'aurait-elle point embrouillé et désorganisé ce que vous aviez de cervelle ?

« Admettons que, de nous, ce soit moi qui fasse l'erreur. Mais l'erreur est précieuse, si elle me met en état de comprendre et de ressentir ce que l'histoire intellectuelle de l'univers nous présente de mémorable. Elle me procure une foule d'explications lucides de ce qui nous touche le plus. Au contraire, si l'on admet que vous ayez la vérité, que contient-elle de pratique, de nourricier et d'assimilable pour vous ? Un principe de curiosité infinie. La question par la question ! Mais pas de réponse !

« Votre pensée n'est rien que du vagabondage. Tout lien avec la race de vos pères spirituels et la suite de vos civilisateurs est coupé misérablement.

1. Allusion à Antigone : voir le poème (p. 411 de la présente édition) et le texte en prose (p. 937) que lui a consacrés Maurras.

Ni par rapport à vous, ni par rapport aux vôtres, vous n'avez rien qui soit classé et, comme vous n'avez pu faire aucun classement par rapport à l'ordre éloigné et insaisissable du monde qu'il est particulier aux hommes d'ignorer, vous êtes une sorte de chaos ambulant, embarrassé même pour me dire quoi vous aimez. N'ayant rien choisi, ne préférant rien, végétant dans une indifférente inertie, vous affectez une mobilité extrême ; elle est, au fond, un simple mode de cette condition des cailloux que l'on roule, des bûches qu'on charrie, et de toutes les créatures dispensées ou délivrées de l'activité. C'est un bonheur peut-être. Qu'il soit du moins silencieux, et n'insulte pas à la vie ! »

Mais fatigué soit d'une discussion superflue, soit de courses continuelles, il m'arrivait d'être assis dans un lieu désert et je sentais l'Attique accomplir en silence son ouvrage au dedans de moi. Je la priais d'agir, de me modifier, en m'abandonnant à ses soins. Tantôt à l'un des carrefours où se trouve quelque monument de la ville antique, tantôt dans l'ombre fraîche des corridors du grand musée, il me suffisait de poser n'importe où le regard. Je laissais les petits éléments athéniens affluer et me pénétrer comme on ouvre l'accès de son âme, en un soir d'été, aux forces du ciel plein d'étoiles[1]. Plus que toute méditation, cette torpeur contemplative m'inspirait le sens et la divination de la ville : incrusté et comme pétrifié en elle, il me semblait que la vie des marbres sublimes me gagnait peu à peu. Les longues heures ainsi passées m'ont fait comprendre qu'on puisse aimer comme une créature de chair la matière du Pentélique et crier : *la voilà*, et sentir son cœur battre, partout où brille une parcelle de la belle pierre dorée.

Telles étaient les pauses. L'âme y est contente de soi. Mais dans les exaltations qui suivaient, rien ne m'était pénible comme l'absence de tout esprit familier capable d'en prendre sa part. Le mien était tendu jusqu'à la congestion et des sentiments en naissaient qui déterminaient une sorte d'érosion presque douloureuse et, s'il faut le dire, d'égarement.

* * *

[…] Je [ne] montai pas tout de suite [à l'Acropole] bien que j'y fusse accouru dès le premier soir. Les sentiments confus qui, durant plusieurs jours interminables, me retinrent hors de l'enceinte, m'attiraient cependant, errant et fiévreux, sous l'escarpement. Des petites rues qui y mènent, je crois bien que j'ai battu les plus ignorées. Elles sont en pente assez rude, brisées de temps en temps par un escalier. On y trouve surtout des ateliers de tisserands. Devant les dévidoirs tendus d'une belle soie safranée, les femmes et les jeunes filles font des groupes assis au milieu de petites cours

1. Voir les *Quatre nuits de Provence*, p. 11 de la présente édition.

chichement ombragées. Je ne les regardais que pour me tirer d'inquiétude et je me replongeais dans la méditation de l'ombre lumineuse qui tenait ma vie suspendue.

Vue de l'angle nord-est, la structure de l'Acropole donne une silhouette d'une force tragique ; pour correspondre à cette arête orientale, il n'y a qu'une image, l'éperon d'une grande nef. Mais, du côté sud-ouest, l'effet est tout contraire. La roche disparaît sous un manteau léger, dont la traîne flotte et s'étale en manière de draperie. Ces molles terres descendantes font une ligne qui sinue avec grâce jusqu'à la mer, et sans doute elle se prolonge fort avant sous le pli des eaux. J'eus plus tard à observer du haut de l'Hymette que le pays d'Athènes traduit partout le même rythme de composition ; vers la mer, rien d'abrupt, où l'âpreté reçoit des tempéraments, mais, à l'intérieur, des coupures soudaines, des précipices droits et fiers, sévères beautés un peu tristes qui attestent la main dorique de Pallas, au lieu que, sur les plages, rient et respirent les travaux ioniens de Cypris[1].

— Et, me disais-je, ces déesses qui se partagent la nature composent de même l'esprit. L'art attique est sorti d'une conjonction fortunée de la double influence. Il n'est point sec, Cypris y veille, mais il est nu, c'est la volonté de Pallas. Sans éclater ni scintiller grossièrement, il brille d'un feu chaste pour les yeux qui sont dignes d'être blessés de lui.

Un Latin disait des meilleurs écrivains de l'Attique, tels que Thucydide et ceux de son temps : « Leur style était noble, sentencieux, plein dans sa précision et, par sa précision même, un peu obscur[2]. » Cette précision rétablit leur mystère dans sa lumière[3]. Nul œil profane ne les pénétrera aisément…

N'être point un profane, entendre le mystère de conciliation que suppose une chose belle, sentir avec justesse le mot du vieux pacte conclu entre la savante fille du ciel et la tendre enfant de l'écume, enfin se rendre compte que ce parfait accord ait été proprement la Merveille du Monde et le point d'accomplissement du genre humain, c'est toute la sagesse qu'ont révélée successivement à leurs hôtes la Grèce dans l'Europe, l'Attique dans la Grèce, Athènes dans l'Attique et, pour Athènes, le rocher où s'élève ce qui subsiste de son cœur.

L'heure de mon initiation arriva sans que ma volonté y prît aucune part. J'étais assis près de la route carrossière qui conduit à la grille de la porte Beulé. C'est une suite de raidillons comparables à celle du vieux Monaco. Elle est traversée de petits sentiers faisant raccourci et complantée

1. Nom chypriote d'Aphrodite, déesse de l'amour, que Maurras rattache ici à l'ordre ionien, plus féminin que l'ordre dorique.

2. Cicéron, *Brutus*, VII.

3. Sur les rapports du mystère et de la lumière, voir la préface du *Chemin de Paradis*, p. 135 de la présente édition.

de beaux agaves d'un bleu pâle. Comme j'avais les yeux en l'air, du côté où tendait toute ma pensée, une petite fille de neuf à dix ans passa devant moi. Je la voyais à peine. Elle attira mon attention en traînant les pieds sur le sable, puis s'arrêta en me faisant signe de mon chemin. Je ne l'avais pas demandé. Le doigt vers l'Acropole, elle me regardait en m'adressant un gentil sourire entendu. J'aurais baisé au front la jeune hiérophante[1] ! Mais je me levai et suivis en aveugle sa direction.

* * *

… Quand, au plus haut de l'escalier, je rouvris les yeux, la première colonne des Propylées se tenait debout devant moi, toute dorée, mais toute blanche, jeune corps enroulé d'une étoffe si transparente qu'on n'en saisit point la couleur, la chair vive y faisant elle-même de la lumière.

Elle montait des solides dalles de marbre, ferme sur sa racine élargie à la base. Dans toute la longueur, comme des ruisseaux d'un feu sombre, les cannelures symétriques s'enfuyaient dans le libre élément aérien où brillait un sommet misérable et meurtri. Il fallut peu de temps pour prendre connaissance de la silhouette souffrante et souffrir avec elle, avec tout le sage univers, de tant de coups barbares qui l'ont décapitée. Son svelte chapiteau et le fardeau que porta cette belle tête gisaient ensemble sur le sol et leurs débris, comme le seuil de quelque cimetière supérieur, manquèrent me tirer des larmes. Si j'avoue n'en avoir versé aucune, oserai-je écrire ce qui suivit ? Pourquoi non, si j'osai le faire ? Sur cette colonne, aperçue la première du chœur des jeunes Propylées, j'entourai de mes bras l'espace, autant que je pus en tenir, et, inclinant la tête, non sans prudence à cause d'une troupe d'Américains qui se rapprochaient avec bruit, prenant même grand soin que l'on me crût en train de mesurer la circonférence, je la baisai de mes lèvres comme une amie. […]

Le fût tronqué des Propylées […] n'était-il, à la lettre, ce que nous entendons aujourd'hui par un dieu ? Il signifiait un plaisir tout à fait exempt de douleur, un mouvement libre et un acte pur. Simple accident de la vie et de la nature, il les résumait et les expliquait toutes deux. De la vie et de la nature à qui leur destinée, le plus communément, a bien défendu d'être belles, le voici, me disais-je, qui élève comme un peuplier au milieu d'un herbage nain le bonheur insolent qui lui a valu d'être beau. Il est la fleur de l'Être. Il est le contraire de l'Être. Il est le rare, il est l'unique, en même temps que le commun et l'universel. Il est de ce chaos dont les éléments se divisent, et sa génération atteste cependant l'industrieuse main, le pouvoir unificateur de la claire raison de l'homme couronnée du

1. Prêtresse initiant les fidèles des cultes à mystères.

plus tendre des sourires de la fortune. Dans le déraisonnable, le mouvant, l'incompréhensible, il pose clairement le rythme assuré d'une loi ; de l'inimitié infinie, il tire un accord immortel.

C'est pourquoi mon esprit goûtait avec une douceur inexprimable ce que mes yeux charmés ne se lassaient point de connaître. Ainsi l'intelligence me débrouillait sans peine le monde troublé du plaisir. La volupté qui me pénétrait d'une onde puissante, je l'honorais presque autant que je l'éprouvais, bien certain que jamais tressaillement plus juste ne se ferait dans mes entrailles. Un exercice ordinaire de la pensée montre souvent comme il est triste ou honteux d'être un homme sujet au mal et à la mort, mais j'éprouvais ici la noblesse de notre essence ; les plus hautes disciplines de la raison rapprochaient de moi la beauté […].

* * *

La table du roc solitaire qui supporte le Parthénon, l'Érechthéion, et, frêle cabane de marbre, le temple de la Victoire, semble tout d'abord parsemée d'une infinité d'ossements polis et brillants au soleil. On songe ensuite, tant la lumière est joyeuse, au vaste chantier d'un sculpteur. Mais c'est la première impression qui est la juste. Ces quartiers que l'on foule sont les membres du corps inanimé de l'ancienne Athènes. Tambour à tambour[1], tranche à tranche, au milieu des herbes flétries qui ne les ont pas recouverts, les styles[2] couchés sur le sol font de véritables dépouilles et les mânes[3] qui volent dans l'air au-dessus d'eux nous professent la mélancolie de tant de travaux. Seules de nobles mains, d'aristocratiques mains d'hommes libres, y avaient été employées. La volonté de Périclès avait banni l'esclave de ces entreprises publiques. Les meilleurs ont ici imprimé le meilleur d'eux-mêmes. Ce n'a pas été éternel.

Un vain sentiment de piété défend leurs restes. Il suffirait que cette piété faiblît, qu'une foi analogue à celle des iconoclastes[4] nous fût prêchée comme on prêche en Russie la mutilation de soi-même[5] et en Norvège la dislocation des sociétés[6], il suffirait qu'une série de grandes guerres ou d'autres fléaux, nous rendant attentifs à des soins plus impérieux, autorisât seulement quelque négligence ; la terre avide, la mer profonde, la férocité des enfants, l'ignorance des hommes, le ciel pluvieux et torride, auraient vite fait de reprendre et de liquider ce trésor.

---

1. Tronçon de colonne.
2. « Colonne », en grec.
3. Les âmes.
4. « Briseurs d'images » ayant sévi à Byzance au VIIIe-IXe siècle. Il existe aussi une tradition iconoclaste dans le judaïsme, l'islam et le protestantisme.
5. Allusion à la secte des Skoptzy, qui pratiquaient l'ablation des parties génitales.
6. Allusion à l'anarchisme d'Ibsen.

Il est vrai que le Parthénon, ayant vécu, n'a aucun besoin de personne et c'est nous qui avons besoin du Parthénon pour développer notre vie. Ce qui en reste est souriant. Et l'on pourrait abattre encore ou profaner, réduire le fronton ouest au même triste état que l'oriental, broyer ou renverser les dernières colonnes, décrocher les derniers vestiges de la frise ; tant qu'il subsistera seulement de quoi inférer une conception de l'ensemble, l'âme de la Vierge éponyme s'y fera sentir dans sa force. [...]

* * *

Le matin, je faisais mes dévotions sur l'Acropole. L'après-midi venu, s'il m'arrivait de remonter, c'était pour visiter les deux musées qu'on a taillés dans un pli de la roche [...].

Au seuil du musée de Patissia est le dépôt des antiquités mycéniennes. Là revit l'âme mecklembourgeoise de l'explorateur Schliemann[1] ; âme naïve et forte, qui sur la terre et sous la terre, pour sa tombe et pour sa maison, employa l'appareil et le style des mycéniens. Mon sentiment, s'il faut le dire, fut d'abord que j'entrais dans une annexe du musée du Trocadéro[2]. À chaque page de mes notes, je trouve dénoncé et presque flétri avec une extrême abondance ce que je nommai doucement les sauvageries de Mycènes. Cette fureur avait pour cause le contraste qui éclatait entre des curiosités pures et les beautés de premier ordre au milieu desquelles je ne cessais d'errer [...].

Quel motif de préférer le moins beau ou le laid et de perdre mon temps chez les inférieurs ? Autre chose m'indisposait encore, c'est l'abus fait du nom d'Homère par les historiens de l'art de Mycènes. Leurs comparaisons soutenues entre l'art homérique et l'art mycénien sont insupportables. Sans doute l'*Iliade* et l'*Odyssée* fournissent plus d'une réminiscence évidente de la civilisation que les Achéens fugitifs apportèrent, lors de l'invasion dorienne[3], dans la Grèce des îles et la Grèce d'Asie. Quoique postérieur, et de beaucoup, à ces translations historiques, l'âge d'Homère avait gardé les débris de l'art achéen[4], et sans doute aussi le poète savait-il par la tradition ce qu'avaient été autrefois Mycènes la dorée, la douce Argos, et les autres cités de l'Achaïe en fleur. Les poèmes d'Homère peuvent donc renseigner sur les temps mycéniens et [...] les antiquités de Mycènes peuvent nous éclaircir quelques-unes des difficultés homériques. Ajoutons, s'il le faut, que le premier noyau des *sujets* d'Homère se place au moment de la grande prospérité mycénienne. Toutes ces vues, plus ou moins incertaines, portent

1. Archéologue du XIXe siècle qui découvrit les ruines de Troie et de Mycènes.
2. Le Musée d'ethnographie, ancêtre de l'actuel Musée de l'homme, qui regroupait alors ce que nous appelons aujourd'hui les « Arts premiers ».
3. Hypothétique invasion qui aurait eu lieu à une époque très reculée.
4. Du nom d'une peuplade indo-européenne installée en Grèce.

sur les matériaux dont le poète s'est servi. Mais elles ne fournissent pas la moindre clarté sur l'art et sur la poésie.

L'art d'Homère veut qu'on l'étudie en lui-même[1]. Il importe peu que les sujets de ses descriptions ressemblent aux objets déterrés ici ou là-bas. Il ne s'agit point de savoir comment s'adaptait le timon au char, ni les courroies au brodequin, mais bien de quelle sorte, dans les récits d'Homère, se constitue le plan homérique, comment s'y fait jour un beau sentiment et quelle est donc, en soi, la beauté unique d'Homère. C'est seulement à regarder ces derniers points qu'on s'aperçoit qu'il faut vénérer, dans ces vieux poèmes, le premier titre du genre humain à l'humanité.

Les personnes entichées de l'esprit évolutionniste et d'une espèce de mystagogie[2] que l'on n'a pas encore nommée, sont prises d'une véritable angoisse de l'âme à l'idée d'un Homère restauré et glorifié. « Homère barbare » est sacré[3]. Elles cherchent comment une époque aussi arriérée dans l'art industriel a bien pu nous donner un modèle d'art poétique, car il leur semble que le monde va toujours à pas réguliers comme un gros de soldats prussiens. Les industries, les arts plastiques, la poésie et l'éloquence doivent, à les entendre, s'avancer simultanément et sur un même parallèle, faute de quoi l'on nie tout avancement partiel. La plus légère application aux réalités de l'histoire fera sentir la grande vanité du système. Il n'y a que ces progressistes et les sots pour croire au développement synchronique de l'art. Comparez le pinceau brillant, mais toujours contraint, du vieux Giotto, aux libres paroles de Dante, dont il est le contemporain[4] ; vous sentirez peut-être comment Homère a pu paraître parmi des ouvriers ignorants, des céramistes grossiers et des statuaires trop simplificateurs [...].

* * *

Passons vite. Ces âges n'intéressent que l'historien. Ce que nous cherchons dans la Grèce, c'est ce qui lui donne son rang sur le monde antique et moderne, ce par quoi elle se distingue de tout le reste, ce qui fait qu'elle est elle et non la barbarie. C'est l'âge de la grécité proprement dite, de l'hellénisme pur qui dura deux ou trois cents ans environ pour la statuaire. On en reconnaît le début au VIe siècle, lorsque en Attique et dans les îles, l'art se transforme, s'assouplit et se délivre des rigides modèles venus d'Orient. Appuyés sur la tradition toujours embellie et accrue, fiers de leur force, les artistes recherchent alors dans la nature des modèles à surpasser.

---

1. Idée développée dans le *Prologue d'un essai sur la critique*, repris p. 277 de la présente édition.

2. Initiation aux mystères. Maurras emploie ici le terme de façon ironique.

3. M. Anatole France fut le premier à rire de ce dogme [NdA].

4. Les deux Florentins, le peintre et le poète, vécurent à cheval sur le XIIIe et le XIVe siècle.

La période, si elle fut exquise, fut courte ; mais tout homme est forcé d'y lever les yeux quand il se soucie de son ordre intellectuel.

Épuisée de guerres intérieures, la Grèce éteint sa flamme quand l'Asie d'Alexandre communique à ses conquérants, non le type d'un nouvel art, mais un état d'inquiétude, de fièvre et de mollesse qu'entretinrent les religions de l'Orient. Adonis et Mithra décomposèrent les premiers le monde ancien[1]. Qu'on ne croie pas que les artistes grecs aient hellénisé ces conceptions ennemies ; ils n'y réussirent jamais. Mais ils furent certainement barbarisés par elles.

Alors, cette lumière de l'imagination et de la pensée qui ne dessèche ni la passion ni la verve, mais commande à l'une et à l'autre en leur imprimant une immortelle vivacité, ce caractère de raison et de puissance qui est le propre de la Grèce, disparaissent ou s'atténuent dans les œuvres des Grecs, et, ces œuvres n'étant plus grecques qu'à demi, on peut les négliger comme on le fait des copies comparées à l'original [...].

* * *

[...] Phidias[2] n'a pas été perdu pour nous, puisque sa tradition a fini par nous revenir. On ne gardait de lui qu'un nom ou des traces incertaines et inconscientes, quand la lumière de la Renaissance brilla d'abord en Italie. Seule, une âme ignorante, amie de la brutalité, se plaindra de la Renaissance. Cependant, les fouilles nouvelles, opérées dans la Grèce propre ont mieux marqué la vraie force de Phidias. Elle était défigurée par l'académisme, à force d'en être polie ; une fausse interprétation du génie classique avait représenté comme durci et raidi par la mort ce qui est au contraire une fleur de vie essentielle, ne tirant son auguste apparence immobile que de la perfection, de l'abondance et de la vigueur de son mouvement. Phidias et les siens ont poursuivi les traits purs et fixes de l'homme à travers les aspects les plus chancelants de la vie.

[...] Le signe distinctif de l'homme d'Athènes était de posséder, à un degré de force unique, ce par quoi les hommes sont hommes, la raison. « Ce peuple d'hommes d'élite », comme Lamartine nomma les Athéniens[3], eut ceci de particulier : il prit plaisir à imaginer les relations stables, permanentes, essentielles. L'esprit philosophique, la promptitude à concevoir l'Universel pénétrait tous ses arts, principalement la sculpture, la poésie, l'architecture et l'éloquence. Dès qu'il cédait à ce penchant, il se mettait en communion perpétuelle avec le genre humain. À la bonne époque classique, le caractère dominant de tout l'art grec, c'est seulement l'intellectualité

1. Le culte d'Adonis est d'origine sémitique, celui de Mithra d'origine persane.
2. Sculpteur athénien du ve siècle avant Jésus-Christ, qui personnifie l'art classique.
3. Dans son *Voyage en Orient* (1835).

ou l'humanité. Les merveilles qui ont mûri sur l'Acropole sont par là devenues propriété, modèle et aliment communs ; le classique, l'attique est plus universel à proportion qu'il est plus sévèrement athénien, athénien d'une époque et d'un goût mieux purgés de toute influence étrangère. Au bel instant où elle n'a été qu'elle-même, l'Attique fut le genre humain.

* * *

Ces réflexions suffisent à justifier le principe des humanistes de la Renaissance dont elles excusent jusqu'aux abus et aux erreurs. Elles fournissent le moyen de refaire une hiérarchie dans les arts selon le degré d'humanité des ouvrages que l'on compare. Ce degré, reste à le sentir. Reste à avoir bon goût. Il n'est pas impossible, si l'on en a quelque semence, de le perfectionner. Il suffit de se mettre en présence des belles choses en les laissant venir à soi.

Aucune action n'est plus réelle. On se sent modelé par la beauté vivante, comme repris et retouché par le regard d'une amie délicate et fière. Hors de cette nature exquise, de cette sainte tradition, tout est faible, chétif et secrètement vicié […].

* * *

À l'Acropole, il n'y a guère que des ouvrages archaïques ou semi-archaïques, et des chefs-d'œuvre purs. Rue de Patissia, le musée central, extrêmement varié, permet au visiteur des comparaisons instructives. Après le laid des mycéniens et des primitifs, on peut voir le laid des auteurs de la décadence. Je ne les voyais presque pas. […]

Cependant, un jour, une envie me pressa de voir en détail comment se corrompirent, chez un peuple si bien doué, le génie et l'intelligence des arts, et ma pensée osa fixer ce qu'elle avait fui jusque-là. Je vis paraître presque sans transition, après les nobles caractères qui m'étaient devenus chers, les hideuses têtes syriennes du type de Lucius Vérus[1], puis les chefs lourds et massifs du rustre latin… Une sorte d'athlète, d'un travail curieux et violent, tendait sa musculature prétentieuse ; des éphèbes aux bras arrondis, des Aphrodites tremblotantes et flexibles comme des joncs ; des vérités trop ressemblantes ou des faussetés trop menteuses ; un air de dissolution et de contrainte tout à la fois. Épicure et Zénon confrontés et quelquefois entrechoqués dans le même marbre[2] ; de ci de là, quelques efforts heureux,

1. Empereur romain du IIe siècle après Jésus-Christ.

2. Ces deux philosophes représentent deux écoles diamétralement opposées, l'épicurisme, qui insiste sur la recherche modérée des plaisirs naturels, et le stoïcisme, qui prône la recherche de la vertu à tout prix.

qui me remettaient en mémoire que le premier déclin de la statuaire hellénique fut sublime après tout, puisque notre Vénus du Louvre[1] y a brillé, dit-on… Et toujours je ne sais quel air inachevé, ou d'achèvement trop sensible, l'absence ou l'incertitude des traditions et l'oubli de la liberté ! Mais les qualités les plus rares, jetées à profusion et comme au pillage.

« Il y a dans l'art un point de perfection comme de bonté et de maturité dans la nature[2]… »

Le beau fruit grec en déhiscence[3] me confessait encore le mystère de son destin. Il me faisait comprendre la signification du point mystérieux, maximum de vigueur et de densité, qui domine et qui enveloppe le reste ; ce qui semble au-dessus, ce qui semble au-delà n'est étendu ni accru que de vide pur. L'énorme et le géant ne sont aimés que de la foule ; leur boursouflure se dégonfle et, en se dégonflant, publie que les grandeurs sont tenues en abrégé dans la perfection. Celle-ci sera l'élément auquel se rapporter. C'est sur lui qu'il faut régler tout.

Seul, un buste au milieu de cette galerie lugubre manqua de me faire sourire. Il représentait un pauvre homme d'empereur, le vieil Hadrien[4], épanoui dans son atticisme d'école. Je le jugeai fort à sa place, et le saluai en rêvant. Hélas ! tout compte fait, le monde romain s'acquitta mal auprès de la Grèce. À quoi pensaient-ils donc, ces administrateurs modèles, qui ne sauvèrent pas leur éducatrice des pièges que lui ouvraient son intelligence et son ouverture d'esprit ? Ce furent de mauvais tuteurs. Non seulement ils ne surent point la guérir des lèpres sémites, mais, tout le mal qu'Alexandrie n'avait pu faire au monde grec[5], Rome, on peut le dire, le fit. Il est vrai que Rome, à son tour, périt du même mal, en entraînant son lot d'hellénisme et d'humanité

* * *

Chapitre final supprimé par Maurras après 1912[6]

Je transcrirai mon impression finale ; elle fut la plus forte de la journée. Je l'éprouvai dans un recoin, à droite d'une porte, devant le buste d'un homme jeune encore, à la barbe longue terminée en boucles épaisses,

---

1. La célèbre Vénus de Milo (IIe siècle avant Jésus-Christ).
2. La Bruyère, *Les Caractères* (1687-1696).
3. Point qui suit la maturité d'un fruit, au cours duquel il s'ouvre pour laisser échapper sa semence.
4. Empereur romain des Ier-IIe siècles après Jésus-Christ.
5. Alexandrie d'Égypte, où vivait une importante communauté juive, fut l'un des principaux points de contact entre l'hellénisme et le monde sémitique.
6. « Il m'a paru satisfaisant pour la pensée d'un certain nombre d'amis catholiques vivants ou morts et pour mon témoignage de profonde reconnaissance de sacrifier ce chapitre en mémoire de la grande âme du pape Pie X », explique Maurras dans les rééditions d'*Anthinéa*.

au nez fin, aux joues creuses, les pommettes délicatement aiguisées, les orbites proéminentes et comme usées par le souci. Une ossature mince soutenait ce visage fiévreux, d'un caractère inquiet et souffrant. Joignez, autant qu'il me souvient, de grands cheveux roulant à flots sur les épaules, comme pour souligner, dramatiser, outrer un masque de douleur dont tous les traits finissaient en pointes subtiles. J'ouvris le catalogue [...]. Je ne fus pas surpris d'y lire :

> 419. Buste de jeune homme barbu trouvé au théâtre de Bacchus à Athènes. L'expression et les traits du visage nous rappellent l'image de Jésus-Christ. Art très intéressant.

Non, je n'eus aucune surprise. Je sentis pourtant le besoin de courir au grand air pour dissiper le trouble où me jetait ce brusque retour du nouveau monde et du Nazaréen par qui tout l'ancien s'écroula. C'était le dernier jour d'avril et l'un des premiers du véritable printemps. Jusqu'au soir, je courus les monceaux de ruines informes, répandus en des terrains vagues entre la rue d'Hermès et la pente septentrionale de l'Acropole. Dans l'enclos déserté de l'ancien gymnase de Diogène[1], où quelques moutons paissaient l'herbe, je me couchai au sol et regardai sans dire ni penser rien, la nuit qui approchait. Il me semblait qu'ainsi, sous la croix de ce dieu souffrant, la nuit s'était répandue sur l'âge moderne. Mais les nuits de l'Attique ne sont jamais tout à fait sombres. Je fis un mouvement. La fluide clarté que développaient les étoiles me désigna avec insistance et autorité, sur un morceau de marbre pâle, ce mot, inscrit en lettres majuscules, ΧΟΡΟΣ.

Choros veut dire danse. Une danse est un mouvement concerté et réglé qui laisse dans l'esprit de belles figures. Ces lettres assemblées me gonflèrent le cœur d'espérance mystérieuse. Elles me firent voir des générations de morts ressuscités, de dégénérés refleuris. De la terre aux étoiles, tout passe, tout revient, tout est lié en chœur. Des circuits infinis correspondent à tous les vœux. Un chrétien s'afflige, l'impie ! Mais il n'est rien que ne soulève la volonté tendue d'un esprit préparé et fort.

J'étais entré au gymnase de Diogène, pleurant la mort de Phidias et la décadence du monde ; mais le beau mot répété dans l'onde brillante, ΧΟΡΟΣ, ΧΟΡΟΣ, dévora tout ce qui n'était plus digne de Phidias. L'idée du chœur universel m'ayant éclairci la pensée, je repris passage sur le vaisseau qui me ramena chez les miens, apportant dans mes mains vides plus de trésors que n'en avait Ulysse quand il regagna sa patrie.

1. Le philosophe cynique des Vᵉ et IVᵉ siècles avant Jésus-Christ campait dans ce gymnase.

PRÉFACE : LE FRUIT LATENT

À mon cher et vieil ami
Robert de Boisfleury

Mon regard d'adieu à la vie s'arrêtera très volontiers sur quatre ou cinq vieilles années où mon loisir s'est dépensé d'une manière qui n'est plus revenue.

Entre vingt-cinq et trente ans, j'eus la passion de certaines courses rapides. Dès que les besognes urgentes m'accordaient un peu de temps, je prenais le train pour quelque ville d'entre Somme et Loire, sans autre idée que d'y suivre les rues et les chemins, en regardant non point ce qui était *à voir*, mais ce qui s'offrait à la vue : façade, porche, tour ou mail ; aspects immédiats hautement préférés au riche contenu des trésoreries de l'Histoire : palais, temples, musées, dont je ne passais pas le seuil ; en fait de musée, j'avais assez du Louvre où j'allais régulièrement tous les jours.

Une amitié confuse m'était ainsi venue pour un certain nombre de villes françaises, en raison de leur site sur la rivière, la colline ou la mer, la couleur des murailles, la lumière qui les baignait. Mais, par exemple ! à l'arrivée, il fallait me reconnaître et m'orienter : j'éprouvais le besoin de savoir quel rapport matériel je soutenais avec le vaste monde, où étaient le levant, le couchant, le nord et le midi. Ces points réglés, je n'avais plus souci que de respirer les belles essences à même leurs tiges, sans en entr'ouvrir le calice du bout du doigt. La connaissance une fois faite, un cadre de vie ancienne ou nouvelle aperçu, je me sauvais, et fuyais presque, en me promettant de revenir au plus tôt. Rien de plus naturel, on avait la vie devant soi !

Mais non. L'on n'avait pas la vie… Sauf pour quelques coins favoris, comme Senlis, comme Dieppe ou Versailles, les courses qui recommençaient se faisaient toujours en un sens nouveau. De plus, on s'était mis à rêver de plus longs voyages. Un frère colonial vantait au loin l'île de Pâques, l'Australie, Nouméa et ce désert océanique des Antipodes de Paris, meublé, disent les géographes, d'un arceau de roche géante sous laquelle « les flots s'engouffrent en gémissant »… D'autres cieux très divers, la Pampa, Corrientes, la mer Noire, la mer d'Azow, me tentaient aussi, car d'orient en occident, ils me parlaient de vagues cousinages à retrouver ! Les séjours dans ma Provence prenaient une bonne partie de mon temps. Jadis les grandes vacances nous y ramenaient en famille ; ma mère ayant quitté Paris, j'allais la retrouver en toute saison, aux beaux froids d'hiver bleus, aux flambeaux printaniers du genêt d'or et de l'ajonc, aux pourpres couchants de novembre. Il allait de soi que Marseille, où tant de bateaux sont à quai, me murmurât, de temps en temps, que les îles d'Homère, le coteau de Tibur étaient contigus à cet horizon. L'argent ? Il n'en fallait pas beaucoup pour un journaliste.

Jeune, libre, léger ainsi apportai-je à Athènes ce que j'en rapportai : *le visage d'un homme heureux* comme le montre la première page d'*Anthinéa*. Les villes toscanes et ligures, le dos d'âne de la montagne corse, Londres même, à cause des *Phidias* du musée britannique[1], me soumirent à leur aimant. Rien ne pesait, rien ne traînait. Il ne me semblait pas que j'eusse plus à faire que d'aller d'un jardin à l'autre : pour rien, pour le plaisir.

*
* *

Quelques amis en plaisantaient. Ces courses inspiraient à d'autres une certaine inquiétude.

— Comment fait-il, disait Barrès, avec ses mauvaises oreilles ?

— Il se débrouille, répondait le clairvoyant Amouretti, qui savait que la petite difficulté à vaincre n'était pas sans dorer les couleurs du vagabondage.

Il m'était possible de déchiffrer ou de deviner un texte en anglais ou en italien, non d'y soutenir une véritable conversation. Je marquai d'un beau caillou blanc un après-midi de Florence où fut mené, sans interprète, le plus étourdissant des débats d'intérêt : la note de l'hôtel m'avait paru trop forte et, quoique l'heure du départ me pressât, j'en avais fait la remarque en termes vifs. Le logeur s'était défendu. J'insistais comme je pouvais, n'entendant rien à ses raisons, comme il n'entendait rien aux miennes. Ma mimique dut l'emporter. Le rabais demandé fut acquis. Mais, deux heures plus tard au chemin de retour, quand je refis mon compte, quelle ne fut pas ma stupeur de découvrir que l'erreur de calcul était de moi ! Je l'avais imposée. En courant à la poste renvoyer excuses et argent, j'étouffais des orgueils de cette victoire de l'étranger, du sourd, remportée avec mes forces infériences !

1. La célèbre frise du Parthénon, sans doute réalisée sous la direction de Phidias, dont une moitié se trouve au British Museum.

Néanmoins, il ne me fût jamais venu à l'esprit de la publier dans l'album de ces courses : chroniques de journaux ou feuillets de livres.

— Vous avez tort, disaient mes confrères professionnels. Vos histoires de bureau d'hôtel, comme vous dites, ne vous eussent gêné en rien pour parler Antiquité, paysage ou poésie et vos chapitres en seraient égayés, allégés, variés.

Je ne disais pas non, mais le pli était pris. À mon retour d'Athènes, je fis rire une table de bons écrivains quand je leur avouai qu'invité dans la vieille maison de Jean Moréas aux noces magnifiques de la sœur du poète[1], mes lecteurs n'en avaient rien su.

— N'y avait-il donc rien à en dire ?

Au contraire. La soirée avait été aussi curieuse que belle : la pourpre rutilante des vieux évêques d'Orient pareils à des rois mages, sous leurs ornements millénaires ; le vif contraste qu'ils formaient avec l'habit noir des messieurs d'Athènes, équipés à l'occidentale ; la précise élégance des uniformes de l'armée ; un concours inouï de nymphes et de déesses de tous les âges ; enfin et pour comble, debout près d'une beauté brune à la chevelure d'ébène, couronnée de fleurs d'oranger comme toutes les mariées de la création, le marié, un fort gaillard à noires moustaches, son képi surmonté de la blanche torsade du même arbrisseau virginal…

— Et vous avez vu ça ! Et n'en avez rien dit ! Les lecteurs de *La Gazette de France*[2] pourraient vous intenter des poursuites en règle, pour dissimulation et recel frauduleux du plus beau de vos reportages…

À la vérité, j'avais craint une apparence d'indiscrétion. Mais bien d'autres secrets d'Athènes avaient été gardés pour moi !

Une grande et absurde orgie de tabac m'avait mis sur le flanc. Ne fumant que depuis peu, mais à la rage, j'y perdais de longues heures et y gagnais beaucoup de petites angines. Cette fois, trois jours de réclusion dans l'hôtel Panghion, la fièvre, le lit, la privation de l'air sacré et des promenades divines, s'étaient unis pour me faire prendre en pitié la misérable petite joie payée de si riches plaisirs.

« — Eh ! quoi, la mesure des voluptés élémentaires ne s'enseigne donc plus au sauvage moderne ? il ne sait plus choisir les plaisirs qui ne sont mêlés d'aucune peine, ni persévérer dans ceux que nulle peine ne doit gâter ? Quelques feuilles sèches enroulées, touchées d'une bête de flamme, et leur vaine volute grise, et leur narcotique banal, l'auront paru valoir de te bannir de mes Propylées, de mon Temple et de ma Tribune des Jeunes Filles ? »

La voix de la Déesse s'était un peu aigrie. Il fallut composer, jurer, oui jurer que jamais plus cigarette ni cigare n'effleureraient ma lèvre, ne bruniraient le plat de mes doigts. À peu de défaillances près, voilà quarante ans et plus que je tiens ce pacte d'honneur avec l'Olympienne.

1. Moréas était d'origine athénienne.
2. Le journal qui avait envoyé Maurras en Grèce pour couvrir les Jeux olympiques.

— Et (refrain !) vos lecteurs n'ont rien su de votre intéressante thérapeutique ?

— Ils n'ont même pas su ma rencontre avec la marchande d'herbes de l'Agora.

— Celle qui marquait des fautes aux plus grands orateurs ?

— Elle-même.

— Et qui leur reprochait toute erreur d'accentuation ?

— C'est bien elle que j'aie rencontrée.

— Veine ! Sur l'Agora ?

— Pas tout à fait. Notre Agora roulait sur rail, bien loin d'Athènes. Vers la rivière du Levant. Je quittais Pise. La fameuse marchande habillée en pauvresse, avait occupé un coin de wagon de troisième classe, auquel je faisais vis-à-vis, sans que j'y eusse pris garde, car je dormais de tout mon cœur. Un bruit de ferraille mêlé de coups de sifflets me réveilla. Où étions-nous ? Je me penchais. En me frottant les yeux, j'épelai à voix haute l'écriteau : – La *Spez-zi-a*, sur trois syllabes, et l'accent sur l'*i* médian. À ce double *cuir*[1], un fantôme en haillons, jailli de la banquette, fondit presque sur moi. Un mot claqua, en deux syllabes, accent sur l'*e* : la *Spez-zia*.

Haute, sèche, tempes serrées, orbites creuses, pommettes en saillie, ma puriste montrait le beau type ligure, celui qui court du Rhône à l'Arno, et sa juste colère pour un mot mal dit me condensait tout le charnel, tout l'animal des fidélités d'une langue. Plutarque aurait cueilli ce trait...

— Plutarque. Pas vous.

— J'ai eu tort. Et Plutarque n'eût peut-être pas passé sous silence que la veille, de bon matin, j'avais pris une voiture à chevaux pour gagner la plage de Boccadarno, où deux poètes en brûlèrent un troisième[2]. Bien qu'ennemi du romantisme, j'aimais à fredonner la petite romance des *Cenci* :

Faux ami, te verra-t-on sourire ou pleurer
Quand ma vie s'endormira[3]...

Il y avait trois quarts de siècle que la fumée du sacrifice s'était envolée. Je ne m'enquis ni du monument ni du lieu du bûcher. L'enthousiasme était tombé. J'oubliai Keats, Byron, Shelley. Seul, le retour m'intéressa en raison de la file des libres chameaux de S. M. le Roi d'Italie[4], qui remontaient à petits pas la rive droite de leur fleuve de boue et d'or.

1. De l'expression « faire un cuir », c'est-à-dire écorcher la langue comme on écorche un animal.

2. Le corps de Shelley fut incinéré sur cette plage en présence de Byron et de Trelawny, mais non de Keats, contrairement à ce que Maurras suggère plus loin.

3. Extrait d'un drame de Shelley.

4. Victor-Emmanuel II, le premier roi d'Italie, avait encouragé l'élevage de dromadaires à des fins agricoles.

— Et, ces libres chameaux, si loin de leur désert, vous les avez passés au bleu[1]...

— Ils étaient dans mon *Guide*, je n'avais pas envie de lui faire concurrence. Mais, en train d'aveux, je vais dire le plus vain de mes pèlerinages d'alors.

Le grand désir m'était venu de connaître Lucques, afin d'y rechercher ce qui pouvait survivre de la très jeune fille que Dante y aima. Non moins honnête que belle et noble, elle ne portait « pas encore de bandeau » quand on la nomma devant lui au chant XXIV du *Purgatoire* :

Non so che Gentucca...

« Je ne sais quelle Gentucca » lui était destinée de haut et de loin :

Femina è nata, et non porta ancor benda
Cominciô èi, che ti farà piacere
La mia città[2]...

Ce plaisir qui germait dans Lucques et devait y fleurir pour lui fut sans doute d'un charme rare, car Béatrice en piqua une violente scène de jalousie[3].

Les Lucquois du XIXe siècle n'avaient certainement pas oublié leur belle enfant du XIVe, et je me doutais qu'une immense littérature locale avait noué les plus doctes guirlandes à son gracieux souvenir, mais j'en ignorais le premier mot ; aussi léger d'érudition que d'autres trésors, j'en étais au vœu ingénu d'une rencontre d'aventure avec la jeune ombre amoureuse. Peu de chose m'eût satisfait : portrait, statuette, quelque médaillon sur une fontaine, une simple plaque de rue...

Mais la poursuite sans méthode ne pouvait rien donner. Je fis deux fois le tour de la ville, par la haute avenue circulaire bâtie sur le rempart et plantée de beaux arbres qui se recourbaient en ample berceau continu. Après quoi, je pris, suivis, quittai, repris différents rayons qui, droits ou tors, aboutissaient, comme au moyeu central, à la charmante tour faite de brique rose, floquée d'un jardin suspendu. Tout cela me souriait fort, mais dans une espèce de solitude : rien, ni personne, avec ou sans bandeau, qui fît la moindre allusion à ma Gentucca ! Je rentrais à la gare le mélancolique troupeau de mes déceptions, quand, près d'un sale mur couvert d'obscènes graffitti, mon cœur se serra : ce qu'on pouvait y lire passait les bornes de l'ignoble. Je doutai, j'approchai, ce n'était que trop vrai, il y avait bien deux lignes au charbon : M..., et non l'initiale de *morte*, mais l'affreux M... gaulois,

M..., PÈR
GENTUCCA

1. Effacer ou omettre volontairement, en argot journalistique.

2. « Une femme est née qui ne porte pas encore de bandeau, commença-t-il, et qui te fera aimer ma ville... »

3. Béatrice est la bien-aimée de Dante. Elle est notamment une allégorie de l'amour divin.

J'aurais pu fuir cette ordure. L'esprit critique me retint. La volonté de bien établir mon texte me fit relire l'inscription de haut en bas, de bas en haut, de droite à gauche et de gauche à droite, selon les règles des conférences d'histoires. Et, ô bonheur ! ô juste récompense de l'application ! ô hommage rendu aux mauvais garçons du pays, voilà que l'immondice, perdant de sa honte, cessait de salir la petite vierge de Dante : cela ne tombait plus que sur un quasi-homonyme, l'honorable M. GIANTURCO, alors ministre de la Justice ou de l'Instruction publique du roi Humbert !

*

* *

Mirabilia, ces merveilles, *memorabilia*, ces mémoires datent de mes années 1895, 1896, 1897, 1898… Mais, fin août de cette dernière, je reçus mon coup d'arrêt. L'un des éclats tragiques de l'affaire Dreyfus, l'arrestation et le suicide d'un officier français[1] qui luttait contre la révolution juive, opéra un changement total dans ma vie. On avait tenté de déshonorer ce héros, j'avais eu le bonheur de le couvrir, de sauver son nom, de faire rétablir les honneurs dus à sa noble mémoire, et ce premier service rendu au pays me fit penser que je pourrais en rendre d'autres. Adieu, mes belles promenades ! Adieu, les rêveries, la flâne, les cabotages et longs cours au fantasque hasard. Le centre de mon existence fut désormais fixé dans l'enceinte triangulaire que déterminent le Palais-Bourbon, le Palais de Justice, et, sur la rive droite, le quartier des journaux. Non, je n'en bougeai plus. J'étais entré en politique comme en religion. La curiosité de la veille, celle du jour, du lendemain, m'asservissaient et m'enchantaient :

— Qu'allait-il arriver ?

— Que fallait-il faire arriver ?

Je fus l'esclave de cette transe mystérieuse, où les événements vous obsèdent, bien qu'ils s'égouttent avec une lenteur de siècles.

Pour qui brûle d'un tel souci, rien n'est plus déplaisant à imaginer que de se trouver loin des champs de manœuvre de Paris à l'explosion de quelque nouvelle importante. Sans doute assez souvent, en dehors des stations dues à la Mère Provence, j'ai pris le bateau ou le train ; jamais pour mon plaisir tout nu ; toujours en vue de quelque service politique déterminé. Cette nouvelle manière de me déplacer me semblait d'ailleurs la plus belle, la meilleure, la seule : ce que je faisais là de volontaire, de tendu, les solides raisons, les utiles motifs de mon mouvement me semblaient uniquement dignes d'estime. Si je les comparais à l'ancienne course sans règle où je me

1. Le colonel Henry, qui avait confectionné des faux documents pour accréditer les accusations portées contre Dreyfus. Il se suicida le 31 août 1898. Maurras tenta dans la foulée de justifier son activité de faussaire, liée selon lui à des impératifs stratégiques.

contentais d'user et d'abuser de la beauté des choses, de leur galbe et de leur parfum, ce temps de pure poésie m'inspirait un dédain chargé de pitié.

*
* *

Comme je me trompais !

Je connais maintenant, aux reculs de l'expérience, que c'est des substances légères inhalées au petit bonheur, du flot aérien de leurs columelles rapides et de leur puissant esprit volatil, que fut tirée la moelle de tous les meilleurs aliments qui m'ont tenu debout par la suite. À la lettre, c'est de cela que j'ai vécu. Frivolement jugées frivoles, mes fleurs étaient devenues fruits, et de quelle pulpe vitale ! Les jardins primitifs n'avaient eu qu'à durer secrètement en moi pour pousser en tous sens le branchage noueux sur lequel ont mûri les récoltes de mystérieux vergers nouveau-nés. J'ai fini par les connaître ces vergers qui ont grandi avec mon âge : je vois, de la mer aux montagnes, rire leurs plantations étagées sur les autels rustiques qui partent des belles corniches où finissent les coups, battements et baisers du flot de la vie éternelle. Le résultat cueilli ne vaut que ce qu'il vaut, il n'exprime que le peu que j'ai pu : je n'ai pu quelque chose que grâce à la bonté féconde, propice à mes désirs, à mes faims, à mes soifs, de ces grappes et de ces régimes, fleurs défaites, fleurs faites chair, qui me soutiennent où que je sois, où que j'aille, quoi que je fasse. Ma pensée vient de là et, tout entière, mon action. Le clair-obscur de la conscience indistincte ne peut plus me soustraire aux graves certitudes de ces fermentations et de ces métamorphoses.

*
* *

Ces *Vergers de la mer*, qui font suite à la jeune *Anthinéa*, et la complètent ou la corrigent, ne ressemblent point mal à un cahier d'aveux. Le lecteur verra vite ce dont je m'étais si mal aperçu : avec quelle vigueur revivaient, aux moindres prétextes, les images ardentes des pays de mes grandes joies !

Paris, le Parisis, l'Île-de-France, Basse-Seine, Loire moyenne ? Une autre fois, j'espère reparler de l'action exercée par leurs chères beautés prochaines : ce que les lointaines firent de moi, ce petit livre essaie de le montrer.

Une escadre française était-elle envoyée dans l'Égée pour réclamer on ne sait plus quoi au Grand-Turc, le seul itinéraire de l'amiral Caillard[1] me faisait presque oublier tout commentaire politique : l'Attique reflambait, je reprenais mon ascension de l'Hymette et ma découverte de l'Archipel ; car, vieux de plus d'un lustre, c'était frais comme de la veille au matin.

---

1. L'escadre de Caillard fut envoyée en mer Égée sur fond de tensions gréco-turques (1901).

Un quart de siècle plus tard, après un voyage en Sicile[1], nous quittions la Ville éternelle. Arpentant le quai de la gare avec Jacques Bainville et Maurice Pujo, je disais tout haut mon désir : – Partons-nous pour Athènes ? La traversée du grand cimetière romain n'était parvenue qu'à raviver mes nuits de sommeil et de songe sous les ombres du Céramique ! Il fallait rentrer à Paris. Mais là, ma table de travail à peine rejointe, je dus m'appliquer à me délivrer de cette obsession athénienne, et deux choses devinrent claires : si j'avais pu quitter l'Attique, elle ne m'avait pas quitté, elle ! Et son insensible présence n'avait cessé de conspirer à transformer, à mon insu, quelques-unes de mes plus fortes rêveries de la vie, de la mort, du temps, de l'éternité. On l'avait remarqué, du dehors, pour quelques pages métaphysiques et même religieuses de la *Musique intérieure* parue l'année précédente : mon air spirituel s'était renouvelé, comme la pente de mes doutes, la montée de mes espérances, au souvenir constant des marbres d'Hégheso et d'Eucoline, sous le vol ininterrompu des belles étoiles, dans le murmure invarié de Mânes conseillers de sagesse et de poésie. La puissance en est reconnue dans ce chapitre de « Corps glorieux » qui fait partie des Mémoires de mon esprit : une pensée pourtant fidèle à elle-même s'y étend et s'y purifie.

On verra d'autres pages qui sont criblées de notes pour attester dans ces variations un degré de concordance qui n'est pas moins vrai.

*
* *

Il n'est pas jusqu'à mon enseignement politique et social qui ne porte parfois les mêmes marques d'origine.

Lorsque, en 1906, dans le petit cénacle du cours privé que je donnais à l'Institut d'Action française, – devant douze ou quinze jeunes gens entre lesquels brillaient les héros, les martyrs[2] et les maîtres futurs de leur génération, Léon de Montesquiou, Lucien Moreau, Jacques Bainville, Pierre Gilbert –, que leur apportais-je ? Aristote : le petit traité d'Aristote découvert seize ans auparavant, cette *Constitution d'Athènes*, modèle de monographie et d'histoire philosophique, à mon sens bien supérieur à la vieille et fameuse *Politique*[3]. On ne verra ici aucune trace de ces leçons. Elles n'ont pas été recueillies. Je ne désespère pas de les rédiger quelque jour, si j'en trouve le temps. Mais je dois dire que l'analyse de la déhiscence athénienne m'a, sinon découvert le train de l'histoire du monde,

1. C'est en effet à Palerme que vivait Philippe d'Orléans, prétendant au trône de France, auquel Maurras et ses amis étaient très liés.

2. Le terme de « martyrs » tient au fait que Gilbert et Montesquiou tombèrent pour la France en 1914 et 1915 respectivement.

3. Autre ouvrage d'Aristote, dont le titre original est en fait au pluriel : *Les Politiques*.

montré quelques-uns de nos *principes-clefs*. M'eussent-ils été découverts sans le contact physique de leur cénotaphe immortel ? il m'avait fallu le voir, le toucher et ne point négliger de m'en souvenir.

Et quand beaucoup plus tard, le grand charme platonicien m'eut repris, la confession que j'en ai faite, et qu'on lira plus loin, montre que, sans vaines évocations déterministes du génie des lieux, je ne pus m'empêcher de m'en tenir sévèrement au Platon qui n'est pas égyptien ni oriental, mais le plus conforme au goût et à l'esprit de l'Attique. Sa poésie et sa raison, éveillées, nourries, trompées par l'expérience, nous instruisent *au sentiment de l'essentiel.* Elles devancent Aristote, loin de le contredire, et nous exercent à porter notre attention majeure sur ce qui ne varie pas ou qui varie le moins dans la trame des choses[1]. Il n'est pas de plus grande discipline de l'esprit humain.

Les quelques pages d'*Enquête sur la Monarchie* que j'ai tirées d'Hérodote restent absolument valables après *vingt-quatre fois cent ans* : parce qu'elle est fondée sur les mêmes méthodes, mon *Enquête* à moi, qui ne date que de 1900, peut se réimprimer sans qu'on y doive rien changer. Cette jeune quadragénaire est bâtie pour ne porter de longtemps lunettes, ni béquilles, ni râtelier, ni fard !

M'en doutais-je ou non quand je courais à Bruxelles pour y rejoindre André Buffet et Lur-Saluces, ou écumais le port de Gênes pour l'audience de Monseigneur le duc d'Orléans[2] ? Il reste que là comme ailleurs, même point auquel toute réflexion me ramène, ces longues fructifications d'idées politiques sortirent très directement des thyrses et des corymbes[3] dont ma belle saison avait cru ne former que des bouquets, des couronnes et des chapelets enivrants. Ainsi va la nature, lente ou prompte, capricieuse ou sûre, mais déconcertante jusqu'au paradoxe : le délicat, l'imperceptible petit bouton que perce l'olivier en mai veut un semestre entier pour achever de distiller son chrême[4] généreux et doux ; le myrte blanc ne parvient qu'en automne à cette baie noirâtre dont le suc est amer et fort. Comme des jeunes filles destinées aux splendeurs de la maternité voilent de tissus transparents, dans leurs riches corbeilles, cette « promesse de bonheur » attachée à tout ce qui est beau, les antiques années de liberté insouciante ont bien pu conserver la fraîcheur et la pudeur de leur naturel ; elles n'en ont pas moins compté, et compté pour beaucoup, dans la matu-

1. En quoi la méthode maurrassienne est fondamentalement essentialiste, avec les qualités du genre (méconnues par l'existentialisme de notre époque) mais aussi ses tendances réductionnistes.

2. Toutes personnalités dont Maurras a recueilli les avis dans son *Enquête sur la monarchie* (non reprise dans la présente édition).

3. Le thyrse était dans la Grèce antique un bâton orné de feuilles ; le corymbe un bouquet de fleurs.

4. Onguent, mais le mot est ici synonyme d'huile.

ration des services, des travaux, des arts, des combats, et c'est toujours à elles qu'est demandée, en grande part, soit l'énergie utile à l'acte de vivre, soit le mécontentement salutaire et l'examen de conscience inexorable qu'exige une préparation aux dignes repos de la mort.

CORPS GLORIEUX OU VERTU DE LA PERFECTION

Sur le Céramique d'Athènes

Un récent voyage de deuil m'a fait traverser Rome au milieu du printemps, et les signes funèbres dont Palerme, Naples et Pœstum m'avaient saturé ont prolongé, sur le forum et la voie sacrée, leur obsession d'arceaux rompus, de tours pendantes et de cippes pulvérulents : les dalles concassées ou grêlées d'inscriptions douteuses m'y poursuivaient du sens uniforme de l'épitaphe *Ici repose* et surtout *ne repose plus*, la cendre même ayant volé par un interstice de sépulture.

On ne rêve pas de gai cimetière. Une contemplation profane de la mort est rarement sereine. Mais l'horreur même a ses degrés, dont il me semble avoir descendu ici le dernier. Il y a la mort d'Orcagna et des autres macabres ; il y a la mort de François Villon[1] : digne sœur de l'une et de l'autre, celle qui remplissait de sa majesté vide le plat désert du Champ romain me donnait des raisons nouvelles de ne pas oublier que j'ai vu dans Athènes une Parque[2] fille d'Homère qui sourit à travers les pleurs.

Plus je hantais, de corps, ces dépouilles capitolines[3], plus les miroirs mouvants qu'élève la mémoire agitaient aux yeux de l'esprit ce que j'ai ressenti, il y a très longtemps, en un mois d'avril tout pareil, dans la petite nécropole du Céramique.

Existe-t-elle encore ? Où est-elle, à présent ? Les choses ont beaucoup changé, dit-on, depuis 1896. Les grands espaces qui s'étendaient jusqu'à la mer, de part et d'autre des Longs Murs, sont aujourd'hui couverts de bâtisses neuves. Mais il doit subsister un faubourg de la Poterie, une route du Pirée. Le Céramique était par là. Pendant le jour, on l'abordait par les guichets du Dipylon ; la nuit, tout était clos officiellement, mais les

1. Orcagna, peintre florentin du XIVe siècle, et Villon, poète français du XVe, ont l'un et l'autre fait une part importante à la mort dans leurs œuvres.
2. Divinités romaines réglant la durée de la vie humaine.
3. C'est-à-dire liées au Capitole, haut lieu de la religion romaine.

petits tas de poussière et de cailloux posés de distance en distance contre le mur rendaient l'escalade facile. Que ces nuits étaient claires ! Et les astres amis ! Quel miel de rose et d'aubépine chargeait l'onde aérienne éveillée aux premiers flambeaux ! Des enchantements commençaient, qui ne reviendront plus. Que, du moins, leur vestige garde le mouvement d'une jeunesse avide de savoir, de comprendre et d'utiliser !

Par une suite de petits tertres et de faibles vallonnements semés de longs asphodèles, montaient de place en place, comme des tableaux de marbre posés debout, ces lames de pierre tombale où les plus intelligents et les plus sensibles de notre race inscrivirent leur sentiment de ce que l'homme universel craint le plus.

Idée mystérieuse que je ne déchiffrai pas à première vue. Ai-je bien fini par l'atteindre ?

La nuit accorde un loisir presque sans limite. L'indécise clarté délie de tout respect humain. Que n'ai-je osé rêver et sentir près des endormis !

Après avoir, pour commencer, revu successivement leurs saintes figures, les avoir reconnues et presque appelées par leurs noms, je manquai rarement de me raffermir dans la certitude qu'elles enveloppaient quelque chose de notre cœur.

Nos tailleurs de pierre du Moyen Âge célèbrent dans leurs cryptes la seule immortalité de l'esprit. Leur enthousiasme énergique nie la mort, ils lui font mordre sa poussière, c'est la force de leur prière et de leur foi : belles mains réunies et tendues vers le ciel, pieds joints, grands corps d'ascètes allongés ou agenouillés, mais qui reposent dans la paix de leur salut… Les Athéniens ont fait, au contraire, un mélange du repos et du mouvement. Quelque chose y est pris au vol, avant la fuite de l'instant où le mort est devenu mort. Un adieu ? Non : l'au revoir, fixe, perpétuel. Regards échangés, mains serrées, que l'on serrera de nouveau si l'on se revoit chez les mânes. Mais quels mânes ? Demandons-le aux stèles, qui devaient le savoir un peu.

De ces personnages, presque de grandeur naturelle, les uns en mouvement, d'autres immobiles, tout porterait à croire que les silhouettes marchantes sont de défunts qui partent, qui s'en vont. Elles semblent glisser par la route du fleuve bas.

Point du tout : le mort est assis, ce sont les survivants qui, debout, se déplacent, suivant le cours du flot de la vie : amis, parents, enfants font les pas qui le laissent seul. Il ne bougera plus. Mais il n'affecte point la rigidité provisoire imputée au cadavre avant les fusions et les dissolutions que tous les réalistes à la Ligier Richier[1] aimeront à nous faire voir. Sur

1. Sculpteur lorrain du XVIe siècle, très connu pour une sculpture macabre se trouvant à Bar-le-Duc.

le marbre, les déchéances sont aussi absentes que la raideur. Les morts du Céramique gardent la beauté souple qui, humaine ou divine, brave le Temps. Seulement, le rayon de tristesse qu'ils laissent tomber est bien froid !

Le lieu commun tiré de l'indifférence (ou sérénité) de l'art grec ne peut servir ici, car l'aspect général de ces scènes de séparation est fort tendre. Mais l'émotion n'y est pas également répartie : si tous les personnages manifestent un peu de peine, ils n'en sont pas touchés dans la même mesure ; ce sont les survivants qui sont émus aux larmes devant le calme surprenant et presque scandaleux de leurs morts. Dans le bas-relief du Pêcheur, la vibration de la douleur qui vient de la veuve n'émeut, n'ébranle, n'obtient rien : tenu et saisi par la main, presque secoué par l'épaule, le disparu n'entend, ne voit que le Passeur, la Barque et le fil du Destin[1].

Le Pêcheur peut répondre que, adulte ou vieil homme, son temps est fait, sa coupe pleine : que peut lui importer l'anneau de surcroît dans la chaîne des jours ? Mais l'argument ne vaut plus rien devant la stèle voisine, *Heghêso*, belle, riche, prise en sa fleur : la merveilleuse fille de Proxénos, assise de profil sur un siège à clous d'or, considère un coffre à bijoux que lui entr'ouvre la jeune servante inclinée. Sa main joue de quelque collier. Le visage, attentif à des biens perdus, n'exprime point de désespoir, ni même de regret très vif, et c'est le mouvement de la servante qui accuse seul le vrai deuil. D'où vient donc une apparente résignation si facile ? La vierge de Sophocle s'est plainte de n'avoir pour lit nuptial que la tombe, la vierge d'Euripide pleure les délices du jour[2]. « Hélas ! que le soleil est beau », dit notre Iphigénie dans la version de Moréas[3]. Ou bien l'Heghêso n'aime rien, ou elle ne croit pas au sérieux de son infortune.

Je le lui demandai longtemps. Allongé sur le sol, d'où les profondeurs de la nuit m'induisaient à nimber toute sorte de songes, je me flattai de démêler que le sceau délicat qui fermait la grave figure aux curiosités du dehors, la défendant aussi contre la terreur ou l'angoisse, couvait sa foi secrète aux biens que recouvre la terre et je réfléchissais qu'Heghêso ne se fût pas montrée moins sereine, ni moins pensive, la veille de ses noces avec un amant adoré, pour se représenter les hasards, les mystères du changement d'état, l'épreuve d'abord difficile ou pénible, avant le bonheur !

Tranquillement assise à la porte de l'Ombre, l'Athénienne ne rêve point que beauté et jeunesse puissent ne plus rien être que leur poids de cendre légère.

De la forme demi-divine que le marbre élançait, il éclôt un conseil de sage scepticisme qui détournera d'acquiescer à la ruine éternelle, comme

1. Allusion au nocher Charon de la mythologie, qui fait franchir le fleuve des Enfers aux défunts, et au fil de la vie, que tranchent les Parques.

2. Respectivement Antigone et Iphigénie.

3. L'*Iphigénie* de Moréas date de 1910.

au parti d'une incompréhensible et déraisonnable impiété. Le *Qui sait ?* que les âmes dures ont opposé aux promesses libératrices peut être rétorqué contre le chant sinistre des oiseaux de nuit. La Vierge au clair visage se fait un cas de conscience de croire vraiment à la mort. Plus qu'Iphigénie et mieux qu'Antigone, elle rêve autre chose. À peine triste, un peu curieuse, mais en paix, on l'entend qui dit : — « Qu'en est-il ? »

Induction ?... Conjecture échafaudée sur un trop petit nombre de vestiges et de témoins ? Ces marbres n'ont-ils pas été taillés en des âges divers où les idées, les mœurs, en se succédant, ont trop varié ? Ne torturons-nous pas des aveux pleins de doute et d'hésitation pour obtenir une réponse qui nous soit accessible et surtout fraternelle ? Est-ce que nous ne faisons pas parler ces muets ?

Hé ! plus haut que les voix que nous leur rêvons, s'élève le mot d'Antigone : « Il était dans mes espérances... » Heghêso peut aller vers une autre maison, revêtir non un autre corps, mais une autre tunique : il lui reste interdit de se perdre en route, elle ni son espoir.

D'ailleurs, si, d'Heghêso, je passe à la stèle suivante, Eucolinê, l'enfant qui joue avec le chien, ses yeux distraits poursuivant à loisir un songe ; si je vais admirer, plus jeune de quelque cent ans, Corallion, femme d'Agathon, qui, assurée dans la beauté et dans l'amour, laisse au mari les larmes et les autres marques de la douleur ; ou près de leurs voisines funèbres, Euphrosine, Pamphile, il faut bien rapporter ces compositions similaires au même principe apaisant. Ailleurs, la mort irrite ou consterne parce que, destruction ou métamorphose, elle fait violence à la forme. Mais c'est en vain qu'un grand poète sacrilège a osé écrire :

La matière demeure et la forme se perd[1].

Non la forme ne se perd pas ici. La matière peut courir et tourbillonner. Les Lois sont fixes. Elles durent : « ordre de l'insertion et de l'involution éternel au même rameau[2] ». D'autres Parques ménagent le salut de l'esprit de vie, loi et forme de la pensée : pourquoi la Parque athénienne ne serait-elle pas appliquée à sauver des séparations de la tombe ces parcelles sublimes que promet à l'âme inflétrie un corps indigne de périr ?

Tel était l'enchaînement des rêveries de ce lumineux cimetière : mon malheur a voulu que les nuits, encore plus douces que savantes, s'y soient, toujours et toutes, terminées par un bon sommeil en plein air, qui renvoyait au lendemain la fin de l'étude. La solution ne put être trouvée au Céramique, mais, sur la fin de ma saison athénienne, au Musée national, rue de Patissia.

1. Ronsard, « Contre les bûcherons de la forêt de Gastine » (1552).
2. *Anthinéa*, p. 224 [NdA].

Ce fut le jour où m'apparut la stèle incomparable que l'on peut appeler le *Jeune Homme pleuré*. Un beau héros en fait le centre. Non au juste un éphèbe. Ou l'éphèbe mûri, grandi, conduit à l'extrême minute de son printemps viril. On l'a figuré au repos, ni debout ni assis, adossé par les reins contre une sorte de plinthe, comme pour préserver de tout risque de changement cette souple stature, cette poitrine pleine de gloire, ces rondes épaules qui portent une tête de demi-dieu.

Devant un pareil assemblage de perfections et d'harmonies, rions du critique qui parle de mélancolie dans l'attitude ou dans le regard. Ce beau corps sera regretté, il ne regrette pas. Non plus qu'il ne regarde ! l'âme, ferme comme la chair, donne de l'émotion, sans en recevoir. Un chien fidèle s'est couché en flairant quelque trace lointaine de vie qui s'évapore. Un petit esclave prostré cache dans ses mains sa douleur. Et, surtout, debout près de lui, plus rigide que lui, son vieux père atterré, la main à la barbe, étouffe un sanglot.

Le héros apercevra-t-il ses trois amis en larmes ? Ils ne parviendront pas à le tirer de son nouvel ordre. Car, s'ils gémissent *qu'il n'est plus*, ne l'entendent-ils pas répliquer : *Non. Je suis ?*

Mais gardons-nous de murmurer au *Jeune Homme pleuré* le vers faussement sibyllin :

Tel qu'en lui-même enfin l'éternité le change[1],

il ferait contre-sens. Le *Jeune Homme* qui pénètre dans l'éternel ne va pas revêtir une personnalité plus profonde, ni une ressemblance exacte à quelque *moi* caché. Loin de rien *devenir*, le voilà qui *reste*. Il reste bien ce qu'il était, à l'abri de tout changement, aussi incapable de varier d'attitude et de forme que ne l'a été Heghêso ou l'une quelconque des figurines, ses sœurs, qui font revivre Athènes antique, mais que la jeune Athènes a vues passer et repasser sur les esplanades, errer sous les portiques, babiller sur le pas des petites maisons. Nul vain idéalisme. Les réalités prises et retenues, mais à leur meilleur point. Lorsque Poussin donnait les belles colonnes de la Maison carrée pour de *vieilles copies* des *belles filles* de Nîmes[2], il continuait sans le savoir l'état d'esprit des copistes d'Athènes, ivres d'un dieu, mais attentifs aux ressemblances d'un portrait.

Qui n'a vu, sur un lit funèbre, de beaux visages que la Mort a su rajeunir de vingt ans ? Elle les a rendus au sommet de leur perfection.

Le ciseau et la main des tailleurs de ce marbre, l'intention de leur esprit, si l'on veut la suivre, donne à entendre ou laisse voir que ces splendeurs vivantes, épanouies au juste point, sont présumées avoir effleuré, atteint et goûté, par une pointe vive de leur existence mortelle, la seconde d'une

1. Mallarmé, « Le Tombeau d'Edgar Poe », 1877.
2. Lettre du peintre Nicolas Poussin à Paul Fréart de Chantelou (1642).

heure ou d'un jour, passé sans doute, mais parfait, par lequel, approchant le Dieu, l'Homme ravit le feu céleste ou peut-être en reçoit, dans un éclair, le sceau de l'incorruptible essentiel.

Ce point du temps où meurt le temps se reconnaît sans doute à ce que chaque être y retrouve le plus beau de soi. Le flot se rend, la voile gonfle : ainsi l'homme s'accroît pour accomplir son type, aspirer son destin et contempler sans honte la ligne d'horizon qui, seule, le définira. Ensemble ou tour à tour, le rêve et la mémoire lui rapportent son état plénier de félicité et d'effort, de labeur et de grâce, de dignes ambitions et de volontés couronnées. C'est là qu'est fait le juste compte de tous les autres points, moyens ou même bas, de la courbe terrestre, l'apogée seul offrant une fleur éligible au Jardinier divin qui la rende au cycle immortel, auquel l'a inclinée le grand vent du désir qui la meut, comme toute chose.

Platonisme ? – On donne un peu trop volontiers ce nom à tout bon et beau songe. Mais Platon a souri au milieu de ces stèles blanches, causé et plaisanté avec leurs ouvriers. Serait-il extraordinaire qu'il eût réfléchi ou conclu à peu près comme eux, ou eux comme lui ? Rien n'empêche qu'un jour ou l'autre, au détour d'un mythe léger, tous soient tombés d'accord de décerner quelque privilège sublime aux calices comblés, aux fruits mûrs, aux perfections pures. Les auditeurs de Platon et Platon lui-même devaient voir aussi bien que nous comment un être fait retour au sol nourricier. Mais avant cette déhiscence universelle, quand cet être tendait d'un mouvement unique du côté des voûtes suprêmes, est-il donc impossible que la tablette des sublimes cristaux que le Démiurge[1] entaille et colore en ait reçu, gardé une sorte de double, une manière de reflet : non une ombre, mais une gloire, qui saisisse et conserve ce qui put apparaître comme un bien de passage, mais que tout prédestine à la station de l'immuable et du définitif, à l'éblouissante fixité du beau et du saint ?

Les artisans recueillaient-ils sans trop d'erreurs ce platonisme ? Cela est d'autant plus croyable qu'ils l'aidaient peut-être à se préciser. De son côté, le grand poète voyageur fils des rois[2], après avoir écouté, consulté les uns et les autres, pouvait presser, même brusquer la conclusion et élargir la route de sa pensée, pour en assouplir la conduite. Si cela n'est point vrai, il reste qu'on ne l'imagine pas sans plaisir… Peu s'en faut que l'on n'évoque le même maître appliqué à manier leurs outils d'art industriel. Est-ce que le pli de telle bouche, amer et doux, éloquent et recueilli, n'accuse pas quelque chose de plus que son influence ?… Pour une raison ou une autre, il n'est rien ici qui n'en soit marqué. Athènes le publie, comme il publie Athènes. Sa doctrine est chargée de beaucoup d'importations étrangères, l'accent athénien est sensible partout.

1. Divinité qui, d'après le *Timée* de Platon, a mis en forme l'univers.
2. Le père de Platon affirmait descendre d'un roi d'Athènes.

Ses paradis sont peints sur un ciel attique très pur. Mais on se demande sans cesse « pourquoi faut-il qu'il ne les ait pas mis en vers » !

De son rêve logique et théologique, de ces méditations lapidaires sur les droits ou les prétentions de notre Heure parfaite au couronnement éternel, il serait chimérique de vouloir saisir la formule ou écrire l'histoire, l'une et l'autre fort sinueuses, avant Platon comme après lui, à travers l'Attique, l'Ionie et la Grande Grèce.

Arrivé là, et sans céder à la vieille rage teutonne d'opposer aux Grecs les Latins[1], on peut penser que des races moins fines, d'esprit moins libre, doivent défigurer l'idée pure ou la détourner en se bornant à la prendre au mot. C'est ce qu'il semble bien que ceux de Rome aient fait. Ils en ont pris et laissé, soit ! Mais, avec leur manière de tout loger dans le réel immédiat et de tout réduire au pratique, l'erreur a été plus sensible que le bon choix.

La culture hellénique avait formé beaucoup d'entre eux. Elle en avait même introduit quelques-uns, presque de plain-pied, tel l'auteur du *Songe de Scipion*[2], à des spéculations tout à fait correctes et justes. La plupart néanmoins ne purent aborder ce thème du Divin touché, ravi, communiqué, dans sa splendeur atteinte, sur une crête enfin domptée, sans y coudre aussitôt l'épilogue brutal que des hommes d'action à forte vie intérieure devaient tirer de la perfection du désir ou de la perfection du devoir : *le désir de finir la vie si la coupe en était vidée ; le devoir de quitter la vie si la haute somme en était conquise.*

Le vœu du suicide succéda au dessein d'une vie surhumaine.

Il appartenait à ces moralistes de fonder cette poésie.

Mettons-nous à la place du mâle Romain, si peu philosophe, mais consciencieux : il portait dans les deux domaines contigus, vertu et plaisir, le goût sérieux de modeler sa propre statue et la volonté rigoureuse de tout obtenir de lui-même pour composer sa dignité comme son bonheur. Plaçons cet homme en face du banquet de son Souverain Bien, une fois qu'il l'a goûté, dévoré. Le premier mouvement sera de tout y arrêter : sa tête, son souffle, son cœur. Quand une âme comblée crée et poursuit, de cette énergie solitaire, l'édification d'un destin, il y a peu d'espoir de lui persuader de prolonger son risque si les chances heureuses ont été courues et cueillies. Ce qui ne fit guère qu'orner et embellir la mort à Athènes devait à Rome la hâter.

La « limite » touchée devint pisithanate[3], et des mœurs nouvelles naquirent de son conseil : les élégants de la fin de la République et tous

1. Les Allemands du XIXe siècle se pensaient volontiers comme les héritiers du génie grec et faisaient des Français les héritiers de la balourdise latine.

2. Cicéron.

3. C'est-à-dire suicidaire.

ceux de l'Empire se divertirent à en tirer un Art subtil non de bien vivre, non même de bien mourir, mais de se résoudre à la mort.

Depuis, toutes les heures de découragement moral et religieux de l'humanité ont été émues et marquées du souvenir et du souci des mêmes jactances lugubres.

Nourris du *Poème de la Nature*[1] ou de l'*Histoire Auguste*[2], beaucoup d'esprits, dans nos générations les plus récentes, se révélèrent plus que sensibles à la double incantation : ils se représentèrent avec le même amour, les uns la beauté, les autres la béatitude, dans la mort élue et fatale ! *Letifera experiens gaudia*[3], disait déjà notre père Ausone, qui en a bien rêvé, s'il ne les a point pratiquées.

À la fascination logique d'un système d'idées se combinait une voix des cœurs altérés. Au charme de l'idée plausible, la fureur consciente et le jet brûlant d'un plaisir que la vitesse de sa propre fuite épouvante. Arrêter, c'est perpétuer. Mourir fut un vœu naturel, comme il suffit pour m'en convaincre de fouiller mes jeunes archives : « Le torrent de ma vie coulait si généreux, avec une flamme si belle, que les coupes de fleurs, leurs jardins, leurs forêts, abîmes de vie printanière, m'y semblaient nés de moi, éclos de ma propre vigueur. C'est alors, mon Eucher, que je vins à me mettre à mort... Je distinguai que mon état allait encourir une déchéance, ma joie s'amoindrir d'un degré, et je ne sais quel point douloureux s'y substituer...

« ... C'est à quoi je ne pus tenter de résoudre mon cœur.

« — Je l'ai percé, ce cœur, tout fumant de béatitude. Voilà ce qui me vaut un repos si doux sous la mer. »

Ainsi monologuait, voilà plus de trente ans, dans le livre de ma jeunesse, le héros innommé d'un petit récit fabuleux, teinté de Lampride[4] et de Baudelaire.

Son état d'esprit est décrit dans *Eucher de l'île*, cinquième conte de mon *Chemin de Paradis*.

Quand notre cœur a fait une fois sa vendange Vivre est un mal ! C'est un secret de tous connu...

Il était répondu, de voix plus humaine, car on y glissait un espoir : – « Éphèbe, perfection de la pleine félicité, te voilà éternel... et, quant au surplus de ta vie, pour t'en être éloigné, dès tes premières joies, avant qu'elles fussent flétries, l'abîme entier conserve tes restes florissants... »

1. Le *De natura rerum* de Lucrèce.
2. Biographie des empereurs romains datant du IVe siècle. Elle eut six auteurs différents.
3. « Savourant des joies mortelles », épigramme d'Ausone (IVe siècle après Jésus-Christ).
4. Un des auteurs de l'*Histoire Auguste*.

Langage pur de l'âme avide et des fantaisies saturées. Mais le raisonneur aposté à tout coin du même volume y saisit des occasions d'affirmer et de formuler, dans un style fort cru, que non seulement il est naturel, mais aussi parfaitement juste et profondément bon qu'un trait mortel s'élance des félicités achevées : dès qu'il confine à ce qu'il appelle le Dieu, l'homme n'a que faire de vivre, ayant reçu et dépensé, fait et donné le plein de soi. L'un de mes personnages, forcené mathématicien, comme il en poussait entre Sybaris et Tarente, ajoute à sa propre décision de périr un véritable jugement capital, suivi de mise à mort, contre un ami hardi qui a survécu au Bonheur : de l'avoir traversé équivaut à le transgresser, marque-t-il dans le récit du *Jour des Grâces*. L'extravagant se donne pour disciple de Pythagore. Le certain est qu'il n'avait pas mis le pied dans Athènes.

On doit en dire autant du jeune Provençal qui, vers 1894, restaurait ces fausses mesures. Mais celui-ci, deux ans plus tard, connut le seuil et l'initiation de Pallas.

C'est que la sagesse athénienne n'aura jamais rêvé de recourir au fer et au sang, pour arrêter le Bien ou le Beau dans leur fuite. Douce modération qui sort d'une cause assez simple. Il lui suffisait de n'avoir tenu aucun compte sérieux de ces humbles déchéances matérielles de toute vie, auxquelles se heurta, pitoyablement, la sensibilité des réalistes Latins. Un peuple d'hommes d'imagination en avait pris son parti d'une âme légère.

La vie s'écoule flot à flot, la mort saisit ce qu'elle veut, c'est affaire à l'une et à l'autre.

Cueillie ou non dans son été, la pomme de Sapho sèche et se décompose, à moins qu'elle ne reçoive en partage le sort de cette *Belle Vieille* que le poète cavalier ne se lassa point de louer

Sous des cheveux châtains et sous des cheveux gris ![1]

La course des saisons et le tour des années sont des misères qui intéressent superficiellement l'esprit généreux. Que la beauté subisse, une fois flétrie, sa sentence ! On ne peut que lui souhaiter de se maintenir le plus haut possible, courageuse et pieuse, résignée et soumise aux bonnes lois mères du monde, elle refusera de les contredire en quittant d'elle-même le *poste assigné*. Mais, quand son lot sera tiré, que le dernier souffle sera rendu, toute force épuisée, fonctions et destins révolus, quand, infime ou sublime, élyséenne ou empyrée, la Recréation surhumaine commencera, sur la « pâle prairie » ou dans le chœur des astres, alors chacun se reverra, chargé, sans en plier, de tout ce qui valut en lui et replacé au juste point de sa pleine gloire accomplie. Seule importe ce point avec sa vertu. Le reste périt tout entier. Telle, la préparation. Tel, le tâtonnement. Et tels, le squelette ou la cendre.

1. François Maynard, *La Belle Vieille* [NdA].

Ayant vécu comme on a pu, l'on revit enfin comme on doit, réintégré au juste éclair de sainte minute enflammée...

Il n'est pas de plus libre rêve, et l'on aura raison de me demander comment il a pu naître si simple et si beau dans Athènes.

Les premiers prédicateurs du christianisme furent frappés de l'esprit religieux qui, même en un siècle déchu, animait encore les Athéniens[1]. Si la romaine solidité morale était peut commune chez eux, leur image de la divinité était vive et pure. Ils étaient dévots comme des Bretons ou comme le furent nos Provençaux. Cette idée leur était dans l'âme, que tout se conduit par les dieux et que rien ne peut réussir sans leur aide. Bien loin de bomber la poitrine et de tendre les muscles pour soutenir tout seuls la charge du fardeau vital, l'équitable concours du ciel et de la terre leur semblait naturel et dû. Cela s'était vu jusque pour le plus impie de leur race, Socrate, chez qui l'idée de Médiation et peut-être de Tradition révélatrice se dessine assez clairement.

Platon agite, entre ses convives, toutes les idées fausses que peuvent suggérer de l'Amour l'imagination et la complaisance : la vérité lui est venue d'une femme de Mantinée, cette Diotime qui ne l'eût pas trouvée sans le conseil d'en haut[2].

L'Ulysse homérique, si constamment aidé de Pallas, paraît ainsi un fils authentique d'Athènes, métropole de l'Ionie et patrie lointaine de son poète.

Le peuple d'Athènes, pris en corps, Démos, ne faisait rien sans la Déesse conseillère qui lui tend une main amie dans les en-tête des Décrets. Sa volonté hardie, artiste, politique, ne s'est point conçue hors de l'effusion d'une grâce supérieure. Active et inventive comme pas une, ce qu'elle fait avec succès, l'ouvrage conduit à son terme, ne peut être sorti que d'un merveilleux tête-à-tête de l'homme avec le dieu.

Quand les stoïques s'éloignèrent du Portique[3], il semble bien que cette vie familière, en parenté étroite avec le divin, s'est aussi éloignée de leur âme. Peu à peu, ils en arrivèrent à concentrer l'homme dans l'homme. De transcendante, leur morale devint immanente et laïque. Ce repliement de l'âme dans une sèche solitude, qui fut propre à ces huguenots de l'Antiquité, était aussi contraire que possible au sens surnaturel, au goût pieux des sectes et des écoles nées à l'ombre du Parthénon. En Attique, ni le plaisir, ni le devoir, ni la jeune science nourrie de poésie, ni, à raison plus forte, cet art que l'on gorgeait de fables heureuses n'étaient exempts d'une certaine foi aux présences réelles du Dieu innommé qui relie ce qui meurt à ce qui ne meurt point. La limpide évidence de quelque Voie lactée où les âmes iraient refleurir dans leurs corps était de

1. Allusion à l'autel dédié au « dieu inconnu » que saint Paul vit à Athènes (Actes des Apôtres, XVII).

2. Voir *infra* « L'amitié de Platon ».

3. Le Portique (du grec *stoa*) est le lieu où se réunissaient les premiers disciples de Zénon, d'où leur nom de stoïques ou stoïciens.

celles que chacun croyait voir et toucher : la difficulté aurait été plutôt d'en faire abstraction ! Que le Dieu favorable dût y prêter la main, cela allait de soi. Sa coopération était ce dont on craignait le moins de manquer.

Comment, en effet, ces Heureux de l'Olympe n'auraient-ils pas fait la moitié de notre chemin ? Et pourquoi, assistant à l'action courageuse entreprise d'en bas, leur charité oublierait-elle de laisser leurs tables célestes déborder justement, de ces rares biens réservés, l'ambroisie à laquelle n'atteindrait que notre désir ?

Qu'ainsi notre très faible approximation du Parfait donnât droit à quelque épanchement et communication du cœur éternel, le souhait n'était pas formé sans prudence : néanmoins, il pouvait aussi n'apparaître, en bonne justice, qu'une modeste part de ce qui peut et doit être honnêtement espéré, et même obtenu, de Dieux bons, pour des hommes de bien vêtus d'une chair digne et pure.

Avant de rabrouer ces rêves, les faiseurs d'objections et les inventeurs de blasphèmes seront sages de remarquer que la résurrection des corps a été espérée hors du Polythéisme[1]. Sa promesse déplaît à quelques penseurs renchéris que ma lueur du Céramique eût peut-être éclairés. Pour ma part, je viens de le dire, ce tendre rayon a changé en moi quelque chose.

La flamme attique m'a permis de poser autrement que dans l'ordre italiote et latin, isolant et trop personnel, le pénible problème des rapports que soutiennent le Bonheur et le Temps. Vraiment, la solution n'en peut pas tenir à nous seuls.

Il est trop impossible de croire que l'éternité nous recueille pour n'avoir été satisfaits de rien, comme Gœthe l'a cru de son Faust[2] ; moins encore, comme les moralistes romains, pour nous être démis et sacrifiés au son précis de l'heure qui marqua notre plénitude.

Mais, du comble des biens goûtés, si nous suivons docilement les humbles versants de la terre, nous avons nos trésors mis en sûreté chez les dieux : leurs mains sont pures et fidèles ; chez eux, rien ne s'est perdu à jamais ; tout est tenu, rendu, de ce qui en vaut la peine et l'honneur. Un seul jour peut renaître, s'il a été tout à fait saint, s'il a mérité son regret. C'est pourquoi aussitôt qu'elle sut prendre garde à ces divins possibles, ma folle jeunesse cessa de qualifier *fins du monde* les Reines charnelles de l'Ombre et n'invoqua plus leurs ciseaux pour remédier à l'éternelle fugacité de nos biens[3] : l'Heure emporte ce qu'elle arrache ? qu'importe si la Nuit a le pouvoir d'en restituer le plus beau !

---

1. Cette résurrection est un dogme central du christianisme, mentionné à ce titre dans le Credo.

2. Allusion au second *Faust*, celui de 1832.

3. À la fin de la préface au *Chemin de Paradis* (voir *supra*), le jeune Maurras avait présenté la Raison, la Beauté et la Mort comme la « triple et unique fin du monde ».

Les stèles nous enseignent ce repos dans la confiance.

Les principes qui leur ont donné vie et forme orientent vers des images bienheureuses dont la vertu est exaltante, l'esprit apaisant et consolateur.

Nos pas, nos pensées, nos paroles, nos plaisirs, notre honneur, le peu de bien rêvé ou fait, en paraissent relevés au-dessus du gouffre et sauvés de ce qu'on appelle la mort : ainsi de l'herbe aride, sur les stèles dures et fines, croissent dans le marbre doré, de solides figures pour affirmer que tout se garde et se retrouve, afin de briller à jamais.

— Vous voilà, me disais-je, belles Perfections traversées,

À la fleur de vos mouvements,
Dans le rayon de la minute
Où vous étiez parfaitement,
Esprits vêtus de chair ignée,
Souverains maîtres d'un beau corps[1]...

Le peuple qui tira de la fleur de son rêve ces lumières de chair n'avait sans doute pas besoin de s'expliquer au long sur le jeu de leur grâce et le sourire mystérieux qui les anima.

D'autres rencontrent le désespoir dès qu'ils ont pleuré. Mais un ressort puissant sait extraire du deuil ce qu'il recelait de bonheur.

Après le heurt des ruines et des séparations, il faut bien que les larmes coulent ! Mais l'Art incorporé à d'étincelantes matières élève l'espérance de leur salut définitif : plus encore que la Vertu, vieille héroïne toujours prête à prendre d'assaut les enfers, l'Art veut sauver cette Beauté qu'il ne faut pas que l'autre, beaucoup mieux défendue, supplante, exclue ou déshérite.

Personne ne doit craindre de dire et même de chanter à la jeune vie faiblissante combien, de tous les leurres, le plus trompeur serait d'imaginer la certitude de son sacrifice éternel ! Les Sens lui simulent le faux et lui dissimulent le vrai. Mais l'Esprit la tient et la nomme sœur ou fille des substances supérieures qui ne s'altèrent point et font retour au cœur du monde où chacun les recouvrera, pour peu que le monde ait un cœur.

L'ORIENT DU MONT HYMETTE

... Une philosophie de soleil où tout se distingue...
Pierre Lasserre

... Moi aussi, j'ai vu l'Orient. Je l'ai vu quelques heures et lui dis adieu sur-le-champ : avec quelles mélancolies, ce mardi d'une fin avril 1896, comme je

1. Extrait du « Colloque des morts », repris p. 374 de la présente édition.

descendais à la tombée du soir les pentes de l'Hymette sur la route d'Athènes ! En rapportant l'idée des berceaux brillants du soleil, chaque pas qui m'éloignait me pénétrait d'une amertume salubre et mâle comme l'accent du vent de mer.

L'Attique n'est pas l'Orient. C'est exactement le contraire de tout ce que notre imagination peut attacher à ce terme d'oriental. C'est le pays de la nuance et du sourire, de la grâce dépouillée de toute mollesse, des plaisirs vigoureux bien tempérés par la vertu. Il m'était difficile de ne point en aimer tous les moindres aspects, que je découvrais chaque jour, quand un heureux caprice m'entraînait à travers la campagne d'Athènes. Je connaissais Colone et Cephisia, Éleusis, les deux Phalères et la péninsule d'Acté. Sans quitter ces choses divines, il me vint le désir de les embrasser toutes à la fois d'un regard, et c'est ainsi qu'un beau matin, après avoir gravi la fine aiguille du Lycabète, je pris la route de l'Hymette qui me paraissait tout voisin. L'air de ce beau pays est si pur qu'il est presque impossible à un étranger de ne pas se tromper souvent sur les distances.

Je dus cheminer fort longtemps, sous le dur soleil, dans une campagne chauve comme la main et parfaitement solitaire. Une multitude de petites collines, à la croupe desquelles se jouent des sentiers paresseux, défend l'abord de la montée proprement dite. Quelques bouquets de thym (visités par l'abeille, en dépit des mauvais propos des voyageurs) échappent çà et là d'entre la pierre incandescente. De loin en loin un pin couleur de bronze étend son ombelle pieuse et charge le vent chaud du rude parfum de ses fleurs. Mais un détour soudain modifie absolument le paysage. Un bocage apparaît, si touffu et chargé d'une senteur si fraîche qu'on ne se défend pas de songer aux berges d'un fleuve et à la profondeur d'une vaste forêt.

Un filet d'eau froide a creusé ce vallon, procréé cet ample jardin. Les Athéniens m'avaient averti des délices de Césariani, mais le lieu me surprit, rien ne m'ayant permis de le concevoir si charmant.

Des arbres éternels, ces nobles arbres orgueil et joie du bassin des mers helléno-latines, aucune essence ne manquait ; pin, olivier, laurier, cyprès, chacune prospérait et riait selon sa manière. Mais j'y comptai aussi le chêne vert et blanc et, je crois, les dieux me pardonnent, de grands tilleuls, sous leur pâle feuille nouvelle. Tout cela magnifiquement élancé. De beaux troncs lisses, projetés et comme étirés jusqu'au ciel, attendaient presque d'y toucher pour épanouir leur ramure.

L'ancien couvent de Césariani, sa chapelle, la métairie qu'on a essayé de tirer de toutes ces ruines disparaissent dans ce petit océan de claire verdure. Trois colonnes d'un marbre rose, peut-être le dernier débris d'un antique temple à Cypris que les archéologues ont cru relever en ce lieu, semblent naines et misérables dans la forêt de ces troncs sveltes et délicats, blancs comme de la chair. Seule, à l'écart des arbres et des herbes qu'elle nourrit, la fontaine dégorge son petit flot glacé sous le rocher natal ajusté en forme de toit. Je me couche à l'entrée de cette grotte vénérable, abreuvoir des troupeaux et therme rustique des pâtres, attique rendez-vous des Cloé primitives et des anciens Daphnis[1]. C'est en effet le pur paysage de l'idylle et, comme si la flûte allait éveiller les échos, je m'attardai longtemps à y réciter l'églogue de Virgile et le sonnet bucolique de Cervantès.

Midi me remit en chemin. Reposé, rafraîchi, le manteau roulé à l'épaule, il était maintenant délicieux de faire un effort. Le sentier fut vite perdu. Mon plaisir en fut prolongé. L'Hymette se compose, à cet endroit, d'un étagement de terrasses, dont chacune fort médiocre semble annoncer à chaque instant la découverte de l'autre versant. Mais les plateaux superposés se multiplient au fur et à mesure de la montée.

Elle dura deux heures. Enfin un petit cône qui était sur la gauche me parut dominer de beaucoup tous les environs. Les pieds en sang, les cheveux collés à la tempe, je me traînai vers lui comme au sommet probable de toute l'échine.

J'y fus accueilli d'un grand vent et d'un froid extrême, mais l'horizon qui se découvrait à la vue me fit négliger ces misères. J'en oubliai même de me retourner pour donner mon premier regard aux lieux de l'Attique. Cette belle Attique fut oubliée. L'Orient seul, épanoui depuis la moitié de l'Eubée jusqu'à l'extrême pointe de Sunium, l'Orient et le chœur des premières Cyclades, Céos, l'île d'Hélène, la fine Belbina bombée comme un bouclier sur le plat de la mer, cette mer elle-même, aussi fluide, aussi légère, aussi éthérée que le ciel et trempée dans ses profondeurs d'une magnifique lumière, l'Orient et son ciel où l'oblique soleil promenait des flammes limpides et creusait une suite indéfinie d'arceaux azurés, cet imperturbable Orient m'enveloppa de sa sereine stupeur pacifique et je le saluai comme un grave mystère d'unique volupté. Les nymphes insulaires glissaient nonchalamment sous le pli de la nappe bleue. Ni la mer, ni les terres, ni même le ciel ne paraissaient capables de défaire le lien qui les entremêlait, et la douce beauté de toutes ces choses sensibles y tenait le cœur prisonnier.

C'est en vain que, du côté du nord, de hautes et massives montagnes encore coiffées de leur neige, le Pélion, la chaîne de l'Olympe de Thessalie, me rappelaient quantité de fables austères comme la naissance du monde ou les premières origines de la défense de l'Hellène nouveau-né contre les peuplades d'Asie. Je cherchais sur la mer le sillage brillant de la fuite d'Hélène ou la conque de roses sur laquelle apparut la Déesse dans sa beauté[2]. Toutes les séductions chantaient vers ce lointain d'une pureté sans pareille, sur les roches d'onyx et d'or, sur les fines écailles de la mer et du ciel. Les déclivités molles du paysage, depuis la cime d'où je le contemplais jusqu'à l'horizon éloigné,

1. Allusion au roman pastoral de Longus *Daphnis et Chloé* (IIe ou IIIe siècle après Jésus-Christ).

2. Allusion à la fuite d'Hélène avec Pâris, qui déclencha la guerre de Troie, et à la naissance d'Aphrodite (ou Vénus), née de la mer.

invitaient elles-mêmes à la rêverie du bonheur, et du plus indulgent. Plus de héros : des dieux. Et les dieux eux-mêmes semblaient s'évanouir dans un immense amour sans bornes, dans le pur sentiment d'une complaisance infinie.

Tel était, du haut de cette seconde montagne de l'Attique (le Pentélique est la première), l'abîme oriental où se noyaient ensemble mon esprit et mes yeux. L'aboiement d'un chien de berger, qui courait avec son troupeau, me tira tout à coup du songe. Je me retournai donc et revis, dessinée avec ses hameaux, son port, son Acropole, avec son golfe et les grandes îles prochaines, la plaine attique et la merveille de sa diversité. De sorte que ce caractère se détacha avec une force inouïe. Face à cet Orient qui opposait sa vague et brillante unité, trop semblable à la confusion, je ne pus m'empêcher de crier en moi-même : *Netteté, netteté !* comme en d'autres affaires on peut s'écrier *volupté !* La distinction, la découpure de ces détails et de leur ensemble éclataient si bien que, par un phénomène harmonieux, le ciel participait de la diversité des figures, chargé d'une flotte de petits et de gros nuages qui le marbraient. Ces théories de longues vapeurs subtiles, voguant sur le sol déboisé, s'y peignaient aussi bien que sur le miroir de la mer.

Tout vivait et luttait ; tout disait la peine ou la joie, le rire et les larmes, avec les innombrables nuances qui tiennent le milieu entre ces états. Que d'humanité ! Que de grâce ! Que de légèreté et de profondeur !

En me récitant cette litanie, je disais, en songeant aux ouvriers de tant de merveilles :

— Le beau naturel, l'art divin !

Mais le ciel mouvant se chargeait de nuées de plus en plus lourdes. Le golfe Saronique se teignait de cendre et de nuit. Et, bien que l'Orient toujours serein fût échauffé de l'ardeur céleste et marine, le froid se faisait vif ; la position devenait presque intenable sur la montagne. D'ailleurs, comme jadis au milieu des dèmes attiques, Athènes souriait sous l'orage et me conseillait doucement de chercher un abri. Pourquoi ne pas le dire ? On le devinerait. En me rendant au juste conseil athénien, je rêvais en secret de lui échapper. Je rêvais au mystique brasier de l'Orient sur lequel m'attachaient de longs regards chargés de curiosité douloureuse. Blondes îles pétries dans l'argent liquide et dans l'or ! Onde merveilleuse épanchée, m'eût-on dit, des substances supérieures ! Clarté vaste et profonde où le monde entier communie ! Lorsque j'eus consenti à les quitter enfin, ce fut à reculons que je descendis de la crête, mais je la remontai dix fois, découvrant, à chaque retour, une beauté nouvelle aux vapeurs éloignées, mourantes, de Céos, au long corps élégant de l'île d'Hélène, au bouclier de Belbina fondu dans l'azur !

Dix fois, je ne sais quel lyrisme, uni comme un parfum aux noms des beaux lieux répétés, noya ma volonté dans toute sorte de vœux absurdes et d'impossibles espérances. Je savais et savais fort bien quelles cyclades se découvrent de l'Hymette, et je me demandais cependant si ma vue ne saurait pas joindre les autres par-delà l'horizon, les nommant toutes jusqu'à

Samos, jusqu'à Lesbos, et je ne sais pourquoi le nom de Milo me retint aussi fort longtemps :

— Cette Milo, disais-je, en forme de croissant de lune !

La descente eut lieu cependant. Elle fut lente. Elle fut vaine, ou à peu près. Ma mémoire flottait dans la poudroyante lumière. C'est en vain que l'Hymette se vêtit, ce soir-là comme tous les autres, d'un réseau de pourpre dorée et que les asphodèles ondulèrent en chœur sur les pentes de mon chemin. Au seuil de la grave déesse[1], devant les fanaux allumés, je chancelais encore comme l'homme que le vin d'Asie a troublé.

Novembre 1901

L'AMITIÉ DE PLATON

Si l'on s'en tient au cercle des intelligences initiées, la richesse et la gloire de l'œuvre de Platon la font presque souffrir de la multitude des admirations, des critiques, des sollicitations, des développements et des commentaires. Si l'on va au-delà et que l'on interroge ce vaste élément du public dont on peut dire qu'il n'est pas illettré, l'on est saisi de la fantaisie arbitraire ou de la disparate des conventions diverses associées aux titres du platonisme et de Platon.

Les uns y voient une doctrine de l'amour décharné. D'autres, la théorie ou même la pratique de l'amour dévoyé. Selon d'autres, il ne hante que des collines empyrées d'où s'épanche sur nous le plus irréel des éthers[2]. On lui reconnaît une éloquence sublime, et l'on mentionne quelquefois un don de prescience, un génie de prophète, pour lequel l'épithète de *divin* est de droit.

Les esprits avertis enragent. Cela contribue à les rendre justement difficiles, exagérément pointilleux ; tout les met en alarme, et ils prennent ombrage des avis les plus innocents. Ne nous attardons pas à trop louer la fraîcheur unique de la poésie de Platon : ils nous accuseraient de reprendre le triste lieu commun qui lui décerne la palme du « rêve » afin de réserver au seul Aristote le dur laurier de la « pensée ». En sens inverse, prenons garde de parier amoureusement du logicien et du dialecticien magnifique : nous deviendrions suspects de recruter et de racoler, pour le parti philosophique ou religieux qui cultive l'idéalisme, ici dogme intangible, là nuée et fumée.

1. Athéna, c'est-à-dire Athènes, où revient Maurras après son ascension de l'Hymette.

2. En d'autres termes, on fait de Platon soit le théoricien de l'amour dit « platonique », soit un chantre de l'homosexualité, soit l'habitant d'un univers sans rapport avec le nôtre.

On a donc quelque mal à parler du plus libre des êtres avec un peu de liberté.

*

* *

N'ajoutons pas à tant de difficultés préalables en craignant d'avouer qu'il y ait un peu de sa faute. Cette belle figure est extrêmement complexe, quelque grands traits, brillants et très purs, qui la définissent.

Véritable Ionien, authentique homéride, reconnaissable au son puissant que ses enthousiasmes nous rendent, un peu marqué de signes d'influence orientale, asiate, hébraïque même[1], cet eupatride et fils de roi reste partout fidèle au type excellent de l'Hellène d'Europe. C'est un Grec d'Attique et d'Athènes.

Sa curiosité insatiable peut l'emporter, il peut succomber à la tentation de recréer le monde après l'avoir compris, les utopies du platonisme font encore briller leur caractère platonicien : ce contour, admirablement *distinct*, des idées ; leur arête fine et coupante ; la fière fermeté de l'énoncé de leurs rapports ; la rapidité de leur mouvement ; cette précision dans la flamme ; cette rigueur logique ; cette lucidité critique : cette densité grave, nourrie d'emprunts chauds et directs faits à l'expérience ; cette force de vie, cette transparence idéale ; ce plaisir délicat et presque sensuel, fait de la mise au jour des évidences les plus abstraites !

*

* *

Avant lui, et depuis, la sagesse s'est communiquée de diverses façons.

Tantôt l'essentiel de la conquête intelligible se trouve resserré en formules sans suite, ou bien liées par les vertus de la mesure et du rythme. Tantôt, la volonté de réfléchir l'ordre du monde a composé les aphorismes en des séries, étroitement, rigoureusement enchaînées. Le système le plus fréquent est celui de l'exposition continue : discours, traité dogmatique, développement d'analyses, énonçant, de maître à disciples, d'auteur à lecteurs, ce qu'on a découvert du monde et de ses dieux : sortes de miroirs lisses, comparables aux nappes des fleuves, à la vaste et plane étendue d'une mer qu'un vent paisible ne soulève que d'un côté.

Chez Platon le mode d'expression n'est pas si tranquille ! Comme tous ceux que l'Antiquité appela les enfants d'Aphrodite et de Mars[2], entre

1. Cette influence, sur laquelle les spécialistes ne s'accordent pas, a pu s'exercer sur Platon lors du voyage qu'il avait fait en Égypte.

2. Déesse de l'amour et dieu de la guerre.

lesquels il est le plus grand, Platon arrache la doctrine, il la dégage de conflits, d'assauts, de combats, qu'elle couronne de son écume brillante. Une discussion acharnée, quelquefois brutale, n'y fait pas plus de grâce à l'erreur que la tempête à la coque de noix égarée. C'est de ces rencontres de guerre que jaillit et surgit ce qui mérite le salut. Mais l'opération ne se fait pas toute seule : c'est le maître en personne qui en est l'opérateur et, dit-il, l'accoucheur[1], conscient et délibéré.

Cependant, on resterait dupe de trop belles images, si l'on négligeait de se demander, très précisément, si ce qui fut son grand moyen d'explication et de démonstration n'avait pas commencé par agir dans l'esprit de Platon lui-même comme instrument de connaissance et de découverte. Ce dialogue écrit, ce dialogue parlé n'est-il pas né, par sa logique naturelle, du trouble intérieur et du débat silencieux dans lesquels la question et la réponse, l'objection et la réplique, la contradiction et les divers efforts de conciliation, bref, tous les mouvements que suscite le dialogue, eussent d'abord joué, comme à fleur de pensée, pour en cerner l'objet et le circonscrire, afin de permettre de le pénétrer où il faut ? Le nom de *maïeutique* pris au pied de la lettre pourrait nous empêcher de sentir cela, qui est flagrant.

Ces conversations éternelles ne seraient pas ce qu'elles sont si l'on se contentait d'y admirer des échanges de vues ou des chocs d'opinions entre hommes mortels dont le plus sage n'aurait fait qu'un métier de guide et de maître. Nous devons y trouver aussi l'écho distinct, la trace claire d'une lutte qu'avait soutenue pour son compte, au mystère secret de sa personne intime, l'esprit même du maître, lorsque son verbe encore muet cherchait à se définir pour s'articuler. Le drame serait moins vif, l'action moins passionnée si, avant d'accoucher les autres, Platon ne s'était accouché lui-même. C'est pour s'en éclaircir et pour mieux arrêter son propre jugement qu'il confrontait ainsi aux lumières uniques d'une conscience attentive tant de thèses diverses, sur le théâtre intérieur !

Si l'on veut bien y réfléchir, peu d'instruments de recherche et de découverte égalent ce loyal usage et ce maniement désintéressé de la Discussion. Sans doute le vieil *organum*[2] est facilement corrompu dès que les passions s'en mêlent, ou les préjugés, ou les opinions ; à plus forte raison quand les idées servent d'engin de bataille aux intérêts, car cela dégénère en un parlementarisme philosophique de faible valeur. À l'état pur, quelle merveille ! Ceux qui l'ont assimilée à un jeu d'esprit lui font une injustice amère. On blasphème (et je connais trop de plaisant qui osa ce brocard impie) quand on se permet de se plaindre que les Dialogues ne « soient pas en vers ». Cela revient à en oublier la claire valeur cognitive,

1. La maïeutique platonicienne vise à accoucher l'interlocuteur de la vérité qu'il porte en lui à son insu.
2. Outillage conceptuel utilisé dans les débats philosophiques.

faiseuse de science, créatrice de certitude. Pour railler dignement Platon ou se donner le droit de le contredire, il faudrait éviter de commencer par le méconnaître. Hiérophante[1], soit ! Mage, si vous voulez ! D'abord et surtout, passionné du vrai : un héros de la Connaissance.

Personne ne méconnaîtra ni l'importance ni, en beaucoup de cas, la sûreté de ses réponses au questionnaire général de l'Esprit et de l'Âme. Quand sa solution n'est pas bonne, le problème subsiste, soit dans la forme où il l'a posé, soit fortement marqué de lui. Souvent il l'a vu le premier, c'est lui qui l'a inscrit en tête du Recueil des doutes, des questions et des curiosités. Il va de soi que l'on éprouve un malin plaisir à l'entendre développer, avec un sérieux augural, quelques-unes de ses erreurs les mieux établies. Nous aimons à le voir contredit, rabroué, corrigé de la main des disciples et des amis qui eurent le cœur de ne pas le préférer à la vérité[2]. Mais, revers ou disgrâce, il n'en est point humilié ni diminué, semble-t-il. Et même le simple mortel reprend quelque courage quand il expérimente aux dépens d'un aussi grand homme que le Vrai soit, comme il le disait du Beau, d'une approche si difficile ! Ainsi arrive-t-il de mieux comprendre et de mieux admirer tous les nombreux endroits où, les idées en lutte se posant, s'opposant, se disposant, se composant sur leurs propres vertus internes et d'après le degré de force que confère à chacune la mesure de l'évidence, l'intègre Vérité en sort au grand jour, toute claire.

Très précisément parce que Platon n'avait cessé de l'aiguiser et de la perfectionner au service des vrais amis de la Sagesse, cette belle arme du Dialogue n'a plus fait de progrès après lui. L'arc d'Ulysse[3] ! Ses successeurs n'en ont tiré aucun avantage nouveau, cela a été avoué pour un Cicéron, un Joseph de Maistre, un Renan[4]. Entre eux et lui, la différence aura tenu, presque toujours, à ce qu'ils eurent l'air de poursuivre l'unique dessein d'une démonstration personnelle, sur un plan d'apologie ou de polémique. Mais, lui, qu'il attaque ou défende, semble dire aux idées qu'animent son souffle et sa vie : – Allez, luttez, mesurez-vous, c'est à chacune de vous de faire sa preuve ! et si, par un coup du hasard ou par sa perfidie de sophiste-poète, il nous a laissés dans l'incertitude quant au sens de l'issue accordée au duel, nous demeurons flottants entre l'irritation de l'incertitude et son charme, tant la demi-lumière elle-même fait encore entrevoir de belles dépouilles et convoiter de plus douces proies !

---

1. Prêtre initiant les fidèles aux mystères.

2. Allusion à l'*Éthique à Nicomaque*, dans laquelle Aristote écrit qu'on doit faire passer la vérité avant l'amitié.

3. Allusion aux *Rivaux*, un court dialogue attribué à Platon, dans lequel la recherche de la vérité est présentée comme un exploit aussi difficile que de bander l'arc d'Ulysse, évoqué dans l'*Odyssée*.

4. Ces trois auteurs ont recouru au dialogue philosophique.

Ce dernier inconvénient a été ressenti avec vivacité par nos écoles du Moyen Âge, toujours attentives à l'autorité d'une solution et qu'imprégnait à fond l'autre Maître, celui du Lycée[1]. Cependant, si mal connu qu'y fût Platon, l'intérêt de son processus et de sa méthode n'y était pas ignoré ni contesté. À voir les choses d'un peu haut, l'exposé thomiste en dérive en quelque manière : avec son alternance de négation et d'objection (*ad primum sic proceditur*[2]) et de réponses dogmatiques appuyées sur le *sed contra*[3], le mécanisme de la *Somme*[4] transcrit dans une sorte de musique réglée le libre cours du rythme des argumentations platoniques : l'opposition et la réplique ont été mises au pas, mais elles luttent pour l'existence aussi loyalement et aussi vivement que les personnages vivants de *Phédon* et du *Banquet*. La perte pour l'art y est compensée par un gain réel de la connaissance.

On ne conteste aucun progrès ultérieur quand on tente d'imaginer ce que la première méthode, toute guerrière, procura de clarté, limpide ou trouble encore, au plus humain et au plus divin des esprits.

Tout le monde en a profité. À la lettre, le monde entier. Païens et chrétiens, juifs et arabes, schismatiques et catholiques, classiques et romantiques se sont instruits, nourris de lui ; il serait donc assez ingrat de limiter la dette morale de l'univers à la zone de l'imagination et du sentiment. Platon demeure au premier rang de ceux qui personnifient ce qu'il y a de plus dépouillé, de plus simple et de plus général dans les catégories de la pensée pure.

*
* *

Ce nonobstant, l'histoire reste curieuse, ample et touffue, des prestiges de l'Enchanteur et de leur influence sur l'âme distraite des hommes. En ce sens, il faut l'avouer, deux ou trois esprits de sa race auront eu plus de vogue et de chance que lui. Le simple poète Virgile a fini par être promu docteur de l'Église, prophète du Christ, prêtre et sorcier[5]. Un lai médiéval, pris et repris par les imagiers de nos cathédrales, a popularisé la figure de maître Aristote, à quatre pattes, chevauché par la belle petite princesse indienne, qui le bride et le fouette, sous les yeux du grand Alexandre,

1. Aristote (fondateur du Lycée après son divorce d'avec l'Académie fondée par Platon).
2. « En premier lieu, on procède comme suit… »
3. « En sens inverse… »
4. La *Somme théologique* de saint Thomas d'Aquin (XIIIe siècle).
5. En effet, dans un passage des *Bucoliques*, Virgile annonce un âge d'or qui suivra la naissance d'un enfant : la tradition chrétienne y a vu une prophétie concernant Jésus.

pour enseigner la préséance de l'amour ou le règne de la beauté[1]. Platon n'aura eu ni l'une ni l'autre de ces fortunes. Le renom purement populaire lui a manqué. Le bon peuple l'ignore autant que possible. Il y a quelque cinquante-cinq ans, deux bonnes femmes devisaient à la porte de notre église : – De quoi nous parlait donc tout à l'heure monsieur le curé ? *De que moussu lou curat toutaro nous parlavo ? – Charravo d'un pichot platoun.* Il nous parlait d'un petit plat... Douces dérisions de la gloire ! Le pseudonyme d'Aristoclès[2] a perdu son sens en chemin...

La popularité platonicienne existe, si elle est limitée au monde des clercs : des plus grands aux plus petits clercs, la haute influence les a rejoints, touchés, élevés, polis, pénétrés et régénérés.

D'âge en âge, à toutes les hauteurs et les profondeurs intellectuelles du monde habité, quelque chose qui n'est plus très exactement la leçon ou l'école de Platon, mais que l'on pourrait comparer à l'indication de sa main, au chant de sa voix, à la respiration sublime de sa pensée, tantôt seule, tantôt en composition avec d'autres souffles, paraît envelopper, régler et dominer des royaumes entiers de l'éloquence, des lettres, de la religion, de la poésie : alors, en Grèce, en Égypte, à Rome, dans l'Afrique grecque et latine, dans les Gaules, presque à chaque pulsation de la vie de l'Église, tout ce qui est éducation ou culture est imprégné, teinté de lui, ne peut s'expliquer que par lui. Cela est parfois (souvent même) indirect, diffus, sous-jacent. De temps en temps, l'une ou l'autre de ses idées expresses fait irruption et, dans cette atmosphère trop préparée, à la faveur d'un immense crédit préalable, elle s'impose, devient reine, et alors tout lui est soumis, c'est une vie nouvelle qui recommence pour lui, et la mémoire du genre humain s'étonne du miracle de sa propre docilité ! Je ne rapporte point de fable. Ce que je dis s'est vu aux temps alexandrins et augustiniens, revu aux temps médiévaux, retrouvé aux diverses phases d'épidémies communistes qu'un platonisme plus ou moins digne de ce titre a toujours secrètement animées[3].

Pour l'ensemble de cette action moins spirituelle que morale, et que l'on pourrait dire physique, le Moyen Âge provençal est mentionné plutôt qu'étudié. Mais Dante, Pétrarque, leurs disciples, sont très bien connus comme clients et tributaires du platonisme. Je ne crois pas qu'il y ait un bon traité de La Fontaine chez Platon. Est-il seulement attendu ? Ce serait un livre assez beau s'il était d'esprit libre et garé des propos tout faits.

---

1. Ce fabliau est attesté dès le début du XIIIe siècle. Il a inspiré à Maurras le « Lai d'Aristote », repris p. 415 de la présente édition.

2. Selon Diogène Laërce, le vrai nom de Platon était Aristoclès. Platon est un surnom signifiant « le Massif », allusion à la carrure physique de l'intéressé ou à sa carrure intellectuelle.

3. En effet, certains livres de Platon, notamment *La République*, semblent préfigurer le communisme.

Ni Racine ni Bossuet ne furent étrangers au sacrement platonicien. Après eux, quelque chose de sa dignité fut perdu, comme il devait être naturel à toute époque où les systèmes de Platon tendent à devenir des instruments, presque des machines de controverse sociale. Tout se paie ! Cette intelligence d'aristocrate avait trop cédé à son péché mignon de passer outre aux justes confins de la nature humaine, de la croire indéfiniment modelable, de conférer au législateur, à son autorité, à ses vœux, une puissance d'efficacité absolue. Pour le succès d'un commandement, il faut que le besoin d'y obéir ait, de lui-même, fait la moitié du chemin. Le petit-fils des rois d'Athènes n'en doutait pas, il le savait : le sentait-il ? En fait, il ne tenait presque aucun compte de ce dont l'être des choses est tissé, de la tension et de la résistance de cette étoffe, de la réaction de cette matière. La *nécessité de l'arrêt* ne lui était pas aussi sensible qu'à Aristote. Néanmoins, sur le plan politique, il avait fait des expériences qui avaient été malheureuses, bien qu'appuyées sur de puissantes tyrannies[1]. La Cité de Platon ne vit pas le jour. Comprit-il pourquoi ? Ou plutôt peut-on supposer qu'il n'ait pas compris la leçon et qu'elle n'ait pas dissipé, en les éclairant, telles parcelles de candeur pour lesquelles notre fabuliste l'appelle, sans vergogne, « le bon Platon » ? Mais, s'il admit des correctifs, cela reste naturellement inaccessible au grand nombre : toutes les fois que ses lecteurs seront recrutés dans une moyenne ignorante, parmi des autodidactes ou des Barbares, chez les hommes qui n'ont qu'une idée à la fois et en sont fanatiquement possédés, les remembrements trop sévères proposés par Platon pour le cadastre politique et social universel ne pourront qu'entraîner des erreurs farouches, pour de tragiques déceptions.

Après tout, il en est de lui comme de la Grèce. Si l'on suit la philosophie qu'elle pratiqua, c'est souvent l'anarchie. Si l'on commente la cruelle histoire des épreuves que cette anarchie apporta, il n'y a pas de plus pure leçon des conditions de l'ordre. Théoriquement, un retour rapide aux avis de l'expérience eût dû prévenir et guérir telles crises d'Antiphysie[2] ; le remède n'était pas loin : d'Athènes à Stagyre ou des convives de l'Académie aux promeneurs du Lycée.

Dans les temps modernes la même leçon est inscrite partout : sait-on la lire nulle part ?

Le carnaval jeanjacquiste et révolutionnaire ne favorisa point la pensée qu'il vulgarisait. Quand même il est prêché par les princes de la Culture ou en leur nom, l'anarchisme commence par porter des effets qui détruisent le patronage dont il s'est d'abord réclamé. Plus encore que ses enfants, la Révolution sacrifie ses parents : et ce n'est pas pour s'en nourrir comme

---

1. Platon semble avoir été proche des trente oligarques qui gouvernèrent Athènes en 404 avant Jésus-Christ.
2. C'est-à-dire d'oubli ou de mépris de la nature.

faisait le vieux Saturne ! L'influence de Platon, comme son étude, comme toutes les études antiques, fut détournée, interrompue, ruinée, par la ruine des disciplines, l'interruption des doctrines et des travaux, les dures distractions forcées qui furent assénées aux Français de la fin du dix-huitième siècle et du commencement du dix-neuvième : vingt-cinq ans de convulsions à l'intérieur et de guerre au dehors[1] ! Nous savons ce qu'ont fait ou plutôt défait, dans cet ordre, les quatre années qui ont couru de 1914 à 1918. Multiplions quatre par six nous aurons idée du premier fléau… […]

*

* *

[Que] l'on considère l'étroit rapport du premier instinct physique de l'homme, le Désir, avec les spéculations que Platon en a dérivées pour notre aventure immortelle. Ce n'est en somme là qu'un atome de l'Amour, et brut encore : un petit amour à l'état naissant, et si faible qu'on peut lui reprocher beaucoup de présomption quand il ose souscrire son illustre hypothèque sur les neuf cieux ! À ce point, véritablement,

Le cœur est seul, désarmé, nu et tendre[2]

quelle très petite chose dans l'univers ! Que peut-elle ainsi toute seule ? Elle peut ce qu'elle veut, si, imperceptible éphémère, elle soutient une pensée de se perpétuer par le sang : la nature devient son associée, sa complice, ou plutôt son inspiratrice secrète. Dès le pauvre berceau où vagit cette enfant trouvée, Platon se persuade qu'elle est aussi *l'enfant déchue d'une race divine*[3]... Métaphysique ? Poésie ? Fantaisie ? Oui, sans doute si l'argument est isolé de la physiologie qui le fonde, si on l'abstrait du triste et puissant point de départ naturel. Mais cela redevient tout le contraire d'une fantaisie et il en résulte une vraisemblance, et très forte, autant qu'une très belle et très haute probabilité, si l'on restitue à cet élan vers l'Immortel sa racine vivace : les réalités de la chair qui l'ont suggérée, inspirée.

La filière de ce travail de réflexion, irisé et auréolé de maint rêve, ne se laisse pas mal saisir dans la tentative brillante d'un poète qui avait juste dix-neuf ans en 1863, lorsqu'il composait une méditation intitulée *Le Désir*, à laquelle une référence platonicienne expresse fait seule défaut :

---

1. Les guerres de la Révolution et de l'Empire (1792-1815).
2. Vers de Charles d'Orléans (XVe siècle).
3. Maurras applique ici à la pensée de Platon un vers de Lamartine (« L'Homme », 1820).

Je sais la vanité de tout désir profane.
À peine gardons-nous de tes amours défunts,
Femme, ce que la fleur qui sur ton sein se fane
Y laisse d'âme et de parfums,

Ils n'ont, les plus beaux bras, que des chaînes d'argile
Indolentes autour du col le plus aimé...

Mélancolique nuit des chevelures sombres,
À quoi bon s'attarder dans ton enivrement,
Si, comme dans la mort, nul ne peut sous tes ombres
Se plonger éternellement,

Narines qui gonflez vos ailes de colombe...
Lèvres, vivantes fleurs, nobles roses sanglantes,
Vous épanouissant lorsque nous vous baisons,
Quelques feux de cristal en quelques nuits brûlantes
Sèchent vos brèves floraisons.

Où tend le vain effort de deux bouches unies ?
Le plus long des baisers trompe notre dessein...

Ainsi son inquiétude, digne de *René* ou de *Werther*[1], rapatriait le jeune Anatole France chez l'Académus du quatrième siècle d'avant notre ère, et il n'y retournait aucun autre problème que celui de nos destinées : est-ce que, par le simple indice de leur trame et de leur structure, le Désir et l'Amour ne nous donnent pas à penser que les choses font un service qui s'étend beaucoup au-delà d'elles-mêmes, et qu'elles sont lancées comme le trait de l'arc, le caillou de la fronde, vers une cible située bien en dehors de leur enceinte ? Ne sont-elles pas dévouées à surpasser ce qu'elles sont, puisqu'elles tendent à sortir de leur être de cet être où personne n'est jamais en repos, comme si nul n'y était capable de se contenter le moins du monde de soi ?

Platon ne parle pas très différemment.

Une sorte de post-scriptum donné à ce petit poème de l'Inquiétude semble même vouloir réveiller la vénérable théorie des Réminiscences[2] :

Mais la vague beauté des regards d'où vient-elle,
Pour nous mettre en passant tant d'espérance au front ?
Et pourquoi rêvons-nous de lumière immortelle
Devant des yeux qui s'éteindront ?

Femme, qui vous donna cette clarté sacrée
Dont vous avez béni la ferveur de mes yeux ?
Et d'où vient qu'en suivant votre trace adorée
Je sens UN DIEU MYSTÉRIEUX ?

Le cercle dialectique se referme, et c'est au point juste. Les trois termes du temps ont été mis en mouvement tour à tour : le présent doute et interroge,

1. Œuvres de Chateaubriand et de Goethe évoquant les désarrois de la jeunesse.
2. Théorie développée par Platon, selon laquelle l'homme porte en lui des vérités que son âme a contemplées dans l'Au-Delà, avant de s'incarner dans un corps mortel.

le passé offre d'expliquer, l'avenir se fait fort de justifier. D'arrière en avant comme d'avant en arrière, la voie supérieure, *sublimior*, sera ainsi déterminée. De confuses Mémoires gonflent la sombre voile de leur souffle de feu, tandis que l'Espérance ouvre les bras, *les vastes bras*, du port proche et lointain où la flamme des phares et le cri des sirènes élèvent l'attraction et l'appel du Divin… Cela ne prouve rien ? Rien du tout. Mais cela définit quelque chose, les dignes rapports et les justes convenances d'un monde mis à l'optatif : d'un univers supposé ami et bon, d'un Tout imaginé et désiré comme régulier et beau. Ce qui vient de l'amour ne veut-il pas, partout, retourner à l'amour ? Ce qu'émeut la Beauté ne rêve-t-il pas d'y puiser toutes les jeunes forces qui fassent souhaiter de vaincre la mort ? Mistral osera dire :

Et les hautes jouissances
Qui se moquent du tombeau[1] *!*

C'est ainsi que, au dix-neuvième siècle, Platon a reformé et recruté sa nouvelle école éternelle dans une Élite affranchie des préjugés et des lieux communs, et qui s'exerçait au Savoir comme aux figures cachées du plaisir, élite comparable aux premiers platonisants dont parle l'humaniste-poète :

Florence de Laurent, Florence de Marsile
Qui goûtais le savoir comme une volupté[2].

Cette veine d'érudition et d'intelligence était déjà très suivie et très fréquentée, lorsque, vers 1885, un jeune homme d'un beau génie qui n'avait plus que quatre ans à vivre, car il devait mourir à vingt-six ans, Jules Tellier, s'essayait à serrer de plus près son Platon : animé d'un grand esprit de synthèse, il voulait en retrouver aussi la couleur avec l'ordre, en saisir et en rendre le charme avec le sens ; il tenait même à le rajeunir en le revivant pour son compte. Relisons le fameux sonnet du *Banquet :*

Au banquet de Platon, après que tour à tour,
Coupe en main, loin des yeux du vulgaire profane,
Diotime, Agathon, Socrate, Aristophane,
Ont disserté sur la nature de l'amour,

Apparaît, entouré comme un roi de sa cour,
De joueuses de flûte en robe diaphane,
Ivre à demi, sous la couronne qui se fane,
Alcibiade, jeune et beau comme le jour.

Ma vie est un banquet fini, qui se prolonge ;
Seul, parmi les causeurs assoupis, comme en songe,
J'ouvre et promène encor un regard étonné ;

Les fronts sur les coussins ont fait de lourdes chutes.
Verrais-je survenir, de roses couronné,
Alcibiade avec ses joueuses de flûte ?

---

1. *Coupo Santo* (« La coupe sainte »), hymne du Félibrige (1867).
2. Pierre de Nolhac [NdA].

Bien que Diotime, première nommée, n'ait pas compté au nombre des convives d'Agathon et des interlocuteurs d'Aristophane[1], la peinture est si vive que l'inexactitude légère n'enlève rien à la justesse du ton, ni à la profonde intelligence diffuse. Mais quelle étrange disparate quant à la pensée essentielle ! Quelle transcription mélancolique, désespérée, de la plus brillante de toutes les doctrines que le monde antique ait opposées aux découragements de la vie et aux destructions de la mort ! *Phédon* en exalte le terme, le *Banquet* en définit le point de départ : y a-t-il plus beau chez Platon ? Il n'y a pas plus net, ni plus clair comme hymne de l'espérance.

— Nous sommes, chante-t-il, les compagnons des cygnes et, comme eux, serviteurs d'un dieu de lumière et d'amour. Puisque ces beaux oiseaux peuvent élever vers l'autel d'Apollon une sublime voix au pressentiment de leur fin, ce ne peut être que de joie, comme tout le peuple des airs. Que vaut, dès lors, l'effroi qui opprime et obscurcit la pensée des hommes ? Les ombres de la mort, les demi-ombres qu'elle porte, maladie, chagrin, adversité et autres épreuves, ne sont de rien, ne comptent pour rien, auprès des compensations qui s'annoncent, conformément à un instinct dont nous ne sommes pas les maîtres d'accorder ou de contester l'esprit de foi et l'âme de lumière...

Le pessimisme romantique d'un Jules Tellier négligeait de grandes portions du réel. La nature de l'homme, la nature des choses ne sont pas incapables de produire elles-mêmes plus d'un remède à leurs propres épreuves. Il est des amertumes qui ne tardent pas à se résoudre, automatiquement, en de vagues douceurs :

L'injustice, la mort, ne dépitent les sages.
Aux yeux de la raison le mal le plus amer.
N'est qu'une faible brise à travers les cordages
De la nef balancée au-dessus de la mer.

Et mon ami sait bien...
Que c'est des jours heureux qu'il faut se souvenir,
Que même le malheur comme humain doit mourir...

Les inflexions de cet optimisme semi-platonicien ne sont plus de Jules Tellier, mais d'un aîné qui lui survécut : Moréas.

Hellène de naissance, très porté à ces mélanges de moralités réalistes et des spéculations propres à l'esprit de son sang, le poète, qui rencontra cette première consolation naturelle, était encore à mi-chemin de l'austère Portique des *Stances* où il accéda peu après.

Platon seul lui parlait aux temps où il disait :

Qu'avais-je à m'enquérir d'Éros fils de la terre,
Éros fils de Vénus me possède à jamais.

1. C'est Socrate qui évoque Diotime lors de ce banquet.

Ces années 1892-1896 avaient été décisives pour Moréas. Les dernières gammes du *Pèlerin passionné* étaient finies, le sombre et splendide recueil suprême n'était pas commencé. C'est la plus belle époque de son génie : *Ériphyle*, *Sylves*, *Sylves nouvelles*, et, là, nous pouvons relever de véritables paraphrases, non de *Phédon*, mais du *Banquet*. Les vers qui suivent formés d'une trame subtile d'états psychologiques très consistants, font, en même temps, reconnaître de véritables traductions, quasi littérales :

Énone, j'avais cru qu'en aimant ta beauté
Où l'âme avec le corps trouvent leur unité,
J'allais, m'affermissant et le cœur et l'esprit,
Monter jusqu'à cela qui jamais ne périt,
N'ayant été créé, qui n'est froidure ou feu,
Qui n'est beau quelque part et laid en autre lieu ;
Et me flattais encor d'une belle harmonie
Que j'eusse composé du meilleur et du pire,
Ainsi que le chanteur que chérit Polymnie,
En accordant le grave avec l'aigu, retire
Un son bien élevé sur les nerfs de sa lyre.
Mais mon courage, hélas ! se pâmant comme mort
M'enseigna que le trait qui m'avait fait amant
Ne fut pas de cet arc que courbe sans effort
La Vénus qui naquit du mâle seulement,
Mais que j'avais souffert cette Vénus dernière
Qui a le cœur couard, né d'une faible mère.
Et pourtant, ce mauvais garçon, chasseur habile,
Qui charge son carquois de sagette subtile,
Qui secoue en riant sa torche, pour un jour,
Qui ne pose jamais que sur de tendres fleurs,
C'est sur un teint charmant qu'il essuye les pleurs,
Et c'est encore un Dieu, Énone, cet Amour...

Un Dieu ? C'est ce que Platon niait avec fermeté. Il n'a reçu l'Amour qu'au grade de démon, et les raisons qu'il en a produites sont les plus fortes et les plus belles que ce prétendu fauteur d'anarchie ait jamais formulées pour traduire l'ordre du monde, l'expliquer et le conserver. C'est là qu'il nous faut confesser avec précision comment les hommes de notre âge et de notre esprit ont tiré de lui leur substance[1]. Parce qu'il a été ce que Dante eût nommé notre *maître d'amour*, nous lui devons un tribut d'honneur très particulier.

IV

Platon est l'auteur d'un mot composé pour dire la rencontre et l'accord du beau et du bon[2]. Il n'a pas usé du même artifice pour unir le beau et

1. Allusion aux *Amants de Venise*, où Maurras retrouve l'enseignement de Platon dans *Le Banquet*.
2. Kalokagathia.

le vrai. Sans doute estima-t-il que cela allait sans dire, rien n'étant beau que le vrai, ni vrai que le beau.

La preuve, jugée superflue, est remplacée par une illustration décisive dans le *Banquet*.

Toutes les formes de l'Erreur ont été conviées autour de la table fleurie, sans excepter les plus spécieuses, les mieux reçues, les plus courues. Demi-vérités décevantes, fables tout à fait mensongères, mythes tâtonnants, approximatifs, tous et chacun finissent par se rencontrer face à face avec une Vérité qui les désarme et les terrasse avant de se dévoiler pour leur confusion.

L'un après l'autre, un médecin, un auteur comique, un poète lyrique, les convives mettent en avant leur doctrine de l'amour, et ces aberrations quelquefois grossières ne laissent pas de traîner, parcelle ou lambeau, leurs clartés : comment toute raison serait-elle absente des vieux songes que l'homme a conçus ou reçus à propos de l'invariable obsession que lui impose le problème du Générateur infini ? Un dîneur appelé Pausanias évoque la double nature, uranienne et terrienne, céleste ou populaire, d'Aphrodite et d'Éros, et son pauvre esprit manifeste l'ignorance des distinctions élémentaires entre ce qui aime et ce qui est aimé ou digne de l'être. Le dîneur Aristophane brode sur l'extraordinaire invention de l'androgynat primitif : au milieu de scories sans nom, ce qu'il dit de l'Être de l'Âme semble étoilé des suprêmes révélations. Depuis, dit-il, que l'homme-femme a été scindé en deux êtres qui se recherchent, « l'amour mutuel nous a été inné ». Et cela, parce qu'il nous ramène à notre nature première, s'efforçant à « refaire un seul être de deux et ainsi à guérir leur commune blessure... » *Œterno devictus vulnere amoris*[1] *!* Ainsi l'amour imprime, à moins que de les mettre à nu, ses indices vivants et ses traces, presque saignantes, de l'amitié et de la parenté des êtres, des vœux ardents qu'ils forment pour la réunion et pour la fusion. « Nous étions d'une seule pièce, et c'est de regretter cette unité perdue, de chercher à la retrouver, qui est ce qu'on appelle l'amour... » *« Nous étions un... »* « En conséquence de notre méchanceté, nous avons été dissociés d'avec nous-même par le Dieu... » Ce vif accent donné à la peinture des mélancolies éternelles est souligné et tempéré par quelques traits de bouffonnerie qu'y doit semer un poète comique, soit qu'il raconte comment nos premiers parents furent rességués [*sic*] dans le sens de la longueur, à la manière de poissons tels que la sole ou la plie, soit qu'il relate une menace de Jupiter qui, ma foi ! pourrait bien réduire encore nos tristes moitiés d'être à la portion congrue du suprême quart et nous contraindre à sauter sur un pied, unijambistes, mi-manchots, si nous venions à nous

1. « L'éternelle blessure de l'amour » (Lucrèce, *De natura rerum*, I).

montrer exagérément économes des sacrifices sur lesquels le roi du ciel a le droit de compter !

Mais ces libres discours ne sont pas en l'air. Colorés du feu des natures et des passions, variant avec les métiers et avec les goûts, ils tendent (et c'est aussi le cas des éloges de l'amour que prononcent Éryximaque et Phèdre au cours de la même symposie[1]), ils tendent tous au même grand objet qui attire et qui fuit : *le vrai et le vrai seul*, retenu en paillettes, entrevu par éclairs. C'est cette bonne foi profonde, c'est le sérieux latent des divers interlocuteurs qui les sauve du terrible censeur par qui ils sont guettés. Il s'appelle Socrate dans le Dialogue. C'était surtout Platon, le souverain esprit critique de Platon, lequel rentra ses griffes ou les aiguisa en secret, jusqu'au moment où le maître du logis, jeune et beau, mais fat, Agathon, prit la parole pour faire applaudir, que dis-je ? acclamer un chapelet de mots absolument creux.

Cependant ces mots creux sonnent et resplendissent. Nouveau sujet d'admirer la force d'âme de Platon. Lui-même en devait convenir ! Lorsqu'Agathon couronne de toutes les ressources du vocabulaire le nom, l'image de l'amour, ce n'est pas le seul Agathon qui divague, mais le genre humain tout entier et, presque unanime, l'esprit humain ! Pour célébrer cette nature heureuse, cette délicieuse présence, ce merveilleux épanchement des plus magnifiques bienfaits ; pour appeler l'Amour le plus heureux des dieux, le plus beau, le meilleur et pour lui décerner la jeunesse éternelle, bien qu'il soit salué, en même temps, la plus fragile et la plus délicate des choses, la plus vite flétrie ; pour honorer en lui les ondoiements et les flexibilités de la Grâce, avec cette fraîcheur de fleur qui ne lui fait élire ni goûter, en tout, que la fleur, qu'est-il besoin d'un Agathon ! Il n'est pas nécessaire d'avoir pris, comme lui, tous les grades du sophiste et du rhéteur dans la noble Athènes : la rhétorique du désir universel, la perpétuelle sophistique du cœur humain parle comme lui. Elle en dit même bien plus long. Lorsqu'Agathon, comme épuisé, arrête sa litanie à la gloire de cet ouvrier des mondes : – *Que n'est-il ? Que ne ferait-il de digne de lui ? De quel bienfait ne couronne-t-il les Sages qui le contemplent et les Dieux qui l'admirent ?* eh bien ! l'Univers tout entier amplifie le même cantique. Bien au-delà des dernières outrances auxquelles Agathon a dû finir par s'arrêter, mais fouettées, stimulées, par leur propre bacchisme, la nature et l'humanité poursuivent l'utopie dont rien ne les dégrise, et c'est, de siècle en siècle, la même Diônysie[2] trois fois folle, le même insigne Carnaval, pour déchaîner un identique dithyrambe[3] menteur.

1. Banquet de philosophes.
2. Fête en l'honneur de Dionysos, dieu du vin, marquée par des excès de tous ordres. Le Carnaval en est une version christianisée.
3. Chant à Dionysos.

— Langage de poètes ?

— Éternel langage d'amants !

Les temps peuvent couler sans y changer beaucoup de choses. Il faut voir comment, dans un poème postérieur de plus de deux mille ans, la jeune Nerte, mistralienne, posera au jeune Rodrigue les questions qui sont au *Banquet*. La réponse répétera celle d'Agathon :

— Qu'est-ce que l'amour ? dit-elle, il n'est bruit que de lui dans les chansons et les nouvelles… Mais qui peut dire où il se trouve !

— Je pourrai peut-être vous y conduire, répondit Rodrigue enflammé.

Pour la renseigner, il ajoute :

— L'amour est un bouquet au sein… L'amour est une source qui naît et qui soupire dans une conque… L'amour est un trouble suave, c'est un émoi grave et léger, c'est un rêve où l'on vit dans le ravissement des dieux. L'amour est un jet de soleil dans lequel, enivrées, deux âmes s'élancent jusqu'à la pleine lumière et se confondent inséparablement ; l'amour est une flamme exquise qui se devine dans les yeux, qui remplit le cœur et l'embaume, et qui se donne avec la main[1].

… On dira que Rodrigue se hâte vers un dénouement qui est sur les lèvres closes de Nerte. Et, sans doute, Agathon ne répand, lui non plus, ses libations de discours capiteux et vains qu'afin de se faire mieux voir du Maître qui l'aime ! Cependant, il doit se douter que le goût de la vérité forme la seule voie d'accès de ce grand cœur. Agathon n'aurait pas eu recours à des prestiges aussi grossiers s'il ne se fût obscurément senti soutenu par le chant de multitudes humaines qui vieilliront sans se corriger : Agathon utilise en secret tout le poids physique de leur influence. Partout, toujours, le préjugé se prononce pour Agathon. Partout, toujours, l'opinion lui est favorable. Toute la race d'Iapet[2] veut concevoir l'amour comme un jeune homme, beau, bien fait, fort et bienfaisant comme un dieu, qui ne peut faire qu'un avec le Souverain Bien. Quiconque se permet de lui refuser ce visage passera pour l'ennemi du bonheur des hommes. Un esprit envieux et jaloux pourra seul nous tourner contre cet *amour de l'amour* qui a droit aux hommages de tous.

Bah ! ne contestons plus. Avouons, redisons que ces lieux communs, en circulation toujours renaissante, ne manquent ni de charme ni d'éclat. On veut qu'ils soient beaux. Ils le sont, qui le nie ? qui en aurait le cœur ? Seulement il y a plus beau, tellement plus beau !

— Et quoi donc ?

— La vérité, mes amis. La vérité, que Platon, qui l'a découverte, fait rayonner. Nulle armée rangée en bataille ne jette de feux plus puissants,

1. Mistral, *Nerto* (1884), chant II.

2. Titan, père de Prométhée et à ce titre ancêtre des hommes. Il a parfois été rapproché de Japhet, l'un des trois fils de Noé (Genèse, X), dont la tradition fait l'ancêtre des Européens.

ni, couchée et rampante, nulle amoureuse prête à développer tout son cœur. Regardons, entendons, vivons cette belle rencontre où la Vérité pure va se mesurer avec son Mensonge immortel. Agathon s'est trompé de camp, il le paiera : qui l'aime bien va le châtier d'autant mieux.

— Viens ici, mon cher Agathon, qui as si bien parlé de l'amour ! *L'amour, l'amour*... C'est vite dit ! Carmen le chante[1]. Mais dis-moi, cet amour-là est-il l'amour de quelque chose ? ou de rien ?

— Oh ! pas de rien ! De quelque chose.

— De quelque chose qu'il veut avoir ? De quelque chose qu'il désire ?

— Sans doute, comment ne pas désirer ce qu'on aime ?

— Mais Agathon, ce qu'il désire, il ne l'a pas : on désire ce dont on manque. Cet amour manque donc ?

— C'est cela : il manque, il n'a pas...

— Courage, ami ! Ainsi l'Amour veut ce dont il manque. Quand il veut la beauté, quand il veut le bonheur, quand il veut la bonté, cet Amour ne doit pas être bon, ni heureux, ni beau... Tu auras dû confondre ce qui attire l'amour et le fascine, ou le mérite, ce qui l'appelle et le couronne, avec ce qu'il est, quant à lui : malheureux et simple désir de tout cela, pure aspiration aux délices des biens sur lesquels il n'a qu'un droit, celui de se croire prédestiné à les conquérir. Tu le prétendais riche, il n'est qu'un aspirant à la richesse ! Beau, simple prétendant à la couche de la beauté ! Tu prends le siège de l'archonte[2] pour celui qui veut s'y asseoir. Erreur, erreur, mais très commune : ne l'ai-je point partagée, moi ?

Platon ici fait l'humble. Et peut-être l'est-il. Devons-nous hésiter à le prendre au mot ? Croirons-nous qu'il ait fait, de lui-même, la distinction fondamentale entre ce qui aime et ce qui est aimé ou mérite l'amour ? Ou croirons-nous qu'il l'aura reçue toute faite, sans y avoir été pour rien ? Assurément, il semble feindre. Mais s'il ne feignait qu'à demi ? S'il avait adhéré à l'erreur d'Agathon, qui est celle de tout le monde, jusqu'à cette heure d'initiation au mystère, où, *savante en amour et en beaucoup d'autres choses*, lui apparut cette prêtresse de Mantinée[3] qui le détrompa et l'illumina ?

Il faut insister sur ce point, car il concerne toute une génération, la nôtre, dont Platon fut la Diotime. Bien des expériences et des réflexions nous avaient aussi préparés à recevoir son enseignement. Une méditation précoce des esprits de la vie, une pensée curieuse, la saturation radicale des orgies et des défaites du Romantisme devaient aider à la rénovation morale qualifiée par le beau cri lyrique de Raymond de La Tailhède :

Je veux plus que l'Amour admirer la Beauté
Pareille à la mer blanchissante.

1. Dans l'opéra de Bizet *Carmen* (1875).
2. Les archontes étaient les plus hauts magistrats des cités grecques.
3. Diotime.

Autant dire que le poète veut substituer au culte des troubles bas-fonds du *Sujet* l'adoration des sphères où le bel *Objet* trône, et l'Essence immuable, Règle de tout cerveau, Terme éblouissant de tout cœur.

« L'amour n'est pas un dieu, enseigne la sagesse antique, l'amour n'est qu'un démon », c'est un de ces médiateurs dont le vol hésite toujours entre terre et ciel. Sa mère est l'Indigence, la pauvre Penia. Son père est Poros. Le nom de ce Poros était autrefois entendu comme synonyme de l'abondance. Ainsi Amour était le fils de l'abondance et de la pauvreté. Abondance voulue et pauvreté de fait. Cela avait un sens. Il paraît que ce n'est plus ça. De nos jours, les hellénistes traduisent diversement Poros, les uns par Savoir-faire, les autres par Expédient, et sur cette pente, on aurait presque envie de lui décerner le surnom de Truc. Il sait tous les moyens de se procurer des ressources, mais, par lui-même, il en a peu ou ne les détient qu'en puissance. D'après M. Mario Meunier[1], Plotin[2] fait pourtant de Poros la raison finale de toute chose. On peut y voir aussi l'industrieuse activité de l'Esprit artiste et du Rêve plastique, une fois mariée au vide et au nu du Désir. Cette traduction de Poros a le défaut de rapprocher, presque à l'excès, le fils du père, de trop confondre Poros et Éros. Mais qu'est-ce que cela fait ?

Ainsi né, ainsi fait, le jeune Amour est promis à dure existence. Pauvre, rude, grossier comme un enfant de la nature, Platon le veut même malpropre. Il en fait une manière de va-nu-pieds sans feu ni lieu, qui ne dort qu'à la belle étoile, par rues et par chemins. Mais l'indigent est à l'affût de tout ce qui est beau et bon, il est mâle, et hardi, il a un esprit vif, un cœur tendu à l'action violente : âpre chasseur, subtil machinateur de pièges et d'embûches, il invente, médite, raisonne et philosophe du matin au soir, aussi ingénieux et redoutable quand il lui plaît de jeter un sortilège que lorsqu'il roule ses sophismes ou broie dans la nuit ses poisons. Le voilà donc errant très en deçà (et peut-être au-delà) du doux ou de l'amer, du pénible ou de l'agréable, du bien et du mal. Il n'est pas une règle, puisqu'il a un très grand besoin d'être réglé lui-même, et redressé, et consolé, et soulagé de tant d'affreuses lacunes ! Âme de mécontentement, esprit d'insatisfaction éternelle, il souffre du malaise et cherche l'occasion de secouer son faix et de déposer sa douleur.

Notre vieille critique de l'Amour romantique a été soutenue de ces observations, conduites jusqu'à l'orient de la vérité[3].

— L'amour ne chante pas, il ne sourit jamais, dit un poète de notre âge,

1. Un des grands hellénistes français du XXe siècle.
2. Philosophe néoplatonicien du IIIe siècle après Jésus-Christ.
3. Nouvelle allusion aux *Amants de Venise*.

L'amour ne chante pas, l'amour ne sourit pas
Il vient comme un voleur de nuit, à petits pas
Retenant son haleine et se cachant des mères.
... L'amour ne chante pas, ne sourit pas. Ses yeux
Brûlés de trop de pleurs sont lourds de trop d'adieux
Pour croire qu'ici-bas quelque chose persiste.
Nul ne sait quand il vient, ni comment, ni pourquoi,
Et les cœurs ingénus qu'emplit son vague effroi
L'attendent qu'il est loin déjà, le Passant triste[1].

Charles Le Goffic, poète celte, de tradition mixte, d'art très pur, appuie sur cette corde de la désolation et de la tristesse. Sans doute l'élégie native y retrouvait sa voie, elle rentrait dans l'immémorial *gémissement des Bretons*[2]. Mais il ne faut pas douter que, chez ce poète universitaire, savant et cultivé jusqu'à l'érudition, Platon soit bien intervenu ici, pour ôter à l'amour quelques-uns des oripeaux dont l'affublaient les Agathons du romantisme et pour lui rendre son cœur vrai, éternellement indécis, flottant, tourmenté. Que veut-il ? Où va-t-il ? Son élan le qualifie sans doute ! Moins, cependant, que la direction de son vol, du côté des choses qui ne varient point ! Moins que l'attrait qu'exerce la beauté des choses divines !

Puisque son monde change, il lui faut l'immuable. Puisque tout meurt autour de lui, il lui faut l'immortel. Cette horreur de mourir l'exclut des parages où l'on meurt. Mais il n'est pourtant pas immortel. Il l'est si peu qu'il voudrait l'être. La beauté dont il brûle lui a fait désirer sa présence à jamais. Ainsi engendre-t-il pour se perpétuer en elle. Ainsi travaille-t-il à se rendre conforme à ce qu'il n'est pas, mais veut être : génie de la transformation, papillon qui voudra et saura fuir le ver.

L'immortalité est ainsi découverte dans les suprêmes fonds des blessures d'Amour. L'amour est le démon qui veut posséder la beauté, car il souffre de son absence : qu'il la mérite, qu'il y tende, il obtiendra comme un titre à ne plus mourir ; qu'il engendre en elle, il se survivra.

On ne résume pas cet incomparable thème platonicien de la beauté, loi de l'amour et principe du perfectionnement indéfini des âmes et des corps. Jamais l'impétueuse et l'impitoyable poursuite d'une critique apollonienne[3] qui dissout les erreurs et qui les met en poudre, n'aura conduit à des vérités de cette douceur. Le dur rire du dieu solaire épanouit dans le seul Platon ses bienfaits.

*
* *

1. Charles Le Goffic, « Le Passant » (1900).
2. Expression figurant dans une lettre que les Bretons de l'actuelle Angleterre auraient écrite aux Romains, pour leur demander leur aide contre les Barbares, au ve siècle après Jésus-Christ.
3. Rappelons qu'Apollon est le dieu des arts et de la beauté.

Vers les derniers temps de sa vie, Marcel Proust m'écrivit un jour pour me copier les lignes suivantes de mon vieux petit conte *Le Miracle des Muses*[1] : « ...le jeune Pantarcès et la belle Polydamie... qui, aimant Phidias, étaient tous deux aimés de lui... » Le subtil confident de M. de Charlus[2] ajoutait en substance : – *Comment se fait-il qu'on ne vous ait jamais reproché cette image, alors que mes tableaux font le scandale universel ?* – C'est, répondis-je par retour du courrier, que vous y croyez et que je n'y crois pas. L'éphèbe de mon conte y figure à titre d'ornement, couleur historique et locale. Et le lecteur se doute bien que j'en parle sans y croire et le peins sans le concevoir, en quoi il a raison.

En effet, pour tout homme moderne qui soit un peu normal, voilà bien l'un des aspects mystérieux, le plus mystérieux peut-être, de la vie antique. Quelle chose inintelligible que cet amour, qualifié supérieur, par lequel Virgile et Horace, Platon et César s'étaient défendu le contact avec le corps, le cœur et l'esprit de la femme ! L'erreur du goût physique apparaît bien tout à fait flagrante. Mais l'on n'admire pas seulement que ces illustres connaisseurs aient pu outrager à ce point le trésor des charmes et des biens de la vie,

Corps féminin qui tant es tendre,
Poly, souef, si précieux[3].

Le plus surprenant est encore que, lorsqu'ils ont tiré tous leurs fameux plans de l'affection sublimisée, ils aient expressément tenu à se passer de l'être affectif par excellence : celui qui apporte à la vigueur, à la rigueur viriles les complémentaires sacrés, venus de l'esprit de finesse[4], pour envelopper et développer tout à tour les lucides secrets de la suggestion, les magistères ténébreux de l'inspiration. Sans tourner au femmelin[5], ni rien changer à la hiérarchie naturelle des vertus morales et des sereines intellections, mais bien en maintenant ou en rétablissant cet ordre vital, les deux termes mâle et femelle nous sont révélés aussi clairement nécessaires à l'élaboration de la pensée qu'à la génération de la chair. La plus solide tête philosophique du dix-neuvième siècle[6] corrigea toutes les tables de ses valeurs, il les renversa même un peu, pour retrouver les vraies substructions d'un positivisme durable, quand il eut rencontré son *amour-principe*, incarné et vivant dans Clotilde de Vaux : avant elle, il n'avait conçu que des approximations incomplètes ou les semences de nouvelles révolutions, et c'est lui qui nous le confesse !

1. Chapitre du *Chemin de Paradis* non repris dans la présente édition.
2. Personnage homosexuel de *La Recherche du Temps perdu.*
3. François Villon, « Le Grand Testament » (1461).
4. Maurras emprunte cette notion à Pascal, qui l'oppose à l'esprit de géométrie.
5. Homme efféminé.
6. Il s'agit d'Auguste Comte.

On se tromperait du tout au tout, si, au surplus, l'on imaginait qu'Auguste Comte n'aurait procédé de la sorte qu'en héritier du Moyen Âge catholique et chevaleresque. Certes, en beaucoup de points, il sentait et pensait, presque malgré lui, en fonction de l'ère chrétienne. Mais cette réaction amoureuse de l'âme tenait chez lui à des tendances autrement anciennes, primitives et voisines du plus antique fond humain ! On n'aurait que l'embarras du choix entre les raisons qui le montrent. Celui qu'Auguste Comte appelait son « prédécesseur Aristote », cet « incomparable Aristote », éleva des autels et fit des sacrifices à sa propre épouse, Pythias, sœur ou fille adoptive du tyran d'Atarne, Hermias. L'hymne à la Vertu d'Aristote compose un chant d'amour aux mânes d'Hermias pour leur rendre grâces de l'avoir si heureusement marié ; le testament du Stagyrite rappelle que les os de sa chère Pythias doivent être mêlés aux siens. Légende ? tradition ? La moitié du monde antique y a cru. Le plus grand élève direct de Platon ne sentait donc pas autrement que nous. Il avait choisi une inspiratrice et non un inspirateur. Comment Platon put-il ignorer ou omettre cette certitude que l'homme né de la femme, nourri d'elle, instruit par elle, est aussi gouverné par elle sur tout le trajet de sa vie ? De la cime de l'Être jusqu'à son degré le plus bas, cette action morale ne varie pas beaucoup. Les lieux communs sur la condition inférieure de la femme grecque ou latine ne sont pas recevables ici. Il suffit de relire les Élégiaques, de parcourir quelques Épitaphes conjugales d'une si noble et si émouvante tendresse ! La littérature universelle produit de bonnes belles-mères : il y en a qu'une de *délicieuse* et elle est sur le théâtre gréco-latin de Térence, *L'Hécyre*… Que les goûts de Platon soient imputés à une secte, à une maladie : ils ne sont ni d'un peuple ni d'une civilisation.

Aussi bien, la lecture attentive relève-t-elle des indécisions dans son jugement : les moins insaisissables sembleraient condamner, même par la bouche d'interlocuteurs du *Banquet*, les amours purement, impurement viriles. Mais dans l'ouvrage entier, dans son cours essentiel, une atmosphère de faveur et de privilège enveloppe ces anomalies dégoûtantes, puisque ce n'est qu'à leur propos que Platon articule le grand nom de vertu ou décrit ses itinéraires de perfection.

Malgré le texte formel des *Lois* que m'a objecté Jules Véran[1], la pensée de Platon fait donc peu de doute. Et si elle est bien telle, il faut avouer que, dès lors, les plus fortes et les plus belles pages du livre posent un problème plus difficile que le premier. L'admirateur le plus résolu à n'y point sentir de contradiction ne peut manquer de s'arrêter, plein de surprise, à l'endroit où Platon fait parler sa sainte Diotime : quel contraste violent, autant qu'imprévu, entre les louanges effrénées et constantes données à l'amour d'Agathon, la liberté de ces louanges, l'obscène effronterie de leur naturel,

1. Érudit romaniste et provençaliste.

l'absence totale de réserve comme de pudeur, de regret ou de correctif, et, tout à coup, ce rôle éminent, ce rôle unique, d'initiatrice et de suprême institutrice de l'Amour qui est, au bout du compte, déféré à la simple femme.

C'est de quoi se récrier, non sans malaise :

— Eh ! quoi, Platon, les seuls éphèbes ont été trouvés dignes d'être emportés dans vos hautes sphères de l'âme ! Quand vous nous décrivez comment le jeune homme embellit et s'accroît d'esprit et de corps, ce n'est jamais, et ce ne peut, selon vous, être jamais que par l'attraction idéale de compagnons masculins ? Les amours naturelles sont des amours inférieures. Elles conviennent à la Bête, vous les classez au voisinage de la Bête. L'accès de vos temples sereins n'est ouvert qu'aux êtres virils ayant cheminé deux par deux ? L'être de la femme se retranche tout seul (et comme s'il allait sans dire !) du programme ascensionnel recommandé à vos élus – et voilà que soudain, sur le point où vous vous occupez d'atteindre aux vérités les plus profondes de l'Amour essentiel, quand vous essayez d'en approcher et d'en investir le principe pur, ô Platon ! voilà que ce secret suprême n'a été déposé en vous que par les mains, le cœur, les lèvres de la créature que vous aviez qualifiée indigne, inapte et impure ! C'est à ces mains brûlantes, à ce cœur enflammé, à ces lèvres de pourpre folle, que, maintenant, vous confiez ou plutôt vous reconnaissez une autorité dont vous attendez l'affermissement de votre doctrine ? Ô Platon, vous n'en appelez ni à un Ancien, ni à un Prêtre, l'un ou l'autre mûris dans la pratique de mystères, ni à quelque Étranger, d'Égypte, d'Arménie ou d'ailleurs, qui apportât, de loin, un plus beau titre au respect et à l'audience : vous n'en appelez même pas à quelque grand sage plus sage que vous. Sur ce point décisif, vous n'osez laisser la responsabilité de la révélation générale, ni à votre maître Socrate, ni au Socrate platonicien, votre prête-nom : cet amant d'Agathon, cet aimé d'Alcibiade, se voit retirer le gouvernement du Dialogue, que vous remettrez tout entier sous la coupe d'on ne sait quelle inconnue et faible Thébaine ! Votre oracle premier et dernier est porté par votre *Étrangère de Mantinée* : par elle et elle seule sont dites les plus belles choses !

Que les auditeurs, les anciens lecteurs de Platon n'en fussent point surpris, cela se comprend bien : dans l'esprit des cultes antiques, le génie féminin tenait le rôle capital, non seulement, comme Cérès et Aphrodite, pour les symboles de fécondité et d'amour, d'intuition et de pitié, mais comme Pallas et Diane au plan supérieur de la sagesse et de la vertu. Tous les oracles helléno-latins ont parlé par de rauques voix féminines. Platon s'accordait avec eux, sans se donner la peine d'y songer, lorsqu'il introduisait dans le *Banquet*, en l'y faisant sonner avec cette vigueur, l'esprit divin de la grande Médiatrice. Mais, en cédant à la mode religieuse de son temps et de son pays, est-ce que Platon s'accordait avec Platon lui-même, ou avec le Platon du *Banquet ?*

C'est la question, l'autre question. C'est la question qui nous confère le droit de souligner la différence et le contraste de la théorie avec la pratique. Celui qui ne raisonnait que de l'amour mâle n'aurait rien connu de l'amour, en fait, s'il ne l'eût appris de la Femme.

Je ne tire de là aucune conclusion. Mais comment ne pas souligner une singularité qui mérite tant de réflexions ?

Or, dans le droit fil du même sujet, il y a plus singulier encore ! Il y a la conséquence, disons au net la *suite* même, la *suite historique*, qui a été donnée, après un millénaire et plus, à la règle d'amour que Diotime a dictée.

Elle a dit, elle a vu qu'une inquiétude généreuse existe dans tous les hommes, comme un désir impatient de créer, d'engendrer : mais toute fécondité leur est difficile dans la laideur, et c'est la Beauté qui la favorise. En présence de la Beauté, l'amour se dilate et s'épanouit, il s'ouvre, il se répand, cela est dit avec une crudité médicale. Ainsi la Beauté seule appelle à la vie. L'amour aspire à fleurir, à fructifier, à produire dans la Beauté, pour y vaincre la mort, afin de s'y survivre ! Il l'imite pour la rejoindre, il la copie pour s'y conformer, lui ressembler, la posséder. De là, un affinement graduel, un perfectionnement progressif des portions de l'humanité qui auront compris, obéi, pratiqué la beauté. Le goût d'engendrer dans le Beau est ce qui perpétue la race des hommes, comme toute race vivante. Mais c'est aussi ce qui relève et exalte la nôtre.

L'*alma Venus* préside au *genus omne animantum*[1], nulle autre ne le fait surgir aux lumières ; le fugace désir, le vague élan vers une immortalité naturelle est ainsi avoué, reconnu, stimulé, couronné, c'est tout ce que peuvent, pour faire durer un être, les faibles forces mises à la disposition de la vie !

Mais auprès de la vie physique est la vie de l'âme. Eh bien ! l'âme navigue aussi sur « la mer immense du Beau ». La nature de l'âme est de s'élever de l'amour des beaux corps à celui des âmes plus belles, afin d'y concevoir, à son tour, dans le Beau, afin d'y enfanter belles idées, belles paroles, belles vertus, toutes magnificences qui seront capables d'obtenir et de recueillir, à leur manière, une autre immortalité, celle de la gloire. L'homme bien né peut s'en éprendre, encore plus vivement que d'un beau visage ou s'y attacher plus passionnément qu'au détail des félicités d'une longue vie. L'âme se donne ainsi une postérité d'un ordre nouveau, et plus digne d'elle, qu'on l'appelle Sagesse, Prudence, Justice, Politesse, Civilisation[2], car Platon n'omet pas, dans son monde idéal, que le genre humain est distribué en corps de cités : les cités seront affinées, et polies comme l'homme même, au fur et à mesure que le myste d'amour s'y imprégnera mieux de l'influx immatériel des Beautés éternelles, alors que parvenu, de degré en degré, au souverain sommet de l'initiation, il les connaîtra toutes pures.

1. « Vénus nourricière préside à toute l'espèce des êtres animés » (Lucrèce, *De natura rerum*).

2. C'est la postérité à laquelle aspira Maurras, qui ne put ou ne voulut fonder de famille.

Dans la merveille de sa nature incréée et de son essence immuable, le Dieu du Beau dévoilera et révélera son bienfait. Bienfait auquel ont pris leur source tous les bons changements de la vie de l'homme. Améliorations, nées d'une envie ardente. Progrès, issus des appels de la Perfection.

Telle était la thérapeutique que Platon proposait aux *maladies du genre humain*. Peut-on en saisir le sens exact ? Tant qu'il vécut, il recommanda de ne pas s'en tenir à son enseignement écrit : on ne connaîtrait sa pensée véritable qu'à la condition de l'avoir entendu la développer. Son souffle éteint, nous ne tenons plus que des cendres. Elles volent de toute part, plus ou moins refroidies.

Ce qui semble en avoir été perdu de vue le premier, c'est l'agile mise en rapport des idées et des choses, l'art des rapides ascensions verticales suivies de retours en flèche sur l'horizon, le mélange intime et profond de l'induction physique et morale avec le calcul logique, mathématique, déductif. Peut-être les vastes constructions encyclopédiques d'Aristote durent-elles absorber, puis offusquer cette partie des édifices platoniciens, de sorte que *platoniser* équivalut à se nourrir, principalement, des principes, des conclusions ou même des mythes du maître. Ses disciples orientaux montèrent dans sa tête et n'en bougèrent plus que pour dévider, comme une suite de processions éternelles, de nombreuses séries de généralités homogènes, filles de la même abstraction.

Cependant, ces extraits concentrés d'un Platonisme aérien devaient produire cet effet de libérer, en les séparant du système, quelques-unes de ses plus brillantes compositions. Idées subtiles, et par là propres à se faire ouvrir les esprits et les cœurs. Idées vives et chaudes, ce qui favorisait encore leur succès. Mais, par là même et en dépit de leur précision, idées animées d'une tendance à se dilater à l'extrême et à se fondre dans les images similaires, même à se confondre parfois avec des voisines un peu plus simples. En outre, le tour symbolique de leur poésie les incitait à revêtir une forme charnelle et personnelle, humaine ou divine, ce qui devait hâter la marche autant que faciliter les déviations. Tel fut, entre autres, le succès de la dialectique de l'Amour. Sous le nom de Beauté, elle déifiait aussi la Sagesse. Une doctrine qui donnait à la philosophie le sceptre du monde put facilement tendre à former un recueil de préceptes d'éducation beaucoup moins généraux. On peut penser, rêver, quelle put être la fortune du merveilleux et très mystérieux *Objet* manifesté au terme de l'initiation : bel *Objet* qui tente et appelle le *Sujet* douloureux et troublé, qui répond. L'effort que celui-ci tente sur soi et sur le monde compose, à grand labeur, sa réponse, triste ou joyeuse, à l'idéale image dont les rayons excitent et inspirent les tâtonnements de sa vie. Une loi morale s'éveille donc ainsi, puis un système de réforme politique et sociale : pourquoi pas un code de courtoisie ? L'entité du Beau attractif et régulateur aura peu de peine à redevenir Beauté sensible, et bientôt Dame de Beauté. Le

Principe se costumera en Princesse, et celle-ci, en rencontrant l'idée de la Vierge Marie, deviendra, sans grandes difficultés, cette Reine du choix, arbitre de la direction, motrice de l'assomption, qui prescrit l'escalade et conduit au parfait.

Dès lors l'appareil de la chevalerie amoureuse, né des lyriques provençaux, déférera-t-il tout empire du cœur et de l'âme, de l'esprit et des mœurs, au sourire d'une Suzeraine assez accomplie pour animer ses serviteurs, les enflammer, les élever décidément au-dessus de tout ce que frappe son déplaisir ou son dédain. Les vertus de la terre, distinguées et rectifiées par Elle, seront mises en route vers la sphère physique, spirituelle et morale supérieure. Ensuite, elles feront le parcours, canonique et théologique, des hauteurs graduées que révèle une Grâce, qu'entr'ouvre une Faveur : l'accès définitif du suprême Beau sera intercédé par la même médiatrice, *éternel féminin qui nous conduira jusqu'aux cieux*[1].

Ces idées se tiennent entre elles. Engendrées lentement les unes des autres, elles semblent, à peu près toutes, provenir de la trace que l'esprit platonicien avait laissée, comme son empreinte, sur l'esprit humain, alors même que les textes initiaux étaient perdus ou déformés : à la longue, le mythe de la pédagogue Diotime suggéra une sorte de Maîtresse d'amour, Lycénion[2] morale, qui suscita le rêve de Béatrice, celui de Laure, et de tant d'autres, sans en excepter Dulcinée de Toboso, ni la dame des Belles Cousines[3], mères d'épuration et d'ennoblissement, héroïnes des infinis romans-poèmes, en prose ou en vers, qui remplissent encore la Renaissance et notre dix-septième siècle, Corneille et Racine compris (non comprise, bien entendu, la sale maman de Warens[4] !). Le thème de l'amour instruit par la beauté demi-divine est devenu irrésistible, inextinguible. Le sourire de Cervantès n'en peut venir à bout, ni le rire insultant de Schopenhauer[5] et, par Gœthe, voilà que Diotime, Hélène et Pallas sont restées les maîtresses du champ de bataille. Cette veine sublime est perpétuée dans les triomphes de Calendal et d'Esterelle : « L'amour suprême est dans le sacrifice extrême », mais ce sacrifice est heureux « le grand soleil monte, illumine, en procréant sans limite ni fin de nouveaux enthousiasmes et de nouveaux amours[6] ».

*
* *

1. On perçoit ici la dévotion que l'agnostique Maurras ne cessa pas d'avoir pour la Vierge Marie.
2. Femme qui initie le berger Daphnis à l'amour dans *Daphnis et Chloé* de Longus.
3. D'Antoine de La Salle, écrivain provençal du XVe siècle.
4. Tutrice et maîtresse de Jean-Jacques Rousseau, qui l'appelait « maman ».
5. Ces deux auteurs dénoncent l'amour comme une illusion.
6. Mistral, *Calendau* (1867), chants XI et XII.

Ainsi les plus fameuses contemptions de la Femme, faites de maladie, d'artifice ou d'orgueil, auront conduit, en fin de compte, à la diviniser ou tout au moins à la placer, pendant mille ans et plus, sur un trône qui n'est pas très différent d'un autel. Ce retour de justice ou de galanterie fera la merveille des siècles.

*
* *

Platon l'a-t-il prévu ? Peut-on imaginer que cet esprit, si combattu et déchiré de tels contrastes, sous le voile brillant de sa fausse sérénité, n'ait pu tout au moins entrevoir cet effet du provignement[1] de ses belles images ?

S'il est aventureux de rien affirmer de positif, la souveraine imprudence serait encore de nier.

Ce qui plane sur cette œuvre et sur cet esprit, n'est pas, à proprement dire, un doute. C'est un sourire. Un sourire mystérieux qui n'est pas ambigu. Ce qu'il nous laisse à présumer n'est peut-être pas ce qui importe le moins. Il nous conseille d'en assumer les risques ; comme il dit, les beaux risques[2]. Pour bien parler de lui, essayons de penser, s'il se peut, comme lui : ni il ne nous *embarque*, ni il ne *s'embarque* avec nous, quoi qu'on en ait dit ! Mais les naufrages qu'il a vus, et ceux qu'il a soufferts, ne le détournent pas de nous souhaiter des traversées meilleures, entreprises et mesurées sur de sages divinations. Le pilote est l'Amour. Un Dieu de beauté fait l'étoile. Si les Îles heureuses ont été englouties[3], pourquoi la fortune propice ne les ferait-elle émerger quelque jour à l'avant d'un navire bien construit pour y aborder ? Tout va et vient, tout se défait pour se refaire, sans qu'il soit légitime de rien opposer d'un peu sûr aux destinées platoniciennes, pleines de signes favorables. Dans toute la longue succession des purs philosophes, il n'y en a pas un qui ait conçu des mondes où tourne un plus grand nombre de Possibles amis.

QUE NOUS RESTE-T-IL DE LA GRÈCE ?[4]

Que nous reste-t-il de la Grèce ? Et qu'en peut-il être gardé dans un esprit vivant ? La question pourrait être rendue mot à mot en langue latine,

1. Procédé visant à obtenir de nouveaux pieds de vigne. Par extension, création de mots nouveaux.

2. Allusion au dernier enseignement de Socrate, dans le *Phédon* : la vie bienheureuse de l'âme après la mort n'est pas une certitude, mais conformer la vie présente à cette espérance est « un risque qui vaut la peine d'être couru ».

3. Allégorie du bonheur dans l'Antiquité.

4. C'est la question que l'*Encyclopédie française* a posée à l'auteur [NdA].

chaque terme français y rencontrant son vis-à-vis : *e Græcia quid supersit, vivo quid in ævo græcum remaneat.* Mais la réponse serait un peu moins latine, car, si la Grèce nous a légué les sciences, elles s'appellent : *mathématiques, géométrie, astronomie, mécanique, physique, logique, métaphysique, théologie, philosophie, géographie*, autant de termes grecs. La Grèce nous a aussi légué les arts. Lesquels ? *Rhétorique, musique, poésie, architecture, sculpture, théâtre, politique*[1], encore des mots grecs. Et le commun dénominateur de toute application de la science et de l'art s'appelle une *technique*, autre signe grec. Seulement, il n'est pas un seul de ces hôtes hellènes qui ne nous soit venu par la voie romaine. Les contemporains d'Horace et de Virgile les ont employés avant nous pour la simple raison que le sens que portaient ces mots avait aussi coulé chez eux de source grecque. [...]

Telle a été l'action de la Grèce. Je ne dis pas un prestige, ni une fascination. J'entends bien autre chose : quoi ?

Ne nous attardons pas aux jeux du messianisme ethnique ou géographique. Je ne crois à aucun peuple élu de l'histoire profane. Surnaturelle ou non, miraculeuse ou non, une destinée aussi universelle ne peut tenir à des circonstances secondaires, comme le sang des races ou leur habitat, ni aux qualités d'une langue, si belle soit-elle, ni au canon fixe d'un type humain[2]. L'attrait subi débordant toutes les frontières, la haute humanité s'y étant rangée, prêtée, donnée unanimement, quelle est l'affinité qui joua de la sorte ?

Considérons le genre humain. Ses conditions sont dissemblables ; les cœurs, les corps, les âmes de tant de peuples ont varié : où qu'ils aient pris racine, quelque pelage ou plumage qu'ils se soient fabriqués, quelque genre de vie qu'ils aient embrassé, avec toutes leurs variations du génie et de la coutume, les hommes sont bien forcés de convenir qu'ils ont spécialement en commun la vie de l'intelligence, et qu'ils possèdent même, en propre, quelque chose de refusé au reste de la nature, et qui n'est qu'à eux, l'exercice de la raison : sentiment du général, perception de l'universel[3]. Ce caractère est présent chez tous, impersonnel et uniforme, ne différant de l'un à l'autre que par son degré de vigueur.

Or si l'on y prend garde, ici se trouve aussi rejoint le caractère propre et le plus constant de la Grèce.

Ce que ses hommes ont *senti* de l'Univers et d'eux-mêmes ils se sont toujours appliqués à le *penser*. Ils ont pensé leurs sentiments, ils les ont

1. Noter que Maurras classe la politique dans les arts, non dans les sciences.

2. Maurras disqualifie donc les explications racistes, mais aussi environnementalistes et culturalistes du génie grec.

3. *A contrario*, suggère Maurras, l'intelligence animale n'opère que sur du particulier.

élevés à la sphère supérieure par un essor très vif de critique et de logique, de choix judicieux et de dialectique réglée. Cette pensée de la pensée fait inventer l'art de penser. C'est pour eux un jeu familier et délicieux que de passer, en le sachant, du Même au Même, du Même à l'Autre, de l'Autre au Même encore. L'Un est discerné. Ce qui n'est pas un, rapporté à l'Un. On ne veut plus appeler science un amas de connaissances sans suite ; on veut que leur lien, leur rapport soient saisis. La nomenclature diffuse devient classification, l'exposition des choses se couronne d'interprétations qui les humanisent. À peu près comme au souffle du démiurge organisateur[1], le chaos des êtres, le chaos des images prennent figure. L'Ordre est cherché avec passion, il est trouvé ou soupçonné : ainsi apparaît-il la Patrie élue de tous les esprits, car, seul, un chœur complet de raisons accordées rendra compte de l'univers, en permettant à l'homme de porter le poids de son sort ou de se recruter ses auxiliaires divins.

Toutes opérations, certes, innées à tous les hommes ! Ils les font instinctivement. Mais la Grèce s'y est complue. Et de toute son âme ! Elle y a mis sa volupté, et elle en a fait le signe de sa vertu. Le grand mérite est de s'être aperçue qu'il n'y avait rien de plus important pour elle et pour autrui, rien de plus utile, de plus agréable, de plus commode, ni de plus fort. Au lieu donc de courir les folles variétés de l'être et de l'élément, en eux-mêmes trop vains, elle s'est appliquée au rythme et à la loi. Le Nombre et ses grandeurs, la Masse et ses puissances, lui paraissent fort peu de chose, car cela peut toujours s'accroître[2] ; la qualité vaut mieux que tout, car on ne l'atteint qu'une fois ; on l'arrête à sa perfection. Le prestige du colossal s'évanouit et cède tout au Beau. La Bruyère pensait aussi *grec* que Virgile et qu'Horace quand il parlait d'un « point de perfection dans l'art, comme de bonté et de maturité dans la nature[3] », et le terme le plus grec de toute la langue est peut-être ce petit préfixe ΕΥ, *bien* et *bon*, dont sont restés timbrés, en grec, tant de noms propres et de noms communs qu'ils remplissent cent vingt-six colonnes du *Dictionnaire*. Les choses et les hommes valent dans la mesure où ils sont bons ou beaux.

Cet amour, moins des choses, que des choses bonnes et belles, ou plutôt *du bon et du beau dans les choses* ; ce goût d'en abstraire et d'en distiller la perfection ; ce génie des gradations hiérarchiques de l'Ordre, ne pouvait se confiner dans la spéculation. L'art de penser ne pouvait se priver d'envahir tous les autres arts.

Mais peut-être aussi aurait-il dû se l'interdire comme une usurpation ?

L'objection n'est pas négligeable.

---

1. Dieu qui ordonne la matière pour en tirer le Cosmos dans le *Timée* de Platon.
2. D'où l'hostilité de Maurras à la démocratie en tant que triomphe du quantitatif sur le qualitatif.
3. Fragment des *Caractères* (1688-1696) que Maurras citait déjà dans *Anthinéa*.

À la réflexion d'un esprit moderne (si surtout il admet les folies esthétiques dont le prétendu monde nouveau se laisse encore saturer), les peines et les joies, les amours et les haines, les enthousiasmes et les douleurs qui font la substance première et naïve des arts ne vont-ils pas être nécessairement congelés par l'invasion de l'intelligence et de la pensée ? À moins que d'en être desséchés à jamais ! Le folklore est charmant. Ne convient-il pas d'y laisser circuler, à l'état frais et brut, la « chanson des Métamorphoses » ? C'est un grand importun, « l'humble écolier du grand Homère » qui vient en tirer *Magali*[1]...

Tout bien pesé, l'on ne peut s'empêcher de se répondre que la claire ordonnance et l'intelligente composition d'éléments déjà beaux doit bien y ajouter une beauté nouvelle ; si l'univers senti nous émeut dans les profondeurs, pourquoi la même vie de l'univers, quand elle est pensée, nous laisserait-elle plus froids ? Et qu'y a-t-il au juste qui rende chimérique toute combinaison de l'émotion et de la pensée ? La belle fille de Provence qui fuit, de figure en figure, les instances de l'amoureux sera-t-elle moins émouvante quand la ligne des transmigrations viendra mourir à ce sommet lumineux et tragique où le soupirant établit son repos éternel près de son amour ? Les beautés de détail sont belles. Seront-elles enlaidies quand, telles quelles, elles recevront d'ensemble un logique et beau sens ?

Les ennemis de l'intelligence vont d'ailleurs extrêmement loin dans leur voie. Ce ne serait pas seulement l'art que l'Ordre intellectuel stériliserait : ce serait, disent-ils, la pensée elle-même. Quelque spectacle de fécondité inouïe que donne la Grèce philosophique, on se plaint que sa logique et sa critique excluant le vagabondage de l'*impetus* et la déraison du *nisus*[2] indéterminé, composent des systèmes bornés, fermés ou arides.

Le reproche ne vaut que pour une scolastique déviée et pour une sophistique dégénérée.

À plus forte raison, dans notre confusion de valeurs, où le génie n'est plus appelé que désordre, où la poésie passe pour un tumulte aventureux, les mêmes accusations indécentes redoubleront-elles contre la lumière physique et morale que comportent la poésie des Grecs, leur statuaire, leur architecture, leur théâtre ou leur rhétorique.

Un certain académisme, un certain style pompéien peuvent bien justifier en apparence ces griefs. Mais un seul fait bien choisi les balayera tous : ce fait d'expérience, certain et décisif, que tout esprit un peu éclairé, s'il approche les monuments authentiques de l'art hellène à sa belle heure, en son bon point, commence par en recevoir une violente bouffée de

1. Allusion à Mistral, qui se présente comme disciple d'Homère dans la dédicace de *Mirèio* (1859). La chanson *O Magali*, du chant III de l'œuvre, développe le thème des métamorphoses auxquelles recourt l'amant pour être toujours auprès de l'aimée.

2. Termes empruntés à la physique ancienne et désignant deux types de mouvements.

vie : fraîche ou brûlante, mais extrême. Celui qui arrive en Attique est ému des étonnements que lui jette au profond de l'âme l'intense énergie du parfum vital émané des magnificences de ces corps et de ces figures. Leur beauté, dira ce témoin, « n'y épuise pas l'élan de la force : le rythme est pur, pourtant la matière palpite », l'Immortelle « respire comme le dernier des vivants »[1]. Ce qui est vrai des jeunes filles de la Tribune, des Héras, des Hygies, des Amazones, des Néréides, des Victoires, se vérifie à d'autres titres, si l'on ouvre ceux des maîtres de *l'Anthologie* qui sont de la belle époque[2].

Les décadents de la scolastique ont trahi « le Maître de ceux qui savent[3] ». Les Cicéroniens n'ont pas moins trahi Démosthène qui fut le plus véhément, le plus nu, le plus direct des orateurs. Ni la haute grâce d'Homère, ni la simple et rude grandeur de Sophocle, ni la bouffonnerie lyrique d'Aristophane ne cessent de manifester le même emportement et la même sublime vigueur, que leur art éleva à l'invincible solidité de la perfection. La règle hellène par excellence est de garder et de préserver le bouillonnement des forces de la Nature au cœur d'une Beauté dont elles font, la flamme ; si l'on ose parler ainsi, elle transvase dans l'éternité intellectuelle la mystérieuse fleur de la Vie, afin qu'elle se rie des temps comme du Temps.

Or c'est ce que veut le grand art, à qui l'Heure ne suffit pas. Né de Grèce ou d'ailleurs, tout puissant esprit se cherche dans cet effort et se trouve dans ce succès, conforme à ce qu'il y a de plus humain dans l'esprit de l'homme. On ne saurait s'expliquer autrement que cet art intellectuel se soit recruté un si grand nombre de disciples complets, à travers tous les types supérieurs de l'humanité, de quelque race et de quelque pays que sorte leur être de chair. Le Romain, le Punique, le Français, le Germain, s'il se sent une forte vitalité à défendre, à répandre, à perpétuer, court naturellement à l'école de ceux qui savent ce moyen par lequel « l'homme s'éternise ». Ainsi se réalisera-t-il. Ainsi deviendra-t-il tout à fait ce qu'il pouvait être : Plaute ou Térence, Ronsard ou Racine, La Fontaine ou Molière, Gœthe ou Mistral, cette doctrine forte convient surtout aux forts. Tout homme s'il est homme, tient à s'initier à une discipline où son bel animal excité et dompté approchera le dieu, non par l'application de caractères postiches sur quelque fond de barbarie, mais par une régénération intérieure où leur raison conduit les mortelles forces vivantes à renaître pour concevoir, ordonner et exécuter l'ouvrage qui ne meure pas.

1. Extraits d'*Anthinéa.*
2. *L'Anthologie grecque* a été élaborée du Ier siècle avant Jésus-Christ au XIIIe siècle après. Elle va de la poésie grecque classique à la poésie byzantine.
3. Aristote, ainsi qualifié par Dante (*Enfer*, IV).

Ceux qui « hellénisaient » à proportion qu'ils étaient plus latins, « hellénisaient » bien plus encore à proportion qu'ils étaient des esprits plus humains, plus vigoureux plus dignes de l'initiation. Initiation directe ou indirecte. Apprentissage sous des demi-maîtres ou des quarts de maîtres, et qui souvent suffirent au disciple éminent pour lui faire deviner l'essentiel d'un premier docteur inconnu. Des classiques très purs ont pu tout ignorer de la Grèce et de Rome : leur siècle les savait pour eux. D'autre temps, crus très ignorants, et qui se croyaient tels, ne l'étaient point du tout, car un poètereau grec ou latin, étudié de près, leur avait révélé l'âme de l'Attique. Les répercussions, les ricochets et les cascades d'influences sont infinies, et leur histoire bien conduite résumerait l'office des traditions et des progrès de la Raison partout vivace, à travers les hautes sciences, les lettres humaines, les beaux-arts universels : sans préjudice de développements ultérieurs possibles dans le monde jaune et le monde noir. Les négrillons hellénisés n'y gagneront pas un nez grec, mais Socrate était bien camus !

Quiconque y aura réfléchi voudra donc murmurer quelque chose d'assez pareil à l'Apologie, ou à la Prière qui naquit d'elle-même sur les lèvres d'un pèlerin d'Athènes, à la fin du siècle écoulé : « Ce que je loue n'est point les Grecs, mais l'ouvrage des Grecs et je le loue non d'être grec, mais d'être beau. Ce n'est point parce qu'elle est grecque que nous allons à la beauté, mais parce qu'elle est belle nous courons à la Grèce… » (*Anthinéa*).

Ici des voix pourraient reprendre :

— Alors, Ami, vous qui savez si bien ce que vous en avez loué, comment n'avez-vous pas encore dit l'essentiel ? Vos lecteurs n'ont pas encore appris de vous ce qui chez vous et chez d'autres « enfants latins » qui l'ont « trouvée si belle », peut bien survivre, et durer, subsister, de cette Grèce adorée.

Mais la question m'étonnerait.

Ce qui vient d'être lu répond : il nous reste de la Grèce l'humanité. Oui : tout ce que les mœurs de nos arts et de notre esprit ont laissé survivre d'humain.

L'UNITÉ DANS L'ESPRIT DE LA GRÈCE

On a beaucoup dit que les Grecs ne connurent pas « cette idole romaine de l'unité[1] ». Cela n'est pas sans vérité. La diversité ne les effraya point, ni même l'anarchie. Ils gardèrent le goût de la liberté dont on meurt.

---

1. Thèse défendue notamment par Paul Seippel dans *Les Deux Frances*, Paris, Alcan, 1905.

Cette thèse est fameuse chez les Allemands, qui ne l'ont pas inventée : Auguste Comte, Joseph de Maistre, Bossuet même l'ont défendue, et, je ne crains pas de le dire, non sans erreur ni confusion[1]. Tout mauvais raisonneur s'autorise de leurs paroles, et c'est de bonne guerre. Mais, en répliquant, je ferai peut-être comprendre une vérité.

Ni Comte, ni Maistre, ni Bossuet ne peuvent avoir absolument tort ; il est parfaitement exact que les Grecs ont donné au monde le spectacle d'un libertinage effréné en politique et en morale, et il est vrai qu'ils l'ont payé[2].

Mais ce n'est ni leur politique ni leur morale qui se propose à l'admiration des siècles. « *Les plus grands flatteurs de la Grèce* » défendent ceci avec tout le reste ; encore n'est-ce point du tout ce qu'ils admirent et font admirer passionnément, parfaitement.

De leur avis comme de l'avis général, ce qui n'a pas été égalé, ce que la Grèce nous a légué d'unique tient à l'ordre des arts, à l'ordre des sciences. Or, sur ces points, l'art et les sciences, notre Grèce ne le cède ni à Rome païenne ni à Rome catholique pour le sens vigoureux, profond et grave de l'unité. L'art grec et la science grecque supportent la comparaison avec ce que Rome et Paris ont constitué de plus *un* en politique, en morale et en religion[3].

La science grecque est un modèle d'aspiration à l'unité. L'art grec, si rationnel, exprime la perfection de l'unité. Pour un Grec, la beauté se confond avec l'idée même de l'ordre : elle est composition, hiérarchie, graduation. La beauté qui est proprement grecque n'affecta ni l'expression du caractère ni la recherche de l'original et de l'étrange. En aucune de ses merveilles, l'individu ne se confesse. Elles ne s'adressent pas à l'individu. Tout ce que Taine a dit, et ce que l'on répète, des défauts de l'esprit classique français : sociabilité extrême, ardeur logique, prédominance de la raison mathématique[4], se retrouve dans l'esprit, dans le goût des artistes grecs. Leur statuaire ne vise pas à la ressemblance, elle veut le vrai général et vise à la beauté typique, elle cueille une fleur de vie éternelle.

« L'homme, et non l'homme qui s'appelle Callias[5] ! » Cette parole du plus grand esprit de la Grèce après Phidias[6] mesure le dédain qu'auraient

1. Noter ici la liberté que garde Maurras à l'égard de ceux qu'il considère comme des maîtres.

2. Allusion aux guerres fratricides qui ont amené la perte de l'indépendance grecque.

3. Sur la filiation Athènes-Rome-Paris, voir notamment « La prière de la fin », p. 1202 de la présente édition.

4. Thèse défendue par Taine dans *Les Origines de la France contemporaine* (1875-1894).

5. Cette distinction entre le général et le particulier apparaît plusieurs fois dans la *Métaphysique* d'Aristote.

6. Il est très révélateur que Maurras place Aristote après un sculpteur : cela montre qu'il est esthète avant d'être philosophe.

opposé, de nos jours, l'intelligence et la sensibilité de la Grèce aux efforts variés de ce que nous appelons l'individualisme. Elle s'y opposa partout où elle fut elle-même et digne d'elle-même.

Le vœu essentiel des Grecs fut de traduire la simplicité et la nudité essentielle de l'être humain, et ce fut aussi leur chef-d'œuvre.

Cela se vérifie pour les poètes autant que pour les artistes, non seulement Homère ou Sophocle, mais le grand troupeau, si mêlé, de l'*Anthologie.* Il peut sembler banal de maintenir ainsi que les Grecs furent des classiques. Ce n'est pas ma faute si l'on ne sent plus la signification de ce mot tant redit ni la valeur des conséquences qu'on y laisse dormir.

Bossuet, Maistre, Comte, ont raison sur la politique grecque, dont l'échec historique n'est pas douteux ; mais là où la Grèce n'échoua point, *dans les choses où elle excella*, la Grèce donne une leçon de communauté sociale, d'unité intellectuelle, d'ordre vivant.

Ce qui est *un* est *un*. Ce qui n'est pas *un* doit se rapporter à l'*un*. Eurythmie[1], harmonie dans la sphère des arts. Dans les sciences, classification rationnelle. Rien de plus opposé à l'art romantique, à la culture germaine, à l'esprit de la Révolution et de la Réforme, à toute conception tendant à « canoniser », à tenir pour des règles, les singularités de la conscience de chacun. Tout au rebours de cette diversité hideuse, la science est l'unité de la connaissance.

Les Grecs ont eu cette idée les premiers, et ils ont commencé à la réaliser. Même en philosophie, où la diversité de ses jeux fut très grande, la Grèce ne s'est pas trompée sur l'unité du règne humain. Ce beau génie polythéiste, qui sentit fortement la dualité foncière du monde, se rendit compte qu'il faut bien redevenir unitaire ou unificateur toutes les fois que, s'étant libéré des choses, l'homme les soumet à la critique de la raison.

« D'abord tout était confondu, l'Intelligence vint et distribua toutes choses. » L'auteur de cette haute maxime a-t-il participé de la triste mentalité que poursuit et flétrit le philhellénisme allemand ? Était-ce un Français ? un catholique ? ou un Latin ? Mais l'ionien Anaxagore florissait cinq cents ans avant l'ère chrétienne, et l'on s'accorde à remarquer que ce premier linéament de la sagesse grecque en fait prévoir le développement ultérieur. Il y a dans son texte un verbe d'un sens lumineux et magnifique : « DIEKOSMESE », « MIT EN ORDRE ». La Grèce est toute là : *un amour, un esprit, une volonté de cet ordre vivant que nous appelons organisation.* Qualité ou défaut, infirmité ou tare, cela est grec essentiellement.

Et cela devrait faire réfléchir les Allemands amis de la Grèce, et faire examiner leur point de départ hostile à toute pensée d'unité morale, enfin mettre en doute leur jugement initial, leur postulat premier. Notre unité,

1. Combinaison harmonieuse.

qu'ils malmènent si durement, et sans même l'examiner[1], ne serait-elle pas la condition de tout progrès, la base de toute culture ?

Si l'on pose ces doutes, on est amené à penser que l'Allemagne appelle ici « latin » ce qui, proprement, est humain. Les intérêts du genre humain suffisent à justifier également la Science grecque, l'Art grec, l'Empire romain, l'Église catholique, l'Esprit classique et l'Esprit français, dans leurs poursuites concordantes de l'unité.

1. Thèse courante en Allemagne, rattachant le jacobinisme français à l'influence romaine, par opposition au sens grec de la diversité, qui se serait pérennisé dans le monde germanique.

LES AMANTS DE VENISE (extraits)

Je n'ai qu'à me consulter sur ce que je veux faire : tout ce que je sens être bien est bien, tout ce que je sens être mal est mal ; le meilleur des casuistes est la conscience.

... La conscience ne trompe jamais, elle est le vrai guide de l'homme ; elle est à l'âme ce que l'instinct est au corps ; qui la subit obéit à la nature et ne craint point de s'égarer.

... Conscience ! conscience ! instinct divin ; immortelle et céleste voix ; guide assuré d'un être ignorant et borné, mais intelligent et libre ; juge tranquille du bien et du mal, qui rend l'homme semblable à Dieu.

Jean-Jacques Rousseau
(*Profession de foi du vicaire savoyard*)

Émanée d'un père stupide et anarchique, cette jeune dame croit et DIT que la vie n'a jamais besoin d'être systématiquement réglée et que le sentiment suffit pour nous conduire.

Auguste Comte
(*90e Lettre au Dr Audiffrend, 26 Aristote 69*)

INTRODUCTION

Les amours de Mme Sand et d'Alfred de Musset ont tenté souvent l'analyse. [...] Des documents révélateurs ont ramené de ce côté l'attention générale et, depuis six ans, les [historiens de la littérature] ont dissipé toutes les incertitudes de faits. Mais, les faits établis, ces chercheurs heureux ou habiles ont négligé d'en faire voir le sens.

Qui était-il ? Qui était-elle ? Qu'étaient-ils l'un pour l'autre ?

Où les témoignages nouveaux ne répondent pas, il est facile d'évoquer d'autres témoins : les *Nuits*, la *Confession d'un enfant du siècle*, les *Lettres d'un voyageur*[1]. Que ces livres parus sous le règne de Louis-Philippe soient

1. Les *Nuits* sont des poèmes écrits par Musset de 1835 à 1838 ; la *Confession du siècle*, son seul roman, est de 1836 ; les *Lettres d'un voyageur* ont été écrites par George Sand de 1834 à 1836.

un peu démodés, cela est possible. Je n'ai pas eu à me donner la peine de les relire. Dans ma province, de mon temps, c'est-à-dire entre 1875 et 1880, on ne quittait pas son collège sans savoir tout cela par cœur. De ces textes restés vivants dans la mémoire et qui se composaient, sans que j'y prisse garde, au fur et à mesure que les inédits paraissaient, est né ce petit livre qui devrait paraître anonyme, car j'en fus moins l'auteur que le théâtre et le sujet. La cruelle aventure s'est rejouée sur une scène intérieure ; je publie le compte rendu des représentations.

On ne trouvera pas ici un seul fait qui ne soit connu ; si l'explication que j'en donne semble nouvelle, c'est par l'effet de la paresse des écrivains qui m'ont précédé ou de leurs lecteurs. Elle découle des données. Fidèle à un précepte de la rhétorique classique, j'ai cherché le secret des événements dans les cœurs. La réflexion, la rêverie sont les deux muses de l'histoire, nulle archive ne les remplace. Elles seules découvriront ce qui manqua à George et à Alfred, ou ce que ces amants ont possédé de trop, pour réussir l'ouvrage de leur félicité.

Mais la découverte de ces excès ou de ces lacunes dans les deux âmes en élargit l'étude. Le grand souci du philosophe et du politique français est aujourd'hui de mettre fin à ce qui subsiste ou renaît de la maladie romantique. Il faut donc la connaître. La vie et l'œuvre d'un Chateaubriand, la vie et l'œuvre d'un Michelet, vues d'un peu près, nous montrent comment les romantiques ont subi dans leur volonté le désordre de leur pensée. La liaison de Mme Sand et d'Alfred de Musset éclaire un sujet plus profond, puisqu'elle nous fait entrevoir quelle était, chez les romantiques, la manière de concevoir l'amour et même d'aimer.

Alfred et George étaient nés en un mauvais temps, en un temps de fous et de folles, d'ailleurs empoisonné par le sang et par la pensée de l'étranger[1]. Eux-mêmes, ils étaient ce temps, ils le figuraient à la lettre. Enfant du siècle, comme ils disaient, cette génération devait abuser de son cœur. L'un ne se fiait qu'à l'amour et l'autre ne croyait qu'aux âpres beautés de l'orgueil. Ils méprisèrent donc les vivants mécanismes par lesquels la tradition du genre humain, fermement définie chez les peuples civilisés, a tempéré l'orgueil et enchaîné l'amour. Ils démontèrent tous les freins. Ils subirent l'un après l'autre ces nécessités naturelles qui tourmentent quiconque fait retour à nos éléments primitifs et ils vérifièrent à quel point la nature est plus malicieuse et plus cruelle dans ses vengeances que la société.

Qu'y pouvait le génie ? Il n'était pas à la portée du génie de rendre les esprits élémentaires moins féroces, ou moins aveugles. Le génie accusa avec magnificence les caractères successifs du double supplice. Il les mit

1. On sait que pour Maurras, le romantisme représente la subversion de la culture française, qu'il veut purement gréco-latine, par des influences germaniques, sémitiques et slaves.

en pleine clarté. La cruauté de ces passions et leur extravagance feront peut-être, pour un sage professeur de morale, des tableaux de quelque ironie. Madame Sand en avait bien le sentiment, elle y répondait d'avance. « Tout cela, vois-tu, disait-elle à son ami, c'est un jeu que nous jouons, mais notre cœur et notre vie servent d'enjeux, et cela n'est pas tout aussi plaisant que cela en a l'air. » Le plus faible des deux amants y fut brisé. Celle qui survécut ne pouvait s'empêcher d'y rêver au-delà de la cinquantaine.

Leur double fin presque également pathétique aurait dû terminer cette vénérable querelle des sandistes et des mussettistes, à laquelle reviennent toujours avec bonheur nos Gaulois affamés de guerre civile. Est-il nécessaire de dire que le sandisme est aussi étranger que le mussettisme à cet examen ? *Oh ! vous admirez cette femme*, me disait en grondant une cruelle ennemie de Madame Sand. *Ah ! vous le défendez*, m'ont écrit des anti-mussettistes farouches. Admirons-les et défendons-les tous les deux [...].

Comme dans l'infini, tout s'explique et se réconcilie dans l'absurde. Et cette histoire n'a rien à voir avec la raison.

PREMIÈRE PARTIE : LES PERSONNAGES

Elle – Lui – Eux – Le médecin de Venise

ELLE

On ne peut refuser à madame Sand une place éminente entre les premiers écrivains de son âge et de son école ; il n'est pas impossible que la postérité détache de son fatras bien des pages belles et pures. Un ami dans le goût de qui j'ai confiance l'a relue en ces derniers temps ; nous serions surpris, me dit-il, de la fraîcheur, de la netteté, de la force de son langage. J'ai fait la même expérience, qui a tourné un peu moins bien. La déclamation, les longueurs, le mensonge fondamental des caractères et la fausseté des passions m'ont, de page en page, brisé. Pour me distraire de la fatigue du livre, je n'avais qu'un recours, c'était de songer à l'auteur. Mais, en vérité, le beau monstre !

I

George avait l'âme grande, généreuse et hospitalière ; c'est-à-dire presque incapable du sentiment que le commun des hommes appelle l'amour. Deux sortes de personnes semblent, en effet, devoir être impropres à l'amour, les premières faute de sensibilité, les secondes par un excès de ce don de sentir et de suivre le sentiment.

George a passé sa vie à tout éprouver par son cœur. Elle aimait, pour mieux dire, elle préférait tout le monde, sans en excepter ni les bêtes ni les choses. Elle avait au sublime le pouvoir de s'abandonner avec furie à tout prenant, à tout venant, rustre, dieu, système, paysage. La merveille était de se multiplier de la sorte et de rester entière dans chacun de ses travaux et de ses plaisirs.

Dispersée, mais non divisée, il semble qu'elle ait dû vivre en un tourbillon. Elle y restait fort calme. Ses lettres, celles mêmes dont le tour paraît exalté, laissent voir une paix profonde. Rarement la passion s'y exprime pure. Elle pense ses sentiments et, comme elle pense fort mal, elle les gâte. À parler amoureusement de l'infinité des choses humaines, Mme Sand néglige de parler ainsi de l'amour.

Elle a, de temps en temps, un cri large, une haute plainte. On la connaîtrait mal si on la jugeait là-dessus : « Je ne t'aime plus mais je t'adore toujours. Je ne veux plus de toi, mais je ne peux plus m'en passer… Mon seul amour, ma vie, mes entrailles, mon frère, mon sang, allez-vous-en, mais tuez-moi en partant. » Tout cela n'est pas du ton naturel de George et l'on verra quelle suite d'événements, dont quelques-uns assez étrangers à l'amour, l'ont conduite à ces frénésies. La vraie George est celle qui écrivait après l'horrible séparation de Venise : « Ah ! qui te soignera *et qui soignerai-je ?* » George ne souffrait que d'une immense charité sans emploi. […]

II

« Rétrécis ton cœur, mon grand George, tu en as trop pour une poitrine humaine. » On entend aujourd'hui quel était le sens de cette parole que lui jetait Musset dans une heure de clairvoyance. Justement le grand George n'était d'humeur à rien rétrécir. Ce qu'il lui fallait, c'était tout. Mais il le lui fallait véritablement, et personne ne savait mieux ce qu'elle voulait dire quand elle réclamait, sans précision ni cesse, du champ, de l'aise, de la vie, ou déclamait en termes vagues contre les conventions, les limitations et les chaînes. Le rôle de la démagogue est presque toujours emprunté. Mais celle-ci était sincère, c'était bien sa nature qu'exprimaient ses protestations.

Le sang de George était le plus mêlé qui fût au monde. Les classes et les races diverses s'y contrariaient. Elle comptait parmi ses ascendants un roi de Pologne, une danseuse de l'Opéra et un teneur d'estaminet. Elle était la petite-cousine de Louis XVI et d'un maître oiselier du faubourg Saint-Antoine[1]. S'il n'est pas facile d'imaginer ce que put être, à la fin du dix-huitième siècle, un plébéien artiste de la bonne ville de Paris, on connaît du moins la grossièreté de l'aristocratie du nord de l'Europe vers la même époque : ces électeurs de Saxe dont les aïeux avaient été protecteurs de Luther, affreux soudards ivrognes et d'une luxure sans grâce ! Auguste eut bien trois cents bâtards. Son fils, le maréchal de Saxe (Maurice-Arminius), n'aimait rien tant que le beurre rance et tous ses autres goûts étaient à l'avenant, au témoignage de sa petite-fille[2].

1. L'un des arrière-arrière-grands-pères paternels de George Sand était le roi de Pologne Auguste II, également prince-électeur de Saxe sous le titre de Frédéric-Auguste Ier. Son bâtard Maurice, dit le « maréchal de Saxe », fut l'arrière-grand-père de Sand. La nièce du maréchal de Saxe fut la mère de Louis XVI.

2. Maurras rappelle à dessein l'autre prénom de Maurice de Saxe, Arminius, car il fait référence au chef germain qui, en l'an 9 après Jésus-Christ, mit fin aux projets romains de conquête de la Germanie en écrasant les trois légions de Varus à Teutoburg ;

De cette race impolie et forte, George tenait quelques grands traits de son caractère physique, la brutalité de la vie, l'audace impudente à la vivre, et je ne sais quoi de glouton dans le mouvement du désir. Sa biographie bien écrite pourrait servir d'évangile à nos libertaires dont elle a devancé les murmures et les révoltes. M. Lemaître[1] a fort bien dit qu'Ibsen et Tolstoï ont hérité les vieux thèmes de notre George[2], mais il faut convenir que celle-ci leur appartient par ce qu'elle a de slave et de gothique dans le sang. Ces barbares n'ont fait que reprendre un peu de leur bien chez la romantique française.

III

Telle étant la nature de George, une autre cause l'eût empêchée de rien céder ni sacrifier de son cœur. Cette pupille de Rousseau voulait unir aux ivresses de la nature un magnifique enthousiasme pour la vertu.

Assez fière de l'hérédité protestante qui lui venait d'Auguste II, elle se tenait, du haut de sa tête, pour une nature sacrée. Non comme femme, ni comme belle femme, ni comme jeune femme, ni comme femme de génie. Son sexe, son génie, sa beauté, sa jeunesse, ne lui paraissaient que des dons accidentels et secondaires, théoriquement méprisables : elle s'était sacrée dans son essence même comme créature pensante, comme chose morale pourvue du sentiment de ses droits et de ses devoirs. Maintenir la parfaite intégrité de sa personne, c'était pour George le devoir et le droit ; c'était cette vertu qu'elle définissait par la rigueur du caractère, la mâle unité du langage et la vérité de la vie.

Ces grands mots ne la défendirent d'aucune faiblesse ni d'aucun mensonge de femme. Mais elle tenait religieusement à leur lettre : si son naturel lui ôtait tous les moyens de vivre en matrone romaine, elle parla souvent ainsi et n'admira ni n'estima que les hommes nés stoïciens. Sérieusement, je crois. En amitié, on nous la montre comme un très honnête garçon. Vieille femme, ce fut le modèle de la bonté.

Le stoïcisme du langage est très commode, il confère au moindre caprice un « prix infini ». George nommait son bon plaisir inspiration ou fatalité.

---

en 1875 fut inaugurée sur le site de la bataille une gigantesque statue d'Arminius (ou Hermann), célébré comme précurseur du pangermanisme. Arminius fut aussi le nom d'un théologien néerlandais des XVIe-XVIIe siècle, précurseur du protestantisme libéral. Ce prénom concentre donc deux formes majeures de barbarie selon les critères de Maurras, qui souligne de même le lien entre la maison de Saxe et Luther. Il omet en revanche de rappeler que Maurice de Saxe fut le meilleur maréchal de Louis XV : on lui doit entre autres la victoire de Fontenoy (1745).

1. Critique littéraire réputé, académicien et membre de l'Action française.

2. Le dramaturge norvégien comme le romancier russe ont pourtant récusé toute influence de Sand sur leur œuvre.

Plus court, elle le nommait Dieu, ce Dieu de Kant et de Rousseau qui dogmatise au fond d'une conscience sincère. « Dans George Sand, observe avec malice un vénérable philosophe, M. Pierre Laffitte[1], quand les dames veulent doucement céder, Dieu est toujours là pour faciliter l'affaire. » Cette bonne pièce de Louise Colet[2] avait écrit par allusion directe aux livres de Mme Sand : « Si les héroïnes des romans modernes sont si ennuyeuses et, à mon avis, si immorales, c'est qu'à propos d'amour elles parlent de Dieu ou de maternité. »

Ces héroïnes savent se tromper elles-mêmes avec beaucoup d'art. Rien de divertissant ni d'agréable qu'elles ne prétendent accomplir religieusement et par obligation, le catéchisme du moment servant ainsi de couverture à leur intérêt du moment. Elles ont le génie d'amalgamer à l'idée la plus générale des plaisirs très particuliers. Mais les personnages féminins de Mme Sand ne font guère que répéter et mettre en formules son procédé. L'*Histoire de ma vie* porte la devise à laquelle toutes les filles de son imagination ont également aspiré : « Charité envers les autres, dignité envers soi-même, sincérité envers Dieu. »

Dans un être sans passions, la charité, la dignité et la sincérité peuvent vivre d'accord, faute de trouver même l'occasion d'un conflit. Et l'accord n'est pas impossible chez telles natures ardentes, quand une forte discipline religieuse ou morale les a tenues longtemps en respect, car l'idée de Dieu, même la simple idée du Bien s'y traduit par des habitudes souvent héréditaires, en tout cas fort anciennes, d'une vive efficacité. Le Dieu de George était l'esclave et non le maître de ce cœur turbulent. Il dut donc arriver que le souci de sa dignité personnelle lui fît quelquefois oublier le précepte de charité jusqu'au point de la rendre plus que dure et presque cruelle.

Quant à la sincérité devant Dieu, ce beau souci, tournant à l'aigre, n'a-t-il jamais nui à la dignité de George aussi bien qu'à sa charité ? Le sentiment certain d'être justifié au ciel laisse commettre sur la terre plus d'une iniquité[3].

IV

Voilà l'erreur née d'une espèce de mensonge qui défigure George Sand. Ce n'est qu'en essayant de se formuler une loi, loi qui se trouvait être fausse, qu'elle fut réduite à quitter son état d'innocence et connut les deux termes du Péché et de la Vertu.

1. Disciple d'Auguste Comte et titulaire de la chaire d'histoire des sciences au Collège de France. Maurras l'avait fréquenté au sein de la Société des félibres de Paris.

2. Poétesse, maîtresse de Flaubert, Vigny et Musset notamment.

3. Maurras attaque ici le dogme calviniste de la prédestination, omettant cependant de préciser que pour Calvin, l'homme ne peut jamais savoir ici-bas s'il est au nombre des élus.

Païen avec franchise, purement sensuel, répandu hors de ce barrage de déisme hypocrite, son souvenir serait imprégné d'un grand charme. La bonne George, ainsi que quelques-uns l'appellent, recevrait ce nom de nous tous. Quelle fine légende que la suite de ses amours, de ses voyages de ses danses, car elle dansa fort longtemps. On lui dédierait, comme aux princesses des deux Renaissances, le culte souriant que nos Anciens portaient aux faunesses et aux naïades. On diviniserait tout ce qui a été d'elle, en mémoire de ce beau don qu'elle avait de jouir de toutes les choses physiques, et l'on rappellerait qu'elle y joignit même un désir de les comprendre et d'avancer dans leur secret. On évoquerait son envie de ne rester, de cœur, de corps ni de pensée, étrangère à rien de vivant et comment, mal organisée pour les sciences, elle s'y appliqua avec un zèle digne d'Hypatie et de Novella[1].

Du moins donnons-nous le plaisir de la regarder dans ce jour qui lui est favorable.

Voir, respirer, toucher les fleurs ne lui suffisait pas, elle en avait cherché les noms et les propriétés dans les livres de botanique. Grande regardeuse d'étoiles (il y a dans son œuvre des « Nuits » en prose qui valent pour la magnificence, sinon pour la tendre passion, les *Nuits* rimées de son ami), elle conservait en bon ordre dans sa tête la nomenclature des cieux.

« Savante ! » lui disait Musset en l'admirant, avec une pointe de raillerie. Cette fois Musset se trompait. Même devenue astronome, George n'eut rien d'une savante. Elle était simplement égale à la Nature dont son heureux esprit reflétait la course limpide.

V

Dans la vie d'une femme ainsi faite, les hommes devaient se suivre à peu près comme ils se succèdent dans le mouvement du Grand Tout. Éphémères instants, secondes fugitives, bulles de l'écume infinie.

À demi-siècle de distance[2], elle paraît la Bonne Hélène du monde des lettres d'alors[3]. À peine deux ou trois courtisans furent-ils trouvés impossibles. Encore savait-elle tirer de ses amants déçus ou remerciés des amis certains, d'étroits familiers et de bons gardiens qui, pareils à ce pauvre Planche[4], se consolaient de la passade dont elle les faisait

1. Hypatie fut une mathématicienne et philosophe d'Alexandrie, assassinée en 415 par les membres d'une secte chrétienne. Novella d'Andrea fut une juriste italienne du XIVe siècle.

2. Noter le provençalisme dont use Maurras : un Français du Nord eût écrit « à *un* demi-siècle de distance ».

3. Allusion à *La Bonne Hélène*, pièce de Jules Lemaître (1896) dans laquelle l'héroïne homérique est présentée comme la maîtresse de tous les Troyens ou presque.

4. Critique littéraire.

témoins, en se disant non sans raison que cela aurait une fin. Oh ! cela finissait, mais afin de recommencer. Planche disparut sans en avoir vu le terme. Elle demandait à l'amour, ou plutôt à l'homme choisi par son amour, le suc de sa propre pensée, la substance de l'œuvre qu'elle désirait enfanter.

George aimait comme elle eût regardé en voyage la teinte d'un beau ciel, la grâce d'un ruisseau, le puissant désordre d'une forêt ; c'était un nouveau coin du voile universel qui se soulevait à ses yeux. Elle y venait pour son profit presque autant que pour son plaisir. Quant aux favorisés, ils ne pouvaient songer sans un étonnement qui les rendait presque stupides à l'extrême égalité d'âme dont elle s'employait à faire leur bonheur. Froide ? Il paraît que non. Mais un mot très formel d'une de ses lettres à Musset laisse voir que cette femme si charitable n'excella point dans l'art de rendre ses amants heureux. Elle respirait l'indifférence supérieure. On se rend compte de ce qu'elle pensa sur ce point, en relisant dans les *Lettres d'un voyageur* cette allégorie de la barque où sont assemblés ses amis, tous beaux, tous jeunes, tous amants. « La barque est grande, et elle est pleine. *Ils ne sont pas divisés par couples*, ils vont pêle-mêle sans se choisir, et semblent s'aimer tous également d'un amour tout divin. » Laissons, s'il vous plaît, le divin.

Ayant quitté M. Dudevant[1] pour vivre à Paris, elle sortait des bras de Sandeau[2] et de Mérimée quand elle connut Alfred de Musset. Quel que fût l'ami du moment, elle sauta du lit pour se mettre à écrire. L'anecdote est connue. Il lui arriva une nuit de terminer un roman et d'en commencer un nouveau, sans autre répit que le temps de sceller le volume et de l'adresser à Buloz[3], peut-être de rouler une légère cigarette. Était-ce aux beaux soirs de Musset ? L'amant se morfondait à la rappeler près de lui. Il perdait sa peine et sa voix.

VI

On s'accorde à noter qu'elle était sotte en conversation, parlait mal et n'écoutait guère et que son regard décelait la songeuse stupidité d'une bonne génisse. Mais elle s'imposait cette réserve et ce silence. Où la grande prodigue aurait-elle amassé son trésor sans ces heures de parfaite placidité ? Une éloquence naturelle, une éloquence de sirène (le mot est de Mme Musset la mère) lui remontait au besoin de la plume aux lèvres : sa personne un peu lourde, sa physionomie de dormeuse éveillée, son regard vague, s'animaient, domptaient l'attention et prenaient de force l'amour.

1. Époux de Sand.
2. Romancier et auteur dramatique.
3. Directeur de la *Revue des Deux Mondes*.

Le rhéteur fascinant qui revit encore pour nous dans quelques pages faisait alors sentir de vive voix son pouvoir.

Cette verve d'un beau génie éclatait dans les yeux de George : beaux yeux qui persistèrent jusque dans sa vieillesse, sombres, profonds, percés de deux prunelles mates d'un « noir doux », comme elle disait, parfois noyés avec langueur d'une sorte de fluide ambré. Celui qui en avait éprouvé la puissance en était difficilement délivré. Près de vingt ans plus tard, Musset les revoyait encore, éclatants et fugitifs comme des flambeaux, entre les sapins qu'il avait traversés autrefois dans les transes de sa douleur.

Vers 1833, ces yeux impérissables vivaient dans un teint chaud et foncé à reflets de bronze. Cette couleur de fauve fit le premier éblouissement de Musset. [...] Il ne put s'empêcher d'en parler le soir à son frère. Ce teint, ces yeux couleur de fièvre, lui promettaient un beau et rude tempérament d'amoureuse. Il ignorait que chez plus d'une la passion ne peut se concentrer en un même objet, mais s'élance comme la prière du panthéiste au-devant de tous les êtres de l'univers.

LUI

Il ne m'est pas possible de parler d'Alfred de Musset sans mentionner d'abord, pour en tenir compte dans tous les cas, l'espèce de folie qui le marquait depuis l'enfance la plus tendre. Né inquiet, visionnaire, un peu maniaque, sujet à des crises d'épilepsie, mais devenu alcoolique à l'âge de vingt ans, le poète sentait qu'une imagination exaltée et des nerfs malades composaient le meilleur de son charme et tout son génie. Ses chansons vantent sa folie comme le premier bien de sa magnifique jeunesse. Il ne cessa jamais de l'observer et d'en tirer de beaux effets. Ce mélange d'hypocondrie et de poésie l'accompagna jusqu'à la fin. On lui a vu rimer, peu de temps avant de mourir, les symptômes qui l'inquiétaient :

> Et dès que je veux faire un pas sur terre,
> Je sens tout à coup s'arrêter mon cœur[1].

I

Le temps qu'il fut poète ne ressemble point mal à quelque transport au cerveau qu'il se fût donné vers la dix-huitième année et qui eût cessé vers la trente-troisième. Encore ce génie ne fut-il jamais bien constant. Le dieu lui venait par secousses. S'il trouvait à portée une plume et de l'encre et qu'il n'eût pas horreur d'en user, c'était le moment des beaux

1. Musset, *L'Heure de ma mort* (1857).

vers, sinon celui des sièges ou des verres brisés, des querelles, des larmes, des hallucinations.

Qui sortait avec lui n'était pas assuré de ne point le voir tomber tout à coup dans une extase, ou délirer passionnément en criant à la lune, ou se rouler l'écume aux lèvres sur la chaussée. L'image fantastique par laquelle les jeunes Français, à l'âge où l'on aime Musset, se représentent leur poète et, par extension, tout poète n'est donc pas d'une radicale fausseté. On a le droit de se représenter Musset d'après cette image. Sans torturer le sens des mots, la poésie signifia pour lui une démence mystérieuse et privilégiée. Tous les poètes, il est vrai, même Boileau qui parle de docte et sainte ivresse[1], en ont dit autant. Ils l'ont dit moins souvent, avec moins de chaleur, et d'un accent moins absolu. Toutes les fois qu'il arrive à ce sujet-là, Musset prend feu. Même dans le lyrisme, jusque dans l'ironie, on sent la gravité, le sérieux, la persuasion profonde de sa pensée. Il se consolait du sentiment de l'anomalie en prenant garde qu'elle était son meilleur démon.

Il tirait tout son art de ses émotions personnelles, qui touchaient à la frénésie. Mais, cette frénésie, il en restera le poète. [...] Peinture, lecture, musique, des excitations très diverses trouvaient également le chemin de son cœur et, quand son cœur battait comme il aimait à dire, il écrivait sous la dictée. C'est la haute leçon que Dante tenait de Guittone[2] et que Musset trouva dans les stances du *Purgatoire* :

> *Io mi son un, che quando*
> *Amore spira, noto ; ed a quel modo*
> *Ch'ei ditta dentro, vo significando*[3].

De là, le tour supérieur du style dès qu'une émotion sincère le touche. Parmi les pauvretés et les incohérences, l'âme fait sentir le génie ; la vérité et la beauté des larmes gagnent le cœur. On entend s'élever un système de cris plaintifs et tendres, accordés avec infiniment de justesse et de sûreté. Musset, alors, c'est vous, c'est moi ; bête ou homme, tout ce qui souffre de l'antique plaie de l'amour.

Telles étaient les heures dans lesquelles la passion le transfigura. [...]

N'y eut-il pas chez Alfred de Musset, mélangé à son génie et à sa folie, un esprit heureux, cultivé, et des plus ouverts, placé par l'éducation au-dessus de sa maladive nature, bourgeois fils de bourgeois, Parisien fils de Parisiens, lettré à l'ancienne manière (celle de l'oncle Desherbiers[4]),

---

1. Nicolas Boileau, *Ode sur la prise de Namur* (1693). Maurras prise hautement cet auteur en tant que héraut du classicisme.
2. Guittone d'Arezzo, poète toscan du XIIIe siècle.
3. « Je suis un homme qui écrit / Quand Amour l'inspire / Et qui traduit ce qu'il lui inspire en son cœur » (Dante, *Purgatoire*, XXIV, 52-54).
4. Oncle maternel et ami intime d'Alfred de Musset.

capable d'excellente critique, trop négligent pour surveiller ses propres défauts, mais éveillé sur ceux d'autrui, apte enfin à donner de bonnes leçons tant à Victor Hugo, dont il a tiré des parodies excellentes, qu'à son grand George dont il lui arriva de biffer sans miséricorde un demi-tome d'épithètes superflues ? Inférieur pour l'imagination à madame Sand, il était homme à révéler à cette barbare ce que c'était que le bon goût.

II

Un critique, un poète, un fou, ces trois personnes réunies formaient un caractère assez inégal. Mais la crise aiguë de l'amour devait exagérer cette inégalité, que la différence des âges, jointe à l'opposition des caractères, n'était pas faite pour réduire.

Il semble cependant qu'au début de leur liaison la sagesse de sa compagne l'ait sauvé du trouble natal. Elle lui fit entendre, avec une douceur sévère, dans laquelle elle s'efforça de mettre un accent maternel, l'accent même d'une Warens[1], qu'elle cherchait deux biens au monde, l'un fort varié, son plaisir, l'autre, unique en son genre, mais préférable à tout : la paix.

Deux ans avant de la connaître, il avait, dans un vers charmant, invoqué l'amour pacifique qui mène les couples heureux,

Fils de la Volupté, père des Rêveries…

et sans doute elle le lui cita volontiers. Il est très difficile d'imaginer comment Musset pût jamais écrire ce vers, si l'on ne songe à sa mobilité infinie. Jamais, sauf par erreur et par vagabondage de l'imagination, il ne put en penser un mot. Au contraire, il tenait de toute l'ardeur de son âme que, bien éloigné de ce calme et de son méprisable bonheur sans rides, l'Amour, né dans le trouble, la furie et l'orage, était le fils, le père et le frère de la Douleur. Les textes concordants, sur ce sujet, abondent. « Amour, fléau du monde, exécrable folie », au deuxième chant de *Don Paez*, date de 1829. Le poète avait dix-neuf ans. Six ou sept ans plus tard, lorsque l'épreuve l'eût mûri et lui eût imprimé sa nature définitive, au temps des *Nuits*, on se rend compte que, s'il tendait les bras à l'amour au lieu de paraître le fuir, ce n'était pas qu'il lui retirât ce caractère d'une souffrance.

J'aime et je veux pâlir, j'aime et je veux souffrir !

Cette idée lui était dans l'âme. Concevant l'amour de la sorte, il n'aima pourtant qu'à aimer, non point certes par volupté, mais peut-être par un

1. Mme de Warens fut la maîtresse et l'éducatrice de Rousseau, qui l'appelait « Maman ».

mélange assez subtil d'un héroïsme qui tenait à vivre la vie la plus forte et d'une sorte de sadisme sentimental. Plus cet amour environné de flammes cruelles l'excitait à faire souffrir avec lui tout ce qu'il aimait, plus il croyait peut-être donner et sentir de l'amour. Il y a dans *Rolla*, qui est antérieur à sa liaison avec George, de beaux vers qui sont décisifs :

> S'il est vrai que l'amour, ce cygne passager,
> N'ait besoin pour dorer son chant mélancolique
> Que des contours divins de la réalité,
> Et de ce qui voltige autour de la beauté ;
> S'il est vrai qu'ici-bas on le trompe sans cesse
> Et que, lui qui le sait, *de peur de se guérir*,
> Doive éternellement ne prendre à sa maîtresse
> *Que les illusions qu'il lui faut pour souffrir...*

Avec George, Alfred ne tarda point à renouveler l'essai du régime où l'entraînaient toutes ses pentes. Il chercha la douleur, celle de sa maîtresse aussi bien que la sienne, tremblant de ne plus la connaître et tremblant aussi à l'idée que ce délicieux tremblement ne vînt à cesser : tant il aimait sentir son cœur suspendu par l'inquiétude ou serré d'effroi. L'amour lui servait à jouir de soi, exactement comme à Narcisse le ruisseau[1].

III

Donc, auprès du grand George, l'enfant exaspéré avait, lui aussi, son système : chez lui aussi, la voix de la nature pouvait se taire, il était entraîné au péril par d'autres moteurs. N'être pas amoureux fut proprement l'état qui le fit bâiller. Mais, une fois amoureux, ne pas *se sentir* extasié d'espoir ou fou de désir et d'angoisse lui semblait encore une des faces de l'ennui. Sortant de la plus grande épreuve de sa vie, il écrivait à son ami Alfred Tattet :

> ... Je crois que ce que je puis vous dire de mieux, c'est qu'il y a bientôt huit ou neuf mois, j'étais où vous êtes, aussi triste que vous, logé peut-être dans la chambre où vous êtes, passant la journée à maudire le plus beau, le plus bleu ciel du monde et toutes les verdures possibles. Je dessinais de mémoire le portrait de mon infidèle ; je vivais d'ennuis, de cigares et de pertes à la roulette. Je croyais que c'en était fait de moi pour toujours, que je n'en reviendrais jamais. Hélas ! hélas ! comme j'en suis revenu ! Comme les cheveux m'ont repoussé sur la tête, le courage dans le ventre, l'indifférence dans le cœur par-dessus le marché ! *Hélas ! à mon retour, je me portais on ne peut mieux ; et si je vous disais que le bon temps, c'est peut-être celui où on est chauve, désolé et pleurant !* Vous en viendrez là, mon ami.

Un peu plus tard, dans une sorte de confession postérieure à la *Confession d'un enfant du siècle*, il ouvrait un développement par cette maxime : « L'exercice de nos facultés, voilà le plaisir ; leur exaltation,

1. Personnage de la mythologie grecque mort noyé dans le ruisseau à la surface duquel il admirait sa propre image.

voilà le bonheur. » Presque autant que sa définition du « bon temps », ceci donne la clef de l'homme. Il ne fit jamais que cultiver son exaltation. La vieille passion de sentir, *libido sentiendi*, élevée à la dignité du principe de sa conduite, fut proprement cette idée fausse qui détermina ses malheurs[1].

Vivons sages ou vivons fous, ce n'a presque pas d'importance ; mais, pour bien vivre, il faut vivre sincèrement, et qui ne vit que pour son cœur doit au moins s'appliquer à y voir un peu clair ; il ne prend pas ses doctrines pour des passions, ni ses passions pour des doctrines. Par son erreur et par son vice, Alfred se trouvait comme George, bien qu'autrement que George, sur la voie de dangereuses hypocrisies.

EUX

On a conté de vingt façons leurs querelles naissantes. Ce ne fut pas la jalousie ni le retour sur le passé qui causa les premiers discords. D'après les relations, ces froissements résultèrent de leur commune profession d'écrivains, de la différence des mondes qu'ils fréquentaient ou même (les dieux les absolvent !) de la différence de leurs sentiments politiques : elle, bohème, révolutionnaire, républicaine ; lui, frotté d'aristocratie, entiché de sa petite noblesse et, quoique libéral, attaché à la monarchie. Ajoutez qu'Alfred se permit de faire la caricature de George qui s'en montra vexée. Mais des menus débats ils passèrent vite aux plus grands.

I

En bonne sœur aînée, comme en femme d'expérience, madame Sand pensa à rompre tout de suite. Telle fut, nous dit-elle, sa détermination dès l'orage. Il eût fallu faire sans dire. Mais elle eut le tort de parler. Peut-être aussi ne voulait-elle que menacer. Mais la menace de rupture agit sur le poète à la manière d'un aphrodisiaque puissant. J'imagine qu'il déploya, dès lors, toutes les ruses pour obtenir qu'on le menaçât de nouveau et qu'on rendît ainsi à ses furies l'aliment qui leur convenait.

En lui réitérant ces coups délicieux, on rouvrait dans son cœur le tragique Éden de ses rêves. Il pleurait, s'enivrait de ces larmes voluptueuses et révélait à George quel étrange bonheur il trouvait à se désoler. Femme

1. La *libido sentiendi* ou « passion de sentir » est évoquée par saint Augustin dans *La Cité de Dieu*. Il y voit l'une des trois concupiscences qui tourmentent l'homme depuis le péché originel, les deux autres étants la *libido sciendi* (« passion du savoir ») et la *libido dominandi* (« passion de la domination »).

et curieuse, elle demanda qu'on l'introduisit à des raffinements dont sa simplicité ne s'était jamais occupée. Ils s'appliquèrent de concert à perfectionner la torture. Il est vrai qu'en cherchant trop soigneusement les sujets de souffrance, on peut oublier de souffrir, et ces sortes de déception ne laissaient pas de refroidir la bonne George, moins enthousiaste qu'Alfred. La nature reprenant alors le dessus, George voulait, George implorait qu'on lui rendît une tranquillité sans phrase. Mais les pleurs ainsi redevenus véridiques, l'autre se plongeait avec un farouche plaisir dans cet élément préféré.

II

Rompre ! À ce mot magique, il donnait de tels signes de regret et de repentir, il demandait un pardon si humble, s'agenouillait si bien et en s'adressant à lui-même de si âpres reproches ; puis, de la pire comme de la meilleure foi du monde, improvisait de si rudes tragédies et des drames si pathétiques que George y perdant tout son sang-froid ne se réveillait que reprise. Ou, si elle ne cédait point, c'était lui qui pliait, se déclarait abominable et indigne de vivre, jurait ce qu'on voulait, renonçait à elle par la face de tous les astres et, le pardon conditionnel une fois accordé ou ravi, les mots d'adieu étaient si vifs et chargés de telles tendresses qu'il fallait bien s'apercevoir que c'était à recommencer.

Intimidée, touchée, vaincue, pourtant lasse jusqu'à la mort, elle éprouvait chaque matin de la surprise à se trouver ressemblante dans son miroir. La surprise passée, il lui venait un grand mépris de son amour. Par la très haute idée qu'elle s'était forgée de la dignité et de la force de l'homme, elle souffrait, car l'homme de son choix n'y atteignait pas. La Sylvia de son livre de *Jacques*[1] devait dire plus tard, à propos d'Octave : « Il est trop jeune pour moi, il est *bon sans être vertueux*... Enfin, je ne l'estime pas. *Si dans l'amour un caractère devait être plus fort que l'autre, ce ne devrait pas être celui de la femme.* » C'était à peu près ce que l'auteur de *Jacques* pensait d'Alfred de Musset, témoin ce fragment d'une lettre : « Son cœur n'est pas mauvais, et sa fibre est très sensible. Mais son âme n'a ni force, ni véritable noblesse. Elle fait de vains efforts pour se maintenir dans la dignité qu'elle devrait avoir... *Jamais je n'ai eu l'occasion de demander pardon* et quand je vois les torts recommencer après les larmes, le repentir qui vient après ne me semble plus que de la faiblesse. »

1. Roman paru en 1834.

III

Fixons-les bien dans ce moment essentiel de leur crise. Par l'infini de son désir, George se tient parfaitement sage et tranquille. Elle ressemble à l'héroïne du pot-pourri qu'il lui rima :

George est dans sa chambrette
Entre deux pots de fleurs…

Pour ne point chagriner son ami, elle est fidèle. Celui-ci concentre sa vie dans son amour ; mais peut-être, en raison de cette absorption amoureuse, parce qu'il en éprouve l'ardente vérité, se montre-t-il assez indulgent à lui-même, et ne s'interdit-il tous les passe-temps au dehors. Il n'est exigeant qu'avec elle. Contre celle qu'il tient pour une personne divine et ayant donc de grands devoirs, un rien l'irrite, tout est grief.

Mais de tels griefs paraissent si enfantins à George que, dans le désir naturel d'affirmer son bon sens, son bon droit et sa liberté, elle ne fait rien pour éviter qu'ils se renouvellent.

Elle s'échappe donc jusqu'à évoquer devant lui maint sujet sans rapport ni avec lui ni avec elle. Elle a des amis qu'elle voit et cultive, des livres qu'Alfred n'aime pas et qu'elle lit avec plaisir, de vieilles lettres d'amitié ou encore d'amour qu'elle prend le soin de classer, des portraits qu'elle touche avec mélancolie, du tabac d'Orient qu'elle fume avec volupté. N'oublions pas le Genre humain ; les saint-simoniens qu'elle fréquente ont commencé de l'y intéresser : « Extinction du paupérisme ! » « Émancipation ! »[1] Non, M. de Musset n'est pas l'unique point auquel convergent les rêveries de ce qu'il aime, et cette dispersion de l'âme de George inspire au poète une indignation qui s'égaye parfois, la plupart du temps fort sérieuse. Comment souffrir tant de larcins faits au maître-autel de l'amour ?

Musset a expliqué avec beaucoup de netteté et de candeur son sentiment sur ce sujet. Il aimait l'amour, a-t-on vu, et il voulait aimer, quand cela lui chantait, comme un Blaise Pascal aima Jésus en croix. L'homme de Port-Royal portait une ceinture intérieurement garnie de pointes de fer et destinée à lui rappeler à tout heure le mystère de la Passion. Le héros de la *Confession d'un enfant du siècle*, Octave de T…, s'est pourvu d'un instrument analogue ; il a enfermé le portrait de sa maîtresse dans un médaillon hérissé de piquants qu'il porte à son cou. Il enfonce le fer aigu dans sa poitrine à chaque pas qui l'éloigne de ses amours, pour se

1. George Sand fut une familière du 6 rue Montigny, dans le IIe arrondissement de Paris, où les saint-simoniens avaient élu domicile en 1830. Auteur d'articles politiques à partir de 1844, elle s'enthousiasma pour la révolution de 1848 et se proclama socialiste, mais condamna fermement la Commune.

purifier de la distraction du chemin ; cette douleur sacrée le rappelle à la présence du bien des biens.

Si Alfred lui communiqua (ce qui ne peut faire doute) de pareilles extravagances, s'il en commit pour elle, s'il en fit commettre pour lui, George ne put tarder à le considérer comme un dangereux monomane. De ce côté, il lui inspirait donc un peu de ce mépris tendre que n'exclut pas l'amour. Mais d'un autre côté, il l'inquiétait et l'intéressait de la façon dont un mauvais sujet intéresse les femmes, quand sa réputation est solidement établie. Sa première vie dissipée allait peut-être même jusqu'à toucher en elle des semences de jalousie. Dans une lettre à Sainte-Beuve, à qui elle se confessait aussi entièrement qu'il lui était possible[1], elle s'occupe de ces fautes vénielles d'Alfred. Bien qu'il ne dût guère pécher que par action, elle en souffrait. L'amour-propre touché à vif la tourmentait, non sans l'humilier un peu. Quand plus tard elle s'affranchit, l'idée de se venger n'y fut pas étrangère.

À ce dépit secret s'ajoutait une autre cause d'attachement qui datait du premier printemps de leur amour : elle nourrissait le désir de lui inspirer une conception vertueuse de l'existence. N'avait-il pas été corrompu par Byron[2] ? Bien pis : l'*enfant aux blonds cheveux*, le *jeune homme au cœur de cire*, comme devait dire un jour Lamartine, ne donnait-il pas, en 1833, le scandale du seul jeune écrivain de talent qui fît penser au tour d'ironie de Voltaire ? Le grave et ennuyeux Jean-Jacques pesait alors sur tous les fronts. Musset, en dépit des déclamations de *Rolla*, avait su conserver le rayon du « hideux sourire[3] ». Quelle que fût sa religion de l'amour, il en parlait sans le jargon de métaphysique à la mode, avec cette simplicité un peu nue qui écorchait l'oreille aux contemporaines du *Lac*[4]. Il se souvenait de Paray, de Crébillon fils, de Louvet et de Laclos[5]. Il avait badiné avec le saint des saints, blasphémé le dieu, professé « l'athéisme en amour ». La chaude liberté de *Don Paez* avait choqué. Madame Sand aimait qu'on phrasât. « Les brusques changements de ton » la déconcertaient ; le badinage l'irritait. *Elle et lui* nous témoigne qu'elle n'entendait rien au naturel et à l'aisance du poète. Il osait avoir de l'esprit en vers, et la muse gauloise ne lui paraissait pas tout à fait méprisable. Encore un préjugé français que George déjà ibsénienne et tolstoïsante aurait bien voulu lui ôter !

---

1. Le grand critique Sainte-Beuve fut à la fois un ami et un conseiller littéraire de Sand.

2. De Lord Byron, Musset semble avoir retenu entre autres le ton sarcastique et désabusé qui caractérise son *Don Juan* inachevé, par lequel le poète britannique répudiait le romantisme de ses débuts.

3. Dans *Rolla*, Musset invective Voltaire : « Dors-tu content, Voltaire, et ton hideux sourire / Voltige-t-il encor sur tes os décharnés ? »

4. Poème de Lamartine figurant dans ses *Méditations poétiques*.

5. Auteurs libertins du XVIIIe siècle.

Elle s'était donc attelée à convertir ce sceptique et à retenir ce volage. Mais, par-dessus tout, elle caressait en Alfred le poète passionné et capricieux, l'être faible et infirme, contre qui elle était sûre d'avoir raison, l'enfant qu'il était toujours facile de prendre en faute, de reprendre et de châtier ; d'ailleurs fort prompt au repentir, elle l'écrasait saintement du double éclat de la vertu et de la clémence. « Il est bon enfant », écrivait-elle à Sainte-Beuve, en soulignant le mot. Ce bon enfant servait naturellement de flambeau à la bonté de sa maîtresse : et que, dès lors, il fût contre elle tyrannique et sans équité, qu'à peine pardonné il recommençât, c'était tant mieux encore, car elle gagnait au contraste, qu'elle ne se privait pas de faire briller. Quelle mauvaise grâce avait ce libertin mal lavé de ses escapades à reprocher à son amie l'infidélité de pensée ! Et, pour elle, quel pur triomphe non point seulement devant lui, mais devant leurs amis communs, poètes, peintres, journalistes, directeurs de revues, toutes les bonnes langues de Paris et de la banlieue !

IV

On doute qu'il y ait en politique une justice. Il n'y en a pas en amour. Dans l'ordre délicat des choses du cœur et des sens, c'était cet amoureux injuste, infidèle et violent qui avait raison. Quel que fut le contraste de sa passion et de sa conduite, de ses exigences et de ses faiblesses, il croyait aimer et il était seul à pouvoir aimer sans une autre raison étrangère à l'amour. George avait beau garder le foyer comme une Lucrèce[1], cent fois l'heure elle le quittait au profit des gens et des choses. Ce qui la ramenait à lui, c'était, je crois, moins que l'amour, l'admiration qu'il lui inspirait.

Tempérée, si l'on veut, par toutes les réserves de confrère à confrère, mais aiguisée par un grand sens de femme et de voyante, cette admiration confinait à la religion devant l'adolescent extraordinaire qui, à vingt-deux ans, venait de faire quelques-uns des plus beaux vers du siècle. Elle vénérait en lui la présence d'une nature étrangère et comme divine, unique de grâce et de charme, telle enfin que la conscience de son propre génie ne lui montrait rien de pareil. L'exceptionnel et le bizarre, le rare et l'exquis de ce naturel eussent certainement parlé à sa curiosité, quand le reste n'eût rien dit de clair à son cœur.

« Et pourtant il y a de bien belles choses dans le cœur de cet enfant ! Quelle foi naïve dans le cœur d'autrui et dans le sien propre ! » s'écrie la Sylvia de *Jacques*. Égale et simple, il était nécessaire que George Sand aimât ces originaux, ces prodiges et ces malades ; son art excellait à les employer.

1. Personnage de la tradition romaine, qui se serait suicidée en 509 avant Jésus-Christ après avoir été violée par un fils du roi Tarquin le Superbe et incarne de ce fait la vertu.

Bref, après avoir bien rêvé de ne plus le voir, elle désirait le garder. Elle pensa aux ressources d'un beau voyage tant pour se distraire de lui que pour le distraire avec elle. Un séjour dans la forêt de Fontainebleau leur avait été favorable. Il avait été fréquemment question, par la suite, de Florence, de Venise et de Naples. Au début de l'hiver 1833, ils partirent pour l'Italie.

V

[...] Dès l'arrivée à Venise, Musset eut sujet de se montrer aussi dissipateur que dissipé ; mais George, non moins travailleuse qu'à Paris, réparait à force de veilles toutes les brèches faites à la bourse commune[1]. Cette vie cellulaire dut contribuer à l'aigrir. Ils venaient de souffrir, l'un après l'autre, d'une indisposition assez grave. George avait été la première à payer tribut, mais ce loisir forcé fut d'autant moins perdu pour la réflexion qu'Alfred y laissa voir, comme un trait de son caractère, une horreur invincible du mal physique. Elle prit pour de l'égoïsme ce qui était faiblesse ou crainte délicate de laisser voir de la répulsion. Mais, dans la solitude où il la laissait, sur le lit ou le sofa, elle se rappela tout ce que cet enfant furieux comme l'amour lui avait donné de tourment. En quelqu'une de ces minutes qui sont déterminantes justement parce qu'on ne les sent pas couler, mais où la moindre image aperçue, alors même qu'on la repousse, laisse des sillons immortels, ne se dit-elle pas qu'elle ne s'affranchirait jamais du bourreau délicieux, à moins de prendre le parti violent de le remplacer ?

VI

Elle guérit et retrouva la plus grande partie de ses forces ; mais Alfred, l'accès de dysenterie passé, dut se remettre au lit avec une fièvre terrible. [...]

Les querelles de Paris avaient repris à Venise, sur les mêmes sujets. J'en ai fait voir le rythme constant. Mais cette fois les choses allèrent assez loin, car le poète avait été « violent et brutal », dit Mme Arvède Barine[2] ; « il avait fait pleurer ces grands yeux noirs qui le hantèrent jusqu'à la mort, et il n'était pas accouru un quart d'heure après demander pardon ».

Huit mois après, dans une lettre où s'entrelacent le mensonge et la vérité, George Sand rappelait elle-même le détail de cet épisode (« Étais-je à toi à Venise ? »), sa maladie (« C'était bien triste et bien ennuyeux, une femme

1. Sand écrivait la nuit des textes dont la publication renflouait financièrement le couple.

2. Historienne et critique littéraire à laquelle Maurras emprunte de nombreux faits relatés dans *Les Amants de Venise.*

malade »), les torts, les aigreurs, l'amertume, et enfin, le mot qu'elle juge, à distance, avoir été le dernier entre eux :

> Je ne me suis jamais plainte, je ne t'ai jamais caché mes larmes, et ce mot affreux a été prononcé, un certain soir que je n'oublierai jamais, dans le casino Danieli : « George, je m'étais trompé, je t'en demande pardon, mais je ne t'aime pas. »
>
> … La porte de nos chambres fut fermée entre nous, et nous avons essayé de reprendre notre vie de bons camarades, comme autrefois ici, mais cela n'était plus possible. Tu t'ennuyais, je ne sais ce que tu devenais le soir et un jour, tu me dis que tu craignais…[1]
>
> … Veux-tu me dire quels comptes j'avais à te rendre à toi, qui m'appelais l'ennui personnifié, la rêveuse, la bête, la religieuse, que sais-je ? Tu m'avais blessée et offensée, et je te l'avais dit aussi : *Nous ne nous aimons plus, nous ne nous sommes pas aimés.*

Ce divorce, nous le savons, n'était pas le premier, et ce ne fut pas le dernier. […] Le souvenir d'une rupture de hasard ne put être étranger aux actes de George pendant la maladie d'Alfred : à l'instant décisif, ce souvenir la convainquit facilement qu'elle était libre, seule au monde et maîtresse de ses actions, quand il eût mieux valu qu'elle se tînt pour étroitement engagée.

VII

Du moins se fit-elle au chevet la meilleure et la plus tendre garde-malade. Tenant tête au mal du poète et à la gêne dont ils étaient tous deux pressés, elle s'ingénia et se multiplia. Malgré le tour un peu emphatique de quelques lettres (« Qu'est-ce que j'ai fait à Dieu ? », 4 février 1834), on distingue un dévouement vrai, résistant et fort. Voici des faits : « Il y a huit nuits que je ne me suis déshabillée ; je dors sur un sofa : à toutes les heures, il faut que je sois sur pied » (22 février). D'autres ont témoigné de la vérité de ses dires.

Elle avait le droit de se savoir gré de tant de zèle ; ni ce zèle, ni la représentation qu'elle s'en formait n'eurent l'avantage de la préserver de l'ennui. Elle écrivait à ses amis, rédigeait « quelques pages » (un des deux volumes de *Jacques*) et cela ne suffisait point. Grande occasion de faute que l'ennui qui pousse à rêver ! Les caprices conçus en rêvant sont très forts, car, les rapports de grandeur et de convenance s'évanouissant dans le rêve, tout semble de plain-pied, aisé, naturel ; tout se facilite. Voilà pourquoi les solitaires, quand ils sont rêveurs, inclinent sans difficulté à de graves péchés. Madame Sand connaissait bien ce léger tournoiement de l'âme, vertige bizarre, mais doux.

Alfred délirait donc. Elle bâillait en lui apprêtant des tisanes : sa sensibilité panthéistique la disposait à s'arranger des distractions qui s'offriraient.

1. Ici, quatre mots effacés par George Sand, au crayon bleu [NdA].

Le docteur Pagello entra. Elle ne connaissait aucun autre homme dans la ville. La qualité du médecin le ramenait au bord du lit qu'elle ne quittait plus.

[…] L'imagination s'en mêla. Pagello plut à George parce que George avait conçu en le voyant une idée de goûter du fruit humain de cette Venise que le malheur présent l'empêchait de voir en détail. Le sens de l'amour n'est-il pas le premier des révélateurs ? Elle pensait ainsi compléter son voyage par l'expérience instructive. Tandis que le poète qui l'avait étonnée par la nouveauté de son âme gisait comme un livre épuisé, tout ce qu'elle savait de la forme et de la beauté de l'Italie descendit de sa tête lourde à son cœur infini et transfigura Pagello. La moins personnelle des femmes, elle était fort sensible à de vastes espaces de géographie et d'histoire. Louise Colet fait dire à Alfred de Musset une parole qui doit être authentique : « Les cris de passion vraie et caractérisée ne la frappaient pas, elle était surtout émue par les morceaux d'ensemble religieux et par les chœurs exprimant des sentiments collectifs ; *on eût dit qu'il fallait un assemblage d'âmes pour remuer la sienne.* »

Pagello figura cet assemblage d'âmes et ce chœur de voix réunies, une Terre, une Race, tout ce à quoi ce grand cerveau un peu diffus aimait le mieux s'abandonner. Le jeune médecin ne parlait pas le français ; ce qu'elle savait d'Italien se réduisait au vocabulaire commun. Le dialecte vénitien lui échappait. Fascinant la mémoire et tentant la curiosité, Pagello résuma les mystères de l'Étranger.

DEUXIÈME PARTIE : TRAGÉDIE

IMAGINATIONS

Nous avons un état précis des pensées et des sentiments du grand George ; qu'avons-nous besoin du détail de ses actions ? Le prodigieux et le sublime de l'affaire ne consistent point dans ce qu'elle fit pour le bonheur de Pagello, mais dans le fait d'en avoir conçu la pensée, le désir ou la volonté. N'admettons que ce dont nous sommes sûrs, n'ajoutons rien, demeurons-en à la simple révélation de son état d'esprit : il ne semble pas que les torts de Mme Sand puissent être aggravés par aucune charge.

I

Elle s'est défendue toute sa vie, non pas […] d'avoir été au médecin, mais d'avoir donné « le spectacle d'un nouvel amour sous les yeux d'un mourant ». L'odieux de l'histoire n'existait qu'en cela pour elle, puisque, nous le savons, elle se sentait libre depuis les infidélités et les duretés d'Alfred de Musset et qu'une rupture formelle avait eu lieu.

Mais, délivrée de toute obligation envers le premier amour, ne lui consacrant que les travaux de sa charité, le second paraît bien lui avoir inspiré une ivresse brutale, avec de sauvages oublis. « Les amants, observe-t-elle avec une lucidité judicieuse dans une lettre à Pagello […], les amants n'ont pas de patience et ne savent pas se cacher. Si j'avais pris une chambre dans l'auberge, nous aurions pu nous voir sans *le* faire souffrir et sans nous exposer à *le* voir d'un moment à l'autre devenir furieux. » Soit que Pagello se fût fait scrupule de permettre à George, alors un peu gênée, la location d'une autre pièce et que cette dépense fût au-dessus de ses moyens, soit que l'état du malade ne permît point de le quitter, ils connurent là ces alarmes de toute heure auxquelles George fait allusion au début de la même lettre :

« Aurons-nous, s'écrie-t-elle, assez de prudence et assez de bonheur, toi et moi, *pour lui cacher encore notre secret pendant un mois ?* »

De pareils textes permettent de grands sourires en réponse à beaucoup de dénégations irritées. Il faut se souvenir d'ailleurs que, à l'état de nature et prise à l'improviste, une femme dit bien rarement ce qui est, elle dit ce qui est utile : la vérité, cette abstraction, disparaît devant la Nécessité vivante.

II

Si George a tant épilogué sur une vérité désormais établie, c'est qu'elle voulait maintenir la haute image qu'elle s'était formée et qu'elle avait imposée à d'autres de sa vertu : ses amis, son amant, ses confrères, ses lecteurs et sa conscience lui passeraient les fantaisies les plus hardies et les libertés les plus crues, mais non une faiblesse, non un entraînement, non le fait de céder à des forces supérieures. Il fallait qu'on la vît, qu'elle-même se crût, en dernière analyse, maîtresse absolue de son sort. *Elle et Lui* nous apprend comment peut et doit se donner une femme de tête. « Thérèse n'eut pas de faiblesse pour Laurent dans le sens moqueur et libertin que l'on attribue à ce mot en amour. Ce fut par un acte de sa volonté, après des nuits de méditation douloureuse qu'elle lui dit..., etc. » Non contente de vivre sans béquilles de préjugés ni de contraintes religieuses, elle se piquait d'être un modèle de liberté.

De l'année 1800 à l'année 1900, pour écrire des chiffres ronds, a régné cette curieuse règle du beau moral qui permet tout ce qui ne cause aucun mal à autrui, mais qui ordonne aussi de tenir tout être malheureux pour sacré. On a défini le mal à ce point de vue par la « douleur des autres ». La religion de la souffrance humaine que prêche le comte Tolstoï en Russie et que reflète un personnage de M. Paul Bourget[1], la maxime du Philippe de M. Maurice Barrès[2], « ne faire de mal à aucun être », étaient déjà enveloppées dans les sentiments que Mme Sand se piquait d'avoir toujours nourris, professés et vécus. Sa cruelle passade de 1834 lui semblait devoir nuire à cette façon de composer sa biographie. Il en sortait de quoi répondre, comme avec un paquet de verges, à bien des plaidoyers pour la liberté de la vie et le droit divin de l'amour.

— Quoi ! George, vous nous dites, dans votre *Jacques* et dans tous vos livres, que « à des êtres sans conscience et sans vertu, il faut de lourdes chaînes » ? Il en faut donc à l'immense majorité du genre humain, la conscience et la vertu nous étant des biens aussi rares que le génie et que

---

1. Écrivain très admiré de Maurras et proche de l'Action française, quoique méfiant envers son extrémisme.

2. Philippe est le héros du *Culte du moi*, la trilogie de 1888-1891 qui rendit Barrès célèbre.

la beauté. Hélas ! ni l'homme ni la femme ne sont bons. L'homme et la femme ne se trouvent jamais si à l'aise pour bien agir qu'après qu'on a un peu lié leurs fantaisies par des conventions générales, des mœurs traditionnelles, toute sorte de brides, toute sorte de freins bien forgés et bien adaptés. Vieille loi, dites-vous ? Mais personne ne la démontre mieux que vous et que votre exemple tout neuf. Personne n'a été ornée de dons plus précieux ; personne plus déliée des chaînes antiques ; c'est pourquoi nulle d'entre nous n'a été moins gardée, ni moins défendue ; aucune n'est tombée plus bas et n'a péché plus gravement, je ne dis pas contre l'amour, mais contre la bonté, contre la pitié, contre cette charité naturelle qui jusqu'ici paraissait l'ordre ou plutôt le fond même de votre cœur.

Voilà quelles réflexions menaçantes décidèrent Madame Sand au parti d'un mensonge invraisemblable et obstiné. On admire les femmes pour leur faculté d'oublier. Elle dépend de leur magnifique pouvoir de se mentir à elles-mêmes. Chez George, l'imagination dut effacer presque entièrement le vestige d'actes devenus insupportables à son orgueil. Le *non* qu'elle n'avait pas eu la force d'opposer à ses tentations de Venise, elle n'a point cessé de le superposer aux images que ressuscitait sa mémoire. Pour cette âme qui se flattait d'ignorer à la fois repentir et expiation, une dénégation soutenue et continuée avec tant de constance équivalut peut-être au rachat et au repentir ; mais c'est l'aveu indirect de la défaillance.

— Je suis incapable de faute. Si j'avais fait cela, j'aurais péché certainement. Je n'ai donc pu le faire et je ne l'ai point fait.

Ce que George jura cent fois de n'avoir jamais fait, c'est au juste ce que, dix mois plus tard et au prix même de son sang, elle eût voulu n'avoir pas fait ; c'est, plus humainement, ce qu'elle s'estimait incapable de jamais faire. Ce mal qu'elle reconnaissait et sentait bien être le mal, il lui devenait impossible de s'en reconnaître l'auteur.

— Quelle est donc cette femme qui agit à Venise d'une façon dont elle rougirait, quant à elle, mais qui, la misérable ! lui ressemblait comme une sœur ?

III

Tout compte fait, son cœur valait beaucoup mieux que sa vie, qui valait mieux que sa philosophie. Celle-ci, à la vérité, valait moins que rien, car ce que l'on préfère à cette menteuse sagesse est un long mensonge de fait.

Mais gardons-nous de tant charger les deux nouveaux amants que nous leur inventions des crimes. Je ne crois pas qu'ils aient manqué de circonspection. Ils prirent ou crurent prendre infiniment de peine pour tromper avec art. George tenait à faire publier par tous ses amis parisiens qu'elle avait respecté les délicatesses élémentaires. Mais on ne peut perdre de vue qu'elle était aussi dominée par un devoir étroit : l'état de Musset exigeait la présence continuelle de George et de Pagello. Le poète a peut-être dû la santé et la vie à ce qui nous choque le plus dans cette affreuse trinité.

Avant leur union criminelle, son médecin et sa compagne désespéraient de le sauver ; George si bonne, Pagello si peu pervers, n'ont-ils pas fait *ensuite* le serment d'expier cette double chute en le disputant à la mort « comme leur propre enfant » ? « Je l'aimais comme un père, et tu étais notre enfant à tous deux », lui écrivait George plus tard.

— Va, nous te sauverons !

On les entend. On les voit étendre la main et choisir la formule de quelque serment romantique. C'est en de tels moments que l'éloquence du grand George atteignait sans difficultés au sublime. Et, bien qu'assez comique à nos regards de spectateurs, la foi ainsi jurée offrait cet avantage d'endormir bien des inquiétudes et des scrupules. Elle ajoutait à la commune vie amoureuse un je ne sais quoi de tendu, d'enthousiaste et d'exalté dont le serein esprit de Mme Sand aimait à goûter l'illusion.

LES VIT-IL ?

Ou Musset ne vit rien tant que dura sa maladie, ou il eut le sujet de quelques soupçons. [...]

V

« Aurons-nous, écrivait l'amoureuse George, assez de prudence et assez de bonheur, toi et moi, pour lui cacher notre secret pendant un mois ? » Et dans la même lettre : « Dans deux ou trois jours, les soupçons d'Alfred recommenceront et *deviendront peut-être des certitudes.* » Il avait donc eu des soupçons, cela est acquis. « Il suffira, ajoute-t-elle, d'un regard entre nous pour le rendre fou de colère ou de jalousie. » Et elle poursuivit bonnement : « S'il découvre la vérité à présent, que ferons-nous pour le calmer ? » Le morceau finit sur une prévision qui est pleine de suc et qui fera apprécier, je le dis sans sourire, la bonté foncière de George : « *Il nous détestera pour l'avoir trompé.* » Même dans l'étrange situation où elle venait de se mettre, la bonne fille ne voulait pas être détestée.

Quelques personnes bienveillantes peuvent persister à penser que les soupçons du poète ne furent cependant que des soupçons en l'air et planèrent sans poser sur aucun fait de précis. Le spectacle quotidien d'un jeune homme et d'une jeune femme debout près de son lit et si bien accordés l'un à l'autre que tous leurs gestes devaient crier cet accord, suffisait largement à rendre un poète anxieux. Cependant Alfred de Musset, dans ses livres, se plaint d'autre chose que d'affreux doutes ; il semble évoquer l'apparence flagrante d'une trahison. Certains détails très nets paraissent lui avoir sauté aux yeux :

tasse de thé bue en commun, lettre oubliée, baiser surpris, signes d'intelligence arrêté au passage, on peut choisir entre ces diverses suppositions, comme on peut les adopter toutes : on ne peut les rejeter toutes à la fois.

Le récit qui aurait été « dicté par Alfred de Musset à son frère, décembre 1852 » […] porte les images suivantes que le poète alité, à peine sorti du délire, est du reste tenté de prendre lui-même pour une « vision de malade » :

> En face de moi, je voyais une femme assise sur les genoux d'un homme. Elle avait la tête renversée en arrière… Je vis les deux personnes s'embrasser. Dans le premier moment, le tableau ne me fit pas une vive impression. Il me fallut une minute pour comprendre cette révélation, mais je compris tout à coup, et je poussai un léger cri…
>
> … En les regardant prendre leur thé, je m'aperçus qu'ils buvaient l'un après l'autre dans la même tasse. Lorsque ce fut fini, Pagello voulut sortir, G. S. le reconduisit. Ils passèrent derrière un paravent, et je soupçonnai qu'ils s'y embrassaient.
>
> G. S. prit ensuite une lumière pour éclairer Pagello. Ils restèrent quelque temps ensemble sur l'escalier. Pendant ce temps-là, je réussis à soulever mon corps sur mes mains tremblantes. Je me mis à quatre pattes sur le lit. Je regardai la table de toute la force de mes yeux. Il n'y avait qu'une tasse ! Je ne m'étais pas trompé ! Ils étaient amants ! Cela ne pouvait plus souffrir l'ombre d'un doute. J'en savais assez. Cependant, je trouvai encore le moyen de douter, tant j'avais de répugnance à croire une chose si horrible !

C'est là-dessus que sa fureur aurait éclaté. La crise cérébrale reprit de plus belle ; aux divagations de la fièvre s'ajoutèrent les tremblements d'un cœur jaloux. Une lettre de madame Sand, écrite le 8 février 1834, donne peut-être l'idée de la manière dont ces scènes tragiques furent renouvelées. « Six heures, écrit-elle, d'une frénésie telle que, malgré deux hommes robustes, il courait tout nu dans la chambre. » Le détail se rattache à la première période de la maladie ; il est permis de croire que la rechute y ressembla.

VI

Cette rechute, qui est certaine, venait-elle des causes que lui assigne Paul de Musset dans un document bien suspect ?

Alfred de Musset *les avait-il vus ?*

[…] En l'absence de preuve, une critique rigoureuse prescrira de penser que Musset rêva son malheur : nous savons d'autre part, qu'il l'a rêvé tout à fait juste. Cette hypothèse d'une véritable hallucination, qui aurait été, selon la formule célèbre, une hallucination vraie[1], c'est-à-dire conforme à la réalité, présente le grand avantage d'ôter à la conduite de George et de Pagello une nuance de cynisme insupportable. Il soupçonna qu'ils « s'embrassaient derrière le paravent », et cela n'était que trop vrai ; mais George et Pagello aimèrent à penser que le soupçon n'existait pas, pour la

1. Notion introduite par Hippolyte Taine dans *De l'intelligence* (1870).

raison qu'il ne pouvait pas exister, et que toutes les précautions possibles avaient été prises pour le prévenir. Ils avaient eu l'humanité de se cacher et la simplicité de croire que la force de leur amour n'éclaterait pas, sur des myriades d'indices, dans un cerveau aussi impressionnable que celui de Musset. Là fut l'erreur de George et de Pagello ; mais elle établit leur scrupule. Il faut s'en souvenir. La question du paravent est capitale. Ce paravent n'est pas une façon de dire. Il exista. Nous avons une lettre de George Sand à Alfred Tattet (Venise, 22 mars) dans laquelle on peut lire : « N'étant séparé des secrets de notre cœur que par un paravent... » Ce meuble devait arrêter l'œil inquiet du pauvre poète, il put l'arrêter en effet. Ne serait-ce que pour charger le moins possible ces coupables ou pour nous en tenir à l'explication la plus simple, il faut penser qu'Alfred, sans avoir rien surpris du vrai, sut cependant la vérité et qu'il se la représenta, à la manière des artistes, mise en tableau vivant et passionnément coloré.

Éveillée, excitée, alarmée par mille symptômes que rassemblait un sens subtil de poète amoureux et convalescent, son imagination lui avait peint l'essentiel de son infortune. George et Pagello s'aperçurent fatalement de sa *vision*, mais s'ils eurent la certitude de n'avoir jamais été vus, de n'avoir point permis à l'abominable spectacle de se produire, si les plus véridiques reproches du malade enfermaient ainsi une part de fausseté, ils trouvèrent plus aisément le courage ou l'audace de nier tout.

TROISIÈME PARTIE : COMÉDIE

INDUSTRIE NAISSANTE DE GEORGE

« Que ferons-nous pour le calmer ? » s'était demandé George bien avant d'être découverte.

Le moment qui la trahissait lui donnait aussi sa défense : par le fait du délire, les coupables avaient beau jeu. Aux plaintes convulsives, aux larmes, à ces reproches qui faisaient écumer le malade et lui rendaient la lucidité plus cruelle que les heures d'égarement, il était désormais facile d'opposer un calmant d'une singulière énergie.

Il suffisait de lui dire qu'il était fou ou du moins qu'il l'avait été.

I

Ce n'était qu'un demi-mensonge, mais il nécessitait, du moment qu'on l'articulait, un mensonge complet.

La bonne George ne pouvait repousser aucun des reproches d'Alfred sans lui murmurer à l'oreille des mots d'amour, plus ou moins nets. Car je vous prie, comment lui dire : « Non, tu es fou, je ne saurais être à Pagello et cependant, qu'il t'en souvienne, je ne suis plus à toi » ? Un tel langage eût exaspéré les soupçons. Alfred n'aurait rien cru si George s'était contentée de parler d'amitié et de dévouement. Pour ruiner la forte impression de son entente manifeste avec Pagello, il fallait que George affirmât, de toutes ses forces, tout ce qui l'unissait ou l'avait unie à Alfred. Et, pour établir la folie dont le nom était prononcé, il fallait accumuler dans l'accusation que l'on réfutait tous les caractères d'invraisemblance : mais, comme il est plus fou de se croire trompé par sa chère maîtresse que négligé par une simple garde-malade, George était entraînée à feindre d'oublier leur récente rupture comme à reprendre l'ancien titre de maîtresse d'Alfred.

Avec quelle douleur dut être consentie cette concession primitive !

Sa fierté en souffrit d'abord. Bien que, d'après sa devise, elle ne dût « la sincérité qu'à Dieu », la dignité « envers soi-même » n'était point satisfaite. Elle se piquait de franchise jusqu'à la crudité. Chaque fois qu'elle sentait un amour s'éteindre, il lui paraissait beau et bon de le dire « sans honte et sans remords » et ainsi « d'obéir à la Providence », qui l'attirait « ailleurs ». « Je ne me suis jamais imposé l'amour comme un devoir, la constance comme un rôle. » Mais aujourd'hui le soin de sa réputation commandait à son orgueil tout ce que l'état du malade implorait aussi de sa vive et chaude bonté. Le dernier point enleva à Mme Sand toute inquiétude. Elle mêla aux potions les paroles trompeuses dont chacune était un bienfait :

— Tu as été le jouet d'un rêve. Illusion ! Hallucination ! Tu gardes ta maîtresse. Tu n'as pas perdu ton ami…

Il y a dans la jalousie tant de tendresse qu'on n'y demande rien tant que d'être joué. Le poète dut accueillir avec des transports de bonheur les chères promesses de George. Elle lui présentait les preuves, les témoins et pour ainsi dire la cicatrice encore fraîche des blessures de sa raison. Il se réjouit de n'avoir été que furieux et bénit le fantôme absurde par effroi de ce qu'il avait entrevu de sensé.

— J'ai fait un mauvais rêve. Oublions, dut-il soupirer.

Qu'imaginer de plus humain !

II

Toutefois le poète sentit un peu plus tard la mémoire lui revenir avec les forces. La cruelle image se précisa. Il n'était plus en son pouvoir d'y être indifférent.

Le jeune homme cultivé de 1902 sait ou du moins il croit savoir qu'entre une image cérébrale vraie et une image cérébrale fausse, il n'y a pas de différence de contexture : l'hallucination, si elle est puissante, égale la perception et le souvenir d'une image illusoire peut égaler celui de la réalité. Mais, du temps d'Alfred de Musset, les professeurs de philosophie admettaient une distinction radicale entre l'image vue et l'image rêvée : le poète était donc induit à distinguer entre ce qu'il avait cru voir, tableau exact, précis, d'une netteté absolue, et d'autres fantômes moins nets émanés autrefois du désordre de sa pensée. Quoiqu'on pût lui répondre au nom de la science que certaines hallucinations se détachent avec un relief parfait, il était exposé à recommencer soit la plainte, soit l'invective, mais avec des nuances de désespoir que madame Sand dut saisir.

Et le refrain « Tu as été fou » fut donc repris d'un air plus grave. On représenta au poète avec une énergie croissante les extrémités de la déraison dans laquelle il était tombé. Alors comme aujourd'hui un respectable préjugé faisait de la folie une sorte de maladie honteuse. Cette honte était d'un grand prix. On l'exploita. Avec quelle puissance George s'y employait, il est permis de le concevoir au ton de lyrisme sévère sur lequel, plusieurs mois plus tard, elle rappelait en public ces diverses crises d'égarement. Alfred étant rentré à Paris, elle lui écrivait de Venise dans la première *Lettre d'un voyageur* (1er mai 1834) :

> Dieu, irrité de ta rébellion et de ton orgueil, posa sur ton front une main chaude de colère et, en un instant, tes idées se confondirent, ta raison t'abandonna. L'ordre divin établi dans les fibres de ton cerveau fut bouleversé. La mémoire, le discernement, toutes les nobles facultés de l'intelligence, si déliées en toi, se troublèrent et s'effacèrent comme les nuages qu'un coup de vent balaie…

Cette évocation de la justice divine est un trait de génie, qui dut insinuer chez le poète une terreur vague et subtile, et dont l'élément surnaturel opérait. Ne doutons pas qu'on s'en soit servi à Venise. George aux abois usa nécessairement de tous les moyens. […]

IV

Tout la servait. D'abord cette mollesse d'âme, cette faiblesse volontaire qui est propre aux convalescents ; en second lieu, l'extrême jeunesse de Musset ; en troisième lieu, la nature du poète, insouciant et par-dessus tout généreux,

> Se défendant de croire au mal
> Comme d'un crime.

Mais n'oublions pas cette gratitude naïve qu'il avait vouée aux deux « anges » de sa guérison, particulièrement à Pagello, qu'il n'appelait que son « sauveur ». Si la mémoire lui tenait un langage précis, énergique, substantiel, en lui montrant sa George et son Pagello amoureusement enlacés, sa raison se perdait dans la complexité des suppositions qu'il était obligé de faire pour s'expliquer une telle image : car comment se figurer les mêmes personnes tantôt comme des scélérats, deux fois traîtres à l'amitié et à l'amour, et tantôt comme les meilleurs cœurs de la terre ? N'avaient-ils pas veillé sur lui ? Ne lui avaient-ils pas « donné à boire dans la fièvre » ? Ne l'avaient-ils pas soulagé, puis guéri, des maux qui pesaient sur son front ? La douceur théâtrale de quelques attitudes du médecin, et l'autre visage, si beau naguère, maintenant amaigri et fané par de longues veilles, repassaient dans son souvenir et l'attendrissaient. Ces idées, fixées et méditées un instant, venaient anéantir l'image funeste. Ou celle-ci restait si vague qu'il lui était facile de la répudier, fille pernicieuse de sa fièvre et son sommeil.

Seul et malade à l'étranger, la compagnie de George et de Pagello était d'ailleurs aussi précieuse à son naturel sociable que leurs soins les plus nécessaires. Il éprouvait beaucoup de paix à se laisser couler au fil de leur amitié onctueuse. On fit tout pour lui rendre agréables les premiers pas qu'il recommença dans Venise. Bien que la ville eût son funèbre aspect d'hiver, on essaya de l'y amuser. Ils coururent ensemble de canaux en canaux, sous le toit des gondoles, ils abordèrent bien des quais et bien des îles, et se mirent même en rapport avec quelques gens du pays auprès desquels Pagello fut un truchement précieux. L'argent du ménage baissait. Il se peut que Pagello ait fait quelques avances. Alfred eut loisir d'admirer, au lieu d'en rire comme autrefois, l'activité touchante du travail nocturne de George. Né paresseux, tant de labeur régulièrement poursuivi l'emplissait d'un étonnement respectueux : cette chère maîtresse lui apparut bientôt comme une bonne mère qui sacrifiait son sommeil pour soutenir un enfant coûteux et ingrat. Il n'était fantaisie qu'elle n'essayât de lui satisfaire et je suis convaincu que, longtemps après, au vif même de sa rancune, il ne put se le rappeler sans un sourire de merci. « Ô mon grand George, toi qui gagne de l'argent si facilement !… » lui disait-il dans une lettre que je n'ai pas vue mais dont un témoignage digne de foi m'a livré le sens. Elle lui avait fait quelques avances qu'il ne remboursa que plus tard.

Étourderie, admiration, gratitude, haute candeur, jeunesse, faiblesse de corps et de cœur, tendresse toujours renaissante, voilà les fils de toute teinte, croisés et recroisés de la main experte de George de chaque côté de la toile, sur ce thème fondamental : « Tu as été fou. » Une lettre de Pagello nous apprend qu'elle fut habile dans tous les arts féminins. Était-il besoin de ce témoignage ?

SAN SERVILIO

Ce travail merveilleux semble avoir été rompu en plusieurs endroits par suite d'un penchant que le convalescent se découvrit pour le vin de Chypre, « ce vin sucré d'Orient que j'ai trouvé si amer sur la grève déserte du Lido », nous dit-il dans la *Confession*. Doux ou amer, tout porte à croire qu'il en abusa.

I

On ne pouvait s'empêcher de le laisser seul, car ainsi le voulait l'amour ; pendant les absences du médecin et de sa maîtresse, il ne pouvait non plus se retenir de fréquenter les marchands de ce vin au « flot d'or », qui a la couleur, la flamme et quelque saveur de soleil.

Avec l'ivresse à laquelle il n'échappait guère, Musset rapportait une humeur de défiance qui lui rendait le sentiment de son état.

« Que font-ils loin de moi ? » se demandait-il en tremblant. « C'est pourtant moi qui suis l'amant », se disait-il peut-être. Et peut-être aussi voulait-il reprendre les droits d'un amant. Elle se déroba sans peine en invoquant l'état de fièvre dont il sortait… Mais il traduisait le prétexte par de plus solides raisons. En sorte que la colère reparaissait, et le soupçon, et ses fureurs. « Eh bien ! aime Pagello ! » put-il crier encore, avec la rage du défi [...].

II

Paul de Musset déclare avoir écrit en décembre 1852, sous la dictée de son frère, le récit suivant :

> Je m'expliquais un soir avec George Sand. Elle nia effrontément ce que j'avais vu et entendu et me soutint que tout cela était une invention de la fièvre. Malgré l'assurance dont elle faisait parade, elle craignait qu'en présence de Pagello, il lui devint impossible de nier, et elle voulut le prévenir, probablement même lui dicter les réponses qu'il devrait me faire lorsque je l'interrogerais. Pendant la nuit, je vis de la lumière sous la porte qui séparait nos deux chambres. Je mis ma robe de chambre et j'entrai chez George. Un froissement m'apprit qu'elle cachait un papier dans son lit. D'ailleurs elle écrivait sur ses genoux et l'encrier était sur sa table de nuit. Je n'hésitai pas à lui dire que je savais qu'elle écrivait à Pagello et que je saurais bien déjouer ses manœuvres.
>
> Elle se mit dans une colère épouvantable et me déclara que, si je continuais ainsi, je ne sortirais jamais de Venise. Je lui demandai comment elle m'en empêcherait. « En vous faisant enfermer dans une maison de fous », me répondit-elle.

Quelque suspect que soit le document produit par Paul de Musset et quelques protestations qu'ait élevées à cet égard madame Sand, cette triste parole prêtée à George découle avec rigueur de toutes les données de la situation. Quand elle avait fait honte au poète de ses soupçons, qu'elle en avait montré la sottise ou l'indignité et qu'une imprudence soudaine commise par elle ou par Pagello venait raviver les fureurs du malheureux, l'extraordinaire eût été qu'elle pût se tenir de parler de l'hôpital des fous.

Elle était engagée. Le mot de folie était dit, l'autre suivait et devait suivre. C'est la mélancolie de certains maux, une fois faits, d'en engendrer une multitude d'autres plus graves sans qu'on puisse les arrêter. George ayant été faible et voulant garder l'apparence de la force d'âme, avait dû mentir : pour confirmer son mensonge, elle devait jouer de la folie d'Alfred ; lui parlant de folie, elle devait le menacer du traitement ou, pour user du langage de tous les hommes, du châtiment donné aux fous. On ne croira jamais qu'elle ait eu le projet de se débarrasser d'Alfred par un crime de séquestration. Ce ne dut être qu'un épouvantail en parole, régime violent qui procurait un peu de calme.

Tout établit que les accès d'Alfred de Musset étaient fort sérieux. Ils purent même constituer un danger pour ses gardiens. L'Octave de la *Confession* raconte, dans le premier livre, que, cette perfide maîtresse dont on a vu la trahison étant revenue le tenter, il faillit lui ôter la vie. [...] Au livre cinquième de la même *Confession* et à propos d'une autre femme, la volonté de donner la mort reparaît symétriquement. [...]

Ces textes comparés font venir aux lèvres la même question. Alfred n'a-t-il jamais parlé de tuer George ou son amant ? N'a-t-il jamais été au-delà des paroles ? Si l'on admet seulement une tentative, cette menace de couteau appelle assez bien pour réponse la menace de la camisole et du cabanon [...].

III

La menace trop répétée avait fini par glacer le sang dans les veines du poète. « J'avoue que j'eus peur », lui fait dire son frère. [...] Comme tous ceux qui ont été sujets aux accidents cérébraux, il vivait dans l'horreur, je ne dis pas de la folie qu'il savait imminente, puisque, au contraire, il y trouvait une excitation agréable, mais des conséquences civiles d'un public accès de folie. Dans les beaux temps de leur amour, qui sait s'il n'avait pas confié à sa chère George quel vertige lui donnait la maison de fous ? L'on a pu assigner un nom à cette phobie.

Au large de Venise, dans l'archipel, est l'île San Servilio, que George Sand décrit dans la troisième des *Lettres d'un voyageur*, datée de juillet 1834. Elle « est occupée par les fous et les infirmes », dit-elle. Avaient-ils longé, un matin de février ou de la fin de mars, ces rives tragiques ? Les avait-on montrées avec un peu d'affectation à Musset ? J'inclinerais d'autant plus volontiers à le penser que chacune des *Lettres* écrite par George de Venise semble vouloir faire revivre leurs excursions à trois. [...]

Parmi toutes les conjectures entre lesquelles hésitera l'historien attentif, celle-ci est de beaucoup la plus satisfaisante. Oui, Musset a pu être conduit à San Servilio, comme à un pèlerinage d'admonition. L'âme de ce lieu triste s'empara de sa rêverie. Il contempla ces grilles « qui donnent sur les flots ». Il se conçut à la place des malheureux qu'il avait aperçus pâles, maigres, défaits ou terribles, l'écume aux lèvres. C'était là, c'était là que pouvait le jeter un simple mot de sa maîtresse avec l'attestation de ce citoyen de Venise pourvu du diplôme de médecin. Le suprême frisson l'aura saisi, exactement, en ce lieu, à ce moment-là.

IV

Représentons-nous San Servilio comme le théâtre du revirement décisif. La vue de l'hôpital risquait de jeter le malade dans un accès de rage et de révolte sans remède. Paul de Musset eût osé dire, s'il avait suivi le fil de nos inductions, qu'on avait escompté l'accès et que tout était disposé pour prendre le furieux au mot. Mais un pareil calcul, s'il fût entré dans la pensée de Pagello ou dans celle de George, aurait été beaucoup déçu ! Le poète n'eut qu'une crise de consolation et de foi. Il s'était vu à l'heure de haïr jusqu'à la mort ses deux compagnons ; la pensée d'un emportement qui l'eût perdu le calma et le retourna.

Sous le contact de la terreur, il éprouva l'élan contraire ; un mouvement de gratitude irrésistible le jeta pour jamais du côté de ces braves gens. Tout fut changé autour de lui, la couleur du ciel et le goût de l'air, la nuance même des choses et le ton de ses souvenirs. En même temps que son cœur changeait de disposition, il vit des visages nouveaux. Les embûches qu'il en redoutait lui parurent dictées par l'affection la plus vigilante, nées du dévouement le plus pur : les deux héros qui acceptaient intrépidement de vivre exposés à ses fantaisies sanguinaires ne frémissaient, raisonna-t-il, qu'à l'idée de ce qu'il pouvait entreprendre contre lui-même dans une heure de désespoir. Le cœur lui faillit : il reconnut à haute voix que George n'avait eu en effet d'autre rêve que de le ramener vivant, sinon sain et sauf, à sa mère. L'amitié renaissait, il sentit reverdir l'amour. Sous quel flot de larmes d'extase ! Comme disait Pascal, « joye, joye, pleurs de joye[1] ». Il récita son acte de rémission complète et de confiance absolue.

George et Pierre mêlaient leurs sanglots de bonheur à ceux dont le poète était secoué : « Enfin, dit-elle, il est retrouvé, notre Alfred ! »

Et, là-dessus, l'on s'embrassa infiniment.

Quand la tête faiblit, la tendresse et la peur sont les deux sources immortelles de la foi qui donne la paix. Alfred de Musset crut dès qu'il eut du plaisir à croire ; après de si cruels orages, il goûta follement les délices de cette foi. Il trouva du bonheur à briser désormais jusqu'au désir et à l'envie de comprendre sa propre histoire, il fit taire les murmures du souvenir et de la raison et il extermina le doute dans ses dernières malignités.

Certains néophytes connurent ce parti bienheureux du repos et de l'inertie de l'intelligence, auquel se mêle un léger malaise, que l'on accepte ou que l'on cherche à la gloire d'un dieu. Mais c'était George et son amant qu'Alfred avait mis sur l'autel. Non seulement ils reprenaient tous les titres qu'il leur avait si souvent contestés, mais ils devenaient à ses pauvres yeux comme ses héros et ses saints.

LA CULTURE D'UN SCRUPULE

Dès l'instant qu'il ne douta plus, avec cette ardeur naturelle qui se jette aux extrémités, le malade s'étonna qu'il eût pu douter. Quoi ! douter de Pagello, de ce modèle des amis ! Quoi ! de George, modèle des amantes et des mères ! Le souvenir de ses soupçons le remplit de honte, et il s'en voulut à lui-même comme un profanateur des plus belles choses de l'âme. Il en conçut beaucoup de tristesse, d'humilité, de colère contre son cœur ; il en connut la saveur du dégoût de soi.

---

1. Citation du célèbre *Mémorial* dans lequel Pascal relata sa nuit d'extase mystique (novembre 1654).

I

Une vision, dont il sentait amèrement la fausseté et l'absurdité ridicule, s'offrait sans cesse à sa pensée, comme un affreux témoignage contre lui-même.

— Comment l'ai-je crue ? disait-il.

Il se rassurait en songeant que, Dieu merci, il ne la croyait plus ; mais le souci revint quand il songea que, cette foi à rebours, cette défiance malsaine, ce double crime envers l'amitié et l'amour pouvait renaître inopinément dans son cœur.

— Cela était possible puisque cela avait été. Hélas ! d'où venait donc cette faculté d'adhérer à de si infâmes mensonges ? Alfred croyait toucher le fond même de la douleur. On lui en fit descendre d'autres degrés.

— Ces mensonges, d'où venaient-ils ? Et ces images dont l'invraisemblance égale à peine l'infamie, qui donc les avait façonnées ? Les éléments de cette hallucination dégradante, qui les avait formés, groupés ?

« Qui donc, pauvre ami, sinon toi ? Qu'importe que ta volonté y fût étrangère ? Ta volonté n'est rien, et l'important, c'est ta nature. La casuistique dit fort bien que nous ne sommes pas irresponsables des fantômes qui se glissent parmi nos songes, car ils viennent de nous, de nos heures de veille et de conscience complète. Ainsi, cette image, de toi. Elle accuse l'état des bas-fonds secrets de ton âme. Elle en sort, comme un miasme des eaux que corrompt un charnier : si tout demeurait pur en toi, rien n'en sortirait que de pur. Ah ! regarde, regarde bien. Observe si rien n'est gâté, si tu n'aperçois pas quelque corruption sans remède. »

Qui parlait de la sorte ? La conscience scrupuleuse du jeune poète lyrique ?

J'ose dire qu'elle n'était pas seule à parler ainsi, car on démêle le timbre d'une autre voix. Dans tout le cours nouveau que prirent ainsi les rêveries de Musset, on sent la main sûre et légère de l'adroite dialecticienne qui le guidait. Le lecteur qui compare attentivement le sens de la *Confession d'un enfant du siècle* à celui des *Lettres d'un voyageur* ne peut échapper à l'évidence : ce beau travail de psychologie fut entrepris à frais communs. Le procédé de George était audacieux mais commandé par la situation. Le grand mensonge originel ne pouvait s'arrêter de la déterminer à d'autres mensonges, plus compliqués et plus savants que le premier et dont le choix fait sans doute honneur à l'artiste. [...]

II

[...] Il se donna beaucoup de peine pour expliquer comment le sort tirait de lui un criminel.

En lui démontrant ses iniquités, George avait suggéré un rudiment d'explication. Il faut lire la première *Lettre d'un voyageur*. Mme Sand y convie son poète à examiner avec elle pour quelle faute la main du Seigneur s'était abattue sur son front, « chaude de colère ».

« Avais-tu donc quelque grand péché à racheter pour servir de victime sur l'autel de la douleur ? Qu'avais-tu fait pour être menacé et châtié ainsi ? Est-on coupable à ton âge ? Sait-on ce que c'est que le bien et le mal ? »

Après avoir fait la demande, la sophiste a soin des réponses :

« Tu te sentais jeune, tu croyais que la vie et le plaisir ne doivent faire qu'un. Tu te fatiguais à jouir de tout, vite et sans réflexion. Tu méconnaissais ta grandeur, et tu *laissais aller ta vie au gré des passions qui devaient l'user* et l'éteindre, comme les autres hommes ont le droit de le faire. Tu t'arrogeas ce droit sur toi-même, et tu oublias que tu es de ceux qui ne s'appartiennent pas. Tu voulus vivre pour ton compte, et suicider ta gloire par mépris de toutes les choses humaines. Tu jetas pêle-mêle dans l'abîme toutes les pierres précieuses de la couronne que Dieu t'avait mise au front, la force, la beauté, le génie, et jusqu'à l'innocence de ton âge que tu voulus fouler aux pieds, enfant superbe ! »

[...] *L'enfant superbe*, bien grondé sur sa paresse et sa nonchalance, entend blâmer également son ironie, sa fantaisie et enfin tous les points par lesquels il différait de Mme Sand. Le contexte où l'on se déchaîne contre « les réalités » de la vie et contre « les folles jouissances d'ici-bas », prouve que nous avons affaire à l'un des thèmes favoris de la prêcheuse.

Le poète qu'on chapitrait se souvint en effet qu'il lui était arrivé pendant les cinq ou six années précédentes, de se griser, non au chypre, mais au champagne, de courir les cabarets, de souper chez les filles et même de jouer près des femmes honnêtes les cyniques et les roués. On aida sa mémoire par quelques textes bien choisis dans ses œuvres complètes [...].

Le poète vit aisément que ces vers annonçaient la substance de son malheur.

— J'ai trouvé, pensa-t-il, ou lui fit-on penser.

« J'ai été un si terrible mauvais sujet que j'ai brûlé en moi la fleur innocente de l'âme. La débauche m'a flétri prématurément. Facilité de croire au bien, légèreté du cœur, ignorance du mal, céleste candeur, où êtes-vous ? Un libertin ne peut rien imaginer qui soit pur. Chez lui, la réflexion a suivi les mêmes mauvais chemins que la vie ; l'une et l'autre ayant plongé dans toutes les hontes, il ne cesse d'y redescendre sans y songer. Il a l'obsession infâme du mal : pour en avoir satisfait la curiosité, il en conserve le désir, la passion et le besoin même... »

[...] Quelle femme d'expérience à qui un homme de vingt-quatre ans savait tenir un tel langage, n'en eût admiré la fraîcheur et n'eût voulu baiser ce faux cynique sur le front ? George n'en fut pas attendrie et c'est ici qu'on est tenté de trouver cette femme un monstre ; car ce que l'homme attend de la femme, c'est la pitié. Elle n'eut point pitié, parce qu'elle était prise et serrée puissamment entre des liens nouveaux qui tiraient de leur nouveauté toute leur force et causaient, avec l'aveuglement de l'esprit, le complet silence du cœur. La bonne femme, l'ancienne amie, aimait autre part. Cet amour ne laissait plus d'un peu libre en elle qu'un acharnement d'animal. Tout ce qu'elle sut faire fut donc de tirer d'autres avantages de ceux qu'elle obtenait avec tant de facilité.

Il se frappait la poitrine avec véhémence. Elle lui dit : *Frappe plus fort !* en déplorant plus haut que lui qu'il eût quitté ce culte de la vertu pour lequel elle lui jurait qu'ils étaient formés tous les deux.

III

Les biographes ont rétabli la vérité. Ce jeune homme n'avait point abusé de la vie autant que George le lui faisait dire. [...] Le meilleur témoignage que la corruption de Musset n'était pas bien profonde, c'est qu'il en nourrissait un vivace remords.

Aussi, lorsque les suggestions de sa maîtresse, aidées de ses propres méditations, l'eurent ancré dans cette idée que la débauche le tenait pour l'éternité, ce remords fut si vif qu'il ne se sentit plus de force à en porter le poids tout seul. Il se persuada que la maladie du libertinage moral, mère du scepticisme en religion et en amour, ne lui était aucunement particulière, mais bien commune à toute sa génération. Il appela son mal le Mal du siècle. Il en accusa les facteurs généraux de l'état des esprits en France et en Europe dans les années 1833 et 1834, et, comme son *Rolla* s'était en partie excusé de ses sottises sur la méchanceté de Voltaire, l'auteur de la *Confession* allégua, pour se décharger en même temps que son Octave, les guerres de l'Empire, la paix de la Restauration et les fautes du « parti prêtre »[1]. Par une chaîne de raisons assez imprévues, il se démontrait à lui-même que la Sainte-Alliance[2] et la Congrégation[3], en l'écartant (à dix-huit ans !) des affaires publiques[4], l'avaient fatalement jeté dans la Débauche et que, à son tour, la Débauche, en lui fournissant une expérience

1. Dans le célèbre chapitre II des *Confessions*, Musset dépeint sa génération comme hantée par le souvenir de l'épopée impériale et supportant d'autant moins le prosaïsme de la Restauration.

2. Alliance conclue de 1815 à 1825 entre la Russie, l'Autriche et la Prusse afin de maintenir l'équilibre européen, de restaurer les valeurs chrétiennes et de combattre les mouvements révolutionnaires, bonapartistes, libéraux, etc. La France de la Restauration y adhéra en 1818.

3. Organisation catholique fondée en 1801, regroupant des ecclésiastiques comme des laïcs. De sensibilité ultraroyaliste, elle joua un rôle important sous la Restauration.

4. Officier pendant la Révolution et l'Empire, puis fonctionnaire impérial, le père de Musset fut destitué en 1818 pour ses opinions libérales. Sa disgrâce aurait rejailli sur son fils, à en croire ce dernier.

précoce des honteux secrets de la vie, lui avait fait nommer ses deux meilleurs amis l'un, Pagello, trompeur, et l'autre, sa George, infidèle ! […]

MUSSET EXPIE

Bourrelé du remords de ses fautes imaginaires, le jeune Musset vide alternativement le calice du souvenir et celui de la pénitence, ou philosophe sur les causes de sa dégradation. On évite de le contrarier sur la définition qu'il donne de son siècle ou sur les formules psychologiques de la débauche. Mais la pratique George et Pierre Pagello, son docile instrument, songent à utiliser ses dispositions pour l'acheminer à des actes. […]

III

Le temps qu'avaient duré les soupçons, puis les menaces du poète avaient causé une vive gêne à Madame Sand et au médecin. Ils avaient dû parfois s'éloigner l'un de l'autre et se surveiller. Mais cet embarras disparut et toute communication devint facile quand, dompté et charmé, Alfred commença de gravir de son pas d'hostie volontaire les cimes douloureuses de la perfection de l'amour.

En effet, le poète prit un plaisir ardent à voir George près de Pagello. Il s'appliquait à encourager de son mieux une intimité si évidemment innocente. Ne fallait-il pas expier bien des pensées viles ? Ne fallait-il pas satisfaire aux deux chères victimes de la corruption de son cœur ?

— Regarde, disait-il ; regarde, libertin ; regarde, cynique et blasé, deux honnêtes gens rapprocher d'honnêtes visages et, sans penser à mal, se sourire et sympathiser. Vois la sérénité de deux consciences sans tache. Trouves-tu dans leurs yeux le plus léger flocon d'une idée impure ? Ô juste école de vertu !

Alfred de Musset en suivait les leçons avec une docilité qu'il faut bien appeler pieuse. Il l'aimait comme le moyen naturel de sa rédemption. Il l'embrassait comme le bois d'une croix salutaire. Que si le vieux serpent de la jalousie remuait dans quelque bas-fond, il ne pensait qu'à l'écraser. Une douleur divine promenait dans son cœur le fer et le feu qui guérissent. Il se voyait racheter de son mal du siècle par la vertu de ces épreuves : aussi s'imposait-il de les accepter sans murmure, dans l'esprit d'une foi saintement aveuglée.

Ce n'est pas moi qui mêle ici au langage de l'amour un vocabulaire sacré ; je ne fais que vous condenser, pour en rendre le tour plus net, d'innombrables paroles éparses dans les documents littéraires ou biographiques dont je m'inspire. On sait que ce mélange du profane et du religieux faisait partie de la poétique du temps.

MUSSET RÉPARE

Un rédacteur de l'*Illustrazione italiana* [...] place ici une scène d'aveux infiniment brutale [...]. Un soir où Pagello, George et Musset étaient réunis, George aurait commencé froidement en ces termes :

— Croyez-vous, docteur, qu'Alfred soit capable de supporter une forte émotion ?

Et, sans attendre la réponse de Pagello, George aurait « parlé franchement ». Elle aurait dit à Alfred :

— Cher Alfred, désormais je serai seulement votre amie... J'aime le docteur Pagello.

Cette histoire est inadmissible. Après tant de ménagements, on ne saurait s'expliquer tant de cruauté, d'ailleurs superflue. La trame arachnéenne tissée autour d'Alfred n'avait pas à être brisée d'un coup si grossier ! [...] La mystification se développa jusqu'au terme.

I

Quand on eut jugé le poète suffisamment instruit et pénétré de l'indignité de son âme, trempé dans la résignation, macéré dans la pénitence et quand il sembla prêt à égaler toutes les hauteurs de l'immolation, George se garda bien de le conduire à l'autel sublime : elle lui inspira seulement d'y monter. [...]

II

Ce n'était pourtant pas facile. [Une] lettre de George confirme ce que nous savons par la *Confession* : le poète traversait une heure de recrudescence amoureuse. [...]

L'air vibrait de l'échange qui se faisait sans cesse entre ces trois cœurs passionnés ; la comédie et son secret, la tragédie et son mystère en étaient au degré de tension extrême : cependant George réussit en quelques journées.

Il leur arrivait d'accompagner Pagello à la fin d'une soirée passée en commun, jusque sur le palier de l'hôtel Danieli. Le médecin disait adieu. Le poète, penché sur la rampe, écoutait, tout pensif, le bruit des pas diminuer et se perdre dans l'escalier.

[...] Et c'est alors que George [...] s'efforça d'attirer l'attention de son compagnon : languissante, muette et les yeux longtemps baissés, elle obligeait le bon Pagello à répéter ses mouvements. Soutenu par l'amour, le docteur vénitien ajoutait son jeu à celui de la jeune dame française, dont la consomption augmentait à vue d'œil.

III

Sans faire chanceler la foi robuste du poète, de telles scènes lui inspiraient des émois d'un ordre nouveau. Il ne songeait plus à incriminer le passé. Mais le pressentiment de l'avenir serra son cœur. S'il avait entrevu des changements dans la pensée de sa fidèle maîtresse, du moins l'espérance de la reconquérir lui était restée, malgré tout… Voilà qu'une alarme nouvelle accourait lui ravir ce dernier brin demeuré vert. L'opération était commencée. Il en sentait les sourdes attaques, le souffle lent et continu. […]

Sûre que la tristesse réfléchie dans les yeux de ses deux compagnons l'attristerait, l'attendrirait, et sûre aussi que cette énigme le toucherait profondément sans réveiller les jalousies du temps passé, l'ingénieuse femme accentua tant qu'elle put cette expression de secret et d'angoisse. […]

Le triple tête-à-tête se chargea d'une électricité plus lourde, et la mélancolie devint plus significative : les attitudes de madame Sand redoublèrent d'expression, l'expression, d'éloquence ; le pire aveugle eût vu. C'est pourquoi la vérité creva les nuées.

Alfred s'écria donc avec un comique très pur :

— *Les malheureux souffrent : ils s'aiment !*

Ces mots sont dans la *Confession*. Ils commandent et décident le dénouement. Car le poète s'immola comme devait le faire le héros de la *Confession*. « Lorsque j'ai vu ce brave Pagello », dit-il dans une lettre utilisée plus tard dans son livre, « j'y ai reconnu la bonne partie de moi-même, mais pure, mais exemptée des souillures irréparables qui l'ont empoisonnée en moi. *C'est pourquoi j'ai compris qu'il fallait partir.* » Il écrivit à George un billet d'adieu dans lequel se trouvent ces mots : « J'ai senti que j'avais mérité de te perdre et que rien n'est trop dur pour moi ! »

V

Il n'avait presque pas hésité dans le sacrifice. Il trouva naturel d'unir ces deux amants héroïques dont la pudeur, et les combats, et le silence l'enivraient d'une admiration qu'il ne contenait plus. Le désir de les égaler s'était emparé de son cœur. Il écrivait plus tard : « S'il y a quelque chose de bon en moi, si jamais je fais quelque chose de grand, de mes mains ou de ma plume, dis-toi que tu sais d'où cela vient. Oui, George, il y a quelque chose en moi qui vaut mieux que je ne pensais. » Dans une lettre de l'été suivant, datée encore de Venise, George rend à Alfred ces guirlandes de l'héroïsme : « Tu as bien raison de te dire que mon bonheur a pris sa source dans tes larmes, non pas dans celles de ton désespoir et de ta souffrance, mais dans celles de ton enthousiasme et de ton sacrifice. Tu aimeras peut-être mieux par la suite, tu auras peut-être un caractère plus égal et plus heureux, mais tu ne seras *jamais plus grand que tu ne l'as été dans ces tristes jours*. N'en déteste pas la mémoire et, quand l'ennui de la solitude te prend, rappelle-toi que tu m'as laissé un souvenir plus cher et plus précieux que tous les plaisirs de la possession. » [...]

Toujours par une lettre de Madame Sand, qui n'est pas récusable ici, nous avons un tableau rapide de la scène des fiançailles de George et de Pagello, bénies par Alfred de Musset. [...] Après une querelle que lui avait faite Alfred à Paris, George écrit : « Adieu donc le beau poème de notre amitié sainte et de ce lien idéal qui s'était formé entre nous trois, lorsque tu lui arrachas à Venise l'aveu de son amour pour moi et qu'il te jura de me rendre heureuse. Ah ! cette nuit d'enthousiasme où malgré nous tu joignis nos mains, en nous disant : – *Vous vous aimez et vous m'aimez pourtant, vous m'avez sauvé âme et corps !* » [...]

[T]rès peu de jours après leur séparation, elle écrivit à un ami qu'elle ne regrettait pas d'avoir aimé cet homme, ayant contribué à le rendre meilleur. Avec elle (je serre à peine le sens du texte), « il était devenu bon, affectueux et loyal de jour en jour ». On vient de voir par quelle savante méthode elle avait obtenu, en temps si court, de si notables progrès. Lui, cheminait brisé, mais en s'applaudissant d'avoir confié sa maîtresse à un homme dont le cœur était digne d'elle. [...]

Il rentra chez sa mère, perdant ses cheveux à poignées.

QUATRIÈME PARTIE : VÉRITÉ ET POÉSIE

LES RETOURS

[…] Rien de plus périlleux pour George qu'une crise prochaine de clairvoyance chez Alfred. Car, la machination découverte, que dirait-il ? Que penserait-il ? Et que ferait-il ? Les explications absurdes peuvent servir à l'occasion, elles ne durent pas. Quand il saurait tout, ce qui ne pouvait manquer d'arriver, quel châtiment pour elle dans un mot ou dans un regard !

Toutes ses lettres tendent à maintenir à la température de Venise l'amitié passionnée dans laquelle ils s'étaient quittés : dût leur amitié redevenir de l'amour, dût le souvenir douloureux réveiller des désirs plus douloureux encore ! Était-ce là pure réflexion de la part de George ? N'était-ce qu'un instinct ?

Elle était traversée de souffles divers.

I

Jusqu'à l'été, la douleur presque publique du poète trouva son aliment dans les courriers étranges qui lui arrivaient de là-bas.

[…] Du sein de Pagello George ne cesse de rappeler à Alfred qu'il a conservé la meilleure part d'elle-même, que toute jalousie doit être bannie et qu'elle est à lui, tout en étant au docteur […] :

> Ne crois pas, ne crois pas, Alfred, que je puisse être heureuse avec la pensée d'avoir perdu ton cœur. Que j'aie été ta maîtresse ou ta mère, peu importe ; que je t'aie inspiré de l'amour ou de l'amitié, que j'aie été heureuse ou malheureuse avec toi, tout cela ne change rien à l'état de mon âme à présent. Je sais que je t'aime, et c'est tout *(ici trois lignes supprimées à l'encre par George Sand)*.
>
> Ô mon enfant ! Ô mon enfant ! que j'ai besoin de ta tendresse et de ton pardon ! Ne me parle pas du mien, ne me dis jamais que tu as eu des torts envers moi : qu'en sais-je ?

Est-il au monde un ton de sincérité qui soit reconnaissable ? S'il existait, on pourrait dire : le voici. Mais, outre qu'elle avait toujours été de fort bonne foi dans son rôle de « Frère George », comme elle disait, ces lignes font penser que la fiction du « lien idéal » et de l'amour supérieur s'était emparée d'elle et qu'elle s'était un peu prise à sa propre industrie. Cette lettre écrite quinze jours après la séparation et d'un accent si pathétique, l'eût-elle seulement conçue le mois précédent, quand elle répondait en termes dédaigneux presque durs, au pauvre Pagello qui la suppliait d'être douce, d'épargner les yeux d'un malade et de se montrer généreuse ?

La vue du sacrifice consommé par Alfred, peut-être aussi la honte de l'avoir abusé, avait ému en secret cette âme robuste : une de ses fibres de mère vient de frémir, la pitié céleste a gémi. Elle conseille à son poète d'aimer une autre femme et de la choisir mieux. Elle prie pour qu'il soit heureux. Quant à elle, il lui suffira d'un peu de tendresse : « Je trouverai toujours ton cœur, n'est-ce pas, mon petit ? »

II

On entrevoit d'ailleurs que maître Pagello faisait vers ce temps-là des actes d'initiative et se mettait assez clairement dans son tort. Les lettres vénitiennes des 15 et 29 avril portent que « l'ange de la vertu » a « quatre femmes sur les bras », amies ou maîtresses. Mais son défaut principal, ou le plus manifeste, semble de n'être pas Alfred de Musset ou de trop bien montrer qu'il ne le vaut point.

Grande découverte de George effectuée dans le courant des mois d'avril et de mai :

> Un grand point, écrit-elle à Musset, un grand point pour hâter ma guérison, c'est que je puis cacher mes vieux restes de souffrance. Je n'ai pas affaire à des yeux aussi pénétrants que les tiens et je puis faire ma figure d'oiseau malade sans qu'on s'en aperçoive. [...] Ce brave Pierre n'a pas lu *Lélia*[1], et je crois bien qu'il n'y comprendrait goutte. Il n'est pas en méfiance contre l'aberration de nos têtes de poètes. Il me traite comme une femme de vingt ans, et il me couronne d'étoiles comme une vierge. Je ne dis rien pour détruire ou pour entretenir son erreur. *Je me laisse régénérer par cette affection douce et honnête ; pour la première fois de ma vie j'aime sans passion.* [...]
>
> Voilà, écrit-elle toujours le 24 mai, j'ai là près de moi mon ami, mon soutien : il ne souffre pas, lui ; il n'est pas faible ; il n'est pas soupçonneux ; il n'a pas connu les amertumes qui t'ont rongé le cœur ; il n'a pas besoin de ma force, il a son calme et sa vertu ; il m'aime en paix ; il est heureux sans que je souffre, sans que je travaille à son bonheur. Eh bien, moi, j'ai besoin de souffrir pour quelqu'un, j'ai besoin d'employer *ce trop d'énergie et de sensibilité* qui sont en moi. J'ai besoin de nourrir *cette maternelle sollicitude* qui s'est habituée à veiller

1. Roman de George Sand paru en 1833. L'héroïne en est une femme trop brisée par l'existence pour répondre à l'amour du poète Sténio, qui finit par se suicider.

sur un être souffrant et fatigué. *Oh ! pourquoi ne pouvais-je vivre entre vous deux et vous rendre heureux sans appartenir ni à l'un ni à l'autre ! J'aurais bien vécu dix ans ainsi.* Il est bien vrai que j'avais besoin d'un frère ; pourquoi n'ai-je pu conserver mon enfant près de moi ? Hélas, que les choses de ce monde sont vaines et menteuses, et combien le cœur de l'homme changerait s'il entendait la voix de Dieu !…

Pagello, se révélant un mari parfait, l'avait donc, on le démêle, désappointée. Et ces yeux de Musset, qu'il avait été si facile de décevoir, lui paraissaient, à distance, plus pénétrants que ceux du médecin pour qui elle l'avait perdu. Elle faisait le compte des puissances mises en œuvre pour obtenir quelques semaines de solitude avec l'amant nouveau ; franchement, se demandait-elle, était-ce la peine ? Le souvenir de son effort la dégoûtait de l'œuvre, le produit paraissait sans rapport avec le travail.

De même que Pagello lui avait été l'Inconnu, Alfred de Musset lui devint le Disparu. Il redescendit dans son cœur comme la figure souffrante d'une passion plus délicate et plus violente que celle que le pauvre Pietro pouvait accorder : idéale statue d'un souvenir cruel, mais révolu à tout jamais et inaccessible. Jamais, se disait-elle enfin, jamais ne se retrouvera *sujet* plus magnifique de poignantes expériences ! Elle tenait de lui des secrets de souffrir, d'aimer, de vivre en profondeur que sa propre sensibilité ne lui aurait pas découverts, justement à cause de sa force indéterminée et vagabonde. Avec lui, le tragique était retiré de sa vie.

III

Ainsi, le malade éloigné, le cœur de George se retourne vers lui d'un jour à l'autre : pour expliquer pareil reflux, nous suffira-t-il de conclure qu'avec les personnes d'imagination ce sont les absents qui ont raison ?

Une autre cause dut agir. Les cancans parisiens arrivaient à Venise en même temps que les réponses de Musset. Les amis de George […] la tenaient au courant de certains bruits défavorables. Avec un sens pratique qui nous montre à quel point cet esprit viril avait gardé son sexe de femme, elle avait tout organisé pour que Musset eût à Paris la qualité, les fonctions et surtout la figure de son meilleur ami. Il s'y pliait avec bonheur et, même à contrecœur, il s'y serait plié encore, ainsi que c'était son devoir. Mais le luxe de précautions que prend ici madame Sand ne laissera pas d'amuser l'observateur. Elle traite l'ancien amant comme son fondé de pouvoirs et universel factotum, non sans faire sentir qu'elle s'est mise en mesure de le servir d'un autre côté. Il fera ses démarches auprès de Buloz ; elle lui propose en revanche les services de Pagello comme traducteur de *Fantasio* et des *Caprices de Marianne*. Alfred lui achètera, chez Leblanc, rue Sainte-Anne, en face le numéro 50, un quart de patchouli, « Ne te fais pas attraper, cela vaut deux francs » ; il visitera le jeune Maurice Sand[1], alors au collège, et, en retour, on aidera le poète de Paris à devenir « célèbre à Venise ». Tout cela dès le 15 avril.

[...] Mais tout en dédaignant accusateurs et accusations, elle s'en soucie. Son avenir de mère est en cause. Elle n'est pas encore séparée de M. Dudevant : ce mari complaisant pouvait changer d'humeur. Comment serait jugé leur inévitable procès ? Il faut bien qu'elle en tienne compte, elle veut garder ses enfants. Elle se sent donc obligée de songer au monde, c'est-à-dire, d'une part, de soutenir en Pierre Pagello l'honneur du beau choix qu'elle a fait, puisque ce choix est ébruité et qu'on ne peut plus s'en dédire ; mais, d'autre part, de s'assurer fortement du jeune homme avec qui on l'a vue partir. Le poète constituera la meilleure de ses défenses contre l'opinion irritée. Avec lui elle était à l'abri de nouveaux scandales. Et sans lui elle pouvait se croire perdue.

[...] S'il lui arrive de parler d'elle-même, c'est pour mettre en avant l'idée du suicide, « triste compagne errante auprès de moi ». Et ce qui lui inspire ce désir de mourir, c'est l'idée d'un « affront », d'une « souillure », d'une « fange dégoûtante » qu'on « jette au-devant d'elle » pour l'empêcher de passer. Avis au chevalier français. [...]

En même temps, elle s'efforçait de reprendre les plus dangereuses paroles qu'elle avait jadis prononcées et d'atténuer tout ce qui avait poussé à la séparation. Elle efface, elle efface, d'un doigt léger, avec une aisance admirable : « Vois, lui dit-elle, combien tu te trompais quand tu te croyais usé par les plaisirs et abruti par l'expérience ! » Cette Pénélope nouvelle si habile à tisser la tapisserie est encore plus prompte quand il faut l'effiler[2].

IV

Comme le poète était revenu à la foi amoureuse par le chemin de la terreur que lui avaient tracé les amants, la crainte du public aurait-elle été, à son tour un principe des regains d'amour de madame Sand ? [...]

Eut-elle seulement à feindre ? Si elle connut ce malheur, George en fut vite châtiée. Qui ne veut pas aimer sera sage et prudent de ne jamais feindre l'amour ; car l'amour invoqué peut venir dans toute sa force. Les actes religieux sont les générateurs directs de la religion. *Prenez de l'eau bénite*, disait Pascal. En mettant les choses au pis, Mme Sand fit comme

1. Il s'agit du fils de George Sand et de son mari M. Dudevant, dont il portait le nom à cette époque. Il prit par la suite le nom de plume de sa mère, que lui donne ici Maurras.

2. Pénélope, épouse d'Ulysse, échappa à ses prétendants en leur disant qu'elle ne choisirait pas de mari avant d'avoir achevé une tapisserie à laquelle elle travaillait de jour et qu'elle défaisait la nuit.

le croyant forcé de Pascal, dans l'instant même où elle se trouvait disposée à l'action de toutes les grâces.

Mais parce qu'elle avait à se reprocher de cruels mensonges et qu'il lui fallait à tout prix en conjurer l'éclat, madame Sand forma ici le rêve audacieux et beau de donner à Alfred une profonde impression de sincérité : très finement, elle sentit qu'il lui suffirait de devenir sincère en effet.

L'aimer, l'aimer vraiment, et, par cet amour, le reconquérir ; une fois reconquis, le tenir, l'occuper et le subjuguer : abolir le drame passé sous des drames nouveaux, créer de si violentes disparates morales, se montrer sous un jour si neuf, se procurer ainsi de tels alibis, former entre Venise et Paris de tels désaccords que la raison du poète en fût déroutée à jamais et qu'il se sentît incapable de risquer aucun jugement sur l'ensemble de l'aventure ; en outre, le contraindre à se donner, tant en réalité qu'en imagination, d'immenses torts nouveaux : tel fut le beau programme élaboré par les circonstances et par le calcul dans cette âme trouble, mais forte. Elle avait assez d'énergie pour le remplir au naturel, c'est-à-dire, oubliant qu'elle l'avait conçu, au point de s'y donner, de s'y aliéner tout entière. Elle avait été à Venise tout force et tout orgueil, elle va ici nous paraître tout force et aussi tout amour.

V

L'arrivée à Paris de George, accompagnée de Pagello, remettait donc en présence trois êtres bien différents de ceux qui s'étaient quittés à Venise. Une correspondance incendiaire avait étouffé l'esprit de réflexion dans l'âme d'Alfred, et l'amour d'autrefois y reparaissait sans partage. Pagello, averti par le ton de la correspondance (car on lui montrait tout) et non moins éclairé par les nouveaux visages qu'il trouvait à Paris, entrait en défiance. […] George d'ailleurs est rassurée, Alfred de Musset aime encore et, Dieu merci, plus que jamais : car ses billets et ses visites la poursuivent.

Elle le repousse d'abord, de crainte de Pagello, de crainte des méchants ; cependant, elle ne peut résister aux nombreux éléments qui, en elle et hors d'elle, ont disposé de son destin. […].

Ils se reprirent donc, et leur hiver de 1834-1835 paraît avoir été aussi malheureux que possible : « J'en étais bien sûre, dit-elle quand ils se sont revus, que ces reproches-là viendraient dès le lendemain du bonheur rêvé et promis, et que tu me ferais un crime de ce que tu avais accepté comme un droit… Qu'est-ce que tu veux à présent, qu'est-ce que tu me demandes ? Des questions, des soupçons, des récriminations, déjà ! déjà ! Et pourquoi me parler de Pierre quand je t'avais défendu de m'en parler jamais. De quel droit d'ailleurs m'interroges-tu sur Venise ? Étais-je à toi, à Venise ? » Et, après avoir raconté le passé à sa manière, elle éclate en cris d'étonnement et d'indignation aux exigences toutes fraîches du pauvre garçon. [...]

Ainsi, [...], elle se remet à mentir : effrontément, charitablement, efficacement. Mais pour refrain : « Voyons, laisse-moi donc partir. » Ou encore : « Que nous restera-t-il donc, mon Dieu ! d'un lien qui nous avait semblé si beau ! ni amour, ni amitié ! mon Dieu ! »

VI

Elle pourrait partir. Le but de sa politique, si elle s'en était fixé un, était atteint en somme. Le poète se trouvait de nouveau lié et comme annulé par l'amour : [...] les volontés de sa maîtresse n'ont plus qu'à lui dicter leur loi. Mais, à ce moment même, ces dures volontés ont faibli.

La puissance d'une habitude physique retrouvée, jointe aux grandes dépenses d'énergie qu'elle avait dû faire, avait tout à fait brisé George. « Je songe, gémit-elle, que je vais t'aimer encore comme autrefois. » Plus qu'autrefois, hélas ! Les chaleurs de l'entraînement s'étaient communiquées peu à peu à son âme. Au bout de quelques semaines sans doute, elle dut éprouver que ce qui n'avait été qu'une province exiguë de sa vie la couvrait, cette fois, la soulevait et la pénétrait tout entière. Dure revanche de l'amour. La victorieuse était prise au milieu du triomphe, les rôles étaient renversés. Celui qui la poursuivait, elle le poursuit. Le pouvoir de prononcer de fausses paroles s'éloigne d'elle. Elle ne sort plus de cette sincérité profonde que lorsqu'elle lui parle de séparation. Comme jadis Alfred, dont elle devient l'élève accomplie, elle affectionne sa douleur.

Mais, à son tour, se sentant devenir le plus fort, l'enfant du siècle cède à un âcre désir de rendre quelque chose du mal qu'il a reçu. On l'a fait souffrir par l'amour et par l'orgueil. À George maintenant de souffrir d'orgueil et d'amour. [...] La pauvre femme se désole de ne point retrouver « sa féroce vigueur de Venise » et se traîne lentement aux pieds du cruel qui, le cœur las, a voulu rompre [...].

Ils se revirent et rompirent de nouveau, suivant un mécanisme qui différait peu de celui de l'année précédente. Toute la nouveauté de la dispute consistait en ce que les amants s'occupaient un peu de savoir lequel serait l'auteur de l'abandon définitif. Chacun tenta de renouer pour ce triste avantage. Vaine querelle où les ferments de l'amour-propre, avivés par les commérages du monde, parvinrent à aigrir ce qu'ils pouvaient garder d'heureux. Tout Paris en suivait les phases d'un œil amusé ; on riait du poète quand George était en état d'écrire [...] un bulletin de triomphe comme celui du 14 janvier 1835 : « Alfred est redevenu mon amant » ; et l'on riait de George lorsque c'était Alfred qui prenait la fuite.

Il est meilleur de négliger la succession de ces monotones alternatives.

LA HAINE ET LE PARDON

C'est au printemps de 1835 qu'ils eurent la sagesse et la force de se quitter. C'est à l'automne de la même année qu'un fragment de la *Confession d'un enfant du siècle* parut chez Buloz. On a beaucoup dit que ce livre est un pur monument de chevalerie, le poète ayant tenu à s'y donner tous les torts. Mais rien ne prouve que sa volonté eut à triompher de son sentiment ; les admirables illusions de Venise n'étaient pas tout à fait détruites en 1835 ni l'année suivante.

I

Certes, il avait réfléchi. Il avait hésité, douté, souvent tremblé d'entrevoir la vérité affreuse. Quand George, prise à son propre piège, devenue, après le départ de Pagello, la plus passionnée des amantes, se fut rejetée au parti des supplications, quelles confidences ne lui furent point arrachées ! Elle put bien se confesser tantôt par bravade, tantôt par ce besoin d'épanchement qui naît du plaisir. Mais, là encore, que de réticences possibles ! Elle dut se plaire à donner à l'aveu formel cet accent du mensonge qui enlève toute certitude à la vérité quand elle est un peu forte et l'éloigne du vraisemblable. Le souverain instinct de conservation féminine lui interdit probablement d'être jamais complète, explicite, satisfaisante.

[…] Plus il fut éclairé des rayons décevants et de la douteuse lumière de ces lambeaux de vérité, plus il dut se sentir troublé. Dans ce trouble, il prit naturellement l'habitude de chercher son refuge dans sa première foi. Par les conseils de l'amour-propre que la réalité éprouvait trop cruellement, par ceux de l'habitude, par goût de romanesque aussi, et crédulité naturelle, enfin par les ensorcellements de l'amour, il revenait s'endormir au vieil oreiller. […]

Ainsi, dans la dernière saison de leurs rencontres, en dépit du malheur final, elle n'avait pas perdu la partie : sa douleur, son amour portaient juste le fruit qu'elle en avait rêvé. Elle avait réussi à donner le change, au point de déconcerter et d'attendrir peut-être la malice du monde. Pour le poète, il était dérouté. Il ne savait plus rien, du moins de science certaine.

La *Confession d'un enfant du siècle* n'est si diffuse et si flottante que parce qu'il n'y eut pas de cohérence possible dans le personnage central de madame Sand, tel que pouvait se le figurer son ancien amant ; mais l'intention du livre est une : il est écrit pour demander pardon à une maîtresse parfaite des injustes soupçons, des jalousies pleines d'outrage et des persécutions aussi stupides que cruelles dont elle avait été victime de la part d'un furieux.

Quelquefois, un soupçon, de sa lueur timide projetée au travers de ce premier dessein, l'interrompt et rejette le cœur de l'écrivain dans une autre voie ; son repentir et son remords semble alors décrits de souvenir, plutôt qu'éprouvés dans l'instant, car, à cet instant même, un doute puissant le déchire. La part de volonté, chez l'auteur, consista à surmonter les tentations dont l'homme souffrait.

Le malicieux Sainte-Beuve, qui connut presque tous les secrets de la liaison, note dans la façon du livre « quelque chose de successif ». Hélas ! c'était la succession des partis auxquels le poète devait s'arrêter pour expliquer les diversités d'une si étrange aventure : aimé, trahi, aimé encore, trompé dans ce dernier amour ! [...]

La *Nuit de décembre*, qui est de la même année [que la *Confession*], correspond au même état d'esprit. Le poète parle à genoux ; il demande pardon d'une voix qu'étreignent la honte et le repentir, que le soupçon traverse à peine. En accusant l'orgueil de son amie (*Ah ! faible femme, orgueilleuse insensée*), il ne témoigne que de vagues défiances peu exprimées :

> *Pourquoi*, grands dieux, mentir à ta pensée,
> *Pourquoi* ces pleurs, cette gorge oppressée,
> Ces sanglots, *si tu n'aimais pas ?*
>
> Oui, tu languis, tu souffres et tu pleures,
> Mais ta chimère est entre nous...
>
> ... Partez, partez et dans ce cœur de glace
> Emportez *l'orgueil satisfait*...

C'était plus de huit mois après la dernière rupture. Qui croira que ces strophes, tour à tour humbles et redressées, pleines de soupirs pénitents, furent aussi écrites par scrupule de galant homme ? Non, non, le jugement d'Alfred de Musset sur son malheur manqua longtemps de fixité. « J'ai souffert un dur martyre », disait-il. Il ne pouvait préciser au juste lequel et ne trouvait d'assiette ferme que dans l'illusion de Venise. Mais la moindre réflexion l'en dépossédait. Ses vers et sa prose d'alors donnent le ton troublé de tant d'appréciations différentes, dont on n'ose même plus dire qu'elles aient été successives : il admettait et rejetait tout à la fois.

II

Au milieu de 1836, fut composée la *Nuit d'août* qui célèbre avec flamme un vif désir d'amours nouvelles ; elle marque aussi le moment où le poète commença d'écouter le langage sinistre de la raison. La *Nuit d'août* nous parle, en effet, de la plaie d'orgueil « qui le dévore ». Comprenons que cet orgueil ne ronge plus l'amante infidèle comme dans la *Nuit de décembre* : c'est bien l'amant désespéré, le poète en larmes qui a besoin de faire taire des souvenirs humiliants pour reconquérir le bonheur. [...]

Les faits qu'il avait saisis, les paroles précises qu'il avait méditées se composaient et s'enchaînaient dans sa pensée, en dépouillant l'appareil artificieux dont les avait ornés la rhétorique de l'amour. Il revécut l'ancien passé, heure par heure, depuis Fontainebleau et Venise jusqu'aux malheureux actes de contrition épistolaire qu'il expédiait de Paris. Il se revit dupé plus encore qu'« abandonné », « abusé » bien plus que trahi ; berné, moqué par-dessus tout et, pour tant d'outrages sanglants, se frappant la poitrine dans la *Confession d'un enfant du siècle* et dans la seconde des *Nuits*.

Cette revue dut le briser. Tout ce qu'il avait de justesse dans l'esprit, de droiture dans l'âme, était soulevé. Certes, ses propres fautes en France, en Italie, avaient pu être de la dernière gravité : qu'étaient-elles en comparaison de ce qu'il devait bien appeler le crime de George !

Elle avait, comme on dit, le *droit* de quitter Alfred pour Pierre, comme plus tard de quitter Pierre pour Alfred. Les circonstances même du premier abandon du poète, quoique atroces, peuvent ou doivent être admises comme de purs effets de concours malheureux. Ce qui faisait la principale horreur de ces souvenirs n'était point en cela, et la pire infidélité n'eût jamais revêtu certaine couleur odieuse. L'odieux, le tragique, était dans le comique de cette dure histoire : c'était d'avoir été conduit par des pentes si douces à des sentiments d'un ridicule si pur qu'il ne pouvait s'en réveiller sans quitter aussitôt tout respect de lui-même, toute dignité, « tout orgueil ». Le grief, son vrai grief contre George, celui qui apparaît au travers des invectives de la vieille passion toujours prête à renaître, ce grief profond est là : George l'avait joué comme un vieillard, comme un enfant. Elle l'avait rendu aussi sot à ses propres yeux qu'aux yeux de leurs innombrables amis communs. L'astuce, l'artifice et jusqu'à la sincérité finale de la sirène lui avaient inspiré et, qui le sait ? presque dicté ces longues pages d'excuse et de repentir, ces cris d'humilité et de supplication qui, confrontés avec les faits désormais certains et déjà vaguement soupçonnés de Paris entier, devaient déshonorer l'auteur de ces monuments de naïveté, si toutefois l'on peut être déshonoré par un excès d'erreur où précipite la perfidie d'une femme.

Ce sentiment d'abord vague et obscur, puis très net, mais intermittent, finit par s'établir en lui, car il le chanta.

III

Il le chanta après avoir longtemps moralisé dessus, c'est-à-dire, suivant l'ordinaire des esprits de race française, après avoir composé à ce sentiment une cour d'idées générales : il publia que son malheur tout entier provenait des maux de Venise.

Sa défiance et son scepticisme, sa lassitude et l'amertume qui lui gâtait le cœur ne découlaient point d'autre source. Deux ans plus tôt, il accusait un être impersonnel qu'il appelait Libertinage ou Débauche ; mais, il s'en aperçoit enfin, les trahisons multipliées d'une créature menteuse sont les seules causes de sa détresse. D'elle, d'elle seule, par l'illusion qu'elle a fait concevoir, par la désillusion qu'elle a fait éclater, dérive ce flux noir de mauvais sentiments qui ont flétri son cœur sans même le mûrir. Il n'était pas méchant, mais il l'est devenu par la faute de George. Les invectives de la *Nuit d'octobre* donnent un raccourci des cent reproches de ce genre que l'on voit épars dans son œuvre :

> Honte à toi qui la *première*
> *M'as appris la trahison*
> Et d'horreur et de colère
> *M'as fait perdre la raison.* [...]
>
> Honte à toi, femme à l'œil sombre,
> Dont les funestes amours
> Ont enseveli dans l'ombre
> Mon printemps et mes beaux jours !
>
> C'est ta voix, c'est ton sourire,
> C'est ton regard corrupteur
> Qui m'ont appris à maudire
> Jusqu'au semblant du bonheur.
>
> C'est ta jeunesse et tes charmes
> Qui m'ont fait désespérer...

À supposer qu'il eût été débauché depuis son enfance, la plus folle débauche ne l'eût jamais blasé que sur quelques aspects superficiels de l'amour ; mais, depuis que George l'a parodié devant lui, le plus pur des amours, l'amour douloureux et souffrant, reste terni d'une méfiance éternelle. Le poète ne peut plus croire à ce beau visage éploré.

Voici un distique sanglant :

> *Et si je doute des larmes,*
> *C'est que je t'ai vu pleurer.*

[...] [L]'invective du poète témoigne qu'il souffrit beaucoup moins d'avoir été laissé pour un autre que surpris lâchement dans la simplicité d'un cœur plein de foi. La tendresse est meurtrie ; par-dessus tout, l'orgueil est décapité.

[...] [A]uprès de Madame Sand il perdit cette confiance dans son cœur et dans tous les cœurs, ce facile abandon à la grâce d'autrui qui sont les principes d'amour. Ils subsistaient certainement quand George le connut, puisqu'elle les avait admirés et aimés, la *Correspondance* en fait foi. L'abus savant, continué et méthodique qu'elle en fit consuma tout ce qu'il gardait de ce don de jeunesse. Que de fois il l'a dit ! Le souvenir d'avoir été dupe à ce point resta en lui comme un ulcère et saigna toujours.

Tous les succès du monde et toutes ses « bonnes fortunes » ne tinrent pas contre la sensation cuisante de l'humiliation. Il rit amèrement de son ancienne réputation de roué et jeta des soupirs de haine contre celle à qui il devait de s'être méprisé avant de se prendre en pitié.

IV

Ce ne furent pas ses derniers mots. [...] Il avait, dès la *Nuit d'août*, conçu en rêve le pardon :

Dépouille devant tous l'orgueil qui te dévore,
Cœur gonflé d'amertume...

Ce pardon germa lentement, comme se dépouillait l'orgueil : et peu à peu la douce image d'un amour éloigné, mais non perdu puisqu'il durait en souvenir, se restitua toute seule. Musset se dit que sa douleur avait été bien peu de chose auprès de son bonheur ; l'humiliation n'était rien. Sa George redevint la Brigitte des beaux jours. Il écouta la Muse lui dire :

Ô mon enfant ! plains-la, cette belle infidèle !
Plains-la, c'est une femme...

Plains-la ! Son triste amour a passé comme un songe,
Elle a vu ta blessure et n'a pu la fermer :
Dans ses larmes, crois-moi, tout n'était pas mensonge !

[...] Dans son nouvel état d'esprit, le poète se souciait de bien marquer que l'essentiel n'est pas d'avoir inspiré de l'amour, mais de l'avoir senti soi-même. Le vers du *Spectacle dans un fauteuil* :

Que la terre leur soit légère, ils ont aimé.

sera désormais sa devise. Rien en ce monde n'est plus digne de sympathie, de respect, et d'envie peut-être, qu'un pauvre cœur sincère qui vit et meurt du trait délicieux qui le perce. [...]

Dans ce charmant Théâtre d'Alfred de Musset, beaucoup de scènes [...] tendent à pénétrer le spectateur de cette pensée qu'il y a dans l'amour une dignité de nature qui se suffit à elle-même, quelle que soit l'indignité de son objet. Le véritable amant se contente de son amour. [...]

Le voile du passé, ce subtil nuage de larmes, ne laisse plus filtrer que l'idée du bonheur enfui : par un chef-d'œuvre de « bonté consolatrice », cela reste un sentiment doux. La blessure dont on a souffert se transforme en une longue bénédiction sur la vie entière. C'en est le feu central ou l'étoile supérieure [...] :

Je ne veux rien savoir ni si les champs fleurissent,
Ni ce qu'il adviendra du simulacre humain,
Ni si ces vastes cieux éclaireront demain
Ceux qu'ils ensevelissent.

Je me dis seulement : À cette heure, en ce lieu,
Un jour, je fus aimé ; j'aimais, elle était belle ;
J'enfouis ce trésor dans mon âme immortelle
Et je l'emporte à Dieu !

À cette hauteur de métaphysique amoureuse, que font les torts passés d'une créature mortelle ? Nous sommes au milieu des statues du Mal et du Bien, de l'Être et du Néant, de la Fidélité et de la Détresse. Ce n'est pas le pardon, c'est l'oubli dans le Nirvana. Mais le pardon réel avait été donné en route. [...]

L'histoire des Amants ne renferme rien d'aussi mémorable que le pardon qui la termine. Un temps vient où toute rancune doit tomber, aucun être bien né ne pouvant se sentir l'éternel ennemi d'une vieille part de lui-même. George elle-même pardonna et se montra plus généreuse encore que son amant, car dès 1836 elle parut tout oublier de la plaie qu'elle avait ouverte. Elle confiait le 25 mai à sa chère amie, Mme d'Agoult, que sa « profonde tendresse de mère » pour Alfred de Musset n'était pas éteinte. « Il m'est impossible, ajoutait-elle, d'entendre dire du mal de lui sans colère. »

CONCLUSION

L'AMOUR ROMANTIQUE

Les plus hautes bienséances sont satisfaites. Avec une sincérité qui ne peut plus faire de doute, les amants se sont témoigné en paroles et en actes leur volonté de se garder la foi du souvenir. Ils ont usé et abusé de ces mots solennels par lesquels l'antique civilisation catholique marque le renouvellement et la renaissance de l'âme : confession, repentir, satisfaction, pardon, oubli. Mais la foi religieuse donne seule de la vertu à ces belles et nobles fictions d'ordre moral. La nature n'oublie pas ; elle ne peut pas faire que ce qui fut n'ait pas été et, mêlé au présent, n'affecte et n'oriente le cours de l'avenir. Elle agit donc en nous au-delà de nos sentiments, et l'on jugerait mal de son œuvre profonde par la rumeur confuse ou par le son distinct qu'en démêle notre pensée.

Là, dans les profondeurs de l'être de chacun, la police de la nature, qui s'exerce par la disgrâce, par les échecs, par la maladie, par la mort, développe les simples conséquences de nos délits. La suite des malheurs issus d'une faute première accompagne jusqu'au tombeau. Quelque parole qu'ils eussent dite et de quelque geste attendri que fût relevé leur adieu, les amants de Venise devaient se ressentir de la tare de leur amour.

Leurs premières résolutions ne tinrent même pas vis-à-vis l'un de l'autre. *L'Histoire d'un merle blanc*, qui n'est pas précisément tendre pour madame Sand, est de l'époque des serments de fidélité éternelle. Sur la fin de ses jours, Alfred regardait George comme sa plus dure ennemie. Deux ans après la mort d'Alfred, George publiait *Elle et Lui*, dont quelques pages sont impies. Mais ces signes publics de rancune et d'aversion furent peu de chose auprès du travail intérieur qui les consuma.

Pas à pas et sans rien marchander de la complaisance et de l'admiration que demande une œuvre bien faite, nous avons suivi le détail du « mal que peut faire une femme ». Pour être exact, il faut ajouter que le mal infligé à l'amant ne fut point sans répercussion sur la maîtresse ; quand elle flétrit à jamais ce cœur d'enfant, elle frappa aussi le sien. Sans doute, elle sauvait sa vie et son génie. Mais il est une gerbe de chères illusions qu'il lui fut probablement impossible de préserver.

Elle ne pouvait plus ni s'ignorer, ni se méconnaître, ni ignorer, ni méconnaître ce qu'est la vie. Comment croire à l'infaillibilité de son propre cœur après sa défaillance entre les bras de Pagello ? Et si elle estimait cette faute sans importance, il lui fallait donc avouer que par le jeu normal de mille forces étrangères l'aventure avait déterminé des maux sans proportion avec l'origine ; dans cette succession d'effets rigoureux, ni sa bonté, ni sa morale de la bonté n'avait été d'autre secours que de compliquer, d'aggraver et de précipiter toutes ces misères fatales. Prise entre son système et les actions dont l'avait pressée le feu de son sang, il lui avait fallu tour à tour se désavouer pour l'amour de ses idées ou quitter ses idées pour l'amour d'elle-même. Très douce, résolue à n'affliger qui que ce fût, elle avait dû être inhumaine ; très fière, s'amoindrir et s'humilier jusqu'à mentir souvent, longtemps et de sang-froid ; amie du calme, heureuse seulement par la possession de soi-même, errer et flotter sous l'orage et se sentir liée misérablement à ses maux. Son être entier lui échappait et sa doctrine ne constituait même plus une bonne mise en système de ses faiblesses. Elle ne se reniait point, et cependant devait vouloir, avec une extrême énergie, être et paraître tout autre qu'elle n'était.

Il lui était désormais interdit de croire que des sentiments bienveillants puissent suffire à mettre de l'ordre et du bonheur dans la vie d'une femme, mais elle devait maintenir ce qu'elle en avait prétendu, avec une espèce de rage où bientôt flamboya l'éloquence du désespoir. Sur la contexture du monde et sur le train des choses, sur les lois essentielles du cœur humain, elle n'eût pu se rétracter sans se trahir, ni se corriger sans souscrire à sa condamnation. Commencée avec foi entière, son œuvre fut continuée avec une foi au moins chancelante que soutint seul un fanatisme surexcité. On ne sera pas étonné qu'un tel esprit de femme, dans les fermentations de notre âge décomposé, ait paru à Auguste Comte le mauvais génie de son sexe : inquiet des ravages que cette anarchie romantique imposait au cœur féminin, il ne rêvait que de former une troupe de saintes femmes qui en neutralisât la pernicieuse influence. La mort de madame de Vaux[1], qui devait en être la première supérieure, ne permit point au nouvel Institut de venir au monde, et George, corrompue, eut la liberté de corrompre une infinité d'autres cœurs.

Quant à Musset, les rêveries du *Souvenir* sont belles, mais elles furent trouvées fausses à l'expérience ; celles de la *Nuit d'octobre* ne tinrent

1. Clotilde de Vaux fut la muse d'Auguste Comte : voir *Auguste Comte*, p. 643 de la présente édition.

qu'une faible part de leurs promesses. Le malheur ne fertilisa le poète que pour peu de temps, et la tragédie de Venise ressemble à ces révolutions qui paraissent transfigurer un peuple, mais pour lui infliger un épuisement séculaire. Il produisit beaucoup dans les trois ou quatre ans qui ont suivi la crise, et il se tut ensuite comme un homme frappé dans les sources de l'intelligence et du sentiment. Son travail perdit toute joie. Il cessa d'attendre la muse comme une maîtresse, dans une chambre illuminée. S'il lui fallait écrire en prose, il se comparait au galérien traînant son boulet. Quelques années plus tard, dans un écrit que nous avons, il se reconnaissait amoindri, usé, desséché, et se nommait, non sans emphase, mais non sans vérité, le « poète déchu ». Certains mots de ces confidences semblent dire que sa mémoire et sa faculté du langage devinrent revêches et lentes. L'épreuve l'avait annulé.

Enfin, le rude Dante eut raison contre les protestations optimistes du moderne contradicteur : les souvenirs heureux firent bien « la pire misère » des jours de malheur de Musset. Ils fournirent le thème d'un cauchemar qui l'accompagna jusque dans la veille. C'est qu'aucun de ces souvenirs, si beaux qu'ils fussent, n'était pur. Une passion normale, une amour franche, pleine, qu'il eût perdue ou par sa faute ou par celle de sa maîtresse, aurait pu lui laisser le souvenir qu'il souhaitait, quelquefois douloureux, à cause des regrets, mais ces regrets suivis d'un sourire de complaisance. Comme il rêvait de pouvoir le dire, il se fût dit et redit les syllabes sacrées : « J'étais aimé, j'aimais, elle était belle… »

Mais, en fait, chaque évocation précise le laissait songeur, perplexe et dévoré de doute, comme au temps de la possession. Car de quoi était-il certain ? À quelle heure de quel jour et en quel lieu était-il assuré d'avoir été aimé de George ? Plus profondément, quand pouvait-il se dire lui-même sans hésitation : J'ai aimé ? D'autres liaisons de Musset eurent par la suite à souffrir de ces retours inévitables. Un trait farouche s'inscrivit sur son visage, et sur son cœur les plis amers que rien ne défit. Les consolations triviales le tentèrent infiniment plus qu'autrefois ; il y céda, pour se diminuer encore. De décadence en décadence, il connut par le trouble de la pensée et la décomposition de la volonté une sorte de mort vivante. Le poison de Venise, comme disait Paul de Musset, lui remonta aux lèvres jusqu'à la fin.

Mais, à voir les choses de haut, le poison n'était, après tout, qu'un extrait concentré d'expérience humaine qu'il était condamné à goûter tôt ou tard. Madame Sand fit boire en un coup, à Musset, ce qu'une foule d'autres lui eussent distillé à des doses moins énergiques, mais à peine un peu moins cruelles. Il était destiné à son mal par une illusion qui ne lui venait pas de George, et, en bonne justice, les embûches de celle-ci pourraient être comprises comme une revanche fatale des perversions qu'elle avait apprises de lui.

Il professait le goût passionné des passions, l'amour forcené de l'amour et de ses tempêtes. Le docile esprit de la femme lui composa le ciel, les flots et l'atmosphère qu'il appelait de ses souhaits. Tous les sucs vénéneux qu'elle lui broya dans la coupe, le poète les a toujours implorés par leur nom. Elle le fit désespérer de la vérité de l'amour et de l'amour lui-même, mais ce n'était pas elle qui lui avait nommé l'amour comme le seul dieu de la vie. Elle servit à faire éclater une erreur ; mais cette erreur fondamentale, il se l'était forgée tout seul.

L'amour n'est pas un dieu, enseignait la sagesse antique ; l'amour n'est qu'un démon, tout ensemble bon et mauvais[1]. La sagesse moderne nous apprend que l'amour n'est pas une règle de vie, mais un de ces principes qui composent la vie, qu'il faut traiter comme la vie, diriger et accorder au reste du monde. Il agite l'univers et le perpétue, mais, mouvant « le soleil et les autres étoiles[2] », il n'est point en état de les détruire et de les rétablir à lui seul, même dans la retraite de deux cœurs enivrés.

L'homme y reste le vieil animal politique occupé de la société et ne cessant jamais de s'occuper de lui. Qu'un amour se prétende affranchi de l'ordre de la nature et des conventions du monde ; qu'il se glorifie d'étonner le vulgaire en le choquant ou de le déconcerter en le dépassant : cela signifie simplement qu'il a négligé un certain genre de considérations, mais il n'a pas aboli la réalité qu'elles représentent ; plus que tout autre amour, celui-ci sera traversé à l'improviste de sentiments et d'intérêts indignes de lui ou de soins presque indélicats. En négligeant les plans sur lesquels se meut tout amour, en le traitant comme une pure et mystique communion des intelligences sans rapport avec les milieux matériels et les milieux humains, les romantiques se sont trompés gravement sur les conditions de l'amour.

Ils ont même ignoré jusqu'à sa nature, si préoccupés qu'ils parussent de la voir et de la fixer.

L'amour naturel cherche le bonheur. Il est donc inquiétude, impatience, désir. Il est une poursuite de tout autre que lui et se rue d'abord hors de lui. Quelles que soient ses passions ou ses énergies, c'est à leur propre fin, c'est à un calme heureux, à un traité de paix et d'accord interne qu'aspirent toutes ces guerres intérieures. Elles seraient moins vives sans la volonté d'y échapper et de les finir. L'homme amoureux n'avive la cuisson de sa plaie qu'en tentant d'arracher une pointe qui le déchire.

Pour bien aimer, il ne faut pas aimer l'amour. Il ne faut pas le rechercher, il est même important de sentir pour lui quelque haine. S'il veut

1. Maurras reprend ici la théorie développée par Platon dans *Le Banquet*. Voir « L'amitié de Platon », p. 185 de la présente édition.
2. Fragment du dernier vers de *La Divine Comédie*, de Dante.

garder toute la douceur de son charme et la force de ses vertus, l'amour doit s'imposer comme un ennemi qu'on redoute, non comme un flatteur qu'on appelle. La *Phèdre malgré soi*[1]... du théâtre classique reste le modèle du véritable mal sacré : non souhaité, subi. Le « J'aimais à aimer » des *Confessions* de saint Augustin témoigne de l'ivresse d'un jeune barbare, excitée par une civilisation qui déclinait à la manière de la nôtre[2]. Mais née dans un siècle meilleur l'âme d'Alfred de Musset se fût sentie trop fine, trop polie et trop vigoureuse pour élever un vœu semblable. Elle n'eût jamais nommé force une faiblesse. Elle eût connu les joies supérieures de l'âme noble qui se règle et qui s'appartient. Sa sagesse, sa culture, son ironie, autant de défenses précieuses élevées du fond d'elle-même et fortifiées autour d'elle contre cette naissance de l'orage à demi divin auquel l'esprit naturel de conservation voudra toujours s'opposer dans les êtres sains. Tous les êtres d'élite seront jaloux de ce genre de liberté. C'est par un tremblement de l'Esprit de la vie que, dans la *Vie nouvelle*[3], s'annonce la présence de la messagère d'amour.

Sans doute, quand l'objet est fort, quand il est digne et quand la passion est puissante, est-il bon que ce soit le trouble, en fin de compte, qui l'emporte ; plus l'obstacle aura été élevé, énergique la résistance, plus ce trouble victorieux aura gagné d'éclat ou de durée et pourra donner de délices. Telle est la grâce de la sagesse, tel est le prix de la raison, que leur frein serré constitue la condition dernière de tout plaisir un peu intense et pénétrant. Elles seules composent une volonté ferme, un corps pudique et un cœur vrai. Hélas ! à force de se relâcher, les romantiques ont créé leur vil Olympe de héros dissolus, d'où semblent retombées des générations toutes faites d'argile. À force de poursuivre l'occasion de l'amour, d'en entretenir le désir et d'en cultiver les mélancolies et le désespoir, ils ont plutôt voilé qu'enflammé et plutôt abaissé que sublimé l'image de l'antique démon. Leur langage déclamatoire, leurs attitudes théâtrales pouvaient les abuser eux-mêmes et leur laisser une idée de sincérité, mais, précisément, l'appareil nous offusque, et nous ne pouvons nous défendre de douter d'eux.

La postérité éloignée sera plus sévère que nous. Voilà, se dira-t-elle, des hommes et des femmes qui sont bien enragés d'aimer ! Mais qu'est-ce qu'un amour qui ne fait que se rechercher et se reposer en lui-même au lieu de se fuir ? Est-ce l'amour ? Ont-ils aimé ?

1. Allusion au vers « Phèdre, malgré soi, perfide, incestueuse » de Boileau (*Épître VII*), évoquant la *Phèdre* de Racine, éprise de son beau-fils sans l'avoir voulu.

2. L'amour des amours terrestres dont s'accuse saint Augustin est à ses yeux un obstacle à l'amour de Dieu. Sa perspective n'est donc pas celle de Maurras, mais Maurras en retrouve les prémisses.

3. La *Vita nuova* de Dante est un texte en vers et prose chantant son amour mystique pour Béatrice.

INTRODUCTION À L'ÉDITION DE 1932

À Lucien Moreau[1]

Mon cher ami, vous souvient-il de cette esquisse inachevée ? Elle a paru à la fin de 1896 dans notre vieille *Revue encyclopédique Larousse*. Vous y étiez secrétaire de la rédaction. Votre oncle, mon ami vénéré, M. Georges Moreau, la dirigeait. Votre cher et regretté père l'administrait[2]. En réimprimant ces feuillets d'après le manuscrit retrouvé, un peu plus étendu que le premier texte public, et que, d'ailleurs, je charge de nombreuses retouches de détail, il faut bien déclarer que l'œuvrette ressemble à bon nombre de mes autres œuvres, car elle vous doit d'exister.

C'était le temps, le beau temps de nos premières disputes, non politiques, mais littéraires. Vous n'étiez pas encore allé à Poestum où vous deviez être touché de la grâce dorique. Je revenais d'Athènes, et la *Revue* retentissait de mes blasphèmes contre une multitude d'écrivains à la mode. Leurs dévots répondaient, clabaudaient, menaçaient. Devant l'insipide tapage vous me dîtes que ces fureurs pourraient se calmer et, en tous cas, le public impartial en juger, à la condition que je fisse un exposé général de *principes* rendant raison de mes carnages. Je vous avais promis sur-le-champ de tenter quelques chose dans cette direction. Le plaisir d'y songer m'empêcha d'en écrire. Les semaines coururent d'été en automne. Quand l'hiver arriva, je n'avais pas noué mon fruit. Vous m'en demandiez des nouvelles. *J'y pense*, répondais-je, et rien n'était plus vrai, car je ne faisais que cela. D'autres fois je vous avouais que cela avançait, mais sans avoir écrit un mot ; ces *principes* voluptueusement caressés semblaient se méfier de la plume et de l'encre, et vouloir mûrir en esprit.

1. Un des vieux compagnons de Maurras à l'Action française.
2. Les Moreau étaient héritiers de Pierre-Augustin Boyer, collaborateur et successeur de Pierre Larousse.

Or, un soir, cette sommation me parvint : il vous fallait la pièce au lendemain midi. Ma montre marquait ce que l'on appellerait aujourd'hui la vingt-et-unième heure… Je m'enfermai rue du Dragon[1], dans la petite pièce chauffée d'un poêle à feu continu et écrivis sans débrider. Minuit sonna, l'aube blanchit, j'écrivais toujours. Je ne quittai cette table des Muses qu'une quarantaine de minutes avant midi, cent pages abattues, qui représentaient tout au moins le prologue du grand œuvre amicalement réclamé. Je n'avais pas encore ainsi travaillé : quatorze heures de suite !

Noir de noble poussière, il fallut m'étriller à grande eau pour pouvoir sortir. M'étant jeté dans un vieux fiacre qui remontait la rue de Rennes, j'accablai le cocher de prières, de promesses, d'injures, pour le déterminer au plus improbable galop. Il arriva comme vous fermiez malignement vos portes et vous prépariez à descendre perfidement votre degré ; il n'était que midi moins cinq ! De bonne foi, vous respirâtes. J'étais sauvé. L'honneur aussi. Nous bouclerions l'année avec *Les Principes*, et vous iriez les vérifier à Poestum.

Mon cher ami, aviez-vous vingt ans ? Je n'en avais pas trente. La soixantaine bien sonnée, qui m'avertit, me donne le droit de vous dire que nous aurons décrit ensemble un des plus beaux cycles de l'intimité de l'esprit. Par quels temps difficiles ! Sous quels maux publics et privés ! La longue adversité vaincue imprime à deux noms accolés sur la même feuille un petit accent de trophée. Sans fausse modestie ni gloriole vaine, on peut être sensible au plaisir du regard promené sur un hier lointain, où tout a poli et passé, non la confiance, non l'amitié.

Relirez-vous ceci ? Mon indiscrétion ne vous épargnera pas cette peine. Alors, je vous prie, allez jusqu'aux notes et voyez que la juste fureur de rétablir la vérité, pour parer aux nigauderies comme aux impostures, n'a rien cédé encore aux frimas du vieil âge. Soyons des amis et des ennemis très sûrs, pourvu que l'amitié, comme l'inimitié, soit en règle avec le bon sens ; tout cela se tient trop pour être démembré et, comme dit Térence, « *aut haec cum illis sunt habenda, aut illa cum his amittenda sunt*[2] ».

Conservons-nous entiers, pour la cause qu'il faut servir, jusqu'à nos derniers souffles !

1931

*
* *

1. Rue du VIe arrondissement de Paris où Maurras habitait alors avec sa mère et son jeune frère.

2. « Il faut accepter les inconvénients avec les avantages, ou renoncer aux seconds pour éviter les premiers », dans l'*Heautontimoroumenos*.

Entre les reproches que peut recevoir un critique, il en est qui tombent d'eux-mêmes ou qui se défont l'un par l'autre. Un écrivain m'a refusé, un jour, tout droit de juger les poètes sous le prétexte que ma prose manquait de poésie ; j'aurais pu lui montrer le même défaut dans ses vers. Un autre veut absolument qu'un critique sans complaisance soit un sophiste plein de ruse, mais exempt de conviction, un rhéteur fatigué, mais souple, comme il en naît quand le raffinement extrême d'une race l'a conduite à la décadence ; là-dessus le pauvre critique se sentirait inquiet s'il ne se présentait un troisième censeur pour le classer, tout au contraire, dans le groupe inculte et sauvage des primitifs.

Il ne faut rien répondre. Le dépit, la rancune des auteurs contestés, l'inquiétude et l'indignation naïve de leur entourage sont des fureurs bien naturelles. La plus claire des discussions n'y saurait rien changer. Le critique sera bien sage de se taire. Il prendra garde seulement de ne pas trop se réjouir de tant d'injures maladroites. Même, il fera bien de chercher si quelqu'une de ces sottises n'enferme une idée vraie et un reproche juste, afin de faire son profit de ce qui devait le blesser.

Les objections auxquelles il faut répliquer en détail intéressent plutôt un genre littéraire que la personne d'un auteur, un mode de style plutôt qu'un ouvrage particulier. Il est vrai qu'elles sont innombrables. Mais on peut s'en tenir aux chefs principaux. Un procédé meilleur encore est d'exposer en détail sa propre doctrine, de telle sorte que le lecteur puisse voir les fondements, justes ou non, mais nets et simples, des opinions manifestées au jour le jour. Peut-être que ces Entretiens sur les Lettres gagneront de l'aisance et de la clarté si je rapporte ici mon idée de la critique, de son principe, de sa règle, de sa destination.

Sans y mettre plus de système ou de méthode que n'en comporte la matière, je procéderai avec ordre. Mais le soin que je prends deviendrait inutile, si je ne commençais par détruire un grand préjugé.

I. Dignité de la critique

La critique est rangée entre les arts mineurs. Je n'oublierai jamais sur ce sujet un mot de Catulle Mendès. Il venait de complimenter un jeune écrivain de je ne sais quel petit essai de critique.

— Maintenant, cher ami, apportez-moi, dit-il, quelque chose de personnel.

M. Mendès est un lettré fort érudit, en même temps qu'un adroit conteur et un versificateur qui passe pour habile. Mais c'est aussi le contraire d'un esprit libre. Il représente en perfection les idées de son temps[1]. Aussi son témoignage doit-il être gardé comme un indice de l'état de l'esprit public.

1. Catulle Mendès, chantre du Parnasse et grand admirateur de Wagner, était emblématique du « décadentisme » fin-de-siècle qu'abhorrait Maurras.

Prenons, afin d'éviter de longs détours, ce mot de « personnalité » pour synonyme de talent et de génie, et voyons ce que voulait dire M. Mendès, bien d'accord en ceci avec la commune opinion.

L'esprit critique est une chose, le talent du poète ou du conteur en est une autre, tout opposée. Le critique ne produit pas, puisqu'il « critique » et l'on ajoute même, par conversion des termes, que le poète et le romancier, qui produisent, ne critiquent pas... Nous pouvons rapporter sans sourire ces sentiments. Ils ne nous paraissent étranges qu'à la réflexion. Mais ils paraissent bien étranges quand on songe à qui les professe ou les professait : Flaubert, Goncourt, Zola, Coppée, Silvestre, enfin les réalistes et les parnassiens. Ces messieurs estiment que c'est produire que de « tourner » et de « menuiser » un sonnet sur l'aspect d'un jardin, la couleur d'une rue ou la courbe d'une colline, c'est produire que de décrire des arbres, des maisons, des épées, des fleurs, des amphores ; c'est produire que de restituer une à une les formes et les couleurs qui composent le monde. Ils le pensent. Ils appellent ce travail une création. Mais d'extraire le sens d'un livre, de peindre la figure des idées d'un auteur, d'en expliquer la suite et la génération, cela, à les entendre, est le fait d'une activité inférieure et ne ressemble en rien à leur noble métier.

Pourtant les deux œuvres sont exactement les mêmes. Il n'y a de différence réelle que dans le sujet. Ce que les romanciers et les poètes descriptifs accomplissent avec des matériaux empruntés au vaste monde, il est des critiques descriptifs qui le réalisent absolument de même, avec des éléments empruntés à ce petit monde construit de main d'homme que l'on trouve sur les rayons des bibliothèques.

Et s'il y a, certes, un autre art que le descriptif, plus haut, plus noble et plus puissant, il y a une autre critique que la descriptive. De même que la description d'un livre peut valoir la description d'une prairie ou d'un palais, pour l'effort mental dont elle est le signe, comme pour l'effet esthétique produit ; ainsi l'invention d'un caractère, l'histoire d'une vie, l'imagination d'un type ou d'un ordre de beauté peut attester la même force et donner la même émotion, que tout cela soit fait d'après les livres ou d'après nature. Le poète sent, choisit, assemble, ordonne d'après un rythme qu'il invente ; enfin il fixe et il exprime ce qu'il a senti et créé. On retrouve chacun de ces mouvements en critique ; il y faut ainsi, et au même degré, sentir, choisir, grouper, ordonner, créer, composer, finalement écrire. – Le critique, dit-on, ne tire pas tout de lui-même. Mais, me montrera-t-on que le poète ait fabriqué de son propre fonds les fleurs, les fruits, les eaux, les étoiles et toutes les images dont il a rempli ses poèmes ? Comme au critique, sa matière lui est donnée.

Il semble pourtant que la matière du critique soit peut-être d'un grain plus fin. Le poète travaille sur l'ensemble des ouvrages de la nature qui se sentent, se voient, se rêvent. Le critique s'attache en particulier aux œuvres humaines. Le poète fait, si l'on veut, l'abrégé de la substance de l'univers. Il traduit, il nous rend sensibles les beautés possibles ou réelles du monde. Mais le critique extrait l'essence de cette essence de beauté.

Je ne sais pas d'esprit un peu délicat et puissant qui de nos jours n'ait essayé cet instrument de la critique. Et nos œuvres critiques seront peut-être celles que retiendra le plus justement la postérité. Un Sainte-Beuve et un Renan auront de vives chances de faire oublier quelque jour les Flaubert, les Leconte[1], peut-être même les Hugo. Mais les critiques osent à peine convenir de la juste idée qu'ils se font de leur dignité. Ils croient devoir réserver leur vrai sentiment, comme s'il s'agissait d'une vérité trop nouvelle.

C'est une vieille vérité. Les Anciens ne l'ignoraient pas. Il y eut dans l'ancienne Athènes des espèces de critiques (on les appelait des rhapsodes) qui, tout en remplissant peut-être fort bien cet office, hésitaient, à la façon des nôtres, sur l'importance de leur charge littéraire ; mais ils se forgeaient, en revanche, la chimère d'une critique en quelque sorte scientifique. Ion fut de ce nombre. Dans le dialogue qui porte le nom de ce rhéteur[2], on voit Socrate lui montrer en riant la vérité sur le rhapsode et la rhapsodie. « Il me paraît, répond Ion à une adroite question de son maître, que les poètes, par une faveur divine, sont auprès de nous les interprètes des dieux. – Et vous autres rhapsodes, lui demande Socrate, n'êtes-vous pas les interprètes des poètes ? – Cela est vrai. – Vous êtes donc, répond Socrate, les interprètes d'interprètes. » Il ajoute que cette seconde interprétation n'a pas lieu, plus que la première, sans une aide divine. Le rhapsode est un homme inspiré comme le poète ; Ion lui-même, qui récite et explique Homère comme personne, Ion, qui défie « Métrodore de Lampsaque, Stésimbrote de Thasos et Glaucon de dire d'aussi belles choses que lui sur Homère », Ion est possédé d'Homère, comme Homère était possédé du ciel, de la terre et de tout ce que voit le soleil. C'est un « homme divin ». Il ne manquerait pas de surpasser Homère, comme l'œuvre d'Homère, étant humaine, passe la nature et la vie, si les dieux avaient donné au rhapsode Ion un génie égal à la fonction sublime qu'il avait reçue d'eux. Ion a manqué de génie. C'est là-dessus que porte tout le solide de l'ironie de Platon. Mais, depuis, sont nés Sainte-Beuve, et Renan, et France. Notre corps d'état grandit avec eux.

II. Espèces de critiques

Les récents empiétements de la critique contemporaine doivent être comptés entre les causes du mépris où retombe aujourd'hui cet art. On fait, sous couleur de critique, à propos d'écrivains vivants ou morts, des études et des rêveries de psychologie, où rien n'est négligé que le soin de nous dire la valeur des livres cités, comptés, analysés. On fait de la

1. Leconte de Lisle.
2. Dialogue de Platon.

critique descriptive, on s'efforce de nous peindre la forme, la couleur, le mouvement d'un style ; mais l'auteur se dérobe au moment décisif. Quand il faut juger et conclure, la synthèse est perdue de vue.

On fait de la critique historique, où les deux genres qui précèdent sont combinés. L'intérieur, l'extérieur, les alentours des œuvres se trouvent explorés avec une patience extrême, une verve digne d'éloge ; l'auteur, son monde et son pays revivent ; mais, s'il y a, là-dedans, quelque bel endroit, de quel genre en est la beauté, et qu'est-ce que les hommes s'accordent à sentir devant elle, on s'applique à le négliger entièrement, ou l'on se contente de le dire à la dérobée, avec une espèce de honte. Ç'a été le défaut de l'école de Taine, et Sainte-Beuve avait donné dans ce travers en définissant sa propre méthode. Mais dans la pratique de l'art, il y échappait par sa grâce, parce qu'il avait l'esprit bon et le sens aigu. Partout où le promenaient ses curiosités, qu'il aimait à dire savantes, le mot tombait naturellement de sa plume pour exprimer, avec une force très claire, de véritables jugements. Il n'en convenait pas toujours. Il préférait se faire appeler botaniste[1]. Il était bien ce qu'il était.

La valeur de la critique philologique et grammaticale, celle qui dépouille attentivement les textes, en compte les syllabes, sait sentir et fixer la valeur des moindres traits du langage, est certainement très considérable. Je ne sais pourquoi, cependant qu'on exagère l'importance des autres modes, on rit parfois de celui-là. Il est rude, difficile, un peu sec au lecteur. Mais il rend des services. Autant que la descriptive, plus peut-être que la psychologique et que l'historique, cette critique nous rend compte de l'état des pièces à voir, et elle permet au sentiment de s'étendre et de se borner avec exactitude à ses véritables objets.

Est-ce de la critique ?

On a soutenu, il est vrai, qu'en la mêlant avec les autres, on peut obtenir une critique « scientifique ». C'est une expérience dont on ne m'abusera plus. Qu'il y ait matière à saisir dans les livres, des reflets, des échos précis du monde où les auteurs naquirent, Taine en est le garant. Que, de plus, les livres puissent également représenter les goûts, les sentiments et les préférences de leurs auteurs, c'est encore possible, et je ne contredirai pas Émile Hennequin ; il a fait une observation nouvelle et curieuse, qui eût gagné à de plus libres développements[2]. Les vues de Taine et d'Hennequin peuvent même être organisées en corps de science, mais à la condition de sortir de la critique et de faire retour à l'histoire, à la politique, à l'économie. Ces sciences, si toutefois ce mot convient, donneront à notre art un concours précieux ; elles en resteront distinctes.

1. Sainte-Beuve, qui avait fait des études de médecine avant de se tourner vers les lettres, ambitionnait de rapprocher les sciences naturelles et la critique d'art.

2. Hennequin était l'auteur de *La Critique scientifique* (1888).

Un genre de critique supra-scientifique est celui des esthéticiens, soit qu'ils vérifient, à coup sûr, dans les ouvrages de l'esprit, les conséquences et les retentissements des idées qu'ils ont découvertes à la source de l'Être ; soit que, déguisés en naturalistes, ils instituent des classements et croient étudier des métamorphoses qui n'existent que dans les figures de leur langage. La méthode de M. Ferdinand Brunetière[1] n'est pas moins dérisoire que celle de M. Lévêque[2]. Il convient pourtant de le dire, ni l'un ni l'autre ne se trompe sur la fonction de la critique. Ils savent qu'elle consiste très précisément à choisir. Mais, d'une part, M. Lévêque estime qu'il y a en nous un type précis, immobile et tombé du ciel qui représente la beauté et auquel nous comparons les ouvrages avant de dire s'ils sont beaux ou laids. Il ne semble point voir que le jugement esthétique est chose bien plus délicate, encore que plus simple : un cas de sensibilité. D'autre part, M. Brunetière, qui n'est guère platonicien, s'occupe beaucoup moins du sentiment qu'il manifeste, assez souvent sans rien sentir, que d'instituer des vues générales auxquelles il attribue une rigueur extrême. On l'en a justement repris. Il manque à ses systèmes inflexibles d'être fondés sur une expérience littéraire qui soit vraiment propre à l'auteur ; il leur manque, de plus, ces expressions de réserve courtoise, de doute, d'incertitude et de modestie qui ne sont pas de simples précautions du discours puisqu'elles témoignent que l'on traite d'une manière d'histoire humaine la plus fine, la plus instable, la plus vivante, la plus spirituelle aussi. Tous les mots sont trop forts pour saisir cette complexité, plus divine encore qu'humaine ; car les mots ont été forgés pour le plus grossier commerce de la vie. Pour qu'une critique s'élève au-dessus de l'expression directe du plaisir et de la peine que les livres nous font, pour qu'elle pose des lois et qu'elle en discute sans trop d'incertitude ni d'impropriété, il faut que son langage soit porté à la perfection. Ce n'est pas le langage de M. Brunetière.

J'ai gardé pour la fin une espèce de critique qu'il convient d'appeler morale, mais qui est aussi religieuse. Elle a fourni de beaux chapitres à des hommes de goût, un Saint-Marc Girardin[3], un Chateaubriand[4]. Il convient de la célébrer avant que de la définir. Cette critique consiste, en effet, dans son principe, à juger de la beauté d'une œuvre d'après ses relations avec une certaine idée morale ou religieuse de la vie. Là, encore une fois, la critique sort d'elle-même. Il y a de beaux livres entièrement mauvais et pernicieux. Il y a des livres excellents qui ne sont pas beaux. Quoi qu'on puisse penser de la rencontre, à l'infini, du beau et du bien, on ne peut pas dire qu'ils ne soient

1. Brunetière, professeur à la Sorbonne et académicien, était l'historien de la littérature le plus renommé de son temps.

2. Philosophe, Lévêque consacra une partie de sa réflexion à l'art.

3. Critique et académicien.

4. Voir le chapitre que Maurras lui consacre dans les *Trois idées politiques*, p. 681 de la présente édition.

pas distincts, puisqu'on les trouve tels au courant de toute l'histoire littéraire. Il n'y a même pas entre eux de rapport fixe. La santé morale contribue, je pense, à former le sens de la beauté. Mais, non seulement son contraire, la maladie, peut produire le même effet, la santé elle-même peut épaissir et amortir l'impression esthétique. Si l'immoralité, comme tout ce qui affaiblit l'âme, risque de détruire le sens du beau, elle n'est pas non plus incapable de l'affiner. Il est donc fort insuffisant pour un critique de vanter la dignité de la vie des poètes qu'il recommande ; seraient-ils de vrais saints, c'est de leur œuvre seule, en tant que belle ou laide, que la critique se soucie, et, strictement, leur caractère moral ne mérite, à bien parler, qu'un prix de vertu.

Il faudrait aussi chasser de la critique la notion du mérite et du démérite. Je n'admire pas de beaux vers pour l'effort qu'ils ont pu coûter à leur auteur.

Je n'épargne point les mauvais pour la peine ou le temps qu'on a pris à les faire. Il ne faut pas préférer Corneille à Racine parce que le premier a ouvert la voie au second et lui a rendu la perfection accessible. Si Racine a marché dans cette voie ouverte, s'il a fait ce qu'ont négligé vingt-cinq millions de Français, ses contemporains, s'il a atteint le but approché par ses devanciers, n'en doutons pas, c'est Racine qui est admirable ; en ce cas, Corneille sera justement appelé plus puissant ouvrier que Racine, on le comparera justement à Hercule, à Thésée, à tous les héros, et j'y applaudirai à condition qu'on n'ôte pas à l'autre le juste laurier d'Apollon.

De telles distinctions fâcheront les esprits confus. Je m'y complais, et non pas, comme ils me le reprocheront, pour séparer, pour isoler ce qui est uni et lié, mais pour empêcher qu'on lie mal à propos, ou qu'on nomme lié ce qui est tenu fort distinct.

De même, en matière religieuse, on fera bien de ne point mêler trop de dogmatique à la critique. Le christianisme a créé des sentiments nouveaux, ou il a développé d'anciens sentiments ; mais il n'a pas créé un sens nouveau non plus qu'une idée nouvelle de la beauté. Rien de tel n'apparaît dans aucun dogme précis des Églises catholique ou protestante. Racine a écrit *Athalie*, *Phèdre*, les *Cantiques spirituels*, selon des principes de goût qu'il avait en commun avec Sophocle et Horace. Ce grand exemple fera voir que ni les cultes ni les mœurs n'entraînent la critique dans leurs variations. Il faut bien qu'elle consiste en quelque autre chose.

III. La critique proprement dite

La critique littéraire proprement dite consiste à discerner et à faire voir le bon et le mauvais dans les ouvrages de l'esprit, discernement qui suppose deux opérations tantôt consécutives, tantôt simultanées : le sentiment et l'élection.

Il n'est pas de bonne critique qui n'excelle ensemble à sentir et à choisir.

La sensibilité fournit à la critique ce que l'École médiévale aurait volontiers appelé une matière. Il faut qu'elle soit abondante. Des impressions fines, riches, fortes, rapides, forment déjà comme l'aliment et le moteur, brut encore, de la verve critique. Du meilleur au pire s'étend une gamme presque infinie ; il faut que le critique en distingue le mieux possible les nuances. Il faut qu'il sache, en même temps, garder aussi le sens précis des différences générales. Car une sensibilité trop attentive à ces infimes dégradations par lesquelles se font beaucoup de changements perd la vue des couleurs distinctes. Son œil lent se traîne, indécis, et c'est une malade qui se rend incapable de rien mesurer. Les comparaisons qu'elle fait ont un air puéril ; elle manque de proportion dans le jugement, faute d'en assigner les termes.

Pour qui se figure ainsi toute chose comme contiguë aux autres, et pour ainsi dire, compénétrée ou compénétrante de toute part, et débordée ou débordante, que choisir ? Or, sans le choix point de critique. Dans le choix réside l'essence, non seulement de tous les arts, mais de la vie elle-même. Les savants et les philosophes peuvent discuter à leur gré de la constitution des êtres et de la commune trame de la nature. Ils peuvent effacer, comme avec l'estompe légère, les limites du doux et de l'amer, de l'agréable et du douloureux. Leurs vues pourront être conformes à la réalité ; mais aucun des arts ne s'occupe de ce qui est. Les arts se meuvent, comme cette vie qu'ils expriment, dans le cercle des apparences. Il apparaît qu'il faut choisir si l'on veut vivre et si l'on veut créer de la vie.

Personne n'aime les contraires. Je dis aimer, et je voudrais faire entendre ce mot dans toute sa force. Les personnes qui demandent aux Lettres leur passe-temps ou leur utile gagne-pain concilieront toutes choses facilement ; je parle de celui pour qui les Belles Lettres sont une passion. Celui-là entend bien que, s'il aime Racine pour les raisons précises et essentielles qui font que Racine est Racine, il ne saurait en même temps aimer Hugo pour les raisons qui le font différer des autres et qui le font aimer d'être lui. Il faut choisir entre les deux, il faut chercher à l'un et à l'autre la commune mesure qui permette de les classer.

Le syncrétisme est le contraire des méthodes critiques, et, par conséquent, poétiques. Appeler tout le monde bon poète ou bon écrivain peut être l'effet d'une indifférence naturelle ou d'une indulgence pleine de charme. Hugo tolérait et louangeait tous les mauvais poètes qui lui faisaient écho, car ils portaient pierre à sa gloire[1], mais il supportait mal une citation de Racine. Et rien de plus juste après tout ! Victor Hugo avait grand tort d'être ce qu'il était, mais, étant tel, il faisait bien de détester l'auteur de *Phèdre* et de ne point le déguiser. La complaisance de la nouvelle critique sue au contraire le mensonge et l'inconséquence, l'insincérité et l'irréflexion. On l'a décorée, comme il convenait, d'un mot impropre, et

1. Maurras songe ici au proverbe « Le diable porte pierre au monument de Dieu », dont Mistral a fait l'argument de son poème *Nerto* (1884).

nommée *Éclectisme*, sans réfléchir que l'Éclectisme enferme au contraire une idée fort claire de choix intelligent et d'exacte sévérité.

Donc, et à peu près comme la cellule choisit, entre les sucs, celui qui lui doit convenir et rejette les autres, comme aussi le poète, entre les mots et les idées, se saisit des uns pour les faire servir à ses ouvrages, en laissant de côté l'inutile pernicieux, le critique élit, entre les impressions d'art qu'il a recueillies dans les livres, celles qui lui ont plu, repousse et exclut tout le reste.

Ainsi du moins procède le critique excellent. Celui-là ne suit d'autre maître que son plaisir. Ce qui lui plaît est adopté sans hésitation ; il s'abandonne au naturel avec une confiance naïve. Il ne soupçonne même pas qu'il puisse se tromper, car il sait et pense qu'il a bon goût.

Tel est le vrai critique. Nous voilà sur un grand mystère.

IV. Du goût

On a beaucoup ri chez les Français du XIXe siècle, de cette idée qu'il y ait de bons ou de mauvais goûts[1]. Cependant, plus j'y songe, plus il me semble que cette notion ait de force et de vérité. Au goût se marque la personne. Lorsque les apparences physiques d'un homme et son goût manifeste se trouvent discordants, croyez plutôt que les premières sont menteuses, c'est son goût qui le peint. Le goût exprime et trahit l'homme. Si la remarque est juste, je m'en servirai pour définir, indirectement mais précisément, le bon goût : c'est le goût de l'homme parfait.

Il y a un homme parfait. Je veux dire qu'il n'est pas difficile de concevoir un homme qui remplisse exactement l'idée de notre condition commune et qui puisse nous servir de modèle à tous. On me pardonnera de ne point décerner à cet être fictif, et cependant plus vrai que tout, le sobriquet de Beau Idéal ; on se sert de ce mot toutes les fois que l'on veut parler allemand[2] ou sortir du sujet à la faveur d'une terminologie imprécise. Les personnes qui raisonnent de l'idéal n'entendent plus par là l'ensemble des qualités qui fondent et achèvent un être, mais, comme elles disent dans leur jargon, quelque chose de plus, quelque chose au-delà. L'homme parfait remplit la définition de l'homme ; l'homme idéal, tel qu'on l'entend autour de nous, la crève toujours par endroit. Je me hâte de dire que toujours la saillie est compensée par un beau creux, et les extravagances par d'affreuses lacunes.

L'homme parfait ne s'entend pas d'une figure médiocre dans laquelle s'équilibrent les défauts et les qualités de l'être humain. Je songe à la limite de la puissance humaine. Les monstrueux, les excessifs, les boursouflés

1. Maurras incrimine ici le subjectivisme esthétique, en lequel il voit le corollaire de la démocratie.

2. Critique de l'idéalisme allemand.

ne passent point cette limite, quoiqu'on ait l'habitude de le dire communément. Ils restent fort loin en deçà, comme les médiocres. L'homme ne conçoit rien au-delà de cette limite sur laquelle vivent ses dieux.

Or, en deux mots, l'homme est un animal qui raisonne[1]. Cette vieille définition me semble bien la seule qui puisse satisfaire. Ni la moralité, ni la sociabilité, ni certes le sentiment, ne sont particuliers à l'homme. Il n'a en propre que la raison ; c'est ce qui le distingue, sans l'en séparer, du reste de la nature. Cette nature est représentée en lui tout entière. Elle est dans son corps qui a poids, nombre et mesure ainsi que les métaux, organisation comme les végétaux, sensibilité et mouvement comme les animaux et qui paraît ainsi la couronne de notre terre. Sa raison est sans cesse nourrie, aiguisée, avivée, éclairée des tributs que le monde lui paye par ces trois canaux. Il faut qu'une raison, ainsi aiguillonnée par la nature entière, développe toute l'ampleur de ses énergies dans la mesure exacte où cela ne peut nuire à l'expansion parfaite d'un corps florissant ; la raison poussée à l'extrême, qui dessécherait l'animal, épuiserait ses propres sources. Quant à une culture exclusive du corps, elle épaissirait l'âme et lui ôterait sa raison. Le plus subtil des Athéniens buvait ainsi coup sur coup sans perdre la tête, puis raisonnait divinement[2]. Les convives de son Banquet l'en ont admiré de tout cœur.

Pour exprimer l'accord naturel de ces deux puissances, l'on emploie d'ordinaire une image fort vicieuse ; on parle d'équilibre comme si les objets pouvaient être mis en balance. Ils ne sont pas pareils. C'est *ordre* qu'il faudrait nommer cette conformité d'un être à tous les éléments de sa destinée[3].

Quel doit être le sens critique d'une créature humaine composée de telle sorte que ses instincts, ses impressions, ses sentiments, ses passions portés au plus haut point soient conduits et régis par une pensée plus puissante, elle-même affermie, soutenue, excitée par l'abondance du naturel ? Ses ardeurs animales n'usurperont jamais un office de direction, qui n'appartient qu'au jugement et à la raison ; mais, puissante et robuste, sa raison ne courra point de vaines nuées. Aucune sécheresse, mais point de mollesse non plus ; des formes pleines et nerveuses ; philosophe et, à l'occasion, métaphysicien même, mais avec rigueur, sens du réel, vraie poésie ; pénétré de toutes les chaleurs douces de la vie, mais stable et assuré contre elles au besoin : telle est l'idée générale que l'on peut se faire du goût chez un homme accompli. On verra tout à l'heure les raisons pour lesquelles il est constant qu'il n'y a pas de goût meilleur.

1. Définition esquissée dans Aristote (*Éthique à Nicomaque*, I, 7) et affinée par ses successeurs.

2. Il s'agit de Socrate qui, dans *Le Banquet* de Platon, boit jusqu'au matin sans cesser de philosopher.

3. L'équilibre suggère une égalité entre ses divers éléments, l'ordre implique au contraire une hiérarchie.

Le sens d'un critique peut participer de deux manières de ce bon goût ; naturellement, je l'ai dit, et aussi par l'étude exercée, l'imitation judicieuse et soutenue d'un juste modèle. Du temps qu'il subsistait une compagnie soucieuse d'élégance et de perfection, Molière pouvait écrire avec vraisemblance que, dans les arts, la grande règle était d'abord de plaire, mais de plaire aux honnêtes gens[1]. L'instinct des honnêtes gens de son temps n'était point mauvais ; la moyenne de leurs jugements composait une sorte de règle vivante. C'est un état dont nous nous sommes éloignés ; le jugement public a subi tant de corruptions, transmises de père en fils depuis près d'un siècle[2], aggravées par l'éducation et accentuées par les modes ! Les meilleurs d'entre nous, même ceux qui essaient de réagir un peu, demeurent si gâtés que l'on n'est pas surpris de la brave déclaration échappée un jour à M. Ferdinand Brunetière : « Où irions-nous, grands Dieux ! si nous aimions ce qui nous plaît ! »

La critique est affaire de sensibilité ; elle n'est rien que la sensibilité réfléchie. Lorsque le goût est sain, il suit le chœur des Muses et des Grâces, il n'aime que les belles choses pour lesquelles il est né. La critique n'a qu'à le suivre. Mais, s'il est corrompu, il faut qu'elle lui rende la pureté et la santé ; qu'il retrouve la vue nette de son objet, avant d'entreprendre au dehors !

V. Objet propre du goût et nature du style

Que goûte l'esprit dans les livres ? On doit supposer que c'est le style ou que ce n'est rien. « Mais, dit-on, la pensée ? – La pensée, c'est le style encore. »

Il est pénible d'encourir l'accusation de paradoxe lorsqu'on énonce une vérité si ancienne, mise dans tout son jour par les plus grands esprits. Nous pouvons lire textuellement dans notre langue les plus justes paroles qui aient été dites sur le style ; il suffit d'ouvrir l'admirable discours de Buffon[3]. Il a cinq pages. Nous préférons nous en tenir aux vains jugements qui sont les signes (en même temps qu'ils ont été les causes) d'une dégénérescence profonde.

Notre siècle se représente le style comme une chose extérieure à la pensée des écrivains. On distingue le fond d'un livre, je veux dire les idées, les sentiments, les récits ou les caractères ; le style est mis à part c'est un élément de la « forme[4] » ! Cette forme est imaginée comme un habit qu'un sentiment ou une idée peuvent recevoir ou dépouiller sans difficulté. Nos

1. Molière, *La Critique de l'École des femmes* (1663), acte VI.
2. C'est-à-dire depuis le romantisme.
3. Il s'agit du *Discours sur le style* (1753) que Buffon prononça lors de sa réception à l'Académie.
4. Rappelons que le mot latin *forma* traduit le mot grec *ideia*, ce qui ruine l'opposition de la forme et des idées.

professeurs ont réussi à faire de la rhétorique et de la poétique je ne sais quoi de matériel ; on s'en va y quérir des formes, des modules, et on les y rapporte quand on s'en est servi.

Le style consiste dans l'ordre et le mouvement qu'on met dans ses pensées. Buffon qui le disait ne disait pas assez. Le style représente le mode de la conception de chaque pensée puisqu'une pensée comme une molécule physique forme déjà un monde d'impressions, de sensations, et de sentiments. Avant que nous ayons songé à unir ces idées, à les mettre en propositions et en raisonnements, en figures et en tableaux, un auteur inconnu, qui n'est autre que notre propre vie intérieure, a déjà travaillé, dépouillé, abrégé et simplifié, à la manière d'un sculpteur, les matériaux bruts de notre expérience[1]. Cette activité, échauffée, mesurée et conduite selon le génie de chacun, ne peut manquer de le révéler, car elle a son style et qui plus tard se retrouvera dans le choix des mots qu'emprunte la plume. Est-il témoin plus éclairé de l'être de l'homme en son fond !

Buffon écrit plus bas : « Ces choses sont hors de l'homme, le style, c'est l'homme même. » Ces choses ! Il serait juste d'ainsi nommer ce monde inférieur composé des impressions venues du dehors, si l'on n'y découvrait le rudiment d'une forme humaine, partant d'un style. Nous savons que l'âme est active jusque dans sa façon de souffrir l'empreinte des choses. Un embryon de style se trouve ainsi former l'élément spirituel, l'élément humain des échos que les Mondes jettent au fond de nous.

La place du style s'accroît naturellement au fur et à mesure que l'âme se livre à des opérations plus dignes d'elle. Les sensations, en tant que senties, ont bien leur style propre, mais en tant qu'elles se succèdent, elles reflètent l'ordre mécanique des choses, par là elles échappent tout à fait aux prises du goût. C'est pourquoi, je le dis en passant, l'on peut trouver dans l'art impressionniste des « notations » d'une qualité curieuse, mais on n'y trouve aucun style proprement dit, et l'homme de goût s'en détournerait s'il y avait un impressionnisme accompli et réalisé. Par bonheur, il n'y en a pas[2].

Quelque effort que fassent ses laborieux artisans pour s'entraîner à vivre en pauvres esclaves, ils ne peuvent se délivrer des habitudes historiques de l'esprit humain. Des notions générales naissent en eux spontanément ; mais ils font de leur mieux pour en rompre les liaisons et pour revenir à l'amorphe : en vain, pourtant, les malheureux s'appliquent-ils à se « déformer », le succès reste médiocre et, si bien qu'ils s'astreignent à faire des livres aussi décousus que les feuilles d'un calendrier, toujours quelque chose d'involontaire et d'inconscient y introduit la forme humaine,

1. Maurras décrit ici le travail de ce qu'Aristote, et les scolastiques après lui, ont appelé l'« intellect agent ».

2. Maurras s'en prend ici à l'impressionnisme littéraire, pas à la peinture impressionniste.

comme pour attester qu'après mille siècles d'humanité et quarante de civilisation, l'impressionnisme absolu s'est rendu impossible. C'est ainsi que les vagues lumières d'intelligence qui traversent la prunelle d'un Bochiman[1] témoignent que le règne humain, aux plus bas étages de l'art, ne peut plus se réduire à un reflet brut de la vie.

Le style s'accentue au fur et à mesure que la puissante faculté à laquelle convient le nom de Fantaisie accumule et développe des inventions plus cohérentes ou plus vives et se défait des liens pesants qui la limitaient au réel. Dès qu'elle se connaît et se juge avec les sentiments qui sont réservés à un être raisonnable, le style manifeste ces relations de dépendance et de conséquence que l'expérience sensible ne suffisait pas à donner ; il acquiert la simplicité savante de l'Esprit. Un feu presque divin l'échauffe qui crée, qui renouvelle, qui déplace, transporte, corrige, modifie, selon des décisions qui expriment toute sa force, les matières brillantes qui lui sont venues d'autre part.

Le style alors est libre, j'entends que l'élément humain devient sa loi, son roi. Il vaut par sa valeur, par l'enthousiasme qui l'emporte et qui le soulève, par les nobles conventions, par les sublimes dispositions de pensées que détermine l'esprit pur. Alors comme le dit Buffon, avec une audace superbe, « toutes les beautés intellectuelles qui s'y trouvent, tous les rapports dont il est composé sont autant de vérités aussi utiles et peut-être plus précieuses pour l'esprit humain que celles qui peuvent faire le fond du sujet ».

Cette théorie de Buffon peut paraître dangereuse si on la comprend mal. Interprétée convenablement, il n'y a rien de plus fécond. On y voit que la force du style se confond avec celle de la pensée. Tant valent l'une et l'autre ! Ou plutôt, elles sont une même chose puisque, dans la pensée, tout ce qui n'est point style, c'est-à-dire ordre et mouvement, n'est point pensée, mais simple combustible ou résidu de l'art de penser. Quand la force du style prévaut et gagne dans un livre, c'est le signe que la pensée, c'est-à-dire son caractère libre et humain, se dégage du même élan. Allons plus loin. Disons la vérité à laquelle devait converger tout ceci, à savoir que le style est ce que nous nommons proprement la beauté ; nous ne pouvons pas les voir séparés, et l'une grandit avec l'autre, à proportion qu'elle est plus simple, c'est-à-dire mieux composée, à proportion qu'elle est plus libre et plus active, donc plus touchante ou plus émouvante, et qu'elle mène à l'ordre et aux lumières de la raison, les confuses chaleurs de l'immense univers où nous baignons tous.

S'il est juste de dire que le goût littéraire ne s'intéresse et ne s'applique, en somme, qu'au style, ce n'est pas un petit objet !

---

1. Les Bochimans ou Sans sont un peuple d'Afrique australe. Le peu d'intelligence que leur prête Maurras n'est pas selon lui une fatalité génétique, mais la conséquence d'un manque d'instruction, ainsi qu'il l'explique plus loin.

La plupart des erreurs du Goût sont venues de ce qu'il se trompe sur son terme. Il est facile d'en donner un exemple clair. Au commencement du XIXe siècle, on se mit en tête de regretter l'absence d'une littérature nationale chez nous. Ce désir eût été légitime si de bons yeux n'eussent été capables de voir qu'il était déjà satisfait. Une littérature nationale signifie un ensemble d'ouvrages dont le style soit conforme au génie national, car la littérature, hors du style, n'est rien. Nos romantiques ne l'entendirent pas ainsi. *Esther* leur semblait juive, et *Le Cid* espagnol. Ils voulaient des romans, des poèmes, des pièces de théâtre dont les sujets fussent français au lieu d'être grecs ou latins. On leur en fit tant qu'ils voulurent. Ils furent délivrés des Grecs et des Romains. Quelque vingt ans plus tard, les lecteurs furent fort surpris de voir que ces ouvrages à titres et à héros français étaient tous étrangers, gothiques et barbares par leur contexture secrète.

Sur des sujets turcs, hellènes, hébreux ou latins, Racine et Chénier, La Fontaine et Ronsard ont été mille fois moins étrangers à notre sensibilité native que les dramaturges de 1830 traitant des sujets nationaux qu'ils dépouillaient des caractères de la nation[1].

VI. Les principes du goût

S'il me plaisait de faire ici le charlatan, j'appellerais les principes du goût des lois scientifiques ; ces modestes observations pourraient faire ainsi leur fortune. Elles n'ont malheureusement rien de scientifique. Ce sont bien des principes, mais de l'ordre empirique. Seulement, dans les arts et dans la politique, l'expérience mérite qu'on la regarde comme une grande maîtresse de vérité.

« Les plus importants et les plus utiles préceptes que nous ont laissés les anciens soit pour l'éloquence ou pour la poésie, ne sont autre chose que les sages et judicieuses réflexions qu'ils avaient faites sur les ouvrages de leurs plus célèbres écrivains. »

Fénelon parle ainsi[2]. Il ne refusait pas son crédit aux observations dont il marquait ainsi l'origine.

Je sais bien ce que l'on objecte. On objecte l'évolution. L'évolution est cependant le type même de la quantité négligeable en cette matière. Soit ! le monde se développe, nous le savons. Mais nous savons aussi qu'il a pour champ d'évolution deux infinis et que la plus légère modification exige des milliers de siècles. Chez les hommes, l'écorce des mœurs tombe assez

1. À rapprocher de la critique de la souveraineté nationale qu'instruit Maurras dans *Mes idées politiques* : de même que les romantiques se dénationalisèrent en voulant produire une littérature nationale, la nation française fut livrée à l'aventurisme le jour où elle se crut maîtresse de ses destinées, pense Maurras.

2. Fénelon, *Lettre sur les occupations de l'Académie française* (1714).

aisément comme elle se remplace ; mais que connaissons-nous d'essentiel à l'homme qui se soit altéré depuis quatre mille ans ? Un sauvage tout nu est apte à recevoir des vérités scientifiques que les plus grands esprits du Moyen Âge ignorèrent ; il suffira de lui passer un pantalon pour l'installer à temps dans quelque collège[1], preuve évidente que, si l'objet des sciences se découvre et s'étend, l'appareil de la connaissance reste à peu près le même dans les états de civilisation les plus variés. L'homme historique devait être dans sa moyenne de tous les âges ce qu'il est aujourd'hui. Il y a des différences du plus au moins entre les peuples et les temps. Mais si, dans un écart de compas qui peut embrasser jusqu'à trente siècles, il se trouve que les principes de la critique se vérifient sans varier, il est à croire qu'ils auront le même bonheur pour toutes les durées possibles de l'esprit humain. S'ils changent lorsque changera le fond de l'homme, et quand cet animal ne sera plus assez clairement distingué par la faculté de raison, on peut en prendre son parti sans redouter de trop menaçantes incertitudes.

* * *

Depuis Horace et Fénelon les gens de goût s'attachent à louer la simplicité. Ils la recommandent comme le meilleur point de l'art d'écrire.

Plus on dégage sa pensée des ornements qui ne font pas corps avec elle, mieux elle se montre, rien n'est perdu de son effet. Grande ou petite, haute ou moyenne, elle prend tout ce qu'elle a de son relief. Les pensées médiocres ont d'ailleurs rarement la force de se mettre ainsi nues et seules ; elles ne viennent qu'en cortège, par envie de se rehausser. Mais on les voit à peine, et l'œil hésite entre tant de formes et de teintes papillotantes ; aucun plaisir sincère, quelquefois même du dégoût.

Tels critiques contemporains affectent d'adorer le contraire de la simplicité. Ils assurent communément que, si le simple les enchante, le complexe les divertit. Ils s'amusent à en débrouiller les secrets ; c'est un jeu de lettré habile et nonchalant. L'amour véritable de la poésie et des lettres s'accommode assez mal de plaisirs qui ne sont guère faits que de petites peines senties à contre-cœur et adroitement rebroussées. On ne peut comparer le simple et le complexe à deux fruits différents, l'un froid et l'autre chaud, l'un doux et l'autre amer, l'un fondant, l'autre ferme, et qui peuvent produire des agréments variés. Les impressions que donnent le simple et le complexe ne viennent point d'essences aimables ou désagréables en elles-mêmes, elles correspondent au degré plus ou moins fort de l'expression dans une lecture, c'est-à-dire le plus ou moins de génie et de force dans un auteur. Un style simple garde solidement toute pensée. Il la livre telle qu'elle est, en quelques mots soudains. Un style compliqué

1. Maurras récuse ici les doctrines de l'inégalité des races.

la dérobe toujours. Rien n'y demeure fixe et pur. Qui peut aimer tout cela jusque chez les poètes ne ressent qu'un médiocre amour de la poésie, ou, misérablement, il en aime les artifices, les bagatelles ou le métier.

Un auteur répondra que son sujet est fort complexe, ses pensées nombreuses et que, bien que le simple lui semble préférable, il désespère d'y parvenir. Déconseillons-lui dans ce cas de prendre la plume. Ou plutôt, disons-lui de l'empoigner de tout son cœur, pour analyser son sujet, pour en trouver le centre ou découvrir quelque moyen de distinguer l'essentiel d'avec l'accessoire afin que ceci tombe et que cela soit mis en valeur.

Il est des accessoires qu'on ne peut supprimer ; en ce cas, on les soumet au sujet central. Ce travail, qui s'appelle composition, est conseillé par tous les maîtres. La réflexion leur donne raison. Pourquoi renfermer dans un même tableau deux sujets différents d'égale importance ! Il vaut mieux peindre deux tableaux.

Un goût sévère exige encore que l'on mêle le moins possible les genres et les procédés, à plus forte raison les arts. Sans doute il est ingénieux de montrer en littérature les talents d'un joli coloriste, ou de faire une espèce d'opéra avec des phrases pauvres de sens, mais qui consonnent. Ces transpositions valent, aux yeux de quelques-uns, pour la difficulté vaincue. C'est ce qui les dégrade au jugement des meilleurs. Le vrai poète cherche à fixer la belle pensée qui le tourmente par les moyens directs la cernant tout entière. L'idée ne lui viendra jamais de se servir de la technique d'un autre art. Nos petits apprentis jouent avec les pinceaux faute de savoir en user.

Tout cela découle d'un principe d'économie, principe qui condamne, tout aussi bien que ceux qui se font enlumineurs ou symphonistes en poésie, les écrivains qui veulent déployer en français les grâces du tudesque ou le genre de sensibilité qui est propre à l'esclavon[1]. Efforts gâchés, travaux perdus ; quand ils réussissent à déterminer une mode, ils sont criminels.

Quelle que soit la tradition d'une littérature ou d'une langue, et toutes choses étant égales d'ailleurs, ce qui se tente en conformité avec son génie réussit mieux que sur quelque plan qui s'oppose aux habitudes millénaires. L'observation tombe sous le sens.

Là, tout conseille, aide, guide, seconde le poète. Il n'y trouve que les rencontres d'une émulation généreuse. Ceux qui s'en passent sont bien rares. On ne voit pas dans toute l'histoire littéraire l'exemple d'un seul grand poète qui ait montré à la communauté de ses devanciers l'ingratitude et la négligence qui se témoigne de nos jours au chœur des maîtres. Dante qui est Dante trouve une phrase dédaigneuse pour ceux qui, ignorants et sans art, ne croient qu'à leur propre génie[2].

---

1. Attaque contre les influences germaniques, scandinaves et slaves dans la littérature française de la fin du XIXe siècle.

2. Dante, *De vulgari eloquentia* (II, 4).

Ces génies arrogants sont pauvres. Malgré tout, ils subissent la tradition, qu'ils nient. Mais celle qu'ils subissent est toute prochaine, si prochaine, parfois, qu'ils n'en ont plus le sentiment.

Ainsi des Parnassiens ; tous les Romantiques pèsent le plus fâcheusement du monde sur leurs moindres poèmes.

Une vraie tradition est examinée avant d'être acceptée. La fausse liberté ignore jusqu'au joug que lui fait porter sa faiblesse.

* * *

Toutes les traditions ne se valent pas.

Comme entre les peuples et les époques qu'elles expriment, comme entre les hommes de ces temps et de ces nations, on peut marquer entre elles des différences et, par suite, des primautés dont nul autre que la nature n'est coupable, à moins que l'on n'en charge, comme il est possible, l'histoire ou la politique. La critique n'a pas mission de redresser les injustices de la fortune, mais d'en apprécier les effets.

Entre toutes les autres une tradition se présente, dont le caractère frappant est sa conformité presque complète avec ses principes du goût qui expriment, avons-nous dit, l'Homme élevé au plus haut point. On la voit naître dans l'Ionie comme de la cendre d'Homère, elle se continue sous les oliviers du Céphise. De sages Romains qui l'adoptent lui font une patrie nouvelle. Le Moyen Âge ne la bannit pas complètement de la France, ni des villes de l'Italie. Elle se régénère et occupe toute l'Europe ; mais c'est Paris qui la conserve, comme Athènes jadis[1]. Du milieu du XVIe siècle à la fin du XVIIe, l'humanisme et l'esprit classique, affinés d'une pointe de goût attique, ne manquèrent jamais de représentants parmi nous, ni d'une élite digne de les comprendre et de les aimer.

Que cette tradition soit essentielle et naturelle à notre pays, c'est une opinion qui n'est guère contestable. Si notre sang n'est pas latin, comme le désirent les uns, les autres ne soutiennent plus qu'il coule d'un tronc germanique. Quant à nos pères les plus authentiques, les Celtes, ils demeurent bien mystérieux, malgré tout, car on n'a rien qu'ils aient écrit. Sauf en quatre pays de peu d'étendue[2], nos dialectes populaires appartiennent tous au type qu'il est convenu de nommer gallo-roman. Ce qu'on peut dire de moins fort à cet égard c'est que, si notre France tient ensemble, c'est que les morceaux ont été réunis par les architectes classiques. On reconnaît les traces de leur main énergique et fine ; je les appelle, entre autres, l'Église catholique et l'Administration romaine, antique conseillère des rois de

1. Voir « La prière de la fin », p. 1202 de la présente édition.

2. La zone flamingante du Pas-de-Calais, l'Alsace-Moselle, la Bretagne bretonnante et le Pays basque. Les autres langues de France (oïl, oc et corse) sont latines.

France. Enfin notre langue littéraire est gréco-latine. Voilà de grandes forces naturelles qui nous tirent de ce côté et, si nous inclinons par là, il semble que le bonheur vienne naturellement à nos écrivains ; il coule vers eux comme sur une pente facile. Qui réfléchit à la prodigieuse entreprise de Ronsard et contemple tous les excellents et solides morceaux qu'elle nous a légués, ne sait qu'admirer de la force de ce poète ou du sens noble et net qui lui fit deviner en quelles directions devait nécessairement prospérer le génie national. Au contraire, tout se détraque si l'on tourne les Lettres françaises dans un autre sens. Nous avons vu, ces derniers dix ans, la décomposition de ce brillant et prestigieux romantisme, dont il reste vingt noms d'auteurs et pas un livre.

Voilà des faits d'expérience. En voici un d'observation. Cette tradition classique, qui est nôtre, passe toutes les autres. Elle montre, en effet, une force de vie égale, en flamme, en coloris, en brutalité ingénue ou en fière délicatesse, à ce que put trouver le reste du monde, depuis les steppes de Russie jusqu'aux plages de la Guinée et, dès lors que nulle autre tradition populaire ne la peut surpasser en sensibilité, elle passe à jamais toutes ses rivales par l'ordre et la lumière de ses compositions, par la haute généralité de son style. De ce qu'elles intéressent le monde entier, les œuvres de cette tradition sont justement appelées les Lettres humaines. Qui juge d'après leurs principes ne sera pas désavoué du genre humain.

VII. La notion de barbarie

Il conviendrait donc de nommer Barbarie ce qui est étranger à ces Lettres classiques, comme extérieur, non point seulement au commun trésor helléno-latin, mais à la haute humanité.

La barbarie commence en effet quand l'animal sensible, se préférant au raisonnable, prétend décider par lui-même de ses chemins. Il y a barbarie quand les impressions vives montent sans ordre et sans lumière de nos corps, de nos âmes, et prétendent se réaliser telles quelles, toutes brutes dans l'œuvre d'art. La même barbarie distillant dans le cerveau quelques vagues extraits de sentiments clairs, donna, aussi le faux nom et la fausse couleur de pensées à son peuple de fantômes incohérents.

Aussi bien que chez les primitifs à peine sortis de l'état de nature végétative, la même sensibilité mise en système peut se rencontrer parmi ces esprits exaltés qui, s'étant repliés, se sont refermés sur eux-mêmes et ainsi séparés de tout.

J'appellerai du même juste nom de barbare un dégénéré devenu l'esclave des matériaux ou, pis, le serviteur des procédés ou des instruments de son art, la rime, par exemple, le mot brillant ou l'épithète pittoresque, au point de mériter d'être changé lui-même en amphore, en potiche ou en dictionnaire de rimes.

Ces barbaries, que les romantiques français ont tirées tantôt de la logique de leur folie et tantôt des lettres anglaises ou allemandes, n'ont pas été inconnues de l'Antiquité. Elles avaient rempli l'Asie d'où elles passèrent en Grèce. Alexandrie leur fit altérer le sens du platonisme. On le vit en Judée, à Rome et à Carthage, elles infestèrent Byzance. Si elles ont couvert le nord de l'Europe, dans les temps modernes, on en a trouvé cette raison ingénieuse que les Bibles de Wicleff, de Luther, de Jean Hüss[1], pleines d'hébraïsmes, imprégnèrent la langue des Allemands, des Anglais, des Tchèques, à peine formée, et cela repoussa du côté de ses origines tout ce qui venait de Scythie[2]. C'est depuis ce temps qu'on rencontre à chaque génération littéraire allemande un homme de talent pour maudire devant l'Europe le goût et la pensée de sa vieille patrie. Nous avons en ce moment les aveux de Nietzsche. Nous avions, il y a trente ans, ceux de Schopenhauer. Formés pour la pensée classique, ces esprits distingués, élégants et puissants, regrettent d'être nés trop tard ; leur plaisir eût été d'écrire en latin, comme Érasme, en français comme Leibnitz ou Frédéric II, et de ne point lire de livres romantiques. On trouverait dans les propos de Goethe des échappées encore assez voisines de celle-là. Ce grand homme voyait le défaut des lettres de son pays, trop exemptes du caractère de la grande beauté qui est de tendre à la cime de la nature humaine, de ne tenir aux lieux et aux temps que par la racine[3]. Leur prestige au dehors aura la durée d'une mode.

Profondément nationales pour nos contrées, les lettres classiques exercent une très ferme séduction sur les étrangers ; par leur grande ouverture de sentiment, elles peuvent être nommées cosmopolites, et elles le sont dans une forte mesure[4]. On les goûte partout. Serait-il possible de les cultiver en tout lieu ? Rien ne démontre le contraire, en dépit de belles avancées cédées par la nature à cinq ou six peuples choisis.

VIII. Destination de la critique (fragments)

Pendant que l'Allemagne et l'Angleterre font un curieux effort de piété et d'intelligence vers les Lettres classiques, la critique française, comme le reste de notre littérature, les abandonne. Sauf M. Anatole France, personne dans la génération qui précède la nôtre n'en a eu le souci, et bien peu y

1. Wycliff fut un précurseur anglais du réformateur tchèque Jean Hus, lui-même précurseur de Luther ; tous trois traduisirent la Bible dans leurs langues respectives.

2. Sous la plume de Maurras, cette contrée d'Asie centrale est la matrice commune de l'esprit allemand et de l'esprit slave.

3. Ainsi Maurras, tout en jugeant les racines indispensables, se garde-t-il bien d'en faire un absolu.

4. Il existe donc pour Maurras un bon cosmopolitisme, celui de la haute culture, à ne pas confondre avec le nivellement général que provoque le mauvais cosmopolitisme.

songeaient parmi les nouveaux écrivains avant que M. Jean Moréas et ses amis fondassent l'École romane.

Il était temps, car chez nous toute dégénérescence sera plus grave qu'ailleurs. Si nous perdons le sentiment classique, nous perdons tout. L'esprit classique est à la fois la tradition du genre humain et celle de notre groupe ethnique particulier. Au contraire, si nous y revenons, tout se regagne et nous nous mettons en mesure d'ajouter aux richesses du fonds commun.

Je ne sais pas une seule objection qui puisse garder quelque force contre un fait aussi évident. De toutes, la mieux colorée est celle qu'on tire du mauvais effet de la mythologie dans une poésie moderne. Cette mythologie ne me semble pas si fâcheuse ! On y voit, parés de beaux noms, les personnages en qui s'incarnent les forces de la nature, les enchaînements de l'histoire. Souples, changeants et dessinés avec une fermeté éternelle, ils correspondent encore à toutes nos idées. Boileau avait bien vu qu'il n'y aurait jamais de merveilleux chrétien[1] ; Chateaubriand en a fourni la contre-épreuve[2], et, d'autre part, la haute poésie lyrique ne se passe pas de figures métaphysiques.

Comte disait : « Pour compléter les lois il faut des volontés[3]. »

Et Taine lui-même avouait au long d'un voyage sur les bords de la mer, que son cœur y cherchait de lui-même les néréides. *Rien*, dit-il à peu près, *ne commente si bien la nature qu'un dieu*[4].

La suite de la tradition classique comporte, d'ailleurs, autre chose que des déesses et des dieux. Elle autorise une critique scrupuleuse, pieuse, passionnée. Loin de glacer le sens, elle excite, elle inspire, elle engendre la création. Même chez nous (où l'on assure que tout est dit), surtout chez nous, il reste beaucoup à tenter. On peut rêver de tragédies plus rapprochées de la nature, d'un tour plus direct et plus simple encore que celui de Racine. La verve héroïque de Corneille laisse la place à un poète de même humeur qui serait plus sage que lui. Le lecteur sera-t-il surpris si j'ajoute que nous manquons surtout de poésie lyrique ?

Comptez que peu de chose est destiné à subsister du vaste fracas et fatras romantique. À part cela, il nous faut presque remonter à Malherbe… Enfin, une critique littéraire tenue sévèrement à sa tâche particulière n'est pas sortie de terre après un siècle de travaux. Elle fut ; elle peut renaître, beaucoup plus belle qu'autrefois et produire une Renaissance.

---

1. Boileau, *L'Art poétique*, chant III.
2. Maurras attaque ici *Le Génie du christianisme* (1802).
3. Voir *Auguste Comte*, p. 643 de la présente édition.
4. Maurras semble ici s'inspirer du *Voyage en Italie* de Taine (1866).

MISTRAL[1]

Il y a de longues années que le grand poète a pris place dans ce « collège des Princes du Chant sublime » où Dante avait compté quatre ou cinq grandes Ombres[2]. On peut supposer que le nombre s'en est un peu accru depuis le XIVe siècle, mais il n'a point passé la dizaine : il faut bien classer Mistral comme l'une des rares voix où se sont rassemblés la chair et l'esprit du genre humain.

*

* *

Avant de le louer, même de le commémorer, un devoir presque humiliant doit être rempli. Né dans le pays que Mistral honora de sa présence, je suis bien obligé de dire que ceux de ses compatriotes qui furent ses contemporains ne lui firent ni l'accueil ni les fêtes que l'on peut imaginer. On avait commencé par le méconnaître, on s'est mis à le combattre, et c'est très lentement que sa gloire s'est imposée à nos Provençaux.

Eussiez-vous interrogé un jeune homme de dix-sept ou dix-huit ans, né là-bas, de mon temps, et lui auriez-vous demandé comment il est allé, je suppose, d'Aix ou de Marseille ou de mon Martigues, au village de Mistral[3] : neuf fois sur dix, il vous eût répondu, comme moi, qu'il n'a pas pris le train d'Aix ni de Marseille pour s'arrêter à Arles ou à Tarascon ; il lui a fallu faire le circuit de Paris. C'est de Paris que j'allai voir Mistral pour la première fois. Sa gloire nous était venue de Paris.

Un système d'éducation assez singulier ne m'avait pas laissé ignorer Mistral : je le connaissais assez bien.

---

1. Cette étude est tirée de *Maîtres et témoins de ma vie d'esprit*, Flammarion, 1953. Les traductions d'œuvre de Mistral ne rendent évidemment pas compte de la musicalité des textes provençaux.

2. Homère, Horace, Ovide, Lucain, Virgile (*Enfer*, IV).

3. Maillane.

Moins bien sa langue. Il y a une cinquantaine d'années, on se heurtait en Provence à un état de choses très particulier. La classe moyenne n'y parlait plus que le français, le provençal étant considéré avec un peu de défiance parce qu'il était suspect de donner ou de conserver aux enfants une intonation vicieuse. Cette fameuse affaire de l'*accent* faisait même interdire aux domestiques de parler provençal devant les fils de la maison. La même défense s'étendait aux paysans. Inutile de dire si la défense était violée : et comment ! La nécessité s'en mêlait. De bric et de broc, ce que j'avais appris du provençal me permettait de lire très couramment *Mireille* vers l'âge de douze ou de treize ans.

En ce temps-là, d'ailleurs, les messieurs, bourgeois ou autres, non seulement comprenaient le provençal, mais le parlaient avec les inférieurs. Les dames l'entendaient fort bien, mais se défendaient de le parler jamais. Il n'était pas commun de voir les vraies dames parler provençal en Provence, malgré tout ce qui a été fait pour leur gloire par Mistral et les mistraliens. Le régime auquel leurs admirables mères ont soumis soit le poète Folco de Baroncelli-Javon, soit le poète Joseph d'Arbaud, est tout à fait exceptionnel.

Les professeurs du collège catholique où j'ai fait mes études étaient en partie recrutés dans la vieille paysannerie arlésienne, forte et fidèle. Habillés en prêtres, ces « princes paysans », comme l'a dit Léon Daudet, nous parlaient volontiers de Mistral. Un jour, en sixième, le futur archiprêtre d'Aix, le chanoine Léopold Reynaud, nous lut le chant des Magnanarelles de *Mireille*, où nous connûmes la limite du ravissement. Cependant nos maîtres n'étaient pas tous d'accord. Les uns avaient pris parti pour la pérennité du provençal. D'autres jugeaient que, si l'on s'y mettait, le provençal monterait dans la chaire chrétienne, et que cette langue du peuple, parfois un peu grossière, ôterait de leur majesté aux choses sacrées.

Celui d'eux tous qui eut le plus d'influence sur moi, Mgr Penon, avait trop de goût littéraire pour rester sans admiration ni amour devant Mistral. Il ne faisait point de réserve, mais restait pessimiste sur l'avenir du provençal. Son cœur penchait pour le français. Quand il fut nommé curé du Doyenné de Saint-Rémy, qui est tout proche de Maillane, il courut chez Mistral. Ils furent vite amis, mais parfois comme chien et chat, et à cause du provençal. Dans leurs discussions à n'en plus finir, il était un point d'accord, quand il s'agissait de dire du bien de leur commun disciple[1]. Encore ne s'entendaient-ils pas toujours ! Si, par exemple, il arrivait à Mistral de regretter que j'eusse si peu écrit en langue provençale, le curé de Saint-Rémy levait les bras au ciel : la dispute recommençait.

Cependant (et c'est là que jouent ce qu'on peut appeler les idées-mères du destin), vers 1911, l'abbé Penon fut nommé évêque de Moulins, diocèse de langue d'oïl. Ce qui devait arriver, arriva. Le nouveau prélat se reprit

1. Maurras.

d'amour pour le parler de sa Provence abandonnée, et il évolua dans le sens le plus mistralien.

Tous ceux qui s'en vont de Provence font comme lui et deviennent vite des mistraliens fieffés. Je l'ai observé dans le cas des coloniaux. De nombreux Provençaux, qui se sont expatriés dans le dernier demi-siècle, sont revenus félibres ardents, de Madagascar, de l'Indochine ou du Sénégal ; ils ne pouvaient se séparer des livres de Mistral et de ses principaux disciples. On a chanté les beaux Noëls de Saboly[1] au fond de toutes les brousses de notre Empire. Deux Français, ennemis chez eux, ne se retrouvent pas sans plaisir à l'étranger ; mais quand la rencontre a lieu entre Provençaux, s'il en est un d'initié au mistralisme, l'adhésion de l'autre ne traîne pas et cela fait un lien personnel qui s'ajoute aux plus forts et aux plus sacrés.

... Non, cela n'a rien de nouveau ; cela est vieux de trois mille ans. Le poème de la patrie perdue et retrouvée s'appelle *L'Odyssée*, histoire générale des retours de toutes les guerres de Troie. L'absence ou le souvenir de l'absence imprime au sens de la patrie ses formes les plus vives. L'œuvre de Mistral regorge d'indications très curieuses sur la conscience qu'il en a prise. L'homme qui n'a point bougé de Maillane fait au *Chant du soleil* cette strophe :

Le soleil, amis, procrée
Le travail et ses chansons
Et l'amour de la patrie...

Mais qu'imagine-t-il d'ajouter à l'amour de la patrie ?

... Et ses douces nostalgies[2] *!*

Dans un autre poème, c'est un renégat qui au bord de la mer entend un équipage « chanter marseillais » :

Comme l'eau jaillit sur un coup de rame
Un flot de larmes
Creva son cœur dur.
Le dépatrié songe à la patrie
Et se désespère
D'être chez les Turcs[3] *!*

Telle est cette poésie du lointain qui fait reprendre l'exilé par la terre natale.

Exactement comme le renégat, Jean de Gonfaron, ou comme Mgr Penon exilé, je subis le même phénomène lorsque ma grande flamme mistralienne s'éveilla à Paris.

1. Nicolas de Saboly, chanoine avignonnais du XVIIe siècle, est l'auteur de nombreux Noëls provençaux toujours édités et chantés aujourd'hui.
2. « Lou Cant dóu Soulèu » (1861), que Bizet a intégré à son *Arlésienne* (1872).
3. « Lou Renegat » (1863).

Paris, un exil ? Il ne faut pas exagérer. L'exil parisien est fort agréable. Ville charmante et belle, admirablement habitée, le goût et l'esprit de Paris sont délicieux ; nos pères, les Méridionaux du Moyen Âge et de tous les temps, l'ont toujours beaucoup aimée. Les raisons de s'en plaindre ne seraient pas dénuées de frivolité.

N'écoutez pas ceux qui vont lamentant l'absence du soleil. Le soleil est un astre intérieur et subjectif. À mon avis, il a mis le monde en chemin une fois pour toutes. Depuis que les planètes tournent et que les cœurs battent, il suffit de penser à lui et de le concevoir avec quelque vivacité.

Un autre plaisir de Paris tient à ce qu'on y trouve en grand nombre les gens du Midi. Dans ma jeunesse, quand je passais ma vie à philosopher en me promenant avec des amis de Cannes, de Marseille ou de Nîmes, on était obligé, pour moi, d'élever la voix. Alors, pour ne pas être compris, nous parlions souvent provençal. Quelle erreur ! Vingt fois il arrivait qu'un passant nous interrompît pour nous donner la réplique ! Cela rendait plus vives nos *douces nostalgies*...

Mes Méridionaux de Paris avaient fini par sentir leur nombre et leur puissance. On a cru pouvoir soutenir qu'il y avait un rapport entre les premières années de la IIIe République et l'afflux des Méridionaux à Paris. *À Paris une seconde fois les latins ont conquis la Gaule*, disait une épigramme fameuse d'Alphonse Daudet[1]. Mais la conquête s'est dessinée en dehors de toute politique et, s'il nous eût manqué un Gambetta, avec son Midi et quart du Quercy, nous aurions eu comme ministre d'Henri V Numa Baragnon[2], qui était du Midi et demi de Nîmes. Les partis n'y étaient pas pour grand'chose.

Dès 1875, les Méridionaux de Paris s'étaient réunis dans une société qu'ils avaient appelée « la Cigale » : artistes, gens de lettres et hommes politiques. Elle n'était pas spécifiquement de langue provençale. Entre les membres de la Cigale comptaient néanmoins quelques zélateurs de Mistral ; quatre ans plus tard, en 1879, ceux-ci fondèrent, au Café Voltaire, place de l'Odéon, une société dite du « Félibrige de Paris ».

Ce Félibrige n'a jamais été reconnu officiellement en Provence ; il était toléré et même vu d'assez bon œil pour les services qu'il rendait, et dont le principal était de grouper les jeunes gens venus de Provence et qui pouvaient avoir plaisir à parler ou à lire du provençal.

Pendant mes deux premières années de Paris, toutes les fois que je trouvais le ciel un peu gris, le soleil un peu jaune ou voilé, je quittais mes livres de philosophie et me précipitais sur les félibres. Ainsi avais-je lu à la file de très près, au-delà de *Mireille* et de *Calendal*, la partie lyrique de l'œuvre de Mistral, et senti où allait le mistralisme essentiel.

1. Daudet, *Numa Roumestan* (1881).
2. Sous-secrétaire d'État sous la présidence du maréchal de Mac-Mahon, à l'époque où une restauration de la monarchie semblait possible, d'où l'allusion à Henri V.

Je vis comment le grand poète avait éprouvé une émotion mêlée d'angoisse, en découvrant que sa langue, *méprisée* et laissée au peuple[1], oubliée des lettrés, méconnue des chefs de sa race, avait joué un rôle immense en Europe, à l'aurore du Moyen Âge. Dans une mesure certaine, bien qu'on l'ait toujours discutée, les lyriques de langue d'oc ont enseigné la France et une partie de l'Europe du nord et du centre : Angleterre, Allemagne, Bohême. Quant aux Italiens du *Trecento*[2], ils ont constamment reconnu nos poètes pour modèles immédiats. Chez Dante, cela est manifeste. Et Pétrarque, après Dante, les confesse pour ses maîtres d'amour. Le patriotisme historique déchaînait donc au cœur de Mistral une autre nostalgie, celle de l'époque où sa langue illustre et aulique[3] n'était pas encore tombée aux sujets inférieurs, ni roulée à des grossièretés souvent obscènes, dans un patois sans race, sans discipline supérieure, elle qui avait été impératrice du monde !

Dès lors, dans l'humiliation, la colère et la foi, dans l'amour et dans l'espérance, le travail de Mistral a bien été ce qu'il a dit : « Nous avons trouvé la langue provençale vêtue comme une paysanne ou comme une bergère, nous l'avons habillée à son dû, comme une demoiselle[4]. » Œuvre visée dès sa jeunesse, œuvre faite quand je le connus.

Or, voilà qu'à l'hiver du *bel an de Dieu*[5] 1888, quand les félibres de Paris mirent au concours un *Éloge d'Aubanel*[6], je gribouillai quelques pages, les envoyai : on eut la bonté de les couronner. Plusieurs d'entre mes juges vinrent me le dire, j'allai les voir, ce fut notre premier lien.

L'été suivant avait lieu un de ces voyages collectifs que le Félibrige de Paris organisait à travers le Midi. Ils avaient pour cela de précieuses facilités. Les chefs du groupe appartenaient à la République avancée : radicaux ou, plus rarement, opportunistes, débris du gambettisme ; ministres déchus ou en fonction – notamment ce Granet, député d'Arles, qui, aux Postes, faisait inscrire la langue provençale entre celles où il est permis de télégraphier en clair –, puis des sénateurs, des députés, quelques grands électeurs, signe et matière, organe ou moyen d'une certaine influence chez les Puissants du jour. Aussi obtenaient-ils des subsides et des commandes de plaques ou de statues. Ainsi influaient-ils sur leur propre pays. Des fêtes officielles étaient organisées d'accord avec les conseils des villes, ceux-ci ayant déjà beaucoup évolué vers la gauche. Certaines influences maçonniques pouvaient s'y faire sentir. On en était à la quinzaine d'années qui suivit la suppression des processions dans nos villages. Le parti

1. Allusion au chant I de *Mirèio* (1859).
2. Le XIVe siècle.
3. C'est-à-dire parlée dans les cours royales.
4. « Bon-jour en tóuti » (1852).
5. Formule consacrée des almanachs provençaux.
6. Aubanel, sans doute le plus grand écrivain provençal de sa génération après Mistral, était mort en 1886.

dirigeant se demandait comment il ferait pour remplacer par des solennités purement civiles les fêtes religieuses que le peuple aimait. Ces promenades et défilés, statufications et discours, pouvaient jouer un bout de rôle à cette occasion. Mais l'ensemble créait un certain mouvement dans le sens du désir et des vœux de Mistral[1].

À la même époque, Mariéton et quelques Provençaux et Provençales collaboraient à la transformation du théâtre d'Orange, entreprise des Michel d'Orange et de leur chef, connu sous le pseudonyme d'Antony Real. On a donné là quelques représentations dont quelques-unes firent courir. Ce but avait été marqué aux pèlerins. Je me joignis à eux.

Et c'est ainsi que, revenant à Paris, j'eus l'occasion de voir Mistral.

Je l'aperçus d'abord au Banquet de la Barthelasse, île du Rhône, au flanc d'Avignon, mais ne fus présenté à lui que le lendemain ou le surlendemain, à la Fontaine de Vaucluse.

*
* *

Vers la fin du XIXe siècle, tous les intellectuels de France et de Navarre avaient mis sur leur table de travail une image de Gœthe en contemplation devant la campagne romaine. Rappelez-vous le grand corps étendu, le profil attentif et pur, un accent général d'intelligence unie à la force et (détail qui semble être venu rassembler et, pour ainsi dire, timbrer le chœur des analogies diffuses) le vaste feutre clair de l'espèce qui est dite, aujourd'hui, *mistralienne*, telle qu'on la fabriquait à Aubagne et que devaient porter, fin du XVIIIe siècle, début du XIXe, les bourgeois campagnards de tous les pays : un portrait de mon bisaïeul, petit percepteur de village, arbore le chapeau de Gœthe et de Mistral.

À la Fontaine de Vaucluse, un beau jour d'août 1888, le grand poète rhodanien est donc assis, couché, à peu près de la même manière que l'illustre Rhénan visiteur de Rome, mais tourné de façon à laisser derrière lui le grand ciel et la petite Sorgue qui fuit vers la plaine : au figuier légendaire[2] s'arrête son regard, quand il a cessé de flotter sur le menu peuple de poètes et de pèlerins qui l'environnent de leur cour. Les uns, entre lesquels cinq ou six Parisiennes aux fraîches ombrelles, sont venus assister au spectacle d'Orange. D'autres accourus seulement pour voir et revoir l'Homme qu'ils appellent le chef, le maître, le père…

Je n'étais ni des uns ni des autres, connaissant à fond *Mireille* et *Nerte*, *Calendal* et les *Îles d'or*, mais ne sachant trop que penser encore de Mistral

1. On notera cependant que les promoteurs de ces festivités appuyaient un régime qui travaillait à éradiquer les langues régionales…

2. Ce figuier, qui servit longtemps à mesurer les crues de la Sorgue, était déjà mentionné par Pétrarque au XIVe siècle.

et du Félibrige, n'y ayant guère réfléchi qu'avec une cervelle de vingt ans : pour être exact et juste, vingt ans et quatre mois.

Jour digne de mémoire ! Oui, j'admirais beaucoup la langue, je comprenais l'immense mélancolie de ce rénovateur, sa volonté de renaissance, mais je me demandais s'il n'avait point affaire à une condamnation sans appel, et c'était à cela que je pensais de toute mon âme en le regardant, lui.

Paul Arène, habituellement plus replié, m'avait promis de me présenter à Mistral. Au moment critique, lorsque je le cherchai des yeux, mon bizarre parrain avait disparu, comme une simple chèvre d'or[1], et ce fut un autre félibre, Maurice Faure, député de la Drôme, plus tard ministre de l'Instruction publique, qui me présenta, qui se chargea de moi.

Il me donna pour un jeune homme de beaucoup de talent – ce qui ne tira pas Mistral de son rêve – mais de naissance provençale, ce qui me valut aussitôt un regard plein d'intérêt, avec la question :

— Mais de quel endroit de Provence ?

Je le dis. L'intérêt s'accrut. Mon pays jouit en Provence d'une belle réputation de bêtise. Mistral n'a jamais voulu y croire. Son œuvre est animée à notre égard d'une bienveillance qui tient du miracle. Tout de suite, le grand poète me parla de mon Martigues, îles et ponts, canaux et lagunes, et du parler de nos pêcheurs, caboteurs, même longs-courriers…

— Savez-vous, me dit-il, qu'au bout du monde, en Chine, votre Martigues est en train de devenir synonyme de la Provence ? Un jour que je visitais un paquebot des Messageries à Marseille, le portefaix chinois, m'entendant parler provençal, me dit à bout portant : ALORS SABÈS LOU MARTEGAU[2] ?

Un long usage de l'intimité de Mistral me révéla plus tard bien d'autres traits de sa curieuse prédilection pour ma petite ville…

Il n'y était jamais venu.

Je lui dis : « Venez la voir, il n'y a pas mieux en Provence. » Trois ans plus tard, quand j'eus la grande joie d'y organiser une réception à sa gloire, la Salle Verte du banquet qu'il présida était ornée de cartouches portant des fragments de ses vers, tous plus beaux les uns que les autres, où le nom de Martigues et de ses habitants est mentionné avec la considération et l'honneur dont ils restent dignes :

Es un Martegau qu'à la vesperado
A fa la cansoun en calant si tis…
C'est un pêcheur de Martigues qui à la vêprée
a fait la chanson en calant ses filets[3]…

1. Allusion à une célèbre légende provençale dont Arène fit en 1889 le sujet de son roman *La Chèvre d'or* ; Maurras en préfaça une réédition.

2. « Alors, vous parlez le martégal ? »

3. Extrait de *Mirèio* (1859).

Un de mi grand (davans Diéu siegue)
Èro esta conse dóu Martègue…
Un de mes aïeux (devant Dieu soit-il)
Avait été consul de Martigues[1]…

Il y en avait quatorze ou quinze comme cela.

Plusieurs de ces cartouches de 1891 sont encore gardés à notre musée du Vieux Martigues.

Plus tard, après les élections de 1893, déplorant dans une épigramme la victoire de Camille Pelletan sur un candidat du pays, il avait commencé par écrire :

... Seloun demoro soun pategue
Mai an vouta per éu li mujou dóu Martègue
… Salon demeure son pâturage
Et ils ont voté pour lui les muges[2] de Martigues !

Mais une jeune fille de chez nous, qui passait par Maillane, lui remontra avec colère que c'était tout le contraire ; les électeurs du canton avaient mis Pelletan en minorité.

Docile à la jeune grâce irritée, Mistral se corrigea pour nous donner le pas sur Salon :

Ils ont voté contre lui les hommes de Martigues.
Mai an vouta contro éu lis ome dóu Martègue.

… Où m'emporte le souvenir ? Il faut revenir à Vaucluse.

Dans la brillante après-midi que je conte, Mistral ne se contentait pas de me parler « bourdigue » et « poutargue »[3], il s'informait avec beaucoup de soin de la santé de ceux de mes pays et payses[4] qu'il connaissait. Mes nouvelles n'étaient pas fraîches. Je n'en venais pas, j'y allais…

En répondant tant bien que mal à ses questions, j'éprouvais jusqu'au fond du cœur le charme de la bonhomie et le bienfait de la simplicité du beau prince.

Barrès devait me dire, quelques années plus tard, comme nous quittions le toit royal et papal de Maillane :

— Il a bien le génie de l'hospitalité !

N'avait-il pas aussi celui de l'accueil ? L'articulation de sa voix, très nette, n'exigeait de ma surdité qu'un effort d'attention presque insignifiant.

Un sentiment de discrétion m'avait fait faire un geste rapide, pour le saluer, le quitter. Il me retint, en s'appliquant à me mettre à l'aise. Et j'y fus vite, et trop : toute fantaisie qui me chanta en tête me vint naturellement à la bouche.

---

1. Extrait de *Calendau* (1867).
2. Les muges, ou mulets, sont des poissons très nombreux dans l'étang de Berre.
3. Les bourdigues sont des réseaux de filets de pêche. Sur la poutargue, voir « La gourmandise natale », p. 339 de la présente édition.
4. Compatriotes.

Il ne s'agit bientôt plus d'exprimer mon admiration pour la sublime liberté de sa poésie ni pour le naturel de sa noble pensée. Un garçon de vingt ans court à l'essentiel, qui est de contredire. Toutes les objections qui, depuis quatre ou cinq ans d'études, me venaient à l'esprit contre le *multa renascentur*, fondement de l'art mistralien[1], toutes les difficultés qu'opposait ma pensée critique au « paradoxe » de son action, tous les faits dont je me figurais avoir tiré comme une limite d'airain à sa volonté de héros, je n'eus aucune crainte de les exposer devant lui, qui ne sourcillait pas, et de les présenter comme autant de « fatalités » qu'il lui serait impossible de rompre. J'évoquais la rapidité et la fréquence des communications établies par le moyen nouveau, dit moderne, des conquêtes de la science ; je notais le contact et le mélange des races ; je disais la sensible mort de tous les caractères et insignes locaux... Enfin, la Déesse Évolution était à l'honneur.

Mistral ne passait pas pour très endurant. J'ai vu, depuis, l'impatience que lui donnaient de telles sornettes, et ainsi, à distance, ne puis-je m'empêcher d'admirer que, dans cet ancien jour, il ait tout écouté d'un sourire paisible, sans hauteur, ni même résignation apparente. Comme j'en ai honte ! Et que je me sens humilié par la mémoire de cette attention généreuse accordée par un si grand homme à de plates banalités !...

Mais le sujet brûlant finit par être touché quand je dis que le provençal était moins menacé de disparaître que de se corrompre, en se francisant.

— Ainsi, fis-je...

À ce point, sa bouche dessina quelque chose comme la flèche d'une riposte. Je m'arrêtai. Mais, arrêté plus fermement encore, il répéta mon mot :

— Ainsi ?...

Je me taisais par respect, il insista, je repris :

— Eh bien ! Nous avons une langue dont tous les radicaux sont en train de périr, remplacés par des radicaux étrangers. Les terminaisons en o ou en a, c'est-à-dire l'accent, subsiste seul. Dans mon enfance, il n'y a pas très longtemps, j'entendais dire *paire* et *maire*[2], et j'ai entendu *pèro* et *mèro*, à mon dernier retour de Paris...

— Mais, dit Mistral, les deux ont couru de tout temps, en Provence. *Pèro* n'est pas un gallicisme.

— Soit, repartis-je avec audace, mais prenons *cadiero*. Tout le monde disait *cadiero*, et l'on commence à dire *chaizo* qui n'est que la chaise française avec un accent du Midi.

— Ceci, dit Mistral, est un peu plus grave.

— Alors ? Si le radical indigène tombe, s'il est remplacé par le radical extérieur et que la terminaison seule reste, est-ce que cette chute, si elle est

1. « Bien des choses renaissent », vers d'Horace que Mistral a inscrit au frontispice de son recueil *Lis Isclo d'or* (*Les Îles d'or*, 1875).

2. Ces mots se prononcent « Payré » et « Mayré ».

générale, ne condamne pas à mort notre langue ? Le destin s'en mêle. C'est ce qui arrive de plus en plus. N'est-ce pas ce qui est rationnel et fatal ?

Au fur et à mesure que sourdaient ces bêtises dignes de la philosophie de ce triste temps, le beau front de l'Altissime se déridait, les yeux clairs répandaient une flamme plus fine, et il finit par éclater, mais sans élever la voix.

— Nos radicaux ? dit-il, mais que faisons-nous, du matin au soir, nous, les félibres, si ce n'est de changer les radicaux intrus, à peine dignes d'un patois, afin de rétablir les autres, les vieux et les bons ? Le Félibrige n'a été fondé que pour cela. En cette épuration consiste notre restauration de la langue ! La renaissance provençale n'est pas autre chose…

Ainsi s'affirmait et se dressait devant moi la belle et noble image du retour offensif de l'esprit de l'homme et de sa volonté réfléchie, concentrée et disciplinée, *quand il lui plaît* de s'opposer à quelques flux d'événements inférieurs à l'humanité.

Ainsi *avait-il plu à* Ronsard.

Ainsi *avait-il plu à* Dante.

Ainsi *plaisait-il à* l'homme qui me disait :

— Nous sommes là pour empêcher ce mélange.

L'idée n'en eût certes pas germé toute seule dans un esprit aussi embrumé que le mien de déterminisme historique et brutal. *La vie des mots*, disait-on : leur vie fatale ! Oui, mais sans le goût et sans la raison, sans la conscience et la volonté : sans l'Homme. Tous les facteurs de l'univers racolés et recensés, fors le nôtre : l'humain. Les choses marchent toutes seules… Et nous n'y pourrions rien !

Même s'il était possible de supposer ce principe juste, connaissions-nous toutes les causes en travail ? Saisissions-nous tout ce qui était ou tendait à être, quand nous nous amusions à décerner nos brevets de fatalité ? Il eût fallu se poser cette question supplémentaire ! J'en étais loin.

La déesse Évolution m'avait fait apostasier toutes les lumières de la raison… Et j'avais surtout oublié, pour ma part, dans le phénomène des langues, cette action de l'esprit des hommes et surtout des grands hommes, lorsqu'ils combattent ces destinées dont ils sont aussi les ministres.

Or, *l'un d'eux* était devant moi !

Si bien que sa présence me faisait ressentir, comme un blasphème ou un sacrilège, l'avantage que je donnais tout de go à la populace de l'Être, et la vertu que je refusais au Bon, au Meilleur. Quel sophisme que ce défaitisme préalable ! Parler du combat en suspens comme d'une bataille déjà perdue ! Se figurer comme impossible tout engagement de l'homme contre la vie !

Sans s'empêtrer de généralités et d'abstractions fort arbitraires, celui que Mme Mistral, dans un discours à Cannes, a si justement qualifié de « philosophe » s'était mis à rêver silencieusement, et son silence semblait dire au raisonneur en herbe :

— Ma foi, petit bonhomme, vous n'aviez oublié que moi !

Mais la semence était jetée. Il vit ma conviction faite. Il n'insista point. L'entretien, creusé de légers silences, continua de se dérouler en paix, devant le jour ardent qui s'éteignait dans la profonde cuve glauque, où le fantôme de Pétrarque aspirait avec nous des fraîcheurs embaumées.

D'autres idées traversèrent la conversation. Mistral déplora que le Théâtre romain ne portât point le nom que lui donnaient les gens du pays, *lou Cièri*[1] : ce qui dispenserait de le dire « d'Orange ». Ainsi l'Alhambra dispense de nommer Grenade. Puis il revint à mon grand sujet de Martigues. Mais – je l'avoue – il ne put me tirer de l'océan des réflexions où venait de me perdre la solution rapide de mes Nuées.

Belle heure de ce jour, si beau, du matin de ma vie d'esprit ! Avais-je jamais reçu une plus belle leçon de philosophie ? Avais-je été jamais mieux mis en garde contre la thèse des *courants qu'on ne remonte pas ?*

Je ne pus jamais me défendre de me reporter à cette journée toutes les fois qu'il m'arriva, vingt ou vingt-cinq ans plus tard, de recevoir de Maillane la carte ou la petite lettre que terminait souvent une souriante et magnifique salutation rituelle : « *Et cum spiritu tuo*[2]. »

— *Mon esprit ?* me disais-je alors : que fût bien devenu ce malheureux esprit sans le Sien ?

*

* *

L'année suivante – 1889 –, l'histoire mistralienne connut un petit événement de haute importance pour la carrière que je raconte : la réédition très augmentée du recueil lyrique publié quatorze ans auparavant. Les anciennes *Îles d'or* y perdaient leur préface étincelante, qui fut reportée aux *Mémoires* ; mais que de compensations !

J'y reçus un second coup de foudre, celui qui gouverna toute la suite de mes réflexions sur cette poésie sans pareille telle qu'elle m'apparut et continua de chanter dès alors en moi.

De là date un de mes meilleurs rêves manqués : faire un livre, un grand livre de critique, sur l'art et le génie de Mistral.

De ce qui en a été dit, sauf l'incomparable élévation de Lamartine[3], rien ne m'a complètement satisfait. Partout, les meilleurs ont insisté, non sans raison, mais avec excès, sur les qualités *épiques* ou *idylliques* de ce grand art. On parle toujours de Mistral comme d'un grand Virgilien, ayant accompli le triple cercle des *Bucoliques*, des *Géorgiques*, et de l'*Énéide*. On lui fait

1. C'est-à-dire « le Cirque ».
2. « Et avec votre esprit », formule latine utilisée dans la liturgie catholique.
3. À la parution de *Mirèio* (1859), Lamartine avait comparé Mistral à Homère.

dire, non sans justesse, le *Cecini pascua, rura, duces*[1]... Mais, est-ce tout ? Est-ce même la forme capitale de son génie ? Nous avons des chants lyriques d'Homère, nous n'en avons pas de Virgile, nous en avons de Mistral.

Mon rêve aurait été de prendre chacun de ses poèmes : *Mireille*, *Calendal*, le joli conte de *Nerte*, la tragédie de *La Reine Jeanne*, le *Poème du Rhône*, et, après avoir fait l'exposé complet de leur fable, en avoir extrait et retenu autant que possible ce que nos anciens maîtres en auraient appelé les *beautés*, les plus notables endroits narratifs, et m'en être montré, comme il convient, l'admirateur passionné, j'aurais posé la plume et regardé mon public en riant.

— Eh ! oui, aurais-je dit à Messieurs mes lecteurs et à Mesdames mes lectrices. Mais je vous ai laissés au tiers ou au quart de la vraie grandeur du poète, il reste à vous montrer le principal, qui est d'un très grand lyrique. Et non pas seulement parce que le récit de Mistral est un chant autant et plus qu'un discours, ΕΠΟΣ, récit chanté comme c'est le cas de l'*Iliade*, de l'*Odyssée*, de l'*Énéide* et, plus encore, de *Jérusalem délivrée*[2], de *Roland furieux*[3] et de la *Comédie* de Dante ou des *Lusiades* de Camões. Mais pour l'autre raison encore : ce qui relève, aide, soutient, pousse, élève, conduit tout le mouvement du poème, c'est presque toujours, c'est surtout quelque nouveau chant qu'il intercale dans le premier. Prenez *Mireille*. Elle est à peine commencée, vous avez la chanson du Bailli de Suffren. Au chant II, c'est le gracieux appel : *Chantez, chantez, magnanarelles*. Au chant III, c'est la chanson de Magali. Au chant V, après le combat et la blessure de Vincent, les longues reprises :

La Crau était tranquille et muette
Là-bas, là-bas son étendue
Se perdait dans la mer et la mer dans l'air bleu.

Flammes chantantes qui semblent avoir été placées là pour donner au poème essor et direction.

Quand le récit qui suit a fini de nouer sa péripétie capitale, la même voix remonte, et c'est au chant X la prière aux Saintes : « *Je suis une jeune fille – qui aime un jouvenceau – le beau Vincent ! Je l'aime – chères saintes, de tout mon cœur...* » Alors, aux plaintes du récit les deux derniers chants entrelacent la diversion musicale tirée de l'histoire profane ou sacrée du pays. On ne peut pas nier que le succès de *Mireille* ait, en grande partie, procédé des rallonges lyriques imposées à l'action.

Calendal se recommande par des vertus analogues. Dès la première strophe, le récit épique prend un ton de rêverie chantée, à la gloire de nos héros :

1. « J'ai chanté les pâturages, les campagnes, les héros » : épitaphe latine de Virgile.
2. Poème épique du Tasse (1581).
3. Poème épique de l'Arioste (1532).

« Âme de mon Pays – toi qui rayonnes, manifeste, – et dans sa langue et dans son histoire – quand les barons picards, allemands, bourguignons, – serraient Toulouse et Beaucaire – toi qui de tous les côtés enflammas – contre les noirs chevaucheurs – les hommes de Marseille et les fils d'Avignon[1].

« *Par la grandeur des souvenirs – Toi qui nous sauves l'espérance* – toi qui, dans la jeunesse, et plus chaud et plus beau – malgré la mort et le fossoyeur – fais reverdir le sang des pères – toi qui, inspirant nos doux trouvères, – fais ensuite sonner, comme le mistral, la voix de Mirabeau.

« Car les grandes ondes des siècles – et leurs tempêtes et leurs orages – ont beau mêler les peuples, effacer les frontières, – la terre mère, la Nature, – nourrit toujours sa progéniture – du même lait, sa dure mamelle – toujours à l'olivier donnera l'huile fine.

« Âme sans cesse renaissante – Âme joyeuse et fière, et vive, – qui hennis dans le bruit du Rhône et de son vent – âme des sylves harmonieuses – et des golfes pleins de soleil, – de la patrie, âme pieuse, – je t'appelle, incarne-toi dans mes vers provençaux ! »

Il serait facile de suivre du doigt, à travers *Calendal*, la même insertion du lyrisme : le branle des gueusards, la voluptueuse danse de Fortunette, l'étonnant aperçu de la Côte d'Azur, *val d'amour, encensoir*, qui ne ressemble à rien et laisse loin derrière lui les plus magnifiques énumérations de la grande école classique. On peut relire Chénier à ce propos. L'admirable poète de l'*Aveugle*[2] parle, cite, dénombre : son chant demeure une parole. La musique de Mistral fait presque une danse. Tout y est donné au mouvement, à l'accent, à l'immatérielle impulsion d'on ne sait quel céleste rayon, de quelle idée astrale.

Nerte est peut-être le poème qui prêta le moins à ce penchant de son génie. Simple nouvelle, petit conte mystique, les entre-lueurs de lyrisme y font de discrètes échappées ; mais les adieux de la nonette à sa chevelure, le discours de Rodrigue sur les puissances du Malin, certain dialogue du Pape et du Roi sur l'avenir de la Provence, de l'Espagne et de l'Italie, ouvrent de vastes baies par lesquelles s'envole le chant – si modéré qu'en soit le rythme, et refréné le ton.

En revanche, *La Reine Jeanne* a mérité l'épigramme de Jules Lemaître : une tragédie en chansons, ce qui la rend conforme aux plus antiques origines de l'art d'Eschyle et de Sophocle. Entre les plus beaux chants du Bouc[3], comme disaient les Grecs, le théâtre moderne en a peu de comparables à ce chœur des rameurs de la Galère royale :

1. Allusion à la croisade des Albigeois.
2. Poème des *Bucoliques* (1788).
3. C'est le sens du mot grec *Tragôdia*, qui a donné le français « tragédie ». Il fait peut-être allusion aux sacrifices de bouc précédant les représentations théatrales.

« J'entends, moi, le sifflet – du maître d'équipage – adieu le joli rire – des filles du rivage.

« — Sifflet ou non sifflet – comme si ce l'était, allons-y tout de même – lanlire, lanlère – et vogue la Galère !...

« J'entends le carillon – de Sainte-Réparade – De Naples à Avignon, – nous n'avons qu'une traite. – Le carillon ou non – faisons comme s'il l'était – Lanlire, lanlère... »

Ainsi, comme le dit la Reine de Naples, Comtesse de Provence, sur cette Mer latine :

... Moitié nus, les rameurs balancent
À l'antique le branle de leur corps : ils se ploient
Et se dressent tous ensemble et murmurent encore
Le céleusme[1] *plaintif qui leur donne l'accord.*
Bravo, mes galériens !

Les galériens reprennent :

« Je vois un grand portail – couvrant toute la route... Portail ou non portail, faisons comme si ce l'était ? – Lanlire, lanlère – et vogue la galère.

« Moi, je vois le château – de la fée Morgane... château ou non château...

« Je vois un brigantin – qui cingle devers nous... Un brigantin ou non – faisons comme s'il l'était...

« ... Moi, je vois Garlaban – avec la Sainte-Baume – ramons, pieds sur les bancs – la Magdeleine embaume. – Si ce n'est Garlaban – faisons comme si ce l'était, – lanlire, lanlère – et vogue la galère... »

On ne rouvre pas ce vieux livre immortel sans respirer à toute page les réactions violentes d'une passion historique et philosophique rêvée.

La Reine Jeanne était entrée fort avant dans l'esprit de Mistral : « Vers Jeanne et Cléopâtre », disait-il, son cœur déçu « rêvait amoureusement ».

Quelles brillantes et fines complaintes il faisait trousser au petit page en forme d'épigramme : « Ah ! médisants, vous pouvez me dire – qu'elle est moitié couleuvre – moitié femme... »

Et la douce et dure romance d'Auphan de Sisteron : « Au chemin des amoureux – l'un y perd et l'autre y gagne... » Et les enthousiastes explosions du cri populaire : « Si majestueuse – avec sa fierté, – comme elle est gracieuse – dans sa majesté. – Elle est la colonne – de notre zénith ! – Elle est la Maguelone – des vieux Provençaux. »

Et les sentencieuses doléances finales répandues sur les fatalités olympiennes :

« Qu'il pleuve, qu'il neige – qu'il tombe du gland, – tout doit relever, – du firmament sombre ! – qui monte ou descend – dans le ciel fleuri, – au bout de l'échelle. – Tout cela est écrit... »

1. Chant marquant la cadence à bord des galères.

J'ai grand'peine à me détacher de ce très grand livre ! Voici devant moi l'exemplaire de sa première édition, parue peu de semaines après la réédition des *Îles d'or*. J'avais fait l'article rituel et dû sur ce dernier livre, et demandé au Maître de bien vouloir me faire parvenir le nouveau. Il le fit, mais il mit sur la première page cette belle dédicace en calembour : *Té, Mau-ras, manjo e bëu* (« Tiens, Mal-Rassasié, mange et bois »). J'ai beaucoup bu, en effet, et beaucoup mangé, sans jamais m'assouvir, à cette table mistralienne. L'essentiel de mon cœur y trouva le meilleur de ses aliments. Et toujours le même ! Celui qui nous portait en haut. Celui qui faisait chanter autour de nous, en nous, ce qu'un autre poète appelait « la plus haute corde de la lyre ».

Achevons la revue des grands poèmes.

Le *Poème du Rhône* n'est point marqué du même caractère de lyrisme que *La Reine Jeanne*. Mais, à chacun de ses vers blancs, l'élan et l'essor lyrique se font sentir.

L'étude en serait minutieuse et longue. Si le livre que je regrette de ne pouvoir écrire eût été matériellement possible, rien n'eût été plus facile ni plus amusant que l'analyse de ce détail : qu'il s'agit des femmes de Condrieu, des matelots du *Caburle*[1] ou des villes du rivage, comme Valence,

Les filles de Valence
Sont molles en amour, les Provençales
Le font, la nuit, le jour...

– ce qui est plus dansé qu'écrit –, et l'appel de Diane de Poitiers, Comtesse d'Étoile et de Valentinois, et celui des bergers des Alpes, superposés aux fantômes d'Annibal et de Bonaparte, – et, à plus forte raison, tout ce qui concerne les amours du Prince de Hollande et de la petite chercheuse d'or ; c'est par le souple et rapide mouvement de ce *Rhône* que la dernière génération des Mistraliens de Paris – oui, de Paris –, recrutée dans un monde de langue d'oïl, fut si émue de voir la parole humaine, ses souvenirs, ses connaissances associés à des émotions qu'on eût appelées telluriques et qui jaillissaient inopinément vers le ciel, parce que c'est ainsi que leur destin l'exige et que nulle force de la nature ou de l'art ne les empêchera de monter. Ainsi le veut la servitude ou la liberté du poète. Il ne serait pas lui-même s'il l'aliénait.

À la différence de la plupart de ses égaux et de ses modèles, Mistral ne s'est jamais laissé interdire de passer d'un rythme à l'autre s'il lui plaît de se mettre à chanter. Dante peut introduire dans sa *Comédie* des stances en provençal et ainsi changer de langue[2], il reste fidèle à son mètre. Mistral qui ne mêle ni gascon ni limousin à son dialecte[3], passe d'un mètre à

1. Nom du bateau sur lequel se déroule l'action.

2. Au chant XXVI du *Purgatoire*, Dante met des vers provençaux dans la bouche du troubadour Daniel Arnaut.

3. Gascon, limousin et provençal sont trois dialectes de la langue d'oc.

l'autre, au cours de son poème, sans la moindre difficulté. C'est qu'il a besoin d'étendre, d'élever, de varier, ou de modérer la chanson. Le démon lyrique le mène.

Ainsi furent bâties en rêve les deux premières parties du livre « exact » et du livre « complet » que je projetais sur Mistral.

Ayant ainsi montré quel démon lyrique le mène – ayant, pour ainsi dire, écrémé de ses récits, contes et idylles, ce qui en forme le sens premier, le chant profond – alors et alors seulement je me serais permis d'aborder les deux Recueils où s'exprime cette âme, où se tend cette lyre, où sonnent sa Nature et sa Grâce et sa Volonté : le Recueil des *Îles d'or* et le recueil des *Olivades*.

Un critique, un seul, je crois bien, a contesté le lyrisme de Mistral. Pitié ! Plaignons, passons ; il devrait suffire à tout Provençal de jeter un regard au fond de lui-même :

— Vois ce que tu étais avant d'avoir connu les incantations mistraliennes, vois ce qu'elles ont fait de toi.

Métamorphose comparable à celle de *La Belle et la Bête* pour quiconque a brouté cette rose de feu !

De la plus rieuse à la plus grave, de la plus simple à la plus savante, qu'il s'agisse d'un conte villageois ou d'un symbole platonicien, ces pièces ont en commun le caractère de la sublimité. Parfois, la sublimité du ton. Toujours le genre du sublime, qu'il faut dire de perfection. La bonhomie n'en est pas exclue, ni l'allure pédestre. Comme chez l'ami de Virgile, le pur, le grand Horace, certains sommets donnent le vertige, d'autres tendraient à faire penser que, après tout, ni les Dieux, ni les Saints, ni les héros ne sont si loin de nous ! Peut-être nous suffirait-il d'avoir des yeux attentifs, et un peu sensibles, pour nous rendre compte que le surnaturel le plus céleste vit et parle, et se meut, à portée de nos mains de chair.

Exemple le poème tiré du chapitre des *Îles d'or* intitulé les *Rêves*, cette *Communion des saints*.

Elle descendait en baissant les yeux – l'escalier de Saint-Trophime. – C'était à l'entrée de la nuit, – des vêpres on éteignait les lumières. – Les Saints de pierre du portail, – comme elle passait, la bénirent. – Et de l'église à sa maison, – avec les yeux l'accompagnèrent.

Car elle était sage ineffablement, – et jeune et belle, on peut le dire, – et dans l'église, nul, peut-être, – ne l'avait vue parler ou rire, – Mais quand l'orgue retentissait – pendant qu'on chantait les psaumes, – elle se croyait en paradis et que les anges la portaient.

Les saints de pierre la voyant – sortir tous les jours la dernière – sous le porche resplendissant, – et s'acheminer dans la rue, – les saints de pierre bienveillants – avaient pris en grâce la fillette – et quand la nuit le temps est doux, – ils parlaient d'elle dans l'espace.

— Je voudrais la voir devenir, – disait saint Jean, nonnette blanche, – car le monde est orageux, – et les couvents sont des anses paisibles. – Saint Trophime dit : Oui, sans doute ! – car dans l'obscur il faut la lumière – et dans le monde, il faut des exemples.

— Ô frères ! dit saint Honorat, – cette nuit, dès que se lèvera la lune – sur les lagunes et dans les prés, – nous descendrons de nos colonnes, – car c'est la Toussaint ; en notre honneur, – la Sainte Table sera mise… – À minuit, notre Seigneur, – aux Aliscamps[1] dira la messe.

— Si vous me croyez, dit saint Luc, – nous y conduirons la jeune vierge, – nous lui donnerons un manteau bleu – avec une robe blanche… – Et cela dit, les quatre saints, – tels que la brise s'en allèrent ; – et de la fillette, en passant, – ils prirent l'âme et l'emmenèrent.

— Le lendemain, de bon matin, – la belle fille s'est levée… – Elle parle à tous d'un festin – où, en songe, elle s'est trouvée. – Elle dit que les Anges étaient dans l'air – qu'aux Aliscamps table était mise, – que saint Trophime était le clerc – et que le Christ disait la Messe.

Lisons maintenant l'une des plus belles chansons qui soient sorties du cœur du grand poète.

Son *Ode à la race latine* peut d'abord étonner un peu : ce chef-d'œuvre porte un refrain. Sauf en des cas très particuliers, la grande poésie s'abstient de ce trivial appendice. Le refrain est courant chez Mistral. Non point seulement parce qu'il pensait remonter ainsi aux origines de la poésie chantée ; une mnémonique[2] utile faisait corps avec son programme de renaissance linguistique et littéraire : quel homme, pris entre mille, saurait bien une chanson qui n'aurait pas de refrain ?

Les refrains de Mistral contiennent d'ailleurs une force et une vertu singulières. À regarder de près celui de l'*Ode à la race latine*, on le voit correspondre, dans les hauteurs de la conception du poète, à de divins appels dionysiaques, quand y semblent contredire la suite des Strophes, tout apollinienne.

« Agis », dit le refrain. « Mais, répondent les strophes, tout est déjà parfait, notre passé latin est déjà si grand et si beau !…

— Agrandis, embellis-le… »

Couchés, au ras de l'horizon, de séculaires vendangeurs dorment dans les vignes. Le poète leur chante :

« Relève-toi, race latine, – sous la chape du soleil ! – le raisin brun bout dans la cuve, – et le vin de Dieu va jaillir. »

Ils se relèvent donc. Le poète est le premier debout : « Sous ta chevelure qui se dénoue, – au souffle sacré du Thabor, – tu es la race lumineuse – qui vit d'enthousiasme et de joie ; – tu es la race apostolique – qui met les cloches en branle ; – tu es la trompe qui publie, – tu es la main qui jette le grain. »

Se sont-ils recouchés ? Il les apostrophe :

« Relève-toi, race latine, – Sous la chape du soleil ! – le raisin brun bout dans la cuve – et le vin de Dieu va jaillir. »

1. Les Aliscamps (Champs-Élysées, en provençal) sont le cimetière ancien d'Arles, une des nécropoles les plus fameuses de la chrétienté antique et médiévale.

2. Un procédé de mémorisation.

Les voilà relevés pour écouter la grande et grave vérité de leur sang, de leur langue, de leur terre-mère :

« Ta langue mère, ce grand fleuve – qui, par sept branches se répand, – versant l'amour, versant la lumière – comme un écho du Paradis, – ta langue d'or, fille romane – du Peuple-roi, est la chanson que rediront les lèvres humaines, – Tant que le Verbe aura raison.

« Relève-toi, Race Latine…

« À l'étincelle des étoiles – allumant la mèche de ton flambeau, – tu as, dans le marbre et la toile – incarné la suprême beauté. – Tu es la terre de l'Art divin – et toute grâce vient de toi, – tu es la source d'allégresse, – tu es l'éternelle jeunesse.

« Relève-toi…

« Des formes pures de tes femmes – les Panthéons se sont peuplés ; – à tes triomphes, à tes larmes, – tous les cœurs ont palpité ; – la terre fleurit quand tu es en fleur ; – de tes folies chacun devient fou ; – et dans l'éclipse de ta gloire – toujours le monde a pris le deuil. »

Ainsi, contrairement au refrain qui s'incline sur des dormeurs, la Strophe verticale monte et ne cesse de monter. Elle est au zénith :

« Ta limpide mer, la mer sereine – où blanchissent tant de vaisseaux – frise à tes pieds sa molle arène – en reflétant l'azur du ciel. – Cette mer toujours souriante, – Dieu l'épancha de ses splendeurs – comme la ceinture étincelante – qui doit lier tes peuples bruns.

« Relève-toi, Race Latine… »

Cette Ode magnifique, insérée dans la dernière édition des *Îles d'or*, se rattache à la série des chants d'histoire provençale, où le lyrique s'était montré orateur et tribun.

Commencée en 1860, cette série se prolongea au-delà de 1888, dans l'admirable *Éclaboussure*.

On ne saura jamais ce que Mistral a fait de nous si l'on n'a lu quelques extraits de ces poèmes majeurs : force de pensée, rythme de la parole, essor du chant, tout était réuni pour cette céleste fascination.

Toutes les fois qu'il lui a plu de mettre en mouvement cet extraordinaire mélange de passé et d'avenir, Mistral apparaît le plus grand des poètes politiques : déduisant ce qui sera de ce qui fut, ses *Sirventès*[1] ont la force, le sens, la plénitude, d'un psaume de Mort et de Résurrection. Exemple, la *Comtesse*, cette allégorie de Provence qui a perdu tout ce qu'elle avait par l'esprit centralisateur auquel a cédé sa sœur, cette *sœurâtre* qu'elle avait « d'un autre lit ».

— Moi, je suis une Comtesse – qui, de sang impérial – en beauté comme en noblesse – ne craint personne loin ni haut – et pourtant une tristesse – de ses yeux voile l'éclair.

1. Poème politique.

Ah ! si l'on savait m'entendre. – Ah ! si l'on voulait me suivre. – Elle avait cent villes fortes, – elle avait vingt ports de mer, – l'olivier devant sa porte – jetait l'ombre douce et claire ; et tout fruit que terre porte – était en fleur dans son verger.

Ah ! si l'on savait m'entendre, – Ah ! si l'on voulait me suivre !

Elle avait pour sa couronne – blé, olives et raisins, – elle avait des génisses farouches – et des chevaux sarrasins…

Passé rêvé, plutôt qu'embelli ! L'évocation des gloires disparues alterne avec le paysage immuable : tout ce que nous savions de nos pères, tout ce que nous voyions de la terre de la patrie, il n'est rien qui soit plus prenant. Non, rien, sinon peut-être certaines strophes des poèmes oratoires dont la chanson connue de *La Coupe* fait le modèle, mais qu'explicite à la perfection l'*Ode aux trouvères catalans*.

Frères de Catalogne, écoutez ! On nous a dit – que vous faisiez au loin revivre et resplendir – un des rameaux de notre langue : – frères, que le beau temps épanche ses ondées – sur les olives et sur les raisins – de vos champs, collines et vallées !

Du Comte Béranger, frères, il nous souvient bien, – lorsque, de Catalogne amené par un bon vent, – avec ses voiles blanches, – il entra dans notre Rhône, et qu'il reçut la main – et la couronne et les diamants – de la Princesse Douce.

Provence et Catalogne, unies par l'amour, – mêlèrent leurs langages, leurs coutumes, leurs mœurs ; – et lorsque nous avions dans Maguelonne, – lorsque nous avions à Marseille, à Aix, en Avignon, – quelque beauté de grand renom, – vous en parliez à Barcelone.

Cent ans, les Catalans, cent ans les Provençaux – se partagèrent l'eau, et le pain, et le sel : – et (que Paris ne s'en offusque point) – jamais la Catalogne ne monta plus haut en gloire, – et toi, Provence, plus jamais – tu n'eus de siècle aussi illustre[1] !

… Il y avait sans doute des tueries à grands coups de hache, – et la lutte incessante, et partout plaies et trous – mais le feu chauffe, s'il dévore ! – Alors nous avions des consuls et de grands citoyens – qui lorsqu'ils sentaient le Droit dedans, – savaient laisser le Roi dehors.

Fussiez-vous Roi de France, et Louis VIII votre nom – et cent mille Croisés pour armée, Avignon – barricadait ses portes, – La Ville était brisée, était broyée, rasée… Mais notre libre Consulat – avait fait tête à l'arme blanche.

De Pierre d'Aragon, frères, il nous souvient bien : – Suivi des Catalans, il vint comme le vent – branlant sa lance bien pointue. – Le nombre et le destin accablent le bon droit : – devant les remparts de Muret – ils moururent tous à notre aide !

Alors, comme le clerc au prêtre – depuis, le Provençal répond au Catalan – à travers l'onde qui soupire : – à travers la mer, aussi, à certaines heures, – vers Barcelone tendrement – Barcelonnette se retourne.

Maintenant, pourtant il est clair, maintenant pourtant nous savons – que dans l'ordre divin tout se fait pour un bien : – les Provençaux, flamme unanime, – nous sommes de la grande France, franchement et loyalement ; – les Catalans, bien volontiers, – vous êtes de la magnanime Espagne.

Car enfin à la mer doit tomber le ruisseau – et la pierre au tas de pierres ; – des perfides froidures de l'Équinoxe – le blé serré se préserve mieux ; – et les petits vaisseaux pour naviguer en sûreté, – quand l'onde est noire et l'air obscur, – doivent naviguer de conserve.

1. Allusion à la période catalane du comté de Provence (1112-1245), en vertu de laquelle Catalogne et Provence ont les mêmes armoiries (d'or à quatre pals de gueule).

Car il est bon d'être le nombre, il est beau de s'appeler – les enfants de la France, et, lorsqu'on a parlé, – de voir courir, sur les peuples, – de soleil en soleil, l'esprit de renaissance, – et briller la main de Dieu – de Solférino à Sébastopol !

— Mais une fois passés les jours de la tempête, – une fois qu'au timon chante le timonier – et que la mer est aplanie, – pour suivre son étoile ou jeter son filet, – chaque vaisseau, de-ci, de-là, à sa fantaisie se disperse.

Ainsi arrive l'heure où chaque nation, – contente de son lot et franche d'oppression, – dressera ses épis comme un bel orge – où peuvent les oiseaux, les papillons, les fleurs, – mêler leurs chants et leurs couleurs sans vitupère ni discorde.

Et la France et l'Espagne, en voyant leurs enfants, – se réchauffant ensemble aux rayons de la patrie, – chanter Matines aux mêmes livres – vont se dire : « *Les Enfants ont, certes, assez de raison : – Laissons-les rire et jouer ensemble, – maintenant ils sont d'âge à être libres.* »

Et nous verrons, vous dis-je, à la moindre cité – redescendre, ô Bonheur ! la liberté antique – et l'amour seul joindre les races ; – et si jamais se montre la serre noire d'un tyran – toutes les races bondiront – pour chasser l'oiseau de proie.

Telle est cette première physionomie de Mistral entre 1860 et 1870, de sa trentaine à sa quarantaine, telle que nous ne pûmes que la deviner : et le rayon tardif des flambées quarante-huiteuses s'y allonge assez clairement[1].

Un de ses fils spirituels, mon vieil ami regretté Marius André, a raconté comment un certain séjour à Paris enleva à Mistral quelques illusions[2]. Entre les fédéralistes latins qu'il y rencontra, beaucoup étaient plus désireux de noyer les peuples dans la même uniformité de l'individualisme révolutionnaire que de les rétablir sur leur terre et dans leur foyer comme il le voulait, lui. Ces cosmopolites le firent se sentir plus profondément national.

Un grand et beau sens de la fraternité latine lui restait chevillé dans l'âme. On le voit par le magnifique « salut » de 1868 aux mêmes amis Catalans :

Provence et Catalogne, amis, sont deux compagnes, – deux sœurs que la Lumière en riant, enfanta. – Un jour, les amoureux entrèrent en campagne… – Adieu ! l'une donna sa main au Roi d'Espagne, – à celui des Français l'autre se maria.

C'est égal, vive Dieu ! Les nobles et fortes races – n'oublient jamais les splendeurs de leur sang. – On a beau dire : « Taisez-vous, vos gloires sont mortes ! » – Nous autres, qui savons ce que porte l'histoire, – ensemble, nous trinquons au bout de cinq cents ans.

Ô Frères, que nous font les frontières ennemies et les noms différents de Français, d'Espagnols ? – Malgré tout, plus que tout, la sympathie nous lie : – si la mer est immense et vaste la garrigue, – nous les passerons bien, car nous sommes rossignols.

Conservons du passé les grandes fondations : – les arbres aux racines profondes sont ceux qui montent haut ; – mais nous tenons l'œil ouvert autant que la mémoire ; – vers le libre avenir, clarté qui toujours croît, – cheminons confiants, sans peur et sans ressaut.

Cependant, si quelqu'un trouvait embarrassante – notre Cause, jeunesse, en avant, toujours ! Il est beau, – comme Majorque en fleurs, de lutter avec courage, – contre le battement de la mer envieuse – et de ne pas subir l'uniforme niveau !

---

1. Mistral, né en 1830, s'était enthousiasmé pour la révolution de 1848.
2. Dans *La Vie harmonieuse de Mistral*, Paris, Plon, 1928.

Cette *Majorque en fleur sur la mer envieuse* mérite de rester pour l'éternel symbole des résistances de l'esprit qualifié aux rages de la matière, à ses fanges impures, à son chaos niveleur.

Dix ans plus tard, c'est la même pensée, la même volonté, le même cœur, au Capitole de Toulouse, quand le poète est venu remercier l'Académie des Jeux floraux[1].

Assailli de ridicules reproches de « séparatisme », le poète répond à l'agresseur par une table de bienfaits dont il a couvert le pays :

Ainsi le Félibrige, enfant de la Provence – réveillait en chantant le Midi endormi ; – et des brins d'olivier que pousse la Durance – il couronnait gaiement les joies et les souffrances – du peuple, son ami.

Aux peuples, il apprenait la grandeur des Ancêtres ; – il lui sauvait sa langue et son nom ; il lui faisait – respecter les coutumes, honorer les croyances ; – enfin de la patrie, il était comme le prêtre, – et il la bénissait.

Pareil au soleil de juin qui adoucit la merise, – ainsi le Félibrige, tempérant les querelles – de l'âpre politique où le cœur hait, – POUR LA FRANCE faisait croître des patriotes – enthousiastes du pays...

E per Franço fasiè crèisse di patrioto
Afouga dóu païs...

Je n'oublierai jamais le regard radieux du jeune écrivain et orateur de nos amis, Albert-Bertrand Mistral, qui avait épousé la nièce du Maître, quand il eut pris garde à ce dernier distique : « pour la France : "Et mon oncle, dit-il, est encore traité de mauvais Français !" »

Albert-Bertrand Mistral est tombé au Chemin des Dames le 7 juin 1917. Mais son oncle qui était déjà le maître du patriotisme français n'avait pas besoin du témoignage de ce beau sang.

Et le poème continuait avec le même feu de regret, et d'espérance :

À Toulouse vivante, à Toulouse qui chante – et qui chante avec plaisir les refrains de Mengaud, – j'élève mon salut et je dis : Ville Sainte, – au soleil à jamais, épanouis-toi puissante ! – À jamais fais-nous joie !

Les Sages te nommèrent la Cité de Pallas ; – et, l'âme du Midi réfugiée en toi, – chevaleresque et digne tu as traversé les âges... – Mais écoute : Si tu veux que le sang Tectosage – maintienne sa vertu,

Oh ! maintiens ta langue historique... Elle est la preuve – qu'en tout temps, haut et libre, tu portas ton blason : – Dans la langue, un mystère, un vieux trésor se trouve... – Chaque année le rossignol revêt des plumes neuves, – mais il garde sa chanson !

Ce chant d'histoire illustre et complète les précédents. Néanmoins, sans en rien contredire, il les concentre à peu près dans la seule défense de la langue d'oc.

On a vu pourquoi !

Depuis que la méditation de Mistral avait découvert les caractères – moins fondateurs que destructeurs – du mouvement fédéraliste européen,

1. Académie fondée en 1323 afin d'organiser un concours annuel de poésie.

il avait, dès 1871, écrit, pour lui-même, comme une confession, la page douloureuse intitulée *Le Rocher de Sisyphe* où est enregistrée l'agonie des rêves du progrès démocratique, libéral, international.

Nous étions autrefois un peuple. Notre Roi – était à Aix. Nous écrivions nous-mêmes nos lois, – Nous conservions la langue qu'elle-même, la nature – nous mettait sur les lèvres ; et, sous l'œil des femmes, – le dimanche, après les vêpres, avec les souliers minces – nous faisions la farandole au son du tambourin ; – Puis, un jour, ennuyés de ce bonheur, – l'envie nous prit de nous fondre dans la France. – Allons-y ! Tout de suite, glorieux petits Français, – de nos anciens usages nous empilons un tas – et nous brûlons tout. Adieu la mémoire des Ancêtres ! – L'amour du Gai Savoir, la splendeur des Trouvères, – le Chaperon des Consuls avec sa liberté – Adieu ! Adieu !

— Vertus, bonheur d'antan, vous n'étiez que des fables : – dans Aix, un sous-préfet remplace nos Comtes. – Nous avions les braies courtes et nous sautions joyeux ; – maintenant, nous les aurons longues, mais en nous surmenant. – Nous avions à la Noël la bûche bénie – dans la maison paternelle ; maintenant nous irons par loyer. – C'est bien ; nous voilà un grand peuple, et vive la Nation !

— La France unie et forte, et de noble ambition – altérée, conquiert, brille, éblouit, – dans la guerre et la paix également illustre.

Ça ! encore un effort ! À ton apogée, – reine, tu vas parvenir… Non, ce serait dommage ! Au carrefour, droit sur les bornes, – entendez crier au vent les prophètes à la mode : – Plus de patrie ! À bas les frontières ! Nations, – Les gloires nationales sont des abominations ! – Table rase ! écrasons le passé, quel qu'il soit ! – L'homme est Dieu : aujourd'hui, il n'est personne qui n'ait les yeux ouverts !

— C'est cela, Français, vive l'humanité ! – Et notre patrimoine, notre héritage légitime, – nous le répudions ou nous le gaspillons. – L'antique loi du Christ qui nous servait de tour, – et qui, morts, nous ouvrait son radieux paradis, – ingrats, nous l'abjurons comme une chose embarrassante. – Qu'est-ce que Jeanne d'Arc, et saint Louis et Turenne… – Cela est vieux, rouillé, fruste comme les liards… – Quelle nécessité, d'ailleurs, de toujours ressasser – Bouvines, Denain, Lodi, Austerlitz, Iéna ! – Le dieu des armées, gorgé de cervelles – et de sang, a vécu : place à l'ère nouvelle !

Pendant que nous sablons la bière de Strasbourg, – terribles tout à coup les tambours rappellent, – et se ruant sur nous, les peuples, – nos frères – nous brisent le verre entre les dents… Empereur, – Sois maudit, maudit, maudit ! Tu nous a vendus… – et, réveillés en sursaut, éperdus, nous courons, – de rage nous fracassons les dômes de nos monuments, – nous brûlons Paris, nous tuons les Prêtres ; et ensuite – nous reprenons, efflanqués, le rocher du Progrès[1].

Telle est l'évolution mistralienne. – La même qui a été suivie, vingt ans plus tard, par quelques jeunes gens que la nouvelle édition des *Îles d'or* éveillait et illuminait.

J'en étais. Et, de ma place obscure, j'essayais d'en entraîner d'autres en ce beau sillage. Il ne faut pas en oublier le point de départ : le Chant lyrique de l'action fait corps avec toute la vie de Mistral, elle est l'âme même de sa poésie.

*
* *

1. Cette dernière strophe évoque la défaite de 1870 et la Commune.

Le livre ainsi rêvé doit être interfolié à cette page pour expliquer notre état d'esprit et d'âme. La lyre du nouvel Amphion[1] bâtisseur de villes et rénovateur de nations n'était pas conçue le moins du monde comme un simple mode littéraire.

Nous en éprouvions la puissance, et nous y cédions de tout cœur.

À l'appel de *cette Comtesse*, qui doutait *qu'on sût l'entendre* et qu'*on voulût la suivre*, notre jeunesse répondait qu'elle savait, qu'elle voudrait. Et c'est la vraie raison pourquoi, le 11 août 1891, le grand poète, pressé de notre instance, vint recevoir, en mon Martigues, un de ces triomphes que nos anciennes républiques lui préparaient un peu partout.

Membre de la Cigale parisienne, secrétaire du Félibrige de Paris, je n'étais pas sans titre personnel pour y inviter mes collègues du Nord. Et puis, j'avais eu la chance de rendre un petit service public à nos pêcheurs, victimes d'une terrible gelée de l'étang de Berre : pour les justes indemnités de leurs filets détruits et de tout le poisson perdu, une trentaine de mille francs leur avaient été alloués après une vive campagne[2] : alors, la Prudhomie[3], le Conseil municipal, le Comité des Fêtes s'étaient mis à mon entière disposition, malgré mon extrême jeunesse. On avait adopté mon idée d'apposer sur la façade du vieil hôtel de Pradines, devenu notre Mairie, une plaque de marbre à la gloire de Gérard de Martigue, dit Gérard Tenque, fondateur de l'Hôpital de Jérusalem, et par conséquent des Chevaliers de Rhodes, puis de Malte. On m'avait même demandé de rédiger l'inscription. Mais, ayant mis par écrit un texte, je le fis passer par Maillane, afin de le soumettre à la révision de Mistral. Or, que fit ce grand homme ? De sa fine et claire et belle écriture, le poète divin copia mon papier tel quel et le mit à la poste.

Mes lignes, reçues avec le respect que l'on imagine, furent gravées sur le marbre auguste, scellées sur la vieille muraille et, depuis près d'un demi-siècle, ses caractères noirs ou roses, suivant l'enduit qui les ravive, étincellent à nos soleils :

L'AN DÓU SANT CRIST MILO QUARANTO – DINS NOSTO CIÉUTA DÓU MARTÈGUE – NASQUÈ – LOU BENUROUS GÉRARD TENQUE – FOUNDATOUR DI MOUNGE ESPITALIÉ DE SANT JAN DE JERUSALÈN – E LOU VOUNGE D'AVOUST DÈS E VUE CÈNT NOUNANTO UN – LI CIGALIÉ ME LI FELIBRE DE PARIS...

C'est-à-dire :

L'an du Saint Christ mille quarante – dans notre cité de Martigues – naquit le Bienheureux Gérard Tenque – fondateur des Moines Hospitaliers

1. Fils de Zeus dont la musique a le pouvoir de déplacer des pierres, ce qui lui permet de bâtir les remparts de Thèbes.

2. Une campagne de presse orchestrée par Maurras. Noter que les pêcheurs de Martigues assistèrent à ses funérailles en 1952.

3. Corporation des pêcheurs de Martigues.

de Saint-Jean de Jérusalem. – Le XI août 1891 ; – les Cigaliers et les félibres de Paris…

À deux cents lieues de ma ville natale, c'est tout ce que je parviens à reconstituer de mémoire. Les lecteurs qui seraient curieux du texte complet n'ont qu'à prendre le train de Martigues, ils le liront, tout à leur aise, sur la première maison du cours de l'île, aujourd'hui dénommé le cours Aristide-Briand, mais que l'on appelait encore la place Royale, un peu après 1870.

La journée de l'inauguration avait attiré un grand concours de peuple que soulevaient et agitaient, à parts égales, le pur enthousiasme et la plus candide ignorance.

… Le Félibrige ? Mistral ? Qu'est-ce que c'était ? À ceux qui le savaient, le cœur bondissait. Ils étaient assez rares. Cependant, les quais étaient noirs de monde. On attendait avec passion le petit vapeur qui amenait, de Saint-Chamas, on ne savait quels merveilleux pèlerins de Paris, d'Arles et d'Avignon.

Une femme demandait :

— Comment seront-ils habillés ? *Mai coume saran abiha ?*

Au banquet dans la Salle Verte, lorsque, au milieu des inscriptions qui chantaient sa gloire et la nôtre, Mistral se leva et, dans sa très bonne apparence de beau bourgeois, jaquette grise et chaîne d'or, se mit à parler provençal, ce fut, pour toute la partie populaire de l'auditoire, un véritable saisissement. Je vois encore une belle sexagénaire ouvrant toute grande une bouche pleine de ténèbres et dont la dent unique étincelait, stalactique de la caverne, qui ne se referma qu'à la dernière syllabe du discours du Monsieur, qui disait de si belles choses dans la langue des gens du peuple. Des étonnements moins marqués n'étaient pas moins profonds. Je regardais de braves amis qui, depuis longtemps, rédigeaient en provençal des contes, des chansons, des poésies, parfois un peu graveleuses, parfois aussi de haute et grasse verve : ils n'avaient qu'une idée très vague de l'effort mistralien, quand ils n'en étaient pas plus ou moins ennemis, quand ils ne disaient pas du divin parler de Maillane : – *Ce n'est pas du vrai provençal !*

Telle avait été, en particulier, la pensée constante de l'admirable chansonnier marseillais Victor Gélu, poète de génie, irrémédiablement hostile à l'idée, à la réforme, au dialecte de Mistral.

Gélu était mort deux années auparavant. Nous allâmes, au lendemain de la fête de Martigues, inaugurer en son honneur une fontaine à Marseille sur la place qui porte son nom. Quels retours de pensée cela inspirait aux initiés ! Car, sans ce Félibrige qu'il détestait, Gélu ne serait-il pas déjà oublié ?

Le Félibrige n'avait pas quitté Martigues sans y tenir le Consistoire annuel de ses cinquante majoraux[1]. On y avait pris une décision grave. Le vieux Roumanille, l'un des sept fondateurs de 1854[2], avait rendu au

1. Membres du comité directeur du Félibrige.
2. Date de la naissance du Félibrige au château de Font-Ségugne.

ciel sa belle âme de paysan mystique. La présidence était vacante. On y élut son beau-frère, le poète Félix Gras. Or, c'était le jour et la nuit : Roumanille était blanc, Félix Gras était rouge. Roumanille était prudent, Félix Gras hardi. Le premier redoutait et même il calmait certaines audaces mistraliennes, doutant un peu qu'il fût possible de mêler à la renaissance provençale un effort politique de renouveau provincial. Félix Gras conseillait et chantait de tout cœur ce mélange, d'ailleurs logique. Son élection sous-entendait que la Comtesse ne tarderait plus à être entendue et suivie ; l'on se redisait son chant de *Dame Guiraude*, Dame Guiraude de Lavaur, héroïne de la Croisade albigeoise ; on allait se pencher sur le puits où elle fut noyée et lapidée, mais où

L'on entendait une voix chanter
la liberté[1]

J'ai eu l'occasion de conter comment devait s'éployer puis se replier cette belle espérance. On en trouvera le principal document, dans la déclaration mémorable, mais en fait oubliée, des Jeunes félibres fédéralistes[2]. Nous la fîmes, mes amis Frédéric Amouretti et René de Saint-Pons, et moi, le 22 février 1892, à l'occasion du voyage du nouveau président du Félibrige à Paris. Les vitres du Café Voltaire, où nous nous réunissions, faillirent voler en éclat. Ce fameux groupe était présidé par un excellent homme qui était maire du XVe arrondissement de Paris : on l'avait appelé chez le Préfet de Police, nous confiait-il en frémissant, et, là, il lui avait été demandé si la Société des Félibres de Paris allait se livrer à une propagande de politique réactionnaire, contrairement à tous ses statuts[3]. Beaucoup de nos confrères partagèrent son émotion. Ainsi, d'un bout à l'autre du Midi, la question se posa plus ou moins aiguë.

Les Jeunes fédéralistes prenaient dès lors figure de perturbateurs. Quand, lauréat des Jeux floraux de 1892, le poète Marius André essaya de nous faire écho à Saint-Rémy, puis à Manosque, de très claires oppositions firent voir que cette grande association des poètes regimbait. Après tout, Félix Gras, lui-même, n'était-il pas le Juge de Paix d'Avignon ? Combien des poètes charmants ou vigoureux que le mistralisme avait assemblés vivaient aussi, qui plus, qui moins, dans un alvéole de l'État central ? Ils étaient médiocrement disposés à le contrarier. Politique autant que poète, Mistral s'en était rendu un compte très net.

La déclaration du 22 février l'avait rempli de joie. L'ardente, la constante adhésion de son cœur m'avait été attestée par un don sans prix : il m'avait

1. *Romancero provençal*, par Félix Gras.
2. Voir p. 489 de la présente édition.
3. En d'autres termes, Maurras et ses amis avaient été dénoncés aux pouvoirs publics par un de leurs confrères de la Société des Félibres de Paris : cela en dit long sur le réseau de surveillance mis en place par la IIIe République.

envoyé les deux vastes *in-octavo* de son dictionnaire provençal-français, le *Tresor dóu Felibrige*, avec la dédicace rimée : « *Té, Maurras, aquest libras*. Tiens, Maurras, ce gros livre. » Mais son œil était clair. Si *L'Aïòli*, beau journal provençal qu'il publiait les sept, dix-sept et vingt-sept de chaque mois, ne cessa jamais de nous défendre et de nous appuyer contre les mauvais amis, leur opposition le chagrinait mais ne le surprenait en rien.

De toute évidence, deux causes avaient agi : les partis organisés, blanc, rose ou rouge, ne pouvaient rien concevoir ni accepter en dehors de leurs formations propres : quiconque en fût sorti pour l'amour de la Provence se fût rendu suspect aux unes, aux autres, à tous. En outre, un étatisme rigoureux avait déjà réduit au sort de fonctionnaires, de pensionnés et de clients un grand nombre de citoyens capables de liberté. Le réseau était étendu, souple et serré ; il allait loin, partout. Il resterait certes possible d'en défaire les mailles le jour où un État énergique et lucide voudrait enfin comprendre quel affaiblissement cette paralysie de la vie locale, cette demi-mort des Provinces et des villes apportait à notre pays dont le centre est si gravement hypertrophié. La réforme était concevable par en haut. Par en bas, non. Travailler à la périphérie était chimère pure. Une politique mistralienne restait possible. Nous l'avions entreprise par le mauvais bout.

L'effort dura dix ans. Un terme naturel y fut mis par l'affaire Dreyfus qui créa, de personne à personne, de groupe à groupe, des incompatibilités passionnées, et elle concentra l'attention de notre jeunesse au centre des périls courus par l'ensemble de la Nation.

Mistral, qui était nationaliste pour la France autant que pour la Provence, avait adhéré à la Ligue de la Patrie française, non sans essayer, comme nous, d'y introduire ses idées de renaissance provinciale. On n'y faisait point d'objection. Aucun effet ne s'en suivait ni ne pouvait s'en suivre. *Décentralisons !* disaient les uns. *Mais oui !* disaient les autres. Et l'on ne bougeait pas. L'étatisme freinait ou brimait tout. Personne, sauf Mistral, n'en avait une intelligence distincte.

En dehors des écrits, des discours, des réunions, des assemblées, que nous avions multipliés, mes amis et moi, après que nous eussions été chassés du Félibrige de Paris et que nous eussions fondé l'École parisienne du Félibrige, nous rendîmes au mistralisme un service profond et durable, lorsque nous réunîmes et publiâmes le Chansonnier de la Provence[1] *avec les airs notés*. Il n'en existait pas encore ! Dix poèmes de Mistral, quatre chansons populaires venues de Gaston Phœbus ou du Roi René, deux de Roumanille, six d'Aubanel, d'autres de Félix Gras, de Paul Arène, d'Auguste Marin, de Charles Rieu, servirent efficacement la cause de Provence parce que la musique étendait, soutenait les ailes de sa poésie. Nous n'avions pas d'argent. Nous fîmes une loterie qui rapporta quelque

1. *Lou Cansounié de la Provènço*, Avignon, Roumanille, 1903.

douze cents francs, beaucoup pour l'époque. Nous pûmes vendre notre chansonnier pour vingt sous, ce qui lui permit une belle carrière.

D'autres suivirent, imitèrent, et l'on peut aujourd'hui considérer avec une grande satisfaction des foules provençales – et non pas composées seulement de Félibres – où bourgeois, ruraux, artisans chantent par cœur *La Coupe*, *le Bâtiment*, *L'Aqueduc*, *Jean de Gonfaron*, *Les Étoiles*, *Le Pont du Gard*, *Le Moulin d'huile*, *L'Amoureuse du bûcheron*. Ce que n'aurait point fait la seule grâce d'un beau poème procédait, et, ma foi, très vite, de sa mise en musique. Ainsi le voulait la structure de nos pères ligures[1], *peuple si musicien*, au dire de Platon.

1. Peuple protohistorique réparti de la Ligurie à la Provence.

LA PETITE VILLE

> « Voyez ; je suis vieille, mais je suis belle ; mes enfants pieux ont brodé sur ma robe des tours, des clochers, des pignons dentelés et des beffrois…
>
> « Ils passent, mais je reste, je suis leur mémoire…
>
> « Regardez cette fontaine, cet hôpital, ce marché que les pères ont légués à leurs fils. Travaillez pour vos enfants comme vos aïeux ont travaillé pour vous. Chacune de mes pierres vous apporte un bienfait et vous enseigne un devoir… »
>
> Anatole France

J'écris au flanc d'une colline couronnée d'un moulin qui a cessé de moudre et qu'on prendrait de loin pour un vieux château ruiné, comme on en voit le long du Rhône. Cinq ou six pins retiennent le sol friable de cette terre inconstante, et l'on y trouve aussi quelques oliviers lumineux. Le soir tombe. Vesper[1] commence de briller aux confins des nuits et des jours, sur cette pâle bande verte de l'occident serein qui reçoit le feu des étangs et de la mer voisine.

Le paysage a des formes calmes, précises, pourtant passionnées. Nulle part la mer et les terres ne furent divisées et tranchées avec plus de soin. L'air transparent qui prolonge tous les regards trahit le moindre aspect des lieux et cependant laisse songeur comme les lignes troubles de plus incertaines contrées. Voici une vapeur qui monte, à point nommé, comme le dernier souffle de ce jour qui s'éteint ; ses flocons diaphanes nous rayonnent de la lumière.

Cette lumière, un peu plus opaque que celle qui naît du ciel de midi, diffuse, dispersée, étendue à toutes les choses, n'altère les formes de rien, mais elle habille tout d'un voile décent et très pur. Ce qui se précisait avec une ardeur aveuglante se modère, se compose, s'atténue et prend les allures

1. Vénus.

de vie et d'humanité qui conviennent. Voici, des deux côtés de l'étang allongé qui miroite sous ma colline, les maisons de campagne ombragées d'un grand pin, pareil aux palmiers d'Orient, et des fermes, d'aspect plus humble, que défend la muraille vive de cyprès alignés contre le mistral.

Au fait, ces défenses sont rares, nos bâtiments couleur d'or roux aiment à montrer leur dédain du soleil et du vent ; beaucoup s'opposent seuls et nus, sur une éminence, au ciel dur ; les autres se contentent de l'ombre aérienne, spirituelle, abstraite, de l'unique cyprès planté sur le flanc gauche ou le flanc droit de la maison. C'est un arbre deux fois vénérable, car il est au moins séculaire et je ne saurais dire à quoi il peut bien servir là[1]. Pourtant son ombre tourne avec les heures de chaque jour écoulé, et maintenant elle s'allonge mélancoliquement aux feux du soleil qui décline, dans cette direction de l'orient qui marque la voie des renaissances au bout de la nuit du sommeil.

J'ai dit ce qui se passe à la hauteur de ma colline, sur les petits monts d'alentour. Dans le creux est la ville, et ses canaux, et ses étangs couverts de barques noires ou de voiles peintes de rose, ses ports mélancoliques où les tartanes[2] attendent pour se réveiller et partir, ses pêcheurs taciturnes inclinés sur les ponts et interrogeant les eaux glauques. Tout cela, dessiné d'une netteté prodigieuse, donne une vive image de la paix, du repos, avec cette impression que c'est une image trompeuse et que ville, étang, port, pêcheurs, voiles roses ou blanches vivent agités comme nous d'un feu d'inquiétude infinie. La nuit sublime d'Augustin et de Monique, la nuit d'Ostie[3], me remonte dans la mémoire avec le cri théologique du noble auteur des *Confessions* sur la douleur des choses possédées de ce sentiment qu'elles ne sont point composées pour elles-mêmes et qu'un autre désir les anime et les transfigure hors de leur petite durée et de leur minime étendue.

Et, puisque j'en suis aux réminiscences involontaires, pourquoi craindre de dire qu'il me revient aussi de vieux vers, autrefois aimés, dont je ne puis mieux faire que de confesser la faiblesse tout en reconnaissant qu'ils sont devenus comme un canton secret de moi-même ? Les très vieux vers de notre mauvais enchanteur Baudelaire se réveillent, il ne faut pas s'en étonner. À la campagne, dans la paix et dans le silence de l'âme, beaucoup de tentations oubliées réussissent à se faire jour ; beaucoup de formes rajeunissent que l'on croyait mortes de vieillesse et d'ennui :

Vois sur ces canaux
Dormir ces vaisseaux
Dont l'humeur est vagabonde…

1. Il sert, répond le Docteur S…, familier de nos champs, parce que tout sert à la campagne. Le cyprès détourne la foudre, comme l'aiguille de Franklin. Et le cyprès bien orienté dessine sur la terrasse nue l'aiguille du cadran solaire [NdA].

2. Voilier méditerranéen.

3. Nuit de septembre 387 au cours de laquelle saint Augustin et sa mère sainte Monique, bloqués à Ostie (le port de Rome), connurent une extase mystique.

Les soleils couchants
Revêtent les champs
Les canaux, la ville entière
D'hyacinthe et d'or,
Le monde s'endort
Dans une chaude lumière.

Ainsi me reviennent les vers de l'*Invitation au voyage* ; c'est à peine si leur romantisme de chanteur ambulant m'a choqué finement au milieu de la douce angoisse et de l'agréable langueur qui me surmontent. Et là-dessus, renaît le vent. Il arrive du fond de la Crau, ma voisine, du lit tumultueux du Rhône, de la dentelle des Cévennes invisibles sur l'horizon. Ce puissant fleuve d'air fera régner au ciel une extrême limpidité. De beaux brasiers couleur de pourpre s'élèvent, s'amoncellent, se déplacent au souffle ardent parmi toute la ligne occidentale des nuages ; à l'autre bout du ciel, les cornes de la lune s'affinent aux arêtes tranchantes des collines. Aussitôt tout fléchit et se courbe avec des sanglots, mais la clarté du soir se répand et circule avec égalité dans cette douleur. C'est bien ici qu'il conviendrait de situer quelque vieux drame de haine ou d'amour conscients. Pourquoi Stendhal n'a-t-il pas mieux connu ce pays-ci ? Je doute que son Italie lui ait fourni un emblème plus exact de la perfection de l'intelligence dans le désordre des passions[1].

Cependant, mille choses simples s'agitent là-dessous. Des haines, des amours, des chocs de personnages très ordinaires, c'est, j'en ai peur, tout ce que pourrait fournir la psychologie, même teintée de sociologie, de la vieille ville endormie devant moi. Mais l'extraordinaire n'est peut être que la splendeur du normal et du familier. Tout à l'heure, par mon étroit, modeste et mélancolique chemin de Paradis, bordé de joncs, semé de pierrailles luisantes et traversé en son milieu de deux belles ornières, qui, sans doute, sont là pour me figurer le bonheur, je veux redescendre à la ville. De sages oliviers entre lesquels jouera une lune mauvaise m'avertiront que rien ne serait tel que de m'avancer là-dedans, distrait du vain secret des choses, seulement soucieux de savoir combien d'huile donnera la récolte et si les olives seront plus abondantes ou plus profitables que le froment. Mais je n'aurai point dépassé la dernière limite du champ maternel, que sans doute je songerai soit à l'agitation de l'inerte démocratie, soit à la querelle des sages, me disant, selon Taine, que si l'Homme se distingue de l'animal et le Grec du barbare ce sera par l'étude de la philosophie et le soin des affaires publiques[2].

1895

1. Giono, qui était un grand admirateur de Stendhal, a campé en Provence des drames du type de ceux qu'évoque ici Maurras.
2. Taine, *Philosophie de l'art* (1881).

LES CHANGEMENTS

On m'écrivait : – Tu trouveras beaucoup de changement. Je ne m'en suis guère aperçu.

On ajoutait : – Cela a beaucoup enlaidi.

Ces façons de parler étaient rassurantes.

Oserai-je le dire ? Je ne crois pas que la main de l'homme enlaidisse facilement la nature ? Non, je ne suis pas ruskinien[1], et viens de m'en apercevoir. Sans doute, ma petite ville est en pleine transformation depuis qu'on l'a inscrite sur le trajet du canal de Marseille au Rhône et du chemin de fer de Miramas à Marseille. On a beau faire, on a beau dire, on ne gâtera pas les trente beautés[2].

Il n'est pas question de justifier les pots de moutarde géants plantés au versant des Alpilles, ni les bouteilles d'encre monumentales qui, non loin d'Aix, insultent à l'ombre athénienne de la Sainte-Victoire de Marius. Ce qui est laid est laid, fût-il fait de main d'homme ! Mais dans un beau pays, dans un pays bien configuré et bien peint, je mets en doute l'importance de ces saletés éphémères ; à peine reconnues, elles sont rejetées par l'esprit et même par l'œil, qui ne demande qu'à en faire abstraction dans ses jugements.

Je vois ici river et boulonner un de ces fragiles ponts métalliques à claire-voie qui seront la honte durable de notre temps : eh bien, je le vois sans le voir, et tout homme doué de l'humaine raison en fera autant : il le rayera du paysage par un décret automatique de son instinct. La gêne que m'oppose cet ouvrage d'art est vaincue par mon parti-pris de la surmonter. Il ne faut pas donner cent ans de vie à ce treillis de poutres noirâtres. D'ici cent ans les trains rapides se moqueront du rail et survoleront ; les morsures de l'air et de l'eau seront venues à bout de l'insolent et grêle échafaudage de fonte ou d'acier : seules subsisteront les piles dénudées en forme d'écueil solitaire, le pêcheur éternel y viendra amarrer ou briser son embarcation et l'étang d'alentour n'en aura pas perdu un atome de sa grâce et de sa beauté.

Où serait cette grâce, que deviendrait cette beauté si leur poésie dépendait du remuement de quelques cubes de terre ou de fer !

*
* *

1. Allusion au Britannique John Ruskin, critique d'art qui dénonçait les conséquences esthétiques de la révolution industrielle.

2. Allusion aux « Trente beautés de Martigues », que Maurras a célébrées dans un texte non repris dans la présente édition.

Le paysage qui s'étend sous ma fenêtre a déjà beaucoup changé depuis peu. En face de la table où j'écris, un petit tableau de famille, de ceux qu'une bisaïeule avait soin de dédier « à sa bonne maman », en raconte de belles sur la différence de ce que nous voyons à ce qui se voyait vers 1780 ou 1785.

Je n'y puis compter que trois choses qui soient restées les mêmes : notre maison, moins quelques portes ou fenêtres latérales, aveuglées depuis ; au-dessus, un moulin à vent, mais qu'on a décoiffé et qui a perdu ses ailes ; et le gros pin, debout sur la limite occidentale de ce coin de jardin. Encore l'ombelle sombre qu'il déploie au soleil du soir est figurée ici par un petit plumeau : soit qu'elle ait commencé par un aspect aussi misérable, soit plutôt que ma vénérable arrière-mère-grand, très forte pour camper une silhouette de chêne ou de tremble au premier plan de ses compositions, soit tombée au-dessous de tout quand il ne s'agissait que des essences résineuses, mal appréciées de son temps.

Mais l'intérêt de son dessin est de montrer, d'accord avec tous les grimoires, que ce pin, ce moulin et cette maison qui survivent étaient situés dans des conditions tout à fait différentes de ce qui existe aujourd'hui. Nous nous trouvions alors tout à fait riverains de l'étang, ses petites vagues venaient mourir entre les radicelles du verger. De nos jours, quelques joncs marins indiquent seuls l'ancienne présence du flot : refoulée et canalisée au loin, l'eau vive a reculé de plusieurs centaines de mètres. Est-il besoin de dire ce qu'elle a emporté de mouvement, de liberté aérienne et aussi de fièvre en laissant la maison, les arbres et les fleurs bien à sec au milieu des terres ? Mais la question est de savoir si nous n'y avons que perdu.

Nos yeux suffisent à répondre : sur l'espace pris à la mer ont été aménagés des marais salants dont les bassins symétriques développent leur carrelage de vitraux d'or rouge et d'or glauque, qui s'enflamme ou s'éteint comme le veut le ciel. Toute ma petite enfance a curieusement recherché quels palais de fées souterraines prenaient leur jour par ces croisées étincelantes. N'ayant pas vu l'ancien état, je ne puis rien en dire, si ce n'est qu'il eût pu, tout comme le nouveau, stimuler quelque rêverie.

*
* *

Je n'ai pu voir non plus une très vieille tour dont parlaient beaucoup nos anciens.

À la tête d'un pont, elle imprimait à la cité un petit air de fierté et de baronnie. Là, nos pères avaient défié Doria[1]. Là, nos ligueurs réfugiés contre ceux de la Religion avaient arquebusé le poète Malherbe, qui servait

1. Andrea Doria était un amiral de Charles Quint. Son attaque manquée contre Martigues eut lieu en 1536.

le roi huguenot[1]. Là, se tenaient nos cloches catholiques communalistes et, lors de la démolition, elles furent descendues solennellement pour être remontées dans le clocher nouveau. Nos mères étaient petites filles lorsque cette ruine survint… – Quel regret ! – Je veux bien… Peut-être… Et j'avoue cependant que cette tour rêvée, et désormais indestructible, m'inspire encore plus d'orgueil rétrospectif que de regrets profonds.

Comment regretter l'inconnu ? Où s'éleva la tour, je n'ai jamais vu qu'une haute maison très carrée. Neuve dans mon enfance, elle est maintenant revêtue d'une patine d'ambre et de miel : comme elle était coiffée d'une lanterne éblouissante, ces quatre miroirs culminants sont le point de la ville qui prenait chaque jour toutes les alouettes de mon imagination nouveau-née. – Beauté, cela ? – Peut-être que non, s'il le faut. Mais peut-être que oui, si l'on veut à tout prix donner de la beauté à la vieille tour démolie. Que les jeux du soleil sur la verroterie ne vaillent pas mieux qu'un mirage d'histoire obscure, cependant ils ne valent pas moins. Qui dit antiquité ne dit pas sacrement ; notre vie a le droit de détruire pour reconstruire, le monde n'est pas un musée.

*

* *

Bref, le faux esthétisme étant la plus exaspérante des folies romantiques et n'allant qu'à tout immobiliser par badauderie vénérante, je suis de cœur et d'âme avec ceux qui agitent la pierre, le sable et les eaux, pour essayer d'en tirer un meilleur parti. Superstition pour superstition, autant préférer l'industrie et le génie de l'homme.

L'esprit de lucre n'est pas mon guide. Je ne suis ni ingénieur, ni commerçant ; le vieux toit qui m'abrite et le sol qui me recouvrira quelque jour peuvent renchérir ou tomber au-dessous de zéro, ils ont pour moi tous les prix et n'en ont aucun. D'ailleurs, le canal et la voie ferrée ne nous promettent, matériellement, pas grand'chose. On dit dans le pays : – Nous verrons passer des bateaux… En revanche, nous sommes menacés des foudres du grand art. Les peintres qui, depuis une trentaine d'années, tapissent les salons et les expositions d'innombrables « vues » de Martigues, jurent qu'ils vont tous décamper si nous laissons endommager leur paysage domanial. Une pétition court le monde de la palette et du blaireau, et j'ai dû, en recevant cette honorable circulaire, résister à une violente envie de sourire.

Il ne faut pas railler le sentiment conservateur qui dicta la démarche, car il signifie admiration, attachement, respect, fidélité, piété et amour ; il relie dignement aux formes fugitives de ce monde qui change le cœur de

1. La Ligue, faction ultracatholique des guerres de Religion, combattit Henri IV dans les années 1580-1590. Malherbe, quoique catholique, était resté fidèle au roi.

l'homme versatile qui rêve en tout la fixité. Ôtons notre chapeau, ôtons-le le plus bas possible, mais craignons de laisser s'enrhumer le bon sens.

De quoi, je vous prie, se compose ce qui fait la joie de nos yeux dans cet admirable pays ? De la conformation générale des terres, de la stature des hauteurs, de la svelte élégance de ces longues collines bien étendues entre lesquelles s'insinue et s'épanouit une véritable petite mer ; puis, de la qualité de l'atmosphère déterminée par l'évaporation régulière de nos étangs ; puis encore, de la fréquence de brusques assauts du mistral qui ne permettent pas aux vapeurs de traîner et de s'épaissir ; enfin, de la haute et splendide clarté du soleil provençal, rayonnant au-dessus du prisme aérien dans lequel il opère ses jeux délicats. Tant qu'on ne touchera ni à l'eau, ni à l'air, ni au vent, ni à l'astre, les éléments sacrés se riront de toutes les entreprises de l'homme : ils sauront préparer à quiconque sait voir de nouveaux sujets de merveille au fur et à mesure que nous réussirons à changer de place quelques détails. Pour une beauté de perdue, deux naîtront et, quand il n'y en aura plus, l'ample nature saura bien arranger qu'il y en ait encore.

*
* *

On me dit : – Tout beau, mais les îles ?

Rattachée à la terre ferme par deux quartiers bâtis de part et d'autre sur le rivage, la plus vieille partie de ma petite ville élève des îlots à la vénitienne. Il y en avait cinq vers 1840, et deux ont disparu dont j'entends encore vanter le pittoresque, la bonhomie et la rumeur : notamment l'îlot des *terraié* ou potiers, notre Céramique[1], était aussi l'endroit où les pêcheurs goudronnaient les barques, au grand feu des brasiers, à l'odeur du bois débité et de la poix brûlante, aux coups sonores des calfats qui répandaient de là une vie joviale, maintenant perdue sous les eaux… Mais quoi ! si loin que je remonte, à cette même place où l'on évoque un pont-levis, souvent levé et suppléé par des barques nombreuses à l'usage des gens pressés, j'ai toujours vu ce pont tournant dix fois plus long, cent fois plus vite, dont les blanches ferrures, lancées en arc sur l'eau profonde du large port, m'ont toujours enchanté comme signe et comme promesse : signe d'activité naissante ou réveillée, promesse d'un progrès qui tarde, mais qui ne cesse pas d'être espéré, voulu, prétendu, escompté. La vieille ville eut sa marine. Elle suivit Suffren. Elle trafiqua aux Échelles[2]. Elle se souvient que Colbert, et Vauban, et Napoléon, et le prince de Joinville[3] ont rêvé devant elle d'un beau port de refuge où tiendrait tout notre pavillon

1. Allusion au Céramique d'Athènes.
2. Ports du Levant.
3. Le grand-père de Maurras avait navigué avec ce prince, fils du roi Louis-Philippe.

méditerranéen. J'appelle beau et bon ce qui exalte ce songe national et municipal. Tous ceux des miens qui ont aidé aux transformations anciennes se relèvent en moi pour applaudir aux transformations d'aujourd'hui.

Un autre îlot va disparaître... – Bien, il disparaîtra. – Le « pont du Roi » sera démoli... – Bien, le « canal du Roi » en sera plus vaste. – Si on le débaptise ? – Nous le rebaptiserons sous Philippe VIII, propre petit-neveu du prince de Joinville, qui a donné par ici un regard entendu.

— Alors, vous irez jusqu'à absoudre la digue...

Il faut vous dire que, en bordure du nouveau canal, une digue de plusieurs lieues, formée d'empierrements d'une blancheur cruelle, déploie des grâces de muletier ou de géomètre pour suivre ou imiter la ligne incurvée de la côte qui est, à cet endroit, d'une pureté sans pareille. Soyons juste : d'ensemble et de loin, la courbe naturelle et l'artificielle se fondent à la perfection ; mais, de près, le contraste est extrêmement dur, surtout en abordant la ville, où le caillou semble insulter les deux derniers îlots qu'il ne menace d'ailleurs point. Mais, patience ! l'écume et l'embrun auront vite fait de déteindre et d'harmoniser. Même, ce déplorable effet total s'évanouira tout entier le jour où quelque promeneur curieux, s'étant avisé de monter en barque et de faire force de rames vers la digue, se dira que la nouveauté qui n'est pas bonne à voir dans le pays est peut-être un très bon endroit pour le voir et pour l'admirer : en effet, qui abordera pour la première fois croira sans doute inaugurer de ce belvédère choisi les délices de l'incomparable reflet nuancé et moiré de nos toits et de nos églises au liquide miroir qui tremble toujours ; on accourra s'asseoir en foule au même lieu, les chevalets des peintres n'y feront qu'un saut, et l'on y sentira une douceur dite nouvelle, car elle aura été à peine entrevue de nos grands-parents.

Nous la devrons aux ingénieurs et aux architectes, travailleurs de la terre, travailleurs de la mer, qui nous l'auront donnée sans l'avoir fait exprès, étant tout aussi incapables de la concevoir et de la combiner que de la massacrer, comme on les en accuse. Les moyens de gâter cette vieille planète sont extrêmement limités et nous n'excellons guère qu'à nous gâter l'esprit, Ruskin et son école l'ont, je crois, démontré surabondamment. Par bonheur, la force des choses se rit des embaumeurs, et son enseignement, transmis d'un âge à l'autre, guérit de leurs tristes leçons.

Janvier 1913

LA PATACHE ÉLECTRIQUE

Jusqu'à ces derniers jours, l'autobus ne menait mes concitoyens qu'à une menue gare en avant de Marseille ; c'est à Marseille même qu'il aboutit depuis une semaine ou deux ; croyez que j'en ai profité.

Nos bons aïeux avaient fait de leurs coches et de leurs pataches[1] des monuments plus imposants par les proportions que par l'élégance. Quand, au petit matin, entre cinq et six heures, dans la nuit de janvier que perçaient difficilement les fanaux du port et quelques brasiers de pêcheurs errants sur les canaux, je guettais, à l'angle d'un pont, le passage de la merveille, je ne m'attendais pas à voir jaillir l'étrange monstre traditionnel qui sortit tout à coup de l'ombre et se trouva, en moins de temps qu'il n'en faut pour l'écrire, grandi démesurément, près de moi. Son phare énorme, flanqué de deux yeux plus petits, avait cette vertu de multiplier en tous sens le volume du sombre véhicule qu'il décorait. Il me fallut un certain effort d'attention pour me rendre compte que cet objet ventru, bossu, rampant, roulant, qui me semblait participer de l'éléphant, du dromadaire et, sauf votre respect, de la mère truie, n'était pas surmonté d'une bâche en toile cirée. À ce détail près, il rentrait dans le type et le rite de tous les véhicules de transports en commun et me permettait même cette installation incommode qui est conforme à tous les précédents de l'Histoire.

Ce que les anciens voyageurs ont conté du matériel antérieur aux chemins de fer paraissait revivre ici dans sa fleur. Impossible de ne pas reconnaître dans la disposition intérieure les arrangements d'autrefois : siège, coupé, rotonde, places d'arrière, sauf l'impériale[2], décidément sacrifiée en province comme à Paris. Et, comme autrefois, par un réveil imprévu et charmant de nos vieilles mœurs, les classes se remettent à communiquer, du simple fait que les cloisons séparatrices sont à claire-voie ou constituées par des portes plus idéales que réelles. Les différents corps de l'État peuvent donc constater matériellement que, sans prétendre le moins du monde à l'égalité, ils appartiennent tous à la même famille d'animaux à deux pieds sans plumes[3]. Quand se dissipe l'ombre nocturne, conseillère de tristesse et d'hébétement, on cause, on s'interpelle par-dessus les barrières, et les relations sociales se rétablissent à vue d'œil.

Le spectacle est d'une telle philosophie que je forme tout bas un mystérieux pied de nez aux bons charlatans de métaphysique sociale qui, voici trente et quarante ans, dataient un changement moral complet, radical, absolu et irréparable de la concentration de quelques industries. Allons, allons, c'est nous qui marchions avec notre siècle. Si nous avions manqué le train, nous n'avons pas raté l'autobus.

*
* *

1. Sorte de diligence massive.
2. Toit d'un véhicule aménagé pour pouvoir accueillir des passagers.
3. Définition de l'homme prêtée à Platon.

La première heure du trajet s'était passée à savourer le simple et salubre plaisir de la trépidation qui, d'après mon ami le médecin Vésale[1], est bien capable de guérir, un jour ou l'autre, tous les maux de l'humanité.

Un plaisir plus subtil me venait aussi de ce que la patache nouvelle ou, si l'on veut, renouvelée, traverse les bourgs et villages au lieu de les longer comme la voie ferrée. Même complantées d'acacias, de rosiers du Bengale et de belles-de-nuit, nos gares de Provence sont uniformes comme toutes les gares de l'univers, et voilà qu'à cette pâle monotonie succédait l'intimité charmante des places et placettes de nos villages, endormies encore ou réveillées à peine, qui s'entr'ouvrent comme des cœurs au regard indiscret du promeneur ami.

Il y avait bien douze ou treize ans que je n'avais revu ni Châteauneuf-le-Vieux, ni Châteauneuf-le-Jeune, mais, simplement, ce nom sur une plaque bleue avec quelques vagues silhouettes de maisons fugitives qui me tournaient le dos. Il fallait les saluer des hauteurs du train. Une rue, un carrefour, une maison de Châteauneuf, comme on les revoit doucement !

Si l'on juge ce point de vue trop égoïste, que l'on se donne la peine de calculer ce que représente, pour Châteauneuf lui-même, de commodités agréables et d'appréciables petits profits, ce passage, matin et soir, de la patache hospitalière et généreuse. Le rayon de vie régulière qui est ramené au sein de la communauté, le retour des facilités et des échanges, très réellement comparable à une seconde jeunesse, oui, le village en peut revivre : oui, la route en est tout égayée et ragaillardie ! L'Économie les condamnait. La voilà condamnée, à son tour, par la vie.

Je tire le même agrément, je calcule les mêmes progrès de vie commune pour d'autres petites localités courues par la bonne voiture : Laure, aux célèbres toits à porcs[2] ; Marignane, où l'on se souvient de Mirabeau et de sa malheureuse femme[3] ; Gignac, que sais-je encore ? Vérité qui s'étend à tout, comme la lumière du jour.

*
* *

À la pâle aube grise, sous une pluie à peine sensible, nous gravissions, toujours en patache, l'échelle roide qui conduit au bizarre hameau des Pennes, où les maisons, sur deux ou trois lignes superposées, collent au rocher primitif… Là, comme je m'étonne de n'avoir pas encore franchi la voie du PLM[4] qui, logiquement, aurait dû barrer le chemin :

---

1. Le docteur Joseph Maurras, frère cadet de Charles, que ce dernier appelait Vésale le Jeune par allusion au célèbre André Vésale, un des plus grands médecins du XVIe siècle.
2. Petits édifices conçus pour abriter un ou deux porcs.
3. Mirabeau avait épousé en 1772 la fille du marquis de Marignane, qui souffrit beaucoup de ses infidélités.
4. Le Paris-Lyon-Méditerranée.

— Nous avons passé par-dessus la Nerthe, dit le conducteur en riant.

Le tunnel de la Nerthe était donc sous nos pieds, et le rire de l'homme signifiait clairement que, là où le train doit ramper en se cachant avec une espèce de honte, il triomphait, lui, dans la joie du bon air et de la clarté. Cet appareil nouveau qui égale en vitesse la machine à vapeur passe les cols avec la même aisance que l'antique attelage des animaux vivants. C'est ce qui rend farauds machinistes et voyageurs.

Et, comme pour donner un démenti suprême à l'ombre romantique du poète Alfred de Vigny, qui désespérait d'arriver en vagon [*sic*] « dans un sauvage lieu[1] », ce vagon du vingtième siècle, à peine a-t-il passé le carrefour de l'Assassin, nous enfonce dans un de ces larges déserts qui précèdent Marseille. Durant près d'une demi-lieue, la campagne provençale se fait aussi nue, aussi désolée qu'une lande de Basse-Bretagne. C'est non loin d'ici que Barrès me demandait un jour si nous allions atteindre Saint-Pol-de-Léon. La roche grise ou même noire ne porte guère que des buissons de kermès aux roides baguettes, hérissées d'une feuille sombre et piquante ; leur succession, ondée d'un grand pli monotone, laisse à peine monter de loin en loin le tronc d'un arbre déjeté, olivier sauvage, amandier perdu ; il est vrai que de longues bandes de poteaux télégraphiques groupés par rangs de quatre emportent sur la terre aussi nue que le ciel, sans rien divulguer du mystère, les nouvelles, les chiffres, le négoce et les angoisses de l'univers. Les fils courent avec nous dans la solitude en nous criant la proximité de la ville, comme l'odeur du vent, son goût, même son rythme font aussi soupçonner sur la droite, au tomber rapide des collines, le voisinage et le mouvement de la mer.

Mais, on ne la voit pas. On ne la verra pas avant d'arriver à la Joliette. Nous plongeons, presque sans transition, d'une Thébaïde[2] sauvage dans les avant-faubourgs de Saint-Antoine, de Saint-Louis et des autres saints qui, de ce côté, gardent le vieux port provençal.

*

* *

Plongeon aveugle, en lumière trouble. De longs murs gris, semés de quelques rideaux d'arbres, font la haie de chaque côté. Entre ce double écran, rien à voir que les premiers haillons d'une nombreuse population au travail. La route a des œillères, et sans doute qu'elle mérite d'en avoir. Ce qui a été obturé si facilement valait-il d'être vu ? La route séculaire des messagers, des poissonniers, des jardiniers de notre Étang n'a-t-elle pas toujours été séparée de la vie et de la beauté de la mer par quelques plis

1. Dans « La Maison du Berger », poème de *Destinées* (1864), Vigny instruit le procès du chemin de fer.

2. Désert.

malencontreux d'un terrain qui, avec quelques fleurs en plus et quelques usines en moins, ne semble pas avoir beaucoup différé de lui-même ?

À méditer de la vraisemblance de l'hypothèse, je songeais par contraste au chef-d'œuvre d'art industriel conçu par le génie des constructeurs du chemin de fer, au débouché du souterrain de la Nerthe sur le golfe de Marseille. Tous les hommes civilisés qui sont sortis de leur pays ont vu cette gloire. Tous les yeux dignes de recevoir la lumière ont admiré, au sortir d'une ombre de sept mortelles minutes, l'éclosion radieuse de l'immense fleur d'azur tendre, ou parfois de chaude améthyste, qui, se développant depuis les roches d'ocre et de feu, épanouit et roule son mouvement serein jusqu'au bord éloigné de la ville et de ses navires, jusqu'aux écueils blonds et dorés portant une citadelle ou un phare, jusqu'à la roche étincelante de la Vierge gardienne[1], couronnée, presque auréolée par le diadème des eaux. Cette entrée de triomphe est seule digne de Marseille, et le regret qui m'en venait au fond de mon autobus fut tellement vif que, au soir du même jour, j'ai tenu à repasser sur le front du cirque sublime, en reconnaissant dans mon cœur que le chemin de fer peut avoir encore du bon.

Il n'y a pas à dire. Le cerveau inventif et l'âme industrielle qui choisirent à cet endroit le débouché de la voie ferrée souterraine se conduisirent tout aussi noblement qu'auraient pu le faire de grands contemporains de Périclès ou de Médicis. Où rôdaient seulement des contrebandiers et des pâtres, s'écoulent, le jour et la nuit, des fleuves de curieux de toute nation : et là, grâce au travail de la bombe et du pic, les attend le banquet d'une poésie immortelle. Je ne me sentais ni impie, ni révolutionnaire, mais juste et raisonnable en saluant les excavateurs, les perforateurs et les constructeurs, que l'on a commencé par traiter de sauvages délirants ou de profanes sacrilèges : ils sont les bienfaiteurs qu'il faut associer dans notre gratitude à nos pères les plus anciens. L'ingénieur du XIXe siècle aura amélioré, embelli et accru le commun patrimoine, ajoutant l'art à la nature, accroissant de ses forces propres les forces précieuses capitalisées avant lui.

Y a-t-il un Progrès ? Il y en a plusieurs. Surtout il devrait y en avoir. Il y en aurait à coup sûr si chaque âge ne s'oubliait à perdre d'un côté ce qu'il gagne de l'autre, si, la plupart du temps, l'homme ne négligeait de mettre bout à bout ses plus admirables profits. Tout se concilierait moyennant l'esprit de synthèse par qui les progrès de détail seraient de temps en temps réunis et coordonnés : quelle perfection, par exemple, si notre patache électrique voulait gagner Marseille en suivant la voie des hauteurs !

Janvier 1913

1. Notre-Dame de la Garde.

LA GOURMANDISE NATALE[1]

Depuis le beau printemps de 1895, jusqu'à l'été – beaucoup moins beau – de 1940, soit près d'un demi-siècle, ma vie de garçon à Paris me ramenait deux fois le jour à des restaurants qui n'étaient ni de premier, ni de second, ni de troisième ordre, et pour cause : *res angusta domi*[2] ! À mon moment le plus prospère, j'ai surtout fréquenté les buffets des grandes gares, parce que j'y trouvais, à toute heure[3], un service propre et sain. Sans être indifférent au reste, le temps d'y penser me manquait ; j'avais sous le bras mes journaux, c'est-à-dire tous les journaux, la pile du matin, de *L'Œuvre* à *La Libre Parole*, du *Figaro* à *L'Humanité*, et la pile du soir, du *Temps* et des *Débats* à *La Gazette de France* et à *La Liberté*. À peine assis, je les déployais en avant du pain et du sel. Accordez-moi que les meilleurs plats du Palais d'Orsay[4], ou les pires, auraient difficilement lutté d'intérêt avec les articles de Drumont, de Capus[5], de Jaurès, de Téry[6], de Bracke[7], de Bainville et de Janicot[8] ! J'avais même pris

1. Préface à l'ouvrage de Maurice Brun *Groumandugi. Réflexions et souvenirs d'un gourmand provençal*, Marseille, Imprimerie Criscuolo, 1949. *Groumandugi* signifie « gourmandise ». Le félibre Maurice Brun fut l'un des plus remarquables restaurateurs marseillais des années 1936-1955 ; très proche de Maurras, il lui faisait porter des plats provençaux jusque dans sa prison de Clairvaux.

2. « La misère à la maison » : fragment tiré des *Satires* du poète latin Juvénal (II, 164) par lequel Maurras évoque ses années de vaches maigres.

3. Point important pour Maurras, dont la vie bohème ne s'accommodait pas des horaires usuels.

4. Restaurant jouxtant la gare d'Orsay, aujourd'hui transformée en musée.

5. Journaliste et écrivain conservateur, élu académicien en 1914.

6. Journaliste issu de la gauche, mais qui rejoignit occasionnellement Maurras sur le terrain de l'antisémitisme.

7. Journaliste socialiste dont le véritable nom était Desrousseaux.

8. Directeur de *La Gazette de France*, pour laquelle travailla Maurras, et oncle de la comtesse de La Salle-Beaufort, qu'il aima d'un amour passionné et sans espoir.

garde que les plus hostiles à mes idées, les plus âprement polémiques, étaient ceux qui fouettaient mes activités nourricières. Cela faisait rire et gronder notre Léon Daudet : « Vous préparez à vos vieux jours de beaux cancers à l'estomac[1] », me disait-il du haut des tables magnifiques où il traitait ses compagnons d'armes. Est-ce l'action compensatrice de cette table, et de quelques autres d'excellents amis parisiens ? Leurs beaux *extra* balancèrent-ils les ravages de mon train quotidien ? Plus simplement fut-ce ma chance ? Toujours est-il que les vieux jours sont venus, mon quinzième lustre est couvert ; en ce mois de mars 1944, le seizième commence, j'ai l'estomac de mes vingt ans… « Si jamais cet organe vous pèse, m'avait prescrit un grand médecin, grand ami, le docteur Charles Fiessinger[2], vous mangerez une pomme… » Ce remède préadamique[3] n'a pas été appliqué trente fois ces derniers vingt ans. Le Mépris, qui passe pour bon médecin, n'est donc pas mauvais aubergiste, ma vie de Paris en fait foi… Mais, par exemple, tout changeait quand je débarquais dans ma vieille maison de Martigues. Dès l'air natal flairé et le premier coup d'œil donné aux cyprès, aux myrtes et aux roses, je me préoccupais de ce qu'il y aurait à dîner, et n'oubliais plus que les bonnes choses sont pour les braves gens.

*
* *

À cela trois raisons.

D'abord je n'avais rien à faire à Martigues, n'y ayant emporté du travail qu'assez rarement.

En second lieu, je me sentais très doucement repris, à la bouche, comme à tout le reste, par les habitudes de mon enfance : elles me refaisaient avec tout ce qui m'avait fait. Ces flots d'huile d'olive substitués aux beurres du Nord, ces anchois écrasés sur la rôtie brûlante, le simple riz à l'eau ou au lait, ces pots-au-feu à triple base rituelle de bœuf, de mouton et de porc (celui-ci représenté par sa saucisse salée), tant de saveurs coutumières simultanément retrouvées me racontaient quantité de bonnes vieilles histoires chéries, à peine démêlables du goût de mon mistral et de l'odeur de violette sortie de nos salins, sous les brusques passages d'un ciel rarement au beau fixe. À peu près comme chaque pas, chaque bouchée me ramenait le petit monde antique et florissant qui avait plu ou pu plaire à la jeune déesse

Qui porte dans ses mains la force et la santé[4].

1. Léon Daudet avait suivi des études de médecine.
2. Membre de l'Action française et médecin personnel de Maurras.
3. Allusion à l'épisode biblique de la pomme offerte par Ève à Adam.
4. Extrait de *La Nuit d'août*, d'Alfred de Musset.

Les pâturages du souvenir rendaient ma vieille bête à sa gourmandise natale.

Mais, troisième raison, je n'étais pas seulement dans ma province, j'étais en Provence, métropole de *Groumandugi*, comme vous dites bien. Si frugale que fût ma table, elle était plantée là – là et non pas ailleurs –, je m'attendais à y voir tomber, d'un ciel de possibles heureux, telles et telles réalités délicieuses, comme des oursins en hiver, en été de la poutargue, et à l'automne, si pluie et soleil jouaient bien, des champignons qui ne sont pas les premiers venus, car nos *pignen* sont mieux que des champignons de couche, ou même de dignes giroles ou d'excellents cèpes, ce sont, bel et bien, de ces *lactaires délicieux* qui font honneur à leur nom et à leur prénom. Pareillement, l'air de Provence me promettait, avec son mouton parfumé et son tendre agneau des collines, cette magistrale charcuterie du type arlésien, pour l'amour de laquelle on vendrait York et Mayence, car le jambon y est salé à point, le saucisson et le cervelas conduits aux justes termes, ainsi que cette petite saucisse dite « de Toulouse » à Paris, mais que, sauf le respect dû à Clémence Isaure[1], nos artistes de Martigues et de Roquevaire exécutent en perfection. Ajoutez ces perdreaux de Grau dont s'avise toujours quelque chasseur ami, et nous pénétrons enfin cette arche de gloire, nous accédons à ce trésor des Étangs de la Grande Mer[2], aux deux pêches du *Grand Art* et du *Petit Art*[3] qui ressemblent à la maison de Jupiter[4], où rien ne peut être vil ; on n'y peut faire petite bouche de rien : les menus crabes en bisque ou en pilau, les petites seiches à la poêle, les sardines frites de même y méritent attention et admiration presque à l'égal des majestueuses grillades dont vous parlez avec un si digne lyrisme, soles, turbots, rougets et loups. Voilà bien dépassés nos paradis de l'enfance et de la jeunesse, et le charme ingénu de leurs allusions subjectives : Déchaussons-nous, baisons le sol, nous sommes introduits au sacré parvis des biens en soi et des valeurs universelles[5] : ce n'est pas qu'elles puissent naître de toute patrie, mais toute patrie les honore, leur place légitime est inscrite dans les sommets de *Groumandugi*, d'où

1. Personnage légendaire qui aurait contribué en 1323 à la fondation de l'Académie des Jeux floraux de Toulouse, institution consacrée à la poésie de langue d'oc en laquelle Mistral vit une préfiguration du Félibrige. Cette académie existe toujours et est la plus ancienne société littéraire d'Europe.

2. La Méditerranée.

3. Le Grand Art est la pêche hauturière, le Petit Art (ou Art menu) la pêche littorale.

4. Allusion au palais du roi des dieux ou allusion astrologique, Jupiter étant censé présider aux natures généreuses.

5. Ce passage constitue une pique contre l'universalisme abstrait, prompt à mépriser le monde sensible comme relevant du particulier. L'universalité dont se réclame Maurras est au contraire incarnée. On retrouve d'autre part la tendance récurrente de Maurras à user d'un vocabulaire sacré à propos de joies profanes.

s'excommunie forcément le Parisien distrait qui ne veut manger que pour vivre. Nos littoraux fournissent à l'art culinaire une si précieuse contribution qu'il n'est pas possible de l'oublier sans ingratitude, et je remplis mon devoir de m'unir à vous là-dessus, en traduisant le très beau quatrain de Paul Arène[1] que vous avez mis en exergue :

Si comme on le dit, quelque part là-haut
Nous devons retrouver les jours de jeunesse
Nous chanterons aux Saints que notre Provence
A été pour nous l'avant-paradis.

*
* *

Hélas ! que de paroles, mon cher Maurice Brun ! il eût fallu commencer par m'en excuser. Car vous êtes un maître. J'aurais dû dire tout de suite que vous me l'avez fait voir de la bonne manière, quand vous m'avez traité, avec votre faste, dans la claire et riante maison que vous aviez ouverte sous le signe du *Cyprès*, au plus bel endroit de Marseille, sur le Vieux-Port, face à la Mairie de Puget[2], et dans un arroi[3] si particulier, dans un style si rare, que certains traits y peuvent prêter à la discussion[4], mais vous tenez le coup, et vos explications restent sans réplique en ce sens que l'on peut garder son opinion, la vôtre s'impose et l'intelligence en a respect. Vos aphorismes tombent, en langage d'oracle (c'est la règle du genre) pour établir un classicisme de la table, où il ne fait pas bon de se sentir en contradiction avec vous.

Mais écoutez ce qui redouble l'inquiétude de conscience de l'objecteur que je vais être :

Vos intransigeantes et inflexibles prédilections pour le rôti, votre « point de salut hors de la broche et du gril », vos malédictions fulminées sur « l'artificieuse cuisine », concordent très exactement avec tous les principes qu'a professés chez nous, tant qu'elle a vécu, ma vieille Sophie, que mon père avait formée à la loi des Maîtres[5]. Si la pauvre était là, elle me

1. Coauteur des *Lettres de mon moulin*, que Maurras avait fréquenté à la Société des félibres de Paris.

2. L'hôtel de ville de Marseille a été réalisé au XVIIe siècle par un enfant du pays, l'architecte et sculpteur Puget, que Baudelaire mentionne comme un des plus grands artistes de tous les temps dans son poème « Les phares » (*Les Fleurs du mal*) et que Mistral évoque dans un passage de *Calendau.*

3. Arrangement.

4. L'établissement de Maurice Brun, qui lui a survécu jusqu'à une date récente, était plus un conservatoire du goût qu'un restaurant classique. On n'y choisissait pas son menu : il était imposé par le maître des lieux et constituait comme une anthologie de la gastronomie provençale.

5. Domestique et cuisinière des Maurras : voir dans le présent volume les *Quatre nuits de Provence.*

ferait honte d'affronter votre orthodoxie. Elle serait capable d'appuyer vos blasphèmes contre la bouillabaisse !

Vous me direz :

— Eh ! quoi, une Martégale ?

Sophie n'était pas de Martigues. Elle venait du pays étrange et lointain où l'on ne dit pas « *de pan* » pour du pain, mais « *de pèn* », non « *la man* » pour la main, mais « *la mèn* », là-haut, là-haut sur la montagne du pays de Die, qui n'est plus de Provence, mais du Dauphiné : elle en était descendue toute jeune ; errant de place en place jusqu'à nos rives, Sophie avait vu, comme Ulysse, les villes et leurs mœurs, et elle en jugeait fort librement. Sur la bouillabaisse, le fond de sa pensée était que ce mets populaire n'était point du tout ce qui convenait aux messieurs et aux dames qu'elle s'honorait de servir. Cette aristocrate pouvait condescendre, de temps à autre, à ébouillanter aussi le poisson, elle laissait volontiers ce procédé élémentaire aux « barbares d'en bas », comme dit le réactionnaire anglais Macaulay[1].

Or, vous, mon cher Maurice Brun, ne déclarez-vous pas que la bouillabaisse a été inventée par des pêcheurs désireux d'écouler plus facilement ce qui ne pouvait se frire ni se rôtir ? Cette formule me paraît bien noircir sans sujet nos pêcheurs, car leur bouillabaisse traditionnelle fait un même et égal accueil à toutes les proies de la mer… Au fond, je vous comprends. Vos duretés ou du moins vos sévérités se légitiment par certains abus de l'Hôtellerie. Vous les critiquez sans faiblesse. Il faudra beaucoup perfectionner les frigidaires connus pour consommer, encore frais, à Marseille, le maquereau que l'on a pêché à Royan. Et pour en faire respecter le goût naturel, il faudra modérer l'usage inconsidéré des épices d'or du safran. Votre éblouissante analyse fait la preuve par neuf que la langouste est inutile, importune et même nuisible à la bouillabaisse, ce royal crustacé étant prédestiné à de bien plus nobles emplois ! Il ne vous échappe pas que nous ne commettons pas cette faute. Vous confessez que le vain colifichet du « cardinal des mers »[2] est absent de la bouillabaisse de Martigues ; malgré tout, vous lui préférez sa sœur marseillaise ! Mon patriotisme municipal, qui n'est jamais à court, m'oblige à demander pourquoi.

Vous réprouvez notre usage de la pomme de terre. Sans contester votre autorité, je réponds dans l'abstrait : la bouillabaisse n'a aucun besoin absolu de la pomme de terre, mais ce tubercule béni a besoin de la bouillabaisse pour abonder en lui-même et se surpasser. Son cas est celui de la carotte, conduite à sa perfection, et qui se transcende, grâce à la daube vertueuse, concentrée, aromatisée, qui lui incorpore des succulences qu'elle n'eût jamais

1. Écrivain et homme politique britannique du XIXe siècle, qui désignait sous ce terme le prolétariat.

2. Surnom donné à la langouste comme au homard, car la cuisson les rend rouges, couleur des cardinaux dans l'Église catholique.

connues de son chef. Une alliance, ici de chair, là de poisson, ouvre à ces deux humbles racines des moyens d'expression, des forces d'éloquence, dont on ne peut pas les frustrer. Songez, mon cher ami, que le palais de l'homme ignorerait à tout jamais une belle nuance du goût de la pomme de terre si (osons le dire !) la bouillabaisse de Martigues ne l'avait reçue dans ses bras.

Permettez-moi de compléter vos informations sur un autre point. C'est à la bourride[1] que nous réservons le poisson de seconde classe : encore un coup, nul digne enfant de Martigues n'écarte de la bouillabaisse une variété quelconque de poisson, si haute et si chère soit-elle ; rien n'est de trop pour elle, ni l'onction sacrée de la sole et du turbot, ni la moire aiguë du rouget, et ce n'est pas un meurtre, et ce n'est pas du gaspillage ; la présence des pièces d'élite n'est pas étouffée, obscurcie ni diminuée par les autres : de ce chœur bien réglé s'élancent des *soli*[2] très purs ; quoique fondues, les voix restent distinctes et limpidement personnelles. Par quel mystère ? Constatons si l'on ne peut pas expliquer. En revanche, mon cher ami, si vous prolongiez vos rares séjours sur nos bords, vous verriez quelquefois courir un nuage sur le front de nos commensaux, et leur bouche esquisser la grimace connue, à l'annonce de bouillabaisses de sardines ou de « *muges*[3] », bien qu'elles ne soient pas sans mérite, et vous verriez rayonner les mêmes visages pour une bouillabaisse de rougets, le croiriez-vous ? rien que des rougets ! l'âme du foie, subtile et forte, étant seule à tremper les tranches, belle âme innée à chaque goutte du bouillon glorieux… Je ne saurais non plus vous taire la « bouillabaisse noire ». Léon Daudet la poursuivit en vain dans Marseille. Il la trouva, comme il convient, dans mon Chemin de Paradis, faite selon l'art, avec ces fines seiches que l'on appelle les *sepioun*, de *sépia*, pour leur *noir*, mais auxquelles des Provençaux déracinés ont collé le sobriquet burlesque de « Scipions ».

Ce fut également Chemin de Paradis qu'eut lieu le dîner des trois soupes, mémorable expertise qu'il ne faut pas confondre avec une débauche. Nos pères auraient appelé cette séance : *un plaid*[4]. On y fait comparaître, dans le même repas, pour bien juger de leurs vertus, la purée de petits poissons aux pâtes, la bouillabaisse classique et cette bourride qui s'enveloppe d'un léger voile d'aïoli. Je ne sais laquelle eut la palme. Mais bien plus haut que cette palme, comme vous le dîtes, frémit le vert laurier dont fut alors diadémé, pour son estomac sans pareil, le roi de ce banquet, premier gourmet de France, notre thaliarque[5] Léon Daudet.

---

1. Plat rappelant la bouillabaisse, mais ne comportant que trois espèces de poissons et plus simple à préparer.
2. Pluriel de *solo*.
3. Nom provençal du mulet.
4. Assemblée judiciaire.
5. « Roi du festin » en grec.

*
* *

Naturellement, ce soir-là, la bouillabaisse était escortée de sa rouille, sauce au piment, à l'œuf, à l'ail. Mais attention, mon cher ami ! et gare à ma bombe ! La rouille ne fait corps avec la bouillabaisse des bourgeois de Martigues que depuis un temps assez court. Mes premiers vingt ans l'ignorèrent. J'en avais vingt-trois lorsque j'y fus initié. C'est un grave point d'histoire locale qu'il faut que je débrouille avec les nuances sociales qu'il a revêtues.

Donc, aux temps pastoraux, aucune des tables de la classe moyenne ne connaissait la rouille : ni la nôtre, ni celle de mes oncles, tantes, cousins, cousines, ni celle d'aucun fonctionnaire, propriétaire ou négociant du pays, qui nous faisaient des politesses, que nous rendions. C'est le futur docteur Maurras, mon jeune frère, alors étudiant en médecine, qui eut l'honneur de la découverte, le jour entre les jours où il alla dîner chez notre ancienne servante Annette, qui avait épousé, sur le tard, un pêcheur appelé Seguin[1].

Annette, qui avait autrefois succédé à Sophie, s'était occupée de la petite enfance de mon frère, comme Sophie de la mienne. Il l'aimait beaucoup. Elle l'adorait. Selon le vieil usage qui rend très heureuses, mais un peu fainéantes, les femmes de nos pêcheurs, Seguin avait fait le dîner, c'est-à-dire la bouillabaisse, avec le cortège de rouille que les pêcheurs lui donnent de temps immémorial ; mon frère revint transporté. En me confiant son enthousiasme, il se demandait comment me faire goûter à la merveille. Il ne pouvait être question pour moi d'aller dîner chez Annette. Sophie avait pris sa retraite, mais habitait avec nous pendant les vacances ; elle ne l'eût jamais pardonné et, selon les probabilités, fût morte d'indignation. On arrangea, entre hommes, une partie de pêche avec déjeuner au bord de la mer. Seguin construisit en plein air un foyer de pierres plates, il y mit le trépied de fer, le couronna de la marmite bourrée de ses prises, et le mystère du piment bouillant me fut révélé avec son arôme de feu. Honnies soient les cruelles séparations de classes qui nous avaient retranchés de cette merveille ! Il ne restait plus qu'à l'introduire et à l'acclimater chez nous. Mais la difficulté était là. Notre mère se souciait fort peu de curiosités qu'on boit ou qu'on mange et s'en remettait à Sophie ; celle-ci, au premier mot, jeta les hauts cris. Qu'est-ce que c'était que cette nourriture de pêcheurs ! Elle était bonne aux gens du peuple ! Notre table, sa table, se respecterait… Toute la question sociale était ainsi posée. Sophie n'entendait pas déserter notre classe : tant qu'elle serait là, on ne tomberait pas à ces niveaux inférieurs. Nous insistions, sans grand succès, mais un bon hasard vint à notre secours.

Pour fixer vos idées, mon cher ami, rappelez-vous, en consultant la mémoire des contemporains de vos parents, l'année lointaine où fut

1. Voir les *Quatre nuits de Provence*, p. 11 de la présente édition.

inaugurée à Marseille la fontaine Victor Gelu sur la place du même nom[1]. C'était moi, tout blanc bec, qui avais eu, au Félibrige de Paris, l'initiative de ce monument que j'aurais voulu plus beau ; du moins témoigne-t-il de mon admiration juvénile pour le poète de *Fainéant et Gourmand* et du *Credo de maître Cassien*[2]. Cette inauguration eut lieu le 12 août 1891. Eh ! bien, la veille, donc le 11, la grande caravane composée des félibres de Paris, des Cigaliers[3], des félibres de Provence et de tout le pays d'Oc, soit le Midi entier, sous la conduite de Mistral, passa vingt-quatre mémorables heures à Martigues. Elle y venait accomplir quatre actes distincts : élire à la présidence générale de son association le successeur du bon patriarche Roumanille qui venait de mourir[4] ; inaugurer une plaque de marbre, assez tardive, à la mémoire du fameux Gérard de Martigues, le fondateur des Hospitaliers de Saint-Jean-de-Jérusalem[5] : venu en Orient avant la première Croisade, il vécut entre 1040 et 1120 ; fêter le centenaire de notre Prud'homie ou tribunal de pêche, légalisée au moment même où, par toute la France, les institutions de ce genre étaient supprimées[6] ; enfin donner son grand banquet annuel de Sainte-Estelle[7], la belle symposie[8] réglementaire du Félibrige, dans la salle verte de la Cascade, à l'abri de tout vent et de

1. Dans le Ier arrondissement de Marseille. La statue du poète Gelu qui l'ornait a malheureusement été fondue en 1942.

2. Maurras a choisi à dessein deux œuvres situées aux deux extrémités du clavier de Gelu : *Fenian e grouman* dépeint un vaurien marseillais, tout violence et sensualité ; *Lou Credo dé Mèste Cassian* est au contraire une profession de foi spiritualiste annonçant partiellement le « Colloque des morts » repris p. 374 dans le présent volume.

3. L'une des associations méridionales de Paris.

4. Roumanille fut l'un des deux pères de la graphie provençale moderne avec Mistral, auquel il succéda comme *Capoulié* (président du Félibrige).

5. Actuellement Ordre de Malte. L'origine martégale du bienheureux frère Gérard n'est pas prouvée : il était peut-être amalfitain. Ses reliques (à moins qu'il ne s'agisse de celles de saint Géraud d'Aurillac) se trouvent cependant en Provence, à Manosque. Maurras ne manquait pas de les visiter lorsqu'il passait par cette ville, patrie de son ami de jeunesse le peintre, graveur et félibre Louis Denis-Valvérane, qui fit de nombreux portraits de lui.

6. Les prud'homies, associations de patrons-pêcheurs réglementant la profession, seraient apparues à Marseille dès le xe siècle. Elles font partie des rares institutions de l'ancienne France que n'ait pas supprimées la Révolution et jouent aujourd'hui encore un rôle important dans la gestion des ressources halieutiques en Méditerranée. Mistral, qui les a évoquées dans *Calendau*, comme Maurras, resté très proche des pêcheurs martégaux, les tenaient en haute estime : ils y voyaient à la fois une sorte d'aristocratie populaire et un argument en faveur du fédéralisme.

7. À l'origine sainte Eustèle (« bien ornée », en grec), personnage légendaire qui aurait vécu en Saintonge au Ier siècle ; Mistral en fit la patronne du Félibrige par rapprochement avec le provençal *estello* (« étoile ») et l'étoile des Rois mages – car Balthazar était censé être l'ancêtre des comtes des Baux-de-Provence.

8. La symposie (même mot que « symposium ») était dans l'Antiquité grecque la fin d'un banquet, pendant laquelle les convives débattaient d'un sujet donné.

tout soleil… Une fête de nuit sur les canaux et dans les îles devait obliger nos pèlerins à dîner et à coucher ; aussi les notables du pays s'étaient disputé le plaisir et l'honneur de les avoir pour hôtes, qu'ils fussent de Paris, de Provence ou du reste de l'Occitanie. Mistral étant invité chez le maire François Mandine[1] ou le conseiller général, Jules Charles-Roux[2], nous attendions à la maison, outre Paul Arène, le futur élu de la journée, déjà désigné *in petto*, l'admirable poète avignonnais Félix Gras[3], et le poète parnassien du *Rameau d'Or*, Raoul Gineste[4], plus quelques journalistes et poètes amis… Mon frère et moi saisîmes cette chance de resserrer nos manœuvres autour de Sophie ; en lui représentant qu'elle allait couronner sa carrière par le plus beau dîner qu'elle eût jamais servi : avait-elle le droit de priver nos convives d'une curiosité locale comme la rouille, un jour de fête des pêcheurs ? Qu'allaient dire nos Parisiens et nos Avignonnais, M. Arène, M. Gras, M. Gineste, si d'aventure (tout arrive) l'un ou l'autre de leurs compagnons de voyage était régalé d'une rouille en quelque autre maison ? Ils se plaindraient à moi de les avoir laissés dans l'ignorance absolue du plat national, et qui sait si M. Gras n'irait pas le dire à son Jacquemart[5] ? Sophie, qui avait servi dans Avignon, eut-elle peur de ce Jacquemart, qui sort comme un diable de son haut cabanon pour frapper les heures papales[6] ? Elle se dégela peu à peu, puis se rendit, et ce même 11 août, dont la date est gravée en lettres de feu sur la façade de la Mairie, pour la gloire du bienheureux Gérard[7], fut aussi la journée illustre où, vers les huit heures et demie du soir, fuma sur notre table la première rouille bourgeoise confectionnée dans le pays. Encore me souvient-il que Sophie

1. Ce maire eut deux mandats et a laissé son nom à une rue de Martigues.

2. Grand industriel et armateur marseillais, homme influent du parti colonial. Ami de Mistral, il soutint financièrement le Félibrige. L'écrivaine Edmonde Charles-Roux, épouse de Gaston Defferre, était sa petite-fille.

3. Auteur du roman historique *Li Rouge dóu Miejour* (*Les Rouges du Midi*). En soutenant l'élection de ce républicain convaincu au rang de *Capoulié*, jusque-là occupé par le très catholique et monarchiste Roumanille, Mistral entendait placer le Félibrige au-dessus des querelles de partis.

4. Ce dernier écrivait à la fois en langue d'oc et en langue d'oïl.

5. Automate sonnant les cloches.

6. Le Jacquemart d'Avignon se trouve au sommet de la tour de l'Hôtel de Ville, proche du palais des Papes.

7. La plaque évoquée par Maurras est toujours visible. En voici le texte : « *L'an dóu Sant Crist MXL, dins nosto ciéuta dóu Martegue, nasquè lou benurous Gerard Tenque, foundatour di Mounge Espitalié de Sant Jan de Jerusalèn, e lou XI d'avoust MDCCCXCI, li cigalié mé li felibre an ounoura per aquest mabre la memòri dóu grand Prouvençau pietadous* » (« L'an du Saint Christ 1040, dans notre cité de Martigues, naquit le bienheureux Gérard Tenque, fondateur des moines Hospitaliers de Saint-Jean de Jérusalem, et le 11 août 1891, les cigaliers et les félibres ont honoré par ce marbre la mémoire du grand Provençal miséricordieux »). Noter que frère Gérard ne s'appelait pas « Tenque », mot résultant d'une interprétation erronée d'un texte latin.

avait cru devoir la doter d'un ornement de sa façon, peut-être l'œuf qui lie la sauce… Et je vous prie, ici, de bien vouloir considérer quelle harmonie préside à toute cette histoire ; d'une source très sûre, et d'une bouche aussi gourmande qu'elle est judicieuse, je tiens, à n'en pouvoir douter, que, vous non plus, ne vous êtes pas défendu de ce démon de perfectionnement qui conduit vos travaux ; ayant à produire une rouille dans votre Marseille (et quelle rouille !) il ne vous aura pas suffi d'y ajouter l'œil du maître et le tour de main, vous avez voulu la revoir, la corriger, la compléter, l'embellir encore, par on ne sait quelle addition mystérieuse au Codex[1] primitif et brut. Dans la suite des âges, vous donnez ainsi la main à Sophie ; mes compliments ! J'en mettrais bas les armes si j'avais osé les porter contre vous. Mais, vous l'avez bien vu, j'ai fui les vôtres, tout le temps.

*
* *

J'ai rudement bien fait de fuir, ou plutôt, non ! d'apercevoir, par-dessus nos menus litiges, cet immense flot d'amitiés qui m'a littéralement submergé dans tous vos chapitres. Bouillabaisse à part, que puis-je donc leur reprocher ? D'être un peu dur pour le poisson de Paris, et de ne pas excepter du juste anathème cette sole qui arrive souvent très fraîche au bord de la Seine ? D'ignorer, vous ! vous ! vous ! nos olives farcies ? De faire bénir la Mer aux Saintes-Maries par un simple « évêque », alors que la Mer est si grande et qu'elle exige, évidemment, à défaut du pape d'Avignon, tout au moins un archevêque, celui d'Arles ou d'Aix, qui est maintenant celui d'Arles et d'Aix[2] ? Quoi encore ? Vous conservez votre thon mariné dans des boîtes de fer, à la parisienne ! qu'avez-vous fait de nos bocaux ? La liste des points d'arrêt et de critique (mes *époques*, dirait Pyrrhon[3]) s'arrête là. C'est tout. Ce n'est donc rien. Fors en signe de ma sincérité totale[4], cela ne peut compter au regard des délices où vous me faites me vautrer à votre suite quand vous me contraignez (avec quelle douceur) à reconnaître, à tout instant, mes lumières lointaines et leurs petits flambeaux ; je veux dire non seulement cette splendeur des anciens jours qui n'est qu'en chacun de

1. Manuscrit ancien, traitant souvent de questions religieuses. Maurras désigne en fait la recette de la rouille.

2. Cet archevêque bénit la mer lors du traditionnel pèlerinage des gitans aux Saintes-Maries-de-la-Mer, où ils viennent honorer leur sainte patronne Sara l'Égyptienne. Les Saintes-Maries sont également l'un des hauts lieux de la tradition félibréenne, puisque c'est là que Mistral fait mourir Mireille, l'héroïne de son poème fondateur, venue confier ses peines d'amour aux saintes.

3. Pyrrhon, philosophe grec du IVe siècle avant Jésus-Christ et fondateur du scepticisme, nommait *épochè* la suspension du jugement, gage de paix intérieure.

4. Sinon en signe de ma sincérité totale.

nous, mais ce qui les portait et les allumait, leurs cierges et leurs lampes, leurs mèches et leurs cires, avec leur huile sainte et les autres matières génératrices… Voici que je monte avec vous dans votre grenier, et qu'est-ce que j'y vois ! De longues grappes d'or enfermées dans des sacs de papier huilé[1], qui attendent Noël, tout comme le blé des soucoupes[2] ! Près d'elles, sur des claies de roseaux, le melon d'hiver translucide, et, tout auprès, brunes et blondes, les molles figues se dessèchent à l'arrière-soleil. Comment voulez-vous que s'appellent de tels souvenirs ? Vôtres ? Miens ? Disons : fraternels. Mais voici encore que, pendu aux jupes de madame votre mère, vous me mêlez à l'opération fantastique où l'on flambe volailles et gigots, avec un dé de lard tenu entre des pinces, d'où pleuvent des langues de feu comparables à celles des tableaux de la Pentecôte[3]… Halte-là ! mon cher Brun. Êtes-vous *vous*, êtes-vous *moi* ? J'ai en tout cas, dans l'âme, la même vision, à ceci près que je me cramponnais au tablier de Sophie et que celle-ci répandait quelquefois les mêmes pluies de feu, au moyen de morceaux de sucre flamboyants, promenés sur des jattes de crème d'or. Ainsi encore me faites-vous assister à la fabrication du coulis de pommes d'amour !

Cette pomme d'amour qu'en son langage impur
Le barbare nomme tomate !

et, par vous, avec vous, je vois les paquets de toile appendus d'arbre en arbre et gonflant leurs mamelles blanches de la pourpre de cette crème de soleil. Là vous parlez aussi, cher Maurice Brun, d'une soupe de courge que je n'aimais pas et que j'aime. Vous parlez du *« façun »*, de ce digne *« façun »* que Sophie ne manquait jamais de m'annoncer, pour se moquer de moi, comme un « dindon farci »[4], mais que je préférais à la soupe de courge. Vous chantez et vous rechantez la bonne nouvelle des progrès du marché de notre truffe montagnarde. Vous ramenez à sa mesure exacte notre réputation très exagérée, il me le semble comme à vous, de gros mangeurs d'ail ; vous nommez l'azerolle[5] acide et douce ; vous chantez la brousse de Rove[6] et ses hautes finesses. Et toujours dans cette manière qui n'est qu'à vous d'évoquer une herbe et un fruit, qui en fait tout de suite mon herbe et mon fruit, et qui se met à me bercer de secrètes chansons. Exemple, votre salade de céleri se présente : il suffit, elle me transporte dans la Grand'rue de Roquevaire où je n'en suis qu'à ma sixième ou

1. Sans doute du raisin en train de sécher et destiné à figurer dans les traditionnels desserts de Noël.
2. Voir la première des *Quatre nuits de Provence*, p. 11 de la présente édition.
3. Selon les Actes des Apôtres, le Saint-Esprit est descendu sur ces derniers le jour de la Pentecôte sous la forme de langues de feu.
4. Il s'agit en fait d'un chou farci.
5. Fruit se prêtant notamment aux confitures.
6. Fromage de chèvre produit à équidistance de Marseille et de Martigues.

septième année au lieu de la soixante-seizième ; une belle Roquevairienne, notre locataire, balance à bout de bras le petit panier de fil de fer où s'égoutte la fraîche feuille à découpure d'acanthe, mais comme elle vient d'appeler cette herbe d'un nom que j'ignore, il faut m'en éclaircir : « Comment appelez-vous votre salade, madame Roux ? – Nous lui disons de l'*àpi*[1], répond-elle, et je réplique avec fierté : – Maman l'appelle du céleri. » Mais cette fois, maman, quoique infaillible, était dans son tort, madame Roux avait parlé comme Virgile, je ne l'ai su que quelques années plus tard :

Et virides apio ripae, tortusque per herbam...
Floribus atque apio crines ornatus amaro[2].

Ainsi, par vous, mon cher Maurice Brun, foisonnent les poètes et leur poésie même, qui est la « florissante jeunesse du monde », autrement dit le temps béni de notre propre nouveauté. Mais, là-dessus, votre abondance, votre luxuriance tient du prodige. Vous répercutez tous les chants de la Mère Provence et, comme Mistral nous l'a dit,

Notre Provence est tellement belle que s'en ressouvient
Tel qui ne le croit
Elle nous remplit d'amour et de larmes
Et supplante même
Les filles de roi[3]...

Aussi le vers répond-il au vers, la stance à la stance, le poème au poème ; les temps, les lieux s'en mêlent, histoire et géographie sont coalisées et même unifiées pour nous combiner leurs enchantements, il n'y a plus d'autre réalité au monde,

Junctaeque nymphis Gratiae decentes[4],

les Muses et les Grâces se mettent à danser à tout bout de champ. Nous parlez-vous de cette auberge de Moustiers-Sainte-Marie, dont il me semble que, le commandant Dromard[5] et moi, nous avons bien connu le patron (nous avons même échangé avec lui les présents de l'hospitalité, deux paires de cannes rustiques) : ni ses truites, ni ses perdreaux, ni ses truffes exquises, ni le parfum brûlant de ses alambics à lavande ne nous retiennent bien longtemps si vous êtes là, car Mistral est derrière vous,

1. Provençalisme pour « Nous l'appelons de l'*àpi* ».
2. « Comment le céleri [croît] sur les rives vertes, ainsi que le tortueux [concombre] » (Virgile, *Géorgiques*, IV, 121) ; « Le front couronné de fleurs et de céleri amer » (Virgile, *Bucoliques*, VI, 68). À la suite de Mistral, Maurras cherche ici à exalter la langue provençale en soulignant sa fidélité au latin.
3. Frédéric Mistral, « *Lou Renegat* » (« Le Renégat »), dans *Lis Isclo d'or* (*Les Îles d'or*).
4. « Les prudes grâces, jointes aux nymphes » (Horace, *Odes*, I, 4).
5. Chef des sections royalistes provençales.

derrière lui le grand Blacas, et la Chaîne entre les deux roches, et l'Étoile à la Vierge, tendue contre le vent, comme dit la chanson : « À tes pieds, Vierge Marie / Ma chaîne je pendrai / Si jamais / Je reviens / À Moustier dans ma patrie[1]... » Venez-vous de conter la fin merveilleuse et sinistre du poète Charloun Riéu[2], le premier effet du beau récit est un nouveau plongeon dans ma vieille jeunesse ; j'ai vingt ans, j'arrive en retard au banquet de la Barthelasse[3], le premier banquet de félibres auquel je me sois assis, et ma bonne fortune me case auprès de Charloun Riéu, et, le dessert venu, je peux entendre, ce qui s'appelle entendre, à la douce et lente scansion de ses mains ailées, les strophes de son *Moulin d'huile* : « Au moulin d'huile du mas d'Escanin – Nous faisons l'aïoli – Tous les matins. » Que voulez-vous qu'on fasse contre cette embuscade perpétuelle du même couple charmant : une phrase de *Groumandugi* et une chanson ?

Cela ne veut pas dire que chanter soit frivole. Moréas[4], qui avait des parties de grand sage, appelait les poètes « maîtres » et « pères ». Ceux qui sont bons enseignent bien. Vous les avez suivis sur le chemin de la vérité politique, étroit sentier, le seul qui soit sûr ; il sauve les cités au lieu de les perdre, et je serais impardonnable de ne pas vous féliciter de vos considérations sur l'essentielle erreur moderne, celle qui sacrifie au Nombre la Qualité, comme à la Richesse la Justice ou la Vertu[5]. Hélas !... n'avait-on pas commis l'égale erreur inverse de les opposer ? Le divin Platon prétendait que le Juste, gigotant au bout de son pal, s'y trouvait plus heureux que le roi de Perse sur son trône, dans toute sa gloire[6]. – Ne jugez-vous pas, lui demandait paisiblement Aristote, que le même Juste serait plus heureux encore sur le trône du roi des rois[7] ? Nos charlatans nous forgent couramment de ces fausses antinomies, et ce n'est pas avec le désintéressement de Platon, car ils en tirent leur fortune.

La politique de la qualité que vous recommandez peut seule nous rendre le Nombre perdu, et le Nombre, à son tour, permettra de combler les vides

1. D'après la tradition, la chaîne portant une étoile et reliant les deux pitons qui dominent Moustiers-Sainte-Marie serait un *ex-voto* par lequel le chevalier Blacas, capturé par les mamelouks pendant la 7ᵉ croisade (1249), aurait commémoré sa libération. Mistral en a fait l'objet de son poème « *La cadeno de Moustié* » (« La chaîne de Moustiers »), dans *Lis Isclo d'or*, d'où sont extraits les vers cités par Maurras.

2. Félibre paysan, auteur des *Cant dóu terraire* (*Chants du terroir*) et d'une traduction provençale de *L'Odyssée*, mort d'une chute après un repas plantureux.

3. Île du Rhône, entre Avignon et Villeneuve-lès-Avignon, servant de lieu de réunion aux félibres.

4. Poète grec, inspirateur avec Maurras de l'École romane.

5. Cette phrase sous-entend que la démocratie a partie liée avec la ploutocratie : voir dans le présent volume *L'Avenir de l'intelligence* et *Mes idées politiques*.

6. Platon évoque le Juste empalé dans *La République*, II, 362.

7. Libre transposition d'objections qu'Aristote adresse à Platon en plusieurs passages de son œuvre.

effarants de nos élites, appauvries, décimées ou découragées[1]. N'opposons pas ces hautes entités dominantes. Composons-les[2]. Une Patrie comme la nôtre, étendue d'un Empire, peut, sans contradiction, associer à l'immense champ parisien les capitales de ses provinces historiques et ses chefs-lieux d'arrondissement ; par la distribution rationnelle et sensée des moyens d'action les plus modernes, cette Patrie, en renaissant, peut rendre sa vie propre à l'élémentaire paroisse rustique où le travail artiste de ses familles-*souches*[3] peut doubler et tripler sa population en l'enrichissant par l'extension prospère de ses cultures de qualité, à la condition de n'y pas oublier cette fleur de froment dont vous parlez si bien ! Mais cela n'est pas possible sans un *État* français. Cet État veut un Chef, et ce Chef, en pays de France, ne sera qu'un fauteuil inerte ou oppressif disputé entre les compétitions s'il a le malheur d'être livré au régime électif[4]. Il faut que le Chef de l'État soit héréditaire ; mais une monarchie héréditaire et centralisée ne tiendrait pas huit jours sans tourner au bonapartisme le plus débile. Elle n'est donc pas possible, non plus, sans une très forte tendance à toutes les décentralisations, anti-étatistes et libératrices, à la décentralisation locale, plus encore que syndicale : il lui faut le vivant appui des petites villes, nombreuses, actives, instruites, savantes même ; il lui faut des provinces puissantes qu'animent et conduisent les franches libertés de nos deux bourgeoisies réconciliées, l'ancienne et la nouvelle – celle-ci formée des patriciats ouvriers enfin dégoûtés de la démocratie qui les exploite, en ruinant leur travail et en faisant envahir leur patrie –, celle-là, appuyée sur l'honneur et la grâce des siècles, mais rajeunie par la conscience de ses devoirs envers son passé et notre avenir général.

Clairvaux, 1949

1. Allusion probable à la dénatalité dont pâtit la France au XIXe siècle et dans la première moitié du XXe.

2. Thème récurrent chez Maurras, qu'il applique par exemple à l'apparente antinomie de la religion et de la volupté (voir dans le présent volume *Le Chemin de Paradis*).

3. Modèle familial identifié au XIXe siècle par Frédéric Le Play (dont se réclamait Maurras), et caractérisé par la coexistence de plusieurs générations sous l'autorité du chef de famille. Mais la référence est en l'occurrence contestable, car la famille souche a tendance à limiter le nombre d'enfants afin de ne pas fractionner la propriété qui lui sert de support.

4. Ce point et les suivants sont approfondis dans de nombreux textes de Maurras, notamment *Mes idées politiques* (voir p. 717 du présent volume).

POÉSIE

« LE MEILLEUR DE NOUS-MÊMES » : MAURRAS POÈTE

Par Martin Motte

« La prose est l'expression naturelle du monde, qui n'est probablement qu'une vaste ironie. Mais, en poésie, nous faisons (ou nous voyons faire) tout autre chose que le monde. Nous fixons le meilleur de nous-mêmes au-dessus de nous [...]. La poésie, c'est le ciel[1]. » Sous la plume de l'agnostique Maurras, ces termes équivalent à une profession de foi : de fait, sa poésie est profondément religieuse. Quant à l'opposition terme à terme de la prose et de la poésie, elle suggère que cette dernière fut la respiration profonde de Maurras, par contraste avec son activité haletante de journaliste politique. Quelques-uns de ses vers ont bien la violence de ses éditoriaux, mais non le caractère ordurier qui caractérisa souvent ses polémiques.

La sélection ici présentée reprend la majeure partie de *La Musique intérieure* (1925) et de *La Balance intérieure* (1952)[2], plus trois poèmes érotiques inédits que Mme Nicole Maurras a bien voulu nous confier. Le lecteur s'étonnera de ne pas y voir figurer la célèbre « Prière de la fin » : il la trouvera à la dernière page de ce volume, auquel on ne pouvait apporter meilleure conclusion.

Il ne peut être question de commenter chacun des poèmes proposés. Nous ne les avons pas même annotés afin de ne pas casser l'élan du lecteur, la poésie supportant moins cette rupture que la prose, et de ne pas interférer avec sa propre expérience poétique. Qu'il prenne soin toutefois d'avoir un petit traité de mythologie gréco-latine à portée de main, il

1. Maurras, « Ironie et poésie » (1923), repris dans Jacques Bainville, *La Monarchie des Lettres*, édition établie et présentée par Christophe Dickès, Paris, Robert Laffont, coll. « Bouquins », 2011, p. 1044-1045.

2. Les poèmes de *La Musique intérieure* vont de « Destinée » à « Optumo sive Pessumo », à l'exception du « Nouveau colloque des morts » qui, bien qu'issu de *La Balance intérieure*, a été placé à la suite du premier « Colloque des morts ». Les poèmes de *La Balance intérieure* vont du « Frontispice » à « Le Char et le vaisseau ».

pourra lui être utile. Pour le reste, les quelques éclaircissements qui suivent devraient lui faciliter l'accès à la poésie maurrassienne.

* * *

Le plus qualifié pour parler de cette poésie est Maurras lui-même ; il l'a fait dans la préface de *La Musique intérieure*. On y retrouve l'idée centrale de son classicisme, qui ne consiste nullement à refouler les passions (Maurras est un grand passionné) mais à les discipliner. C'est à quoi visent les multiples contraintes formelles de l'art poétique : « Si elle est élan, enthousiasme et ravissement, la poésie est aussi limite et cadence, coupure et arrêt, chute et frein[1]. » Loin de brider la création, ces contraintes la stimulent, car « la poésie aime l'obstacle, l'art s'affine sur les difficultés à résoudre[2] ».

La création poétique est en son essence une lutte « contre l'informe et le bâclé, contre le vague et le diffus » ; elle est le « délicieux », le « vrai bonheur de mettre enfin d'accord l'idée avec la chose, d'adapter, d'ajuster les mots au mouvement et, donnant une forme et un corps à des rêves, de les graver sur une matière qui ne fuie pas »[3]. Cette ambition rappelle celle qu'exprime Théophile Gautier dans *L'Art* :

Sculpte, lime, cisèle ;
Que ton rêve flottant
Se scelle
Dans le bloc résistant !

Mais la comparaison s'arrête là, car les Parnassiens avaient tendance à concevoir la forme comme autre chose que le fond et à en faire une fin en soi. Ces deux postulats sont pour Maurras inadmissibles. En effet, la forme à laquelle il tend ne se limite pas à une apparence extérieure : conformément au mot latin *forma*, qui traduit le grec *eidos*, elle est une idée ou du moins incorpore une idée. La poésie maurrassienne relève d'un art intellectuel dont le propos est de rendre les idées aussi sensibles qu'il se peut en exprimant leur solidité intrinsèque par une cadence appropriée : « Si la raison doit convaincre, c'est le rythme qui persuade[4]. »

Ici encore, les contraintes techniques du vers sont sans prix, car elles obligent à « filtrer, tamiser l'adventice et l'impur de toute pensée » pour atteindre à la substance des choses. En cela, « Rime et Rythme apparaissent les organes de nos plus hautes nécessités »[5]. Le Grand-Œuvre auquel aboutit cette alchimie n'a donc rien d'un ornement accessoire de

1. Maurras, Préface de *La Musique intérieure*, Paris, Grasset, 1943 [1925], p. 43.
2. *Idid.*
3. *Ibid.*, p. 47.
4. *Ibid.*, p. 46.
5. *Ibid.*, p. 48.

l'existence. Le poème digne de ce nom cristallise quelque savoir indispensable à l'humanité et, par sa cadence, en facilite la remémoration : « Il n'y a que le vers pour tenir dans ses griffes d'or l'appareil éboulé de la connaissance[1]. » On comprend dès lors que la poésie ait partie liée avec les plus nobles disciplines : « Poésie est Théologie, affirme Boccace dans son commentaire de *La Divine Comédie*. Ontologie serait peut-être le vrai nom, car la Poésie porte surtout vers les racines de la connaissance de l'Être[2]. »

* * *

Si l'octosyllabe et l'alexandrin sont bien représentés dans les poèmes de Maurras, on y trouve aussi des pentasyllabes, des heptasyllabes – possiblement liés à la prédilection du Félibrige pour la valeur symbolique du chiffre sept –, des ennéasyllabes, des décasyllabes et des combinaisons de ces différents mètres. Soulignons, car c'est chose rare dans la poésie française, la relative fréquence de l'ennéasyllabe, que Maurras nomme « vers neuvain » et auquel il va jusqu'à consacrer un poème :

Mon vers neuvain, toi seul me cadences
Les jeux de l'Être et de l'Élément
Ta mélodie à ce trouble immense
Mesure l'ordre et le mouvement (*Au vers neuvain*)

La vertu de ce mètre, souligne Pierre Boutang, tient au « martèlement des quatre et des cinq syllabes dont les groupes s'attendent et s'opposent » : « La différence des deux éléments, un plus court, un plus long, réveille, excite l'esprit, exige sa présence, là où l'alexandrin endort[3]. » Maurras, qui connut Verlaine dans sa jeunesse, semble ici marqué par son *Art poétique*, lui aussi en vers neuvains :

De la musique avant toutes choses
Et pour cela préfère l'impair
Plus vague et plus soluble dans l'air
Sans rien en lui qui pèse ou qui pose.

Mais il est douteux que Maurras eût validé le « vague » du 4e vers !

Pour le reste, le classicisme maurrassien s'exprime par le recours à des formes très traditionnelles dans la poésie française. Il admet occasionnellement la rime pauvre que proscrivait le formalisme étroit des Parnassiens, relève Stéphane Blanchonnet, signe que « l'observation des règles n'est pas

1. Maurras, Préface de *La Musique intérieure*, *op. cit.*, p. 78.
2. *Ibid.*, p. 74.
3. Pierre Boutang, *Les Abeilles de Delphes*, Paris, éditions des Syrtes, 1999 [1952], p. 162-163.

un absolu[1] » à ses yeux : la rime n'est pas à elle-même sa propre fin, elle est au service du poème et le poème au service de l'idée. Les métonymies et métaphores maurrassiennes sont elles aussi classiques, « elles colorent le texte sans retenir l'attention pour elles-mêmes[2]. » Le vocabulaire, de même, fuit les « coquetteries » auxquelles se complaisaient les symbolistes[3].

* * *

À la poésie, Maurras confia ses désespoirs : sa surdité, invoquée dans « Le mystère d'Ulysse » ; sa vocation contrariée de marin, au cœur de « Destinée » ; son insatisfaction radicale, sa tentation du dégoût universel et ses désarrois de jeunesse, qui éclatent entre autres dans « Révélation » ; ses déceptions amoureuses, ses deuils, ses angoisses métaphysiques, qui jalonnent les deux recueils. Mais, classicisme oblige, ce lyrisme fuit tout particularisme : « L'expérience personnelle de Maurras prend une valeur universelle. La dimension autobiographique ne pèse pas sur le texte. Elle n'est même pas absolument nécessaire à sa compréhension[4] », note Stéphane Blanchonnet. Rares sont les poèmes qui ont besoin d'un éclaircissement extérieur, comme « Les Témoins », où Maurras évoque les cyprès qu'il fit abattre dans son jardin de Martigues[5].

Poète des pires désespoirs, Maurras est aussi le chantre des plus hautes attentes. Par son intensité et son caractère d'évidence métaphysique, l'amour déçu sur terre appelle un au-delà où fleurir enfin : il ramène l'âme « dans les voies royales de l'antique espérance au termes desquelles sourient la bienveillance et la bienfaisance d'un Dieu[6] », nous dit le poète. De même la mort des êtres les plus chers : « Pressés d'on ne sait quel aiguillon, nous ne pouvons pas nous priver de construire dans le Surhumain et dans le Divin, et d'y calculer, sous le bandeau, par des tâtons mystérieux, une solide architecture de concepts plus ou moins analogues au dogme simple et net de la résurrection de la Chair et de la communion des Saints[7] » – telle est la genèse de l'admirable « Colloque des morts », de « Corps glorieux » et d'autres poèmes encore.

1. Stéphane Blanchonnet, « Charles Maurras et le néoclassicisme », dans Axel Tisserand (dir.), *Charles Maurras, soixante ans après*, Paris, Pierre Téqui, 2013, p. 183.
2. *Ibid.*
3. *Ibid.*
4. Stéphane Blanchonnet, « Charles Maurras et le néoclassicisme », dans Axel Tisserand (dir.), *Charles Maurras, soixante ans après*, Paris, Pierre Téqui, 2013, p. 182-183.
5. Voir *Sans la muraille des cyprès* dans le présent volume.
6. Maurras, Préface de *La Musique intérieure*, *op. cit.*, p. 71.
7. Maurras, Préface de *La Balance intérieure*, Lyon, Lardanchet, 1952, p. 13.

Notons enfin que Maurras a ménagé des pauses pour que ses lecteurs puissent se reposer de la tension métaphysique inhérente à ses élans platoniciens : scènes de genre (« Sur une coupe de Venise » ou « Trivie », dans des registres certes très différents), court enseignement moral (« Croix des routes »), portrait baudelairien (« Voyageuse »), fabliau (« Lai d'Aristote »)... sans oublier « La Belle et la Bête », qui revisite un thème connu de façon très érotique mais surtout très drôle :

Un plésiosaure,
Peut-être un mammouth...

Sur quoi nous laissons le lecteur apprécier par lui-même l'abondance et la variété de l'inspiration maurrassienne.

DESTINÉE

Tu naquis le jour de la lune
Et sous le signe des combats,
Le soleil n'en finissait pas
De se lever sur ta lagune.

Le vent d'ouest au seuil béant
De ta maison sur le rivage
Vint moduler son cri sauvage
Et les appels de l'Océan.

Mais tu n'as pas quitté ton île
Ni fait bataille sur la mer :
Jamais la gloire du vrai fer
N'a brillé dans ta main débile,

Tu ne peux être matelot
Que d'imaginaires espaces
Où, plus qu'ailleurs, l'aube fugace
Est longue à naître sous le flot,

Darde au zénith la flamme torse
Des volontés de ton destin :
Dans les angoisses du Matin
Quelle Nuit lente use ta force !

POUR PSYCHÉ

Psyché, vous êtes ma pensée
Vous éleviez votre flambeau
Les hommes vous ont repoussée
Vous souriez comme un tombeau.
Psyché, vous êtes ma souffrance
Vous vous mourez au vent d'Ailleurs,
Vos yeux sont las de l'apparence
Et vacillants comme des fleurs.
Et, Psyché, vous êtes mon rêve,
Ensemençant le ciel léger
De vos mépris pour l'heure brève
Qui dit que vivre est de changer.

LA VAINE BALLADE DES REMONTRANCES À *PSYCHÉ* OSÉES PAR LE VIEUX *FAUST*

FAUST

Chère Psyché, vos yeux qui tremblent,
Vos yeux de fleur ont peur du vent,
Peur et délice tout ensemble :
Ivres d'espoir dans le levant,
Ils étincellent au devant
Des clartés vaines qui s'élèvent :
Ah ! sous ce dôme décevant,
Luise la lampe de vos rêves !

PSYCHÉ

Hélas, c'est un rameau de tremble
Qui luit en nous, ami savant !
Des anciens songes il me semble
Compter si peu de survivants !
La nuit les souffle en s'achevant.
J'ai le cœur nu comme une grève
Qu'un dur automne va lavant…

Maurras, vers 1890
© Louis Denis-Valnérane

FAUST

Luise la lampe de vos rêves !

PSYCHÉ

Vous ne savez ! Mon sein ressemble,
Ô Faust, à ces châteaux mouvants
Qu'à l'occident le soir assemble...
Mais j'ai la faim du dieu vivant :
Je veux sentir en le trouvant
S'épandre l'âme de mes sèves...

FAUST

Elle vous monte aux yeux souvent,
Luise ta lampe de vos rêves !

ENVOI

Ô ma Psyché, vivez rêvant !

PSYCHÉ

Nos champs résonnent de voix d'Èves
Et de grands faunes poursuivants...

FAUST

Luise la lampe de vos rêves !

1891

PRIME

Tu frissonnais au vent des roses qui s'élève,
Les Heures ont reçu l'étoile et le flambeau,
Voici le soir, la douce abondance des rêves :
Le matin qui viendra mûrisse le plus beau !

Le matin qui viendra te favorise, amie,
Et, quelque incertitude enveloppe nos cieux,
Dissipe en florissant sur ta joue endormie
Le maléfice errant de mon sort envieux !

Le matin qui viendra, nous le créerons ensemble
Si ton cœur et le mien demeurent vigilants,
Si ta main reste unie à cette main qui tremble,
Si ta beauté scintille entre tes voiles blancs :

Le radieux matin que cette nuit prépare
Déjà de ses bouquets en arceaux suspendus
Fleurit ta belle porte et réjouit nos lares
Du simple souvenir des bonheurs attendus.

1892

DERNIÈRE BALLADE OU JEU-PARTI DE L'ÂME ILLUMINÉE GUIDANT L'ÂME AMOUREUSE À LA VRAIE SOURCE DE LA JOIE

al ciel ch'è pura luce
Luce intellettual piena d'amore
Amor di vero ben pien di letizia
Letizia che trascende ogni dolzore[1]

Dante, *Paradis*, 30

— Entends tomber les vaines heures,
Dans le palais de sable amer :
Toutes les choses qui se meurent
Ont, ô mon Âme, assez souffert !

Laisse s'éteindre sous la mer
Dont le tumulte, au loin, flamboie
Les yeux de Celle que tu sers…
— Où sont les sources de la Joie ?

— Laisse à la foule qui les pleure
Ces joyaux tristes de la chair,
Ô toi qui sais quel est le leurre
Secret de leurs sombres éclairs
Et qu'à peindre le champ de l'air

1. « … au Ciel qui est pure lumière, lumière intellectuelle pleine d'amour, amour du vrai bien rempli d'allégresse, allégresse qui transcende toute douceur. »

De fin or blond, de claire soie,
Les cruels t'ont le cœur ouvert !
— Où sont les sources de la Joie ?

— Mais, ô lumière intérieure,
Âme de l'Âme, rayon vert
Qui, pour un temps, fîtes demeure
Au fond de ces beaux yeux déserts :

Vous qui brûliez encore hier
Et que le monde enfin renvoie,
Purifiés, des anciens fers…
— Où sont les sources de la Joie ?

ENVOI

— …Yeux de PSYCHÉ, pâles et clairs,
VRAIS YEUX, qu'un jour je vous revoie,
Unique étoile, au bel éther
Où sont les sources de la Joie !

1893

RÉVÉLATION

À la mémoire de mon ami Paul Guigou, 1865-1896,
qui aima quelques vers de ce petit poème.

La lune frappe à toutes les vitres
Elles sont dures comme des cœurs
La Colombine embrasse le Pitre
Elle l'embrasse de tout son cœur.

Lui, ne sait pas que la belle est sienne
Elle le berce entre ses bras blancs :
Il n'y a pas de baiser qui tienne !
Qui guérira cet esprit dolent ?

Tout l'a déçu, tout ce que l'on aime
La vie a retourné contre lui
Maint aiguillon tiré de lui-même
Son cœur usé se ronge ou se fuit.

Il ne sait plus du tout ce qu'il pense
— La Colombine a de grands cheveux
Haut déployés sur le ciel immense –
Il ne sait plus du tout ce qu'il veut.

* * *

La lune frappe à toutes les vitres
Elles sont dures comme des cœurs
La Colombine embrasse le Pitre
Elle l'embrasse de tout son cœur.

Telle qu'un vol lointain de colombes
Toute la nuit tourne en gémissant
Et l'amoureux dont le zèle tombe
Inculpe à longs cris le Tout Puissant.

De mal aimer ses forces défaillent.
Mais quelle foudre éclate dans l'air
Et dit : – *Vaincu de longues batailles*
Navigateur d'une sombre mer,

Ô toi que tant d'épreuves brisèrent
Tu seras consolé cette fois
Ton infortune eut l'heur de nous plaire
Il te suffit d'ignorer pourquoi.

Des simples secrets qui seuls t'importent,
Ô mon pauvre blasphémateur fou,
Sans être un dieu, je suis assez forte
Pour t'enseigner absolument tout :

N'as-tu pas reconnu mes murmures,
Mon parfum, mes lumières, ma voix ?
Que te faut-il ? La Mère Nature
Pour se montrer dit-elle : c'est moi ?

* * *

(La lune frappe à toutes les vitres
Elles sont dures comme des cœurs
La Colombine embrasse le Pitre
Elle l'embrasse de tout son cœur.)

... En dévoilant ma blanche poitrine
Où les étoiles viennent et vont,
D'un lait puissant, mamelle divine,
Je désaltère le ciel profond.

Flamme, aliment de toutes les choses,
Amoureux démon, je les détruis :
Au grain de blé qui les recompose,
Connais mon Jour, honore ma Nuit.

N'accuse pas mon génie avare
J'offre et dérobe aux coups du désir
Ce qui l'attire et ce qui l'égare
Ce qui l'enflamme et le fait mourir,

Mais rayonnante et mystérieuse
Dans sa blancheur, ma robe d'Isis
Mire des jeux d'ombre spécieuse,
Oliviers, saules et tamaris :

Mes plus beaux dons, je les dissimule
Mes meilleurs biens, je les enfouis :
Cours à tâtons dans mes crépuscules
Découvre enfin que je t'éblouis !

Veux-tu trouver l'or de Babylone,
La perle indique et le Kohin'nor
Ou voir briller mieux qu'à Maguelonne
Sous les glauques étangs le trésor ?

Mais vois plutôt, frémissante encore
Des lents préludes de vos bonheurs,
La simple enfant dont le rêve implore
L'aveu des maux qui brûlent ton cœur

Et trouve au fond de ses yeux limpides
Plus loin que l'opale et que l'azur,
Tes vœux comblés, ô rêveur avide,
L'intelligence et la foi des purs !

La lune frappe à toutes les vitres
Elles s'entr'ouvrent comme des cœurs
La Colombine embrasse le Pitre
Et ses baisers lui fendent le cœur.

TÉNÈBRES

Un vent froid souffle dans ta rue,
Mon cœur s'arrête à chaque pas
L'étoile est-elle dans la nue ?
Je ne sais pas, je ne sais pas.

Ma tête est lourde, tout se mêle,
Je suis trempé de boue et d'eau.
Du moins la lampe veille-t-elle
Dans l'interstice du rideau ?

Ton cœur est dur, ô bien-aimée !
J'ai cheminé toute la nuit :
À la muraille inanimée
L'ombre est épaisse, rien ne luit,

Rien. La prunelle inassouvie
Se dilate sans ressaisir
Cette substance de ma vie,
Le cœur me chante de mourir

Si, d'un creux d'ombre maléfique
Qui l'attire comme un aimant,
Un lent coup d'aile magnétique
Ne le remet en mouvement.

… La Nuit retient ses nœuds funèbres :
Pas un filet de pâle jour !
Mais, ténèbres dans les ténèbres,
Elle a tremblé, comme d'amour.

JE NE REDIRAI PLUS...

Je ne redirai plus à vos pieds ma détresse
En voici le soupir, ô mon unique dieu !
Vous ma force, vous ma faiblesse,
Vos regards éloignés brûlent comme du feu.

Mon malheur est venu d'avoir aimé votre âme
Mieux que tous vos parfums, plus que votre beauté :
Comme vous en doutiez, dure argile de femme,
Sachez que votre esclave est dans ma volonté.

C'est moi qui ne veux plus bannir une chimère
De ce cœur mâle et doux que vous exténuez :
Je ne choisis, je ne préfère
Que la cruelle part que vous m'attribuez.

Ma raison n'aspira qu'à votre essence pure
Je reconnais en vous l'ordre de mon destin
Et le cri du désir de toute ma nature :
Tout ce qui n'est pas vous est vain.

... Mais aux mesures de la plainte
Sentez que l'espérance a bien quitté mon cœur
Sa fausse joie est plus qu'éteinte
Dans l'unité de ma douleur.

Je crois à la bonté des ombres éternelles,
Là les silencieux persuadent un jour
Et, cendres du flambeau de tant d'heures fidèles,
Dans le lit des regrets font couronner l'amour.

LE CYPRÈS

Jours appesantis d'un souvenir sombre,
Tout me fait trop mal :
Ensevelissons nos restes à l'ombre
Du cyprès natal.

Ô roi des jardins de pampre et d'olive,
De roses vêtu,
Orgueil et pudeur de l'âme plaintive,
De moi voudras-tu ?

Tu m'as vu tenter d'amollir la roche :
Mon gémissement
Pressa du plus vain de tous les reproches
Le dur élément.

Mais, qu'il t'en souvienne ! À l'humble défaite
De ma longue erreur,
Nulle cruauté qui broyât ma tête
N'a dompté mon cœur

Et, bien qu'aux réseaux de l'Enchanteresse
Fût lié mon sort,
J'ai la liberté des seules richesses :
L'honneur et la mort.

Tu peux m'accorder la paix de ton ombre,
Ami fier et pur,
Et m'incorporer à ton signe sombre
Debout dans l'azur.

LA BATAILLE DE LA MARNE[1] (FRAGMENT)

ODE HISTORIQUE

La Montagne de la Victoire
Donne son souffle à nos drapeaux,
À sa voix deux mille ans d'histoire
Sortent en criant des tombeaux,
Comme un soleil sur la nuée
Toute la Gaule s'est ruée :
Mère des lois, mère des arts,
Notre Pallas est sœur d'Hercule,
Au double assaut déjà recule
Un germanique et faux César.

1. Poème liminaire de cette ode inachevée, à laquelle, huit jours avant sa mort, Guillaume Apollinaire consacra sa dernière chronique du *Mercure de France* ; il en

Ô toi, plus basses que les terres
D'où sont vomis tes combattants,
Ô dans ta paix et dans ta guerre
Singe inutile des Titans,
Race allemande qu'enfle et grise
L'impunité de la traîtrise
Et l'ignorance de l'honneur,
Aucun reproche ne te presse
Comme du manque de sagesse
Qui de tout temps souilla ton cœur.

Tu ne sais pas la loi des mondes
Qui pour renaître fait mourir
En des épreuves si fécondes
Que le plus lâche y veut courir :
Pour égaler sa haute somme
L'être de l'âme se consomme,
De tous ses maux naît quelque bien.
Seule une race abandonnée
Des justes dieux est condamnée
Au crime qui ne sert à rien.

Le long de tes annales sombres
Hurle la flamme, pleut le sang
Et ton marteau dans les décombres
Frappe des coups retentissants,
Ce qui te plaît, ce qui t'importe
Est le charnier des villes mortes,
Ta seule gloire est de nourrir,
Sans l'apaiser par les ravages
Qui te flétrissent d'âge en âge,
L'unique faim d'anéantir.

louait « la fermeté de la langue, la richesse de la pensée », et disait de Charles Maurras : « Ses modèles, à mon sens, ne sont ni du XVIIe, ni du XIXe, ni du XXe siècle : ce sont Pindare et Ronsard. »

L'ÉTÉ OU L'ÂGE D'OR

Notre âme est jetée dans le corps
où elle trouve nombre, temps...
Pascal

Depuis que nous tournons sur le pôle de l'Ourse,
Ô saisons, ô soleil, branle mystérieux,
Les cœurs ont désiré d'arrêter cette course
En quelque midi radieux.

Toute Félicité qui fleurit et qui passe,
Symbole impénétrable à mon entendement
Charge l'heure enflammée au sillon qu'Elle trace
D'une nuit d'amertume et de déchirement.

Le grain que je confie au sol que je laboure
A voulu les sueurs de mon front pour mûrir :
Par le fruit qu'il accorde au soin dont je l'entoure
Quel arbrisseau ne rit de me faire souffrir ?

Bientôt s'épaissira la brume de l'automne
Et, le vol approchant des humides frimas,
Sous un âtre enfumé ma tête s'abandonne
À supputer le prix de tout ce qu'elle aima :

Le Boisseau ! Le Cadran ! Le Compas ! La Balance !
Sur les esprits tendus de nos corps desséchés
Aucun dieu n'inclina la corne d'abondance
Qu'aussitôt ne tarît la Loi ni le Péché.

Seule, ô pure chaleur des gloires du solstice
Égalant à nos vœux les forces de l'espoir
Tu nous fais oublier l'éternelle injustice
Qui veut que nous donnions afin de recevoir :

Joyeuse d'arracher aux misères fatales
L'insecte raisonnant, triste et laborieux
Qui peine à l'horizon des planètes natales,
Ta flamme, Été sublime, a traversé les cieux !

Elle a pris en pitié l'atome et l'éphémère.
Elle l'a soulevé dans ses bras florissants…

LES DEUX COLLOQUES DES MORTS[1]

PREMIER COLLOQUE DES MORTS

Je nourris dans mes espérances…
Sophocle, *Antigone*

LE POÈTE

I

— Les compagnons deviennent rares
Ô chers témoins du souvenir,
Qu'est le destin qui nous sépare
Et saura-t-il nous réunir ?

Je ne peux plus, même à voix basse,
Implorer, de ces mots fervents
Que sut tout homme de ma race,
La charité d'un Dieu vivant

Et nos augustes conseillères
Les grandes lois de l'Être font,
Immobiles dans leur lumière,
Un silence qui me confond,

Mais toutes choses sont permises
Que le Tyran ne défend point :
Rien n'apparaît qui m'interdise
De rêver votre vie au loin.

1. Le premier « Colloque » est paru en 1925 dans *La Musique intérieure*, l'*Intermède* et le second « Colloque » en 1952 dans *La Balance intérieure*.

II

Ô vous, ô vous, personnes blanches,
Pures des maux déjà soufferts,
Je vous distingue sous les branches
Du clos de myrte toujours vert,

Le long des souples asphodèles
S'éveillent de grands yeux surpris,
Je reconnais mes cœurs fidèles
Dans l'entrelas du tamaris.

Vous n'êtes pas les formes vaines
Qu'une pensée en deuil revoit :
Que la présence soit certaine,
Que le bonheur aussi le soit !

— Vous êtes là, je veux entendre
Cette houle de votre sang,
Ce battement sonore et tendre
Qui nous consterne en faiblissant.

Vous revivez tels que vous fûtes
À la fleur de vos mouvements
Dans le rayon de la minute
Où vous étiez parfaitement.

Esprits vêtus de chair ignée,
Souverains maîtres d'un beau corps,
Celui qu'usèrent les années
Dans le caveau repose et dort.

III

Il a suffi d'une parcelle
Rayonnante de votre cœur
Qui, par les routes immortelles,
Choisît son vol vers les hauteurs.

Elle a laissé terres et lunes
Au même point qui s'effaçait,
L'orbite immense de Neptune
Loin d'elle s'évanouissait,

Elle a traversé dans sa course
La zone où brûlent le Lion,
Le Sagittaire, les deux Ourses
Et l'énigmatique Orion,

Elle a cueilli de sphère en sphère,
Comme de trésor en trésor,
Ce qui manquait à sa matière,
Ce qu'il fallait à son essor :

Pour renflammer les énergies
D'un vouloir âpre et combattu,
Broyant les herbes de magie
Avec les pierres de vertu,

Du vent de toutes les prières
Gonflant la toile de ses vœux
Et, par l'horreur du flot stellaire,
Recommandée à tous les dieux,

Elle a cherché, trouvé, que dis-je ?
Elle a peut-être fait jaillir
Des puits d'abîme et de vertige
Cette étoile de son désir.

IV

L'ÂME

— Vous m'attendiez, mes sœurs, mes frères,
Ô chères têtes, cœurs vibrants !
Des solitudes de la terre
Je me suis sauvée en courant.

Rassasiée, insatiable,
J'aimais tout, je ne voulais rien.
Ô vanité du grain de sable
Qui n'ignora que son vrai bien !

Mais votre deuil avec sa plainte
De regrets répandus trop tard,
Ce grand passé mort dont l'enceinte
Ne se franchit que du regard,

Tous ces points vifs de nos blessures,
Comme de membres amputés,
Font reconnaître la nature
De la profonde humanité !

Plus que l'amour la mort est sage,
L'épreuve immense seule instruit,
Mais les lumières d'un orage
Auraient pu dissiper ma nuit :

Souviens-toi, nous lisions ensemble,
Toi ce beau livre, et moi tes yeux.
Ta voix frémit, ma bouche tremble,
Tu fleuris du baiser de feu,

Je voulus te louer : – Brillante !
Le bonheur me chassait de moi
Et la parole défaillante
Cria, sanglota, *j'étais toi !*

V

Ce qui n'était que la merveille
Des rares fêtes de l'amour
Devient, quand l'âme se réveille,
Son pain doré de chaque jour.

Elle voit à l'œil nu les fibres
Qui de son cœur aux autres vont,
L'attachement, qui nous rend libre,
À l'ombilic dont nous vivons :

Quelque avenir qu'elle imagine,
Tout ce qu'elle est, tout ce qu'elle a
Dit le baiser de l'origine
Qui la conçut et l'appela,

Les millénaires sympathies
De milliers d'êtres confondus,
La même ivresse ressentie
Par tant de couples éperdus :

Âmes sans nombre qui s'aimèrent,
Elles s'aiment en nous toujours,
Brûlant l'autel où s'allumèrent
Nos amitiés et nos amours !

Comme, au déclin de ses beaux membres,
Le saint oiseau se couche et meurt
Sur le charbon de myrrhe et d'ambre
Où renaît toute sa vigueur,

Ainsi tu es, je suis, nous sommes
Les cendres vives d'un foyer
Où sans attendre l'âge d'homme
Tout recommence à flamboyer,

Les feux sacrés rouvrent leur aile :
Sans rien admettre, quelle foi
Souleva ma jeunesse et quelle
Frénésie à sortir de soi !

Qu'est-ce donc qui tordit ces flammes
Et les rebrousse contre nous ?
Qui met la guerre entre les âmes
Et divisa ce cœur jaloux ?

— Ô Déesse génératrice
Des hommes et des animaux,
L'ordre est voulu par ta justice
De mesurer aux biens les maux.

Par toi s'élèvent de l'écume
Les miracles de la beauté,
En toi ruisselle l'amertume
De la parfaite volupté.

Tu nous décernes les couronnes
De l'amoureuse et de l'ami
Et tes oublis nous abandonnent
Aux vengeances de l'ennemi.

Ta douce loi dans nos entrailles
Honore le visage humain :
Ô déité des funérailles,
L'homme vit l'épée à la main.

Ce favori de Prométhée
À ton sourire eut une part :
Baise sa face ensanglantée
À l'embrasure du rempart !

Nous étions nés pour nous suspendre
À la guirlande du désir :
Le bien gagné reste à défendre,
Le nécessaire à conquérir.

Ta vie en fleur offrit sa rose
À ceux en qui l'amour a lui :
Hélas ! d'aimer la moindre chose
Je meurs de haine jour et nuit !

VI

LE CHŒUR DES ÂMES

— Ne parle plus de ces choses,
Hors desquelles tu bondis,
Fugitive qui te poses
Au bord de nos paradis,

Voyageuse qu'ont lassée
Les flots de haine et d'amour,
Beaux yeux de biche blessée
Ouverts et clos tour à tour,

Frémissante créature,
Air et foudre, neige et feu,
Qui gonflas ta veine impure
Du désir des demi-dieux,

La lumière qui t'inonde,
Ô grain d'ombre qui vécus,
T'ouvre enfin le seuil d'un monde
Où l'esprit n'est pas vaincu !

Regarde, rien ne s'oppose
Au passage de nos cœurs,
Nos vœux, entends, se composent
À leur place dans le chœur,

C'en est fait des réticences
Qui gémirent dans ta voix,
Ni parole ni silence
Ne trahissent plus ta foi,

Aucun doute ne résiste
Aux splendeurs, aux puretés
Du rayon que tes vieux Mystes
Sans le connaître ont chanté,

Éternelle, Universelle,
Sans aller et sans venir,
Tu peux replier les ailes
Qui soutinrent ton désir :

Au plus chaud d'une tendresse
Qui ne se démente plus,
Vois quel mode d'allégresse
Choisira ton cœur élu,

Au penchant de nos prairies
Cent et mille ne font qu'un,
Unanime rêverie
Des volutes d'un parfum,

Volupté, béatitude
Qui devancent le soupir,
Idéale plénitude
Qu'il suffise de sentir !

Mais, suivant des destinées
Plus puissantes que la mort,
Même ici, l'âme bien née
Veut l'amour et veut l'effort.

Mais, suivant des destinées
Plus puissantes que la mort,
Même ici, l'âme bien née
Veut l'amour et veut l'effort.

Laissons errer une troupe
Dont les vœux sont indistincts,
Laissons fumer une coupe
Aux nuages incertains,

Laissons fuir et se répandre
Leur désir illimité :
Vers nous seuls nous pouvons tendre,
Combles de félicité !

Seule à seule, nos personnes,
Ivres des printemps du ciel,
Se reçoivent et se donnent
Dans leur feu spirituel,

Te connaissant toute entière,
Mon désir est plus profond
Si mes gouffres de lumière
Pénétrés te satisfont.

— Au-delà des promontoires
Où s'élèvent nos bonheurs,
Quelle est cette arche de gloire,
Certitude de mon cœur ?

Qu'est le souffle qui t'emporte
Et la serre qui m'étreint,
Quelle grâce douce et forte
Dans nos cœurs et dans nos reins,

Et, flambeau de pleine aurore,
Désespoir de toute nuit,
Ce grand astre qui dévore
Et sans terme reconstruit ?...

VII

LE POÈTE

— Quel sens humain recevront ces paroles ?
Je ne les dis qu'aux amis anciens
Que j'ai connus sur les bancs de l'école :
Entre eux et moi la Mort est un lien.

Compagnons de lointaine adolescence,
Dites-nous s'il vous souvient comme à moi
De ces beaux soirs de haute incandescence
Où nous offensâmes la loi des lois ?

Jamais dans ses longs adieux à la terre
De la cime enflammée où bat son cœur,
Le soleil n'avait laissé son mystère
Développer cette amère splendeur.

Le globe en feu sur le parvis des ondes
Ouvrait l'ample chemin de pourpre et d'or
Où, pèlerins de la beauté du monde,
Couraient nos yeux comme un navire au port

Et nous buvions la topaze brûlée,
Nous nous gorgions de ce rubis sanglant,
Aussi longtemps que sa flamme exhalée
Auréola l'éphémère semblant.

Sainte beauté qui doit être immortelle,
L'heure des dieux ne se consomme pas :
Comment, clarté victorieuse, est-elle
Précipitée à de nouveaux combats ?

Nous le demandions au roi de l'Espace :
— Ô mon Dieu, ce n'est pas toi qui nous fuis,
Mais la Planète où nos figures passent
Qui nous emporte au-devant de la nuit !

Livide hostie offerte à l'arche sombre
Qu'épanouit le ciel oriental,
Je suis lié dans les chaînes de l'ombre,
Je suis traîné sous le porche fatal.

Ô toi que nous appelions Terre-Mère,
D'où vient ton vol contraire à mon amour ?
Je suis né, je suis fait pour la lumière,
Accorde-moi d'éterniser le jour.

Tu le feras si ton cœur est le même
Qui Prométhée, Icare et Dedalus
A consumés de l'éternel problème
D'une clarté qui ne s'éteigne plus !

Tant de héros qu'engloutit ton abîme
L'ont reconnu, mesuré peu à peu !
Chaque sillon de la chute sublime
Nous approcha des semences du Feu.

Déjà, le Nombre asservi sait résoudre
Au vol du Temps l'Espace illimité :
Tu nous donnas les chevaux de la foudre,
J'attelle un char à leur galop dompté

Et, si tu veux, ô bénigne déesse,
À mes genoux, de tes flancs, va sortir
L'heureux Quadrige égalant ta vitesse
Pour la contredire et l'anéantir !

Tu presseras la fuite de ta roue :
Ma merveille d'art mortel obtiendra
De regagner du côté de sa proue
Ce que ta poupe immortelle perdra.

Je fends ton air, effleure ton écorce,
Tes mers, tes monts enfuis derrière moi,
Et m'affranchis, esprit devenu force,
De la fureur du céleste charroi :

Ô jours, ô nuits, ô cadences des heures,
Et vain conflit de leurs signes ardents !
Dans l'immobile infini tout demeure
Si j'ai cinglé d'aurore en occident.

Hôte et nocher de la pompe que l'astre
Accumulait à ce ponant vermeil,
Comme amarré sur un fauve pilastre,
J'aurai jeté l'ancre dans le soleil !

— Équilibré dans la clarté profonde
Qui nous sauvât des nocturnes horreurs,
J'ai renversé la manœuvre du monde
Et l'ai soumise à la loi de mon cœur :

Reine du cœur, immuable Hespéride,
Purifiés de l'étoile du soir
L'air et la mer ont effacé leurs rides :
Toujours t'entendre et sans cesse te voir !

Monte avec moi sur la nef magnifique :
Le saint flambeau qui ne se couche plus
Dore à jamais une seconde unique
D'espoirs comblés et de vœux révolus !

Comme les jours, les saisons, les années
Épargneront leur offense à nos corps,
Nous abordons à l'île fortunée
Où des vivants se sont ri de la mort…

INTERMÈDE

Chaque jour efface
Nos jours, et le temps
Recouvre leur trace,
La creuse ou l'étend,
Mais tout s'y rapporte
Au même destin :
Les délices mortes,
Le douloir éteint.

Si haut élancée
Que fût ta pensée
De sage ou de fol,
Vois, elle est au sol :
Utile ou futile,

Puissante ou subtile,
Nous en retombons
– Tristes vagabonds
D'un éther inane –
Au creux du chemin
Où le genre humain
Fait sa caravane.

LE NOUVEAU COLLOQUE DES MORTS

LE POÈTE

Démon mystérieux qui portes la couronne
D'une aurore désirée au-delà de mes nuits
Et toi, pâle désir, ô regret qu'environne
L'immobile beauté de tout ce qui m'a fui,

Soit qu'un char envolé du réseau des étoiles
M'incorpore vivant à la gloire des cieux,
Soit qu'au vent du bonheur ayant livré ma voile
Je poursuive l'Amie et rencontre le Dieu,

Ô double Tentateur du Silence, tes Ombres
Ne s'imposent pas moins à mes corps refroidis,
Sous les pâles degrés, entre deux cyprès sombres,
Où tout ce que j'aimais peu à peu descendit :

Ne me détournez pas du seuil de la demeure
Que les yeux de l'esprit n'ont cessé de revoir :
Tous les bons disparus des matins que je pleure
Y revinrent traîner un égal désespoir.

Ici, la mère en deuil a, du feu de ses larmes,
Ouvert un dur enfant au rêve de l'amour
Et fait flotter en lui les horreurs et les charmes
Du souffle aventureux qui lui donna le jour.

Elle-même a senti cette rosée amère…
— Tu n'as point oublié qu'elle disait encor
Pour quels proches aïeuls, autrefois une mère,
Un père, l'emmenaient au Village des Morts.

De parents en parents, la pyramide obscure
Des couples enlacés pour une heure et détruits
A vite débordé la modeste clôture
Et ses pauvres carrés de mauves et de buis.

Une date est marquée au front de la chapelle.
Quinze lustres. Pas même un siècle. Les aînés
De ces nouveau-venus au vieux sein de Cybèle,
Quel sort aux quatre vents les a disséminés ?

Le savez-vous, démons de l'Espoir et du Songe ?
Vos flambeaux fugitifs éclairent-ils, ce soir,
Un abîme de chair où mon esprit se plonge,
Afin de se comprendre et de se concevoir ?

L'ÂME

Commence par creuser, sous l'ancien presbytère,
Le cloître, les jardins de l'école aux longs cris,
Et vois les profondeurs auxquelles notre Terre
A les os de tes os dévorés et repris.

Aussi loin que s'émeut l'odorante et féconde
Substance des moissons et des pacages verts,
Un cœur avide boit la jeunesse du monde
À l'humide bûcher des pères de ta chair.

Ce n'est pas autrement que ta propre pensée,
Quand elle s'affranchit des lieux inférieurs,
Aspire tout lambeau de sagesse passée
Et, des règnes futurs, élève sa lueur :

Le fleuve de l'Amour et de la Connaissance
Du labeur de nos morts tire sa majesté,
Quelque limon troublé qu'un enfer sans puissance
Élève des bas-fonds de ton humanité.

Ce rapide trésor des élans et des rêves,
Des sagaces conseils et des saintes douleurs,
Abandonne, en fuyant, nos conques sur ses grèves
Qui lui laissent ravir et sauver le meilleur.

Comprends l'inanité du deuil et de la plainte !
Ta vie, en florissant, développe le fruit
Qu'ont médité mille ans de désirs et d'étreintes,
Le sang qui t'a créé t'anime et te conduit.

Plutôt que de pleurer obstinément tes pères
(Ne sont-ils pas en toi pleins de vie et de feu ?),
Par-dessus les tombeaux qui tes larmes trompèrent
Avance du côté qu'illumine le Dieu.

LE POÈTE

Petite âme insensée, hôtesse vagabonde
Des corps assujettis à la chaîne du monde,
Qui montes et descends du satyre brutal
Au démiurge, à l'homme, à la plante, au cristal,
Mais les oubliant tous, à tous indifférente,
Tu ne connais, au vent de tes courses errantes,
Que ton souffle ingénu d'astre en astre porté,
Comme ton papillon sur les feux de l'été !
Que t'importe un degré de ta métamorphose,
Si le visage ami des êtres et des choses,
Et l'honneur, et les noms, et les charmes humains,
Doivent t'abandonner au détour du chemin
Que tu continueras toute seule, ô mon âme ?
Mais, moi, qui ne suis rien que le fils de la Femme,
Je languis de revoir et je veux ressaisir
Tout ce qui m'a brûlé de peine et de plaisir,
Ou de haine et d'amour m'a mesuré l'épreuve !
L'orphelin a reçu des lèvres de la veuve
La rumeur d'un départ qui lui fait le cœur lourd
Et le ronge en secret comme un mal du retour.
Son bonheur est partout où son regret se pose :
Rends-moi, rends-moi cet arc de la bouche déclose
Les accents de la voix, et la vaine fierté
Des yeux étincelants que la Parque a domptés !
N'irrite plus ma soif avec un verre vide,
Ou cesse de l'emplir de tes sables arides.
Je préfère à tes mots qui ne sont qu'un vain bruit
Le silence et la paix de l'éternelle nuit.
Mais tous ceux d'avant moi qui cette vie aimèrent
Et de quelque vertu leur âge consumèrent

Ont craint de s'arrêter aux portes du tombeau
Où des fous ignorants éteignaient leurs flambeaux,
Car, cette flamme au poing, sous les arches funèbres,
Ils ont fait reculer le monstre des ténèbres
Et, du sombre bosquet, ramené jusqu'au jour
Le délice perdu qu'avait pleuré l'amour.
De nos héros, Thésée, Orphée, Ulysse, Hercule,
Pas un n'aurait compris tes fables ridicules,
Pauvre âme ! Ayant un dieu pour père ou pour aïeul,
S'ils doutaient de la fosse ou riaient du linceul,
Leur intrépide cœur éployait comme une aile
La ferme volonté de sa vie éternelle...

BEAUTÉ

Toi qui brilles enfoncée au plus tendre du cœur,
Beauté, fer éclatant, ne me sois que douceur
Ou si tu devais être une chose amère
En aucun temps du moins ne me suis étrangère,
Brûle et consume-moi, mon unique soleil,
Que, ton dur javelot, ton javelot vermeil,
Dardant de jour en jour une plus pure flamme,
Je sois régénéré jusques au fond de l'âme
Et même ma raison folle de te sentir
Ne reconnaisse plus si c'est vivre ou mourir !

AU VERS NEUVAIN

I. RIME ET RAISON

Doux vers neuvain que la muse loue
Pour le mystère de ta beauté,
Sarment fleuri, que tes pampres jouent
Sur le bel orne que j'ai planté !
L'ormeau viril monte en droite ligne
Mais toi, déliant les tours
Et les retours de ta molle vigne,
Dis-nous un chant de rêve et d'amour,

Dis les bons vins qu'on verse à la ronde
Et la pastèque et les abricots :
J'aurai souci de la fin du monde
Après la mort de la nymphe Écho !

II. ORDRE ET PROGRÈS

Oui mais la Muse aime aussi le grave
Frémissement qui courut notre air
Sur le tombeau de ces jeunes braves
Que le désir de l'âme a rouvert :

Quand je les suis au fond du Tartare
Armé du glaive et de l'aviron,
Redemandant cette vertu rare
Que tous les siècles nous envieront

Et quand, mordu des dieux de la flamme,
Ensanglanté, prêt à défaillir,
Je réunis dans un cœur qui pâme
Mes vœux de vivre et de rebondir

Puis, au rayon de la pâle étoile
Qui meut la terre et le genre humain,
Si je reprends par rame et par voile
La place due ou le bon chemin :

Mon vers neuvain, toi seul me cadences
Les jeux de l'Être et de l'Élément,
Ta mélodie à ce trouble immense
Mesure l'ordre et le mouvement.

SUR UNE COUPE DE VENISE

Pour une lève sinueuse
Mère et victime du désir
Quel échanson savait emplir
Cette corolle glorieuse ?

Quelle beauté mystérieuse
Y but longtemps, jusqu'à mourir,
Son lot de peine et de plaisir,
Flancs légers, tête radieuse ?

Pour lui, c'était un artisan
Né dans la Ville, mais Pisan,
D'art mineur et de race pure :

Ils s'étreignaient comme des dieux.
Survint l'époux, le Doge vieux,
Qui d'un seul coup fit deux blessures

CROIX DES ROUTES

Si votre cœur est humble et votre âme très pure
Venez, il est permis de le dire tout bas,
De toutes les grandeurs vous êtes la mesure,
Un ciel intérieur illumine vos pas.

Mais, sans te souvenir du lieu de ta naissance,
Ta fière déité rit-elle de la loi,
Fuis : la foudre a marqué de sa haute vengeance
Des êtres plus chétifs et plus vides que toi !

TRIVIE

Bas dorés, jupes d'écarlate,
Dans l'embarras du carrefour
La Joie et la Peine se hâtent
Aux trousses vives de l'Amour.

Touché ! Manqué ! L'on rit, l'on pleure,
Dupe ou victime, c'est la loi,
Et l'on se sauve du grand leurre,
Et l'on s'évade un peu de soi !

VOYAGEUSE

— Quel est le matelot du Nord qui t'a donné
Ce grand œil d'émeraude aux tempêtes tourné
Comme pour y chercher un pôle magnétique
Et quelle est la médaille, ou le camée antique,
Dont ta mère a rêvé pour cet ovale pur
Que ton visage ami découpe dans l'azur ?

Ô galbe impérieux d'une forme éternelle,
Qu'aspire d'insensé ton avide prunelle
Et quel monstre amoureux pleure, à tes pieds dompté,
La loi, la dure loi de l'hybride beauté ?

LES TÉMOINS

— *Le Sort et ses coups, la Vie et ses songes*
Ne sont pas obscurs,
Disent tes cyprès que la lune allonge
Au ras de ton mur.

Devant la maison que trois siècles dorent,
Fuseaux ténébreux,
Nous recommençons le rêve d'enclore
Votre jardin creux,

Mais dans votre main l'avare cognée
A plus de vingt fois
Couché tout sanglants dans l'herbe indignée
La feuille et le bois.

Tu dis que ta loi les a fait renaître ?
Mais je vois encor
Quel rustre acharné qui te dit son maître
Nous portait la mort :

Réduit à pleurer ses vieilles démences,
Ton cœur insensé
Peut-il empêcher qu'elles recommencent
Leur crime passé ?

Du cuisant regret les larmes fécondes
Sont fruit de saison ;
La terre, en tournant, ramène son monde
À la déraison.

Tes cyprès ont vu quelle pauvre place
Fait au changement
La faux d'un destin qui passe et repasse
Éternellement.

LA DÉCOUVERTE

Par les grand'routes en lacets
Qui serpentent sous nos étoiles,
Le vent de mer qui frémissait
Tendit mon cœur comme une toile

Et, coup d'aile supérieur
Dans la solitude farouche,
Du sombre flot cueillant la fleur
Ou la pressant jusqu'à ma bouche,

Comme il mettait en mouvement
Depuis la cendre des ancêtres
Jusqu'au brasier du firmament
Toutes les sources de mon être,

La vie entière m'apparut,
Sa dureté, son amertume
Et, quelque lieu qu'on ait couru,
Cette douceur qui la parfume :

Enfant trop vif, adolescent
Que les disgrâces endurcirent,
À mon automne enfin je sens
Cette douceur qui me déchire.

Presque à la veille d'être au port
Où s'apaise le cœur des hommes
Je ne crois plus les pauvres morts
Mieux partagés que nous ne sommes,

Je ne conduis vers mon tombeau
Regret, désir, ni même envie,
Mais j'y renverse le flambeau
D'une espérance inassouvie.

LE MYSTÈRE D'ULYSSE

Debout sur son vaisseau près de ses compagnons,
Quand le dur laboureur de l'humide sillon,
Le héros préféré de Pallas et d'Homère,
A médité l'avis que les Morts lui donnèrent,
L'aurore déchirant de célestes pâleurs
Sur le rire des eaux jette le vent des fleurs
Et dore l'île basse où languit la Sirène :
Si le vent l'y conduit, si le courant l'y traîne,
Ulysse a consenti que son cœur soit tenté
Du prix de la sagesse ou de la volupté.

— *Vous me lierez*, dit-il, *au mât de mon navire.*

Sur le brasier qui meurt il amollit la cire
Et d'abord, à chacun la versant tour à tour,
Lui referme l'oreille et le fait comme sourd.
Ils sont ainsi sauvés de l'embûche de l'onde :
À quelque enlacement de caresses profondes
Que les veuille attirer le perfide concert,
L'ignorance les garde où le savant se perd.

* * *

Souverain roi des Dieux, maître de toute chose,
Le banc de la galère où ta loi me dépose
Porta jadis Ronsard et son ami Bellay.
Tout ainsi que pour eux, à ta justice il plaît
Qu'au repli de l'oreille une clôture épaisse
Interdise mon âme aux voix de la déesse
Et qu'à peine enfermé dans l'étroite prison,
Solitaire et déchu de l'empire des sons,
Dans l'ombre du cachot qu'habite le silence,
Un autre chant sonore et fluide s'élance,
Des maîtresses des Dieux redise la beauté,

Des héros fils des Dieux la générosité,
Et rende, comme il faut, la justice ou l'hommage,
Aux poètes sacrés pères de tous les sages :
Mais comment ce beau chœur à l'esprit pur inné
De charnelle amertume est-il empoisonné ?
Si tu m'as épargné la pointe douloureuse
Qu'élève contre Ulysse une voix langoureuse,
Quelle intime Sirène à la mer a jeté
La fleur de ma jeunesse et la simplicité ?
D'où viennent ces accents dont le mystère double
La beauté qui m'émeut d'un charme qui me trouble
Et de fausses couleurs a terni pour toujours
La figure et l'esprit de l'idéal amour ?
Quel est ce maléfice, ô Muse intérieure !
Si prompte à raffiner la tristesse des heures
Que ton délice même, à son plus beau moment,
Tremble, hésite et finit par avouer qu'il ment.
Néanmoins, que tu sois l'amie ou l'ennemie,
Résonne, ma Sirène, à la fibre endormie
Si, par toi seule, hélas ! mon âme a répondu
Au signe que mon corps n'avait pas entendu.

* * *

Mais toi qui saisis tout sans perdre une parole,
Mon Ulysse enchaîné sur ton vaisseau qui vole
Par l'âpre volonté d'entendre et de savoir
Tout ce qu'ont répandu de promesse ou d'espoir
Les véritables chants de la nymphe marine,
Goûte au poison de feu qu'en de mâles poitrines
Cette gorge immortelle a versé comme un vin
Qui les transfigurât dans le rire divin :
Leurs os blanchis, brillants dans l'épaisseur de l'herbe,
Sont tout ce qu'a laissé de l'honneur de sa gerbe
La moisson des héros avant l'heure tranchés
Et, seule ayant joui du fruit qu'elle a fauché,
Le doux monstre accroupi sur l'antique rivage
Au calme de la mer accorde son visage
Et trouble avidement de son appel menteur
La course du navire et du navigateur.
Tu l'entends à ton tour, ô malheureux Ulysse !
Le charme est assez fort pour que ton cœur faiblisse
Et, déjà seul et nu comme le veut l'amour,
Condescende à crier à tes matelots sourds

De rompre, d'arracher les nœuds qui t'ensanglantent,
Que tu puisses nager vers l'île étincelante
Où l'aveu délirant du désir indompté
Fait le chant le plus doux que la terre ait porté :

— *Aborde à ma prairie, Ulysse magnanime,*
N'es-tu point fatigué d'ensemencer le flot
Et, du courroux des Dieux dangereuse victime,
D'exténuer en vain tes pauvres matelots ?

Habiles à tisser un nuage de gloire,
Les conseils de Pallas étendent ton erreur.
Ont-ils assez menti ! Tu ne peux plus les croire,
Viens à la vérité qui t'ouvre le bonheur.

Je t'apprendrai le sort de tes compagnons d'armes
Sur les champs du carnage où beaucoup sont restés,
Des veuves du Troyen je te dirai les larmes
Aux premières douceurs de leur captivité.

Ton roi des rois succombe au lit de l'infidèle
Qui du lambeau de pourpre enveloppa son fer ;
Il entend résonner les maisons paternelles
De plus de trahisons que n'en punit l'enfer.

Ne crains pas que j'oublie une épouse obstinée
Sur l'antique olivier de vos jeux nuptiaux :
Elle n'a rien subi que le vol des années,
Mais, Ulysse, elle ignore et tes biens et tes maux !

Mon cœur est plus savant que la Muse elle-même
Que Mémoire sa mère instruisit tout au plus
Du bruit de vos combats et de tes stratagèmes :
Où se tait votre histoire elle ne chante plus.

Je ris de son silence et de toi je m'empare !
L'impure Océanide au soleil languissant
Du plus sage des Grecs dit le songe barbare
Et l'âcre volupté qui lui brûle le sang.

Comme le Dieu d'en bas qu'a voulu Proserpine
Est du Tartare noir au grand jour emporté,
J'élève au ciel sacré des paroles divines
Ce qui rampe et mugit dans tes obscurités !

Puissé-je t'emporter au-delà de ton âme !
Ô captif entravé des formes d'un destin,
Toi-même a découvert aux cendres de ta flamme
Les Ulysses nombreux que ta rigueur éteint :

Pourquoi serrer ta vie à la maigre colonne
Où Sagesse et Vertu t'enchaînent de leurs nœuds ?
Il reste à consoler, plus faibles que personne,
Ces Ulysses troublés, déments ou furieux.

Le peuple des désirs agite la nature,
Mais un chemin qui monte au-dessus de la mer
Tôt ou tard les conduit au centre des figures
Que les Dieux en dansant décrivent dans l'éther.

Par-delà ces flambeaux, esclaves magnifiques
Réduits à tournoyer dans l'orbe d'une loi,
Mon cœur t'épanouit et mon regard t'explique
Les belles libertés qui sont faites pour toi.

Résigne les fardeaux, ton sceptre, ta couronne
Et ta coque de noix sur les flots écumeux !
À ton cœur tout puissant mon être s'abandonne,
Voici le myrte pâle et les roses de feu :

J'ai si longtemps rêvé dans cette solitude
Des plus tendres secrets à toi seul découverts,
Que le sourire aigu de ma béatitude
Engage l'esprit pur aux noces de la chair.

Viens ! Nos lits d'algue sèche et de menthe flétrie,
Des quatre vents du ciel embrasés nuit et jour,
Gémirent trop longtemps des lourdes rêveries
Qu'au désir ajoutait la crainte de l'amour :

Tous les flots en passant m'avaient promis ta voile,
Ne m'as-tu pas cherchée aux confins de la mort ?
Quelque trait soit parti de jalouses étoiles,
Je te disputerais à la haine du sort.

Ô triste favori de l'écume sauvage,
C'est moi qui t'avertis de ton unique bien ;
Hélas ! nous fuirais-tu de rivage en rivage,
Je t'aurai dit ton âme, et le reste n'est rien !

* * *

Telle, ô son de cristal, ô notes d'or liquide,
Telle, et plus doucement, arrache la perfide
À ton cœur fasciné l'inutile sanglot.
Quelques-uns ont rougi d'entre tes matelots,
Mais tous épouvantés du souffle qui t'appelle,
Te chargeant à l'envi d'une entrave nouvelle,
Ont fait force de bras vers le pâle horizon
Où doit fumer un jour le toit de ta maison.

* * *

Depuis, qu'un soleil dore ou qu'une lune argente
La creuse immensité de la plaine changeante,
Dans l'asile secret des ombres de ton cœur
Nul écho ne répond qu'à la molle langueur
Des plaintes d'un soupir ou des larmes d'un songe.
S'il faut qu'à tes palais la course se prolonge,
Le regret douloureux qui te hante a le goût
D'une liqueur d'oubli qui se préfère à tout.
Mais tu ne frémis plus que la bonté des brises
Ait cessé de sourire à ta longue entreprise ;
Qu'importe que des flots l'inutile tourment
Heurte précipité contre ton bâtiment !
De leur gouffre salé, commune sépulture,
Émergé seul et nu sur un tronc de mâture,
Le soin de te garder et de te soutenir
Est-il évanoui dans l'amer souvenir
De la haute beauté qui gonfle ta mémoire ?
Aux fleuves infernaux ceux qui sont allés boire
Disputent s'ils ont lu sur les tables d'airain
Le sort qui te délivre ou le sort qui t'étreint.

* * *

Aborde Calypso, profane la déesse
Et fuis ! L'aulne et le pin que ton art lie et dresse
Grondent de remporter dans le trouble des mers

Un cœur inassouvi des maux qu'il a soufferts.
Qui le rassasiera ? Ton ennemi Neptune
Découvre le radeau qui porte ta fortune
Et le trident brandi sur les flots irrités
Égale à ses fureurs ton infélicité
Jusqu'à ce que, surgie entre l'onde et l'étoile,
La fille de Cadmus t'enveloppe du voile
Qui te fera dompter les flots retentissants
De tes bras vigoureux et de tes reins puissants
Et d'écueil en écueil embrasser le rivage
Où, te dissimulant sous un lit de feuillage,
Comme un feu recouvert par quelque bûcheron,
Tes membres et ton corps épuisés dormiront
Trois jours, trois nuits, comptés de couchant en aurore,
Et, comme en t'éveillant tu souffriras encore,
Ô trois et quatre fois heureux, gémiras-tu,
Quiconque a renoncé l'implacable vertu
Et, du cyprès amer s'il a cueilli sa rose,
Là-bas sur la prairie où les âmes reposent
De tant de matelots qui moururent d'amour,
A laissé la fatigue et les soucis du jour !
Aux rois plus qu'aux sujets la servitude humaine,
Économe de biens, est prodigue de peines.

* * *

Ô naufragé battu par le flot du destin,
Ombre dure opposant aux clartés du matin
Tes sursauts douloureux de fureur et d'envie,
Tu n'as point relâché les rênes de ta vie
Et ni Nausicaa, ni le divin chanteur,
Ni les sages vieillards de leurs peuples pasteurs,
Ni le vaisseau qui sut retrouver ta patrie
Mais que nul n'a revu dans la verte Schérie,
Ni, sur le sol sacré, ta déesse aux yeux clairs
Quand elle eût délivré du mensonge de l'air
Les rochers de Phorcys et les vergers d'Ithaque,
Ton vieux chien mort d'amour, ni ton beau Télémaque,
Rien ne peut alléger, tout appesantira
Ton cœur mélancolique et ton farouche bras ;
Malheur aux étrangers qui, rongeant tes domaines,
Menacent du flambeau la couche de la reine !
Contre ces insensés qu'aveugla leur désir,

Tu viens comme l'épieu qu'acheva de durcir
Dans le four embrasé la langue de la flamme :
Ayant brûlé ton cœur et resserré ton âme,
Tu veux te délivrer de toi-même en frappant.

* * *

La chaste Pénélope ou la mère de Pan,
L'épouse vertueuse ou la reine infidèle
Au faîte des palais espère ou tremble-t-elle,
Pendant que des degrés à l'angle de la cour
L'arc que nul ne tendit se décharge à coups sourds,
Et la corde en vibrant jette un cri d'hirondelle ?
Vos temps sont arrêtés, ô têtes criminelles !
Un dard inopiné qui vola tout d'abord
Au jeune Antinoüs a présenté la mort.
Il la reçoit debout, comme il prenait la coupe ;
Le mieux né, le plus beau de l'insolente troupe
Ainsi de tout son long sur la terre est couché,
La poitrine béante et le poumon tranché.
Polybe, Amphimédon, Eurimaque suivirent
Tous les trois arrivés par le même navire
Qui ne chargera plus pour repasser la mer
Que le fardeau sanglant des os et de la chair.
Tel un troupeau parqué, proie à peine vivante,
Le reste bat les murs aux crocs de l'épouvante
Et, quand le trait l'atteint, s'écroule en vomissant
Dans l'épaisse liqueur des viandes et du sang
Cet esprit qui s'en va dans le royaume inane
Où le maître d'en bas fait la couche des Mânes.

* * *

Héros, es-tu content ? Tes ennemis sont morts
Et, la terre pieuse ayant caché les corps,
Douze femmes feront la plainte funéraire.
Mais, pour avoir uni l'opprobre à l'adultère,
Sur un câble tendu de douze nœuds coulants,
Par le cou délicat de ces beaux corps tremblants,
Vers les oiseaux du ciel en grappe vengeresse
Tu leur feras porter la peine des traîtresses
Sans que leurs pieds légers frémissent trop longtemps.

* * *

Tu veux te reposer, ô mon Ulysse ? Attends !
Quand, lavé, parfumé dans tes belles piscines
Tu t'es purifié de la houle marine,
Ithaque saluant aux degrés de l'autel
Tes yeux, ta chevelure et ton pas d'Immortel,
La volonté de Ceux qui font que tu revoies,
Brillante, et ses yeux pleins de larmes et de joie,
L'intacte Pénélope, et ton père et ton fils,
Juge que tes travaux n'ont pas encor suffi
À les dédommager du coût de ta victoire :
Les morts que tu gorgeas du sang des brebis noires
N'ont-ils pas annoncé qu'il faudrait repartir ?
Pars donc, acquitte-toi ! Tâche de découvrir
Au-delà du couchant, sous le tombeau des flammes,
Les peuples ignorant l'usage de la rame
Qui, la voûte des cieux sur leur front s'abaissant,
Se traînent ou, ployés, rampent en gémissant.
Par ces confins perdus, si les astres le veulent,
Retrouve le chemin du toit de tes aïeules
Et doute qu'aujourd'hui plus qu'hier ou demain
Le Pire ou le Meilleur appartienne aux humains :
Pour s'être mesurée aux plus hautes Puissances,
Ta fortune est le prix de ton obéissance,
Mais tu ne serais pas leur docile vainqueur
Si tu n'entretenais au secret de ton cœur
Assez de vénéneux regrets et d'amertumes
Pour estimer la vie au poids de son écume
Et vouloir en tout temps lui porter coup pour coup,
Sûr de n'y rien laisser si ton cœur ose tout !
Que te font les combats, l'Océan, l'incendie,
Et le plus ou le moins d'humaine perfidie ?
La parfaite beauté qui s'est montrée à toi
N'aura fleuri qu'un jour ni chanté qu'une fois,
Mais ton esprit lui doit toute sa nourriture
Et c'est elle qui tient dans ta main froide et sûre
La pique du guerrier, la barre du marin,
Et le bâton noueux du pauvre pèlerin.

* * *

Dis-nous ton plus beau jour, Ulysse, je te prie,
Quand, revenu mourir en ta belle patrie,
Tu gravis, appuyé sur ta crosse à clous d'or,
La tribune de marbre à la pointe du port :

Là tu t'assieds, afin que les sujets d'Ulysse
En retour de l'impôt reçoivent la justice ;
Tu les accueilles tous, aucun n'est rebuté,
L'existence a mûri ton amère bonté.
Bientôt en s'écoulant la pauvre multitude
Entre la mer et toi refait la solitude,
Et l'antique unité de vos deux éléments
Sur la vague de pourpre affleure sourdement.
Le pilote muet de l'invisible barque
Approche, il resplendit d'un ordre de la Parque
Qui de cette journée allongera l'espoir
Au-delà du rayon de l'étoile du soir.
Les Dieux ont accordé ce que ton cœur demande,
Un autre arc que celui que tu tendis se bande
Sous l'horizon doré, dans le jour amorti,
Et le trait du profond de l'abîme est sorti
Qui, t'apportant le prix de sa pointe de flamme,
T'oriente déjà sur les routes de l'Âme
Où, l'esprit déchargé de ton corps soucieux,
Dansant comme un satyre et riant comme un dieu,
Tu n'arrêteras plus de voir et de connaître !

* * *

Guide et maître de ceux qui n'eurent point de maître
Ou, plus infortunés, que leur guide trompa,
Donne-leur d'inventer ce qu'ils n'apprirent pas.
Ulysse, autre Pallas, autre fertile Homère,
Qui plantas sur l'écueil l'étoile de lumière
Et redoublas les feux de notre firmament !
L'amour même, l'amour qui traîna le tourment
D'Hélène et de Pâris en un même désastre,
À ton ciel agrandi fidèle comme un astre,
Rayonne la beauté de ton enseignement
Et la Postérité lit sur tes monuments,
Quelle sainte vertu, quelle raison divine
Enchaînèrent ton cœur dans ta triste poitrine :

Ô CŒUR, APAISE-TOI ! GOÛTE JUSQU'À DEMAIN
L'UNE OU L'AUTRE RIGUEUR DE TON SORT INHUMAIN.
DEMAIN LES ARTS SAVANTS NÉS DE L'INTELLIGENCE
COURONNENT TA DOULEUR, ÉPURENT TA VENGEANCE.
IL TE SERA PERMIS, Ô GRAND CŒUR IRRITÉ,
DE TIRER TOUT SON FRUIT DE LA CALAMITÉ

OPTVMO. SIVE. PESSVMO[1].

Essence pire que le Pire
Et meilleure que le Meilleur
Quelle est la langue qui peut dire
Les deux abîmes de ton cœur !

Mais à ce double sanctuaire,
DÉESSE ou MONSTRE, ô seul esprit
De mon ombre et de ma lumière,
L'unique hommage soit inscrit.

FRONTISPICE

Une antique terreur a fait trop de victimes.
Notre mort, ce soleil regardé fixement,
S'il allume son feu sur les hauts de l'abîme,
Dissipe le nuage autour du monument.

Le peuple en son erreur estime qu'une tombe
Est la trappe couverte où basculent nos corps
Dès que le poids léger de nos regards y tombe
En tremblant d'irriter les silences du sort.

Celui qui s'affranchit des craintes du vulgaire
Dit : — *L'aspect de la mort ne nous fait pas mourir.*
Comme la douce paix tue autant que la guerre,
Un jour ou l'autre jour, elle dit de partir.

Soit ! Du pied des bûchers aux langues de leur flamme,
Tout ce qui se consume est par le Dieu connu :
Imitons-le ! Haussant les paupières de l'âme,
Offrons à la clarté son miroir lisse et nu

Et la Fête et le Deuil, la Tristesse et la Joie,
Bacchanale asservie aux dieux inférieurs,
Cesseront d'enchaîner leur ronde qui flamboie
Dans la mâle poitrine où commande ce cœur.

1. « Au Meilleur ou au Pire. »

SOLILOQUE DE FAUST OU L'OBJECTEUR DE CONSCIENCE

I

Hautes, ardentes, parfumées
Montent la flamme et la fumée

Qui de mon cœur au firmament
S'en vont chercher l'apaisement.

— Vers les clartés, vers les Puissances,
Allez, mes Morts, mes Renaissances,

Subtil éther, absorbez tout
De l'être vain qui flotte en nous

Et que notre âme, enfin déclose
Dans le Dieu, se métamorphose,

Ainsi que fondent à l'air bleu
Gris flocons et langues de feu.

II

Mais la vivante columelle
Frémit, fléchit... Décline-t-elle ?

Recommencé-je de courir
Une beauté qui fait souffrir,

Quelque merveille qui rallume
Ardeurs, déboires, amertumes

D'un faux repos toujours cherché
Dans l'œil fugace de Psyché ?

ÉPITAPHE

Avec les yeux de ma Psyché
Tous mes soleils se sont couchés.

La bienheureuse et belle flamme
Eût entr'ouvert ce que j'ai d'âme :

Sur un vestige bien aimé
Le vieil enclos s'est refermé,

Et maintenant il y foisonne
Un souvenir qui m'empoisonne.

DISJECTAE MEMBRA[1]...

Eurydice en mon cœur ou vivante ou rêvée
Eurydice est perdue et n'est pas retrouvée.

Mais au bord languissant des jours que nous traînons
Le fleuve, à chaque flot, me répète son nom

— Ô lointaine, quels sont ces rires ? Que me veulent
Les figures de biens qui naissent de toi seule ?

Que chante cette voix ? Où prétend ce regard ?
Je meurs environné de tes membres épars :

Il n'est plus de beauté, de grâce, ni de charme
Qui ne t'épanouisse au milieu de mes larmes.

Eurydice, ô soleil qui m'échappe et me fuit,
Ta lumière est dardée au plus fort de ma nuit

Et plus rien n'est senti des merveilles du monde
Qu'au fil ardent et froid d'une lame profonde.

1. « Les membres de l'éparpillée. »

JARDIN SECRET

Emportez ma rose,
Dame de merci !
Elle est vôtre, à cause
Qu'elle est née ici,

Mais non du parterre
Où tant d'autres fleurs
Prirent et quittèrent
De fausses couleurs :

Seul en toute chose,
L'Internel est vrai,
Ce bouton de rose
Vient du plus secret,

Du plus solitaire
Sec et tourmenté
Jardin que sous terre
La Mort ait planté

Ô pôle des mondes,
Votre pur été
L'a des nuits profondes,
Enfin racheté.

Âme de mon âme,
Fleur qui n'a vêtu
Sa pulpe de flamme
Qu'en votre vertu,

Emportez ma rose,
Dame de merci !
Elle est vôtre, à cause
Qu'elle est née ici.

LA DAMNATION DE FAUST

D'après la *Mélancolie* de Dürer

FAUST

Hélène, la dure
Torche du désir
A fait la blessure
Que j'aime à sentir

Et, d'un autre charme,
De même rigueur,
Tes beaux yeux désarment
Et percent mon cœur.

Mais je leur préfère,
Neigés de l'azur,
Tes chants qu'aux neuf sphères
Émeut l'Esprit Pur.

HÉLÈNE

Des cimes de l'Ourse
Aux gouffres amers
J'ai suivi ta course,
Et, les bras ouverts,

Palpitante et sombre,
Savouré, souffert
Ta caresse d'ombre,
Ton baiser de fer.

Un sang pourpre innerve
Pan qui n'est pas mort,
Cypris et Minerve
Nous mêlent encor.

Mais veux-tu n'épandre
Aux tartares noirs
Que l'urne des cendres
Et leur désespoir,

Quand l'arche de l'Être
T'ouvre les splendeurs
Où mon Dieu, mon Maître,
Souffle ses ardeurs :

Nul apprêt funèbre !
Il attend ce soir
Aux douces ténèbres
Ta foi, mon espoir.

De nos cœurs en poudre
Il sait les retours
Et ne veut qu'absoudre
Nos larmes d'amour.

S'il lui plaît d'étendre
À d'humbles erreurs
Les justices tendres
De son ciel en fleur,

Que faut-il ? Le croire,
Ô Faust, et cueillir
La palme de gloire
Qu'il daigne t'offrir !

FAUST

Ma balance est ivre
Et flotte au hasard
Ton Dieu qui délivre
M'arrive trop tard.

Ta parole est l'ambre
Qui m'attire, et perd,
Détraque, démembre
Mon natal enfer :

Au riche désordre
De mon univers
Quel feu va remordre
Mon âme et ma chair,

Le laboratoire
Où cuisait mon or,
Mes observatoires
Du Ciel et du Sort,

Le plancher des livres
De grimoires lourd,
Mes globes de cuivre,
Mes cercles à jour,

Astrolabes qu'ornent
Les nœuds de velours,
Cornes de Licorne
Et blanches peaux d'ours,

L'écaille des lyres,
Les glauques miroirs,
Les cierges de cire,
Et leurs éteignoirs,

Compas, clés, équerres,
Cadrans, selles, mors
Bahuts, reliquaires
En têtes de mort...

Vois ! mes dieux de marbre
Pleurent le brouillard
Qu'accrochent aux arbres
Ta myrrhe et tes nards,

Mes poutres s'effondrent,
S'écroule mon mur :
Entends se confondre,
Sous le sol obscur,

Les fermes pilastres
De mon souvenir
Et, comme un vieil astre,
Mon âme s'enfuir.

HÉLÈNE

Malheur donc, ô Verbe
De cris et de pleurs,
Qui serres ta gerbe
De grandes douleurs !

Contre la prière
Qu'aima ton amour
Tu roules ta pierre
Cœur aveugle et sourd !

Du flot de mes larmes
La chaude liqueur
A tari mon charme
Et séché ton cœur.

Cours, ô solitaire
Tes sombres hasards
Et lotis sous terre
Ta pire des parts.

Va tordre et retordre,
Beau reptile noir,
Ta haine de l'ordre,
Ta peur de l'espoir

Ton horreur de vivre
Ton goût du remords
Ta rage de suivre
Le mal et la mort.
…………………

L'AUTRE CIEL

Nous irons si tu veux à la cime des mondes,
Nous nous balancerons sur les flots de l'éther,
Mais laisse-moi baiser ta chevelure blonde
Et ma route chercher au fond de tes yeux pers,

Ne t'éloigne pas trop de ces guérets austères
Où, l'aiguillon levé, je pousse mes chevaux,
Ligne à ligne, sillon par sillon, ras de terre,
Pour m'y renouveler sur les mêmes travaux,

Mais quand j'ai dételé l'araire pour une heure
Et t'apporte en courant ce cœur avide et las,
Les cieux sont descendus, que je vive ou je meure,
Dans la sphère embrasée où m'enroulent tes bras.

LA MONADE RÊVÉE

Yo e tu, tu e yo
Ai ! Quino dolsor[1] *!*
Chanson de berger gascon recueillie
par Philadelphe de Gerde

S'amar l'un l'altro e nessun sè medesmo[2].
Michel-Ange

Le monstre appelé Tite ou nommé Bérénice
Jadis compta pour deux. Il ne fait plus que l'Un.
Les discours échangés, les lèvres qui s'unissent
Ont enfin pris leur vol en un même parfum.

Que peut-il demeurer de la double nature,
Vieille neige fondue au souffle du printemps ?
Le sillon recouvert où saigna la blessure
Offre l'unique fleur à l'éternel instant.

— Tu ne comprendras rien au songe de la Vie
Tant que tu méconnais quel miracle d'amour
A conduit, par degrés, d'aube en aube ravie,
Son obscure dyade à l'unité du jour.

1. « Moi et toi, toi et moi, ah ! Quelle douceur ! »
2. « S'aimer l'un l'autre sans qu'aucun ne s'aime soi-même. »

ANTIGONE VIERGE-MÈRE DE L'ORDRE

I

Ismène parle à sa sœur, de la porte du tombeau, avant de l'y suivre :

Antigone, ma sœur, écoute-moi. Redoute
L'éloge empoisonné qu'on sème sur ta route.

Les rhéteurs ont menti, tu n'as point résisté
Ni manqué d'obéir aux lois de la Cité.

Ô pure, ô méconnue entre toutes les femmes,
Tu n'es point seulement la figure de l'âme

Vide et vaine, accablant du verbe de ta foi
Le faux maître affublé des oripeaux du droit !

Fierté de notre sang, gloire de notre terre,
Ta colonne n'est pas un cippe solitaire,

Tu tiens, Cariatide, entre tes belles mains
Le présent, l'avenir et le passé thébains.

Partout où des aïeux se lisent les empreintes
Des arrière-neveux les espérances saintes ;

Sous les replis neigeux, sous les pans liliaux
Des berceaux, des tombeaux et des lits nuptiaux,

Les autels des Foyers, les termes de Provinces,
La table des serments que jurèrent nos Princes,

Tout s'arme et tout combat, pour ce que nous aimons.
N'entends-tu pas le jeune et généreux Hémon,

Quand la paix de l'État, le bien de ce royaume
Dans la voix du tyran traînaient leurs vains fantômes,

Comme il fit résonner l'accord demi-divin
Des murmures du peuple et des chants du devin,

Telle une haute mer, assaut de la falaise,
S'accorde à la vertu de l'astre qui l'apaise !

Créon peut désarmer tous les hommes de cœur,
Regarde ce vieillard qui trembla dans le chœur,

Il suffit qu'un instant la crainte l'abandonne
Ses yeux ont débordé des larmes d'Antigone

Et son bras languissant, n'était le poids du fer,
Aurait pour toi saisi le premier glaive offert !

L'interprète des Dieux, de leur part, vient redire
Que l'Olympe a frémi : si leur pouvoir expire

Ou cède à la rigueur de la table d'airain,
Tous veulent t'arracher à l'Orque souterrain.

Pour immortaliser le souffle qui nous reste,
Ma sœur, vois se rouvrir une route céleste :

Dans l'Éther pluvieux erre le chaud rayon
Qui mûrit des vengeurs au creux de nos sillons :

Printemps sacré qui bous aux fentes de l'écorce,
Gonfle, ô sang purpurin, les muscles de la Force

Et qu'elle assure enfin, sœur du Puissant Esprit
Les ordres éternels qui ne sont pas écrits.

II

Revenant sur le seuil de la tombe Ismène ne parle plus, mais chante :

Antigone, ma sœur, ne donnons plus à croire,
Reines de la Cité, ses premiers citoyens,
Qu'aux chants insidieux des filles de Mémoire,
Nous laissons démembrer la gerbe de nos biens

Antigone, ma sœur, ne laissons plus remordre
Le Scythe ou le Teuton sur la chaste unité

Que forment dans nos cieux, diadème de l'Ordre,
La Justice et l'Amour, l'Honneur et la Beauté !

Antigone, ma sœur, touffe de lys en flamme,
Faisceaux telluriens d'aromes et d'odeurs,
Les larmes de la chair ont la vertu de l'âme,
Quand s'émeuvent de toi les mystiques ardeurs.

Antigone, ma sœur, qui ne fut que tendresse,
Ô Haine de la Haine ! Ô Amour, assemblant
Frères, sœurs, père, peuple, et Ville et forteresse
Au refuge adoré que fermaient tes bras blancs.

Antigone, ma sœur, toi qui n'es pas une Ombre
Et qui n'as point émis de vains souffles de voix,
L'énergique flambeau que tu haussas dénombre
Nos Dieux délibérant sur le trône des Lois :

Le conseil des grands Dieux, le cercle des vrais hommes
(Si d'eux-mêmes en leur Styx ils ne sont pas noyés),
Antigone, ma sœur, crions-leur que nous sommes
L'universel Hymen à la terre envoyé.

Opposons notre joie à tout symbole triste
Rendons un esprit pur aux mots mal écoutés
Et recevons enfin des lèvres de nos mystes,
Antigone, ma sœur, une postérité.

Riom 1946

TITI LUCRETII CARI CLINAMEN[1]

Modico quodam decursu[2].
Lucrèce

Ta grande âme élancée aux dieux qu'elle renonce,
Lucrèce, les retrouve en un rêve enchanté.
Un Olympe revit de l'épine et des ronces
Où ta dure sagesse émeut sa volupté.

… Les atomes roulaient dans l'averse éternelle.
Ils se sont accrochés par un léger décours,
Et la sainte Vénus éclaire tout en Elle,
Matrice de la vie et bûcher de l'amour,

Tout, la terre et ses fruits, et la mer et ses voiles
L'ample sein de l'espace à la bouche des vents,
Et, seul victorieux des magiques étoiles,
L'esprit de l'Homme Grec intrépide et savant,

Tout ! Regarde, elle tient la tête qui retombe
De son Mars ennemi, couché dans ses beaux bras,
Ivre, las, implorant le bonheur ou la tombe,
Lui jurant une paix qu'il ne lui donne pas,

Tout ! hormis les tombeaux. Leurs cendres ni leurs flammes
N'auront jamais mordu sur ton vaste désir :
Leur insatiété suscite dans ton âme
Ces coups d'aile confus qui font tout ressurgir

Cher Lucrèce ! ô brandon qui me glace et me brûle,
Vol de pourpre noirâtre et d'or incandescent,
En vain m'ont endurci tes arides formules,
J'écoute une Prière au secret de ton sang,

1. « La déviation de Titus Lucretius Canus. » Allusion à la physique épicurienne mise en vers par Lucrèce, qui explique la formation du monde par la déviation des atomes.

2. « Par quelque légère déviation. »

Celle qui joint les dieux et qui les persuade,
Grave et lente du poids de nos cœurs en ses mains,La
même qu'après toi fait un autre Ænéade,
Plus tendre et bien plus pur, mais non pas plus humain,

Car elle gémira dans l'âme de Virgile
Que la tienne prépare et guide à reculons,
— Vesper qui n'as point su quelle aube d'Évangile
Chanterait Lucifer à ton jeune Apollon !

30-31 décembre 1944

LAI D'ARISTOTE

À mon jeune compagnon
de captivité riomoise Jean Dalou

Quand le grand Alexandre
De l'Inde outra le cours
Quel sage osait prétendre
Le borner en amour !

La petite princesse
Dont les yeux sont si beaux
Bouscule la sagesse
Et la pousse au tombeau.

Elle bride, elle bâte
D'œillères, de bandeaux
Le sage à quatre pattes
Qui lui fait le gros dos,

Elle l'enfourche et fouette
De rires, de chansons :
Il a ce qu'il souhaite
De la bride à l'arçon.

Au lai qu'elle lui sonne
Il trotte et va bon train.

Du suivant qu'elle entonne
Il galope au refrain

Et, fou de les entendre
Tournoyer dans sa cour
S'est le grand Alexandre
Laissé mourir d'amour.

ALLÉGORIE DU PRINTEMPS

SUR UN AIR D'AUBANEL

Li proumiéri fueio an vesti l'aubriho
Li fiho d'Avignoun

Les premières feuilles ont vêtu les arbres
Les filles d'Avignon

Le soleil de mars a percé les grilles,
N'imaginons plus qu'il neige et qu'il pleut.
À nos murs couleur de vieille guenille
Toute pierre brille :
Quel est cet esprit de vie et de feu ?

Sous l'écorce humide où la nymphe dore
Le sang végétal honneur des vieux troncs
Le rameau gonflé des songes de Flore
Travaille à déclore
Les secrets joyaux qui l'étoileront.

Et voici venir à vives cadences,
Comme un beau vaisseau qu'inspire le vent,
Fille de la Gêne et de l'Abondance,
De son pas qui danse,
La sylphide au cœur de soleil levant.

L'entrelacs des fleurs et des feuilles grêles
Sur elle sinue en nobles dessins
Et, ne la vêtant qu'à demi, décèle,
Ô tendre pucelle !
Tes fines rondeurs de hanche et de sein.

Le visage aigu remirant son âme
Accorde le ciel, la terre et la mer,
Un monde apaisé la loue et l'acclame.
Pour elle s'enflamment
Les pavillons bleus et les dômes verts.

Mais le frais encens qui monte des tiges,
Trop vif au matin, trop doux dans le soir,
L'exalte d'abord et bientôt l'afflige
Du trouble vertige
Qu'impose le rêve à l'humain espoir.

Du cœur tout puissant des saintes entrailles
L'avenir éclate et, luxuriant,
Sème sur la roche ou dans la broussaille
Sa graine et sa paille…
L'aube est déjà loin du bel orient.

Une moitié morte, et l'autre chétive,
De tant de trésors en songe assemblés !
La cendre et le sel ont blanchi la rive
Et seuls y survivent
Le fruit languissant et le pauvre blé.

Mais, par le sentier qui monte au solstice
Saignant le Bélier sous ses cornes d'or,
Le porte-rayon cruel et propice,
Sur le précipice
Céleste, a conquis le règne du Taur,

Son feu nourricier dessèche et dévore :
Tout est consumé du souffle géant,
Qui boit les ruisseaux, les mers évapore
Et tarit encore
Les glauques amours du fleuve Océan.

Hélas ! Avant peu, sur nos pauvres têtes
Tout retombera d'un juste retour
De foudre et de pluie, averse et tempête,
Les urnes sont prêtes,
Sur le menu cycle où pendent nos jours

Et tout redevient de glace et de bise !
Mais des champs nouveaux sont ensemencés :
De la saison noire à la saison grise
Le temps des cerises
Qui finit à peine est recommencé.

Septante-sept fois j'ai vu le passage
Du Taur triomphant, si vide et si vain,
Et, quand j'ai repris mon pèlerinage
J'ai redit en Sage
Que tout est filé sous le doigt divin.

Riom, mars 1945

BALLADE DE LA NATURE DU DÉSIR

Écoute-moi, jour après jour
Se fait la nuit qui toujours dure,
Le temps de la jeunesse est court
Et dans ta pulpe à peine mûre
L'ombre de l'âge te torture :
Mieux vaut te dire, ami mortel,
Qu'en vain s'approche la froidure,
Le désir est spirituel.

Le sang doré qui te parcourt
Et, comme un vent dans la voilure
Emplit sans cesse à longs coups sourds
Un cœur usé qui trop endure :
Son flot chargé de tes souillures
(Ô chair liquide ! ô pus ! ô fiel !)
N'obéira qu'à Psyché pure.
Le désir est spirituel.

Celui que ronge le vautour
A délaissé sa créature,
Le roi des dieux qui n'est qu'amour
S'est reconnu dans nos blessures :
Nos pères firent ce qu'ils purent,
Mais, rameaux du divin autel,

Leur feu jaillit des sépultures,
Le désir est spirituel.

ENVOI

L'élan sacré de la Nature
Emporte l'âme jusqu'au ciel
Et, Parque, rit de ton injure,
Le désir est spirituel.

LA BELLE ET LA BÊTE

I

... Trepidans, assiduo pulsu, micanti corde, coronam quae rosis amoenis intexta fulgurabat avido ore susceptam... protinus... delabitur deformis et ferina facies[1]*...*

Apulée, *Métamorphoses*, XI

Un plésiosaure,
Peut-être un mammouth,
À plat ventre implore
La belle d'A-oût.

De son cœur en fête
Serrant les cloisons,
La Belle à la Bête
Veut parler raison.

— *Monsieur*, lui dit-elle,
Soyez sage, allons !
Doutons que la Belle
En ait dit plus long.

Le mammouth est tendre,
La Belle est en fleur,
N'en doit-elle attendre
De toutes couleurs ?

1. « Je pris en tremblant et avec un violent battement de cœur cette couronne de fraîches roses et la dévorai avidement. Aussitôt me quitta cette forme indigne et bestiale. »

II

Mais la Bête insane
Lui chante : — *Pourquoi*
Cypris à Diane
S'unit-elle en toi ?

L'honneur de tes lombes,
Leur chaste douceur,
Rouvrirait sa tombe
À maint beau chasseur !

Cœur des solitudes
Phœbé, ton amour,
S'il caresse, est rude :
Étreint-il, est court !

Mais l'alme et la douce
Aphrodite d'or
Jamais ne repousse
Qui la veut encor.

Le baiser de gloire,
Fruit de ta beauté,
Cypris, donne à boire
L'immortalité.

III

D'entendre ces choses,
La Belle d'A-oût
Fit brouter ses roses
Au pauvre mammouth

Et, muant sa forme
En un type humain,
Cette brute énorme
Lui baisa la main.

PARIS

AU PARISIEN PIERRE PASCAL

Que le temps me dure.
(Air à trois notes
de Jean-Jacques Rousseau)

De Saint-Louis en l'Île
Le clocher à jour,
Offre à la grand'ville
Les roses du jour.

Et leur tendre flamme,
Meurt-elle à son tour,
Teint de Notre-Dame
Le porche et la tour

Quelle ample verdure
Pend des rameaux
lourds !
L'ombrage qui dure
Rit du flot qui court.

L'onde messagère
Fait de longs discours :
La rive étrangère
Les trouva trop courts.

Fidèle mémoire
Au beau carrefour,
L'Esprit de sa Gloire,
Attend les Retours.

— Entends-tu qui traîne
Ces pas de velours ?
Nos rois et nos reines !
Les suive leur cour,

Et qu'au fil de l'onde
Florisse, toujours
La Reine du monde,
La Ville d'amour !

LACS D'AMOUR

Sic mystica lex est[1].
Ausone

Une liqueur à l'écorce d'orange,
Du cœur, des yeux, des fraises, du satin,
— Les vis-à-vis du démon et de l'ange
Auront tenu jusqu'au premier matin.

L'aube traînant (alors, que rien ne change !)
Furent scellés les chevaux du Destin :
Purs de reproche et surtout de louange.
On a ravi convives et festin.

Qui donc ouït reparler d'eux ? Personne.
Les choses vont, et les gens ont trouvé
De s'en tenir à l'horloge qui sonne.

Pourquoi faut-il qu'il nous soit arrivé
De mettre à nu sous la rouille d'automne
Des lacs d'amour en la roche gravés.

INVITATION À LA NAGE

Droit au sommet de la courbe divine
Nageons ensemble, ÆNÉADE, et faisons
Plier l'assaut de la vague marine
Sous nos bras forts et nos justes raisons.

Nous n'aimons plus à border le rivage,
Quelque bon vent qui ramène nos corps !
Mais de Provence à l'Afrique sauvage
Il serait beau de défier les sorts.

Sur l'horizon, ciel et mer qui se baisent
Font palpiter au joint mystérieux
Le double gouffre où se meuvent à l'aise
La chair de l'homme et l'esprit de ses dieux.

---

1. « Telle est la loi mystique. »

Un flot vaincu se soulève, il nous porte
Au flot qui suit et le gonfle, en berçant
L'effort léger, les lassitudes mortes,
Le rêve inné de la fleur de nos sangs…
………………………………………

LE RÊVE DE PAN

Sur le rameau nu, la flamme élancée
Des torsades de fleurs et des nœuds de serpents
Ne dit-elle pas, thyrse ou caducée,
Les longs rires sournois qu'élève le vieux Pan ?

Qu'en vain les dragons l'un l'autre se mordent,
Et de la rose au lys que le baiser soit beau,
Une paix surgit de cette discorde,
Le printemps nuptial ouvrira les tombeaux !

Or, le même dieu qui tue et fait naître
Feint de n'avoir souci que du compte des jours.
Il rêve du bon, du beau, du grand Être
Et son front qui se plisse en paraît un peu lourd.

Il sommeille. Alors, lentes fumerolles
L'auréolant, un chœur de tendres Charités
Lui mime en dansant, nuage et symbole,
La douce, la profonde et tranquille Unité.

Décembre 43-janvier 44

LE RENONCEMENT À LA ROSE

Céleste enfant qui ris de me tendre
Ton rameau vert au jet simple et droit,
Laisse couler de tes beaux yeux tendres
L'étonnement et même l'effroi.

Connais ce cœur où tu veux descendre !
Le sombre espace ! Il y fait bien froid !
Entends voler une fine cendre
Et vois blêmir un feu qui décroît.

Ne sais-tu pas que, reine des choses,
La pâle Mort habite en secret
Ce cœur usé qui se décompose ?

Détourne-toi du seuil des regrets
Et quelle ardeur qu'allume ta rose
Détachons-la de mon noir cyprès.

PLAGES MORTES

Beaux soirs ensanglantés, où toute vie achève
De souffrir afin de dormir,
Quel exterminateur agite en vous son glaive
Et fait le choix de ses martyrs ?

Le vent dur, assuré des espaces friables,
Les laboure tous, à longs cris,
Le jonc fleuri s'accroche au tendre lys des sables
La salicorne au tamaris,

Et, si loin que s'en va la lande et son mystère,
Les sombres pourpres du couchant
Roulent dans leur bûcher le sanglot que la terre
Hausse et mesure comme un chant.

OÙ SUIS-JE ?

Risit Apollo[1]...
Horace

Ce petit coin me rit de toutes les lumières
De son magnifique soleil :
— Ô mon Île natale, ô jardin de Ferrières
Qui fleurira sur mon sommeil,

1. « Apollon rit. »

C'est peu de vous crier que mon cœur vous possède,
Mon Martigues plus beau que tout,
De la *conque de Fos* aux *Frères de la Mède*,
Laissez-moi chanter : *Je suis Vous !*

Mes cinq arpents de fruits, de fleurs, d'herbes arides,
De pins dorés, de cyprès noirs,
Et ma vieille maison que nul âge ne ride,
Est-il besoin de vous revoir ?

Que l'agave, métèque aux écorces barbares,
Dise à sa fleur qui le tuera
D'arborer notre deuil tant qu'une grille avare
De ses barreaux nous couvrira !

Mais vous, mes oliviers, vous, mon myrte fidèle,
Vous, mes roses, n'en faites rien :
Je n'ai jamais quitté nos terres maternelles,
Frères, Sœurs, vous le savez bien !

Vous vous le murmurez au secret de vos branches,
Nous sommes nés du même sang,
Et ma sève est la vôtre et nos veines épanchent,
Dans un tumulte éblouissant,

La forme ou la couleur que, pareillement belles
Fomenta le plus beau des dieux :
Quand, surgeons d'Athéna, de Cypris, de Cybèle,
Il nous nourrit des mêmes feux

Dont il brûla mon cœur et qui m'emportent l'âme
Pour la ravir de ciel en ciel,
Partout où retentit sur un verdict infâme
Le grand rire de l'Immortel.

Riom, 2-3 février 1945

DÉCOR FLORAL POUR UNE FONTAINE EN PROVENCE

La figue, le pin, le laurier, l'olive
Et le cyprès font à l'arche du puits
Alterner chacun sur la pierre vive
Sa feuille et son fruit.

Plus bas, déroulé d'après les modèles
De la Grâce unie à la Nymphe, court
Le brandon du myrte et de l'asphodèle
Dans leurs lacs d'amour.

Enfin sous un dais de pampre et d'acanthe
Quelle rose, sombre et dernier flambeau,
S'éplore au berceau des folles bacchantes
Rit à leur tombeau !

Alors l'eau jaillit du champ lapidaire :
Limpide et brisant les rêves d'Isis,
La vierge nubile élance des terres
Sa forme de lys.

CHANSON D'HIVER

I

Les sentiers que nous battîmes
Flottent et sinuent
Tous abordent quelque cime
De la côte nue.

À la fleur de nos jeunesses,
Le Dieu nous envoie
Vers les pics de la sagesse
Par d'étranges voies.

Mais tant mieux ! Toutes les rampes
Ont été gravies
Quand Psyché soufflait sa lampe
Aux vents de la vie.

II

Ma Psyché – rapide ou lente –
Ta route est la vraie.
Si la Terre t'ensanglante,
Ris à l'Empyrée !

Mi-rieuse, mi-plaintive,
Courrière épuisée,
Vois, d'en haut, sur quelle rive
La fosse est creusée :

Cyprès veuf de sa ramure,
Un cercueil se cloue
Et la Mer, seule, murmure
Gémit, gronde, loue.

« LE RÈGNE DE LA GRÂCE »

À Maurice Pujo,
en souvenir du beau livre de jeunesse
paru sous ce titre il y a cinquante ans

Ni trop molle ni trop dure,
La glèbe a reçu du fer
Les façons de la culture
Que protège un bon hiver.

Le cours des travaux champêtres
A suivi docilement
La coutume des ancêtres
Et la loi du firmament.

Celui qui plante et qui sème
A tout conduit pour le mieux :
Qu'il se fie à la suprême
Magnificence des dieux !

— Tu mesures les abîmes
Qui séparent ton labour
Des Puissants et des Sublimes
Appelés à ton secours ?

Mais les houles enflammées
Qui, des astres s'épanchant,
Font, leurs sèves rallumées,
Rire enfin nos tristes champs,

Les brillantes chevelures
Des rayons pères du Jour
Qui fomentent la brûlure
Souterraine de l'amour,

Ces lumières d'une gloire
D'où ruissellent tes vigueurs
Sont l'aveu, dans la nuit noire,
De cœurs frères de ton cœur :

Quelque fausse solitude
Dont l'esprit soit désolé,
De hautes sollicitudes
L'Univers est constellé.

Maternelles providences
Des espaces surhumains,
Pour créer notre abondance
Unissant leurs belles mains,

Elles tressent en couronne,
Aussitôt l'hiver enfui
Jusqu'aux soirs d'extrême automne,
Ce feuillage plein de fruit

Et la pointe d'une rose
Perce-t-elle sous l'autan,
Les neuf cieux, pour qu'elle éclose,
L'illuminent en chantant.

PAX

Sur l'autel de Bourg-Saint-Andéol.
Au poète Louis Pize

Honneur au rivage
Bienheureux et beau
Où le sarcophage
N'est plus le tombeau :

Ses lames de pierre
Érigent l'autel
Qui part en prière
Au Christ immortel.

Sur l'une des faces
Cachée en retour,
S'enchaînent les grâces,
Volent les amours.

Sur l'autre les anges
Et les diacres sont
Tout à leur étrange
Et pure chanson.

Les camps de l'histoire
S'accordent ainsi.
L'humaine mémoire
Quitte un lourd souci.

La Cause des causes
Ou le Bien des biens
Sourit et repose
Nos cœurs dans le sien.

Clairvaux, décembre 1949

LES MERLONS DU MUR GREC DE MARTIGUES

Au Marseillais Pierre Chauvet,
sacré Massaliote sur le plateau de l'Avarage

Moi qui fus jadis l'Acropole... Je sers maintenant
de pacage aux troupeaux de chèvres solitaires...
Antoine d'Argos, *Anthologie grecque*,
traduite par Maurice Rat
(Épigrammes descriptives, n° 102)

Multa renascentur[1]...
Horace

J'irai parmi les oliviers
Les chênes verts et les figuiers
Pour chercher un remède à mon inquiétude.
Racine, *Lettres d'Uzès*

I

Dans la conque de Cyprine
Liliale et purpurine,

Sous les flambeaux ennemis
D'Apollon et d'Artémis,

L'harmonie et la sagesse
Qui nous vinrent de la Grèce

Érigèrent les merlons
Que tu vois de tout leur long

Prosterner leur front superbe
Et taciturne sous l'herbe.

Leur tableau d'or inécrit
Nous révèle quel Esprit

A le seuil de notre Gaule
Décoré d'une Acropole.

1. « Bien des choses renaissent. »

II

Ces festons sur un rempart
Assiégé de toute part

Déclaraient au flot barbare
Phocée, Athènes, Mégare

Et, fières fleurs, beaux fruits mûrs,
Charités des temps futurs,

Y semaient cette espérance
D'où naquit leur douce France.

III

Sur le plateau dévasté
Qu'advint-il de la cité ?

Dans la poudre et sous la cendre
Elle dut un jour descendre,

Mais son sort inglorieux
Fut sauvé de tous les yeux.

IV

Son sépulcre est solitaire :
Le léger linceul des terres

À la flèche du soleil
Dissimule son sommeil.

Oliviers, figuiers, yeuses
Et câpres mystérieuses,

Vieilles mousses, lichens frais
En défendent le secret.

Nul n'en garde la mémoire
Que le Mont de la Victoire

Et sa brise du matin,
Confidente des destins.

Fév. 1944

L'HOMME ET SON RÊVE

Monument de Maxime Real del Sarte

— Pétris, modèle, étreins les osselets, la cendre,
Hume le vin doré des veines de l'amour
Et dans un tourbillon qui ne peut plus descendre
Des larves de la nuit fais éclater ton jour.

L'astre de tes désirs entre tes mains s'enflamme.
Toi qui l'as tant voulu, le rêvais-tu si beau,
Quand tu désespéras des promesses de l'âme ?
Mais tu faisais mentir la pierre du tombeau !

Sous les biens et les maux courent en vain nos
sondes :
Arrête, ô volonté du poète vainqueur,
L'essor illimité des mystères du monde
Et goûte l'éternel dans le choix de ton cœur.

RELIQUIAE FOCI[1]

KINOYN AKINHTON[2].

Aristote

Lorsqu'au vent du déclin nos cendres se soulèvent
En heureux tourbillons vers les cieux bien aimés,
Le cœur reste jonché des désirs et des rêves
Que la Flamme a mordus et n'a pas consumés.

Le fardeau du regret qui les habite encore
Aux suprêmes torpeurs les enchaînera-t-il ?
Quelque brasier nouveau refuse-t-il d'éclore,
Étamine de pourpre aux lèvres du pistil ?

---

1. « Cendres du foyer. »
2. « Moteur immobile » (un des aspects de Dieu chez Aristote).

— Pur et triste, le sang bouillonne. Il recommence
Le trajet dur et doux qu'il ne sait pas finir :
Ô cycliques retours de la fleur aux semences
Ne vous profanons pas du nom de souvenir !

Le thyrse du printemps, la grappe de l'automne
Qui reviennent parer leur immuable autel
Doutent de la durée éphémère et s'étonnent
Qu'il puisse être permis de se croire mortel :

Nulle part, oublieux de leur tâche sublime,
Les beaux yeux n'ont baissé le solaire flambeau
Qui meut sans être ému les monstres de l'abîme
Pour en faire émerger la tête du troupeau.

Promesse du baiser, mémoire du sourire,
L'arc de la bouche où flotte une rose aux longs miels
Dit ce qu'il faut laisser, ce qu'il est beau d'élire,
Qui jaillisse de terre ou qui pleuve du ciel.

— Beauté, claire raison de l'ombre universelle
Qui fais l'âme revivre et renaître les corps,
Tu n'es pas sans pitié pour une humble étincelle
Athlète de la Nuit, du Mal et de la Mort.

LE BIEN ET LE MAL

I

Chère âme, croyez-vous aux célestes balances ?
Cet instrument d'airain n'est rêvé que d'en bas :
Du Très-Haut, du Très-Bon, du Très-Beau ne s'élancent
Que l'or du bien parfait qu'il ne mesure pas.

Heureuse, ivre de vie, une Joie éternelle
Ne peut épanouir que l'immense Bonté :
Si l'heure va venir de nous éteindre en elle
Louons-la d'être égale à sa Félicité.

II

Ombre dure, démon voilé de chair et d'âme,
Père de mon désir et de ma volonté,
Me suis-je fait ? De toi montent toutes les flammes
Qui mordirent mon cœur ou qui l'ont enchanté.

Ton burin dans le creux de ma nature grave
Du Taur ou du Bélier les solaires influx,
Ta Disgrâce ou ta Grâce ont lié leur esclave
À traîner des fardeaux que je n'ai pas élus.

On ne te connaît pas et personne ne t'aime :
Tu n'es pas un esprit, tu n'es pas une loi !
Ton oblique destin s'est-il choisi soi-même,
Monstre, que le dieu seul peut distinguer de moi ?

Janvier 1944

LE SIGNE

Ô vieil écumeur de tristes méandres
Où se sont mirés tous nos firmaments,
Quand cesseras-tu d'y prendre et reprendre
Ton air, ta lumière et ton aliment ?

Quand, las de puiser à la fleur du monde
Les sucs qui font vivre et les flots puissants
Dont les volontés distinctes répondent
Aux désirs, aux vœux, aux cris de ton sang,

Privilégié du mystique échange
Où rit la nature, où s'épuise l'art
Quand rejoindras-tu les Dieux et les Anges
Qui, là-bas, font signe au pauvre vieillard ?

VIEILLE CHANSON
OU L'AUTRE SIGNE

J'ai subi le vol des astres, la course
Oblique des cieux.
D'ainsi naviguer aux flammes de l'Ourse,
Le temps m'a fait vieux.

La lune en fuyant mire une dépouille
Qui n'est plus mon corps.
Les muscles raidis, les yeux qui se brouillent
Contiennent la mort.

Quel est donc ce chant qui sourd et qui monte
Plus haut qu'autrefois ?
Au secret d'un cœur où rien ne la dompte
Quelle est cette voix ?

Étrange démon que les dieux aspirent,
Âme, mettrais-tu
Plus haut qu'il ne sied l'orgueil de te rire
D'un lustre abattu ?

Mais, s'il s'alluma, ton feu doit s'éteindre
Et l'air n'est chanté
Que pour oublier le risque d'étreindre
L'âcre vérité.

Septembre 1928

CORPS GLORIEUX

I

La rive est creusée en forme de lyre :
La Bouche du Port
Sur l'onde aplanie admet le navire
Où flottent nos Morts.

Adouci, nimbé de tendres lumières
Leur visage est beau

Tel que l'ont pâli le vent des prières
Et l'air des tombeaux

Mais qu'y reste-t-il des bonheurs du monde ?
L'amitié, l'amour
Sont-ils repoussés dans la nuit profonde
Qu'y fait le vrai Jour ?

Ou, comme l'implore un soupir au large
De l'immense mer,
Leur est-il laissé le souci, la charge
L'honneur de la Chair ?

II

S'il doit arriver un jour que la gloire
Éteinte des corps
Reprenne au bûcher de leur cendre noire
Son antique essor,

Si tout ce qu'émeut de tristesse amère
L'orbe évanescent
Des matins, des soirs, des nuits qu'enflammèrent
Les torches du sang,

Si les pas dansants, les rires, les grâces,
Désir et beauté,
Ce qu'ils font rêver, fragile et fugace,
De l'éternité,

D'une voix qui tinte aux longues mémoires
Le cristal et l'or,
La coupe des yeux qui nous firent boire
La vie et la mort,

L'arôme, le goût, le chant, les paroles,
Si tout leur revient,
Même un survivant que rien ne console
Gémira : — C'est bien.

À SON CORPS

SONNET CARTÉSIEN

Au docteur Larrieu

Lequel est le plus durable de l'homme ou de l'habit qu'il porte !

Phédon, XXXVIII

... *vestemque relinquere ut anguis*[1].

Lucrèce, III, 614

Cher vêtement qu'il faut que je dépose
Pour ton usure et pour ta vétusté,
En remontant vers le trône des Causes,
L'Âme sourit de voir sa nudité.

Les grands docteurs veulent qu'elle compose
Avec ta chair une étroite unité :
Manquera-t-il, à mon fond, quelque chose,
Ô doux habit, quand tu m'auras quitté ?

— Mon pauvre corps, qui ne peux sous la lame
Rien que dormir (en espérant ton tour
De t'envoler sur mes ailes de flamme),

Veuille le Dieu décerner de longs jours
De solitude aux gloires de cette âme
Qui ne sera que jeunesse et qu'amour.

Pau, Lyon, 1943

À SOI-MÊME

Tu vécus dix ans de plus que ton père,
Le nombre de tes jours a défié sa loi.
Quand il s'en alla, le corps de ton frère
S'était mis de vingt ans en avance sur toi.

1. « Quitte sa peau, comme le serpent. »

Au jardin du myrte et de l'asphodèle
Où vivent tes Parents, les Héros et les Saints,
On prend en pitié nos âmes mortelles :
Personne ne sourit de nos vastes desseins.

L'ample vérité que tu fais connaître
Aux esprits affranchis qui l'acclament en chœur
Parfois t'apparaît bien lente à soumettre
La mollesse des corps ou le trouble des cœurs :

Pour un grand objet trop courte est la vie,
Mais sans l'œuvre à mener tout y serait trop long !
Va ! persévérons aux routes suivies
Pour y faire abonder tout ce que nous voulons.

De l'antique ahan bénéficiaire,
Vieil esclave public, laboure et sème encor
Sans te lamenter d'un auxiliaire,
Le Temps, qui fait crédit et sursis à la Mort.

1938

LES CHAPELLES

Madame la duchesse de Guise, en
entrant dans le cimetière de Roquevaire,
s'écria : — Que de chapelles !

(13 juillet 1934)

Aux clartés mères des mondes
Le coteau des roches blondes
Mène un peuple d'ossements
Et, volute d'arches rondes,
Endentelle ses dormants.

Vers le ciel aux neuf coupoles
Les frontons aigus s'envolent,
De la dalle au cœur de feu
Implorant sous leurs symboles
La même paix de leur Dieu.

Le côteau vient de la combe.
Lames, croix, petites tombes,
Les corbeilles, les jardins,
Dès l'Huveaune qu'ils surplombent
Échelonnent leurs gradins.

Quelque vent que la fortune
Ait soufflé, chacun, chacune
Fit son toit contre la mort.
Voici la fosse commune,
Pas un des nôtres n'y dort.

Chant sacré de nos artères !
Sainte et dure voix des terres
Où l'on naît et meurt chez soi :
Vieux peuple propriétaire,
Ton sépulcre dit ta loi.

Militaire, paysanne,
Industrieuse, artisane,
Ô Romaine, tu retiens
Même au lit des maigres mânes
Le cadastre de leurs biens.

Tout ainsi, ta fière histoire
Meut en pompe, vêt en gloire
Tes beaux fruits et tes bons vins,
Mais se garde bien de croire
À la fable de leur fin.
....
....
....

CODICILLE

(Argument. Voici bien trente ou quarante ans qu'en des pages testamentaires réunies dans plusieurs de ses livres, l'auteur avait fait « *élection de sépulture* » dans son vieux berceau de Martigues, de préférence au caveau de famille de Roquevaire. L'idée d'y rien changer ne lui fût pas venue s'il avait disparu le premier des siens. Mais il a vu descendre, sous la petite chapelle, le cercueil de sa mère, puis celui de son jeune frère, et n'a pu s'empêcher d'envier celui-ci, désormais réuni à ce que nous aimâmes. Tout dessein de séparation lui apparut alors ingrat et impie. Cette moitié de décision ne le résolvait pourtant pas à quitter pour jamais les eaux et la terre natales où tout ce qu'il a de personnel demeure engagé. Il s'avisa enfin de donner à l'*Élection de sépulture* un *codicille*, que voici.)

— Non, je connais qu'il faut descendre,
Là, chers corps, où vous êtes tous :
Vos roches-mères vont reprendre
Des braises vives de ma cendre
Ce qui me vint d'elles par vous :

Mais au gradin des sépultures
Quand la civière apportera
Votre impassible créature,
– Son flanc rougi d'une blessure –
Le cœur de chair y manquera :

Le cœur de chair aux longues flammes
Du vagabond qui fut constant
Suivra son sort, que nous réglâmes
Avec les Morts dont il eut l'âme,
Fils de la Mer et des Étangs,

Jeunes pêcheurs de nos lagunes,
Gabiers partis en caboteurs
Ou, descendus de la Grand Hune,
Nos capitaines de fortune,
Soldats, corsaires et planteurs.

De caps en caps, d'îles en îles
Leur règle d'or, qu'au fond des cieux
Interrogeait leur œil tranquille,
Découragea la houle hostile
Ou le plan d'eau silencieux ;

Mais, lorsque, aux voûtes inatteintes
Chaque soir, ils tendaient les bras,
Quelque sirène mal étreinte
Gonflait leur voix des sourdes plaintes
Du Destin qu'on n'achève pas.

Gardez mon cœur, nids de macreuses,
Vols de mouette au vent du Nord !
Que le tailleur de pierre creuse
Face à la mer une poreuse
Et scintillante roche d'or !

Aux deux planchettes de la porte,
Aux six lamelles du coffret,
Qui recevra ma fibre morte
Aucune essence ne m'importe
Que l'aubier rose d'un cyprès :

Ainsi soit fait ! Et puisse et veuille
Là reposer mon cœur de chair,
Quelque murmure qui l'accueille
D'un lit poudreux d'amères feuilles,
Myrtes séchés et lauriers verts.

Octobre 1930

AINSI SOIENT-ILS !

« Quiconque aide, conserve et accroît sa patrie, est sûr de retrouver au ciel la place qui convient pour goûter les biens éternels. De tout ce qui se fait sur terre, il n'est rien d'agréable au Dieu supérieur qui gouverne ce monde comme ces associations, ces assemblées, ces pactes des hommes que nous appelons des *Cités*. Leurs chefs et défenseurs sont descendus de ce haut lieu ; ils y font un juste retour.

« À plus forte raison, est-ce là que doit vivre celui qui s'est délivré des chaînes du corps et s'en est évadé comme d'une prison. »

Marc Tulle, *Songe de Scipion*

MDCCCLXXIV
MCMXXII

MCMXXIV
MCMXXIX

I

— Lorsque, enfin déliés d'une chair qui les voile,
Les bons, les Bienfaisants bienheureux, les élus
Auront joint le nocher sur la mer des étoiles
Le sourire du Dieu ne leur manquera plus.

Mais sur les pauvres os confiés à la terre
L'épaisseur de la nuit, le poids du Monument,
La sèche nudité de l'adieu lapidaire
Font-ils la solitude et l'épouvantement ?

II

— Non, vous reconnaissez, mélancolique cendre,
Au pas sûr et pieux de nos fidélités,
Un murmure de pleurs qu'il est doux de répandre
Tant il est clair en nous que vous ressuscitez !

Les suprêmes flambeaux des routes de l'espace
(Départs mystérieux ! longues fuites des corps !)
Ont su précipiter nos âmes sur les traces
Qui libèrent l'esprit des vains noms de la mort.

III

D'insensibles canaux vident la couche obscure,
Leurs flots, accélérés ou dormant tour à tour,
Conduisent le dépôt des saintes sépultures
À des jardins nouveaux qu'ensemença l'Amour.

Mais, poussières, ferments, guttules et parcelles,
Ce qui s'écoule emporte un puissant souvenir
Et, pour avoir flambé de la haute étincelle,
Chante : — JE VIENS DE L'HOMME ET LUI DOIS REVENIR.

Qui niera ce retour, ô lointaines étoiles ?
Neuf Cieux, vous croûlerez sous le Juste et le Beau,
Vaisseaux du Saint-Esprit larguant toutes vos toiles
Éperons qui fendrez la pierre du tombeau !

Car le Dieu réunit ce qu'a disjoint l'Abîme !
Quatre vents, serviteurs de la flamme, accourez
Et, matière, soit-il, en sa forme sublime
L'Immortel de nos Morts ainsi régénéré !

Entre Simiane et Roquevaire[1].
Novembre MCMXXXVII

1. L'en-tête du poème porte quatre dates, celles de gauche sont celles de la mort du père et de la mère de l'auteur ; à droite est datée la mort de son frère et de son maître, Monseigneur Penon, celui-ci inhumé à Simiane.

DESCENTE AUX ENFERS

À Mademoiselle Marie-Aimée de Kermorvan

... et myrtea circum
Silva tegit. Curae non ipsa in morte relinquunt[1].
Virgile, *Aen., VI*

Et pastoralem praefixa cuspide myrtum[2].
Virgile, *Aen.*, VII

Té, Mau-ras, manjo e bèu[3] *!*
Mistral

I

Ton croissant sur ma lagune
Allonge son fil :
Quelle grâce, ô jeune lune,
M'apportera-t-il ?

Visiteuse très fidèle
De nos Morts chéris
T'auront-ils, sur l'asphodèle
Ou le tamaris,

Confié quelque message ?
Leur bouche, leurs yeux
Ont-ils dit qu'il est peu sage
De vieillir loin d'eux,

Et, sous l'astre qui nous trompe
Ou rend un peu fous,
Qu'à l'appel du Psychopompe
Il faut courir tous ?

Ont-ils dit que le bon maître
Qui nous fait crédit

1. « Un bois de myrte les environne et les couvre de son ombre. Leurs soucis ne les abandonnent pas même dans la mort. »
2. « Et le myrte champêtre qui se termine en pointe de fer. »
3. « Tiens, Mal-rassasié [jeu de mots sur le nom de Maurras], mange et bois ! »

Désespère de nous mettre
En ses paradis ?

— Il y met tous les poètes,
S'ils font de bons vers
Qui ne trichent ni ne boitent,
De sens trop couverts :

Même il y mettrait leurs muses
Si dans nos linceuls
Leurs beautés s'étaient incluses :
Mais nous mourons seuls.

II

Pâle feu de la nuit sombre,
Faisons comme si
J'étais devenu mon Ombre
Et m'étais assis

Dans le cercle des fantômes
Où tout n'est plus rien
De ce qu'ont nommé les hommes
Leur mal ou leur bien :

Plus jamais le cœur ne tremble
À ces Bienheureux,
Les miroirs de l'Être semblent
Limpides pour eux.

Vaine joie et fausse peine
Y viennent mourir :
Ton rayon, Lune sereine,
Ne sait plus mentir.

Ton silence nous apaise,
Ta voix nous endort,
Ton sourire qui nous baise
A comblé nos sorts,

Et, lunaire florilège,
Les voilà fixés
Au beau front couleur de neige,
Au grand œil glacé.

III

Eh ! bien, non ce n'est qu'un leurre
Et le cadran froid
N'a jamais voulu cette heure
Du Repos pour moi !

Je le sais. Une autre route,
Hier, m'a conduit
Sous les arches de la voûte
Où l'Être s'enfuit

Et, portant mes pas fidèles
Vers nos Morts chéris,
Je n'ai vu ni l'asphodèle
Ni le tamaris.

Mais partout de grandes ombres
Erraient à pas lents
Comme moi lourdes et sombres
De leurs cœurs sanglants :

Là, Didon, Phèdre, Ériphyle,
Leurs cris et les miens
S'entr'appellent aux stériles
Champs Élysiens,

Et, le long du plat rivage
D'Orque où je descends,
Seuls, frémissent tes branchages,
Myrte incandescent,

Myrte, ô feuille douce-amère
Qui ne m'as chanté
Qu'éternelle et qu'éphémère
Insatiété.

INSCRIPTION[1]

— Qu'est-ce donc qui naît de la vie ?
— La mort.
— Et de la mort ?
— La vie.

Platon, *Phédon*, XVI

Ici précipités des trônes de l'amour
Aux lieux inférieurs où languit toute flamme
Se meurtrirent deux cœurs et faillirent deux âmes,
Mais du gouffre des nuits s'est envolé le jour :
Une paix radieuse est la fille des armes
Et, comme un dieu blessé qui se relève et court,
Le poème a bondi de la source des larmes.

LE CHAR OU LE VAISSEAU

Les cavales qui m'emportent m'ont conduit aussi loin que mon cœur pouvait le désirer puisqu'elles m'ont amené et déposé sur cette voie fameuse de la Déesse qui seule dirige l'homme savant à travers toutes choses : c'est là que j'ai été conduit, car les habiles coursiers m'y ont transporté, traînant mon char…

Parménide

Sous un beau ciel ardent, lisse et triste
Le quadrige écumant de l'Aurore a bondi,
Le frais gazon qui borde la piste
De modestes lueurs aussitôt resplendit.

Jusqu'au zénith volent de grands cygnes
Peu à peu déchirant le dernier voile obscur.
Ainsi pâlit et passe tout signe
De planète ou d'étoile éploré dans l'azur.

Le nouveau jour ouvrant les calices
Incline à tout pistil une étamine en pleurs,
Les tremblements de l'Âme accomplissent
Sa mesure de joie et son plein de douleur.

---

1. Inscription faite pour l'Hôtel Danieli, à Venise, où avaient séjourné George Sand et Musset (voir *Les Amants de Venise*, p. 219 de la présente édition).

L'Heure a dansé. L'âpre et triomphale
Escalade a donné à la pente des cieux,
Le grand galop des quatre cavales
Dont l'aile est accordée à la lyre du Dieu,

M'ayant surpris au pas d'une porte
Où mon cœur s'est nourri de trop de vanités,
Le vaste élan solaire m'emporte
Sur tous les horizons que sa roue a domptés.

*

Esprit divin qui ris des vertiges,
Laisse le faible corps remémorer son poids :
Ton feu m'élit, m'exalte et m'érige
Dans la pure lumière où ne monte que moi.

Moi qui ne suis qu'un ver de la terre,
Ignorant tout, sinon que je ne sais plus rien
Et (le meilleur est de n'en rien taire)
Amant désespéré du plus proche des biens,

Tu m'as donc pris ! Ton vaisseau de flamme,
SOLEIL, a reconnu les gouttes de mon sang :
Mon caveau noir et sa blanche lame
Eux-mêmes bondiront sur tes flots ignescents !

Le lit funèbre où mes os naviguent,
Cette urne cinéraire où languissent mes Morts
Garde et répand, retient et prodigue
Les vœux démesurés qui m'agitent encor.

Ayant largué pour toute voilure
Ce blanc linceul imbu de tes hautes clartés
J'aurai couru la belle aventure
Aux havres de ta Grâce ou de ta Charité,

Et vous, plateaux de vaine Justice,
Sous l'astrale faveur détraquez-vous enfin !
Tes vils métaux fondent au solstice,
BALANCE, le plus faux des symboles divins !

Riom, 1946

POÈMES ÉROTIQUES (inédits)

DEVINETTE D'IPSILON

Sors de la frisure
Du secret vallon
Idéale et pure
Tête d'Ipsilon !

Baise à la ceinture
Ce creux d'or si blond
Qu'il feint la blessure
D'un trait d'Apollon

Sous la gorge blanche
Ouvre ces deux branches
Et, flot purpurin

De tes sombres sèves
Fleuris le beau rêve :
Deux roses d'airain.

DIS...[1]

Dis sur quelle fleur de chaire lisse et fine
Le corsage noir, ouvert en longueur,
Trahit les vallons, les blanches collines,
Avec leurs chemins qui mènent au cœur.

1. À la comtesse de Dreux-Brezé, août 1952.

Dis comme, en avant de toute caresse,
Il bat bien, ce cœur, deux fois enchaîné
Pour se délivrer des nuits qui l'oppressent
Et s'épanouir au jour nouveau-né.

Mais, dis, se peut-il que ce cœur ignore
Qu'il n'est plus songé de lui sans frémir
Quand ces pauvres mains palpitent encore
Des fidélités de leur souvenir !

Corps sacré, corps chéri, corps embrasé que dorent
Les feux intérieurs qui naissent de l'amour
Reçois, pour allumer une nouvelle aurore,
Les roses d'un soleil qui t'apporte mon jour.

C'est moi. Tu ne sais pas cette caresse tendre
De la bouche et du cœur, des sens et de l'esprit,
Accueille-la, beau corps, et, pour mieux me la rendre
Élève ton soupir et donne-moi ton cri.

Des voiles de la chair aimée s'envole une âme !
La pleine liberté de l'antique jardin
Introduise, douceur de la langue de flamme
À quelque ciel secret qui ne soit pas lointain !

Et la sainte minute de l'arche maternelle
Sous les cryptes de l'Être où nous voilà rendus
À l'Orphée incorpore une Eurydice telle
Que leurs souffles distincts soient à jamais perdus !

Donne-moi ce baiser comme il sortait de toi
Le soir où sur mon cœur tu t'abattis brûlante
Quand, ni libres ni seuls, flambèrent près de moi
Noble bête, ton sang, ta sève, ô belle plante.

Les mots que dit alors ta lèvre n'étaient pas
Ceux que pressait ton cœur au revers de ta bouche.
Je connus aussitôt qu'ils invoquèrent tout bas
Les formes d'un bonheur qui se voie et se touche.

Tes rêves, tu le sais, tes pensées, tes discours
Ne sont pas à toi seule, et ceux qui t'appartiennent
Les plus secrètement t'apparurent toujours
Les mieux nés de mon art et jaillis de ma veine.

Rien au monde ne peut faire que tu ne sois
Créature, en ta chair, et déesse, en ta flamme,
La merveille d'amour où triomphent des lois
Que devina mon cœur et qu'imposa mon âme.

Ô, s'il en est ainsi, Diadème du Sort,
Belle au baiser de feu, belle aux caresses tendres
Viens ! le vieux pèlerin des routes de la mort
S'arrête et s'interroge : où ne peut-il prétendre ?

Je ne peux oublier la pompe juvénile
Et l'incertain arroi de tes pas nuptiaux.
Étais-ce que planât, dans sa flamme immobile
Le candide regard de ces yeux infernaux ?

Mesurais-tu déjà quelle était ta puissance ?
Et quel inconscient désir fut-il senti,
Où quelque sourd regret fit sinuer l'essence
De haine, de colère et de sombres défis ?

Tu t'ouvrais, te fermais, mais t'ouvriras encore
Vase de notre joie et de notre douleur
Au devant de celui qui te devais déclore,
Pliant ou descellant les lèvres de ta fleur.

… Les Heures ont dansé. Ta fleur en est plus mûre
Et ta beauté, plus grave, enseigne mieux pourquoi
De hautes volontés élèvent leurs murmures
Qui pressèrent mon cœur de ne penser qu'à toi.

POUR LE MUSÉE SECRET

Je réfugie en toi ces troubles de mon âme
Ô gaine, ô cher fourreau docile et caressant.
Ce par quoi je suis homme et qui t'a faite femme
Approche, glaive d'or, de ton sein florissant.

Là tes secrets soleils sous la conque de gloire
Dans la pulpe embaumée ivre de feux obscurs
À l'albâtre ont uni l'ambre, l'or et l'ivoire
L'étincelle de nacre et la goutte d'azur.

Et toutes ces splendeurs, ô gaine, me répondent
Qu'elles me feront plus que s'ouvrir et s'offrir :
Elles m'ont reconnu pour l'Angoisse du monde
La faim, la Soif aride et le pâle Désir.

POLITIQUE

LA PENSÉE POLITIQUE DE MAURRAS

Par Martin Motte

Comme chacun sait, la politique fut la passion dévorante de Maurras : il lui sacrifia la majeure partie de son existence, dont plus de huit années passées en prison, et lui consacra davantage d'écrits qu'à aucun autre genre. C'est aussi le volet de son œuvre qu'on retient le plus souvent – à tort et généralement à charge. À tort, car la politique maurrassienne n'est que l'écorce rugueuse d'un fruit dont l'esthétique est l'enveloppe intérieure et dont les amandes philippines sont l'autobiographie et la poésie. À charge, car on se souvient surtout des bordées de noms d'oiseaux dont Maurras accablait ses adversaires, à l'occasion pimentées d'appels au meurtre…

Or, Maurras ne fut pas seulement un polémiste engagé dans *la* politique en un temps où l'excès y était la chose du monde la mieux partagée (à preuve l'assassinat de ses disciples Marius Plateau en 1923 et Ernest Berger en 1925), mais aussi un authentique penseur *du* politique. Non bien sûr qu'une cloison étanche ait séparé l'un et l'autre homme : à l'évidence, les passions du premier ont souvent déteint sur les analyses du second. Reste qu'une tirade fielleuse dans *L'Action française* n'a ni le même statut, ni la même portée qu'un essai longuement mûri. Partant du principe que l'inscription de Maurras dans les soubresauts de son époque a fait l'objet d'excellents ouvrages[1], nous avons décidé de privilégier ses écrits théoriques, par nature plus intemporels, donc plus intéressants pour le lecteur d'aujourd'hui. Nous ne les présentons pas dans un ordre strictement chronologique, mais dans celui qui nous paraît le plus propre à montrer l'enchaînement des idées maurrassiennes. Il va par ailleurs de soi qu'une simple introduction ne peut en donner une évaluation complète : on s'est contenté d'en souligner les points les plus brillants ou les plus contestables.

1. Pour s'en tenir au XXIe siècle, on citera notamment Jacques Prévotat, *L'Action française*, Paris, PUF, 2004 ; François Huguenin, *L'Action française*, Paris, Perrin, 2011 ; Olivier Dard, *Charles Maurras*, Paris, Armand Colin, 2013.

Notre choix n'englobe pas la célèbre *Enquête sur la monarchie* de 1900, d'abord parce qu'il s'agit moins d'une œuvre de Maurras que d'une œuvre coordonnée par lui, ensuite parce que la substance en apparaît dans les autres textes ici présentés. Pas davantage n'avons-nous repris les grands textes maurrassiens sur la question religieuse, parce qu'ils ont été réédités il y a une dizaine d'années[1] et que, derechef, ce thème apparaît suffisamment dans le présent volume pour que tout un chacun puisse comprendre dans ses grandes lignes le rapport complexe de Maurras au religieux.

Si nous n'avons pas mis le journaliste au cœur de notre sélection, nous ne l'en avons pas pour autant exclu : une grosse vingtaine d'articles de *L'Action française* permettront au lecteur de découvrir son clavier dans toute son amplitude, des réflexions les plus brillantes aux polémiques les plus affreuses.

* * *

Les premiers textes retenus concernent le fédéralisme, sous la bannière duquel Maurras entra en politique dans les années 1890. Pour en comprendre les enjeux, il faut garder en tête l'abolition des provinces d'Ancien Régime par la Révolution ; le *Rapport sur la nécessité et les moyens d'anéantir les patois et d'universaliser l'usage de la langue française* que l'abbé Grégoire présenta à la Convention en juin 1794 ; le centralisme des institutions de l'an VIII, pour l'essentiel maintenu par les pouvoirs ultérieurs ; la reprise par la IIIe République de la politique d'éradication des langues régionales, abandonnée après la chute de Robespierre ; et enfin la croisade lancée par cette même République contre tous ceux qui pouvaient contrecarrer ses vues, en particulier les catholiques et les anarchistes. On n'en retient guère aujourd'hui que la lutte entreprise dès 1880 contre les congrégations religieuses, oubliant au passage l'épuration massive de la magistrature et de la fonction publique, mais aussi le noyautage effectué par les républicains au plus profond du tissu social français : ainsi toute personne désireuse de se voir octroyer un bureau de tabac, par exemple, faisait-elle l'objet d'une enquête préalable permettant de vérifier son orthodoxie politique[2].

C'est contre tous ces aspects du jacobinisme, mais en mettant particulièrement l'accent sur la question des langues régionales, que Charles Maurras et Frédéric Amouretti rédigèrent en 1892 la « Déclaration des félibres fédéralistes », dont nous donnons l'original provençal et la traduction française

1. Charles Maurras, *La Démocratie religieuse*, Paris, Nouvelles éditions latines, 2008 [1921].

2. Jean-Pierre Machelon, *La République contre les libertés ? Les restrictions aux libertés publiques de 1879 à 1914*, Paris, PFNSP, 1976.

par Maurras. Ce texte est fondateur à plusieurs titres. Tout d'abord, il met au jour les contradictions qui minaient le Félibrige : sa volonté de sauver le provençal et plus généralement les langues d'oc butait sur la compromission de nombre de ses cadres avec le régime centraliste (il est à noter que, dans cette affaire, Mistral lui-même prit le parti de Maurras et d'Amouretti[1]).

En deuxième lieu, on relève une contradiction tendancielle dans la « Déclaration », qui d'une part demande la création d'« assemblées souveraines » dans les provinces, d'autre part proteste contre la « méchante accusation de séparatisme ». Maurras leva l'équivoque dans une note ultérieure précisant que la « souveraineté » en question ne porterait que sur l'administration provinciale, le gouvernement français conservant la haute main sur la diplomatie et la Défense ; mais alors, c'est d'« assemblées autonomes » qu'il eût fallu parler. Comme la nuance n'a pu échapper aux rédacteurs, on en conclut qu'ils ont délibérément choisi un adjectif très clivant. Fut-ce par extrémisme congénital ou pour arracher les félibres républicains à leur torpeur ? Les deux explications ne sont pas incompatibles et renvoient sans doute au cercle vicieux de la IIIe République : régime irréformable, elle suscitait une radicalité qui, en l'effrayant, la confortait dans son immobilisme.

Mais le cœur du propos est dans une autre phrase : « Nous ne nous bornons pas à réclamer pour notre langue et pour nos écrivains les droits et les devoirs de la liberté : nous croyons que ces biens ne feront pas notre autonomie politique, ils en découleront. » En d'autres termes, l'existence de pouvoirs provinciaux débattant et légiférant en provençal est pour Maurras et Amouretti la seule façon de rendre à la langue des troubadours le prestige qu'elle a perdu aux yeux des populations méridionales. Comme l'a bien vu Victor Nguyen, toute la doctrine maurrassienne du « Politique d'abord » est déjà en germe dans cette assertion[2].

Six ans plus tard, Maurras reprend le procès du jacobinisme dans un texte beaucoup plus long et abouti, *L'Idée de la décentralisation*, dont nous ne donnons ici que des extraits. La substitution du mot « décentralisation » au mot « fédéralisme » n'est nullement fortuite : ce n'est plus du point de vue de l'identité provençale, mais du point de vue du nationalisme français que Maurras envisage désormais le problème. Les deux causes sont certes indissociables à ses yeux, mais le nationalisme prime dans l'ordre de l'urgence (on est alors en pleine affaire Dreyfus).

1. Nous nous permettons de renvoyer à notre article « Mistral-Maurras : les enjeux d'une filiation », dans Michel Leymarie, Olivier Dard et Jeanyves Guérin (dir.), *Maurrassisme et littérature. L'Action française, culture, société, politique (IV)*, Lille, Presses universitaires du Septentrion, 2012.

2. Victor Nguyen, *Aux origines de l'Action française. Intelligence et politique autour des années 1900*, Paris, Fayard, 1991, p. 462.

À la suite de Taine, Maurras montre combien est illusoire l'idée selon laquelle la centralisation serait gage de stabilité et d'efficacité politiques : toute centralisée qu'elle ait été, la France du XIXe siècle n'en a pas moins connu cinq changements de régime et a été écrasée en 1870 par une Allemagne confédérale. Rien de plus naturel, pense Maurras, car un État qui s'occupe de tout ne peut sérieusement se consacrer à ses fonctions régaliennes ; de même une nation à qui on dénie le droit d'administrer sa vie quotidienne est-elle portée à se mêler de haute politique, à quoi elle n'entend rien. Inversement, il n'y a pas contradiction mais bien synergie entre un « pouvoir central durable » et des « libertés locales très étendues ».

Ces libertés locales, Maurras les juge indispensables à la santé morale et mentale de la société française, car elles seules peuvent lui rendre goût de l'initiative, sens des responsabilités et fierté de soi : comment grandir et prospérer si l'on n'est pas fermement enraciné dans son terroir et dans son histoire ? Le centralisme de la IIIe République a au contraire pour corollaire une conception cosmopolite de l'éducation, qui consisterait à « déraciner » l'enfant (Maurras cite en l'occurrence René Doumic, mais le propos reste actuel, puisque Vincent Peillon a souligné en 2013 la nécessité d'« arracher l'élève à tous les déterminismes, familial, ethnique, social, intellectuel[1] »).

Bref, Maurras reprend à son compte la thèse que Barrès a illustrée en 1897 dans son roman *Les Déracinés*. Il la relie au contexte de l'affaire Dreyfus, soulignant que les Juifs sont par principe favorables au centralisme. En affaiblissant les structures de la société française, ce système favorise en effet la domination des minorités organisées dont ils sont l'archétype : ainsi Léon Blum se déclare-t-il hostile à la famille et à la commune au motif que « les liens de l'affection partagée et du bonheur médiocre » entravent la réalisation de l'individu. Maurras ne semble pas s'apercevoir que l'argument démontre l'individualisme de Blum, non son appartenance à un lobby qui appuierait la centralisation par calcul ethnique…

Mais si Maurras voit en l'enracinement le point de départ d'une éducation réussie, il n'en fait pas le terme. Loin d'exclure l'ouverture au monde, l'amour du sol natal la prépare : « Pour rêver de la monarchie universelle et pour s'élever jusqu'à la sphère métaphysique de la cité de Dieu, Dante n'en est pas moins l'exact citoyen de Florence ; Sophocle l'Athénien et Sophocle l'universel ne sont pas deux figures contraires qui s'excluent, mais bien le même personnage. Et ainsi de Goethe à Weimar, dans la mesure où il atteignit au génie classique. » Comment ne pas songer ici à la célèbre tirade du général de Gaulle dans sa conférence de presse du 15 mai 1962 ? « Dante, Goethe, Chateaubriand, appartiennent à toute l'Europe dans la mesure même où ils étaient respectivement et éminemment

1. Vincent Peillon, entretien accordé au *Jdd*, 1er septembre 2013 ; propos repris dans des termes analogues par Christiane Taubira à l'Assemblée nationale, le 3 février 2013.

italien, allemand et français », disait-il ; « ils n'auraient pas beaucoup servi l'Europe s'ils avaient été des apatrides et s'ils avaient pensé, écrit, en quelque espéranto ou volapük intégrés ». Maurras n'eût certes pas cité Chateaubriand comme exemple du génie français, mais, pour le reste, le parallélisme des deux citations est éloquent.

Aux vertus de l'enracinement, poursuit Maurras, les cosmopolites croient pouvoir opposer le fait que « l'univers tend à s'unifier ». Mais ce prétendu constat est tout au plus un postulat métaphysique, car si les chemins de fer, qui convergent sur les capitales, ont effectivement favorisé les mouvements centripètes – ainsi l'unité italienne et l'unité allemande –, le développement de l'automobile et de l'aviation pourrait bien renverser la tendance en facilitant les liaisons de province à province, donc en rendant les périphéries moins dépendantes de centres en voie de mondialisation. Ce scepticisme sur l'unification politique de la planète a été pleinement confirmé par la suite des événements : de 53 États indépendants en 1914, on est passé à 74 en 1945 et à 197 aujourd'hui. En l'occurrence, Maurras a vu plus juste que les grands géopoliticiens de son temps, les Ratzel, Kjellén, Mahan et Haushofer, qui tablaient tous sur la poursuite du processus de concentration spatiale.

Il est vrai que rien n'interdit de rêver l'unité. Mais rêve pour rêve, c'est un universalisme respectueux du divers que Maurras, marqué par Mistral et Proudhon, oppose au cosmopolitisme niveleur des émules de Robespierre : « L'harmonie désirée du monde ne peut consister qu'en un ordre meilleur des variétés existantes, nullement en leur suppression. »

Suivent trois textes tirés de *L'Étang de Berre* (1915) sur la vie municipale en Provence. Le premier, « Maire et curé à la Couronne », montre comment le régime des partis dresse les uns contre les autres de braves gens qui s'entredéchirent sur les rapports de l'Église et de l'État au lieu d'œuvrer au bien-être de leurs concitoyens. Mais pour se consacrer à cette noble tâche, il faudrait que les municipalités disposent d'une véritable autonomie ; or, la centralisation révolutionnaire les en a privées. Aussi Maurras préconise-t-il une réorganisation de la France selon une triple norme, républicaine à l'échelle municipale, fédérale à l'échelle provinciale et monarchique à l'échelle nationale. Par ailleurs, il postule que les libertés locales et provinciales sont le meilleur rempart contre les influences étrangères dont la république est au contraire l'instrument : le maître d'œuvre de sa politique anticléricale, Aristide Briand, n'avait-il pas pour chef de cabinet « le Juif allemand » Grunebaum-Ballin ? Et ce dernier, en digne émule de Bismarck, n'a-t-il pas attisé les querelles religieuses en France pour détourner les Français de la Revanche ? Maurras part ici de deux faits avérés, mais en tire une conclusion gratuite : Bismarck était favorable à la IIIe République, voyant en elle un régime impuissant qui paralyserait la France[1] ; *or*, Grunebaum-Ballin, né à Francfort, sert la IIIe République ; *donc*, c'est un agent allemand ! Ces pseudo-démonstrations sont malheureusement légion sous sa plume.

Dans « La République de Martigues et les seigneurs de Galliffet », Maurras revient sur les libertés municipales d'Ancien Régime telles qu'il en trouve trace dans les archives de Martigues. De fait, celle-ci était alors une république autonome, comme d'autres villes de Provence (Marseille, Aix, Arles, Manosque, Sisteron, etc.) ; Maurras voit là, et la chose est plausible, un lointain héritage des traditions civiques de l'Antiquité. Il en conclut que « la liberté concrète fut pour nous dans l'Ancien Régime et la servitude concrète date du Nouveau ». Cela le conduit à approfondir ses intuitions sur le lien entre centralisme et démocratie : tout pouvoir électif doit fatalement accaparer un maximum de fonctions administratives afin d'y caser les agents d'influence dont il a besoin pour préparer sa réélection. Par conséquent, seul un pouvoir héréditaire pourrait octroyer une vraie autonomie aux provinces et aux municipalités.

Enfin, dans « Les partis mourants », Maurras s'interroge sur l'implantation des socialistes en Provence, où les prolétaires proprement dits pèsent pourtant peu de chose par rapport aux classes moyennes. Il n'y voit pas l'expression d'un véritable désir de socialisme : ayant penché vers l'extrême droite dans la première moitié du XIXe siècle, puis s'étant progressivement tournée vers l'extrême gauche, la Provence présente surtout les symptômes d'une profonde insatisfaction (analyse depuis lors confirmée par Maurice Agulhon[2]). Cette insatisfaction, Maurras l'attribue à la nostalgie inconsciente des libertés provinciales et municipales dont la Révolution a privé les Provençaux.

Les écrits fédéralistes de Maurras ont fait date dans le débat sur l'organisation des pouvoirs en France : les spécialistes de la question, juristes comme Georges Vedel[3], géographes comme Jean-Marie Miossec[4] ou hommes politiques comme Jean-Pierre Raffarin[5], s'y réfèrent encore pour les approuver ou les contester. Sans entrer ici dans tous les problèmes

---

1. Jacques Bainville, *Bismarck et la France, d'après les Mémoires du prince de Hohenlohe* (1907), repris dans Jacques Bainville, *La Monarchie des lettres* (édition établie et présentée par Christophe Dickès), Paris, Robert Laffont, coll. « Bouquins », 2011.
2. Maurice Agulhon, dans Édouard Baratier (dir.), *Histoire de la Provence*, Toulouse, Privat, 1969, p. 472.
3. Georges Vedel, « La pensée politique et le fédéralisme », *Commentaire*, no 98, 2002, p. 361.
4. Jean-Marie Miossec, *Géohistoire de la régionalisation en France*, Paris, PUF, 2008, p. 275 *sq*.
5. Jean-Pierre Raffarin, débats au Sénat du 17 mars 2003.

qu'ils soulèvent, on notera que Maurras, pourtant très marqué par Taine, s'oppose à la thèse soutenue par ce dernier, et avant lui par Tocqueville, selon laquelle la centralisation républicaine prolongerait et parachèverait la centralisation monarchique. Cette thèse ne manque pas d'arguments factuels, mais encore faut-il expliquer pourquoi la monarchie n'est pas allée aussi loin que la république en matière de centralisme. La réponse tient sans doute à l'indivisibilité de la souveraineté : elle va de soi lorsque le souverain est un monarque absolu mais devient très problématique quand la nation elle-même est réputée souveraine, à moins qu'elle ne soit monolithique. Comme tel n'était pas le cas de la France, où l'on parlait traditionnellement sept langues[1], on comprend que l'idéologie républicaine ait dû traquer des particularismes dont la monarchie s'accommodait sans peine. Ce mouvement semble en outre avoir été d'autant plus prononcé que le régime était plus parlementaire, c'est-à-dire sous la IIIe République ; *a contrario*, la décentralisation puis la régionalisation ont été mises en œuvre sous la « monarchie républicaine » de la Ve République. Tout cela incite à prendre au sérieux les démonstrations de Maurras. Quant à l'analyse des rapports entre la technologie et la structuration de l'espace politique à laquelle il procède dans *L'Idée de la décentralisation*, elle reste d'une actualité frappante puisque certains géo-économistes la reconduisent à propos d'Internet[2].

* * *

De la « Déclaration de politique générale de l'Action française » (1899), Maurras n'est qu'un des signataires, mais elle porte tout entière son empreinte. Elle part du constat que l'homme est un être social, puis pose que la société la plus complète de l'ère contemporaine est la nationalité (il est ici sous-entendu que les provinces n'ont pas la taille requise pour assurer leur indépendance et que l'humanité est trop diverse pour parvenir à l'unité politique). Mais les rédacteurs soulignent qu'il a existé par le passé des formes politiques plus étendues que la nation, ainsi l'Empire romain et la Chrétienté médiévale ; ils se gardent donc bien d'ériger la nation en absolu transhistorique. Ils n'en font pas davantage une fin en soi, mais la légitiment par le fait que la diversité des nations favorise « les plus hautes et les plus précieuses communications économiques ou spirituelles de l'univers », en d'autres termes « la civilisation ». C'est une nouvelle preuve que le nationalisme maurrassien n'exclut nullement l'universalisme, pourvu toutefois que ce dernier soit conçu sur un mode pluraliste. Les rédacteurs

1. Langue d'oïl, langue d'oc, breton, alsacien, corse, basque et flamand.
2. Alberto Alesina et Enrico Spolaore, *The Size of Nations*, The Massachusetts Institute of Technology Press, 2003.

concluent que le nationalisme est « une obligation rationnelle et mathématique » – expression malheureuse impliquant que la politique pourrait être une science exacte, on y reviendra – et que la monarchie est la condition *sine qua non* d'un renouveau français.

* * *

Dans *Kiel et Tanger* (1910), dont nous donnons ici de larges extraits, Maurras examine la politique étrangère de la IIIe République. Après une phase de « recueillement » consécutive à la guerre de 1870 puis une phase d'affirmation coloniale, elle a vu se succéder deux séquences. Tout d'abord, à partir de 1895, le Quai d'Orsay s'est rapproché de Berlin pour contrer les ambitions africaines de l'Angleterre. Ce choix impliquait d'étoffer la marine en prévision d'une éventuelle guerre franco-anglaise, mais on n'en fit rien : c'est pourquoi Paris dut s'incliner devant Londres lors de la crise de Fachoda (1898-1899). La période suivante vit un renversement de front, le Quai optant désormais pour l'Entente cordiale franco-britannique au risque d'une guerre avec l'Allemagne. Cette fois-ci, c'est l'armée de terre qu'il eût fallu renforcer, mais on préféra s'occuper de la marine : aussi Paris subit-il la volonté de Berlin lors des crises marocaines de Tanger en 1905 et d'Agadir en 1911-1912.

Pour Maurras, ces échecs sont la sanction inéluctable du régime parlementaire, dont le personnel est trop accaparé par sa survie électorale pour se consacrer sérieusement aux intérêts supérieurs du pays. Mais un système aussi instable n'est pas seulement la proie des partis, il est encore celle des agents étrangers. À cet égard, Maurras voit plus qu'un hasard dans le fait que l'affaire Dreyfus ait tourné au psychodrame national à la veille de Fachoda : l'or anglais, pense-t-il, est venu à la rescousse des intérêts juifs pour inciter la presse française à déclencher une guerre civile larvée ; les Britanniques empêchaient par là même la France de contrer leur manœuvre sur le haut Nil.

Seul un pouvoir affranchi de tout souci électoral, c'est-à-dire une monarchie héréditaire, pourrait mener une politique étrangère digne de la France, conclut Maurras. Pour esquisser les contours de cette politique, il entreprend alors d'analyser les évolutions planétaires en cours. Les tendances centrifuges qu'il avait détectées dès *L'Idée de la décentralisation* ont été confirmées par le reflux de l'Empire ottoman dans les Balkans, la poussée des revendications nationalitaires dans l'empire austro-hongrois, la montée de l'indépendantisme irlandais ou le divorce entre la Norvège et la Suède. Il en résulte un univers instable et dangereux, écartelé qu'il est entre les impérialismes brutaux des grandes puissances et les tendances sécessionnistes des petits peuples. Comme aucun de ces derniers ne pèse assez lourd pour survivre dans l'arène internationale, leur salut réside dans une « addition fédérale ou confédérale » constituant « un puissant contrepoids aux empires ». Mais il n'est pas de fédération sans fédérateur. Tel est précisément le rôle que Maurras assigne à la France, parce que son statut de moyenne puissance lui permet de coaliser les États de troisième rang sans les effrayer par une politique impérialiste.

Maurras y insiste, la ligne qu'il préconise n'a rien que de très classique : c'est une version actualisée de « la politique éternelle des rois de France », qui ont toujours cherché à « empêcher la Monarchie universelle ou l'accroissement excessif de telle ou telle coalition ». Par ailleurs, cette ligne ne serait pas seulement bénéfique à la France, elle servirait l'humanité entière en faisant prévaloir le principe d'équilibre contre les tentatives mortifères d'hégémonie continentale voire mondiale. On retrouve ici la double perspective nationaliste et universaliste de Maurras.

La réédition augmentée de *Kiel et Tanger* en 1921 donne à ce dernier l'occasion de dresser un bilan de la Grande Guerre : n'a-t-elle pas prouvé que la république pouvait conduire la France à la victoire ? Nullement, rétorque-t-il, car victoire il n'y a eu qu'au prix d'entorses aux principes républicains, de la dictature militaire de Joffre en 1914 à la dictature civile de Clemenceau en 1917-1918. Encore le sous-équipement de l'armée française au début de la guerre a-t-il eu pour conséquence une hécatombe dont le pays aura du mal à se relever. Par ailleurs, les traités de paix laissent présager un avenir sinistre : par fidélité au dogme démocratique d'après lequel chaque nation doit avoir son État, ils ont en effet laissé subsister une puissante Allemagne dans le même temps qu'ils disloquaient la monarchie austro-hongroise ; ils ont ainsi accouché d'une Europe centrale totalement déséquilibrée où Berlin pourra manœuvrer à sa guise.

On retrouve dans *Kiel et Tanger* les raccourcis hasardeux dont Maurras est coutumier, notamment au sujet de l'affaire Dreyfus : s'il est hors de doute que le Foreign Office sut exploiter cette querelle franco-française au mieux des intérêts britanniques, le polémiste antidreyfusard fait mine d'ignorer qu'elle résulta d'abord du « réseau de mensonges, de compromis, de maladresses inénarrables » dans lequel certains officiers avaient fourvoyé l'armée, pour reprendre les mots de Lyautey[1].

Kiel et Tanger n'en est pas moins un des livres les plus solides de Maurras[2]. L'historiographie confirme largement l'analyse qu'il donne de la IIIe République, régime dans lequel « le gouvernement [n'est] pas en

1. Lyautey, cité par William Serman, « L'armée française », dans Michel Drouin (dir.), *L'Affaire Dreyfus de A à Z*, Paris, Flammarion, 1994, p. 313.

2. Voir les études réunies dans Georges-Henri Soutou et Martin Motte (dir.), *Entre la vieille Europe et la seule France. Charles Maurras, la politique extérieure et la Défense nationale*, Paris, Economica, 2010.

mesure de gouverner, parce que le Parlement [l'en] empêche », écrit Philippe Ardant[1], et où manque un « organe permettant la synthèse des différents éléments de l'action internationale », renchérit Georges-Henri Soutou, ce qui explique les « dysfonctionnements de [sa] politique extérieure »[2]. Les tares du régime eurent des conséquences tout aussi funestes pour la Défense nationale, notamment pour la marine, au chevet de laquelle se succédèrent pas moins de 43 ministres entre 1870 et 1914 : elle tomba du 2e au 4e ou 5e rang mondial, déclassée par des flottes adossées à des exécutifs plus puissants et plus stables[3]. L'entre-deux-guerres connut certes un redressement naval, mais il eut pour toile de fond une décadence diplomatique accélérée en laquelle René Rémond voyait une saisissante confirmation de *Kiel et Tanger*[4]. Et comme l'avait prophétisé Maurras, la balkanisation de l'Europe centrale offrit un boulevard aux conquêtes hitlériennes, relayées en 1945 par les conquêtes staliniennes...

Le volet programmatique du livre a pour sa part inspiré la politique étrangère de la Ve République : le président Pompidou l'a reconnu en rappelant que Maurras avait « dès 1910 prévu le monde actuel » et en développant dans la foulée le thème d'une France fédératrice des petites puissances pour faire contrepoids aux empires[5]. Antérieurement, Edmond Michelet avait été frappé par les harmoniques maurrassiennes d'un exposé de politique étrangère fait par de Gaulle en Conseil des ministres, ce qui n'a rien d'étonnant si l'on songe que le père du Général avait été un grand admirateur de Maurras et que lui-même avait eu des contacts avec l'Action française dans l'entre-deux-guerres[6].

* * *

Revenons à la politique intérieure avec *L'Avenir de l'intelligence* (1905), méditation angoissée sur le devenir des intellectuels en régime démocratique. Maurras a le sentiment qu'ils sont de plus en plus marginalisés

1. Philippe Ardant, *Institutions politiques et droit constitutionnel*, Paris, LGDJ, 5e éd., 1993, p. 407-408.

2. Georges-Henri Soutou, « Le deuil de la puissance », dans *Histoire de la diplomatie française* (ouvrage collectif), Paris, Perrin, t. II, 2007, p. 366 et 369.

3. Martin Motte, « La Royale sans le Roi : le déclin naval français vu par Charles Maurras », *Revue d'histoire maritime*, no 14, Presses universitaires de Paris-Sorbonne, 2011.

4. René Rémond, « Maurras », dans François Châtelet, Olivier Duhamel et Évelyne Pisier, *Dictionnaire des œuvres politiques*, Paris, PUF, 2001, p. 747.

5. Georges Pompidou, « Discours prononcé à l'occasion du centenaire de l'École libre des sciences politiques », 8 décembre 1972, repris dans Georges-Henri Soutou et Martin Motte, *Entre la vieille Europe et la seule France. Charles Maurras, la politique extérieure et la Défense nationale*, *op. cit.*, p. 405.

6. Martin Motte, « Maurras et l'ordre du monde », dans *ibid.*, p. 132 *sq.*

face aux élites traditionnelles, dont il déplore l'inculture croissante ; quant aux couches nouvelles – au nombre desquelles il range inévitablement les Juifs –, leurs goûts de parvenus les éloignent des humanités classiques. Or, outre que les beaux-arts comme la science ont besoin de ces humanités « pour se penser », l'Intelligence peut seule trancher le nœud gordien de la modernité : celui qui oppose l'Or et le Sang.

Pour démontrer sa thèse, Maurras retrace en vue cavalière les vicissitudes de l'Intelligence française depuis l'Ancien Régime. L'histoire commence glorieusement : personnage honoré mais subalterne au Grand Siècle, l'écrivain conquiert un rôle de premier plan dans les salons des Lumières ; son influence s'exerce jusque sur la monarchie, au point que celle-ci, ayant perdu ses défenses immunitaires face au « philosophisme », se laisse choir sans résistance entre 1789 et 1792. Les hommes de plume lui succèdent, qui peuplent les assemblées révolutionnaires et transforment les fictions littéraires du XVIIIe siècle en codes juridiques.

Mais l'Intelligence tombe rapidement du piédestal sur lequel elle s'est hissée. Éloignée du pouvoir dès l'Empire, elle s'avère incapable de prendre à bras-le-corps les problèmes sociaux découlant de la révolution industrielle. Au lieu de concourir à une synthèse entre l'esprit traditionnel et les forces nouvelles, elle poursuit sur son erre révolutionnaire et aggrave donc le malaise moderne ; alors que les écrivains du Grand Siècle avaient fièrement collaboré à l'édification de la France classique aux côtés de la monarchie et de l'Église, les romantiques se réfugient dans « une littérature de cénacle ou de révolution » qui leur aliène les élites traditionnelles.

Vient la IIIe République. Elle fait évidemment fond sur le nouveau bas clergé que constituent les littérateurs révolutionnaires. Elle cherche à en multiplier le nombre, tant pour appliquer son dogme de la promotion sociale que pour se créer une clientèle électorale et un réseau d'influence, selon la logique centraliste dont on a vu plus haut les ressorts. Mais en fait de promotion, elle aggrave le désarroi des lettrés à proportion qu'elle étend le « prolétariat intellectuel ».

Le résultat ? Aux alentours de 1900, le lettré peut choisir de rester libre, mais il le paiera par une vie d'indigence et d'isolement. Il peut au contraire pactiser avec l'esprit du temps en donnant dans la « littérature industrielle » ou en travaillant pour la grande presse, mais, dans l'un et l'autre cas, c'en est fini de son indépendance : il devient un serviteur de la ploutocratie, voire de puissances étrangères utilisant les journaux parisiens pour manœuvrer l'opinion française, comme Bismarck s'est vanté de l'avoir fait avant la guerre de 1870.

Au passage, Maurras souligne que la presse la plus anticapitaliste ne manque jamais de financements : comment expliquer ce paradoxe, sinon par une sourde lutte entre deux formes de capital, l'une conservatrice et l'autre révolutionnaire ? La première, enracinée dans les terroirs et les traditions françaises, est beaucoup plus visible que la seconde, par nature anonyme et vagabonde. En finançant les journaux révolutionnaires, cette dernière fait coup double : elle détourne sur sa rivale la colère des classes populaires et se qualifie pour rafler ses dépouilles. De même dresse-t-elle le peuple contre l'Église catholique, en laquelle elle identifie à juste titre « le dernier obstacle à l'impérialisme de l'or ».

En somme, l'Intelligence s'est fourvoyée en faisant le jeu de la révolution. Elle s'est coupée de ses véritables alliées, l'aristocratie, gardienne du goût, l'Église, dispensatrice de la haute culture littéraire, philosophique et théologique, la monarchie enfin, clé de voûte de tout l'édifice traditionnel, que Maurras nomme « le Sang » par allusion au rôle qu'y tient la succession héréditaire. Croyant s'affranchir et affranchir l'humanité, les lettrés ont en fait travaillé au triomphe de l'Or sous sa forme la plus cynique.

Toutefois, pense Maurras, ils peuvent encore réparer les dégâts qu'ils ont causés. Pour cela, il leur faut certes répudier les chimères héritées des Lumières, mais cette cure de désintoxication ne survivra pas à ses promoteurs si elle ne débouche pas sur une refonte des institutions, car « seule l'institution, durable à l'infini, fait durer le meilleur de nous ». L'Intelligence doit par conséquent convaincre l'opinion publique d'épouser la cause du Sang contre celle de l'Or. Les capitaux nécessaires pour créer des journaux *ad hoc*, les lettrés les obtiendront du capital conservateur en lui faisant comprendre quelle menace représente le capital révolutionnaire. Il se peut même qu'ils aient à exercer une dictature provisoire, comme sous la Révolution, mais évidemment de sens inverse, puisqu'elle préparera la restauration de la monarchie.

L'Avenir de l'intelligence est un document essentiel pour comprendre la genèse de l'Action française. Laurent Joly a en effet montré que plusieurs de ses fondateurs appartenaient au « prolétariat intellectuel » décrit par Maurras[1] : Henri Vaugeois était un professeur de philosophie médiocre et aigri ; Maurice Pujo n'était pas un penseur de premier plan ; Maurras avait une tout autre envergure, mais sa surdité l'avait empêché de poursuivre des études universitaires. Il a d'ailleurs évoqué sa marginalité originelle dans un entretien enregistré lors de son élection à l'Académie française (1938) : « J'étais à la fois traditionnel et coupé des traditions, social et sans appui collectif. »

Toutefois, *L'Avenir de l'intelligence* fut lu bien au-delà du petit milieu décrit par Laurent Joly et contribua à fonder le magistère intellectuel exercé par Maurras dans les années 1910 et 1920, avec pour conséquence un regain de l'idée monarchiste après des décennies de déclin. Outre qu'il avait mis le doigt sur les inquiétudes profondes de lettrés en voie de

1. Laurent Joly, *Naissance de l'Action française*, Paris, Grasset, 2015.

désétablissement, ce livre avait de quoi séduire les catholiques par l'hommage appuyé que Maurras y rendait à l'Église comme les agnostiques par la religion de substitution qu'il leur proposait : celle de la race et de la nation, « substances sensiblement immortelles[1] ». Le corollaire en était que « tout désespoir en politique est une sottise absolue », par quoi Maurras définissait une version laïcisée de l'Espérance chrétienne.

* * *

Auguste Comte (1905), que Maurras conçut comme un complément à *L'Avenir de l'intelligence*, s'adresse précisément aux agnostiques dont il vient d'être question, en particulier à ceux qui, « nés dans la tradition catholique, sont devenus étrangers à la foi catholique ». Autant dire que ce texte a une forte connotation autobiographique : lorsque Charles Maurras évoque Charles Jundzill, disciple polonais de Comte, c'est son propre portrait qu'il brosse, celui d'un esprit pour qui « aucune interprétation théologique du monde et de l'homme n'est plus supportable ». Il semble en l'occurrence que Maurras, confronté à la mort précoce de son père, à la surdité, à d'âpres tourments amoureux et sans doute aussi au fantôme d'un frère aîné décédé peu de temps avant sa naissance, ait vécu avec une acuité particulière la difficulté qu'il y a à concilier l'idée d'un Dieu bon et l'existence du mal.

Mais pour avoir perdu la foi, il n'en gardait pas moins chevillée au corps la nostalgie du « splendide *tout* catholique », c'est-à-dire d'une vérité parlant au cœur autant qu'à la raison, réglant harmonieusement leurs rapports, fondant une Espérance et instituant une morale. Que toute société ait besoin d'un tel axe, il en trouvait la preuve dans le fait que la République prétendument agnostique s'organisait en réalité autour d'une religion de contrebande dans laquelle la Liberté ou la Conscience avaient usurpé la place de Dieu. Toutefois, ces références rousseauistes et kantiennes lui semblaient trop profondément anarchisantes pour pouvoir fonder quoi que ce fût de durable : d'où son ralliement au positivisme d'Auguste Comte, c'est-à-dire à une philosophie, à une anthropologie et à une sociologie prolongées en religion.

Comme son nom l'indique, le positivisme entendait se contenter des données positives, ce qui l'amenait à s'interdire tout raisonnement métaphysique. Il évacuait donc l'idée de Dieu, mais reconnaissait la nécessité d'une religion, car, « sans religion, point de morale efficace et vivante »,

1. Noter que le mot « race » a sous la plume de Maurras une acception historique et non biologique : il est à peu près synonyme de « peuple ». De surcroît, Maurras l'emploie souvent au pluriel, car il se souvient que la France est originellement une fédération de peuples très divers sous la houlette des rois capétiens.

partant point de société harmonieuse ; or, étant sociable par nature, l'homme ne peut s'épanouir qu'en s'incorporant toujours davantage à la société, ou pour mieux dire à l'Humanité, ce « Grand-Être » impérissable d'où procèdent tous les mortels. C'est donc à elle que Comte transposa les attributs de Dieu. Cela fait, il organisa minutieusement l'église positiviste, avec son calendrier, ses saints et ses sacrements. Elle devait à terme permettre l'avènement d'un régime nouveau, la sociocratie, dans lequel les sociologues, ayant percé au jour les lois directrices de la société, présideraient au culte de l'Humanité avec une rigueur toute mathématique.

Ce schéma fascina Maurras, qui en attendait la paix de l'âme et l'émergence d'un ordre politique viable. Toutefois, constatait-il, l'optimisme comtien était démenti par la permanence voire l'amplification des guerres en Europe et dans le monde. Il en déduisit que « jusqu'à nouvel ordre, pour fort longtemps peut-être, la patrie représentera le genre humain pour chaque groupe d'hommes donné » : c'est pourquoi la religion comtienne de l'Humanité devint chez lui une religion de la France. Corrélativement, l'Action française tendit à jouer un rôle analogue à celui de l'Église positiviste, du moins aux yeux des maurrassiens agnostiques ; les maurrassiens catholiques, quant à eux, y virent plutôt une force appelée à restaurer dans ses prérogatives traditionnelles le catholicisme, religion historique de la France.

Une telle synthèse permit à l'Action française de fédérer des patriotes venus d'horizons intellectuels et spirituels très divers. Mais ce succès à court terme devait s'avérer un handicap à long terme, car le versant positiviste de la pensée maurrassienne avait de quoi alarmer l'Église. D'une part, en effet, Comte détestait le Christ, l'une des rares figures majeures de l'Histoire à ne pas figurer dans son calendrier positiviste. Par « Humanité » d'autre part, il ne désignait pas l'ensemble des hommes, mais seulement ceux qui ont contribué au progrès du genre humain, les autres n'étant que des « parasites » : le positivisme aboutissait donc à transformer l'Humanité en club fermé, selon une tendance qu'on retrouve dans d'autres idéologies des XIXe et XXe siècles (ainsi le marxisme, pour qui « l'Internationale sera le genre humain », ou les différentes formes de racisme). Non moins inquiétante était la prétention du positivisme à résorber le politique dans la sociologie et à réduire celle-ci en science exacte, car ce double rétrécissement pouvait cautionner l'avènement d'une technocratie totalitaire.

Il est vrai que, sur ces trois points, Maurras prit ses distances d'avec l'orthodoxie comtienne. Par égard pour ses amis catholiques, il supprima les passages les plus antichrétiens du *Chemin de Paradis* et d'*Anthinéa* dans les rééditions de ces ouvrages. Ses instincts élitistes, pour leur part, furent contrebalancés par le sentiment très vif qu'il avait de sa dette envers les humbles, qu'atteste la présence récurrente de la vieille Sophie dans ses écrits autobiographiques. Quant au scientisme positiviste, il l'avait révoqué en doute dès *Auguste Comte*, notant que la sociologie n'avait pas encore découvert les lois d'évolution des sociétés.

En revanche, son rapport à la vérité se ressentit toujours de l'héritage comtien. Partant du principe que « tout est relatif », le positivisme entendait borner ses ambitions intellectuelles aux « conceptions qui nous conviennent ». Là où la vérité est inaccessible, en déduisait Maurras, on peut lui substituer des « fables » politiquement utiles. C'est sans doute ce qui explique sa propre démarche intellectuelle durant l'affaire Dreyfus, qu'on est tenté de reconstituer comme suit : 1) il est difficile d'identifier le vrai coupable, 2) mais il est utile que Dreyfus soit ce coupable, d'abord parce qu'il en faut un, ensuite parce qu'il est dangereux de supposer que l'armée se soit trompée et enfin parce que Dreyfus est juif, 3) donc Dreyfus est coupable, et s'il n'est pas coupable de trahison, il l'est au moins d'avoir ébranlé l'unité nationale en contestant le verdict de l'armée... Cette funeste propension à la « fable » politique caractérise presque tous les écrits polémiques de Maurras.

Enfin, l'ascendant que Maurras prit sur une part considérable du catholicisme français au cours des années 1910 et 1920 ne pouvait manquer d'inquiéter Rome. Qu'un laïc exerçât sur les fidèles une influence égale voire supérieure à celle des clercs posait un problème disciplinaire ; que ledit laïc fût en outre agnostique et prêchât une doctrine fortement teintée de positivisme représentait un scandale dogmatique. D'où la condamnation de l'Action française par le Vatican en 1926, dont on oublie souvent de rappeler qu'elle fut pour l'essentiel levée en 1939, Maurras ayant entre-temps multiplié les signes de déférence à l'égard de Rome.

* * *

À mi-chemin de la critique littéraire et de la théorie politique, les *Trois idées politiques* (1898) renvoient dos à dos Chateaubriand et Michelet au bénéfice de Sainte-Beuve. Le premier de ces trois hommes passe pour le héraut de la Tradition, mais c'est pure aberration, objecte Maurras, car son individualisme, son anglomanie et son romantisme furent aux antipodes du génie français. Michelet, divinité tutélaire de la démocratie, n'est pas plus crédible en figure de proue du Progrès, car la logorrhée dont il entoure ses abstractions creuses est plutôt signe de régression mentale. Ainsi la France de droite comme la France de gauche se trompent-elles de champions. Sainte-Beuve peut les réconcilier, car si sa méthode expérimentale illustre le rationalisme dont se prévalent les progressistes, les conclusions qu'il en tire rejoignent les vœux des traditionalistes : Maurras en fait donc un précurseur du « système religieux et moral, parfaitement laïc, strictement rationnel, pur de toute mysticité » – en un mot positiviste – « auquel semble aspirer la France moderne ».

Mais l'importance de cet opuscule tient plus à ses annexes qu'à ses développements centraux. L'annexe III, en particulier, instruit au plan politique le procès du monothéisme, que la préface d'*Anthinéa*[1] élargira au domaine esthétique. Dans le sillage d'Auguste Comte, Maurras reproche aux métaphysiques monothéistes de fournir un « multiplicateur immense » au « caprice individuel » : dès lors en effet que le premier illuminé venu prend son délire pour un mandement du Tout-Puissant, l'anarchie menace la Cité. Le catholicisme échappe toutefois à cette tentation, car il a su « organiser l'idée de Dieu » en instaurant quantité d'intermédiaires naturels et surnaturels entre la terre et le Ciel : « Cette religion rend ainsi à notre univers, en dépit du monothéisme qui la fonde, son caractère naturel de multiplicité, d'harmonie, de *composition*. » Il s'ensuit qu'un catholique se pensant visité par l'inspiration ne peut obéir d'entrée de jeu à ses voix intérieures, mais doit en faire vérifier l'orthodoxie par la hiérarchie ecclésiale.

Le judaïsme incarne au contraire la quintessence de l'anarchie monothéiste, poursuit Maurras, car la disparition de sa classe sacerdotale après la destruction du Temple de Jérusalem, en 70 après Jésus-Christ, a laissé le champ libre au prophétisme révolutionnaire. Maurras cite à ce sujet deux penseurs juifs influents en son temps, le philologue James Darmesteter et le journaliste Bernard Lazare. Dans un essai intitulé *Coup d'œil sur l'histoire du peuple juif* (1881), le premier louait le messianisme juif d'avoir miné l'autorité de l'Église catholique tout au long de l'histoire et soutenait que la Révolution française fut l'aboutissement de ce long travail de sape. Le second, qui fut l'un des plus ardents défenseurs du capitaine Dreyfus, célébrait lui aussi « l'esprit révolutionnaire dans le judaïsme » au chapitre XII de son livre *L'Antisémitisme, son histoire et ses causes* (1894). On tient là un des motifs essentiels de l'antisémitisme maurrassien ; mais d'une part Maurras prend pour argent comptant les affirmations de Darmesteter et de Bernard Lazare, d'autre part il ne se demande pas si ces deux auteurs sont représentatifs de l'opinion juive en général. Il souligne dans la foulée que le protestantisme présente les mêmes caractéristiques anarchisantes que le judaïsme.

Insistons également sur l'annexe IV, dans laquelle Maurras oppose « les principes révolutionnaires » et « l'œuvre naturelle de la Révolution ». La décadence de l'ancienne aristocratie, l'ascension du tiers état et la redéfinition subséquente des équilibres sociopolitiques ont sans doute relevé d'évolutions inéluctables, et du moins sont-elles maintenant des faits accomplis : il ne peut donc être question de les remettre en cause. Mais « les idées de la Révolution sont proprement ce qui a empêché le mouvement révolutionnaire d'enfanter un ordre viable », car les principes de 1789, invoqués par la bourgeoisie révolutionnaire pour abaisser la noblesse, ont

1. Reprise dans la partie « Esthétique », p. 145 de la présente édition.

depuis lors été retournés contre elle par le prolétariat. C'est pourquoi « il y eut un ancien régime ; il n'y a pas encore de régime nouveau ; il n'y a qu'un état d'esprit tendant à empêcher ce régime de naître », contrairement à ce qui s'est passé en Angleterre après la révolution de 1688.

Cette démonstration dément l'assertion souvent reprise selon laquelle Maurras entendrait effacer la Révolution de l'histoire de France : il en rejette incontestablement le legs idéologique, mais en accepte le legs social. À cet égard, le maurrassisme peut sans doute être décrit comme résultant d'une droitisation de l'orléanisme en réaction à la poussée du radicalisme et du socialisme.

* * *

Mes idées politiques (1937) est une anthologie établie par Pierre Chardon, pseudonyme de Rachel Legras, qui avait été la maîtresse de Maurras dans les années 1910 et lui était restée très liée[1]. Il est significatif que Maurras n'ait pas procédé lui-même à une synthèse de sa pensée politique : comme il le déclara à Jean de Fabrègues, « les reconstructions déductives offrent toujours ce péril d'abandonner le contact du réel[2] ». Stéphane Giocanti estime pour sa part que Maurras n'eût pu « forger un véritable *système* politique et philosophique » sans régler préalablement les problèmes métaphysiques sur lesquels il butait, ou plutôt qu'il fuyait « dans une action ou réaction éperdues »[3]. *Mes idées politiques* est à cet égard un livre insatisfaisant, sans doute réducteur, parfois hétéroclite, impression qui persiste même après l'élimination de redites et digressions à laquelle nous avons ici procédé. Sa reprise ne s'en imposait pas moins compte tenu du rôle qu'il a joué dans la diffusion de la pensée maurrassienne.

Intitulée « La Politique naturelle », la préface-fleuve de l'ouvrage est l'un des textes les plus importants de Maurras. L'anthropologie qu'il y développe est d'emblée tournée contre les principes individualistes de 1789 : les hommes ne *naissent* pas libres, mais intégralement dépendants de leur famille et plus généralement de leur société ; ils *deviennent* plus ou moins libres par la suite, mais toujours en prenant appui sur ce bienveillant substrat naturel, que Le Play nommait « la constitution essentielle de l'humanité ». Pas davantage ne naissent-ils égaux, ou du moins pas sous tous les rapports. Ils ont certes en commun ce noyau « inviolable » et « sacré » que

---

1. On lui doit également un *Dictionnaire politique et critique* en cinq volumes et quelque 2 500 pages regroupant des écrits de Maurras sur les sujets les plus divers (1932). Il fut complété dans les années 1960 par Pierre Pélissier, sous forme de 25 fascicules totalisant environ 2 000 pages.

2. Cité par Stéphane Giocanti, *Maurras. Le chaos et l'ordre*, Paris, Flammarion, 2006, p. 364.

3. Stéphane Giocanti, *op. cit.*, p. 400.

constituent la raison, le sens moral et l'aptitude à la liberté, mais il s'en faut de beaucoup qu'ils soient égaux pour le reste. C'est d'ailleurs chose heureuse, car s'ils l'étaient, ils n'auraient pas besoin les uns des autres et la sociabilité qui fait le prix de l'existence n'aurait pas lieu d'être.

À la prétendue opposition de la nature et de la société, Maurras objecte que la société est la nature de l'homme. En conséquence, une société se porte d'autant mieux que sa législation respecte les données anthropologiques fondamentales, à commencer par l'hérédité. Chez Maurras, ce mot désigne moins la transmission des gènes que celle d'un patrimoine matériel (maison, terre, entreprise) et immatériel (langue, mœurs, principes, valeurs, goûts, mémoire). L'homme est par nature un héritier, et tel qui naît dans la famille la plus déshéritée hérite encore de cette immense richesse qu'est le langage.

Les dons gratuits de la nature à l'humanité, ceux de la famille au nouveau-né attestent que « l'Être brut ne peut pas ne pas renfermer une essence formelle et certaine de Bien ». L'ontologie est donc première : le droit naturel en découle et c'est sur lui que doit se régler la politique. Maurras s'inscrit ici dans le réalisme aristotélico-thomiste tel que l'a redécouvert sa génération[1]. Inversement, les diverses variétés d'idéalisme ne partent pas du réel, mais de revendications subjectives qui portent leurs sectateurs à une insatisfaction permanente et à une « calomnie générale de l'Être ». Ainsi l'individualisme refuse-t-il les dépendances qui lient l'homme à l'homme. Sous sa forme libérale, il excipe de la liberté pour récuser les devoirs des élites envers le peuple ; sous sa forme socialiste, il invoque l'égalité pour contester toute hiérarchie. Le grand art politique renvoie dos à dos ces deux erreurs, car il consiste à faire jouer les inégalités naturelles au bénéfice du bien commun *via* la plus grande réciprocité de services possible.

Cette centralité de la question sociale dans « La Politique naturelle » tient notamment à son contexte de rédaction, c'est-à-dire au Front populaire. Contre ce dernier, Maurras estime que la lutte des classes est une impasse de laquelle tout le monde sort perdant. Il en appelle donc à une entente des classes prenant la forme du corporatisme ; mais seul un pouvoir affranchi de toute pression, c'est-à-dire une monarchie héréditaire, serait selon lui assez fort pour restaurer un tel système et l'arbitrer avec impartialité. Dans la première édition de l'ouvrage, cet éloge du corporatisme débouchait sur trois pages à la gloire du fascisme : Maurras était alors un fervent admirateur de Mussolini, même si, comme on le verra, il se séparait de lui sur un point central. La suite des événements acheva de le déciller sur la vraie nature du fascisme, d'où la suppression des pages en question dans ses *Œuvres capitales* (nous les avons reproduites en annexe à titre documentaire).

---

1. Le pape Léon XIII avait en effet encouragé les catholiques à étudier les œuvres de saint Thomas d'Aquin dans l'encyclique *Aeterni patris* (1879).

En revanche, Maurras ne revint pas sur les passages antisémites de *Mes idées politiques*, le cours des choses l'ayant ancré dans la conviction que les Juifs étaient par essence des agents de la Révolution : il en voulait pour preuve leur forte présence dans les rangs des bolcheviks (Lénine, Trotski, Kamenev, Zinoviev, Litvinov, etc.) comme dans ceux du Front populaire (Léon Blum, Jean Zay, Pierre Mendès France notamment), sans vouloir s'aviser toutefois des profondes divergences idéologiques entre les uns et les autres.

Outre « La Politique naturelle », l'ouvrage compte sept parties dont nous nous contenterons ici de signaler les passages les plus intéressants. La première, « L'homme », s'oppose tant à l'optimisme des Lumières qu'au pessimisme de Hobbes, car s'il est vrai que l'homme est un loup pour l'homme, il lui est aussi « un dieu ». Maurras, qui vilipende souvent les philosophes allemands, n'en est pas si éloigné sur ce chapitre : en décrivant l'homme comme « naturellement philanthrope, naturellement misanthrope », il retrouve « l'insociable sociabilité » dont parlait Kant[1] ; en rappelant que l'ennemi vaincu s'est souvent transformé en serviteur et le serviteur en ami, il donne sa propre version de la dialectique hégélienne du maître et de l'esclave[2].

La deuxième partie, « Principes », rattache la politique à une ontologie de la finitude : « Dès que l'Être est, il a sa forme, il a son ordre, et c'est cela même dont il est borné qui le constitue » – Maurras est clairement du côté de nos limites, pas du *No Limit*. Par ailleurs, il élucide la radicalité de son engagement nationaliste en notant que, quand la cité terrestre s'effondre, « le croyant garde le refuge de la Cité divine » là où l'agnostique perd « tout ce que son rêve disputait à la mort ». Il souligne enfin que « la vraie tradition est *critique* », autrement dit n'admet l'héritage du passé que sous bénéfice d'inventaire : il s'agit de pérenniser ce qui fait vivre, non ce qui fait mourir.

La troisième partie, consacrée à « La civilisation », présente une fâcheuse tendance à enfermer ce concept dans les bornes de l'héritage gréco-latin, mais on y trouve aussi des méditations intéressantes sur le progrès : « Le train du monde n'est pas une courbe régulière ascendante, ni d'ailleurs descendante, c'est une ligne brisée, avec des hauts, avec des bas. » Rejetant le progressisme comme le déclinisme, ces deux formes de fatalisme, Maurras entend remettre ses lecteurs devant leurs responsabilités historiques.

« La science politique » est l'objet de la quatrième partie. On y trouve notamment une réflexion nuancée sur les rapports de la politique et de la biologie : les deux disciplines sont irréductibles l'une à l'autre, de sorte que

1. Kant, *Idée d'une histoire universelle au point de vue cosmopolitique*, 1784.
2. Hegel, *Phénoménologie de l'esprit*, 1807.

« la société n'est pas un grand animal dont les individus ne seraient que les cellules subordonnées ». Mais si Maurras rejette l'application dogmatique de la biologie aux affaires humaines, il admet un usage heuristique de cette science et en tire des analogies éclairantes : ainsi l'évolution des espèces implique-t-elle toujours une diversification des organes, ce qu'on observe aussi dans tout processus de structuration politique. Le progrès n'est donc synonyme d'égalité ni en biologie, ni en politique. Maurras note par ailleurs que l'étude comparée des différents peuples permet d'établir les lois statiques de toute société, mais non d'éventuelles lois dynamiques permettant de prédire leur évolution à long terme, point sur lequel il se démarque nettement du scientisme positiviste ou marxiste. Encore les lois statiques connaissent-elles de nombreuses variantes, car « toutes les situations de l'histoire et de la géographie sont originales » : Maurras n'a pas oublié sur ce point les leçons de Montesquieu. C'est également à Montesquieu qu'il emprunte sa définition de la loi comme « un rapport découlant de la nature des choses », donc renvoyant à une ontologie et à une anthropologie, non à cette « volonté générale » dont parle la Déclaration des droits de l'homme. Tels sont les principaux outils conceptuels dont l'empirisme organisateur doit se servir pour tirer parti de l'expérience historique.

Cette quatrième partie montre aussi l'abîme philosophique séparant Maurras de Mussolini : « Pour le fasciste », affirmait le dictateur italien, « tout est dans l'État et rien d'humain ni de spirituel n'existe et n'a de valeur en dehors de l'État[1] ». En bon fédéraliste, Maurras professe au contraire que « la société, tant spirituelle que temporelle, est antérieure, tant logiquement qu'historiquement, à l'État », lequel ne saurait légitimement être que « le fonctionnaire de la Société ». Certes, l'État doit être souverain dans son ordre propre, ce qui pousse Maurras à rejeter le principe de « souveraineté nationale », car la nation n'a pas les lumières que requiert la politique étrangère et militaire ; mais pour le reste, il faut la laisser s'autogérer aussi largement que possible. Quant à la famille, elle constitue le « premier noyau social » et la « ligne de repli et de défense » de tous les « droits primordiaux, qu'ils soient religieux, domestiques ou scolaires »... raison pour laquelle les pouvoirs totalitaires ont toujours cherché à l'infiltrer voire à la détruire.

Consacrée à « La Démocratie », la cinquième partie instruit évidemment de ce régime une critique en règle : Maurras lui reproche notamment d'être la vitrine légale des « quatre États confédérés » juif, protestant, franc-maçon et métèque dont il soutient qu'ils contrôlent la France. Formulée dès l'affaire Dreyfus, cette interprétation parut plausible à nombre de contemporains. Que la franc-maçonnerie fût une assise du régime n'était un secret pour personne, puisqu'elle-même s'en faisait gloire : 60 % des ministres civils

1. Mussolini, cité par François Châtelet et Évelyne Pisier-Kouchner, *Les Conceptions politiques du XXe siècle*, Paris, PUF, 1983, p. 776.

de la période 1902-1906 étaient affiliés à une loge[1]. Les protestants, de leur côté, étaient dans leur grande majorité favorables à la république, à laquelle ils fournirent trois présidents du Conseil et de nombreux ministres dans la période 1871-1914 alors qu'ils représentaient seulement 1,6 % de la population française ; ils avaient en effet gardé un mauvais souvenir de l'Ancien Régime et considéraient la Réforme comme une préfiguration de la Révolution[2]. Beaucoup d'entre eux adhéraient à la franc-maçonnerie, d'ailleurs née en terre protestante[3]. Même tropisme républicain dans le judaïsme libéral, d'où sa proximité avec le monde protestant[4], sa présence dans les loges[5] et l'accession d'un certain nombre de ses représentants à la haute fonction publique[6]. Enfin, on pouvait présumer que les nombreux immigrants n'étaient pas hostiles au régime qui leur ouvrait les portes de la France. Maurras n'a pas inventé ces faits, mais sa thèse des « quatre États confédérés » les extrapolait en transformant des corrélations en causalités ou des causes secondes en causes premières. En outre, elle érigeait en substructure permanente de la république une configuration politique surtout liée à l'affaire Dreyfus.

La sixième partie porte sur « Les questions sociales ». S'il admet en la matière les interventions arbitrales de la puissance publique, Maurras condamne fermement l'idée d'État-Providence, à ses yeux liberticide. Il souligne en particulier que la mobilité sociale a toujours existé dans l'histoire de France et constitue un mouvement naturel : il est donc inutile d'en faire une priorité politique. À cet égard, la « pompe aspirante » mise en place par la IIIe République s'avère même dangereuse, car elle prive de bras la terre et l'atelier pour grossir au-delà du raisonnable les rangs des employés et des instituteurs. On relève enfin une analyse très fine et très dure de l'égoïsme bourgeois.

La dernière partie, intitulée « Retour aux choses vivantes », présente la nation comme « le plus vaste des cercles communautaires qui soient, au temporel, solides et complets » : cette expression réserve les prérogatives spirituelles de l'Église catholique, que Maurras nomme ailleurs « la seule

1. Jean Estèbe, « Un personnel politique renouvelé », dans Michel Drouin (dir.), *L'Affaire Dreyfus de A à Z*, *op. cit.*, p. 443.

2. André Encrevé, « La vie religieuse », dans Dominique Barjot, Jean-Pierre Chaline et André Encrevé, *La France au* XIX*e siècle*, Paris, PUF, 2014, p. 288-291.

3. Roger Dachez et Philippe Guglielmi (éd.), *Protestantisme et franc-maçonnerie : de la tolérance religieuse à la religion de la tolérance ?*, Paris, Éditions maçonniques de France, 2000.

4. Patrick Cabanel, *Juifs et protestants en France, les affinités électives (*XVI*e-*XXI*e siècle)*, Paris, Fayard, 2004.

5. Jean-Philippe Schreiber, « Les élites politiques juives et la franc-maçonnerie dans la France du XIXe siècle », *Archives juives* 2010/2, vol. 43.

6. Pierre Birnbaum, *Les Fous de la République. Histoire politique des Juifs d'État de Gambetta à Vichy*, Paris, Fayard, 1992.

Internationale qui tienne[1] ». Reste que sans la protection de sa nation, l'individu perd « toute sa défense, tous ses appuis, tous ses concours ». Maurras précise ensuite que la nation française n'est pas « un phénomène de race », sous-entendant par là qu'elle procède historiquement d'une fédération de peuples distincts ; elle n'est pas davantage une prison fermée à toute influence extérieure, elle qui a toujours su s'enrichir du meilleur de l'humanité. Mais si l'extrême diversité de la France fait sa richesse, elle l'expose aussi au risque de division. Ce pays ne peut donc être conservé que par le pouvoir fort qui l'a fondé, à savoir la monarchie héréditaire.

* * *

« Italiens et Français » est un chapitre des *Vergers sur la mer* (1937) contemporain de *Mes idées politiques* et permettant de préciser le rapport de Maurras au fascisme. Ce rapport s'enracine d'abord dans la fascination du Provençal pour la civilisation italienne : à ses yeux, l'Italie et la France sont le « double pôle du monde classique ». Leur alliance pourrait donner une impulsion décisive à cette union latine étendue de l'Europe à l'Amérique du Sud que Frédéric Mistral et ses disciples appelaient de leurs vœux. « Il n'y a pas de race latine », rappelle Maurras, « mais il y a un esprit latin. Il y a une culture latine. Il y a une civilisation latine ». D'où son souhait de voir le système éducatif français promouvoir l'apprentissage de l'italien et de l'espagnol plutôt que celui de l'anglais et de l'allemand. D'où aussi sa rancœur contre la gauche française qui, par idéologie, rejette tout contact avec l'Italie fasciste, dont il rappelle dans d'autres écrits qu'elle a initialement constitué un môle de résistance à l'hitlérisme en faisant échouer la première tentative d'Anschluss (1934). Pour autant, Maurras note que « le fascisme italien abuse gravement des interventions de l'État, jusque dans son corporatisme », et condamne sa tentation permanente d'« étatiser le spirituel ».

* * *

Antigone (1944) traite précisément des empiètements du pouvoir temporel sur le spirituel. Les anarchistes de tout poil, fussent-ils apparemment hommes d'ordre, saluent l'héroïne thébaine comme leur inspiratrice : par sa rébellion contre le tyran Créon, n'incarne-t-elle pas les droits de l'individu contre l'État, la protestation de la conscience contre la Société ? « Contresens complet », leur répond Maurras, car « Antigone est une légitimiste héroïque et farouche » ! En donnant une sépulture décente au corps

1. Maurras, *Le Pape, la guerre et la paix*, Paris, Nouvelle librairie nationale, 1917, chap. I.

de son frère Polynice, que Créon voulait abandonner aux chiens pour le punir de s'être dressé contre sa patrie, elle obéit en effet aux « dieux de la Religion » comme aux « lois fondamentales de la Cité ». Si, ce faisant, elle semble s'opposer à l'État, c'est pour le refonder sur les justes bases qui seules peuvent assurer sa pérennité.

« L'anarchiste, c'est Créon », poursuit Maurras, car « le vertige du pouvoir » lui a fait croire que ses lois positives peuvent supplanter le droit naturel. Il ne l'eût pas outrepassé en maudissant la mémoire de Polynice, rebelle et traître à Thèbes : c'eût été exercer un pouvoir arbitral que Maurras ne lui conteste pas. Mais refuser la sépulture à un mort relève d'un pouvoir arbitraire. « Ce possédé s'insurge contre la justice, qui est l'un des principes et l'une des fins de son autorité » ; il agit donc « contre son propre pouvoir, contre la mesure de la raison ou le bien de l'État ».

Ce très beau texte, dont Maurras donna un équivalent versifié deux ans plus tard, est une manière de plaidoyer *pro domo*. En effet, ayant passé son existence à lutter contre la république, le vieux penseur royaliste pouvait en un certain sens faire figure d'anarchiste (il était d'ailleurs en prison lorsqu'il écrivit *Antigone*). Il lui fallait donc rappeler que l'ordre établi n'est pas toujours légitime et que l'insurrection l'est parfois. Ce point aurait pu l'inciter à reconsidérer la question du prophétisme juif : sa propre trajectoire d'imprécateur passionné, dénonçant continuellement la trahison des élites et annonçant à tout propos que les pires catastrophes allaient s'abattre sur un peuple oublieux de ses traditions, ne l'apparentait-elle pas aux prophètes de l'Ancien Testament ?

Qu'il ait aperçu cette analogie n'est pas à exclure. Dans *L'Action française* du 6 mars 1943, il avait longuement salué une étude d'André Schlemmer montrant que la notion biblique de justice n'avait pas grand-chose à voir avec ses contrefaçons modernes : elle ne recouvrait pas un ensemble de droits subjectifs indéfiniment extensibles, mais l'observation des devoirs énoncés par le Décalogue, qui formulent les conditions objectives d'une vie bonne. Ainsi, concluait Maurras, « ceux qui supposent l'Écriture révolutionnaire se trompent ». En d'autres termes, lui-même, sur ce point, s'était trompé dès le début

Hélas, il ne confessa pas explicitement cette erreur. Peut-être pensait-il, au nom de subtilités dialectiques inaccessibles au commun des mortels, ne l'avoir jamais commise. Peut-être n'avait-il plus le courage d'entamer une révision générale de sa pensée, étant alors âgé de soixante-seize ans. Peut-être aussi n'était-il qu'à moitié convaincu par le propos de Schlemmer, tant l'avait marqué la captation d'héritage biblique accomplie par Darmesteter, Bernard Lazare et d'autres intellectuels juifs ou protestants d'obédience libérale ou révolutionnaire. Sans doute, enfin, craignait-il, en modifiant son regard sur la Bible, d'avoir à faire tôt ou tard le saut de la foi. Toujours est-il qu'il se voyait mieux en Antigone – ou en Socrate, pour reprendre un parallèle cher à Pierre Boutang[1] – qu'en prophète hébreu...

* * *

Suit une sélection d'articles publiés par Maurras dans *L'Action française* quotidienne, de sa fondation en 1908 à sa disparition en 1944. Ils sont présentés dans l'ordre chronologique, mais peuvent être regroupés en cinq ensembles thématiques. Le premier concerne la Grande Guerre. Maurras y vit la faillite des illusions pacifistes chères à Jaurès, mais aussi une période durant laquelle le salut de la Patrie devait primer toute considération de parti ; il suspendit donc sa critique du régime républicain pour la durée des hostilités. Il se réjouit bien sûr de la victoire, mais vit d'emblée combien ses acquis étaient fragiles : au Reich wilhelmien risquait en effet de succéder une « République impériale » revancharde et gardant les moyens de réarmer (tel devait hélas être le cas). Maurras, dont nombre de jeunes disciples étaient tombés au feu, mesurait aussi l'épuisement de la France, d'où sa condamnation de la « théologie inhumaine » en vigueur depuis la Révolution et selon laquelle les Français doivent en toute circonstance s'immoler sur l'autel de l'idéologie républicaine[2] : « Nous ne pouvons permettre de carnages nouveaux », concluait-il.

Le deuxième bloc concerne l'histoire de l'Action française. On en retiendra d'abord l'article de 1925 dans lequel Maurras accusait les autorités républicaines de couvrir les anarchistes et les communistes qui avaient tué une dizaine de militants nationalistes depuis 1923. Schrameck, ministre de l'Intérieur, excitait particulièrement sa colère : « Vous êtes le Juif. Vous êtes l'Étranger. C'est sans haine comme sans crainte que je donnerai l'ordre de verser votre sang de chien s'il vous arrive d'abuser de la force publique. » Mais tout en poussant l'outrance verbale à ses dernières extrémités, Maurras modérait la violence physique de ses Camelots du Roi, qui n'alla jamais jusqu'au meurtre. Ce hiatus entre un discours radical et une pratique mesurée par rapport à celle de l'extrême gauche fut mal vécu par certains de ses disciples, dont Georges Valois, qui rompit avec l'Action française pour fonder le premier mouvement fasciste français[3].

---

1. Pierre Boutang, « Autour du Vieux de la Mer », dans *Les Abeilles de Delphes*, Paris, Éditions des Syrtes, 1999 [1952], et *Maurras, la destinée et l'œuvre*, Paris, Plon, 1984.

2. Cette pulsion sacrificielle apparaît notamment dans *La Marseillaise* (les jeunes gens y aspirent moins à « survivre » à leurs aînés qu'à « partager leur cercueil ») et dans le *Chant des Girondins* (« Mourir pour la patrie, c'est le sort le plus beau, le plus digne d'envie »).

3. Valois évolua ensuite vers la gauche, prit part à la Résistance alors qu'il avait plus de soixante ans et mourut en déportation à Bergen-Belsen.

Le scénario se reproduisit après l'émeute du 6 février 1934, au cours de laquelle de très violents heurts éclatèrent entre la police et des milliers de Parisiens venus protester contre les complicités parlementaires dont avait bénéficié l'escroc Stavisky ; quatorze manifestants furent tués, dont quatre Camelots du Roi. Dans l'article qu'il écrivit cette nuit-là, Maurras notait que la « République des voleurs » était aussi celle des « assassins », mais là encore, sa réaction resta verbale, d'où de nouvelles défections dans les rangs de son mouvement – celle de Rebatet notamment, qui railla par la suite « l'Inaction française ».

La condamnation de l'Action française par le pape Pie XI, quant à elle, est abordée dans un article de 1927. Elle couvait depuis longtemps pour les raisons que nous avons exposées plus haut et fut sans doute aggravée par les maladresses des maurrassiens vis-à-vis de Rome, mais n'en surprit pas moins le principal intéressé : ayant censuré de lui-même ses écrits de jeunesse les plus antichrétiens, il se croyait en effet hors de cause. Tout en restant déférent envers le souverain pontife, il vit dans la sanction qui le frappait le résultat d'une intrigue proallemande auprès du Vatican. De fait, la papauté soutenait le rapprochement franco-allemand alors que l'Action française restait farouchement germanophobe ; mais ce facteur ne fut pas seul en cause. Aujourd'hui encore, il est difficile de comprendre tous les tenants et aboutissants de la décision romaine[1]. Pour ne prendre qu'un exemple, on ne voit pas à quel titre un livre comme *Les Amants de Venise* pouvait être condamné. Il n'est donc pas exclu qu'aux griefs très fondés de Rome contre Maurras se soient mêlées des considérations résultant d'une mauvaise information, voire d'une désinformation dont la papauté aurait été victime.

Trois articles traitent de géopolitique. En 1908 tout d'abord, Maurras analysait finement le peu d'intérêt des Français pour la mer : « Comme une surface quelconque est nécessairement exprimée par un nombre supérieur au chiffre qui représente son périmètre, ainsi tout territoire un peu considérable doit compter pour une faible minorité les habitants de ses littoraux. » Les institutions démocratiques aggravent cette marginalité, car « si l'on compte les têtes, au lieu de peser les avis, les intérêts maritimes sont trahis nécessairement ».

En 1924, de surcroît, Maurras soulignait la différence entre les puissances dont « le bien public est homogène » (ainsi Rome, fondamentalement continentale, ou Venise et l'Angleterre, fondamentalement maritimes) et celles,

1. Pour approfondir, voir Jacques Prévotat, *Les Catholiques et l'Action française. Histoire d'une condamnation, 1899-1939*, Paris, Fayard, 2001, et Émile Poulat, « Le Saint-Siège et l'Action française », dans Axel Tisserand (dir.), *Charles Maurras, soixante ans après*, Paris, Pierre Téqui, 2013.

comme Athènes, qui sont tiraillées entre le lest continental et l'appel du large. Cette position inconfortable est aussi celle de la France, d'où sa propension aux querelles intestines. Seule une monarchie peut conjurer cette tentation en déterminant les priorités géopolitiques.

Si l'on donne un sens extensif au mot « géopolitique », on peut rattacher au même ensemble de textes un article de 1926 commentant l'inauguration de la mosquée de Paris. Tout en saluant le concours des « nobles races » nord-africaines à la défense de la France pendant la Grande Guerre, Maurras considérait l'implantation d'un tel édifice dans la capitale comme « une menace pour notre avenir » et « un obscur aveu de faiblesse » face au « réveil de l'islam ». Ces remarques n'étaient assorties d'aucun commentaire sur la religion musulmane, mais il n'est pas difficile de deviner ce que pensait Maurras de son monothéisme rigoriste et de son absence de clergé[1]. Il lui arriva d'ailleurs d'employer le mot « islam » comme synonyme de « fanatisme » – ainsi dans un article de 1933 fustigeant l'« islam hitlérien[2] ». En termes contemporains, nous dirions que Maurras ne retenait de l'islam que la possibilité de l'islamisme.

Le quatrième ensemble d'articles concerne le national-socialisme, dont Maurras fut l'un des premiers penseurs français à signaler la dangerosité et à récuser l'idéologie, mais en des termes parfois surprenants pour le lecteur d'aujourd'hui. Dès 1924, soit neuf ans avant l'arrivée au pouvoir d'Hitler, il condamna la « philosophie abracadabrante de la Race et du Sang » dont se réclamaient les nationalistes allemands, à cet égard très proches des Juifs, estimait-il, puisque les uns et les autres se pensent comme un Peuple élu. On songe ici à la thèse d'Alain Besançon selon laquelle le nazisme serait une « imitation perverse » du judaïsme[3], mais cette thèse n'emporte pas condamnation des Juifs, contrairement à celle de Maurras. Ce dernier revint en 1938 sur le racisme hitlérien, auquel il objectait que « les conflits des races humaines ne sont pas le nerf ni la clef de l'histoire » ; il critiquait également le « débordement d'un État centralisé et centralisateur » qui prétendait contrôler tout le champ social. Il concluait que l'orgueil nazi aurait pour châtiment « le feu du Ciel » : les bombardements alliés de la Seconde Guerre mondiale vérifièrent cette prophétie.

Maurras combattit par ailleurs le pacifisme de la classe politique française, qui constituait à ses yeux la carte maîtresse d'Hitler. Il mit également en garde les conservateurs français contre les sirènes berlinoises : « Hitler

1. Du moins dans l'islam sunnite, très largement majoritaire.
2. Article repris dans le présent ouvrage.
3. Alain Besançon, *Trois tentations dans l'Église*, Paris, Calmann-Lévy, 1996, p. 54-55. Alain Besançon montre de même que le communisme fut une « imitation perverse » du christianisme (p. 53-54).

peut correspondre à nos idées d'ordre, d'autorité, d'antisémitisme », leur concédait-il en 1934, mais ce ne pouvait être une excuse pour « désarmer devant lui ». En effet, laisser l'Allemagne annexer l'Autriche et le corridor de Dantzig déboucherait immanquablement sur une nouvelle annexion de l'Alsace-Lorraine. En mars 1936, l'absence de réaction française à la remilitarisation de la Rhénanie confirma les craintes de Maurras : « La République a assassiné la paix », écrivit-il alors, concluant qu'il fallait renverser ce régime pour mettre la France en état de défense.

L'article du 1er octobre 1938 traduit un changement de cap, puisque Maurras y approuvait les accords de Munich. Il estimait en effet que l'impréparation des armées alliées ne laissait pas d'autre solution, en quoi il ne faisait que suivre l'opinion dominante en France et en Grande-Bretagne. Sur le fond toutefois, il continuait d'appeler au réarmement de la France. En juillet 1939, il prenait acte de ses premiers résultats, mais notait qu'il avait été entrepris « avec un retard scandaleux » : aussi préconisait-il de prolonger la paix autant que possible et dénonçait-il les « boutefeux de la Juiverie », qui selon lui poussaient à une guerre dont la France n'avait pas encore les moyens.

Viennent enfin des articles écrits pendant la Seconde Guerre mondiale. Ils sont accablants pour Maurras. Passe encore qu'il se soit rallié au maréchal Pétain dans l'été 1940 : ce fut le cas d'une grande majorité des Français, y compris la plupart des parlementaires radicaux ou socialistes, trop heureux de trouver un syndic de faillite. De là à lui accorder un chèque en blanc, il y avait un abîme que Maurras franchit sans états d'âme. Un patriote ne devait ni approuver ni désapprouver la collaboration avec l'Allemagne, écrivit-il en novembre 1940, mais faire aveuglément confiance à l'État français, qui saurait bien poursuivre cette politique si elle était payante ou s'y soustraire si elle ne l'était pas. C'était s'illusionner lourdement sur la marge de manœuvre de Vichy vis-à-vis des Allemands, auxquels l'armistice avait donné d'énormes moyens de pression politique, économique et militaire.

L'antigermanisme de Maurras ne désarma pourtant pas, d'où l'exécration que lui vouèrent les collaborationnistes parisiens et qu'il leur rendit bien ; en témoigne un article de septembre 1942 contre Rebatet. Mais s'il avait condamné en juillet 1941 la tentation éprouvée par certains Français de s'engager dans la Wehrmacht pour combattre les Soviétiques, Maurras leur avait conseillé de rejoindre les troupes de Vichy qui affrontaient alors en Syrie les Forces françaises libres et les Britanniques. À ses yeux en effet, les ambitions de Londres n'étaient pas moins dangereuses pour la France que celles de Berlin ; on pouvait difficilement faire pire en matière de fausse symétrie.

Les foudres de Maurras s'abattaient en outre sur ceux en lesquels il voyait les premiers responsables de la défaite, c'est-à-dire les dirigeants de la IIIe République (éreintés dans un article de mars 1943) et plus encore les Juifs, dont il restait persuadé qu'ils avaient été l'armature du défunt régime. Dès octobre 1940, il salua la loi qui les excluait des postes à responsabilité tout en admettant des exceptions pour ceux d'entre eux qui avaient bien mérité de la patrie : il y retrouvait l'écho de sa propre pensée, selon laquelle la France devait se défendre contre « le Juif » en tant qu'« agent révolutionnaire » (Bernard Lazare *dixit*) tout en reconnaissant l'assimilation des Juifs patriotes. Cette distinction entre « l'antisémitisme d'État » à la française et « l'antisémitisme de peau » à la Hitler faisait bon marché du fait que l'Allemagne, occupant désormais une grande partie de la France, ne manquerait pas d'utiliser l'antisémitisme vichyste pour appliquer son propre agenda antisémite.

La durée de la guerre ne fit qu'aggraver le ressentiment de Maurras envers les Juifs. En juillet 1941 déjà, il présentait les persécutions dont ils étaient victimes comme un châtiment bien mérité. Mais l'article le plus terrible de notre sélection date de février 1944 : accusant la « pieuvre juive » de contrôler les « terroristes », c'est-à-dire la Résistance, l'impitoyable polémiste en appelait à une « contre-terreur » dirigée contre les « hordes juives ». Il s'en prenait particulièrement à Roger Worms, auquel il reprochait d'avoir soutenu le Front populaire et favorisé l'immigration juive en France ; or, quelques jours plus tard, le père de ce dernier fut assassiné par des miliciens vichystes. L'article de Maurras ne semble pas avoir été la cause de cet assassinat[1], mais il donne la mesure de son égarement.

* * *

Paru en 1953, donc après la mort de Maurras, *Votre bel aujourd'hui* en est le testament politique. De cette lettre-fleuve à Vincent Auriol, président de la IVe République, nous avons d'abord retenu les pages que Maurras consacre au « premier Bien public de la France », c'est-à-dire la non-invasion. Elle implique le primat de la politique étrangère et de la Défense sur toute autre considération : tel fut le cas de 1636 à 1792, soit cent cinquante-six ans pendant lesquels la France resta pratiquement inviolée. Une si longue période de sécurité ne s'était pas vue depuis l'Empire romain. Qu'elle ait correspondu à la monarchie absolue des Bourbons n'est évidemment pas un hasard aux yeux de Maurras.

A contrario, la Révolution ouvrit une ère d'invasions dont Maurras égrène la triste litanie : 1792, 1793, 1814, 1815, 1870, 1914, 1940, sans oublier 1944, car les combats de la Libération ont durement éprouvé la France. La seule période de rémission durable courut de la Restauration à la monarchie de Juillet. La vieille tendresse de Maurras pour cette dernière se lit à l'éloge

1. Voir les extraits du procès de Maurras reproduits dans le présent volume.

appuyé qu'il fait de Louis-Philippe : le « Napoléon de la paix » sut résister au parti de la guerre – celui des libéraux, des républicains et des bonapartistes –, mais n'en renforça pas moins l'armée et la marine. À l'inverse, le Second Empire et la IIIe République désarmèrent la France tout en menant une politique extérieure imprudente, contradiction qui amena les catastrophes de 1870 et de 1940.

On peut certes reprocher à ces analyses leur tour trop systématique : en ramenant tout au facteur institutionnel, Maurras occulte les dynamiques démographiques, économiques et géopolitiques ayant amené un recul relatif de la puissance française aux XIXe et XXe siècles. Mais il ne faudrait pas tomber dans l'extrême inverse et exonérer la Révolution, les deux Empires et la IIIe République de leurs très lourdes responsabilités dans les désastres de Trafalgar, Waterloo, Sedan 1870 et Sedan 1940.

Votre bel aujourd'hui permet par ailleurs à Maurras de revenir sur les déchirements franco-français de la Seconde Guerre mondiale. Pour lui, ce n'est pas le général de Gaulle qui fut le « résistant en chef », mais bien le maréchal Pétain. Sa politique visait en effet à protéger les Français d'une occupation trop rigoureuse et à réarmer clandestinement la France en attendant des conditions favorables pour secouer le joug allemand. Malheureusement, elle fut sabotée par la « poignée de traîtres » proallemands de Paris et les Français de Londres, instrumentalisés par Churchill. Les premiers ayant été justement condamnés à la Libération, c'est au chef des seconds que s'attaque surtout Maurras.

« M. de Gaulle est d'origine réactionnaire », rappelle-t-il : ayant « connu de très près les doctrines du nationalisme français », il est d'autant moins excusable de s'être laissé manœuvrer par les Britanniques. En le soutenant, ces derniers voulaient d'une part se procurer des combattants à bon compte, d'autre part mettre la main sur les protectorats français du Levant, ce qui fut chose faite au lendemain de la guerre. L'agent de cette manipulation fut le général Spears, dans l'avion duquel de Gaulle gagna Londres en 1940. Maurras ne manque pas, bien sûr, de présenter ce personnage comme un « Juif très fin et très intrigant » ; ainsi, ce n'est pas seulement d'une intrigue anglaise que de Gaulle fut la dupe, mais bien d'une intrigue « anglo-juive ».

Reste à élucider les motivations du chef de la France Libre. Maurras reconnaît sa valeur militaire comme son patriotisme, mais lui reproche son manque absolu de sens politique et son ambition démesurée. Il dénonce aussi « l'imagination verbeuse » du Général, son idéalisme vouant la France au « suicide christologique », bref le « désordre romantique » de son esprit, dont il suggère toutefois qu'il fut, au moins partiellement, un artifice que de Gaulle utilisa pour rallier autour de lui « tout le personnel de nos anciens naufrageurs, juifs, maçons, communistes ».

Après un tel réquisitoire, on s'attendrait à ce que Maurras réclame pour l'accusé les châtiments auxquels sa plume nous a habitués. Il n'en est rien ! Touché par l'adulation que « des milliers de patriotes » vouent au Général, le vieux penseur monarchiste juge qu'elle rachète son indignité personnelle. Il se pourrait d'ailleurs que la France ait encore besoin de ses « talents militaires », conclut-il...

Si les partis pris de Maurras sautent aux yeux, sa version des faits présente l'intérêt de faire entrevoir l'extrême complexité des années noires. Contrairement à ce qu'a longtemps soutenu une historiographie manichéenne, l'entourage de Pétain était souvent hostile à l'Allemagne[1]. Quant à la France Libre et à la Grande-Bretagne, leurs relations ont été tendues : même si des travaux récents démentent les allégations de Maurras sur le jeu des Anglais au Levant[2] ou le complot anglo-juif ourdi par Spears[3], il est clair que Churchill privilégia les intérêts britanniques – pour ne rien dire des Américains qui, par l'entremise de Jean Monnet, entendaient bien vassaliser la France[4]. Ce que ne voit pas Maurras en revanche, c'est que de Gaulle, dans la mesure des moyens dont il disposait, instrumentalisa les Alliés autant qu'ils cherchèrent à l'instrumentaliser. À cet égard, la restauration de la souveraineté française fut un chef-d'œuvre invalidant complètement le reproche maurrassien d'incompétence politique.

Dans *Votre bel aujourd'hui*, Maurras examine aussi ce qu'il appelle les « trois grands problèmes » de l'après-guerre. Celui, tout d'abord, de la construction européenne : « L'Europe dont on parle n'existe pas. Ou plus. Ou pas encore. Ou pas du tout. Il lui manque cette unité qui tire l'être du néant. Vous voulez la lui donner ? Faites ! Ne faites pas comme si c'était fait. » Il y a là comme une préfiguration de la célèbre tirade gaullienne du 14 décembre 1965 : « Bien entendu, on peut sauter sur sa chaise comme un cabri en disant "L'Europe ! L'Europe ! L'Europe !" ; mais ça n'aboutit à rien et ça ne signifie rien. » Maurras souligne par ailleurs que les appels à l'unité européenne camouflent des calculs nationaux : ceux de l'Allemagne nazie en 1940-1944, ceux de la Grande-Bretagne depuis, car si elle encourage la création d'une fédération européenne, elle se montre

1. Voir Bénédicte Vergez-Chaignon, *Les Vichysto-résistants*, Paris, Perrin, 2008.

2. François Kersaudy, *De Gaulle et Churchill*, Paris, Perrin, 2003.

3. Les arrière-grands-parents paternels de Spears étaient juifs, mais il récusait cette ascendance (voir Max Egremont, *Under Two Flags : The Life of Major-General Sir Edward Spears*, Londres, Weidenfeld & Nicolson, 1997) et fut l'un des principaux opposants britanniques au sionisme (Rory Miller, *Divided Against Zion. Anti-Zionist Opposition in Britain*, Londres-New York, Routledge, 2015).

4. Éric Branca, *L'Ami américain. Washington contre de Gaulle, 1940-1969*, Paris, Perrin, 2017.

bien décidée à ne « rien abdiquer de sa souveraineté ni du nationalisme qui en est le substrat ». Le « Brexit » n'aurait guère surpris Maurras.

Le deuxième problème est celui d'une possible union franco-allemande. Maurras y voit une ruse de l'Allemagne pour réaliser pacifiquement le programme expansionniste qu'elle n'a pu imposer par les armes : s'appuyant sur les différences de densité entre les deux pays, il estime à 15 millions le nombre d'Allemands qui déferleraient alors sur la France. Ce raisonnement est un bel exemple de l'impasse dans laquelle peut conduire la prétention positiviste à réduire l'art politique en science exacte. Maurras est mieux inspiré lorsqu'il redoute une domination informelle transformant l'Europe en un « nouveau Saint Empire romain germanique » dont la France ne serait qu'un « satellite » : de fait, cette perspective n'a cessé de hanter les dirigeants de la Ve République.

Le troisième problème est celui de la bombe atomique, à propos de laquelle Maurras reproduit un texte qu'il dit avoir écrit au lendemain d'Hiroshima. Si les nations gardent le monopole de l'arme nouvelle, écrit-il, le danger qu'elle représente pourra être encadré : en effet, ces « familles de familles » se soucient avant tout de vivre et sauront donc éviter l'escalade nucléaire. Il faut en revanche éviter qu'une telle arme ne tombe aux mains d'une « secte de fanatiques », car les idéologies font bon marché de l'humanité. Quoi qu'il en soit, la France doit à tout prix posséder la bombe, dont Maurras, anticipant Reggane et Mururoa, note qu'elle pourrait être expérimentée dans « les solitudes africaines et océaniennes » ; il met toutefois en garde contre la tentation de sacrifier les forces conventionnelles à l'arme nucléaire. Tout cela atteste une remarquable compréhension des problèmes stratégiques posés par l'atome.

* * *

Il est difficile de porter un jugement serein sur l'engagement politique de Maurras, dont le seul nom permet de « faire vite dans l'odieux[1] », écrit ironiquement Bruno Pinchard. De fait, la violence maurrassienne semble aujourd'hui injustifiable et incompréhensible. Injustifiable, elle le fut très souvent. Mais pour la déclarer incompréhensible, il faut ignorer ou avoir décidé d'ignorer le contexte extrêmement troublé dans lequel s'inscrivit la trajectoire de Maurras : ayant connu trois invasions allemandes, une guerre civile larvée, trois changements de régime, deux guerres mondiales et deux totalitarismes, sa génération baigna littéralement dans la violence.

1. Bruno Pinchard, « Maurras entre Dante et Virgile. Essai gibelin », dans le Cahier de L'Herne *Maurras* dirigé par Stéphane Giocanti et Axel Tisserand, Paris, Éditions de L'Herne, 2011, p. 84.

On objectera que cette génération n'a connu qu'un penseur aussi violent, étant entendu que les vomissures des divers Céline ne font pas une pensée. Il serait plus exact de dire que la postérité a retenu la violence de Maurras, non celle d'autres penseurs, à proportion de son plus grand talent ; mais il faut aller au-delà.

L'une des clés du cas Maurras est qu'il se trouva incarner tout ce dont les idéologies dominantes de son temps voulaient faire table rase. Enfant fort pieux, puis adolescent resté très attaché à l'Église en dépit de son agnosticisme, il grandit dans une France dont les dirigeants assimilaient le « cléricalisme » au « phylloxera », ainsi que le déclarait Paul Bert, l'un des pères de l'école républicaine[1]. Originaire d'une province à la personnalité très marquée, il souffrit du jacobinisme, en lequel Zola célébrait un aspect du « nivellement de toutes choses où tend la démocratie[2] ». Fervent défenseur de l'identité provençale, il subit l'accusation de séparatisme alors que son maître Mistral avait chanté l'indéfectible attachement des Félibres à la « grande France[3] ». Ardent patriote, il vit se développer l'internationalisme marxiste, avec ses appels à la destruction violente de l'ordre ancien ; et l'on pourrait poursuivre l'énumération en évoquant les attaques contre « la » bourgeoisie (comme s'il n'y en avait qu'une), le classicisme, etc.

Les circonstances firent donc naître et grandir Maurras aux avant-postes d'une guerre idéologique commencée bien avant lui et dont il subit la violence verbale autant qu'il l'infligea. L'appel au meurtre y était chose banale : si le nationaliste Péguy parlait en 1913 de « fusiller Jaurès[4] », le communiste Aragon, en 1931, n'hésitait pas à écrire « Feu sur Blum[5] ». Les socialistes n'étaient pas en reste, à preuve cet extrait du *Populaire*, journal dont Blum était le directeur politique, en date du 1er novembre 1935 : « Que sonne l'heure de la mobilisation et avant de partir pour la route glorieuse de leur destin, les mobilisés abattront MM. Béraud et Maurras comme des chiens[6]. »

Pas plus qu'il n'eut le monopole de l'incitation au meurtre, Maurras n'eut celui du complotisme : comme l'a montré Raoul Girardet, les mythes

1. Paul Bert, discours au banquet du conseil général de l'Yonne, août 1879. Bert fut ministre de l'Instruction publique en 1881-1882. Rappelons que le phylloxera est un parasite mortel de la vigne : Bert signifiait donc que le « cléricalisme » représentait un danger à éradiquer d'urgence.

2. Zola, discours du 19 juin 1892, cité par René Jouveau, *Histoire du Félibrige (1876-1914)*, Nîmes, 1971, p. 204.

3. Mistral, « I Troubaire catalan », dans *Lis Isclo d'or* (*Les Îles d'or*), 1876.

4. Péguy, cité par Jean-Jacques Becker, *La France en guerre, 1914-1918*, Bruxelles, Complexe, 1988, p. 11.

5. Aragon, « Front rouge », dans son recueil *Persécuté persécuteur*, Paris, Éditions surréalistes, 1931.

6. Le propos est signé d'un certain Jarjaille. Béraud était l'éditorialiste du journal d'extrême droite *Gringoire*.

du complot maçonnique et du complot juif, chers à la droite, furent les pendants d'un mythe de gauche, celui du complot jésuite[1]. Quant au nationalisme incandescent de Maurras, il s'enracinait en partie dans l'héritage de la Révolution française, d'où ses références occasionnelles au Comité de salut public[2]. En cela, il n'était pas un habitant de Sirius, mais un Français de son temps.

À Maurras, on reproche également un ethnocentrisme aujourd'hui interprété comme du racisme. Mais là encore, son cas n'était nullement isolé ni cantonné à l'extrême droite. « Les Nègres sont bien moins intelligents que les Chinois, et surtout que les Blancs », si évolués qu'ils menacent de « subjuguer toutes les races inférieures » : ces lignes ne sont pas de Maurras, mais du même Paul Bert que nous avons entendu assimiler le « cléricalisme » au phylloxera[3]. Les défenseurs de Bert font valoir qu'il croyait au développement desdites races par l'instruction ; son propos était donc culturaliste, non raciste. Si l'argument vaut pour lui, *a fortiori* vaut-il pour Maurras, qui récusa dès sa jeunesse toute hiérarchisation des peuples fondée sur des arguments biologiques.

En somme, la posture maurrassienne n'avait rien d'exceptionnel dans le contexte d'avant 1940 : le statut emblématique qu'on lui donne aujourd'hui tient à la caution intellectuelle qu'elle fournit au régime de Vichy, et spécialement à une politique antisémite dont Maurras ne semble pas avoir mesuré les conséquences. Faut-il ici invoquer son grand âge ? la méconnaissance du réel à laquelle l'avait condamné sa surdité ? les mauvaises habitudes d'un polémiste rompu aux grands mots jamais suivis d'effets, en quoi cet ennemi juré de la IIIe République était à sa façon un pur produit du régime ? l'égarement dans lequel l'avait plongé la défaite ? Tous ces facteurs ont joué à un titre ou à un autre, mais sur un fond d'antisémitisme d'autant plus endurci qu'il était plus ancien.

Cette attitude, nous l'avons vu, s'enracinait dans l'hostilité viscérale d'Auguste Comte envers le monothéisme. Au-delà, elle remontait aux Lumières, et notamment à Voltaire, en qui Maurras saluait une incarnation du « génie antisémitique de l'Occident[4] » : n'avait-il pas qualifié les Juifs de « plus abominable peuple de la terre » et flétri leur « détestable

1. Raoul Girardet, *Mythes et mythologies politiques*, Paris, Le Seuil, 1986.

2. Jean de Viguerie, *Les Deux Patries. Essai historique sur l'idée de patrie en France*, Bouère, Dominique Martin Morin, 2e éd., 2004, p. 160. Cet ouvrage capital nous semble cependant majorer l'influence de la Révolution sur Maurras.

3. Paul Bert, *La Deuxième Année d'enseignement scientifique* (manuel de zoologie, physique et chimie), Paris, Armand Colin, 1887, p. 17-18. Jules Ferry parla également des « races inférieures » dans son célèbre discours à la Chambre du 28 juillet 1885.

4. Maurras, préface de l'édition définitive de *Romantisme et Révolution* (non reprise dans le présent volume), p. 7.

superstition »[1] ? La lecture de Darmesteter et de Bernard Lazare porta Maurras à considérer les idéologies révolutionnaires comme des versions laïcisées de cette « superstition », mais cela n'explique pas qu'un homme d'une telle intelligence se soit laissé aller à voir en tous les Juifs ou presque les acteurs d'une conjuration antinationale. Aussi faut-il parler à son propos d'un antisémitisme principiel, sans doute ancré dans un drame intime sur lequel on est réduit aux hypothèses. La moins insatisfaisante nous semble être celle de Pierre Chaunu : ne s'étant jamais consolé d'avoir perdu la foi, Maurras aurait reproché aux Juifs de l'avoir trompé et d'avoir trompé l'Église, sa mère, en inventant un Dieu qui ne lui parlait plus[2].

Quoi qu'il en soit, la déportation des Juifs français ou réfugiés en France pendant la Seconde Guerre mondiale résulta du désastre de 1940, lequel n'aurait peut-être pas eu lieu si les Français avaient résisté aux sirènes pacifistes dans l'entre-deux-guerres. Or, qui plus que Maurras avait combattu ces sirènes ? Et qui plus que lui avait dénoncé la terrible nocivité des institutions parlementaires pour la cohésion morale, la politique étrangère et la défense de la France ? Ayant vu se succéder 104 gouvernements en soixante-neuf ans, soit un tous les huit mois en moyenne, la IIIe République ne pouvait mener le pays qu'à l'abîme et l'y mena en effet.

Au moment même où les faits confirmaient ses appréhensions, Maurras fit de mauvais choix. Jacques Maurras, son neveu et fils adoptif, estimait que Bainville, plus lucide, lui aurait épargné ces faux pas s'il avait été encore en vie[3]. Il est vrai qu'on ne réécrit pas l'histoire. Mais nombre des héros qui libérèrent la France étaient des maurrassiens ou au moins d'anciens lecteurs de *L'Action française* – citons le colonel Rémy, le maréchal Leclerc, Pierre Messmer, Henri d'Astier de La Vigerie, Guillain de Bénouville, Daniel Cordier ou Jacques Renouvin, sans oublier bien sûr le général de Gaulle. Treize ans plus tard, lorsque s'effondra la IVe République, morte comme la précédente de n'avoir eu un exécutif digne de ce nom, c'est encore de Gaulle qui releva le défi, dota la France d'institutions en lesquelles Raymond Aron vit la « revanche posthume[4] » de Maurras et inaugura une politique étrangère nettement inspirée de *Kiel et Tanger*...

1. Voltaire, *Dictionnaire philosophique*, édition de 1767, rééd. Garnier, 1878, articles « Anthropophages » et « Juifs ». Sur la contribution des Lumières à la genèse de l'antisémitisme moderne, voir par exemple Bernard Lewis, *Sémites et antisémites*, Paris, Fayard, 1991, p. 106 *sq*.

2. Pierre Chaunu, préface à Victor Nguyen, *Aux origines de l'Action française*, Paris, Fayard, 1991, p. 14.

3. Nous remercions Mme Nicole Maurras, veuve de Jacques Maurras, de nous avoir relaté ce jugement.

4. Raymond Aron, « Maurrassisme et gaullisme », *Le Figaro*, 17 décembre 1964.

LA DÉCLARATION DES FÉLIBRES FÉDÉRALISTES EN 1892

Moussu lou Capoulié,
Messiés li Felibre,

Noun es pèr un brinde que m'auboure.

D'abord que lou grand pouèto dóu Miejour libertàri es mounta à Paris, li jóuini felibre – que parle en soun noum – volon prene aquelo óucasioun de claramen prouclama ço que ié grevo lou cor e ço qu'an dins la pensado.

Vaqui proun tèms, Moussu lou Capoulié e Messiés li felibre, que li jouvènt amaduron lis idéio qu'avès semenado, et vaqui proun tèms peréu que souvéton emé grando impaciènci de buta dins la pratico aquélis idèio.

Despièi trento-sèt an lou Felibrige eisisto ; despièi trento-sèt an se ié fai Santo Estello ; despièi trento-sèt an se béu la darriero boutiho dóu vin de Castèu-Nòu-de-Papo, se canto de cansoun de guerro e, dins de pouësio que viéuran dins l'eterne,

Monsieur le Président[1],
Messieurs les Félibres,

Ce n'est pas pour un toast que je me lève. Puisque le grand poète du Midi libertaire[2] est monté à Paris, les jeunes félibres, au nom de qui je parle, veulent saisir cette occasion de dire clairement ce qu'ils ont sur le cœur et dans la pensée.

Voilà longtemps, Monsieur le Président et Messieurs les Félibres, que les jeunes gens mûrissent les idées que vous avez semées, et voilà longtemps aussi qu'ils souhaitent impatiemment de réaliser ces idées.

Depuis trente-sept ans le Félibrige existe. Depuis trente-sept ans on fait la Sainte-Estelle. Depuis trente-sept ans on boit la dernière bouteille du vin de Châteauneuf-des-Papes, on chante des chansons de guerre et, dans des poèmes qui ne mourront pas, on appelle au combat toutes les énergies de la terre d'Oc.

---

1. Le poète Félix Gras, élu *capoulié* ou président du Félibrige en 1891.
2. Toujours Félix Gras.

se sonon pèr la lucho tóuti li valènt de la terro d'O.

Avèn ausi la rampelado, e aro anan esclargi, noun coume antan davans d'acampado de letru e de sesiho freirenalo, mai dins lis assemblado poulitico e davans tout lou pople dóu Miejour e dóu Nord, li reformo que voulèn.

N'avèn proun de nous teisa sus nòstis entencioun federalisto, quouro li centralisaire parisen nous acanon em'aquelo marrido acusacioun de separatisme. Enfantoulige e nescige ! Levan l'espalo e caminan.

Tambèn, noun restaren a reclama per nosto lengo lis óubligacioun e li dret de la liberta ; aqueli bèn, cresen, noun faran nosto autounoumío poulitico, n'en devon decoula.

Vaqui perqué, Messiés, davans touto causo, reclaman la liberta de nòsti coumuno ; voulèn que devèngon mestresso de sis emplega e de si founcioun essencialo. Voulèn que poscon remanda en soun lió aquéli mistoulin que ié dison souto-prefèt. E saran plus, alouro, li mesquino, saran plus de simpli circouscripcioun amenistrativo : auran uno vido vidanto, saran de vertadiéri persouno e, se pòu dire, de maire, ispirant à si fiéu li vertu e lis arderousi passioun de la raço e dóu sang.

Nous vèn en òdi tambèn que nòsti coumuno siegon ligado à bóudre, segound lou caprice d'un sóudard ò d'un quiéu-de-ploumb. Nàni, Messiés, voulèn que soun acampamen se fague segound sis enclin istouri, ecounoumi e naturau e, pèr parla clar, eterne.

Nous avons entendu l'appel et maintenant nous allons dire, non pas comme autrefois devant des auditoires de frères et des réunions de lettrés, mais dans les assemblées politiques et devant tout le peuple du Midi et du Nord, les réformes que nous voulons.

Nous en avons assez de nous taire sur nos intentions fédéralistes, quand les centralisateurs parisiens en profitent pour nous jeter leur méchante accusation de séparatisme. Enfantillage et ignorance ! Nous levons les épaules et nous passons.

C'est pourquoi nous ne nous bornons pas à réclamer pour notre langue et pour nos écrivains les droits et les devoirs de la liberté : nous croyons que ces biens ne feront pas notre autonomie politique, ils en découleront.

Voilà pourquoi, Messieurs, avant toute chose, nous réclamons la liberté de nos communes ; nous voulons qu'elles deviennent maîtresses de leurs fonctionnaires et de leurs fonctions essentielles. Nous voulons qu'elles puissent remettre à leur place ces jolis messieurs qu'on appelle les sous-préfets. Et nos pauvres communes ne seront plus alors de simples circonscriptions administratives ; elles auront une vie profonde, elles seront de véritables personnes, et, pour ainsi dire, des mères inspirant à leurs fils les vertus, les passions ardentes de la race et du sang.

Il ne nous plaît guère non plus que nos communes soient reliées entre elles, au hasard, selon le caprice d'un soldat ou d'un rond de cuir. Non, Messieurs, nous voulons que leur union se fasse suivant leurs affinités historiques,

Ges de bestour. Voulèn desengabia de si gàbi despartamentalo lis amo di prouvinço que si bèu noum soun encaro pourta pèr tout païs e pèr tóuti, Gascoun, Auvergnas, Biarnés, Dóufinen, Limousin, Roussihounés, Prouvençau e Lengadoucian.

E anessias pas crèire que siègon, aquéli vot, de regrèt d'arqueoulogue : li vièi partit an souvenènço dis antico divisioun de la Franço ; mais tambèn lis ome d'estat li mai revouluciounàri, e belèu li mai afouga à s'abriva vers l'aveni, se soun autamen prounouncia pèr uno mai raciounalo reparticioun dóu terraire naciounau.

E nous agrado eici de saluda 'mé grand respèt, en deforo di lucho poulitico e religiouso, la memòri dóu mèstre, En Auguste Fourès, que visquè pèr espandi, pèr espargi aquelo idèio.

Autounoumisto sian, federalisto sian, e se, en quauco part de la Franço dóu Nord un pople vóu veni emé nous-autre, ié pourgiren la man. Uno colo de patrioto Bretoun vènon de reclama pèr soun illustro prouvinço lou restablimen dis ancians Estat. Sian em'aquéli Bretoun. O, voulèn uno assemblado

économiques[1], naturelles et, à bien les voir, éternelles.

Point de détours. Nous voulons délivrer de leurs cages départementales les âmes des provinces dont les beaux noms sont encore portés partout et par tous, Gascons, Auvergnats, Limousins, Béarnais, Dauphinois, Roussillonnais, Provençaux et Languedociens[2].

Et ne croyez pas que ces vœux soient des regrets d'archéologues : les vieux partis ont souvenir des antiques divisions de la France ; mais aussi les hommes d'État les plus révolutionnaires, les plus ardents à s'élancer sur le chemin de l'avenir, se sont hautement prononcés pour une plus raisonnable répartition du territoire national.

Il nous convient de saluer avec un grand respect, en dehors des luttes politiques et religieuses, la mémoire du maître Auguste Fourès[3] qui vécut pour répandre et développer cette idée.

Nous sommes autonomistes, nous sommes fédéralistes, et si quelque part, dans la France du Nord, un peuple veut marcher avec nous, nous lui tendons la main. Un groupe de

1. Par ce mot et par quelques-unes des paroles qui suivent, M. le député Louis Marin pourra se convaincre qu'il n'a rien inventé dans sa théorie d'un régionalisme tourné vers l'avenir et que sa prétention de nous rejeter dans le passé (avec Barrès, du reste !) était une fable qui ne valait pas cher [NdA].

2. La présidence de Poincaré, durant toute l'année 1913 et le premier semestre de 1914, parut affirmer un désir de relever la nomenclature naturelle. Il n'est que juste de le noter. Nos communiqués militaires de 1914-1915 ont parlé constamment d'Artois, de Champagne, de Lorraine : il y est peu question de nos « mauvais départements » (Mistral) [NdA].

3. Félibre républicain et anticlérical. En lui rendant cet hommage, Maurras et Amouretti tentent de désamorcer les critiques que peut leur valoir leur réputation d'hommes de droite.

soubeirano, à Bourdèus, à Toulouso, à Mount-Pelié, à Marsiho o à-z-Ais. E aquélis assemblado regiran nosto amenistracioun, nòsti tribunau, nòstis escolo, nòstis universita, nòsti travai publi. E se de gènt contro-iston qu'un pople revèn pas sus lou camin deja fa, ié respoundren qu'acò's acò : noun cercan de coupia li causo d'autre-tèms, mai de li coumpleta e de li perfeciouna.

Car sian pas èbri de bèu mot nimai de fraso. Ço que nous boulego es lou prefound sentimen dis interèt naciounau. Esperan, de segur, de nosto idèio la reneissènço inteleitualo e mouralo dóu Miejour, mai voulèn quaucarèn de mai : la coumplèto messo en valour di meravihóusi richesso de noste terradou superbe. Soulet lou prouvincialisme pòu adurre à sa fin li grand pres-fa pantaia despièi cènt an e jamai noun acaba : lou Canau di dos Mar pèr la Gascougno e lou Lengadò, lou Canau dóu Rose à Marsiho pèr la Prouvènço e lou Dóufinat ! Qu saup ? belèu li discussioun ecounoumico, que aro estrasson aquest païs de Franço, sarien aqui reglado pèr lou bèn de cadun e de tóuti. Anen pu liuen : li dos o tres questioun soucialo que tant nous treboulon, sarié pas tant de peno, ansin, de lis adouba.

Sian pas, nautre, li proumié dedins aquelo esperanço : li cap d'obro

patriotes bretons vient de demander, pour leur illustre province, le rétablissement des anciens États. Nous sommes avec ces Bretons. Oui, nous voulons une assemblée souveraine[1] à Bordeaux, à Toulouse, à Montpellier ; nous en voulons une à Marseille ou à Aix. Et ces assemblées régiront notre administration, nos tribunaux, nos écoles, nos universités, nos travaux publics. Si l'on objecte qu'un peuple ne revient jamais sur la voie qu'il a parcourue, nous répondrons que c'est le cas : nous ne travaillons pas pour copier les institutions d'autrefois, mais pour les compléter et les perfectionner.

Car nous ne sommes pas enivrés de mots ni de phrases. Ce qui nous meut, c'est le profond sentiment des intérêts nationaux. Nous attendons sans doute de notre idée la renaissance intellectuelle et morale du Midi, mais nous voulons quelque chose de plus : la complète mise en valeur des merveilleuses richesses de notre sol. Le provincialisme peut seul mener à bien les grands travaux rêvés depuis cent ans et jamais achevés : le canal des Deux-Mers pour la Gascogne et le Languedoc, le canal du Rhône à Marseille pour la Provence et le Dauphiné… Qui sait ? Peut-être que les discussions économiques qui déchirent présentement le pays de France pourront alors être réglées pour le bien de chacun et de tous. Allons plus loin : les deux ou trois questions sociales qui nous

1. Il est à peine utile d'indiquer ici ce que le contexte établit suffisamment : il ne s'agit pas d'assemblées participant à une souveraineté nationale quelconque. Ces assemblées seront souveraines dans leur ordre, l'ordre provincial [NdA].

mistralen soun regounfle de l'idèio. Mandan d'eici au Mèstre nòsti souvèt apassiouna. Que lou sache Mistrau ! La novo generacioun noun se countènto de l'ama e de l'amira, tambèn lou coumpren.

E vous, Moussu lou Capoulié, que fuguerias un di rare qu'an embrassa dins soun plen l'idèio mistralenco, sian emé lis eros de voste Romancero, *ausissèn li souspir de vosto Damo Guiraudo, vincudo e tracho dins un pous pèr lis ome catièu qu'an « lou pelage rous » :*

Li gènt marrit de la crousado,
Lis ome qu'an pelage rous,
L'an tirassado
E piéi l'an tracho émé courrous

Au founs d'un pous.
Au founs dóu pous enca souspiro.

troublent le plus seraient de même résolues avec moins de difficultés. Nous ne sommes pas les premiers dans cette espérance. Les chefs-d'œuvre de Mistral sont tout gonflés de cette idée. Nous envoyons au Maître nos souhaits passionnés. Que Mistral ne l'ignore pas : la nouvelle génération, non contente de l'aimer et de l'admirer, le comprend.

Et vous, Monsieur le Président, vous qui fûtes des rares esprits par qui l'idée mistralienne ait été pleinement embrassée, sachez bien que nous sommes avec les héros de votre *Romancero*[1]. Et nous entendons les soupirs de votre Dame Guiraude vaincue et jetée dans un puits par les hommes méchants « qui ont le poil roux » :

« Les gens mauvais de la croisade[2] – les hommes qui ont le poil roux – l'ont traînée – puis l'ont jetée avec courroux – au fond d'un puits.

1. *Lou Romancero prouvençau*, œuvre de 1887 dans laquelle Gras évoque la résistance occitane à la croisade. L'une de ses héroïnes est Guiraude de Lavaur, exécutée en 1211.

2. La génération dont je suis aura été presque fascinée par la thèse ultraromantique et révolutionnaire qui impute aux « gens mauvais de la croisade » albigeoise, aux « hommes qui ont le poil roux » ou qui, plus simplement, n'appartiennent pas à la « race brune », les responsabilités de la décadence rapide des Lettres de langue d'oc au Moyen Âge. Grands républicains, ardents protestataires et grands admirateurs de tous les « ratés » de l'histoire, les Félix Gras, les Auguste Fourès s'étaient montrés sur ce chapitre aussi affirmatifs que Mistral a été prudent. De nos jours, il est difficile de ne pas restituer aux agitations méridionales du XIIe siècle leur premier caractère de guerre civile. Car enfin, il y eut beaucoup de Provençeaux et de Languedociens catholiques romains et papalins, même alors, en dépit des invectives de Pierre Cardinal ! Le fait est un peu mieux connu que du temps où nous étions réduits à l'indigeste compilation de Napoléon Peyrat, et ce fait apporte des doutes sur la grande question, peut-être anachronique : où était alors le parti national du Midi ? On peut toujours se demander avec raison jusqu'à quel point l'albigisme n'était pas un retour offensif de la barbarie. Ceux d'entre nous qui ont lu dernièrement les six intéressants volumes qu'un historien peu clérical, M. Achille Luchaire, a composés sur l'époque de la croisade albigeoise ne peuvent pas ne pas convenir de l'impression générale, déjà pressentie par le génie d'Auguste Comte, méridional comme nous : il y eut dans cette tourmente deux puissances d'ordre et de paix, ce furent le pape de Rome et le roi de Paris. Là-dessus, qu'on réveille ou qu'on fabrique toutes les légendes que l'on voudra. Nous nous en tenons à l'histoire [NdA, 1915].

Mange, Amouretti, Albert Tournier, Paul Arène, Charbonnel,
Denis-Valvérane, Maurras, Sextius Michel, Pierre Laffite,
Baptiste Bonnet, Lintilhac, Maurice Faure

Maurras défend la déclaration des félibres fédéralistes devant le Félibrige parisien (1892)

Alor li clerc e li ribaud
Emé grando iro
L'an acabado à cop de pau
E de caiau.

I'a sièis cènts an qu'es acla-pado...
Mai s'au pous anas escouta
Sout li calado
Ausirés uno voues canta
La liberta.

« Au fond du puits elle soupire encore – alors les clercs et les ribauds – avec grande ire – l'ont achevée à coups d'épieux – et de cailloux.

« Il y a six cents ans qu'elle est accablée ; – mais si, au bord du puits, vous allez écouter, – sous le tas de pierres – vous entendrez une voix chanter – la liberté. »

L'IDÉE DE LA DÉCENTRALISATION (extraits)

À la Doctrine de nos Maîtres
Comte, Le Play, Renan et Taine
À Messieurs les Officiers d'état-major
de l'Armée française invectivés
par les ennemis de l'État[1].

Voici une très belle chose sous un très méchant mot. On appelle « décentralisation » un ensemble de réformes destinées à reconstituer la patrie, à lui refaire une tête libre et un corps vigoureux.

Un tel nom a l'aspect d'une véritable antiphrase :

— de forme négative, il est essentiellement positif ;

— critique, il signifie un regain de vie organique ;

— d'allures anarchiques ou du moins libérales, il enferme l'idée d'un ordre ;

— enfin, par la composition comme par le nombre et le poids des syllabes, il semble désigner quelque système artificiel, lorsqu'il annonce la doctrine du retour à nos lois naturelles et historiques.

En outre, il est fort laid. Néanmoins, pour être compris, nous avons dû nous servir de ce nom fâcheux. Il fait oublier les défauts qui lui sont propres à mesure qu'il développe dans les esprits la vérité et la richesse de son sens.

*
* *

La constitution de l'an VIII, l'année même où fut clos le XVIIIe siècle, consomma l'ouvrage de la centralisation ; on trouvera chez vingt auteurs spéciaux […] l'histoire détaillée de ce grand ouvrage commencé par la Monarchie et continué par la Révolution. Le premier Empire ne pouvait décentraliser. Mais on raconte que, dès 1814, un groupe de légitimistes de

1. Allusion à l'affaire Dreyfus.

la nuance de M. de Bonald[1] vint prier le duc d'Angoulême[2], qui passait à Bordeaux, d'insister près du trône en faveur des anciennes franchises communales et provinciales. « Êtes-vous fous, messieurs ? » répondit le duc, avec un sourire de profond politique. Il était convaincu, comme un grand nombre d'émigrés, que le césarisme administratif établi par le Corse[3] rendrait de beaucoup plus aisé le gouvernement de la France. [...] La centralisation fut maintenue. Elle ne sauva point le régime ; elle ne servit même qu'à faire accepter plus aisément du pays entier les résultats de l'insurrection parisienne qui le renversa en trois jours. C'est un trait qu'il faut retenir. Cette fausse cohérence administrative n'est pas un élément de stabilité politique.

[...] On ne rétablira chez nous une autorité permanente, un pouvoir central durable, responsable et fort, qu'au moyen de libertés locales très étendues. Elles fourniront à nos modernes habitudes parlementaires une distraction utile et, comme elles l'ont fait pendant des siècles en d'autres pays, elles formeront cet esprit public qui, aujourd'hui, est nul en France. Louis Napoléon parut entrevoir ces vérités. Les premiers actes de son gouvernement enlevèrent certaines attributions électorales aux conseils locaux, mais ceux-ci, dès 1855, virent leurs pouvoirs propres forts étendus ; les municipalités, les conseils généraux obtinrent une importance nouvelle dix ans plus tard. De plus, les décrets de 1852, 1861 et 1867 organisèrent les responsabilités et l'autorité directe des fonctionnaires locaux, jadis réduits au simple rôle d'organes de transmission. L'empereur en vint même à la décentralisation proprement dite, c'est-à-dire à l'autonomie locale. N'avait-il pas institué une commission de décentralisation ? L'Empire constitutionnel aurait peut-être mieux réussi s'il s'était dirigé en ce sens, plutôt que de tourner à je ne sais quelle combinaison bizarre de libéralisme et de parlement, qui le conduisit à sa perte[4].

Napoléon III avait cédé dans une certaine mesure à deux ordres d'inspiration parallèles ; l'une venait des libéraux et l'autre des socialistes. Les libéraux, tout adversaires qu'ils fussent du régime, exerçaient une influence considérable par leur talent, leur situation et leur groupement. Ils avaient établi en 1865 un commun programme ou « Projet de Nancy » [...]. Mais les socialistes parlaient de bien plus près au cœur et à l'imagination de l'empereur. On ne peut douter de la vive influence de Proudhon sur tout ce qui pensait à ce moment-là. Proudhon déduisait son

1. Un des principaux théoriciens contre-révolutionnaires français.
2. Fils aîné du comte d'Artois, lui-même frère de Louis XVI et de Louis XVIII et futur Charles X.
3. Napoléon.
4. Allusion au fait que le Corps législatif torpilla la réforme militaire qui eût été nécessaire pour pouvoir affronter les Prussiens en 1870.

fédéralisme de la philosophie individualiste. Mais ses formules étaient précisées, corrigées par le violent amour de ce Franc-Comtois pour sa province natale. Son livre *Du principe fédératif* garde des parties excellentes[1].

N'oublions pas qu'Auguste Comte, qui expirait en 1857, avait recommandé dans le *Système de politique positive* l'abolition du département, la constitution de dix-sept grandes provinces, l'érection de Paris en « métropole occidentale » et l'affranchissement du reste de la France dans ses rapports avec cette capitale oppressive[2]. Enfin, notons que Frédéric Le Play, interprète et guide des conservateurs clairvoyants, quand il publiait ses conclusions favorables au pouvoir communal et provincial, jouissait de la confiance de Napoléon III, en même temps que de l'estime des lettrés et des philosophes contemporains [...].

On ne peut quitter cette période de l'Empire sans y signaler les débuts de la renaissance méridionale. *Mireille*[3] est de 1859, le premier *Almanach provençal* de 1855, la première réunion des félibres à Fontségugne de 1854. Ce groupe exercera une action bien naturelle sur l'esprit de beaucoup de décentralisateurs français ; mais il est juste de noter que les vues saint-simoniennes, les recherches des historiens romantiques, la théorie des nationalités, le réveil de l'Allemagne et de l'Italie excité par la pensée française[4], la philosophie libérale de 1848 n'avaient pas été sans influence non plus sur l'esprit de l'auteur de *Mireille* et de *Calendal*[5], qui d'ailleurs rendit au centuple ce qu'il avait reçu. [...]

[Vers 1871,] M. Taine se mettait à l'œuvre. On ne saurait exagérer les conséquences de ses recherches sur *Les Origines de la France contemporaine*[6]. Le principal effet de l'ouvrage de M. Taine sur certains esprits réfléchis consiste peut-être à leur avoir fait distinguer que la véritable autorité politique était loin d'exiger l'omnipotence de l'État ; développant les vues du maître, plus d'un lecteur de M. Taine en est même venu à remarquer une sorte d'opposition et de contradiction secrètes entre la centralisation et l'autorité. [...]

Outre les influences déjà notées de Taine et de Mistral, celle de Le Play se précisait fortement. Les disciples de Le Play fondaient leurs « Unions de la paix sociale », où la doctrine du maître était commentée par correspondance et par conférence, leur « Société d'économie sociale », leurs revues *La Réforme sociale*, [...] et un peu plus tard, sous l'action d'un

1. L'Action française se référa volontiers à Proudhon en matière de fédéralisme et de syndicalisme.
2. Voir *Auguste Comte*, p. 643 de la présente édition.
3. Première grande œuvre de Mistral.
4. Allusion aux processus d'unification de l'Italie et de l'Allemagne.
5. Deuxième grande œuvre de Mistral (1867).
6. Parus de 1875 à 1893.

petit nombre de dissidents, *La Science sociale* […]. Plus radical, dans le sens traditionnel, M. le marquis de La Tour du Pin La Charce[1] développait dans L'Association catholique des idées analogues […].

À l'extrême gauche, les socialistes y venaient. Sans doute, l'influence de Proudhon avait baissé de ce côté ; et les marxistes orthodoxes, tels que M. Jules Guesde, s'ils songent de fédéralisme politique pour un avenir indéfiniment éloigné[2], posent comme un fait incontestable (nous en contesterons tout à l'heure le sens quand nous l'aurons analysé) la « tendance » du genre humain et des richesses à s'unifier, à s'intégrer, à se centraliser ; sans doute encore, M. Guesde et ses amis se sont déclarés les partisans pour l'heure présente d'une centralisation économique aux mains d'un pouvoir rigoureusement centralisé, lui aussi. Mais M. Brousse, par exemple, ne partageait pas absolument sur ce point les sentiments de M. Guesde[3]. […]

Cela n'éloignait pas les esprits tempérés. Dès 1891, M. Paul Deschanel[4] écrivait dans *Le Temps* une série d'articles favorables à la décentralisation. Il les a réunis sous ce titre, quatre ans plus tard, en constatant dans sa préface que « nous avons fait du chemin depuis lors ». Cette première et bien circonspecte campagne laissait, en effet, de côté « certaines questions très importantes, telles que le remaniement de la carte ». C'est là-dessus que se porte depuis six ans l'effort mieux ordonné de nos décentralisateurs.

Aux premiers mois de l'année 1892, les fédéralistes méridionaux recommencèrent leur agitation qui languissait depuis 1879. Ils demandèrent l'extension des franchises communales et, au lieu de la décentralisation départementale, la formation de grandes régions, celles-ci autonomes, du moins sur les objets qui n'intéressaient ni la défense du territoire ni la sûreté de l'État[5]. […] À la différence de ce qui s'était vu sous l'Empire, ce n'étaient plus uniquement les doctrinaires et les politiques de cabinet qui discutaient sur ce principe, mais toute la presse parisienne et provinciale, les orateurs et les conférenciers les plus divers. […]

C'est vers ce moment que commence l'intervention directe et personnelle de M. Maurice Barrès. Dans les premiers volumes de son *Culte du moi*, il avait marqué la valeur de l'apport local héréditaire pour la formation

1. Ce théoricien du catholicisme social fut très proche de l'Action française.

2. Selon eux, en effet, ce fédéralisme ne peut advenir que dans la société sans classe, donc après le triomphe de la révolution marxiste.

3. Paul Brousse combattait le centralisme de Guesde et plus généralement des marxistes. Il fut l'un des pionniers du « socialisme municipal » d'inspiration fédéraliste.

4. Il devint ultérieurement président de la République.

5. Allusion à la déclaration des jeunes félibres fédéralistes, reprise dans la présente édition.

de l'individu et, notamment dans *Un homme libre*, ébauché la théorie de « l'âme lorraine ». Mais, cette fois, il se mêlait à l'action politique des décentralisateurs. Son caractère dans cette action fut d'unir fortement les deux programmes fédéraliste et nationaliste. Sans doute, puisqu'il s'agit de la France, ces programmes font une seule et même chose qu'on ne distingue que par sophisme, étourderie ou mauvaise foi ; en fait pourtant, cette distinction malhonnête, ou vaine, ou sophistique avait été introduite souvent ; certains esprits, nés cosmopolites, osaient se prévaloir du sentiment fédéraliste, certains nationalistes confondaient fédéralisme avec séparatisme, qui signifie tout le contraire[1]. Les exposés de M. Maurice Barrès ont fait sentir que le parti fédéraliste était le parti national, et que le parti national perdrait les trois quarts de ses forces s'il ne devenait un parti fédéraliste. Il insista pour substituer au patriotisme administratif un patriotisme terrien et remplacer l'image de « la France idéale », chère à quelques rhéteurs, par l'idée d'une France réelle, c'est-à-dire composée, comme dans la réalité, de familles, de communes, de provinces[2] ; tous éléments non point contraires ou divisés entre eux, mais variés, sympathiques et convergents.

Ces nuances étaient exprimées dans les premiers articles de M. Barrès : pendant qu'il publiait une série d'études sur l'invasion en France des salariés étrangers, il donnait d'autre part sa première esquisse sur la décentralisation proprement dite. Peu après, il prenait la direction de *La Cocarde*[3]. *La Cocarde*, formée des éléments les plus divers, fut, malgré tout, fédéraliste et nationaliste. On y poursuivit les Français de trop fraîche date, ces « Métèques », qui font la loi chez nous. On appuya, bien que la feuille ne passât guère les fortifications, toutes les justes causes provinciales. [...]

Ce fut aussi à *La Cocarde* que l'on s'efforça d'isoler et de définir le fédéralisme, en tant que doctrine politique, pour le soustraire à des influences presque mystiques. Tout le monde peut adhérer, y disait-on, au fédéralisme : les individualistes et les socialistes, les traditionalistes et les anarchistes ; on peut aller au fédéralisme *via* Comte ou *via* Proudhon, *via* Tocqueville ou *via* Le Play. Essentiellement, il consiste en un certain régime qui se retrouve à quelque degré dans la constitution des États-Unis d'Amérique et dans celle de l'Empire d'Allemagne, dans le pacte Helvétique et dans le compromis Austro-hongrois. L'Autriche-Hongrie est une monarchie dualiste parlementaire ; l'Allemagne, un empire féodal ; la Suisse, une « démocratie historique[4] » ; les États-Unis, une démocratie

1. « Fédéralisme » vient en effet du latin *foedus*, qui signifie « alliance » ou « pacte ».
2. On voit ici s'esquisser la distinction maurrassienne entre pays légal et pays réel.
3. Voir *Au signe de Flore*, p. 79 de la présente édition.
4. Définition de M. Charles Benoît [NdA].

individualiste, mais de formation religieuse ; pourtant ces quatre États si divers se ressemblent en ce point précis qu'ils sont eux-mêmes composés d'éléments territoriaux autonomes et jouissent de libertés locales fort étendues. Le fédéralisme, c'est donc essentiellement la doctrine de *l'autonomie* et de l'autonomie locale ou tout au moins ethnique. Son facteur principal est moins la volonté des hommes que leurs intérêts et leurs caractères de l'ordre économique et historique ; on peut fonder une autonomie de ce genre sur les doctrines philosophiques et politiques les plus opposées. [...]

M. Maurice Barrès avait pris la direction de *La Cocarde* le 5 septembre 1894. C'est vers le même temps que M. Paul Bourget commençait dans *Le Figaro* la publication de ses impressions d'Amérique : ce livre d'outre-mer rendit au mouvement nationaliste et fédéraliste des services comparables à ceux qu'apporta *La Démocratie en Amérique* aux décentralisateurs de l'âge précédent. Toujours préoccupé de comparer aux sociétés florissantes qu'il nous décrivait l'état dégénéré de sa propre patrie, M. Bourget obligea le public français à s'examiner sur bien des points essentiels. Par sa thèse finale (il importe de « défaire méthodiquement l'œuvre de la Révolution »), M. Paul Bourget se plaçait, parmi les décentralisateurs, à l'extrême droite traditionniste[1]. [...]

La décentralisation est réclamée par les intérêts de la France entière, autant et plus peut-être que par les besoins spéciaux de chaque province ; elle est exigée pour le bon fonctionnement du pouvoir central autant et plus que pour le libre exercice des pouvoirs locaux ; loin de léser les vrais intérêts de Paris, elle est seule capable de les dégager. La décentralisation doit être distinguée de la simplification administrative, qui, pour être une bonne chose, n'est pas moins autre chose. La décentralisation et le fédéralisme ne diffèrent peut-être pas essentiellement ; peut-être aussi que ces deux idées se distinguent en ce point : les décentralisateurs veulent exporter de Paris certaines institutions toutes faites et les implanter en province ; les fédéralistes voudraient qu'on mît les pouvoirs locaux en état de créer et d'alimenter sur les lieux mêmes où elles doivent grandir et prospérer ces institutions.

Quelle que soit l'étiquette que l'on adopte, qu'on soit fédéraliste ou décentralisateur, il importe d'abolir le département ; le département est un cadre artificiel, ses seuls effets sont négatifs ; il comprime, il entrave la vie locale, il n'y répond à aucun intérêt réel ; il contredit l'histoire, la géographie, mêle les races, brouille les intérêts les plus divers. C'est un rouage à supprimer absolument. Il faut, en revanche, former de grandes régions économiques, avec les frontières qu'elles tiennent de la nature. C'est affaire aux savants, non aux politiciens, de dessiner des

1. Bourget fut proche de l'Action française tout en réprouvant son extrémisme.

circonscriptions de cet ordre : qu'ils disent ce qui est, ce qui doit être en découlera.

Au sein de la région, quelles subdivisions adopter ? Tout ce qui rappelle le département doit être écarté. De même, le canton, qui a les mêmes vices. Seule, ou à peu près seule, la commune est réelle, et peut jouir d'une personnalité. Encore faut-il distinguer entre les communes urbaines et les communes rurales. Ces réalités différentes doivent être traitées selon des systèmes distincts. Y a-t-il une autre subdivision acceptable de la région ? Peut-être. Il en est même deux. L'idéal serait de revenir aux « districts » de 1790, qui correspondent aux « pays » de l'Ancien Régime, même dans le Sud aux *pagi* de la Gaule romaine[1]. Ce serait peut-être un ouvrage assez difficile. Mieux vaudrait maintenir, moyennant quelques corrections dans le tracé de leurs frontières, les arrondissements tels que nous les avons. Les arrondissements ont en France une personnalité économique et physique, sinon administrative ; ce qui manque aux départements et aux cantons. [...]

M. Maurice Barrès portait sur différents points de nos provinces [ces] idées d'autonomie et de liberté. Dans sa conférence de Bordeaux, *Fédéralisme et assainissement*, il définissait ainsi sa conception politique :

> Famille d'individus, voilà les communes ; familles de communes, voilà la région ; famille de régions, voilà la nation ; une famille de nations, citoyens socialistes, voilà l'humanité fédérale où nous tendons en maintenant la patrie française et par l'impulsion de 1789.

À Marseille, quelques mois plus tard, il montrait que les communes affranchies, enfin maîtresses d'essayer les régimes économiques et politiques les plus divers, seraient de vrais laboratoires de sociologie ; on y pourrait juger des systèmes rivaux, non sur leurs énoncés théoriques, mais sur leurs résultats[2]. Enfin, en octobre de la même année, M. Maurice Barrès assemblait à Paris un congrès fédéraliste et internationaliste. Il est vrai que cette dernière réunion n'eut qu'un résultat partiel. Quelques révolutionnaires ne consentirent d'abord point à donner son vrai sens au mot d'« internationalisme », qui veut dire l'alliance entre les nations, nullement la destruction des nationalités historiques. Une seconde équivoque, assez plaisante celle-ci, était née entre proudhoniens sur le sens de « fédéralisme » : les uns, défenseurs de la fédération ibérique ou de la balkanique, ne songeaient qu'à unifier des États distincts, au lieu que d'autres, partisans d'une France fédérative, aspiraient à donner un régime distinct à chaque fraction naturelle de l'unité française... Le même mot était donc pris en sens inverses.

1. De fait, le mot français « pays » vient du latin *pagus*.
2. Voyez, sur le même sujet, Léon Donnat, *La Politique expérimentale* [NdA].

Le souvenir de cette équivoque aura servi peut-être à préciser quelques pensées. Le fédéralisme purement moral et abstrait, suspendu [...] aux mobiles caprices des esprits et des volontés, c'est-à-dire accroché à l'aile des coucous et à la fantaisie des nuages, comme la ville imaginaire d'Aristophane[1], ce fédéralisme plus métaphysique que politique paraît céder la place à une conception terrienne d'une part, et d'autre part, ethnique. Un petit journal du Sud-Est a choisi ces mots pour devise : « La patrie, c'est le sol. » Mais la patrie, c'est encore le sang. Communauté et différences de notre sol, communauté et différences de notre sang, c'est ce qui fonde cet esprit fédéral et ce sentiment national sans lesquels toute décentralisation serait incompréhensible. [...]

La tradition résume les forces du sol et du sang. On la conserve même en quittant son pays, comme une éternelle tentation d'y faire retour : le nombre, la prospérité des sociétés provinciales à Paris, en Algérie et en Tunisie ne sont pas de faibles indices du reverdissement de la tradition nationale ; les voyages périodiques des provinciaux de Paris, tels que les Cigaliers, vers les régions de leur berceau peuvent aussi être comptés parmi ces témoignages. Même le mal que l'on en doit penser dans certains cas accuse l'importance de ces manifestations[2]. Elles aussi expriment cet effort séculaire des intérêts, des textes législatifs et des spéculations intellectuelles dont on vient de voir le tableau : il n'y a peut-être rien de plus positif ni de plus organique dans l'histoire de notre temps.

*
* *

Sans aucun doute, la raison, le droit politique, les intérêts publics conspirent en faveurs de telles pensées. Mais qui fera que se consomme leur évolution ? Qui rendra la raison touchante, désirable le droit, sensible et vivant l'intérêt ? Qui passionnera ces questions ? Il faudrait un Jean-Jacques au nouveau *Contrat social* !

Ainsi parlait un jour, du temps qu'il faisait *La Cocarde*, M. Maurice Barrès. Il n'est pas téméraire de rapporter à cette réflexion le premier projet des *Déracinés*, où se montrent comme des personnes vivantes les raisons favorables à la décentralisation[3]. Son livre est une fable où la morale et le récit s'enchaînent rigoureusement. Je m'arrêterai seulement

1. Allusion à la comédie d'Aristophane *Les Oiseaux* (414 avant Jésus-Christ), dans laquelle deux Athéniens idéalistes fondent dans les nuages une ville idéale. Maurras cite volontiers cette pièce pour railler les utopies politiques.

2. Cette remarque traduit l'agacement du jeune Maurras devant la tendance des cigaliers et des félibres parisiens à se réfugier dans le folklore en refusant de voir les implications politiques du régionalisme.

3. Le grand roman de Barrès est paru en 1897.

au sens qu'elle recouvre, au succès qu'elle a obtenu. *Les Déracinés* ont valu à leur auteur l'attention d'un public nouveau, non point seulement ce public des lettrés et des politiques qui lui était acquis, mais la foule vaste et confuse, cultivée mais en général incurieuse, qu'on appelle le grand public et qui forme notre « aristocratie intellectuelle ». *Déracinés*, *Déracineurs*, *Déracinement*, la même image, plus ou moins modifiée, a passé dans la langue du journalisme et de la conversation. Il était d'usage courant avant même que le volume parût : dans *Le Temps*, à la rubrique des Faits divers, j'ai surpris au milieu de l'été dernier son premier emploi pour annoncer le suicide d'un malheureux provincial incapable de s'adapter aux lois du milieu parisien. Les « sept devant Paris[1] », comme M. Henri Fouquier[2] appelle les jeunes Lorrains de M. Barrès, n'en mourront sans doute point tous (un seul périt, et par la guillotine, à la fin de ce premier tome du *Roman de l'énergie nationale*), mais tous seront atteints en quelque manière par un effet de la centralisation.

M. Paul Bourget a fortement résumé dans *Le Figaro* cette antithèse centraliste, contre laquelle M. Barrès a posé la thèse des *Déracinés* :

> … Ils sont intelligents, sensibles, ambitieux, et ils ont quitté leur terre natale parce que Paris est le seul champ ouvert à toutes les initiatives et que partout ailleurs *le Français n'est qu'un administré* : administré de la politique, car la toute-puissante machine gouvernementale, montée par les Jacobins et Napoléon, a son centre unique ici ; administré de l'idée, car c'est ici encore le point d'intensité pour tout l'art, toute la science, toute la littérature du pays ; administré du sentiment, dirai-je presque, car les pièces de théâtre, les romans, les recueils de vers, toutes les œuvres d'imagination qui propagent par la mode les plus récentes façons de jouir et de souffrir, s'élaborent encore ici. Hors de Paris, les jeunes Lorrains ne seraient même plus des *provinciaux*, car il n'y a plus de provinces depuis cent ans, mais des *départementaux*. « Paris ! », dit leur historien, « le rendez-vous des hommes, le rond-point de l'humanité ! C'est la patrie de leurs vœux, le lieu marqué, pour qu'ils accomplissent leurs destinées… » Et il ajoute : « Leur éducation leur a supprimé la conscience nationale, c'est-à-dire le sentiment qu'il y a un passé de leur canton natal et le goût de se rattacher à ce passé le plus proche… »

Ils ont été pliés de bonne heure, soit par les circonstances, soit même par leurs maîtres, à cette conception. Au lycée, un « déraciné supérieur », leur professeur de philosophie, qui ressemble un peu à Burdeau[3], ne leur a enseigné qu'une patrie abstraite, une morale abstraite, un patriotisme abstrait, et tout cela donc sans rapports avec le milieu naturel et premier de ces jeunes gens, la Lorraine. M. Paul Bouteiller est kantiste. Il professe à la fois le vide de toutes les croyances et le devoir de croire au devoir.

---

1. Allusion à la tragédie d'Eschyle, *Les Sept contre Thèbes*.
2. Journaliste et homme politique alors très en vue.
3. Ce philosophe kantien fut notamment le professeur de Barrès au lycée Louis-le-Grand de Paris.

Le signe du devoir, c'est d'être universel et de pouvoir servir de type à la conduite de tout homme, quel qu'il soit et en quelques conditions qu'il se trouve[1].

Voilà des leçons d'une apparence bien héroïque. Elles enseignent le mépris des préjugés héréditaires, des coutumes locales. Elles affranchissent, dit-on. Attendez. Par l'exemple de Bouteiller, l'auteur nous fera voir que ce ne sont point les systèmes qui sont héroïques, mais les âmes. Une morale généreuse, réduite à son propre pouvoir, permet seulement aux rhéteurs de manquer aux délicatesses de l'honnêteté, puis à ses lois essentielles, sans en sentir trop de remords ni discontinuer des grimaces sublimes[2]. C'est une bonne préparation à l'hypocrisie.

Les élèves de Bouteiller sont d'un temps de libre examen et Lorrains, c'est-à-dire doublement examinateurs, critiques et méfiants. M. Pelletan[3] s'est plaint quelque part que ces jeunes gens ne crussent à rien : M. Barrès nous a montré comment Bouteiller les émancipa de toute idée ferme. Ils ne firent qu'achever son œuvre en s'émancipant du devoir. La morale de Kant ne porte pas avec elle une telle évidence qu'il ne soit pas possible de la connaître sans l'admettre. Les sept étudièrent, dans la mesure de leur force, ce stoïcisme universitaire, et s'en défirent aussitôt. Leur province, leur race eussent fourni des points d'appui. Mais ils étaient déracinés et rêvaient de l'universel. Paris, où ils ne vécurent point isolés les uns des autres, leur donne pourtant quelque angoisse, une angoisse commune et qui les unit.

Le plus philosophe des sept, Roemerspacher[4], par suite de circonstances particulières, reçoit la visite de M. Taine, qui l'emmène à la promenade. On connaît le pèlerinage du maître et du disciple à ce platane qui se trouve « à la hauteur du huitième barreau de la grille, compté depuis l'Esplanade des Invalides ». M. Bourget, qui fut le vrai Roemerspacher, en ce sens que ce fut à lui que M. Taine montra son arbre, a conté dans *Le Figaro* l'anecdote historique. Je la cite, tout le monde ayant vu le récit légendaire de M. Maurice Barrès :

> Dans les toutes dernières années de sa vie, le célèbre écrivain, qui savait ses jours comptés, avait l'habitude de diriger ses promenades du côté du petit square des Invalides, pour s'y arrêter, durant de longues minutes, en contemplation devant un arbre alors adolescent, aujourd'hui très grand et très haut, dont la rare vigueur l'enchantait. C'était l'époque où il composait son admirable *Histoire des origines*

1. Contrairement à ce que suggèrent ces lignes, Maurras ne rejette pas l'universel, qu'il révère dans l'ordre de la culture ; c'est l'universalisme abstrait à finalités politiques qu'il déteste, voyant en lui une idéologie des plus dangereuses.

2. Allusion au fait que Bouteiller sera ensuite compromis dans les scandales financiers de la IIIe République.

3. Un des chefs du radical-socialisme.

4. Barrès s'est inspiré de Maurras pour créer ce personnage.

de la France contemporaine. Les conclusions auxquelles ce travail l'amenait sur l'avenir du pays épouvantaient en lui un patriotisme d'autant plus profond qu'il en parlait moins. Il disait souvent, avec un hochement de tête que je vois encore : « Je mesure les cavernes d'un poitrinaire », et quand il avait trop continûment, trop amèrement étudié l'erreur française, c'était pour sa pensée trop tendue un repos que le spectacle du jeune et bel arbre. « Allons voir cet être bien portant... », me disait-il, quand il me rencontrait ces jours-là, et il m'entraînait vers ce minuscule jardin où je suis retourné en pèlerinage combien de fois !...

Cette promenade ouvre en l'esprit de Roemerspacher une lumière sur la philosophie naturelle. Comme il y a dans l'âme humaine une portion toute mécanique, condition et support des autres parties, et faute de quoi rien ne se tiendrait, portion à laquelle s'appliquent toutes les lois du monde minéral, il est aussi en nous une province végétative qui supporte et donc conditionne la sensitive et la rationnelle. Il faut se mettre en règle avec ces lois de l'âme végétative si l'on veut être un bon animal, comme il faut, si l'on veut être un bon animal ratiocinateur, ou humain, bien sentir, c'est-à-dire sentir en animal sain et complet. La conversation de Taine révèle à Roemerspacher cette présence de l'univers dans le petit monde de nos personnes. Grand sujet d'orgueil en même temps que de soumission ! Pendant que Roemerspacher réfléchit à la subordination des individus les meilleurs à des conditions assez humbles, son ami Sturel, qu'il a pris pour confident, s'exalte à la manière des poètes et rêve d'action infinie. C'est lui qui mène les six autres au tombeau des Invalides aspirer la vertu des cendres de Napoléon.

Dans l'esprit de l'auteur, si je l'interprète avec exactitude, la méthode de François Sturel n'est point tout à fait bonne ici. Certes le culte des héros n'a rien que de recommandable. Il faut qu'il y ait des « professeurs d'énergie ». Mais ils ne créent pas l'énergie, ils l'appellent, ils la font se lever en nous-mêmes. Rien de plus. Il nous faut déjà posséder cette force à l'état latent. Quand un homme tient à son sol et à son milieu naturel, ses ressources personnelles n'ont point de bornes ; ce qu'il dépense, il le reconquiert et le renouvelle par un emprunt continuel à l'inépuisable nature, avec laquelle il communique incessamment. Chez Sturel et chez ses amis, ce renouvellement qui est propre à la fonction végétative n'existe presque plus, les canaux qui unissent leurs sept plantes humaines au terreau nourricier sont coupés ou liés ; étrangers dans Paris, ces jeunes gens sont livrés aux ressources dont ils ont fait provision une fois pour toutes.

Le cas de Sturel est plus particulier, plus significatif encore. Il n'est pas seulement déraciné du verger natal ; la très symbolique influence de Mme Astiné Aravian, Orientale étrange qu'il a rencontrée à la table de sa pension, tout à la fois Persane, Arménienne, Slave et Hellène, a transplanté Sturel dans le chimérique jardin du cosmopolitisme. Il n'est pas seulement éloigné de son pays ; il en est devenu en quelque sorte l'adversaire. Un ferment d'inquiétude entre dans sa pensée. Par certaines inclinations de son esprit, il risquerait de mériter un jour ce compliment que Bouteiller fera bientôt à Suret-Lefort, autre jeune déraciné de leurs amis, d'avoir su s'affranchir « de toute intonation lorraine, et, plus généralement, de toute particularité lorraine ». Dans cet oubli de la Lorraine, il s'est fait le concitoyen de toutes les pourritures asiatiques[1]. Mauvais moyen de développer ses forces secrètes. Curieux, intelligent, Sturel, aux Invalides, devant la cuve de porphyre où dort son héros préféré, se rappelle non sans une grave mélancolie, qu'avant de dominer en France et en Europe, et même pour y dominer, Napoléon dut conserver sa qualité de Corse et son caractère de membre de la maison des Bonaparte.

Un individu ne se développe pas tout seul. Il lui faut mille circonstances propices : une famille, un pays bien déterminés, une atmosphère intellectuelle et morale, ce qui manque enfin à la France « dissociée » et « décérébrée »[2]. Ce n'est pas par la faute de la société, comme disent les théoriciens romantiques et humanitaires du paupérisme, mais faute, au contraire, d'une société, que les Racadot et les Mouchefrin terminent dans le crime la pauvre agitation de leur vie parisienne[3].

> Ceux qui avaient dirigé cette émigration avaient-ils senti qu'ils avaient charge d'âmes ? Avaient-ils vu la périlleuse gravité de leur acte ? À ces déracinés ils ne surent pas offrir un bon terrain de « replantement ». Ne sachant pas s'ils voulaient faire des citoyens de l'humanité ou des Français de France, ils les tirèrent de leurs maisons séculaires bien conditionnées et ne s'en occupèrent pas davantage, ayant ainsi travaillé pour faire *de jeunes bêtes sans tanière*. De leur ordre naturel, peut-être humble, mais enfin social, ils sont passés à l'anarchie, à un désordre mortel.

Dans ces lignes, et par l'ensemble même de sa thèse, M. Maurice Barrès donne satisfaction à des inquiétudes que j'avais moi-même exprimées à propos de l'esprit qui semblait animer son *Ennemi des lois*[4] ; par ce livre, M. Barrès s'était fait classer au nombre des anarchistes. C'était une classification inexacte. Sans se contredire, mais en se corrigeant, le théoricien du *Culte du moi* écrit aujourd'hui :

> En principe, la personnalité doit être considérée comme un pur accident.

En d'autres termes, il y a très peu de personnes ; l'âme humaine se réalise dans le genre humain à des intervalles très longs. S'il est bon ou mauvais qu'il en soit ainsi, ce n'est pas le lieu de le discuter. Mais s'il en est ainsi, il n'est pas mauvais que les foules adoptent une loi commune,

---

1. Sur l'hostilité de Maurras envers l'Orient, voir *supra* notre introduction à la partie « Esthétique ».
2. Maurras reprend les termes de Barrès.
3. Ces deux personnages assassinent Astiné Aravian.
4. Roman de Barrès paru en 1893.

un ordre supérieur aux passions individuelles ; sans cette condition, leur effort ne peut être heureux et il se soldera par trop de déficits.

M. Barrès fait dire à Roemerspacher, d'accord sur ce point précis avec François Sturel, que Racadot a souffert et s'est « dégradé par *le milieu individualiste et libéral* où il a été jeté encore tout confiant dans les déclarations sociales du lycée ». Voilà qui est nommer les choses par leur nom. Jadis individualiste et césarien, du moins pour l'apparence, M. Maurice Barrès nous ouvre son fond véritable. Il est, selon la définition de M. Paul Bourget, « à l'antipode des idées de la Révolution, sans être un réactionnaire » : en ceci l'élève direct de Taine et aussi de Renan qu'on oublie trop, comme l'est au reste lui-même M. Paul Bourget.

*
* *

On pourrait calculer en mathématicien, par la simple analyse, à quelles catégories de personnes doivent déplaire les thèses provincialistes et nationalistes exposées dans *Les Déracinés* ou ailleurs. Il suffit de se demander à qui profitent l'émiettement de la nation en individus et la toute-puissance de l'État centralisateur.

Dans une nation désorganisée comme la nôtre, toute minorité que des circonstances ou des habitudes particulières tiennent unie y devient facilement prépondérante ; car elle rencontre pour adversaires non des unités politiques comme elle-même, mais des personnes isolées qu'elle vainc une à une. Les antisémites expliquent ainsi l'influence de la société israélite parmi nous. Il est remarquable que tant d'israélites se prononcent avec force contre l'esprit des *Déracinés*.

Dans la même nation désorganisée, l'État seul a un privilège analogue aux corporations du passé. Si notre institution politique était stable, le privilège des fonctionnaires de l'État serait exorbitant ; il ne l'est point, par suite des menaces qui pèsent sur eux, de la nécessité de l'avancement qui les fait dociles non seulement envers leurs chefs, mais encore envers quiconque les peut servir ou desservir, c'est-à-dire envers la nation presque tout entière. Si l'on excepte les officiers, qui ne vivent point de la vie commune, il est aisé de voir que tous les fonctionnaires, même les juges et les prêtres, ont été réduits à ce degré d'agents administratifs, c'est-à-dire de serviteurs universels. Ils souffrent donc comme les autres du commun droit individualiste. Un seul groupe de fonctionnaires doit être excepté de la règle, car il a été systématiquement affranchi et forme dans l'État un État solide et puissant, de plus en plus soustrait à tous les arbitraires, ayant ses tribunaux, sa discipline et son autonomie : c'est le corps enseignant. Les membres de ce corps, étroitement liés, tirent de là leur influence sur tous les Français désunis. Influence sans contrepoids, puisqu'il n'y a point d'autre corporation légale. Dans un pays où tout le monde est « déraciné », il leur pousse, à eux, des racines, et vivaces déjà. Je trouve significatif que ces messieurs (excepté assurément deux ou trois esprits libres[1]) aient reçu *Les Déracinés* en ennemis, et n'aient point même concédé l'intérêt de la thèse ou la beauté de l'œuvre.

Dans la même nation désorganisée, quels individus sont heureux ? Ni la masse, ni l'élite. La première souffre de faiblesse croissante. La seconde éprouve, au contre-coup de cette souffrance, le sentiment de la diminution de la patrie. Mais il se forme entre ces deux classes, surtout dans les grandes villes, une classe intermédiaire, flottante, qui retrouve, à la faveur de la rupture de tous les cadres, la liberté et les mœurs de la forêt primitive. « Jeunes bêtes sauvages », l'appelle M. Barrès. Elle comprend un assez grand nombre de vieilles bêtes. Natures originales et vulgaires tout à la fois, aucun nom ne leur convient mieux que celui de « médiocres personnels ». Telle était à la fin du Moyen Âge l'espèce des clercs vagabonds, dénoncés comme un grave danger. Tels les abbés du XVIIIe siècle, qui firent la Révolution. Les voilà devenus employés de ministère ! Ils se sont découvert une âme, qu'ils cultivent assidûment, sans beaucoup de profit ni pour eux ni pour le public. La vie de Paris est propice à cette culture. On n'y est guère incommodé, ni limité, ni affaibli que par soi-même. L'administration ne s'y montre point tracassière. Avec quelques ressources matérielles, l'isolement n'y est point tragique. À vingt ans on peut s'y laisser dépérir agréablement. C'est dans ce groupe d'âmes anarchiques et anarchistes que se sont révélés beaucoup de nos esthètes. Le déracinement a été l'une des conditions de leur être. Leur hostilité aux *Déracinés* est aussi remarquable que celle des juifs et des universitaires.

Consultez, dans *La Revue blanche*[2], M. Léon Blum[3] : il appartient à deux, peut-être à trois des classes d'esprits que je viens de noter.

> Surtout, à M. Barrès qui fut le théoricien du moi et qui est resté un individualiste, je demande ce que deviennent dans sa théorie le moi et l'individu. La famille, la commune, rien ne fausse et ne diminue l'énergie comme de tels groupements. Ce sont les collectivités les plus dangereuses, parce que nous les aimons et parce qu'elles nous retiennent. Contre le développement libre de l'individu, ce n'est pas la contrainte ou la misère que je redoute le plus, mais les liens de l'affection partagée et du bonheur médiocre. Nous ne refoulons pas un désir devant la contrainte, nous le restreignons ou nous l'annulons en nous-mêmes par crainte de la douleur qu'il peut développer autour de nous.

M. Barrès avait dit : « Une vie de famille énergique, un milieu communal puissant sont indispensables, même pour former des individus supérieurs. »

---

1. Citerai-je M. Georges Pellissier, M. Fonsegrive, M. Le Goffic ? [NdA].
2. Revue littéraire et artistique à tendances anarchistes et dreyfusardes.
3. Le futur chef du Front populaire était alors critique littéraire.

Mais, répond M. Blum, les âmes ordinaires perdent leurs différences caractéristiques sous l'influence de ces milieux absorbants… M. Barrès n'a qu'à répondre à l'objection : Évidemment, et c'est tant mieux pour tout le monde, y compris pour l'intéressé.

Consultez M. Doumic[1] dans la *Revue des Deux Mondes*[2]. Il admet la thèse des *Déracinés*, mais sous la réserve suivante :

> Le propre de l'éducation est d'arracher l'homme à son milieu formateur. Il faut qu'elle le déracine. C'est le sens étymologique du mot « élever »…

En quoi ce professeur se moque de nous. M. Barrès n'aurait qu'à lui demander à quel moment un peuplier, si haut qu'il s'élève, peut être contraint au déracinement. Pour rêver à la monarchie universelle et pour s'élever jusqu'à la sphère métaphysique de la cité de Dieu, Dante n'en est pas moins l'exact citoyen de Florence ; Sophocle l'Athénien et Sophocle l'universel ne sont pas deux figures contraires qui s'excluent, mais bien le même personnage. Et ainsi de Goethe à Weimar, dans la mesure où il atteignit au génie classique.

Napoléon lui-même eut besoin de fortes racines pour nous déraciner. Comme Taine l'a bien montré[3], il nous coupa de nos traditions ; mais ce puissant travail d'arrachement n'eût jamais abouti si sa propre personne, ses propres énergies n'eussent plongé au fond d'un passé très vivace, pays, famille, clan. C'est ce que M. Barrès a bien indiqué à son tour.

> — Dans leur île, à la fin du dernier siècle, les Bonaparte, mes amis, c'était une famille de petite noblesse, sans moyens d'action, mais tenace et ardente à se maintenir et à augmenter… Pour Napoléon, quand il eut neuf ans, ils obtinrent une bourse à l'école de Brienne, et toute la famille, une foule d'amis solidaires l'accompagnèrent sur le môle avec orgueil, parce qu'il allait devenir un officier. Il connaissait le sentiment de l'honneur.
>
> — Ah ! se disaient les jeunes Lorrains écoutant Sturel, quand on nous a conduits au lycée, notre père, notre mère étaient seuls, par une triste soirée, et nous ne nous sentions délégués d'aucun clan, mais soumis à des nécessités lointaines, mal définies et qui nous échappaient.

Quelqu'un disait que ce Napoléon de M. Barrès, si différent du « petit Caporal », du soldat de fortune, du César égalitaire et plébéien conçu par les libéraux du premier tiers du siècle, est d'allure légitimiste. M. René Doumic, royaliste, je crois, mais professeur, n'y a pas pris garde.

Consultons, en troisième lieu, le plus intéressant, le plus vif, le plus raisonnable de nos critiques universitaires, M. Émile Faguet[4]. Lui, ne s'est pas mépris sur le sens de la thèse des *Déracinés*. Il en adopte même certaines conclusions. Paris dessèche et appauvrit la sève française. « Il

1. Journaliste et critique littéraire.
2. Revue conservatrice.
3. Dans *Les Origines de la France contemporaine*.
4. Écrivain et critique conservateur.

faut ressusciter la vie provinciale ». Il faut guérir la « dissociation » de la France. M. Faguet indique qu'il est grand partisan d'une renaissance de l'esprit d'association. « L'État, dit-il avec une netteté admirable, l'État n'encadre pas d'assez près l'individu pour le soutenir et pour mettre en jeu toute sa force. » Mais l'association qu'il souhaite, c'est l'association morale, professionnelle ; c'est, dit-il en s'excusant de cette formule, « la fédération des volontés ».

Quant à l'association locale, ou « décentralisation », il fait de nombreuses réserves. Il distingue trois ordres de décentralisations : politique, administrative, intellectuelle. Il ne veut pas la première. « L'Europe est un champ de bataille. Chaque nation est un camp. » – « La centralisation politique, militaire, financière est une nécessité absolue. » Nous avons créé l'unité, la centralisation en Allemagne et en Italie[1]. Ne soyons pas si sots que de nous relâcher devant deux voisins puissants d'une discipline qui fait encore notre valeur. En quoi M. Faguet a raison partiellement. Il a raison de vouloir que nos forces militaires et les finances nationales demeurent au pouvoir central. Mais aucun fédéraliste, si extrême qu'il soit, ne songe à décentraliser les administrations de la Guerre, de la Marine ou des Affaires étrangères. Tous les fédéralistes laissent ces actions nationales aux organes de la nation. Ils reconnaissent de plus à l'État central un pouvoir de contrôle sur tout le reste. Ce qu'ils lui refusent, c'est l'action directe et personnelle dans la gestion des intérêts qui ne sont pas communs à tout le corps de la nation, mais bien particuliers aux municipalités, aux régions.

M. Émile Faguet pourrait consentir à admettre une certaine décentralisation, de ce genre qu'il tient à qualifier, je ne sais pourquoi, d'administrative, moyennant deux conditions. La première n'a pas été expliquée dans l'article sur *Les Déracinés*, mais à un tout autre propos. D'après M. Faguet, peu de services peuvent être décentralisés sans danger. Et sur ce point, il nous renvoie aux discours de M. Thiers […], vers 1871, où cet homme d'État sut faire entendre que les détails les plus insignifiants de la centralisation administrative (et jusqu'à la nécessité de faire approuver par les ministres et les préfets la pose de fontaines-bornes dans les moindres villages, oui, parfaitement, jusque-là !) touchent aux plus vifs intérêts de la défense nationale. J'ai eu la curiosité de relire moi-même ces éclatantes, trop éclatantes démonstrations d'un orateur sans doute habile, mais de mauvaise foi. Ces discours m'ont donné une longue hallucination. Ils m'ont fait douter de la réalité de la guerre de 1870 et de la victoire allemande. Car enfin, si les avantages de la centralisation la plus tatillonne sont nombreux, éclatants et décisifs jusqu'à ce degré, comment notre empire centralisé a-t-il été battu par une simple confédération d'États

1. Allusion à la politique étrangère de Napoléon III.

souverains dont le lien douanier et le lien militaire faisaient seuls l'unité[1] ? Si M. Thiers et M. Faguet ont raison, si la liaison qu'ils admettent est si rigoureuse entre l'ordre militaire et l'ordre civil, *il faut* absolument que nous ayons été vainqueurs. Pour ma part, je n'en doutais guère, après avoir lu l'un et l'autre.

Voici l'autre condition de M. Faguet : « Beaucoup de choses se font à Paris qui pourraient se faire en province mieux et plus vite. Une certaine mesure d'autonomie rendue à cet égard, *je ne dirai jamais à la commune*, mais au canton, à l'arrondissement, au département, à la région est dans les choses souhaitables. » *Jamais à la commune !* Retenez, je vous prie, ce mot significatif, et admirez-le. Ni le département, ni le canton n'ont en France de personnalité physique et historique bien marquée. L'arrondissement et la région (ou province) existent, mais le premier est souvent mal dessiné, et nos lois l'organisent tout de travers ; la seconde n'a point d'existence légale, et il sera fort délicat d'en marquer les confins, du reste forts réels. Un seul groupe est à la fois naturel, historique et légal ; c'est la commune : c'est la commune que M. Faguet repousse, ou qu'il condamne à une tutelle indéfinie.

Rien n'est plus caractéristique. Notez que je vois bien les raisons qu'alléguerait M. Faguet ; mais j'aperçois aussi des causes qui le meuvent peut-être à son insu. Sans doute les communes, étant des personnes complètes, de vraies unités politiques, sont capables d'autant de mal que de bien ; et leur rendre immédiatement et d'un seul coup de pleins pouvoirs sur elles-mêmes serait une grande folie. N'empêche que c'est elles, nos premières réalités politiques ou, si l'on préfère, sociales, que l'on doive développer *si l'on croit à la bienfaisance de l'action locale*. Mais justement, il ne semble pas que M. Faguet admette cette bienfaisance. Ne sont-ce pas ses qualités de professeur et d'universitaire qui l'en éloignent ? Peut-être encore qu'il se défie des diversités de la France. Peut-être qu'une autonomie administrative conférée aux municipalités étant, celle-là, une autonomie réelle, lui paraît un dangereux acheminement à toutes sortes de divisions nationales. C'est, à mon goût, manquer de confiance en nos siècles d'histoire commune ; c'est, de plus, négliger la considération des intérêts économiques, plus pressants, plus puissants que tout. Imaginez la rive gauche du Rhône séparée du reste de la France par une ligne douanière ! Que deviendrait le littoral ? Où les paysans de la côte pourraient-ils exporter leur huile ? Où les jardiniers du bord du fleuve expédieraient-ils leurs primeurs ? Les craintifs ont beau dire ; notre pays est très bien fait et, très divers, il est plus « un » qu'on ne le pense.

1. De fait, l'Empire allemand a été proclamé en janvier 1871, donc après la victoire allemande à Sedan (septembre 1870).

Mais, puisqu'il sent de telles sollicitudes patriotiques, M. Émile Faguet serait sage de remarquer à quel point cet esprit local qu'il dédaigne est nécessaire à la prospérité de toute la nation. Faute de cet esprit, la nation languit elle-même. M. Barrès en a donné de grands exemples dans les différents passages de son livre qui signale des infiltrations germaniques dans l'Est. De ce côté « la résistance faiblit, nous dit-il, la race germaine se substitue à l'autochtone dans tout l'est de la France ». « À toutes les époques la France fut une route, un chemin pour le Nord émigrant vers le Sud ; elle ramassait ces étrangers pour s'en fortifier. Aujourd'hui ces vagabonds nous transforment à leur ressemblance. » De fortes communes lorraines seraient d'excellents instruments de gallicisation. Mais M. Faguet n'en veut pas.

Tout ce qu'il nous concède, c'est la décentralisation intellectuelle. Là, aucune réserve. « La vie intellectuelle provinciale doit être ranimée par tous les moyens possibles. » Hé ! quels moyens ? Il n'y en a que d'une sorte : obliger tous les citoyens à s'occuper des finances et du reste de la politique locales, cesser de les en décharger sur un fonctionnaire. De ces humbles travaux ils passeront, s'ils en sont capables ou quand ils en auront senti le désir, à des soins intellectuels. Procéder autrement, c'est fonder en province des succursales de Paris ; c'est poser des miroirs, non point allumer des foyers. Votre décentralisation intellectuelle, même universitaire, n'est qu'un mot si elle n'émane de la vie morale et politique du milieu où vous la produisez. Objecterait-on le mouvement provençal, né justement en pleine centralisation ? Mais on oublierait en ce cas que, jusqu'à la Révolution, la Provence avait été un pays d'État[1] fort autonome : Mistral et Roumanille[2] sont nés moins de cinquante ans après la disparition de l'autonomie provençale[3] et leurs propres pères avaient pratiqué et goûté ce régime. Leur réaction est donc sortie d'un souvenir vivace et des vestiges encore frais de libertés connues de la génération précédente. Ils avaient dans le sang leur passion particulariste.

La décentralisation intellectuelle, on ne saurait trop le dire, n'est pas un commencement, mais un aboutissant ; c'est une fin, non une cause, une fleur, non une racine. Elle naît, on ne la décrète pas dans un bureau de ministère. Mais on peut, à la vérité, en obtenir quelques semblants. On peut appeler phénomènes de « décentralisation intellectuelle » de simples faits d'association morale et professionnelle établis en province, mais nullement provinciaux. Je les crois bons et excellents, par exemple sous la forme universitaire qui a déjà donné des résultats de premier ordre. Toutefois, je

1. Province d'Ancien Régime ayant conservé une assemblée représentative, par opposition aux pays d'élection et d'imposition, directement soumis au pouvoir central.
2. Roumanille fut le mentor de Mistral avant d'en devenir le lieutenant.
3. Roumanille est de 1818, Mistral de 1830.

n'ai pas dans les faits de ce genre la confiance sans réserve de M. Émile Faguet, et je voudrais lui faire partager mes naissantes appréhensions. Il est patriote. Il craint que la commune n'attente à la patrie. Il craint que la décentralisation politique ne sème l'indiscipline dans notre État français, lequel doit être, à l'exemple des États voisins, une espèce de camp. Eh bien ! qu'il sente quelque crainte ; car toute seule, sans le correctif de l'association locale, sa chère association professionnelle et morale perce, découvre, démantèle notre frontière.

Toute notre frontière. Comment ce critique si réfléchi n'a-t-il pas observé que, de sa nature, le lien moral et professionnel est cosmopolite ? La communauté religieuse est cosmopolite ; voyez le catholicisme, si souvent accusé de ruiner le patriotisme[1] ; voyez les protestants français et anglais dans nos colonies. La communauté financière est cosmopolite ; je n'ai pas besoin de dire comment. La communauté scientifique est cosmopolite, malgré la diversité des langues, dont elle cherche d'ailleurs à venir à bout. La communauté strictement professionnelle est cosmopolite : faut-il montrer du doigt l'Internationale ouvrière ! L'ingéniosité du fédéralisme, chez M. de La Tour du Pin ou chez M. Barrès, consiste à unir les deux ordres de groupements, le territorial et le moral, dans une forte et complexe organisation communale, provinciale, nationale. Mais je doute que M. Faguet, lettré et professeur, l'ait conçu bien distinctement. Il se dirait tout à la fois patriote et cosmopolite, citoyen de la France jusqu'à la ruiner par la centralisation, et partisan d'une Cité européenne jusqu'à supprimer les frontières pour le jeu le plus libre de l'esprit d'association, que je n'en serais point surpris. Or ces deux conceptions se trouvent être absolument contradictoires ; il faut rejeter l'une ou l'autre. Quelle que soit la sacrifiée, les objections du plus distingué des adversaires de la décentralisation sont frappées de caducité. S'il garde la patrie française, nous avons fait voir à quel point l'association morale était dangereuse pour elle. S'il la rejette, il devient superflu de trembler pour son unité.

Les objections de MM. Blum, Faguet et Doumic intéressent les belles-lettres ou la politique. Elles sont donc moins fortes que cette objection sociale ou, pour mieux dire, économique, que l'on tire des conditions de la vie moderne ; je laisserai M. Joseph Caraguel[2] en établir la formule. Il l'a fait, il y a deux ans, dans une chronique du *Journal*, insérée dans son livre *La Raison passionnée*, non à propos des *Déracinés*, mais bien d'une manifestation de félibres :

> … La civilisation n'interrompra pas son ascension vers l'unité et l'harmonie pour complaire à quelques impuissants vaniteux qui redoutent de perdre leur peu

1. Accusation formulée notamment par les nationalistes allemands et italiens, mais aussi par les jacobins français.
2. Auteur dramatique et critique.

d'esprit au vertige des sommets. Régionale ou communale, littéraire ou politique, aucune forme d'invertébration n'est viable, aucune tentative autonomiste n'est à craindre. L'unité, déjà faite dans les volontés, s'affermit aux conditions modernes de l'existence sociale. Après les provinces qu'avait dissoutes la Révolution française, c'est la province qui disparaît depuis les chemins de fer et le télégraphe. Nulle vie strictement locale n'est, en effet, possible lorsque nulle vie n'est forcément localisée ; si bien que la vitalité de l'humanité tout entière retentit aujourd'hui dans les moindres villages.

Je ne puis me défendre de goûter ce ton de l'éloquence philosophique. Elle est inspirée d'un sentiment tout à fait concret, la haine des félibres, haine toujours forte et tenace lorsqu'elle s'établit dans un cœur méridional. Pour ma part, j'aime les félibres, et mes lecteurs sont prévenus. Ce sentiment peut m'entraîner dans une erreur ; mais du moins je les mets en garde. Ce point réglé, analysons trait pour trait les idées de M. Caraguel.

Il y a là beaucoup de vues sur lesquelles je manque de renseignements précis, et que j'appellerais de très bon cœur mystiques, métaphysiques, ontologiques, bien qu'elles nous soient données pour très positives. Tout d'abord, M. Caraguel est-il sûr, positivement, que la civilisation fasse une « ascension continue vers l'unité et l'harmonie » ? Cela se peut, mais le contraire se peut tout aussi bien. Le mouvement civilisateur peut tendre, en somme, à des différences aussi probablement qu'à des ressemblances. Pour moi, j'hésite là-dessus et non seulement sur le point de fait, mais sur le point de droit : faut-il souhaiter que l'univers s'unifie ? je n'en sais rien au juste, pas plus que je ne sais s'il aspire à cette unité.

Admettons pourtant, ou feignons d'admettre à titre de conjecture et l'injection précitée de M. Caraguel (le monde s'unifie) et le principe (indémontré) que cette unification sera bonne. Résulte-t-il de là que cette unité ou cette harmonie doivent détruire toutes les variétés naturelles ? Une unité peut être simple ou synthétique. Ce ne peut être l'unité simple qui ait des chances d'être réalisée ici, mais une unité synthétique, un accord d'éléments divers. Si, comme on semble vouloir le dire, cet accord constitue un progrès véritable, il faut que les diversités soient conservées dans leur richesse primitive, sans quoi ce qui serait gagné en ordre et en discipline serait reperdu d'autre part, du chef des caractères ordonnés. L'harmonie désirée du monde ne peut donc consister qu'en un ordre meilleur des variétés existantes, nullement en leur suppression[1]. Mais, si ces variétés-là et ces différences subsistent, en quoi une harmonie paisible et spontanée du tout peut-elle nuire à l'autonomie des parties ? Elle la suppose, au contraire. Que ces parties puissent un jour profiter de l'ensemble des ressources du tout, cela est admissible ; mais qu'en même temps elles puissent jouir et disposer des leurs propres plus librement, cela n'est guère discutable, et le programme fédéraliste ou décentralisateur ne pose rien de plus.

1. Cette phrase montre à quel point politique et esthétique sont liées chez Maurras.

Une vie particulière très vigoureuse n'a rien, en effet, qui exclue des échos purs et nombreux de toute la vie d'alentour. Bien avant M. Caraguel les monades leibniziennes recevaient le retentissement de tout l'univers et manquaient pourtant de fenêtres pour voir au dehors[1]. Quel fédéraliste, quel particulariste, quel félibre a rêvé d'une Commune close, ou d'une Province bouchée aux bruits extérieurs ? M. Joseph Caraguel semble avoir voulu défigurer cette thèse pour la défigurer aisément. Aussi a-t-il rendu plus aisé de lui répliquer. Traduire « décentralisation » ou « fédéralisme » par « invertébration », n'est-ce pas un abus de mots quand les fédéralistes et les décentralisateurs ont toujours indiqué qu'il s'agissait plutôt de substituer des vertèbres véritables à des vertèbres de carton ?

Il eût dû s'en tenir à ce qui fait le nerf de son objection, à la thèse des « conditions modernes de l'existence sociale », « chemins de fer », « télégraphe » et le reste. Mais, là encore, que de réponses faciles ! Il est certain que la distance et le temps, traités par les engins nouveaux de locomotion, ont changé les conditions humaines dans une mesure considérable. Il faudrait toutefois examiner si ces engins sont tous du même ordre, pour produire le même effet ; il faudrait voir si les mêmes engins ont produit ou produisent uniformément les mêmes effets. L'admettez-vous ? Alors c'est par un acte religieux de votre foi, car, en un sujet si complexe et si varié, il n'y rien de moins assuré. Exemple : le chemin de fer et le télégraphe, avec leurs voies et leurs guichets à poste fixe, ont déterminé des habitudes uniformes ; on part et on arrive aux mêmes heures, on suit les mêmes voies, dans des conditions pareilles. Mais voici le cyclisme, qui altère considérablement ce premier état de choses : que sera-ce bientôt de l'automobilisme, ou plus tard de l'aviation[2] ? De ces véhicules divers, mais qui font tous gagner du temps et rapprochent les lieux, jaillissent deux séries d'usages contraires.

Du même ordre de véhicules, en des temps différents, peuvent sortir aussi des résultats divers. Certaines classes de la population peuvent être rendues plus casanières par le seul fait de la facilité croissante des moyens de communication. Il suffit, par exemple, qu'une confrérie nouvelle de courtiers et d'intermédiaires s'organise pour mettre à profit ces moyens : le paysan qui se dérangeait pour un achat reçoit à domicile tels échantillons, les choisit, reçoit la marchandise elle-même et la solde sans faire un pas hors de son bien. La formule de M. Caraguel « nulle vie strictement locale n'est en effet possible lorsque nulle vie n'est forcément localisée »

1. Dans la *Monadologie* de Leibniz (1714), les monades, ou divers éléments du monde, sont en elles-mêmes isolées les unes des autres, et pourtant reliées les unes aux autres par l'intermédiaire de Dieu.

2. Rappelons que ce texte a été publié en 1898. Le premier vol d'Ader a peut-être eu lieu en 1890, mais ce n'est pas sûr, et le deuxième date de 1897. En tout état de cause, l'aviation est encore expérimentale à cette époque. Quant aux automobiles, on n'en compte que quelques centaines en France.

est donc fausse si on la prend en un sens réel et pratique, c'est-à-dire en en retranchant l'adverbe *strictement*, et si on garde cet adverbe, elle n'a plus qu'une valeur imaginaire, car jamais dans l'histoire du monde elle ne s'est appliquée à rien, nulle vie strictement locale n'ayant jamais été, hormis peut-être dans l'île de Robinson[1].

— Mais, dira-t-on, de nos jours, la pensée la plus casanière voyage et elle est incessamment visitée.

— Sans doute. — Elle est même plus visitée, plus voyageuse qu'autrefois. — J'y consens. — Elle est donc moins locale ! — Ce n'est point une conséquence rigoureuse. La découverte de la navigation n'a point aboli la patrie, mais elle l'a rendue plus chère. Le commerce des peuples, le rapprochement des pays, dans des conditions normales, ne peuvent que rendre chaque patrie particulière plus agréable à son habitant, étant accrue, aidée, embellie d'apports étrangers[2]. Elle peut, à la vérité, en être aussi recouverte et comme submergée. Mais c'est un accident, et il est réparable et justement par le remède de la politique locale, qui subordonne ces apports extérieurs et les adapte aux convenances du lieu. C'est la condition même du bien-aise personnel et de la prospérité publique. Bien loin que cette politique puisse être accusée d'aveuglement ou d'étroitesse en présence des nouveautés, elle fournit le moyen de se les approprier le plus heureusement.

Et voilà l'objection de M. Caraguel ! Je crois qu'elle mérite le nom de préjugé. Elle n'a point volé non plus la qualification de mystique. « L'univers *tend* à s'unifier »... « *Tout marche* à l'unité » : ce sont les majeures secrètes de beaucoup de syllogismes très vicieux en dépit de leur physionomie inductive ; je conseille aux bons esprits de s'en préserver. Tendances, mouvements, marches du genre humain, ce sont des expressions abrégées pour représenter des faits passés ; elles ne dessinent point l'avenir. Qui nous délivrera de ces principes ambulants, causalités anthropoïdes, mauvais petits dieux plus fâcheux que les entités scolastiques[3], car ils résultent d'un travail logique inférieur à celui du XIIIe siècle, providences inférieures à celle même qui déconsidéra Bossuet[4] !... Si l'usage vulgaire en continue l'emploi, vous verrez qu'il n'y aura bientôt plus moyen de penser.

*
* *

1. Le héros du roman de Daniel Defoe (1719).

2. Maurras n'est donc nullement partisan de l'autarcie économique, intellectuelle ou morale.

3. Allusion aux concepts de la philosophie médiévale, souvent critiqués par les auteurs progressistes, dont Maurras note malicieusement que les thèses sont plus fragiles encore.

4. Dans son *Discours sur l'histoire universelle* (1681), Bossuet explique tous les événements par la Providence divine.

Le succès des *Déracinés* à Paris et dans les provinces ne pouvait manquer de préciser ce sentiment d'un Droit nouveau, que l'on peut nommer particulariste, d'affermir ce parti nouveau qui devrait s'appeler national-fédéral. Partout où les intérêts du sol ou les intérêts de la race sont sentis, l'on sent qu'il y a d'importantes réformes à réaliser pour donner à ces forces naturelles un libre jeu. On l'a senti à Tarbes, l'été dernier, pendant le congrès des caisses de crédit agricole qui s'est tenu dans cette ville. On le sent dans les assemblées régionales et générales des syndicats agricoles et à la Société des agriculteurs de France. Le sol, le sang, la tradition demandent partout à exercer leur portion nécessaire d'influence et de prépondérance morales. À Paris même, en pleine Académie, ce vœu national se fait jour : à propos des livres de Pouvillon[1] et de Mistral, M. Gaston Boissier[2] parlait dernièrement d'une « revanche de la province ». Et les précautions mêmes que prenait l'orateur témoignent de l'idée qu'il se faisait de la gravité du sujet :

> Nous sommes d'un pays qui a toujours eu dans le sang le goût de la centralisation. Aussi loin que nous remontions dans notre histoire, quand nous étions terre romaine, on nous dit que les habitants de nos grandes villes avaient les yeux sur les sept collines pour reproduire ce qu'on y faisait. C'était la mode chez eux de se construire un Capitole ; leurs libraires étalaient sur leur devanture les dernières œuvres de Pline aussitôt qu'elles étaient parues, et les jeunes gens tiraient vanité de savoir par cœur et de répéter les petits vers de Martial. Au XVIIe siècle, Chapelle ne fut pas peu surpris, dans son voyage, de rencontrer à Montpellier des précieuses qui affectaient d'imiter les petites mignardises et le parler gras de celles de Paris, qui discutaient sur l'*Alaric*[3] et le *Moïse*[4], sur la *Clélie*[5] ou le *Cyrus*[6], et qui lui demandaient des nouvelles « de ces Messieurs de l'Académie ».

Cet agréable préambule n'est peut-être pas d'une justesse incontestable. Avant la paix romaine, il exista une Gaule plus ou moins fédérée ; les mœurs gallo-romaines ne furent peut-être point aussi rigoureusement centralisées qu'on nous le montre ici ; avant le régime inauguré par Louis XIV, que son dernier descendant direct, le comte de Chambord[7], appelait et non sans finesse le premier des Napoléons, il y eut une France fédérative florissante et dont les coutumes et les institutions se prolongèrent en Bourgogne, en Bretagne, en Provence, en Languedoc et en Béarn, jusqu'à la Révolution. C'est mal juger de Montpellier, qui fut une petite capitale politique, littéraire et scientifique, par la conversation de quelques caillettes.

1. Écrivain du Quercy.
2. Secrétaire perpétuel de l'Académie française.
3. *Alaric ou Rome vaincue*, de Georges de Scudéry (1654).
4. *Moïse sauvé*, de Marc-Antoine Girard de Saint-Amant (1653).
5. *Clélie, histoire romaine*, de Madeleine de Scudéry (1654-1660)
6. *Artamène ou le Grand Cyrus*, de Madeleine de Scudéry également (1649-1653).
7. Petit-fils du roi Charles X.

S'il fut dans l'histoire de France des moments où la centralisation devint nécessaire, la tradition décentralisatrice n'y est pas sans gloire non plus.

Ce qui est vrai, c'est que les institutions de l'Empire, de la Convention, de la Royauté finissante, avaient formé chez nous des mœurs et des goûts centralisateurs. Ces mœurs et ces goûts s'affaiblissent, s'ils ne se défont pas encore. M. Boissier le note clairement :

> Il n'en est plus de même aujourd'hui ; les auteurs se sont aperçus qu'il y avait hors de Paris des pays dignes d'être regardés et des personnages qui méritent d'être dépeints. Mais parmi ceux qui se sont mis à décrire les paysages et les mœurs de province, il y a des catégories différentes. À côté du provincial d'occasion, resté au fond Parisien, qui s'en va observer quelque temps les pays dont il veut parler et s'empresse de les quitter une fois que sa moisson est faite, il y a le provincial pratiquant, qui y demeure, qui ne les aime pas seulement pour le profit qu'en tireront ses ouvrages et les peintures nouvelles qu'il en peut rapporter, mais parce qu'il ne trouve rien de meilleur ailleurs.

Telle est l'action lente des mœurs. Les idées sont plus promptes. Dans un mémorable discours également prononcé à l'Académie peu de jours après celui de M. Boissier, M. Paul Bourget a demandé la reconstitution immédiate des gouvernements locaux dans la France moderne.

Ainsi, même chez Richelieu et devant M. Hanotaux[1], l'on note les parties caduques de l'œuvre du grand cardinal. On en convient également dans les cercles politiques officiels. Jadis les opposants critiquaient la centralisation comme l'instrument peu discret du pouvoir gouvernemental. Aujourd'hui elle est critiquée en elle-même. Ceux qui détiennent le pouvoir s'aperçoivent que cette centralisation excessive compromet les graves intérêts dont ils ont le dépôt et les accable de responsabilités superflues. C'est du ministère de l'Intérieur qu'est sorti, on l'a vu, le projet relatif à la suppression de soixante-huit conseils de préfecture. Un publiciste gouvernemental, de qui l'autorité égale le talent et le patriotisme, M. Ernest Judet, rédacteur en chef du *Petit Journal*[2], déclarait l'autre jour que la centralisation, établie pour accroître les forces de l'État, était allée contre son but et avait énervé ces forces nationales ; il signalait comment, dans l'affaire Dreyfus, l'État, si puissant contre toutes les initiatives privées, s'était trouvé sans armes pour défendre sa prérogative militaire et judiciaire :

> Une fâcheuse tendance de notre époque consiste à maintenir jusqu'à l'agacement *les prérogatives de l'État dans les petits détails d'administration* qui le rendent odieux, tandis qu'on l'affaiblit en haut dans ce qu'il a de plus essentiel, de plus nécessaire ; c'est le mouvement contraire qui nous ralliera, si nous sommes sages et clairvoyants. *Dépouillons l'État de ses minimes mais désagréables privilèges qui ne sont qu'un instrument de tyrannie locale aux mains des fonctionnaires trop zélés*

---

1. Le cardinal de Richelieu, dont Maurras incrimine ici la politique centralisatrice, fut le fondateur de l'Académie française en 1634. Hanotaux, biographe de Richelieu, avait été élu à l'Académie en 1897.

2. Journal conservateur et antidreyfusard.

et omnipotents ; mais resserrons précieusement le faisceau invincible des forces qui correspondent à la *mission supérieure de l'État, qui lui permettent de représenter notre sécurité collective, notre fierté nationale, notre grandeur extérieure.*

En somme, il faut changer le principe même des institutions de l'an VIII[1]. En donnant à l'État mille distractions importunes, elles l'ont affaibli dans son œuvre propre. Elles lui ont fait perdre encore de sa force par les sentiments de paresse, d'impatience, de dégoût et d'inimitié qu'excite chez les citoyens son intervention continue. Négligent des grandes affaires et trop soucieux des petites, cet État centralisateur pousse la France à l'anarchisme et la détache de toute idée de patrie.

Pour sauver le patriotisme, il faut réformer la patrie, comme il faut réformer l'État pour sauver la notion de gouvernement. L'État français sera conçu non pas moins « un », sans doute, mais uni suivant des principes plus souples, plus conformes aux richesses de sa nature, plus convenables à nos mœurs, et qui établiront une meilleure division du travail politique. Aux communes les affaires proprement communales, les provinciales aux provinces ; et que les organes supérieurs de la nation, dégagés de tout office parasitaire, président avec plus d'esprit de suite et de vigueur à la destinée nationale.

Ainsi ramené à ses normales attributions, le pouvoir central les verrait aussitôt affermies et développées. Une France où seraient fixées et garanties les libertés particulières des Villes et des Provinces pourrait, à l'exemple de plusieurs autres nations fédératives, assurer plus de stabilité et d'indépendance à l'organe capital du pouvoir suprême, gardien de l'Unité, dépositaire des traditions politiques, fidéicommissaire de la fortune du pays, préparateur, directeur et exécuteur de ces longs et vastes desseins par lesquels un peuple se conserve et se renouvelle, reste libre et devient puissant.

Les nationalistes et aussi ces esprits modérés, éclairés, gouvernementaux, aujourd'hui si nombreux en France dans les partis les plus divers, songent sérieusement à renforcer l'Exécutif, à réfréner la turbulente agitation parlementaire, à mettre plus d'ordre, de continuité, de puissance effective dans les sphères supérieures de l'État. Je les prie de songer que cette stabilité rêvée, cet affermissement, ce développement des forces de la France ne sont possibles qu'après une décentralisation très complète et très large. Seule, la solution de ce premier problème rend posables, abordables et solubles les autres. Ils en dépendent ; ils y sont, à la lettre, subordonnés.

Qui voudra réorganiser notre nation en devra recréer les premiers éléments communaux et provinciaux. Qui veut réaliser le programme nationaliste doit commencer par une ébauche de fédération.

1. Allusion à la Constitution de 1799, qui inaugure le centralisme napoléonien.

MAIRE ET CURÉ À LA COURONNE OU D'UNE POMME DE DISCORDE

Doit-on écrire la Couronne ? C'est la *Queiroun* qu'il faudrait dire, paraît-il : la carrière de pierre. Il n'y a pas de cap Couronne, mais un cap *Queiroun*. Ce mot et ses semblables ont eu bien des malheurs dans le trajet des chartes provençales aux cartes de France ; une tour de la *Queiriès*, près d'Aix, en est devenue la tour de César.

La *Queiroun* désigne un village de carriers. Ces carriers ont construit l'église avant l'an 1600. Ils ont, plus tard, bâti le clocher dont je revois d'ici la dentelle des pierres d'angle dont chacune porte sa marque cabalistique. La pêche nourrit quelques marins, pour la plupart groupés à l'anse de Carro[1] [...]. Les coteaux d'alentour furent plantés de vieilles vignes où pétillait un vin clair et léger comme le feu. Les souches arrachées renaissent, dit-on, aujourd'hui. Elles retrouveront peut-être l'antique vertu. En attendant, parmi quelques rares bouquets de cyprès, de pins et d'yeuses, étincelle partout une pierre tendre et dorée que les étés normaux élèvent aux splendeurs de l'incandescence parfaite. Rien n'est beau comme le soleil rayonnant à cœur joie sur le pâle corps allongé de ces roches pures qui descendent mollement à la mer. Il n'est pas un rocher, pas une anse, pas un bosquet, pas un buisson de ces parages que nous n'ayons battus, mon frère et moi, à l'âge où marcher au soleil en disant de beaux vers dans toutes les langues possibles est un plaisir d'esprit et de corps qui les contient tous.

Comment peut-on faire des sottises sous ce beau ciel ? Voilà une petite paroisse de hameau à qui les lois de dévolution et de séparation[2] ont fait perdre son repos de jour et de nuit ; le bruit de ses disputes monte jusqu'à Paris. Un prêtre expulsé de la maison curiale[3], le maire, les gendarmes... À lire et à relire les historiettes brodées sur le fond de l'histoire, il faut

1. Port au sud de Martigues.
2. Allusion à la séparation des Églises et de l'État (1905).
3. Maison du curé.

commencer et finir par faire à la face du ciel provençal le même aveu très véridique : c'est complètement idiot.

*
* *

Nous parlons de la chose, nous ne parlons pas des personnes. Il m'est impossible de parler des personnes, sans y mettre toutes les nuances du souvenir et de la sympathie. M. le Curé de la Couronne et moi, nous n'avons cessé de nous tutoyer que du jour où il a reçu les Ordres mineurs[1] ; je l'aperçois encore assis sur les bancs de nos classes parmi les séminaristes en petite blouse, faisant face à mes camarades, collégiens en veston. Quant à M. le Maire, il ne me souvient pas que le mot *vous* ait jamais été articulé entre nous.

Dans nos pays de petite bourgeoisie et de peuple maigre, comme on disait à Florence, le clergé est pauvre. Il ne peut vivre des châteaux, pour la bonne raison qu'il n'y en a pas. Donc, le clergé, depuis qu'on l'a dépouillé, ne subsiste que de souscriptions volontaires dont chaque unité est modique. Et, cependant, là comme ailleurs, et plus qu'ailleurs peut-être, c'est le clergé qui représente l'instruction, l'élévation naturelle, la culture méthodique des sentiments, le bon ordre public et privé. Il est l'intelligence, le désintéressement, le dévouement et surtout la paix. Nous n'avons pas coutume de discuter ni même d'apprécier les décisions de l'autorité ecclésiastique, mais il est de fait que, précisément en ces derniers temps, elle a fait, là-bas, des sacrifices particulièrement généreux à son vœu de concorde. Quant à M. le Maire, il appartient à une famille de gros commerçants extrêmement honorée. Catholique comme tout le pays, il s'est fort bien marié. S'il est mangeur de prêtres, il faut qu'il le soit devenu depuis peu. J'ai peine à le penser. Sa formation originelle diffère très peu de celle de sa victime, fils de commerçant comme lui. Ah ! non, ce n'est pas la lutte des classes qui les sépare ! Autant qu'il me souvient, le magasin occupé par la famille de l'un n'est distant du magasin occupé par la famille de l'autre que par cinquante pas faits en diagonale d'un point à l'autre d'une même grand'rue. Chez M. le Maire, on est riche. Je crois qu'on l'a été chez M. le Curé. Mais M. le Curé ne brandit aucun drapeau de revendication et ce qu'il prêche est le respect de tous les intérêts légitimes et de tous les droits. Voyez donc la pitié de ces éléments en querelle : même classe, même tradition religieuse et sociale, même petit pays. Pourquoi se prend-on aux cheveux ?

*
* *

1. Fonctions liturgiques subalternes, par opposition aux ordres majeurs (fonctions de diacre et de prêtre).

Le lecteur libéral fera bien de ne pas crier ici à la petite mare[1]. D'abord, parce qu'il n'y a pas de petite mare dans notre désert radieux que dessèche la gloire du soleil et qu'un dur mistral assainit. On serait bien embarrassé de trouver par ici grand'chose de stagnant. Nos étangs magnifiques font une mer intérieure où quelques travaux suffiraient pour loger les escadres qui sont à la gêne à Toulon. Le cas de ce curé et de ce maire est aussi exempt que possible de passions locales, et rien ne montre mieux à quel point est irréel et fictif le pauvre point de vue des hommes qui ont pris le clocher et l'arrondissement pour leurs bêtes noires. Ce qui est local, parbleu ! ce sont les malentendus, les bisbilles, les cancans colportés de maison en maison. Mais cela se retrouverait à Paris, dans le grand village. Tout ce qui envenime ces misères-là vient d'ailleurs. Cela vient de plus haut. Cela vient de plus bas. Et, pour l'expliquer, il faut combiner la malfaisance historique des dernières lois avec la malfaisance éternelle du gouvernement des partis.

Nous tenons de M. le Curé qu'un conseiller municipal radical-socialiste protesta énergiquement au cours des délibérations qui dépouillèrent la cure[2] de la Couronne. Cela fait l'éloge d'un homme. Tous les autres auront cédé au désir de donner des gages au « Parti ». L'iniquité aura paru de peu de poids en comparaison du grave avantage qu'il y avait à paraître des radicaux bon teint. La fatalité des partis entraîne les honnêtes gens à commettre, à subir ou à contresigner les actes malhonnêtes. Je ne leur en fais pas mon compliment. Et les conservateurs qui croient pousser au progrès en « organisant les partis » dont ils redoubleraient ainsi la malfaisance devraient réfléchir à une conséquence qu'ils ne pourraient pas éviter : c'est le redoublement de la guerre civile. Les radicaux avaient préparé cet incendie en mêlant nos conseils municipaux à la dévolution des biens d'église. Les marchands de réformes électorales et proportionnalistes fournissent de fagots les premiers boutefeux.

Il n'y a qu'un remède à ce mal des partis, générateur de haines énervantes et appauvrissantes. C'est la suppression du gouvernement des partis. C'est le retour à nos libertés véritables.

*
* *

1. On avait fait un succès à cette expression par laquelle M. Briand prétendait diffamer une circonscription de la terre de France : l'arrondissement. Toute la suite contient des réponses aux rêveurs qui prétendaient guérir le pays au moyen de la représentation proportionnelle fondée sur l'« organisation des partis » [NdA].

2. Maison du curé.

M. le Maire de Martigues sera probablement surpris de découvrir que ses prédécesseurs d'avant 1789, consuls et échevins[1], avaient beaucoup plus de pouvoirs qu'il n'en a. Tous les gens instruits commencent à savoir que nos cités de Provence ont été sous le roi de France de petites républiques jouissant d'une large autonomie administrative. Seulement, tous les droits collectifs ou privés y jouissaient aussi de garanties très étendues. C'est donc au moment où nous avons fait de toute la France la République Une et Indivisible que les libertés vraiment républicaines ont été faites prisonnières et verrouillées dans les préfectures. Pour leur donner l'illusion de l'indépendance, on jette aux électeurs et aux conseils élus le hochet dangereux des questions religieuses ou constitutionnelles – des mots ! des mots ! des mots !... Elles agitent les partis, divisent les familles, troublent la face entière du pays et font que l'Étranger grandit à nos dépens.

J'oserai dédier particulièrement ces lignes à M. le Maire de Martigues et à tous ceux qui délibèrent ou délibéreront avec ses successeurs entre les murs jaunis de ce bel hôtel de Pradines qui fut le siège de nos libertés anciennes et qui devrait en rester le signe vivant.

C'est au second étage de l'hôtel de ville de Martigues, en feuilletant les vieux registres des archives municipales, que j'ai appris à rendre justice à notre passé ; que j'ai connu les droits et les franchises dont se paraient fièrement nos ancêtres ; que j'ai touché du doigt la culture de leur esprit, la politesse de leurs mœurs, la charité de leur vie publique ; que j'ai admiré la langue excellente et fine dans laquelle nos bourgeois discouraient ; enfin constaté que dans leurs « assemblées de citoïens de tout estat » (une institution que nous avons perdue), ceux qui savaient écrire n'étaient pas moins nombreux qu'aujourd'hui ; c'est là que je me suis senti être définitivement ce que j'avais toujours été : républicain municipal, fédéraliste provincial et, pour la direction de la Patrie française, non moins passionnément royaliste...

Car cette claire différence faite entre les affaires de l'État, de la province et de la commune suppose une distribution des fonctions proportionnelle aux compétences. Pour la comprendre, il faut admettre que la liberté ne consiste pas à discuter hautes mathématiques avec l'Académie des Sciences, ni stratégie avec le généralissime, ou théologie avec le pape Pie X. Cette liberté-là, toute verbale, est une peste. Si l'on veut empoisonner un pays, il n'y a qu'à lui administrer un beau et bon cachet de guerre religieuse : c'est le médicament auquel Bismarck a eu recours pour frapper d'immobilité le gouvernement de la France depuis 1878. En 1906, le juif allemand Grunebaum Ballin, en digne allié de Guillaume, a administré ce poison à nos 36 000 communes[2] : c'était autant de pris sur nos préparatifs militaires !

---

1. Magistrats municipaux.
2. Voir *supra* notre introduction à cette partie « Politique ».

Croyants et incroyants, tous les patriotes français doivent se liguer pour chasser la guerre intestine. Puissent les dieux de la patrie l'éloigner de mes trois clochers. Puisse-t-on la bannir du conseil de la ville ! Aux pouvoirs municipaux les affaires de la commune, aux pouvoirs provinciaux les affaires de la province, au pouvoir national les affaires de la nation : pour ce qui est des difficultés religieuses, que cette pomme de discorde soit recueillie au vol, cuite, recuite et réexpédiée chez les Allemands !

1912

LA RÉPUBLIQUE DE MARTIGUES ET LES SEIGNEURS DE GALLIFFET

Lettre à Henri Vaugeois, directeur de l'Action française sur les républiques françaises et la Monarchie fédérale

Alors, nous avions des Consuls
et de grands citoyens !
Mistral[1]

Martigues, 30 mai 1900

Retenu en Provence, tandis que vous poussiez à Paris vos campagnes, j'ai fait, comme dans le *Roman de l'énergie nationale*[2], le voyage à la recherche de mes racines. Les archives de ma commune, feuilletées chaque jour avec une curiosité religieuse, ont fini par remettre sous mes yeux une pièce que je crois digne d'intérêt. L'ayant éclaircie d'annotations et de commentaires, je vous l'envoie pour que *L'Action française* la publie[3].

Car à qui l'envoyer ? *L'Action française* a entrepris d'instituer des citoyens, et de relever la nation. Les ennemis de l'anarchie et les adversaires de la démocratie gaspilleuse, autant dire tous les clairvoyants amis de la France nous observent, nous écoutent, nous accompagnent. Nous forcerons bien ces patriotes à réfléchir. Puisqu'on vient de renouveler les magistratures municipales, voici l'occasion, qu'il ne faut pas perdre, de

1. Mistral, « I Troubaire catalan » (« Aux Poètes catalans »), dans *Lis Isclo d'or* (*Les Îles d'or*).
2. Trilogie de Barrès.
3. Pièce non reproduite ici.

rappeler ce que furent ces assemblées, ce qu'elles sont et ce qu'il faut qu'elles redeviennent.

Vous connaissiez les Galliffet par celui que Waldeck et Reinach associèrent une année au salut de Dreyfus[1]. Vous les connaissez mieux encore par la démission ridicule qu'il vient de donner à la Chambre. Mais vous allez voir que le titre dont il se flatte est tout à fait imaginaire. Le prétendu « Prince des Martigues » n'est que le petit-fils d'un robin[2] enrichi qui, le 20 mai 1772, eut la sottise de verser deux millions de livres françaises en échange d'un titre que personne n'avait le pouvoir de lui brocanter. C'était à peu près comme s'il avait acheté la lune. Ces millions donnés pour rien ne servirent qu'à rendre le nom des Galliffet exécrable à la population de Martigues. Vous ne connaissez pas celle-ci. Permettez-moi d'en dire un mot.

On ne me verra point faire le modeste pour elle. Aujourd'hui obscure, ignorée et, pareille à la Chéronée du bon Plutarque, de peu de ressources en hommes et en argent, ma ville montre un fier passé et, dans le cercle médiocre de son activité historique, une âme belle, énergique et industrieuse. Ses origines sont couvertes d'un certain mystère. En négligeant les fables, probablement fort véridiques, qui nous font dériver de cette Marthe prophétesse dont Marius[3] se fit accompagner dans les Gaules, en écartant le témoignage du petit monument de marbre qui nous assigne la même souche ionienne qu'aux premiers colons marseillais, en oubliant les constructions pélasgo-liguriennes qui dominent notre étang de Citis, nous remonterons toujours aux croisades : car il est hors de doute qu'un des nôtres, parti en avant des Croisés, fonda en orient ces Hospitaliers de Saint-Jean, qui devinrent l'ordre de Malte[4].

Pendant le Moyen Âge et aux temps modernes, la communauté de Martigues eut sa vie propre et même ses heures de puissance. Plus de quinze mille âmes vivaient au XVIIe siècle le long de son étang et de ses canaux, dans les hautes maisons de ses trois quartiers. Elles sont assez souvent construites en pierre de taille et leurs fenêtres spacieuses, réjouies de festons et de dentelures. Que de prospérités passées cela représente !

Jusqu'aux derniers jours de l'année 1789, notre municipe formait une sorte de république ou de ville libre, comme la république de Marseille ou celles, plus fameuses, d'Avignon et d'Arles.

1. Le général de Galliffet fut nommé ministre de la Guerre par le président du Conseil Waldeck-Rousseau, en pleine affaire Dreyfus. Le journaliste Joseph Reinach fut l'un des principaux défenseurs de Dreyfus.

2. Un magistrat.

3. Marius est le général romain qui vainquit les Teutons près d'Aix-en-Provence (102 avant Jésus-Christ).

4. Allusion au bienheureux Gérard dit Tenque, dont la naissance martégale n'est nullement prouvée, contrairement à ce qu'écrit Maurras.

La Republico d'Arle, au found de si palun,
Arresounavo l'Emperaire,

rappelle Mistral. « La république d'Arles, au fond de ses marais, / parlait en face à l'Empereur[1]. » Entendez l'empereur d'Allemagne. Et, quand le roi de France n'était que le seigneur d'une étroite contrée septentrionale et lointaine, nos républicains provençaux, qui devaient se donner loyalement à lui dans la suite des siècles, s'honoraient de lui tenir tête :

... Noste libre Counsulat
Avié fa testo à l'armo blanco...

« Notre libre consulat avait fait tête à l'arme blanche[2]. » Les comtes de Provence, jusqu'à la maison angevine[3], sentirent la noblesse et l'utilité politique des franchises locales. Ils les respectèrent, et ils les firent respecter. Ceux qui les amoindrirent furent amoindris avec elles. Mais, lorsqu'elle eut juré les libertés de chaque ville dont les maires-consuls lui remirent les clefs, la reine Jeanne n'eut pas à regretter le serment : la fidélité provençale l'a suivie jusque dans la mort, elle l'a mise au rang des fées et des bonnes déesses[4].

Plus tard, la Provence réunie à la France, « non comme un accessoire à un principal, mais comme un principal à un autre principal[5] », sut devenir française en gardant l'essentiel de ses mœurs et de ses lois. Nous fûmes donc de la grande France et, comme l'a exprimé encore Mistral avec une intraduisible chaleur, nous en fûmes sans réserve ni chicane d'aucune sorte :

Sian de la grando Franço e ni court ni coustié.

Sous François Ier, pendant que les paysans de la Provence orientale coupaient leurs oliviers et brûlaient leurs moissons pour affamer les régiments des Impériaux, nos marins repoussaient la flotte génoise[6].

Une bonne douzaine de petits bâtiments armés en guerre portaient alors, du fort de Bouc jusqu'aux mers du Levant, notre écu de gueules à la tour d'argent maçonnée de sable, accostée de deux clefs de même posées en pal et adossées avec la devise : « *Tuta manet in pelago, damnoque fit tutior*[7] ».

1. Extrait du poème « I Troubaire catalan », *op. cit.*
2. *Id.*
3. Maison issue de Charles Ier d'Anjou, frère cadet du roi Saint Louis, devenu comte de Provence par son mariage avec Béatrice de Provence (1246).
4. Jeanne Ire de Naples, comtesse de Provence au XIVe siècle. Elle est restée très populaire dans la mémoire provençale, comme l'atteste la tragédie de Mistral *La Rèino Jano* (*La Reine Jeanne*).
5. Allusion aux clauses d'union de la Provence à la France, rédigées par les États de Provence en 1482 : elles garantissaient les privilèges traditionnels de la Provence et précisaient notamment que les offices publics devaient être réservés aux Provençaux de souche.
6. Allusion aux guerres entre François Ier et Charles Quint.
7. En latin, « Elle reste forte dans la mer calme et devient plus forte dans la tempête. »

Pendant les guerres de Religion, les milices de deux de nos quartiers se firent hacher pour la cause de la Ligue[1]. Remuants, mais fidèles et dévoués, jaloux des libertés antiques, mais entendant fort bien les nécessités du royaume, nos compatriotes échangèrent une sorte d'indépendance politique contre un régime de pure autonomie administrative. Celle-ci était large et, quand l'autorité royale éprouvait le besoin de créer des offices menaçants pour le libre jeu de la communauté, on s'efforçait de racheter au poids de l'or une servitude fâcheuse. Je n'excuse point ces erreurs du pouvoir central, mais je crois qu'elles furent inséparables de la vie et de ses risques. Du moins la liberté était-elle toujours reconquise, toujours méritée. Elle représentait la valeur juste de la cité. Liberté réelle et vivante, sentie, chérie par quiconque y participait, ce n'était pas une liberté théorique, peinte sur les murs.

Les historiens officiels terminent à 1789 la période de l'asservissement des Français. Ils ouvrent à 1789 la période de leur liberté. Si j'en dois juger par les fastes de notre république municipale, il nous faut renverser cette proposition. L'histoire officielle ment. La liberté concrète fut pour nous dans l'Ancien Régime et la servitude concrète date du Nouveau. Depuis l'an VIII[2], nous ne sommes plus citoyens ; nous sommes administrés. Nous pouvons, il est vrai, influencer par notre bulletin de vote les plus grandes affaires générales de la nation française : mais ces affaires, qui voudraient une attention profonde, une compétence infinie, une étude de toutes les heures du jour, nous ne pouvons les suivre, au milieu de nos affaires personnelles, que très distraitement et de loin. Les gens de Martigues s'occupent à pêcher, à construire des barques, à vendre des denrées. Il leur est difficile de se faire entre temps une opinion motivée sur les avantages de la politique de M. Pelletan comparée à celle de M. Charles-Roux[3]. Cependant, ils en sont les souverains et derniers arbitres. En revanche, mes compatriotes ont fréquemment des opinions assez arrêtées, issues de leur usage ou de leur expérience, sur une foule de sujets qui les touchent de très près : ce sont les affaires propres de leur commune. Mais ces sujets leur sont presque absolument interdits. Leurs délégués municipaux doivent à chaque instant référer au préfet. Toutes les affaires se traitent chez le préfet. En réalité, le préfet sert de maire à toutes les villes de notre département. Vous êtes du Nord-Ouest, mon cher ami : en est-il autrement chez vous ? Et ne vous paraît-il que M. le ministre de l'Intérieur, quel qu'il soit, est le maire commun de toutes les villes de France ? Traitées

1. C'est-à-dire la faction ultracatholique.
2. Allusion à la Constitution de 1799.
3. Les deux hommes furent députés des Bouches-du-Rhône. Le premier était radical-socialiste, le second conservateur.

en personnes mineures, elles retombent réellement en minorité et, par les soins de leur tuteur, perdent peu à peu tous leurs caractères.

Les institutions de l'an VIII ont consacré et solidifié ce désordre. Mais ne nous laissons point piper. La ruine de nos libertés date de plus loin que du Consulat.

Lorsqu'il existera un parti national de la décentralisation, *l'anniversaire du 4 août 1789* devra être marqué par un banquet funèbre. Les représentants de nos provinces naturelles, biffées depuis cent ans de la carte de France, y fraterniseront avec les mandataires de nos communes décapitées, muselées et tenues en laisse depuis cent ans. Ce fut dans l'illustre nuit du 4 août que les franchises des villes et des provinces nationales achevèrent de succomber. *Pas un historien sur cent, pas un professeur, pas un instituteur sur dix mille* ne mentionne la catastrophe.

Tous disent que, cédant à l'enthousiasme, les députés de la noblesse et du clergé abdiquèrent tout privilège entre les mains de la nation. Mais aucun ne dit que le Tiers remboursa, séance tenante, toutes ces générosités en abdiquant les privilèges qui lui étaient particuliers : les privilèges de ses villes, les privilèges de ses communautés. Quoique réduits, ils étaient importants et précieux ; ils étaient capitaux. Par cet abandon, les représentants du Tiers ne dépouillèrent pas seulement leur personne et celle de leurs commettants, et toute leur commune postérité : c'est la nation qu'ils sacrifièrent. Ils ôtèrent au corps entier de la nation la possibilité d'une forte vie politique. Ils enlevèrent à la France des provinces, jusqu'à l'espérance de *produire* des citoyens. Ils la condamnèrent à ne subsister désormais que de sa réserve historique. Elle vécut, depuis ce moment, sur son capital.

Ce malheur accompli, le remords ou la crainte du remords les saisit peut-être, car ils en référèrent tout aussitôt à leurs mandants. Et cette référence, les historiens ni les professeurs n'en parlent pas non plus : jamais ! en aucun cas ! Peut-être m'accorderez-vous que la façon dont on enseigne l'histoire de France est abominable.

Vous allez voir ici l'acte par lequel une de ces malheureuses villes françaises, ainsi consultée par ses mandataires, ratifia les renonciations de la nuit fatale et déchira les traits de sa figure naturelle. C'est le *Conseil de tous les citoïens de tout état de la ville de Martigue du 20 septembre 1789*. Dans ce petit pays de coutumes et de mœurs assez conformes à l'Antique, « les citoïens de tout état » se réunissaient « tous », discutaient ensemble et enfin procédaient au gouvernement direct des affaires propres à leur communauté[1]. Le 20 septembre 1789, ils délibérèrent s'il fallait sacrifier leur liberté. Ou

1. On notera que ces délibérations avaient lieu en français, ou du moins étaient consignées en français, ce qui interroge la conviction de Maurras selon laquelle l'autonomie administrative est la condition de pérennité de la langue provençale, comme il le dit dans la Déclaration des félibres fédéralistes (voir p. 489 de la présente édition).

plutôt cette délibération, certes auguste et émouvante, elle n'eut pas lieu. En effet, nul ne balança. On n'hésita point. On accepta, sous la réserve de quelques conditions précises.

Ainsi se renoncèrent ces droits provinciaux, ces droits municipaux, source d'une si noble activité locale, vie profonde et secrète de la nation, véritable gymnase de la vertu civique, séminaire d'administrateurs et d'hommes d'État.

Mais, chose curieuse et indice fort instructif, cette nuit et les actes funestes qui l'ont suivie n'ont même pas produit tout l'effet prochain qu'on en attendait et la fin de la liberté n'a mis fin en aucune sorte à ce qu'on appelait dans la langue du temps les abus du despotisme seigneurial. Du moins, la petite contrée que j'étudie n'a-t-elle vu que des changements médiocres, à cet objet. Vous verrez souvent au bas de mes pages la mention que « l'abus signalé dure encore ». Il subsiste même en des conditions assez curieuses, dont je ne veux pas vous gâter d'avance la surprise. Sachez pourtant que, si l'abus subsiste, il subsiste au profit de la même tribu. La famille de l'ancien collègue de M. Waldeck jouit des survivances d'un antique droit féodal[1].

Est-il besoin de dire que la vicomté, puis principauté de Martigues, de création récente, sorte d'apanage royal, était elle-même sans raison d'être et créait une complication inutile entre l'État et les communautés ? Les villes réclamaient la royalité ou réunion à la Couronne, la Couronne n'ignorait point que tel était son intérêt le plus évident : mais le roi et les villes, en politiques réalistes, attendaient le progrès du temps. La Révolution a renversé la royauté et paralysé les communes ; sur les doubles débris de la politique royale et de notre ancienne république municipale, le pseudo-féodal ami des juifs put continuer sa puissance[2]. Par un trait curieux, qui sera mon coup de grâce, la fausse survivance féodale a fini par transmettre la prétendue propriété en vertu d'un jeu d'alliances domestiques, à une race de grands seigneurs autrichiens, les Hohenlohe[3] !

Voilà, mon cher ami, la situation. Il me semble que le devoir des nationalistes ne consiste qu'à la retourner. Le féodal si parfaitement symbolique est à jeter à bas. Mais il faut, d'une part, relever cet antique Pouvoir royal,

1. Il s'agit au surplus d'une véritable dégénérescence de ce droit féodal, qui eut son âge de bienfaisante nécessité. Dans la pureté de son origine, la féodalité fut un cas de l'aristocratie militaire. Ce cas, proprement, consistait, par nomination royale, et plus tard par l'hérédité, dans la possession d'un territoire à défendre et à policer. Il est évident que l'état des choses au XVIIIe siècle ne comportait plus d'institution de ce genre. Plus encore que de nos jours (car la grande industrie et la génération de grands monopoles ont fait apparaître une situation nouvelle qui n'est pas sans analogie avec celle du premier Moyen Âge), la féodalité avait le caractère d'une simple survivance : il ne pouvait être question que de l'abolir [NdA, 1900].

2. Allusion au général de Galliffet.

3. Une nièce du général de Galliffet avait épousé un Hohenlohe.

garant et répondant de notre unité nationale, distributeur de l'ordre et de la justice, mainteneur d'une exacte police politique et économique, chef de l'armée, champion du peuple français contre les juifs et les métèques, administrateur des finances générales, directeur responsable de la diplomatie, et il faut, d'autre part, tirer de leur sommeil nos vieilles républiques. Je ne dirai jamais : Vive la République ! mais, à la bonne heure : Vivent les républiques ! si elles sont groupées sous leur chef naturel et rationnel, le roi de France.

Veuillot[1] n'inventait rien en 1871 quand il proposait de nommer le comte de Chambord protecteur des républiques françaises, le grand écrivain ne faisait que traduire et analyser la formule de notre ancien droit politique : *sub rege respublica*[2]. Le singulier latin vaut notre pluriel français. Le mot français au singulier n'a point de sens ou bien il signifie l'État, donc le Roi. Qu'est-ce donc, sans le Roi, que la République française, dite une et indivisible ? Une folie, et misérable ; une sottise, et presque obscène : l'émiettement et la discontinuité au sommet du pouvoir central ! Mais les républiques françaises correspondent à cette immense variété de sols et de climats, de provinces, de villes, de compagnies, d'associations et de mœurs qui composent l'idée réelle de la France physique et mentale, morale et politique[3].

Restaurer, je veux dire reconnaître légalement, encourager publiquement ces républiques, et restaurer en même temps la monarchie héréditaire, voilà de plus, mon cher ami, si j'y songe profondément, le moyen unique de détruire cette puissance véritablement féodale de l'argent sans patrie, de l'argent sans aveu qui nous menace tous.

Il ne s'agit plus de M. de Galliffet, l'ami des juifs, bien que l'or juif ait dû jouer un rôle important dans la conservation des privilèges féodaux de cette famille. Je mets l'homme hors de cause. Mais comment voulez-vous renverser l'odieuse constitution anarchique, ploutocratique,

1. Polémiste catholique et royaliste.
2. En latin, « Sous le roi, la république. »
3. M. Deherme, dans *La Coopération des idées*, assure que la République est la condition d'existence des groupements ouvriers auxquels il s'intéresse. Je n'aperçois point du tout cette conséquence. La République centralisée est nécessairement jalouse des associations qu'elle ne tient pas absolument sous sa main ; si elle oublie cette jalousie tutélaire, elle permet, pour ainsi dire, l'organisation du désordre et l'institution de la pire anarchie et elle cesse d'être maîtresse de ses électeurs, c'est-à-dire des sources mêmes de sa vie. Un prince, plus puissant, a un grand intérêt à se montrer plus généreux. Il suit cet intérêt, tout l'Ancien Régime en témoigne. Un technicien républicain, M. Eugène Pierre, secrétaire général de la présidence de la Chambre des députés, a dû reconnaître cette grande vérité théorique. « Les républiques, écrit-il, sont obligées d'exercer sur les associations dont le caractère n'est pas purement commercial une surveillance plus étroite que les monarchies. » La sérieuse intelligence de M. Deherme devrait réfléchir à cette position du problème. Un roi peut utiliser les Grandes Compagnies. Une république est asservie par elles ou elle les détruit. [NdA, 1900].

démocratique, cosmopolite qu'il a représentée, sans l'aide d'un pouvoir personnel vigoureux ?

Et comment ce pouvoir serait-il vigoureux s'il n'était permanent ?

Et comment serait-il permanent s'il n'écartait la compétition ?

Et comment l'écarterait-il, s'il n'était fondé sur autre chose que l'élection ?

Et, hors de l'élection, y a-t-il autre chose que l'hérédité ou le sort ?

Et le sort n'est-il pas infiniment plus périlleux que l'hérédité ?

Et, cette hérédité admise, une autre famille que la famille capétienne peut-elle en bénéficier ?

On ne peut balancer entre cette race d'admirables constituants et les deux destructeurs napoléoniens, qui ont l'un et l'autre laissé la France plus petite qu'ils ne l'avaient reçue[1].

Monseigneur le duc d'Orléans[2] a bien voulu marquer qu'il lui convenait d'appliquer en France un système d'idées décentralisatrices[3]. Si une parole royale n'y suffisait, il serait aisé de montrer qu'à ce maintien des républiques est lié le maintien du trône une fois rétabli. En théorie, cela ne fait aucun doute : l'expérience historique montre très bien que les époques de pleine postérité nationale sont précisément celles où la royauté, suffisamment maîtresse du pouvoir politique, respectait les constitutions des communes et des provinces. Louis XVIII et Charles X n'ont pas connu cette vérité ; mais elle éclatait aux yeux du comte de Chambord quand il appelait trop spirituellement Louis XIV le premier des Bonaparte ; elle était vue du comte de Paris[4], le plus méconnu des princes peut-être, quand il disait : « La Commune libre dans l'État libre. »

Pratiquement, l'accord nécessaire des républiques communales, provinciales, professionnelles, religieuses, morales et de la monarchie est en quelque sorte fatal, pour peu que Monseigneur le duc d'Orléans remplace à bref délai ce régime-ci. La force des événements obligera, quelles que soient les pauvres espérances d'une petite troupe de libéraux, à briser en morceaux le régime parlementaire. Une période de dictature s'ouvrira, qui sera vraisemblablement forte, belle et prospère comme celle qui va de 1851 à 1860[5]. Et après ?

Un pouvoir plénier et libre, s'il est exercé dans un grand État centralisé, inflige le plus grave des fardeaux politiques à un souverain. Il aspire à s'en

1. Outre les conquêtes de la Révolution, Napoléon Ier perdit des places-frontières remontant à l'Ancien Régime. Quant à Napoléon III, il perdit l'Alsace-Lorraine.

2. Philippe d'Orléans, arrière-petit-fils du roi Louis-Philippe et proche de Maurras.

3. Dans une lettre adressée à l'auteur à propos de sa brochure *L'Idée de la décentralisation* (1898) [NdA]. Voir p. 497 de la présente édition.

4. Père de Philippe d'Orléans.

5. Allusion à la première période du Second Empire, celle de « l'Empire autoritaire », au cours de laquelle Napoléon III accumula les succès intérieurs ou extérieurs. La seconde partie de son règne, celle de « l'Empire libéral », se solda au contraire par la catastrophe de 1870.

délivrer. Donnera-t-il une constitution libérale ? Fera-t-il une Charte ? Mais, quand les erreurs de l'Empire libéral n'auraient pas averti le prince, le dégoût populaire l'éloignerait encore de galvaniser le cadavre des institutions parlementaires ! La *monarchie libérale* étant impossible, que reste-t-il en dehors de la *monarchie fédérale* ? La monarchie fédérale aura pour elle cet esprit local et traditionnel, qui, depuis vingt ans, se ranime dans le pays entier. Elle sera donc réclamée dans le moment même où elle apparaîtra parmi les volontés du Prince : il serait entraîné à la concéder au pays, quand elle ne serait pas dans son cœur et qu'il n'aurait d'autre souci que celui d'être populaire.

Mais, seul, le roi de France pourra s'appliquer à décentraliser sans rien risquer pour lui ni pour la France. Son règne et la succession de ses descendants suffiront, en effet, à maintenir l'Unité française, quelque variété qui naisse de l'exercice des libertés locales. Quant à lui, son pouvoir ne reposant à aucun degré sur l'élection, il ne se sentira jamais assujetti à la condition du pouvoir élu, obligé de mettre partout des fonctionnaires centralisateurs préposés aux moindres détails de l'administration. N'étant pas créature ni courtisan de ses peuples, il n'aura pas non plus à les réduire à une servitude secrète ni à les priver du libre exercice de leur pouvoir de citoyen pour séduire, par un réseau d'administration hypocrite, et capter, à tout bout de champ, le suffrage d'un assentiment dérisoire. Les « oui » et les « non » que les intérêts locaux lui adresseront porteront sur des cas concrets. Ceux qui en traiteront sauront, comme jadis, ce que parler veut dire.

N'attendez la décentralisation d'aucun autre dictateur : un dictateur seul décentralise, mais le dictateur qui décentralise a besoin des pouvoirs, du titre, des insignes et de tous les contreforts de la Royauté. Aussi bien que pour assurer la défaite des cosmopolites unis et la renaissance de l'autorité politique, un Roi est nécessaire pour décentraliser.

Par conséquent, qui ne dit pas : *Vive le roi de France* ne peut dire : *Vivent les républiques françaises*. Mais qui dit : *Vivent les républiques françaises* dit par là même, s'il est patriote et sait ce qu'il dit : *Vive le roi de France*. Si donc vous entendez, en revanche, quelqu'un se dire royaliste, crier même : *Vive le roi* et vous chicaner sur notre *Vivent les républiques* dites-lui de ma part qu'il a perdu le sens des idées et jusqu'à la signification propre des mots.

LES PARTIS MOURANTS

Pendant vingt-cinq ans, dans le Midi comme dans le nord de la France, le parti socialiste a vérifié à son avantage la puissance de l'organisation et de la discipline sur une population mécontente et désunie. Cependant ces succès sont bien surprenants, quand on songe à ce qu'est d'une part la doctrine socialiste, d'autre part le régime de la propriété parmi nous. Le succès de cette doctrine s'explique en certaines contrées de l'Europe par les causes qui la rendent à peu près incompréhensible pour la France en général et la Provence en particulier.

Un pays où la très grande propriété se combine à la très grande industrie comme l'Angleterre, un pays comme l'Allemagne où l'évolution industrielle a été particulièrement rapide et qui possède des bassins houillers considérables avec un prolétariat de grande industrie fort accru, de tels pays font naturellement les terrains d'élection du socialisme. En France, au contraire, la division de la propriété, l'extension de la petite et moyenne industrie créent un état tout différent. Chacun a quelque part à la fortune, le prolétariat proprement dit se compose, après tout, d'une faible minorité. Il aurait été naturel que la propagande socialiste y rencontrât d'énormes difficultés ; difficultés qui, diminuées dans certaines provinces comme la Flandre, devaient grandir dans ces régions provençales où tant de gens profitent de leur « morceau de bien », habitent leur maison, mènent une existence tout à la fois très sociale et très particulière, vie extrême au dehors et défense très jalouse de leur foyer. Il est absurde d'appeler cela « démocratie », le vrai mot étant plutôt « bourgeoisie »… De cette robuste bourgeoisie, plébéienne ou patricienne, au socialisme, il y a la différence du plein jour à l'épaisse nuit.

Les succès électoraux des unifiés en Provence n'en ont pas moins été incontestables. Si l'on songe aux programmes, si l'on songe aux votants, si l'on imagine les cris de rage que de vraies mesures socialistes feraient pousser aux administrés de M. le maire d'Aubagne, ce phénomène revêt l'aspect d'un très grand mystère. Pour y voir quelque chose, il ne faut plus considérer les idées, mais les hommes.

Les hommes qui s'occupent de la chose publique sur les bords de l'Huveaune entendent par socialiste l'état d'esprit d'un républicain plus républicain que les pires républicains. Cela veut dire « sang de bœuf ». Encore « sang de bœuf » est-il une expression qu'il faudrait traduire. Elle signifie opposant. Depuis les fausses manœuvres royalistes de 1871[1], toute opposition énergique s'étant concentrée à l'extrême gauche, il s'en est suivi de fâcheuses habitudes d'esprit : c'est être rouge que protester contre l'inertie du pouvoir ; vouloir réformer ce pouvoir ou en corriger les abus se trouve également inséré au programme rouge. Plus les rouges tardaient à le réaliser, plus on a supposé qu'en fonçant la couleur on atteindrait aux réalités qu'annoncent les mots : « Avançons toujours et nous verrons Berre[2] ! »

1. Allusion à l'échec d'une restauration de la monarchie après la chute de Napoléon III.

2. Proverbe provençal faisant l'éloge de la persévérance.

Les Provençaux ont avancé tant qu'ils ont pu : quand s'apercevront-ils qu'on les a fait marcher ?

Leurs grands-pères étaient royalistes, carlistes[1] même, car je ne parle pas du temps du bailli de Suffren[2], mais de celui de Guizot et de Lamartine[3]. Opposants, toujours. Et pourquoi ? Je ne me lasserai pas de répondre, l'histoire à la main, que la cause en remonte à la Révolution. Jusqu'à la fin de l'Ancien Régime, nos privilèges nous composaient un gouvernement libre et fier, vraiment républicain dans ce domaine des affaires locales où la République est un bien. Nous administrions nos finances, nous veillions aux travaux publics, nous gouvernions à peu près souverainement nos maisons de ville et nos champs : régime robuste et souple, auquel nous étions adaptés de temps immémorial, et le « roi de Paris » n'intervenant qu'au nom des intérêts généraux de la France. Maintenant les rois de Paris interviennent à tout propos, ce n'est plus leur intervention que l'on peut remarquer, c'est leur abstention : l'État se met partout et cela à tel point que les actes de véritable indépendance municipale se produisent nécessairement « contre l'État », au lieu que leur véritable formule serait : « sans l'État ».

Ni pour ni contre : l'État chez lui, chacun chez soi ! Cette distinction des deux ordres est une idée perdue. On ne songe plus qu'à faire appel à l'État pour augmenter le mal qu'il fait, tant la cause en est méconnue ! Mais il ne fut jamais indispensable de savoir la cause d'une peine pour en souffrir. Une perception vague naît pourtant de cette souffrance, le Provençal crie vers l'État, car il sent que l'État n'est pas étranger à sa plaie. Bien qu'il crie : *au secours* au lieu de : *laisse-moi tranquille*, il se rend compte qu'il faut crier vers ce point du ciel.

Oui, quelques jours d'expérience socialiste suffiraient pour semer la désolation sur les coteaux plantés de câpre et d'immortelle où M. Renaudel[4] a pourtant recueilli 4 000 voix ; mais plus l'expérience radicale se prolongera et s'accentuera, plus nos paysans, nos pêcheurs, nos marchands redoubleront aussi de murmures, l'État versant à boire, les électeurs criant qu'ils ont toujours soif, ce qui est assez naturel. Iront-ils toujours plus à gauche ? Non, si, la République une et indivisible étant remplacée par la Royauté une et ses libertés variées, le statut naturel venait à nous être restitué. Non encore, si, en l'attendant, la propagande royaliste est bien faite dans les classes moyennes, en visant la raison plus encore que le cœur. Le cœur suivra aussitôt qu'on aura la tête, et la tête du Provençal, d'une dureté proverbiale, est curieuse du vrai : du vrai en politique plus qu'en toute autre chose.

---

1. Partisans de Charles X.
2. Grand marin provençal du règne de Louis XVI.
3. C'est-à-dire des années 1830-1850.
4. Chef de l'aile gauche du parti socialiste.

Le personnel de la politique républicaine s'est méthodiquement appliqué à corrompre la terre et la mer. Y a-t-il réussi ? La population de nos côtes, de nos campagnes abonde en éléments robustes et polis qui ne se sont laissés entamer qu'en surface. Dans les villes, il subsiste un vieux fonds, remarquable par la ténacité de l'attachement aux usages, aux idées du pays. C'est avec ces esprits qu'il n'y a pas à craindre une accusation d'archaïsme.

Les conversations entre Provençaux se jouent facilement dans une antiquité autrement éloignée et mystérieuse. Elle en a tant vu, la vieille terre-mère ! Il est si naturel à ses fils, quels qu'ils soient, de « penser historiquement » ! Et la génération d'aujourd'hui, fille directe de Mistral, est elle-même portée avec tant de force à s'unir à ses pères, pour sentir et méditer la notion de son identité à travers les âges ! Notre poète a bien raison : « La grande houle des siècles – et leurs tempêtes et leurs orages – ont beau mêler les peuples, effacer les frontières, – la terre-mère, la nature, – nourrit toujours sa progéniture – du même lait, sa dure mamelle, – toujours à l'olivier donnera l'huile fine[1]. » Quoi que l'on dise, et malgré tout, c'est le poids total des origines qui décide de l'avenir. Le passé ne se répète point, mais il règle ; ses éléments s'écoulent mais laissent une loi.

On devra surtout compter sur les passions de l'intelligence. Là plus qu'ailleurs, comprendre devient raison d'agir. Il faut montrer qu'une République une fois centralisée doit, pour faire réélire les siens, se centraliser davantage et que par conséquent un tel régime devra toujours opprimer[2]. Au lieu qu'avec le Roi, le vieux traité d'union pourra se rétablir, et les auto-

1. Mistral, *Calendau*, chant I.

2. Cette preuve de la nécessité de la centralisation pour un gouvernement démocratique et électif, qu'il soit parlementaire, qu'il soit plébiscitaire, a été donnée à satiété dans *L'Action française*. Cette preuve est complète, en ce sens qu'elle invoque : A. l'expérience du passé français et étranger ; B. la psychologie du régime électif ; C. les vérifications postérieures à la remarque.

A. Nos trois républiques, nées d'une doctrine décentralisatrice, ont dû centraliser pour se maintenir : notre loi de 1884 accordant des libertés aux communes a été sans cesse rongée et réduite depuis trente ans par nos lois sociales et financières d'intérêt électoral. Le régime électif oblige les États-Unis d'Amérique à centraliser. Il y a centralisation croissante en Suisse depuis 1848, c'est-à-dire depuis que le pouvoir politique du suffrage s'est étendu.

B. La psychologie de l'institution est d'évidence immédiate. Même un fédéraliste élu chef d'un État électif, s'il est condamné à se faire réélire, lui et son parti, serrera la vis, créera des fonctionnaires, usurpera les fonctions locales ou en instituera de neuves pour *faire* les élections, afin de faire réélire d'autres fédéralistes.

C. Depuis vingt-cinq ans que nous menons cette campagne, nous avons vu se succéder au pouvoir des décentralisateurs convaincus : menés par la fatalité du régime électif, ils ont centralisé à force.

Nous avons publié en 1903, M. Paul-Boncour et moi, un volume de controverses intitulé : *Un débat nouveau sur la République et la Décentralisation*. J'y soutenais « que la République ne peut pas décentraliser », ce que contredisaient MM. Clemenceau,

rités du pays, dont il faut se garder d'excepter l'Église, pourront s'entendre pour élaborer un statut satisfaisant pour chacun. L'anticléricalisme même reculera dès qu'on aura su le définir tel qu'il est : sot, ignare, destructeur, barbouilleur et sans avenir. Cette race si fine finira bien par avoir honte du mépris que lui valent la barbarie et l'ignorance des administrateurs coupables de dévastations envers les monuments de sa dignité historique.

Ce peuple n'aime pas à rougir de lui-même. Il se reconnaîtra dans ce qu'il a de noble et de pur. Le pays, par sa force et par sa lumière, le sang, par sa promptitude et par sa chaleur, ont quelque chose d'éminemment religieux. Les églises, chapelles, oratoires et lieux de pèlerinage dont la terre est toute hérissée marquent son extrême besoin du culte et aussi son esprit de prosélytisme, son ardeur à répandre les idées vivantes, les idées vraies.

Les idées maçonniques, les idées suisses, les idées démocratiques, libérales et révolutionnaires élaborées par les philosophes et les moralistes germains sont le principal aliment des campagnes contre les prêtres : de toute part, ces idées meurent ; ainsi le parti anticlérical doit finir. Nous vivons au printemps sacré d'idées classiques et politiques, régénératrices du monde. Les Provençaux ne seront pas les derniers à suivre en chantant ces filles illustres de leur sol et de leur pensée.

Février 1909

Clémentel, et bien d'autres, etc. Tous ces messieurs ont été ministres depuis. Ils ont centralisé comme les camarades [NdA].

DÉCLARATION DE POLITIQUE GÉNÉRALE DE L'ACTION FRANÇAISE 15 NOVEMBRE 1899[1]

Le premier des articles de la déclaration porte une idée de la société humaine en général.

Le second traite des nations et de leurs relations dans le monde ancien et moderne.

Le troisième s'arrête à la nation française.

Le quatrième, enfin, est relatif à nous, jeunes Français d'il y a trente et un ans, réunis en Action française et prenant conscience de devoirs présents et futurs.

Notre politique générale a posé là-dessus depuis le 15 novembre 1899. Voici le texte :

« 1. L'homme individuel n'a pas d'intérêt plus pressant que de vivre en société : tout péril social enferme de graves périls pour l'individu.

« 2. De toutes les formes sociales usitées dans le genre humain, la seule complète, la plus solide et la plus étendue, est évidemment la nationalité. Depuis que se trouve dissoute l'ancienne association connue au Moyen Âge sous le nom de Chrétienté, et qui continuait à quelques égards l'unité du monde romain[2], la nationalité reste la condition rigoureuse, absolue, de toute humanité. Les relations internationales, qu'elles soient politiques, morales ou scientifiques, dépendent du maintien des nationalités.

« Si les nations étaient supprimées, les plus hautes et les plus précieuses communications économiques ou spirituelles de l'univers seraient également compromises et menacés : nous aurions à craindre un recul de la civilisation. Le nationalisme n'est donc pas seulement un fait de sentiment : c'est une obligation rationnelle et mathématique.

1. *Au signe de Flore*, 1931, p. 256-257.

2. Selon Maurras, c'est la Réforme protestante qui a mis fin à la Chrétienté, laquelle perpétuait la Romanité en ce sens que la Rome pontificale en était le centre, comme autrefois la Rome impériale.

« 3. Entre Français, citoyens d'un État évidemment trahi par la faction qui le gouverne et menacé des rivalités redoutables, toutes les questions pendantes, tous les problèmes diviseurs doivent être coordonnés et résolus par rapport à la nation.

« Les groupements naturels des Français doivent se faire autour du commun élément national.

« Par-dessus leurs diversités politiques, religieuses et économiques, ils doivent se classer suivant le plus ou moins d'intensité et de profondeur de leur foi française.

« 4. Le devoir des Français conscients de ces vérités est aujourd'hui de les formuler aussi publiquement et aussi souvent que possible afin d'y ramener leurs compatriotes aveugles ou négligents. »

À la suite de ce texte on lit dans notre numéro du 15 novembre 1899[1] les lignes suivantes :

« Ces quatre articles adoptés, le Comité de rédaction de *L'Action française* en a voté la publication et l'envoi à M. Maurice Barrès auquel il adresse toutes ses félicitations.

« La Rédaction :

« MM. Frédéric Amouretti, R. Bailly, Antoine Baumann, ancien magistrat, Caplain-Cortambert, administrateur de *L'Action française*, Copin-Albancelli, Lucien Cortambert, D. Paul Delbert, chef de clinique chirurgicale à l'hôpital Necker, Camille Jarre, avocat à la Cour d'appel, Charles Maurras, Dauphin Meunier, Gauthier Montclas, Lucien Moreau, L. Mouillard, Maurice Pujo, Maurice Spronck, Octave Tauxier, D. Vaudremer, Henri Vaugeois, directeur de *L'Action française*, colonel de Villebois-Mareuil. »

1. Dans *La Revue d'Action française*, bimensuel fondé en 1899 : le quotidien *L'Action française* naquit en 1908.

KIEL ET TANGER (extraits)

Avant 1895 : « Point d'affaires ». Aucun système

Avant 1895, la tradition du Quai d'Orsay était un peu basse et assez facile : tous les ministres y recommandaient uniformément aux sous-ordres de ne « point » leur faire d' « affaires ». « Politique de réserve et d'expectative », a dit le colonel Marchand[1] dans l'un des beaux articles qu'il a publiés dans *L'Éclair* sur nos alliances. Le mot « politique » est de trop. La politique ne peut être confondue avec l'administration[2], la politique ne se réduit pas à expédier les affaires courantes dans le continuel effroi d'en voir émerger de nouvelles.

Et d'abord, après Mac-Mahon[3], la grande affaire, la préparation de la Revanche [contre l'Allemagne], à laquelle le pays entier se croyait fermement exercé et conduit, avait été rayée du programme réel. Les monarchistes de l'Assemblée nationale n'avaient signé la paix de Francfort qu'avec cette arrière-pensée de reprendre par force ce que la force avait ravi. Mais, dès 1871, Grévy[4] avait déclaré à Scheurer-Kestner[5], alors député de Thann : « Il ne faut pas que la France songe à la guerre ; il faut qu'elle accepte le fait accompli ; il faut qu'elle renonce à l'Alsace. » Grévy ajoutait : « N'en croyez pas les fous qui vous disent le contraire… » Après la victoire du parti, la politique de Grévy s'imposa en fait ; les « fous » eux-mêmes, c'est-à-dire Gambetta[6] et ses amis cessèrent de conseiller sérieusement « le contraire » ; s'ils continuaient d'en parler, ils y pensaient si peu qu'ils nouaient d'obscures intrigues avec

1. Chef de l'expédition Congo-Nil dont il sera question plus bas.

2. Maurras se démarque ici de l'idéologie technocratique promue par Saint-Simon, pour qui « le gouvernement des hommes » devait être remplacé par « l'administration des choses ».

3. Maréchal de France, premier président de la IIIe République (1873-1879), de convictions monarchistes.

4. Républicain, deuxième président de la IIIe République (1879-1887).

5. Député puis sénateur républicain du Haut-Rhin.

6. Figure de proue du gouvernement de la Défense nationale durant la guerre de 1870-1871 puis président du Conseil en 1881-1882.

M. de Bismarck[1]. Il en résultait à Berlin une sorte de protectorat qui pesa lourdement sur nous.

À la volonté agissante du chancelier correspondait chez nous la volonté de céder, de nous laisser mener, de ne jamais soulever de complications. Cette volonté toute négative que se transmirent nos diplomates aida Bismarck à les jeter dans la politique coloniale. On désirait nous éloigner des conseils de l'Europe, au moment même où nos gouvernants se montraient scrupuleusement attentifs à n'y plus rentrer : pour donner pleine satisfaction à ce bel accord, il suffisait de faire miroiter aux yeux de l'électeur ou du parlementaire français l'image de quelques « bons coups » à frapper sans risque. La Tunisie en parut un. L'Indochine en parut un autre. Cependant, notre empire colonial, dit M. Lockroy[2], « ne recèle pas les richesses qu'on lui attribue ». Quand il nous faisait généreusement ces présents discutables, le prince de Bismarck comptait bien que la Tunisie nous créerait de longues difficultés avec l'Italie[3], si déjà il ne méditait de nous lancer obliquement contre l'Angleterre. Peut-être aussi calcula-t-il que, la mise en valeur de l'Indochine devant coûter très cher, il serait temps de s'approprier le domaine quand le trésor français l'aurait engraissé et rendu moins improductif. Nos gains, s'il y eut gain, étaient accompagnés, au même instant, de graves déchets. « Les marchés du Levant, de la Méditerranée et de l'Amérique nous ont été disputés, puis peu après enlevés », confesse M. Lockroy. Nous perdions des terres françaises : l'Égypte, la Syrie[4] ! Pertes sèches, alors que les bénéfices nouveaux, loin d'être nets, étaient onéreux pour le présent et pour l'avenir bien précaires. L'unique avantage en aura été d'exercer l'activité de la nation. La politique coloniale nous forma des hommes, administrateurs et soldats. On murmurait en outre que, en mettant la chose au pis, elle fournirait la menue monnaie des échanges européens, quand s'ouvrirait, le plus tard possible, la succession d'un vieil empereur[5]...

Ces lieux communs de l'éloquence gambettiste ou de l'intrigue ferryste étaient surtout des formules d'excuse destinées à masquer l'incertitude ou

1. Le chancelier allemand était favorable à la pérennisation de la république en France car il pensait que ce régime diviserait et affaiblirait le pays.

2. Ministre de la Marine en 1895-1896 et en 1898-1899.

3. De fait, en 1882, soit un an après la conquête de la Tunisie par la France, l'Italie conclut avec l'Allemagne et l'Autriche-Hongrie l'alliance connue sous le nom de Triplice.

4. Allusion à l'influence française en Orient, jalonnée par les croisades (XIe-XIIIe siècles), l'alliance entre François Ier et Soliman le Magnifique (1536), la campagne d'Égypte de Bonaparte (1798-1801), l'intervention humanitaire française en Syrie (1860), le percement du canal de Suez (1859-1869), la place des missions catholiques françaises dans l'Empire ottoman, celle des conseillers français dans l'administration et le système éducatif ottoman, etc. Le remplacement du condominium franco-britannique sur l'Égypte par la tutelle britannique, en 1882, traduisit un profond recul de cette influence.

5. François-Joseph Ier d'Autriche, né en 1830, empereur d'Autriche de 1848 à 1916.

la versatilité des desseins. Nos expéditions coloniales doivent être comprises comme des dérivatifs allemands, acceptés par notre gouvernement en vue d'entreprises financières profitables à ses amis. Nul plan d'ensemble. On travaillait au petit bonheur, avançant, reculant, sans système tracé, ni choix défini, sans avoir voulu, sans même avoir su, mais (il convient aussi de le reconnaître) en parfaite conformité avec l'esprit des institutions. La *nolonté*[1] diplomatique de ce gouvernement se compose avec l'intérêt supérieur de la République et la condition même de sa durée. L'instinct des vieux routiers de la Défense nationale[2] et des 363[3] ne les trompait donc point en ce sens. Trop heureux de rester, de vivre et de durer, se félicitant d'avoir les mains libres pour organiser au dedans ce que le naïf Scheurer-Kestner appelait assez bien « la lutte », ce qu'on pourrait nommer encore mieux la petite guerre civile, c'est-à-dire le jeu électoral et parlementaire, ils sentaient admirablement combien, en politique extérieure, une vraie démocratie, bien républicaine, demeure dépourvue de la continuité et de l'esprit de suite qui permet aux aristocraties et aux monarchies de se marquer un but politique, puis de l'atteindre, lentement ou rapidement, par la constance de leurs actions successives et la convergence des services coexistants. Nos vieux républicains furent dociles à la nature de leur régime : ils se résignèrent aisément au défaut dont ils recueillaient le profit. Capituler, s'éclipser et faire les morts leur coûta d'autant moins qu'ils étaient naturellement modestes pour leur pays, auquel un grand nombre d'entre eux ne tenaient que de loin, Génois, Badois, Anglais ou Juifs[4].

L'inertie devint le grand art. Ne rien prétendre, ne rien projeter, a été la prudente règle de leur conduite. Sagesse à ras de terre, inattaquable en fait. [...] Tous – les simples et les subtils, les ignares et les doctes, les niais et les malins –, se soumirent à la maxime éminemment juste qu'on doit s'abstenir d'essayer ce qu'on n'est point capable de réussir. Un système diplomatique quelconque, un plan général d'action en Europe ou ailleurs, requérait d'abord l'unité et la stabilité, qui n'étaient pas dans leurs moyens ; puis le secret qui leur échappait également ; la possibilité de prendre l'offensive à un moment donné, de supporter sans révolution une défaite ou une victoire, ce qui leur faisait de même défaut. Cela étant ou plutôt rien de cela n'étant, mieux valait se croiser les bras. Si l'on se résignait à perdre

1. Fait de ne pas vouloir.

2. Nom du gouvernement républicain constitué lors de l'invasion allemande de 1870-1871.

3. Députés républicains ayant protesté en 1877 contre la politique conservatrice de Mac-Mahon, ce qui prépara la chute de ce dernier en 1879.

4. Gambetta était d'origine génoise ; son sous-secrétaire d'État à la présidence du Conseil, Spuller, d'origine badoise ; Crémieux, ministre de la Justice en 1871, d'origine juive, comme Reinach, chef de cabinet de Gambetta ; Waddington, président du Conseil en 1879, d'origine écossaise.

sur ce que les rivaux gagneraient dans le même laps de temps, du moins se trouvait-on gardé provisoirement contre les risques d'une fausse manœuvre. On pouvait bien être enferré, mais on ne se jetait toujours pas sur le fer.

Ceux qui ont inventé cette humble sagesse n'ont pas à en être trop fiers. Comme il ne suffit pas de vouloir être en paix pour ne jamais avoir de guerre, il ne saurait suffire de se montrer paresseux et incohérent pour s'épargner la peine de marcher, et de marcher droit : à défaut d'une direction nationale, conçue chez nous et dans notre intérêt, nous continuions à recevoir de Bismarck des directions systématiques, qui ne manquaient ni d'étroitesse, ni de constance, ni de dureté. Un ambassadeur d'Angleterre, lord Lyons, disait en 1887 : « Il est inutile de causer à Paris, puisque la France a confié toutes ses affaires au gouvernement prussien. » Pour causer avec nous, il fallait passer par Berlin, c'était l'opinion courante en Europe, aucun de nos divers ministres des Affaires étrangères ne l'a ignoré.

L'alliance russe

Pourtant, ni les premières expéditions en Asie et en Afrique, où nous entraîna ce gouvernement, ni même la défaite de Boulanger[1], n'avaient éloigné des mémoires françaises le devenir de l'Alsace et de la Lorraine. Patriotes et boulangistes avaient passionnément souhaité l'alliance russe parce qu'ils supposaient que la Russie nous fournirait enfin l'occasion de reparaître sur le Rhin[2]. Mais les vainqueurs du boulangisme avaient aussi un intérêt à conclure cette alliance à condition de la dégager du sens guerrier que lui donnait le pays. On leur fit savoir ou comprendre que l'état d'esprit de Saint-Pétersbourg correspondait à leur volonté de paix absolue.

L'intérêt de la Russie, déjà manifesté en 1875, était bien de ne pas nous laisser attaquer par l'Allemagne[3]. Mais, déjà écartée par Bismarck de Constantinople, repoussée comme nous du centre de l'Europe vers les confins du monde, la Russie ne voyait plus dans l'Allemagne ni l'ennemie héréditaire, ni l'ennemie de circonstance. Tout au plus si une offensive résolue de la France aurait pu entraîner la sienne. Germanisée jusqu'aux moelles, gouvernée par des Allemands[4], la Russie n'aurait pas rompu la première avec Berlin. L'antigermanisme a été pour nos alliés un sentiment, mais, s'il régna chez eux, ce ne fut pas sur eux. Dans ces conditions, le

1. Général français, ministre de la Guerre en 1886-1887 puis chef du mouvement boulangiste, prônant la mise en place d'institutions césariennes et la Revanche contre l'Allemagne.

2. L'alliance défensive franco-russe contre la Triplice fut signée en 1892.

3. Une nouvelle victoire de l'Allemagne sur la France eût en effet renforcé la prééminence européenne de Berlin, qui soutenait l'Autriche-Hongrie et l'empire ottoman contre les ambitions expansionnistes de la Russie.

4. De très nombreux fonctionnaires russes étaient d'ascendance allemande.

vieux parti républicain s'accommodait fort bien de l'alliance russe, car elle respectait l'article fondamental de sa politique. Le « point d'affaires » étant assuré, on bernait les chauvins en se fortifiant de leur adhésion ingénue. C'étaient deux profits en un seul.

À quoi bon s'en cacher ? Dans la mesure très étroite où un simple écrivain, qui ne se soucie pas d'usurper, peut donner son avis sur une affaire d'État dont il n'a pas en main les pièces, il est permis de regretter les conditions dans lesquelles cette alliance disproportionnée a été conclue. Le plus imposant des deux alliés n'était pas le plus éclairé, et notre infériorité manifeste quant à la masse n'était pas compensée par une organisation qui permît de tirer avantage de nos biens naturels : traditions, culture, lumières. On peut imaginer une France jouant auprès de la Russie le rôle d'éducatrice et de conseillère, en échange duquel l'alliée eût fourni les ressources immenses de sa population et de son territoire. Mais le gouvernement français n'était pas en mesure d'être centre et d'être cerveau. Notre France n'était plus assez organisée pour rester organisatrice. Des deux pays, c'était le moins civilisé qui disposait de l'organisation politique la moins imparfaite. C'était nous qui subissions un régime qui convient à peine à des peuples barbares ou tombés en enfance. On médit beaucoup du tzarisme, on peut avoir raison. Mais que l'on se figure la Russie en république : une, indivisible, centralisée ! Ce modèle de l'ataxie, de la paralysie et de la tyrannie serait vite décomposé.

Telle quelle, la Russie *peut* avoir une politique. Telle quelle, en proie au gouvernement des partis, déséquilibrée, anarchique, la démocratie française *ne le peut pas*. Elle en était donc condamnée à remplir l'office indigne de satellite du tzar ! La pure ineptie de son statut politique plaçait la fille aînée de la civilisation[1] sous la protection d'un empire à demi inculte, troublé par de profondes secousses ethniques et religieuses, exploité par une cour et par une administration dont la vénalité reste le fléau, depuis le temps où Joseph de Maistre[2], un ami pourtant, signalait « l'esprit d'infidélité, de vol et de gaspillage inné dans la nation ».

C'était un monde renversé, que cette alliance. Il en devait sortir de communes misères. Nous allions être dirigés par la Russie comme le seraient des voyants un peu perclus par un aveugle turbulent et malicieux, un troupeau d'hommes adultes par un berger enfant. C'est d'après son conseil que notre folie commença.

---

1. Maurras reprend et subvertit l'expression traditionnelle qui fait de la France la « fille aînée de l'Église ».

2. Diplomate savoyard, ambassadeur en Russie de 1802 à 1817 et principal théoricien de la Contre-Révolution avec le Français Louis de Bonald.

Grave erreur de principe : un système apparaît

Jusque-là, quelle qu'eût été, en réalité, la faiblesse des cabinets républicains devant la chancellerie allemande et quelque humiliante attitude de vassalité qu'ils eussent adoptée en fait, cette réalité, ce fait, ne s'étaient pas encore traduits dans un acte qui signifiât notre résignation tacite. Dans la teneur des explications données à demi-voix au pays, le pouvoir alléguait la pression d'une force majeure, douloureuse nécessité qui ne pouvait qu'aiguiser parmi nous le mâle et salubre désir du compte à régler. L'Alsace et la Lorraine subsistaient sur nos cartes avec une frange de deuil[1]. Non, personne ne renonçait.

Le Gouvernement disait quelquefois : « Voilà de forts beaux sentiments, mais n'y a-t-il pas autre chose ? » Il n'osait jamais ajouter : « La religion de nos défaites ne compte plus », et nul Français n'aurait osé suggérer d'interrompre nos actes de constance et de fidélité. Exactement, la suggestion vint de la Russie. De quelque façon qu'on explique ce jeu russe à Berlin et sans y concevoir de duplicité, si l'on s'en tient au simple fait des froissements de l'Asie russe et de l'Inde anglaise[2] qui obligeaient le cabinet de Pétersbourg à rechercher plus d'un appui européen, il est trop clair que, non contente de se faire l'amie intime de l'Allemagne, la Russie fit toujours effort pour nous placer en tiers dans cette amitié.

La suggestion russe n'est pas niable. La Russie nous a bien poussés dans les bras de l'Allemagne. C'est le 10 juin 1895 que le mot d'alliance russe fut prononcé pour la première fois d'une façon formelle par MM. Ribot[3] et Hanotaux[4], et, le 18 juin suivant, les vaisseaux français rencontrèrent les vaisseaux russes avec les escadres allemandes dans les eaux de Kiel, à l'entrée d'un canal construit avec l'indemnité de guerre que paya notre France à l'Allemagne victorieuse[5]. Tandis que le tzar nous menait, l'empereur d'Allemagne influençait le tzar. Bien que, en ce même 18 juin 1895, qui était le quatre-vingtième anniversaire de Waterloo, il eût fait hommage d'une couronne d'or au régiment anglais dont il est colonel[6], Guillaume caressait déjà le plan d'une fédération armée du continent européen contre

1. Sur les cartes de France éditées entre 1871 et 1918, les « provinces perdues » étaient fréquemment coloriées en noir.

2. Allusion à la rivalité anglo-russe en Asie centrale.

3. Alors président du Conseil.

4. Alors ministre des Affaires étrangères.

5. L'inauguration du canal de Kiel, qui joint la mer du Nord à la Baltique, marqua le début des ambitions navales du Kaiser Guillaume II.

6. Guillaume II, petit-fils de la reine Victoria, jouissait de grades honorifiques dans l'armée et la marine britanniques.

la reine de la mer[1] : il mit donc tout en œuvre pour y ranger la France, que « l'honnête courtier » russe lui amenait.

Notre ministre des Affaires étrangères, M. Hanotaux, ne refusa point de prêter l'oreille au tentateur. Les mots de plan et de système ne lui donnèrent point d'effroi. Il les salua comme les signes d'une chose belle, brillante, nécessaire, la conception d'un but par rapport auquel ordonner l'économie de son effort. Les résultats diplomatiques ne s'obtiennent pas sans système, il y faut des plans à longue portée, suivis avec étude, appliqués avec cœur. Les simples jeux d'aveugle fortune donnent peu. Comme pour récolter, on sème, pour obtenir, il faut prévoir et combiner.

Il eût été absurde de penser autrement.

Mais on fut plus absurde encore de ne pas sentir que, si la pensée était raisonnable, toute application de cette pensée, en quelque sens que ce fût, sortait aussi de la raison, parce que cela dépassait malheureusement la mesure de nos moyens. Les vieux républicains de 1878[2] l'avaient parfaitement compris dès leur accès aux responsabilités du pouvoir après s'être bien consultés et, comme on dit, tâtés sur l'état de leurs forces, ils en avaient conclu qu'il ne s'agissait pas, pour eux, d'ordonner un mouvement quelconque vers un objet quelconque, éloigné ou prochain, mais de vivre le plus modestement possible en évitant même d'adhérer jamais aux propositions faites. « Pourtant, leur eût objecté M. Hanotaux, j'entends soutenir que nous sommes un gouvernement patriote. » « Nous sommes une République » est la forte parole qui l'eût rappelé au sentiment des réalités, au bon sens, s'il eût été placé sous un autre chef que M. Ribot. L'excès de zèle qu'il se permit voulait sortir du médiocre et nous jetait naturellement dans le pire.

Sans en venir encore à juger le système « Paris-Pétersbourg-Berlin », auquel il se rangea, retenons ce point que M. Hanotaux fut le premier à suivre l'*idée d'un système*. Il nous proposa un dessein, et, de ce chef, son successeur n'a fait que le continuer. Tout en repoussant le système qu'il trouvait en service, M. Delcassé[3] conserva cette pensée maîtresse de construire de « grandes machines » en Europe. Bien qu'il intervertît les termes du plan Hanotaux, il en acceptait le point de départ, et cette acceptation réconcilie les deux personnages dans la responsabilité de la même erreur : qu'ils aient rêvé de soutenir l'Allemand contre l'Anglais ou l'Anglais contre l'Allemand, l'un et l'autre rêvaient tout haut [...].

---

1. L'Angleterre.
2. Année au cours de laquelle les républicains, devenus majoritaires aux législatives de 1877, parvinrent au gouvernement, acculant le président Mac-Mahon à la démission en janvier 1879.
3. Ministre des Affaires étrangères de 1898 à 1905 et artisan de l'Entente cordiale franco-britannique.

Du système Hanotaux : qu'il reniait la République

Que l'illusion fût folle, nous l'avons déjà remarqué. Que ces plans, ces desseins, fussent irréalisables en l'absence du seul moyen de les réaliser, c'est aussi l'évidence pure. Toutefois, en eux-mêmes et abstraction faite du reste, ils étaient soutenables et pouvaient tenter les esprits.

D'abord, cette politique eut ceci pour elle de correspondre à des prévisions justes. Le système Hanotaux, normalement pratiqué et continué, n'eût pas été surpris par la guerre sud-africaine : l'heure de l'action, d'une action qui pouvait réussir, eût sonné immanquablement quand les forces anglaises furent immobilisées par le petit peuple des Boers[1]. La Russie et la France pouvaient, alors, tout entreprendre contre l'Angleterre avec la coopération militaire et navale de l'Allemagne, celle-ci essayant d'entraîner ou de neutraliser l'Italie. [...]

Or, une Monarchie aurait pu faire ce détour. La Monarchie peut feindre d'ajourner ses meilleurs desseins pour les réaliser en leur temps. La Monarchie française, dont la tradition fut toujours de cheminer du côté de l'Est, aurait pu conclure une alliance provisoire avec l'Allemagne et se réserver l'avenir. Le plus national des gouvernements aurait pu gouverner d'une manière utile et même glorieuse en faisant une violence passagère au sentiment national et en formant une liaison avec les vainqueurs de Sedan : il gouverna ainsi, de 1815 à 1848, avec l'amitié des vainqueurs de Waterloo, *contre l'opinion du pays*, mais *dans l'intérêt du pays*[2], sans avoir eu à renoncer le moins du monde à l'adoucissement des traités de 1815, puisqu'il ne cessa de s'en occuper et qu'il était à la veille d'en obtenir de considérables quand les journées de Juillet [1830] vinrent tout annuler par la Révolution.

La politique extérieure n'est pas un sentiment, même national : c'est une affaire, on le dit, et l'on dit fort bien. Mais à la condition que le sentiment public ne fasse pas corps avec le pouvoir politique. À condition que l'intérêt soit représenté et servi par un pouvoir indépendant de l'opinion. Quant à vouloir poursuivre l'exécution d'une pensée et d'un système politiques sans le concours de l'opinion alors qu'on n'est soi-même qu'un pouvoir républicain, c'est-à-dire un sujet, une créature de l'opinion : le vouloir, c'est vouloir

1. Allusion à la seconde guerre des Boers (1899-1902), soulèvement contre la domination britannique des paysans d'origine néerlandaise, allemande et française établis en Afrique du Sud.

2. Allusion à la diplomatie prudente de la Restauration et de la monarchie de Juillet. Ce fragment annonce de loin le ralliement de Maurras au régime de Vichy, dont il espérait qu'il obtiendrait de l'Allemagne une atténuation des conditions d'occupation et préparerait secrètement une renaissance politico-militaire permettant *in fine* de secouer le joug allemand. C'était surestimer les moyens dont disposait Vichy et se méprendre sur la nature du régime nazi.

entreprendre un effort immense et consentir d'avance à ce qu'il soit stérile, car c'est en même temps se priver de l'unique moyen dont on ait la disposition.

Ainsi, dès son premier effort systématique, la diplomatie nouvelle se trouva induite à prendre conscience de son incompatibilité de fait avec le gouvernement de la France, lequel était un autre fait. « Manœuvrons temporairement avec l'Allemagne », disait par exemple une certaine idée de l'intérêt national. « Manœuvrons en secret », ajoutaient l'expérience technique et le sens de nos susceptibilités françaises. « Mais », interrompait alors la sagesse politique, « si vous manœuvrez en secret contre le cœur et la pensée de la nation pour vous entendre avec ces Prussiens qu'elle traite en ennemis mortels, vous serez sans soutiens aux premières difficultés qui feront nécessairement un éclat dans ce public dont vous dépendez ».

En effet, l'action de M. Gabriel Hanotaux pouvait bien être patriote dans son intention et dans son objet : dans sa formule expresse, qui eût immanquablement révolté le sentiment national, elle ne pouvait lui être soumise en aucun langage explicite. Rien d'important ne devait donc en être traité qu'en dehors des agents de la démocratie, en dehors du Parlement, à l'écart de la presse, alors que le principe et le jeu des institutions exigeaient le contrôle perpétuel de l'opinion du pays et, surtout, en cas d'émotion, son ferme concours…

M. Gabriel Hanotaux ne fut pas seul à éprouver cette contradiction. Lorsque, plus tard, M. Delcassé s'engagea dans une manœuvre plus conforme au sentiment national, mais qui était contraire aux intentions de son parti, les mêmes renaissantes nécessités l'obligèrent à renouveler les procédés du gouvernement personnel, à renier le principe républicain, à ne tenir aucun compte de l'opinion républicaine, enfin à subir l'ascendant des mêmes méthodes que son prédécesseur.

Un ami politique de M. Delcassé redisait volontiers pendant les dernières années : « Nous faisons de la politique monarchique sans monarchie. » *Mais faire* – non pas feindre – *de la politique monarchique sans monarchie*, c'est ce qui paraîtra l'impossible même, à qui voit le rapport des institutions avec les fonctions dans la suite des desseins et des événements. On peut se conformer au système républicain, et pour l'amour de lui se priver d'agir pour la France. On peut aussi renverser cette République pour l'amour de l'action française[1] à travers le monde. Mais, sans la renverser, essayer d'opérer comme si elle n'était pas debout, agir sans tenir compte de cette présence réelle, agir comme si l'on avait un autre régime, que l'on n'a point, ne pas vouloir tenir compte de cette absence non moins réelle, annoncer aux nations qu'on se comportera comme si ce qui existe n'existait pas et comme si ce qui n'existe pas existait, c'est une gageure

1. Maurras ne parle pas ici du mouvement d'Action française, mais de l'idéal politique que ce mouvement voulait incarner.

que l'on peut soutenir quelque temps par la distraction ou la confiance du public, la longanimité ou la ruse de l'adversaire ; mais, sitôt que le jeu devient sérieux, on perd.

Suite du système Hanotaux : le sentiment de la Revanche

Cette puissante politique d'amitié allemande n'était pas seulement tenue à se cacher du sentiment national, elle se devait de le détruire. Qu'elle le voulût ou ne le voulût point, ce n'est pas en question : pour se poursuivre en paix, cette politique devait proscrire les allusions, les commémorations, les revendications intempestives, et, en s'efforçant de les arrêter en fait, elle devait étouffer aussi l'idée de Revanche dans le principe de sa libre expansion. Aucune convention ne l'y obligeait, certes : simplement la nature du chemin qu'elle avait choisi. Le seul effet matériel d'une entente berlinoise voilait le souvenir, endormait les ressentiments et les espérances.

Pour la première fois depuis son avènement, « la République des républicains[1] » obtenait de ce côté un résultat moral appréciable. Pour y venir, il avait fallu dix-sept ans (1878-1895). Jules Ferry[2], qui n'eut pas les audaces de M. Hanotaux, dans la pratique de l'action, en avait donné le premier conseil. Bien avant les Gascons et les Marseillais qu'on accuse si légèrement de tiédeur patriotique, cet homme de l'Est, ce Lorrain, détourna les Français de « la trouée des Vosges ». Il ne réussit pas, faute d'un élément que le plan Hanotaux a fourni à ses successeurs. Il n'avait pu détruire le sentiment qu'il ne pouvait pas remplacer. Mais, peu à peu, quand, à la suite de mauvais heurts coloniaux, on eut marié la haine de l'Angleterre à celle de l'Allemagne, le cœur des citoyens cessa d'appartenir aux seuls « pays encore annexés ». Quelques doux songeurs parlaient bien de porter une guerre simultanée sur la Manche et sur le Rhin ; aussi fin que le charcutier d'Aristophane[3], notre public comprit qu'il ne pouvait regarder de ces deux côtés à la fois sans loucher : entre la Manche et le Rhin, le continent et l'Océan, il lui fallait choisir, et cette possibilité d'un choix créa vite l'état de doute et de partage qui tue les passions, dans les groupes d'hommes aussi bien que dans l'homme seul.

La passion de la Revanche tenait alors chez nous un rôle particulier. Ingénieusement, M. Robert de Bonnières[4], à la mémoire de qui l'on doit rendre cette justice, a soutenu un jour que, pendant vingt-cinq ans, cette idée de Revanche a servi de lien à l'unité française. Rien de plus vrai.

1. Par opposition aux années Mac-Mahon, où le président de la République était un monarchiste.

2. Président du Conseil en 1880-1881 puis 1883-1885.

3. Allusion aux *Cavaliers*, comédie d'Aristophane, auteur athénien des Ve-IVe siècles avant Jésus-Christ.

4. Romancier et journaliste.

C'est une belle chose, mais rare, courte et d'autant plus précieuse que le gouvernement d'un peuple par une idée. Cette idée fut vraiment une Reine de France. Sa régence avait établi la discipline de nos troupes, le travail de nos officiers. Nous lui devions l'existence même de notre armée. Si le parti républicain a poursuivi avec une certaine lenteur les destructions qu'il nommait les plus nécessaires[1], c'est encore de l'idée de Revanche que nous sont venues ces années de grâce et de sursis. Quelle carte splendide nous avait jetée là le destin ! Il eût fallu la retenir à tout prix. Un office public aurait dû être préposé à la garde de cette idée-force. École, presse, État, famille, tout le monde aurait dû rivaliser d'attention et de vigilance pour conspirer à ce maintien. En l'absence du Prince, la Revanche faisait briller un reflet, une image de son autorité. Politique du Rhin, retour vers le Rhin, sur les pas de César et de Louis XIV ! Un peu des volontés et des traditions capétiennes subsistait au fond de nos désirs et de nos regrets.

Le jeune ministre Hanotaux avait-il réfléchi à cela ? Ce qu'il détruisait sans pitié n'était pas réfectible. Mais l'insouciance publique ressemblait à de la confiance. Comme elle ne mettait aucune limite à l'autorité qu'il exerçait, elle l'enivrait. Ce crédit, fait au ministre plus qu'à l'homme, était général. Tout en s'appliquant à bien remplir son mandat de pleine puissance, il s'en exagérait, non point peut-être l'étendue ni la valeur, mais assurément la durée… Autour de lui, on partageait et on encourageait son rêve. À quoi bon cultiver le thème vague de la Revanche ? À quoi servait-il désormais ? Non plus même à la politique intérieure. Le parti modéré avait cru s'assurer un personnel capable de tenir honorablement la place d'une dynastie devant l'Europe et la nation. On n'avait plus besoin de la collaboration du gros public dans une République ainsi appuyée sur un monde respectable, compact et fort. Celui-ci représentant l'intérêt public, l'opinion publique faisait corps avec lui… – Éternellement ?

Ces étranges républicains, ces républicains apostats, tenaient un compte très exact de toutes leurs données, sauf une, sauf la principale, celle qui avait été la condition de leur arrivée au pouvoir et qui restait maîtresse de leur départ éventuel. Comme il s'agissait d'eux, la démocratie cesserait d'être versatile…

La théorie de la Revanche n'était certes pas reniée de front. On se contentait de lui prodiguer les petites provocations, les menues négligences. Mais on fut promptement compris à demi-mot. Trop bien compris ! Deux ans plus tard, au moment de l'Affaire [Dreyfus], quand le ministère Méline[2]-Hanotaux dut faire appel au sentiment national pour résister à l'Étranger de l'intérieur, on s'affligea de le trouver si cruellement affaibli.

---

1. Allusion à la tolérance dont Gambetta et ses successeurs firent preuve envers les sentiments monarchistes et catholiques de nombreux officiers.

2. Président du Conseil en 1896-1898.

S'aperçut-on que l'on avait lâché la proie pour l'ombre, un sentiment réel, vivace et fort pour une abstraction de chancellerie ?

Suite du système Hanotaux : la mission Congo-Nil. L'Affaire

« Nous avons un gouvernement, nous aurons les desseins des autres gouvernements », s'était dit ce ministre des Affaires étrangères que les gens du bel air commençaient à qualifier tout haut de « chef du *Foreign Office* français ». On n'a jamais assez admiré cette locution. Elle dit le style d'un temps. Elle est « jeune ministre ». Elle qualifie l'ambition, aussi noble qu'aveugle et que naïve, de nos politiques vers 1895.

La France ou ceux qui se croyaient les fondés de pouvoir de cette personne historique, la France ou son mandataire, avait donc le dessein de préparer toutes sortes de surprises désagréables à l'Angleterre. D'accord avec l'Allemagne et la Russie, des pièges lui furent tendus sur différents points. Quelques-uns médiocres, en Chine et au Japon[1]. D'autres excellents, comme la mission Congo-Nil.

En 1896, l'Angleterre, aujourd'hui installée très solidement, n'en était guère qu'à la moitié de la grande entreprise africaine : si haut qu'elle eût mis l'espérance, elle doutait encore de pouvoir la réaliser. S'emparerait-elle de l'épine dorsale du monde noir ? Achèverait-elle cette voie ferrée du Cap au Caire, que ses travaux simultanés poussaient également du nord au sud et du sud au nord ? C'est au Sud africain surtout que son progrès était saisissant. Elle avançait rapidement [...]. Mais les nations rivales avaient aussi le temps de couper cette magnifique route militaire et commerciale. En s'emparant de ce qui n'appartenait à personne dans la partie moyenne de l'Afrique, la France pouvait espérer de joindre sa colonie orientale d'Obock[2], où le négus[3] était pour elle, à son vaste domaine de l'Ouest africain : la transversale ainsi menée arrêtait net la route verticale de l'Angleterre, et l'intervention française, passant au sud des cataractes [du Nil], permettait de rouvrir la question d'Égypte, la question des Indes, la question de la Méditerranée, et de toutes les autres mers sur lesquelles régnait jusqu'alors, sans conteste, le pavillon de Sa Gracieuse Majesté.

C'est en juillet 1896 – sous le règne de Félix Faure[4], la présidence de M. Méline et l'administration de M. Hanotaux – que le commandant Marchand, à qui avait été suggérée cette grande tâche, débarqua au Congo. La mission était-elle trop peu nombreuse ? Fallait-il une armée où le Gou-

1. Allusion aux luttes d'influence des puissances européennes en Extrême-Orient.
2. Port proche de Djibouti.
3. Ménélik II, empereur d'Éthiopie de 1889 à 1913.
4. Président de la IIIe République de 1895 à 1899.

vernement n'envoyait qu'une petite troupe[1] ? Les héritiers politiques de Jules Ferry avaient-ils imité sa méthode des petits paquets[2] ? On l'a dit. Il est possible que cette faute de conduite ait été commise. Nous en verrons de beaucoup plus graves. Mais, sur ce point, j'aime mieux penser le contraire, et croire un témoin qui vaut la peine d'être cru ; Marchand en personne déclare n'avoir pas été arrêté par l'insuffisance de l'effectif. En effet, l'explorateur n'a pas été vaincu à Fachoda, où la victoire était possible, mais à Paris, où elle ne l'était pas.

Il avait bien fallu commencer par de petits coups de force, mais l'itinéraire du jeune officier français ajoute à l'éclat de cette marche militaire la beauté d'un effort de conquête économique, administrative et, osons le dire, bien qu'il s'agisse de pauvres nègres, diplomatique. Pour donner passage au matériel, on devait construire des routes ; pour assurer les positions, élever des forts. Plusieurs de ces rudes travaux furent accomplis par des hommes mourant de faim, qui ne s'arrêtaient de marcher ou de travailler que pour solliciter et obtenir l'amitié des tribus. Une seule comparaison vient à la pensée : on songe à la course des légions de Rome charriant avec elles le capital, l'élan, le génie et la vertu d'un monde civilisé. Chamberlain[3] a nommé leur expédition « une des plus étonnantes et plus magnifiques dans l'histoire de l'exploration africaine… » Quel chef ! quels braves compagnons ! Que manquait-il donc à Marchand, qui servait brillamment, pour servir utilement ? Il ne lui manquait que la France. Son instrument colonial et militaire était parfait. Pour qu'il fût employé, il eût suffi d'un gouvernement à Paris.

En juillet 1896, ce gouvernement n'existait pas. C'était un malheur grave ; mais le pire malheur était qu'il eût l'air d'exister. Il avait toutefois un peu d'existence réelle, dans l'ordre que les philosophes appellent la catégorie de la simultanéité, de l'espace ; l'Élysée, le quai d'Orsay, la présidence du Conseil, étaient occupés par trois hommes qui agissaient avec un certain ensemble ; mais ils ne possédaient vraiment ni la certitude ni la puissance de prolonger cette action au-delà de la minute écoulée. Quant à la catégorie du successif et au point de vue de la durée, le gouvernement qui envoyait Marchand vers le Nil et *qui avait grand besoin de se maintenir au pouvoir, du moment qu'il venait d'engager et d'hypothéquer l'avenir en visant l'arrivée de Marchand sur le Nil*, ce gouvernement n'avait aucune solidité. Il pouvait cesser d'être, d'un moment à l'autre. Il dépendait d'un caprice parlementaire ou d'une simple saute de vent électorale.

1. La mission Marchand comptait 12 officiers et sous-officiers français, 150 tirailleurs sénégalais et plusieurs milliers de porteurs ; elle fut assiégée à Fachoda (aujourd'hui Kodok, à 650 km au sud de Khartoum) par une force anglo-égyptienne de 1 500 hommes appuyés par 5 canonnières, avant-garde d'une armée de plus de 25 000 hommes.

2. Méthode consistant à mener les conquêtes coloniales avec de faibles effectifs pour les rendre plus discrètes, donc ne pas s'attirer les critiques de l'opposition.

3. Joseph Chamberlain, alors secrétaire d'État britannique aux Colonies.

— Qui en doutait ? demanderez-vous.

Hélas ! faut-il répondre, qui s'en doutait ?

Non, personne ne s'en doutait : les républicains de cette génération, hypnotisés par le pouvoir, ont été anesthésiés sur les conditions du pouvoir. Leurs prédécesseurs du Quatre-Septembre[1], compagnons des 363, avaient gardé mémoire de l'ère difficile : ils savaient combien leur office était précaire, leur situation menacée. Fils des révolutions [de 1830 et 1848], ils se savaient exposés aux révolutions. Un passé personnel très chargé venait leur rappeler la nature chancelante et périssable de leur fortune. Une perquisition bien menée ferait peut-être découvrir que leur paquet est toujours fait. « Est-ce ce soir que l'on m'arrête ? » demandait Rouvier au préfet de police Lozé, un jour fâcheux du Panama[2]. Mais les nouveaux venus n'ont pas ce sentiment. Ils sont nés dans la République et n'ont jamais frôlé ni bagne ni prison ; ils ont une tendance à se croire ministres à vie. La griserie est naturelle. Tout le régime n'est funeste que parce qu'il met en jeu, contre l'intérêt du public, tout ce qui tente, grise, étourdit les particuliers. M. Lemaître[3] l'a bien dit : au lieu de venir au secours de notre faiblesse, ce régime en sert le conseil ; il en favorise l'erreur. Sous Combes[4] et sous Waldeck[5], il a ouvert le pouvoir à des scélérats, mais, sous Faure, sous Méline et sous Hanotaux, il avait perverti des hommes d'esprit, de talent ou d'intelligence en leur enlevant la raison.

Marchand a-t-il dressé la concordance de ses actes avec les actes de la vie intérieure de la Métropole ? La double série serait admirable à poser en regard sur des colonnes parallèles… On peut admettre, provisoirement, que, de juillet 1896 à novembre 1897, MM. Félix Faure et Hanotaux, ayant les mains libres au dedans, ont su faire tous les préparatifs convenables en vue d'appuyer Marchand et de lui fournir, quand il approcherait du but, l'appui décisif. Comme on le verra tout à l'heure, ils ne le firent point en ce qui concerne la guerre maritime. Mais peut-être qu'ils se disposaient à le faire. Un événement leur en arracha tout moyen.

… En effet, dans le mois de novembre 1897, et comme Marchand approche de Fort-Desaix[6], un phénomène absolument imprévu du grand public, bien que préparé de longue main dans un petit monde, éclate tout à

1. Les fondateurs de la IIIe République, proclamée le 4 septembre 1870.

2. Rouvier, ministre des Finances de 1889 à 1892, fut contraint à la démission par son implication dans le scandale politico-financier du canal de Panama.

3. Écrivain et membre de l'Action française.

4. Président du Conseil en 1902-1905, ténor du parti radical, en pointe dans la lutte anticléricale.

5. Waldeck-Rousseau, incarnation de la « défense républicaine » contre les antidreyfusards et président du Conseil en 1899-1902.

6. Localité située dans l'actuel Soudan du Sud.

coup en France : MM. Ranc[1], Scheurer-Kestner et Joseph Reinach lancent la révision du procès du traître Dreyfus. L'Affaire, alors, commence, les passions se heurtent, et le gouvernement français, hier assez fort pour dessiner une offensive contre l'Étranger, se trouve tout à coup réduit à se défendre contre l'ennemi de l'intérieur. Il lui devient très difficile de continuer sa politique russo-allemande : l'ambassade allemande est mêlée à l'Affaire ! D'ailleurs, les colères et les inquiétudes sont éveillées, les factions sont en armes : personne n'est plus disposé à faire confiance à ce cabinet ni à aucun autre, comme le prouveront la formation pénible, la vie accidentée et la chute rapide des deux ministères suivants [...].

Déjà, M. Méline perd une fraction importante de ses premiers soutiens modérés, libéraux et opportunistes : les croyants de la doctrine républicaine d'une part, les coquins de la défense républicaine de l'autre, se sont prononcés pour Dreyfus. Dreyfus représente pour les naïfs l'incarnation souffrante des chimériques Droits de l'homme ; pour les vendus, il correspond au type réaliste et productif des droits du Juif. Tout ce monde fait à l'État une guerre violente, et M. Méline n'y peut riposter que modérément. Il observe toutes les règles du jeu que l'on s'applique à violer contre lui. Ses paroles sont justes, mais faibles. Ses actes sont nuls. Son adversaire agit sans cesse et ose tout.

Un roi de France eût fait ce qu'eût fait le roi d'Italie ou l'empereur d'Allemagne : avant de laisser propager le roman de l'erreur judiciaire, il se fût assuré des perturbateurs avérés. Mais, sur les douze ou quinze personnes qu'il eût fallu arrêter dans la même nuit, M. Jules Méline reconnaissait un sénateur que son ministre de la Guerre ne pouvait s'empêcher d'appeler son « excellent » et son « honorable ami », des collègues de la Chambre avec qui il avait des relations aussi anciennes que courtoises, des hommes ayant fondé la République avec lui ou qui, s'y étant ralliés dès la première heure, s'en montraient les plus fermes mainteneurs et soutiens : quelles mesures pouvait-on se permettre contre eux ? Sans doute, le salut de l'État exigeait ces mesures. Mais, outre que le salut du parti républicain ne les exigeait peut-être pas, le président du Conseil ne disposait d'aucun pouvoir légal l'autorisant à ces mesures de salut.

Nul arbitraire intelligent et responsable ne veillait : nous n'avions ni une institution ni un organe politique qui fût chargé *en général* de cette surveillance essentielle. Les morceaux fonctionnaient, mais aucune pièce centrale. Le lucide Anatole France[2] vit donc se vérifier la mémorable sentence : « Nous n'avons pas d'État, nous n'avons que des administrations. »

---

1. Parlementaire républicain.
2. L'écrivain, bien qu'ami de Maurras, était opposé à la plupart de ses idées politiques, ce qui rend d'autant plus frappante la convergence de vues attestée par la citation qui suit.

Les administrations se montrent implacables quand elles ont affaire à des individus isolés ou à des groupes de vaincus (catholiques, conservateurs), mais elles sont bien obligées de montrer une insigne mollesse quand elles trouvent devant elles des compagnies puissantes ou des individus solidaires comme nos Juifs, nos protestants, nos métèques et nos francs-maçons. Le gouvernement de M. Méline dut reconnaître qu'il n'était qu'un frêle assemblage de bureaucraties mal liées. L'anarchie eut cours libre, le pouvoir seul se trouva arrêté et mis en échec. Son effort n'aboutit qu'à manifester l'intention de refuser aux Juifs une révision injuste en elle-même, dangereuse pour le pays. Mais l'effort ministériel ne parvint même pas à tenter d'opposer un obstacle réel aux réalités menaçantes.

Grâce à la ferme parole de M. Méline, le droit public que l'on tentait d'usurper demeura intact, mais, du fait de son inaction, toute notre activité politique fut immobilisée, puis brisée et réduite en miettes. Qui voudra étudier le détail de cet épisode verra comment un honnête homme peut, sans forfaire à son honneur, par simple ignorance politique, commettre, au moment du danger, une désertion fertile en désastres. Ces vérités n'enlèvent rien à l'estime personnelle due à M. Méline, dont la politique agricole sauva un intérêt français[1]. Il eût pu faire un bon ministre sous un roi. La haine dont la juiverie l'a toujours poursuivi depuis pourra nous le faire honorer. Mais il faut se garder d'honorer son infirmité, qui fut d'être républicain, et cette grande faute d'avoir essayé d'oublier, ou de faire oublier, la qualité incohérente et inconsistante de ses pouvoirs dans un gouvernement d'opinion.

La faction révolutionnaire en vint à bout quand il lui plut. Faible, infiniment faible pour contenir ou pour maintenir, l'opinion pouvait tout pour la destruction.

Comme en Pologne

On vit s'opérer en peu de mois un revirement général.

L'opinion avait ratifié la bonne entente avec le Pape[2] : or, il suffit de quelques campagnes de presse pour réveiller, en 1897, l'anticléricalisme de 1877 ; dans toutes les classes de la société républicaine, les tolérants et les sceptiques de la veille redevinrent fanatiques et persécuteurs.

L'opinion avait ratifié sans mot dire les mystères hautains de nos Affaires étrangères dans les sujets qui intéressaient le plus gravement le pays ; or, il suffit d'une banale affaire judiciaire pour exaspérer les

1. Allusion aux lois protectionnistes de Méline.

2. Allusion au rapprochement entre Paris et le Vatican : en 1892, le pape Léon XIII avait invité les catholiques français à se rallier à la République, en échange de quoi les républicains modérés incarnés par Méline avaient mis fin à la politique anticléricale de leurs prédécesseurs.

curiosités et ravir aux ministres ce crédit implicite qui leur avait donné, en fait, pleins pouvoirs.

L'opinion de 1896 souhaitait un gouvernement responsable et fort, une belle armée : dix mois après, par un brusque et logique revirement, les libéraux démocrates ramenaient le thème anarchiste. Une moitié de l'ordre des avocats, tout ce que la haute société comptait d'utopistes, et le monde universitaire de philosophes mystiques, retourna [...] à [ses] prototypes révolutionnaires de 1789, 1848 ou 1871.

M. Jules Méline, M. Gabriel Hanotaux et M. Félix Faure avaient donc bien mal calculé la résistance de ce banc de nuage sur lequel ils s'étaient ridiculement installés ! L'opinion change : c'est sa nature dont ils ne se méfiaient pas. Elle a suffi à les renverser.

Sur les causes de cette révolution de l'esprit public, M. de Freycinet[1] disait au conseil de guerre de Rennes[2] que la campagne Dreyfus avait été « très désintéressée en France » (il en était « sûr »), mais qu'elle « l'était peut-être un peu moins à l'étranger ». Ce témoin, le plus indulgent des hommes, n'avait pu fermer les yeux à l'évidence de l'intérêt majeur qu'avaient telle et telle puissance à diminuer la cohésion et le prestige de notre organisation militaire. Mais, plus encore que l'Armée, les amis de Dreyfus affaiblissaient l'État ; ils opposaient à toute politique générale un conflit intérieur qui paralysait. L'immobilité ainsi obtenue servait si clairement les intérêts de l'Angleterre qu'on ne peut supporter qu'elle y soit demeurée étrangère. La politique anglaise a toujours profité du jeu des factions parmi nous. Il est aussi de règle qu'elle les suscite et les paye. Son intervention était naturelle et d'ailleurs presque juste. C'était la riposte indiquée au plan Hanotaux, mais appliquée par un gouvernement traditionnel au point faible d'une démocratie. Le « chef du *Foreign Office* français » avait envoyé les tirailleurs de Marchand opérer au loin contre l'Angleterre : le chef du véritable *Foreign Office* répondait en envoyant la cavalerie de Saint-Georges[3] manœuvrer dans nos villes contre le cabinet français et les soldats français. Comme les souples et silencieux cavaliers ne rencontraient aucun pouvoir d'État indépendant de l'opinion (cette opinion qu'ils étaient capables de faire) ; comme ils étaient déjà assurés du concours actif de tous nos ennemis de

1. Président du Conseil en 1879-1880, 1882, 1886 et 1890-1892, ministre de la Guerre en 1898-1899.

2. Second procès du capitaine Dreyfus en 1899, après la cassation de celui de 1894. Comme le premier, il s'agissait d'une procédure militaire et non d'une procédure civile. Dreyfus fut à nouveau condamné, bien qu'on lui eût reconnu des circonstances atténuantes. Il fut gracié la même année par le président de la République, Loubet, avant d'être réhabilité en 1906 par la Cour de cassation.

3. Expression désignant le financement de réseaux d'influence probritanniques, par allusion à l'une des plus fameuses monnaies britanniques du XIXe siècle, ornée d'une représentation de saint Georges à cheval.

l'intérieur (déjà maîtres d'une partie de cette opinion versatile) ; comme enfin ils ne trouvèrent de résistance que dans l'administration militaire (qui, étant subordonnée à la République, devait céder en fin de compte à l'opinion), il leur suffit de réussir à impressionner puissamment ce vague et vibrant composé de sentiments, d'intérêts, de caprices et de passions, dont la mobilité est prodigieuse en France. Un tel succès était facile. Qui émeut l'opinion ? La presse. Et qui mène la presse ? L'or.

C'est pourquoi, en raison de cet or anglais et de cette presse vénale, par la faute ou le crime de cette opinion souveraine et de ce régime démantelé, quand les journaux français de 1897 et de 1898 lui parvinrent, après ses longs mois d'immersion dans la solitude africaine, le colonel Marchand dut se détourner pour pleurer. Un Forain[1] prophétique éternise ce souvenir.

On peut répondre que ce fut simple coïncidence de fortunes fâcheuses. Mais le hasard est innocent des maux immenses qui résultaient de la série de nos troubles civiques. Ces maux sont dus à l'imprévoyance des hommes et surtout à l'anarchie des institutions. Si, pendant qu'on édifiait Fort-Desaix, Mathieu Dreyfus a pu recruter un parti au traître, son frère, et allumer ainsi une guerre civile – si l'œuvre d'un simple particulier a pu causer de tels effets –, si, au moment même où les nôtres se mettaient en marche pour Fachoda, Paris et la France ont pu se battre jour et nuit pour M. Zola : ces accidents scandaleux n'ont été *possibles* qu'à la faveur de la caducité absurde de l'État. Non, n'alléguons pas de surprise. La sagesse politique consiste à savoir qu'il y a des imprévus dans la marche du monde : elle échelonne les moyens d'y faire face et d'y pourvoir.

La folie, la faiblesse des années 1897, 1898, 1899, étaient comme enfermées et sous-entendues dans un régime où nul barrage n'était opposé aux sautes de l'opinion ni préposé à la défense de l'intérêt général contre le caprice des foules ou l'entreprise des factions que subventionnait un ennemi bien organisé et bien soutenu. « Nous n'avions point d'État ! » On avait négligé d'en forger un quand il était temps. On avait refusé de construire le roi : nos actions extérieures ne pouvaient que succomber aux convulsions de l'intérieur. Les prédictions de quelques journalistes perdus, griffonnées dès l'éclat des premières alarmes, restent pour faire foi de la nature essentiellement organique et constitutionnelle des difficultés auxquelles se heurtèrent alors les Hanotaux et les Méline, ainsi qu'ils devaient s'y heurter. Les républicains modérés purent s'apercevoir qu'il n'y avait aucune proportion entre les outils dont ils avaient disposé et la grande œuvre extérieure et intérieure à laquelle ils avaient entraîné leur pays.

L'un de ces ministres d'alors, grand ami de M. Méline, Alfred Rambaud[2], en convenait vers la fin de l'année suivante. En examinant les points

1. Célèbre illustrateur de la Belle Époque.
2. Historien proche de Lavisse et ministre de l'Instruction publique en 1896-1898.

noirs d'Asie et d'Afrique au Transvaal, en Chine, au Japon, puis la crise autrichienne, alors imminente, et en considérant tout ce qui se défait, tout ce qui se refait dans l'univers autour de nous et en dehors de nous, l'ancien ministre rédigeait ce mélancolique mémoire, ce compte douloureux du temps et des efforts que l'Étranger nous avait fait perdre dans l'affaire Dreyfus[1] :

> Pour faire front à tant de périls, il faudrait une France une, non pas seulement au point de vue administratif, mais d'intelligence et de cœur. Il faudrait qu'aucun Français n'eût rien de plus cher que la grandeur et la sécurité de la France. En sommes-nous là ?
>
> Il faudrait un gouvernement qui n'eût d'autre pensée que celle de notre salut, une armée très forte, une diplomatie attentive et souple.
>
> Or, depuis deux ans, quel est celui de nos ministres de la Guerre qui a pu dévouer tout son temps et toute son intelligence à la préparation de la Défense nationale ? Pour chacun d'eux, qu'on fasse le compte des heures qu'il a pu consacrer à cette tâche et de celles que lui ont gaspillées d'autres préoccupations, d'autres dossiers. L'un d'eux[2], et non des moins dignes de cette haute fonction, était obligé de répondre à une interpellation sur nos ouvrages de défense : « *Je suis ministre depuis huit jours ; j'ai dû en employer sept à l'examen de... ce que vous savez*[3]. »
>
> Faites ce même compte pour les présidents du Conseil, les ministres de la Marine. Faites-le pour le ministre des Affaires étrangères lui-même. Faites-le pour le Conseil des ministres : demandez-vous pendant combien de minutes, dans une séance de deux ou trois heures, les hommes chargés de la Défense nationale ont pu retenir sur cet objet l'attention de leurs collègues. Faites le même compte pour les séances du Parlement. Combien ont été employées à des discussions utiles ? Combien à l'Affaire et aux affaires connexes, dont elle fut une infatigable mère Gigogne ? Par la place qu'elle a prise dans les colonnes des journaux, appréciez ce qui restait d'espace à ceux-ci pour tenir le public au courant de ce qui doit le plus intéresser des patriotes, pour éclairer l'opinion sur notre situation en Afrique, en Asie, et sur nos propres frontières.
>
> Pendant tout ce temps, que devenait l'armée ? Une furieuse campagne tendait à l'affaiblir dans sa cohésion morale, dans sa confiance en ses chefs, dans sa discipline. Un incident comme celui des réservistes de l'Yonne[4] aurait-il été possible il y a seulement un an ? Est-ce simplement un incident ? Ne serait-ce pas un symptôme ? Et de quelle gravité !
>
> Notre diplomatie ? Il y a dix-huit mois, elle se heurtait déjà à des difficultés inexplicables, *à une force d'inertie évidemment expectante*, et, jusque dans les négociations pour le Niger, elle constatait l'influence maligne du trouble des esprits en France et des calculs malveillants à l'étranger. Cela ne pouvait alors qu'empirer. Nous l'avons bien vu pour Fachoda. Nous l'éprouverons dans d'autres occasions autrement graves et périlleuses, si nous ne parvenons à nous ressaisir.
>
> Un tel état de choses est évidemment très avantageux à nos rivaux. Ils avaient intérêt à le prolonger, à l'envenimer, *et ils n'y ont pas manqué. Les uns ont prodigué l'argent* ; les autres y sont allés de leurs précieux conseils ; à Londres, au moment le

1. Les paragraphes en retrait qui suivent sont extraits d'un article publié par Rambaud dans *Le Matin* du 21 septembre 1899.
2. Freycinet, ministre de la Guerre en 1898-1899.
3. L'affaire Dreyfus.
4. Ces réservistes avaient manifesté un fervent antimilitarisme.

plus critique du fameux procès [de Rennes], quand les cœurs de tous les Français, encore que pour les raisons les plus différentes, étaient étreints de la même angoisse, on s'amusait à ouvrir des paris.

Maintenant, à Londres, on ne s'amuse plus : on se fâche tout rouge. Il s'est tenu à Hyde-Park un meeting monstre d'indignation. Toute la canaille britannique a crié : « À bas l'armée française ! » N'avons-nous pas assez pour cette besogne, de notre propre canaille ? Et, dans ce meeting, on a assommé quelques Français.

On a failli voir des officiers étrangers, dont le rôle d'espionnage a été reconnu aussi bien par la défense que par l'accusation, venir figurer comme témoins [au procès de Rennes]. Bien mieux : comme arbitres. Presque comme juges.

Quand il fait crédit au régime qu'il peut impressionner, diviser et troubler si facilement, l'Ennemi peut attendre que la victime soit à point. Mais l'exterminateur n'attendra pas toujours. « *La Pologne* », écrit M. Rambaud, « *a fini par être partagée*[1] » :

Il ne faut pas croire que ce soit du premier coup que les armées ennemies ont pénétré sur le territoire polonais. Non. L'invasion étrangère a été précédée, préparée de longue main par une infiltration d'éléments étrangers et d'influences étrangères.

De l'argent étranger entrait en Pologne pour y fomenter certaines agitations. Les étrangers avaient pris l'habitude de critiquer les lois du pays, de vouer au mépris de l'Europe intellectuelle les sentences de ses juridictions, de boycotter, à coups de tarifs, ses produits.

Ils estimaient injustes que les protestants et les orthodoxes n'eussent pas les mêmes droits politiques que les catholiques, et en cela ils avaient raison, mais les Polonais qui leur donnaient raison avaient tort, car l'étranger n'est jamais désintéressé dans ses critiques.

Des Polonais prenaient l'habitude de fréquenter chez les ambassadeurs étrangers, de leur demander des renseignements, de croire à leur parole, de suivre leur direction. Les uns dénonçaient aux Prussiens et aux Russes l'intolérance catholique de leurs compatriotes ; les autres les suppliaient de garantir les libertés anarchiques du pays ; d'autres s'entendaient avec eux pour condamner le « militarisme » polonais. Au bout de quelques années de cet échange de bons offices entre Polonais et étrangers, la Pologne s'est trouvée mûre pour l'invasion et le partage.

Notez que la Pologne était vraiment une RÉPUBLIQUE[2], encore qu'elle eût à sa tête un roi qui, d'ailleurs, avait encore *moins de pouvoir effectif qu'un président français. Il est également facile de démontrer que (les paysans mis à part) la Pologne était une* DÉMOCRATIE[3].

Comme elle, nous avons pour voisins de puissants États monarchiques et militaires. Ces voisins ont intérêt à ce que la France soit paralysée, neutralisée par impuissance…

---

1. La Pologne a été partagée entre la Prusse, l'Autriche et la Russie en 1772, 1793 et 1795, en attendant le partage germano-soviétique de 1939.

2. Allusion à la république des Deux Nations, régime fédéral articulant le royaume de Pologne et le grand-duché de Lituanie de 1569 à 1795.

3. Du XVIe au XVIIIe siècle, les rois de Pologne furent élus par l'aristocratie polonaise. Leur pouvoir était limité par une Diète elle aussi dominée par l'aristocratie, mais paralysées par le principe égalitaire : un seul individu pouvait en effet invoquer le « *liberum veto* » (« j'interdis librement ») pour torpiller une réforme.

Telle était l'opinion d'un esprit modéré jugeant à une année de distance : il commençait à dominer l'histoire de la crise, il en apercevait nettement les instigateurs. Les difficultés et les embarras extérieurs que nous avions suscités au Royaume-Uni étaient revenus à la République sous forme d'embarras et de difficultés à l'intérieur. Contre ce coup violent le régime ainsi attaqué demeurait sans riposte, parce qu'il était sans pouvoir. Dès lors impossible de rien sauver à moins que de changer la Constitution en pleine bataille et d'opérer une contre-révolution radicale sous le feu de l'ennemi ! Mais bien peu songeaient à ce remède héroïque. Tout s'écroula paisiblement.

La fin du système Hanotaux : le désarroi de la Marine

La catastrophe consommée découvrit au régime un autre point faible par lequel il est bien probable que l'effondrement se serait produit, alors même que l'Angleterre se fût épargné les dépenses de l'affaire Dreyfus. [...]

Toute politique sérieuse, en particulier la politique extérieure, [...] avant d'obtenir la continuité dans le temps, a besoin de bien assurer sa liaison dans l'espace. Bismarck, à Ems, ne put se résoudre à marcher sans avoir consulté, une dernière fois, ses principaux collaborateurs, Moltke et Roon[1].

Mais en France il fallait compter avec les conditions qui sont inhérentes à toute république démocratique ; faute d'un chef suprême, stable et puissant, le gouvernement y est divisé et segmenté à perte de vue, pour le plus grand bonheur des chefs de service et le pire malheur des services eux-mêmes. Deux ministres y sont égaux sous un chef qui n'est pas un maître. Deux ministères sont deux maisons qui s'ignorent l'une l'autre. Ces rivales jalouses ne se pénètrent pas et refusent de se rien céder l'une à l'autre. On correspond, on traite, mais c'est entre puissances étrangères, lointaines, et l'on n'agit pas de concert ni sous une même impulsion. Il en était ainsi en 1896. Il en est ainsi aujourd'hui. Les ministres modérés trouvèrent cet état de choses incoordonné et, loin de le modifier, n'y furent même pas sensibles.

La fortune voulut que cette secrète ataxie n'apparût point aussi longtemps que le système « Pétersbourg-Berlin contre Londres » fut en vigueur et que les ministres modérés furent en fonctions. Mais, trois mois après leur départ, au jour précis de l'échéance du principal effet tiré par M. Hanotaux sur notre avenir national, c'est-à-dire en septembre 1898, on découvrit subitement que tout avait été agencé par nos mains en vue

1. Allusion à la dépêche d'Ems, provocation diplomatique par laquelle Bismarck poussa Napoléon III à déclarer la guerre à la Prusse en 1870. Moltke était alors chef de l'état-major prussien et Roon ministre de la Guerre.

d'une rencontre possible avec l'Angleterre sans qu'on eût pris aucune des précautions navales qu'impliquait une telle éventualité… Un rapport de l'amiral Fournier[1] déclara textuellement : « *Nous ne sommes pas prêts…* » La « forme républicaine » qui avait permis ce cas d'imprévoyance et de distraction monstrueuses apportait ici les effets directs de son essence propre. « Elle est la dispersion, elle est la diversité, elle est le mal. » On ne peut que redire ces définitions de l'abbé Lantaigne[2] pour peu qu'on se reporte à ce moment-là.

Oui, en septembre 1898, et notre mission Congo-Nil venant de se heurter à Fachoda contre l'Angleterre, l'opinion française découvrit, sans en être d'ailleurs autrement émue, que, pendant ces quatre ans d'une politique évidemment anti-anglaise, nous n'avions négligé qu'un élément : nos forces de mer. Nous n'étions dépourvus que d'un organe, et c'était précisément du seul organe utile, l'unique organe de défense et d'attaque contre l'Anglais. Notre armée de terre était encore bonne, mais ne servait pas à grand-chose ici. Une protection sérieuse du littoral métropolitain et colonial, sur la mer, des escadres, à terre, des ports en état, c'était aujourd'hui l'indispensable, et cela manquait. […]

La présidence de la République était occupée par un ancien armateur havrais, ancien ministre de la Marine[3], à qui l'importance de la mer ne pouvait vraisemblablement échapper. Elle ne pouvait échapper non plus à son ministre des Affaires étrangères. M. Gabriel Hanotaux s'était appliqué à consolider notre situation en Tunisie, en nous déliant de traités antérieurs : à quoi bon, si le passage de la Méditerranée n'était pas assuré par une flotte suffisante ? La grande île de Madagascar avait été proclamée colonie française le 20 juin 1896 : à quoi bon si, de Madagascar à Marseille, une force étrangère restait facilement maîtresse d'arrêter nos communications ?

Tous ces actes publics devaient nous obliger à veiller sur l'armée navale. À plus forte raison, cet acte secret, la mission du Congo vers le Nil. Ou c'était folie pure, ou l'entreprise sous-entendait des armements, des constructions, des approvisionnements maritimes réguliers et complets. Notre politique d'alors aurait permis, à la rigueur, de négliger les armées de terre, puisqu'elle escomptait le concours de l'armée russe et de l'armée allemande, mais elle exigeait l'entretien et, au besoin, la réfection de la marine. Précaution d'autant plus nécessaire que le concours de la flotte italienne semblait douteux, depuis que l'Angleterre se l'était assuré par un traité plus fort que l'arrangement triplicien. Ce long ministère modéré et conservateur, couronné

1. Commandant de l'escadre de la Méditerranée en 1898-1900.
2. Personnage de *L'Orme du mail*, roman d'Anatole France.
3. Faure, président de la République en 1895-1899, avait été ministre de la Marine en 1894-1895.

d'une présidence plus modérée et plus conservatrice encore, avait donc légué un modèle de négligence maritime à ses successeurs radicaux. Si l'incurie et l'incohérence agressives de M. Camille Pelletan[1] ont pu faire pardonner au public l'incurie et l'incohérence passives de l'équipe antérieure, l'historien ne l'oubliera pas. Une forte marine était supposée dans le dessein conçu et poursuivi dès 1895 et 1896 : or, nous ne l'avions pas à l'été de 1898 !

Comme toujours, alors, sous le poids des choses, sous la pression des circonstances, on essaya d'improviser. Le ministère radical s'efforça de bien mériter de la patrie en parant tout de suite au plus nécessaire. Notre littoral se hérissa de canons. Les soutes des vaisseaux de guerre se garnirent de combustibles et de munitions. On jeta du charbon dans les postes lointains pour le ravitaillement de nos stationnaires. Ce fut un élan général.

On ne peut s'empêcher d'observer néanmoins que cette ardente réorganisation maritime devait coïncider, par une gageure ironique, avec un changement de front en diplomatie : le ministre nouveau détournait peu à peu sa pointe de notre vieille concurrente maritime ; c'est un ennemi continental que M. Delcassé allait nous mettre sur les bras[2]. Dès ce moment-là, nous aurions eu besoin d'affermir et de consolider notre armée de terre. Mais, précisément dans les années qui suivirent, on ne travailla qu'à la désorganiser. En 1899, toujours à propos de Dreyfus, qui venait d'être recondamné et qu'il s'agissait de faire absoudre à tout prix, la lutte s'engageait entre l'important Service des renseignements, organe de notre défense nationale, et la Sûreté générale, qui ne défendait que la République. En 1900, Waldeck-Rousseau donnait raison aux défenseurs de la République contre les défenseurs de la France : « Le Bureau des renseignements n'existe plus », déclarait-il à la tribune. Le général André[3] remplaça Galliffet[4] au ministère, les généraux se virent dénoncés par des sous-officiers influents dans les Loges[5], un vaste service de délation fonctionna. En 1903 et 1904, le ministère de la Guerre donnait tout son cœur à la réhabilitation de Dreyfus, à la diminution du budget de la Guerre, au service de deux ans, et, lorsque, en 1905, éclata le coup de foudre de Tanger[6], qui ne fut rien qu'un Fachoda interverti, nous nous trouvions exactement dans la même impuissance pour des raisons

1. Ministre de la Marine en 1902-1905, surnommé par ses adversaires « le naufrageur de la Marine ».

2. Delcassé, arrivé aux Affaires étrangères en 1898, s'orienta rapidement vers un rapprochement franco-britannique contre l'Allemagne. Cette politique déboucha sur l'Entente cordiale en 1904 : la France renonçait à ses prétentions sur l'Égypte et Terre-Neuve en échange d'un soutien britannique à ses ambitions marocaines.

3. Ministre de la Guerre en 1900-1904.

4. Ministre de la Guerre en 1899-1900.

5. Ce fichage des officiers catholiques par le Grand-Orient fut mis en place en 1900-1901 à l'instigation du général André.

6. Crise franco-allemande à propos du Maroc, dont il sera question plus bas.

égales, quoique toutes contraires : il aurait fallu exercer notre armée de terre, et c'était à l'armée de mer qu'on avait donné quelques soins. [...]

Le plan Delcassé. De la faute ou du crime

La doctrine du Vieux Parti républicain et l'intrigue anglo-italienne s'accordaient naturellement dans la politique de M. Delcassé[1]. Mais l'accord était maintenu et même stimulé par des forces financières dont il faut tenir compte.

Notre puissance nationale devenue le bien des spéculateurs et des gens d'affaires, il n'est plus possible à un cabinet de durer quelque temps sans former des entreprises coloniales nouvelles. Entreprises qui exigent que l'on s'entende avec l'Angleterre ou que l'on dispute avec elle. Du moment qu'on avait cessé de fourbir des armes et que le camp de Boulogne était bien levé[2], le parti le plus simple était d'en finir tout de suite avec la dispute ; le plus pratique était de placer notre mouvement colonial sous le protectorat des maîtres de la mer.

Qu'il y eût entre l'Angleterre et nous de vieilles querelles (Égypte, Terre-Neuve), c'est possible, redisaient certains financiers coloniaux ; mais des conventions franches peuvent intervenir sur tous les points litigieux. On peut signer une manière de concordat. Les faits sont accomplis ; revêtons-les d'un acquiescement régulier, et, tout aussitôt, nous recevrons en échange nos laissez-passer, nos licences pour d'autres efforts. Bismarck nous avait dit : « Prenez la Tunisie, prenez l'Indochine. » Édouard VII[3] peut nous dire : « Prenez le Maroc », le Maroc étant d'une nécessité immédiate pour laquelle tous nos syndicats sont debout et dont ils ne feront point grâce au gouvernement qu'ils soutiennent...

Tel fut le germe de ce qu'on peut appeler le plan Delcassé. Sans doute ce plan apparaît plus grave et plus ample quand on le considère dans les calculs d'un roi anglais qui nous veut pour son soldat sur le continent, ou dans les inquiétudes d'un empereur allemand qui, nous ayant souhaités pour seconds sur la mer, nous voit enfin passer au service de l'ennemi. Sans doute aussi, et plus encore que les volontés des rois étrangers, plus que l'insouciance et l'inattention de notre ministre, l'esprit de la situation, le génie des circonstances envisagées nous faisaient courir un risque sérieux. Ce plan nouveau, s'il ne prévoyait pas le conflit avec l'Allemagne,

---

1. En rapprochant la France de l'Angleterre et de l'Italie, pays aux régimes parlementaires, Delcassé rassurait beaucoup de républicains rebutés par l'alliance antérieure avec l'Allemagne, puissance autoritaire.

2. Camp dans lequel Napoléon avait massé son armée en prévision d'un débarquement en Angleterre (1803-1805) ; mais sous cette allusion historique, Maurras évoque la politique antibritannique menée par Hanotaux.

3. Roi d'Angleterre de 1901 à 1910.

aurait pourtant dû le prévoir : l'Angleterre souhaite ce conflit et l'espère, elle l'escompte même avant l'exécution du programme naval qui doit mettre si haut l'outillage maritime allemand[1]. Mais ces effets prévus ou imprévus du plan Delcassé y sont pleinement étrangers. En lui-même, tel qu'il se formula et se réalisa, ce plan est beaucoup plus simple. Il pose sur une idée nette : *Nous ne pouvons plus coloniser contre l'Angleterre ni sans elle ; colonisons donc avec elle.* Tout entier, il se déduit de cette idée-là.

Le ministre espérait des « pénétrations pacifiques » mais rapides qui enrichiraient un certain nombre de ses amis. Mais il ne croyait pas ni il ne voulait croire à l'échéance guerrière désirée par Édouard VII : il s'arrêtait à peine à l'idée qui aurait fait bondir d'espérance et de joie tout autre homme d'État français, celle d'une vraie guerre entre Londres et Berlin. C'est pour l'aisance du discours que l'on nomme le plan Delcassé « anti-allemand ». Tout au fond, M. Delcassé ne tenait pas compte de l'Allemagne. Il considérait que tous ses calculs pouvaient subsister en faisant abstraction de la plus puissante monarchie du continent. L'idée d'une intervention allemande dans le nouveau mariage anglo-français n'était pas au nombre des combinaisons qui eussent le bonheur de l'intéresser.

Plusieurs raisons de cet état d'esprit bizarre ont été avancées. Y eut-il une sorte de rivalité de métier entre l'empereur et M. Delcassé, le premier grand amateur de diplomatie et de paix, négociateur inlassable en mainte circonstance où n'importe lequel de ses aïeux eût tiré le glaive, le second plus novice mais d'autant plus enragé à ce noble jeu ? On va jusqu'à parler d'une querelle d'homme à homme. En fait, M. Théophile Delcassé estima Guillaume II, comme le font certains esprits en France, agité et agitateur sans surface, capable de manifestations, de paroles et de gestes, mais ceci et cela sans suite ni portée.

À supposer qu'il eût vu juste, M. Delcassé se donna le tort de ne pas savoir retenir des marques, bien superflues, de ce sentiment. Il fut encore inférieur à sa tâche en ne s'inquiétant pas de savoir si nos forces militaires valaient les forces de cet empereur dédaigné. Plus il pouvait avoir raison dans son attitude, plus il devait se rendre capable de la soutenir aisément. En admettant que Guillaume II manquât de « sérieux », il fallait pouvoir l'attendre de pied ferme et opposer à ses démonstrations des démonstrations plus vigoureuses encore. M. Delcassé avait beau rejeter toute idée d'une offensive éventuelle de l'empereur. Il méritait tous les châtiments du seul fait qu'il négligeait de se garder contre le cas fortuit où l'hypothèse ainsi écartée se serait produite. Diplomatie, c'est précaution.

1. Allusion au décollage vertigineux de la flotte allemande qui, entre 1900 et 1914, se hissa au 2e rang mondial (la flotte française chutant pour sa part du 2e au 4e ou 5e rang mondial dans la même période). Ce fut la principale raison qui poussa Londres à se réconcilier avec Paris puis Saint-Pétersbourg.

La précaution à prendre s'indiquait toute seule : il importait d'intéresser le patriotisme français. Celui qui l'oublia fit une faute incomparable. Quoi ! tous vos mouvements d'Europe et d'Afrique, toutes vos allées et venues entre Londres et Paris, entre Rome et Saint-Pétersbourg, ont pour effet, sinon pour but, « d'ennuyer », ou même « d'encercler » l'empereur d'Allemagne. Vous faites mine d'éloigner de lui son allié du midi[1]. Vous vous faites accuser de l'avoir écarté lui-même de vos arrangements coloniaux, et, en somme, c'est un peu vrai. Il s'agit d'isoler l'Allemagne, assure-t-on, et dans l'intimité, vous ajoutez : de « rouler » Guillaume, de « rouler » Radolin[2]. Vous faites entendre que vous ne craignez rien. Tout se passera en conversations, vous en êtes sûr. Vous nous affirmez que l'âme des chancelleries contemporaines, surtout allemandes, est le « bluff » – et vous ne sentez pas que vous aussi bluffez, pour parler votre langue, et que votre bluff obligera votre partenaire à des bluffs redoublés. C'est à quoi il vous faudra bien peut-être répondre. Mais comment ? Sinon en triplant le bluff à votre tour et en le renforçant de toutes les puissances morales capables de rendre votre bluff imposant ! Il se trouve que vous ne faites rien en secret. Vos sentiments sont avérés. D'abord, on en cause partout. Puis, vous y ajoutez toute la publicité concevable. Votre défi à l'empereur remplit la presse européenne, y compris la russe et la turque. Et voilà qu'une seule presse, une seule opinion, en est tenue absolument ignorante, et c'est la presse officieuse de votre pays, c'est notre presse nationale ! L'opinion française est censée gouverner, et vous ne faites rien pour l'avoir avec vous. Vous ne faites rien pour émouvoir le pays et pour l'associer à votre mouvement.

Cependant le concours tout au moins tacite de la nation était indispensable à une politique pareille. Quand vous auriez été décidé à ne jamais faire aucun appel effectif à de telles forces, il vous fallait, pour la montre et pour la parade en Europe, des hommes, de l'argent, de l'enthousiasme public. Il vous fallait un corps de sentiments et d'idées favorables sérieusement propagé dans notre pays. Or, vous n'avez jamais exprimé de velléité dans ce sens. Vous n'avez même pas demandé à vos collègues du gouvernement d'interrompre, en raison de votre grande œuvre en Europe, la propagande des doctrines et des sentiments contraires à votre effort. Vos collègues, vos chefs, les Waldeck et les Combes, les André et les Pelletan, servaient l'Internationale de l'Étranger. Vos amis, vos soutiens dans le Parlement, prêchaient de désarmer et d'oublier l'Alsace : vous les avez laissé dire ; vous avez servi l'Étranger et l'Internationale avec eux. Si vous l'aviez vraiment voulu, vous auriez réuni avec vous et contre eux les multitudes françaises. Vous n'avez jamais fait un geste ou un acte, ni même

1. L'Italie.
2. Ambassadeur de Guillaume II à Paris.

conçu une volonté dans ce sens. Quelle inertie ! Et quelle complaisance ! Et quel contraste avec votre boniment au dehors ! Si vous aviez eu, comme on l'a répété, la pensée de nous rendre l'Alsace, il faudrait avouer que vous en avez constamment rejeté d'abord toute apparence, ensuite tout moyen.

Il est vrai, votre main a touché un instant la balance de nos destins. S'il était une idée, un nom, un objectif politique qui eussent quelque chance de relever notre esprit public dissous par l'affaire Dreyfus, c'était certainement le nom, l'idée et l'objectif de la Revanche ; c'était le désir de repartir pour le Rhin et dans la direction des provinces perdues. En avez-vous jamais usé ? Vous avez négligé une œuvre qui restait possible, puisqu'elle fut tentée, lorsque tout fut perdu, par votre successeur, M. Rouvier[1] coalisé avec les Berteaux[2] et les Clemenceau[3]. Certes, la belle spontanéité de la nation n'a point reparu, mais le gouvernement, par des moyens de gouvernement, en obtint sous nos yeux quelques simulacres, et ces simulacres constituèrent une démonstration utile. Rien de tel tant que vous fûtes au quai d'Orsay. Rien de tel de 1898 à 1905. Ces manifestations vous auraient servi. Elles vous auraient aidé puissamment. S'il ne s'agissait que de feintes, pourquoi n'avoir pas fait signe à toute la France de feindre avec vous ? Elle eût compris à demi-mot. Les cachotteries de M. Hanotaux se concevaient par l'impopularité fatale de son projet. Votre mystère à vous ne comporte pas cette explication. Conforme à une pente longtemps suivie, à l'habitude, à la tradition, aux anciens sentiments, à des intérêts éternels, votre politique étrangère non seulement pouvait devenir populaire en France, mais elle était la seule qui possédât cette vertu. Et vous y avez renoncé !

À la rigueur, un ministre de monarchie, qui n'eût été ni un Cavour[4], ni un Bismarck, ni un Richelieu[5], se fût embarrassé d'une répugnance de protocole ; il lui aurait déplu d'associer « le peuple » à sa politique étrangère. Mais nos textes constitutionnels assuraient expressément M. Delcassé qu'il vivait sous une République démocratique et parlementaire. La plus stricte légalité du régime se trouvait, par miracle, en accord complet avec l'intérêt du patriotisme en sommeil et de la patrie en danger. Le ministère Hanotaux pouvait se prévaloir de la nécessité de faire le bien sans le dire : le ministère Delcassé ne pouvait réaliser un peu de ce bien qu'en le disant. Or, il s'est tu.

On a très bien vu les calamités de la méthode qu'il adopta. Du point de vue de notre intérêt national, on ne voit pas quel aurait été le point faible d'une

1. Président du Conseil et ministre des Affaires étrangères en 1905-1906.

2. Ministre de la Guerre en 1905 puis en 1911.

3. Clemenceau critiqua la politique marocaine de Delcassé, à laquelle il reprochait entre autres de détourner la France des provinces perdues.

4. Principal artisan de l'unité italienne comme président du Conseil du royaume de Piémont-Sardaigne en 1852-1859 et 1860-1861, puis président du Conseil italien en 1861.

5. Principal ministre de Louis XIII de 1624 à 1642, artisan du redressement français face à l'Europe des Habsbourg.

méthode inverse, dont les avantages semblent éclatants et nombreux. Écartons toute idée de succès effectif. Dans le seul ordre immatériel de la pensée et de l'énergie nationales, les Parisiens d'abord, tous les Français ensuite, spécialement nos jeunes générations si éloignées du souvenir de la grande guerre[1], notre armée couverte d'insultes, les pays annexés qui s'éloignaient de nous, auraient recueilli le bénéfice moral des revendications reprises à ciel ouvert. Ces résultats moraux auraient du moins compensé le péril qui a été couru sans compensation et qui nous a valu des pertes si cruelles. [...]

« Humiliation sans précédent » et « chose unique dans l'histoire » : de mars à juin 1905

Non, certes, ce qu'on poursuivait n'était pas la Revanche. Non, l'on ne voulait pas attaquer l'Allemagne. Mais, comme un somnambule, on suivait des chemins dans lesquels on devait nécessairement la rencontrer, armée. Nous ne la visions pas, mais elle se voyait visée par l'Angleterre, qui nous conduisait par la main. Or, en mars 1905, la grossière parole de M. Maurice Rouvier n'était pas sans justesse : il y avait quelque chose de changé en Europe, il y avait « Moukden[2] ». Le flanc oriental de l'Empire allemand était affranchi de toute menace russe.

Peut-être, après les premières défaites asiatiques et dès le milieu de l'année précédente, dès Lyao-Yang[3], en septembre 1904, eût-il été facile à un ministre des Affaires étrangères français de prévoir ce péril. Des esprits politiques auraient pris garde à ce nouvel élément pour en parer les conséquences. Mais, M. Delcassé, n'ayant rien su la veille de l'ouverture des hostilités russo-japonaises, ne se fit une idée nette ni du cours que prenait cette guerre ni des répercussions qu'elle devait avoir. Les collaborateurs de M. Loubet[4] ne montrèrent leur sollicitude militaire, maritime et diplomatique qu'après avoir subi le contrecoup des disgrâces de leur allié. Ils procédaient comme le Barbare de Démosthène : « S'il reçoit un coup, il y porte aussitôt la main. Le frappe-t-on ailleurs ? Il y porte la main encore. Mais de parer le coup qu'on lui destine, il n'en a pas l'adresse et même il n'y pense pas[5]. » Aucune prévision n'occupa nos

1. La guerre de 1870.

2. Cette bataille, qui dura du 20 février au 10 mars 1905, vit la victoire décisive de l'armée japonaise sur l'armée russe dans la guerre de Mandchourie. Londres soutenait les Japonais afin d'enrayer l'expansionnisme russe en Extrême-Orient. La France était neutre dans cette guerre, mais alliée à la Russie contre l'Allemagne. La défaite de l'armée russe l'affaiblissait donc face à Berlin.

3. Première défaite de l'armée russe face aux Japonais.

4. Président de la République en 1899-1906.

5. Extrait des *Philippiques* de Démosthène, homme d'État athénien du IVe siècle avant Jésus-Christ.

ministres durant les progrès japonais de 1904. Au budget pour 1905, le compte de la préparation matérielle à la guerre (constructions neuves et approvisionnements de réserves) a été réduit à 27 millions (de 100 millions en 1904), et c'était l'année même où l'Allemagne élevait le même budget de 85 à 137 millions. Le général André, ministre de la Guerre, consentait ces économies qui ne coûtaient rien aux parlementaires. Au surplus, qu'on se rappelle l'histoire de France dans les trois derniers quarts de 1904 ! On saura à quoi s'occupait le gouvernement chargé de défendre la frontière et l'honneur français[1].

C'est un accident, la découverte des fiches, c'est un autre accident, la gifle de Syveton, qui, tout à la fin de l'année, eurent raison du général André[2]. C'est l'année suivante, en janvier, que fut congédié M. Pelletan, destructeur de notre marine. Jusque-là donc nos flottes et nos régiments étaient administrés par leurs ennemis naturels. Le général de Négrier avait donné sa démission d'inspecteur d'armée quelques mois auparavant, parce que, disait un de ses rapports, « *on croit que la frontière de l'Est est couverte et elle ne l'est pas* ». Qu'importait ! Le roi d'Italie et le roi d'Angleterre nous faisaient des visites ou nous en annonçaient. Tous les sots du pays faisaient escorte à M. d'Estournelles de Constant[3], qui leur prêchait l'évangile du pacifisme. Après trente-cinq années de préparatifs militaires, notre monde politique, représenté par une presse anarchiste et cosmopolite, provoquait les Russes à la révolution[4]. Toutes les puissances judiciaires de l'État étaient employées à flétrir quatre officiers sans reproche emprisonnés sur une accusation infâme dont on finit par reconnaître l'absolue vanité, car elle avait été forgée de toutes pièces au ministère de la Guerre par des criminels bien connus, mais restés impunis, et qui ont même été abondamment récompensés, parce que l'objet de leur crime avait été de satisfaire les partisans du traître Dreyfus. Entre temps, on votait une loi militaire destinée à bien disposer les électeurs : ils ne feraient plus que deux ans[5] !

En regard de ce peuple où tout se déchire, où le civil et le militaire sont ennemis, où le simple soldat fait peur au gradé, où l'officier en est réduit à fuir l'officier, où l'indiscipline politique engendre une indiscipline sociale et religieuse qui s'étend à tout et à tous – en regard du pays où, qui plus, qui moins, tout le monde, fredonne, à son rang… « que nos

1. Allusion à la révision du procès Dreyfus, à la politique anticléricale et à l'affaire des fiches.

2. Le scandale des fiches éclata le 28 octobre 1904. Le 4 novembre, Syveton, historien et député nationaliste, gifla le général André à la Chambre des députés. André démissionna le 15 novembre.

3. Diplomate, prix Nobel de la paix en 1909.

4. Allusion à la première révolution russe, celle de 1905

5. La loi Berteaux de 1905 ramenait le service militaire de trois à deux ans ; on revint aux trois ans avec la loi Barthou de 1913, soutenue par l'Action française.

balles sont pour nos propres généraux[1] », en regard du triste pays qu'est devenue la France, se dressait – sur un peuple beaucoup moins bien doué, sur un territoire beaucoup moins riche, moins fécond, nullement prédestiné à nourrir un corps de nation –, se dressait un État dont le seul avantage était de reposer sur un principe juste développant des mœurs politiques saines.

Le même prince y règne depuis dix-sept ans. Le chef d'état-major que ce prince devait congédier en 1906 était en fonctions depuis plus de quinze ans et, depuis 1821, date de l'institution de l'état-major prussien, c'était seulement le *sixième* titulaire du poste[2]. Ce qui environne ce prince est tout à l'avenant : robuste, ancien, remis à neuf de temps à autre. Un pareil cadre, ayant pour caractères la prévoyance et la tradition, pour base le passé, et pour objectif l'avenir, peut compenser des infériorités et des lacunes dans le caractère de la nation. La méthode, la discipline, l'économie, suppléant aux dons spontanés, ont mis sur pied un mécanisme qui fonctionne vigoureusement, activé par les impulsions, souvent singulières, d'autres fois merveilleusement sagaces et claires, du souverain qu'on appelle chez lui avec un mélange de dérision, de stupeur et d'admiration, « l'Empereur français ».

Son projet avait été étudié avec soin. Il l'avait mûri dans la solitude d'une croisière. On le vit, dit-on, hésiter après la station de Lisbonne, par suite des représentations d'une fille de France, la reine Amélie de Portugal[3]. Mais le bolide était lancé. Le 31 mars 1905, Guillaume II débarquait à Tanger et annulait d'un geste toutes les compensations idéales que les Anglais avaient accordées aux Français en échange de l'Égypte et de Terre-Neuve. Il déclarait que le sultan du Maroc était pour lui un « souverain indépendant », et que ce souverain devait tenir le pays ouvert à la concurrence pacifique « de toutes les nations, *sans monopole et sans annexion* ». « L'Empire, disait-il encore, a de très gros intérêts au Maroc. » Le progrès de son commerce, poursuivait-il, ne sera possible « qu'en considérant comme ayant des droits égaux toutes les puissances par la souveraineté du Sultan et avec l'indépendance du pays ». Il conclut lapidairement : « *Ma visite est la reconnaissance de cette indépendance.* »

Ce texte si net a été communiqué comme officiel soit aux agences, soit même au Livre jaune[4]. Une version plausible porte : « Je n'admettrai pas qu'une autre puissance y prenne une prépondérance. » Dès lors, quoi qu'il dût advenir, l'amitié de la population marocaine était assurée à la

1. Extrait du 5e couplet de *L'Internationale.*

2. En Angleterre, M. de Chaudordy compte, de 1783 à 1895, c'est-à-dire en plus d'un siècle, trente-trois ministères ; il y en a eu trente-cinq en France de 1870 à 1895 [note de Maurras]. Le comte de Chaudordy était un diplomate.

3. Arrière-petite-fille de Louis-Philippe et épouse du roi Charles Ier de Portugal.

4. Recueil de documents diplomatiques français.

« pénétration pacifique de l'Allemagne ». La conférence d'Algésiras[1] fera plus tard ce qu'elle voudra. Un résultat se trouve acquis, d'ores et déjà : la libre colonisation allemande est inaugurée au Maroc. Comme au Brésil, comme à Anvers, comme à Chicago[2], une nouvelle Allemagne est en formation sur ce territoire. Satisfait de son œuvre, l'empereur se rembarque et fait voile pour l'Italie.

En Italie, de Naples, nous est signifiée notre seconde erreur. Non seulement le Maroc n'a jamais été à nous, mais on nie, d'un accent hautain, que l'Italie nous soit acquise, ainsi que nous avions eu la simplicité de nous en vanter. Le roi Victor-Emmanuel, levant son verre devant l'empereur, répète avec insistance la formule des « deux peuples alliés » et souhaite « la prospérité de la noble nation allemande, alliée *fidèle* de l'Italie ». Guillaume lui répond en vantant la Triple-Alliance, « gage sûr et solide de la paix », protectrice de leurs « deux peuples ». Il se déclare « fermement confiant dans l'alliance *fidèle* et dans l'amitié *intime* de l'Italie et de son auguste souverain ». Les deux souverains pouvaient paraître divisés sur le papier des arrangements signés avec d'autres puissances, mais ils se donnaient publiquement rendez-vous du même côté des champs de bataille futurs.

Ce que signifiait de prochain la course de Guillaume, il n'était pas facile de le saisir. On ne voyait pas que l'empereur eût un intérêt immédiat à risquer la guerre avec l'Angleterre ; ses constructions navales étaient encore loin du terme. Mais, le geste et la voix étaient assez pressants. Provisoirement, il tâtait, il éprouvait la solidité des alliances d'Édouard VII. La conférence d'Algésiras a depuis témoigné que ces alliances n'étaient point trop mal agencées et résistaient à l'épreuve du tapis vert. Mais, plus tard, les incidents balkaniques[3] ont prouvé à leur tour que la force du fait resterait acquise aux gros bataillons de l'Europe centrale et à la combinaison triplicienne qui les représente.

Quoi qu'il en soit, la vérité oblige à dire que le discours de Tanger résonna comme un coup de foudre à Paris ; le saisissement fut considérable. Assurément, sauf dans les marécages politiques délimités par le Palais-Bourbon, l'Élysée et la place Beauvau, aucun Français n'eut peur, aucun ne trembla ; mais tout le monde vit que l'affaire était grave. Précisément, on discutait de théologie et de droit canon à la Chambre. Cela fit dire à beaucoup de gens, notamment à un homme d'esprit de profession nommé

1. Conférence internationale réunie de janvier à avril 1906 pour résoudre la crise marocaine déclenchée l'année précédente. Elle consacra la prééminence de la France et de l'Espagne au Maroc tout en reconnaissant à l'Allemagne un droit de regard sur les affaires de ce pays.

2. Lieux connaissant alors une forte immigration allemande et de forts investissements allemands.

3. Notamment l'annexion de la Bosnie et de l'Herzégovine par l'Autriche en 1908, au terme d'une crise qui vit Berlin appuyer Vienne contre la Serbie.

Harduin[1], à qui il est utile d'emprunter ce texte qui fera foi : « Ah ! oui, il s'agit bien de la séparation de l'Église et de l'État en ce moment, et du fameux article 4[2] ! Si nous le croyons, et nous avons tout l'air de le croire, nous sommes de fameux Byzantins. » Ces Byzantins n'étaient qu'au Parlement, dans les Loges et dans quelques rédactions de journaux. La nation comprit qu'il s'agissait de sa vie, de sa mort et de son honneur.

Le Gouvernement voulut faire une expérience. Il envoya une mission militaire, composée d'officiers de la plus haute distinction, pour le représenter au mariage du prince impérial allemand. Les délégués furent bien reçus comme militaires, et la mission, comme mission, presque éconduite. L'empereur imagina même de compléter les journées de Tanger et de Naples : il vint inaugurer un monument à Metz.

Il était naturel que le roi d'Angleterre fît alors sentir sa présence et sa volonté. Ayant intérêt à des chocs maritimes aussi prompts que possibles, Édouard VII aurait pu pousser au conflit immédiat. Plus d'un faiseur de pronostics annonçait qu'il y aiderait, pour écraser dans l'œuf la nouvelle flotte allemande. Il préféra resserrer ses liens avec le Japon, donner la paix aux Russes et les appeler dans sa ligue contre l'Allemagne. Comme il ne réussit pas tout d'abord en ce dernier projet, l'intervention aggrava la crise sans la résoudre. Le représentant de l'Angleterre au Maroc eut mandat d'appuyer fortement la cause française. La presse de Londres éclata en invectives contre Guillaume II. Édouard VII tint à l'ambassadeur impérial un langage plein d'énergie.

Il fut plus net encore devant l'ambassadeur français, qui en rendit compte à son gouvernement dans une dépêche historique déclarant que, en présence de l'attitude de l'Allemagne, « *il était autorisé à déclarer que le gouvernement anglais était prêt à entrer dans l'examen d'un accord de nature à garantir les intérêts communs des deux nations, s'ils étaient menacés* ». Or, « cette dépêche, a dit M. Maurice Sarraut[3], fut communiquée, le jour même de l'arrivée du roi d'Espagne à Paris, par M. Delcassé à M. le Président de la République et à M. Rouvier : *le lendemain elle était connue à Berlin !* ». « Comment et par qui avait-elle été communiquée ? » poursuit M. Sarraut. « Voilà ce qu'on n'a jamais pu savoir ».

Le gouvernement de la République tremblait déjà. Avait-il intérêt à trembler davantage ? En avait-il simplement envie ? L'événement fut précipité. Averti par l'un ou par l'autre, mais enfin averti des intentions anglaises par un très haut personnage républicain, se croyant ainsi assuré qu'on répondait à sa menace de la veille par des préparatifs qui, eux,

---

1. Journaliste réputé pour ses chroniques quotidiennes dans *Le Matin*.
2. L'article 4 de la loi de séparation de l'Église et de l'État adoptée le 9 décembre 1905 portait sur le devenir des biens mobiliers et immobiliers de l'Église.
3. Journaliste, frère de l'homme politique Albert Sarraut.

aboutiraient infailliblement à l'action – une action qu'à ce moment-là il désirait, peut-être autant et peut-être un peu moins que son bon oncle de Londres[1] – l'empereur éleva le ton de ses journaux.

La presse allemande déclara que la France servirait d'*otage* à l'Allemagne si l'Angleterre s'avisait jamais de menacer la flotte de l'Empire : pour chaque milliard de perdu sur la mer, on saurait retrouver deux milliards à terre, dût-on aller les demander jusqu'à Paris. Cet aimable langage fut accueilli en France comme il le méritait. L'esprit public fit tête. La nation ne se troubla point. Les journaux qui ont dit le contraire ont menti. Nous sommes des témoins et nous avons vu. Redisons que notre France n'a pas eu peur. On ne peut en dire autant de ceux qui la gouvernaient.

Le doute sur leurs appréhensions fut quelque temps possible. Nous savons maintenant, par des confidences dont l'origine est sûre, car elles émanent tout à la fois du monde radical et du monde modéré, que, non content d'agir par la presse, l'empereur faisait des menaces officieuses et officielles pressantes. Ce que des particuliers osaient imprimer à Berlin, les autorités de l'Empire le disaient dans les mêmes termes. Ce langage de barbares ou d'énergumènes aura été, à cette époque, celui de la diplomatie. M. Clemenceau, dans *L'Aurore* du 21 septembre 1905, nous atteste que c'étaient « bien des voix autorisées » qui avaient porté à Paris le chantage prussien ; le même jour, M. Latapie, de *La Liberté*, continua et précisa les révélations de M. Clemenceau. Quelles étaient « *ces voix autorisées* » dit M. Latapie. Jugeant qu'il n'y a plus d'inconvénient à les faire connaître, ce républicain a écrit : « *C'est l'empereur allemand qui a proféré la menace et l'a fait signifier par son ambassadeur, le prince Radolin, au président du Conseil de France.* » Dans une entrevue, toute privée, mais qui restera « un des incidents les plus graves et les plus douloureux de notre histoire », il fut demandé, exigé : que la France accomplît « un acte » et prît « une mesure » qui apparût nettement en opposition avec les faits publics de l'Entente cordiale franco-anglaise dont Guillaume II se montrait de plus en plus irrité. Le sacrifice du ministre des Affaires étrangères était indiqué comme suffisant, mais aussi comme nécessaire : le congé, le départ de l'homme qui s'était vanté de « rouler » l'empereur et d'« isoler » l'empire devant être considéré partout comme la conséquence et l'écho direct du discours de Tanger. La voix de l'empereur entendue au loin aurait fait tomber le chef de service français !

À Paris, les ministres estimèrent, avec raison, que l'énoncé d'une telle proposition suffisait à constituer une nouvelle offense pour le pays. « Ils hésitaient », assure M. Latapie, dont personne n'a démenti la version cruelle. Quant au Président de la République, « il avait le cœur déchiré ! » – « *Il faut que les ministres sachent au moins ce qu'ils risquent* », fit dire alors Guillaume II. « *Nancy pris en vingt-quatre heures, l'armée allemande*

1. Guillaume II était le neveu d'Édouard VII.

devant Paris dans trois semaines, la révolution dans quinze grandes villes de France et sept milliards à payer pour les dégâts que ne manquera pas de causer la flotte anglaise à la flotte allemande... »

Ce n'est malheureusement pas la première fois que l'on parle ainsi à la France. C'est la première qu'un tel langage est supporté et que l'on y répond en accordant tout. M. Rouvier, dont il est difficile d'imaginer le port de tête en cette circonstance, alla faire la commission de l'ambassadeur aux ministres et au président. Il paraît que M. Delcassé balbutia : « Mobilisons ». Mais ses collègues le regardèrent avec stupeur. Mobiliser l'armée française en 1905. Hélas ! l'état du commandement ! Hélas ! l'état de la troupe ! Hélas ! l'état de l'opinion ! La guerre enfin, la guerre, estimée de tout temps dangereuse à la République, soit qu'elle fût victorieuse ou qu'elle amenât des revers !

Le bruit d'armes passait le Rhin. Des mouvements mystérieux s'effectuaient sur la frontière. Les émissaires impériaux inondaient Paris, et chacun précisant le rude ultimatum. M. Rouvier prit son parti. M. Loubet dut le subir, et quoi que pussent faire dire l'Italie et l'Angleterre, constituées en cette occasion les dernières gardiennes de notre dignité, malgré M. Reinach[1] et M. Clemenceau qui s'étaient faits les porte-paroles des deux puissances désireuses de nous enfoncer dans un mauvais pas, on en passa par la volonté de Guillaume. La « chose unique dans l'histoire[2] » eut lieu. L'empereur reçut la victime telle qu'il l'avait choisie et marquée : le 6 juin 1905, M. Delcassé apporta sa démission.

Dans les salons du quai d'Orsay, qui sont le centre de notre action dans le monde, M. Delcassé avait dit, six ans auparavant, au commandant Cuignet[3] : — *Quand je parle, c'est la France qui parle.* Malgré tout ce qu'il faut penser du système, du rôle et du personnage de ce ministre présomptueux, il demeure certain que, le jour de sa chute, la France est tombée avec lui. L'injure, commencée le 31 mars à Tanger, consommée à Paris le 6 juin, est la plus grande et la plus grave que ce peuple ait eu à souffrir. On sait le nom qu'elle gardera dans l'histoire. « Humiliation sans précédent », a dit un historiographe républicain, fonctionnaire républicain, rédacteur de plusieurs journaux de la République, et qui rendait ainsi un hommage complet à l'ensemble des régimes antérieurs[4]. Aucun d'eux n'avait vu cela : en pleine paix, sans coup férir, le renvoi d'un de nos ministres par une puissance étrangère ! [...]

---

1. Ancien chef de cabinet de Gambetta, honni de l'Action française pour ses convictions républicaines et dreyfusardes, pour ses origines juives et pour sa parenté avec le banquier Jacques de Reinach, inculpé pour corruption lors du scandale de Panama (1892).
2. Expression du chroniqueur diplomatique André Mévil.
3. Officier proche de l'Action française.
4. Il s'agit d'André Tardieu.

Que la France pourrait manœuvrer et grandir

Alors, pour n'avoir pas à désespérer de la République, bien des républicains se sont résignés à un désespoir qui a dû leur être fort douloureux : ils se sont mis à désespérer de la France. Résistance, vigueur, avenir, ils nous contestent tout. Ce pays est peut-être absolument épuisé, disent-ils. Sa dégression militaire et maritime n'exprime-t-elle pas un état d'anémie et d'aboulie sociales profondes ? Sans parler des mutilations que nous avons souffertes, n'avons-nous pas diminué du seul fait des progrès de l'Univers ?

La population de l'Europe s'est accrue. L'Amérique s'est colonisée et civilisée. Nos vingt-cinq millions d'habitants à la fin du XVIIIe siècle représentaient la plus forte agglomération politique du monde civilisé. Aujourd'hui, cinq ou six grands peuples prennent sur nous des avances qui iront bientôt au double et au triple. La terre tend à devenir anglo-saxonne pour une part, germaine pour une autre. Slaves du Nord, Slaves du Sud finiront par se donner la main. L'Islam renaît, le monde jaune s'éveille : à l'un l'Asie, l'Afrique à l'autre. Que pourra faire la petite France entre tous ces géants ? Barbares ou sauvages, à plus forte raison si elles sont civilisées, ces grandes unités ne paraissent-elles pas chargées de la dépecer ou de l'absorber par infiltrations graduelles ? Peut-elle avoir un autre sort que celui de la Grèce antique ?

Ceux qui font ce raisonnement oublient trop que, des grandes agglomérations nationales qui nous menacent, les unes, comme l'Italie et l'Allemagne, ne sont pas nées de leur simple élan naturel, mais très précisément de notre politique révolutionnaire[1], et les autres ne sont devenues possibles qu'en l'absence d'une action vigoureuse de Paris. En général, elles sont nées extérieurement à nous, des mouvements nationalistes que notre politique nationale n'a pas été en état de combattre ou même qu'elle a sottement servis et favorisés. Nous avons favorisé l'unification des peuples européens, nous avons laissé faire l'empire britannique. L'Amérique avait été séparée par Louis XVI de l'Angleterre[2], et son histoire ultérieure eût été un peu différente si Louis XVI avait eu quatre ou cinq successeurs réguliers, c'est-à-dire aussi versés dans l'art de pratiquer des sécessions chez les voisins que de maintenir entre les Français l'unité, la paix et l'union…

Notre natalité a baissé ? Mais il n'est pas prouvé que cette baisse soit indépendante de nos lois politiques, ces chefs-d'œuvre de volonté égalisante et destructive qui tendent à rompre l'unité des familles et à favoriser

---

1. Allusion au principe des nationalités promu par la Révolution puis par Napoléon Ier, et qui inspira en partie la politique extérieure de Napoléon III, avec pour conséquences l'unité italienne et l'unité allemande.

2. Allusion à la guerre d'Indépendance américaine, durant laquelle la France soutint les États-Unis.

l'exode vers les villes des travailleurs des champs[1]. Il n'est pas prouvé davantage qu'on ne puisse y remédier, directement et sûrement, par un certain ensemble de réformes profondes doublées d'exemples venus de haut. Une politique nationale eût changé bien des choses, du seul fait qu'elle eût existé. Elle en changerait d'autres, si elle profitait des réalités favorables qu'une diplomatie républicaine, condamnée à l'inexistence ou à la démence, ne peut que laisser échapper.

Plus d'une circonstance très propice semble nous sourire aujourd'hui. Il suffirait de voir, de savoir, de prévoir. C'est nous qui manquons à la fortune, nous n'avons pas le droit de dire que l'occasion fera défaut. On se trompe beaucoup en affirmant que l'évolution du monde moderne ne peut tendre qu'à former de grands empires unitaires. Sans doute une partie de l'univers s'unifie, mais une autre tend à se diviser, et ces phénomènes de désintégration, comme dirait Herbert Spencer[2], sont très nombreux. Les virtualités de discorde, les causes éventuelles de morcellement, les principes de guerres de climats et de guerres de races existent, par exemple, aux États-Unis ; ils y sont moins visibles que l'impérialisme, mais le temps, les heurts du chemin et des brèches adroites pratiquées de main d'homme les feraient apparaître facilement un jour. Une foule de petites nations séparées se sont déjà formées au XIXe siècle en Europe, comme en peut témoigner la mosaïque des Balkans, dont nous n'avons su tirer aucun parti pour la France. La Norvège et la Suède ont divorcé. La Hongrie semble parfois vouloir rompre avec l'Autriche, qui elle-même est travaillée des revendications croates et roumaines. Cela fait entrevoir beaucoup de possibles nouveaux.

Ce serait une erreur profonde que de penser que tout petit peuple récemment constitué doive fatalement se référer, en qualité de satellite, à l'attraction du grand État qui sera son plus proche parent, ou son plus proche voisin, ou le plus disposé à exercer sur lui, par exemple, la tutelle affectueuse de l'Empire britannique sur le Portugal. Les Slaves du Sud ne sont pas devenus aussi complètement vassaux de Saint-Pétersbourg que l'indiquaient leurs dispositions d'autrefois. Le tzar blanc les recherche ; il leur arrive d'accepter ses bienfaits comme vient de le faire le nouveau roi des Bulgares[3]. Mais les Slaves sont repoussés par une crainte autant qu'attirés par un intérêt :

1. Maurras suggère ici que l'abolition du droit d'aînesse par la Révolution a entraîné le morcellement de la propriété foncière en exploitations trop petites pour être économiquement viables et permettre à leurs détenteurs d'avoir beaucoup d'enfants. Il songe aussi au divorce, introduit dans la législation française par la Révolution, abrogé sous la Restauration et réintroduit en 1884 sur proposition du député Naquet, lequel était à ce titre détesté par l'Action française. Elle lui reprochait aussi ses convictions libertaires, sa compromission dans le scandale de Panama (bien qu'il eût été acquitté) et ses origines juives.

2. Philosophe et sociologue anglais, théoricien du darwinisme social, doctrine avec laquelle Maurras était en désaccord mais qui l'a néanmoins influencé.

3. En 1908, le prince Ferdinand de Bulgarie se proclama roi avec l'appui de la Russie.

la monarchie austro-hongroise peut les grouper. À supposer que Budapest devienne indépendante, de sérieux problèmes de vie et de liberté se posent pour les Magyars placés entre le Hohenzollern de Berlin et celui de Bucarest[1]. On soutient que, dans cette hypothèse, le Habsbourg serait vivement dépouillé par le roi de Prusse. C'est bientôt dit. D'autres solutions sont possibles, qui seraient plus conformes au nationalisme farouche des États secondaires, celle-ci notamment : l'addition fédérale ou confédérale de tous ces États moyens tendant et même aboutissant à former un puissant contrepoids aux empires. Il n'y faudrait qu'une condition : cet ensemble ayant besoin d'être organisé, il resterait à trouver l'organisateur, ou, si l'on veut, le fédérateur, car rien ne se forme tout seul.

Le choc des grands empires, remarquons-le, pourra multiplier le nombre de ces menues puissances qui aspireront ainsi à devenir des neutres. Chaque empire éprouvera une difficulté croissante à maintenir son influence et sa protection sans partage sur la clientèle des nationalités subalternes. La liberté de celles-ci finira par être partiellement défendue par le grave danger de guerre générale qui résultera de toute tentative d'asservir l'une d'elles ou d'en influencer une autre trop puissamment. Le monde aura donc chance de se présenter pour longtemps, non comme une aire plane et découverte, abandonnée à la dispute de trois ou quatre dominateurs, non davantage comme un damier de moyens et de petits États, mais plutôt comme le composé de ces deux systèmes : plusieurs empires, avec un certain nombre de nationalités, petites ou moyennes, dans les entre-deux.

Un monde ainsi formé ne sera pas des plus tranquilles. Les faibles y seront trop faibles, les puissants trop puissants et la paix des uns et des autres ne reposera guère que sur la terreur qu'auront su s'inspirer réciproquement les colosses[2]. Société d'épouvantement mutuel, compagnie d'intimidation alternante, cannibalisme organisé ! Cette jeune Amérique et cette jeune Allemagne, sans oublier cette vieille Autriche et cette vieille Angleterre qui rajeunissent d'un quart de siècle tous les cent ans[3], auront des relations de moins en moins conciliantes et faciles. Peu d'alliances fermes, mais un plexus de traités et partant de litiges. La rivalité industrielle entre les empires est déjà très âpre ; il serait utopique de chercher de nos jours leur principe d'accord, ni comment cet accord pourra durer entre eux.

Quantum ferrum[4] ! On ne voit au loin que ce fer. La civilisation occidentale a fait la faute immense d'armer les barbares, l'Abyssinie contre

1. Depuis 1866, les princes puis rois de Roumanie étaient des Hohenzollern ; ils étaient donc apparentés à la maison de Prusse, à la tête de l'Empire allemand depuis 1871.

2. Maurras esquisse ici une théorie de la dissuasion qui annonce de loin ses réflexions sur la bombe atomique : voir p. 1096 de la présente édition.

3. Allusion au principe monarchique, qui concilie rajeunissement périodique du souverain et continuité politique.

4. « Que de fer ! » en latin, c'est-à-dire « Que d'armes ! ».

l'Italie[1], le Japon contre la Russie[2]. Erreurs qui ne peuvent manquer d'engendrer à la longue de nouvelles suites d'erreurs. On a salué dans Guillaume II le prince généreux qui voulut grouper l'Europe contre les Jaunes[3]. Et c'est lui qui arme les multitudes sauvages de l'Asie blanche et de l'Afrique noire contre l'Angleterre et la France. Mais, s'il est le coadjuteur de la Porte[4] et le protecteur de l'Islam[5], il ne lui serait pas facile de ne pas l'être : les empires contemporains subissent de plus en plus cette loi de travailler contre leur commune racine, la chrétienté et la civilisation. C'est un des résultats de leur progrès matériel. À ne regarder que les intérêts, l'intérêt de la seule métallurgie en Allemagne, en Angleterre et en Amérique suffit à rendre chimérique toute union des civilisés, tout pacte civilisateur. Concurrence : d'où tremblement universel.

Eh bien ! dans cet état de choses, entre les éléments ainsi définis, ce tremblement et cette concurrence fourniraient justement le terrain favorable et le juste champ d'élection sur lequel une France pourrait manœuvrer, avec facilité et franchise, du seul fait qu'elle se trouverait, par sa taille et par sa structure, très heureusement établie à égale distance des empires géants et de la poussière des petites nations jalouses de leur indépendance. Les circonstances sont propices à l'interposition d'un État de grandeur moyenne, de constitution robuste et ferme comme la nôtre. Parce qu'elle doit rester puissamment agricole, la France peut apporter quelque mesure au développement industriel ; elle n'en est point serve. Elle peut se développer et s'enrichir sur place presque indéfiniment, parce qu'elle dispose des plus belles terres d'Europe, qui sont encore bien loin d'être mises en valeur comme il conviendrait. Une politique favorable à nos dix-huit millions de ruraux, dont beaucoup sont propriétaires, nous concentrerait fortement dans le domaine de nos rois, et le péril d'être touché par le mouvement de désintégration universelle serait prévenu sans difficulté par un octroi spontané de larges libertés locales. Économiquement et politiquement, par l'agriculture et par la décentralisation, nous composerions l'État le plus uni, en même temps que le plus souple et le plus autonome de l'Europe. Tout fâcheux abus de politique impériale et coloniale nous serait interdit

1. Allusion au soutien militaire que la France apporta au négus Ménélik.

2. Allusion au soutien naval que la Grande-Bretagne apporta au Japon.

3. La nécessité d'unir l'Europe contre le « péril jaune » fut un thème important de la propagande wilhelmienne à partir de 1895. Elle connut un début de concrétisation avec le rôle joué par le corps expéditionnaire allemand dans la répression des Boxers, nationalistes chinois dressés contre les légations occidentales (1899-1901).

4. Allusion aux liens économiques et militaires entre l'Allemagne et l'Empire ottoman, préparant leur alliance durant la Première Guerre mondiale.

5. Allusion au discours que Guillaume II fit à Damas en 1898, dans lequel il se posait en défenseur de tous les musulmans ; c'était une critique implicite de l'impérialisme anglais, russe et français dans le monde islamique.

par cette heureuse constitution qui ouvrirait la voie à la plus belle, à la plus active, à la plus fructueuse des politiques d'influence, car notre roi, maître absolu de son armée, de sa marine et de sa diplomatie, jouirait de l'indépendance nécessaire pour guetter, chez autrui, l'inévitable excès de la politique orgueilleuse à laquelle les Allemands, les Russes, les Anglais et les Américains ne peuvent désormais échapper.

Cette période de guet, d'affût et de véritable recueillement pourrait être employée à un travail souterrain de correspondance, d'entente et d'organisation, pratiqué parmi les peuples de puissance secondaire, parmi les demi-faibles, affamés d'une sécurité moins précaire, aspirant à une existence mieux garantie. Chacun d'eux ne peut rien. Simplement coalisés, ils ne peuvent pas beaucoup plus, étant séparés l'un de l'autre par de trop grandes diversités d'intérêt. Une ligue à vingt têtes n'aurait au juste aucune tête. Il y faut une tête unique et puissante pourvu que sa puissance ne soit pas un effroi. Il y faut la tête d'une France bien ordonnée, c'est-à-dire *couronnée par un roi de France*. Pour fournir un réel service, cette France doit représenter l'alliance d'un État fort, complet, capable de présider avec une impartiale majesté le conseil de ses alliés et de ses clients, en mesure de faire exécuter les décisions communes et de donner des avis compris avec rapidité, tout en se défendant avec le plus grand soin de paraître imposer une autorité insolente.

Nous n'aurions pas à chercher ni à convier ; les États secondaires seraient comme chassés par la force des choses dans notre direction : nous les verrions s'enfuir vers nous. À nous donc de nous montrer assez vigoureux et d'être assez sages pour donner confiance, apparaître comme des protecteurs effectifs et non des tyrans. Cette ligue de menus peuples pourrait nous déférer son commandement militaire, et la politique éternelle des rois de France, *volonté d'empêcher la Monarchie universelle ou l'accroissement excessif de telle ou telle coalition*[1], recommencerait à rayonner efficacement de Paris. Comme jadis, en raison de l'infériorité numérique qui nous échut parfois sans nous procurer de désavantage réel, nous n'aurons peut-être pas sur la carte le volume des plus grandes puissances : nous en aurons l'autorité morale fondée sur une force vive supérieure. Mieux que la Prusse ou le Piémont avant l'Unité, nous multiplierons nos valeurs par un habile emploi d'amis, de protégés, d'affranchis exercés et fortifiés par notre aide. Politique de générosité qui aura son intérêt propre autant que sa beauté, cette chevalerie nous élèvera à l'empire.

Le maximum de notre force intérieure ayant été atteint par la constitution de la Monarchie héréditaire, traditionnelle, antiparlementaire et décentralisée, nous aurons obtenu, par la constitution du robuste faisceau de nos amitiés, le maximum de notre force extérieure. Assurés de la force, la

1. Allusion à la lutte des rois de France contre les empereurs germaniques du Moyen Âge et contre les Habsbourg de l'ère moderne.

force ordonnée et qui dure, il deviendra possible d'en venir à l'action : l'action, soit immédiate, soit à long terme, pour la reprise de notre bien et l'action en vue d'une paix européenne et planétaire qui, mettant fin à l'anarchie barbare de nos races supérieures, mérite enfin d'être appelée la *paix française*[1], seule digne du genre humain.

Il n'est pas permis de marchander à l'œuvre de Bismarck, nationaliste prussien, ou de Disraeli[2], nationaliste anglais, l'admiration qu'elle comporte. Mais enfin, il y a quelque chose au-dessus, c'est l'œuvre d'un Metternich[3] : son Europe, qui est celle de Richelieu, de Lionne[4], de Choiseul[5] et de Vergennes[6], apparaît bien supérieure aux nationalités de Cavour et de Cánovas[7]. Cette Europe elle-même était inférieure à la chrétienté d'Urbain II[8] et d'Innocent III[9]. La chrétienté unie n'existant plus depuis la Réforme[10], il n'en subsiste pas moins une civilisation commune à sauvegarder. La France peut en être le soldat et le gendarme, comme le Siège catholique romain peut en redevenir le docteur et le promoteur. Le monde jaune organisé par le Japon, le monde sémitique ressuscitant, ici dans l'Internationale juive et ailleurs dans l'Islam, nous menacent de furieuses secousses, et tout le monde ne méprise pas l'apport intarissable des continents noirs : que de croisades pacifiques ou guerrières à organiser ! Et, si l'on est tenté de se croire isolé, qu'on se rappelle tout ce qui parle encore français et latin dans le monde, l'immense Canada et cette carrière infinie que nous ouvrent les Amériques du Centre et du Sud ! Ce n'est pas la matière qui se refusera à l'audace française. L'esprit français trouve à choisir entre d'innombrables objets [...].

1. Transposition de la Paix romaine chère à Maurras.
2. Premier ministre britannique en 1868 puis de 1874 à 1880.
3. Diplomate et homme d'État autrichien, Metternich s'illustra notamment lors du Congrès de Vienne (1815), qui reconstitua l'équilibre européen après les guerres de la Révolution et de l'Empire.
4. Ambassadeur puis secrétaire d'État aux Affaires étrangères de Louis XIV, Lionne prépara et accompagna sur le terrain diplomatique les succès militaires de la France.
5. Principal ministre de Louis XV, Choiseul lutta contre l'influence croissante de la Prusse et impulsa le renouveau de la marine française après ses défaites de la guerre de Sept Ans.
6. Secrétaire d'État aux Affaires étrangères de Louis XVI, Vergennes fut l'artisan de l'alliance entre la France et les États-Unis dans la guerre d'Indépendance américaine.
7. Homme d'État espagnol, artisan de la restauration de la monarchie en 1874.
8. Pape qui fédéra la chrétienté en lançant la première croisade (1095).
9. Pape qui joua le rôle d'arbitre de la chrétienté à la fin du XIIe et au début du XIIIe siècle.
10. C'est-à-dire depuis l'apparition du protestantisme au début du XVIe siècle.

Examen de l'édition définitive (1928)

[...] Après l'immense démonstration de la guerre, c'est au public de dire si, oui ou non, le thème central [de *Kiel et Tanger*] est acquis. Oui ou non, la République peut-elle avoir une politique extérieure ? Oui ou non, sa nature de gouvernement d'opinion, de gouvernement de partis, de gouvernement divisé, fatalement diviseur de lui-même, l'a-t-elle mise en état d'infériorité dans les négociations qui ont précédé, accompagné, suivi cette guerre ?

Le 23 juillet 1913, presque un an, jour pour jour, avant le carnage, avons-nous eu tort d'appeler la République « un gouvernement inhumain » et de dire que ses erreurs ou ses lacunes offraient à notre esprit cette effroyable image : « cinq cent mille jeunes Français couchés froids et sanglants sur leur terre mal défendue[1] » ? Il y en a le triple, hélas ! dans les cimetières du front. Devant la vérification de cris de terreur trop justifiés, on voudrait pouvoir douter. Comment faire ?

[...] L'effort naturel de la vie emporte, meut et renouvelle, mais il a beau tout remettre en perpétuelle question et encourager de la sorte les moins raisonnables des espérances : quand les résultats apparaissent, quand les comptes se font, quand l'épreuve du réel vient confirmer la somme des opérations théoriques et coïncider avec elle, les idées éternelles, les lois qui durent dans l'écoulement des êtres sont plus fortes que l'illusion et l'on n'a plus le droit d'aventurer le commun avenir sur ce qui vient d'échouer à fond.

Avant notre crise de 1905 qui fut le point de départ des réflexions de ce livre, la mémoire des Français de ma génération peut se représenter plus d'une heure critique. Nous sommes né un peu en avant de 1870, nous nous rappelons l'abandon de la Revanche, la défaite du Boulangisme, l'Alliance russe... [...] Je revois les dures années de la tragique Affaire [Dreyfus] qui acheva de nous livrer et de nous désarmer. Mais, là, nous pouvons nous souvenir d'avoir témoigné pour la France et pris date pour l'avenir. Dès ce moment, nous avons été quelques-uns à sentir et à voir venir cette guerre, à la souffrir dans notre esprit. La guerre inévitable ! La guerre impréparable ! Car les meneurs de l'opinion publique haïssaient et faisaient haïr toute prévoyance. Rien n'était plus naturel alors que d'entendre un ministre de la Guerre nier que la conflagration fût possible. Essaiera-t-on d'en rejeter la faute sur le peuple français ? Non, non : nous avons vu, de nos yeux, qui trompait ce peuple pour avoir ses suffrages, et qui vivait, et qui prospérait de l'erreur. Comme dit le personnage d'Anatole France, même en histoire contemporaine, « *ne soyons donc pas de mauvaise foi*[2] ».

---

1. Extraits des parties ajoutées à *Kiel et Tanger* dans la réédition de 1913.
2. Citation extraite du roman *L'Orme du mail.*

Un écrivain du parti qui gouverne a dit : « *La cause de la guerre, c'est, il ne faut pas s'y méprendre, le renvoi de M. Delcassé. Ce jour-là, l'Allemagne a cru qu'elle pouvait tout se permettre à notre égard ; et cette conviction a dominé les dix années de politique pangermaniste, a déterminé la transformation de la mentalité de Guillaume II, l'explosion chauvine des élections au Reichstag, etc., etc. La guerre et tous ses ravages sont issus des premiers jours d'avril 1905*[1]. » Mais cette capitulation d'avril 1905 résultait de l'état où les auteurs de l'affaire Dreyfus avaient jeté les forces militaires, maritimes, politiques et morales du pays légal. Cela ne s'est pas fait tout seul.

[...] Le lecteur est particulièrement prié de donner un peu d'attention au vieux et bref chapitre sur la Russie. Le *Livre jaune* publié en 1918[2], treize années après nos remarques, a mis en lumière éclatante ce que nous avons dit sur le tour essentiellement allemand de la politique russe : c'était l'époque où la France entière prenait Saint-Pétersbourg pour une position de défense et d'attaque contre Berlin ! Et cependant cette alliée qui nous unissait à Berlin est la même qui s'en sépara violemment : si la guerre franco-allemande a eu lieu quand elle a eu lieu, ç'a été par la Russie. Ce n'est pas Metz, ce n'est pas Strasbourg, c'est la fraternité des peuples slave et français qui a fourni son prétexte à Guillaume II.

On disait en levant les bras : « Nous ne ferons pas la guerre pour la Serbie ! » C'est à propos de la Serbie qu'on nous l'a déclarée et il a bien fallu la faire[3]. Mieux eût valu cent fois l'avoir faite pour notre compte et l'avoir déclarée à notre heure et à notre jour. Mieux eût valu, cent fois, profiter du fameux « recueillement » de 1871 pour nous organiser, guetter la première défaillance allemande et prendre l'initiative d'une revanche à bon marché[4]. C'est Boulanger qui avait raison, et Déroulède[5], et tous ceux à qui le souvenir conseillait l'action ! On n'a rien empêché par l'inaction. On a simplement laissé grandir la force et le nombre des Allemands jusqu'à ce qu'ils eussent le choix du moment.

Cette faute historique du gouvernement républicain, cette immense faute commise contre la France doit être d'abord reconnue. Cela fait, il n'y aura point à chicaner sur les services de détail rendus par l'alliance de 1892. Son coup d'épaule à la première Marne en 1914 fut très précieux[6].

1. Extrait d'un article écrit en 1929 par Eugène Lautier, journaliste et homme politique républicain.

2. Recueil de documents diplomatiques français sur l'alliance franco-russe.

3. Allusion à l'engrenage qui a conduit à la Première Guerre mondiale suite à l'assassinat de l'archiduc autrichien François-Ferdinand par des nationalistes serbes.

4. Le « recueillement » fut la position de retrait diplomatique adoptée par la France durant les années qui suivirent la défaite de 1870.

5. Poète nationaliste et boulangiste.

6. Allusion à l'offensive russe de 1914 en Prusse-Orientale qui, prenant les Allemands à revers, contribua indirectement à la première victoire française sur la Marne (la seconde étant celle de 1918).

Néanmoins, la balance des services reste cruellement boiteuse et la Russie fut, au total, une alliée longtemps incertaine, coûteuse, ouverte à l'ennemi par ses courtisans, ses intellectuels, ses révolutionnaires et ses Juifs : la France l'a payé dès que le tzar loyal eut fait place à la « démocratie » et à l'Orient[1].

[...] La démocratie adore ou bafoue, mais elle n'aime pas qu'on juge. Elle conteste à l'écrivain français le droit de dire qu'un pays comme le nôtre, placé physiquement entre l'Allemagne et l'Angleterre, n'a point à opter pour celle-ci ou celle-là, mais doit s'aimer lui-même d'abord. Oh ! l'Alliance est nécessaire. Mais, cela dit, je conçois avec l'Angleterre, une partie mieux liée, moins étroite, plus libre, fondée sur d'autres principes, telle enfin que le monde radical et socialiste de M. Lloyd George[2] n'en soit pas la seule cheville ouvrière ; je désire en outre que le dogme démocratique ou libéral ne fasse pas payer à notre pays les frais d'une alliance plus « idéale » que productive.

[...] La véritable alliance anglaise, l'alliance qui a fonctionné n'est pas sortie de la volonté des hommes, mais de la force des choses. En 1905, Londres avait formellement offert son concours contre Berlin, et Paris l'avait refusé. En 1914, à deux jours de la déclaration de guerre, le roi George V faisait la même réponse négative à l'appel au secours de M. Poincaré[3]. Rien de décisif n'était donc réglé à l'heure tragique. Les hommes avaient échoué deux fois en neuf ans. Qu'est-ce qui emporta l'intervention anglaise ? Une chose. Une chose qui ne dépendait ni de Londres, ni de Paris : l'invasion de la Belgique[4]. Les Anglais n'ont réagi qu'ensuite. Comme nous, ils avaient subi l'événement. Or, si notre diplomatie (la plus intéressée des deux à l'effort), avait été assez ingénieuse, manœuvrière et puissante pour effacer le piteux souvenir de 1905 et décider nos amis à proclamer leur alliance avec nous dès le 31 juillet, il y a gros à parier que la guerre n'eût pas éclaté. La guerre finie, leur butin maritime et colonial une fois prélevé par nos compagnons d'armes, nous avons accepté toutes leurs fantaisies sans parvenir à faire durer l'amitié entre nous[5]. Ce que la force et la nécessité avaient fait, une autre nécessité, une autre force

1. Allusion aux origines juives d'un grand nombre de révolutionnaires russes, dont Lénine et Trotsky.

2. Premier ministre britannique de 1916 à 1922.

3. Président de la République de 1913 à 1920.

4. Du XIVe au XXe siècle, l'Angleterre s'est toujours opposée à ce qu'une grande puissance continentale contrôle l'espace correspondant aux actuelles Belgique et Hollande, parce qu'il est très lié à l'économie anglaise et pourrait constituer un tremplin pour la conquête des îles britanniques.

5. Après la guerre, le Royaume-Uni s'opposa aux projets français d'expansion ou tout au moins de garanties territoriales face à l'Allemagne. De plus, il se tailla la part du lion dans le partage de l'Empire ottoman.

obscure et brute le défait donc. Et des hommes pensants le permettent ! Est-il rien de plus inhumain ?

Devant l'Angleterre plus encore que devant le reste du monde, les vices publics de notre administration, conséquences d'un gouvernement faible et court, nous ont fait perdre l'autorité dérivée de notre prestige militaire, de notre expérience de l'Europe politique et jusqu'aux avantages de cette vivacité d'esprit que nos alliés reconnaissent en contraste avec leur lenteur. Sauf en ce qui touche directement à l'économie de son empire maritime universel, l'Angleterre paraît insensible à tout ordre de faits qui n'est point perpendiculaire ou tangent au bout de son nez. À ce signe on discerne un peuple gardé par la mer ! Nos risques naturels nous ont faits moins flegmatiques et plus prompts aux affaires d'Europe. Sur le continent, il nous appartenait de marcher en avant comme des éclaireurs et des guides. C'est le rôle naturel de la France. Il lui semble interdit tant qu'elle est enchaînée au chariot mérovingien de la démocratie.

[…] Mais la guerre et la paix ont porté des leçons plus topiques encore dans la ligne que nos considérations indiquaient. D'abord, nos révolutionnaires n'ont cessé de le ressentir et de le dire, la victoire de la France a été due aux causes et aux moyens de la réaction. Des maîtres du régime aussi qualifiés que M. le professeur Aulard en sont tombés d'accord : « Chez toutes les nations victorieuses, la guerre a été gagnée par des procédés de dictature conservatrice… Partout, on a, pour ainsi dire, rétabli provisoirement et en vue de l'effort militaire l'ancien régime[1]. » Assurément, tous les Français, tous les Alliés sans distinction de parti ont combattu pour vaincre, mais une seule doctrine française ou alliée a été appliquée jusqu'à la victoire : la doctrine qui s'opposait à la tradition de Danton et de Gambetta[2].

L'esprit démocratique a servi pendant la guerre à colorier des harangues inopérantes puis à orienter des négociations désastreuses. L'esprit contrerévolutionnaire a imposé la dictature d'un général en chef au moment de la Marne[3], la dictature d'un civil au moment de la grande péripétie décisive[4] et, d'un bout à l'autre, la censure de la presse, le discrédit des assemblées, le travail à huis clos des commissions, les comités secrets, la suppression des réunions publiques, le silence méthodique et volontaire de l'opinion, l'autonomie presque exagérée du pouvoir militaire (mais l'incompétence du pouvoir politique y contraignait), parfois l'état de siège, souvent la suppression de la liberté individuelle.

---

1. Extrait d'un article publié en 1919 par Alphonse Aulard, titulaire de la chaire d'histoire de la Révolution française à la Sorbonne.

2. L'argumentation de Maurras fait bon marché des accusations de dictature qui ont visé Danton en 1793 et Gambetta en 1871 ; il est vrai qu'il ne s'agissait pas de dictatures conservatrices.

3. Allusion au rôle de Joffre, général en chef en 1914.

4. Allusion au rôle de Clemenceau, président du Conseil de 1917 à 1920.

[...] L'intérêt national était d'un côté, le régime de l'autre. On admirera un jour ce partage. Eh ! quoi, pour que la République se pliât à l'*essentiel* du service de la nation, aux nécessités strictes de son *salut*, il a donc fallu lui donner les lois, les mœurs, les procédures du régime opposé ! Dans une crise de vie ou de mort, ce régime ne servait donc pas la nation par ses propres moyens ! À quoi sert-il alors ? Et que sert-il ? Nous nous sommes réjoui du très patriotique effort que des hommes tentèrent pour corriger et tempérer un principe naturellement vicieux. Le président de ce régime de partis, M. Poincaré, eut le sens, l'honneur, la vertu de proposer et de faire adopter dès le premier jour son système d'*union sacrée* par lequel tout parti s'oublia dans la France. Mais c'était désavouer l'esprit du régime. On ne pouvait mieux renverser la République dans les cerveaux.

Tout ce que la guerre eut d'heureux l'ayant été dans la mesure de l'influence de l'esprit réactionnaire, l'intervention et le dosage de l'élément républicain ou révolutionnaire ayant aussi mesuré exactement le revers, la même relation devait se retrouver dans l'heur et le malheur du traité de paix. Elle s'y retrouva en des proportions différentes : si le bien y fut national et le mal démocratique, notre dose de fortune et d'infortune ne fut pas la même que sur les champs de bataille. Nous avions eu la gloire, nous aliénâmes le profit, par des motifs qui tiennent soit à l'économie soit à la théologie du régime. La langue française a perdu son vieux titre de langue de la diplomatie[1] ; ce fait consacre l'affaiblissement de la France depuis cent trente ans d'évolution démocratique ; mais, quand elle a réclamé son « privilège », il a été trop facile de lui répondre : « Eh ! quoi, y en a-t-il en démocratie ? Que faites-vous de l'égalité des grands peuples ? » L'échec de la paix séparée, celui des négociations du prince Sixte et des nobles ouvertures du roi d'Espagne relèvent aussi d'un préjugé anti-autrichien qui fait corps avec l'esprit de la République[2]. Le respect de l'unité allemande porte le même caractère, de même origine, reconnu aussi par M. Aulard[3]. Pareillement, le goût des carnages désintéressés, de la guerre qui ne paie pas. Pareillement, et de

1. Alors que les traités étaient rédigés en français depuis le XVIIIe siècle, le traité de Versailles fut rédigé en français et en anglais.

2. Allusion à l'offre de paix séparée adressée par l'Autriche-Hongrie à la France via les princes Sixte et Xavier de Bourbon-Parme et avec l'appui d'Alphonse XIII d'Espagne (1917). S'il est exact que de nombreux républicains français détestaient l'Autriche, archétype de la monarchie catholique, Maurras accorde trop d'importance à ce facteur : l'échec des négociations tint d'abord au fait que la France comme l'Autriche étaient liées par leurs engagements envers leurs alliés respectifs.

3. Le principe des nationalités exclut qu'un même peuple soit divisé en plusieurs États. Se réclamant de ce principe, la République française serait entrée en contradiction avec elle-même en demandant le démembrement de l'Allemagne, dont l'unité était

façon plus générale, l'imprévision, l'inexpérience, le manque de suite et de lien entre les hommes et les idées : la consommation de ministres des Affaires étrangères, de la Guerre et de la Marine n'a pas diminué devant le tapis vert des conférences. Mêmes causes, mêmes effets, mêmes noires erreurs maculés d'un beau sang : elles en demeurent avides puisqu'elles font les fières et ne regrettent rien.

Ainsi les adversaires de ces erreurs ont-ils le droit de rappeler que les monarchistes français ayant prévu « *la grande guerre de destruction tenue en suspens, qui devait éclater un jour ou l'autre* », et ayant déclaré à la même date qu'entre l'Angleterre et l'Allemagne « *il ne restait plus que nous dans la zone de liberté dangereuse*[1] », les mêmes écrivains, dès la première victoire de septembre 1914[2], et même auparavant, avaient déjà tracé au jour le jour la ligne claire et nette de ce qu'il fallait faire : *la dissociation de l'Allemagne*, et de ce qu'il fallait éviter : *le démembrement de l'Autriche*[3]. On ne les a pas écoutés. Le public le déplore. Parmi le personnel régnant combien sont assez forts et sages pour penser comme le public ?

[...] Les politiques fanfarons qui décrétèrent en 1918 la chute des monarchies dans l'Europe centrale sont obligés de mesurer plus exactement ces forces de l'histoire et de la nature. Guillaume II fut un souverain médiocre et funeste, qui a régné sur des peuples bien surfaits. Cependant l'organisation qu'il présidait engendra une somme énorme de puissance par le simple fait de l'unité, de l'hérédité et de la tradition du commandement.

On ne saurait exagérer le poids historique de ses fautes personnelles. La plupart ont été capitales. Ayant résisté vingt ans à la faction de la guerre, il n'a pas su conserver un tel avantage. À peine l'avait-il perdu qu'il a fédéré l'univers contre lui dans des conditions qui ressemblent au suicide d'un État et d'une nation. Ainsi, défauts, travers, vices et crimes, l'empereur aura incarné tout son peuple. N'importe : dans l'égale abjection des personnes, sujets et chef, cette pyramide de légitimisme prussien et de nationalisme germain portée par leurs vassaux austro-hongrois et turcs et les vassaux de leurs vassaux disposait de deux éléments essentiels de la résistance et de l'action : base équilibrée, pointe de convergence. Le ciment de cette barbarie armée et systématisée aura tenu quatre ans contre les forces du reste du monde, et dans le rapport d'un seul contre sept ou huit, peut-être neuf et dix adversaires. La guerre donne donc une idée

---

d'ailleurs défendue par les Anglais au nom de l'équilibre européen et par les Américains au nom du droit des peuples à disposer d'eux-mêmes.

1. Extraits des précédentes éditions de *Kiel et Tanger*.

2. Allusion à la première bataille de la Marne.

3. Maurras a ici en tête les démonstrations de Jacques Bainville : le maintien de l'unité allemande laisse au Reich les conditions de sa revanche ; la dislocation de l'Autriche-Hongrie ouvre un boulevard aux ambitions allemandes d'une part, soviétiques de l'autre. Les conquêtes de Hitler puis de Staline vérifièrent ces pronostics.

très basse de l'esprit politique du peuple allemand, mais élève très haut la valeur organique de toute royauté, la valeur dynamique d'un sentiment national qu'elle discipline.

[...] Telle est la vigueur monarchique. Il serait vain de prétendre la dénigrer au point de vue de la morale pure. L'honneur de la monarchie est intact. Ni l'abjection de Guillaume II ni celle de Constantin[1] ne font pâlir la dignité chevaleresque d'Albert[2], ce sauveur de l'occident, ni la bonne grâce et la charité d'Alphonse d'Espagne, ni la bravoure d'Alexandre de Serbie et d'Emmanuel d'Italie. On ne peut oublier non plus l'amour de la paix qui guida les pensées de Charles d'Autriche ni la foi de ce pauvre tzar[3] qui nous fut toujours conservée.

Mais, s'ils rendent justice à la Couronne chez l'ennemi, chez l'allié et chez l'ami, les Français n'éviteront pas le souvenir de leurs propres rois, qui, pour être des morts, ont aussi combattu et agi en notre faveur. Nous devons à Louis-Philippe la constitution d'une Belgique, à Louis XVI l'amitié séculaire des États-Unis ; le lointain Louis XIV n'est pas étranger à notre sécurité du côté des Pyrénées. Cependant, il faut être simple citoyen pour dire cela des rois de France : nulle parole officielle française ne leur a exprimé la moindre reconnaissance. Ceux qui y prendront garde ne s'en laisseront plus conter sur la valeur éthique du régime républicain : idéalisme, esprit de justice ou sentiment du droit, quelles simagrées !

Pourtant, ces morts royaux ont précisément un mérite qui a fait défaut au régime vivant. Leur ouvrage historique représente à peu près le seul concours extérieur qui ne nous ait pas été apporté par le jeu naturel de la force des choses ou de la sottise ennemie : le seul que des mains françaises aient véritablement formé et modelé en notre faveur. Royales mains défuntes, ensevelies et décharnées depuis longtemps ! Notre État, sans cœur ni cerveau paraît avoir aussi perdu ces mains d'ouvriers capables de tailler la figure d'une politique à long terme : il peut être agité au dedans, mais au dehors, il est manchot.

Du temps où dix départements étaient envahis, quand nos armées tenaient et résistaient glorieusement, une obsession ne nous quittait guère : « *Cela va bien*, disions-nous et imprimions-nous sans relâche, *et cela ira bien ainsi tant que nous serons attaqués et envahis, car l'agression contient en elle-même une direction, elle ne permet pas de trop hésiter ni de trop diviser l'effort ; il suffit de vouloir ; l'unité est fournie par la nécessité d'une riposte convergente à l'assaut ennemi : quand nous subissons ainsi l'autorité de l'agresseur envahisseur et la monarchie de sa guerre, c'est, au fond, le règne indirect de la monarchie de Guillaume II. La vraie*

1. Constantin Ier de Grèce, notoirement proallemand
2. Albert Ier de Belgique, dit « le roi soldat ».
3. Nicolas II, exécuté par les bolcheviks avec sa famille en 1918.

difficulté commencera pour la République quand l'ennemi qui la dirige sera vaincu et que nous serons sur le Rhin. Car alors il faudra qu'elle tire de son fond une pensée, une volonté, une direction. En a-t-elle ? Ou la guerre offensive traduira une visée politique ; ou, en pleine victoire et avant l'entière victoire, elle s'arrêtera d'elle-même sans rien finir. »

[…] En effet, l'ennemi en retraite, un genre d'effort relativement simple était terminé. Du moment que l'envahisseur sortait du pays, il ne pouvait plus être question de se borner à répondre au choc par le choc réflexe. L'habileté des chefs militaires, la bravoure des troupes ne suffisaient plus. Il fallait au gouvernement civil un but autre que la défense, une politique de guerre, il lui fallait des desseins, un plan, des méthodes pour mettre l'ennemi hors de cause et l'empêcher de nuire à l'avenir. Cela supposait une vue ferme de l'Europe et du monde, de mûres réponses aux problèmes posés par l'unité de l'Allemagne, les nationalités autrichiennes[1], le branlant trépied polonais[2]. Il fallait dès 1914 ou 1915 avoir pensé là-dessus quelque chose de défini, de souple et, dans la série des combinaisons possibles, avoir fait des choix motivés. Grave sujet, grave affaire ! Déploiement de pensée et de volonté prévoyante considérable ! L'opération requérait un pouvoir établi, ancien, unifié, fonctionnant à l'image d'un cerveau, capable de substituer à l'acte féminin et passif de la résistance un principe mâle d'initiative et d'action. Cette opération passait[3] les ressources d'un gouvernement populaire et du régime des partis.

Pourquoi ? Les partis sont divers, les peuples sont ignorants, les uns et les autres sont menés, ils ne mènent pas ; plusieurs hommes, plusieurs chefs, plusieurs plans n'en valent pas un, et leur politique toujours discutée, jamais continuée, ne vise que le présent, mais avec ses passions ou ses sentiments plus qu'avec l'idée complète de son destin. Nous avons manqué d'une tradition et d'un chef : l'une nourrie de la sagesse du passé, l'autre pensant un avenir. Il n'y a point d'action humaine libre et heureuse sans ces deux guides. Vieilles vérités que l'esprit a toujours déduites de la connaissance des hommes et du jeu de leurs intérêts. Vues et dites avant l'expérience, elles nous en reviennent aggravées d'affreux souvenirs.

C'est en 1896 que le raisonneur de M. Anatole France répondait au rêveur officiel : « *Tu sais bien que nous n'en avons pas, de politique extérieure, et que nous ne pouvons pas en avoir*[4]. » En 1921, ces mots répercutent la plainte de ceux qui sont morts pour rien ou pour trop peu de chose. Puisse la vérité qu'elle enseigne suggérer la restauration générale capable de les apaiser !

---

1. Allusion aux volontés autonomistes voire indépendantistes des peuples non germaniques et non magyars de l'Empire austro-hongrois.
2. Allusion à la réapparition sur la scène géopolitique d'une Pologne jusque-là partagée entre la Prusse, l'Autriche et la Russie.
3. Comprendre : dépassait.
4. Citation extraite du roman *L'Orme du mail*.

PRÉFACE À LA PREMIÈRE ÉDITION

À René-Marc Ferry
en souvenir de *Minerva*
qu'il a fondée et dirigée[1].

Mon cher ami, j'hésitais bien à vous offrir ce petit livre qui me vaudra la calomnie des pires et l'inattention des meilleurs, qui ne sera pas lu par les intéressés, ou qui sera moqué par ceux qu'il voudrait avertir. Mais vous êtes du petit nombre qui s'occupe d'avoir raison. Peu nous importe de savoir si nous serons bien vieux ou si nous serons morts quand l'événement nous apportera son témoignage ! Les trois quarts de ces feuilles sont déjà tout à vous. Vous me les avez demandées en fondant *Minerva* qui les a publiées, vous avez voulu les avoir recueillies en volume. Tous les risques vous tentent. Je publie ma reconnaissance et notre amitié.

I

Minerva n'a pas eu le sérieux bonheur de vieillir[2]. Mais cinq trimestres lui suffirent pour plaire et pour déplaire considérablement. Du premier jour, elle eut en partage l'éclat. *Minerva* fut splendide. Vous lui aviez donné tous les avantages extérieurs qui contribuent à rendre douce une bonne lecture ; mais, si j'ai bien compris la manière dont fut dirigée *Minerva*, ce qui manque de solidité vous aurait déplu. Vous vous appliquiez à produire des spécialités fortes, initiant le grand public au

1. Poète et intellectuel, Ferry a aussi participé à *L'Indépendance* fondée en 1911, où écrivirent une partie des plumes ayant collaboré à *Minerva ;* il est mort prématurément en 1912.
2. *Minerva* parut du 1er mars 1902 au 15 mai 1903 [NdA]. Maurras y publia les premières moutures des *Amants de Venise* et de *L'Avenir de l'intelligence.*

dernier état des questions. Dans son langage simple et clair, *Minerva* voulait rendre tour à tour les services d'une *Revue philosophique*, d'une *Revue d'histoire*, même d'une *Revue critique*. Elle y mettait l'entrain et la verve de sa jeunesse. Belle et vive, enivrée des passions de l'intelligence, on peut dire qu'elle a aimé la justesse, la raison et la vérité. Très beaux mots à graver sur le marbre d'une épitaphe ! Mais celle-ci comporte également de très beaux noms. Vos collaborateurs furent en nombre, et bien choisis[1] [...]. Le ciel [...] paraissait disposé à répondre à vos soins habiles ;

D'un dextre éclair[2]...

Nous obtînmes un autre miracle. À peine étions-nous annoncés, le sol gallo-romain d'une vieille ville de France s'entr'ouvrit ; on nous informa qu'une Pallas[3] de marbre, entière et fort bien conservée, venait d'être rendue au jour. Le présage fut interprété comme heureux. Il l'était. La déesse tendrement invoquée assista la revue qui se publiait sous son nom. Elle nous épargna les erreurs à la mode, en nous accordant la connaissance et le sentiment de sa tradition.

Notre chimère fut de croire à la durée d'un coup de bonheur. Nous nous étions imaginé que l'olivier d'Attique et le laurier latin, unis à la mode française[4], feraient immanquablement accourir les honnêtes gens. Nous ne tenions pas compte d'un petit fait. Les honnêtes gens étaient morts. Cette société polie et cultivée qui fut la parure et le charme de l'ancienne vie de Paris n'existe plus. Les étrangers le disent et l'écrivent depuis trente ans. Mais nous ne voulions pas le croire. Plus que nous tous vous refusiez d'accepter pareille disgrâce. Votre optimisme naturel nous pénétrait.

Tout compte fait, vous êtes trop bon pour votre siècle, mon cher ami. Examinons-le de plus près. Commençons par ce qui subsiste du vieux monde français. Nous rencontrerons des amateurs de musique, des collectionneurs de peinture, d'armes et autres bibelots. L'histoire garde ses fidèles, et aussi la pure science. Ce que nous aurons peine à trouver en un siècle où tout le monde écrit et discute, ce qui ne s'y rencontre à peu près nulle part, c'est l'amour éclairé des lettres, à plus forte raison le goût de la philosophie[5]. Ni

1. À la suite de cette phrase, Maurras énumère les collaborateurs de *Minerva*, parmi lesquels ses amis Maurice Barrès, Jean Moréas, Lionel des Rieux et Jacques Bainville.

2. Extrait d'un vers de Ronsard.

3. Pallas Athéna est le nom grec de la déesse Minerve. La statue dont parle Maurras fut découverte à Poitiers en janvier 1902.

4. Idée récurrente chez Maurras : la France est à ses yeux la synthèse d'Athènes et de Rome.

5. Maurras insiste ici sur l'importance d'une discipline unificatrice ou architectonique, seul moyen d'éviter la parcellisation du savoir évoquée dans les deux phrases précédentes.

le *Discours sur la méthode*[1] ni l'*Augustinus*[2] n'auraient beaucoup de lecteurs ou même de lectrices parmi nos personnes de qualité, qui vont écouter M. Ferdinand Brunetière[3]. La notion d'un certain jeu supérieur de l'esprit est donc perdue complètement. Les livres, les vrais livres, sont complètement délaissés, et voilà un bien mauvais signe ! Je ne fais tort ni aux arts ni à la science. Il est cependant vrai que ces puissantes disciplines ont besoin des lettres humaines[4]. Exactement, elles en ont besoin *pour se penser*. Elles attendent de l'expression littéraire un charme lumineux et une influence sublime qui paraissent tenir à la dignité du langage plus encore qu'à la beauté magnifique du style. Les échecs, les reculs du livre intéressent, au plus vif et au plus sensible, notre civilisation ; le goût, les mœurs, la pensée même ! Je voudrais me tromper : mais, après tant de siècles de vie intellectuelle très raffinée, une haute classe française qui n'aime plus à lire me semble près de son déclin.

On dit que la culture passe de droite à gauche, et qu'un monde neuf s'est constitué. Cela est bien possible. Mais les nouveaux promus sont aussi des nouveaux venus, à moins qu'ils ne soient leurs clients ou leurs valets, et ces étrangers enrichis manquent terriblement, les uns de gravité, de réflexion, sous leur apparence pesante, et les autres, sous leur détestable faux vernis parisien, de légèreté, de vraie grâce. Je trouve superficiel leur esprit si brutal ! Si pratiques, si souples, ils laissent échapper le cœur et la moelle de tout. Comment ces gens-là auraient-ils un goût sincère pour nos humanités ? Qu'est-ce qu'ils peuvent en comprendre ? Cela ne s'apprend point à l'Université[5]. Tous les grades du monde ne feront pas sentir à ce critique juif[6], d'ailleurs érudit, pénétrant, que dans *Bérénice*, « lieux charmants où mon cœur vous avait adorée » est une façon de parler qui n'est point banale, mais simple, émouvante et très belle. Le mauvais goût des nouveaux maîtres nous fait descendre un peu plus bas que la rusticité ou la

1. Le titre exact du célébrissime ouvrage publié par Descartes en 1637 est *Discours de la méthode*.

2. Étude monumentale de la pensée de saint Augustin par Jansen, évêque d'Ypres, publiée en 1640 et qui définit la doctrine janséniste. En juxtaposant un livre de philosophie et un livre de théologie, Maurras souligne que cette dernière entre de plein droit dans la formation d'un esprit complet, fût-il agnostique.

3. Brunetière, alors professeur à la Sorbonne, passait pour le plus grand critique littéraire de son temps. Maurras lui reprochait le systématisme de ses analyses, qui procédaient d'une transposition des principes darwiniens à l'évolution des genres littéraires, et son manque de goût.

4. C'est-à-dire des humanités, ainsi qu'on désignait alors les lettres gréco-latines.

5. Rappelons que la surdité avait empêché Maurras de poursuivre des études universitaires : c'est aux cours particuliers de l'abbé Penon qu'il devait sa formation initiale, complétée par un énorme travail personnel.

6. Vraisemblablement Marcel Schwob, que Maurras critique en des termes analogues dans *L'Action française* du 25 septembre 1913.

légèreté de l'ancienne aristocratie. Eux aussi préfèrent au livre le salon de peinture ou l'art industriel. Mais rendons-leur cette justice : un vieux tact mercantile leur a donné le sentiment des valeurs personnelles. Nos Juifs se trompent rarement sur le prix d'une intelligence. Ils ne commettraient pas les erreurs, les oublis et ces confusions pitoyables où se laisse égarer la bonne foi de nos amis[1].

Mais qu'importe, mon cher ami ? Les barbares sont les barbares, et nos amis sont nos amis ! Même aveugles, même un peu morts, c'est à eux que nous destinions *Minerva*. Nous les aurions certainement suspendus à nos feuilles, comme l'exemple de *L'Action française* le prouve bien, si nous avions rempli vos livraisons de la querelle des intérêts ou des sentiments nationaux. Peut-être rendions-nous un service égal en proposant dans *Minerva* des renseignements, des clartés, sur autre chose que la politique pure. Notre grande utilité était là. Une revue de tradition et de sentiment purement français, mais libre, mais laïque[2] et qui se dévouerait à la seule littérature ! La dureté des temps s'est opposée à ce beau rêve. Observez qu'il en fut de même à peu près partout. De très grandes publications, qui se distinguaient autrefois par l'étude et la méditation désintéressées, prennent la croix ou le turban et partent pour la guerre. Cette guerre doit être de première nécessité, puisqu'on la déclare de toutes parts et qu'il faut se jeter dans un camp ou dans l'autre[3]. De longtemps, on ne saura plus se promener en discutant sous le platane[4]. Votre gymnase de critiques, d'historiens et de psychologues eût été fréquenté aux matins de la préparation et de l'exercice. Aujourd'hui, chacun s'est armé et entraîné. Tout est prêt. À l'action ! Et je ne demande pas mieux. Mais ce ne sera point sans tourner des yeux de regret vers la noble palestre[5] et le généreux pentathle[6] de *Minerva*. Écrivains et public y seraient devenus meilleurs.

1. Ce passage éclaire la position très inconfortable de Maurras dans la société française de son temps : son exigence intellectuelle est au niveau de celle de ses ennemis, desquels il ne peut par définition attendre aucun appui, mais dépasse de loin celle de la France traditionnelle pour laquelle il combat, d'où son isolement.

2. Point capital : c'est au plan de la raison naturelle que Maurras se place pour défendre l'ordre traditionnel, pas au plan de la révélation.

3. Allusion au contexte de guerre civile larvée dont l'affaire Dreyfus a constitué l'apogée.

4. Allusion probable au platane des Invalides sous lequel aime à se promener Taine, comme le raconte Barrès dans *Les Déracinés* (1897).

5. Lieu d'exercices physiques dans la Grèce antique.

6. Pentathlon.

II

Nul esprit ne peut se flatter d'une connaissance vraiment satisfaisante et certaine de l'avenir. Prévoir, essayer même de prévoir est une maladie du cœur. Nous l'avons reçue de nos mères avec les inquiétudes que leur inspirait notre vie. L'avenir, c'est de la crainte ou de l'espérance. Mais on peut craindre à juste titre et espérer à contresens. Où n'atteint pas la précision de la science, l'appréciation délicate du jugement et de la raison, un mélange d'intuition et de calcul peuvent entrevoir et saisir ce que vaut promesse ou menace[1]. J'avouerai que le meilleur guide en ces sortes d'enquêtes est encore un refrain des poètes de ma Provence : « L'amour mène et l'art nous seconde[2]. » Gardez-vous donc bien d'être dupe de la sécheresse et du tour abstrait de ce petit livre. La philosophie n'y paraît que pour éclaircir et fixer le sentiment.

Heureux qui songe de sang-froid aux profonds changements qui s'opèrent autour de nous ! Je ne suis pas ce contemplateur altissime. Le spectacle est trop beau et trop riche d'indications, n'y voulût-on frémir que de l'enthousiasme de la curiosité. Mais nous n'en sommes plus, ni vous, ni moi, mon cher ami, à la belle saison où l'œil ne peut se distinguer des chaudes couleurs qu'il admire. Voici la vie, l'expérience. Et voici la faiblesse humaine enfin sentie. La sensibilité se mêle à la pensée. Elle organise de profonds retours sur nous-mêmes : ce mécanisme des mœurs modernes qui s'institue ! cette distribution nouvelle des énergies, qui tend à effacer vie moyenne et classes moyennes ! ce char électrique qui passe[3], redivisant le monde en plèbe et en patriciat ! Il faut être stupide comme un conservateur ou naïf comme un démocrate pour ne pas sentir quelles forces tendent à dominer la Terre. Les yeux créés pour voir ont déjà reconnu les deux antiques forces matérielles : l'Or, le Sang[4].

En fait, un homme d'aujourd'hui devrait se sentir plus voisin du Xe siècle que du XVIIIe. Quelques centaines de familles sont devenues les maîtresses de la planète. Les esprits simples qui s'écrient : « Révoltons-nous, renversons-les », oublient que l'expérience de la révolte a été faite en France, il y a cent quinze ans, et qu'en est-il sorti ? De l'autorité des princes de notre race, nous avons passé sous la verge des marchands d'or, qui sont d'une autre chair que nous, c'est-à-dire d'une autre langue et

1. C'est tout le prix des humanités par rapport à la science, estime Maurras.

2. *L'Amour meno e l'art nous ajudo*, vers de Pascal Cros, poète marseillais, fondateur du journal en provençal *La Sartan* et ami de Maurras, bien qu'homme de gauche.

3. La révolution industrielle.

4. Le mot désigne ici le principe héréditaire.

d'une autre pensée[1]. Cet Or est sans doute une représentation de la Force, mais dépourvue de la signature du fort. On peut assassiner le puissant qui abuse ; l'Or échappe à la désignation et à la vengeance. Ténu et volatil, il est impersonnel. Son règne est indifféremment celui d'un ami ou d'un ennemi, d'un national ou d'un étranger. Sans que rien le trahisse, il sert également Paris, Berlin et Jérusalem[2]. Cette domination, la plus absolue, la moins responsable de toutes, est pourtant celle qui prévaut dans les pays qui se déclarent avancés. En Amérique elle commence à peser sur la religion[3], qui ne lui échappe en Europe qu'en se plaçant sous la tutelle du pouvoir politique, quand il est fondé sur le Sang[4].

Sans doute, le catholicisme résiste, et seul ; c'est pourquoi cette Église est partout inquiétée, poursuivie, serrée de fort près[5]. Chez nous, le Concordat l'enchaîne à l'État[6] qui, lui-même, est enchaîné à l'Or, et nos libres penseurs n'ont pas encore compris que le dernier obstacle à l'impérialisme de l'Or, le dernier fort des pensées libres est justement représenté par l'Église qu'ils accablent de vexations ! Elle est bien le dernier organe autonome de l'esprit pur. Une intelligence sincère ne peut voir affaiblir le catholicisme sans concevoir qu'elle est affaiblie avec lui : c'est le spirituel qui baisse dans le monde, lui qui régna sur les argentiers et les rois ; c'est la force brutale qui repart à la conquête de l'univers.

Heureusement, la force conquérante n'est pas unique. Le Sang et l'Or luttent entre eux. L'Intelligence garde un pouvoir, celui de choisir, de nommer le plus digne et de faire un vainqueur. Le gardera-t-elle toujours ? Le gardera-t-elle longtemps ? Les idées sont encore des forces par

1. Phrase ambiguë : vise-t-elle spécifiquement les Juifs, que Maurras assimile régulièrement au capitalisme transnational, ou plus généralement ce capitalisme lui-même, dont la langue est celle du seul chiffre et la pensée celle du seul profit ? Dans ce dernier cas, les mots « race » et « chair » signifieraient que les agents du capitalisme transnational, en renonçant à parler et à penser comme la commune humanité, ont fini par s'en séparer et par constituer une espèce à part, une posthumanité.

2. L'antisémitisme est ici transparent.

3. Allusion probable aux sectes protestantes insistant sur le profit comme signe d'élection divine et bénéficiant de gros financements privés.

4. Ce point sera élucidé tout au long de *L'Avenir de l'intelligence.*

5. Maurras fait allusion aux persécutions anticatholiques de la Révolution, à l'expulsion de nombre de congrégations en 1880 et 1903, à la suppression des congrégations enseignantes en 1904, etc., sans oublier la lutte anticatholique dans d'autres pays (*Kulturkampf* de Bismarck, persécutions d'Irlande, etc.).

6. Aux termes du concordat de 1801, en vigueur jusqu'à la séparation de l'Église et de l'État (décembre 1905), la nomination des évêques et archevêques incombait au gouvernement ; le clergé devait prêter serment de fidélité à la République, laquelle prenait en charge sa rémunération. Maurras ajoute dans une note de 1927 : « La suppression du concordat, fin 1905, ne supprima point la lutte d'un État serf de l'Or contre un pouvoir spirituel unique au monde. »

elles-mêmes. Mais dans vingt ans ? mais dans trente ans ? S'il leur convient d'agir, de produire une action d'éclat, elles seront sages et prudentes de faire vite. L'avenir leur échappe, hélas !

III

Cette position du problème gênera quelques charlatans qui ont des intérêts à cacher tout ceci. Ils font les dignes et les libres, alors qu'ils ont le mors en bouche et le harnais au dos. Ils nient la servitude pour en encaisser les profits, de la même manière qu'ils poussent aux révolutions pour émarger à la caisse du Capital[1]. Un critique vénal, qui dénonce la littérature industrielle et qui la pratique, m'a déjà reproché de diminuer la fonction des écrivains et de me montrer complaisant envers les pouvoirs. Il faut répondre aux misères par le mépris. Constater la puissance, ce n'est pas la subir, c'est se mettre en mesure de lui échapper. Mais on la subit, au contraire, lorsqu'on la nie par hypocrite vanité.

Rien n'est plus faux que la profonde sécurité générale[2]. Les promesses de barbarie et d'anarchie compensent largement les autres, et, la plupart de ceux qui disent le contraire étant payés pour mentir, il ne faut les entendre que pour les comprendre à rebours. Ah ! que l'Intelligence use vite de ce qui lui reste de forces ! Qu'elle prenne parti ! Qu'elle décide, qu'elle tranche, entre l'Usurier et le Prince, entre la Finance et l'Épée ! On l'a vu : la nature des deux puissances en conflit lui donne à elle, à elle seule, une faculté surhumaine, le don féerique de créer ou de déterminer une belle chose, quelque chose de purement, d'uniquement beau[3]. Dans notre France des premières années du XXe siècle, l'Intelligence peut préférer, exalter et par là faire triompher, aux dépens d'un métal ou d'un papier sans âme, la Force lumineuse et la chaleur vivante, celle qui se montre et se nomme, celle qui dure et se transmet, celle qui connaît ses actes, qui les signe, qui en répond.

L'or, divisible à l'infini, est aussi diviseur immense ; nulle patrie n'y résista. Je ne méconnais point l'utilité de la richesse pour l'individu. L'intérêt de l'homme qui pense peut être d'avoir beaucoup d'or, mais l'intérêt de la pensée est de se rattacher à une patrie libre, telle que la peut seule maintenir l'héréditaire vertu du Sang. Dans cette patrie libre, la pensée réclame pareillement de l'ordre, celui que le Sang peut fonder et maintenir. Quand donc l'homme qui pense aura sacrifié les commodités et les plaisirs qu'il pourrait acheter à la passion de l'ordre et de la patrie, non

1. Ce point est détaillé *infra*, dans le chapitre « L'esprit révolutionnaire et l'argent ».
2. De fait, la Première Guerre mondiale éclata dix ans après la rédaction de ces lignes…
3. Ce télescopage de la politique et de l'esthétique est récurrent chez Maurras.

seulement il aura bien mérité de ses dieux, mais il se sera honoré devant les autres hommes, il aura relevé son titre et sa condition. L'estime ainsi gagnée rejaillira sur quiconque tient une plume. Devenue le génie sauveur de la cité, l'Intelligence se sera sauvée elle-même de l'abîme où descend notre art déconsidéré.

La seconde moitié de ce petit livre est un cahier de notes relatives à l'exécution de ce dessein.

Avant de réorganiser la France moderne, l'élite des esprits français doit rétablir la discipline de sa propre pensée. Comment ? Cela ne fait aucune difficulté pour les catholiques ; ceux qui veulent guérir de misère logique n'ont qu'à utiliser les ressources que leur présente l'économie intime de leur religion[1]. Mais j'ai résumé pour les autres la règle magnifique instituée par le génie d'Auguste Comte sous le nom de Positivisme. [...]

Rien n'est possible sans la réforme intellectuelle de *quelques-uns*. Ce petit nombre d'élus doit bien se dire que, si la peste se communique par simple contagion, la santé publique ne se recouvre pas de la même manière. Leurs progrès personnels ne suffiront pas à déterminer un progrès des mœurs. Et d'ailleurs ces favorisés, fussent-ils les plus sages et les plus puissants, ne sont que des vivants destinés à mourir un jour ; eux, leurs actes et leurs exemples ne feront jamais qu'un moment dans la vie de leur race, leur éclair bienfaisant n'entr'ouvrira la nuit que pour la refermer, s'ils n'essaient d'y concentrer en des institutions un peu moins éphémères qu'eux le battement de la minute heureuse qu'ils auront appelée sagesse, mérite ou vertu. Seule, l'institution, durable à l'infini, fait durer le meilleur de nous. Par elle, *l'homme s'éternise* ; son acte bon se continue, se consolide en habitudes qui se renouvellent sans cesse dans les êtres nouveaux qui ouvrent les yeux à la vie. Un beau mouvement se répète, se propage et renaît ainsi indéfiniment. Si l'on veut éviter un individualisme qui ne convient qu'aux protestants[2], LA QUESTION MORALE REDEVIENT QUESTION SOCIALE : point de mœurs sans institutions. Le problème des mœurs doit être ramené sous la dépendance de l'autre problème, et ce dernier, tout politique, se rétablit au premier plan de la réflexion des meilleurs.

Je n'ai pas essayé de résoudre ici ce problème. Je l'ai supposé résolu. J'ai supposé ma solution démontrée, ou pour mieux dire, mes démonstrations connues[3]. Je me suis appliqué simplement à rendre confiance à ceux qui, admettant cette solution pour la vraie, concluent piteusement qu'elle

1. L'agnostique Maurras demeure profondément attaché à la religion catholique, car il y voit l'institution moderne qui a le mieux préservé la sagesse et l'esthétique gréco-latines.

2. C'est l'une des raisons de l'antiprotestantisme viscéral de Maurras.

3. Lorsqu'il écrit *L'Avenir de l'intelligence*, Maurras a déjà publié *L'Enquête sur la monarchie*, qui expose pourquoi ce régime est selon lui le seul à pouvoir sauver la France.

n'est pas possible. [...] L'homme d'action n'est qu'un ouvrier dont l'art consiste à s'emparer des fortunes heureuses[1]. Mais cette matière première lui est donnée avec abondance et fertilité à travers l'espace sans bornes, sur les flots sans nombre du temps.

Je comprends qu'un être isolé, n'ayant qu'un cerveau et qu'un cœur, qui s'épuisent avec une misérable vitesse, se décourage, et tôt ou tard, désespère du lendemain. Mais une race, une nation sont des substances sensiblement immortelles ! Elles disposent d'une réserve inépuisable de pensées, de cœurs et de corps. Une espérance collective ne peut donc pas être domptée. Chaque touffe tranchée reverdit plus forte et plus belle. Tout désespoir en politique est une sottise absolue[2].

1904-1905

Avertissement à l'édition de 1927

« Quand un jeune homme vient me demander s'il doit faire de la science, je lui réponds : — Si vous avez une fortune qui assure votre indépendance, oui. Mais si vous devez demander à votre travail de vous servir de gagne-pain, ne vous lancez pas dans une carrière où vous ne pourrez avancer en gardant la tête haute... Notre démocratie a rendu le *Vae miseris*[3] plus dur qu'il ne l'a jamais été... » Le 15 juin 1919, lorsque M. Henri Le Chatelier[4], de l'Académie des sciences, écrivait au journal *Le Temps* ces graves et tristes paroles, l'étude que voici sur *L'Avenir de l'Intelligence* circulait depuis quatorze ans dans le public français. D'anciennes prévisions, qui avaient été formées presque uniquement pour le monde des Lettres et des Arts, étaient ainsi vérifiées pour le monde savant. Autrefois, ce monde-là avait passé pour favorisé. On m'avait dit, en forme d'objection : — Et le savant ? Et l'ingénieur ? Et l'inventeur ? N'est-ce pas aussi un intellectuel ? Cependant, quel succès ! Mais le succès n'a pas duré. La logique de la démocratie a suivi son cours. Huit années ont couru depuis le pronostic de M. Henry Le Chatelier. Elles ont aggravé la commune misère de quiconque pense, écrit, rime, chante ou peint. Tous les autres salaires ont été relevés dans des proportions variables, en général assez fortes ; les travailleurs intellectuels ont été les plus mal partagés. Des savants éminents, des doyens de faculté, des recteurs d'Université annoncent tristement

1. Reprise d'une notion grecque, le *kaïros*, ou moment opportun pour l'action.
2. Noter la contradiction ou tout au moins la tension dans la pensée de Maurras : ayant souligné un peu plus haut l'urgence vitale d'un sursaut de l'Intelligence, il postule que la nation est « sensiblement immortelle », ce qui rend *de facto* ce sursaut moins urgent...
3. « Malheur aux pauvres », en latin.
4. Chimiste réputé, de sensibilité conservatrice.

qu'ils vendent leur bibliothèque afin d'assurer leur existence et celle des leurs. Quant aux élèves, pour acheter des livres ou pour manger, beaucoup sont réduits à rechercher un travail manuel rémunérateur. Jusqu'où ira-t-on en ce sens ? Nul signe favorable n'a été aperçu encore.

Le destin de l'Intelligence s'assombrit chaque jour. Il y a vingt-cinq ans, on gardait un espoir dans la Révolution. Mais elle est venue. L'expérience révolutionnaire est faite. Son espoir a été trompé ; c'est aux intellectuels que s'est attaquée le plus violemment la révolution russe, elle en a tué par le fer ou le feu trois cent cinquante-cinq mille deux cents cinquante, et cette belle statistique ne parle pas de ceux, instituteurs ou professeurs, avocats ou poètes, dont elle a eu raison par la famine ou par le froid[1]. Le règne de l'or, maître du fer, devenu l'arbitre de toute pensée séculière, se prolongera donc si l'on n'essaye pas une voie nouvelle qui permette de lui échapper. Quelle voie ? C'est ce que peut toujours montrer un petit livre né en 1905.

1. Le chiffre que donne Maurras semble excessif, même s'il est indéniable que la Terreur rouge mise en œuvre par les bolcheviks et encouragée par Lénine lui-même a été très meurtrière.

L'ILLUSION

Un écrivain bien médiocre, mais représentatif, est devenu presque fameux pour ses crises d'enthousiasme toutes les fois qu'un membre de la République des lettres se trouve touché, mort ou vif, par les honneurs officiels. Tout lui sert de prétexte, remise de médaille, érection de statue, ou pose de plaque. Pourvu que la cérémonie ait comporté des uniformes et des habits brodés, sa joie naïve éclate en applaudissements. « Y avez-vous pris garde, dit-il, les yeux serrés, le chef de l'État s'est fait représenter. Nous avions la moitié du Conseil des ministres et les deux préfets. Tant de généraux ! Des régiments avec drapeau, des musiciens et leur bannière. Sans compter beaucoup de magistrats en hermine et de professeurs, ces derniers sans leur toge, ce qui est malheureux. — Et les soldats faisaient la haie ? — Ils la faisaient. — En armes ? — Vous l'avez dit. — Mais que disait le peuple ? — Il n'en croyait pas ses cent yeux !

« Pareille chose ne se fut jamais vue voilà six-vingt ans[1] : des tambours, du canon et le déplacement des autorités pour un simple gratte-papier ! Jadis, un bon soldat, un digne commis aux gabelles purent ambitionner ces honneurs ; les auteurs, point. Ces amuseurs n'étaient pris au sérieux que d'un petit cercle condescendant.

« Grâce aux dieux, la corporation écrivante se trouve égalée désormais aux premiers de l'État. Elle les passe même tous. Ils ne sont que des membres, et elle est leur tête superbe. Rien ne nous borne. Rien ne nous manque non plus : nous avions les plaisirs de la vie intellectuelle, il s'y ajoute la satisfaction des grandeurs selon la chair, pouvoir et richesse. Les Lettres et les Sciences mènent à tout. Combien d'anciens élèves de l'École normale, de l'École des Chartes ou de l'École des hautes études

1. Expression ancienne pour désigner cent vingt ans : l'écrivain qu'évoque Maurras parle donc des dernières années de l'Ancien Régime.

devinrent présidents d'assemblées, ministres d'État[1] ! Nulle dignité ne nous pare, et c'est nous qui la relevons quand nous daignons en accepter une.

« Comment ne régnerions-nous pas ? Le plus certain des faits est que nous vivons sous un gouvernement d'opinion ; or cette opinion, nous en sommes les extracteurs et les metteurs en œuvre. Nous la dégageons de l'inconscient où elle sommeille et nous la modelons en formules pleines de vie. Mieux que cela. À la lettre, nous la faisons, nous la mettons au monde. Par cette fille illustre, simple et sonore, répercussion de notre pensée, une force des choses nous rend maîtres de tout.

« Il faut le dire sans surprise. La puissance que nous exerçons est la seule bien légitime. Soyons plutôt surpris qu'on lui mette une borne. Mais les bornes disparaîtront. Le flot de notre fortune monte toujours. Le règne de l'Esprit sur les multitudes s'annonce, le Dieu nouveau s'installe sur son trône immortel. Rangés sous les pieds de ce monarque définitif, les Forts des anciens jours, les débris des pouvoirs matériels détruits, ceux qui représentaient soit l'énergie brutale, soit la ruse enrichie, soit l'héritage perpétué de l'une ou de l'autre de leur alliance, les dominateurs foudroyés en sont à attendre les ordres que leur dicte notre Sagesse. En lui faisant la cour, en devenant nos plus diligents serviteurs, ils espèrent se laver des crimes passés. Voilà qui vaut mieux que le rêve des premiers poètes. Le fer du glaive n'est point changé en fer de charrue[2] : l'instrument se met au service d'un peu de substance pensante, il obéit aux injonctions de notre encre d'imprimerie. N'en doutons plus, rendons justice à l'aurore des temps nouveaux. »

— Et ce n'est qu'évidence pure ! ajoute le simple docteur, qui n'est point seul dans sa croyance : des esprits aussi dénués de candeur que M. Georges Clemenceau osent écrire, peuvent écrire : « La souveraineté de la force brutale est en voie de disparaître, et nous nous acheminons, non sans heurts, vers la souveraineté de l'intelligence. »

Je ne demande pas s'il faut souhaiter ce régime. La dignité des esprits est de penser, de penser bien, et ceux qui n'ont point réfléchi au véritable caractère de cette dignité sont seuls flattés d'un beau rêve de domination. Les esprits avertis feront la grimace et remercieront. Il ne s'agit point de cela, dans ce petit traité ! Car, de quelque façon qu'on y soit sensible, qu'on sourie d'aise ou qu'on soit choqué, nulle conception de l'avenir n'est plus fausse, bien qu'on nous la présente avec autant de netteté que de chaleur. Sans doute les faits qui la fondent ont une couleur de justesse. Mais est-ce qu'on les interprète bien ? Les comprend-on ? Les voit-on même ? Les nomme-t-on exactement ?

---

1. Thème développé par Albert Thibaudet dans *La République des professeurs* (1927).
2. Allusion à une prophétie de l'Ancien Testament (livre de Michée).

Oui, la troupe suit le convoi des auteurs célèbres ; on décore, on honore, on *distingue* aux frais du Trésor ceux d'entre nous qui semblent s'élever du commun. Ce sont des faits ; mais tous les faits veulent être éclaircis par des faits antérieurs ou contemporains, si l'on tient à les déchiffrer.

GRANDEUR ET DÉCADENCE

I. Grandeurs passées

Tout d'abord, précisons. Nous parlons de l'Intelligence, comme on en parle à Saint-Pétersbourg : du métier, de la profession, du parti de l'Intelligence[1]. Il ne s'agit donc pas de l'influence que peut, en tout temps, acquérir par sa puissance l'intelligence d'un lettré, poète, orateur, philosophe ; la magie de la parole, la fécondité de la vie et de la pensée sont des forces comme les autres ; si elles sont considérables ou servies par les circonstances, elles entrent dans le jeu des autres forces humaines et *donnent* le plus ou le moins suivant elles et suivant le sort. Un juriste dirait : voilà des *espèces*. Un casuiste : des *cas*. Nous traiterons du *genre* écrivain.

Un saint Bernard[2], pénétrant un milieu quelconque, y agira toujours et, comme dit le peuple, il y *marquera* à coup sûr. Un esprit de moitié moins puissant que ne le fut celui de saint Bernard, mais soutenu, servi par une puissante collectivité telle que l'Église chrétienne, dégagera de même, et dans tous les cas, une influence appréciable. Mais le sort des individus d'exception, fussent-ils gens de plume, et le sort des grandes collectivités morales ou politiques dans lesquelles un homme de lettres peut être enrôlé, n'est pas ce que nous examinons à présent. Nous traitons de la destinée commune aux hommes de lettres, du sort de leur corporation et du lustre que lui valut le travail des deux derniers siècles.

Ce lustre n'est pas contestable ; nous fîmes tous fortune il y a quelque deux cents ans[3]. Depuis lors, avec tout le savoir-faire ou toute la maladresse du monde, né bien ou mal, pauvre ou riche, entouré ou seul, et de quelque congrégation ou de quelque localité qu'il soit originaire, un homme dont on dit qu'il écrit et qu'il se fait lire, celui qui est classé dans

1. En d'autres termes, des intellectuels.
2. Saint Bernard de Clairvaux fut le plus influent prédicateur de l'Europe catholique au XIIe siècle.
3. Soit au début du XVIIIe siècle, lorsque le jeune Voltaire connut ses premiers succès littéraires.

la troupe des mandarins a reçu de ce fait un petit surcroît de crédit. Avec ou sans talent il circula, il avança plus aisément, car on s'écartait devant lui comme autrefois devant un gentilhomme ou devant un prêtre. Quelque chose lui vint qui s'ajoutait à lui. On le craignit, on l'honora, on l'estima, on le détesta ; de tous ces sentiments fondus en un seul s'exhalait une sorte d'estime amoureuse et jalouse pour le genre de pouvoir ou d'influence que sa profession semblait comporter. Il avait l'auréole et, si quelque uniforme l'avait fait reconnaître des populations, c'est à lui qu'on aurait fait les meilleurs saluts.

II. Du seizième siècle au dix-huitième

L'histoire de notre ascension professionnelle a été faite plusieurs fois. Il n'y a, je suppose, qu'à en rappeler la rapidité foudroyante. Au XVIIe siècle, les dédicaces de Corneille, les sombres réticences de La Bruyère, la triste et boudeuse formule du vieux Malherbe[1], qu'un poète n'est pas plus utile à l'État qu'un bon joueur de quilles, permettent de nous définir la condition d'un homme qu'élevait et classait la seule force de son esprit.

On fera bien d'apprendre la langue du temps avant de conclure d'une phrase ou d'une anecdote que c'était une condition toute domestique. Ni l'éclat, ni l'aisance, ni la décence, ni, à travers tous les incidents naturels à une carrière quelconque, l'honneur proprement dit n'y faisaient défaut. Le rang était considérable, mais subordonné. Les Lettres faisaient leur fonction de parure du monde. Elles s'efforçaient d'adoucir, de polir et d'amender les mœurs générales. Elles étaient les interprètes et comme la voix de l'amour, l'aiguillon du plaisir, l'enchantement des lents hivers et des longues vieillesses ; l'homme d'État leur demandait ses distractions, et le campagnard sa société préférée ; elles ne prétendaient rien gouverner encore.

La Renaissance avait admis un ordre de choses plus souple et moins régulier ; le roi Charles IX y passait au poète Ronsard[2] des familiarités que Louis XIV n'eût point souffertes. Cependant, au XVIe siècle comme au XVIIe, les orateurs, les philosophes, les poètes observèrent les convenances naturelles et, lorsqu'ils agitèrent de la meilleure constitution à donner à l'État, c'était presque toujours en évitant de rechercher l'application immédiate et la pratique sérieuse. Leurs esprits se jouaient dans des combinaisons qu'ils sentaient et nommaient fictives. Ils laissaient la politique

1. Maurras nomme un dramaturge, un moraliste et un poète afin de couvrir l'essentiel du champ littéraire d'alors.

2. C'est-à-dire « pardonnait au poète Ronsard » ou « supportait du poète Ronsard ». Ce dernier fut le poète et l'aumônier attitré du jeune roi, monté sur le trône à dix ans.

et la théologie à ceux qui en faisaient état. Tirons notre exemple du plus délicat des sujets, de l'ordre religieux : Ronsard et ses amis pouvaient se réunir pour offrir des libations à Bacchus et aux Muses, ou feindre même de leur immoler un bouc qu'ils chargeaient de bandelettes et de guirlandes ; quand il conte cette histoire de sa jeunesse, et d'un temps où la querelle de religion n'existait pas encore[1], le poète a bien soin de spécifier que c'était par amusement ; on n'avait pas songé, en se couronnant des fleurs de la fable, à faire vraiment les païens, non plus qu'à s'écarter des doctrines de l'Évangile.

Voilà la mesure et le trait. Les Lettres sont un noble exercice, l'art une fiction à laquelle l'esprit s'égaye en liberté. Les effets sur les mœurs sont donc indirects et lointains. On les saisit à peine. L'écrivain et l'artiste ne peuvent en tirer ni vanité ni repentir. Ils en sont ignorants autant qu'innocents. Plaire au public, se divertir entre eux, c'est le but unique. La Fontaine ne savait guère que son livre de Contes eût fait songer à mal[2]. Ils ne se doutent qu'à demi de leur influence sur le public. S'ils déterminent quelque altération ou quelque réforme, c'est, à peu près, à leur insu.

III. Les lettrés deviennent rois

Or, c'est, tout au contraire, la réforme, le changement des idées admises et des goûts établis qui fut le but marqué des écrivains du XVIIIe siècle.

Leurs ouvrages décident des révolutions de l'État. Ce n'est rien de le constater ; il faut voir qu'avant d'obtenir cette autorité, ils l'ont visée, voulue, briguée. Ce sont des mécontents. Ils apportent au monde une liste de doléances, un plan de reconstitution.

Mais ils sont aussitôt applaudis de ce coup d'audace. Le génie et la modestie de leurs devanciers du grand siècle avait assuré leur crédit. On commence par les prier de s'installer. On les supplie ensuite de continuer leur ouvrage de destruction réelle, de construction imaginaire. Et la vivacité, l'esprit, l'éloquence de leurs critiques leur procurent la vogue. Jusqu'à quel point ? Cela doit être mesuré au degré de la tolérance dont Jean-Jacques[3] réussit à bénéficier. Il faut se rappeler ses manières, ses goûts et toutes les tares de sa personne. Que la société la plus parfaite de l'Europe, la première ville du monde l'aient accueilli et l'aient choyé ; qu'il y ait été un homme à la mode ; qu'il y ait figuré le pouvoir spirituel de l'époque ; qu'un peuple tributaire de nos mœurs françaises, le pauvre peuple de Pologne, lui ait demandé de rédiger à son usage une « consti-

1. Ronsard est né en 1524 ; les guerres de Religion n'éclatent qu'en 1562.
2. Les *Contes* de La Fontaine relèvent du genre licencieux.
3. Rousseau.

tution[1] », cela en dit plus long que tout. Charles Quint ramassa, dit-on, le pinceau de Titien[2] ; mais, quand Titien peignait, il ne faisait que son métier, auquel il excellait. Quand Rousseau écrivait, il usurpait les attributs du prince, ceux du prêtre et ceux même du peuple entier, puisqu'il n'était même point le sujet du roi, ni membre d'aucun grand État militaire faisant quelque figure dans l'Europe d'alors[3]. L'élite politique et mondaine, une élite morale, fit mieux que ramasser la plume de Jean-Jacques ; elle baisa la trace de sa honte et de ses folies ; elle en imita tous les coups. Le bon plaisir de cet homme ne connut de frontières que du côté des gens de lettres, ses confrères et ses rivaux[4].

La royauté de Voltaire, celle du monde de l'*Encyclopédie*[5], ajoutées à cette popularité de Jean-Jacques, établirent très fortement, pour une trentaine ou une quarantaine d'années, la dictature générale de l'Écrit. L'Écrit régna non comme vertueux, ni comme juste, mais précisément comme écrit. Il se fit nommer la Raison. Par gageure, cette raison n'était d'accord ni avec les lois physiques de la réalité, ni avec les lois logiques de la pensée ; contradictoire et irréelle dans tous ses termes, elle déraisonnait et dénaturait les problèmes les mieux posés. Nous aurons à y revenir : constatons que l'absurde victoire de l'Écrit fut complète. Lorsque l'autorité royale disparut, elle ne céda point, comme on le dit, à la souveraineté du peuple : le successeur des Bourbons, c'est l'homme de lettres[6].

IV. L'abdication des anciens princes

Une petite troupe de philosophes prétendus croit spirituel ou profond de contester l'influence des idées, des systèmes et des mots dans la genèse de la Révolution. Comment, se disent-ils, les idées pures, et sans corps, retentiraient-elles sur les faits de la vie ? Comment des rêves auraient-ils causé une action ? Quoique cela se voie partout à peu près chaque jour, ils le nient radicalement.

1. Les *Considérations sur le gouvernement de la Pologne* écrites par Rousseau en 1771-1772 résultent de ses contacts avec des aristocrates polonais en lutte pour l'indépendance de leur patrie.

2. La déférence de l'empereur germanique envers le célèbre peintre est avérée par les honneurs dont il le combla. Vrai ou faux, l'épisode du pinceau ramassé a inspiré les artistes du XIXe siècle, ainsi Bergeret en peinture et Musset en littérature.

3. Rappelons que Rousseau était né citoyen de la république de Genève.

4. Allusion à la rupture entre le courant dominant des Lumières, incarné par Voltaire, et Rousseau, qui s'en dissocia à partir de 1755. Maurras se situe clairement dans le prolongement de Voltaire.

5. Rousseau et Voltaire collaborèrent tous deux à ce vaste projet conduit par Diderot et d'Alembert.

6. Preuve en est que la Révolution panthéonisa Voltaire puis Rousseau en même temps qu'elle profana les tombeaux des rois et jeta leurs dépouilles à la fosse commune.

Cependant, aucun des événements publics qui composent la trame de l'histoire moderne n'est compréhensible, ni concevable, si l'on n'admet pas qu'un nouvel ordre de sentiments s'était introduit dans les cœurs et affectait la vie pratique vers 1789 : beaucoup de ceux qui avait pris part à la conduite des affaires nommaient leur droit un préjugé ; ils doutaient sérieusement de la justice de leur cause et de la légitimité de cette œuvre de direction et de gouvernement qu'ils avaient en charge publique. Le sacrifice de Louis XVI représente à la perfection le genre de chute que firent alors toutes les têtes du troupeau. Avant d'être tranchées, elles se retranchèrent ; on n'eut pas à les renverser, elles se laissèrent tomber. Plus tard, l'abdication de Louis-Philippe et le départ de ses deux fils Aumale et Joinville[1], pourtant maîtres absolus des armées de terre et de mer, montrent d'autres types très nets du même doute de soi dans les consciences gouvernementales. Ces hauts pouvoirs de fait, que l'hérédité, la gloire, l'intérêt général, la foi et les lois en vigueur avaient constitués, cédaient, après la plus molle des résistances, à de simples échauffourées. La canonnade et la fusillade bien appliquées auraient cependant sauvé l'ordre et la patrie, en évitant à l'humanité les deuils incomparables qui suivirent et qui devaient suivre.

« *Che coglione* », disait le jeune Bonaparte au 10 août[2]. Ce n'est pas tout à fait le mot : ni Louis XVI, ni ses conseillers, ni ses fonctionnaires, ni Louis-Philippe, ni ses fils n'étaient ce que disait Bonaparte, ayant fait preuve d'énergie morale en d'autres sujets. Mais la Révolution s'était accomplie dans les profondeurs de leur mentalité : depuis que le philosophisme les avait pétris, ce n'étaient plus eux qui régnaient ; ce qui régnait sur eux, c'était la littérature du siècle. Les vrais rois, les lettrés, n'avaient eu qu'à paraître pour obtenir la pourpre et se la partager.

L'époque révolutionnaire marque le plus haut point de dictature littéraire. Quand on veut embrasser d'un mot la composition des trois assemblées de la Révolution[3], quand on cherche, pour ce ramas de gentilshommes déclassés, d'anciens militaires et d'anciens capucins[4], un déno-

1. Lorsque survint la révolution de 1848, le duc d'Aumale était général et gouverneur de l'Algérie ; son frère le prince de Joinville était amiral et commandait l'escadre de Méditerranée.

2. Allusion à la prise des Tuileries par les révolutionnaires (10 août 1792), au cours de laquelle Louis XVI ordonna à ses Gardes suisses de cesser le feu – en conséquence de quoi ils furent massacrés par les émeutiers. Le jeune Napoléon Bonaparte aurait assisté à cet épisode en badaud et la mansuétude du roi lui aurait arraché le commentaire « quel couillon ! ». Lui-même n'hésita pas à faire mitrailler la foule lors de l'insurrection royaliste du 13 vendémiaire an V (5 octobre 1795).

3. La Constituante (1789-1791), la Législative (1791-1792) et la Convention (1792-1795).

4. Ordre monastique.

minateur qui leur soit commun, c'est toujours à ce mot de lettrés qu'il faut revenir. On peut trouver leur littérature frappée de tous les signes de la caducité : temporellement, elle triompha, gouverna et administra. Aucun gouvernement ne fut plus littéraire. Des livres d'autrefois aux salons d'autrefois, des salons aux projets de réformes qui circulaient depuis 1750, de ces papiers publics aux « Déclarations » successives[1], la trace est continue : on arrange en textes de loi ce qui avait été d'abord publié en volumes. Les idées dirigeantes sont les idées des philosophes. Si les maîtres de la philosophie ne paraissent pas à la tribune et aux affaires, c'est que, à l'aurore de la Révolution, ils sont morts presque tous. Les survivants, au grand complet, viennent jouer leur bout de rôle, avec les disciples des morts[2].

Le système de mœurs et d'institutions qu'ils avaient combiné jadis dans le privé, ils l'imposaient d'aplomb à la vie publique. Cette méthode eût entraîné un grand nombre de mutilations et de destructions, alors même qu'elle eût servi des idées justes[3] : mais la plupart des idées d'alors étaient inexactes. Nos lettrés furent donc induits à n'épargner ni les choses ni les personnes. Je ne perds pas mon temps à plaindre ceux que l'on fit périr ; ils vivaient, c'étaient donc des condamnés à mort. Malheureusement, on fit tomber avec eux des institutions promises, par nature, à de plus longues destinées.

V. Napoléon

Si l'on considère en Napoléon le législateur et le souverain, il faut saluer en lui un idéologue[4]. Il figure l'homme de lettre couronné. Comme il s'en vante, lui qui disait : « Rousseau et moi[5] », ce membre de l'Institut[6] continue la Révolution, et avec elle tout ce qu'a rêvé la littérature du dix-huitième siècle ; il le tourne en décrets, en articles de code. La

1. Déclarations des droits de l'homme de 1789 et 1793, Déclaration des droits de la femme de 1791.

2. Maurras omet de préciser que certains de ces « survivants », initialement favorables à la Révolution, en devinrent les victimes (ainsi Condorcet, mort en prison), et que certains « disciples » furent d'emblée contre-révolutionnaires (ainsi Rivarol).

3. Maurras suggère ici que l'application d'un système à la réalité ne va pas sans de multiples dommages.

4. Le terme désignait à la fin de la Révolution un groupe de républicains libéraux, favorables au gouvernement des savants et à la prépondérance d'une bourgeoisie éclairée, qui soutinrent l'ascension du général Bonaparte.

5. D'après Stanislas de Girardin, Napoléon aurait un jour reproché à Rousseau d'avoir préparé la Révolution et se serait demandé « s'il n'eût pas mieux valu, pour le repos de la terre, que ni Rousseau, ni moi, n'eussions jamais existé ».

6. Bonaparte s'était fait élire à la section des sciences en 1797.

Constitution de l'an VIII[1], le Concordat, l'Administration bureaucratique[2] reflètent constamment les idées à la mode sur la fin de l'ancien régime. Mais, par un miracle de sens pratique dont il faut avouer le prix, Napoléon tira de ces rêveries sans solidité une forte apparence de réalités consistantes.

Assurément tous nos malheurs découlent de ces apparences menteuses ; elles n'ont pas cessé de contrarier les profondes nécessités de l'ordre réel. Cependant nos phases de tranquillité provisoire n'eurent point d'autres causes que l'accord très réel des fictions administratives avec les fictions littéraires qui agitaient et dévoyaient tous les cerveaux. De la rencontre de ces deux fictions, et de ces deux littératures, l'une officielle, l'autre privée, naissait le sentiment, précaire, mais réel, d'une harmonie ou d'une convenance relative.

Nos pères ont appelé ce sentiment celui de l'ordre. Ceux d'entre nous qui se sont demandé comme Lamartine : « Cet ordre est-il l'ordre[3] ? » et qui ont dû répondre : « non », tiennent le rêveur prodigieux qui confectionna ce faux ordre pour le plus grand poète du romantisme français. Ils ajoutent : pour le dernier des hommes d'État nationaux. Ils placent Napoléon Ier vingt coudées au-dessus de Jean-Jacques et de Victor Hugo, mais plus de dix mille au-dessous de M. de Peyronnet[4].

Il est vrai que Napoléon se présente sous un autre aspect, si, du génie civil, qui, en lui, fut tout poésie, on arrive à considérer le génie militaire. Rien de plus opposé à la mauvaise littérature politique et diplomatique que Napoléon chef d'armée : rien de plus réaliste ni de plus positif ; rien de plus national. Comme les généraux de 1792, il réveille, il stimule le fond guerrier de la nation[5] ; il aspire les éléments du composé français, les assemble, heurte leur masse contre l'étranger ; ainsi il les éprouve, les unit et les fond. Les nouvelles ressources du sentiment patriotique se révèlent, elles se concentrent et, servies par l'autorité supérieure du maître, opposent à l'idéologie des lettrés un système imprévu de forces violentes. De ce côté, Napoléon personnifie la réponse ironique et dure des militaires du XIXe siècle aux songes littéraires du XVIIIe.

---

1. Adoptée fin 1799, quelques semaines après le coup d'État du 18 brumaire, cette Constitution consacrait la prééminence sociale de la bourgeoisie éclairée, conformément aux vœux des idéologues, et la prépondérance politique du Premier Consul Bonaparte.

2. En bon fédéraliste, Maurras a toujours critiqué le centralisme administratif consacré par la Constitution de l'an VIII, dont le concordat était en quelque sorte le pendant religieux.

3. Extrait d'un discours de Lamartine à la Chambre des députés, sous la monarchie de Juillet.

4. Ministre de la Justice (1821-1828) puis de l'Intérieur (1830) de Louis XVIII et Charles X.

5. Maurras, tout contempteur de l'idéologie révolutionnaire qu'il fût, était fasciné par l'énergie des hommes de l'an II.

VI. Le dix-neuvième siècle

Caractère général du XIXe siècle : le courant naturel de sa littérature continue les divagations de l'âge précédent. Mais la suite des faits militaires, économiques et politiques contredit ces divagations une à une.

Par exemple, considérez l'histoire des réalités européennes après la Révolution. La littérature révolutionnaire tendait à dissoudre les nations pour constituer l'unité du genre humain, et les conséquences directes de la Révolution furent, hors de France, comme dans notre France, de rallumer partout le sentiment de chaque patrie particulière et de précipiter la constitution des nationalités. Mais les lettres allemandes, anglaises, italiennes, slaves servirent, chacune dans son milieu natal, ces violentes forces physiques, et la littérature française du XIXe siècle voulut favoriser au dehors cet élan : pour son compte, dans son esprit, elle demeura cosmopolite et humanitaire. Elle se prononçait, en France, à l'inverse des faits français et étrangers qu'elle avait déterminés elle-même ; elle n'utilisait les guerres de l'Empire qu'au profit des idées de la Révolution. Les faits lui offraient l'occasion d'un *Risorgimento*[1] français ; elle l'évita avec soin[2].

Autre exemple : les lettrés du XVIIIe siècle avaient fait décréter comme éminemment raisonnable, juste, proportionnée aux clartés de l'esprit humain et aux droits de la conscience, une certaine législation du travail d'après laquelle tout employeur, étant libre, et tout employé, ne l'étant pas moins, devaient traiter leurs intérêts communs d'homme à homme, d'égal à égal, sans pouvoir se concerter ni se confédérer avec leurs pareils, qu'ils fussent ouvriers ou patrons[3]. Ce régime, qui n'était pas assurément le meilleur en soi, qui était même en soi détestable, paraissait néanmoins applicable ou possible dans l'état où se trouvaient les industries humaines aux environs de 1789 ou de 1802 ; c'est à peine si la moyenne industrie avait fait son apparition, la grande industrie s'indiquait faiblement, la très grande industrie n'existait pas encore. Un fait nouveau, l'un des faits que Napoléon méconnut, la vapeur, stimula les transformations[4]. La législation littéraire de la Révolution et de Napoléon dut se heurter

---

1. « Résurrection » de l'Italie, nom donné au processus intellectuel, politique et militaire qui conduisit à son unification.

2. Du moins jusqu'en 1870, car la guerre franco-prussienne poussa un grand nombre d'écrivains à répudier le romantisme qui les avait jusque-là portés à soutenir l'unité italienne et l'unité allemande sans voir en quoi elles pouvaient être préjudiciables à la France. Ce fut entre autres le cas de Mistral, l'un des maîtres de Maurras.

3. La critique du libéralisme économique que Maurras esquisse ici est approfondie dans *Mes idées politiques*, repris p. 717 de la présente édition.

4. De fait, Napoléon se montra très conservateur sur le plan technique, notamment en matière d'armement.

dès lors aux difficultés les plus graves ; de gênante et de périlleuse pour l'avenir, ou de simplement immorale, elle devint un danger immédiat, pressant et vraiment elle conspira contre l'ordre et la paix à l'intérieur. Car, dans la très grande industrie, le patron personnel s'évanouit presque partout : il fut remplacé par le mandataire d'un groupement ; quel que fût, d'ailleurs, ce nouveau chef, il acquérait, du fait des conditions nouvelles, une puissance telle qu'on ne pouvait lui opposer sans ridicule, comme un co-contractant sérieux, comme un égal légal, le malheureux ouvrier d'usine perdu au milieu de centaines ou de milliers d'individus employés au même travail que lui, et de ceux qui s'offraient pour remplaçants éventuels.

Les faits économiques, s'accumulant ainsi, révélaient chaque jour le fond absurde, odieux, fragile, des fictions légales. D'autres idées, une autre littérature, un autre esprit, auraient secondé des faits aussi graves, mais les lettrés ne comprenaient du mouvement ouvrier que ce qu'il présentait de révolutionnaire ; au lieu de construire avec lui, ils le contrariaient dans son œuvre édificatrice et le stimulaient dans son effort destructeur[1]. Considérant comme un état tout naturel l'antagonisme issu de leurs mauvaises lois[2], ils s'efforcèrent de l'aigrir et de le conduire aux violences. On peut nommer leur attitude générale au cours du XIXe siècle un désir persistant d'anarchie et d'insurrection. Hugo et Béranger[3] donnaient à la force militaire française un faux sens de libéralisme, et George Sand faussait les justes doléances du prolétariat[4].

Ainsi tout ce qu'entreprenait d'utile ou de nécessaire la Force des choses, l'Intelligence littéraire le dévoyait ou le contestait méthodiquement.

C'est le résumé de l'histoire du siècle dernier.

VII. Premières atteintes

De ces deux pouvoirs en conflit, Intelligence et Force, lequel a paru l'emporter au cours de ce même siècle ?

On n'y rencontre pas une influence comparable aux dictatures plénières du siècle précédent. On avait dit « le roi Voltaire », mais personne ne dit « le roi Chateaubriand[5] », qui ne rêva que de ce sceptre, ni « le roi Lamar-

1. Selon Maurras, le mouvement ouvrier, qui eût pu et dû reconstituer les corporations interdites par la Révolution, a été abusé par les intellectuels romantiques, qui l'ont orienté vers un syndicalisme révolutionnaire. Voir les pages consacrées à la question sociale dans *Mes idées politiques,* p. 717 de la présente édition.

2. Allusion à la lutte des classes.

3. Chansonnier emblématique du premier XIXe siècle, dont l'œuvre exalte un patriotisme d'origine révolutionnaire et impériale.

4. Sur George Sand, voir *Les Amants de Venise*, p. 219 de la présente édition.

5. Sur Chateaubriand, voir *Trois idées politiques*, p. 679 de la présente édition.

tine », ni « le roi Balzac », qui aspiraient de même à la tyrannie. On n'a pas dit « le roi Hugo ». Celui-ci a dû se contenter du titre de « père », et de qui ? des poètes, des seules gens de son métier.

En outre, les souverains qui ont gouverné la France après Napoléon se sont presque tous conformés à ses jugements, peu bienveillants, en somme, sur ses confrères en idéologie[1]. La Restauration s'honora de la renaissance des Lettres pures ; elle les protégea, les favorisa d'un esprit si curieux et si averti que c'était, par exemple, le jeune Michelet qui allait donner des leçons d'histoire aux Tuileries[2]. Mais le gouvernement n'en était plus à prendre au sérieux les pétarades d'un sous-Voltaire. On le fit voir à M. de Chateaubriand. Villèle lui fut préféré[3], Villèle qui n'était ni manieur de mots, ni semeur d'images brillantes, mais le plus appliqué des politiques, le plus avisé des administrateurs, peut-être le meilleur citoyen de son siècle.

Quoique fort respectueux envers l'opinion, Louis-Philippe montra une profonde indifférence envers ceux qui la font. Il ne les craignit pas assez ; en s'appuyant sur les intérêts, il négligea imprudemment l'appui de ceux qui savent orner et poétiser le réel. Son fils aîné avait pratiqué ce grand art, et la mort du duc d'Orléans, le 13 juillet 1842, fut un des malheurs qui permirent la révolution de février[4].

Le Second Empire, qui adopta peu à peu une politique toute contraire à l'égard des lettrés, en parut châtié par le cours naturel des choses ; les hommes de main, Persigny, Maupas, Saint-Arnaud, Morny, marquent précisément l'heure de sa prospérité[5] ; quand l'Empereur se met à collaborer

---

1. Les idéologues, dont on a vu qu'ils avaient appuyé l'ascension du général Bonaparte, lui reprochèrent le coup d'État du 18 brumaire ; il prit alors ses distances d'avec eux.

2. Il y fut précepteur de Clémentine d'Orléans, fille du roi Louis-Philippe. Voir *Trois idées politiques*, p. 679 de la présente édition.

3. Le comte de Villèle fut président du Conseil des ministres de 1822 à 1828, sous Louis XVIII et Charles X.

4. Le duc Ferdinand-Philippe d'Orléans était très populaire en raison de ses opinions libérales, de sa sollicitude pour les classes populaires, de ses brillants états de service militaires et de ses liens avec nombre d'artistes du temps. Il mourut en tombant de sa calèche, dont les chevaux s'étaient emballés. Maurras, dont on sait l'attachement à la Maison d'Orléans, en fait ici l'archétype du prince dont il rêve, qui concilierait sens national, proximité au peuple et ouverture culturelle.

5. Persigny dirigea en 1848 la campagne électorale qui porta Louis Napoléon Bonaparte à la présidence de la IIe République ; il fut ministre de l'Intérieur en 1852-1854 puis en 1860-1863. Maupas, préfet de police de Paris en 1851-1852, fut à ce titre l'un des artisans du coup d'État du 2 décembre 1851 ; Napoléon III en fit son ministre de la Police en 1852-1853. Le général de Saint-Arnaud, ministre de la Guerre de Louis Napoléon Bonaparte, prit en charge la partie militaire du coup d'État et en fut récompensé par le titre de maréchal. Le chef d'orchestre de l'opération fut Morny, demi-frère de

avec les diplomates de journaux, qu'il s'enflamme avec eux pour l'unité italienne ou s'unit à leurs vœux en faveur de la Prusse, la décadence du régime se prononce, la chute menace. Mais il faut prendre garde qu'un Émile Ollivier, plus tard un Gambetta[1], se donnaient déjà pour des praticiens ; on les eût offensés en les mettant dans la même compagnie que Rousseau.

Sous ces divers régimes, en effet, les lettrés purent bien accéder au gouvernement. Ce n'était plus la littérature en personne qui devait régner sous leur nom. Leur ambition commune était de se montrer, avant tout, gens d'affaires et hommes d'action.

Un trait les marque assez souvent, plus que Bonaparte. C'est le profond dédain qu'ils affichent, dès la première minute du pouvoir, pour leur condition de naguère ; c'est l'autorité rogue, même un esprit d'hostilité dont ils sont animés envers leurs compagnons d'hier. Ils les casent assurément, car le cercle de leurs relations n'est étendu que de ce côté. Ils s'entourent d'un personnel de leur origine ; mais, cette origine, ils la renient volontiers, ils n'éprouvent aucune piété particulière pour le fait de tenir une plume, de mettre du noir sur du blanc. Ils se croient renseignés sur ce que vaut la Pensée et toute Pensée, car ils se rappellent la leur. De quel air, de quel ton, ce Guizot devenu président du Conseil reçoit le pauvre Auguste Comte[2] ! Un ancien secrétaire de rédaction à *La République française*, passé ministre des Affaires étrangères[3], dit à qui veut l'entendre qu'il fait peu de cas des journaux. Un journaliste, un écrivain qui a été élu député étudie ses intonations pour écraser d'anciens confrères : « – *Vous autres théoriciens !...* »

LA DIFFICULTÉ

VIII. Les anciens privilégiés

Du jour de leur élévation les nouveaux promus ont fait une découverte. Ils s'aperçoivent que tout n'est pas dans les livres. Ils se disent que l'expérience, l'habitude des hommes, le maniement des grands intérêts sont des

Louis Napoléon, ministre de l'Intérieur en 1851-1852 puis président du Corps législatif de 1854 à 1865.

1. Ollivier, avant-dernier chef du cabinet du Second Empire, comme Gambetta, cofondateur de la IIIe République, sont venus à l'écriture par la politique, et non le contraire.

2. Guizot, ancien littérateur, fut président du Conseil en 1847-1848. Sur Comte, voir *Auguste Comte*, p. 643 de la présente édition.

3. Il s'agit de Théophile Delcassé : voir *Kiel et Tanger*, p. 541 de la présente édition.

biens. Ils découvrent aussi les antiques distinctions de vie et de mœurs, la supériorité des manières : chez les femmes l'affinement et la culture souveraine du goût. Ils en font aussitôt grand état et le laissent voir. Les anciens privilégiés ne peuvent manquer d'y prendre garde à leur tour et s'aperçoivent en même temps de leur force. Avec ce sentiment se forme en eux quelque dédain pour une espèce d'êtres autrefois redoutés, qu'ils ne regardent bientôt plus qu'en bêtes curieuses.

Je ne prétends pas que, pendant les cinquante ou soixante dernières années, le vieux monde français ait su cultiver le dédain avec ce vif discernement qui aurait égalé un profond calcul politique. La sagesse eût été de réprimer de mauvais sourires et de retenir des affronts qui furent souvent payés cher. L'état inorganique de la société, l'instabilité des gouvernements ne permettaient, de ce côté, que des mouvements de passion. Ni politique orientée, ni tradition suivie. Confrontée avec les parvenus de l'Intelligence, la vieille France s'efforçait de faire sentir et de maintenir son prix : tout en les accueillant parfois, elle fut loin de les subir, comme elle avait subi le monde de l'*Encyclopédie*. Ces sauvages ne demandaient qu'à s'apprivoiser ; ils étaient donc moins intéressants à connaître. Ils la cherchaient : elle avait donc intérêt à se dérober ; elle le fit, plus d'une fois à son dommage.

Cependant, une grande bonhomie, bien conforme au caractère de la race, présida longtemps encore aux relations, quand il s'en établit, entre les deux sphères. Rien n'était plus *aisé*, au sens complet d'un mot charmant, que l'accès de certaines demeures anciennes et de leurs habitants, fidèles aux mœurs d'autrefois. La plus exquise des réciprocités, celle du respect, faisait le fond de la politesse en usage. Une vie parfaitement simple annulait en pratique la plus voyante des inégalités, qui est celle des biens. À l'idolâtrie, dont la fin de l'ancien régime avait honoré le moindre mérite intellectuel, succédait un procédé beaucoup plus humain, qui avait l'avantage de convenir aux esprits délicats, qu'eût choqués l'excès de jadis. Un homme de haute intelligence, mais sans naissance et sans fortune, fut longtemps assuré de trouver dans les classes supérieures de la nation cet accueil de plain-pied, dont tout Français né patricien, même s'il vient du petit peuple, éprouve au plus haut point la nécessité, presque la nostalgie, pour peu qu'il se soit cultivé[1]. Ce que M. Bourget appelle un désir de sensations fines[2] se trouvait ainsi satisfait par le jeu de quelques aimables conjonctures. Le roman, le théâtre, les Mémoires des deux premiers tiers de ce siècle témoignent de cet état de mœurs, devenu à peu près historique de notre temps, car il ne s'est guère conservé qu'en certaines provinces.

1. Maurras esquisse ici une manière d'autoportrait.
2. Bourget emploie ce terme dans ses *Essais de psychologie contemporaine* (1883).

IX. Littérature de cénacle ou de révolution

Mais, d'une part, l'Intelligence, d'autre part, la Force des choses, ayant continué de développer les principes contraires dont chacune émanait, l'intelligence française du XIXe siècle poursuivait sa carrière d'ancienne reine détrônée, en se séparant de plus en plus de cette autre reine vaincue, la haute société française du même temps. Dès 1830, Sainte-Beuve[1] l'a bien noté, les salons d'autrefois se ferment. C'est pour toujours. La France littéraire s'est isolée ou révoltée. Elle a pensé, songé, écrit, je ne dis pas toujours loin de la foule, mais toujours loin de son public naturel : tantôt comme si elle était indifférente à ce public et tantôt comme si elle lui était hostile. Le romantisme avait produit une littérature de cénacle ou de révolution.

Le plus souvent, en effet, le romantisme ne se soucia que du jugement d'un très petit nombre d'initiés faits pour goûter le rare, le particulier, l'exotique et l'étrange. Les influences étrangères, surtout allemandes ou anglaises, depuis Rousseau et Mme de Staël[2], avaient agi sur certains cercles informés, plus vivement que sur le reste du public. Ces nouveautés choquèrent donc à titre double et triple le très grand nombre des lecteurs fidèles au goût du pays, qui ne voulurent accepter ni l'inconvenance, ni la laideur. Et c'est pourquoi, de 1825 à 1857, c'est-à-dire de Sainte-Beuve et de Vigny à Baudelaire, et de 1857 à 1895, c'est-à-dire de Baudelaire à Huysmans et à Mallarmé[3], d'importants sous-groupes de lettrés se détachent du monde qui achète et qui lit, et se dévouent dans l'ombre à la culture de ce qu'ils ont fini par appeler *leur hystérie*[4].

La valeur propre de cette littérature, dite de « tour d'ivoire[5] », n'est pas à discuter ici. Elle exista, elle creusa un premier fossé entre certains écrivains et l'élite des lecteurs. Mais, du seul fait qu'elle existait, par ses outrances, souvent assez ingénieuses, parfois piquantes, toujours infiniment voyantes, elle attira vers son orbite, sans les y enfermer, beaucoup des écrivains que lisait un public moins rare. On n'était plus tenu par le scrupule de choquer une clientèle de gens de goût, et l'on fut stimulé par le désir de ne pas déplaire à un petit monde d'originaux extravagants.

1. Sur Sainte-Beuve, voir dans le présent volume *Trois idées politiques*, p. 679.

2. L'un et l'autre étaient suisses.

3. Maurras avait une certaine tendresse pour Vigny et Baudelaire, mais détestait Huysmans, qui incarnait à ses yeux une esthétique nordique et décadente, aux antipodes de la tradition gréco-latine. Quant à Mallarmé, il lui reprochait d'immoler le souci du vrai à la virtuosité formelle et à la recherche du bizarre.

4. « J'ai cultivé mon hystérie avec jouissance et terreur », notait Baudelaire en 1862.

5. Cette expression issue du Cantique des cantiques a pris le sens que lui donne ici Maurras sous la plume de Sainte-Beuve parlant de Vigny.

Plus soucieuse d'*intelligence* (c'était le mot dont on usait[1]) que de jugement, la critique servait et favorisait ce penchant ; de sorte que, au lieu de se corriger en se rapprochant des meilleurs modèles de sa race et de sa tradition, un Gautier devenait de plus en plus Gautier et abondait fatalement dans son péché, qui était la manie de la description sans mesure[2] ; un Balzac, un Hugo ne s'efforçaient que de se ressembler à eux-mêmes, c'est-à-dire de se distinguer par les caractères d'une excentricité qui leur fût personnelle[3]. L'intervalle devait s'accroître entre le public moyen, bien élevé, lettré, et les écrivains que lui accordait le siècle. Ils commencèrent presque tous par être non pas méconnus, mais déclarés bizarres et incompréhensibles. En tous cas, peu de sympathie. Le talent pouvait intéresser les professionnels et le très petit nombre des connaisseurs ; ceux-ci, sensibles aux défauts, n'ont jamais témoigné beaucoup d'enthousiasme, et les professionnels ne composent pas un public, trop occupés de leur œuvre propre pour donner grand temps aux plaisirs d'admiration ou de critique désintéressée. Cette « littérature artiste[4] » isola donc les maîtres de l'intelligence.

Mais, quand ils ne s'isolaient point, ils faisaient pis, ils s'insurgeaient. La communication qu'ils établissaient entre leur pensée et celle du monde se prononçait contre les forces dont ce monde était soutenu. Le succès des romans de Mme Sand, des pamphlets de Lamennais[5], des histoires de Lamartine et de Michelet[6], des deux principaux romans de Victor Hugo[7], des *Châtiments* du même[8], leur retentissement dans la conscience publique est un fait évident ; mais c'est un autre fait que ces livres s'accompagnèrent de révolutions politiques et sociales, dont ils semblaient tantôt

1. Maurras en conteste évidemment la pertinence, puisque l'intelligence doit selon lui rendre compte du réel, que la littérature « de tour d'ivoire » fuit par principe. Le réel auquel songe Maurras n'est pas pour autant celui des littératures dites « réaliste » et « naturaliste », indifférentes aux questions métaphysiques posées par la condition humaine – et dont la poésie de Maurras est pétrie.

2. Pour Maurras, héritier de l'esthétique grecque, le grand art est affaire de mesure, c'est-à-dire de raison (le mot latin *ratio* ayant les deux sens). Or, la raison suppose deux opérations distinctes : la description et le jugement. La pure description que Maurras reproche à Théophile Gautier manque le second terme.

3. Maurras ne met cependant pas ces deux écrivains sur le même plan : il apprécie le tour contre-révolutionnaire de la pensée balzacienne alors qu'il a en horreur le romantisme révolutionnaire de Hugo.

4. Ou de « l'art pour l'art », selon la formule revendiquée par Gautier.

5. George Sand était une fervente admiratrice de Lamennais, précurseur de la démocratie chrétienne.

6. L'*Histoire des Girondins* de Lamartine, l'*Histoire de la Révolution française* de Michelet ont contribué à entretenir le souvenir héroïsé de la Révolution.

7. *Notre-Dame de Paris* et *Les Misérables*.

8. Poèmes tournés contre Napoléon III.

la justification et tantôt la cause directe. Au total, dans la même mesure où elles étaient populaires, nos Lettres se manifestaient destructives des puissances de fait.

Cela n'est pas de tous les âges. Ronsard et Malherbe, Corneille et Bossuet défendaient, en leur temps, l'État, le roi, la patrie, la propriété, la famille et la religion[1]. Les Lettres romantiques attaquaient les lois ou l'État, la discipline publique et privée, la patrie, la famille et la propriété ; une condition presque unique de leur succès parut être de plaire à l'opposition, de travailler à l'anarchie.

Le talent, le talent heureux, applaudi, semblait alors ne pouvoir être que subversif. De là, une grande inquiétude à l'endroit des livres français. Tout ce qui entrait comme un élément dans les forces publiques, quiconque même en relevait par quelque endroit, ne pouvait se défendre d'un sentiment de méfiance instinctive et de trouble obscur. L'Intelligence fut considérée comme un explosif, et celui qui vivait de son intelligence en apparut l'ennemi-né de l'ordre réel. Ces méfaits étaient évidents et tangibles, la pensée des bienfaits possibles diminua. Les intérêts qui sont vivants se mettaient en défense contre les menaces d'un rêve audacieux.

Certes on craignit ce rêve. Mais il y eut dans cette crainte tant de haine qu'au moindre prétexte elle put se changer en mésestime.

X. La bibliothèque du duc de Brécé

Les Lettres furent donc sensiblement délaissées, partie comme trop difficiles et partie comme dangereuses. On bâilla sa vie autrement qu'un livre à la main, l'on se passionna pour des jeux auxquels l'intelligence avait une part moins directe. Il arriva ce dont M. Anatole France s'est malignement réjoui dans une page de son *Histoire contemporaine*. La bibliothèque des symboliques ducs de Brécé, qui avait accueilli tous les grands livres du XVIIIe siècle, ne posséda que la dixième partie de ceux du commencement du XIXe, Chateaubriand, Guizot, Marchangy[2]... ; quant aux ouvrages publiés depuis 1850 environ, elle acquit « deux ou trois brochures débraillées, relatives à Pie IX et au pouvoir temporel[3], deux ou trois volumes déguenillés de romans, un panégyrique de Jeanne d'Arc..., et quelques ouvrages de dévotion pour dames du monde[4] ».

1. Ronsard fut le poète officiel de Charles IX, Malherbe celui d'Henri IV et de Louis XIII ; Corneille fut pensionné par Louis XIV ; Bossuet fut précepteur du dauphin Louis de France.

2. Écrivain et publiciste conservateur de la Restauration.

3. Pie IX fut le dernier pape à exercer un pouvoir temporel, qu'il perdit entre 1859 et 1870, lorsque les patriotes italiens annexèrent les États pontificaux au royaume d'Italie.

4. *Histoire contemporaine. L'Anneau d'améthyste*, par Anatole France, p. 74, 75, 76. Paris, Calmann-Lévy [NdA].

On peut nous raconter que c'est la faute aux Jésuites, éducateurs des jeunes ducs grâce à la loi Falloux[1] ; on peut crier à la frivolité croissante des hautes classes ; pour peu que l'on raisonne au lieu de gémir, il faut tenir compte de la nature révolutionnaire ou cénaculaire des Lettres du siècle dernier.

La bonne société d'un vaste pays ne peut raisonnablement donner son concours actif à un tissu de déclamations anarchiques ou de cryptogrammes abstrus. Elle est faite exactement pour encourager tous les luxes, sauf celui-là. Le sens national, l'esprit traditionnel étaient deux fois choqués par ces nouvelles directions de l'intelligence. Il n'est point permis d'oublier que les Lettres françaises furent jadis profondément conservatrices, alors même qu'elles chantaient des airs de fronde ; favorables à la vie de société, alors qu'elles pénétraient le plus secret labyrinthe du cœur humain.

XI. Le progrès matériel et ses répercussions

L'Intelligence rencontrait, vers le même temps, son adversaire définitif dans les forces que les découvertes nouvelles tiraient du pays.

Ces forces sont évidemment de l'ordre matériel. Mais je ne sais pourquoi nos moralistes affectent le mépris de cette matière, qui est ce dont tout est formé. Le seul mot de progrès matériel les effarouche. Les développements de l'industrie, du commerce et de l'agriculture, sous l'impulsion de la science et du machinisme, l'énorme translation économique qu'ils ont provoquée, l'essor financier qui en résulte, l'activité générale que cela représente, l'extension de la vie, la multiplication et l'accroissement des fortunes, particulièrement des fortunes mobilières, sont des faits de la qualité la plus haute. On peut les redouter pour telle ou telle de leurs conséquences possibles. Plus on examine ces faits en eux-mêmes, moins on trouve qu'il y ait lieu de leur infliger un blâme quelconque ou de les affecter du moindre coefficient de mélancolie.

Car d'abord ils se moquent de nos sentiments et de nos jugements, auxquels ils échappent par définition. Puis, dans le cas où on leur prêterait une vie morale et une conscience personnelle, on s'aperçoit qu'ils sont innocents de la faute qu'on leur impute. Elle ne vient pas d'eux, mais de l'ordre mauvais sous lequel ils sont nés, des lois défectueuses qui les ont régis, d'un fâcheux état du pays et surtout de la niaiserie des idées à la mode.

Combinés avec tant d'éléments pernicieux, c'est merveille que d'aussi grands faits n'aient point déterminé des situations plus pénibles. Ils ne

1. Loi de 1850 favorisant la liberté d'enseignement, et par conséquent les écoles catholiques.

rencontraient ni institutions, ni esprit public. À peine des mœurs. L'organe mental et politique, destiné à les diriger, ou leur manquait totalement ou s'employait à les égarer méthodiquement. De là beaucoup de vices communs à toute force dont l'éducation n'est point faite, et qui cherche en tâtonnant ses régulateurs. Une force moindre se fût perdue dans cette recherche, qui continue encore énergiquement aujourd'hui. L'organisation du travail moderne et des affaires modernes n'existe pas du tout ; mais ce travail éparpillé et ces affaires en désordre témoignent de l'activité fiévreuse du temps : orageux gâchis créateur.

Il crée, depuis cinquante ans, d'immenses richesses, en sorte que le niveau commun de la consommation générale s'accroît, que l'argent circule très vite, que les anciennes réserves de capital se détruisent si l'on n'a soin de les renouveler. Les besoins augmentent de tous côtés et ils se satisfont autour de nous si largement, que, surtout dans les villes, l'on sent une mauvaise honte à rester en dehors de ce mouvement général. D'un bout à l'autre de la nation, la première simplicité de vie disparaît. Qui possède est nécessairement amené à prendre sa part des infinies facilités d'usufruit qui le tentent. Ce n'est pas simple désir de jouir, ni simple plaisir à jouir ; c'est aussi habitude, courant de vie, entraînante contagion. Ce progrès dans le sens de l'abondance ne pouvait d'ailleurs se produire sans de nombreuses promotions d'hommes nouveaux aux bénéfices de la vie la plus large, ces promus ne pouvaient manquer aux habitudes de faste un peu insolent qui, de tout temps, les ont marqués.

Mais, trait bien propre à ce temps-ci, le faste n'est plus composé, comme autrefois, d'un certain nombre de superfluités faciles à dédaigner ni des objets du luxe proprement dit. Le nouveau luxe en son principe fut un accroissement du confortable, un aménagement plus intelligent de la vie, le moyen de valoir plus, d'agir davantage, la multiplication des facilités du pouvoir. Pour prendre un exemple, comparez donc un riche d'aujourd'hui en état de se déplacer comme il le veut à cet homme prisonnier du coin de son feu par économie ou par pauvreté ; la faculté de voyager instituera bientôt des différences personnelles : bientôt, au bénéfice du premier, que de supériorités écrasantes !

On se demande ce que fût devenue l'ancienne société française si elle s'en était tenue à ses vieilles mœurs.

Ou se résorber dans les rangs inférieurs, ou se plier à la coutume conquérante, elle ne put choisir qu'entre ces deux partis. Pour se garder et se conserver crédit ou puissance, il lui fallut adopter à bien des égards la manière éclatante des parvenus. Le mariage, l'agriculture, certaines industries, et quelquefois telle spéculation heureuse, se chargèrent de pourvoir aux besoins qui devenaient disproportionnés. Le Turcaret[1] moderne dis-

1. Personnage central de la pièce de Lesage, *Turcaret ou le financier* (1709).

posait de l'avantage du nombre et d'autres supériorités qu'il fit sonner et qui le servirent. Il arriva donc que l'argent, qui eut jadis pour effet de niveler les distinctions de classe et de société, accentua les anciennes séparations ou plutôt en creusa de toutes nouvelles. Il s'établit notamment de grandes distances entre l'Intelligence française et les représentants de l'Intérêt français, de la Force française, ceux de la veille ou ceux du jour. Une vie aristocratique et sévèrement distinguée était née de l'alliance de certaines forces avec la plupart des noms de la vieille France ; incorporelle de sa nature, incapable de posséder ni d'administrer l'ordre matériel, l'Intelligence pénètre en visiteuse cette nouvelle vie et ce monde nouveau, elle peut s'y mêler, et même y fréquenter ; elle commence à s'apercevoir qu'elle *n'en est point*.

XII. Le barrage

Voici donc la situation.

L'industrie et son machinisme fait abonder la richesse, et la richesse a compliqué la vie matérielle des hautes classes françaises. Cette vie est donc devenue de plus en plus différente de la vie des autres classes. Différence qui tend encore à s'accentuer. Les besoins satisfaits établissent des habitudes et engendrent d'autres besoins. Besoins nouveaux de plus en plus coûteux, habitudes de plus en plus recherchées, et qui finissent par établir des barrages dont l'importance augmente. Tantôt rejetés en deçà de cette limite, tantôt emportés par-dessus, les individus qui y passent se succèdent avec plus ou moins de rapidité ; en dépit de ces accidents personnels, les distances sociales s'allongent sans cesse. Ni aujourd'hui ni jamais, la richesse ne suffit à *classer* un homme ; mais aujourd'hui plus que jamais, la pauvreté le *déclasse*. Non point seulement s'il est pauvre, mais s'il est de petite fortune et que le parasitisme ou la servitude lui fasse horreur, le mérite intellectuel se voit rejeté et exclu d'un certain cercle de vie.

Il n'en doit accuser ni les hommes, ni les idées, ni les sentiments. Aucun préjugé n'est coupable, ni aucune tradition. C'est la vie générale qui marche d'un tel pas qu'il est absolument hors de ses moyens de la suivre, pour peu qu'il veuille y figurer à son honneur. Il la visite en étranger, à titre de curieux ou de curiosité[1]. Absent pour l'ordinaire, on le traite en absent : c'est-à-dire que des mœurs qui se fondent sans lui font abstraction

1. C'est la condition des écrivains mariés qui permettrait d'apprécier avec la rigueur nécessaire le sens de cette distinction. La Bruyère disait, ce qui cessa peut-être d'être absolument vrai dans une courte période, à l'apogée de l'Intelligence, et ce qui redevient d'une vérité chaque jour plus claire : « Un homme libre et qui n'a point de femme, s'il a quelque esprit, peut s'élever au-dessus de sa fortune, se mêler dans le monde et aller de pair avec les plus honnêtes gens ; cela est moins facile à celui qui est engagé ; il

de sa personne, de son pouvoir, de sa fonction. On l'ignore, et c'est en suite de l'ignorance dans laquelle il a permis de le laisser qu'on en vient à le négliger. De la négligence au dédain, ce n'est qu'une nuance que la facilité et les malignités de la conversation ont fait franchir avant que personne y prenne garde.

Au temps où la vie reste simple, la distinction de l'Intelligence affranchit et élève même dans l'ordre matériel ; mais, quand la vie s'est compliquée, le jeu naturel des complications ôte à ce genre de mérite sa liberté, sa force : il a besoin pour se produire d'autre chose que de lui-même et, justement, de ce qu'il n'a pas.

Les intéressés, avertis par les regards et par les rumeurs, en conviennent parfois entre eux. Mais leur découverte est récente, parce que d'autres phénomènes, plus anciens et tout contraires en apparence, empêchaient de voir celui-ci.

Examinons ces apparences qui ne trompent plus.

XIII. L'industrie littéraire

Pour les mieux voir, supposons-nous plus jeunes d'un siècle et demi environ. Supposons que, dans la seconde moitié du XVIIIe siècle, le monde des ducs de Brécé, avec la clientèle à laquelle ils donnaient le ton de la mode, se fût détourné des plaisirs de littérature et de philosophie. Cette défaveur se serait traduite tout aussitôt par ce que nous appellerions aujourd'hui une crise de librairie. Constatons que rien de pareil ne s'est produit de nos jours, sauf depuis une dizaine d'années et pour des causes qui n'ont rien à voir avec tout ceci ; dans la seconde moitié du XIXe siècle, les personnes de *qualité* ont pu renoncer au livre ou se mettre à lire plus mollement sans que la librairie en fût impressionnée. Ces personnes ne forment donc plus qu'un îlot négligeable dans l'énorme masse qui lit.

Et cette masse lit parce qu'elle a besoin de lire, d'abord en vertu des conditions nouvelles de la vie qui l'ont obligée à apprendre à lire. Ayant appris à lire elle a dû chercher dans cette acquisition nouvelle autre chose que le moyen de satisfaire à la nécessité immédiate ; elle a demandé à la lecture des émotions, des divertissements, de quoi sortir du cercle de ses travaux, de quoi se passionner et de quoi jouer. Le genre humain joue toujours avec ses outils. Et, du fait de ce jeu, ce qu'on appelle le public s'est donc trouvé soudainement et infiniment étendu. L'instruction primaire, la caserne, le petit journal paraissent des institutions assez solides pour qu'on soit assuré de la consistance et de la perpétuité de ce public

semble que le mariage met tout le monde dans son ordre. » Et si cela redevient vrai, il faut donc que des ordres tendent à se consolider ? Tout l'indique [NdA].

nouveau. Il s'étendra peut-être encore. Dans tous les cas, aussi longtemps que la civilisation universelle subsistera dans les grandes lignes que nous lui voyons aujourd'hui, la lecture ou une occupation analogue est appelée à demeurer l'un de ses organes vitaux. On pourra simplifier et généraliser les modes de lecture au moyen de graphophones perfectionnés. L'essentiel en demeurera. Il subsistera, d'une part, une foule attentive, ce qui ne veut pas dire crédule ni même croyante, et, d'autre part, des hommes préposés à la renseigner, à la conseiller et à la distraire.

Un débouché immense fut ainsi offert à la nation des écrivains. Bien avant le milieu du siècle, ils se sont aperçus qu'on pouvait fonder un commerce, et la littérature dite industrielle s'organisa. On usa de sa plume et de sa pensée, comme de son blé ou de son vin, de son cuivre ou de son charbon. *Vivre en écrivant* devint « la seule devise », observait le clairvoyant Sainte-Beuve[1]. Le théâtre et le roman surtout passèrent pour ouvrir une fructueuse carrière. Mais la poésie elle-même distribua ce qu'on appelle la richesse, puisqu'elle la procura simultanément à Lamartine et à Hugo. Ni Alexandre Dumas, ni Zola, ni Ponson du Terrail[2], dont les profits furent donnés pour fantastiques, n'ont dépassé sur ce point les deux grands poètes. La vraie gloire était évaluée en argent, les succès d'argent en reçurent, par une espèce de reflet, les fausses couleurs de la gloire.

XIV. Très petite industrie

En tous cas, ces succès permirent à l'homme de lettres de se dire qu'il assurait désormais son indépendance, ce qui est théoriquement possible, quoique de pratique assez difficile ; mais, quand il se flattait de maintenir ainsi la prépondérance de sa personne et de sa qualité, il se heurtait à l'impossible.

La faveur d'un salon, d'un grand personnage, d'une classe puissante et organisée, constituait jadis une force morale qui n'était pas sans solidité ; cela représentait des pouvoirs définis, un concours énergique, une

1. Bien qu'un peu polémique de ton, l'article de Sainte-Beuve sur « La littérature industrielle » contient des vues de prophète. On le trouvera au deuxième volume des *Portraits contemporains* (Paris, Calmann-Lévy). « De tout temps, la littérature industrielle a existé. Depuis qu'on imprime surtout, on a écrit pour vivre… En général pourtant, surtout en France, dans le cours des XVIIe et XVIIIe siècles, des idées de liberté et de désintéressement étaient à bon droit attachées aux belles œuvres. » On avait sous la Restauration gardé des « habitudes généreuses ou spécieuses… un fonds de préjugés un peu délicat… mais depuis, l'organisation purement mercantile a prévalu, surtout dans la presse… Ensemble dont l'impression est douloureuse, dont le résultat révolte de plus en plus ». La pensée est « altérée », l'expression est « dénaturée », voilà le sentiment de Sainte-Beuve dès 1839 [NdA].

2. Auteur de la série *Rocambole*, qui compta neuf volumes entre 1857 et 1870.

protection sérieuse. Au contraire, que signifient les cent mille lecteurs de M. Ohnet[1], sinon la plus diffuse et la plus molle, la plus fugitive et la plus incolore des popularités ? Un peu de bruit matériel, rien de plus, sinon de l'argent.

Comptons-le, cet argent. Nous verrons qu'il est loin de constituer une force qui permette à son possesseur d'accéder à la vie supérieure de la nation, de manière à ne rencontrer, dans sa sphère nouvelle, que des égaux. Il se heurtera constamment à des puissances matérielles infiniment plus fortes que la sienne. Les sommes d'argent qui représentent son gain peuvent être considérables, soit à son point de vue, soit à celui de ses confrères. Mais l'argentier de profession, qui est à la tête de la société moderne, ne peut que les prendre en pitié.

Un moraliste qui se montre pénétrant toutes les fois que, laissant à part ses systèmes, il se place devant les choses, M. George Fonsegrive[2], a remarqué que le plus gros profit de l'industrie littéraire de notre temps est revenu à M. Émile Zola. Mais ce profit, évalué au chiffre de deux ou trois millions, est de beaucoup inférieur à la moyenne des bénéfices réalisés dans le même temps, et à succès égal, par les Zola du sucre, du coton, du chemin de fer. C'est par dizaines de millions que se chiffre en effet la fortune du grand sucrier, ou du grand métallurgiste. En tant qu'affaire pure, la littérature est donc une mauvaise affaire et les littérateurs sont de très petits fabricants. Il est même certain que les Zola des denrées coloniales et de la pharmacie réalisent des bénéfices dix et cent fois supérieurs à ceux des Menier[3] et des Géraudel[4] de la littérature. Ces derniers sont condamnés à subir, toujours au point de vue argent, ou le dédain, ou la protection des premiers. La hauteur à laquelle les parvenus de l'industrie proprement dite auront placé leur vie normale dépassera toujours le niveau accessible à la maigre industrie littéraire.

La médiocrité est le partage des meilleurs marchands de copie. S'ils s'en contentent, ils gagnent de rester entiers, mais ils se retirent d'un monde où leur fortune ne les soutient plus. Ils s'y laissent donc oublier et perdent leur rang d'autrefois. Ils le perdent encore s'ils se décident à rester, malgré l'infériorité de leurs ressources ; ils reviennent à la servitude, au parasitisme, à la déconsidération, bref à tout ce qu'ils se flattaient d'éviter

1. Romancier très lu à la charnière des XIXe et XXe siècles. La critique qu'en fait ici Maurras prolonge celles de deux de ses inspirateurs, Jules Lemaître et Anatole France.

2. Écrivain proche du penseur démocrate-chrétien Marc Sangnier, grand adversaire de Maurras, ce qui explique la réserve que formule ce dernier contre les « systèmes » de Fonsegrive.

3. Dynastie de chocolatiers née au début du XIXe siècle et dont l'enrichissement fut si prodigieux qu'elle acheta le château de Chenonceau en 1913.

4. Pharmacien devenu richissime grâce à ses pastilles contre la toux.

en vivant des produits de leur industrie ; mais il n'y auront plus le rang honorable des parents pauvres que l'on aide, ce seront des intrus qu'on subventionne par sottise ou par terreur.

Et voilà bien, du reste, ce que craignent les plus indépendants ; ils mettent toute leur habileté, toute leur souplesse à s'en défendre. Pendant que l'on envie l'autorité mondaine ou le rang social conquis d'une plume féconde, ces heureux parvenus de la littérature ne songent souvent qu'au problème difficile de concilier le souci de leur dignité et le montant de leur fortune avec les exigences d'un milieu social qu'il leur faut parfois traverser. Exercice assez comparable à celui qui consiste à couvrir d'encre noire les grisailles d'un vieux chapeau, et qui n'est ni moins laborieux ni moins compliqué. Oblique prolongement de la vie de bohème.

XV. Le socialisme

On me dit que le socialisme arrangera tout.

Lorsque le mineur deviendra propriétaire de la mine, l'homme de lettres recevra la propriété des instruments de publicité qui sont affectés à son industrie ; il cessera d'être exploité par son libraire ; son directeur de journal ou son directeur de revue ne s'engraisseront plus du fruit de ses veilles, le produit intégral lui en sera versé.

Devant ce rêve, il est permis d'être sceptique ou d'être inquiet. Je suis sceptique, si la division du travail est maintenue[1] : car, de tout temps, les Ordres actifs, ceux qui achètent, vendent, rétribuent et encaissent, se sont très largement payés des peines qu'ils ont prises pour faire valoir les travaux des pauvres Ordres contemplatifs[2] ; s'il y a des libraires ou des directeurs dans la chiourme socialiste[3], ils feront ce qu'ont fait leurs confrères de tous les temps : avec justice s'ils sont justes, injustement dans l'autre cas, qui n'est pas le moins naturel.

Mais, si l'on m'annonce qu'il n'y aura plus ni libraires ni directeurs, c'est pour le coup que je me sentirai inquiet : car qu'est-ce qui va m'arriver ? Est-ce que le socialisme m'obligera à devenir mon propre libraire ? Serai-je en même temps écrivain, directeur de journal, directeur de revue, et, dieux du Ciel ! maître-imprimeur ? J'honore ces professions.

---

1. La réponse est évidemment affirmative pour Maurras, qui fait de la division du travail une caractéristique fondamentale de toute société évoluée.

2. Selon un procédé qui lui est familier, Maurras applique ici à l'analyse du monde contemporain un terme issu du vocabulaire catholique : les Ordres contemplatifs regroupent les moines et moniales qui s'isolent du monde pour consacrer l'essentiel de leur temps à la prière et à la méditation.

3. Cette expression de « chiourme socialiste » suggère une analogie entre le socialisme et une galère.

Mais je ne m'y connais ni aptitude, ni talent, ni goût[1], et je remercie les personnes qui veulent bien tenir à ma place ces fonctions et s'y faire mes intendants pour l'heureuse décharge que leur activité daigne me procurer ; la seule chose que je leur demande, quand traités sont signés et comptes réglés, est de faire au mieux leurs affaires, pour se mêler le moins possible de la mienne qui n'est que de mener à bien ma pensée ou ma rêverie.

Ces messieurs ne feraient rien sans nous, assurément ! Mais qu'est-ce que nous ferions sans eux ? L'histoire entière montre que, sauf des exceptions aussi merveilleuses que rares, les deux classes, les deux natures d'individus sont tranchées et irréductibles l'une à l'autre. Ne les mêlons pas. Un véritable écrivain doué pour faire sa fortune sera toujours bien distancé par un bon imprimeur ou un bon marchand de papier également doué pour le même destin. Le régime socialiste ne peut pas changer grand'chose à cette loi de la nature ; il y a là, non point des quantités fixées qui peuvent varier avec les conditions économiques et politiques, mais un rapport psychologique qui se maintient quand les quantités se déplacent.

Qu'espèrent les socialistes de leur système ? Un peu plus de justice, un peu plus d'égalité ? Je le veux. Mais, que la justice et l'égalité abondent ou bien qu'elles se raréfient dans la vie d'un État, le commerçant reste commerçant, le poète, poète ; pour peu que celui-ci s'absente dans son rêve, il perd un peu du temps que l'autre continue d'utiliser à courir l'or qu'ils cherchent ensemble. L'or socialiste reste donc aux doigts du commerçant socialiste dont le poète socialiste reste assez démuni.

Il faut laisser la conjecture économique, qui ne saurait changer les cœurs, en dépit des braves prophéties de Benoît Malon[2]. Il faut revenir au présent.

XVI. L'homme de lettres

Devenue Force industrielle, l'Intelligence a donc été mise en contact et en concurrence avec les Forces du même ordre mais qui la passent[3] de beaucoup comme force et comme industrie. Les intérêts que représente et syndique l'Intelligence s'évaluant par millions au grand maximum, et les intérêts voisins par dizaines et par centaines de millions, elle apparaît, à cet égard, bien débordée. Ce n'est point de ce côté-là qu'elle peut tirer avantage, ni seulement égalité.

---

1. Maurras devint pourtant directeur du quotidien *L'Action française* en 1908, mais s'il en fit un titre recherché pour la qualité de nombre de ses articles, il le géra de façon catastrophique.
2. Militant ouvrier français, ancien communard et directeur de *La Revue socialiste*.
3. C'est-à-dire : la dépassent.

Tout ce que l'on observe de plus favorable en ce sens, c'est que, de nos jours, un écrivain adroit et fertile ne manquera pas de son pain. Comme on dit chez les ouvriers, l'ouvrage est assuré. Il a la vie à peu près sauve et, s'il n'est pas trop ambitieux de parvenir, de jouir et de s'enrichir, si, né impulsif, tout pétri de sensations et de sentiment, son cœur-enfant, de qui dépend l'effort cérébral quotidien, est assez fort pour se raidir contre les tentations ou réagir contre les dépressions ou contre les défaites, il peut se flatter de rester, sa vie durant, propriétaire de sa plume, maître d'exprimer sa pensée.

Je ne parle que de sa condition présente en 1905. Elle peut devenir beaucoup plus dure avec le temps. Aujourd'hui, elle est telle : débouchés assez vastes pour assurer sa subsistance, assez variés pour n'être point trop vite entraîné au mensonge et à l'intrigue alimentaire. Aucun grand monopole n'est encore fondé du côté des employeurs ; du côté des employés, aucun grand syndicat n'a acquis assez de puissance pour imposer une volonté uniforme. Mais gare à demain[1].

ASSERVISSEMENT

XVII. Conditions de l'indépendance

Non contentes, en effet, de vaincre l'Intelligence par la masse supérieure des richesses qu'elles procréent, les autres Forces industrielles ont dû songer à l'employer. C'est le fait de toutes les forces. Impossible de les rapprocher sans qu'elles cherchent à se soumettre et à s'asservir l'une l'autre.

Une sollicitation permanente s'établit donc, comme une garde, aux approches de l'écrivain, en vue de le contraindre à échanger un peu de son franc-parler contre de l'argent. Et l'écrivain ne manque pas d'y céder en quelque mesure, soit qu'il se borne à grever légèrement l'avenir par des engagements outrés, soit qu'il laisse fléchir son goût, ses opinions devant la puissance financière de son journal, de sa revue ou de sa librairie : mais, qu'il sacrifie les exigences et la fantaisie de son art ou qu'il aliène une parcelle de sa foi, l'orgueilleux qui se proposait de mettre le monde à ses pieds se trouve aussitôt prosterné aux pieds du monde. L'Argent vient de le traiter comme une valeur et de le payer ; mais il vient, lui, de négocier comme une valeur ce qui ne saurait se chiffrer en valeurs de cette nature ; il est donc en train de perdre sa raison d'être, le secret de sa force et de

---

1. Ce *demain*-là, promis en 1904 et 1905, est venu pour l'homme de lettres de façon si certaine qu'il serait de mauvais goût d'y insister [NdA, 1921].

son pouvoir, qui consistent à n'être déterminé que par des considérations du seul ordre intellectuel. Sa pensée cessera d'être le pur miroir du monde et participera de ces simples échanges d'action et de passion, qui forment la vie du vulgaire. La seule liberté qui soit sera donc menacée en lui ; en lui, l'esprit humain court un grand risque d'être pris.

Il peut même lui arriver de se faire prendre par un fallacieux espoir de se délivrer : les sommes qu'on lui offre ne sont-elles point le nerf de sa liberté ? Riche, il sera indépendant. Il ne voit pas que ce qu'il nomme la richesse sera toujours senti par lui, en comparaison avec son milieu, comme étroite indigence et dure pauvreté. Il peut être conduit, par ce procédé, d'aliénation en aliénation nouvelle, à l'entière vente de soi.

L'indépendance littéraire n'est bien réalisée, si l'on y réfléchit, que dans le type extrême du grand seigneur placé par la naissance ou par un coup de fortune au-dessus des influences et du besoin (un La Rochefoucauld, un Lavoisier[1], si l'on veut), et dans le type correspondant du gueux soutenu de pain noir, désaltéré d'eau pure, couchant sur un grabat, chien comme Diogène[2] ou ange comme saint François[3], mais trop occupé de son rêve, et se répétant trop son *unum necessarium*[4] pour entrevoir qu'il manque des commodités de la vie. Pour des raisons diverses, ils sont libres, étant sans besoins, tous les deux. Ils ne connaissent aucune autre joie profonde. Pour ceux-là, les seuls dans le vrai, écrire est peut-être un métier. Ce ne sera jamais une profession.

Ces âmes vraiment affranchies comprennent assez mal ce qu'on veut entendre par les mots de traité, de marché ou de convention en littérature. Qu'on échange un livre contre de l'or, la commune mesure qui préside à ce troc n'apparaît guère à leur jugement. Elles ont, une fois pour toutes, distingué de la vie pratique l'existence spéculative, celle-ci à son point parfait.

Belles vies, qui sont menacées de plus en plus ! Moins encore par cette faiblesse des caractères qu'on ne saurait être étonné de trouver chez des hommes qui font profession de rêver[5], que par la souple activité des

---

1. Le grand moraliste du XVIIe siècle appartenait à l'un des plus hauts lignages de France ; l'illustre chimiste et philosophe du XVIIIe était fort riche en sa qualité de fermier général – qui lui valut d'être guillotiné par les jacobins en 1794.

2. Ce philosophe grec du IVe siècle avant Jésus-Christ se comparait à un chien parce qu'il vivait de mendicité et dormait dans une jarre. Il appartenait à l'école cynique, adjectif qui signifie précisément « du chien ».

3. Saint François d'Assise, fondateur de l'ordre franciscain en 1209, lui donna pour règle essentielle la recherche de la pauvreté.

4. « Une seule chose est nécessaire » (Évangile selon saint Luc) : enseignement du Christ à Marthe, qui s'affaire vainement au lieu d'écouter la parole divine, comme sa sœur Marie.

5. Il est proprement sidérant que Maurras parle de faiblesse de caractère à propos d'un Diogène ou d'un saint François d'Assise !

industriels qui battent leur monnaie avec du talent. Du moment que l'Intelligence est devenue un capital et qu'on peut l'exploiter avec beaucoup de fruit, des races d'hommes devaient naître pour lui faire la chasse, car on y a le plus magnifique intérêt.

XVIII. L'autre marché

Bien des lettrés ressentent un charme vaniteux à se dire qu'ils sont l'objet d'aussi vives poursuites. Ces profondes coquettes s'imaginent triompher de nos pronostics.

— Comment nierez-vous sans gageure l'importance d'une profession si courue ? Comment oser parler de la décadence d'un titre qui est « demandé » au plus haut cours ? Certes nous valons mieux que tous les chiffres alignés ; mais, même de ce point de vue, notre valeur marchande ne laisse pas de nous rassurer contre l'avenir.

… Ce qui revient à dire :

— Valant très cher, nous sommes à l'abri de la vente ; étant fort recherchés, n'étant exposés à nous vendre qu'à des prix fous, nous sommes défendus du soupçon de vénalité…

Eh ! c'est cette recherche de la denrée intellectuelle sur un marché économique qui fait le vrai péril de l'Intelligence contemporaine. Péril qui paraît plus pressant quand on observe qu'elle est aussi demandée de plus en plus et répandue de mieux en mieux sur un autre marché : le marché de la politique.

XIX. Ancilla ploutocratiae[1]

En effet, par la suite de nos cent ans de Révolution, la masse décorée du titre de public s'estime revêtue de la souveraineté en France. Le public étant roi de nom, quiconque dirige l'opinion du public est le roi de fait. C'est l'orateur, c'est l'écrivain, dira-t-on au premier abord. Partout où les institutions sont devenues démocratiques, une plus-value s'est produite en faveur de ces directeurs de l'opinion. Avant l'imprimerie, et dans les États d'étendue médiocre, les orateurs en ont bénéficié presque seuls. Depuis l'imprimerie et dans les grands États, les orateurs ont partagé leur privilège avec les publicistes[2]. Leur opinion privée fait l'opinion publique. Mais, cette opinion privée, il reste à savoir qui la fait.

---

1. « Servante de la ploutocratie », en latin. Maurras forge l'expression sur le modèle de *ancilla theologiae*, « servante de la théologie », terme employé par des auteurs médiévaux – dont saint Thomas d'Aquin – pour définir la mission de la philosophie dans la pensée chrétienne.

2. Maurras emploie ce mot au sens qu'il avait alors (écrivain traitant des affaires publiques) et non comme substitut de « publicitaire » qu'il tend à devenir aujourd'hui.

La conviction, la compétence, le patriotisme, répondra-t-on, pour un certain nombre de cas. Pour d'autres, plus nombreux encore, l'ambition personnelle, l'esprit de parti, la discipline du parti. En d'autres enfin, *moins nombreux qu'on ne le dit et plus nombreux qu'on ne le croit*, la cupidité. Dans tous les cas sans exception, ce dernier facteur est possible, il peut être évoqué ou insinué. Nulle opinion, si éloquente et persuasive qu'on la suppose, n'est absolument défendue contre le soupçon de céder, directement ou non, à des influences d'argent. Tous les faits connus, tous ceux qui se découvrent conspirent de plus en plus à représenter la puissance intellectuelle de l'orateur et de l'écrivain comme un reflet des puissances matérielles. Le désintéressement personnel se préjuge parfois ; il ne se démontre jamais. Aucun certificat ne rendra à l'Intelligence et, par suite, à l'Opinion l'apparence de liberté et de sincérité qui permettrait à l'une et à l'autre de redevenir les reines du monde. On doute de leur désintéressement, c'est un fait, et, dès lors, l'Intelligence et l'Opinion peuvent ensemble procéder à la contrefaçon des actes royaux : c'en est fait pour toujours de leur royauté intellectuelle et morale.

Elles seront toujours exposées à paraître ce qu'elles ont été, sont et seront souvent, les organes de l'Industrie, du Commerce, de la Finance, dont le concours est exigé de plus en plus pour toute œuvre de publicité, de librairie, ou de presse. Plus donc leur influence nominale sera accrue par les progrès de la démocratie, plus elles perdront d'ascendant réel, d'autorité et de respect. Un écrivain, un publiciste, donnera de moins en moins son avis, dont personne ne ferait cas ; il procédera par insinuation, notation de rumeurs « tendancieuses », de nouvelles plus ou moins vraies. On l'écoutera par curiosité. On se laissera persuader machinalement, mais sans lui accorder l'estime. On soupçonnera trop qu'il n'est pas libre dans son action et qu'elle est « agie » par des ressorts inférieurs. Le représentant de l'Intelligence sera tenu pour serf, et de maîtres infâmes. Un pénétrant critique notait, au milieu du siècle écoulé, que *la tête semblait perdre de plus en plus le gouvernement des choses*. Il dirait aujourd'hui que les hommes sont de plus en plus tirés par leurs pieds.

XX. Vénalité ou trahison

Un fanatisme intempéré pose vite ses conclusions. Tout ce qui lui échappe ou lui déplaît s'explique avec limpidité par les présents du roi de Perse[1]. L'étude des faits donne souvent raison à cette formule simpliste,

1. Allusion aux interventions récurrentes de la diplomatie perse dans les luttes entre les cités grecques de l'Antiquité. Maurras n'est évidemment pas indemne du « fanatisme intempéré » qu'il dénonce, puisqu'il attribue régulièrement les événements qu'il déplore à l'or anglais ou à l'or juif sans prouver cette assertion.

qui a le malheur de s'appliquer à tort et à travers. Lors même qu'elle est juste, cette explication n'est pas toujours suffisante.

Deux exemples, choisis dans une même période historique, peuvent éclaircir cette distinction. Il est certain que les campagnes de presse faites en France pour l'unité italienne furent stimulées par de larges distributions d'or anglais ; mais, si caractéristique que soit le fait au point de vue de la politique européenne, il mérite à peine un regard de l'historien philosophe, qui se demandera simplement *quel intérêt avait l'Angleterre à ceci*[1]. Tout ce que nous savons de la direction de l'esprit public en France, de 1852 à 1859, et des dispositions personnelles de Napoléon III, montre bien que, même sans or anglais, l'opinion nationale se serait agitée en faveur de « la pauvre Italie[2] ». Les germes de l'erreur étaient en suspension dans l'atmosphère du temps ; le problème, une fois posé, ne pouvait être résolu que d'une façon par la France du milieu du siècle. On peut aller jusqu'à penser que la finance anglaise faillit commettre un gaspillage ; cette distribution accomplie au moment propice, appliquée aux meilleurs endroits, n'eut d'autre effet que de faciliter leur expression aux idées, aux sentiments, aux passions, qui s'offraient de tous les côtés. Peut-être aussi la cavalerie de Saint-Georges[3] servit-elle à mieux étouffer la noble voix des Veuillot et des Proudhon, traités d'ennemis du progrès[4]. L'opinion *marchant* toute seule, on n'avait qu'à la soutenir.

Elle fut bien moins spontanée, lors de la guerre austro-prussienne[5]. Certes, la presse libérale gardait encore de puissants motifs de réserver toute

---

1. Palmerston, Premier ministre britannique en 1855-1858 puis 1859-1865, semble avoir souhaité la destruction des États pontificaux pour faire cesser l'aide financière qu'ils apportaient aux catholiques irlandais et la destruction du royaume des Deux-Siciles parce que son protectionnisme nuisait aux exportations britanniques. La franc-maçonnerie anglaise semble de même avoir activement soutenu l'unification de l'Italie.

2. Ce en raison du principe des nationalités hérité de la Révolution et de Napoléon Ier, même si ni celui-ci ni celle-là ne l'avaient appliqué dans les faits. Rappelons d'autre part que Napoléon III, dans sa jeunesse, avait combattu aux côtés des partisans de l'unité italienne.

3. Expression désignant le financement de réseaux d'influence probritanniques, par allusion à l'une des plus fameuses monnaies britanniques du XIXe siècle, ornée d'une représentation de saint Georges à cheval.

4. Le très catholique Veuillot était opposé à l'unité italienne parce qu'elle impliquait la destruction des États pontificaux et était portée par des courants révolutionnaires, maçonniques etc. ; l'anarchiste Proudhon, parce qu'il y voyait un projet typiquement jacobin. Tout en partageant leurs jugements, c'est surtout du point de vue français que Maurras déplore l'unité italienne, parce qu'elle a suscité une rivale méditerranéenne à la France. Mais il n'en admire pas moins l'énergie et l'intelligence des hommes du *Risorgimento*.

5. Ce conflit, qui eut lieu en 1866, fut la dernière manche d'une lutte de plus d'un siècle pour la primauté dans le monde germanique. La gauche française applaudit la victoire de la Prusse sans comprendre que la France serait la prochaine victime.

sa faveur à la Prusse, puissance protestante en qui revivaient, disait-on, les principes de Voltaire et de Frédéric[1]. Le germanisme romantique admirait avec complaisance les efforts du développement berlinois[2]. Cependant le mauvais calcul politique commençait d'apparaître ; il apparaissait un peu trop. Plusieurs libéraux dissidents, qu'il était difficile de faire appeler visionnaires, sentaient le péril, le nommaient clairement à la tribune et dans les grands journaux[3]. Ici, le fonds *reptilien* formé par M. de Bismarck s'épancha. La Prusse eut la paix tant qu'elle paya, et, quand elle voulut la guerre, elle supprima les subsides[4]. Rien n'est mieux établi que cette participation de publicistes français, nombreux et influents, au budget des Affaires étrangères prussiennes.

Fût-ce un crime absolument ? Ne forçons rien et, pour comprendre ce qu'on put allier de sottise à ce crime, souvenons-nous de ce qu'était la Prusse, surtout de ce qu'elle semblait être, entre 1860 et 1870. Le publiciste français qui en ce moment *toucherait* (c'est le mot propre) à l'ambassade d'Allemagne ou d'Angleterre se jugerait lui-même un traître[5]. Mais une mensualité portugaise ou hollandaise ou, comme naguère encore, transvaalienne, serait-elle affectée du même caractère dans une conscience qu'il faut bien établir au niveau moyen de la moralité d'aujourd'hui[6] ? Peut-être enfin que recevoir une mensualité du tsar ou du pape lui paraîtrait, je parle toujours suivant la même moyenne, œuvre pie ou patriotique[7]. Et le Japon ? Doit-on *recevoir* du Japon ? Cela pouvait se discuter l'année dernière[8]. La

1. Voltaire avait été en relations avec le roi de Prusse Frédéric II, qui incarnait le despotisme éclairé tel que le rêvaient nombre d'écrivains des Lumières. Officiellement protestant, en réalité libre-penseur et franc-maçon, il leur apparaissait comme l'antithèse de la monarchie catholique et réactionnaire des Habsbourg.

2. À savoir les efforts de la Prusse pour réaliser l'unité allemande à son profit.

3. Par exemple Prévost-Paradol.

4. Bismarck lui-même a reconnu le fait, note Bainville dans son *Histoire de deux peuples*.

5. Lorsque Maurras écrit *L'Avenir de l'intelligence*, la France vient de conclure l'Entente cordiale avec l'Angleterre, mais ce rapprochement est trop récent pour avoir fait oublier les rivalités coloniales qui ont failli provoquer la guerre entre les deux pays en 1898. Quant à l'Allemagne, qui contrarie les ambitions françaises au Maroc, elle apparaît plus que jamais menaçante. Sur ce contexte, voir dans le présent volume *Kiel et Tanger*.

6. Maurras veut dire que les petites puissances peuvent servir de relais d'influence aux grandes : le Portugal gravite traditionnellement dans l'orbite diplomatique de l'Angleterre ; quant à la Hollande, elle était proche des Boers du Transvaal en lutte contre les Anglais (1899-1902) ; or, l'Allemagne soutenait elle aussi les Boers…

7. Appuyer la papauté peut sembler légitime pour un catholique ; appuyer la Russie peut sembler légitime pour un patriote français, puisqu'elle est alliée à la France depuis 1892. Mais Maurras estime que l'on ne doit jamais accepter d'or étranger, fût-ce pour de bonnes raisons.

8. Allusion à la guerre russo-japonaise de 1904-1905.

Prusse de 1860 est une sorte de Japon, de Hollande en voie de grandir. Beaucoup acceptèrent ses présents avec plus de légèreté, d'irréflexion, de cupidité naturelle que de scélératesse.

C'est un fait qu'ils les acceptèrent ; si le moraliste incline à l'excuse, le politique constate avec épouvante que de simples faits de cupidité privée retentirent cruellement sur les destinées nationales. On peut dire : la vénalité de notre presse fut un élément de nos désastres. L'étranger pesa sur l'Opinion française par l'intermédiaire de l'Intelligence française. Si cette opinion ne réagit point avant Sadowa[1], si, après Sadowa, elle n'imposa point une politique énergique à l'empereur, c'est à l'Intelligence mue par l'argent, parce qu'elle était sensible à l'argent, qu'en remonte toute la faute. Non seulement l'Intelligence ne fit pas son métier d'éclairer et d'orienter les masses obscures ; elle fit le contraire de son métier, elle les trompa.

XXI. Responsabilités divisées

On se demande seulement jusqu'à quel point l'Intelligence d'un pays est capable de discerner, par elle-même, en quoi consistent son métier et ses devoirs. On peut déclamer contre la Presse sans Patrie. Mais c'est à la Patrie de se faire une Presse, nullement à la Presse, simple entreprise industrielle, de se vouer au service de la Patrie. Ou plutôt, Patrie, Presse, tout cela est de la pure mythologie ! Il n'y a pas de Presse, mais des hommes qui ont de l'influence par la Presse, et nous venons de voir que, étant hommes et simples particuliers, ils sont menés en général par des intérêts privés et immédiats.

Beaucoup d'entre eux purent traiter avec les amis de Bismarck, comme ils traiteraient aujourd'hui avec les envoyés du roi de Roumanie ou de la reine de Hollande[2]. L'étourderie, le manque de sens politique suffisait à les retourner presque à leur insu contre leur pays. Si l'on dit que le patriotisme les obligeait à ne pas faire les étourdis et à se garder vigilants, je répondrai que le patriotisme ne se fait pas également sentir à tous les membres d'une même Patrie. Pour quelques-uns, il est le centre même de la vie physique et morale ; pour d'autres, c'en est un accessoire à peine sensible : il faut des maux publics immenses pour en avertir ces derniers.

Le devoir patriotique ne s'impose à tous et toujours que dans les manuels ; il s'y impose en théorie et non pas comme sentiment, comme fait. Dès que nous parlons fait, nous touchons à de grands mystères. Une patrie destinée à vivre est organisée de manière que ses obscures nécessités

1. Bataille qui scella la victoire de la Prusse sur l'Autriche en 1866.

2. Le roi Carol Ier de Roumanie était un Hohenzollern, donc un cousin de l'empereur d'Allemagne ; la reine Wilhelmine des Pays-Bas était mariée à un prince allemand.

de fait soient senties promptement dans un organe approprié, cet organe étant mis en mesure d'exécuter les actes qu'elles appellent ; si vous enlevez cet organe, les peuples n'ont plus qu'à périr.

L'illusion de la politique française est de croire que de bons sentiments puissent se maintenir, se perpétuer par eux-mêmes et soutenir ainsi d'une façon constante l'accablant souci de l'État. Les bons sentiments, ce sont de bons accidents. Ils ne valent guère que dans le temps qu'ils sont sentis ; à moins de procéder d'organes et d'institutions, leur source vive, qu'il faut alors défendre et maintenir à tout prix, ils sont des fruits d'occasion, ils naissent de circonstances et de conjonctures heureuses. Il faut se hâter de saisir conjoncture, circonstances, occasions, pour tâcher d'en tirer quelque chose de plus durable. C'est quand les simples citoyens se sont fait, pour quelques instants, une âme royale, qu'ils sont bons à faire des rois. L'invasion normande au IXe siècle, l'invasion anglaise au XVe n'auraient rien fait du tout si elles s'étaient bornées à susciter ou à consacrer le sentiment national en France ; leur œuvre utile aura été, pour la première, de susciter et, pour la seconde, de consacrer la dynastie des rois capétiens. Les revers de l'Allemagne en 1806 lui donnèrent le sentiment de sa vigueur[1]. Ce sentiment n'eût servi à rien sans les deux fortes Maisons qui l'utilisèrent, l'une avec Metternich, et l'autre avec Bismarck[2].

Nous ne manquions pas de patriotisme. Il nous manquait un État bien constitué. Un véritable État français aurait su faire la police de sa Presse et lui imprimer une direction convenable ; mais, en sa qualité d'État plébiscitaire, l'Empire dépendait d'elle à quelque degré. Il ne pouvait ni la surveiller, ni la tempérer véritablement. Elle était devenue force industrielle, machine à gagner de l'argent et à en dévorer, mécanisme sans moralité, sans patrie et sans cœur. Les hommes engagés dans un tel mécanisme sont des salariés, c'est-à-dire des serfs, ou des financiers, c'est-à-dire des cosmopolites. Mais les serfs sont toujours suffisamment habiles pour se tromper ou se rassurer en conscience quand l'intérêt leur a parlé ; les financiers n'ont pas à discuter sur des scrupules qu'ils n'ont plus. Ce n'est pas moi, c'est M. Bergeret qui en a fait la remarque : « les traitants de jadis » différaient en un point de ceux d'aujourd'hui ; « ces effrontés pillards dépouillaient leur patrie et leur prince sans du moins être d'intelligence avec les ennemis du royaume » ; « au contraire », leurs successeurs vendent la France à « une puissance étrangère » ; « car il est

1. Allusion à la double défaite d'Iéna-Auerstaedt infligée par Napoléon aux Prussiens, qui stimula l'émergence du nationalisme allemand, illustrée notamment par les *Discours à la nation allemande* de Fichte (1807).

2. Maurras ne mentionne pas l'empereur d'Autriche et le roi de Prusse, mais leurs Premiers ministres. Cela ne contredit en rien sa démonstration car il pense qu'un bon ministre ne peut agir efficacement s'il n'est pas adossé à une dynastie héréditaire.

vrai que la Finance est aujourd'hui une puissance et qu'on peut dire d'elle ce qu'on disait autrefois de l'Église, qu'elle est parmi les nations une illustre étrangère »[1].

XXII. À l'étranger

Force aveugle et flottante, pouvoir indifférent, également capable de détruire l'État et de le servir, vers le milieu du siècle, *l'Intelligence nationale, pouvait être tournée contre l'intérêt national, quand l'or étranger le voulait.*

Il n'en fut pas tout à fait de même dans les pays où l'Opinion publique ne dispose pas d'une autorité sans bornes précises. Ces gouvernements militaires, nommés royautés ou empires et renouvelés par la seule hérédité, échappent en leur point central aux prises de l'Argent. En Allemagne ou en Angleterre, l'Argent ne peut pas constituer le chef de l'État puisque c'est la naissance et non l'Opinion qui le crée. Quelles que soient les influences financières, voilà un cercle étroit et fort qu'elles ne pénétreront pas. Ce cercle a sa loi propre, irréductible aux forces de l'Argent, inaccessible aux mouvements de l'opinion : la loi naturelle du Sang. La différence d'origine est radicale. Les pouvoirs ainsi *nés* fonctionnent parallèlement aux pouvoirs de l'Argent ; ils peuvent traiter et composer avec eux, mais ils peuvent leur résister. Ils peuvent, eux aussi, diriger l'Opinion, s'assurer le concours de l'Intelligence et la disputer aux sollicitations de l'Argent.

Changeons ici notre point de vue. Regardons chez nous du dehors, avec des yeux d'Allemand ou d'Anglais ; si la France du Second Empire, gouvernement d'opinion, eut un rôle passif vis-à-vis de l'Argent et se laissa tromper par lui, l'Angleterre et l'Allemagne, gouvernements héréditaires, exercèrent sur lui un rôle actif et l'intéressèrent au succès de leur politique. Elles se servirent de lui, elles ne le servirent pas. En le contraignant à peser sur l'Intelligence française, qui pesa à son tour sur l'Opinion française, elles le firent l'avant-garde de leur diplomatie et de leur force militaire. Avant-garde masquée, ne jetant point l'alarme, et d'autant plus à redouter.

Même à l'intérieur de l'Allemagne ou de l'Angleterre, l'argent guidé par la puissance politique héréditaire obtint la même heureuse influence sur l'Opinion. M. de Bismarck eut ses journalistes, sans lesquels il eût pu douter du succès de ses coups les mieux assénés. Le coup de la dépêche d'Ems suppose la complicité enthousiaste d'une presse nombreuse et docile[2] ; il donna ainsi le modèle de la haute fiction d'État jetée au

---

1. M. Bergeret est un personnage du roman d'Anatole France *Le Mannequin d'osier* (1897).

2. La dépêche d'Ems, compte-rendu biaisé par Bismarck d'un dialogue entre le roi de Prusse et l'ambassadeur de France, fut le détonateur de la guerre de 1870. Dans cette

moment favorable, et calculée pour éclater au point sensible du public à soulever.

Les journalistes démocrates, qui répètent d'un ton vainqueur qu'on n'achète pas l'Opinion, devraient étudier chez Bismarck comment on la trompe.

XXIII. L'État esclave, mais tyran

Heureux donc les peuples modernes qui sont pourvus d'une puissance politique distincte de l'Argent et de l'Opinion ! Ailleurs, le problème n'est peut-être que d'en retrouver un équivalent. Mais ceci n'est pas très facile en France, et l'on voit bien pourquoi.

Avant que notre État se fût fait collectif et anonyme, sans autres maîtres que l'Opinion et l'Argent, tous deux plus ou moins déguisés aux couleurs de l'Intelligence, il était investi de pouvoirs très étendus sur la masse des citoyens. Or, ces pouvoirs anciens, l'État nouveau ne les a pas déposés, bien au contraire. Les maîtres invisibles avaient intérêt à étendre et à redoubler des pouvoirs qui ont été étendus et redoublés en effet[1]. Plus l'État s'accroissait aux dépens des particuliers, plus l'Argent, maître de l'État, voyait s'étendre ainsi le champ de sa propre influence ; ce grand mécanisme central lui servait d'intermédiaire : par là, il gouvernait, il dirigeait, il modifiait une multitude d'activités dont la liberté ou l'extrême délicatesse échappent à l'Argent, mais n'échappent point à l'État. Exemple : une fois maître de l'État, et l'État ayant mis la main sur le personnel et sur le matériel de la religion, l'Argent pouvait agir par des moyens d'État sur la conscience des ministres des cultes et, de là, se débarrasser de redoutables censures[2]. La religion est, en effet, le premier des pouvoirs qui se puisse opposer aux ploutocraties, et surtout une religion aussi fortement organisée que le catholicisme ; érigée en fonction d'État, elle perd une grande partie de son indépendance et, si l'Argent est maître de l'État, elle y perd son franc-parler contre l'Argent. Le pouvoir matériel triomphe sans contrôle de son principal antagoniste spirituel.

Si l'État vient à bout d'une masse de plusieurs centaines de milliers de prêtres, moines, religieux et autres bataillons ecclésiastiques, que deviendront devant l'État les petites congrégations flottantes de la pensée dite libre ou autonome ? Le nombre et l'importance de celles-ci sont d'ailleurs bien diminués, grâce à l'Université, qui est d'État. Avec les moyens

---

affaire, Bismarck utilisa deux relais qu'il avait bien en main, le quotidien *Deutsche Allgemeine Zeitung* et l'Agence de presse Continentale.

1. Allusion au centralisme hérité de la Révolution et de l'Empire : voir dans le présent volume *Mes idées politiques*.

2. Allusion au concordat de 1801.

dont l'État dispose, une obstruction immense se crée dans le domaine scientifique, philosophique, littéraire. Notre Université entend accaparer la littérature, la philosophie, la science. Bons et mauvais, ses produits administratifs étouffent donc, en fait, tous les autres, mauvais et bons. Nouveau monopole indirect au profit de l'État. Par ses subventions, l'État régente ou du moins surveille nos différents corps et compagnies littéraires ou artistiques[1] ; il les relie ainsi à son propre maître, l'Argent ; il tient de la même manière plusieurs des mécanismes par lesquels se publie, se distribue et se propage toute pensée. En dernier lieu, ses missions, ses honneurs, ses décorations lui permettent de dispenser également des primes à la parole et au silence, au service rendu et au coup retenu. Les partis opposants, pour peu qu'ils soient sincères, restent seuls en dehors de cet arrosage systématique et continuel. Mais ils sont peu nombreux, ou singulièrement modérés, respectueux, diplomates ; ce sont des adversaires qui ont des raisons de craindre de se nuire à eux-mêmes en causant au pouvoir quelque préjudice trop grave. L'État français est uniforme et centralisé ; sa bureaucratie atteignant jusqu'aux derniers pupitres d'école du dernier hameau, un tel État se trouve parfaitement muni pour empêcher la constitution de tout adversaire sérieux, non seulement contre lui-même, mais contre la ploutocratie dont il est l'expression.

L'État-Argent administre, dore et décore l'Intelligence ; mais il la musèle et l'endort. Il peut, s'il le veut, l'empêcher de connaître une vérité politique et, si elle voit cette vérité, de la dire, et, si elle la dit, d'être écoutée et entendue. Comment un pays connaîtrait-il ses besoins, si ceux qui les connaissent peuvent être contraints au silence, au mensonge, ou à l'isolement ?

XXIV. L'esprit révolutionnaire et l'argent

Je sais la réponse des anarchistes :

— Eh bien, on le saura et on le dira ; l'Opinion libre fournira des armes contre l'Opinion achetée. L'Intelligence se ressaisira. Elle va flétrir cet Argent qu'elle vient de subir. Ce n'est pas d'aujourd'hui que la ploutocratie aura tremblé devant les tribuns.

Nouvelle illusion d'une qualité bien facile !

Si des hommes d'esprit ne prévoient aucune autre revanche contre l'Argent que la prédication de quelque Savonarole laïque[2], les gens d'af-

1. Maurras semble oublier que tel était déjà le cas de l'Académie française sous l'Ancien Régime.

2. Moine italien ayant établi une dictature théocratique à Florence de 1494 à 1498, date à laquelle il fut renversé et exécuté. Maurras se réfère ici à sa lutte contre la richesse et la corruption.

faires ont pressenti l'événement et l'ont prévenu. Ils se sont assuré la complicité révolutionnaire. En ouvrant la plupart des feuilles socialistes et anarchistes et nous informant du nom de leurs bailleurs de fonds[1], nous vérifions que les plus violentes tirades contre les riches sont soldées par la ploutocratie des deux mondes. À la littérature officielle, marquée par des timbres et des contre-seings d'un État qui est le prête-nom de l'Argent, répond une autre littérature, qui n'est qu'officieuse encore et que le même Argent commandite et fait circuler. Il préside ainsi aux attaques et peut les diriger. Il les dirige en effet contre ce genre de richesses qui, étant engagé dans le sol ou dans une industrie définie, garde quelque chose de personnel, de national et n'est point la Finance pure. La propriété foncière, le patronat industriel offrent un caractère plus visible et plus offensant pour une masse prolétaire que l'amas invisible de millions et de milliards en papier. Les détenteurs des biens de la dernière sorte en profitent pour détourner contre les premiers les fières impatiences qui tourmentent tant de lettrés.

Mais le principal avantage que trouve l'Argent à subventionner ses ennemis déclarés provient de ce que l'Intelligence révolutionnaire sort merveilleusement avilie de ce marché. Elle y perd sa seule source d'autorité, son honneur : du même coup, ses vertueuses protestations tombent à plat.

La Presse est devenue une dépendance de la finance. Un révolutionnaire, M. Paul Brulat[2], a parlé récemment de sauver *l'indépendance de la Pensée humaine*. Il la voyait donc en danger. « La combinaison financière a tué l'idée, la réclame a tué la critique. » Le rédacteur devient un « salarié », « son rôle est de divertir le lecteur pour l'amener jusqu'aux annonces de la quatrième page ». « On n'a que faire de ses convictions. Qu'il se soumette ou se démette. La plupart, dont la plume est l'unique gagne-pain, se résignent, deviennent des valets. » Aussi, partout « le chantage sous toutes ses formes, les éloges vendus, le silence acheté… Les éditeurs traitent ; les théâtres feront bientôt de même. La critique dramatique tombera comme la critique littéraire ».

M. Paul Brulat ne croit pas à la liberté de la Presse, qui n'existe même point pour les bailleurs de fonds des journaux : « Non, même pour ceux-ci,

---

1. *L'Humanité*, de M. Jean Jaurès ; *L'Action*, etc. Dans un autre ordre d'idées qui confine à celui-ci, le « Château du Peuple », propriété du groupe « anarchiste » *La Coopération d'idées*, est dû à la générosité d'un riche capitaliste, demi-juif lyonnais, M. V... [NdA]. Maurras fait allusion au fait que le lancement de *L'Humanité* en 1904 fut notamment financé par la bourgeoisie dreyfusiste. *L'Action quotidienne, anticléricale, républicaine, socialiste*, fondée en 1903 par Henry Bérenger, semble avoir eu des appuis dans les mêmes milieux. Quant au « riche capitaliste » qui finança le « Château du Peuple », il s'agit vraisemblablement du baron Émile Vitta, issu d'une famille de banquiers juifs piémontais établis à Lyon.

2. Journaliste dreyfusiste qui dénonça la servilité croissante de la presse dans *La Faiseuse de gloire* (1900).

elle est un leurre. Un journal, n'étant entre leurs mains qu'une affaire, ne saurait avoir d'autre souci que de plaire au public, de retenir l'abonné[1]. » Sainte-Beuve, en observant, dès 1839, que la littérature industrielle tuerait la critique, commençait à sentir germer en lui le même scepticisme que M. Paul Brulat. Une même loi « libérale », disait-il, la loi Martignac, allégea la Presse « à l'endroit de la police et de la politique », mais « accrut *la charge industrielle* des journaux »[2].

Ce curieux pronostic va plus loin que la pensée de celui qui le formulait. Il explique la triste histoire de la déconsidération de la Presse en ce siècle-ci. En même temps que la liberté politique, chose toute verbale, elle a reçu la servitude économique, dure réalité, en vertu de laquelle toute foi dans son indépendance s'effaça, ou s'effacera avant peu. Cela à droite comme à gauche. On représentait à un personnage important du monde conservateur que le candidat proposé pour la direction d'un grand journal cumulait la réputation de pédéraste, d'escroc et de maître-chanteur : « Oh ! » murmura ce personnage en haussant les épaules, « vous savez bien qu'il ne faut pas être trop difficile en fait de journalistes ! » L'auteur de ce mot n'est cependant pas duc et pair ! Il peignait la situation. On discuta jadis de la conviction et de l'honorabilité des directeurs de journaux. On discute de leur surface, de leur solvabilité et de leur crédit. Une seule réalité énergique importe donc en journalisme : l'Argent, avec l'ensemble des intérêts brutaux qu'il exprime. Le temps paraît nous revenir où l'homme sera livré à la Force pure, et c'est dans le pays où cette force a été tempérée le plus tôt et le plus longtemps, que se rétablit tout d'abord, et le plus rudement, cette domination.

XXV. L'âge de fer

Une certaine grossièreté passe dans la vie. La situation morale du lettré français en 1905 n'est plus du tout ce qu'elle était en 1850. La réputation de l'écrivain est perdue. Écrire partout, tout signer, s'appliquer à donner l'impression qu'on n'est pas l'organe d'un journal, mais l'organe de sa propre pensée, cela défend à peine du discrédit commun. Si l'on ne cesse pas d'honorer en particulier quelques personnes, la profession de journaliste est disqualifiée. Journalistes, poètes, romanciers, gens de théâtre font un monde où l'on vit entre soi ; mais c'est un enfer. Les hautes classes, de beaucoup moins fermées qu'elles ne l'étaient autrefois, beaucoup moins difficiles à tous les égards, ouvertes notamment

1. Cet article de M. Brulat a paru dans *L'Aurore* du 9 janvier 1903 [NdA].

2. Cette loi de 1828 assouplissait la censure, mais imposait aux journaux politiques d'avoir un cautionnement de 200 000 francs.

à l'aventurier et à l'enrichi, se montrent froides envers la supériorité de l'esprit. Tout échappe à une influence dont la sincérité et le sérieux font le sujet d'un doute diffamateur.

Mais l'écrivain est plus diffamé par sa condition réelle que par tous les propos dont il est l'objet. Ou trop haut ou trop bas, c'est le plus déclassé des êtres ; les meilleurs d'entre nous se demandent si le salut ne serait point de ne nous souvenir que de notre origine et de notre rang naturel, sans frayer avec des confrères, ni avoir soucis des mondains. L'expédient n'est pas toujours pratique. Renan disait que les femmes modernes, au lieu de demander aux hommes « de grandes choses, des entreprises hardies, des travaux héroïques », leur demandent « de la richesse, afin de satisfaire un luxe vulgaire ». Luxe vulgaire ou bien désir, plus vulgaire encore, de relations.

L'ancien préjugé favorable au mandarinat intellectuel conserve sa force dans la masse obscure et profonde du public lisant. Il ne peut le garder longtemps. La bourgeoisie, où l'amateur foisonne presque autant que dans l'aristocratie, s'affranchit de toute illusion favorable et de toute vénération préconçue. Son esprit positif observe qu'il y a bien quatre ou cinq mille artistes ou gens de lettres à battre le pavé de Paris en mourant de faim. Elle calcule que, des deux grandes associations professionnelles de journalistes parisiens, l'une comptait en 1896 plus du quart, et l'autre plus du tiers de ses membres sans occupation[1]. Elle prévoit un déchet de deux ou trois mille malheureux voués à l'hospice ou au cabanon. Les beaux enthousiasmes des lecteurs de Hugo et de Vacquerie[2] paraissent donc également devoir fléchir dans la classe moyenne.

Ils se perpétuent au-dessous, dans cette partie du gros peuple où la lecture, l'écriture et ce qui y ressemble, paraît un instrument surnaturel d'élévation et de fortune. Par les moyens scolaires qui lui appartiennent, l'État s'applique à prolonger une situation qui maintient le crédit de cette Intelligence, derrière laquelle il se dissimule, pour mieux dissimuler cet Argent par lequel il est gouverné. Mais il provoque le déclassement, par cela même qu'il continue à le revêtir de teintes flatteuses. Encombré de son prolétariat intellectuel, l'État démocratique ne peut en arrêter la crue, il est dans la nécessité de la stimuler[3]. Les places manquent, et l'État continue à manœuvrer sa vieille pompe élévatoire. Les finances en souffrent quand il veut tenir parole, et le mal financier aboutit aux révolutions. Mais, s'il retire sa parole, c'est encore à des révolutions qu'il est acculé : la société

1. J'emprunte cette donnée au livre de M. Henry Bérenger, *La Conscience nationale*, Paris, Colin [NdA].

2. Écrivain, beau-frère de Léopoldine Hugo, la fille de Victor Hugo, et exécuteur testamentaire de ce dernier.

3. Henry Bérenger, qui a les doctrines de l'État, semble convenir tout à la fois que ce mouvement d'ascension est funeste et qu'on n'a pas le « droit » de le ralentir [NdA].

ploutocratique s'est assurée tant bien que mal contre ce malheur ; elle espère le canaliser, le détourner d'elle ; mais l'État s'effraie pour lui-même, et ses premières inquiétudes se font sentir.

XXVI. Défaite de l'Intelligence

Il faut bien se garder de croire que ces turbulences puissent ruiner de fond en comble les intérêts fondamentaux, les forces organiques de la vie civilisée. La Finance, l'activité qu'elle symbolise, doit vaincre, associant peut-être à son triomphe les meilleurs éléments du prolétariat manuel, ces ouvriers d'état qui se forment en véritable aristocratie du travail, sans doute aussi des représentants de l'ancienne aristocratie, dégradée ou régénérée par cette alliance. Le Sang et l'Or seront recombinés dans une proportion inconnue. Mais l'Intelligence, elle, sera avilie pour longtemps ; notre monde lettré, qui paraît si haut aujourd'hui, aura fait la chute complète, et, devant la puissante oligarchie qui syndiquera les énergies de l'ordre matériel, un immense prolétariat intellectuel, une classe de mendiants lettrés, comme en a vu le Moyen Âge, traînera sur les routes de malheureux lambeaux de ce qu'auront été notre pensée, nos littératures, nos arts.

Le peuple en qui l'on met une confiance insensée se sera détaché de tout cela, avec une facilité qu'on ne peut calculer mais qu'il faut prévoir. C'est sur un bruit qui court que le peuple croit à la vertu de l'Intelligence ; ceux qui ont fait cette opinion ne seront pas en peine de la défaire.

Quand on disait aux petites gens qu'un petit homme, simple et d'allures modestes, faisait merveille avec sa plume et obtenait ainsi une gloire immortelle, ce n'était pas toujours compris littéralement, mais le grave son des paroles faisait entendre et concevoir une destinée digne de respect, et ce respect tout instinctif, ce sentiment presque religieux étaient accordés volontiers. L'éloge est devenu plus net quand, par littérature, esthétique ou philosophie, on a signifié gagne-pain, hautes positions, influence, fortune. Ce sens clair a été trouvé admirable, et il est encore admiré. Patience, et attendez la fin. Attendez que Menier et Géraudel[1] aient un jour intérêt à faire entendre au peuple que leur esprit d'invention passe celui de Victor Hugo, puisqu'ils ont l'art d'en retirer de plus abondants bénéfices ! Le peuple ne manquera pas de générosité naturelle. Il n'est pas disposé à « tout évaluer en argent ». Mais lui a-t-on dit de le faire, il compte et compte bien. Vous verrez comme il saura vous évaluer. Le meilleur, le moins bon, et le pire de nos collègues sera classé exactement selon la cote de rapport. Jusqu'où pourra descendre, pour regagner l'estime de la dernière lie du peuple, ce qu'on veut bien nommer « l'aristocratie littéraire », il est aisé de l'imaginer. Le lucre conjugué à la basse ambition donnera ses fruits naturels.

---

1. Industriels déjà évoqués *supra*.

Littérature deviendra synonyme d'ignominie. On entendra par là un jeu qui peut être plaisant, mais dénué de gravité, comme de noblesse. Endurci par la tâche, par la vie au grand air et le mélange de travail mécanique et des exercices physiques, l'homme d'action rencontrera dans cette commune bassesse des lettres et des arts de quoi justifier son dédain, né de l'ignorance. S'il a de la vertu, il nommera aisément des dépravations les raffinements du goût et de la pensée. Il conclura à la grossièreté et à l'impolitesse, sous prétexte d'austérité. Ce sera fait dès lors de la souveraine délicatesse de l'esprit, des recherches du sentiment, des graves soins de la logique et de l'érudition. Un sot moralisme jugera tout. Le bon parti[1] aura ses Vallès, ses Mirbeau[2], hypnotisés sur une idée du bien et du mal conçue sans aucune nuance, appliquée fanatiquement. Des têtes d'iconoclastes à la Tolstoï[3] se dessinent sur cette hypothèse sinistre, plus qu'à demi réalisée autour de nous… Mais, si l'homme d'action brutale qu'il faut prévoir n'est point vertueux, il sera plus grossier encore ; l'art, les artistes se plieront à ses divertissements les plus vils, dont la basse littérature des trente ou quarante dernières années, avec ses priapées[4] sans goût ni passion, éveille l'image précise. Cet homme avilira tous les êtres que l'autre n'aura pas abrutis.

Le patriciat dans l'ordre des faits, mais une barbarie vraiment démocratique dans la pensée, voilà le partage des temps prochains : le rêveur, le spéculatif pourront s'y maintenir au prix de leur dignité ou de leur bien-être ; les places, le succès ou la gloire récompenseront la souplesse de l'histrion[5]. Plus que jamais, dans une mesure inconnue aux âges de fer, la pauvreté, la solitude, expieront la fierté du héros et du saint : jeûner, les bras croisés au-dessus du banquet, ou, pour ronger les os, se rouler au niveau des chiens.

L'AVENTURE

À moins que…

Je ne voudrais pas terminer ces analyses un peu lentes, mais, autant qu'il me semble, réelles et utiles, par un conte bleu. Cependant il n'est pas

1. Terme évidemment ironique : on dirait aujourd'hui « la bien-pensance ».

2. L'ancien Communard Jules Vallès et Octave Mirbeau ont en commun leur manichéisme antibourgeois.

3. Le Tolstoï ici évoqué est celui des années 1880-1910, c'est-à-dire le théoricien d'une religion de l'humanité puisant son inspiration dans l'Évangile (mais récusant la divinité du Christ comme la Trinité) et à connotations anarchistes. Mirbeau fut l'un de ses principaux admirateurs français.

4. Œuvre érotique.

5. Mauvais comédien, cabotin.

impossible de concevoir un autre tour donné aux mouvements de l'histoire future. Il suffirait de supposer qu'une lucide conscience du péril, unie à quelques actes de volonté sérieuse, suggère à l'Intelligence française, qui, depuis un siècle et demi[1], a causé beaucoup de désastres, de rendre un service signalé qui sauverait tout.

Elle s'est exilée à l'intérieur, elle s'est pervertie, elle a couru tous les barbares de l'univers : supposez qu'elle essaye de retrouver son ordre, sa patrie, ses dieux naturels.

Elle a propagé la Révolution : supposez qu'elle enseigne, au rebours, le Salut public[2].

Imaginez qu'un heureux déploiement de cette tendance nouvelle lui regagne les sympathies et l'estime, non certes officielles, ni universelles, mais qui émaneraient de sphères respectées et encore puissantes.

Imaginez d'ailleurs que l'Intelligence française comprenne bien deux vérités : – ni elle n'est, ni elle ne peut être la première des Forces nationales, – et, en rêvant cet impossible, elle se livre pratiquement au plus dur des maîtres, à l'Argent. Veut-elle fuir ce maître, elle doit conclure alliance avec quelque autre élément du pouvoir matériel, avec d'autres Forces, mais celles-ci personnelles, nominatives et responsables, auxquelles les lumières qu'elle a en propre faciliteraient le moyen de s'affranchir avec elle de la tyrannie de l'Argent.

Concevez, dis-je, la fédération solide et publique des meilleurs éléments de l'Intelligence avec les éléments les plus anciens de la nation ; l'Intelligence s'efforcerait de respecter et d'appuyer nos vieilles traditions philosophiques et religieuses, de servir certaines institutions comme le clergé et l'armée, de défendre certaines classes, de renforcer certains intérêts agricoles, industriels, même financiers, ceux-là qui se distinguent des intérêts d'Argent proprement dits en ce qu'ils correspondent à des situations définies, à des fonctions morales[3]. Le choix d'un tel parti rendrait à l'Intelligence française une certaine autorité. Les ressources afflueraient, avec les dévouements, pour un effort en ce sens. Peut-être qu'une fois de plus la couronne d'or nous serait présentée comme elle le fut à César.

Mais il faudrait la repousser. Et aussi, en repoussant cette dictature, faudrait-il l'exercer provisoirement. Non point certes pour élever un empire reconnu désormais fictif et dérisoire, mais, selon la vraie fonction de l'Intelligence, pour *voir* et *faire voir* quel régime serait le meilleur,

1. C'est-à-dire depuis les Lumières.

2. Maurras utilise un terme révolutionnaire pour combattre l'héritage de la Révolution : il suggère ainsi qu'elle avait usurpé ce terme, mais sans doute songe-t-il aussi à reprendre quelques-unes des méthodes révolutionnaires, comme le confirme ce qu'il écrit plus loin de la dictature des intellectuels. Certains passages de sa correspondance avec Barrès attestent d'ailleurs sa fascination pour les révolutionnaires.

3. En somme, le capital enraciné contre le capital cosmopolite.

pour le choisir d'autorité, et, même, pour orienter les autres Forces de ce côté ; pareil chef-d'œuvre une fois réussi, le rang ultérieurement assigné à l'Intelligence dans la hiérarchie naturelle de la nation importerait bien peu, car il serait fatalement très élevé dans l'échelle des valeurs morales. L'Intelligence pourrait dire comme Roméo dans le *Paradis* :

e ciò gli fece Romeo,
persona umile e peregrina
« et Romée fit cela,
personne humble et errant pèlerin[1]. »

En fait, d'ailleurs, et sur de pareils états de services, le haut rôle consultatif qui lui est propre lui reviendrait fatalement par surcroît.

Les difficultés, on les voit. Il faudrait que l'Intelligence fît le chef-d'œuvre d'obliger l'Opinion à sentir la nullité profonde de ses pouvoirs et à signer l'abdication d'une souveraineté fictive ; il faudrait demander un acte de bon sens à ce qui est privé de sens ; mais n'est-il pas toujours possible de trouver des motifs absurdes pour un acte qui ne l'est point ?

Il faudrait atteindre et gagner quelques-unes des citadelles de l'Argent et les utiliser contre leur propre gré, mais là encore espérer n'est point ridicule, car l'Argent diviseur et divisible à l'infini peut jouer *une fois* le premier de ces deux rôles contre lui-même.

Il faudrait rassembler de puissants organes matériels de publicité, pour se faire entendre, écouter, malgré les intérêts d'un État résolu à ne rien laisser grandir contre lui ; mais cet État, s'il a un centre, est dépourvu de tête. Son incohérence et son étourderie éclatent à chaque instant : c'est lui qui, par sa politique scolaire, a conservé à l'Intelligence un reste de prestige dans le peuple ; par ses actes de foi dans la raison et dans la science, il nous a coupé quelques-unes des verges dont nous le fouettons.

Les difficultés de cette entreprise, fussent-elles plus fortes encore, seraient encore moindres que la difficulté de faire subsister notre dignité, notre honneur, sous le règne de la ploutocratie qui s'annonce. Cela, n'est pas le difficile ; c'est l'impossible. Ainsi exposée à périr sous un nombre victorieux, la qualité intellectuelle ne risque absolument rien à tenter l'effort ; si elle s'aime, si elle aime nos derniers reliquats d'influence et de liberté, si elle a des vues d'avenir et quelque ambition pour la France, il lui appartient de mener la réaction du désespoir. Devant cet horizon sinistre, l'Intelligence nationale doit se lier à ceux qui essayent de faire quelque

1. Dante, *Paradis*, chant VI. Romée de Villeneuve fut le conseiller du comte de Provence Raymond Bérenger V au début du XIIIe siècle. Dante met à son crédit le mariage des quatre filles du comte aux plus grands princes d'Occident : le roi de France Saint Louis, le roi d'Angleterre Henri III, l'empereur germanique Richard Ier et le roi de Sicile Charles Ier. Maurras n'a évidemment pas oublié cet âge d'or provençal.

chose de beau avant de sombrer. Au nom de la raison et de la nature, conformément aux vieilles lois de l'univers, pour le salut de l'ordre, pour la durée et les progrès d'une civilisation menacée, toutes les espérances flottent sur le navire d'une Contre-Révolution.

AUGUSTE COMTE
(19 janvier 1798-5 septembre 1857)

Quelquefois, au milieu des paisibles nuits de travail, une crise d'incertitude, causée par la fatigue, jette l'esprit dans le trouble et la confusion. La plume échappe, les idées cessent de se suivre régulièrement. On se lève, on secoue l'espèce de torpeur que donna l'immobilité ; mais, ni la promenade, ni le repos physique ne rendraient à l'esprit l'assurance perdue ; il lui faut un secours qui soit spirituel et qui l'émeuve avec des images dignes de lui. Ce n'est pas le moment de recourir aux poètes, ni d'ouvrir quelque répertoire de science ; la science toute pure semblerait froide, la poésie paraîtrait d'un vide infini. J'estime heureux les hommes de ma génération qui, sans être positivistes au sens propre du terme[1], peuvent, en pareil cas, se souvenir de la morale et de la logique de Comte.

S'il est vrai qu'il y ait des maîtres, s'il est faux que le ciel et la terre, et le moyen de les interpréter, ne soient venus au monde que le jour de notre naissance[2], je ne connais aucun nom d'homme qu'il faille prononcer avec un sentiment de reconnaissance plus vive. Son image ne peut être évoquée sans émotion.

Ce petit vieillard émacié, aux yeux doux, dont le masque rappelle Baudelaire et Napoléon, a réuni de grandes et précieuses ressources contre nos faiblesses soudaines et les trahisons du destin. Je ne suis pas de ceux qui se récitent quelques-unes des formules de Comte en les accompagnant de signes de cabale et de religion ; mais, familiarisé avec elles depuis longtemps, je ne puis donner à aucune un sens indifférent. Les plus abstraites en apparence me touchent, en passant, d'une magnétique lumière.

1. Maurras n'appartient à aucune des deux postérités principales de Comte, c'est-à-dire le positivisme rationaliste incarné par Littré, qui irrigua entre autres la gauche française, et le comtisme religieux de l'Église positiviste, qui fit surtout souche au Brésil.
2. C'est l'attitude que Maurras reproche à l'individualisme et au subjectivisme.

À demi-voix, dans le silence de la nuit, il me semble que je redis des syllabes sacrées :

« Ordre et Progrès[1].
« Famille, Patrie, Humanité.
« L'Amour pour principe et l'Ordre pour base ; le Progrès pour but[2].
« Tout est relatif, voilà le seul principe absolu.
« Induire pour déduire, afin de construire[3].
« Savoir pour prévoir, afin de pourvoir.
« L'esprit doit toujours être le ministre du cœur, et jamais son esclave[4].
« Le progrès est le développement de l'ordre[5].
« La soumission est la base du perfectionnement.
« Les phénomènes les plus nobles sont partout subordonnés aux plus grossiers[6].
« Les vivants seront toujours et de plus en plus gouvernés nécessairement par les morts[7].
« L'homme doit de plus en plus se subordonner à l'Humanité. »

Le poids même de ces sentences, leur austérité, leur rudesse, y ajoutent un charme d'une vigueur naïve. On ne le sent complètement qu'après le temps et le loisir de l'initiation. Mais un habitué de Comte finit par s'étonner d'entendre critiquer l'aridité de son langage philosophique. Il ne peut s'empêcher d'égaler de telles sentences aux plus beaux vers moraux et gnomiques[8] d'un Lysis, d'un Virgile, d'un Pierre Corneille[9].

1. Maxime dont les positivistes brésiliens ont fait celle de leur pays : « *Ordem e Progresso* ».

2. Cette maxime révèle une faille logique du positivisme comme de tous les progressismes : le progrès étant le fait de s'acheminer vers un but, il ne saurait être à lui-même son propre but. Il est étonnant que Maurras ne relève pas ce point.

3. Cette maxime annonce ce que Maurras appelle « la politique expérimentale » ou « l'empirisme organisateur », démarche qui part de l'observation du réel (induction) pour en extraire les lois ou grandes tendances (déduction) en vue de l'action (construction) : voir *Mes idées politiques*, p. 717 de la présente édition.

4. L'asservissement de l'esprit au cœur est selon Maurras le ressort de l'erreur romantique : voir *Les Amants de Venise*, p. 219 de la présente édition.

5. Historiquement, l'ordre a surtout été revendiqué par la droite et le progrès par la gauche. Mais Comte affirme que le positivisme va dépasser cette opposition, car le progrès des sciences culmine avec la sociologie, qui d'une part démontre l'importance vitale de l'ordre, d'autre part permet de le refonder sur des bases plus fermes.

6. Critique de l'idéalisme, qui récuse l'origine naturelle des plus hautes aspirations humaines. Comte, et Maurras à sa suite, reprochent à cette attitude de cautionner des idéaux antinaturels, donc irréalisables et nuisibles.

7. Le positivisme inclut un culte des morts, qui exprime officiellement la gratitude des vivants pour l'héritage reçu d'eux. Mais on peut aussi y voir, comme l'a fait Philippe Muray dans *Le XIXe Siècle à travers les âges*, la marque d'une profonde angoisse consécutive à la déchristianisation des sociétés occidentales : quand le mort n'est plus pensé comme parti dans l'au-delà, il reste à la charge de l'ici-bas.

8. Vers porteur d'une vérité scientifique ou morale.

9. Cette triade, qui associe le jeune Athénien dont le nom a fourni le titre d'un dialogue de Platon, le poète national de Rome et une éminente incarnation de la France

Il les trouve gonflées de consolations pénétrantes, et d'encouragements subtils, comme toutes les vérités qui défient le doute. Douceur, tendresse, fermeté, certitudes incomparables, c'est tout ce que renferme pour l'élève de Comte ce terrible mot, si peu compris[1], de Positivisme !

Nous ne comprendrions rien au maître, si nous ne nous formions d'abord une idée nette de son disciple[2]. C'est par celui-ci qu'il faut commencer.

I. L'ANARCHIE AU XIXe SIÈCLE

Dans les derniers jours de l'année 1847 ou les premiers de 1848, un jeune homme à peine majeur entendait au Collège de France je ne sais qui prononcer du haut d'une chaire ces paroles, peut-être soulignées d'applaudissements : « Le vainqueur, dans la grande lutte à laquelle nous assistons encore, c'est le principe de l'examen ; le vaincu, c'est le principe de l'autorité. Ainsi le Gouvernement de l'avenir sera le Gouvernement de l'Examen. Je ne dis pas que ce soit un bien, j'en reconnais tous les inconvénients, mais je le constate comme un fait. »

Voilà les paroles du siècle. Tous les enfants du siècle dernier furent plus ou moins asservis à la constatation de ce prétendu fait.

Bien qu'il fût né dans cette période de crise, le jeune Charles Jundzill (ainsi se nommait l'auditeur du Collège de France) s'était contraint d'assez bonne heure à donner un sens aux mots dont il se servait. Il s'efforça en vain de trouver une signification quelconque à ces termes « gouvernement de l'Examen », et nul esprit normal, dans un des âges normaux de l'humanité, ne trouverait cette signification, qui n'existe pas. Celui qui examine ne gouverne pas encore ; celui qui gouverne n'examine plus. L'acte propre du gouvernement, l'acte propre de l'examen s'excluent. Un gouvernement peut commencer par s'entourer des lumières de l'examen ; du moment qu'il gouverne, il a pris son parti, l'examen a cessé. De même, l'examen peut aboutir, par hasard, au gouvernement : tant qu'il reste lui-même, l'examen ne gouverne pas.

---

classique, fait de cette dernière l'aboutissement de la tradition gréco-latine, selon un thème omniprésent chez Maurras.

1. Le positivisme passe, en général, pour n'admettre que ce qui se voit et se touche ! [NdA].

2. Le disciple évoqué dans les pages suivantes est Charles Jundzill, disciple polonais de Comte mort à vingt-neuf ans de la tuberculose ; mais Maurras s'en sert pour brosser son autoportrait spirituel et intellectuel.

Et, sans doute, Charles Jundzill voyait bien que l'habitude d'examiner était établie dans son siècle et dans sa propre intelligence ; mais il ne voyait pas comment tirer de cette habitude une direction, et son expérience lui montrait en effet qu'on en tire tout le contraire.

« Étrange gouvernement que celui de l'examen ! » se dit-il. « Étrange situation mentale et sociale que celle qui consiste à examiner toujours, puis à examiner encore ! Étranges esprits qui se décernent mutuellement, ou qui s'attribuent eux-mêmes les titres de philosophe et de penseur, et dont la vue est à ce point bornée qu'ils prennent *le moyen pour le but, qu'ils regardent comme le résultat de la crise ce qui n'est que la crise elle-même*[1] *!...* » Charles Jundzill traduisait ici l'étonnement, le scandale que lui causait cette gageure que son siècle tout entier soutenait en matière politique ; mais il en souffrait à beaucoup d'autres égards. Il en souffrait dans l'organisation de sa vie, car le principe d'examen ne fournit non plus aucun moyen d'ordonner la conduite privée ; il en souffrait encore dans la marche de sa pensée : examiner n'apprend ni à choisir, ni à classer les idées utiles et les idées vraies.

Il en souffrait. J'aurais dû dire qu'il en avait souffert, car le malaise personnel de Charles Jundzill se trouvait déjà dissipé, quand il l'exposait à Auguste Comte dans une lettre[2] que je résume et développe d'après les vraisemblances de son état d'esprit. Ce malaise préliminaire, dont la discipline positiviste avait eu raison, était éminemment typique et significatif. Il représente avec beaucoup de netteté le malaise qu'ont éprouvé presque tous les esprits qui, nés dans la tradition catholique, sont devenus étrangers à la foi catholique. Charles Jundzill, originaire de Pologne, était de naissance et de formation purement romaines : avant sa dix-neuvième année, il avait constaté jusqu'à l'évidence son inaptitude à la foi, et surtout à la foi en Dieu, principe et fin de l'organisation catholique.

Était-ce la philosophie, était-ce la science qui l'avait réduit à cette impossibilité de croire ? Quelle que fût l'influence subie par le jeune homme, tel était le fait. Il ne croyait plus, et de là venait son souci. On emploierait un langage bien inexact si l'on disait que Dieu lui manquait. Non seulement Dieu ne manquait pas à son esprit, mais son esprit sentait, si l'on peut s'exprimer ainsi, un besoin rigoureux de *manquer de Dieu* : aucune interprétation théologique du monde et de l'homme ne lui était plus supportable. Je n'examine pas s'il avait tort ou raison, ni s'il avançait, ni s'il reculait. Il en était là. Seulement, Dieu éliminé, subsistaient

1. Le mot grec « *krisis* » désigne le fait de séparer, trier, distinguer. Par extension, la « crise » est un moment qui appelle une décision urgente entre une attitude et une autre ; elle ne saurait par conséquent devenir un état permanent.

2. Auguste Comte a placé cette lettre en tête de la *Synthèse subjective* [NdA].

les besoins intellectuels, moraux et politiques qui sont naturels à tout homme civilisé, et auxquels l'idée catholique de Dieu a longtemps correspondu avec plénitude.

Charles Jundzill et ses pareils n'admettent plus de Dieu, mais il leur faut de l'ordre dans leur pensée, de l'ordre dans leur vie, de l'ordre dans la société dont ils sont les membres. Cette nécessité est sans doute commune à tous nos semblables ; elle est particulièrement vive pour un catholique, accoutumé à recevoir sur le triple sujet les plus larges satisfactions. Un nègre de l'Afrique ne saurait désirer bien vivement cet état de souveraine ordonnance intellectuelle et morale auquel il n'eut jamais accès[1]. Un protestant, fils et petit-fils de protestants, s'est de bonne heure entendu dire que l'examen est le principe de l'action, que la liberté d'examen est de beaucoup plus précieuse que l'ordre de l'esprit et l'unité de l'âme, et cette tradition, fortifiée d'un âge à l'autre, a effacé de son esprit le souvenir du splendide *tout* catholique : bien que sujet aux mêmes appétits d'unité et d'ordre que les autres pensées humaines, il n'est pas obsédé de l'image d'un paradis perdu[2] : de son désordre même il tire un orgueil très naïf[3] !

Mais, chez les catholiques éloignés de la foi[4], cette espèce de nostalgie peut devenir si consciente, que les apologistes de leur religion en ont formé un argument d'une extrême vivacité. La vie humaine, disent-ils, n'a qu'un axe, faute duquel elle se dissocie et flotte. Sans l'unité divine et ses conséquences de discipline et de dogme, l'unité mentale, l'unité morale, l'unité politique disparaissent en même temps ; elles ne se reforment que si l'on rétablit la première unité. Sans Dieu, plus de vrai ni de faux ; plus de loi, plus de droit. Sans Dieu, une logique rigoureuse égale la pire folie à la plus parfaite raison. Sans Dieu, tuer, voler sont des actes d'une innocence parfaite ; il n'y a point de crime qui ne devienne indifférent, ni de révolution qui ne soit légitime[5] ; car, sans Dieu, le principe de l'examen

---

1. La remarque est d'un total ethnocentrisme, mais Maurras ne dit pas que les Africains sont par nature incapables de cette « souveraine ordonnance » ; il affirme même le contraire dans *Les Vergers sur la mer*, repris dans le présent volume, en soulignant que l'humanisme gréco-latin peut s'étendre en Afrique.

2. Toute la vie de Maurras peut être lue comme une quête du paradis perdu de son enfance : le positivisme y remplace le catholicisme, la « déesse France » s'y substitue à Dieu, l'Action française y tient lieu de famille, etc.

3. Ce portrait correspond plus au protestantisme libéral dont Maurras dénonce la forte présence dans les allées de la IIIe République qu'au piétisme de nombreux protestants allemands ou anglo-saxons. Sans doute Maurras eût-il adressé à ces derniers le reproche inverse : celui de manquer d'esprit d'examen.

4. Cette expression indique clairement que pour Maurras le catholicisme est autant une culture qu'une foi ; on peut donc rester catholique en ayant cessé de croire.

5. « Si Dieu n'existe pas, tout est permis », pense de même l'un des frères Karamazov, héros éponymes du dernier roman de Dostoïevski.

subsiste seul, principe qui peut tout exclure, mais qui ne peut fonder rien. Le clergé catholique donne le choix entre son dogme, avec la haute organisation qu'il comporte, et ce manque absolu de mesure et de règle qui annule ou qui gaspille l'activité. Dieu ou rien, c'est l'alternative proposée aux esprits tentés de douter.

Quelques-uns qui l'acceptent choisissent nettement le rien. Plutôt que d'admettre un point de départ auquel leur esprit se refuse, ils se résignent à la déchéance des institutions et des mœurs. Tel est le cas des natures les moins heureuses, pour lesquelles l'idée de Dieu apparaissait plutôt un frein et une gêne qu'un principe excitateur et régulateur. Tel est aussi le cas de natures débiles, promptes au désespoir, chez lesquelles toute ferme habitude, une fois perdue, ne peut plus être remplacée. Charles Jundzill, dont je continue à vous décrire le cas, n'était ni des uns ni des autres. Tout en donnant raison aux prêtres catholiques contre les imbéciles et contre les malades qui profitent du doute philosophique pour troubler l'ordre ou pour consentir aux perturbations, il devait nécessairement se prononcer contre cette troisième et cette quatrième classe d'esprits qui, sans se résigner au néant ni au mal, quittaient le Dieu catholique sans le quitter.

C'étaient d'abord ces marguilliers de l'Examen qui, ayant usé une fois de la Liberté intellectuelle contre l'idée de Dieu, s'entraînaient à penser que cette Liberté, placée sur le trône de Dieu, leur fournissait un bon modèle de pensée, de moralité et de civilisation[1] : autant espérer de la hache les services de la boussole ou du niveau. C'était ensuite cette dernière catégorie d'anarchistes qui ont bien quitté le dogme catholique, mais qui en ont maintenu subrepticement toutes les déductions et conséquences d'ordre moral.

Nous connaissons en France, en Angleterre et en Russie beaucoup d'athées chrétiens qui construisent une morale, mais craignent de la motiver. Ils prescrivent aux hommes une discipline, et cette discipline est « indépendante » de toute conviction ; un ensemble de devoirs, et ces devoirs ne sont rattachés à aucune foi ; un système de dépendances humaines, et l'homme n'y dépend d'aucun système du monde[2]. Mais il faudrait pourtant choisir : ou bien chaque homme est souverain, et n'est assujetti qu'à sa volonté propre, ou, s'il est sujet d'une dette, il faut qu'on lui dise pourquoi. La morale libérale refuse énergiquement de justifier ses caprices impérieux. « Impératifs hypothétiques ! » dit-elle avec dédain.

---

1. Maurras considère la démocratie comme une religion de contrebande : il qualifie donc ses propagandistes de « marguilliers », terme désignant les personnes chargées d'administrer les biens des paroisses.

2. Contrairement au « splendide *tout* catholique » évoqué plus haut, dans lequel l'homme dépend de la société, la société du cosmos et le cosmos de Dieu.

Elle croit nous dicter un Impératif catégorique et absolu[1]. Son bâtiment ne dure qu'au moyen de quelques calembours honorables, qui recouvrent tant bien que mal les liens réels et forts par lesquels ces esprits tiennent, sans le savoir, à la doctrine qu'ils se flattaient d'abandonner[2]. Si quelques têtes faibles nous ont fourni la preuve de leur mollesse en acceptant le désordre en haine de Dieu, celles-ci manifestent un genre équivalent d'impuissance : après avoir rompu avec l'Idée de Dieu, elles n'ont su ni presser ni examiner toutes celles de leurs idées qui s'appuyaient sur cette idée centrale ou qui en dérivaient. Il n'y a point d'accord entre leur négation fondamentale de l'Absolu divin et leur affirmation non moins fondamentale de la Conscience morale absolue, qui n'est elle-même qu'un Dieu anonyme et honteux. Ils quittent le Dieu des théologiens et ne prennent pas garde qu'en acceptant, selon Rousseau et les Allemands, la souveraineté de leur Conscience individuelle, ils ne font que s'adjuger à eux-mêmes les anciens attributs de Dieu[3].

— Si vous croyez à l'Absolu, soyez franchement catholiques, criait à ces gens-là un Charles Jundzill.

« Si vous n'y croyez pas, il faut tenter, comme nous le tentons, de tout reconstruire sans l'Absolu : à moins, toutefois, que le prêtre n'ait raison contre nous, comme il a raison contre vous, et que cette réorganisation ne soit une pure chimère[4]...

1. Maurras vise ici Kant. Pour ce philosophe, l'impératif hypothétique concerne les questions techniques et s'énonce sous la forme « si tu veux tel but particulier, tu dois utiliser tel moyen » ; les questions morales relèvent au contraire d'un impératif catégorique et universel qui n'a d'autre finalité que lui-même. Par exemple, estime Kant, on doit toujours dire la vérité, même à un assassin demandant où se cache l'homme qu'il veut tuer. Maurras reproche à cette conception d'être irréaliste (car elle n'envisage pas les conditions concrètes de l'action morale), dangereuse (car elle n'en examine pas les conséquences) et inhumaine (car la moralité n'y a pas pour finalité le bonheur, au rebours des conceptions gréco-latines et chrétiennes).

2. Maurras retrouve ici Nietzsche qui, dans *Le Gai Savoir*, compare Kant à un renard retournant dans sa cage après en avoir brisé les barreaux. Mais alors que Nietzsche reprochait à Kant de revenir à la morale, Maurras lui reproche de l'avoir sapée en la coupant de ses finalités naturelles.

3. Cette divinisation de la conscience individuelle implique notamment son innocence originelle, que le contre-révolutionnaire espagnol Donoso Cortés nommait le dogme de l'immaculée conception de l'homme. Le corollaire en est la nécessité de rejeter l'existence du mal sur la société, selon la formule de Rousseau.

4. Cette hypothèse contribue à expliquer que Maurras n'ait jamais voulu rompre avec le catholicisme et qu'il soit revenu dans le giron de l'Église sur son lit de mort.

II. L'ORDRE POSITIF D'APRÈS COMTE

Était-ce une chimère ?

Quand Jundzill écrivit à Comte, il y avait exactement vingt-cinq années que le philosophe poursuivait son programme de *réorganiser*, en effet, *sans Dieu ni roi*[1].

Plus que Jundzill et plus sans doute que personne, le jeune Auguste Comte avait senti les blessures de l'anarchie et les tares qu'elle nous laisse inévitablement : rien ne marque mieux la noblesse de cet esprit et le sang latin de sa race que la vigueur de sa réaction contre un si grand mal. Comme il le dit dans son *Testament*, il était né à Montpellier, sous le Peyrou de Louis XIV[2], « d'une famille éminemment catholique et monarchique » : mais, depuis le milieu de son adolescence, avant même d'entrer à l'École polytechnique, il avait répudié le théologisme en politique aussi bien qu'en religion. Il n'avait pas concédé pour cela aux idées de libre examen ou d'égalité, qui lui avaient servi à atteindre cette négation radicale, les qualités de l'Être divin ni celles du Souverain absolu. Ces idées ont bien pu être acceptées comme des « dogmes », et « dogmes absolus », du temps qu'elles étaient nécessaires à ruiner le théologisme : cette acceptation ne peut être que provisoire ; elles n'ont pas de valeur propre ; elles ne peuvent ni dominer ni régner et, en tant que principes, elles sont condamnées à mort.

Par exemple, on ne peut conserver, en politique, une Doctrine « qui représente le Gouvernement comme étant, par sa nature, l'ennemi nécessaire de la société, contre lequel celle-ci doit se constituer soigneusement en état continu de suspicion et de surveillance » (on a reconnu le Libéralisme[3]) ; une Doctrine d'après laquelle il faut « examiner toujours sans se décider jamais » (on a reconnu le Protestantisme[4]) ; une Doctrine contredisant ou méconnaissant ce « progrès continu de la civilisation », qui « tend par sa nature à développer extrêmement » les « inégalités intellectuelles et morales »[5] (on a reconnu la Démocratie). Cette doctrine morale

1. Les mots de *royauté* et *roi* ont chez Comte une acception bien définie : ils veulent dire *roi* et *royauté de droit divin*. À proprement parler, ni Louis XVIII, ni Louis XIV, ni Henri IV, ni Louis XI ne sont pour lui des rois. Il les appelle plusieurs fois des dictateurs, pour marquer qu'il n'y a rien de commun entre leur genre d'autorité et la souveraineté théologique des princes du Moyen Âge [NdA].

2. Promenade dominant Montpellier, aménagée sous Louis XIV.

3. Ce passage ne doit pas faire oublier que tout le versant fédéraliste de la pensée de Maurras vise à protéger la société des empiètements de l'État ; mais ces empiètements n'ont rien de fatal à ses yeux.

4. Encore une fois, ce jugement vaut surtout pour un certain protestantisme libéral.

5. *Cours de philosophie positive*, tome IV [NdA].

et politique ne pouvait que pousser au comble une anarchie dont le jeune Auguste Comte, qui en sentait le vif dégoût, voulait s'affranchir à tout prix.

Platon a remarqué que certaines questions politiques nous posent en gros caractères des problèmes écrits en traits menus et fins dans les cas individuels. Auguste Comte aurait peut-être été moins clairvoyant si les événements auxquels il assista[1] n'avaient pas posé devant lui, en des termes politiques et sociaux très pressants, sous une forme révolutionnaire et sanglante, ce qu'il appelle, dans la plus stricte et la plus émouvante de ses formules, *l'immense question de l'ordre*[2].

Pour trouver l'ordre, l'ordre intellectuel et l'ordre moral autant que l'ordre politique, il circonscrivit du mieux qu'il put le domaine de l'anarchie.

Un fait originel le frappa.

Si l'anarchie tenait : 1°. la société presque entière, 2°. diverses provinces du cœur, et 3°. plusieurs départements de l'intelligence[3], il observa pourtant qu'il existait des régions sereines dans lesquelles cette anarchie ne régnait pas ou ne régnait plus. On trouve dans un de ses opuscules de 1822 cette remarque digne d'une longue mémoire, car elle inaugure une époque : « Il n'y a point de liberté de conscience en astronomie, en physique, en chimie, en physiologie même, en ce sens que chacun trouverait absurde de ne pas croire de confiance aux principes établis dans ces sciences par des hommes compétents. S'il en est autrement en politique, c'est uniquement parce que, les anciens principes étant tombés et les nouveaux n'étant point encore formés, il n'y a point encore, à proprement parler, de principes établis. »

Établir des principes politiques nouveaux, et les établir de manière qu'ils soient inébranlables, c'est-à-dire les fonder sur les mêmes bases qui supportent les sciences inébranlées, voilà le projet que roulait ce cerveau de vingt-quatre ans quand il méditait son *Plan des travaux scientifiques nécessaires pour réorganiser la société*.

« Pour réorganiser », c'était son idée principale : il se marquait ainsi son but.

---

1. On trouverait, en dépouillant la correspondance d'Auguste Comte, les traces de l'émotion profonde que lui causaient les troubles contemporains ; il en éprouvait un étonnement douloureux, et les victoires de l'ordre lui causaient une admiration plus vive encore. « À voir les attitudes actuelles, écrivait-il, on se demande ce que deviendrait le monde social, si les vivants, malgré leur révolte moderne, n'étaient pas, et même de plus en plus, gouvernés par l'ensemble *des Morts*, *heureusement impassibles* au milieu de nos vaines paniques de rétrogradation ou d'anarchie. » (*Lettres* d'Auguste Comte à divers, t. I. première partie.) [NdA.]

2. Comte connut les deux chutes de Napoléon, la révolution de 1830, celle de 1848 et le coup d'État de 1851, sans parler des troubles ponctuels intervenus entre ces événements majeurs.

3. Comte, et Maurras à sa suite, croient à l'interdépendance de l'anarchie sociopolitique, de l'anarchie sentimentale et de l'anarchie intellectuelle ; ce dernier point commande selon eux les deux autres.

« Les travaux scientifiques » étaient « nécessaires » : il marquait son moyen et le définissait.

Ce mot de scientifique est à prendre dans un sens strict. L'astronomie, la physique, la chimie, la physiologie cherchent et trouvent les lois des apparences[1] qu'elles étudient : il faut examiner comment elles s'y prennent pour cela, et, cette étude faite, fonder de la même manière une science de la vie supérieure de l'homme. Cette science sera, comme les autres, relative à des apparences ; mais ces apparences seront, comme les autres, reliées par des lois. Substituer à la recherche des causes et des substances qui, réelles ou imaginaires, nous demeurent insaisissables, la simple recherche des lois : ce fut la méthode nouvelle[2]. Cette méthode était destinée à fournir la doctrine nouvelle qui serait le principe d'une nouvelle autorité, destinée elle-même à vaincre l'esprit d'examen et à remplacer notre anarchie transitoire par l'ordre nouveau.

Mais l'esprit d'examen n'est pas le seul facteur de l'anarchie intellectuelle. Il détermine une absence d'ordre qui est presque aussi pernicieuse que cet esprit lui-même. Nos notions acquises, et même les mieux établies, sont mal classées entre elles. À l'intérieur de chaque science, on divise et on subdivise à l'excès. Un esprit cohérent n'y retrouve jamais l'unité dont il garde le modèle et l'amour. Mathématicien de profession, Auguste Comte s'efforça tout d'abord d'organiser chaque embranchement de la science qu'il enseignait. Mais le même ouvrage d'organisation était à construire dans chacune des autres sciences. Dans chacune, en effet, les spécialités luttaient pour la vie[3], et leurs empires éphémères, succédant à leurs confuses disputations[4], la balançaient de l'anarchie mortelle à la stérile tyrannie. Les spécialistes s'érigent en seigneurs et en maîtres dans chaque branche ; le souci du détail qui les intéresse noie la conception de l'ensemble, et l'esprit du détail asservit et immobilise l'esprit humain.

Mais celui qui s'est élevé jusqu'à désirer que l'ensemble prévale enfin sur le détail est ici contraint de chercher quel est, en général, dans *l'ordre* scientifique, le détail et quel est l'ensemble, quelle est la sphère la plus vaste et la sphère subordonnée, quelle est donc la science-reine et quelles

---

1. Comte disait des *phénomènes*. On a traduit ici le terme grec par son équivalent littéral français, pour faire sentir à quel point cette doctrine affirmative et positive comme la science imite la circonspection de la science, et n'affirme des choses que *ce qui en apparaît* [NdA].

2. Comte est à cet égard l'héritier de Kant, pour qui la science doit se contenter d'étudier les phénomènes et non l'essence même des choses, à jamais inconnaissable à l'homme.

3. L'expression suggère que la rivalité des différentes sciences obéit à des lois darwiniennes. Mais cette rivalité n'a rien de fatal aux yeux de Maurras : elle exprime un état d'anarchie intellectuelle dont on peut et doit sortir.

4. Nom que portaient les débats universitaires du Moyen Âge.

sont les sciences servantes : or, ces déterminations du rapport des sciences ou n'existent pas ou n'ont jamais été posées avec rigueur. Au démon de la liberté qui agite et divise chaque science s'est ajouté de l'une à l'autre le démon de l'égalité. Pour le chasser, il faut les examiner successivement, leur assigner le rang et la dignité qui conviennent. Ainsi s'obtient la hiérarchie des sciences.

Cette hiérarchie est un des chefs-d'œuvre de l'esprit humain. Le philosophe a voulu naturellement qu'elle correspondît aux rapports intrinsèques des objets auxquels s'applique chaque science. Mais il exigeait aussi, d'une part, qu'elle aidât au développement futur des sciences en stimulant et en dirigeant les esprits, d'autre part, qu'elle reflétât l'ordre historique dans lequel ces sciences ont été successivement inventées par l'esprit de l'homme. Pour satisfaire au premier point et correspondre aux objets de la connaissance, Auguste Comte a disposé les sciences dans l'ordre de la généralité décroissante ou de la complication croissante : mathématique, astronomie, physique, chimie, biologie, sociologie et morale. Chaque science se trouve ainsi déterminée et circonscrite, selon son objet propre et ses lois particulières. Mais, c'est un fait d'histoire que les sciences les plus générales et les moins compliquées sont réellement nées les premières : elles étaient et elles restent la condition d'existence des sciences plus compliquées, nées en effet postérieurement à elles. Toutefois, les cadettes ne sont pas inutiles aux aînées, car elles leur tracent une piste, elles leur indiquent la direction dans laquelle se fait normalement le progrès de l'esprit humain. Comte dit : elles leur fournissent des « destinations » précises. Comme la mathématique est indispensable à l'astronomie, l'astronomie à la physique, la physique à la chimie, la chimie à la biologie, la biologie à la sociologie, la sociologie à la morale, ainsi, inversement, la morale explique, perfectionne, dirige la sociologie ; la sociologie, la biologie ; la biologie, la chimie ; la chimie, la physique ; la physique, l'astronomie ; et l'astronomie, la mathématique.

Si l'on veut un exemple bien particulier, les rapports de l'astronomie et de la mathématique nous le fournissent. On ne peut faire d'astronomie sans calcul, mais les observations de plus en plus délicates des astres obligent à des calculs de plus en plus compliqués. Le calcul permet donc à l'astronomie de se constituer, mais les progrès de l'astronomie obligent le calcul à se perfectionner.

Le même jeu d'influences d'avant en arrière et d'arrière en avant se reproduit nécessairement à l'autre bout de la chaîne. La morale, cette politique suprême, cette espèce de religion à laquelle il faudra bien que l'homme donne sa foi quand il sentira qu'une telle foi, lui étant démontrée, demeure toujours démontrable, la morale n'existe point à l'état de science, tant que la sociologie n'est point avancée ; mais, à son tour, pour avancer, la sociologie a besoin de la morale, qui pose les cas à résoudre, les questions à élucider, les fins précises à atteindre. Enfin, toutes les deux, la sociologie et la morale, ne peuvent être conçues convenablement sans le secours de toutes les sciences antécédentes, la mathématique comprise ; mais la plus éloignée, la première, la plus ancienne mathématique elle-même est aussi attirée et comme *aspirée* par le développement de la sociologie, qui seule, d'après Comte, peut la régénérer, la systématiser et l'utiliser. La mathématique fournit à la sociologie les conditions d'existence ; elle en reçoit les règles de ses derniers mouvements.

Par cette vue belle et profonde, qu'il n'a cessé de préciser et de développer jusqu'à sa mort, Comte introduit dans les sciences un élément nouveau, qui leur semblerait étranger. Subordonner la mathématique à la science des sociétés, n'est-ce pas subordonner la science elle-même à son utilité pratique et retomber ainsi sous la critique de l'utilitarisme, telle qu'Auguste Comte l'avait lui-même formulée ?

Il avait écrit en 1830 :

> Les applications les plus importantes dérivent constamment des théories formées dans une simple intention scientifique et qui souvent ont été cultivées pendant plusieurs siècles sans produire aucun résultat pratique. On peut en citer un exemple bien remarquable dans les belles spéculations des géomètres grecs sur les sections coniques, qui, après une longue suite de générations, ont servi, en déterminant la rénovation de l'astronomie, à conduire finalement l'art de la navigation au degré qu'il a atteint dans ces derniers temps et auquel il ne serait jamais parvenu sans les travaux si purement théoriques d'Archimède et d'Apollonius ; tellement que Condorcet a pu dire avec raison à cet égard : « Le matelot, qu'une exacte observation de la longitude préserve du naufrage doit la vie à une théorie conçue, deux mille ans auparavant, par des hommes de génie qui avaient en vue de simples spéculations géométriques »[1].

Cette difficulté qu'Auguste Comte s'était ainsi opposée à lui-même peut se résoudre par une observation bien simple. La situation des géomètres grecs était bien différente de celle des mathématiciens modernes. De leur temps, la science des sociétés était réduite à un empirisme assez vague, et l'utilité sociale dont on pouvait s'aviser alors était très bornée : la *Science* des sociétés est fondée aujourd'hui ; aux lois statiques découvertes par Aristote se sont ajoutées d'autres lois statiques, et les lois dynamiques, complètement inconnues autrefois, viennent d'être saisies[2]. Toutes ces découvertes dont Auguste Comte est l'auteur changent la face du problème : la sociologie est constituée, elle avance. Une science parvenue

---

1. Archimède (IIIe siècle avant J.-C.) et Apollonius de Perga (IIIe-IIe siècle avant J.-C.) illustrent l'apogée de la science grecque, d'où l'admiration que leur voue Condorcet au XVIIIe siècle.

2. Les lois statiques portent sur l'organisation des sociétés, les lois dynamiques sur leur évolution. Maurras semble ici tenir les unes et les autres pour acquises, mais on verra plus loin qu'il se montre prudent quant à la principale loi dynamique proposée par Comte. L'impression se confirme dans *Mes idées politiques*, où il reste sur la réserve quant aux lois dynamiques.

à son degré d'organisation est devenue digne de son objet. Quand on se subordonne à elle, on ne sort pas de la sphère scientifique, on ne fait pas de l'empirisme utilitaire, on subit la loi générale des connaissances humaines, qui est la soumission de l'analyse à la synthèse et du détail à l'ensemble : la synthèse, l'ensemble étant l'explicateur unique et l'unique révélateur.

Mais classer véritablement les sciences, c'est aussi classer les objets de la science. Si toutes les sciences convergent à la science des sociétés, c'est que l'homme en société représente le corps entier de la nature. Il le résume et le couronne. Nombre mathématique, membre du système solaire, élément physique, élément chimique, être vivant, l'homme est, de plus, un être sociable : c'est par cette dernière qualité qu'il est homme ; le meilleur type de l'homme, celui qui sera le plus normal et le plus humain, ce sera donc le plus éminemment sociable. Ce sera l'homme chez lequel la sociabilité s'imposera et régnera.

Dans le plexus[1] de nos instincts, cette prééminence de l'instinct social établit un nouveau principe de classement, grâce auquel l'anarchie morale peut être éliminée, comme l'anarchie mentale l'a été grâce à la classification des sciences. La sociabilité, instinct des instincts, joue le même rôle que la sociologie, science des sciences : elle se subordonne complètement le reste. Comme nous savons l'ordre dans lequel l'homme doit penser, nous atteignons ici à l'ordre selon lequel il doit sentir.

Peut-il sentir comme il le doit ? Un être comme l'homme, qui est éminemment social, c'est-à-dire qui tire presque tout ce qu'il est de la société, sa substance et son milieu, un être qui ne vit que d'autrui et par autrui, peut-il vivre aussi en autrui et pour autrui ? Peut-il vivre de plus en plus hors de lui-même ? On ne saurait nier qu'il y prenne souvent plaisir et que le désintéressement, le dévouement et le sacrifice appartiennent au genre humain. Les pouvoirs naturels de l'homme vont certainement jusque-là. Il y eut de tout temps, partout, sous toutes les disciplines de morale ou de religion, des esprits et des cœurs dont le naturel atteignit au sublime quand ils se renonçaient eux-mêmes et préféraient autrui. Mais, comme dit Comte, « le saint problème humain » consiste à « instituer » d'une manière continue et permanente, d'une manière « *habituelle* », cette « prépondérance », ordinairement temporaire et accidentelle ou fort exceptionnelle « de la sociabilité sur la personnalité ». Il s'agit de subordonner constamment « l'homme à l'humanité », de perfectionner l'homme en le rendant plus digne de lui, plus humain.

Comment faire ? C'est là un problème nouveau.

La sociologie a fait saisir sur le fait la nature éminemment sociable de l'homme ; la morale vient de préciser quelle est la règle qui doit prévaloir pour développer le meilleur élément, l'élément sociable de la nature

1. Réseau.

humaine. Grâce à ces deux sciences, nous connaissons ce qu'il faut faire. Reste à fonder la pratique. Reste à découvrir les moyens d'assurer l'avantage au meilleur type humain ; ces moyens trouvés, reste encore à trouver la force qui les mette en usage.

Auguste Comte est un des rares moralistes qui n'aient pas confondu ces deux ou trois points de vue très distincts. Dès 1826, il écrivait : « Ni l'individu, ni l'espèce ne sont destinés à consumer leur vie dans une activité stérilement raisonneuse en dissertant continuellement *sur la conduite qu'ils doivent tenir*. C'est à l'activité qu'est appelée essentiellement la masse des hommes. » Or, de bons sentiments ne suffisent pas à diriger l'activité. « Les meilleures impulsions sont habituellement insuffisantes pour diriger la conduite privée ou publique, quand elle reste toujours dépourvue *des convictions destinées à prévenir ou à corriger ces déviations*[1]. » Il faut des convictions, c'est-à-dire une foi, c'est-à-dire un dogme. La « règle volontaire » doit toujours reposer sur « une discipline involontaire », et cette discipline doit être « chérie ». « Toute consistance est interdite aux sentiments qui ne sont point assistés par des convictions[2]. » En d'autres termes, il faut un dogme : un dogme aimé. Et, pour être présentées aux imaginations, pour retentir dans les cœurs, ces convictions exigent un ensemble de pratiques habituelles. Le dogme appelle un culte. À cette condition seulement la religion sera complète, et la religion est indispensable à toute morale qui veut être pratiquée et vécue. Sans religion, point de morale efficace et vivante : or, il nous faut une morale pour mettre fin à l'anarchie des sentiments, comme il a fallu une classification des sciences pour mettre fin à l'anarchie des esprits.

Auguste Comte institua donc une religion. Si la tentative prête à sourire, je sais bien, par expérience, qu'on n'en sourit que faute d'en avoir pénétré bien profondément les raisons.

Le dogme catholique met à son centre l'être le plus grand qui puisse être pensé, *id quo majus cogitari non potest*[3], l'être par excellence, l'être des êtres et celui qui dit *sum qui sum*[4]. Le dogme positiviste établit à son centre le plus grand être qui puisse être connu, mais connu « positivement », c'est-à-dire en dehors de tout procédé théologique ou métaphysique. Cet

1. *Synthèse subjective*, 1856 [NdA].

2. *Appel aux Conservateurs*, 1855 [NdA].

3. En latin, « ce qui est tel qu'on ne peut rien penser de plus grand » : formulation figurant dans la *Somme théologique* de saint Thomas d'Aquin, qui reprend en l'occurrence une approche de Dieu présente chez saint Augustin et précisée par saint Anselme de Cantorbéry.

4. En latin, « je suis qui je suis » : parole de Dieu à Moïse lors de l'épisode du buisson ardent, dans l'Exode, que les théologiens ont développée en « Je suis Celui qui est ». Dieu est en effet son être même, contrairement aux créatures. Ces dernières reçoivent de Lui l'être, mais leur essence n'est pas d'être, puisqu'elles sont mortelles.

être, les sciences positives l'ont saisi et nommé au dernier terme de leur enchaînement, quand elles ont traité de la société *humaine* : c'est le même être que propose à tout homme, comme son objet naturel, l'instinctive révélation de l'amour dans la silencieuse solitude d'un cœur, qui ne cherche jamais que lui : être semblable et différent, extérieur à nous et présent au fond de nos âmes, proche et lointain, mystérieux et manifeste, tout à la fois le plus concret de tous les Êtres, la plus haute des abstractions, nécessaire comme le pain et misérablement ignoré de ce qui n'a la vie que par lui ! Ce que dit la synthèse, ce que la sympathie murmure, une synergie religieuse de tous nos pouvoirs naturels le répétera : le Grand-Être est l'Humanité[1].

Comme le fait très justement remarquer l'un des meilleurs disciples de Comte, M. Antoine Baumann[2], *humanité* ne veut aucunement dire ici l'ensemble des hommes répandus de notre vivant sur cette planète, ni le simple total des vivants et des morts. C'est seulement l'ensemble des hommes qui ont coopéré au grand ouvrage humain, ceux qui se prolongent en nous, que nous continuons, ceux dont nous sommes les débiteurs véritables, les autres n'étant parfois que des « parasites » ou des « producteurs de fumier ». Cette nombreuse élite humaine n'est pas une image vaine. Elle forme ce qu'il y a de plus réel en nous. Nous la sentons dès que nous descendons au secret de notre nature. Sujets des faits mathématiques et astronomiques, sujets des faits physiques, des faits chimiques et des faits de la vie, nous sommes plus sujets encore des faits spéciaux à la famille humaine. Nous dépendons de nos contemporains. Nous dépendons bien plus de nos prédécesseurs. Ce qui pense en nous, avant nous, c'est le langage humain, qui est, non notre œuvre personnelle, mais l'œuvre de l'humanité ; c'est aussi la raison humaine, qui nous a précédés, qui nous entoure et nous devance ; c'est la civilisation humaine, dans laquelle un apport personnel, si puissant qu'il soit, n'est jamais qu'une molécule d'une énergie infime dans la goutte d'eau ajoutée par nos contemporains au courant de ce vaste fleuve. Actions, pensées ou sentiments, ce sont produits de l'âme humaine : notre âme personnelle n'y est presque pour rien[3]. Le vrai

1. Comte, et Maurras à sa suite, transposent donc les attributs de Dieu à l'Humanité : elle est la source immortelle de laquelle les hommes mortels reçoivent leur être provisoire. Mais les limites du raisonnement sautent aux yeux : d'une part l'Humanité n'est pas immortelle (elle a depuis 1945 les moyens de se supprimer elle-même et peut en outre disparaître par suite d'un cataclysme cosmique, météorite géante ou autre) ; d'autre part, quand bien même elle serait immortelle, elle n'est pas éternelle, puisqu'elle a commencé d'être. La divinité du positivisme n'a donc pas la consistance du Dieu biblique.

2. Baumann, qui fut l'un des exécuteurs testamentaires d'Auguste Comte, se rallia à l'Action française.

3. Voir « La Politique naturelle », préface à *Mes idées politiques*, p. 717 de la présente édition.

positiviste répète à peu près comme saint Paul : *in ea vivimus, movemur et sumus*[1], et s'il a mis son cœur en harmonie avec sa science et sa foi, il ne peut qu'ajouter, en un acte d'adoration, la parole un peu modifiée du Psalmiste : *Non nobis, Domina, non nobis, sed nomini tuo da gloriam*[2] *!*

Assurément la religion ainsi conçue n'est bonne que pour nous : elle n'a de rapport qu'avec la race humaine et le monde où vit cette race. L'infini et l'absolu lui échappent, mais il faut observer ici que cette condition ne s'impose pas moins à la science la plus rigoureuse. « Rien n'empêche, dit Comte, d'imaginer, hors de notre système solaire, des mondes toujours livrés à une agitation inorganique entièrement désordonnée, qui ne comporterait pas seulement une loi générale de la pesanteur. » Cette imagination du désordre sert d'ailleurs à nous faire apprécier mieux et même *chérir* (le mot revient souvent) les bienfaits de l'ordre physique qui règne autour de nous[3] et dont nous sommes l'expression la plus complète.

Ce point bien médité, inutile de s'arrêter aux curiosités spéculatives. La logique humaine, ou philosophie, n'est que « l'ensemble des moyens propres à nous révéler les vérités qui nous conviennent[4] ». Les vérités qui nous conviennent. Non les autres. Qu'en ferions-nous ? Comte ne cessa de formuler son indifférence[5] à l'égard de ces dernières, en même temps que d'élargir et de préciser la sphère de « ce qui nous convient ». Mais, en s'élargissant ainsi, sa philosophie approchait des confins de la religion qu'elle ne tardait pas à rejoindre. La définition que l'on vient de lire est de 1851. Il la corrigea cinq ans plus tard[6]. La vraie logique ne lui parut plus bornée à « dévoiler *les vérités* » qui nous conviennent : elle embrassa le domaine de l'action. Elle le systématisa et le régla ; « car nous devons autant systématiser nos conjectures que nos démonstrations, les unes et les autres devant être mises au service de la sociabilité, *seule source de la véritable unité* ». La vraie logique se définit donc « le concours normal des sentiments, des images et des signes pour nous *inspirer* » (au lieu de *dévoiler*) « les *conceptions* » (au lieu de *vérités*) « qui conviennent à

1. En latin, « En elle [c'est-à-dire l'Humanité] nous avons la vie, le mouvement et l'être » ; le propos de saint Paul rapporté dans les Actes des Apôtres, qui reprend un vers d'Épiménide sur Zeus, ne dit pas « *in ea* » mais « *in eo* », « en Lui », c'est-à-dire en Dieu.

2. En latin, « Non pas à nous, Maîtresse, non pas à nous, mais à Ton Nom donne la gloire ! » ; le psaume d'origine ne dit pas « *Domina* », mais « *Domine* », « Seigneur ».

3. « L'homme est tellement disposé à l'affection qu'il l'étend sans effort aux objets inanimés, et même aux simples règles abstraites pourvu qu'il leur reconnaisse un lien quelconque avec sa propre existence. » (*Système de politique positive*, t. II.) – [NdA.])

4. *Système de politique positive*, t. II [NdA].

5. Au reproche d'utilitarisme, même réponse que ci-dessus. Comte dirait que la sphère de ce qui nous convient est, grâce à lui, organisée : la morale est une science [NdA].

6. *Synthèse subjective* [NdA].

nos besoins moraux, intellectuels et physiques ». Cette philosophie, cette logique veut envelopper et soulever toute l'âme.

Donc, sachant les besoins humains, nous leur fournirons, en vue de les satisfaire, tout ce que nous aurons : vérité, quand nous posséderons une vérité ; fables, lorsque les vérités feront défaut : l'esprit humain ni l'âme humaine n'attendent point. Celui qui meut le soleil et les autres étoiles dans le *Cantique* de Dante, l'amour[1], qu'Auguste Comte appelle « le moteur » de toute activité, cet amour, ce désir nous jette en avant. Prenons garde de rien mépriser qui nous appartienne. La poésie est « plus large » et « non moins vraie » que la philosophie. Ce que le philosophe peut exiger de la poésie, c'est seulement de ne pas contredire ce que la science révèle de certain sur la nature humaine. Sous cette condition, que la poésie ait champ libre ! Elle ne pourra qu'ajouter par ses ornements à la magnificence de la religion. Veut-elle attribuer aux corps des qualités imaginaires ? Il suffit qu'elles ne soient point « en opposition avec les qualités constatées ». Veut-elle concevoir des êtres absolument fictifs ? Il suffira qu'ils servent le Grand-Être et contribuent à rendre la synthèse aussi émouvante que vraie[2].

Auguste Comte en a donné l'exemple. Puisque le Grand-Être nous manifeste, aussi réellement que possible, « l'entière plénitude du type humain, où l'intelligence assiste le sentiment pour diriger l'activité », pourquoi ne pas associer aux hommages rendus au Grand-Être cette Planète, avec le système entier qui lui sert de demeure ? Pourquoi s'arrêter là et ne point ajouter à ce couple de dieux l'Espace qui enveloppe notre système ? Que la Terre et que les planètes se meuvent, rien n'empêche d'y voir un acte de volonté. Que l'Espace se laisse franchir, rien n'empêche d'expliquer que ce libre parcours ait été laissé au chœur de nos astres par l'acte continu de sympathies immenses. Rien n'empêche non plus de rêver que, si l'Espace fut, c'est pour que la Terre, son satellite, ses compagnes et son soleil y puissent fleurir ; il n'est pas difficile non plus d'imaginer supplémentairement que la Terre, qui était indispensable à « la suprême existence », ait voulu concourir en effet au Grand-Être. Le poète a le droit de ne pas tenir la concordance pour fortuite. Comme le savant explique les hommes par la loi de l'Humanité, l'attrait de ce Grand-Être rendra compte au poète de la subtile bienveillance des innombrables flots de l'Espace éthéré[3] et du courage que la Terre (et aussi le soleil et la lune « que nous devons spécialement honorer ») a déployé et déploiera pour le commun service de l'Humanité triomphante.

1. Allusion aux derniers vers de *La Divine Comédie.*
2. C'est sur ces principes que sont fondés les poèmes métaphysiques de Maurras, notamment le « Colloque des morts » (p. 374 de la présente édition).
3. Ou Grand milieu [NdA].

Ici, le philosophe, peut-être soucieux à l'excès de sa philosophie de l'histoire, et voulant, comme il dit, incorporer le fétichisme en même temps qu'un certain degré de polythéisme à sa religion de l'humanité, eut le tort déplorable de gâter, en leur donnant un nom malheureux, ces rêveries qui sont fort belles. Mais avant de rire du Grand-Fétiche, – c'est le nom qu'il osa décerner à la Terre-mère, – j'aimerais que l'on consultât, moins sur le mot que sur la chose, les esprits compétents, et je veux dire les poètes. Je ne le demanderai pas à Sully-Prudhomme, qui n'a presque rien d'un positiviste[1]. Mais Charles de Pomairols, qui a parlé de la Terre avec des inflexions d'une grâce pieuse, sait fort bien le sens des termes dont il s'est servi, car il fut très bon philosophe et comtiste aussi orthodoxe que poète élégant et pur[2].

Le Grand-Fétiche anime la cadence de ces beaux vers :

> … J'ignorais tout de toi, vierge, ô blanche voisine !
> *Mais notre pays même avec grâce et douceur*
> *M'a conduit vers le bien qui manquait à mon cœur,*
> Et, m'étant approché du parfum des prairies,
> Invité par l'éclat des pelouses fleuries,
> Un jour, il m'a suffi, le plus doux de mes jours,
> De faire sous mes pas plier leur fin velours,
> De suivre à l'abandon le ruisseau qui serpente,
> De me laisser aller, comme lui, sur la pente,
> *D'entendre d'un esprit docile le conseil*
> *Que la forme du sol, sous l'éternel soleil,*
> *Avait déposé là, dès l'origine ancienne,*
> *Vierge ! et je t'ai trouvée et je t'ai faite mienne*[3] *!*

Les poètes de tous les temps ont dû reconnaître à Cybèle un corps vivant, un esprit, une volonté, des désirs[4]. Mais cette attribution, ordinairement due au souffle de l'instinct, est chez M. de Pomairols systématique, et telle que l'esprit de Comte l'eût souhaitée.

Prenons bien garde au caractère principal de ce système, qui est le *naturel* : l'auteur de la *Synthèse subjective* ne se flattait pas de créer ses matériaux. À peine eût-il osé dire comme Pascal : « L'ordre est de moi. » L'ordre, en effet, était lui-même inscrit dans la nature des choses. Comte s'est borné à l'y découvrir, et il a composé dans une suite rigoureuse des sentiments, des idées et des habitudes qui, avant lui, avaient toujours plus ou moins existé à l'état flottant. Voilà ce qu'il ne faut pas oublier si l'on veut connaître, comprendre, apprécier ce que cet homme, qui passe pour orgueilleux et qui fut si humble, avait dans la pensée quand il fondait

1. Le poète de *La Justice* procède évidemment de Kant [NdA].
2. Écrivain, fondateur du mouvement régionaliste La Veillée d'Auvergne, affilié au Félibrige.
3. Ch. de Pomairols : *Regards intimes* [NdA].
4. Déesse mère, symbole de la nature et de la fertilité.

sa religion. Le dogme en est si peu arbitraire que l'Olympe de Comte a toujours fait l'objet du culte des sensibilités délicates et des imaginations exaltées, à quelque genre de religion qu'elles appartinssent.

Il a pareillement classé, nommé, qualifié toutes les autres vénérations instinctives. Il a organisé et, pour ainsi dire, ajusté en moraliste, mais aussi en mathématicien, avec précision et finesse, les plus nobles ressorts de l'homme moderne : *honneur, gloire, pudeur, enthousiasme, dignité, intégrité*. Il ne s'est jamais flatté de les inventer. Les formules de ce système et de cet ordre peuvent être trouvées surprenantes ou choquantes. Avant de les railler ou de les censurer, il faut voir si elles ne correspondent pas à des faits reconnus.

C'est un fait que, dans beaucoup d'esprits, la vie religieuse est devenue affaire de tradition plus que de foi, de point d'honneur personnel ou domestique plus que de certitude individuelle.

C'est un fait que le culte des morts se développe dans les grandes villes du monde occidental[1].

C'est un autre fait que les jugements de la postérité, les visions de l'avenir impressionnent et déterminent les grandes âmes. Avant que Comte eût pu parler d'immortalité subjective[2], le fier Danton avait lancé au Tribunal révolutionnaire sa réponse : « Ma demeure ? Demain dans le néant, et mon nom au Panthéon de l'histoire[3] ! » Comte observe ce qui nous émeut et ce qui nous règle : il le médite, l'analyse, le généralise et le codifie.

Le culte qu'il ajoute au dogme et à la morale de sa religion n'est que le développement du culte catholique, et c'est sans doute ce qui en fait, au premier abord, la bizarrerie. Ces invocations, ces confessions, ces effusions, ces neuf sacrements[4], ce calendrier dans lequel les jours et les mois de l'année sont consacrés aux « grands types de l'humanité[5] », prennent tantôt l'aspect d'un décalque tout pur et tantôt celui d'une charge. De même,

1. On le voit entre autres au développement de l'art funéraire au XIXe siècle.

2. Promotion du défunt au rang de personne illustre dont l'humanité gardera toujours la mémoire.

3. Danton est l'un des rares chefs révolutionnaires pour qui Maurras ait une certaine sympathie : on le voit aussi dans *Mes idées politiques*.

4. La présentation, équivalent du baptême ; l'initiation et l'admission, qui jalonnent la formation des jeunes positivistes ; la destination ou choix d'une carrière ; le mariage ; la maturité ; la retraite ; la transformation ou séparation, équivalent de l'extrême-onction ; l'incorporation, ou transport des restes du défunt dans le bois sacré entourant le temple de l'Humanité.

5. Les treize mois du calendrier positiviste sont respectivement dédiés à Moïse, Homère, Aristote, Archimède, César, saint Paul, Charlemagne, Dante, Gutenberg, Shakespeare, Descartes, Frédéric II de Prusse et Bichat. Parmi les personnalités ayant servi à nommer les semaines et jours, on trouve, outre Mahomet et Confucius, nombre de figures du christianisme, avec toutefois un absent de marque : Jésus-Christ, qu'abhorrait Comte. La première mouture de ce calendrier prenait pour année-origine 1789 ;

les anges gardiens (la mère, la fille, l'épouse, qui sont aussi nommées déesses domestiques), l'utopie de la Vierge-Mère, le sacerdoce, le temple de l'Humanité[1]. De même, l'établissement du pouvoir spirituel présidé par un grand-prêtre de l'Humanité, pape de l'avenir[2]. Eh ! le rituel du catholicisme ne doit-il pas aussi au rituel des religions qui l'ont précédé ? Toutes les institutions religieuses qui ont vécu ont tiré leur substance de devanciers immédiats. Celui qui regarde de près les rêves d'Auguste Comte saisit promptement les raisons de chaque rite ou de chaque observance. Ici, la critique se borne à cette observation qu'il n'y a guère d'exemple d'un culte ainsi organisé d'un jet dans une seule tête ; encore y a-t-il réponse à cela : les prémisses de Comte une fois posées, on ne peut s'écarter beaucoup des conséquences qu'il a déduites.

Le culte rendu à l'Humanité sert proprement d'excitateur continuel et régulier aux puissances d'enthousiasme et d'énergie accumulées dans le dogme. Ou l'Humanité ne sera qu'un terme vague, général et sans efficacité, ou nous devrons préciser rigoureusement ce qu'il faut vénérer en elle : moment, lieu et personnes. Il faudra nommer les grands hommes, leur consacrer des jours, des semaines, des mois. Il faudra vous montrer l'élément religieux, la poussière d'Humanité qui flotte autour de vous et, comme toujours, la classer et l'organiser. Vous la verrez dans la famille : vous lui élèverez l'autel domestique. Vous la verrez dans la patrie, et le patriotisme en aura ses rites particuliers. La femme que vous aimerez vous sera aussi, de toute nécessité, une image sensible, vive et puissante, de la flamme d'amour qui chasse l'homme de lui-même et lui révèle qu'il est fait pour d'autres que lui. Mais, si le fondateur de votre culte aima avant vous, pourrez-vous refuser à son élue le rang de patronne et de bienheureuse ? Elle figurera la Femme dans l'Humanité[3]. Avec une exactitude qui touchera même vos sens, elle signifiera le règne du cœur[4], mais d'un cœur assisté de toutes les clartés de l'intelligence, d'un cœur réorganisé et régénéré : elle épanouira le triomphe de l'âme arrivée à sa plénitude sur

---

Comte a ensuite adopté la date plus consensuelle de 1855, qui marquait selon lui le point de maturité de sa doctrine.

1. Comte en avait dessiné le plan qui fut repris, en plus petit, pour la construction de la chapelle de l'Humanité du 5, rue Payenne, dans le IIIe arrondissement de Paris. Cette chapelle a été édifiée de 1903 à 1905 par l'Église positiviste du Brésil.

2. Comte s'était évidemment réservé ce poste.

3. C'est le rang que tient Clotilde de Vaux dans la religion positiviste. Elle figure en Vierge-Mère, équivalent positiviste de Marie, au-dessus du maître-autel de la chapelle de la rue Payenne et sur le monument à Auguste Comte de la place de la Sorbonne.

4. Il faut s'entendre, en effet, quand on écrit que la morale de Comte établit le règne du sentiment. Avec quel dédain il écrit d'une personne qui lui déplaît : « Émanée d'un père stupide et anarchique, cette jeune dame croit et *dit* que la vie n'a jamais besoin d'être systématiquement réglée et que le sentiment suffit pour nous conduire » (60e lettre au Dr Audiffrend, 26 Aristote, 69) – [NdA].

une raison sèche et nue. – Rien d'inorganique, rien d'impersonnel, ni rien de confus ne peut être souffert dans les prescriptions du positivisme. C'est une philosophie extrêmement vivante, figurée avec la dernière précision. La couleur et la vie qui lui sont naturelles sont avivées encore par cette force et cette clarté du dessin[1].

Tous les détails minutieux auxquels Comte descend s'expliquent de même. Ou la religion, la morale, la politique, la poésie se donneront la main ; ou la synthèse positive formée dans les esprits n'agira point sur la conduite. Un positiviste peut s'abstenir, par aridité naturelle, de répéter les célèbres formules établies par Auguste Comte avec des fragments des poètes qu'il préférait :

Vergine Madre, figlia del tuo figlio,
Quella ch'imparadisa la mia mente
Ogni basso pensier dal cor m'avulse[2] *!*, etc.

Mais ce positiviste est exactement dans le même cas que le catholique dénué de mysticité. Leur culte n'est pas complet, précisément parce que leur type est inachevé. Pure infirmité personnelle, qui ne peut arrêter notre jugement. Les différentes parties du positivisme de Comte concourent à tirer de l'anarchie l'esprit ou le cœur qu'elle fait souffrir ; mais l'œuvre entière ou quelque œuvre conçue sur un plan aussi général que celle-ci sera seule capable d'organiser complètement, définitivement, tête et cœur, personne et État. L'influence de cette œuvre peut être infinie : ce n'est pas vainement que, dans un langage digne de la plus haute algèbre, d'une poésie sans égale, Auguste Comte se flatta de rendre l'homme « plus régulier que le ciel[3] ».

Régulier, nullement esclave. Du jour où s'établit cette Religion Positive, l'ordre, devenu la condition du progrès, impose le respect spontané de la tradition, bien mieux, « l'amour » de ce « noble joug du passé », et, d'une façon plus générale, le sentiment de la supériorité de l'obéissance et de la soumission sur la révolte. Tout le monde subit la loi, le sage la connaît, mais l'homme pieux l'affectionne. Si donc le culte du Grand-Être humain se propageait et s'imposait, les relations de dépendance universelle et d'universelle hiérarchie seraient précisément l'objet de ces exaltations, de ces enthousiasmes et de toutes les agitations sensitives

1. Pour Maurras, la précision est la norme même de la vie, d'où la place que tiennent la ligne et le dessin dans son esthétique et dans sa pensée.

2. « Vierge-Mère, fille de ton Fils / Celle qui emparadise mon âme / [Qui] chasse de mon cœur toute basse pensée » : les deux premiers vers sont extraits du *Paradis* de Dante, le troisième d'un sonnet de Pétrarque. Le premier vers s'adresse évidemment à la Vierge Marie, le second à Béatrice, le troisième à Laure ; l'ensemble associe donc amour sacré et amour profane.

3. *Système de politique positive*, t. IV [NdA].

qui s'exercent aujourd'hui en sens opposé : ce grand facteur révolutionnaire, l'humeur individuelle, le sentiment, l'Amour serait l'auxiliaire de la paix générale.

Qui a de grands devoirs doit disposer de grands pouvoirs, même matériels, même pécuniaires ; on ne chicane plus aux Gouvernements ni aux autres forces sociales, qui sont chargées des plus lourdes responsabilités, les capitaux matériels et moraux qui leur sont nécessaires pour en porter la charge. Le régime électif est remplacé, en sociocratie positive[1], par une sorte d'adoption qui donne aux « dignes chefs » le droit de désigner leurs successeurs. Les forts se dévouent aux faibles, les faibles vénèrent les forts. Un puissant patriciat s'est constitué ; les prolétaires se groupent autour de lui, toute « source envieuse des répugnances démocratiques » étant bien tarie : maîtres et serviteurs se savent tous formés les uns en vue des autres. Les dirigeants se règlent sur les avis du sacerdoce, pouvoir spirituel qui se garde bien d'usurper, sachant que sa fonction n'est que de conseiller, non d'assumer en aucun cas le commandement[2].

La discussion stérile est finie à jamais, l'intelligence humaine songe à être féconde, c'est-à-dire à développer les conséquences au lieu de discuter les principes. Les dissidences sont de peu. Les conquêtes de l'ordre éliminent nécessairement les derniers partisans des idées de la Révolution, qui forment « le plus nuisible et le plus arriéré des partis[3] ». Tous les bons éléments qui lui restent abjurent le principe du libre examen, de la souveraineté du peuple, de l'égalité et du communisme socialiste : « dogmes révolutionnaires que toute doctrine vraiment organique doit préalablement exclure », et pour lesquels on voudrait imposer « aujourd'hui matériellement un respect légal ». Ces dogmes subversifs vont mourir de faiblesse. Les bons éléments du parti rétrograde abjurent, tout au moins en politique, la théologie et le droit divin[4]. Les positivistes font avec les premiers une alliance politique, avec les seconds l'alliance religieuse[5]. Car

1. Ainsi Comte nommait-il le régime nouveau qu'il entendait fonder, ou gouvernement de la société par la sociologie, très différent de la démocratie en ce qu'il n'aurait pas reposé sur l'autonomie des individus mais au contraire sur leur interdépendance.

2. Si cette usurpation pouvait se produire, on aurait, selon Comte, la *pédantocratie*, ou le plus affreux des régimes [NdA].

3. *Appel aux Conservateurs* [NdA].

4. En d'autres termes, les plus lucides des réactionnaires abandonnent l'idée de fonder l'ordre social sur le dogme chrétien et l'ordre politique sur la monarchie de droit divin, ce qui ne les empêche pas de conserver leurs croyances religieuses à titre privé.

5. C'est en gros sur cette double alliance que reposait l'Action française : elle unissait en effet d'anciens républicains revenus de la démocratie (Vaugeois, Moreau, Daudet, Bainville…) et des monarchistes catholiques, avec pour terrain d'entente le positivisme comtien revu et corrigé par Maurras.

les premiers ont de l'ardeur et de la vie, semences ignées[1] du progrès, et les seconds possèdent une discipline du plus grand prix. « Sans devoir devenir pleinement positivistes, les vrais conservateurs peuvent en faire sagement des applications[2]. » L'homme abdique ses prétendus droits, mais il remplit des devoirs qui le perfectionnent. L'esprit d'anarchie se dissout, l'ordre ancien se confond peu à peu avec l'ordre nouveau.

Au catholicisme, que Comte ose appeler « le polythéisme du Moyen Âge[3] », se substitue sans secousse le culte de l'Humanité, au moyen de la transition ménagée par la Vierge-Mère, cette « déesse des Croisés », « véritable déesse des cœurs méridionaux », « suave devancière spontanée de l'Humanité[4] ». Le conflit entre l'enthousiasme poétique et l'esprit scientifique est pacifié[5]. Paix dans les âmes. Paix au monde. La violence aura disparu avec la fraude. Avec la guerre civile, la guerre étrangère s'apaisera sous le drapeau vert d'une République occidentale, présidée par Paris, étendue autour du « peuple central » (la France), à l'Italie, à l'Espagne, à l'Angleterre et à l'Allemagne. Le Grand-Être, qui n'est pas encore, Comte l'avoue[6], le Grand-Être sera enfin : les hommes baigneront dans la délicieuse unité des cœurs, des esprits, des nations.

III. VALEUR DE L'ORDRE POSITIF

Monsieur Pierre Laffitte, qui a dirigé le positivisme depuis la mort de son maître jusqu'à ces derniers temps[7], eut coutume de dire que Comte s'est trompé sur la vitesse des transformations prévues par son génie. Une critique exacte des méprises de Comte n'a pas été faite encore et les proportions de son encyclopédie la rendent difficile. On peut douter de certains points très importants. La sociologie est-elle aussi avancée que le soutient Comte[8] ? La loi de dynamique sociale, sa chère loi d'après laquelle l'humanité passe nécessairement par les trois états d'affirmation

1. Ardentes, enflammées.

2. *Appel aux Conservateurs* [NdA].

3. Ce en raison du culte de la Vierge et des saints.

4. *Passim* : *Système de politique positive*, t. III, *Appel aux Conservateurs* et *Synthèse subjective* [NdA].

5. *Synthèse subjective* [NdA]

6. *Système de politique positive*, t. II [NdA].

7. Pierre Laffitte fut le principal exécuteur testamentaire de Comte et le titulaire de la chaire d'histoire des sciences au Collège de France. Il était membre de la Société des félibres de Paris, où Maurras l'a bien connu.

8. « La biologie n'est pas faite », lui objecte très justement Anatole France dans *Le Jardin d'Épicure* [NdA].

théologique, de critique métaphysique et de science ou de religion positive, doit-elle être tenue pour démontrée[1] ? Enfin, la division des instincts en altruistes et en égoïstes a-t-elle l'évidence que l'on souhaiterait ?

Quelque graves que soient ces doutes, ils n'atteignent pas la doctrine, dont les grands traits subsistent.

— L'histoire de l'Europe contemporaine, celle qui va des environs de 1854 à 1904, donne également un démenti aux rêveries pacifiques de la religion de l'Humanité[2] ; mais ce démenti de détail communique au système total une vigueur, un intérêt que l'on peut nommer actuels : le positivisme paraît d'autant plus vrai et d'autant plus utile que ses meilleures espérances sont déjouées[3]. C'est qu'il est, par-dessus tout, une discipline.

Pas plus qu'il ne diminuait la famille au profit de la patrie, Comte n'affaiblissait la patrie au profit de l'humanité : la constitution de l'unité italienne et de l'unité allemande, l'extension de l'empire britannique et de l'empire américain, nos défaites de 1870 auraient probablement inspiré à Comte, s'il eût atteint, suivant son rêve, à la longévité de Fontenelle[4], des retouches très sérieuses, mais très faciles, et que plusieurs de ses disciples n'ont pas craint d'accomplir[5], sur l'article de la Défense française et du renforcement de notre nationalité. Jusqu'à nouvel ordre, pour fort longtemps peut-être, la patrie représentera le genre humain pour chaque groupe d'hommes donné, et cet « égoïsme national ne laissera pas de les disposer à l'amour universel[6] », Auguste Comte l'a observé de lui-même[7].

Sous ces réserves et moyennant ces compléments, les uns et les autres bien secondaires en un sujet qui tient à l'ensemble même des choses, la critique doit avouer qu'Auguste Comte a résolu, quant à l'essentiel, le problème de la réorganisation positive. S'il n'a pas réglé le présent, « d'après l'avenir déduit du passé[8] », on peut dire qu'il a, comme il s'en vante, convenablement et pleinement « systématisé le bon sens[9] ».

1. Il faudrait un livre entier pour l'examiner convenablement. M. Michel Salomon va trop loin, quand il déclare cette grande loi « arbitrairement affirmée ». Les efforts des métaphysiciens, MM. Boutroux, Liard, Ravaisson, pour la rattacher à la métaphysique ne sont pas décisifs non plus [NdA].

2. En 1854, la France et le Royaume-Uni entrent en guerre contre la Russie (guerre de Crimée) ; en 1904 éclate la guerre russo-japonaise, qui concerne indirectement la France, alliée à la Russie, et le Royaume-Uni, allié au Japon.

3. Notons bien que c'étaient des espérances conditionnelles [NdA].

4. Cet écrivain mourut en 1757 à cent ans moins un mois.

5. Dont Maurras lui-même.

6. *Système de politique*, t. II [NdA].

7. Comte, et Maurras à sa suite, pensent qu'en se dévouant à sa patrie, l'homme s'habitue à l'altruisme, donc s'initie à l'amour de l'humanité.

8. *Système de politique positive*, t. III [NdA].

9. *Cours de philosophie positive*, t. VI [NdA].

Il l'a fait avec un bon sens incomparable. Les utopies que l'on rencontre dans son œuvre y sont appelées en toutes lettres des utopies, les fictions des fictions, les théories des théories ; encore se défie-t-il des théories pures, jeux d'esprit qu'il renvoie aux académiciens. « La dégénération académique[1] », dit-il. Ce qu'il théorise, c'est la pratique[2]. Et, chose admirable, chose unique peut-être dans la succession des grands hommes de sa famille, le théoricien de l'altruisme et qui a désiré le bien si passionnément, n'a pas été un optimiste, il n'a pas cru que ce qu'il proposait ou conseillait se trouvât dès lors accompli[3] : il a sans cesse, comme il dit, appelé « les impulsions personnelles au secours des affections sociales[4] », se gardant ainsi de dénaturer le mécanisme de l'homme pour l'améliorer en imagination.

Trait non moins rare et sur lequel il est aussi sans rival, Maistre et Bonald ne lui ayant que montré la voie[5], il a senti profondément ce qu'il y avait d'anarchique et de « subversif » à concentrer « la sociabilité sur les existences simultanées », c'est-à-dire à croire que nous ne formons de société qu'avec nos contemporains, à méconnaître « l'empire nécessaire des générations antérieures[6] », et enfin à faire prévaloir la solidarité dans l'espace sur la continuité, qui est la solidarité dans le temps : en renversant un rapport si défectueux, en rendant aux hommes morts et aux hommes à naître la première place dans la réflexion des meilleurs, il a fondé vraiment sa philosophie et sa gloire.

IV. LE FONDATEUR DU POSITIVISME

Ce bon sens était donc la faculté maîtresse de Comte. Elle a réglé souverainement ses autres puissances, si l'on excepte une période d'un an (1826-1827). La crise d'aliénation qui alla jusqu'à la folie furieuse pourrait témoigner elle-même de l'extraordinaire violence de l'imagination et

1. *Système de politique positive*, t. III [NdA].

2. Il a le sens du détail et de l'exception, lui qui ne cesse de soumettre le détail à l'ensemble. Par exemple, *adversaire acharné du divorce, il n'hésite pas à l'admettre en certains cas*. Il l'admet pour le cas de Clotilde de Vaux. Il ne l'admet pas pour lui-même [NdA].

3. En d'autres termes, estime Maurras, Comte n'a pas pris ses rêves pour des réalités, mais plutôt comme l'horizon d'une réforme intellectuelle et morale de longue haleine.

4. *Système de politique positive*, t. II [NdA].

5. Ces deux maîtres de la pensée contre-révolutionnaire annoncent Comte à bien des égards, mais leurs raisonnements s'appuient sur les dogmes chrétiens, raison pour laquelle l'agnostique Maurras les juge moins universels que le fondateur du positivisme.

6. *Système de politique positive*, t. II [NdA].

de la sensibilité auxquelles cet esprit eut la charge de présider. La persistance des images était chez lui si forte, sa mémoire était si parfaite qu'il avait coutume de composer de tête, phrase par phrase, les sept ou huit cents pages de ses traités. La méditation ainsi conduite jusqu'au dernier mot du dernier feuillet, il la rédigeait tout d'un trait, presque sans rature : ses imprimeurs ne pouvaient le suivre dans la rapidité de sa rédaction.

Claire et forte dans ses opuscules de jeunesse, on trouvera l'expression diffuse et longue dans les livres de sa maturité ; mais les derniers, principalement le *Système de politique positive*, accusent un progrès immense. La phrase, raccourcie et grave, chante les saintes lois. Il s'était imposé, dans la conception et la rédaction, une sorte de rythme ; il aggrava ce rythme de nouveaux artifices mathématiques, dont l'explication tiendrait trop de place, quand il écrivit la *Synthèse subjective*. Ce régime austère qu'il eût voulu imposer à la poésie de son temps, comme à son art particulier, tendait, dit-il, « à concentrer la composition, esthétique ou théorique, chez les âmes *capables d'en apprécier l'efficacité sans en redouter la rigueur* ». Les cadres immuables de ce régime « ne conviennent d'ailleurs qu'aux grandes intelligences fortement préparées où ces formes secondent la convergence et la concision ».

Il se rendait justice en se classant parmi les grandes intelligences : ainsi Dante se met entre les grands poètes. Si la mémoire lui fournissait un nombre infini de matériaux de tout ordre, puisés dans la science, l'histoire, la poésie, les langues ou même dans l'expérience de chaque jour, ce trésor était employé par une raison critique et une puissance de systématisation qui n'y étaient pas inégales. Mais le travail se fit d'autant plus énergiquement qu'il était activé par une âme plus véhémente. Peu de sensibilités seraient dignes d'être comparées à celle de Comte. Elle ne cessa de sentir l'aiguillon des médiocrités de la vie.

Mais les forts ne souffrent pas inutilement. Auguste Comte débuta comme la plupart des jeunes gens. Il se complut longtemps dans les erreurs de la jeunesse. Pareil au grand poète qu'il préférait à tous les autres et que j'aime à citer à propos de lui, Comte aurait pu avouer que, « presque au commencement de la montée de sa vie », la panthère au corps souple bondissait devant lui :

Temp'era dal principio del mattino
E'l sol montava…

« C'était l'heure du commencement du matin, et le soleil montait[1]. » La fougue ardente de son sang méridional l'attachait au bel animal bigarré qui symbolise la luxure de la jeunesse. Les lettres adressées plus tard

1. Extrait du premier chant de *L'Enfer* de Dante, au cours duquel le poète rencontre trois animaux symbolisant les passions qui détournent l'âme de Dieu : la panthère (luxure), le lion (orgueil) et la louve (cupidité).

à Clotilde de Vaux nous renseignent sur l'aventureuse existence qui se juxtaposait à tant de labeur[1]. Cherchant l'amour, trouvant la débauche, le mariage lui parut concilier l'un et l'autre de ces deux biens avec le soin de sa tranquillité. C'est ainsi que sa jeune maîtresse, Caroline Massin, devint Mme Comte.

Il en a trop gémi, il l'a trop flétrie par la suite[2], la voix de ses disciples a trop accompagné la sienne pour qu'il soit indiscret de dire aujourd'hui la vérité. Ce mariage, contracté en des circonstances affreuses, l'unit à son mauvais démon. Sans manquer d'esprit, Caroline fut une sotte[3]. Aussi longtemps que l'âge le permit, elle eut, au su de son mari, la tenue d'une fille publique : Bovary parisienne[4] qui, lorsqu'elle n'était pas dominée par d'autres ardeurs, ne pouvait songer qu'à transformer son époux en « machine académique, lui gagnant de l'argent, des titres et des places[5] ». Ignorante d'ailleurs de la valeur intellectuelle de Comte, au point de lui déclarer un jour devant témoins qu'elle plaçait Armand Marrast[6] bien au-dessus de lui[7], ses sottises et ses folies durent contribuer à la crise mentale de 1826. Quatre fois, pour des périodes fort longues, elle quitta le toit domestique[8]. Comte jugeait « que l'homme doit nourrir la femme » : il ne fut jamais complètement délivré de sa compagne, lors même qu'il se sépara d'elle, après dix-sept ans de mariage, en 1842. En 1870, la mégère, secondée par Littré ou le secondant, s'attachait encore à poursuivre la cendre de cet infortuné philosophe et mari[9].

Pour lui, bien avant de mourir, il avait trouvé une paix sur laquelle Littré ni Mme Comte ne pouvaient rien. C'est en 1845, au mois d'avril, comme dans les sonnets des poètes de la Renaissance, qu'Auguste Comte rencontra

1. Quelques pages de *Volupté* de Sainte-Beuve pourraient donner une idée juste de cette vie [NdA].

2. Dans une « addition secrète » au testament qu'il laissa à ses disciples, Comte affirme que Caroline Massin était une ancienne prostituée.

3. Ce point a toujours fait l'objet d'un débat parmi les deux postérités de Comte : ceux de ses disciples qui, avec Littré, n'ont pas admis l'évolution mystique du philosophe après sa rencontre avec Clotilde de Vaux ont pris le parti de Caroline Massin et l'ont présentée comme une femme cultivée et intelligente.

4. Le célèbre personnage de Flaubert a intéressé Maurras en tant qu'incarnation du malaise intellectuel et moral contemporain. Il lui a consacré un article dans *La Gazette de France* du 24 août 1902.

5. *Testament* [NdA].

6. Journaliste et homme politique qui participa entre autres à la rédaction de la Constitution de 1848.

7. *Testament* [NdA].

8. *Ibid.* [NdA].

9. Littré soutint Caroline Massin dans le procès qu'elle fit aux exécuteurs testamentaires de Comte pour les empêcher de publier les derniers ouvrages de son mari, dont elle désapprouvait l'orientation religieuse.

celle qu'il devait appeler « sa véritable épouse », « sa sainte compagne », « la mère de sa seconde vie », « la vierge positiviste », « sa patronne », « son ange », et enfin « la médiatrice » entre l'Humanité et lui. Ce langage de mythe ne nous abuse pas. Le pauvre Comte commença par être épris le plus terrestrement du monde. Clotilde de Vaux surexcita une nature dont il ne laissait pas d'avouer la faiblesse et les vivacités. Mélancolique et pauvre amour d'un homme de quarante-sept ans pour une jeune femme de trente ! Celle-ci, brisée par une aventure extraordinaire[1], avait aimé, était peut-être disposée à aimer encore ; mais enfin elle n'aimait point et n'était pas femme à se donner sans amour.

Son intelligence était digne du philosophe. Comte s'exagérait la valeur des compositions littéraires, prose ou vers, qu'elle lui avait communiquées, mais nous pouvons citer des maximes touchantes tombées des lèvres ou de la plume de Clotilde, celle-ci notamment fort belle : « Il est indigne des grands cœurs de répandre le trouble qu'ils ressentent. » Elle avait éprouvé l'influence comtiste et le montrait, en écrivant, par exemple, de la société : « Ses institutions sont respectables, comme le labeur des temps. » Mais une influence aussi pure ne contentait pas le philosophe, dévoré, brûlé d'autres feux. Sa disgrâce, qui serait plaisante au théâtre, fait songer dans le livre aux gémissements les plus pathétiques. On oublie le lai d'Aristote[2] ; l'on ose même rêver de la *Vie nouvelle*[3]. Le Père Gruber[4], dans son excellente biographie de Comte, plaisante le pauvre docteur : « Il est malheureux lorsqu'une lettre éprouve un léger retard à la poste. Il numérote toutes les lettres ; il les conserve comme des reliques ; il les relit sans cesse pour mieux goûter ce qu'elles renferment. » Le Révérend Père Gruber en parle à son aise. Comte n'est pas si ridicule ! La rigueur même des formules qu'il emploie pour se définir à lui-même ses épreuves ne peut éveiller qu'un sourire compatissant, lorsque, par exemple, il rassure Mme de Vaux sur les sentiments qu'il lui a voués : « À vingt ans, dit-il, je vous eusse respectée comme une sœur… Pourquoi serais-je aujourd'hui moins délicat, *puisque je suis au fond plus pur qu'alors, et même plus tendre, sans être moins ardent*[5] ? » La pauvre femme se défendit, puis finit par céder l'ombre d'une promesse. Elle était mourante[6]. Dans son agonie elle regretta, nous

1. Son mari avait été condamné à la prison perpétuelle peu de temps après leur mariage [NdA].

2. Fabliau du XIIIe siècle évoquant l'impuissance de la raison face à l'amour : on y voit le vieux philosophe Aristote, tombé amoureux de la jeune Phyllis, se mettre à quatre pattes pour lui servir de monture.

3. La *Vita nuova* de Dante, texte dans lequel le poète évoque sa passion pour Béatrice et la sublimation de cet amour terrestre en amour céleste.

4. Jésuite allemand, spécialiste d'Auguste Comte.

5. *Testament*, Lettre du 6 décembre 1854 [NdA].

6. Clotilde de Vaux mourut à trente et un ans de la tuberculose.

dit Comte[1], de « n'avoir pas accordé » à l'amour « un gage ineffable ». « Ce regret spontané », ajoute le philosophe que l'amour avait transformé en prêtre et en poète, « me laissera toujours un souvenir plus précieux que n'aurait pu l'être désormais la mémoire trop fugitive d'une pleine réalisation »[2].

Le 5 avril 1846, après un an d'intimité, Clotilde de Vaux s'éteignit. Elle ne mourut pas. Elle entra dans « l'immortalité subjective[3] ». Vivant toujours et vivant mieux dans la mémoire d'Auguste Comte, elle s'incorpora par lui au Grand-Être, qui ne doit jamais l'oublier.

Un tel oubli n'est pas possible. L'Humanité ne saurait oublier que, par cette femme, le philosophe qui formula le positivisme prit une conscience entière de ses aspirations et des aspirations du genre humain. Quelque exagéré que paraisse un tel langage, qui résume celui de Comte, il est de fait que l'amour de Clotilde alluma chez le philosophe de nouvelles lumières et qui grandirent chaque jour. Le système gagna en étendue, en cohérence, en profondeur. Le sentiment y aviva le discernement, et cette dernière faculté devint aussi plus prompte à saisir dans toutes les choses les étincelles d'un foyer universel : l'adoration quotidienne de Clotilde inspira ce progrès constant[4]. Je ne pense pas que, sans elle, Comte eût écrit tant de remarques où la délicate pénétration le dispute à la magnifique netteté, celle-ci par exemple, dont on ferait honneur à Pascal ou à Vauvenargues :

> Les moindres études mathématiques peuvent ainsi inspirer un véritable attrait moral aux âmes bien nées, qui les cultivent dignement. Il résulte de l'intime satisfaction que nous procure la pleine conviction d'une incontestable réalité, qui, surmontant notre personnalité, même mentale, nous subordonne librement à l'ordre extérieur. Ce sentiment est souvent dénaturé, surtout aujourd'hui, par l'orgueil qu'excite la découverte ou la possession de telle vérité. Mais il peut exister, avec une entière pureté, même de nos jours. Tous ceux qui, à quelques égards, sont sortis de la fluctuation métaphysique, ont certainement éprouvé combien cette sincère soumission affecte doucement le cœur. Il peut ainsi sortir un véritable amour, peu exalté, mais très stable, pour les lois générales qui dissipent alors l'hésitation naturelle de nos appréciations[5]. *Car l'homme est tellement disposé à l'affection qu'il l'étend sans*

1. *Testament*, confession annuelle de 1847 [NdA].
2. *Ibid.* [NdA].
3. C'est-à-dire la promotion au rang de personne illustre dont l'humanité gardera toujours la mémoire.
4. Clotilde de Vaux, catholique ardente, stimula l'évolution de Comte vers une conception religieuse du positivisme.
5. Jusque dans ses dernières années, Comte paraît avoir été insensible au mauvais effet de ces finales en *tion*. Elles lui ont gâté de bien belles phrases. D'une manière générale, le style de Comte éloigne par l'étrangeté, la difficulté. « Tu lis Auguste Comte, ce qui n'est pas drôle », dit Jules Lemaître à son célèbre ami Taine, qui, lisant Hegel en allemand, ne pouvait pas souffrir le français de Comte. Ce français a souvent la couleur d'un autre idiome : couleur qui n'est point due seulement au ton abstrait, commun à toutes les philosophies : il faut tenir compte d'un recours presque

effort aux objets inanimés, et même aux simples règles abstraites, pourvu qu'il leur reconnaisse une liaison quelconque avec sa propre existence.

Cette page est tirée d'un volume du *Système de politique positive* paru en 1852. Il n'en avait point écrit de pareille dans les six in-octavo de la *Philosophie positive*, et je crois fermement que, sans l'idée de Clotilde, cette page aurait toujours dormi dans son cœur. Cette douce Béatrice[1], dont un culte trop détaillé ne pourra détruire le charme, éveilla chez Comte la « grande âme », « l'âme d'élite », qui s'ignorait d'abord en lui. La naïveté du philosophe put s'en accroître, avec cet orgueil, fait de confiance naturelle, sans lequel il n'eût jamais tenté ses travaux : il y gagna ainsi de la véritable noblesse, dirai-je de la sainteté ?… « Il me rappelait une de ces peintures du Moyen Âge qui représentent saint François uni à la Pauvreté[2]. Il y avait dans ses traits une tendresse qu'on aurait pu appeler idéale plutôt qu'humaine. À travers ses yeux à demi fermés, éclatait une telle bonté d'âme qu'on était tenté de se demander si elle ne surpassait pas encore son intelligence. » Ainsi parle quelqu'un qui le visita sur la fin.

Lorsque, deux ans avant sa mort, il écrivit son Testament, le travail se prolongea pendant trois semaines ; mais, comme il faisait à ses disciples et à ses amis l'abandon et la distribution de ses propriétés matérielles, il nota ce que lui inspirait cet effort de détachement en esprit : c'était le sentiment parfait de la mort à soi-même. « Volontairement dépouillé de tout », son œil, refroidi par la mort intérieure, heurtait sans cesse des objets dont il ne se sentait que le gardien et le dépositaire, car ils avaient « reçu des possesseurs déterminés » par les clauses de son écrit. « Son éternelle amie » lui était purement « subjective » depuis neuf ans entiers : à son tour il fut ou se crut, pendant deux années, « subjectif » à lui-même. – « Habitant une tombe anticipée, je puis désormais tenir aux vivants un langage posthume, qui se sera mieux affranchi des vieux préjugés, surtout théoriques, dont nos descendants se trouveront privés. » C'est en exécution de cette pensée que la *Synthèse subjective* est supposée écrite en 1927,

---

constant au langage spécial des mathématiciens, tant pour les locutions que pour les images. – La critique attentive observera chez Comte une curieuse particularité. Les mots dont il se sert ont toujours de la propriété, en ce sens qu'ils pourraient fort bien être les mots convenables : mais ce ne sont pas ceux que l'usage a élus. Ainsi dit-il sans cesse le Pont-Nouveau. Or, on dit le Pont-Neuf. Il ne semble pas s'en douter. Ce grand homme, qui a inventé une forte partie de sa langue et qui atteint ainsi à la plus étrange éloquence, ne s'est peut-être donné tant de mal qu'en raison de ce qu'il naquit à Montpellier dans une famille de condition modeste, où le dialecte languedocien devait être le seul d'usage courant [NdA].

1. Nouvelle référence à Dante, pour qui Béatrice fut ce que Clotilde a été à Comte.

2. Saint François d'Assise se disait l'époux de « Dame Pauvreté ». Il la plaçait au cœur de sa spiritualité, car la pauvreté affranchit de toutes les dépendances qui entravent la marche de l'âme vers Dieu.

en pleine « réorganisation occidentale », et coopérer à l'application du système de ce temps-là.

Le 5 septembre 1857 lui retrancha son reste de vie.

J'ai écrit : sainteté ; j'aurais pu écrire magnanimité. J'entends de douces voix me conseiller plutôt : folie pure, folie raisonnante. Mais non. Presque autant que le manque de cohérence, l'excès de l'ordre dans le rêve, dans le sentiment, dans la vie, *joue* quelquefois l'aliénation[1]. Un point nous est bien assuré. Le jugement d'Auguste Comte, tel qu'il se montre dans ses lettres, garda toujours la vivacité, la clairvoyance, la nuance même. Rien ne justifie donc les calomnies de Littré. Seulement, tout les autorise.

Peu d'esprits voudront suivre sans un effroi sacré une opération comme celle de Comte, qui réduit en systèmes, en systèmes qui lui commandaient de grands actes, les impulsions les plus spontanées de la vie du cœur... De tels prodiges sont plus faciles à concevoir dans le reculé de l'histoire que près de nous, dans un cerveau contemporain. Les grands fondateurs et réformateurs religieux ont bien vécu ainsi leur foi ; je voudrais oser dire qu'ils ont su mourir ainsi en elle. Dès lors l'étonnement de Comte fut de n'avoir pas inspiré ces *dévouements complets* qui ne manquèrent point, disait-il, à saint Paul et à Mahomet. Mais la stupeur qu'inspirent quelques-unes de ses paroles résulte au fond de la difficulté qu'il y a toujours à se représenter la fulgurante intersection d'une pensée par un sentiment, d'une pure formule théorique par une action. Auguste Comte n'était pas fou, et plus il étonna, en avançant en âge, les hommes de son temps, plus il se rapprochait de la raison même. Cette approche vertigineuse est peut-être la plus poétique des sensations que donnent ses livres et qu'un livre puisse donner.

Rappelez-vous ces extraordinaires dessins de Léonard de Vinci, dans lesquels la courbe vivante, chef-d'œuvre d'un art souverain, effleure et tente par endroits la courbe régulière, mais tout *autrement* régulière, qui est propre aux dessins de géométrie. Les formes circonscrites sont déjà des idées, et leur concret touche à l'abstrait, en sorte que nous nous demandons, avec un peu d'angoisse, si la vierge ou la nymphe ne vont pas éclater en un schématisme éternel. Auguste Comte éveille la même impression, mais en sens inverse : c'est la pensée méthodique, sévère et dure, qui tend à la vie ; elle y aspire ; elle en approche, comme approche de l'infini le plus ambitieux et le plus agile des nombres ou, du cercle, le plus emporté des myriagones[2]. Quelque chose manque toujours à ces deux efforts héroïques.

1. Il est tentant de voir là une remarque autobiographique, à rapprocher de la célèbre phrase du général de Gaulle : « Maurras avait tellement raison qu'il en est devenu fou. »

2. Polygone à 10 000 sommets. En écrivant que Comte tendait à la vie, Maurras suggère qu'il ne l'a pas atteinte. On peut à nouveau se demander s'il ne parle pas de

Mais, pour tonifier la vertu, pour donner au courage l'aile de la Victoire, rien n'égale le spectacle d'un tel effort.

Nous ne serions plus des Français, ni du peuple qui, après Rome, plus que Rome, incorpora la règle à l'instinct, l'art à la nature, la pensée à la vie si la philosophie, éminemment française, classique[1] et romane, d'Auguste Comte n'était propre qu'à nous inspirer quelques doutes sur la santé de ce grand homme. Il a rouvert pour nous, qui vivons après lui dans le vaste sein du Grand-Être, de hautes sources de sagesse, de fierté et d'enthousiasme. Quelques-uns d'entre nous étaient une anarchie vivante[2]. Il leur a rendu l'ordre ou, ce qui équivaut, l'espérance de l'ordre. Il leur a montré le beau visage de l'Unité, souriant dans un ciel qui ne paraît pas trop lointain.

Ne le laissons pas sans prières. Ne nous abstenons pas du bienfait de sa communion.

APPENDICE. FORMULES POLITIQUES ET MORALES D'AUGUSTE COMTE

L'esquisse générale du positivisme n'a pas permis de développer le détail de certaines idées politiques et morales qui ont beaucoup contribué, ces dernières années, à l'influence et au succès croissant d'Auguste Comte. Il me paraît utile de détacher un certain nombre de passages qui déterminent assez le caractère de sa doctrine sur quelques points controversés.

I. Le positivisme dans son rapport avec les catholiques et les protestants

« Je dois spécialement approuver, et même encourager, le projet de publication que vous me soumettez, et qui, s'il est bien exécuté, pourra beaucoup seconder notre propagande. *Peut-être, au lieu du mot*

---

lui-même : ne fut-il pas un être retranché de l'existence commune par l'épreuve de la surdité et le poids d'une personnalité hors norme ?

1. Il est bien singulier, à moins qu'il ne soit peut-être bien naturel, que de grands évolutionnistes, de fameux historiens de la transformation des genres littéraires et philosophiques aient passé dix ou douze années de leur vie à nous parler d'Auguste Comte sans avoir pris garde que le positivisme, réorganisant toute chose relativement et *subjectivement* au type de l'homme, représente l'évolution dernière et le dernier perfectionnement de « l'humanisme » de la Renaissance. Il est vrai que d'autres professeurs sont venus confondre la religion de l'Humanité avec l'humanitarisme ! [NdA.]

2. Ici, l'allusion autobiographique est irrécusable.

“ANARCHY”, *vaudrait-il mieux, dans votre triple titre, mettre* “PROTESTANTIS”, surtout en vue de votre milieu, *mais sans altérer l'équivalence radicale des deux termes*. Le moment est venu de réaliser le vœu que je formais en 1841, dans une note de ma *Philosophie positive* (t. V, p. 327), de concentrer les discussions philosophiques et sociales entre les catholiques et les positivistes, en écartant, d'un commun accord, tous les métaphysiciens ou négativistes (protestants, déistes et sceptiques), comme radicalement incapables de coopérer *à la construction qui doit distinguer le XIXe siècle du XVIIIe ; il faut maintenant presser tous ceux qui croient en Dieu de revenir au catholicisme, au nom de la raison et de la morale ; tandis que, au même titre, tous ceux qui n'y croient pas doivent devenir positivistes*.

« Quoiqu'on ne puisse pas espérer que cette netteté de situation se réalise dans le milieu britannique ou germanique, *nous devons pourtant faire toujours sentir combien le protestantisme, sous tous ses modes, est contraire au siècle de la construction*. Si, comme je l'espère, la France se débarrasse du budget ecclésiastique[1], il sera bientôt facile de combiner les catholiques avec les positivistes contre les négativistes quelconques. » (Lettre à John Metcalf, 1856.)

II. La vénération

« Si l'état révolutionnaire consiste chez les praticiens en ce que tout le monde prétend commander, tandis que personne ne veut obéir, il prend chez les théoriciens une autre forme non moins désastreuse et plus universelle, *où chacun prétend enseigner et personne ne veut apprendre*… Si vous faisiez une lecture journalière de l'*Imitation*[2], vous reconnaîtriez cela, qui vous servirait mieux que les résultats, intellectuels ou moraux, d'une avide lecture des journaux, revues ou pamphlets. *On ne peut, sans la vénération*, ni rien apprendre, ni même rien goûter, ni surtout obtenir aucun état fixe de l'esprit comme du cœur, non seulement en morale ou en sociologie, mais aussi dans la géométrie ou l'arithmétique. » (Lettre à Dix Hutton, 1855.)

---

1. Comte contestait la rémunération du clergé par les pouvoirs publics instituée par le concordat de 1801 au motif qu'elle asservissait l'Église à l'État, mais aussi parce qu'elle jouait surtout au bénéfice du catholicisme, qu'il rêvait de remplacer par sa religion positiviste.

2. *L'Imitation de Jésus-Christ* est un célèbre traité de piété de la fin du Moyen Âge dont Comte était familier, comme le fut le jeune Maurras (voir *Quatre nuits de Provence*).

III. Les dogmes de la Révolution

« Une vaine métaphysique, se sentant incapable d'aborder sérieusement l'immense question de l'ordre, avait même tenté de l'interdire, en imposant matériellement un respect légal pour les dogmes révolutionnaires que toute doctrine vraiment organique doit préalablement exclure. » (1857.)

IV. Souveraineté du peuple et égalité

« Depuis trente ans que je tiens la plume philosophique, j'ai toujours représenté la souveraineté du peuple comme une mystification oppressive et l'égalité comme un ignoble mensonge. » (Lettre au général Bonnet, 1er décembre 1855.)

V. Le parlementarisme

« L'opinion française permit ensuite le seul essai sérieux qui pût être tenté parmi nous d'un régime particulier à la situation anglaise[1]. Il nous convenait si peu que, malgré les bienfaits de la paix occidentale, sa prépondérance officielle pendant une génération nous devint encore plus funeste que la tyrannie impériale : en faussant les esprits par l'habitude des sophismes constitutionnels, corrompant les mœurs d'après des mœurs vénales ou anarchiques, et dégradant les caractères sous l'essor croissant des tactiques parlementaires. » (Politique positive, II.)

VI. Le césarisme administratif

« … Dernière conséquence générale de la dissolution du pouvoir spirituel, l'établissement de cette sorte d'autocratie moderne qui n'a point d'analogie exacte dans l'histoire et qu'on peut désigner, à défaut d'expression plus juste, sous le nom de ministérialisme ou de despotisme administratif. Son caractère organique propre est la centralisation du pouvoir poussée de plus en plus au-delà de toutes les bornes raisonnables. Son moyen général d'action est la corruption systématisée. » (*Considérations sur le pouvoir spirituel*, 1826.)

Ce dernier fragment cité date de 1826, mais a été réimprimé en 1854 comme témoin d'une invariable doctrine.

1. Allusion à la monarchie parlementaire des années 1815-1848.

VII. La royauté

Reste à déterminer comment cet ennemi de la démocratie, de la bureaucratie, du parlementarisme, des principes de la Révolution et du protestantisme même, a pu être républicain. Jusqu'à quel point n'a-t-il pas été royaliste ? La République d'Auguste Comte prend pour devise « liberté et ordre public ». Elle est gouvernée par des hommes d'État, « purs de toute croyance anarchique » (Lettre au docteur Audiffrend) ; elle exclut le Parlement, la centralisation et le plébiscite. Elle est présidée par un dictateur, soumis au régime de l'hérédité sociocratique, c'est-à-dire qui choisit lui-même son successeur. On trouvera partout le mécanisme du système, qui est expérimenté au Brésil.

Page x de *L'Appel aux Conservateurs*, écrit en 1855, c'est-à-dire trois ans après le Deux-Décembre[1], Auguste Comte envisage la royauté comme « le moyen de salut le plus extrême » auquel les amis de l'ordre pourraient être conduits en un cas, un seul cas bien spécifié : le cas où « l'anarchie parlementaire » se « rétablirait momentanément ». Cette éventualité paraissait alors impossible au philosophe. Il avouait que le retour de cette « anarchie », de cette « aberration » n'était pas concevable. Mais il ajoutait que, dans ce cas, sous la Monarchie nécessairement rappelée pour sortir du désordre, « le positivisme continuerait à se développer en utilisant les propriétés du régime qui protégea le premier essor de la synthèse universelle[2] ». La légitimité[3] lui avait toujours paru fournir le meilleur mode pour instituer la transition organique[4], et il appelait le ministère de Villèle (1821-1828) « le plus honnête, le plus noble et le plus libre de tous les régimes sous lequel il eût vécu jusqu'en 1855 ». Il conviait les « âmes aptes à représenter la postérité à ne pas oublier le nom du digne président de la dictature légitimiste ».

L'avantage d'un gouvernement où *l'autorité se transmet selon le même mode que la propriété* était loin de lui échapper. Il s'objectait que ce régime fut peu populaire. C'est pourquoi, pensait-il, cette monarchie ne pourrait revivre que « passagèrement ». Mais, en 1860, trois ans après la mort de Comte, l'empire, devenant libéral, rétablit un parlementarisme qui devint, en 1870, démocratique et républicain, et cette double et triple « aberration anarchique » devait motiver, d'après Comte, la restauration de la monarchie légitime. Ce péril intérieur était d'ailleurs accompagné

1. Le 2 décembre 1852 est la date à laquelle Louis Napoléon Bonaparte fut couronné empereur des Français sous le nom de Napoléon III, un an jour pour jour après son coup d'État – que Comte avait approuvé.

2. Allusion à la maturation de la pensée de Comte sous la Restauration.

3. C'est-à-dire la transmission héréditaire du pouvoir dans une dynastie consacrée par l'histoire.

4. C'est-à-dire le passage de l'anarchie à la sociocratie.

d'un bouleversement en Europe. Quatre grandes guerres, en 1859, 1866, 1870 et 1878, fortifiaient des dynasties déjà puissantes[1], développaient les compétitions nationales et redoublaient l'ambition des empires[2]. Comte se demanderait certainement aujourd'hui si le péril extérieur n'est pas de nature à ramener vers la légitimité non seulement les hommes d'ordre, mais les « inclinations » de la foule elle-même.

1. La guerre franco-piémonto-autrichienne de 1859 renforça la dynastie piémontaise, les guerres austro-prussienne de 1866 et franco-prussienne de 1870 renforcèrent la dynastie prussienne et la guerre russo-turque de 1878 renforça la dynastie russe.

2. La guerre de 1914-1918 a renversé les dynasties vaincues, mais a renforcé les nationalismes chez le vainqueur comme chez le vaincu, et elle a décuplé l'ambition des empires [NdA, 1927].

TROIS IDÉES POLITIQUES
Chateaubriand – Michelet – Sainte-Beuve

À M. Paul Bourget,
en souvenir des justes conclusions d'Outre-Mer[1]

Nous devons chercher ce qui reste de la vieille France et nous y rattacher par toutes nos fibres, retrouver la province d'unité naturelle et héréditaire sous le département artificiel et morcelé, l'autonomie municipale sous la centralisation administrative, les Universités locales et fécondes sous notre Université officielle et morte, reconstituer la famille terrienne par la liberté de tester, protéger le travail par le rétablissement des corporations, rendre à la vie religieuse sa vigueur et sa dignité par la suppression du budget des cultes et le droit de posséder librement assuré aux associations religieuses, en un mot, sur ce point comme sur les autres, défaire systématiquement l'œuvre meurtrière de la Révolution française.

Paul Bourget, *Outre-Mer*, tome II.

Note à l'édition de 1912

L'année 1898, traversée d'agitations profondes[2], ne pouvait manquer d'introduire la politique et la religion dans ses trois grandes commémorations littéraires : le centenaire de la naissance de Michelet, le cinquantenaire de la mort de Chateaubriand, l'érection du buste de Sainte-Beuve[3]. Mes réflexions d'alors aboutirent à des conclusions générales qui n'ont pas perdu tout leur intérêt aujourd'hui, car elles ne furent pas étrangères à la fondation de notre Action française sept mois plus tard. Je leur dois mes relations intellectuelles avec quelques-uns de ceux dont je suis le collaborateur depuis quatorze ans. Ce souvenir précieux me fera pardonner l'amitié que je garde à ce petit livre et le plaisir avec lequel j'ai cédé à mes vieux amis les éditeurs Honoré et Édouard Champion, quand ils m'ont proposé de le réimprimer dans la maison où il a vu le jour. Il me paraît bien vain

1. Livre paru en 1895 et sous-titré *Notes sur l'Amérique*, où Bourget venait de passer huit mois.
2. Notamment l'apogée de l'affaire Dreyfus et la crise de Fachoda : voir *Kiel et Tanger* dans le présent volume.
3. Il se trouve dans les jardins du Luxembourg.

d'y changer grand'chose, hormis quelques paroles aiguës que j'ai plaisir à effacer. S'il fallait tout récrire, je n'aurais pas de peine à m'abstenir d'un certain courant d'épigrammes. L'expression d'un sentiment qui se cherchait encore côtoie ici, à chaque ligne, le formulaire d'une pensée qui se trouvait. Les défenseurs de l'anarchie démocratique et libérale, seuls visés et atteints par la direction générale de ma critique, ne manqueront pas de la représenter de nouveau comme ennemie secrète d'une organisation religieuse que je vénère[1]. C'est pourquoi il ne m'a pas semblé inutile de fixer, dans cette nouvelle édition, en note, la preuve décisive de l'intention calomnieuse acharnée à dénaturer ma pensée.

AVANT-PROPOS

Je ne traite pas de Chateaubriand, de Michelet ni de Sainte-Beuve ; mais on n'a point traité de Sainte-Beuve, de Michelet, ni de Chateaubriand dans les solennités dont ils ont fourni le prétexte.

Je veux parler de ce qui fut l'unique sujet des discours et des écrits publiés à propos de ces trois écrivains. Je dirai quel sens politique peut être sans erreur prêté à leurs ouvrages. Ce n'est pas de ma faute si on leur en a prêté un.

Que les partis en quête d'un aïeul représentatif se trompent parfois de grand homme, je n'y peux rien non plus ; ils m'auraient épargné de relever l'erreur s'ils l'eussent d'abord évitée. Comme disent les philosophes, tout cela m'est *donné*. Mais, sur cette donnée, je me préoccupe d'avoir raison ; ils me semble douteux que ces réflexions souffrent de conteste sérieuse.

La vieille France croit tirer un grand honneur de Chateaubriand, elle se trompe. La France moderne accepte Michelet pour patron, mais elle se trompe à son tour. En revanche, ni l'une ni l'autre des deux Frances ne nous montre un souci bien vif de Sainte-Beuve ; c'est encore une faute, un Sainte-Beuve peut les remettre d'accord.

1. L'Église.

I. CHATEAUBRIAND OU L'ANARCHIE

La soumission est la base du perfectionnement.
Auguste Comte[1]

J'admire surtout l'égarement de la vieille France[2]. Ce Régime ancien dont elle garde la religion, l'État français d'avant dix-sept cent quatre-vingt-neuf, était monarchique, hiérarchique, syndicaliste[3] et communautaire ; tout individu y vivait soutenu et discipliné ; Chateaubriand fut des premiers après Jean-Jacques[4] qui firent admettre et aimer un personnage isolé et comme perclus dans l'orgueil et l'ennui de sa liberté.

La vieille France avait ses constitutions propres, nées des races et des sols qui la composaient[5]. Les voyages de Chateaubriand aux pays anglais marquent, avec ceux de Voltaire et de Montesquieu, les dates mémorables de l'anglomanie constitutionnelle[6] ; il ne guérit jamais de son premier goût pour les plagiats du système britannique, libéralisme, gouvernement parlementaire et régime de cabinet.

La vieille France avait l'esprit classique[7], juridique, philosophique, plus sensible aux rapports des choses qu'aux choses mêmes[8], et, jusque dans

1. Voir *Auguste Comte*, p. 643 de la présente édition.

2. Dans ce premier paragraphe, l'expression désigne les nostalgiques de l'Ancien Régime ; dans les paragraphes suivants, l'Ancien Régime lui-même.

3. Allusion aux corporations : voir *Mes idées politiques*, p. 717 de la présente édition.

4. Rousseau.

5. Ces trois pluriels insistent sur la diversité de l'ancienne France, chère aux convictions fédéralistes de Maurras.

6. Voltaire vécut en Angleterre en 1726-1728, Montesquieu en 1729-1731 ; Chateaubriand séjourna aux États-Unis en 1791-1792, puis vécut en Angleterre de 1793 à 1800.

7. Voir l'annexe I [NdA].

8. Ce thème des rapports, des proportions, des harmonies, des compositions, est central chez Maurras.

les récits les plus libertins, ses écrivains se rangeaient à la présidence de la raison ; comme les Athéniens du ve siècle, cette race arrivée à la perfection du génie humain avait, selon une élégante expression de M. Boutmy[1], réussi à substituer « le procédé logique » au « procédé intuitif » qu'elle laissait aux animaux et aux barbares ; Chateaubriand désorganisa ce génie abstrait en y faisant prévaloir l'imagination, en communiquant au langage, aux mots, une couleur de sensualité, un goût de chair[2], une complaisance dans le physique, où personne ne s'était risqué avant lui. En même temps, il révélait l'art romantique des peuples du nord de l'Europe[3]. Quoiqu'il ait plus tard déploré l'influence contre nature que ces peuples sans maturité acquirent chez nous, il en est le premier auteur.

La vieille France professait ce catholicisme traditionnel qui, composant les visions juives, le sentiment chrétien et la discipline reçue du monde hellénique et romain, porte avec soi l'ordre naturel de l'humanité : Chateaubriand a négligé cette forte substance de la doctrine. De la prétendue Renaissance[4] qu'on le loue d'avoir provoquée datent ces « pantalonnades théologiques », ce manque de sérieux dans l'apologétique, qui faisaient rire les maîtres d'Ernest Renan[5]. Examinée de près, elle diffère seulement par le lustre du pittoresque et les appels au sens du déisme sentimental[6] propagé par les Allemands et les Suisses du salon Necker[7]. On a nommé Chateaubriand un « épicurien catholique[8] », mais il n'est point cela du tout. Je le dirais plus volontiers un protestant honteux vêtu de la pourpre de Rome. Il a contribué presque autant que Lamennais, son compatriote[9], à notre anarchie religieuse.

Si enfin le *Génie du christianisme* lui donne l'attitude d'un farouche adversaire de la Révolution, de fait, il en a été le grand obligé.

1. Fondateur en 1872 et directeur de l'École libre des sciences politiques.
2. Voir l'annexe II [NdA].
3. Chateaubriand fut l'auteur notamment d'un *Essai sur la littérature anglaise* (1836).
4. Renaissance du catholicisme dans la France postrévolutionnaire, à laquelle contribua le *Génie du christianisme* que Chateaubriand publia en 1898.
5. Allusion aux *Souvenirs d'enfance* de Renan (1883), où figure l'expression « pantalonnades théologiques ». Elle y désigne un discours religieux tentant de prouver la véracité du christianisme non à partir des Écritures et de la réflexion métaphysique, mais au moyen de faits adventices.
6. Voir l'annexe III [NdA].
7. Le salon parisien de Mme Necker, épouse du banquier genevois qui fut le ministre des Finances de Louis XVI et dont le renvoi fut le détonateur de la Révolution, fut l'un des hauts lieux des Lumières finissantes. Mme de Staël, fille de Necker, tint elle aussi salon au château de Coppet, près de Genève, où séjourna Chateaubriand.
8. L'expression est de Sainte-Beuve.
9. Lamennais, précurseur de la démocratie chrétienne dans le deuxième quart du XIXe siècle, était comme Chateaubriand d'ascendance malouine.

* * *

Lorsque, ayant pris congé des sauvages de l'Amérique, François René de Chateaubriand retrouva sa patrie, elle était couverte de ruines qui l'émurent profondément. Ses premières ébullitions furent, il est vrai, pour maudire dans un *Essai* fameux ce qui venait d'ainsi périr[1]. Peu à peu toutefois, l'imagination historique reprenant le dessus, il aima, mortes et gisantes, des institutions qu'il avait fuies jusqu'au désert[2], quand elles florissaient. Il leur donna, non point des pleurs, mais des pages si grandement et si pathétiquement éplorées que leur son éveilla, par la suite, ses propres larmes.

Il les versait de bonne foi. Cette sincérité allait même jusqu'à l'atroce. Cet artiste mit aux concerts de ses flûtes funèbres une condition secrète, mais invariable : il exigeait que sa plainte fût soutenue, sa tristesse nourrie de solides calamités, de malheurs consommés et définitifs, et de chutes sans espoir de relèvement. Sa sympathie, son éloquence, se détournait des infortunes incomplètes. Il fallait que son sujet fût frappé au cœur. Mais qu'une des victimes, roulée, cousue, chantée par lui dans le « linceul de pourpre[3] », fît quelque mouvement, ce n'était plus de jeu ; ressuscitant, elles le désobligeaient pour toujours.

Quand donc la monarchie française eut le mauvais goût de renaître, elle fut bien reçue ! Après les premiers compliments, faits en haine de Bonaparte et qu'un bon gentilhomme ne refusait pas à son prince, Chateaubriand punit, du mieux qu'il le put faire, ce démenti impertinent que la Restauration infligeait à ses *Requiem*[4]. Louis XVIII n'eut pas de plus incommode sujet, ni ses meilleurs ministres de collègue plus dangereux[5].

Enfin 1830 éclate, le délivre[6]. Voilà notre homme sur une ruine nouvelle. Tous les devoirs de loyalisme deviennent aussitôt faciles et même agréables[7]. Il intrigue, voyage, publie des déclarations. « Madame, votre

1. L'*Essai historique, politique et moral sur les révolutions anciennes et modernes, considérées dans leurs rapports avec la Révolution française*, paru à Londres en 1797.

2. Allusion au voyage de Chateaubriand en Amérique.

3. Expression dérivée d'un passage des *Études historiques* (1831) dans lequel Chateaubriand évoque le sort de l'empereur romain Valérien, tué par les Perses au IIIe siècle après Jésus-Christ.

4. Mot latin signifiant « repos » ; par extension, cérémonie funéraire.

5. Voir l'annexe IV [NdA].

6. Allusion à la révolution qui chassa Charles X et porta sur le trône Louis-Philippe d'Orléans, partisan d'une monarchie libérale.

7. Voir l'annexe V [NdA].

fils est mon roi[1] ! » La mort de Napoléon II[2] lui donne un grand coup d'espérance ; si le duc de Bordeaux, lui aussi… ? Mais le duc de Bordeaux grandit. Cette douceur est refusée à M. de Chateaubriand de chanter le grand air au service du dernier roi ; il se console en regardant le dernier trône mis en morceaux[3].

La monarchie légitime a cessé de vivre, tel est le sujet ordinaire de ses méditations ; l'évidence de cette vérité provisoire lui rend la sécurité ; mais toutefois, de temps à autre, il se transporte à la sépulture royale, lève le drap et palpe les beaux membres inanimés. Pour les mieux préserver de reviviscences possibles, cet ancien soldat de Condé[4] les accable de bénédictions acérées et d'éloges perfides, pareils à des coups de stylet.

Ceci est littéral. À ses façons de *craindre* la démagogie, le socialisme, la République européenne, on se rend compte qu'il les appelle de tous ses vœux. Prévoir certains fléaux, les prévoir en public, de ce ton sarcastique, amer et dégagé, équivaut à les préparer.

* * *

Assurément, ce noble esprit, si supérieur à l'intelligence des Hugo, des Michelet et des autres romantiques, ne se figurait pas le nouveau régime sans quelque horreur. Mais il aimait l'horreur ; je voudrais oser dire qu'il y goûtait, à la manière de Néron et de Sade, la joie de se faire un peu mal, associée à des plaisirs plus pénétrants[5].

Son goût des malheurs historiques fut bien servi jusqu'à la fin. Il mourut dans les délices du désespoir ; le canon des journées de Juin s'éteignait à peine. Il avait entendu la fusillade de Février[6]. Le nécrologue des théocraties et des monarchies, qui tenait un registre des empereurs, des papes, des rois et des grands personnages saisis devant lui par la disgrâce ou la mort,

1. Exclamation par laquelle Chateaubriand, en 1832, assura la duchesse de Berry, mère du duc de Bordeaux, de sa fidélité à ce dernier, en faveur duquel son grand-père Charles X avait abdiqué en 1830. Cette abdication resta sans effet puisque Louis-Philippe d'Orléans prit le pouvoir.

2. Le fils de Napoléon Ier mourut de la tuberculose en 1832, à vingt et un ans.

3. Allusion à la révolution de février 1848 et à la proclamation de la IIe République.

4. Chateaubriand avait servi en 1792 dans l'armée des Émigrés, réfugiés à Coblence d'où ils espéraient marcher sur Paris pour écraser la Révolution. L'un de leurs chefs était le prince de Condé, cousin de Louis XVI.

5. Le sous-entendu n'est sans doute pas à prendre au premier degré, mais plutôt comme une métaphore de la perversion mentale que Maurras reproche à Chateaubriand.

6. Nouvelle allusion à la révolution de février 1848, suivie en juin par une révolte ouvrière écrasée dans le sang.

n'entonna point le cantique de Siméon[1] sans avoir mis sur ses tablettes l'exil des Orléans et la chute de Lamartine[2].

* * *

Race de naufrageurs et de faiseurs d'épaves, oiseau rapace et solitaire, Chateaubriand n'a jamais cherché, dans la mort et dans le passé, le transmissible, le fécond, le traditionnel, l'éternel ; mais le passé, comme passé, et la mort, comme mort, furent ses uniques plaisirs. Loin de rien conserver, il fit au besoin des dégâts, afin de se donner de plus sûrs motifs de regrets. En toutes choses, il ne vit que leur force de l'émouvoir, c'est-à-dire lui-même. À la cour, dans les camps, dans les charges publiques comme dans ses livres, il est lui, et il n'est que lui, ermite de Combourg[3], solitaire de la Floride[4]. Il se soumettait l'univers. Cette idole des modernes conservateurs nous incarne surtout le génie des Révolutions. Il l'incarne bien plus que Michelet peut-être. On le fêterait en sabots, affublé de la carmagnole[5] et cocarde rouge au bonnet.

II. MICHELET OU LA DÉMOCRATIE

> En dépit de la voix haute et salutaire des lois de gradation qui pénètrent si vivement toutes choses sur la terre et dans le ciel, des efforts insensés furent faits pour établir une démocratie universelle.
>
> Edgar Poe[6]

Dans une de ses anciennes caricatures, le dessinateur André Gill[7] se montre généreux envers Michelet : il lui met au bonnet une cocarde tri-

1. Allusion à l'Évangile selon saint Luc : Siméon, un vieillard qui a passé sa vie à attendre le Messie et le reconnaît en la personne de l'Enfant Jésus, entonne un cantique d'action de grâces avant de mourir.
2. Lamartine siégea dans les gouvernements provisoires de la IIe République de la révolution de février 1848 aux journées de Juin.
3. Chateaubriand passa son enfance au château de Combourg (Ille-et-Vilaine).
4. Chateaubriand s'est vanté d'avoir visité la Floride, mais il semble que tel n'ait pas été le cas.
5. La carmagnole est une veste courte que portaient les paysans pour les grandes occasions ; elle est à ce titre devenue un symbole, une danse et une chanson révolutionnaires.
6. *Colloque entre Monos et Una*, dans la traduction de Baudelaire.
7. Caricaturiste et chansonnier qui prit part à la Commune.

colore, insigne commun des Français[1]. C'est une largesse du même goût que vient de faire au même auteur le monde officiel. On nous arrange Michelet en patron de l'histoire et de l'unité nationales. Tous les amis de l'historien acceptent l'appareil si avantageux pour son ombre. Mais beaucoup de Français ont jugé néanmoins le centenaire de cet homme comme une aggravation de la fête du 14 juillet. Un évêque s'est plaint, tout lettré philosophe a haussé les épaules.

Il est vrai que l'État veille sur Michelet depuis longtemps. Il en fait son affaire et comme sa religion. Outre les quatre cultes reconnus par l'État[2], en voilà un cinquième de privilégié. Partout où il le peut sans se mettre dans l'embarras ni causer de plaintes publiques, l'État introduit les œuvres et l'influence de son docteur ; voyez, notamment, dans les écoles primaires, les traités d'histoire de France, les manuels d'instruction civique et morale : ces petits livres ne respirent que les « idées » de Michelet. À Sèvres, à Fontenay, les jeunes normaliennes ont Michelet pour aumônier ; il est le Fénelon de ces nouveaux Saint-Cyr[3]. Je ne discute point si l'action de l'État est ici constitutionnelle : je me contente de douter que Michelet puisse fournir le service attendu de lui.

L'État part de cette conjecture ingénue que l'auteur de la *Bible de l'humanité*[4] « émancipe », introduit les jeunes esprits à la liberté de penser. Michelet s'en vante beaucoup. Mais, au son que donnent chez lui ces vanteries, je crois entendre un vieil esclave halluciné prendre ses lourdes chaînes pour le myrte d'Harmodius[5].

* * *

Qui fut plus serf que Michelet ? Cette brillante intelligence, préposée aujourd'hui à la direction de tant d'autres, ne se posséda point elle-même. Il fallait toujours qu'elle pliât sous quelque joug, obéît à quelque aiguillon. Un esprit pur et libre se décide par des raisons et, en d'autres mots, par

---

1. Maurras respectait les trois couleurs et la *Marseillaise* parce qu'il estimait qu'en devenant des symboles nationaux elles avaient peu à peu cessé d'être des symboles révolutionnaires.

2. Le concordat de 1801 et ses extensions de 1802 et 1808 reconnaissaient les cultes catholique, luthérien, calviniste et israélite.

3. La IIIe République avait fondé des Écoles normales supérieures de jeunes filles à Sèvres et à Fontenay. Maurras les compare au pensionnat de jeunes filles créé à Saint-Cyr, près de Versailles, par Mme de Maintenon, dont le directeur spirituel était alors Fénelon.

4. Livre publié en 1864, dans lequel Michelet présente une histoire des religions et esquisse les contours de la religion républicaine qui doit les supplanter.

5. Ce jeune Athénien du VIe siècle avant Jésus-Christ assassina le tyran Hipparque avec un poignard caché sous des feuilles de myrte.

lui-même : le sien cédait, pour l'ordinaire, à ce ramassis d'impressions et d'imaginations qui se forment sous l'influence des nerfs, du sang, du foie et des autres glandes. Ces humeurs naturelles le menaient comme un alcool.

Fort savant, il aura été des grands travailleurs de son siècle : comme on dit, un bénédictin[1]. Mais rien n'est aussi instructif que de saisir les différences de l'œuvre de Michelet et des œuvres bénédictines. Celles-ci, l'*Histoire littéraire de la France*, par exemple, montrent dès l'abord un grand air de sagesse et de gravité[2]. Avec moins de génie que chez l'historien romantique, elles offrent, page par page et même phrase à phrase, sans parler des nobles qualités de la langue, un caractère si rationnel, un style si parfait et si vigoureux, un si vif sentiment de l'universelle ordonnance, une si sereine force d'esprit que la comparaison ne peut que tourner à la honte de Michelet. Bien penser, induire et déduire avec suite, sauve des agitations de l'envie, de la peur et de l'aversion. Les bonheurs d'expression, les couleurs vives, les vues perçantes de Michelet ne peuvent tenir la place de la raison. Ses avantages naturels ne font que le livrer à plus de caprices : brut, amorphe, enfantin, il vagit quand les autres parlent.

* * *

J'avoue que ce vagissement peut recevoir un sens historique ; il peut signifier l'avènement aux lettres françaises des mineurs, des enfants, des « petits barbares », ainsi que les nomme Le Play[3].

Pendant de longs âges, la France fut représentée, en littérature comme ailleurs, par les membres d'une élite héréditaire ; les beaux esprits qui pouvaient naître de la très petite bourgeoisie ou du peuple accédaient aux honneurs par la cléricature : les études de théologie et de casuistique imposées à ces clercs leur procuraient toute la fleur des acquisitions de leur Ordre ; le profit de ce rude et subtil exercice égalait, pour leur affinement moral et logique, les avantages d'une longue série d'aïeux. Jusqu'au milieu du siècle cette gymnastique a gardé sa valeur, et Renan, qu'une heureuse étoile soumit au régime du séminaire[4], s'en est fait une idée très nette.

1. Allusion aux moines bénédictins de la congrégation de Saint-Maur, fondée en 1618 et dissoute par la Révolution, connus pour être des travailleurs intellectuels acharnés.

2. Cet ouvrage collectif, poursuivi de 1733 à 1763, comprit douze volumes.

3. Le grand sociologue dont se revendique constamment Maurras qualifie ainsi les enfants dans *La Constitution essentielle de l'humanité* (1881).

4. Renan entra au petit séminaire à neuf ans puis étudia la philosophie au grand séminaire Saint-Sulpice d'Issy-les-Moulineaux. Il resta dans le giron de l'Église pendant treize ans. Bien qu'ayant perdu la foi, il illustre un parcours classique depuis le Moyen Âge jusque vers le milieu du XIXe siècle, celui d'un enfant d'origine modeste repéré par l'Église pour ses brillantes qualités et propulsé par elle au sommet de la vie intellectuelle.

Je regrette comme un malheur que Michelet, petit apprenti parisien, n'ait pas connu le privilège d'une pareille formation. Saint-Sulpice a manqué à cet homme nouveau ; l'Université, même renforcée des leçons écrites de Herder[1] et de Vico[2], ne suffit point à lui conférer ses quartiers de noblesse intellectuelle. On en a vu le résultat[3] : presque le premier, Michelet a donné ce scandale d'un très grand écrivain français dont la pensée est molle, l'ordre nul, la dialectique sans nerf.

Plus dépourvu parmi les idées générales que n'avait été Robinson parmi les bêtes et les plantes de son île[4], Michelet se trouva dans la même nécessité de faire des outils sans aucun outil, une méthode sans méthode, un art de penser sans cerveau. Mourant d'envie de raisonner, il prit le plus court. Il utilisa son grand cœur. Comme il eût labouré avec la pointe d'un couteau ou taillé des sabots au moyen d'une bêche si la fantaisie du sabotage ou du labourage lui était venue, Michelet fit de la pensée avec son cœur.

Il fit penser son cœur sur tous les sujets concevables, l'histoire des hommes, celle de la nature, la morale, la religion. Il crut connaître par le cœur les causes des faits, leurs raisons et leur sens humain ou divin ; il eût même exercé son cœur à jouer aux échecs et à réduire des fractions[5]. Le résultat des opérations de ce cœur-prodige lui parut si parfait[6] qu'il se confessa l'heureux inventeur de la première des méthodes. Le cœur de Michelet se promut cerveau, mais cerveau de bien meilleur ordre que les cerveaux de simple substance cérébrale et qui ne savent que penser ; sous le titre de conscience, il s'institua juge unique de la vérité. Aux divinations de son cœur, s'associaient quelque centon[7] de christianisme allemand et de platonisme syrien, plusieurs idées antiques comprises assez mal, ou travesties par bonté d'âme, et beaucoup des sottises qui coururent les rues entre 1825 et 1850[8]. Cette mixture, réchauffée et dorée au foyer de l'imagination et de la passion les plus belles, donne une pâte consistante, comme un humble *Corpus* de philosophie populaire, et fait rêver d'un Jules Verne mystagogue[9] et sociologue.

---

1. Philosophe et théologien prussien mort en 1803, considéré comme un fondateur du romantisme et dont on a souligné certaines parentés intellectuelles avec Frédéric Mistral, le maître de Maurras.

2. Philosophe et théologien napolitain mort en 1744, dont Michelet traduisit des œuvres choisies et dont la pensée annonce à certains égards celle de Maurras, comme l'a montré Pierre Boutang.

3. Voir l'annexe VI [NdA].

4. Allusion au personnage de Daniel Defoe que l'on retrouve dans la préface à *Mes idées politiques*, reprises dans le présent volume.

5. Voir l'annexe VII [NdA].

6. Voir l'annexe VIII [NdA].

7. Texte composé d'emprunts à d'autres textes.

8. Soit du triomphe du romantisme à son déclin.

9. Prêtre des religions à mystères de l'Antiquité.

* * *

Son procédé le plus familier consiste à élever jusqu'à la dignité de Dieu chaque rudiment d'idée générale qui passe à sa portée. Non un dieu de polythéiste, fini et balancé par un vaste concert d'autres forces divines, mais un vrai Dieu au sens chrétien, un Dieu de monothéiste, revêtu pour quelques minutes de toutes les perfections comptées par les théologiens.

Ces divinités temporaires se succèdent au gré de sa mobilité : c'est tour à tour la Vie, l'Homme, l'Amour, le Droit, la Justice, le Peuple, la Révolution. Quelquefois ces abstractions variées se fondent les unes dans les autres, car Michelet manquait à un rare degré de l'art de distinguer : elles font masse contre un commun adversaire, qui s'appelle, selon les besoins d'un moment, la Mort, la Bête, la Haine ou l'Autorité... Ces conceptions d'un manichéisme incertain nous ramènent, malgré la pompe des majuscules et l'emphase du style, aux premiers bégaiements du haut Moyen Âge : quelques moines de grand chemin déifiaient ainsi les confuses et tendres énergies de leur sentiment ; mais leurs successeurs condamnèrent[1] cette « erreur des aveugles qui se font guides », *L'error de' ciechi che si fanno duci*[2]. Dans *La Divine Comédie*, Virgile explique en deux tercets à son disciple que, si le cœur produit l'énergie de la vie et la matière brute de notre mouvement, la raison[3] a seule qualité pour tout diriger.

* * *

Michelet moraliste ignore la raison ; politique, il n'en tient non plus aucun compte réel. Il crée un droit et même un privilège au profit de la non-valeur. Il forge à tout néant des titres à la vie. Il jette un grand pays

---

1. « *Or ti puote apparer quant'è nascosa – La veritate alla gente ch'avvera – Ciascuno amore in sè laudabil cosa : – Perocchè forse appar la sua matera – Sempr'esser buona ; ma non ciascun segno – È buono, ancor che buona sia la cera* » (*Purgatorio*, XVIII, 34-39) [« Tu peux voir combien la vérité reste cachée aux gens qui tiennent tout amour pour chose en soi louable ; car la matière peut en être bonne en elle-même, mais tous les sceaux ne sont pas bons encore que la cire soit bonne »]. Ce que Dante dit de l'Amour peut se dire aussi de la volonté. Il a fallu descendre tous les degrés de la décrépitude intellectuelle pour en venir à l'état d'esprit de ces modernes professeurs et maîtres de la jeunesse qui appellent publiquement toute volonté *in sé laudabil cosa* [chose en soi louable] – [NdA].

2. *Ibid.*

3. « ... *La virtù che consiglia – E dell' assenso de' tener la soglia* » (*Purgatorio*, XVIII, 62-63) [« ... la vertu qui conseille doit monter la garde au seuil de votre assentiment »] [NdA].

pensant, une race active et féconde, en proie au bon plaisir de ses gueux niais et féroces. Tout cœur d'homme lui apparaît, comme son cœur, l'asile des oracles et le temple des prophéties, chose divine, inviolable et incoercible. Théologien des droits de la multitude et de cet instinct populaire qui lui semble infaillible, justificateur habituel de toutes les révoltes contre les sacerdoces et les empires, il définit les hommes supérieurs comme de simples mandataires et des représentants mystiques de la populace. Il définissait bien sa propre qualité. Il ne définissait rien d'autre. Ce qu'il raconte et célèbre en quarante volumes, ce n'est pas l'histoire de la France ni du peuple français, mais les fastes de notre plèbe ; ce qu'il en exalte, au-delà de tout, c'est deux passions, nullement particulières à ce pays et communes à toute masse populaire indiscrètement agitée : l'impatience de l'ordre, la furie de l'égalité[1].

On a de la peine à penser que cet annaliste d'une France décapitée, ce philosophe d'une humanité sans cerveau, représente l'essence de l'esprit national ou même l'esprit de l'État. Je concède que nos pouvoirs publics, en tant que démocrates, aient parfois intérêt à choisir de ces héros-là : mais en tant que Français ? en tant qu'hommes ? en tant que gardiens de la civilisation ? en tant même que parti de gouvernement ? Si j'étais à leur place, le souvenir de ce centenaire ne me laisserait point très paisible.

Ils en auront des remords avant peu de temps. Tout ce bouillonnant Michelet, déversé dans des milliers d'écoles[2], sur des millions d'écoliers, portera son fruit naturel : il multiplie, il accumule sur nos têtes les chances de prochain obscurcissement (à vrai dire, d'obscurantisme), les menaces d'orage, de discorde et de confusion. Si nos fils réussissent à paraître plus sots que nous, plus pauvres, plus grossiers, plus proches voisins de la bête, la dégénérescence trouvera son excuse dans les leçons qu'on leur fit apprendre de Michelet.

1. Par « peuple », Maurras n'entend pas la plèbe mais l'ensemble organisé allant des élites à la plèbe en passant par les classes moyennes. C'est la nature de cette organisation qui définit selon lui la personnalité d'une nation.

2. Au 14 juillet, le gouvernement de la République, représenté par les deux ministres de l'Instruction publique, MM. Alfred Rambaud et Léon Bourgeois, a fait distribuer gratuitement dans toutes les écoles du territoire une brochure de morceaux choisis de Michelet (*Hommage à Jules Michelet, 21 août 1798-9 février 1874*, Paris, Imprimerie nationale). J'y note des pages sur la fédération de 1790, les volontaires de 92, la *Marseillaise*, Valmy, qui ne sont qu'un fatras d'erreurs historiques, politiques, philosophiques [NdA].

III. SAINTE-BEUVE OU L'EMPIRISME ORGANISATEUR

Πάντα χρήματα ήν όμοῦ, εῖτα νοῦς ελθών αυτά διεκόσμησε.
Toutes choses étaient confuses ; l'intelligence est venue les organiser.

Anaxagore, d'après Diogène Laërce, II, 3

Michelet figurant l'inverse du progrès et Chateaubriand le contraire de la tradition, cette double méprise de la vieille France et de la France moderne se complique, ai-je dit, d'une double négligence envers Sainte-Beuve. J'aurai le courage de répéter et de montrer que Sainte-Beuve leur servirait à l'une et à l'autre.

À la vérité, ce grand homme ne brille point par le caractère. Il laisse assez vite entrevoir les basses parties de son âme. Ceux mêmes qui se plaisent infiniment auprès de lui ne l'aiment qu'avec précaution. Mais qu'est-il nécessaire que son personnage nous plaise ! En oubliant le peu que fut cette personne, il faut considérer l'essence impersonnelle de l'esprit pur.

* * *

La devise qu'on a inscrite au monument du Luxembourg[1] : *Le vrai, le vrai seul*, serait, pour tout autre, ambitieuse. Elle devint juste pour lui. Sur ses derniers jours, Sainte-Beuve ne tenait à peu près qu'à la vérité. Cette vérité fut particulièrement cachée aux hommes de son âge, enfants névropathiques des révolutions et des guerres[2]. Une singulière démence, née des entreprises de la sensibilité sur la fantaisie et de la fantaisie sur la raison, les empêchait tout à la fois de voir juste, de bien juger et d'argumenter avec rigueur et solidité. Manque d'observation, arrêt du sens critique, lésion profonde de la faculté logique, c'est proprement la triple tare du romantisme. Joignez que la rupture des hautes traditions intellectuelles, dont j'ai traité pour Michelet, rendait plus cruelle et plus difficile la guérison de cette maladie de l'intelligence.

En philosophie et en poésie comme en histoire et en religion, les écoles les plus brillantes s'attachaient à développer soit des vérités fort banales en termes ambitieux, soit des vues neuves et curieuses, mais démesurément amplifiées par le langage. Une foule de maîtres s'improvisaient

1. Le buste à Sainte-Beuve évoqué *supra* dans la « Note à l'édition de 1912 ».
2. Allusion au célèbre portrait que Musset, né en 1810, trace de sa génération au début de la *Confession d'un enfant du siècle* (1836). Sainte-Beuve, né en 1804, a lui aussi grandi dans l'exaltation des guerres de l'Empire.

ainsi et chacun avait ses disciples ; ceux-ci ramassaient et embauchaient les passants. Infatigable dans la curiosité, Sainte-Beuve visita un par un les cénacles contemporains. Il s'en mettait. On l'accueillait, on l'initiait sur-le-champ, tant il montrait de timide ferveur, de disposition à l'étude et de fine compréhension. Toujours intéressé, il paraissait conquis. Catéchumène ou néophyte, nul ne s'entendait comme lui à déraisonner dans le chœur. Puis, soudainement, sur le signe de quelque puissance invisible, il prenait un air mécontent ; son visage se refermait, il saluait, fuyait, et les plus douces habitudes ne le ramenaient point.

Ainsi répandit-il sa fine et discrète lueur chez les saint-simoniens du *Globe*[1], dans la société de Victor Hugo[2], le monde de Chateaubriand, l'école menaisienne[3], le cercle de Vinet[4]... Chaque départ indignait l'hôte, qui criait à la trahison. Je conviens que l'allure de Sainte-Beuve, un peu gauche et oblique, jointe à tout ce que l'on savait de son naturel, donnait une prise au reproche. Et cependant il n'avait trahi personne, ni rien livré. Le trahi, c'était lui : au lieu des vérités capitales promises, on lui avait fourni le faux ; mais ce contact du faux suffisait à l'émanciper.

* * *

Émancipé des autres, il se libéra de lui-même. Un jour arriva promptement que Charles Augustin Sainte-Beuve sut préférer la vérité à son cœur. Tout au moins, quand il s'occupa des écrivains d'un autre siècle que le sien, il cessa de chercher, comme il avait fait au début, sa propre ressemblance au fond de leurs œuvres ; il les lut, les approfondit pour elles-mêmes. Dans les vingt-cinq ou trente années dernières de sa vie, l'admirable vieillard entre, pénètre, s'insinue, agile et puissant comme un dieu, dans chaque repli des idées et des affaires ; il s'égale au moindre détail ; il en dresse des états aussi minutieux que brefs ; il se renseigne exactement, nous renseigne avec abondance ; il éclaire mille difficultés d'histoire par des chefs-d'œuvre de biographie. Peu à peu se dispose dans son esprit comme un Musée de la vérité partielle[5]. Sans étiquette de politique ou de religion, il note ce qui est, tout ce qui est, comme il le perçoit, de son style paisible, honnêtement gracieux, mais substantiel et vivant, où tout conspire à peindre et à faire sentir.

L'exercice, ajouté à ses dons naturels, lui avait formé peu à peu ce jugement, ce sentiment, ce don de voir, de classer, de proportionner dont

1. Journal qui fut d'abord une tribune du romantisme, puis fut repris par les saint-simoniens en 1830.

2. En compagnie duquel Sainte-Beuve fréquenta le cénacle de Nodier, point focal du romantisme français.

3. C'est-à-dire Lamennais et son entourage démocrate-chrétien.

4. Philosophe suisse et théologien protestant.

5. Maurras ne croit pas que l'homme puisse atteindre à une vérité absolue.

il n'était aucun exemple autour de lui. L'étude des siècles antérieurs aux nôtres, sa grande *Histoire de Port-Royal*, qui l'avait fait le contemporain et le condisciple de Blaise Pascal et de Jean Racine, avait achevé de l'instruire et de le délivrer[1]. Sans se vanter, mais infatigablement (bien plus qu'un Nisard[2], à vrai dire), il s'imprègne de la vraie moelle nationale : vivacité du XVIIIe, doctrine du XVIIe. Quand d'autres de son âge descendent à la mort sans avoir quitté le berceau, ce fin et large esprit ne s'arrête de croître, de mûrir, de fructifier. Il meurt, et, à défaut d'une doctrine formulée, laisse au monde son répertoire de réalités bien décrites, ses leçons d'analyse et l'idée de traiter des œuvres de l'esprit en naturaliste et en médecin[3].

* * *

Un esprit d'une rare pénétration[4] a nommé l'auteur des *Lundis*[5] notre Thomas d'Aquin. Le mot, qui peut surprendre, a sa profonde vérité. Chaque âge possède le Thomas d'Aquin qu'il mérite, et n'a rien de meilleur[6].

Le nôtre est sans doute plus critique que généralisateur et plus douteur qu'affirmatif. Pourtant, sachons tout ce que vaut cette Somme naturaliste, rédigée par le plus analyste des hommes. Il ne faut pas croire qu'on n'y trouvera que des faits à côté d'autres faits, privés de vie et de vertu, comme des fleurs d'herbier. C'est là un ancien préjugé, né de nos préventions, non contre Sainte-Beuve mais contre l'analyse. L'analyse passe aujourd'hui pour impuissante à donner autre chose que cette poussière de renseignements desséchés. Je ne sais pas d'erreur plus grande. S'il est très vrai que l'analyse décompose pour découvrir l'ordre de la composition, il n'est point vrai que cette décomposition, cette anatomie soit stérile pour la vie active et ne fasse que nous montrer l'ordre de ce qui est ou le mécanisme des composants. L'analyse fournit les éléments d'une recomposition : les personnes qui n'ont jamais usé de ce procédé sont les seules à l'ignorer.

---

1. La parution de cette somme en cinq volumes, chef-d'œuvre de Sainte-Beuve, s'échelonna de 1840 à 1859.

2. Homme de lettres et homme politique très influent au XIXe siècle.

3. Sainte-Beuve avait étudié la médecine avant de se consacrer aux lettres, ce qui fut aussi le cas de Léon Daudet. Les deux domaines étaient alors plus proches qu'aujourd'hui, car la technologie ne s'était pas encore interposée entre le médecin et le patient : la médecine était d'abord un rapport à l'homme, comme la littérature, d'où son influence sur cette dernière à travers le courant naturaliste.

4. M. Anatole France, dans *La Vie littéraire* [NdA].

5. Somme de critique littéraire en 32 volumes, parus de 1851 à 1875. Les textes qui la composent parurent d'abord en feuilleton le lundi, d'où son titre.

6. Sainte-Beuve avait perdu la foi, mais son immense culture, sa curiosité encyclopédique et l'énormité de son œuvre le rapprochent de saint Thomas d'Aquin. On retrouve ces caractéristiques chez Maurras, qui admirait le grand théologien médiéval et en fut l'équivalent contemporain aux yeux de ses disciples.

En effet, l'analyse ne démembre point indistinctement tous les produits de la nature. Chez Sainte-Beuve comme ailleurs, l'analyse choisit plutôt, entre les ouvrages dont on peut observer l'arrangement et le travail, les plus heureux et les mieux faits, ceux qui témoignent d'une perfection de leur genre et, pour ainsi dire, appartiennent à la Nature triomphante, à la Nature qui achève et réussit. En ce cas, l'analyse fait donc voir quelles sont les conditions communes et les lois empiriques de ces coups de bonheur ; elle montre comment la Nature s'y prend pour ne point manquer sa besogne et atteindre de bonnes fins.

De l'étude de ces succès particuliers, l'analyste peut se former une espèce de Science de la bonne fortune. Il en dresse le coutumier, sinon le code. De ce qui est le mieux, il infère des types qui y soient conformes dans l'avenir. Cette élite des faits lui propose ainsi la substance des intérêts supérieurs que l'on nomme, suivant les cas, le droit ou le devoir. Sainte-Beuve n'était ni si croyant, ni si crédule qu'il se pût flatter d'avoir lu, comme un aruspice, aux entrailles des choses[1], soit les grandes lois de l'histoire, soit la clé de nos destinées particulières et le guide précis de la moralité ; mais, aussi souvent qu'il pouvait ajouter au renseignement de fait une vue de droit naturel et, comme on peut dire en tudesque, *une échappée sur l'idéal*, qui n'eussent rien d'imaginaire, il le faisait hardiment et modestement.

Qu'il s'agisse de la correspondance d'un préfet, des écrits de Napoléon ou des recherches de Le Play sur la condition du travail et de la famille en Europe (ce Le Play, qu'il appelle un « Bonald rajeuni, progressif et scientifique[2] »), une diligente induction permet à Sainte-Beuve d'entrevoir et de dessiner, entre deux purs constats de faits, la figure d'une vérité générale[3]. Cette vérité contredit souvent les idées reçues de son temps.

Elle contredit même, cette vérité aperçue par la raison de Sainte-Beuve, les goûts qui lui sont personnels, ceux qui lui viennent de naissance et de complexion[4]. Il ne faut pas perdre de vue, quand nous parlons de lui, les différences capitales entre l'homme et l'esprit. Le premier a été jugé avec dureté, mais justice, par Frédéric Nietzsche[5]. « Il n'a rien qui soit de l'homme, il est plein de petites haines contre les esprits virils... Il erre

1. Les aruspices ou haruspices étaient des devins étrusques puis romains qui prétendaient lire l'avenir dans les entrailles d'animaux sacrifiés.

2. Le Play retrouve par la méthode scientifique des propositions que Bonald déduisait de la tradition et de la théologie.

3. En d'autres termes, la critique littéraire permet des diagnostics et des pronostics sociopolitiques, donc débouchant sur l'action. Sainte-Beuve fut d'ailleurs sénateur de 1865 à 1869.

4. Allusion au romantisme auquel Sainte-Beuve avait adhéré avant d'en être détaché par ses études.

5. *Flâneries inactuelles*, traduites par M. Henri Albert au *Mercure de France* [NdA].

çà et là, raffiné, curieux, aux écoutes. Un être féminin au fond... Ses instincts inférieurs sont plébéiens. – Révolutionnaire, mais passablement contenu par la crainte. »

C'est bien cela, mais à cette sensibilité anarchique s'alliait l'esprit le plus droit, le plus sain, le plus organique. Parlons mieux ; c'était un esprit, c'était une raison : il n'y a point d'esprit, ni de raison qu'on puisse appeler révolutionnaires. La révolution est toujours un soulèvement de l'humeur. Toutes les fois qu'intervint son intelligence, Sainte-Beuve étouffa ce soulèvement : si bien que c'est peut-être dans la suite de ses études que se rencontreraient les premiers indices de la résistance aux idées de 1789 qui, plus tard, honora les Taine et les Renan[1]. Un effort continué de simple analyse lui avait fait sentir l'infirmité de ces ambitieuses idées que la nature même juge et condamne chaque jour, par l'échec qu'elle leur inflige.

En ce cas, l'analyse fit donc ouvrage créateur. Elle fournit un conseil pratique, une direction pour agir. Si les romans de philosophie cousinesque[2] consacrés au Bon et au Beau faisaient sourire Sainte-Beuve, c'est justement qu'il aidait, d'un autre côté, à la science positive du beau et du bon. Une Hygiène, une Morale, une Politique, une Esthétique même et même une Religion peuvent naître, en effet, par la suite des lents progrès de ce qu'il nommait finement son « Histoire naturelle des esprits ».

* * *

Examiner chacune des sciences que cette Histoire naturelle rendit possibles serait bien mal proportionné au sujet de cet examen ; mais il faut dire un mot de la première de toutes, celle qui régit la pensée, et, de là, domine le reste.

Si le goût de la vérité n'est, à son origine, qu'une passion comme les autres, cette passion acquiert, en s'exerçant, tous les éléments de sa règle. Elle sait s'y plier, à la condition d'être pure, d'être un vrai désir de savoir, aussitôt qu'elle observe qu'on ne trouve et qu'on ne transmet la vérité que sous certaines conditions, dans un certain ordre et moyennant certains sacrifices. Chef-d'œuvre initial de sagesse empirique : l'intelligence, mue par la passion qui lui est propre, prend garde de ne pas se laisser conduire par son moteur. Pour rester elle-même, elle se tient au sentiment de ses sources et de ses limites ; cette raison tempère ou mesure l'essor de sa curiosité, et celle-ci, gardant son ancien rang de principe de la science, échappe ainsi au risque de devenir principe d'anarchie et de barbarie.

1. Taine et Renan, d'une génération postérieurs à Sainte-Beuve, ont de fait subi son influence.

2. Allusion à *Du vrai, du beau et du bien*, ouvrage publié en 1858 par le philosophe Victor Cousin.

Tout cela peut paraître abstrait ; mais traduisons-le. Plutôt que de fonder certaines inférences sur des renseignements imparfaits et insuffisants, l'esprit maître de soi et capable de se régir différera d'en rien connaître, et, loin de se cacher de cette abstention, il en tirera de l'honneur. Dans l'intérêt de la science générale, il saura même ajourner beaucoup de curiosités, et la vertu de discrétion recevra, dans ce cas, un sens scientifique ; on outre à peine cette discrétion généreuse quand, à l'exemple de certains positivistes, on hésite à se réjouir de la perfection des microscopes ou qu'on se fait scrupule d'observer les constellations[1].

Enfin l'appétit de savoir se peut même aussi refréner et tenir en respect par la considération de l'ordre public. Bien que fort jaloux des libertés de la plume, Sainte-Beuve se sépara des hommes de la seconde République pour se ranger à la contrainte impériale et, si la peur dont parle Nietzsche ne fut pas étrangère à sa résolution, celle-ci fut du moins approuvée sans réserves par sa raison. Puisque, en effet, l'ordre public est la condition même des progrès et de la durée de la science (il n'y eut guère de science quand l'anarchie chrétienne eut énervé l'État romain devant les barbares, entre le VIe et le Xe siècle[2] !) comment la science pourrait-elle hésiter à céder à l'ordre public ? On ne scie point la branche sur laquelle on se trouve assis.

* * *

Il existe aujourd'hui un genre de fanatisme scientifique qui menace d'être funeste à la science ; il ferait tout sauter pour éprouver un explosif, il perdrait un État pour tirer des archives et mettre en lumière un document « intéressant[3] ». Ce système anarchique et révolutionnaire est de source métaphysique. Il n'a rien de rationnel. Proprement il consiste à remplacer le dieu des Juifs par la Curiosité, dite improprement la Science, mise sur un autel, faite centre du monde et revêtue des mêmes honneurs que Jéhovah. Cette superstition ne mérite pas plus de respect que les autres. Bien qu'elle soit fort à la mode parmi les savants, Sainte-Beuve ou l'empirisme organisateur lui donne son nom véritable : tantôt passion féconde, tantôt pure monomanie.

---

1. Voir l'annexe IX [NdA].
2. Si ce n'est dans les monastères catholiques [NdA]. « Énervé » doit ici se comprendre au sens littéral, « privé de nerfs », privé de ressort. Maurras reprend ici le reproche que Celse, philosophe païen du IIe siècle, adressait aux chrétiens : celui d'affaiblir l'Empire romain par leur insubordination et leur dédain pour ce monde. On retrouve cette critique chez Machiavel et chez les penseurs des Lumières. Elle a été récusée par saint Augustin dans *La Cité de Dieu* et se heurte à un fait majeur : la survie de l'empire chrétien d'Orient jusqu'en 1453.
3. Allusion probable au rôle d'archivistes, philologues et paléographes issus de l'École des chartes dans la démonstration de l'innocence de Dreyfus.

* * *

Ou ces mots aimés de progrès, d'émancipation et d'autonomie intellectuelle, de raison libre et de religion de la science, ont perdu leur sens défini, ou cet Empirisme organisateur que j'ai rapidement déduit de l'Histoire naturelle des esprits constitue le système religieux et moral, parfaitement laïc, strictement rationnel, pur de toute mysticité, auquel semble aspirer la France moderne[1].

Mais observons qu'en même temps la vieille France n'y répugne pas autant qu'elle répugne à Michelet et à Rousseau. Elle y est attirée d'abord par l'aspect ordonné et conservateur (au beau et ferme sens du mot[2]) de tout le système. Elle y est retenue par un certain mépris que témoigne cet Empirisme pour le verbiage des courtisans du peuple. Cet Empirisme enseigne et professe en effet que l'ordre des sociétés, de quelque façon qu'on l'obtienne, importe plus que la liberté des personnes, puisque cela est le fondement de ceci ; au lieu de célébrer l'égalité, même devant la loi, son attention se porte, instinctivement mais aussi méthodiquement, sur le compte des différences naturelles qui ne peuvent manquer de frapper un œil d'analyste ; enfin, quand tant d'instituteurs publics fatiguent les oreilles de cette vieille France avec l'éloge de la plus molle sensiblerie dans les lois et les mœurs, l'Empirisme loue, au contraire, comme normale, une saine mesure d'insensibilité morale et physique[3].

Qu'est-ce que tout cela au regard de la vieille France, si ce n'est une réaction contre les idées de Jean-Jacques ? Elle y reconnaît les principes de morale classique et de politique païenne qu'avait gardés si précieusement le catholicisme[4] ; et peut-être nos contemporains sont-ils mieux éclairés sur cet ordre d'idées que ne le furent les Jésuites de 1857, lorsqu'un ami d'Auguste Comte vint leur offrir l'alliance positiviste[5]. De ce qui est traditionnel ou « vieille France », l'Empirisme organisateur n'exclut à peu près rien, sinon peut-être les abus du sentiment chrétien. Mais ces grands abus, l'on peut dire que l'Église elle-même les neutralise ou les combat, puisqu'elle n'a jamais cessé de renier les sectes ignorantines ou iconoclastes qui sont

1. En parlant de l'Empirisme organisateur comme d'un « système religieux et moral laïc », Maurras l'inscrit dans le prolongement de la « religion de l'Humanité » de Comte, qu'il se contente de ramener aux proportions d'une religion de la patrie ou, comme il l'écrit ailleurs, de la « déesse France ».

2. Par opposition à un conservatisme non critique, condamné à pleurer le passé avec Chateaubriand faute de savoir défendre l'ordre traditionnel au plan de la raison.

3. Parler de « saine mesure » revient à admettre que l'insensibilité absolue serait une catastrophe.

4. Maurras ne se demande pas si le catholicisme a gardé cette politique en tant que païenne ou en tant que simplement raisonnable.

5. Voir l'annexe X [NdA].

nées de la lecture des livres juifs[1]. Enfin cet Empirisme n'offre rien de sectaire. Il ne force personne. À peu près comme à l'Hygiène, il lui suffit que dépérissent tous ceux qui le négligent, personnes ou sociétés.

* * *

Ces remarques, qui nous éloignent de Sainte-Beuve autant qu'il s'est lui-même éloigné quelquefois de son type supérieur, ont du moins l'avantage de nous mêler aux plus nobles intelligences de sa famille. J'y trouve des naturalistes comme Taine et Renan, nommés réactionnaires, de ce que, ayant essuyé les maladies de leur époque, ils ont rétrogradé, en effet, jusqu'à la santé ; des historiens comme Fustel de Coulanges qui rapatria dans son art la raison qu'en avait chassée le procédé de Michelet[2] ; les élèves de cet Auguste Comte, dont l'influence, parallèle à celle de Sainte-Beuve, eût mérité d'être honorée et soutenue par tous les pays de culture classique, mais dont on n'a même point célébré décemment le centenaire qui tombait en janvier dernier… J'y reconnais pareillement les économistes du groupe de Le Play, certains Balzaciens réfléchis[3] et, sans nulle surprise, ceux des catholiques modernes qui n'ont point perdu les leçons de Maistre et de Bonald.

La compagnie de Sainte-Beuve réunit, comme on voit, tout notre fonds solide et sain. Elle enferme à peu près tous ceux des écrivains de notre siècle qui ne vont point à quatre pattes[4]. La littérature contemporaine laisse

1. Le terme « ignorantin » vient des moines hospitaliers, qui se l'appliquaient par humilité ; il a été repris par les anticléricaux pour flétrir le supposé obscurantisme des religieux. Maurras l'emploie ici pour désigner l'attitude consistant à interdire l'intelligence au bénéfice de la foi (contrairement à la formule de saint Anselme, « *fides quaerens intellectum* », la foi recherchant l'intelligence, constitutive du catholicisme). Quant à « iconoclasme », ou volonté de détruire et d'interdire les images, il s'enracine dans le deuxième des Dix Commandements et se retrouve dans le protestantisme de Zwingli et de Calvin ainsi que dans l'islam. Mais il a été condamné par l'Église au 2e concile de Nicée (787) au motif que l'Incarnation de Dieu en Jésus-Christ a rendu visible le divin et qu'il est donc permis de le représenter, l'image ainsi produite n'étant pas une idole à adorer mais une icône à vénérer.

2. Rappelons qu'Amouretti, ami intime et mentor de Maurras, fut le dernier élève de Fustel de Coulanges.

3. « J'écris à la lueur de deux vérités éternelles : la Religion, la Monarchie, deux nécessités que les événements proclament […]. Aussi regardé-je la famille et non l'Individu comme le véritable élément social. Sous ce rapport, au risque d'être regardé comme rétrograde, je me range du côté de Bossuet et de Bonald », écrivait Balzac dans son avant-propos à *La Comédie humaine*.

4. Allusion à la célèbre lettre de 1755 dans laquelle Voltaire, venant de lire le *Discours sur l'origine et les fondements de l'inégalité parmi les hommes* de Rousseau, reproche à ce dernier de « vouloir nous rendre bêtes » et ajoute que son livre donne envie de « marcher à quatre pattes ».

voir ici autre chose qu'une brutalité vivace ou moribonde, et redevient intelligente, raisonnable, humaine, française. Il ne serait point surprenant que la France choisît un jour cette maison étroite, ce nom modeste et ce génie supérieur pour célébrer la fête de ses qualités distinctives. Tout compté, une fête nationale de Sainte-Beuve ne me semble pas une pure imagination[1].

Si les partis de droite pouvaient oublier ses passades d'anticléricalisme ; si, à gauche, on savait ce que parler veut dire et qu'on y cherchât où elle est la liberté de la pensée ; si les radicaux prenaient garde que Sainte-Beuve ne fut jamais sacristain et si les catholiques observaient que non plus il ne se fit pas calviniste, bien qu'il ait fleureté du côté de Lausanne[2], eh bien ! l'œuvre, le nom, la moyenne des idées de ce grand esprit, sans oublier ce prolongement naturel, leurs conséquences politiques, feraient le plus beau lieu du monde où se grouper dans une journée de réconciliation générale. On y saluerait l'espérance du Progrès véritable, qui, pour le moment, ne consiste qu'à réagir ; et, d'entre les ruines du vieux mysticisme anarchique et libéral, se relèveraient les couronnes, les festons, les autels et la statue intacte de cette déesse Raison, armée de la pique et du glaive, ceinte d'olivier clair, ancienne présidente de nos destinées nationales[3].

ÉPILOGUE

Et le peuple ? me dira quelque vociférateur de la suite de Michelet.

Si l'on appelle peuple les illettrés, je répondrai qu'une fête de Sainte-Beuve ne l'ennuierait aucunement. Au contraire, il s'admirerait de toute son âme d'ainsi fêter autre chose que ses instincts. Orphée a dû chanter aux tigres, pour les civiliser, ses plus nobles poèmes[4].

Pour les personnes que cette observation ne toucherait pas, je les prie d'assister à la prochaine fête de saint Bonaventure dans une église de capucins[5]. C'est un saint très docte et très sage, d'une théologie profonde, dont les mérites ne sont appréciés que des gens d'esprit : toutefois, les mendiants du porche et le petit peuple suivent son office de très bon cœur.

1. Proposition dans le droit fil des célébrations que prévoyait le calendrier positiviste de Comte.

2. Sainte-Beuve enseigna à Lausanne en 1837-1838.

3. Maurras songe à sa chère Minerve ou Athéna plus qu'à la déesse honorée par les révolutionnaires de 1793-1794, mais le passage n'en est pas moins troublant.

4. Ce poète et musicien de la mythologie grecque a notamment été chanté par Mistral, le maître de Maurras.

5. Les moines capucins sont une branche de l'ordre cistercien, auquel appartenait saint Bonaventure, l'une des figures dominantes du XIIIe siècle.

Aussi bien, cette fête de Michelet a-t-elle échoué[1]. Essayons, s'il vous plaît, de fêter un Bonaventure ou un Sainte-Beuve. Ce n'est pas la noblesse et l'élévation des idées qui fatigue et fait bâiller le peuple. On l'assomme de son propre panégyrique. Il enrage de voir que l'on s'encanaille pour lui. Le bon peuple veut des modèles, et l'on s'obstine à lui présenter des miroirs. Il se doute qu'on l'abrutit.

1. Voir l'annexe XI [NdA].

ANNEXES DES *TROIS IDÉES POLITIQUES*[1]

Annexe I. De l'esprit classique

La vieille France avait l'esprit classique...

Une erreur déplorable, due peut-être à des préjugés de professeur ou d'ancien élève, a conduit notre maître Taine à qualifier de classique l'esprit qui prépara la Révolution[2]. Si l'on y réfléchit, l'antiquité classique eut ici une part infime. La bibliographie révolutionnaire ne comprend guère, en fait de livres classiques, que la *République* de Platon et les *Vies parallèles* de Plutarque ; encore n'y sont-elles que de ce que le Père et Docteur des idées révolutionnaires, J.-J. Rousseau, leur a fait des emprunts de langage plus que de fond.

Plutarque fut d'ailleurs fort averti, déjà pénétré malgré lui, des idées sémitiques ; car il naissait presque au moment où le souffle de l'Orient avait altéré la grande âme antique[3]. Quant à Platon, il est, de tous les sages grecs, celui qui rapporta d'Asie le plus d'idées et les plus singulières[4] ; plus que tous ses confrères, il a été commenté et défiguré par les

1. Ces annexes sont intitulées « Notes » dans l'original, terme que nous avons modifié pour éviter la confusion avec les notes de bas de page. Elles sont précédées du fragment du texte qu'elles développent.

2. Dans *Les Origines de la France contemporaine* (1875-1893), Taine soutient que le classicisme, par son tour d'esprit rationaliste, universaliste et abstrait comme par sa référence à l'Antiquité, a préparé la Révolution.

3. Plutarque vécut aux Ier et IIe siècles, époque où les religions du Proche-Orient (dont le christianisme) se répandaient dans l'Empire romain.

4. D'après la tradition, Platon séjourna en Égypte, pays en contact étroit avec l'Asie. Mais la remarque de Maurras est doublement contestable : d'une part toute la philosophie grecque est tributaire de l'Asie, étant apparue en Asie Mineure ; d'autre part, Pythagore semble avoir été plus influencé par l'Asie que Platon.

juifs alexandrins[1]. Ce qu'on nomme platonicisme, ce qu'on peut nommer plutarchisme, risque, si on l'isole, de représenter assez mal la sagesse d'Athènes et de Rome ; il y a dans les deux doctrines des parties moins gréco-latines que barbares, et déjà « romantiques ».

Mais, avec ses physiciens et ses géomètres, avec ses sophistes[2], ses artistes et ses poètes logiciens, avec Phidias, avec Aristote qui ouvrit un monde nouveau, l'on peut dire que l'ancienne Grèce posa le fondement de la science, de la philosophie et de la religion positives[3] ; avec ses hommes d'État, ses historiens, ses moralistes, l'ancienne Rome déroula une si puissante leçon de politique réaliste que les Chambres anglaises et la Monarchie capétienne ne l'ont point surpassée. Ni dans la famille, ni dans la cité des Anciens, rien n'est laissé à l'anarchie ; l'arbitraire des chefs et les prescriptions des lois se tempèrent et se composent exactement. L'institution de l'esclavage enlève à la démocratie ses plus grandes difficultés[4] ; et, du reste, l'histoire malheureuse du dernier demi-siècle de la liberté athénienne, les avis répétés des Aristophane, des Xénophon, des Platon même et de tous les maîtres du génie attique, la rapidité de la consomption, l'éclat foudroyant de la chute sont de grands témoignages en faveur des aristocraties et des autres régimes d'autorité[5]. Qui en prend connaissance se sent assez mal disposé pour le dogme du gouvernement populaire.

Dans l'ère moderne, la philosophie catholique se modèle de préférence sur Aristote[6] ; la politique catholique s'approprie les méthodes de la politique romaine[7]. Tel est le caractère de la tradition classique. L'esprit classique, c'est proprement l'essence des doctrines de la haute humanité. C'est un esprit d'autorité et d'aristocratie. Nommer classique l'esprit de la

1. Allusion à Philon d'Alexandrie qui, vers le début de l'ère chrétienne, professait la compatibilité du judaïsme et du platonisme et fut le précurseur du néoplatonisme. Ce courant se caractérise entre autres par son mysticisme débridé, en lequel Maurras voit une défiguration de l'héritage grec.

2. Il n'est pas indifférent de voir ici mentionner les sophistes, car leur relativisme et leur souci d'efficacité politique ne sont pas sans annoncer le positivisme. Par d'autres aspects de sa pensée pourtant, notamment ses références au droit naturel, Maurras est aux antipodes des sophistes.

3. Voir, dans *Les Vergers sur la mer*, le chapitre « Que nous reste-t-il de la Grèce ? », p. 209 de la présente édition.

4. Sans doute Maurras veut-il dire que l'esclavage, en libérant les citoyens des soucis matériels, leur laissait le temps de se consacrer sérieusement aux affaires publiques, ce qui n'est pas le cas dans les démocraties modernes.

5. Aristophane, Xénophon et Platon furent de farouches adversaires de la démocratie athénienne, dont la politique impérialiste conduisit à la guerre du Péloponnèse et à la défaite d'Athènes.

6. Sous l'influence de saint Thomas d'Aquin notamment.

7. Allusion à la continuité entre l'Empire romain et la papauté, avérée notamment par le titre de souverain pontife reconnu au pape.

Révolution, c'est donc dépouiller un mot de son sens naturel et préparer des équivoques.

La Révolution est venue d'un tout autre côté ; la Bible de la Réforme, les statuts de la République de Genève, les théologiens calvinistes, le vieux ferment individualiste de la Germanie auquel la Suisse trilingue servait déjà de truchement européen[1], enfin les élans personnels d'une sensibilité qui n'était retenue ni par des mœurs héréditaires, ni par de très fortes études, ni par une raison très saine, voilà les humbles causes des idées qui naquirent dans l'esprit de Rousseau. Par la magie de l'éloquence, elles entrèrent avec lui dans la vieille société française ; loin d'y déterminer aucun état d'esprit classique, elles allèrent à détruire cet esprit de progrès et d'ordre. Qui niera que Rousseau n'ait ouvert l'ère romantique ?

Justement parce que Taine a droit à tous les respects, il importait de faire voir comment on ne peut admettre un détail de son vocabulaire et pourquoi même on a le devoir de le contester.

Annexe II. Le goût de chair

Chateaubriand désorganisa ce génie abstrait en y faisant prévaloir l'imagination, en communiquant au langage, aux mots, une couleur de sensualité, un goût de chair...

M'abstenant ici de critique littéraire, je ne saurais développer le sujet de cette remarque. Elle est, du reste, confirmée par la lecture attentive de toute belle page de Chateaubriand. Les phrases en paraissent évidemment formées pour mettre en valeur certaines expressions, certains vocables ou même certaines syllabes d'une éclatante volupté. Volupté faite mot, volupté faite succession et agencement de sonorités. Je ne saurais qualifier autrement son « grand secret de mélancolie » ou sa « molle intumescence des vagues ». Impossible de rien voir de plus sensuel ; c'est une caresse physique sur les papilles labiales et linguales, sur les petites fibres de notre appareil auditif. On goûterait à ces discours comme on baiserait dans l'air les espèces matérielles[2].

« Avant Chateaubriand », écrivais-je ailleurs[3], « le mot était un signe, un signe abstrait et qui ne cessait d'être tel que par un vrai coup de fortune ; ce

1. Maurras a évolué sur la Suisse, car dans le *Soliloque du prisonnier*, écrit aux alentours de 1950, il fait un éloge appuyé de ce pays qui sait concilier nationalisme et fédéralisme.

2. Terme renvoyant soit au vocabulaire théologique et désignant alors le pain et le vin utilisés dans le sacrement de l'Eucharistie, soit au vocabulaire philosophique et désignant alors une image ou idée des choses matérielles. Ce second sens semble en l'occurrence s'imposer.

3. Dans la *Revue encyclopédique* du 15 octobre 1898, à l'occasion de la mort de Mallarmé.

hasard lui-même valait ce qu'il valait, on ne s'appliquait point à le rendre régulier ni même fréquent ; c'était à la lettre un bonheur d'expression, un accident heureux auquel on s'égayait sans trop y peser ; car s'il venait à perdre cette qualité d'accident, on sentait qu'il perdait son prix. Enfin, le mot-réalité, le mot-couleur, le mot-parfum, le mot-sensation, le mot-objet pouvait bien venir sous la plume par jeu ou par humeur, il n'était en aucune sorte la fin du style. C'est Chateaubriand qui l'a élevé à cette dignité nouvelle. Chateaubriand tient moins à ce qu'il dit qu'à l'enveloppe émouvante, sonore et pittoresque de ce qu'il dit et, comme ce qu'il dit n'est rien qu'une suite d'images, ce n'est pas au système d'images qu'il nous veut attentifs, mais bien à l'image même de son discours, aux images diverses dont il est tout constitué ; en d'autres termes, à la nature propre des mots qui le composent, puisque souvent ces images et ces mots ne font qu'un.

Source de peine et de plaisir, vivant principe de toute la poésie, ayant des vertus personnelles et des aspects originaux que tout écrivain s'est appliqué depuis à dégager et à souligner : tel est le grade auquel Chateaubriand a promu le mot. Avant lui, la syntaxe et le style, c'est-à-dire le génie de la langue et la pensée de l'auteur, étaient au premier rang ; ils sont, grâce à lui, descendus jusqu'au second, ayant cédé la place au vocabulaire[1]. Les conséquences de cette révolution se sont continuées non seulement dans Hugo et ses contemporains mais jusque dans l'œuvre de ce romantique attardé que nous venons de perdre, M. Stéphane Mallarmé ».

Note III. Les déistes

> *Examinée de près, elle diffère seulement par le luxe du pittoresque et les appels au sens du déisme sentimental propagé par les Allemands et les Suisses du salon Necker.*

En dépit du grand préjugé que l'autorité de Voltaire a fait régner en France, c'est une question de savoir si l'idée de Dieu, du Dieu unique et présent à la conscience, est toujours une idée bienfaisante et politique[2].

Les positivistes font observer avec raison que cette idée peut aussi tourner à l'anarchie. Trop souvent révolté contre les intérêts généraux de l'espèce et des sous-groupements humains (patrie, caste, cité, famille),

1. Dans « Réflexions préalables sur la critique et sur l'action », un texte de 1925 non repris dans ce volume, Maurras estime que l'art du poète consiste à mettre en ordre « son peuple d'idées et de mots, de couleurs et de sons ». L'affranchissement de ce « peuple », analogue littéraire de la démocratie, scelle donc à ses yeux la ruine de l'ordre et par conséquent de l'art.

2. C'est la thèse que Voltaire soutient en particulier dans l'article « Dieu, dieux » de son *Dictionnaire philosophique.*

l'individu ne s'y soumet, en beaucoup de cas, que par nécessité, horreur de la solitude, crainte du dénuement ; mais si, dans cette conscience naturellement anarchique, l'on fait germer le sentiment qu'elle peut nouer des relations directes avec l'Être absolu, infini et tout-puissant, l'idée de ce maître invisible et lointain l'aura vite éloignée du respect qu'elle doit à ses maîtres visibles et prochains : elle aimera mieux obéir à Dieu qu'aux hommes. À tout propos, non une fois comme le fit Antigone très légitimement, elle invoquera les lois éternelles et inécrites pour se soustraire aux lois qui lui seront le plus directement relatives[1]. Elle frondera sans mesure les principes de la cité et de la raison. Ce commerce mystique inspire le scepticisme en spéculation, comme en pratique la révolte ; il persuade que l'internelle[2] force divine dicte tout jugement insuffisamment motivé et inspire les appétits qui contredisent à la règle. Tel est le multiplicateur immense qu'ajoute l'idée de Dieu au caprice individuel : accru à l'infini, multiplié par l'infini, chaque égoïsme se justifie sur le nom de Dieu et chacun nomme aussi divine son idée fixe ou sa sensation favorite, la Justice ou l'Amour, la Miséricorde ou la Liberté.

Il ne devrait y avoir qu'un cri parmi les moralistes et les politiques sur les dangers de l'hypocrisie théistique. Si, pour un instant, elle donne à chaque individu quelque ardeur et quelque ressort, ce n'est qu'une apparence ; cette passagère excitation de l'orgueil ne vaut pas les maux qu'elle fait, puisqu'elle décompose et dissout tous les éléments de la communauté des hommes, non seulement l'État et ses modes divers, mais aussi la science, mais jusqu'à la pensée. L'individu perd de la sorte, outre les conditions de sa vie élémentaire, ses ornements et ses plaisirs supérieurs.

Ne fût-on ni moraliste ni politique, il faudrait avoir encore une grande horreur du déisme pour si peu que l'on ait de goût. Ce déisme enlève, en effet, aux passions leur air de nature, la simple et belle naïveté. Il les pourrit d'une ridicule métaphysique ; entendez Julie, Lélia, Emma, Elvire et tout le chœur des amoureuses romantiques protester, aux bras de l'amant, qu'elles ne l'ont reçu qu'en vertu d'une injonction de l'Être suprême[3] !

Le mérite et l'honneur du catholicisme furent d'*organiser* l'idée de Dieu et de lui ôter ce venin. Sur le chemin qui mène à Dieu, le catholique trouve des légions d'intermédiaires ; il en est de terrestres et de surnaturels, mais la chaîne des uns aux autres est continue. Le ciel et la terre en sont tout peuplés, comme ils l'étaient jadis de dieux (J. de Maistre, *Du pape*, dernières pages).

---

1. Voir dans le présent volume le poème et le texte en prose que Maurras a consacrés à Antigone, p. 411 et 937.
2. Interne, intime.
3. Julie est l'héroïne de *La Nouvelle Héloïse*, de Rousseau ; Lélia l'héroïne éponyme d'un roman de George Sand ; Emma, celle de *Madame Bovary*, de Flaubert ; Elvire est le nom sous lequel Lamartine évoque Julie Charles dans ses *Méditations poétiques*.

Cette religion rend ainsi premièrement à notre univers, en dépit du monothéisme qui la fonde, son caractère naturel de multiplicité, d'harmonie, de *composition*. En outre, si Dieu parle au secret d'un cœur catholique, ces paroles sont contrôlées et comme poinçonnées par des docteurs, qui sont dominés à leur tour par une autorité supérieure, la seule qui soit sans appel[1], conservatrice infaillible de la doctrine. L'esprit de fantaisie et de divagation, la folie du sens propre se trouvent ainsi réduits à leur minimum ; il n'y a jamais qu'un seul homme, le Pape, qui puisse se permettre au nom de Dieu des égarements de pensée et de conduite, et tout est combiné autour de lui pour l'en garder.

Admirable système dans lequel chacun peut communiquer personnellement avec Dieu, à condition de s'élever par ce nom à des pensées plus générales, à de plus généreux sentiments[2], mais qui ne permet point qu'on attribue à l'infini ses propres bassesses, ni qu'on en autorise ses rébellions. Le Dieu catholique garde immuablement cette noble figure que lui a dessinée la haute humanité. Les insensés, les vils, enchaînés par le dogme, ne sont point libres de se choisir un maître de leur façon et à leur image. Celui-ci reste supérieur à ceux qui le prient.

En conclusion, le catholicisme propose la seule idée de Dieu tolérable aujourd'hui dans un État bien policé. Les autres risquent de devenir des dangers publics. Chez les anciens Israélites, les prophètes, élus de Dieu en

---

1. Cette autorité elle-même reconnaît aux chefs et aux princes une onction, une désignation divines d'où découlent l'indépendance de ceux-ci vis-à-vis d'elle et l'autonomie du pouvoir civil. Depuis la fâcheuse scission intervenue à l'ère chrétienne entre l'ordre religieux et l'ordre civil, je ne vois pas qu'on ait rien imaginé de meilleur [NdA]. La « fâcheuse scission » ici incriminée découlant directement de la parole du Christ « Rendez à César ce qui est à César et à Dieu ce qui est à Dieu », la position de Maurras est clairement antichrétienne et pas seulement antiprotestante.

2. Un écrivain libéral ennemi résolu de l'Action française et médiocrement respectueux de la vérité, M. Laberthonnière, a voulu tirer de ces réflexions sur le déisme inorganique une conséquence opposée à leur esprit et à leur texte, mais favorable aux tristes rêveries que ce malheureux nous impute. D'après lui, le déisme catholique ne trouve grâce devant nous qu'à titre d'instrument de règne mis à disposition non pas même du bien public, mais, ce qui fait une seconde fausseté, d'une race de Forts conçue à la façon du barbare Nietzsche. Malheureusement pour cette ingénieuse et audacieuse folie, la phrase où je fais observer que la condition imposée au déisme catholique était de s'élever, par le nom de Dieu, « *à des idées plus générales, à de plus généreux sentiments* », cette petite phrase exclut de ma pensée toute imagination de cet ordre et renverse de fond en comble l'édifice de M. Laberthonnière. Mais qu'à cela ne tienne ! Ce critique n'est pas embarrassé pour si peu. Lui qui pèse une à une toutes les syllabes des considérations ci-dessus, lui qui les interroge, les sonde, les torture dans leur moindre détail, il n'a pas un regard ni un mot pour cette phrase si explicite. Il l'a supprimée de son souvenir et de son regard. Il l'a abolie de mon texte. Et son livre et sa thèse, qui s'écrouleraient sans cela, sont échafaudés tout entiers sur cette prétérition venimeuse [NdA, 1912].

dehors des personnes sacerdotales, furent des sujets de désordre et d'agitation. Depuis que ses malheurs nationaux l'ont affranchi de tout principat régulier et souvent de tout sacerdoce, le Juif, monothéiste et nourri des prophètes, est devenu – MM. Bernard Lazare et James Darmesteter ne nous le cachent point – un agent révolutionnaire[1]. Le protestant procède absolument du Juif : monothéisme, prophétisme, anarchisme, au moins de pensée. Le Vicaire savoyard est un déiste protestant[2]. Dans les États restés fidèles à l'esprit de la « prétendue réforme religieuse[3] » et qui n'ont point tourné, comme l'Allemagne du Nord à l'athéisme pur[4], ou, comme l'Angleterre, à une copie de plus en plus étroite du catholicisme[5], l'idée de Dieu menace beaucoup plus qu'elle ne soutient.

Annexe IV. Chateaubriand et les idées révolutionnaires

Louis XVIII n'eut pas de plus incommode sujet, ni ses meilleurs ministres de collègue plus dangereux.

M. André Maurel[6] a publié, à la librairie de *La Revue blanche*, un intéressant et profitable *Essai sur Chateaubriand*, écrit d'ailleurs avec un enthousiasme qui n'admet point de réserves.

Malgré d'extrêmes divergences dans l'appréciation, nous nous accordons, M. Maurel et moi, sur plus d'un point de fait. J'extrais du livre les textes suivants qui sont relatifs au héros. Page 158 : « Il a désiré le pouvoir et, dès qu'il le tient, il s'ennuie. » (C'est qu'il voulait non s'en servir pour le service d'une idée, mais en jouir, assez noblement

1. Le philologue Darmesteter formule cette thèse dans son *Coup d'œil sur l'histoire du peuple juif* (1881) ; Bernard Lazare, journaliste anarchiste et dreyfusard, la développe au chapitre XII de son livre *L'Antisémitisme, son histoire et ses causes* (1894), intitulé « L'esprit révolutionnaire dans le judaïsme ».

2. Le vicaire savoyard, personnage de l'*Émile* de Rousseau, professe une religion naturelle fondée non sur le dogme religieux ou la philosophie, mais sur la conscience et le sentiment.

3. Maurras reprend ici, en le modifiant légèrement, le nom que la monarchie française et l'Église catholique donnaient au protestantisme aux XVIe, XVIIe et XVIIIe siècles : la « Religion prétendue réformée ».

4. Les protestants athées, mais qui se meuvent au milieu des coreligionnaires déistes, ne nient que le nom de Dieu. La plupart attribuent une valeur métaphysique à certaines idées de leur choix, qu'ils tirent ainsi du rang naturel et de la place fixée par la Logique universelle. Cette erreur les dispose à la sédition [NdA].

5. De fait, la liturgie anglicane est très proche de la liturgie catholique et l'anglicanisme est religion d'État, ce qui explique l'admiration de Maurras pour le Royaume-Uni. Mais sa remarque masque les profondes oppositions théologiques entre l'anglicanisme et le catholicisme.

6. Journaliste et critique français.

il est vrai.) Page 173 : « À vrai dire, l'opposition était l'atmosphère de ce passionné. » (Parce que c'est là que la personnalité politique se donne commodément et impunément carrière.) Page 205 : « La liberté !... Il la proclamait seule féconde. » (Il fut, en effet, toute sa vie un libéral, ou, ce qui revient au même, un anarchiste ; je ne suis pas de ceux qui font de vaines différences entre les idées de Jules Simon et celles de Ravachol : ces deux esprits ne connurent que des désaccords de méthode[1].)

Dans son analyse des écrits politiques, M. André Maurel fait ressortir que Chateaubriand demeurera toujours attaché aux idées de la Révolution. Il est donc lamentable que des monarchistes puissent écrire le nom de Chateaubriand auprès de ceux de Maistre et de Bonald.

Au contraire de ces deux philosophes royalistes, ce qu'il voulait, c'était les idées de la Révolution sans les hommes et les choses de la Révolution. Il opinait de conserver la doctrine et de biffer l'histoire. Or, ceci ne se biffe pas et cela ne se peut garder dans une tête saine. Les idées de la Révolution sont proprement ce qui a empêché le mouvement révolutionnaire d'enfanter un ordre viable ; l'association du tiers état aux privilèges du clergé et de la noblesse, la vente, le transfert, le partage des propriétés, les nouveautés agraires, la formation d'une noblesse impériale, l'avènement des grandes familles jacobines, voilà des événements naturels et, en quelque sorte, physiques, qui, doux ou violents, accomplis sous l'orage ou sous le beau temps, se sont accomplis. Je les nomme des faits. Ces faits pouvaient fort bien aboutir à reconstituer la France comme fut reconstituée l'Angleterre de 1688 : il suffisait qu'on oubliât des principes mortels ; les effets de ces mouvements une fois consolidés et ces faits une fois acquis, l'œuvre de la nature eût bientôt tout concilié, raffermi et guéri. Mais les principes révolutionnaires, défendus et rafraîchis de génération en génération (n'avons-nous pas encore une *Société des Droits de l'Homme et du Citoyen* ?) ont toujours entravé l'œuvre naturelle de la Révolution[2]. Ils nous tiennent tous en suspens, dans le sentiment du provisoire, la fièvre de l'attente et l'appétit du changement. Il y eut un ancien régime ; il n'y a pas encore de régime nouveau ; il n'y a qu'un état d'esprit tendant à empêcher ce régime de naître.

1. Jules Simon, l'un des fondateurs de la IIIe République, fut président du Conseil en 1876-1877 ; il se définissait comme « profondément républicain et profondément conservateur », ce qui n'était nullement le cas de l'assassin et terroriste anarchiste Ravachol, guillotiné en 1892.

2. Maurras veut dire que les principes de 1789, invoqués par la bourgeoisie révolutionnaire pour abattre la prééminence sociopolitique de la noblesse et du clergé, peuvent être retournés contre elle par le prolétariat et le sont de fait, en quoi la Révolution n'a pas débouché sur un ordre viable.

M. André Maurel exagère d'ailleurs les qualités et même, je crois bien, le rôle politique de Chateaubriand. En fermant son *Essai*, il convient de relire les lettres du grand homme à Mme de Duras, avec les réponses de celle-ci[1]. Cette correspondance est un antidote assuré contre tous les panégyriques.

Annexe V. Chateaubriand en juillet 1830

Tous les devoirs de loyalisme deviennent aussitôt faciles, et même agréables...

Les documents abondent. Il faut retenir la relation des journées de Juillet par le marquis de Kercado Molac, major général de la garde royale en 1830. Charles X vient d'abdiquer. Les royalistes se concertent pour faire proclamer Henri V. Chateaubriand doit prendre la parole à la Chambre des pairs : « Je suis fâché de le dire, écrit le marquis de Kercado, mais, à un pareil moment, M. de Chateaubriand me parut beaucoup trop occupé du rôle qu'il allait jouer en Europe, lorsqu'on le verrait, lui (disait-il), si maltraité, si méconnu par le gouvernement du roi, proclamer hautement le principe de la légitimité... » (*Revue hebdomadaire* du 30 juillet 1898.)

Il ne se perdait pas de vue et, ce jour-là, il éprouvait, devant son miroir, la double joie de pardonner à l'adversaire et de l'enterrer.

Annexe VI. Misère logique

L'Université, même renforcée des leçons écrites de Herder et de Vico, ne suffit point à lui conférer ses quartiers de noblesse intellectuelle. On en a vu le résultat...

« L'abandon des études logiques, dit M. Renouvier, a été poussé en France à un tel point que, si l'étude des mathématiques et en partie celle du droit n'apportaient pas quelque remède à ce mal, on trouverait peu de gens instruits qui sussent bien manier la réciproque, par exemple, et n'eussent pas l'habitude de semer leur conversation de paralogismes grossiers. » (*Logique*, tome II.) Cet abandon est d'autant plus funeste que le romantisme et la démocratie ont eu pour effet d'environner la raison pure d'adversaires plus nombreux, plus puissants et plus intéressés.

1. Mme de Duras était une amie de Chateaubriand qui s'ouvrait à elle de ses dépits politiques.

Sur le même sujet que M. Renouvier, le Genevois Hennequin a remarqué l'affaiblissement des dons proprement intellectuels des Français depuis cent ans. Voir aussi le curieux ouvrage de M. Nordau, *Dégénérescence* (2 volumes in-8°, Paris, Alcan)[1].

Encore Hennequin, Nordau, Renouvier, s'occupent-ils ici des intelligences soumises à une culture générale assez profonde. Hors de ce cercle, dans le monde des spécialistes, les dommages sont plus considérables encore, si l'on en croit M. Alfred Fouillée. « Rétrécissement de l'intelligence », « égoïsme intellectuel », « individualisme moral », voilà les traits qu'il a comptés dans son curieux livre *Les Études classiques et la démocratie* : « Ceux qui n'ont pas fait ces études dédaignent les idées générales, les *principes*, et ils prétendent s'en passer ! En réalité – on en a fait maintes fois la remarque – *ils acceptent sans contrôle parmi leurs idées courantes celles qui répondent le mieux à leurs préjugés individuels, et ils les érigent indûment en principes*[2]. »

La remarque de M. Fouillée est très juste. Rapprochée de celles qu'on a lues plus haut, elle me paraît incomplète. L'abandon des études classiques n'est pas seule cause du fléau qu'il décrit. L'affaiblissement intellectuel des « spécialistes » vient de la misère logique qui règne dans la sphère supérieure des lettrés et des philosophes. Mais cette misère résulte de l'abandon des anciennes études théologiques ou, si l'on aime mieux, de ce que ces études si brusquement abandonnées n'ont été remplacées par rien.

Je parle de ces études en tant qu'études, toute question de foi religieuse mise de côté. Il est bien trop clair que la foi, dans chaque individu, est un principe d'unité et d'ordre et, entre les hommes divers, un lien politique. Il ne s'agit point de cela, mais des vertus pédagogiques de la théologie dans le catholicisme. À la différence de la théologie protestante, son caractère est de former une synthèse où tout est lié, réglé, coordonné depuis des siècles, par les plus subtils et les plus vastes esprits humains, en sorte qu'on peut dire qu'elle enferme, définit, distribue et classe tout. Point de discussion inutile : tout aboutit. Les doutes se résolvent en affirmations ; les analyses, si loin qu'on les pousse, en reconstitutions brillantes et complètes. Voilà pour de jeunes esprits la préparation désirable. Ils pourront changer plus tard au dogme ce qu'ils voudront et, s'il leur plaît, se faire bouddhistes ou parsis. L'essentiel est qu'ils aient éprouvé les effets d'une discipline aussi forte. Ils réussiront de la sorte à marquer les éléments multiples d'une notion, et (comme répondait Monseigneur d'Hulst à un député radical qui

1. En citant Renouvier, philosophe proche des milieux républicains, Émile Hennequin, critique genevois, et Max Nordau, militant sioniste, Maurras choisit à dessein trois auteurs fort éloignés de ses convictions politiques mais dont la convergence avec sa critique de la « misère logique » n'en est que plus frappante.

2. Le philosophe Alfred Fouillée était républicain mais critiquait la « fausse démocratie » ou « démocratie individualiste ».

riait de ses *distinguo*[1]) ils oseront « distinguer pour ne pas confondre ». Ils seront exercés à juger de sang-froid et à raisonner avec suite. On les aura introduits à l'art de penser. La philosophie universitaire, enseignée en un an, a de plus le désavantage de se réduire dans beaucoup de cours à la seule morale, et quelle morale ! celle de Kant[2]. Du reste, ce n'est pas au cœur, mais au cerveau, que se marque la race humaine ; même pour notre vie pratique, le meilleur traité de morale n'aura point l'efficacité du noble exercice logique qui instruit l'âme à bien penser.

Quelle que soit la décadence des études théologiques dans les séminaires, les catholiques contemporains ont conservé des traces de l'antique supériorité. Dans leurs établissements, la classe de théologie y commence en huitième, avec l'explication du catéchisme diocésain. Tout enfant y fait ainsi son apprentissage d'animal raisonneur. Après la première communion, ces leçons éminemment rationalistes se développent et s'étendent ; on les jugerait mal sur les fantaisies malencontreuses de l'abbé Gaume[3], qui d'ailleurs se rapportent à l'ordre scientifique beaucoup plus qu'au philosophique. Philosophiquement, ces cours d'instruction religieuse m'ont paru sans reproche. Ils familiarisent l'adolescent avec les finesses et les difficultés des idées générales ; mieux que la grammaire et les mathématiques, ils le rompent à la logique. L'esprit acquiert par là de la délicatesse et de la vigueur. Il y peut sentir de bonne heure l'enthousiasme de la sagesse.

« Pour moi, m'écrit quelqu'un, je n'oublierai jamais le battement de cœur que me fit connaître, en troisième, notre maître d'instruction religieuse, M. l'abbé X…, quand il nous résume, en des termes d'une netteté enivrante, l'argument du baron Cauchy en faveur de la thèse *qu'il n'existe pas de nombre infini*[4]. Cet enchaînement magnifique de raisons bien groupées et étroitement assujetties les unes aux autres, terminées par le rigoureux et majestueux *CQFD* cher aux géomètres[5], m'imprima pour la vie la divine notion de la pure lumière. Depuis, le fond de cette thèse m'a paru mériter un examen plus approfondi, mais le sentiment ne m'a plus quitté : je le conserve, continué par le souvenir, avec le même soin

1. Fondateur de l'Institut catholique en 1875, Mgr d'Hulst fut une grande figure intellectuelle du catholicisme. Il plaida notamment pour une réconciliation de la science et de la foi et, quoique de famille monarchiste, se rallia à la république sur la demande du pape Léon XIII.

2. Voir *Auguste Comte*, p. 643 de la présente édition.

3. Mgr Gaume, auteur de nombreux ouvrages des années 1830 aux années 1880, combattit la référence aux auteurs de l'Antiquité dans la formation des jeunes catholiques.

4. Cauchy fut l'un des plus grands mathématiciens du XIXe siècle ; il était catholique, monarchiste et antilibéral.

5. Initiales de « ce qu'il fallait démontrer », qui traduit une formule latine traduisant elle-même une formule grecque remontant à Euclide.

jaloux que mes premières impressions de lecture de l'*Odyssée*, d'*Antigone* et d'*Iphigénie à Aulis*[1]. Si par la suite j'ai continué de raisonner, si j'en ai retiré quelques avantages, je le dois au plaisir qui me fut donné ce jour-là. » (*Soleil* du 6 octobre 1898.)

Annexe VII. Le cœur de l'homme

Il eût même exercé ce cœur à jouer aux échecs et à réduire des fractions...

Ces remarques étaient faites et rédigées, lorsque M. Jean Brunhes a prononcé son discours sur *Michelet* (Paris, Perrin), couronné par l'Académie française. On distinguera dans cette brochure une analyse exacte et précise du naïf albigisme de Michelet et de sa « théorie » du combat de la liberté et de la fatalité dans l'histoire[2].

M. Brunhes extrait du livre des *Jésuites* cette phrase significative à laquelle j'avoue que je ne pensais pas, mais qui confirme parfaitement ma propre analyse : « Plus je creuse par l'étude, par l'érudition, par les chroniques *et plus je vois au fond des choses pour premier principe organique le cœur de l'homme, mon cœur.* »

Notez que Michelet pourrait avoir raison si ces mots n'avaient que leur sens ; mais ils le dépassent de tous côtés[3].

Annexe VIII. Sentiment et vérité

Le résultat des opérations de ce cœur-prodige lui parut si parfait...

On ne conteste pas que le sentiment n'ajoute de la force aux tableaux de l'histoire. Il colore, vivifie, fortifie la vue des faits ; par là il la rend plus distincte et plus claire. Mais c'est une clarté qui naît de l'historien, non des choses ; elle peut causer des erreurs.

1. Respectivement d'Homère, Sophocle et Euripide.

2. Influencé par le pasteur Napoléon Peyrat, Michelet interprétait l'hérésie albigeoise (ou cathare) comme un ferment d'émancipation préfigurant le protestantisme et la Révolution française.

3. Maurras pense que le cœur est le premier principe organique (voir *Auguste Comte*) et croit suffisamment à l'universalité de la nature humaine pour admettre en théorie l'équivalence entre l'expression « le cœur de l'homme » et l'expression « mon cœur » ; mais il reproche à Michelet de profiter de cette équation pour ériger en principes universels ses fantaisies individuelles.

Un exemple. Michelet est horrible dans ses descriptions de supplices. Mais l'horreur qu'il nous communique est celle qu'il eût éprouvée si, avec ses nerfs du XIXe siècle, il eût été présent à ces spectacles du XIVe ou du XVIe. Or rien n'est plus variable que le sentir. Depuis un siècle environ, tandis que décroissait l'intelligence nationale, il est certain que la sensibilité fit chez nous d'inquiétants progrès : bien qu'aimant la physiologie en histoire, Michelet néglige sans cesse cette vérité historique et physiologique, plus importante que la fistule de Louis XIV ou le mal de François Ier !... Ses peintures tiennent donc à nos nerfs un langage que ne tenait point la réalité aux nerfs des gens dont il s'occupe. Que d'anachronismes il en tire et, de ces anachronismes, que de folies !

M. Funck-Brentano a comparé la *Jeanne d'Arc* de Michelet aux études précises faites sur le même sujet par Siméon Luce. Le morceau, si vanté, a beaucoup perdu de son prix. Il serait curieux de montrer comment la plupart des erreurs de cette idylle nous arrivent tout droit du cœur de Michelet[1].

Annexe IX. Tempérament de la science par la sagesse

... quand, à l'exemple de certains positivistes, on hésite à se réjouir de la perfection des microscopes ou qu'on se fait scrupule d'observer les constellations.

C'est moins la conscience, comme le croyait Rabelais, que la sagesse dont peut être tempérée la science[2]. Il ne faut donc point se hâter de sourire des avertissements donnés par la philosophie à l'hystérie de quelques savants.

L'ancien directeur du positivisme, Pierre Laffitte[3], dans sa *Théorie générale de l'entendement*, parle « de ces appareils de précision par qui nos sens acquièrent une si extraordinaire puissance » et se demande si le résultat en est proportionnel à l'orgueil que nous en avons. Il écrit : « Loin de nous assurément la pensée de médire d'inventions dont plusieurs témoignent si éloquemment en faveur du génie humain et *nous rendent d'incontestables services en une foule de cas particuliers* ; mais en quoi, nous le demandons, ces instruments si perfectionnés nous ont-ils aidés à

1. Michelet fait de Jeanne d'Arc une héroïne proto-démocratique, avant tout soucieuse de sauver le peuple, ce qui relègue la composante religieuse et monarchique du personnage au second plan. Le chartiste Funck-Brentano, proche de l'Action française, jugeait plus sérieuses les analyses de Siméon Luce, autre chartiste.

2. Allusion à la fameuse sentence figurant dans *Pantagruel* : « Science sans conscience n'est que ruine de l'âme. »

3. Voir *Auguste Comte*.

trouver des lois ? Ce dont nous sommes sûrs, en revanche, c'est qu'ils ont contribué à en détruire, et qu'en nous montrant quantité de faits inaperçus, ils ont contribué à ruiner nombre de relations ou de similitudes que nous tenions pour démontrées, et qui, suffisantes pour la pratique, pouvaient sans danger être tenues comme certaines. La belle avance, en vérité ! *Rien ne serait mieux assurément que de perfectionner notre faculté contemplative, s'il était en notre pouvoir de perfectionner du même coup la méditation.* Alors que nous embrassons déjà avec une difficulté singulière la marche des phénomènes que nos sens, dans leur médiocrité, nous révèlent, n'est-ce point folie que d'en chercher de nouveaux ? N'est-ce point duperie que d'accumuler les obstacles, que de nous embarrasser de nos propres mains, que de compliquer le spectacle du monde quand il y aurait plutôt lieu de le simplifier ? »

En admettant que cette sagesse soit un peu courte et qu'au milieu des mystères de l'univers il y ait profit pour la science à chercher parfois l'aventure, on voit ici sur quels principes se devrait régler tout au moins la conduite ordinaire de nos savants. Mais, sous couleur d'évolutionnisme, ils ont tous aujourd'hui la rage de la nouveauté, même fausse.

Annexe X. Rencontre des athées et des catholiques

... les Jésuites de 1857, lorsqu'un ami d'Auguste Comte vint leur offrir l'alliance positiviste.

Le projet de liguer les athées et les catholiques n'est pas une imagination de M. Brunetière, comme on le répète souvent[1].

La dernière année de sa vie (1857), Auguste Comte députa l'un de ses disciples, Alfred Sabatier, au Gesù de Rome[2] pour y négocier, avec le Révérend Père Breckx, une alliance entre le positivisme et l'Institut des jésuites contre le déisme, le protestantisme et les autres formes de l'anarchie moderne « qui entretiennent la société dans un état permanent de fermentation ».

Le Français fut reçu par un dignitaire de l'Ordre, qui, dès les premiers mots, perdit le sens de l'entretien, car il prenait Auguste Comte pour Charles Comte, l'économiste. Les interlocuteurs se séparèrent, sans avoir eu contact, sur ces mots d'Alfred Sabatier : « Quand les orages politiques de l'avenir manifesteront toute l'intensité de la crise moderne, vous trouverez les jeunes positivistes prêts à se faire tuer pour vous comme vous êtes prêts à vous laisser massacrer pour Dieu. »

1. L'académicien Brunetière avait été marqué par le positivisme avant de se rapprocher de l'Église au milieu des années 1890 et de se convertir en 1900.
2. Siège central des Jésuites.

Les choses ont marché depuis 1857. Du côté des jésuites, mieux renseignés, est sorti un excellent analyste du positivisme : l'Autrichien Gruber[1]. D'autre part, « ces orages politiques de l'avenir », dont parlait Alfred Sabatier, sont devenus comme présents, et la crise intellectuelle semble plus forte de jour en jour. Celle-ci aura bientôt fait de déclasser les « libres penseurs » et les « incroyants », pour les répartir en esprits anarchiques et en esprits politiques, en *barbares* et en *citoyens*. Commentant la démarche de Comte et de Sabatier, le docteur Audiffrend écrivait, il y a peu d'années : « Le positivisme invite ceux qui ne croient plus en Dieu et qui veulent travailler à la régénération de leur espèce à se faire positivistes, et il engage ceux qui y croient à redevenir catholiques[2]. » « Athées » positivistes[3] et catholiques théologiens ont là-dessus, au temporel comme au spirituel, de profonds intérêts communs, les intérêts de la tradition et du monde civilisé, menacés d'une dilapidation soudaine en même temps que d'une dégénérescence insensible. S'ils se distribuaient entre ces deux systèmes, l'un et l'autre énergiquement ordonnés, les défenseurs du genre humain auraient vite raison de leur adversaire, l'esprit de l'anarchie mystique. C'est contre cet esprit, ennemi-né des groupements nationaux aussi bien que des combinaisons rationnelles, que les deux Frances peuvent se réunir encore. Si elles ne parviennent à tomber d'accord de ce qui est vrai, il leur reste à s'entendre sur le bon et l'utile.

Je ne prétends point que cela arrive nécessairement ; mais si cela n'arrive pas, nous sommes perdus.

---

1. Un agrégé de philosophie, M. Georges Dumas, a résumé l'entretien du positiviste et du jésuite dans un article ironique et malicieux de *La Revue de Paris* (1er octobre 1898). Mais, bien qu'il ait conduit la suite de son histoire fort au-delà de la mort de Comte, il s'est gardé de souffler mot des travaux du Père Gruber. M. Georges Dumas veut évidemment insister sur les différences du système catholique et du positivisme ; il néglige les ressemblances. Or, si les premières sont claires, elles sont d'ordre métaphysique et ne s'imposent point en un sujet de politique toute pure ; au lieu que les secondes, d'une égale clarté, sont ici d'intérêt capital. J'ai résumé ces ressemblances, ces sympathies, ces affinités, au cours d'une polémique avec M. Georges Renard, de *La Lanterne*, dans *La Gazette de France* des 11 et 23 juillet et 15 août 1898 [NdA].

2. C'est d'ailleurs, à peine modifiée pour les termes, la formule dont se servait Auguste Comte dans une lettre à John Metcalf, en 1856 : « Il faut maintenant presser tous ceux qui croient en Dieu de revenir au catholicisme, au nom de la raison et de la morale ; tandis que, au même titre, tous ceux qui n'y croient pas doivent devenir positivistes. » [NdA.]

3. Les guillemets suggèrent que le terme est impropre : de fait, Auguste Comte refusait qu'on le lui applique, car il considérait la question de l'existence ou de l'inexistence de Dieu comme métaphysique, donc extérieure aux préoccupations du positivisme.

Annexe XI. La fête de Michelet

Aussi bien a-t-elle échoué...

« Voilà les fêtes de Michelet terminées », écrit M. Ledrain, qui y a un peu présidé. « Nous leur aurions souhaité je ne sais quoi de plus populaire et de plus joyeux. Ç'a été partout des lectures et des conférences, quelque chose de froid et de puritain, un mélange de prêche et d'école normale. » (*Éclair*, 15 août 1898.)

PRÉFACE : LA POLITIQUE NATURELLE

I. L'inégalité protectrice

Le petit poussin brise sa coquille et se met à courir.

Peu de chose lui manque pour crier : « Je suis libre »... Mais le petit homme ?

Au petit homme, il manque tout. Bien avant de courir, il a besoin d'être tiré de sa mère, lavé, couvert, nourri. Avant que d'être instruit des premiers pas, des premiers mots, il doit être gardé de risques mortels. Le peu qu'il a d'instinct est impuissant à lui procurer les soins nécessaires, il faut qu'il les reçoive, tout ordonnés, d'autrui.

Il est né. Sa volonté n'est pas née, ni son action proprement dite. Il n'a pas dit *Je* ni *Moi*, et il en est fort loin, qu'un cercle de rapides actions prévenantes s'est dessiné autour de lui. Le petit homme presque inerte, qui périrait s'il affrontait la nature brute, est reçu dans l'enceinte d'une autre nature empressée, clémente et humaine : il ne vit que parce qu'il en est le petit citoyen.

Son existence a commencé par cet afflux de services extérieurs gratuits. Son compte s'ouvre par des libéralités dont il a le profit sans avoir pu les mériter, ni même y aider par une prière ; il n'en a rien pu demander ni désirer, ses besoins ne lui sont pas révélés encore. Des années passeront avant que la mémoire et la raison acquises viennent lui proposer aucun débit compensateur. Cependant, à la première minute du premier jour, quand toute vie personnelle est fort étrangère à son corps, qui ressemble à celui d'une petite bête[1], il attire et concentre les fatigues d'un groupe dont il dépend autant que de sa mère lorsqu'il était enfermé dans son sein.

1. Noter les nuances : en écrivant que la vie personnelle est étrangère au *corps* du nouveau-né, Maurras réserve la question de son esprit. De même, Maurras dit que son corps *ressemble* à celui d'une petite bête, ce qui signifie notamment qu'il s'en distingue.

Cette activité sociale a donc pour premier caractère de ne comporter aucun degré de réciprocité. Elle est de sens unique, elle provient d'un même terme. Quant au terme que l'enfant figure, il est muet, *infans*[1], et dénué de liberté comme de pouvoir ; le groupe auquel il participe est parfaitement pur de toute égalité : aucun pacte possible, rien qui ressemble à un contrat[2]. Ces accords moraux veulent que l'on soit deux. Le moral de l'un n'existe pas encore.

On ne saurait prendre acte en termes trop formels, ni assez admirer ce spectacle d'autorité pure, ce paysage de hiérarchie absolument net.

Ainsi, et non pas autrement, se configure au premier trait le rudiment de la société des hommes.

La nature de ce début est si lumineusement définie qu'il en résulte tout de suite cette grave conséquence, irrésistible, que personne ne s'est trompé autant que la philosophie des « immortels principes » quand elle décrit les commencements de la société humaine comme le fruit de conventions entre des gaillards tout formés, pleins de vie consciente et libre, agissant sur le pied d'une espèce d'égalité, quasi pairs sinon pairs, et quasi contractants, pour conclure tel ou tel abandon d'une partie de leurs « droits » dans le dessein exprès de garantir le respect des autres.

Les faits mettent en pièces et en poudre ces rêveries. La Liberté en est imaginaire, l'Égalité, postiche. Les choses ne se passent pas ainsi, elles n'amorcent même rien qui y ressemble et, se présentant de tout autre manière, le type régulier de tout ce qui se développera par la suite est essentiellement contraire à ce type-là. Tout joue et va jouer, agit et agira, décide et décidera, procède et procédera par des actions d'autorité et d'inégalité, contredisant, à angle droit, la falote hypothèse libérale et démocratique.

Supposons qu'il n'en soit pas ainsi et que l'hypothèse égalitaire ait la moindre apparence. Imaginons, par impossible, le petit homme d'une heure ou d'un jour, accueilli, comme le voudrait la Doctrine, par le chœur de ses pairs, formé d'enfants d'une heure ou d'un jour. Que feront-ils autour de lui ? Quel service lui rendront-ils ? Il faut, il faut absolument, si l'on veut qu'il survive, que ce pygmée sans force soit environné de géants, dont la force soit employée pour lui, sans contrôle de lui, selon leur goût, selon leur cœur, en tout arbitraire, à la seule fin de l'empêcher de périr : Inégalité sans mesure et Nécessité sans réserve, ce sont les deux lois tutélaires dont il doit subir le génie, la puissance, pour son salut.

1. Mot latin à l'origine de notre mot « enfant » et signifiant « qui ne parle pas ».
2. Maurras vise ici l'article premier de la Déclaration des droits de l'homme et du citoyen : « Les hommes naissent et demeurent libres et égaux en droits », et par suite les théories du contrat social dans leur version radicale.

Maurras, à la fin des années 1930
© Louis Denis-Valvérane

Ce n'est que moyennant cet Ordre (différencié comme tous les ordres[1]) que le petit homme pourra réaliser ce type idéal du Progrès : *la croissance de son corps et de son esprit.*

Il grandira par la vertu de ces inégalités nécessaires.

Le mode d'arrivée du petit homme, les êtres qui l'attendent et l'accueil qu'ils lui font, situent l'avènement de la vie sociale fort en deçà de l'éclosion du moindre acte de volonté. Les racines du phénomène touchent des profondeurs de Physique mystérieuse.

Seulement, et ce nouveau point importe plus peut-être que le premier, cette Physique *archique* et *hiérarchique*[2] n'a rien de farouche. Bien au rebours ! Bénigne et douce, charitable et généreuse, elle n'atteste aucun esprit d'antagonisme entre ceux qu'elle met en rapport : s'il n'y a pas eu l'ombre d'un traité de paix, c'est d'abord qu'il n'y a pas eu trace de guerre, de lutte pour la vie, entre l'arrivant et les recevants[3] : c'est une entr'aide pour la vie qu'offre la Nature au petit hôte nu, affamé, éploré, qui n'a même pas en bouche une obole qui lui paye sa bienvenue[4]. La Nature ne s'occupe que de le secourir. Il est en larmes, elle le caresse et le berce, et elle s'efforce de le faire sourire.

Dans un monde où les multitudes dolentes élèvent à longs cris des revendications *minima*, que ceux qui les entendent ne manquent pas de qualifier de calamiteux *maxima*[5] – en ce monde où tout est supposé devoir surgir de la contradiction d'intérêts aveugles et de la bataille d'égoïsmes irréductibles –, voici quelque chose de tout autre et qu'on ne peut considérer comme hasard d'une rencontre ni accident d'une aventure ; voici la constance, la règle et la loi générale du premier jour : cette pluie de bienfaits sur le nouveau-né[6]. Au mépris de tout équilibre juridique, on le fait manger sans qu'il ait travaillé ! On le force, oui, on le force à accepter sans qu'il ait donné ! Si les mères répondent qu'il faut bien faire vivre ce qu'on a fait naître, leur sentiment n'est point à classer entre les durs axiomes du Juste, il procède du souple décret d'une Grâce. Ou, si l'on

---

1. Maurras, marqué par la pensée de saint Thomas d'Aquin, envisage l'ordre comme l'unité du multiple. C'est pourquoi l'unitarisme jacobin est à ses yeux le contraire de l'ordre, dont il nie le second terme au nom du premier.

2. L'adjectif « archique » renvoie à l'existence de principes (grec *arkhê*), l'adjectif « hiérarchique » y ajoute l'idée de sacré (grec *hieros*).

3. Maurras vise ici le darwinisme social.

4. En quoi la naissance est le contraire de la mort telle que la concevaient les Anciens, qui plaçaient une pièce dans la bouche des défunts afin de payer leur passage dans l'au-delà.

5. Critique de l'égoïsme bourgeois, que l'on retrouvera plus loin dans les passages consacrés à la question sociale.

6. À rapprocher des souvenirs d'enfance relatés dans les *Quatre nuits de Provence*, reprises dans le présent volume.

tient absolument à parler Justice, celle-ci se confond certainement avec l'Amour. C'est ainsi ! Nulle vie humaine ne conduit son opération primordiale courante sans qu'on lui voie revêtir ces parures de la tendresse. Contrairement aux *grandes plaintes* du poète romantique, la *lettre sociale*, qui paraît *sur l'épaule nue*, n'est pas *écrite avec le fer*[1]. On n'y voit que la marque des baisers et du lait : sa Fatalité se dévoile, il faut y reconnaître le visage d'une Faveur.

... Mais le petit homme grandit : il continue dans la même voie royale du même bénéfice indu, littéralement *indu* ; il ne cesse de recevoir. Outre qu'on lui a inculqué une langue, parfois riche et savante, avec le grave héritage spirituel qu'elle apporte, une nouvelle moisson qu'il n'a point semée est récoltée de jour en jour : l'instruction, l'initiation et l'apprentissage.

La pure réceptivité de l'état naissant diminue selon que s'atténue la disproportion des forces entre son entourage et lui ; l'effort, devenu possible, lui est demandé ; la parole qu'on lui adresse, plus grave, peut se teinter de sévérité. Aux premières douceurs qui l'ont couvé, succède un mâle amour qui excite au labeur, le prescrit et le récompense. La contrainte est parfois employée contre lui, car le petit homme, plus docile, en un sens, l'est moins dans un autre : il se voit capable de se défendre, pour résister même à son vrai bien. Il doit peiner, et la peine peut lui coûter. Mais ce qu'il met du sien est largement couvert et compensé par la somme et par la valeur de gains nouveaux – dont le compte approximatif ne peut être dressé ici qu'à moitié.

En effet, nous devons laisser de côté ce que le petit homme acquiert de plus précieux : l'éducation du caractère et le modelage du cœur. Ce chapitre, vaste et complexe, est infesté de sots, de fripons, d'effrontés, qui y gardent une certaine marge de chicane pour soutenir la basse thèse de l'enfant-roi et de l'enfant-dieu, de qui la sublime originalité serait violée par les parents, détournée par les maîtres, appauvrie ou enlaidie par l'éducation[2], alors qu'il est patent que ce dressage nécessaire limite l'égoïsme, adoucit une dureté et une cruauté animales, freine des passions folles et fait ainsi monter du « petit sauvage » le plus aimable, le plus frais et le plus charmant des êtres qui soient : l'adolescent, fille ou garçon, quand il est élevé et civilisé. La vérité se rit des sophismes les plus retors. Mais, parce que notre exposé de faits doit démontrer plutôt que décrire, il vaut mieux en négliger une belle part et couper aux longueurs d'un débat onéreux. Tenons-nous à l'indiscutable, au *sans réplique* : il nous suffit de la haute évidence des largesses unilatérales que le prédécesseur fait au successeur sur le plan de l'esprit. Là, l'enfant n'est pas suspect de pouvoir acheter d'une ligne ou compenser d'un point les immenses avoirs dont il a

1. Allusion au poème de Vigny « La Maison du berger ».
2. Rappelons que ces lignes ont été écrites trente et un ans avant Mai 1968.

communication, tels qu'ils ont été capitalisés par son ascendance, et lourds de beaucoup plus de siècles qu'il n'a d'années. Son cercle nourricier ainsi devenu énergie et lumière est immensément élargi, et rien n'y apparaît qui puisse ressembler encore à aucun régime d'égalité contractuelle. Si l'on veut, un échange a lieu. Mais c'est celui de l'ignorance contre la Science, celui de l'inexpérience des sens, de la gaucherie des membres, de l'inculture des organes, contre l'enseignement des Arts et des Métiers : véritable et pur don fait à l'enfant du prolétaire comme à l'enfant du propriétaire, don commun « au boursier » et à l'héritier, car le plus pauvre en a sa part ; en un sens, elle est infinie, ne comportant point de retour[1].

… Ainsi nourri, accru, enrichi et orné, le petit homme a bien raison, alors, de prendre conscience de ce qu'il vaut et, s'il « se voit le bout du nez », d'estimer à leur prix les nouveautés brillantes dont il aspire à prendre l'initiative à son jour. Mais, jusqu'à la preuve faite, jusqu'à l'œuvre mise sur pied, il ne peut guère qu'accéder à l'heureux contenu des cornes d'abondance inclinées devant lui. Comme il s'est donné la peine de naître, tout au plus s'il doit se donner la peine de cueillir, pour se l'ingérer, le fruit d'or de la palme que le dieu inconnu fait parfois tomber à ses pieds.

II. Liberté « plus » nécessité

La croissance achevée, voici la seconde naissance. Du petit homme sort l'adulte. La conscience, l'intelligence, la volonté apparues, exercées, il se possède. C'est à son tour de vivre, son *moi* est en mesure de rendre à d'autres *moi* tout ou partie, ou le plus ou le moins, de ce qui lui fut adjugé sans aucune enchère.

Son effort personnel ressemble à celui de ses pères, il tend aux mêmes fins de mélancolie éternelle et d'universel mécontentement qui poussent tout mortel à essayer de changer la face du monde. Cela ne va jamais sans vertige ni griserie. Les étourdissements de la chaude jeunesse ne peuvent pas beaucoup contribuer à lui ouvrir les yeux sur la vérité de sa vie. Commençons par feindre de faire à peu près de même, et suivons notre jeune adulte dans le tourbillon de cette activité que le désir, l'exemple et leurs entraînements nouent, dénouent, stimulent, traversent.

L'éternel ouvrier se met donc à l'œuvre ; il fait et il défait, arrache et ajoute, détruit et reconstruit, à moins que, voyageur et médiateur, il ne trafique, achète, vende. Ainsi peut-il entrer dans tous les tours et retours

1. Transposition maurrassienne d'une notion théologique : pour un catholique, les hommes, manifestement inégaux par leurs dons et leurs conditions, sont cependant égaux devant Dieu, puisque celui-ci est l'Absolu ; pour l'agnostique Maurras, c'est devant la Civilisation qu'ils le sont. Maurras est ici influencé par le système d'Auguste Comte, qui transfère les attributs de Dieu à l'Humanité dans son expression la plus haute (voir *Auguste Comte*, p. 643 de la présente édition).

de commandement et d'obéissance qui le font s'éprouver et parfois se connaître : constant ou non avec lui-même, fidèle ou non envers autrui, il ne peut manquer de prendre la hauteur de ses frères, supérieurs ou inférieurs, les dépassant, dépassé d'eux, selon sa valeur ou sa chance, mais rencontrant fort peu d'égaux bien qu'il lui soit usuel, commode et courtois de faire et de dire comme s'ils l'étaient tous.

Ce qu'il peut reconnaître de véritable égalité entre les hommes qui se révèlent à lui ressemblerait plutôt à une chose qui serait *la même* chez tous. Comment se représenter cette identité ?

C'est un composé de science et de conscience : quelque chose de *même* qui porte les uns et les autres à voir, sentir, retenir, en tout objet, ce qui est aussi le *même*, invariable, invarié, fixé ; une faculté d'adhérer spontanément aux axiomes universels des nombres et des figures ; à se réfugier et à se reposer dans les perceptions ou les acquisitions immémoriales du bon sens et du sens moral ; la distinction du bien et du mal ; l'aptitude à choisir ou à refuser l'un et l'autre. Enfin, d'un mot, ce qui, avec des formes ou des intensités diverses, constitue, en son essentiel, le Personnel[1].

Pour en rendre l'idée plus claire, supposons l'architecte de la Cité de l'Âme ou son géomètre et dessinateur-arpenteur, occupé à délimiter, avec la plume ou le crayon, les vastes espaces vagues occupés et disputés par les sentiments, les passions, les images, les souvenirs, tous éléments divers d'énergie comme de valeur, qui sont naturels à chaque homme : la courbe irrégulière dont il les cerne peut tendre à former un cercle ou un ovale ou toute autre figure, mais flottante, mobile, extensible, étant douée des élasticités de la vie. Or, voici qui va obliger le même praticien à se servir de son compas, et d'une ouverture constante, pour le rayon qui décrira un petit cercle concentrique à circonférence rigide : le cercle déterminera le réduit où tient, où s'accumule le trésor, le dépôt des biens spirituels et moraux dont la Raison et la Religion s'accordent à faire l'attribut de l'humanité. Tout homme, ayant cela, vaut tout autre homme, pour cela. Là siège donc l'impénétrable et l'inviolable, l'inaltérable, l'incoercible, le sacré. Les neuf dixièmes de l'Amour, qui sont physiques, reçoivent là leur mystérieux dernier dixième, demi-divin, étincelle qui l'éternise ou le tue. C'est le lieu réservé du plus haut point de nos natures. Et, comme il se répète tel quel en chacun des hommes les plus dissemblables, c'est leur mesure, enfin trouvée. Combien de fois ce mètre mental et moral pourra-t-il être reporté sur la stature et le volume des innombrables exemplaires

1. Pour Maurras, le Personnel n'est donc pas l'affirmation par l'individu de valeurs qui lui seraient propres (conception qu'il reproche au romantisme comme au nietzschéisme), mais bien la façon spécifique dont un homme ou une femme assume le Vrai et le Bien objectifs. En d'autres termes, c'est l'articulation d'un particulier à un universel.

réalisés de l'être humain ? L'intensité de leurs passions ! L'étendue de leurs besoins ! Leurs talents ! Leur vigueur ! Leurs vices ! Celles de leurs vertus qui sont de source corporelle ou d'origine mixte ! Tout ce que la Personne associe et agrège de minéral, de végétal et d'animal, dans le socle vivant de son humanité !

De l'humaine expansion universelle émerge ce point de repère. Il ne faut pas penser que les Modernes l'aient découvert. Sophocle et Térence l'ont bien connu[1]. Les auditeurs de leur théâtre ne l'ignoraient point. Quelques abus que l'on fasse de certains de leurs textes, nos Anciens ne doutaient pas que la personnalité fût également présente dans l'esclave et dans le maître. Le petit serviteur platonicien portait en lui, comme Socrate, toute la géométrie[2]. Ce qui ne veut point dire qu'il fût l'égal de Socrate ni considéré, ni à considérer comme tel : autant eût valu soutenir que nous sommes tous égaux parce que nous avons tous un nez. Mais, que cette identité générale existe, qu'elle serve et puisse servir d'unité de rapport, *il suffit* : toute l'activité rationnelle et morale des hommes s'en trouve soumise à une *même législation*. Il est autre par ailleurs. Il est le même là. Que l'action personnelle tienne à la vie privée, qu'elle tienne à la vie sociale et politique, tout ce qu'elle a de *volontaire*, engagé au cadre des droits et des devoirs, tombe sous le critère du Juste et de l'Injuste, du Bien et du Mal.

Tel est le petit cercle, et sa juridiction. Il ne saurait l'étendre à toute la vivante forêt des actions inconscientes et involontaires qui recouvre et qui peuple toute la grande figure diffuse dont il est entouré. La mesure des lois morales ne peut suffire à la police de cette aire immense.

Voilà d'abord (ce qui n'est discuté par personne) la loi du corps : se couvrir pour ne pas s'enrhumer, s'appuyer pour ne pas tomber, se nourrir pour ne pas périr. Mais il doit exister d'autres lois. Un chœur de bienfaits collectifs s'est déjà imposé au naissant animal humain en vue de sa croissance physique et morale. Si grandir et mûrir l'émancipe des liens originels, ne va-t-il pas être soumis à d'autres conditions qui auront aussi leur degré de nécessité ? Il n'est point promis à la solitude. Il ne la supporterait pas. L'homme adulte, quelque trouble agitation qui l'emporte, et souvent par l'effet de ce trouble, ne cesse de subir un premier mouvement qui est de rechercher son semblable, pour se l'adjoindre ou se joindre à lui.

Or, prenons garde que, d'abord, il ne va pas lui proposer ni imposer quelque condition définie d'entente délibérée. Son mouvement sera *personnel*, tout à l'heure : il n'est encore qu'*individuel*.

---

1. Ce point est notamment illustré par l'*Antigone* de Sophocle, qui marqua profondément Maurras (voir le poème et le texte en prose qu'il lui a consacrés, p. 411 et 937 de la présente édition), et par la célèbre maxime de Térence : « Rien de ce qui est humain ne m'est étranger » (dans l'*Heautontimoroumenos*).

2. Allusion au *Ménon* de Platon, dans lequel Socrate interroge un jeune esclave pour lui faire découvrir par lui-même la solution d'un problème de géométrie.

Avant d'être électives, ses affinités ont été instinctives. Elles ont même commencé par être fortuites et confuses : souvent dues au concours des seules circonstances. L'enfant a déjà beaucoup joué, avec bien des compagnons (et les premiers venus) avant d'aller articuler le gentil « *voulez-vous jouer avec moi ?* » des jardins publics de nos grandes villes. L'habitude d'être ensemble s'est nouée toute seule ; cette *consuetudo*[1] où la Morale antique vit un caractère de l'Amitié. Cela est resserré par les camaraderies de l'adolescence. Enfin, avec l'intelligence de la vie, les motifs d'ainsi faire apparaissent de plus en plus raisonnables et bons : *dès lors tout se passe,* on peut le dire hardiment, *comme si l'homme prenait conscience des avantages prodigieux que lui a valus sa fonction sociale innée et qu'il ait décidé de les accroître en imitant l'ouvrage de la Nature, non sans le renouveler par son art. Ainsi la créature de la Société* VEUT *à son tour inventer et créer l'Association.*

Dans la réalité, cela est moins net. Un jet incompressible de confiance initiale lui fait désirer et solliciter de son semblable le secours, le concours, ou les deux ensemble. Mais là, un instinct, non moins fort, engendre un mouvement inverse, un jet de défiance, qui conduit à désirer et solliciter des précautions et garanties dans l'usage de ce secours ou de ce concours. Soit par quelque coup de génie, soit par tâtonnements, il cherche et trouve comment éliminer de l'association ce qu'il en redoute : le risque de variation, le danger de perversion. Il cherche, il trouve comment associer à la durée la sécurité. Les clauses d'un Contrat vont s'ajouter à tous les biens de l'association désirée : qu'elles soient jurées ou non, orales ou non, écrites sur la brique ou sur la pierre, la peau de bête, le tronc d'arbre ou le papier, il y est fait mention de la foi des personnes qui décident enfin d'engager leurs volontés libres selon leurs esprits conscients.

La première confiance dans l'association initiale ne peut étonner ; elle jaillit du sentiment d'un même destin de faiblesse et d'effort, de besoin et de lutte, de défense et de labeur. *À moi ! À l'aide ! Le coup d'épaule. Le coup de main.* Rien de plus naturel à l'homme : faible, il se trouve toujours trop seul ; fort, ne se sent jamais assez suivi ni servi. Aurait-il recherché si avidement le concours de ses semblables s'ils n'avaient été dissemblables, s'ils avaient tous été ses pairs, et si chacun lui eût ressemblé comme un nombre à un autre nombre ? Ce qu'il désirait en autrui était ce qu'il ne trouvait pas exactement de *même* en lui. L'inégalité des valeurs, la diversité des talents sont les complémentaires qui permirent et favorisèrent l'exercice de fonctions de plus en plus riches, de plus en plus puissantes. Cet ordre né de la différence des êtres engendra le succès et le progrès communs[2].

1. « Coutume » ou « habitude », en latin.
2. L'inégalité est donc pour Maurras un bien éthique, ce qui ne signifie en aucun cas qu'elle soit une valeur absolue. Elle doit au contraire être équilibrée par le ressouvenir de tout ce que les hommes ont en commun.

Quant à la méfiance entre associés, elle devait tenir, elle tient aux modes de collaboration : à l'embauche et à la débauche, à l'horaire, aux saisons, au *plexus*[1] des conditions favorables et hostiles ; elle tient surtout aux produits qui résultent du travail en commun : ce sont des objets matériels, qu'il faut partager ; ils sont prédestinés aux réclamations continues que font naître tous les partages. L'associé se met en garde contre l'associé tout aussi spontanément qu'il peut l'être contre le pillard et le filou.

Si donc la nécessité impose la coopération, le risque de l'antagonisme ne sera jamais supprimé non plus : la surabondance des produits issus du machinisme n'y fera rien. Dans l'abondance universelle, il y aura toujours du meilleur et du moins bon, les différences de qualité seront appréciées, désirées, disputées. Ce qui aura l'honneur et le bonheur d'apaiser les faims élémentaires, éveillera d'autres désirs, nombreux, ardents, entre lesquels renaîtra la contestation. L'histoire nous apprend que les guerres, étrangères ou intérieures, ne sont pas toutes nées de la pénurie[2]. Les litiges civils ont aussi d'autres causes. Est-ce que les plus riches ne se disputent pas leur superflu ? On s'efforce de prévenir ce mal universel en le prévoyant ; on se règle, on se lie soi-même. Que le Contrat produise à son tour des difficultés, c'est la vie et son jeu d'intérêts passionnés. Les semences de guerre sont éternelles, comme les besoins et les volontés de la paix[3].

Il faut s'associer pour vivre. Pour bien vivre, il faut contracter. Comme si elle sortait d'un véritable élan physique, l'Association ressemble à un humble et pressant conseil de nos corps dont les misères s'entr'appellent. Le Contrat provient des spéculations délibérantes de l'esprit qui veut conférer la stabilité et l'identité de sa *personne* raisonnable aux changeantes humeurs de ce qui n'est pas lui. Pour illustrer la distinction, référons-nous aux causes qui conjoignent le couple naturel – puissantes, profondes, mouvantes comme l'amour –, et comparons-les à la raison distincte du pacte nuptial qui les rassemble et les sublime pour un foyer qui veut durer.

Nouée, scellée par le Contrat, l'Association mérite d'être tenue pour la merveille des chimies synthétiques de la nature humaine. Cette merveille, bien introuvable à l'origine des connexions sociales, naît à leur centre florissant, dont elle est le fruit. L'Association contractuelle a été précédée et fondée – et peut donc être soutenue – par tout ce qui a part à « la constitution essentielle de l'humanité[4] » : il faut lui souhaiter de poser[5]

1. « Nœud » ou « réseau », en latin.

2. Maurras écrit une vingtaine d'années après la Première Guerre mondiale, qui a opposé les plus riches pays de la planète à l'apogée d'une exceptionnelle période de croissance.

3. Maurras renvoie dos à dos le bellicisme et le pacifisme, auxquels il reproche de méconnaître chacun une moitié de l'âme humaine.

4. Titre d'un livre du sociologue contre-révolutionnaire Frédéric Le Play, paru en 1881.

5. De reposer.

avec force sur les conglomérats préexistants, mi-naturels, mi-volontaires, que lui offre l'héritage gratuit de millénaires d'histoire heureuse – foyers, villes, provinces, corporations, nations, religion.

Bref, le Contrat, instrument juridique du progrès social et politique, traduit les initiatives personnelles de l'homme qui veut créer à son tour des groupements nouveaux, qui soient au goût de sa pensée, à la mesure de ses besoins, pour la sauvegarde de ses intérêts : l'art, le métier, le jeu, la piété, la charité ; il suffit de songer à ces compagnies, à ces confréries, pour sentir combien la personne y peut multiplier la personne, l'humain passer l'humain, les promesses et les espoirs se féconder les unes les autres. Une action qui sait faire servir les constructions de la Nature à la volonté de l'Esprit confère à ses ouvrages une fermeté surhumaine.

Bien qu'on l'ait beaucoup dit, il ne faudrait point croire que l'Association volontaire ait fait un progrès particulier de nos jours.

Sa puissance s'est plutôt affaiblie, et la cause en est claire. Elle tient à la décadence de la personne et de la raison[1].

Le Moyen Âge a vécu du contrat d'association étendu à l'édifice entier de la vie. La foi du serment échangé d'homme à homme[2] a présidé aux enchaînements de la multitude des services bilatéraux dont la vaste et profonde efficacité s'est fait sentir durant de longs siècles. Maître statut des volontés, l'engagement contractuel naissait à la charrue, s'imposait à l'épée et réglait le sceptre des rois. Mais cette noble mutualité juridique, vivifiée par la religion, était fortement enfoncée et comme entée sur le solide tronc des institutions naturelles : autorité, hiérarchie, propriété, communauté, liens personnels au sol, liens héréditaires du sang. Au lieu d'opposer l'Association à la Société, on les combinait l'une à l'autre. Sans quoi, le système eût rapidement dépéri, s'il fût jamais né.

Depuis, l'on s'efforce de faire croire à l'homme qu'il n'est vraiment tributaire ou bénéficiaire que d'engagements personnels : ainsi prétend-il tout régler d'un *je veux* ou *je ne veux pas*. Les créations impersonnelles de la Nature et de l'Histoire lui sont représentées comme très inférieures aux siennes. On lui fait réserver les caractères de la convenance, de l'utilité et de la bonté à ce qu'il a tiré lui-même de l'industrie individuelle de son cerveau, du choix plus ou moins personnel de son cœur. Cependant est-ce lui qui, en naissant, s'est soustrait à la mort certaine ? Il a été saisi et sauvé par un état de choses qui l'attendait. Est-ce lui qui a inventé la discipline des sciences et des métiers à laquelle il emprunte si largement ? Il a reçu tout faits ces capitaux du genre humain. S'il ne se plaint pas de ces biens, il y songe trop peu et distingue de moins en moins tout ce qu'il doit encore en recevoir et en tirer.

1. Maurras incrimine ici les conséquences de l'individualisme contemporain.
2. La féodalité, au sens large du mot.

III. Hérédité et volonté

Car cette haute source surhumaine n'est point tarie. Nous n'avons pas épuisé non plus le risque des malheurs auxquels est sujette toute vie d'homme, qu'elle ait six mois, vingt ou cent ans ! Après le froid, la faim, le dénuement, l'ignorance, bien d'autres adversités la menacent qui peuvent la vaincre ou dont elle peut triompher selon son courage, son intelligence et son art.

Cela dépend assez de l'homme. Il peut dérégler sa conduite d'après tels ou tels des principes improvisés qui viennent flatter son désir. Mais il peut aussi accorder une attention sérieuse aux usages et aux mœurs établis avant lui. Ce Coutumier a ses raisons, cette Raison est vérifiée par l'expérience.

Parce qu'il y a une Barbarie, prête à détruire et à rançonner les sociétés – parce qu'elles enferment une Anarchie toujours disposée à les violenter –, parce qu'il se fait un mélange de Barbarie et d'Anarchie fort apte à ruiner et à rompre tous les contrats du travail social – parce que ces deux menaces sont toujours en suspens –, il est arrivé à nos ancêtres de s'établir soldats et bons soldats, citoyens et bons citoyens, pour préserver leur paix, maintenir leurs foyers, et le résultat doit compter, puisque, sans lui, nous ne serions pas où nous sommes. La loi civile et militaire n'est point née d'une volonté arbitraire de législateur ni du caprice d'une domination. On a subi des nécessités fort distinctes en fondant des piliers de l'ordre. Il est conseillé de ne pas les ébranler, en raison des maux qu'ils épargnent.

D'autres maux seraient épargnés, et de grands biens procurés, si l'orgueil individuel était moins rétif à concevoir les conditions normales de l'effort humain, les lois de son succès, l'ordre de son progrès, tout ce code approximatif de la bonne fortune dont la Nature semble avoir rédigé les articles dans un demi-jour un peu crépusculaire, mais où l'homme voit clair dès qu'il le veut bien. Ce qui l'a conservé est ce qui le conserve et qui le gardera. Ces procédures tutélaires devraient être un objet de son étude constante : elles permettraient de faire par science, en sachant ce qu'on fait, ce que l'on conçoit trop comme pure routine. Et de longues écoles en seraient raccourcies.

Le poète-philosophe Maurice Maeterlinck[1] a beaucoup intéressé nos jeunes années quand il nous traduisit d'Emerson[2] la fameuse parabole du charpentier qui se garde bien de placer au-dessus de sa tête la poutre qu'il veut équarrir : il la met entre ses pieds, pour que chacun de ses efforts soit multiplié par le poids des mondes et la force réunie du chœur

1. Prix Nobel de littérature en 1911 et préfacier en 1935 des discours de Salazar, président du Conseil portugais, lui-même influencé par Maurras.
2. Écrivain et penseur américain.

des étoiles[1]. Mais le charpentier peut être ivre, ou fou ; il peut s'être fait une idée fausse de la gravitation ou n'en avoir aucune idée : s'il place en haut ce qu'il faut mettre en bas, la fatigue et l'épuisement lui viendront avant qu'il ait fait son travail, ou il y aura prodigué un temps excessif et un labeur sans mesure, en courant d'énormes risques de malfaçon. C'est ce qui arrive à l'homme qui néglige le concours bienfaisant des lois qui économiseraient son effort. Il VEUT tout tirer de son fond. Esprit borné, cœur vicié, il nie les vérités acquises pour suivre les chimères qu'il n'a même pas inventées[2].

Cependant, quelque chose de bon et de doux que nous n'avons pas nommé encore : *la Famille*[3], lui ayant ouvert les seules portes de sa vie, un conseil que fortifient son idée de l'honneur et le sens de sa dignité incline tout adulte civilisé à recommencer les établissements de cette providence terrestre[4]. Mais c'est ce que beaucoup *veulent* contester aujourd'hui ! Tout récemment, nos Russes, abrutis ou pervertis par des Juifs allemands[5], avaient estimé que l'on pourrait trouver infiniment mieux que n'a fait la mère Nature en ce qui concerne la réception et l'éducation des enfants. L'épisode de leur naissance a toujours un peu humilié l'esprit novateur. Le libéralisme individualiste et le collectivisme démocratique sont également choqués, non sans logique, de voir que les enfants des travailleurs les plus conscients et les plus émancipés soient ainsi jetés dans la vie sans être consultés au préalable ni priés de se prononcer, par un vote, sur une aussi grave aventure ! Ils ne pouvaient rien à cela : du moins nos Russes ont-ils voulu s'appliquer fermement à étatiser et à centraliser les foyers domestiques qui jusque-là, chez eux, comme ailleurs, formaient de petites républiques assez libres vivant par elles-mêmes, suivant la loi des morts, plus ou moins modifiée par la fantaisie des vivants. À ce système irrationnel, ils ont substitué des administrations, services et offices d'État. Forts du sentiment de leurs *pédologues*, inventeurs d'une science supérieure à la Pédagogie (qui, d'après eux, était insuffisamment marxiste, même parfois anti-marxiste), ils décrétèrent que l'enfant arraché aux parents le plus tôt possible serait donné aux crèches, garderies et jardins publics[6].

1. C'est-à-dire la pesanteur, en vertu de laquelle la poutre repose fermement sur le sol.

2. Maurras conteste aux romantiques leur prétention à l'originalité, qui leur fait méconnaître que toutes les doctrines et toutes les postures ont déjà été professées ou adoptées depuis l'Antiquité.

3. En fait, Maurras ne parle que d'elle depuis le début de cette préface. Plus généralement, elle est le pivot de sa pensée.

4. C'est-à-dire à fonder une famille à son tour.

5. Marx et ses disciples. Lénine et Trotski, d'origine juive, n'étaient pas allemands mais nourris de pensée allemande.

6. Dans *Littérature et révolution* (1924), Trotski rêvait d'aller plus loin encore : il voulait instaurer une politique eugéniste et scolaire permettant l'avènement du

Ce qui était le pis-aller d'autrefois devenait la règle nouvelle. L'enfant fut ensuite invité à se former lui-même par l'élection de ses maîtres et moniteurs. Grand progrès, qui fut malheureux ! Les petits Russes ont mal poussé. On a vu croître, en hordes errantes, une jeunesse infirme, malade, criminelle. On a dû en tuer beaucoup, et revenir à l'ancienne mode, en vérifiant ce principe que l'Antiphysique est plus cher et moins sûr que le Physique. Qui peut utiliser la chute d'eau, la marée et le vent, se dispense d'aller chercher dans les entrailles de la terre un combustible artificiel[1]. En politique, les forces utilisables sont à portée de la main. Et de quelle puissance ! Dès que l'homme se met à travailler avec la Nature, l'effort est allégé et comme partagé. Le mouvement reprend tout seul. Le fils trouve tout simple de devenir père ; l'ancien nourrisson, nourricier ; l'héritier entreprend de garder et d'augmenter l'héritage afin de le léguer à son tour ; le vieil élève élèvera. L'ancien apprenti sera maître ; l'ancien initié, initiateur. Tous les devoirs dont on a bénéficié sont inversés et reversés à des bénéficiaires nouveaux, par un mélange d'automatisme et de conscience auquel ont part les habitudes, les imitations, les sympathies, les antipathies, et dont il faut même se garder d'exclure les agréments de l'égoïsme, car ils ne sont pas en conflit obligatoire avec le bien social…

Mais Mirabeau est le seul révolutionnaire qui ait compris quelque chose à cela[2]. La plupart font le rêve contraire : ils ont la rage de reconstruire le monde sur la pointe d'une pyramide de volontés désintéressées. Que les choses aiment mieux reposer sur une base spacieuse et naturelle, ils n'en supportent pas l'importune évidence.

Cependant, que dit la Nature ? Dans son ample conseil où toutes les ressources de la vie sont conviées et mises en action, rien ne prévaut sur le maintien et la protection du toit domestique, car c'est de là, palais royal ou simple cabane, que tout est sorti : travaux et arts, nations et civilisations. On n'a pas assez remarqué que, dans le Décalogue, le seul motif qui soit invoqué à l'appui d'un commandement affecte le IVe article : celui qui fonde la famille et que les Septante[3] traduisent en ces termes frappants : « Tu honoreras ton père et ta mère afin de vivre longuement sur cette bonne terre que le Seigneur Dieu t'a donnée. » Une vie particulièrement longue

---

Surhomme socialiste, idée dont on retrouve aujourd'hui certains éléments dans les courants transhumanistes. Le fascisme et le nazisme voulurent eux aussi contrôler intégralement l'éducation, mais le second y réussit mieux que le premier, qui dut composer avec l'influence de l'Église catholique. On est là au cœur de l'opposition entre la pensée de Maurras et les totalitarismes.

1. Passage très actuel en notre début de XXIe siècle !

2. D'où sa tentative de réconcilier la monarchie et la Révolution. Mais la sympathie que lui manifeste ici Maurras (quitte à la tempérer plus loin) a peut-être une autre cause : Mirabeau était provençal et Mistral lui a consacré un vers élogieux dans *Calendau*.

3. Traducteurs de la Bible en grec.

est-elle accordée, en fait, aux mortels qui ont observé cette règle ? On ne sait[1], mais il est certain que la longévité politique appartient aux nations qui s'y sont conformées. Aucun gouvernement heureux ne s'en est affranchi. On a tout vu, hormis cela. L'histoire et la géographie des peuples, étant fort variées, produisent des régimes dont la forme extérieure varie aussi[2] ; mais, que le Pouvoir nominatif y soit unitaire ou plural, coopté, hérité, élu ou tiré au sort, les seuls gouvernements *qui vivent longuement*, les seuls qui soient prospères, sont, toujours et partout, publiquement fondés sur la forte prépondérance déférée à l'institution parentale. Pour les Dynasties cela va de soi. Mais les grandes Républiques, toutes celles qui ont surmonté et vaincu les âges, ont été des patriciats avoués : Rome, Venise, Carthage. Celles qui désavouent ces principes de la Nature ne tardent pas à se désavouer elles-mêmes par la pratique d'un népotisme effréné, comme le fait notre République des Camarades[3] qui est d'abord une *République de fils à papa*, de gendres et de neveux, de beaux-frères et de cousins.

Comme les familles sont inégales de forces et de biens, un préjugé peut accuser leur règne d'établir d'injustes inégalités de début entre les membres d'une même génération. Avant d'aborder ce reproche, regardons aux visages ceux qui le font. Ou ce sont des Juifs qui, depuis un siècle, doivent tout à la primauté de leur race[4], ou ce sont des suppôts de la Noblesse républicaine. Leur impudent oligarchisme secret, les bas profits qui en sont prélevés établissent quels mensonges enveloppe leur formule d'égalité. Mais ces mensonges montrent aussi qu'on ne détruit pas la Nature : avec des sangs inégaux, la Nature procrée des enfants sains ou infirmes, beaux ou laids, faibles ou puissants, et elle interdit aux parents de se désintéresser de leurs créatures en les laissant jouer, toutes seules, leur sort entier sur le tapis vert du concours ou de l'examen. Que le concours soit surveillé, que les épreuves de l'examen soient loyales, que tricherie et fraude soient sévèrement réprimées, ainsi l'exige la justice, et il faut le crier, car rien n'est plus certain. Mais il n'est pas certain du tout que la justice exige en toute chose le concours, ni que tout soit

1. Maurras manque ici l'un des sens possibles du 4e commandement qui se concilie pourtant fort bien avec sa pensée : quelle que soit la durée d'une vie d'homme, s'y ajoute l'héritage moral de ses ancêtres, transmis de génération en génération à proportion des liens qui les ont unies entre elles. Dans cette perspective, ce n'est pas en aval mais en amont que la piété filiale augmente la vie de tout un chacun.

2. Idée que Maurras hérite d'Aristote et de Montesquieu et qui motive son opposition aux universalismes abstraits.

3. Titre d'un livre de Robert de Jouvenel paru en 1914, qui critiquait le népotisme républicain au nom même de la République.

4. Selon Maurras, la percée sociale d'un grand nombre de Juifs aux XIXe et XXe siècles tient à leur cohésion ethnique, qui leur confère un net avantage dans des sociétés occidentales minées par l'individualisme.

concours dans la vie. Rien ne prouve, non plus, que certaines faiblesses, avérées sur le champ de course, ne puissent être compensées ailleurs et que, enfin, le brevet du champion, le diplôme du *fort en thème* et de la bête à concours, soient les seuls titres sur lesquels il faille classer les humains.

Le tournoi et la joute sont de belles épreuves : la vie en contient d'autres, qui ne sont pas des jeux, et d'où la convention est absente. La valeur personnelle que l'on ne saurait trop cultiver a droit aux grandes places, on ne saurait trop l'y porter ; mais, en raison même de ce qu'est le mérite, il ne lui est ni très difficile ni même désagréable, au fond, de rattraper ou de dépasser, sur un terrain ou sur un autre, les titulaires d'autres valeurs non personnelles. En fait, le mérite personnel aura toujours le dernier mot. L'homme qui s'est fait lui-même en a reçu, avec un tempérament solide, une fierté robuste, un original quant-à-soi. L'homme qui tient de ses aïeux en garde aussi le juste orgueil. Quand ces puissances variées s'additionnent en un même sujet, c'est tant mieux pour lui et, plus encore, pour la collectivité. Quand elles rivalisent, cela est encore excellent. Quand elles luttent haineusement, c'est tant pis. Mais la haine est-elle fatale ?

La compétition, même la plus modérée, serait désastreuse s'il n'existait qu'un but au monde et si la vie n'offrait qu'un objectif aux désirs et aux ambitions ; si, surtout, la première place dans la société ou l'État devait être nécessairement dévolue au gagnant des gagnants, au lauréat des lauréats, l'épreuve des épreuves devant comporter la publique et suprême désignation du Meilleur ainsi appelé à régner en vertu de son numéro Un. Mais il n'en est rien[1]. D'une part, les sociétés bien portantes et les États bien constitués ne mettent leur couronne ni à l'encan ni au concours et, pour le reste, dans l'extrême variété des emplois de la vie et des talents de l'homme, les conciliations, les équivalences, les accommodements possibles abondent. On dira que les conflits abondent aussi. Mais croit-on, en vérité, que la sélection artificielle des mérites personnels soit aussi dépourvue de frottements douloureux ? En laissant son empire « au plus digne », Alexandre le livrait aussi aux batailles de ses lieutenants qui le déchirèrent, comme de juste, au nom du sentiment de la dignité et de la supériorité de chacun[2]. De pareils mots d'ordre étendus à toute la vie civile l'agitent et l'attristent. Cela finit par établir, parmi le peuple des coureurs, un degré d'émulation passionnée qui sécrète une affreuse envie. La santé publique n'y gagne rien, le niveau général ne tarde pas à en

1. Maurras écrivait à une époque où les Grandes Écoles, quoique fort recherchées, n'avaient pas encore le rang qu'elles occupent dans la France actuelle. Elles étaient en effet concurrencées ou équilibrées par d'autres institutions – Église, noblesse, bourgeoisie traditionnelle, élites paysannes, Compagnons du Tour de France, etc.

2. Allusion aux guerres des Diadoques (« successeurs », en grec), qui dévastèrent la Méditerranée orientale pendant une quarantaine d'années après la mort d'Alexandre le Grand en 323 avant Jésus-Christ.

subir des affaissements graduels : même dans les races les mieux douées, Démocratie finit en Médiocratie.

Tous les déclamateurs insisteront sur le dommage des dénivellements excessifs. En effet, trop perpétuées, les inégalités outrées peuvent tendre à capter une somme de biens qui seraient ainsi rendus inutiles et stériles. Cependant, rien n'est plus rare ni plus difficile que la durée des très grandes fortunes et, parvient-elle à se produire, elle implique souvent sa justification : surtout dans un pays actif et nerveux comme le nôtre, cette durée exige d'exceptionnelles vertus. À l'ordinaire, les vastes biens sont plus aisément réunis que conservés, conservés que transmis. Des puissances de dépossession et de transfert constant semblent attachées aux domaines très étendus dont l'apparence est la plus stable. La paresse et la dissipation sont filles de l'abondance excessive. Mais, de son côté, la pauvreté contient un aiguillon énergique et salubre, qui n'a qu'à poindre l'homme pour la faire disparaître elle-même assez rapidement. Ces compensations et oscillations naturelles, ont-elles pour objet final de faire régner un sage équilibre ? Toujours est-il que leur effet de modération et de tempérance n'est pas douteux. En quelque sens que tourne la roue de la fortune, elle tourne : les jalousies et les envies ne sont pas éternellement offusquées des mêmes objets.

L'erreur est de parler *justice*, qui est vertu ou discipline des volontés, à propos de ces arrangements qui sont supérieurs (ou inférieurs) à toute convention volontaire des hommes. Quand le portefaix de la chanson marseillaise se plaint de n'être pas sorti « des braies d'un négociant ou d'un baron[1] », sur qui va peser son reproche ? À qui peut aller son grief ? Dieu est trop haut, et la Nature indifférente.

Le même garçon aurait raison de se plaindre de n'avoir pas reçu le dû de son travail ou de subir quelque loi qui l'en dépouille ou qui l'empêche de le gagner. Telle est la zone où ce grand nom de justice a un sens.

Les iniquités à poursuivre, à châtier, à réprimer, sont fabriquées par la main de l'homme, et c'est sur elles que s'exerce le rôle normal d'un État politique dans une société qu'il veut juste. Et, bien qu'il ait, certes, lui, État, à observer les devoirs de la justice dans l'exercice de chacune de ses fonctions, ce n'est point par justice, mais en raison d'autres obligations qu'il doit viser, dans la faible mesure de ses pouvoirs, à modérer et à régler le jeu des forces individuelles ou collectives qui lui sont confiées.

Mais il ne peut gérer l'intérêt public qu'à la condition d'utiliser avec une passion lucide les ressorts variés de la nature sociale, tels qu'ils sont, tels qu'ils jouent, tels qu'ils rendent service. L'État doit se garder de prétendre à la tâche impossible de les réviser et de les changer ; c'est un mauvais

1. Extrait de *Fenian é grouman* (« Fainéant et gourmand »), poème provençal de Victor Gelu.

prétexte que la « justice sociale » : elle est le petit nom de l'égalité. L'État politique doit éviter de s'attaquer aux infrastructures de l'état social qu'il ne peut pas atteindre et qu'il n'atteindra pas, mais contre lesquelles ses entreprises imbéciles peuvent causer de généreuses blessures à ses sujets et à lui-même[1].

Les griefs imaginaires élevés, au nom de l'Égalité, contre une Nature des choses parfaitement irresponsable ont l'effet régulier de faire perdre de vue les torts, réels ceux-là, de responsables criminels : pillards, escrocs et flibustiers, qui sont les profiteurs de toutes les révolutions. Les spéculateurs qui écument l'épargne publique ne font jamais leur sale métier avec une impunité plus tranquille que lorsque les jalousies populaires sont artistement détournées contre la « richesse acquise » ou mobilisées contre les « deux cents familles[2] ». La Finance coupable excelle alors à faire payer en son lieu et place une Agriculture, une Industrie, un Commerce fort innocents de conditions qui tiennent à leur état naturel.

Quant aux biens imaginaires attendus de l'Égalité, ils feront souffrir tout le monde. La démocratie, en les promettant, ne parvient qu'à priver injustement le corps social des biens réels qui sortiraient, je ne dis pas du *libre jeu*, mais du *bon usage* des inégalités naturelles pour le profit et pour le progrès de chacun.

Celui qui, pour l'égalité, supprime toute concentration de richesses, supprime aussi les réserves indispensables que doit requérir et mobiliser toute entreprise passant un peu l'ordinaire : il ne sert de rien de remplacer ces trésors privés par ceux de l'État, la décadence assurée et rapide de tous les États grevés d'une telle charge accuse l'insuffisance de ce moyen de remplacement.

Celui qui, pour l'égalité, supprime la transmission normale des biens qui n'ont pas été dévorés en une génération supprime aussi l'une des sources de cette concentration précieuse ; il supprime en outre tout ce qui compose et prolonge des capitaux moraux qui sont encore plus précieux[3]. Des moyens d'éducation disparaissent : la tenue des mœurs, leur élégance, leur perfection, leur affinement. Barbare et triste système où tout est réduit aux mesures d'une vie d'homme ou de femme ! On rêve de n'atteindre que d'injustes privilèges personnels ? On se figure n'appauvrir que certaines classes comblées ? On dépouille la collectivité tout entière. Une heureuse succession de nappes d'influence superposées déversait un

1. Ces deux paragraphes renvoient dos à dos le libéralisme et le socialisme.

2. Les familles des deux cents premiers actionnaires de la Banque de France. Ce slogan, lancé sous le Second Empire par le journaliste proudhonien Georges Duchêne, fut repris en 1934 par Daladier et utilisé dans les années suivantes par les communistes comme par certains milieux d'extrême droite.

3. Thème récurrent chez Maurras : la vraie légitimité du patrimoine matériel est d'être le soubassement du patrimoine immatériel.

bienfait auquel les plus déshérités avaient part, surélevait l'état général du pays, y établissait une haute moyenne de culture et de politesse : et l'on fait sombrer tout cela dans la même grossièreté.

L'étranger qui nous visitait sous l'ancien régime admirait le français délicat, pur et fin, que parlaient de simples artisans du peuple de Paris. Leur langage réfléchissait comme une surface polie un ordre de distinction naturelle inhérent aux sociétés bien construites : *dispares ordines sane proprios bene constitutae civitatis*[1], comme la sagesse catholique le constate si fortement…

Il n'est pas de bien social qui ne soit récolté dans le champ presque illimité des différences humaines. Mettons-y le niveau, et tout dépérit. On déshonore la Justice et l'on trahit ses intérêts en imposant son nom à la fumée qui sort de ces ruines.

La haineuse envie des grandeurs fait-elle préférer ces ruines ? Sachons du moins qu'elles ne seront pas évitées. La médiocrité ne dure pas parce qu'elle ne conserve et ne renouvelle rien, faute de générosité, de dévouement, de cœur. Les violences internationales toujours menaçantes, les érosions intérieures dues à la complaisance pour de basses erreurs viennent très vite à bout d'un pareil régime : elles le détruisent ou plutôt il s'y détruit. L'avenir humain veut pour défenseurs un certain héroïsme, une certaine chevalerie qui ne peut être l'égal partage de tous. Les exceptions humaines sont indispensables à l'humanité. Si on les brime, elles déclinent, puis disparaissent, mais en emportant toute vie. Il faut des seigneuries fortes pour qu'il y ait des bourgeoisies prospères, des bourgeoisies prospères pour des métiers actifs et des arts florissants. Les têtes puissantes et généreuses font plus que la beauté et l'honneur du monde, elles en sont d'abord l'énergie et le salut.

Il ne faut pas laisser opprimer cette vérité. Il faut oser la dire, et le plus haut possible, et sans replier sur soi-même d'inutiles regards, mais en ne contemplant qu'elle, sa clarté, son bienfait. L'homme pauvre s'honorera en rendant justice à la richesse, d'abord en ce qu'elle *est*, puis si elle est *bien* employée. L'homme sans aïeux ne fait que son devoir dans le juste éloge des capitalisations séculaires et du service historique et moral de l'hérédité. Cela n'ôtera rien de sa dignité ni de sa fierté, mais justifiera son mépris pour l'aboiement de chiens dont le métier est de penser en chiens : ces polémistes de l'anarchie expriment une idée digne d'eux quand ils prétendent que les relations humaines sont nécessairement tendues et aigries par l'expérience des inégalités ; elles le sont bien plus par la proclamation d'égalités qui n'existent point. On connaît des enfants qui ne souffrent point de ne pas égaler la stature de leurs parents. On connaît des

1. « La distinction des classes, sans contredit, est le propre d'un État bien constitué » ; extrait de l'encyclique *Graves de communi* du pape Léon XIII (1901).

serviteurs et des maîtres entre lesquels la claire différence des fonctions établit la plus simple des familiarités, une sorte de parenté[1]. Si la désirable fraternité des hommes voulait qu'ils fussent égaux, cette vertu ne pourrait unir les frères de chair puisqu'il existe des aînés et des cadets. Mais de supérieur à inférieur, comme d'inférieur à supérieur, la déférence, le respect, l'intérêt, l'affection, la gratitude sont des sentiments qui montent et descendent facilement les degrés de l'échelle immémoriale ; la Nature n'y met aucun obstacle réel. Elle y invite même, par la diversité des services offerts, sollicités, rendus. Tel est le dialogue du vieillard et du jeune homme. Telle est la conversation du maître et du disciple. Rien n'est plus cordial que le rapport des hommes et des chefs dans une bonne armée. Au surplus, la juste fierté de certains, l'arrogance insupportable de certains autres auraient-elles sujet de souffrir ou de faire souffrir ? Ces erreurs, ces passions et ces amertumes seront, malgré tout, moins cruelles que les effets constants du mythe forcené d'un égalitarisme impossible, quand il aiguise, consolide et perpétue ces antagonismes fortuits que la vie, en vivant, le vent des choses, en soufflant, allégerait, dissiperait, modifierait ou guérirait.

Le mal du monde est aussi naturel que le bien, mais le mal naturel est multiplié par le rêve, par le système, par les artificieux excitants de la démocratie. Au fond, si enviables que soient les grandeurs sociales, le sentiment des infériorités personnelles reste le plus cuisant de tous, pour qui interroge la vérité des cœurs. *Batte, opprobre de la montagne sacrée*[2], souffre incomparablement plus de n'être ni Moréas ni Racine que le pire égalitaire de n'être pas né Rothschild ou Montmorency. Se savoir idiot près de Mistral, de Barrès ou d'Anatole France est autrement dur que de vivre en petits bourgeois dans le même quartier que M. de Villars.

Au surplus, rien n'oblige de subir la moindre injustice. Il ne s'agit point de plier sous aucun tyran. L'obsession de *l'abus* possible fait oublier que sa répression est possible aussi. Quelles que soient les Puissances, il y a d'autres Puissances près d'elles. Il y a un Pouvoir. Ce Pouvoir souverain a pour fonction première de frapper les Grands quand ils sont fautifs.

On n'admettra point cette vue, on la rejettera même *a priori* si l'on garde sa confiance au lieu commun révolutionnaire qui suppose une inimitié essentielle entre les gouvernants et les gouvernés. Cependant leurs intérêts sont communs. Et le plus fort de tous est l'intérêt de la justice que l'un « rend », que l'autre réclame. La justice contre les Grands est peut-être la plus fréquente, sinon la plus facile, quand le Souverain, constitué sainement, ne repose ni sur l'Élection ni sur l'Argent, mais fonde, lui

1. Maurras parle d'expérience : voir dans le présent volume les *Quatre nuits de Provence.*
2. Extrait de *Poèmes et Sylves*, de Jean Moréas.

aussi, sur l'Hérédité[1]. *Sans* un tel pouvoir, l'impunité est assurée, comme la prépondérance, aux mauvais acquéreurs, possesseurs, successeurs des biens de fortune. *Avec* le pouvoir héréditaire, les abus sociaux sont jugés et corrigés par le bon exercice du principe dont ils se prévalent indûment ; le châtiment qu'ils en reçoivent est le plus légitime, le plus sensible, le plus courant et le plus efficace : toute la pratique de la Monarchie française le montre[2].

Le gouvernement des familles, si mal compris, est le plus progressif de tous. Au milieu du XIXe siècle, un révolutionnaire français de passage à Londres s'indignait du spectacle que donnait et que donne encore, dans cette prétendue *democracy*, l'institution d'une pairie héréditaire très richement dotée. Un marchand de la Cité lui répondit : « Vous auriez raison peut-être, Monsieur, pour tel ou tel membre de la Chambre Haute, car Sa Grâce une Telle est connue pour son étroitesse d'esprit. Telle autre pour son ignorance crasse. Une troisième ou quatrième pour son ivrognerie. Et cela vaut certaines pertes sèches à notre communauté. Mais que la cinquième ou la dixième soit un sujet distingué, et digne de son rang (ce qui se voit aussi) sa position native va le mettre en mesure de nous rembourser, au centuple, ce que tous les autres auront pu nous coûter. »

Il n'est rien de plus pratiquement vrai.

Une communauté ainsi organisée possède, en effet, sans révolution, ni désordre, ni passe-droit, dans l'ordre et dans le droit, des cadres assurés d'être renouvelés et rafraîchis par un personnel brillant, supérieurement instruit et préparé aux grands emplois qu'il peut exercer dans la première vigueur de l'âge. Parce qu'il était fils de Philippe, Alexandre avait conquis le monde avant que le démagogue Jules César y eût même pensé, bien qu'il fût né dans le haut patriciat de sa République. Par le système de la vieille France, le génie vainqueur de Rocroi put se révéler à vingt ans[3]. Un pays de droit héréditaire est toujours approvisionné de « jeunes ministres » et non pas une fois tous les demi-siècles à la faveur d'indignes aventures telles que notre Panama en 1892, ou notre Front populaire en 1937[4] : sauf de tels accidents, notre démocratie a mérité son sobriquet de Règne des Vieux.

1. Thème récurrent chez Maurras : le pouvoir électif repose en dernière instance sur l'argent, car les campagnes électorales coûtent cher ; donc, une autorité élue ne peut s'opposer aux puissances d'argent.

2. Maurras songe vraisemblablement à l'intervention de Philippe le Bel contre les Templiers et à celle de Louis XIV contre Fouquet. Mais il omet de dire que l'Ancien Régime mourut d'une crise financière non résolue…

3. Le duc d'Enghien (futur Grand Condé) qui, par sa victoire de Rocroi (1643), mit fin à la prééminence européenne de l'Espagne et inaugura la prééminence française.

4. Maurras rapproche le scandale de Panamá et l'élection du Front populaire en 1936 parce que ce dernier fit suite à la manifestation antiparlementaire du 6 février 1934, elle-même conséquence du scandale du Crédit municipal de Bayonne, et parce

Le rendement des dynasties n'est donc pas fait pour un parti ni pour un monde. C'est le bien de tous évident. Et l'intérêt du petit peuple y est le plus engagé. D'abord, même à supposer que les élites commencent toujours par se servir égoïstement elles-mêmes, l'élite viagère a les dents plus longues que l'autre, elle est forte consommatrice et accapareuse : il lui manque, disait Renan, cette habitude de certains avantages et de certains plaisirs sur lesquels est « blasé » « l'homme de qualité ». Cette avide prélibation[1] de parvenus sans mœurs peut réduire d'autant la maigre part du populaire. En outre, la mauvaise gestion démocratique, son organisation défectueuse, son personnel inférieur doivent ramener périodiquement, à intervalles de plus en plus brefs, les calamités qui retombent le plus lourdement sur les têtes des moins favorisés. Les Français ont été envahis six fois depuis l'aurore de ce beau régime[2], cela représente bien des maisons détruites, des pendules et des machines volées, des femmes enlevées et des filles violées. Plus sont fortes les crises de révolution et de guerre, plus les « petits » en souffrent, alors que les « gros » se débrouillent. S'il existe un souverain intérêt pour la classe la plus modeste de la nation, c'est bien la paix de l'ordre, la transmission régulière de ses pauvres avoirs, à proportion même de leur faible volume : cette classe éprouve un besoin particulier de ne pas se trouver sans ressources à l'heure solennelle, mais critique par excellence, qui est celle des grands et terribles frais que l'arrivée du petit homme doit lui coûter.

Là, en effet, se montre et va briller la vertu magnifique du capital, et du plus humble. Tout ce qui peut diminuer cette première mise autour du berceau est en horreur à la Nature de la société. Mais tout ce qui en conserve et accroît la réserve scelle les accords de l'humain et du surhumain. On pleure sur la dénatalité, sur la dépopulation. A-t-on assez songé à l'importance de ce petit capital domestique, dûment décentralisé, établi à courte distance des berceaux ? Toute la vie nouvelle dépend de là pourtant !

— Mais vous parlez de capital près du berceau du petit homme ? De tous les petits hommes alors ?

— Bien sûr.

— Et de tous les berceaux ?

— De tous !... À condition que vous n'alliez pas chercher équerre, mètre et fil à plomb pour me chanter : « de tous également ».

---

que les deux scandales ont impliqué des financiers juifs (Herz, Reinach, Arton pour le premier, Stavisky pour le second) couverts par des élus républicains. On notera toutefois que Herz, Reinach et Arton agissaient pour le compte de Ferdinand de Lesseps, qui n'était pas juif.

1. Fait de se servir en premier.

2. En 1792, 1793, 1814, 1815, 1870 et 1914. Maurras traite comme un régime unique les trois Républiques et les deux Empires que la France a connus en raison de leur commune origine révolutionnaire.

— Bah ! Pourquoi pas ?

— L'avez-vous déjà oublié ? L'égalité ferait tout fondre, et personne n'aurait plus rien.

IV. De la volonté politique pure

On est donc menacé de n'avoir bientôt plus rien dans les tristes pays où les fondements naturels de la politique sont durablement remplacés par ces absurdes inventions d'Étatisme égalitaire et de prétendu Volontarisme populaire, qui, pour être un peu moins folles qu'en Russie, ne peuvent résister longtemps à l'aggravation naturelle du poids de leur insanité.

Nos aïeux, même les moins sages, ne s'étaient rien figuré de tel. Nos neveux, s'ils en réchappent, n'y voudront pas croire. C'était déjà l'avis d'Edgar Poe, il y a cent ans, lorsqu'il écrivait l'admirable « Parabole des chiens de prairie ». — *Eh ! quoi,* fait-il dire à la postérité ahurie, *les vieux Américains se gouvernaient eux-mêmes ? Pas possible !* « Ils avaient donc en tête cette idée, la plus drôle du monde, que tous les hommes pouvaient naître libres et égaux. »

Mais cela ne dura que « jusqu'au jour où un individu nommé Mob (ou Popu) établit un despotisme auprès duquel celui d'Élagabal[1] était un paradis. Ce Popu (un étranger soit dit en passant) était, dit-on, le plus odieux de tous les hommes qui aient jamais encombré la terre. Il était insolent, rapace, corrompu. Il avait la nature d'un géant, il avait le cou d'un chameau avec le cœur d'une hyène et la cervelle d'un paon. Il finit par mourir d'un excès de sa propre fureur, qui l'épuisa[2] ».

Rendus contemporains de ces incroyables sottises, gouvernés par ces *insolences*, ces *rapacités*, cette *corruption*, nous sommes même un peu happés par l'animal géant, ce Mob ou ce Popu, sans cœur ni cervelle, appelé à crever de ses colères de dindon[3]... Mais nous sommes aussi dédommagés de cette honte par le spectacle merveilleux de son absurdité, élevée à la perfection.

Des gens qui ont souscrit et fait souscrire un programme dont ils ne peuvent dénier les difficultés profondes, ni les complications inouïes, ont la chance de s'accorder sur la façon de le réaliser.

— *Des milliers, et des milliers de voix, auront à dire :* je veux. *Et ce qu'elles auront ainsi* voulu *sera. Il suffira que ces majorités désignent des exécuteurs : cela sera exécuté.*

---

1. Ou Héliogabale, empereur romain du IIIe siècle après Jésus-Christ.

2. Edgar Allan Poe, *Mellonta Tauta*. Une autre nouvelle de Poe a retenu l'attention de Maurras pour son caractère antidémocratique, le *Colloque entre Monos et Una* (voir *Le Chemin de Paradis*, p. 135 de la présente édition).

3. Allusion au Front populaire, arrivé au pouvoir l'année d'avant la rédaction de ce texte.

— Même l'impossible ?

— Surtout l'impossible.

La lune ! On n'a qu'à demander la lune. Des mains dociles iront la cueillir dans le ciel. On en fera descendre, tout semblablement, la Justice et l'Égalité en calligraphiant leurs noms à l'encre rouge sur un papier à tranches d'or.

À peine désignés, les pauvres exécuteurs de ces volontés mirifiques sentent pleuvoir tout le contraire des promesses qu'ils ont jurées. Leurs mandants s'en doutent à peine. Mais, peu à peu, les évidences se font jour. *Ce qui ne peut pas être* refuse d'être. Ce qui doit être, ce que produit l'antécédent qu'on a posé, suit le cours de sa conséquence. On voulait la paix, mais en désarmant : de tous côtés éclatent les fatalités de la guerre, on doit se mettre à réarmer. On annonçait l'abondance : il faut rogner la monnaie. Les salaires ont monté, mais les prix aussi ; il faut que les salaires montent encore : comment monteront-ils si l'on n'a plus d'argent pour les payer[1] ? […]

La Démocratie accourt donc, les yeux bandés, au cimetière !

Mais elle y mène, et c'est moins gai.

Comment s'en est-on si peu douté ! On laisse trop dire et écrire qu'elle est trahie par l'expérience de ses erreurs. Elle est trahie par elle-même. N'eût-elle jamais été mise à l'essai, tout esprit net dut lui refuser tout avenir, comme toute raison, du moment qu'elle s'offrit et se définit. Jeune et distrait, un André Chénier put avoir besoin de voir à l'œuvre les *hideux scélérats*, les *bourreaux barbouilleurs de lois*[2] ; les Rivarol[3] ont vu tout de suite ce que ce serait : il était idiot de croire qu'un grand peuple pût marcher la tête en bas ; idiot, qu'il fût gouverné par ce qu'il y avait de vain et de vil en lui ; idiot, que les moins directement intéressés à son bien y eussent légalement le plus d'influence par leur nombre, leurs factions, leurs passions.

Toute bonne cervelle de 1789 pouvait voir briller aux purs flambeaux des Droits de l'Homme l'embrasement qu'ils annonçaient et déduire de là, effet proche ou lointain, quelque chose qui devait ressembler au Régicide, aux longues guerres, à Trafalgar, à Leipzig, à Waterloo, à Sedan[4],

1. Élu en mai 1936 sur un programme pacifiste, le Front populaire dut amplifier dès septembre 1936 le timide réarmement commencé l'année précédente. Ayant par ailleurs promis l'abondance, il dut procéder aux dévaluations du 1er octobre 1936 et du 30 juin 1937.

2. Extraits de « Comme un dernier rayon », poème qu'André Chénier écrivit peu avant d'être guillotiné le 25 juillet 1794, deux jours seulement avant la chute des Jacobins.

3. Le publiciste Rivarol annonça dès 1789 que la Révolution dégénérerait en bain de sang si la monarchie ne parvenait pas à l'encadrer.

4. À nouveau, Maurras associe la défaite de 1870 à celles du Premier Empire, toutes étant à ses yeux la conséquence inéluctable de la Révolution. Son allusion à l'exécution

à la dépopulation, à la décadence, à tous nos reculs généraux, non sans y distinguer, claire et nette, leur qualité essentielle de produits naturels de la démocratie politique.

De même, les bonnes cervelles de 1848 et 1871 n'avaient pas besoin de vieillir d'un demi-siècle ni d'un siècle : de la démocratie sociale, elles virent sortir, comme le fruit de la fleur, la commune destruction des Capitaux et du Travail qui les engendre ou les reproduit[1].

La démocratie dans l'État ne pouvait que ruiner l'État.

La démocratie dans l'Atelier et dans l'Usine devait ruiner l'Usine et l'Atelier.

Cela était d'autant plus sûr que la démocratie se donnait carrière en une heure de la vie du monde qui lui apportait un moyen facile d'exploiter une tragique confusion.

V. La question ouvrière et la démocratie sociale

À peu près du même âge que notre Révolution, la grande industrie avait apporté, en naissant, un énorme contingent de biens nouveaux, mais aussi un déséquilibre qui n'a pas été vu tout de suite.

Les capitaines d'industrie qui présidèrent à l'essor sans précédent de toute l'immense machinerie que renouvelait la vapeur, étaient de bons esprits, hardis et pratiques : le fait est qu'ils n'ont pas senti quel renouvellement moral devait accompagner le changement matériel obtenu. On dit qu'ils étaient sans entrailles. Ils avaient des entrailles comme vous et moi. L'explication doit être ailleurs.

La grande nouveauté de l'usine moderne, ce vaste rouage inhumain, comportait un ouvrier sans attaches, véritable nomade égaré dans un désert d'hommes, avec un salaire qui, même élevé, variait trop, ne lui assurait aucune défense économique sérieuse, son sort « ne dépendant plus de son effort et de sa prévoyance, mais d'accidents dont il n'était pas maître[2] » ; sa faculté de débattre les conditions de travail, limitée par les conditions de sa vie, le refus du travail, qu'il vînt de lui ou de l'employeur, pouvait le réduire à la mort sans phrase. Ni propriété, ni statut professionnel, point de garantie d'avenir. Aucune liberté réelle. Dès lors, quel que fût, à l'origine, son sentiment patriotique, ou son sentiment social, comment empêcher l'ouvrier de devenir agent et jouet des révolutions ?

---

du roi fait écho à Joseph de Maistre : « Chaque goutte de sang de Louis XVI en coûtera des torrents à la France », avait écrit ce dernier en 1796, soulignant que la plupart des premiers révolutionnaires s'étaient déjà entretués et laissant entendre que le carnage ne s'arrêterait pas de sitôt. De fait, il fut prolongé par les guerres napoléoniennes.

1. Nouvelle allusion au Front populaire.

2. Maurras cite ici René de Planhol, journaliste et homme de lettres monarchiste.

Son premier réflexe de défense a été normal : il a eu recours à la procédure éternelle de l'homme. C'est en se serrant à ses semblables, en leur promettant de les soutenir s'ils le soutenaient, qu'il s'est appliqué à changer sa faiblesse en force ; il s'est associé ; par là, il s'est efforcé de débattre avec les Puissants dont il avait besoin, mais qui avaient besoin de lui, les clauses d'un contrat plus libre et moins onéreux. Ce qu'il nomme d'un mot affreux la « solidarité de classe », dans son expression absolue, ne traduit pas la réalité, les mêmes classes pouvant avoir des intérêts très différents[1]. Une certaine communauté était nécessaire à sa vie : ce n'était pas la classe, mais la classe a paru correspondre à cette nécessité.

On ne revoit pas sans horreur ni pitié ce qui a été dit et fait contre les plus légitimes des associations, depuis ce décret Le Chapelier, rendu en 1791, qui nie en propres termes les « prétendus intérêts communs » du travail, au nom de la démocratie politique et de son individualisme contractuel[2] !

Les conséquences furent amères.

Elles le furent d'autant plus que le législateur du XIXe siècle a mis plus de temps à reconnaître le besoin élémentaire du monde ouvrier. Le préjugé juridique a soutenu et couvert tout ce qu'il a pu y avoir d'inintelligence, d'esprit de lucre ou d'autoritarisme injustifié dans la résistance de certains employeurs.

Au fond, le mal a été accru et il a duré, parce que l'employeur, le législateur et l'ouvrier vivaient tous trois dans la même erreur politique : tous trois estimaient être (ou devoir être) une Liberté et une Égalité ambulantes. Leurs droits se formulaient de manière identique. Naturellement, chacun les entendait à sa façon. Si le plus faible dénonçait quelque énorme inégalité réelle, le plus fort répondait que l'égalité serait au contraire satisfaite et parfaite, si chacun s'appliquait à faire exactement ce à quoi il s'engageait. Jamais les termes d'une question, à ce point viciés, ne l'ont plus éloignée de tout espoir de solution. Il ne pouvait sortir de là qu'une anarchie barbare, car ses causes venaient également *d'en haut*, *d'en bas* et du *milieu*, milieu constitué par les Palais officiels de la législature démocratique.

De ces Palais ont ruisselé les lois qui accentuèrent l'antagonisme et poussèrent à l'extrême une guerre plus que civile. Leur Gouvernement de

1. Selon Maurras, en effet, l'ouvrier est membre d'une profession et d'une région avant d'être membre d'une classe. Un même niveau de revenus peut donc recouvrir des réalités très différentes.

2. Le Chapelier résumait ainsi sa loi : « Il n'y a plus de corporations dans l'État : il n'y a plus que l'intérêt particulier de chaque individu et l'intérêt général », formule à laquelle les penseurs contre-révolutionnaires, et plus généralement les partisans des corps intermédiaires, ont reproché de laisser l'individu sans aucune défense contre l'État censé incarner l'intérêt général. En août 1789, la même logique unitaire avait présidé à l'abolition des autonomies provinciales.

Partis trouvait un auxiliaire à souhait dans la lutte des classes, ses factions, ses intrigues, ses trafics et ses sursauts toujours renaissants : sur des points de France où n'existait aucune grande industrie, mais où il y avait des classes comme partout, on a vu le socialisme confectionné de pied en cap, dans un bureau de préfecture, pour le plaisir d'un candidat. Sur d'autres points, la démocratie sociale n'avait pas besoin de propulseurs officiels : elle trouvait toutes ses facilités dans les lois et dans les absences de lois pour envahir et agiter les malheureux milieux ouvriers. M. de Roux[1] a raconté comment la législation du travail a été entreprise à reculons par le Second Empire[2] et continuée de même par la République[3]. La manière dont fut réprouvée en 1884 l'idée de syndicats mixtes de patrons et d'ouvriers nous renseigne sur la pensée et l'arrière-pensée du législateur[4] ! Ces unions nécessaires étaient encore reléguées « dans l'avenir » par M. Millerand[5] en 1904, quand l'idée juste de la coopération générale commençait à se faire jour…

Il est légitime de dire que, dans la même période disgraciée, les chefs, les maîtres, les patrons tentaient souvent avec succès de beaux ouvrages de philanthropie et de charité. La série de leurs fondations généreuses a été couronnée, assez récemment, par ces caisses de sursalaire familial[6] qui leur font le même honneur que les belles œuvres des jardins ouvriers[7] à la collaboration bénévole de certains groupes religieux. Néanmoins, les grands patrons n'abordaient guère que l'accessoire de la vie ouvrière, ils furent vainement adjurés, par La Tour du Pin[8] et son école, de considérer l'essentiel.

Hélas ! Le pouvaient-ils ?

Ils avaient dans la tête tout ce qu'il fallait pour n'y rien comprendre. Le mouvement révolutionnaire du XVIIIe siècle n'avait pu établir en France aucun ordre viable par la faute de ses idées directrices. Ces idées lui ont survécu. Elles sont purement négatives. Qu'elles soient ingérées à dose

---

1. Le marquis de Roux, juriste et membre de l'Action française, écrivit de nombreux ouvrages d'histoire, de droit et de sociologie.

2. La loi Ollivier de 1864 autorisa les grèves.

3. La loi Waldeck-Rousseau de 1884 autorisa la création de syndicats.

4. Ces syndicats mixtes rappelaient trop les corporations d'Ancien Régime pour avoir les faveurs des républicains, suggère Maurras.

5. Premier socialiste à avoir participé au gouvernement en 1899-1902.

6. Une loi de 1932 officialisa les allocations familiales, que le patronat chrétien avait commencé à mettre en place dès les années 1880.

7. Potagers alloués aux ouvriers pour améliorer leur ordinaire, renforcer leur vie familiale en les détournant du cabaret et – lorsque l'initiative en revenait à des industriels – les attacher à l'entreprise. Nés en Angleterre dans les années 1800, ils sont apparus en France dans les années 1890 sous l'impulsion de personnalités catholiques.

8. Le marquis de La Tour du Pin, figure marquante du christianisme social dès les années 1880, se rallia à l'Action française dans les années 1900.

massive ou infinitésimale, elles ont la seule vertu de critiquer et d'insurger, non de composer, non d'organiser. Il y eut un ancien régime, il n'y a pas de régime nouveau, il n'y a qu'un état d'esprit tendant à empêcher ce régime de naître. La Tour du Pin avait affaire à un obstacle mental et moral plus fort que la passion et même que l'intérêt.

Pauvre bourgeoisie française ! Sans être toute radicale, comme son législateur orthodoxe, ni socialiste, comme l'ouvrier syndiqué, cette bourgeoisie professe et pratique une dilution du démocratisme révolutionnaire. S'ils en avaient la tête libre, les employeurs ne se tiendraient pas à des œuvres de bienfaisance.

Ils auraient certes engagé et poursuivi, dans de meilleures conditions, leur propre organisation syndicale, mais ces groupes de défense une fois établis, leur situation était assez claire pour leur révéler qu'il n'y avait là que des formations de combat ; pour la paix sociale, il fallait les compléter par une initiative puissante qui rompît avec les étroitesses de l'individualisme, en surmontât les timidités et rénovât les hiérarchies de l'accord.

Était-il difficile de comprendre la nécessité d'une association générale qui réunît tous les facteurs humains de la production ? Non certes pour nier telles puissantes divergences d'intérêt, traduites en querelles farouches ! Mais pour prendre, de haut, une vue nette et claire de convergences non moins fortes créées par l'immense intérêt commun – l'objet de leur travail –, le principe de leur vie à tous !

Car, de l'humble, fût-il très humble, au plus puissant, fût-il très puissant, cette communauté des intérêts peut et doit modérer les contradictions et remettre les oppositions à leur place, qui est subordonnée. L'ouvrier du Fer croit avoir un intérêt absolu à imposer le plus haut salaire possible et le patron du Fer à le refouler aussi bas que possible, mais tous deux ont le même intérêt, et plus fort, bien plus fort, à ce que leur *partie* commune, le travail du Fer, subsiste et qu'il soit florissant.

D'autant plus que l'économie industrielle ne joue point dans le vaste cadre de la planète ! La planète n'est pas « un » atelier, comme l'ont prétendu les Say[1]. Le cadre réel de l'économie, c'est la Nation. Si telle grève ouvrière a fait annuler les commandes étrangères reçues par les patrons français, ces commandes sont transférées à des industries d'outre-Manche ou d'outre-Rhin, et nos patrons ne sont pas seuls à en souffrir : le travail qu'ils ont ainsi perdu l'a été aussi pour nos ouvriers. Les uns sont privés de bénéfices, les autres de salaires. Si la grève de nos mines oblige à importer du charbon, salaires et bénéfices, perdus chez nous, sont regagnés

1. Jean-Baptiste Say, son fils Horace et son petit-fils Léon ont compté parmi les principaux défenseurs français du libéralisme économique. Ils incarnent la grande bourgeoisie protestante et républicaine dont Maurras faisait l'un des « quatre États confédérés » dominant la France contemporaine.

à l'Étranger sur nous[1]. Bref, ouvriers français, patrons français, nous perdons, et gagnons ensemble : toute guerre des syndicats patronaux et ouvriers rencontre sa limite nécessaire dans l'intelligence de leur sort commun, soumis au commun dénominateur national. Que la discipline en soit méconnue ou masquée, cela peut être l'effet accidentel des événements, des systèmes et de leurs conflits ; il n'en est pas moins prodigieux que, ni du premier étage patronal, ni du rez-de-chaussée ouvrier, personne n'ait élevé, avec le ton et l'éclat de voix qu'il fallait, un cri naturel de pitié, de salut et de paix.

Comment l'un ou l'autre des intéressés ou chacun d'eux n'a-t-il point dit, redit :

— *Si nous devons lutter entre nous, ne luttons que jusqu'au point où la lutte deviendrait mortelle, où il devient vital de suspendre les hostilités pour nous aider et nous réunir. En admettant que nos unions de classe aient eu ou gardent leur raison d'être, complétons-les par des unions de métier. À ces vastes classements horizontaux des patrons, des techniciens, des employés et des ouvriers, comparables aux bandes de la latitude terrestre, ajoutons des classements verticaux pour communiquer entre nous, pour organiser nos contacts continus, pour régler ces échanges de vues normales que réclament la nature et l'objet de nos industries : fuseaux de longitude sociale trouant et traversant les épaisses couches stratifiées de l'antipathie et de l'ignorance mutuelle pour les communs labeurs de l'économie du pays. Nos divisions conduisent à la ruine totale de la Maison française. Il faut associer ses forces qui convergent. Associons sans exception depuis les plus simples manœuvres, les suprêmes grands chefs, leurs collaborateurs de tous rangs, et, dans la vérité de la vie nationale, assurons-nous les occasions et les moyens de débattre l'ensemble et le détail de nos intérêts ! Cet organisme latéral doit devenir, soit aisément, soit difficilement, mais très sûrement, fraternel. Pourquoi pas ? L'Union du Syndicat est étroite et directe, elle le restera. Il peut y avoir une autre union large et durable aussi, comparable à ces unions territoriales qui rassemblent pauvres et riches, dirigeants et dirigés, dans le corps et le cœur d'une même patrie*[2]. *Ce sera la Corporation.*

1. L'argumentation semble ici contradictoire : Maurras affirme d'abord que l'économie est affaire nationale, puis prend en compte la concurrence internationale. Son raisonnement distingue en fait le fonctionnement de l'économie, qui inclut nécessairement des échanges extérieurs, et sa finalité, à savoir la prospérité d'une société donnée. Mais toute société suppose un cadre politique, lequel, selon Maurras, ne peut être que la nation, du moins à l'ère contemporaine. En somme, Maurras reconnaît la logique propre de l'économie (en quoi il n'est pas socialiste) sans admettre pour autant qu'elle échappe à tout contrôle social et politique (en quoi il n'est pas libéral).

2. Le fédéralisme, matrice de la pensée maurrassienne, articule ces deux dimensions fondamentales de l'existence humaine, la profession et le territoire. Rappelons que Maurras a été influencé par Proudhon.

Cette perspective vaut bien un armistice intérieur. Admettons qu'il n'y ait d'abord qu'une trêve, et courte. Soit ! Après avoir traité une fois, on traiterait deux et trois fois. Puis on viendrait à causer de bonne amitié et la guerre impie cesserait d'être endémique, systématique. Les conditions de paix sociale seraient discernables. Entre membres du même corps, rien ne prouve que les guerres seules soient naturelles. Les entraides le sont aussi. Pourquoi ceux qui peuvent travailler ensemble pour extraire la houille ou souffler des bouteilles ne pourraient-ils pas s'appliquer ensemble à régler leurs difficultés ?

Le grand mal de l'ouvrier moderne tient au manque de sécurité ? Il n'a rien qui lui soit propre, qui assure son avenir ? Des types spéciaux de propriétés peuvent être réalisés pour lui : la propriété morale de sa profession, analogue à celle du grade pour l'officier ; la propriété patrimoniale commune déjà existante (trop peu) dans le Syndicat, et qui peut être étendue à la Corporation, où, par efforts bilatéraux conjugués, elle servira de symbole et de lien au concours permanent de tous les facteurs moraux de la même industrie : auprès du bien syndical et du bien corporatif, devront encore naître des propriétés de famille, afin d'ajouter plus de fixité et de durée à un ordre consolidé. Ainsi disparaîtra le prolétariat. Ainsi, le travailleur cessera de flotter dans un milieu étranger. Il sera le citoyen, le bourgeois d'une Cité. Une bourgeoisie ouvrière peut et doit continuer le développement des vieilles bourgeoisies paysannes, industrielles, commerciales et INCORPORER *l'ouvrier à la société, selon le vœu d'Auguste Comte. Encore une fois, pourquoi pas ?... Tout cela s'est vu. Nous ne faisons pas d'hypothèses dans les espaces. Les hommes ont souvent tenté de vivre ainsi, non sans réussites, aussi fameuses que variées. Leur Histoire exprime leur Nature, elle n'est point défavorable à ce concordat empirique et, dans le cas nouveau, la science et la puissance de l'homme moderne remettent dans ses mains des instruments d'une efficacité nouvelle, pour créer des états de bien-être et de vie facile plus complets, plus étendus et meilleurs qu'autrefois. Pourquoi ne pas reprendre en le renouvelant ce qui a réussi ? Cela ne peut pas échouer, si l'on s'y donne, encore une fois, tête et cœur !*

Pourquoi ? Et pourquoi et comment cet appel n'a-t-il pas été lancé ? Ou, quand il l'a été, comment n'a-t-il pas été entendu et n'a-t-il pu franchir les limites de la petite province occupée par le groupe avancé des pionniers de La Tour du Pin ? Qu'est-ce qui empêcha patrons et ouvriers de recueillir ces voix perdues et de leur faire un juste écho ?

Personne, semble-t-il, ne pouvait refuser son attention aux départs de cette espérance : comment ou pourquoi y répugnait-on ? S'il y avait des négociations délicates à conduire, qui pouvait hésiter à les ouvrir ?

Qui pouvait en rejeter, en principe, l'examen ?

Qui ?

La Démocratie.

Elle seule, mais son action est présente partout.

La démocratie occupe l'État législateur par son gouvernement divisé et diviseur.

La démocratie travaille, menace, obsède et paralyse son patronat.

La démocratie excite et agite son prolétariat.

Face au programme de réformes qu'on vient de lire et qui tend à la paix, la démocratie a rédigé le sien, qui tend à la guerre. Maîtresse d'une vaste portion du monde ouvrier, elle y a pour ainsi dire *soumissionné* une entreprise du type guerrier, tel que le postule sa pensée la plus générale : *soumettre toute chose à l'établissement de l'égalité ; désorganiser pour égaliser.*

Le Nombre démocratique vise à construire une société formée d'unités égales, qui ne peuvent pas exister. Le Nombre démocratique vise ainsi à détruire la société fondée sur des groupes inégaux seuls capables de vie et qui existent seuls.

La démocratie est une déesse guerrière. Elle qui fait battre les partis politiques, en émettant la paradoxale promesse de tirer un état stable et paisible de la bataille indéfinie, que prescrivent sa Constitution et sa Loi, elle aussi prétend ordonner et organiser le travail en allumant entre les divers facteurs du travail un système régulier d'inextinguibles inimitiés[1].

Mais, un jour où l'autre, la démocratie sociale fait comme la démocratie politique : elle finit par avouer qu'il ne s'agit ni de paix ni de traité. Elle fera la guerre jusqu'à ce que la guerre cesse faute de combattants, le combattant non prolétaire étant éliminé par une dictature du prolétariat qui ravisse à tout ce qui n'est pas prolétaire le pouvoir politique, la puissance économique et, sans doute, comme en Russie, la vie elle-même, tous les biens du défunt étant alors destinés à une répartition présumée égale par la mise en commun des moyens de leur production[2].

Cette mise en commun vaudra ce qu'elle vaudra, car ou bien l'outil tombera des mains de l'ouvrier, ou, comme en Russie encore, il produira des biens variables et inégaux, selon sa force, son application, son habileté, son savoir. Le « droit » égal ne tiendra pas longtemps devant le « fait » de l'extrême, de l'infinie inégalité physique et morale des coopérants-copartageants[3]. On peut parler avec le sourire de la très improbable durée

---

1. Maurras parle ici de la guerre civile, mais dans d'autres textes il insiste aussi sur le fait que la démocratie est génératrice de guerre étrangère, ne serait-ce que comme dérivatif de la guerre civile (cf. la Révolution).

2. Lorsque Maurras rédige ce texte, Staline règne à Moscou et le Parti communiste français est en plein essor. D'où une obsession du péril rouge qui pousse Maurras à éluder un autre cas de figure, celui où les classes dominantes écrasent dans le sang les revendications populaires – ainsi en 1871. Rappelons à ce sujet que nombre de démocrates, dont George Sand, condamnèrent la Commune.

3. De fait, l'URSS ne tarda guère à susciter ses propres hiérarchies sociales.

des effets de cette improbable répartition égalitaire. Hors de Russie, où l'épreuve est faite, ce n'est qu'un avenir posé sur les genoux des dieux ! Dans la démocratie sociale, l'actuel, le vivant, n'est pas là. Sa vie consiste essentiellement dans sa passion, qui n'a rien de social ni d'économique, passion toute politique et morale, ou, si l'on préfère, impolitique et immorale, car elle pousse violemment nation et civilisation à leur chute finale, par une « lutte finale[1] » sans merci – sa passion de l'égalité.

Pour entretenir cette lutte, les politiciens de la démocratie sociale, habillés en docteurs, se sont appliqués à la justifier. Le temps a beaucoup dégradé leurs premiers arguments. Il n'est plus possible de soutenir, comme il y a soixante-dix ans, que les riches deviennent toujours plus riches et les pauvres toujours plus pauvres[2]. Le cours des choses nous a valu d'autres malheurs, non celui-là. Dans l'enrichissement du monde, une épargne généralisée, les diffusions de la richesse mobilière, la fiscalité au service des non possédants et au détriment des autres, la division et la spoliation des héritages, l'avilissement de la propriété rurale, ont dessiné une ou plusieurs évolutions toutes différentes de celle qu'annonçait la fausse « loi d'airain ». Sauf des crises de chômage dues à des accidents locaux et temporaires, presque tous politiques, on vit en travaillant, et nul n'est réduit à l'extrémité quarante-huiteuse de mourir en combattant[3].

On a vu décliner et faiblir de même un autre illustre moyen de justifier de sanglantes prédications. Nulle loi de l'histoire universelle ne dévoue les classes à se combattre incessamment[4]. Cela s'est vu. Parfois. Souvent. À certaines époques. En certains lieux comptés, déterminés. Le combat des riches et des pauvres est un épisode final des régimes démocratiques. Mais ce régime n'étant ni perpétuel, ni universel, le conflit des classes n'est pas assez étendu, ni assez important pour expliquer au présent, au passé, au futur, toute la marche du genre humain, ni même pour donner la clef de ses principales démarches[5]. Cette loi est imaginaire. Elle est fausse. Et elle a empêché de distinguer la vraie. Car, tout autrement

1. Allusion aux paroles de *L'Internationale.*

2. Allusion à la « loi d'airain des salaires » du socialiste allemand Ferdinand Lassalle, selon laquelle l'économie capitaliste tend toujours à faire baisser les salaires au minimum vital, et à la théorie marxiste de la baisse tendancielle du taux de profit amenant les possédants à durcir les conditions d'exploitation du prolétariat pour sauver leurs marges bénéficiaires. Le démenti infligé à ces théories par l'élévation du niveau de vie en Occident déboucha dans les années 1890 sur le divorce entre marxistes et sociaux-démocrates.

3. Allusion à la révolution de 1848.

4. Pour Marx, la lutte des classes est le moteur même de l'Histoire.

5. Maurras suggère ici que la lutte des classes ne prévaut que dans les sociétés dont la stratification repose sur la richesse. Or, tel n'était pas le cas de l'Ancien Régime, dont la stratification en trois ordres reposait sur les fonctions (produire, combattre, prier) : un membre du tiers état pouvait y être plus riche qu'un noble ou un prêtre. En d'autres termes, les ordres n'étaient pas des classes. D'où le lien établi par Maurras

grave et étendu a été l'autre antagonisme tout différent, qui se produit de façon immanente, non pas de classe à classe, mais à l'intérieur d'une classe – toujours la même –, celle qui dirige ou domine : aristocratie ou bourgeoisie.

Ici ou là, peuple maigre, peuple gras peuvent se chamailler un temps. Partout le peuple gras s'est fait la guerre à lui-même. Partout et dans tous les temps, il suffit que s'élèvent de grandes maisons, les voilà aux prises : l'univers des oligarchies est une Vérone éternelle que ses Montaigus et ses Capulets se disputent avec une constante fureur[1]. On n'y voit de paix que par la force, et qui vient du dehors, sauf dans les circonstances extrêmement rares qui ont permis la naissance des Patriciats impériaux de l'histoire. Qu'elles soient de l'Or, du Sang ou de l'Intelligence, les élites ont cette propriété de se déchirer jusqu'à ce que mort s'ensuive. La *lutte des classes* ne saurait expliquer la continuelle bataille intestine que se livre cette classe. C'est au contraire sa propre bataille, la bataille interne des patriciats, qui suscite l'action des plèbes contre elle-même ; ces soulèvements sont presque toujours conduits par des patriciens déserteurs de leur classe et animés contre leurs pairs des rancunes féroces que leur guerre de frères a déjà semées ou stimulées. Les Gracques étaient la fleur du patriciat de Rome[2]. Le dernier dictateur populaire, Jules César, descendait d'Iule, d'Énée, de Vénus[3]. Cela s'était montré dans Clisthène[4] et dans Périclès[5]. Cela se retrouve dans tous nos Rois des Halles[6], dans tous nos Mirabeau[7]. Cela se continue sous nos yeux dans tout ce mauvais petit peuple de ploutocrates démagogues, d'avocaillons radicaux, socialistes et communistes, nés de bourgeois et de bourgeoises que leurs convoitises et leurs jalousies de bourgeois ont mobilisés contre leur bourgeoisie[8]. Ainsi considérées, les luttes des classes paraissent beaucoup moins spontanées

---

entre démocratie et lutte des classes : en abolissant les ordres, la Révolution a consacré l'argent comme seul principe de différenciation sociale.

1. Allusion au *Roméo et Juliette* de Shakespeare.

2. Tiberius et Gaius Gracchus, promoteurs de réformes agraires dans la Rome du IIe siècle avant Jésus-Christ, étaient les petits-fils de Scipion l'Africain.

3. La famille de Jules César prétendait descendre de la déesse Vénus, d'Énée, Troyen rescapé de la chute de sa cité et de son fils Iule.

4. Ce fondateur de la démocratie athénienne au VIe siècle avant Jésus-Christ était issu de l'illustre famille des Alcméonides.

5. Périclès, maître de la démocratie athénienne au Ve siècle avant Jésus-Christ, était lui aussi un Alcméonide.

6. Allusion à François de Vendôme, duc de Beaufort, cousin germain de Louis XIV et meneur de la Fronde, ainsi surnommé pour avoir excité le petit peuple des Halles de Paris contre le pouvoir en 1649.

7. Le grand orateur révolutionnaire était issu de la bonne noblesse provençale.

8. Maurras vise sans doute le socialiste Léon Blum et les radicaux Gaston Bergery et Pierre Cot, tous trois juristes de formation et d'ascendance bourgeoise.

qu'elles n'en ont l'air : l'initiative leur vient d'ailleurs et elle accuse un fréquent caractère d'artifice politique très pur...

Et puis, *les classes ! Les classes !* La très petite chose en comparaison du grand fait de nature et d'histoire qui ne fût jamais né sans un accord supérieur entre les classes, général, total, consistant, résistant : les *Nations* !

Et c'est au nom du pauvre mythe de la lutte des classes qu'on rêve de démembrer cette organisation verticale des Nations au profit d'une alliance horizontale et internationale de Classes ! Ne disons pas : pot de terre contre pot de fer. Disons : simple pot de rêve ! On n'a réussi à créer aucune Internationale. Celle qui existait avant la guerre de 1914 s'y est brisée[1] ! Après la guerre, on en a fondé deux, trois, quatre[2], autant dire : point. Au seul endroit où l'on en ait vu l'ombre, en Russie, ce qui s'est fondé l'a été d'abord par la nation juive[3] dans le cadre d'une autre nation organisée, dans les frontières d'un empire préexistant, et ce monstre n'a pas cessé d'évoluer vers la restauration du National, du Militaire, et, ce qui est encore plus significatif, il s'est mis à décimer les initiateurs de sa Révolution, à emprisonner et massacrer tant qu'il a pu ses Juifs[4], seul et unique ciment de l'Internation. Puis est venu le Panslavisme. Puis le Panrussisme[5]. Regardons chez nous, même histoire. À peine installé au gouvernement, un petit ramas de Juifs[6], socialistes et communistes[7], impose les dépenses militaires auxquelles leurs journaux n'avaient cessé de s'opposer depuis cinquante ans et pour lesquelles leurs députés n'avaient jamais voté un centime ; quand il s'est agi d'expliquer la palinodie, leurs rhéteurs s'intitulent un « Gouvernement national » – « dans le sens élevé du mot » !

Les antinationaux confessent ainsi que les Nations correspondent à des nécessités de nature qui sont autrement fortes que tous leurs bavardages, puisqu'elles les emportent et les roulent, eux qui refusaient de les accepter.

---

1. Allusion au naufrage de la 2e Internationale, qui ne réussit pas à fédérer les ouvriers français et allemands pour empêcher la guerre.

2. Celle fondée par les bolcheviks en 1919, celle de Vienne, de sensibilité sociale-démocrate (1921), l'Internationale ouvrière socialiste de 1923, fédérant la précédente et les restes de la 2e Internationale, en attendant la 4e Internationale fondée par Trotski en 1938.

3. Allusion aux origines juives de Lénine, Trotski, Kamenev, Zinoviev, Litvinov, Sverdlov, Kaganovitch, Riazanov, Radek, Ouritski, Mekhlis et de nombreux autres chefs bolcheviques.

4. Allusion aux purges staliniennes, dont furent entre autres victimes Zinoviev et Kamenev en 1936, Riazanov en 1938, Radek en 1939, sans oublier l'assassinat de Trotski en 1940.

5. Allusion à la place croissante du nationalisme dans la politique de Staline.

6. Maurras vise ici Léon Blum, Jean Zay, Pierre Mendès France et d'autres personnalités du Front populaire d'origine juive.

7. Maurras feint ici d'oublier que les communistes ne participèrent pas aux gouvernements issus du Front populaire. Cela tient au fait qu'il ne voit entre radicalisme, socialisme et communisme que des différences de degré, non de nature.

Il n'y a rien qui soit plus sérieux dans les autres formules par lesquelles la démocratie sociale tente d'excuser sa pernicieuse bataille. Ces formules, qui n'ont d'abord rien de social, sont les monotones mots d'ordre de politiciens révolutionnaires en faveur de l'utopie de l'égalité. On y condamne, pour immoralité, le profit : dès lors la pure obéissance au Devoir ou le pur Amour seront-ils les anges du travailleur ? C'est qu'on espère qu'ainsi il travaillera peu, ne s'appliquera pas, ne fera point d'épargne, ne se perfectionnera pas, bref ne sortira pas de sa classe et restera rivé, solidement rivé, au sentiment de l'éternité de son mal : les bonnes aigreurs, les utiles colères, les profitables envies continueront de fermenter pour les politiciens qui en tirent leur gagne-pain. Lassalle voulait apprendre à l'ouvrier qu'il était malheureux[1]. Ses successeurs tiennent à le rendre tel.

Par les mêmes mots d'ordre, le travail de l'ouvrier ne doit pas être rémunéré aux pièces qu'il produit, mais soumis à la mesure du temps qu'il y donne. C'est absurde ? C'est absurde pour l'homme, qui en est la victime, pour l'industrie qui y perd liberté et qualité, pour la nation, dont c'est la ruine. Mais la raison démocratique est satisfaite d'élever une difficulté de plus contre l'ouvrier qui voudrait mettre le pied sur l'échelon supérieur du métier ou de l'art. On neutralise ainsi ou l'on atténue ses qualités personnelles, son habileté spéciale, tout ce qui peut lui valoir quelque promotion à l'autorité et à la fortune. Ces évasions lui sont moralement interdites. Le seul exutoire permis est donc la politique. Par le syndicat, la tribune, le journal, des camarades pourront devenir conseillers municipaux ou généraux, députés, sénateurs, ministres, présidents : mais patrons, non, jamais. On leur enseigne que c'est impossible. On a soin d'ajouter que ce serait suspect. Lorsque, par hasard, ce qui ne doit pas arriver arrive, quand l'ouvrier passé maître devient directeur et capitaliste, il est étiqueté transfuge ; il se voit inculpé d'une sorte de trahison. Ce qui n'empêche point, comme cela s'est vu dans le Nord, qu'un grief bizarre sera fait à ses enfants et petits-enfants de ce qu'ils ne sont pas sortis de la cuisse de Jupiter : — *Vos grands parents ont été vus dans la mine ou près du métier...* Ils eurent donc moyen de quitter leur rang de damnés de la terre ? de grimper au mât social ? d'y décrocher une timbale ? La loi des choses est donc un peu moins inhumaine que vous ne le disiez ?

Sur ces observations cent fois faites, notre folle jeunesse aimait à répéter que *le socialisme n'est pas socialiste*. Non. *Mais il est bien démocratique.* Car ce qu'il est et ce qu'il fait ne peut tendre qu'à multiplier ou compliquer les obstacles matériels au règlement *social* de la question *ouvrière*. Telle est la fonction de la démocratie sociale. Tel est son métier. Il lui faut maintenir la guerre sociale : sa guerre. Elle exclut par définition tout régime corporatif, car c'est un régime de paix. L'ouvrier qui en est tenté est un renégat ; le patron qui y incline, un hâbleur. Pourquoi ? Parce que

1. C'était le sens de sa « loi d'airain » évoquée plus haut.

la différence des valeurs, des étages et des conditions n'est pas contestée en régime corporatif. La corporation viole le principe essentiel, non d'un socialisme logique et honnête, mais de l'égalité.

Pour la même raison devra être proscrite la maxime de coopération sociale articulée par Auguste Comte, que jadis admirèrent et pratiquèrent les « nobles prolétaires » de son obédience : « Protection des forts aux faibles, dévouement des faibles aux forts[1]. » Les anciens corporatistes du Livre passaient pour avouer ce principe. Ils semblaient même penser avec un pape[2] « qu'il n'est pas d'homme si riche qui n'ait besoin d'un autre ; qu'il n'est pas d'homme si pauvre qui ne puisse en quelque chose être utile à autrui ». En ces temps pastoraux le Socialisme revêtait une forme humaine, que la démocratie ne dénaturait pas.

— *Il se faut entraider, c'est la loi de nature*[3].

— Pas d'entraide.

Et, surtout, pas de *loi de nature* !

La démocratie sociale prêche un égalitarisme contre nature d'après lequel le fort doit insulter au faible, et le faible haïr le fort.

La même volonté de nourrir cette haine, pour perpétuer ce combat, frappera de la même diffamation tout don gratuit qu'inspirerait au patronat sa religion ou sa bonté. L'ouvrier a le devoir de refuser ces dons, c'est affaire de *dignité*. Comme s'il pouvait être indigne de recevoir de bon cœur ce qui est offert de bonne grâce ! Mais le donateur éventuel doit toujours être considéré en voleur. Voleur double et triple : il vole la Société (dans ses plus-values), il vole le travailleur (dans son profit), il vole la démocratie (dans l'arrêt de la lutte). Et ce voleur de choix n'a même pas le droit de se repentir, ni de restituer, sinon au percepteur, au gendarme et à l'émeutier ! Toutes les œuvres dues à la bonne volonté patronale sont qualifiées « paternalistes » ; flétrissure qui marque une hostilité radicale à toute extension et à tout développement de la magistrature du père de famille dans la vie sociale. Ne trouvez-vous pas que ce vocabulaire d'inimitié va loin ? Il trahit bien l'opposition logique des docteurs de la démocratie au premier arrangement social qui entoure de générosités mouvantes le petit homme-roi dès la minute et la seconde de son avènement.

Leur école entière doit se mettre en bataille contre tout ce que le Système de la Nature peut comporter de propice et de bienveillant. Au dogme roussien[4] de la bonté originelle du cœur de l'homme, s'ajoute ici la conviction frénétique d'une méchanceté foncière du Monde et de la Vie[5] : l'un et l'autre

1. Auguste Comte, *Discours sur l'ensemble du positivisme.*
2. Léon XIII [NdA].
3. Citation de la fable de La Fontaine « L'Âne et le Chien ».
4. Rousseauiste.
5. En première instance, ce n'est pas le Monde et la Vie, mais la société qu'incrimine Rousseau : « L'homme est naturellement bon », écrit-il dans l'*Émile*, mais « la

doivent être tenus pour dressés et hérissés contre le genre humain. Le fond de leur doctrine équivaudra au dénigrement régulier, à la calomnie générale de l'Être[1]. Ces maîtres nomment loi des choses ce que bâcle et décrète leur artifice hostile, intéressé : ne leur faut-il pas que le plus fort paraisse nécessairement conduit à s'arroger, partout et toujours, tout profit ? ne faut-il pas que le plus faible semble perdre, partout et toujours, au jeu de la vie ? Mais si cela est vrai, comment le petit homme nouveau-né obtient-il, *gratis pro Deo*[2], l'accès immédiat à ce qui lui est nécessaire dans le capital ambiant ?

Les démocrates libéraux radotent. Ils prétendent ou sous-entendent qu'il suffit de laisser faire les éléments aux prises pour en voir jaillir la solution excellente, ou la moins mauvaise possible[3]. Les lois du monde ne sont pas si douces ! Toutes nous administrent des effets aussi souvent rigoureux que délicieux. Mais leur ordre constant n'est pas ennemi de l'homme, et l'homme a la vertu d'extraire le bien de ce qui peut d'abord lui faire du mal. Cette noble industrie de nos courages et de nos esprits vaut mieux que les diatribes ou les jérémiades et surtout que le dogme de fatales plaintes perpétuelles sur d'inguérissables malheurs[4]. L'effort humain est dur. Sa peine méritoire doit être fermement constatée, comme son succès, face à l'arrogante satisfaction qui gonfle un optimisme aveugle, borné, cruel, toujours vaincu. Ni les démocrates libéraux, ni les démocrates sociaux, ceux-ci pleurant, ceux-là riant, ne parviennent à légitimer leur monisme[5] simpliste qui leur fait oublier une moitié des choses. Les uns ni les autres n'entendent rien à la dualité profonde qui semble le rythme ordinaire et extraordinaire de l'univers.

Ainsi, quand on se laisse aller au cours des idées-mères, est-on entraîné à des généralités presque extérieures à la Physique des sociétés. Mais les faits prochains concordent très suffisamment à révéler la cause politique lumineuse, essentielle, des conflits sociaux auxquels nous assistons : démocratie ! démocratie[6] !

Quiconque perd de vue cette lumière est voué aux pires méprises. On entend tous les jours blâmer le Communisme et il est fort à blâmer. On s'en

---

société déprave et pervertit les hommes ». Cela revient toutefois au même pour Maurras, pour qui les hommes ne se conçoivent qu'en société ; dès lors, celle-ci est pour eux le Monde et la Vie mêmes, comme le suggère d'ailleurs le langage quotidien (« voir du monde », « connaître la vie », etc.).

1. Scandale pour Maurras, qui a retenu de sa formation thomiste l'idée que l'Être, le Vrai et le Bien sont des notions interchangeables.

2. « Gratuitement pour l'amour de Dieu », en latin.

3. Après avoir attaqué le versant rousseauiste de la démocratie, Maurras se tourne contre son versant libéral, qui tombe à ses yeux dans l'erreur inverse, illustrée en économie par le postulat de la « main invisible du marché ».

4. Ce dogme est pour Maurras l'essence du romantisme.

5. Doctrine ramenant toute la réalité à un seul principe.

6. N'est-ce pas ici Maurras qui tombe dans le monisme ?

prend au Socialisme, et le Socialisme est, à juste titre, répréhensible. Mais ce qui est essentiellement à reprendre en eux est un point qui leur est commun, et le même point induit un troisième parti, le parti radical, à son Étatisme, animé du même esprit de répartition égalitaire et non moins ennemi de l'homme que les deux autres systèmes : dans les trois cas la même aspiration au nivellement fait nier ou fait combattre, en les faisant haïr, tous les apaisements naturels et positifs, donc inégaux de forme et de matière, qui *peuvent* être proposés, étudiés et obtenus.

Dans les trois cas, à des degrés de crédulités variées, éclate cette foi que nulle vie ne puisse être heureusement ni honorablement vécue que par l'égalité. Mais, tôt ou tard, éclate l'évidence du fond unique de la triple erreur générale qui jette dupes et victimes au fanatique préjugé d'une bataille sans issue.

C'est que le grand mal ne vient pas du Communisme, ni du Socialisme, ni de l'Étatisme prétendu radical, mais de la démocratie. Ôtez la démocratie, un communisme non égalitaire peut prendre des développements utiles, à la lueur d'expériences passées : les biens communaux ont été plus fréquents dans la vieille France que dans la nouvelle[1] ; de même, les communautés possédantes ; le cénobitisme[2] des congrégations religieuses a poussé à l'extrême divers modes de possessions non appropriées, mais que dominait le détachement des biens matériels et non la fureur de l'égalité dans la répartition ou la jouissance. Pour la même raison, un Socialisme non égalitaire conformerait son système de propriétés syndicales et corporatives à la nature des choses, non à des utopismes artificieux. Un Étatisme non égalitaire peut avoir les mêmes vertus…

Quoi ! l'État ! – Oui l'État ! Mais quel État ? Non l'État de la démocratie, simple pillage universel, où chacun se rue et dont personne ne retire que des débris. L'État du bien public peut concevoir telle ou telle entreprise déterminée que l'intérêt national justifie. Quand Louis XIV fondait les Gobelins[3], nulle maxime ne l'astreignait à généraliser le système, ni à le prolonger s'il eût été trop onéreux. Il usait de la puissance de l'État, sans s'astreindre à nul étatisme[4].

---

1. Ces biens communaux, remis en cause par les économistes libéraux dans les dernières décennies de l'Ancien Régime, furent en partie démantelés par la Révolution, dont l'hostilité aux corps intermédiaires ne pouvait logiquement épargner les biens des communes.

2. Vie communautaire.

3. C'est en réalité Henri IV qui a fondé la manufacture de tapisserie des Gobelins, à Paris, mais Louis XIV l'a érigée en manufacture royale sur une suggestion de Colbert.

4. Maurras préconise en économie la même méthode qu'en politique : il s'agit d'expérimenter, puis de conserver ce qui donne satisfaction tant que cela donne satisfaction, sans se lier à aucun dogme. C'est ce qu'il appelle « l'empirisme organisateur » (voir plus bas la section portant ce titre).

Dans toute tentative de régler la question sociale, l'ablation préalable de la démocratie s'impose exactement comme les précautions de l'asepsie dans le traitement d'une plaie.

Avec le *morbus democraticus*[1] disparaîtra le scandale régulier du patronage et du stimulant que donne l'État à tous les moindres cas d'antagonisme social, aux plus superficiels, aux plus artificiels que sa loi veut étendre et envenimer à plaisir. Délivrées des idées, des sentiments, des factions de la démocratie, les bonnes volontés existantes recouvreront la liberté de leur mouvement, les esprits cesseront de subir de systématiques tensions ; les animosités artificielles, nées à l'instigation des politiciens, pourront tomber, s'atténuer et composer. Les arrangements désirables ont licence de se conclure ou de s'élaborer. Ce qui n'est point fatal mais possible, LE BIEN, s'essaye et se poursuit ; parfois, il se fait[2].

Ce pronostic n'est pas nouveau. On savait ce que l'on disait voilà déjà quarante ans[3] quand on ramassait l'expérience de ses aînés et ses réflexions personnelles dans la double maxime que *la démocratie est le mal, la démocratie est la mort*[4]. Seulement cette mort devient tragique, ses prodromes s'annoncent cruels. Partout où le travailleur est induit à désorganiser et à briser ce dont il devrait vivre, l'absurdité du procédé, plus ou moins connue et sentie, crée des mélancolies, des amertumes ou des colères. Le sens, l'esprit de ce régime contre nature ont fini par faire surgir, chez nous, tout comme en Russie et en Espagne[5], des états de passion fanatique assez nouveaux, définis par un goût poignant du carnage pour le carnage, souvent suivi de désirs d'anéantissement qui ne s'accordent point mal avec les tendances au suicide et à la stérilité. La race et les êtres s'abandonnent du même élan que les cœurs irrités.

La Nature de l'Être social et vivant, que le Niveau[6] défie, est ainsi détestée. Elle est haïe et poursuivie jusque dans les merveilles par lesquelles l'homme éphémère tente de se survivre. Les hordes qui psalmodient : « du passé faisons table rase[7] », après avoir vidé les armoires et

1. « Mal démocratique », en latin.

2. Ici s'intercalaient, dans la première mouture du texte, deux pages et demie faisant l'éloge du fascisme. Maurras ne les a pas reprises dans la version définitive (celle des *Œuvres capitales*) parce que l'engagement de l'Italie fasciste aux côtés de l'Allemagne nazie en 1940 lui a fait comprendre la vraie nature de ce système ; on verra d'ailleurs que plusieurs passages de *Mes idées politiques* en contiennent déjà une critique implicite. Le lecteur trouvera les passages supprimés par Maurras en annexe.

3. Dès avant l'*Enquête sur la monarchie* [NdA].

4. Maurras reprend cette formule à un personnage de *L'Orme du mail*, d'Anatole France.

5. L'Espagne est en pleine guerre civile au moment où écrit Maurras.

6. L'égalitarisme.

7. Paroles de *L'Internationale.*

brûlé les greniers, mettent à sac tout ce dont le génie, les arts et la science ont voulu décorer l'avenir vu en rêve ; statues, tableaux et monuments tombent sous la hache et sous le marteau.

Ces frénésies peuvent surprendre, en ce qu'elles marquent un âge de subversions exceptionnelles, mais aussi en ce que leur épidémie a quelque chose d'étranger à notre Occident. Ce dernier point est le plus grave : toutes les fortes crises modernes ont un caractère oriental ; bibliques par leur esprit ou juives par leur personnel au XVIe siècle, la Réforme allemande, la Réforme anglaise, la Réforme française, puis, aux XVIIIe et XIXe siècles, les trois révolutions de la France[1], entre la Terreur et la Commune, enfin, au XXe, les convulsions de Moscou, de Bude[2], de Madrid et de Barcelone montrent ce même trait, plus ou moins vif, mais foncier, elles expriment soit un hébraïsme intellectuel, soit les actes d'Hébreux de chair et d'os. Cela n'est douteux ni pour Luther, ni pour Knox, ni pour Calvin[3], ni pour Jean-Jacques, ni pour Marx, ni pour Trotsky, ni pour leurs disciples russes, hongrois ou ibériens. Un spectateur désintéressé, M. Henri Béraud[4], écrit à un ami juif : « Peut-on se rappeler sans frémir que le premier chambardeur de la Russie s'appelle Kerensky[5] ; que la chambardeuse de l'Allemagne s'appelle Rosa Luxembourg ; que le chambardeur de la Bavière s'appelle Kurt Eisner ; que le chambardeur de l'Autriche s'appelle Otto Bauer ; que le chambardeur de la Hongrie s'appelle Bela Kun ; que le chambardeur de l'Italie s'appelle Claudio Trèves et que le chambardeur de la Catalogne s'appelle Moïse Rosenberg » et que tous « ont un maître unique, Marx ? » Agitateurs ou idéologues, ou les uns et les autres, attestent la même pression violente de l'Orient sémite sur un Occident qu'elle dénationalise avant de le démoraliser. Ce messianisme de Juifs charnels[6], porté au paroxysme

1. 1789, 1848 et 1871. Maurras n'inclut pas la révolution de 1830, parce qu'elle ne rompit pas avec le principe monarchique et laissa donc entrevoir une possible conciliation entre l'Ancien Régime et la modernité. On est ici sur le versant orléaniste de la pensée maurrassienne.

2. Budapest.

3. Maurras fait ici allusion à la forte empreinte de l'Ancien Testament sur les pères fondateurs du protestantisme, qui n'a cependant pas empêché Luther de faire preuve d'un antijudaïsme virulent.

4. Journaliste qui débuta à l'extrême gauche, puis dénonça la dictature soviétique après un voyage en URSS (1925) et évolua vers l'extrême droite. Condamné à mort en 1944, il fut gracié par le général de Gaulle.

5. Béraud se trompe et Maurras avec lui, car contrairement aux autres révolutionnaires des années 1910, 1920 et 1930 mentionnés dans cette liste, Kerenski n'était pas juif.

6. Maurras incrimine ici un messianisme qui attend l'accomplissement des promesses bibliques dès ici-bas *via* la révolution. L'expression « Juifs charnels » sous-entend l'existence d'une autre tradition juive pour laquelle ces promesses sont de nature spirituelle et portent sur l'au-delà : elle se serait incarnée dans l'Église catholique.

par sa démence égalitaire, prescrivant de véritables sacrifices humains, a tout osé pour imposer une foi absurde et, quand vient l'heure du désespoir inéluctable, l'énergumène juif casse tout.

Mais il ne faut pas oublier qu'en avant du brutal éclat juif, une patiente politique, non moins juive, avait agi en profondeur par voie d'érosion. Les deux travaux s'expliquent l'un par l'autre, se complètent l'un l'autre, l'Évolution a savamment préparé la Révolution, et cela fait comprendre le mot-limite de Joseph de Maistre : SATAN[1].

VI. Où vont les Français ?

Cependant, les Démocraties dépérissent sur bien des points ; presque partout, la Révolution est vaincue, vaincue avec l'amour du mal et de la mort, par ces ardentes faims de vivre qui animent l'Être réel ; le Marxisme russe lui-même paraît fléchir, il compose avec la même sorte de nationalisme russe : les Français ont quelque peine à comprendre que leur pays puisse rester exposé à tant de menaces !

La France a été la première des nations à subir aveuglément un mal qu'elle appela son bien, mais la première aussi à l'analyser, pour lui rendre tous ses tristes noms véritables. La Renaissance française des idées de salut a rayonné sur le monde ; comment n'a-t-elle pas donné, pratiquement, son effet politique et social par toute l'étendue de notre pays[2] ?

Ne minimisons pas ses effets. Dès la fin du XVIIIe siècle, les plus hautes leçons de politique naturelle ayant été émises chez nous[3], les progrès de leur influence n'ont pas cessé. Elle est allée en s'étendant et en s'approfondissant. « Tout ce qui pense dans la mesure où il pense » en terre française, s'est naturellement mis à penser contre la mort de la Société et contre la mort de l'État.

Encore eût-il fallu que cette pensée pût se diffuser. Dans un pays où les idées eussent circulé sans contrôle, l'afflux de la lumière aurait été irrésistible[4] : catholiques et positivistes de la Restauration[5], historiens du

---

On retrouve cette thèse chez René Groos, Juif converti au catholicisme et rallié à l'Action française.

1. « Il y a dans la Révolution française un caractère satanique », écrivait Joseph de Maistre dans ses *Considérations sur la France* (1796).

2. Ce passage fait écho à Maistre qui, toujours dans les *Considérations sur la France*, postulait que ce pays, pionnier en matière de Révolution, inaugurerait symétriquement le retour à l'ordre chrétien. Maurras constate que la prophétie ne s'est pas réalisée, sinon au plan intellectuel, et cherche à comprendre pourquoi.

3. Maurras songe sans doute à Rivarol, car Maistre, bien qu'écrivant en français, était sujet du royaume de Sardaigne.

4. Maurras combat ici les républicains à front renversé, invoquant la liberté d'expression au bénéfice des idées contre-révolutionnaires.

5. Notamment Bonald pour les catholiques et Comte pour les positivistes.

Second Empire et de la Troisième République[1], avaient achevé d'élaborer un corps de doctrines sans réplique. On n'y a jamais répliqué. Mais l'intérêt hostile a réussi à fabriquer de bons écrans ou de fermes barrages pour en arrêter la marche ou la ralentir. « Moyens matériels » dont Auguste Comte, mort en 1857, pouvait déjà se plaindre avec justice[2]. La vérité se heurte à la consigne d'un État électif : à la merci des votes, il ne peut négliger de se défendre dans la tête et le cœur des votants.

Par là, un curieux divorce s'est produit et accru, depuis une trentaine d'années, entre les groupes populaires les plus assujettis à l'État et toute la partie de l'intelligence de la Nation qui, plus libre, a pu et su examiner les idées reçues en matière d'histoire, de morale et de philosophie politique. Cette réaction est même claire et forte dans l'Enseignement d'État aux degrés secondaire et supérieur : les professeurs de lycée ou de faculté y prennent une large part en raison de l'indépendance naturelle de leurs fonctions[3]. Mais l'école primaire y est restée presque complètement étrangère, et l'on peut même dire qu'elle y demeure soustraite : elle ne connaît à peu près rien de ce vaste mouvement critique. Son personnel, formé dans une espèce de bercail, ou de séminaire laïque, intitulé École normale d'instituteurs, est dressé pour une sorte de sacerdoce et d'apostolat en faveur de l'héritage idéal de la Révolution. Ses livres du maître, ses manuels d'étude y retardent d'un demi-siècle. Toutes les corrections déterminées par des esprits aussi laïques et aussi libres que Renan ou Fustel ou Taine ou Bainville en sont écartées avec soin. La Contre-Révolution spontanée qui a rayonné de France dans l'Europe et le monde s'est arrêtée au seuil des quatre-vingt-dix maisons chargées de maintenir, département par département, une Dogmatique ignorantine[4], alimentaire, officielle. Par ces nouveaux lévites[5], la « masse » du peuple conserve, malgré tout, un vague conformisme aux Nuées[6]. Des idées méprisables et périmées, des institutions criminelles continuent d'être étiquetées le pain et le vin[7] d'un progrès continu. L'instituteur le dit, le petit élève le croit. Sans doute, bien souvent, un généreux oubli postscolaire fait justice de ces faux biens. Souvent ! Bien heureusement ! Non toujours.

1. Notamment Renan, Fustel de Coulanges et Taine.

2. Ces moyens matériels sont devenus, en 1944-1945, les massacres, les vols, l'emprisonnement [NdA, 1952 ; allusion à l'Épuration, NdÉ].

3. Allusion au succès de l'Action française dans les milieux intellectuels.

4. Adjectif par lequel les républicains raillaient la supposée inculture du clergé catholique ; Maurras leur retourne la politesse.

5. Membres de la tribu de Lévi, préposée au culte dans l'ancien Israël. C'est évidemment à dessein que Maurras applique ce mot d'origine juive à ce qu'il définit comme un véritable clergé républicain.

6. Terme fréquemment employé par Maurras pour désigner les abstractions qu'il combat.

7. Allusion au sacrement de l'Eucharistie. L'ensemble du passage suggère que la République, tout en prétendant incarner la Raison et la Science, est en fait une nouvelle religion.

Après la petite école, la petite presse est pareillement aux ordres du même Dogme intéressé. Cette presse a pour fonction d'exploiter, en faveur de la démocratie, un curieux lot de quiproquos, nés de plats calembours. Notre vieux peuple a les mœurs de l'indépendance. Il se tournait jadis vers le Roi par horreur de l'oppression, qu'elle fût cléricale, seigneuriale ou bourgeoise. Pas plus aujourd'hui qu'hier, l'oppression politicienne ne peut l'enchanter. Il réagit contre elle partout où il la sent. C'est pourquoi l'on s'applique à l'empêcher de la sentir. Et le succès du narcotique n'est pas nul. Mais, là encore, non toujours, il arrive que la vertu des mots ne pare pas à tout. Elle s'épuise même. La Liberté ? Soit, mais de qui ? Celle des escroqueurs de l'épargne publique[1] ? La Liberté de quoi ? Celle d'escroquer ? On réplique bien que la liberté générale est toujours défendue tant que les élus du vote sont députés au gouvernement. Cela est cru, jusqu'à un certain point, mais pour une raison qu'il faut démêler : notre député d'arrondissement est l'agent d'une protection devenue nécessaire contre la centralisation administrative et l'uniformité de ces règlements napoléoniens dont la France n'a pas fini de souffrir ; un régime absurde requiert l'absurde remède électoral, qui le fraude : la France éclaterait si le paysan, le commerçant, l'entrepreneur, le petit rentier, n'avaient des espèces de commissionnaires parisiens qui, nommés en apparence pour faire des Lois, ont pour office de courir, au compte de leur clientèle, les antichambres des ministres et les directions des grands services publics : c'est ainsi que respirent nos prétendus citoyens sous le poids d'une Bureaucratie oppressive. Néanmoins, quand, par la même occasion, le député a fait sa loi, en général tout de travers, son électeur comprend qu'il y doit obéir, exactement comme à la loi d'un Roi ou d'un Empereur : celle-ci ne serait pas plus impérieuse. Le mot de liberté écrit sur le mur n'y fait rien. Le mot d'égalité n'empêche pas non plus que le grand électeur local ne soit un personnage supérieur et redoutable. Tout ce verbiage est impuissant à masquer la mauvaise qualité du gouvernement constitué par les incapables qui, en moins de soixante-dix ans, ont produit plus de cent ministères successifs, dont chacun comportait une vingtaine d'hommes entre lesquels la responsabilité divisée à l'infini était pratiquement dissoute[2]. Mais justement ces successions rapides associées à cette irresponsabilité ont créé l'habitude de fausses sanctions, grosses de scepticisme et d'indifférence. La comédie des changements a fait qu'on se résigne avec un fatalisme facile aux pires malfaçons ! On les sent. On en souffre. S'en souvient-on ? Les rattache-t-on à leur cause ? L'intelligence peut habiter les individus, mais un peuple a besoin de faire un grand effort de son

1. Allusion probable à l'affaire Stavisky.

2. Sur les conséquences les plus graves de cette instabilité, voir *Kiel et Tanger*, p. 541 de la présente édition.

Collectif cérébral, toujours faible, pour que, s'il a démêlé les origines de telle guerre longue et sanglante, ou même de telle grosse perte d'argent, cette cause lui reste présente et le retourne entièrement contre un régime politique déterminé. Les politiciens ne manquent ni d'adresse ni d'activité pour donner le change au passant.

Ils ont longtemps réussi à faire sonner haut la gloriole d'appartenir à un État sans chef ! Mais on commence aussi à se dire : *pas de chef, pas de direction, quel dommage !*

Un sentiment de doute et d'insatisfaction a fini par naître et gagner peu à peu. Un nombre important de Français s'en est ému. Beaucoup de gens comprennent que le prétexte de *sauver les libertés publiques* établit le despotisme d'un parti et assure l'immunité des camarades prévaricateurs et concussionnaires. Cette clairvoyance est devenue forte sur certains points. Ailleurs, elle cherche encore son expression directe ou sa vertu brisante. En dépit du mol optimisme prêché par les journaux du régime et qui compose une rare puissance d'abrutissement, le mécontentement qui grandit doit en venir à rejoindre l'intelligence contre-révolutionnaire dont les développements, jamais arrêtés, sont même en plein essor.

L'opinion officielle le nie, en se fondant sur un état d'indécision et d'apathie qu'elle condamne à ne jamais cesser. Mais les apathies sont secouées par l'inquiétude des intérêts ; les indécisions cèdent à la terreur des grandes crises.

Il reste vrai que la sécurité du Parti régnant est moins menacée qu'elle ne le serait si la réaction de l'esprit français avait trouvé le concours puissant auquel elle avait droit dans les milieux qui auraient dû en sentir la grave importance et la haute nécessité. Après des créations comme le Cercle Fustel de Coulanges[1], qui réunit l'élite des trois degrés de l'enseignement, après les avertissements répétés d'un Corps médical nombreux et lucide[2], l'immense classe moyenne française aurait pu mettre le pays en un état de garde et de défense plus avancé.

Elle ne l'a pas fait.

Pourquoi ? Cela est dû à des *causes* et à des *raisons*.

Les *raisons* sont les mêmes qui ont déterminé la faute cardinale à la naissance de la question ouvrière : elles tiennent à la vieille erreur de la démocratie libérale, devenue une habitude de langage et de « pensée », à laquelle se cramponne plus d'un esprit peu cultivé, de capitaliste, de patron, de grand possédant.

---

1. Association d'enseignants maurrassiens fondée en 1926. De Gaulle y prononça trois conférences en 1927.

2. Beaucoup de médecins de l'entre-deux-guerres épousèrent les idées de Maurras en matière de préférence nationale, car ils estimaient que l'afflux de médecins étrangers, souvent juifs, engorgeait la profession.

Les *causes* tiennent à la crainte pitoyable que répand et généralise un appareil fiscal, judiciaire et administratif, dont les tracasseries sont arbitraires, faciles et fréquentes. Là, les *gros* se font tout petits. À supposer que les « congrégations économiques » asservissent les politiciens, les congréganistes politiciens le leur ont bien rendu ! Quant aux véritables *petits* ou *moyens*, ceux dont la politique n'est pas le métier, ils n'osent parler qu'à voix basse de politique. Les Français qui plaignent les Espagnols de la tyrannie policière n'ont pas regardé un peu attentivement ni profondément autour d'eux. L'araignée de l'État a tissé parmi nous une toile immense. Mais ce degré d'étatisation nous échappe. Nous sommes insensibilisés quant à lui. Il n'en est pas moins monstrueux. La politique met en suspens de façon indirecte le pain des foyers français, directement l'établissement des enfants, leur carrière trop souvent administrative, les protecteurs qu'il faut ménager, les subventions, faveurs, exonérations qu'il faut obtenir et sans lesquelles on ne vit plus.

Les Comités électoraux, les Sociétés secrètes[1], les fonctionnaires, le monde juif contraignent l'immense classe moyenne à de très honteuses prudences.

Certains bavardages de café et de presse restent libres ou du moins le restaient avant le Front populaire, mais des couches entières de ce peuple ombrageux et fier sont pis que terrorisées : intimidées. Elles s'en doutent à peine. La persécution directe et formelle susciterait une irritation salubre : la menace reste obscure et vague ; elle ne saurait entreprendre sur la liberté de penser, mais elle en limite incroyablement l'expression dans le privé, comme dans le public. Comme on se repent vite de s'être « montré » ! Comme, sur les instances de parents et d'amis, on se promet et l'on promet aisément aux autres de ne plus se « remontrer » ! Ce césarisme sans César parvient à déviriliser certains secteurs du pays réel, ceux qui sont le plus voisins du pays légal. On ne dira jamais assez quel mal moral nous ont fait là les institutions de l'an VIII[2] ! Leur despotisme anonyme est indolore, mais nullement inoffensif.

Ces habitudes ont entraîné une singulière évolution de la langue : autrefois, net et dru, le français devient flasque, oblique, imprécis, tout en reculs, détours et lâches antiphrases. On semble vouloir se mettre du coton dans la bouche et bourrer d'étoupe la pointe de sa plume. Les partis politiques dont il semblait que l'intérêt fût d'être nets, ont fini eux-mêmes par perdre l'orgueil du drapeau, la sonorité du programme. Tous leurs noms sont truqués. Les défenseurs de l'autorité et de la tradition se font qualifier

---

1. Allusion à la franc-maçonnerie, très présente dans la classe politique de gauche et du centre au point de constituer l'une des substructures de la IIIe République.

2. Allusion au centralisme napoléonien et à ses prolongements ultérieurs, qui donnèrent à l'État de nombreux moyens de pression sur les citoyens.

indépendants ou libéraux. Les réactionnaires sont des « républicains de gauche[1] ». Il n'y a plus d'opportunistes[2] : tous radicaux, depuis que ce beau mot ne signifie plus rien ! Le grand point est d'esquiver l'idée nette, celle qui comporte des obligations de logique, ou des corvées d'esprit critique. Tels grands organes, y ayant intérêt, publient de dignes défenses de la *famille* et de l'*héritage*, mais ces bons devoirs d'écolier sont couronnés par l'éloge bien senti de la « vraie démocratie »... Encore quelques saisons de cette complaisante et systématique trahison du vocabulaire[3], on aura la tour de Babel, avec toutes ses conséquences de malentendu et de dispersion. Sans doute les rhéteurs n'en auront que plus de mérite à se faire comprendre, et les flibustiers qui les paient en feront de plus beaux profits. Mais quand l'historien-philosophe est réduit à gémir son *Vera rerum amisimus vocabula*[4], beaucoup de choses sont compromises, sinon perdues. Ceux qui en sourient de bonne foi font preuve d'une périlleuse légèreté : on ne doit pas laisser frauder sur les étiquettes, ou bien il faut s'attendre à la dépréciation des produits. Comment espère-t-on en finir avec le moindre de tous nos maux, si l'on perd le courage de le nommer ?

... Et nous ne sommes pas au bout du compte des misères ! Il faut aussi mentionner l'accident douloureux, qui, plus que tout, a affecté les profondeurs de la France vraie, parce qu'il lui a caché le franc diagnostic qui pouvait la guérir.

Malgré l'État et son Étatisme, malgré son École, malgré sa Presse, le malfaisant esprit de la survivance révolutionnaire aurait subi des échecs plus rapides, il aurait même été sans doute éliminé, si l'ignorance ou l'erreur des autorités sociales n'avaient reçu un solide renfort d'un côté où, justement, on était en droit de ne pas trop le craindre ! Il est vrai que c'était aussi le côté d'où il n'eût pas été absurde de prévoir le pire, ce monde-là étant toujours, comme la vieille Autriche, « en retard d'une armée, d'une année, d'une idée[5] ».

Lorsque, en janvier 1901, dans l'Encyclique *Graves de communi*, le pape Léon XIII permit aux catholiques de se parer de l'étiquette de « démocrates », il leur recommanda expressément de n'employer jamais ce mot que dans un sens qu'il précisait avec force : il voulait, disait-il, que « la démocratie chrétienne » n'eût rien de commun avec la « démocratie sociale », car elle en diffère « autant que du système socialiste la foi chrétienne ». Et, Docteur, plus encore que Chef, il ajoutait que l'on devait « *tenir pour condamné de détourner* ce *mot en un sens politique* ».

1. Qualificatif appliqué aux politiciens de centre droit à l'époque où écrit Maurras.
2. Qualificatif appliqué aux politiciens de centre gauche au début de la IIIe République.
3. Est-ce la vue trop claire de ces saisons trop imminentes qui, en 1939, a rendu tant de politiciens « va-t-en-guerre et boutefeux ? » [NdA, note de 1952].
4. « Nous avons perdu le vrai nom des choses » (Salluste, *Conjuration de Catilina*).
5. Expression de Rivarol.

Assurément, écrivait le pape, « *la démocratie, d'après l'étymologie même du terme et l'usage qu'en ont fait les philosophes, indique le régime populaire, mais, dans les circonstances actuelles, il ne faut l'employer* (SIC USURPANDA EST[1]) *qu'en lui ôtant tout sens politique et en ne lui attribuant aucune autre signification que cette bienfaisante action chrétienne parmi le peuple* (BENEFICIAM IN POPULUM ACTIONEM CHRISTIANAM) ». En bref, dirions-nous : une démophilie religieuse. Au nom de la « *justice* », avec instance, il était encore recommandé aux démocrates chrétiens de s'épargner, entre tous les égarements de la démocratie sociale, ceux qui tendent expressément au nivellement des conditions civiles (ÆQUATIS CIVIBUS) et risquent d'acheminer à l'égalité des biens (AD BONORUM ETIAM INTER EOS ÆQUALITATEM SIT GRESSUS). Et le pape observait que la réforme sociale ne pouvait réussir qu'avec le concours de toutes les classes. D'utiles, de très utiles services devaient être attendus de la classe supérieure : de « *ceux à qui leur situation* (LOCUS), *leur fortune* (CENSUS), *leur culture d'esprit, leur culture morale donnent dans la cité le plus d'influence* ». « *À défaut de leur concours* », ajoutait-il, « *à peine est-il possible de faire quelque chose de vraiment efficace* (QUOD VERE VALEAT) *pour améliorer comme on le voudrait la vie du peuple ?* » Bref, l'Encyclique excluait et condamnait (NEFAS SIT) une démocratie chrétienne qui s'inspirerait de l'égalitarisme, tendrait à la lutte des classes, au décri jaloux de la fortune et de la naissance : toutes erreurs jugées incompatibles avec le principe de la conservation et de l'amélioration de l'État (CONSERVATIONEM PERFECTIONEMQUE CIVITATIS).

Tel est, dans ses termes et dans son esprit, l'Acte de naissance de la démocratie chrétienne.

— Bah ! répondit-on, dans un groupe influent de catholiques français, *le Pape a avalé le mot, il avalera bien la chose.*

On se mit en devoir de la lui faire avaler... La situation y prêtait un peu. Car, d'abord, on était en France ; le gouvernement populaire y existait déjà et, dix ans auparavant, le même pontificat avait conseillé de s'accommoder de la République[2]. La « démocratie politique » s'y trouvait naturellement à l'abri des censures.

En second lieu, les principes de la démocratie sociale étaient inscrits en tête de tous les actes du régime et de ses monuments : il pouvait être délicat d'en faire la critique, ou même de les tenir pour suspects ; c'était s'exposer à la défiance, adopter une attitude de tacite rébellion, que devait interdire le respect des institutions prêché et reprêché.

---

1. Maurras indique les termes latins du texte original.

2. En 1892, l'encyclique *Au milieu des sollicitudes* de Léon XIII avait invité les catholiques français à se rallier au régime républicain ; le pape espérait ainsi désarmer l'anticléricalisme de la IIIe République, ce qui ne fut le cas que pour quelques années.

Troisième point – essentiel –, si l'on mettait le doigt dans l'engrenage électoral et parlementaire, l'emploi du « mot » jouait forcément en faveur de la « chose », qu'on voulait faire « avaler » au pape et aussi à la masse catholique française, qui n'en avait pourtant pas le goût ; il est vrai qu'on lui promettait de gagner, par ce moyen, d'épatantes majorités : les jeunes avocats, les jeunes prêtres de grand zèle qui s'appliquaient à la besogne méritoire des conférences, des visites, des cercles de propagande, des secrétariats du peuple en vue d'exercer « l'action populaire chrétienne » si hautement recommandée, n'eurent qu'à *traverser la rue* pour rencontrer toutes les tentations de la démocratie politique et toutes les séductions de la démocratie sociale dans ses réunions, ses conférences et ses débats contradictoires. À plus forte raison, s'ils se portaient candidats ? Le seraient-ils ? Ne le seraient-ils pas ? Ce n'était pas l'envie qui manquait. Et dès lors, comment n'être pas saisis par la nécessité d'enchérir sur la politique de la gauche et la sociologie de l'extrême gauche ? Aucun d'entre eux n'y a coupé ! Mais on ne saurait dire qu'ils y aient glissé avec innocence : en fait, ils se sont rués, soit à la querelle des classes, où ils introduisirent un âpre accent de moralistes et de sermonnaires, soit aux revendications directes de la démocratie sociale, soit aux suprêmes déductions du principe du gouvernement populaire. Il en résulta, entre autres choses, principalement dans l'Ouest, que les châteaux et les presbytères se trouvèrent vite à couteaux tirés : le vaisseau catholique cinglait donc assez loin du *Graves de communi* !

Un épisode vint irriter les passions. Depuis un quart de siècle, par une fâcheuse transformation graduelle, la revue *L'Association catholique*[1], et les organisations latérales fondées par des hommes de tradition, disciples de Le Play et du comte de Chambord[2], étaient investies, puis occupées, enfin soumises à de jeunes équipes qui se croyaient fort avancées parce qu'elles professaient quelques-unes des idées qui avaient été en horreur à l'enfance de leurs grands-parents, les mêmes idées que l'évolution de l'intelligence française était en train de rejeter. Ainsi La Tour du Pin, ainsi le Père de Pascal[3] ; ainsi plusieurs autres, objets d'un respect ironique, finissaient par être traités de fossiles ou de revenants ; leur noyau fondateur se trouvait pratiquement évincé ; leur influence passant à d'autres, qui se croyaient sûrs du triomphe, et qui l'étaient dans leurs milieux… Mais tout à coup, à la vive stupeur de ces jeunes « gauches de droite », il apparut, il déboucha de l'extrême droite, plus jeune qu'elles, plus allante, et bien

1. Mensuel sous-titré *Revue des questions sociales & ouvrières*, publié entre 1876 et 1908.

2. Le comte de Chambord, petit-fils de Charles X et prétendant au trône de France, était comme Frédéric Le Play partisan du catholicisme social et de la restauration des corporations.

3. Le marquis de La Tour du Pin et le père dominicain Georges de Pascal incarnent la partie du catholicisme social qui se reconnut dans l'Action française.

plus mordante, une offensive contre-révolutionnaire anti-démocrate et anti-républicaine qui joignait à ses qualités d'action le sérieux avantage d'être fortement munie de raisons[1]. Sa dialectique, doublant ses polémiques, eut vite fait de mettre à mal le néo-libéralisme républicain et démocratique : les jeunes avancés se trouvant fort en retard, leurs essais de discussion furent faibles et malheureux et la prétendue avant-garde fut bousculée et hors de combat, rejetée à l'arrière, promue vieille gauche ultra-retardataire, bien vite abandonnée par tout ce qui vivait dans la jeunesse de droite. Les fils de ralliés[2] se déraillièrent, pour militer passionnément avec les nouveaux défenseurs de l'autorité, de la tradition et de l'ordre, de la hiérarchie et de la monarchie.

Les raisons que ceux-ci alléguaient étaient indiscutables ; il fallut les subir. Ce ne fut pas gai. Moins gai encore, plus insupportable que tout, était l'éclatant démenti *de fait* donné au préjugé qui avait mis en train tout ce monde, déterminé toute cette erreur : préjugé sans fondement, comme sans valeur, en vertu duquel l'esprit moderne devait aller toujours à gauche, les territoires de l'avenir devant appartenir de fondation ou revenir de droit aux vues absurdes que développaient de pieux rhéteurs sans cervelle – on ne sait quel ressort d'horlogerie mystique ayant la fonction de résonner, dans l'espace et sur les abîmes, de manière à taxer d'archaïsme définitif tout ce qui, jusque-là, avait créé la force et la vie, l'ordre et la joie de l'univers !

Mais les acquisitions éternelles de l'intelligence et de l'expérience reprenaient le dessus. On démontrait sans peine l'extrême frivolité de ce recours trop facile à l'antinomie de l'hier et du demain, du présent et de l'avenir.

L'événement montrait qu'il n'y avait rien de fatal ni d'inéluctable dans le progrès des idées révolutionnaires. Elles n'étaient pas invincibles. Elles étaient vaincues. Et, ce qui était bien le pire, avec leur gloire, s'évanouissait la mauvaise raison de fausse force majeure, dont on avait couvert la révolte sournoise contre les précautions dictées par Léon XIII ! Ce que le pape n'avait point avalé du tout, la nature des choses le vomissait. L'avenue de l'histoire fermée à ces pauvres esprits s'ouvrait à leurs censeurs, dont l'âge, la foi, le nombre, le succès, la raison s'emparèrent gaiement d'un « siècle » que les autres avaient escompté un peu vite. Quelle déconvenue ! À force d'en gémir, il se forma des plaies cuisantes qui saignèrent longtemps, ne guérirent jamais. On voit encore suinter du cerveau de quelques vieillards les précieuses gouttelettes de cette rage cuite, recuite, inoubliée. Car c'était bien la peine d'avoir sacrifié les plus saintes fidélités personnelles et domestiques, attristé des amis, rudoyé et chagriné des maîtres,

1. Maurras évoque ici l'Action française.

2. C'est-à-dire des catholiques ralliés à la république à la suite de l'appel de Léon XIII.

au nom d'une inexcusable métaphysique du Temps[1], pour se voir ainsi contredits, humiliés, refoulés au banc des vétérans et des burgraves[2], par le Temps réel, par *le Vieillard divin*[3], qui n'épargne rien que le Vrai !...

La mort de Léon XIII n'avait pas arrangé les choses. Son successeur[4], penseur vigoureux, politique sage et lucide, mit le comble à l'angoisse de cette bande de conservateurs dévoyés : il condamna théoriquement leur *Sillon*[5]. Condamnation qui n'eut rien de définitif : les jeux étaient faits, les positions prises, les organisations électorales et sociales fondées, toutes les vanités aiguisées se défendaient, la griffe en l'air. Pouvait-on rebrousser chemin ? Sinon – humainement – que faire ?

Il n'y avait pas à garder le moindre espoir d'échapper à la critique nouvelle ni de rafraîchir les vieux poncifs : on était battu d'avance dans ces débats du sens historique et de la raison. La discussion exposait même aux reproches pontificaux. On finit par se réfugier, d'un pas grave et hautain, sur les cimes supérieures de l'esprit pratique, en affectant un grand mépris des spéculations doctrinales[6]. On convint d'adopter le vocabulaire, les idées et les principes en vigueur dans les « masses populaires », afin de correspondre à leurs « aspirations ». Non sans souci de révérence verbale envers l'orthodoxie, l'indifférence au vrai et au faux fut conduite si loin que, moyennant quelques réserves de forme contre la démagogie et la « fausse » démocratie, on s'arrangea pour continuer à ne tenir aucun compte des puissantes raisons de Morale ou de Politique naturelle dont brillait toute l'encyclique *Graves de communi* : réciprocité des services entre les classes et les conditions, bienfait de leurs inégalités, privilèges de la nature ou de l'histoire. On rengaina pareillement les meilleurs des travaux de l'École sociale catholique ; on laissa les royalistes à peu près seuls s'occuper de doctrine corporative : à ces hautes époques, la corporation présentait le défaut sérieux de contrarier le syndicalisme électoral.

Comment, dès lors, un monde que cet échec récent avait laissé tout meurtri aurait-il pris le moindre intérêt au mouvement intellectuel

---

1. Selon la métaphysique ici dénoncée par Maurras, la démocratie est le sens même de l'histoire et son progrès est par conséquent irréversible (idée que l'on retrouve dans le marxisme).

2. Les burgraves étaient des magistrats municipaux dans l'Allemagne médiévale. Maurras fait sans doute allusion à la pièce de Victor Hugo *Les Burgraves*, dont le personnage principal est un burgrave centenaire.

3. Expression tirée d'un sonnet de Sainte-Beuve.

4. Pie X, auquel Maurras consacra un livre intitulé *Le Bienheureux Pie X, sauveur de la France*.

5. En 1910, Pie X condamna le Sillon de Marc Sangnier, mouvement démocrate-chrétien fondé en 1894 et vigoureusement combattu par l'Action française. Le pape reprochait au Sillon de subordonner le catholicisme aux principes démocratiques.

6. Allusion à la fondation par Sangnier de la Ligue de la Jeune République en 1912, après la condamnation du Sillon. Cette Ligue soutint le Front populaire en 1936.

contre-révolutionnaire qui avait été, précisément, entre 1900 et 1910, à la source de tous ses maux ! Bien au contraire, la rancune, jointe au très chimérique espoir d'une revanche, a rendu ce monde beaucoup plus qu'indulgent aux pires outrances de nos « rouges chrétiens » pendant ces dix dernières années ; car tantôt il a donné le scandale d'approuver les explosions du communisme religieux ou de l'antipatriotisme sacerdotal, tantôt, les désapprouvant, il a donné l'autre scandale, peut-être pire, de n'en rien laisser voir.

Il s'en est suivi, sur une grande échelle, des dégâts douloureux.

Le public composé d'une vaste région morale du meilleur *pays réel* de la France fut ainsi livré sans défense aux tromperies du verbiage officiel : il ne reçut point les lumières auxquelles il avait droit sur le fond des principes qui règlent les intérêts majeurs de l'existence sociale et civile.

Le pavillon d'une cruelle charité vint couvrir les mêmes erreurs qui allaient, en Espagne, dégoutter d'un sang beau et pur[1].

L'amour du peuple parut devoir permettre de couvrir ou même d'exploiter ces erreurs. On traita par un mépris que l'on crut habile et prudent ces nœuds courts et puissants par lesquels – comme le châtiment à certaines fautes – la catastrophe matérielle adhère, tient et pend à l'erreur politique[2]. Une étonnante virtuosité vocale fut mise au service de ce coupable silence de l'esprit.

Et cependant, depuis de longues années, un dialogue était fameux :

— *Votre démocratie empoisonne*, disait Le Play à Tocqueville.

— *Mais,* répondait à peu près Tocqueville, *si je désespère d'administrer l'antidote ?*

— *Je n'administrerai pas le poison*, répliquait le ferme Le Play[3].

Une rhétorique funeste allait donc remplacer toute philosophie ; la classe dirigeante, ou qui aurait dû diriger, pratiqua ou subit en politique ou en sociologie une sorte d'anesthésie obligatoire devant le Faux. Cependant, des yeux clairs discernaient, à faible distance, de quelles dures sanctions la réalité négligée allait frapper ce règne insolent et absolu du Faux. En vain ! Le Faux était laissé tranquille, ou ménagé, servi, propulsé ou même acclamé et, pendant de longs jours, il a pu voguer, prospère et heureux,

1. Allusion au massacre de 7 000 à 8 000 catholiques – prêtres, moines, religieuses ou simples fidèles – par les républicains espagnols en 1936-1939. Les factions nationalistes, qu'admiraient Maurras et l'Action française, n'étaient cependant pas en reste.

2. Maurras croit à une justice immanente en vertu de laquelle la guerre civile sanctionnerait la démocratie aussi régulièrement que l'accident de voiture sanctionne la conduite en état d'ivresse.

3. Allusion aux échanges qu'eurent Le Play et Tocqueville au milieu du XIXe siècle : ces deux penseurs avaient en commun leur volonté de défendre les libertés réelles contre la centralisation étatique et la menace d'uniformisation inhérentes à la modernité, mais se séparaient sur le chapitre de la démocratie.

Vaisseau favorisé par un grand Aquilon[1] :

il n'en courait pas moins dans la direction de certains brisants qu'aujourd'hui l'on voit sans jumelles.

Comment en eût-il été autrement ? Et comment n'y avait-on pas réfléchi ? Au-delà des mots sont les choses. Tôt ou tard vient leur tour de se faire sentir. Alors il ne sert de rien d'avoir cédé au plus « grand dérèglement de l'esprit » qui est de les faire apparaître telles qu'on les veut, non telles qu'elles sont[2].

Vouloir faire croire à la paix au lieu de consentir à voir une guerre qui vient, cela mène au « désarmement » qui rendra cette guerre plus désastreuse[3]. Vouloir faire penser qu'on a des millions en poche, quand il n'y reste pas un liard, combine l'escroquerie et le dénuement. Vouloir faire croire à la bienfaisance possible de la lutte de classes et de l'envie démocratique, mère de tous nos maux, n'en diminue point la malice, mais la couvre et la recommande, la protège et la facilite, l'envenime, l'aggrave et la multiplie.

Que ces maux aient crû de la sorte, c'est une évidence qui contracte de mâles cœurs : elle ne fait pas encore réfléchir toutes les têtes qui le pourraient, qui le devraient. C'est là surtout que règne, de nos jours, cette *erreur des honnêtes gens* pressentie par le grand Le Play. Et rien n'est plus affreux.

Que, devant un risque aussi grave, *le meilleur du pays* ne se lève pas avec la décision qu'on attendrait de lui ; que le profond des plus belles âmes, la pure cime de la piété civique et du dévouement social ne soient pas même baignés des lumières suffisantes, et que ces lumières ne viennent pas d'où elles devraient venir, cela augmente horriblement tous nos périls immédiats.

Car enfin la nation qu'on laisse ainsi sans direction est la même de qui plusieurs voisines ont sollicité, appris, reçu les Lois de leur Renaissance[4] !

---

1. Baudelaire, « Je te donne ces vers… » (*Les Fleurs du mal*).
2. Maurras se réfère ici au *Traité de la connaissance de Dieu et de soi-même* de Bossuet.
3. C'est cette considération qui motiva le fameux procès de Riom, intenté par Vichy aux hommes du Front populaire (1942). En réalité, comme Maurras l'a noté plus haut, le Front populaire a bel et bien réarmé ; mais il demeure que ceux qui allaient en devenir les chefs avaient prêché le pacifisme jusqu'en 1936, soit trois ans après l'arrivée au pouvoir de Hitler. Toutefois, la plupart des gouvernements qui s'étaient succédé avant le Front populaire avaient diminué le budget de la Défense au nom de la rigueur financière ; de plus, le désastre de 1940 tint en bonne partie à des choix militaires erronés. Dans ces conditions, le procès de Riom tint plus du règlement de comptes idéologique que d'une vraie recherche des causes de la défaite.
4. Allusion à l'Espagne de Franco, au Portugal de Salazar et à l'Italie de Mussolini notamment ; Maurras prit toutefois ses distances avec cette dernière, comme on l'a vu plus haut.

Comme on l'a fort bien dit, « la France en garde l'honneur, d'autres pays en gardent le profit[1] ». Lui sera-t-il permis de croupir encore longtemps dans une infériorité mentale pleine de honte ?

Sa rénovation intellectuelle peut tarder encore, mais de nouveaux retards mettraient en jeu plus que sa paix : sa vie.

Conclusion : la nature et l'homme

C'est pourquoi nous ne cédons pas à l'appel d'abstractions vaines lorsque nous supplions ici les esprits sincères de remonter aux principes pour réviser leurs vues d'ensemble : il est particulièrement indispensable qu'ils jettent un ferme regard sur ce point essentiel du rapport qui existe entre le *volontaire* et le *naturel*, le moral et le physique, dans la trame sociale de l'être humain.

En se trompant et en laissant tromper, en remplaçant la *connaissance* par une «*foi* », démocratique ou libérale, que rien n'autorise et que tout dément[2], on fait plus que de s'exposer à des épreuves sanguinaires : on se précipite au-devant d'elles ; dans certains cas on aide à les précipiter.

Il faut connaître les vérités de la nature ou il faut périr sous leurs coups.

Ne nous laissons pas reprocher l'humble degré auquel s'est tenue ici l'investigation.

Ne laissons pas dire que nous nous attardons à la *matière* de l'homme.

Nous ne nous y attardons point du tout.

Nous ne sommes aucunement d'avis de négliger ni la structure humaine, ni ce que structure et matière comportent de mouvements, d'élans, d'essors supérieurs. Mais, pour examiner à fond un objet, l'on commence par le mettre à part de ce qui n'est pas lui. Matière soit ! Pour la connaître, il faut approcher et palper cette précieuse étoffe de la vie de société. Une telle matière n'est pas plus négligeable que celle de n'importe quel hôte de l'univers. Certain prédicateur romantique a tonné, dans la chaire de Notre-Dame, contre saint Thomas d'Aquin, coupable d'avoir dérivé de la Matière son Principe de l'Individuation[3]. Ce coup de cymbale sonore n'empêchera personne d'aborder sans fausse honte, avec une simplicité sereine, l'étude des

1. Phrase de René Gillouin, compagnon de route de l'Action française sans être maurrassien *stricto sensu*, notamment parce que, protestant, il supportait mal les attaques de Maurras contre le protestantisme.

2. Maurras n'attaque pas ici la foi en général : s'il estime que les dogmes chrétiens sont indémontrables, il ne croit pas pour autant qu'on puisse démontrer leur fausseté et observe donc à leur égard un agnosticisme respectueux teinté de nostalgie. À l'inverse, pense-t-il, la fausseté des dogmes démocratiques est un fait d'expérience.

3. Selon saint Thomas d'Aquin, la matière est ce qui différencie les individus d'une même espèce ; elle est donc principe d'individuation. Ce point a choqué certains penseurs idéalistes, ainsi le prédicateur dont parle Maurras.

premiers éléments naturels du composé humain. Mieux sera pénétré ce dont il est fait, mieux on pourra se délivrer des idées fausses dont les applications coûtent cher.

Mieux la nature sera vue dans sa vérité, mieux l'on saura loger les droits et les devoirs là où ils sont, au lieu d'en bourrer un espace où l'on ne peut les pratiquer parce qu'ils n'y sont pas et n'y peuvent pas être : on n'y trouve que des liaisons de nécessités auxquelles on ne peut rien que de les reconnaître et, pour les vaincre, commencer par leur obéir.

La nature des hommes, celle qui précède leur volonté, est un sujet dont la seule mention suffit à offusquer le *panjurisme*[1] contractuel, d'où procèdent, suivant un *volontarisme* sans frein, ces divagations de démocratie libérale qui supposent que nous *pouvons* tout ce qu'il nous vient à la fantaisie de *vouloir* ! Leurs ambitions sont folles, leur folie juge le principe d'où elles sortent. Tout ce que l'on bombycine en leur honneur ne fera jamais qu'il soit au pouvoir du *petit homme* d'élire son papa et sa maman, ni que sa liberté, si souveraine soit-elle, puisse choisir l'emplacement de son berceau. Ce point-là règle tout. Ni Kant ni Platon n'y font rien[2]. Leurs inventions de vie antérieure[3] sont sans valeur ici. Bon gré, mal gré, il faut admettre ces territoires naturels, ni voulus, ni élus, ni éligibles, en reconnaître la bienfaisance éventuelle, ou se résigner à des aveuglements de système qui sont la mort de la pensée, le suicide de l'action.

Le voyage aux demi-ténèbres de la Physique sociale ne peut d'ailleurs se faire sans éveiller, dans leur pénombre, diverses transparences qui éclairent, comme par-dessous, tel et tel plan où nos éléments purement matériels rejoignent nos éléments personnels et moraux, et peuvent même aspirer à atteindre telles parties divines de l'ordonnance de la vie. Devant la table de la Loi qui porte obligation de faire vivre et d'élever les enfants, la description exacte du petit homme nouveau-né, son état d'extrême détresse, qui lui confère la qualité du nécessiteux naturel avec le rang de riche légataire et de haut bénéficier social, semble venir, pour ainsi dire, à la belle et juste rencontre du gracieux instinct paternel et maternel, dont la conscience profonde honore les personnes dignes du nom et du visage humain.

La conclusion pourrait dépasser la Physique. Elle fait entrevoir que l'Être brut ne peut pas ne pas renfermer une essence formelle et certaine

---

1. Doctrine selon laquelle tout serait affaire de droit.

2. Maurras ne met pourtant pas les deux philosophes sur le même plan : il récuse Kant en bloc mais est sensible à de nombreux aspects de la pensée platonicienne (voir « L'amitié de Platon », p. 185 de la présente édition).

3. Idée selon laquelle l'âme humaine préexisterait au corps. Sur ce point, Maurras est en accord avec la théologie catholique, pour qui l'homme est tout à la fois corps et âme (d'où le dogme de la résurrection de la chair : voir « Corps glorieux », p. 170 de la présente édition).

de Bien. On pourrait donc y déterminer les possibilités d'un bonheur endormi, mystérieusement propice à tels destins de l'homme, qu'une analyse circonspecte et rigoureuse peut dégager.

Évitons de pousser le trait plus avant, pour nous en tenir à son expression la plus simple : l'humble intellection du sensible élève le filet d'une lumière, qu'on n'attendait peut-être point, vers la méditation des lois supérieures, dont elle vérifie et renforce les termes. Loin, par conséquent, de se nuire, comme le croient les imbéciles, ces vérités qui se rapprochent et convergent, tirent une valeur et une influence nouvelle de la diversité de leurs points de départ.

Distinguer n'est point mettre en conflit, n'est même point diviser, ni séparer. La Morale est la règle de l'action volontaire. La Politique naturelle a pour objet d'approfondir un ordre impersonnel. Sans doute, Anciens et Modernes, y compris les plus grands, ont pu confondre ces objets avec d'autres, assez voisins. Cela n'est pas une raison de rendre la confusion éternelle. Pour ma part, tout m'incite à conduire, aussi profondément que je le peux, cette étude des fondements sociaux de la vie humaine qui a fait mon souci constant.

Dans les lieux un peu reculés où le temps ne m'a point manqué pour regarder derrière moi[1], et pour me souvenir de chemins parcourus, perdus ou retrouvés, j'ai voulu rassembler les idées essentielles qui éclairent ma réflexion et mon action. La menue Somme qui en est faite me paraîtrait articuler moins nettement ce qu'elle dit si je ne la rattachais point à ce qu'une philosophie appellerait *causes secondes*[2] et une autre philosophie *premières lois naturelles*[3]. De quelque nom qu'on l'appelle, *ce qui est, est*[4].

Voilà le sûr.

Causes ou Lois, ces principes sont trop clairs, et leur clarté fait trop de bien pour consentir à les laisser s'embrouiller, s'obscurcir ou se défigurer.

---

1. Ces pages ont été écrites à la prison de la Santé au début de 1937 [NdA].

2. Les causes secondes sont, chez saint Thomas d'Aquin, les causes naturelles des phénomènes, éléments de l'ordre voulu par la Cause première, qui n'est autre que Dieu. La dette de Maurras envers la pensée thomiste est ici traduite par le terme de « Somme » qu'il applique à *Mes idées politiques*, comme en écho à la *Somme théologique* de l'Aquinate.

3. Il s'agit toujours des causes naturelles des phénomènes, mais sans référence à la transcendance divine cette fois-ci. Ces deux manières de désigner les mêmes réalités tiennent au fait que Maurras entend s'adresser aux catholiques comme aux agnostiques.

4. Maurras se réclame ici d'une philosophie conservatrice de l'Être contre une philosophie révolutionnaire du Devenir selon laquelle l'automouvement de l'Histoire acheminerait l'homme vers un dépassement de sa condition (tendance que l'on retrouve aujourd'hui dans le transhumanisme). Ce dépassement peut être l'objet légitime d'une espérance religieuse, admet-il, mais en aucun cas le but d'une politique, sous peine de déboucher sur d'épouvantables catastrophes.

Il ne faudrait pas croire que la machine politique et sociale tourne à vide. Quand elle fait pleuvoir du feu et du sang, les pauvres hommes sont dessous ! Tout au rebours de la chienne de Malebranche[1], le sentiment ne leur manque pas pour souffrir. Une pensée juste peut les secourir, parfois les sauver. C'est avoir pitié d'eux que de dire la vérité.

1. Radicalisant une hypothèse de son maître Descartes, Malebranche professait que les animaux ne sont que des machines insensibles. Il envoya un jour un coup de pied à une chienne qui poussa un gémissement de douleur, mais cette expérience ne le fit pas changer d'avis. L'allusion de Maurras à cet épisode est ironique et polémique : il vise les idéologues révolutionnaires, indifférents aux conséquences de leurs doctrines.

PREMIÈRE PARTIE : L'HOMME

Si l'homme est l'ennemi de l'homme ou son ami

Les philosophes véritables refusent constamment de parler des hommes autrement que réunis en société. Il n'y a pas de solitaire. Un Robinson lui-même était poursuivi et soutenu dans son île par les résultats innombrables du travail immémorial de l'humanité[1].

L'ermite en son désert, le stylite[2] sur sa colonne ont beau s'isoler et se retrancher, ils bénéficient l'un et l'autre des richesses spirituelles accumulées par leurs prédécesseurs ; si réduit que soit leur aliment ou leur vêtement, c'est encore à l'activité des hommes qu'ils le doivent. Absolument seuls, ils mourraient sans laisser de trace. Ainsi l'exige une loi profonde qui, si elle est encore assez mal connue et formulée, s'impose à notre espèce d'une façon aussi rigoureuse que la chute s'impose aux corps pesants qui perdent leur point d'appui, ou l'ébullition à l'eau qu'on chauffe à cent degrés.

L'homme est un animal politique (c'est-à-dire, dans le mauvais langage moderne, un animal social), observait Aristote au quatrième siècle d'avant notre ère[3]. L'homme est un animal qui forme des sociétés ou, comme il disait, des cités, et la cité qu'il forme est établie sur l'amitié[4].

Aristote croyait en effet que l'homme, d'une façon générale et quand toutes choses sont égales d'ailleurs, a toujours retiré un plaisir naturel de la vue et du commerce de son semblable. Tous les instincts de sympathie et de fréquentation, le goût du foyer et de la place publique, le langage, les raffinements séculaires de la conversation devaient sembler inexplicables si l'on n'admettait au point de départ l'amitié naturelle de l'homme pour l'homme.

1. Allusion au *Robinson Crusoé* de Daniel Defoe.
2. Moine vivant perché au sommet d'une colonne.
3. Aristote donne cette célèbre définition dans *Les Politiques*.
4. *Idem*.

— Voilà, devait se dire ce grand observateur de la nature entière, voilà des hommes qui mangent et qui boivent ensemble. Ils se sont recherchés, invités pour manger et boire, et il est manifeste que le plaisir de la compagnie décuple la joie de chacun. Cet enfant-ci s'amuse, mais il ne joue vraiment que si on lui permet des compagnons de jeux. Il faut une grande passion comme l'avarice ou l'amour pour arracher de l'homme le goût de la société. Encore son visage porte-t-il la trace des privations et des combats qu'il s'est infligés par sa fuite.

Les routes sont devenues sûres : cependant les charretiers s'attendent les uns les autres pour cheminer de concert, et ce plaisir de tromper ensemble l'ennui est si vif que l'un en néglige le souci de son attelage, l'autre l'heure de son marché. La dernière activité des vieillards dont l'âge est révolu est d'aller s'asseoir en troupe au soleil pour se redire chaque jour les mêmes paroles oiseuses. Tels sont les hommes, dans toutes les conditions. Mais que dire des femmes ? Leur exemple est cependant le plus merveilleux, car toutes se détestent et passent leur vie entière à se rechercher. Ainsi le goût de vivre ensemble est chez elles plus fort que cet esprit de rivalité qui naît de l'amour.

* * *

Les pessimistes de tous les temps ont souvent contesté à Aristote son principe.

Mais tout ce qu'ils ont dit et pensé a été résumé, vingt siècles après Aristote, par l'ami et le maître de Charles II Stuart, l'auteur de *Léviathan*, le théoricien de la Monarchie absolue, cet illustre Hobbes qui a devancé les modernes théoriciens de la concurrence vitale et de la prédominance du plus fort.

Hobbes a posé en principe que l'homme naît ennemi de l'homme et cette inimitié est résumée par lui dans la mémorable formule : *l'homme est à l'homme comme un loup*. L'histoire universelle, l'observation contemporaine fournissent un si grand nombre de vérifications apparentes de ce principe qu'il est presque inutile de les montrer.

* * *

— Mais, dit quelqu'un, Hobbes est un pessimiste bien modéré ! Il n'a point l'air de se douter qu'il charge d'une calomnie affreuse l'espèce des loups lorsqu'il ose la comparer à l'espèce des hommes. Ignore-t-il donc que les loups, comme dit le proverbe, ne se mangent jamais entre eux ? Et l'homme ne fait que cela.

« L'homme mange l'homme sans cesse. Il ne mange que de l'homme. L'anthropophagie apparaît aux esprits superficiels un caractère particulier à quelques peuplades, aussi lointaines que sauvages, et qui décroît de jour en jour. Quel aveuglement ! L'anthropophagie ne décroît ni ne disparaît, elle se transforme.

« Nous ne mangeons plus de la chair humaine, nous mangeons du travail humain. À la réserve de l'air que nous respirons[1], y a-t-il un seul élément que nous empruntions à la nature et qui n'ait été arrosé au préalable de sueur et de pleurs humains ?

« C'est seulement à la campagne que l'on peut s'approcher d'un ruisseau naturel ou d'une source naturelle et boire l'eau du ciel telle que notre terre l'a distillée dans ses antres et ses rochers. Le plus sobre des citadins, celui qui ne boit que de l'eau, commence à exiger d'une eau particulière, mise en bouteille, cachetée, transportée et ainsi témoignant du même effort humain que le plus précieux élixir. L'eau potable des villes y est d'ailleurs conduite à grands frais de captation et de canalisation.

« Retournez aux champs, cueillez-y une grappe ou un fruit : non seulement l'arbre ou la souche a exigé de longues cultures, mais sa tige n'est point à l'état naturel, elle a été greffée, une longue suite de greffages indéfinis ont encore transformé, souvent amélioré, le bourgeon greffeur. La semence elle-même, par les sélections dont elle fut l'objet, porte dans son mystère un capital d'effort humain. En mordant la pulpe du fruit, vous mordez une fois encore au travail de l'homme.

« Je n'ai pas à énumérer toutes les races d'animaux qui ont été apprivoisées, domestiquées, *humanisées*, pour fournir à la nourriture ou au vêtement des humains. Observez cependant que ces ressources qui ne sont pas naturelles doivent recevoir un second genre d'apprêt, un nouveau degré d'*humanisation* pour obtenir l'honneur de nous être ingérées. Il ne suffit pas de tondre la laine des brebis, travail humain, il faut que cette laine soit tissée de la main diligente de la ménagère ou de la servante. Il ne suffit pas d'abattre la viande, ou de la découper ; c'est une nécessité universelle de la soumettre au feu avant de la dévorer : travail humain, travail humain. On retrouve partout cet intermédiaire entre la nature et nos corps.

« Non, les loups ne se mangent pas de cette manière ! Et c'est parce que le loup ne mange pas le travail du loup qu'il est si rarement conduit à faire au loup cette guerre qui est de nécessité chez les hommes.

« Le loup trouve dans la nature environnante ce que l'homme est forcé de demander à l'homme. La nature est immense, ses ressources sont infinies ; le loup peut l'appeler sa mère et sa bonne nourrice. Mais les produits manufacturés, les produits humanisés, ceux que l'homme appelle ses biens, sont en nombre relativement très petit ; de là, entre hommes, une rivalité, une concurrence fatales. Le festin est étroit : tout convive

1. De nos jours, cette exception est en train de disparaître puisque la qualité de l'air suppose de grands efforts humains.

nouveau sera regardé de travers, comme il verra d'un mauvais œil les personnes déjà assises.

« Cet homme qui survient n'apparaît pas à l'homme qui possède déjà comme un simple consommateur dont l'appétit est redoutable ; c'est aussi un être de proie, un conquérant éventuel. Produire, fabriquer soi-même est sans doute un moyen de vivre, mais il est un autre moyen, c'est ravir les produits de la fabrication, soit par ruse, soit par violence. L'homme y a souvent intérêt, en voici un grand témoignage : la plupart de ceux qui ne sont ni voleurs ni brigands passent leur vie à craindre d'être brigandés ou volés. Preuve assurée que leur réflexion personnelle, leur expérience, la tradition et la mémoire héréditaire s'accordent à marquer l'énergie toujours subsistante des instincts de rapine et de fraude. Nous avons le génie de la conquête dans le sang.

« L'homme ne peut voir l'homme sans l'imaginer aussitôt comme conquérant ou conquis, comme exploiteur ou exploité, comme victorieux ou vaincu, et, enfin, pour tout dire d'un mot, comme ennemi. Aristote a beau dire que l'homme est social, il ne serait pas social s'il n'était industrieux, et les fruits de son industrie lui sont si nécessaires ou si beaux qu'il ne peut les montrer sans être mainte fois obligé de courir aux armes. La défense de ces biens ou leur pillerie, c'est toute l'histoire du monde.

* * *

Il y a une grande part de vérité dans le discours des pessimistes qui enchérissent de la sorte sur Hobbes et sur les siens. Je voudrais qu'on se résignât à admettre comme certain tout ce qu'ils disent et qu'on ne craignît point d'enseigner qu'en effet l'homme pour l'homme est plus qu'un loup ; mais à la condition de corriger l'aphorisme en y ajoutant cet aphorisme nouveau, et de vérité tout aussi rigoureuse, que pour l'homme l'homme est un dieu.

Oui, l'industrie explique la concurrence et la rivalité féroces développées entre les hommes. Mais l'industrie explique également leurs concordances et leurs amitiés. Lorsque Robinson découvrit, pour la première fois, la trace d'un pied nu imprimée sur le sable, il eut un sentiment d'effroi, en se disant selon la manière de Hobbes : « Voilà celui qui mangera tout mon bien, et qui me mangera… » Quand il eut découvert le faible Vendredi, pauvre sauvage inoffensif, il se dit : « Voilà mon collaborateur, mon client et mon protégé. Je n'ai rien à craindre de lui. Il peut tout attendre de moi. Je l'utiliserai. »

Et Vendredi devient utile à Robinson, qui le plie aux emplois et aux travaux les plus variés. En peu de temps, le nouvel habitant de l'île rend des services infiniment supérieurs à tous les frais matériels de son entretien. La richesse de l'ancien solitaire se multiplie par la coopération, et lui-même est sauvé des deux suggestions du désert, la frénésie mystique[1] ou l'abrutissement. L'un par l'autre ils s'élèvent donc et, si l'on peut ainsi dire, se civilisent.

Le cas de Robinson est trop particulier, trop privilégié, pour qu'on en fasse jamais le point de départ d'une théorie de la société ; la grande faute des systèmes parus au XVIIIe siècle a été de raisonner sur des cas pareils. Nous savons que, pour nous rendre compte du mécanisme social, il le faut observer dans son élément primitif et qui a toujours été : la famille. Mais c'est l'industrie[2], la nécessité de l'industrie qui a fixé la famille et qui l'a rendue permanente. En recevant les fils et les filles que lui donnait sa femme, l'homme sentait jouer en lui les mêmes instincts observés tout à l'heure dans le cœur de Robinson : « Voilà des collaborateurs, des clients et des protégés. Je n'ai rien à craindre d'eux. Ils peuvent tout attendre de moi. Et le bienfait me fera du bien à moi-même. » Au fur et à mesure que croissait sa famille, le père observait que sa puissance augmentait aussi, et sa force, et tous ses moyens de transformer autour de lui la riche, sauvage et redoutable Nature ou de défendre ses produits contre des concurrents ou des conquérants.

Observez, je vous prie, que c'est entre des êtres de condition inégale que paraît toujours se constituer la société primitive. Rousseau croyait que cette inégalité résultait des civilisations. C'est tout le contraire ! La société, la civilisation est née de l'inégalité. Aucune civilisation, aucune société ne serait sortie d'êtres égaux entre eux. Des égaux véritables placés dans des conditions égales ou même simplement analogues se seraient presque fatalement entretués. L'échange et le commerce libres de biens équivalents n'est pas à l'origine mais aux dernières conséquences de longs perfectionnements sociaux. L'inégalité des rencontres crée des nécessités d'acceptation et de concession qui sont fécondes, le mal s'en atténue, le bien s'en fortifie, au physique et au moral. Qu'un homme puisse donner la vie, ou la sécurité, ou la santé à un autre homme qui, par lui-même, les perdrait, voilà des relations sociales nouvelles, le premier utilisant et, si l'on veut, « exploitant », par un capital qu'il a créé, sauvé ou reconstitué, le second entraîné par l'intérêt bien entendu, par l'amour filial ou la reconnaissance à trouver cette exploitation agréable, ou utile, ou à tout le moins tolérable.

L'instinct de protection ou instinct paternel causa d'autres effets. Le chef de famille n'eut pas seulement des enfants engendrés de sa vie. Des

1. Réminiscence de la pensée de Renan, pour qui le monothéisme est le fruit du désert (point d'ailleurs fort contestable puisque les Arabes, par exemple, étaient polythéistes avant Mahomet). On perçoit aussi dans ce fragment l'influence sur Maurras de l'antijudaïsme voltairien, à connotation fortement antireligieuse.

2. Maurras ne désigne pas ici l'industrie au sens actuel du mot, mais toute activité économique.

fugitifs, des suppliants accoururent à lui, qui, dans un état de faiblesse, de dénuement et d'impuissance, venaient offrir leurs bras ou même leur personne entière en échange d'une protection sans laquelle ils étaient condamnés à périr[1]. Par des adoptions de ce genre, la famille devait s'accroître. La guerre, qu'il fallut toujours mener à un moment quelconque contre des familles rivales, apporta un nouvel ordre d'accroissement. Il a toujours été exceptionnel, dans l'histoire du monde, que le groupe victorieux massacrât pour le manger ou même pour satisfaire sa vengeance le groupe vaincu. Les femmes de tout âge sont presque toujours réservées, les plus jeunes pour le rôle d'épouses ou de concubines, les plus âgées pour les offices domestiques sur lesquels, de tous temps, on les apprécia. Si le massacre, même celui des guerriers, est chose rare, la réduction à l'esclavage est au contraire un fait si général que Bossuet n'a pu le considérer sans respect[2]. Quand l'on y songe, aucun fait primitif ne peut mieux marquer le prix immense que tout homme attache à la vie et à la fonction d'un autre homme.

— Tu m'étais un loup tout à l'heure, mais aussitôt que j'ai vaincu le loup, je le tue, car il ne peut que me porter de nouveaux préjudices. Or, toi qui es un homme et que j'ai couché et blessé sur le sol, tu m'es comme un dieu maintenant. Que me ferait ta mort ? Ta vie peut au contraire me devenir une nouvelle source de biens. Lève-toi, je te panserai. Guéris-toi, et je t'emploierai.

« Moyennant quelques précautions indispensables prises contre ta force et contre les souvenirs de ta liberté, je te traiterai bien pour que tu travailles pour moi. Proche de mon foyer, participant à ma sûreté, à ma nourriture et à toutes mes autres puissances, tu vivras longtemps : ton travail, entends-tu, ton inestimable travail entre dans ma propriété. Mais je suis bien obligé de te garantir, outre l'existence, la subsistance et tous les genres de bonheur qui seront compatibles avec le mien.

Ainsi le visage de l'esclave était ami au maître. Et, peu à peu, lorsque l'habitude s'en fut mêlée, quand l'oubli eut opéré son œuvre, quand les bons traitements quotidiens eurent fait oublier telle cruauté primitive, le visage du maître devint ami à l'esclave. Il signifia prévoyance, tutelle et gouvernement. Après quelques générations, des relations d'un genre nouveau s'établissaient ; en vertu de la réciprocité des services, l'esclave se tenait pour un membre secondaire, mais nécessaire, de la famille.

---

1. Sans doute Maurras songe-t-il ici aux origines de Rome, que la tradition dépeint comme formée de proscrits qui se seraient groupés autour de Romulus et Remus.

2. Bossuet fondait sa position sur le fait que le droit des gens (ancêtre du droit international actuel) avait toujours reconnu la légitimité de l'esclavage et sur un passage des Épîtres de saint Paul recommandant aux esclaves de ne pas se révolter contre leurs maîtres.

* * *

Tantôt par le sentiment du péril commun d'où naissaient les pactes de chefs de familles sensiblement égaux entre eux, tantôt par l'abaissement ou la sujétion des familles voisines, la famille primitive s'est étendue jusqu'à former un nouveau groupement civil, un petit État politique ; le mécanisme de sa formation est celui que nous avons déjà vu jouer.

L'industrie donne la puissance, détermine la concurrence, fait naître dans le groupe le besoin d'éléments nouveaux ; d'où l'augmentation des familles et leur fédération, d'où encore les portes ouvertes, moyennant certaines conditions d'établissement[1], aux vagabonds et aux transfuges, et même aux ennemis vaincus. Dans chaque enceinte le mot d'Aristote se vérifie ; c'est l'amitié qui préside à la fondation de la cité. Mais la formule de Hobbes n'est pas démentie néanmoins : parce que l'homme est loup à l'homme, l'enceinte se hérisse de murailles, de tours et d'autres ouvrages de fortification. L'amitié s'établit, comme entre les participants du même foyer, entre ceux que le même mur enveloppe ; aux autres, c'est l'inimitié ou tout au moins la précaution et la méfiance qui se déclarent.

Il ne faut pas entendre par amitié l'amitié pure, ni par inimitié une inimitié absolue. Les étrangers ou, comme on les appelle dans l'antiquité grecque, les barbares ne sont pas nécessairement des ennemis. Mais d'abord ils sont différents par les mœurs, par la langue, par le costume, par les lois. Et, de plus, leurs déplacements ont presque toujours pour objet un peu de rapine. Néanmoins, il arrive de les recevoir comme des hôtes et de les interroger comme des savants[2]. On répond à leurs questions afin qu'ils répondent à celles qu'on leur pose. La charge de leurs chevaux ou de leurs navires est en outre un grand élément de curiosité, quelquefois de cupidité. Les relations commencent par celles qui sont les plus simples, le commerce par voie d'échange puisqu'il n'existe pas encore de monnaie. Voilà des espèces d'amitiés internationales. Mais elles sont précaires et toutes relatives, en comparaison des causes d'inimitié toujours sur le point d'éclater entre les gens si différents et mus d'intérêts si contraires !

Inversement, à l'intérieur de chaque cité, s'il est bien vrai que l'amitié née de pressants intérêts communs a fait reléguer la vraie guerre hors de l'enceinte et, pour ainsi dire, à la périphérie de ce grand corps, il n'y en a

1. Voir le statut de métèque dans la Grèce antique. Maurras admet ici la possibilité de l'immigration sous réserve que la nation-hôte en définisse les conditions et garde la maîtrise des flux migratoires. Faute de ce double contrôle, elle ne pourrait assimiler les immigrés, donc compromettrait sa cohésion et s'exposerait à des risques de séditions déjà signalés par Aristote dans *Les Politiques*.

2. On en trouve de nombreux exemples dans la littérature grecque dont Maurras était familier, chez Homère et Platon notamment.

pas moins des vols et des adultères qui se commettent, les amants rivaux se donnent des coups d'épée et les portefaix concurrents des coups de poing et des coups de couteau. Cependant une paix relative subsiste. L'on se déteste et l'on s'envie, mais pour des sujets de peu d'importance, et sur lesquels la réconciliation demeure facile ou possible.

Du reste, pour répondre au besoin général de paix et d'ordre qui est essentiel à la vie, mais que les progrès de l'industrie rendent impérieux, la cité, la grande communauté civile, déjà naturellement distinguée en familles et en corps de métier, comporte et au besoin suscite la formation de certaines communautés secondaires entre lesquelles les citoyens se distribuent selon leurs affinités et leurs goûts. Ce sont des associations religieuses, des confréries de secours mutuel, des sectes philosophiques et littéraires. Il va sans dire que les membres de chaque corps ne peuvent être en grande sympathie avec les membres du corps voisin : la sympathie en est resserrée d'autant entre membres du même groupe, et c'est un grand bienfait. Deux confréries de pénitents, l'une bleue, l'autre grise, peuvent causer dans une ville, le jour de la fête votive, deux ou trois querelles, même une bonne rixe[1] ; l'amitié s'y exerce tout le long de l'année à l'intérieur de chacune pour le plus grand avantage matériel et moral des uns et des autres. Plus la guerre est vive à l'extérieur, plus à l'intérieur la camaraderie se fait étroite et généreuse[2]. L'homme est ainsi fait, et les sociétés qui ont pu traverser les difficultés de l'histoire sont précisément celles qui, connaissant par réflexion ou pressentant d'instinct ces lois de la nature humaine, s'y sont conformées point par point. Une communauté subsiste tant que parmi ses membres les causes d'amitié et d'union restent supérieures aux causes d'inimitié et de division. La police, les tribunaux sont institués pour châtier, réprimer et, s'il le faut, exclure ceux de chaque communauté qui montrent à leurs confrères le visage de loup qu'ils devraient réserver à l'ennemi commun. De même les honneurs anthumes[3] ou posthumes ont servi de tout temps à récompenser ceux des membres de la communauté qui se sont montrés les plus « loups » envers l'ennemi ou, s'il est permis d'ainsi dire, les plus « dieux » envers leurs amis et compatriotes. Beaucoup de héros ont été déifiés ainsi, à titre militaire ou à titre civil.

* * *

1. Le cas n'était pas rare dans l'ancienne Provence si chère à Maurras, où les confréries de pénitents étaient très nombreuses.

2. Maurras songe sans doute à l'Union sacrée de 1914. *A contrario*, le refus de la guerre extérieure correspond souvent à des projets de guerre civile : voir Robespierre avant 1792 et la 2e Internationale avant 1914. Dans ce cas de figure, le terme « pacifisme » est évidemment fallacieux.

3. C'est-à-dire prodigués à des personnes vivantes.

Visage de dieu, visage de loup, l'expression alternante du visage de l'homme en présence de l'homme résulte de sa constitution, de sa loi. Naturellement philanthrope, naturellement misanthrope, l'homme a besoin de l'homme mais il a peur de l'homme, les circonstances règlent seules le jeu de ces deux sentiments qui se combattent, mais se complètent.

Je ne crois pas qu'ils puissent disparaître jamais. C'est une niaiserie, il me semble, de l'espérer. Les sociétés les plus vastes et qui fondaient les plus étroites « fraternités » furent aussi les plus terribles pour tout ce qui tentait de vivre en dehors d'elles. J'en atteste les souvenirs de l'Empire romain qui, en se dilatant par toute la terre habitée, ne pardonnait qu'à ses vaincus et écrasait le reste. La Chrétienté si douce aux populations abritées dans son vaste sein, s'abandonnait à la violence naturelle de tout instinct quand elle rencontrait des païens ou des Sarrasins. Aujourd'hui, la civilisation anglaise si modérée, si respectueuse, si juridique envers ses citoyens, ne reconnaît ni droit ni force en dehors de sa force ou de son droit. Trait curieux : de l'avis de tous ceux qui l'ont vu de près, l'Anglais moderne est personnellement serviable, hospitalier, humain envers l'étranger, quel qu'il soit, qu'il a accueilli près de lui et avec lequel il a conclu l'alliance. Sa volonté formelle a la puissance de créer de ces acceptions de personne. Mais ce sont, comme on dit en droit, des espèces pures, et en dehors desquelles il se croit le devoir de montrer visage de loup à tous les barbares : son visage de dieu est réservé aux fils de la vieille Angleterre.

On peut railler ce patriotisme, ce nationalisme ingénu. Mais il est conforme à de grandes lois physiques. Il se rattache aux éléments mêmes du genre humain. Pour créer ou pour maintenir un peuple prospère, une civilisation florissante, on n'a pas trouvé mieux, on n'a même pas trouvé autre chose[1].

Ne dites pas qu'il peut contribuer à la guerre étrangère : il épargne à coup sûr la guerre civile qui est la plus atroce de toutes.

Nature et fortune[2]

Si l'on me concède que le hasard contribue bien pour une petite part à notre droiture et à notre intelligence, je prétendrai qu'il ne faut jamais se railler du hasard ; c'est un grand simplificateur, un grand abréviateur de querelles. Les dés étaient sacrés chez divers peuples plus sages que nous.

1. L'argumentation de Maurras est ici ambiguë : s'agit-il de tolérer les tensions internationales comme un mal nécessaire, puisque concourant à la concorde nationale, ou de les rechercher comme un bien ?

2. Cette section traduit une influence de Machiavel, pour qui l'art politique consiste notamment à bien articuler la fortune – c'est-à-dire le hasard des circonstances – et la vertu (entendue au sens de courage et d'énergie).

* * *

Notre prise sur les événements ne dépend pas de nous seuls. Ils sont parfois d'une singulière facilité.

Pour les capter, il peut suffire de la force d'un enfant. Puissance souvent n'est qu'adresse ou bonheur. Et tout se peut !

* * *

Les grandes races humaines, si sensibles à tous les attraits, savent le plus aisément du monde se plier aux disgrâces et aux difficultés du sort. N'était-ce pas le jeune Alcibiade, honneur et délices d'Athènes, qui se vautrait et se perdait dans les délices du grand roi, mais riait de plaisir en s'accommodant du brouet de Lacédémone[1] ?

Les hautes énergies sont souples. L'homme vraiment fait pour savourer les joies de la vie est celui qui sait s'en passer avec une même allégresse.

* * *

Je ne suis pas de ceux qui rient de la belle illusion qu'avaient les Anciens au sujet des astres. Peut-être savaient-ils que leurs chariots enflammés sont, en réalité, rongés et consumés de leur vie lumineuse ; fort sagement, ils ne voyaient point ces mondes en eux-mêmes, ils les concevaient par rapport à leur propre vie. Il n'est pas douteux qu'une étoile ne soit un bon emblème de pérennité en comparaison de l'existence des éphémères[2]. Tout ce que nous savons ou croyons savoir détruira difficilement le rapport naïf de nos sens. Nous ne croyons pas injurier la science en invoquant l'étoile comme haute, comme stable et comme éternelle pendant que nous roulons misérablement sur les flots. L'étoile nous fournit une image satisfaisante et un type approximatif de la perfection relative vers laquelle le cœur d'un homme peut se gonfler. Haute étoile, étoile stable, étoile éternelle, c'est vers toi qu'on se sauve des violences et des ruses, des gouffres et des replis, des tentations et des corruptions de la mer[3] !

---

1. Ce célèbre général et homme politique athénien, neveu de Périclès et disciple de Socrate, passa au service de Sparte (ou Lacédémone), puis du roi des Perses (ou grand roi).

2. Voir dans le présent volume la troisième des *Quatre nuits de Provence*.

3. Cette association-opposition de l'étoile et de la mer comporte probablement une réminiscence de l'appellation *Stella Maris*, « étoile de la mer », sous laquelle les marins en péril invoquaient la Vierge Marie : rappelons que Maurras a grandi aux côtés des pêcheurs de Martigues et que son agnosticisme ne semble pas avoir entravé sa dévotion mariale, attestée notamment par les médailles de la Vierge qu'il gardait pieusement.

Nature et raison

L'instinctif et l'inconscient sont à la base de la nature humaine ; si cette nature est mêlée de bien et de mal, elle n'est pas toute mauvaise. Un homme qui serait toute volonté consciente serait un automate qui tiendrait du crétin.

Que la raison consciente dirige ; elle ne trouvera de forces à employer que celles que lui fournit en dernière analyse le terreau nourricier, qu'il faut bien nommer corporel. Qui ne reconnaît pas ces sources vives de puissance sera le premier châtié, car il ne s'en servira pas[1].

* * *

Comme il y a dans l'âme humaine une portion toute mécanique, condition et support des autres parties, et faute de quoi rien ne se tiendrait, portion à laquelle s'appliquent toutes les lois du monde minéral, il est aussi en nous une province végétative qui supporte et donc conditionne la sensitive et la rationnelle[2].

Il faut se mettre en règle avec ces lois de l'âme végétative si l'on veut être un bon animal, comme il faut, si l'on veut être un bon animal raisonnable, ou humain, bien sentir, c'est-à-dire sentir en animal sain et complet[3].

* * *

Le monde physique a des lois, la nature humaine a les siennes, qui ne s'inventent pas, mais qui se découvrent. L'esprit de l'homme, au lieu de spéculer dans les nues, doit regarder autour de lui afin d'y trouver son conseil et sa direction dans la lumière.

Il y a un homme parfait. Je n'entends pas une figure médiocre dans laquelle se compensent les défauts et les qualités d'un être humain :

Par ailleurs, son rapport aux étoiles rappelle celui du prince Salina, le héros du roman de Lampedusa *Le Guépard*.

1. Maurras critique ici un certain idéalisme qui, pour mépriser par principe les passions de l'homme et sa dimension charnelle (y compris par extension les intérêts nationaux), se condamne à l'impuissance et à la stérilité. Péguy disait dans un sens voisin : « Le kantisme a les mains pures, mais il n'a pas de mains. »

2. Maurras reprend ici les catégories classiques d'Aristote et de saint Thomas d'Aquin : l'homme a en commun avec les plantes ses fonctions végétatives (alimentation et reproduction) ; il a en commun avec les animaux ses fonctions sensitives ; il a en propre la raison.

3. C'est pourquoi l'esthétique, science ou art du sentir, n'est jamais disjointe chez Maurras de l'éthique et de la politique : quiconque sent mal la réalité ne peut agir justement ni interagir correctement avec ses concitoyens.

j'exprime la limite de la puissance humaine. Les monstrueux, les excessifs, les boursouflés ne passent[1] point cette limite quoiqu'on ait l'habitude de le dire communément. Ils restent fort loin en deçà. L'homme ne conçoit rien au-delà de ce terme ; c'est là qu'il a placé les dieux.

En deux mots, l'homme est un animal qui raisonne[2]. Cette vieille définition me semble bien la seule qui puisse satisfaire. Ni la moralité, ni la sociabilité, ni certes le sentiment ne sont particuliers à l'homme. Il n'a à lui que la raison ; c'est ce qui le distingue, sans l'en séparer, du reste de la nature.

Cette nature est représentée en lui tout entière dans son corps qui a poids, nombre et mesure ainsi que les métaux, organisation comme les végétaux, sensibilité et mouvement comme les animaux, et qui paraît ainsi la plus haute fleur de la terre ; sa raison est nourrie, aiguisée, activée et éclairée sans cesse des tributs que le monde lui paie par ces canaux. Dans un homme parfait, il faut que la raison, ainsi conditionnée par la nature entière, développe toute l'ampleur de son énergie dans le mode exact où cela ne peut nuire à l'expansion parfaite d'un corps et d'un cœur florissants. La raison poussée à l'excès, desséchant l'animal, tarit ses propres sources de développement ; et quant à la culture exclusive du corps, il est bien clair qu'elle épaissit une âme raisonnable et ôte à l'homme son esprit.

* * *

L'homme est ainsi formé par cinquante siècles de civilisation qu'il a presque perdu l'idée de l'inimitié fondamentale de la nature. Le chœur des choses qui l'entourent lui paraît un ensemble clair, harmonieux, bienveillant, pourvu qu'il n'y vive point seul.

S'il tremble dans le désert, c'est de solitude[3].

Que ce désert se peuple, l'homme se rassure aussitôt. Il a sans doute foi en lui ; mais il lui vient aussi, par une espèce de contagion rapide, un sentiment de confiance et d'abandon dans la solidité, dans la constance, dans la richesse et dans la générosité de son Univers.

La machine du monde n'est pas conduite par les mots prononcés devant elle ou les phrases inscrites sur ses manivelles, mais par des créatures vivantes : des besoins, des intérêts, des forces réelles pleines d'appétit.

* * *

1. Dépassent.
2. Définition dérivée de *L'Éthique à Nicomaque* d'Aristote.
3. Pointe antireligieuse, car le désert est le lieu traditionnel de l'inspiration divine dans la tradition monothéiste.

Soit, le monde se développe, nous le savons. Mais nous savons aussi qu'il a pour champ d'évolution deux infinis[1]. La plus légère modification exige des milliers de siècles. Chez les hommes, l'écorce des mœurs tombe assez aisément comme elle se remplace ; mais ce n'est que l'écorce, et que connaissons-nous d'essentiel à l'homme qui se soit altéré depuis quatre mille ans ?

* * *

Avoir raison, c'est encore une des manières dont l'homme s'éternise[2] : avoir raison et changer les propos communs et courants en un petit nombre de propositions cohérentes et raisonnables, c'est, quand on y réussit seulement sur quelque point, le chef-d'œuvre de l'énergie.

Avoir raison ne suffit pas. Mais c'est l'indispensable et par là qu'il faut commencer. Et si l'on a commencé par avoir tort, il faut quitter l'erreur, revenir sur ses pas pour rattraper le point à partir duquel on avancera et on progressera, au lieu de tourner en rond, reculer, piétiner.

* * *

Rien n'est plus délicieux à la pensée de l'homme que d'éprouver une loi par le témoignage d'un fait indépendant et spontané, de quelque fait postérieur à la formule de la loi.

On se confirme dans ce sentiment profond que raisonner n'est point rêver et qu'il existe des correspondances mystérieuses entre les vues de notre esprit et le courant confus des choses réelles[3].

* * *

J'ai toujours tenu la raison pour l'utile instrument dont la structure nous définit la portée. Elle ne voit certes pas tout, mais ce n'est pas la peine de s'arracher les yeux parce que la philosophie de l'optique reproche à ces organes quelque vice de construction[4]. Désespérer des ressources de la raison est aussi vain que de tout en attendre et de tout y suspendre.

1. L'infiniment petit des atomes et l'infiniment grand de l'espace extraterrestre. Maurras reprend ici un thème cher à Pascal.

2. En effet, la raison a la capacité de découvrir des vérités éternelles. Elle fait donc participer l'homme à un ordre qui transcende sa condition mortelle.

3. Saint Thomas d'Aquin parle à ce sujet d'adéquation de la réalité et de la pensée (*adaequatio rei et intellectus*).

4. Pique dirigée contre Pascal et Kant, pour qui la raison humaine est trop limitée pour connaître la réalité objective. Saint Thomas d'Aquin, à l'inverse, pensait qu'elle

* * *

Aussitôt qu'elles deviennent nos maîtresses, les facultés qui sont des forces aveugles veulent pour elles la couronne, sans partage ; mais le plaisir de l'intelligence et de la raison, ce n'est pas de régner, ce n'est pas de pouvoir, mais simplement de voir ce qui règne ou qui doit régner et d'assigner à chaque activité la place qui lui est le plus convenable. S'il est facile à la raison de donner le sceptre au plus digne, il lui est superflu et comme impossible de se l'arroger indûment[1].

* * *

… La raison, c'est-à-dire l'intelligence modérant, mesurant ou pressant toutes les passions[2].

* * *

Les faibles seuls excluent la raison du sentiment. Chez les forts, la conviction est d'autant plus chaleureuse qu'elle est fondée sur des motifs plus clairement notés.

La raison et le sentiment, se soutenant tour à tour et se réglant l'un par l'autre, sont la sauvegarde et l'espérance du monde.

DEUXIÈME PARTIE : PRINCIPES

La vérité

Oui, Monsieur, oui, Madame, c'est parce que « le discours est dur » que l'efficace en sera douce ; c'est parce que le livre est « amer à la langue » que, plus bas, il sera tonique et guérissant[3].

---

peut en avoir une connaissance certes partielle, mais certaine. C'est la position à laquelle se rallie Maurras.

1. À rapprocher des rapports entre l'Intelligence et la Monarchie : voir *L'Avenir de l'intelligence*, p. 589 de la présente édition.

2. Ainsi Maurras, loin d'opposer la raison et les passions, inclut-il ces dernières dans la définition de la raison, ou du moins dans celle de son champ d'exercice. Il s'inspire là encore de saint Thomas d'Aquin.

3. Allusion infidèle à l'Apocalypse de saint Jean, dans laquelle l'Ange fait manger au narrateur un livre doux à la bouche mais amer aux entrailles.

Les poteaux dressés sur les routes ne mettent pas leurs indications en un style doux et fleuri : ils affichent le style de leur utilité. Nets, directs, insistants et autoritaires, ils ne disent point : *si je ne me trompe*, ils ne doutent point d'eux, ils ne s'excusent pas de lancer rudement aux yeux des gens qui passent les flèches de la direction et les chiffres de la distance. Mais le voyageur s'en plaint-il ? Pour peu qu'il ait le cœur à philosopher, il rend grâce à l'auteur de brutalités profitables dont il ne se sent même pas tyrannisé.

À lui de ralentir ou de presser le pas, de suivre ou de changer son orientation. La pierre milliaire[1] dit seulement en termes clairs ce qui est, et ce dont il faut qu'il tienne compte. Plus la donnée précise bornera la pensée et plus, en raison même de cette borne étroite, les fantaisies du cœur, les vœux de l'imagination, les besoins, les commodités et les intérêts personnels obtiendront de sécurité et pourront se donner carrière[2]. Une indication incertaine, une donnée ou vague ou fausse, en paraissant flatter l'arbitraire du promeneur, restreindront la liberté de ses mouvements, de son repos, diminueront ses pouvoirs réels, car les risques attachés aux conséquences d'un itinéraire nonchalant ou capricieux se trouveront multipliés par l'insuffisance de son information.

C'est une grande erreur de penser que les *contingences*, comme on dit, s'accommodent plus aisément d'un principe lâche et flottant : bien au contraire, toute indécision des principes complique l'étude des faits, aussi bien que leurs traitements ; l'incertitude se trouve ainsi introduite au seul point d'où pouvait leur venir un peu de lumière, aux complexités de la terre se seront ajoutées des ombres dans le ciel.

La vérité, soleil dur mais clair, se contente d'établir de haut ce qu'il faut savoir et penser avant que d'agir. Elle montre le bien, elle marque le mal, elle fait distinguer les proportions suivant lesquelles l'un et l'autre se rencontrent et se mélangent dans la variété infinie de nos cas humains. Une fois éclairé ainsi, l'homme est loin d'avoir résolu les problèmes de sa vie pratique, mais il tient de quoi les résoudre, et si, comme cela lui arrive trop fréquemment, il ne trouve guère à choisir qu'entre des maux, il discernera mieux lequel sera le moindre, son effort pourra s'appliquer à la fuite du pire, ce qui fait peut-être le plus grand point du gouvernement de soi-même ou d'autrui.

* * *

1. Pierre indiquant les distances en milles, donc équivalent de notre borne kilométrique.

2. Idée récurrente chez Maurras : l'autorité et la norme ne sont pas la négation de la liberté, mais les conditions de sa possibilité.

Non seulement la vérité est défendue par ce qu'elle a de naturellement général, d'élevé, d'abstrait et d'étranger à l'homme, mais pour se décider à gravir jusqu'à elle, il faut un élan généreux de la pensée au-delà du présent, un large calcul d'avenir. Pour adhérer à cette vérité que tout voile, il faut en outre un effort de la volonté imposant silence à bien des instincts.

* * *

La vérité (je ne dis pas la sincérité, je dis la vérité entière, l'accord d'un langage et d'une pensée avec les réalités du dehors), la vérité peut être encore autre chose que la suprême volupté de l'intelligence : c'est l'habileté souveraine, c'est la force toute-puissante.

* * *

La sincérité n'est pas la vérité. L'intention la plus droite et la plus ferme volonté ne peuvent pas faire que ce qui est ne soit pas[1].

* * *

Ne sous-estimons aucune vertu, mais rendons justice aux vertus de l'évidence. Il n'y a pas de sourire, de grimace ou de papotage de beaux esprits qui puisse tenir contre elles. Les décisions qu'elles entraînent sont graves, parfois pénibles, dans la vie de l'esprit, la vie extérieure ne s'en accommode pas toujours, mais le service qu'elles rendent est tel qu'elles emportent tout.

* * *

Le vrai vaut par lui-même. Mais il y a des vérités amères et des vérités douces. Il y en a d'utiles, il y en a de dangereuses. Il y en a qu'il faut réserver pour les sages et d'autres qui conviennent à la nourriture de tous.

* * *

Quelques révolutionnaires purement oratoires et mystiques peuvent estimer que, fable ou vérité, c'est toujours bien assez bon pour le peuple ! Nous croyons que le peuple n'a pas des besoins moins exigeants que

1. Maurras vise ici les conséquences du subjectivisme contemporain qui, en valorisant la sincérité (ou accord du sujet avec lui-même) au détriment de la vérité (ou accord du sujet avec la réalité objective), cautionne les pires aberrations intellectuelles, politiques et morales.

l'élite. Il lui faut de la vérité comme du pain. Le mensonge historico-politique vous empoisonne un peuple tout aussi proprement que le cyanure de potassium.

* * *

Un dédain qui ne s'exprime pas n'agit pas. Au contraire, une erreur et un mensonge qu'on ne prend point la peine de démasquer acquièrent peu à peu l'autorité du vrai.

La force

Il y a des faiblesses tyranniques, des débilités méchantes et des vaincus dignes de l'être, comme il y a des victorieux bienfaisants, des héros de l'énergie et de la puissance à qui l'humanité doit d'immenses progrès, des colosses de santé et de force qui ont mérité la bénédiction du passé et de l'avenir. La force en elle-même, dépouillée de ses caractères adventices et circonstanciels, la force qui n'est encore au service ni du bien ni du mal, la force nue est par elle-même un bien, et très précieux, et très grand, puisque c'est l'expression de l'activité de l'être[1]. Il est imbécile d'en vouloir ignorer les bienfaits.

* * *

Il ne faut pas se lasser de le redire, pour décourager le sophisme malfaisant : la force par elle-même, réduite à elle-même, est un bien. Cela ne veut pas dire qu'elle fait toujours bien ou qu'il n'y a pas de plus grand bien.

Bonne en elle-même, elle est aussi capable des plus grands bienfaits comme de défendre la patrie, de punir le crime, de venger l'honneur ou de protéger l'innocence.

Mais comme elle est capable de tout, il lui faut comme première garantie une règle et, mise au service de la meilleure cause, un ordre. L'ordre contribue à la rendre entièrement et complètement efficace. Mais l'ordre la retient aussi au service de ce qu'elle prétend servir ; l'ordre l'empêche de se retourner malgré elle contre ce qui lui est cher. Toute force désordonnée est exposée à ce péril.

* * *

1. Réminiscence du principe thomiste *Agere sequitur esse*, « l'agir suit l'être » ou « l'action procède de l'existence ».

Pour modérer la force il reste la Raison, c'est-à-dire le sens de la mesure et des proportions intellectuelles, il reste ce sens civique qui ajoute aux ordres supérieurs de l'esprit je ne sais quel principe de cordialité, de bonhomie, je voudrais oser dire de charité[1], qui ne veut pas la mort du coupable, mais qui veut, et qui veut bien, son amendement.

Il reste aussi cette clarté, cette franchise, suite naturelle de la rectitude de l'esprit, qui ne permet ni hypocrisie ni déguisement, mais qui va droit devant soi, visière haute et poitrine découverte, cette sérénité tranquille qui convient à ceux qui ont assumé librement de nobles missions.

* * *

Les théories de la force ne sont pas du tout en contradiction avec la doctrine de solidarité, et, de toute façon, l'entraide humaine a besoin d'être forte pour se protéger ou pour être protégée contre la violence.

S'il n'y a au monde que la force qui vaille, il apparaît indispensable d'être forts ; s'il y a autre chose, si, comme nous le pensons, il y a mieux, et beaucoup mieux, il est plus nécessaire encore d'être fort et puissant pour sauver ou pour développer ces vrais biens.

L'ordre

Comme il ne saurait exister de figure sans le trait qui la cerne et la ligne qui la contient, dès que l'Être commence à s'éloigner de son contraire, dès que l'Être est, il a sa forme, il a son ordre, et c'est cela même dont il est borné qui le constitue[2]. Quelle existence est sans essence[3] ? Qu'est-ce que l'Être sans la loi ? À tous les degrés de l'échelle, l'Être faiblit quand mollit l'ordre ; il se dissout pour peu que l'ordre ne le tienne plus.

1. Expression de la pudeur de Maurras ou de sa difficulté à éprouver la charité ? Voir dans le présent volume la dernière des *Quatre nuits de Provence.*

2. Dans la philosophie antique et médiévale, la forme – *forma*, terme latin traduisant le mot grec *idea* ou idée – exprime l'essence et la perfection d'un être (contrairement à la matière, puisqu'une même matière peut recevoir plusieurs formes différentes, donc donner naissance à plusieurs êtres différents). La phrase de Maurras enveloppe une critique du romantisme, qui veut briser les formes et porter l'homme au-delà des limites qui le constituent, ce qui reviendrait à l'anéantir ; la même critique pourrait aujourd'hui s'appliquer au transhumanisme. L'éloge maurrassien de la finitude a d'autre part des implications directement politiques : pour Maurras, un pays se définit entre autres éléments par ses frontières, de sorte que leur abolition prépare nécessairement sa destruction.

3. Cette phrase sonne comme une réfutation anticipée de l'existentialisme, pour qui « l'existence précède l'essence », selon la célèbre formule de Sartre dans *L'existentialisme est un humanisme.*

* * *

L'ordre n'est qu'un moyen. C'est un point de départ. Rétablir l'ordre restitue une atmosphère favorable à l'action de l'esprit comme à celle du corps. Cet ordre rend l'œuvre possible ou meilleure. Il lui garantit la durée, lui fournit des auxiliaires ou des protecteurs.

* * *

La règle humaine ne consiste pas à tuer, à détruire, ni à anéantir le sujet qu'elle doit, au contraire, développer en le maintenant dans sa voie.

* * *

Nécessité de *subordonner* pour coordonner et pour ordonner, il n'y a point de faribole d'orateur qui puisse aller contre cette mathématique !

* * *

Se conformer à l'ordre abrège et facilite l'œuvre. Contredire ou discuter l'ordre est perdre son temps.

* * *

L'ordre, on l'a dit, est une justice supérieure[1].

* * *

Pour l'ordre historique et politique, *avoir* n'est rien, *tenir* n'est rien, si l'on n'est en mesure de *garder* aussi.

* * *

1. Cette sentence s'inspire sans doute de la célèbre phrase de Goethe (l'un des rares auteurs allemands qu'appréciait Maurras) : « J'aime mieux commettre une injustice que de souffrir le désordre. » Elle se fonde sur l'idée que le désordre ramènerait l'homme à un état de nature ultra-violent, générateur de quantités d'injustices ; l'ordre doit donc être préservé à tout prix, y compris celui d'une injustice ponctuelle. La limite du propos est qu'il risque de cautionner une multiplication des injustices constituant en soi un grave désordre et justifiant le point de vue défendu par Romain Rolland : « Quand l'ordre est injustice, le désordre est déjà un commencement de justice. » Au demeurant, ce dernier point de vue soulève autant de difficultés que celui de Maurras.

À la guerre comme dans la paix, l'ordre est précieux entre tous les biens. Avec sa fausse dureté, avec sa rigueur apparente, il économise les existences, comme il mesure et utilise les efforts.

Le soldat qui se plaint de l'ordre est ennemi de lui-même. L'aveugle bonté qui fait chorus avec ce soldat est une ennemie du soldat. Ennemie inconsciente et involontaire ; qu'importe l'intention si elle renvoie à la mort ?

Justement parce qu'il est ingrat et léger, parce que l'oubli et l'instabilité lui sont ordinaires, l'homme s'est aperçu de bonne heure qu'il lui faut rechercher, dans le Temps qui change sans cesse, des points de repère immobiles, d'invariables points d'appui, toutes les fois qu'il tient à réaliser un dessein de quelque importance, qu'il veut être fidèle à son but et à son amour.

J'écris à dessein ce dernier mot, qui n'exprime que le sentiment des personnes ; car si les passions fortes ont leurs rites anniversaires, si un retour de certaines dates entraîne un retour naturel de la pensée sur les mystères douloureux ou joyeux de la vie du cœur[1], à plus forte raison, quand il ne s'agit plus d'un seul être, mais d'une société, d'une religion, d'une cause, sera-t-il nécessaire d'éterniser à leurs dates les souvenirs heureux ou funestes.

N'OUBLIER PAS[2] : c'est le point de départ de tout ordre et de toute loi.

L'autorité

Lorsque le premier mouvement d'enthousiasme est passé, nul ordre ne peut naître que de l'autorité[3].

Nature de l'autorité. L'idée que l'autorité se pût construire par en bas ne serait pas entrée dans la tête de nos grands-parents qui étaient sages.

Elle n'est fabriquée, au vrai, ni d'en bas, ni d'en haut.

L'autorité est *née*. Dans les individus, les familles, les peuples, elle est un don où la volonté des hommes a fort peu à voir.

L'observation la plus vulgaire est tout à fait d'accord ici avec le texte catholique : *Omnis potestas a Deo*[4]. Dans une des plus vieilles « lettres à

---

1. Allusion au rosaire, ou méditation de la vie du Christ à travers ses mystères douloureux, joyeux et glorieux ; Maurras transpose ici cette pratique catholique à l'existence de tout un chacun.

2. Voir dans le présent volume le prologue des *Quatre nuits de Provence.*

3. Critique implicite du romantisme, qui voudrait vivre continuellement dans l'enthousiasme, l'extraordinaire, l'exceptionnel. Ce désir contradictoire engendre nécessairement une déception permanente. Maurras ne nie pas que tout ordre véritable naisse d'une adhésion enthousiaste, mais estime qu'il se perpétue au quotidien par une discipline, laquelle suppose une autorité (à commencer par l'autorité de la raison).

4. « Tout pouvoir vient de Dieu » (saint Paul, Épître aux Romains).

Françoise[1] », M. Marcel Prévost rappelle à sa nièce comment, après avoir passé son baccalauréat, elle sut obliger le secrétaire de la Faculté à lui montrer ses notes, au mépris des règlements de l'Université et des lois de l'État. « Vous avez un grand don, Françoise, c'est l'autorité », observait sentencieusement l'oncle Marcel. Croyait-il si bien observer ? Allait-il jusqu'au bout de ce qu'il observait ?

L'autorité, saisie ainsi à la naissance, est quelque chose de simple et de pur. Certains types humains le possèdent, les autres en sont démunis.

En laissant de côté ceux qui ne savent que subir, l'homme de liberté, reconnaissable à la fierté d'un cœur que rien ne dompte, diffère de celui que la dignité caractérise et qui inspire surtout le respect : l'homme d'autorité diffère des deux autres. Sa liberté s'impose naturellement à la liberté d'autrui, sa dignité est rayonnante, elle entraîne et transporte. Ce n'est pas le respect ni l'admiration, sentiments inertes, c'est une docilité enthousiaste, qui lui répond.

* * *

Loin d'être irrationnels, les vœux instinctifs vont plus vite que la raison consciente, et la logique clairvoyante n'en est pas plus absente que des passions d'un grand amour. L'auteur de la *Vie nouvelle*[2] nous dit qu'à la première vue de Béatrice le cœur se mit à lui battre impétueusement, ce que Dante développe et explique en ces termes : « … L'esprit de la vie qui réside dans la voûte la plus secrète du cœur commença à trembler avec tant de force que le mouvement s'en fit ressentir dans mes plus petites veines, et, tremblant, il dit ces paroles : *Ecce deus fortior me, qui veniens dominabitur me.* "Voici ce dieu plus fort que moi, il va me dominer." Alors, l'esprit animal, qui se tient dans la haute voûte où tous les esprits sensitifs vont porter leur perception, commença à s'étonner beaucoup et, s'adressant particulièrement aux esprits de la vue, dit ces paroles : *Apparuit jam beatitudo nostra.* "Notre béatitude est apparue"… » Il faut relire toute cette pénétrante et poétique analyse qui est d'un âge où les sophismes paresseux de l'Allemagne et de la juiverie n'avaient pas imposé à l'Occident européen une ridicule philosophie de l'inconscient[3]. Ce qui était inconscient, on le portait à la conscience. Ce qui échappait aux premières prises de la raison, une raison plus subtile l'arrachait à la nuit.

Cette explication des fortes presciences d'un cœur amoureux, telle que Dante nous la donne, peut s'appliquer aux transports instinctifs d'une âme obéissante devant l'autorité qu'elle juge lui convenir : un jugement rapide

1. Les *Lettres à Françoise* esquissent sous forme épistolaire un programme d'éducation des jeunes filles.
2. La *Vita nuova* de Dante, œuvre à la fois amoureuse et mystique.
3. Allusion aux théories de Freud.

lui donne à concevoir qu'il lui sera bon de servir cette force conçue comme utile et bienfaisante, dont l'ordre lui présage protection, justice ou victoire. Elle y goûte l'amorce d'un bien mystérieux. À quel signe le connaît-elle ? C'est la grande difficulté. Certains chefs militaires se font obéir par le génie, d'autres par la bravoure, d'autres par une sorte de foi mystique. Les dons extérieurs et brillants d'un Condé y peuvent ajouter la magie de l'exemple[1], mais des généraux portés en litière ont rayonné le même prestige[2].

Henry Fouquier[3], qui fut des Mille[4], aimait à raconter que Garibaldi vieillissant fanatisait ses bandes en leur disant à demi-voix, du fond de sa voiture où les rhumatismes le confinaient, un simple : « Messieurs, en avant ! » Tant de passions d'espérance et de confiance dorment dans l'âme humaine ! Il suffit de peu pour les en faire surgir, mais ce rien est indispensable, et nulle convention, nul arrangement, nul artifice de volonté ne tient lieu du premier don naturel.

* * *

L'autorité est du même ordre que la vertu ou le génie ou la beauté.

* * *

Les plus savants rouages n'ont jamais remplacé l'autorité *née*...

* * *

Les Français du xe siècle s'étaient rangés autour de la race qui, depuis cent années et plus, les avait toujours défendus efficacement[5]. D'où venait cette race, de quel ciel était-elle tombée sur le pays ? Saxons immigrés ou seigneurs paysans autochtones ou même descendants des bourgeois parisiens, l'érudition ne cesse d'en discuter. On ne discute pas l'autorité acquise peu à peu par leur puissance heureuse ni le bienfait de leur dynastie ni son honneur constant.

---

1. À la bataille de Rocroi (1643), Condé conduisit lui-même la charge de cavalerie qui consomma la défaite espagnole.
2. Ce fut le cas d'un des adversaires de Condé à Rocroi, le comte de Fontaine, ou avant lui de Baudouin IV, le roi lépreux de Jérusalem.
3. Écrivain et homme politique originaire de Marseille.
4. Les mille volontaires à la tête desquels Garibaldi partit conquérir le royaume des Deux-Siciles en 1860.
5. Allusion à l'accession au trône, en 987, de Hugues Capet, arrière-petit-fils du comte Robert le Fort et petit-neveu du comte Eudes, qui avaient combattu vaillamment les envahisseurs normands. La dynastie capétienne régna sur la France de 987 à 1792, puis de 1814 à 1848.

Elle exprime depuis des siècles un pouvoir de protection et de relèvement, elle figure tout ce que le cœur et l'esprit des hommes, isolés ou réunis, attend, espère et croit d'une autorité véritable.

* * *

La vraie autorité est sage naturellement ; une autorité insensée n'est point concevable[1]. L'idée d'autorité ne signifie, en effet, point seulement le pouvoir et le grand pouvoir exercés par un homme ou par un groupe d'hommes, mais de plus il enferme la connaissance de l'objet sur lequel s'exerce et s'applique ce pouvoir[2]. Plus l'autorité croît, plus cette connaissance elle-même se développe. Plus l'autorité est parfaite, plus elle suppose la clarté et l'exactitude de cette connaissance, et plus elle s'y proportionne.

* * *

L'autorité ne serait pas une nécessité politique éternelle si, parallèlement à cet instinct directeur, qui constitue le fond de l'âme des chefs, il n'existait dans l'âme des sujets et des citoyens un instinct d'obéissance, esprit de suite, disait Richelieu[3], qui est l'expression vivante du plus grand intérêt des foules : être gouvernées et bien gouvernées, dans un bon sens, avec fermeté.

Les conditions de l'autorité vraie : l'éducation des chefs. Le développement de ce qu'on appelle la civilisation moderne tend à donner aux forces matérielles un avantage croissant sur les forces morales[4].

Si l'on se fie à elle pour réaliser la justice sociale ou l'adoucissement des mœurs, on se prépare des déceptions considérables ! Cette civilisation n'égalise ni les fortunes, ni les conditions : sa complexité ne cesse, au contraire, de creuser des différences entre les hommes[5]. Elle n'affranchit pas : l'autorité de la science et de l'industrie tendrait plutôt à établir de nouvelles races d'esclaves[6]. Enfin, loin d'apaiser et de concilier, ses

1. Un pouvoir insensé est concevable, mais il ne constitue pas une autorité au sens étymologique du mot, c'est-à-dire une force qui fait grandir ou qui aide à grandir.

2. L'autorité ne peut faire grandir la collectivité dont elle a la charge si elle n'en a pas compris les besoins.

3. C'est Balzac, semble-t-il, qui a prêté cette expression à Richelieu.

4. Maurras a peut-être en tête le précédent de la Grande Guerre : les doctrines militaires de 1914 reposaient essentiellement sur l'exaltation des forces morales, mais il a bien fallu reconnaître que celles-ci ne suffisaient pas face à la puissance de feu des armes industrielles.

5. Maurras emprunte ce raisonnement à Auguste Comte : voir dans le présent volume l'étude qu'il lui a consacrée.

6. Allusion à la condition prolétarienne.

nécessités sont d'une telle rigueur qu'elles semblent couper à angle droit, détruire ou renier tout ce qui est humain.

Ni le jeu de l'offre et de la demande qui constitua le capitalisme, ni le principe des nationalités qui a créé notre paix armée[1], ni la guerre de classes, par laquelle les masses insurgées répondent au capitalisme affameur, ne sauraient répandre dans le monde moderne une atmosphère de bergerie. Nous en serions plutôt repoussés chez les loups insociaux et contraints de vivre, par catégories de classes ou de races, selon la coutume des loups. Le vernis héréditaire des mœurs s'écaille peu à peu, les survivances des traditions générales s'effacent et les statistiques de la criminalité montrent ce qui en découle inévitablement.

Considérez les progrès de l'athlétisme[2] (qui pourrait faire dans une société bien réglée une admirable école de discipline et d'élégance), la passion (d'ailleurs excellente en elle-même) de l'emporter et de primer dans ces jeux violents, les instruments nouveaux créés par la science et ses applicateurs : cette multiplication des anciennes forces et ces nouveaux moyens mis au service d'énergies sans frein n'ont qu'à se donner cours : le moraliste, à mille signes, voit renaître la brutalité.

Quant au langage de nos contemporains, je parle des meilleurs, de ceux qui sont élevés, sinon bien élevés, hommes et femmes, c'est à l'onomatopée primitive qu'il revient, *si nous « laissons faire à la vie »*, aux forces, aux destins[3].

En régime de brutalité, ce ne sont ni les chefs ni les ordres, ni même l'ordre, avec sa hiérarchie nécessaire qui font défaut. Les massacreurs de septembre avaient des chefs[4]. Ce n'est pas d'ordres que manquèrent les fusilleurs du duc d'Enghien[5] ou de Mgr Darboy[6]. Il ne faut pas nous plaindre de notre temps à cet égard[7].

---

1. En effet, le principe des nationalités ne reconnaît aucune autorité arbitrale au-dessus des nations : il est donc éminemment belligène, d'autant qu'il fait de tout citoyen un soldat par le biais des armées de conscription. Sur ces questions, voir *Kiel et Tanger*, p. 541 de la présente édition.

2. Contrairement à Pierre de Coubertin, qui voyait dans les Jeux olympiques le vecteur d'une conscience universelle, Maurras pense qu'ils nourrissent les passions nationalistes : voir ses *Lettres des Jeux olympiques*, non reprises dans ce volume. L'exaltation de l'athlétisme par les régimes totalitaires de l'entre-deux-guerres le conforte dans cette analyse.

3. Idée récurrente chez Maurras : le langage est un baromètre de la civilisation.

4. Allusion aux massacres de septembre 1792, au cours desquels les révolutionnaires parisiens assassinèrent quelque 1 300 personnes.

5. Prince de la maison de France enlevé en Allemagne et fusillé en 1804 sur ordre de Bonaparte Premier consul, qui le soupçonnait, à tort semble-t-il, d'avoir comploté contre lui.

6. Archevêque de Paris, fusillé en 1871 par les communards.

7. Sous-entendu : les héritiers de la Révolution sont malvenus de dénoncer la brutalité contemporaine, puisqu'elle est selon Maurras la conséquence logique de la Révolution.

Les différences de classes sont plus marquées qu'il y a un demi-siècle, l'arrogance et le despotisme des autorités seraient plutôt en voie de grandir[1]. Ce qui manque, c'est, dans les esprits dirigeants, cette lumière qui est le signe de leur droit de conduire. Les chefs subsistent et leur pouvoir augmente, mais ce sont des chefs barbares livrés aux impulsions de la passion ou de l'intérêt. Ils commandent, ils conduisent, car leurs troupes le veulent[2], mais ils commandent mal et conduisent de travers, faute d'avoir appris.

Ils sont donc, eux aussi, plus encore que ces masses prolétariennes pour lesquelles on simule un intérêt si vif, ils sont de véritables déshérités.

Le trésor intellectuel et moral dont il leur appartenait de recueillir l'héritage a été dédaigné et finalement s'est perdu. Ainsi en disposa l'esprit de la démocratie libérale qui a désorganisé le pays par en haut ; empruntant la voix du progrès, feignant de posséder les promesses du lendemain, il a fait abandonner le seul instrument de progrès, qui est la tradition, et la seule semence de l'avenir, qui est le passé.

L'histoire de la troisième République peut suffire à montrer l'inconvénient qu'il peut y avoir à livrer la législation, les armées, l'économie, la diplomatie, et toutes les formes de l'autorité et de l'influence à des esprits sans direction et sans culture, à des cœurs sans maîtrise et sans dignité.

L'histoire symétrique de l'Angleterre conservatrice, où tout ce qui gouverna et servit dans les hauts emplois avait subi la dure et longue préparation intellectuelle et morale des vieilles universités, à grand renfort de vers grecs et de discours latins, vérifie combien il est certain que le bonheur réel des peuples dépend du bon dressage de leurs conducteurs. L'épée du conquérant, le bâton du pionnier, même le crayon de l'homme de Bourse, toutes ces modalités de la force et de la ruse peuvent et doivent réaliser de grands biens à la condition d'avoir passé le temps nécessaire sous la férule de l'éducateur. Tout ce qu'on ôte à la férule n'est pas ôté à la férule ni à l'autorité qui la tient : cela est retranché à la masse entière du peuple ; c'est la nation et le genre humain qui sont les premiers dépouillés.

* * *

1. Allusion aux lois de 1936 encadrant la liberté de la presse et permettant la dissolution des ligues ainsi qu'à l'emprisonnement de Maurras pendant huit mois, en 1936-1937, pour avoir appelé à assassiner Léon Blum si la politique de celui-ci déclenchait un conflit avec l'Italie. Maurras lui-même avait été la cible d'une incitation au meurtre parue le 1er novembre 1935 dans *Le Populaire*, organe de la SFIO, mais il n'existait pas à cette date de loi permettant de réprimer de tels textes.

2. Allusion à la célèbre phrase : « Je suis leur chef, il faut donc que je les suive », prêtée à Ledru-Rollin et reprise par Léon Blum lors du congrès de Tours (1920).

La diminution du commun avoir intellectuel et moral est une perte pour tout le monde : les petits y perdront autant que les grands.

Ils y perdront même beaucoup plus que les grands, car ce qui perfectionne, affine, élève les grands constitue, au profit des autres, la garantie la plus précieuse et souvent la seule, contre les abus du pouvoir auxquels exposent précisément les grandeurs. Certaines nuances de vertu et d'honneur, certains beaux accents persuasifs de la voix qui commande sont les fruits directs de la seule éducation.

Il en est de cela comme de la religion.

Celui qui a dit qu'il fallait une religion pour le peuple a dit une épaisse sottise[1]. Il faut une religion, il faut une éducation, il faut un jeu de freins puissants pour les meneurs du peuple, pour ses conseillers, pour ses chefs, en raison même du rôle de direction et de refrènement qu'ils sont appelés à tenir auprès de lui : si les fureurs de la bête humaine sont à craindre pour tous, il convient de les redouter à proportion que la bête jouira de pouvoirs plus forts et pourra ravager un champ d'action plus étendu[2].

* * *

Toute liberté n'est point convenable en tout État ; chaque État dépend de ses antécédents historiques et de sa configuration géographique, comme chaque homme de ses ancêtres et de son pays. Dépendances salutaires et tutélaires, puisqu'elles ont donné la vie, la soutiennent et la conservent, et que qui s'y dérobe meurt. La liberté varie avec les temps et avec les lieux, mais il n'y a point d'État qui puisse durer sans une autorité souveraine.

Si donc l'on veut parler avec exactitude, ce n'est point la liberté qui est générale, nécessaire, de droit œcuménique[3], primitif et humain ; c'est l'autorité.

Exercice de l'autorité : le Pouvoir. La propriété du pouvoir ressemble aux autres propriétés, elle résulte du travail, du travail fait, « bien fait ». La force toute nue peut s'appliquer au bien et au mal, à la construction et à la destruction. Quand elle a fait le bien, quand elle a construit, elle en a le mérite, elle en a le prestige et la gloire, elle en voit naître aussi ce produit qui s'appelle l'autorité.

---

1. Maurras se démarque ici d'une opinion exprimée sous différentes formes par Machiavel, par Voltaire puis par de nombreux représentants de la bourgeoisie européenne au XIXe siècle.

2. À la célèbre formule de lord Acton selon laquelle « Tout pouvoir corrompt, le pouvoir absolu corrompt absolument », Maurras oppose ici l'idée que le pouvoir démultiplie la dangerosité de l'homme corrompu.

3. Universel.

* * *

La carence du pouvoir ressemble à la vacance d'un champ. Le prend qui veut, le tient qui peut[1].

* * *

Lorsque le pouvoir est vacant, c'est, comme disait Jeanne d'Arc, grand'pitié sur le royaume[2] ! Et c'est grande misère. Prendre le pouvoir en ce cas, quand on en a la force, c'est tout simplement un acte de charité ou d'humanité. Un peuple a besoin de chef comme un homme de pain. Non seulement, en telle hypothèse, se rétablit le droit du premier occupant, mais il y a devoir rigoureux, obligation stricte, pour celui qui *peut* occuper. Quand les citoyens sont menacés par l'ennemi, il faut les commander si l'on peut le faire. Quand le désordre est dans la rue, il faut y ramener de l'ordre si l'on en a les moyens.

* * *

Le pouvoir n'est pas une idée, c'est un fait, et l'on croit à ce fait quand il se fait sentir, toute la critique du monde ne peut rien contre la force d'un conquérant.

* * *

La plupart des moralistes, qui sont des esprits confus, ont jugé que le pouvoir corrompait le cœur de l'homme. Quand le pouvoir est élevé et qu'il dure, quand il dure un peu, l'effet est tout contraire, l'apprentissage des responsabilités se fait et leur expérience perfectionne au lieu de gâter.

La liberté

La liberté n'est pas au commencement, mais à la fin. Elle n'est pas à la racine, mais aux fleurs et aux fruits de la nature humaine ou pour mieux dire de la vertu humaine. On est plus libre à proportion qu'on est meilleur. Il faut le devenir. Nos hommes ont cru s'attribuer le prix de l'effort par une Déclaration de leurs droits fameuse, en affichant dans leurs mairies et leurs écoles, dans leurs ministères et leurs églises que ce prix s'acquiert

1. Application à la politique du vieux principe selon lequel la nature a horreur du vide.
2. Raison pour laquelle Jeanne d'Arc fit sacrer roi le Dauphin Charles.

sans effort[1]. Mais afficher partout que chacun naît millionnaire vaudrait-il à chacun ombre de million ?

Direz-vous que c'est un droit à la liberté ? Le droit au million ne serait pas plus vain.

* * *

La liberté, principe métaphysique, est une chose : les libertés en sont une autre[2]. La volonté du peuple, somme des volontés individuelles, est une chose ; la volonté générale, expression de l'intérêt général d'une nation, d'une race, d'un pays, est une autre chose, toute différente[3].

* * *

La liberté du fou s'appelle folie, celle du sot, sottise, celle du bandit, banditisme, celle du traître, trahison, et ainsi de suite. Dire que les libertés se limitent les unes les autres[4] est tout à fait juste de l'état sauvage ou de l'état d'anarchie : cela signifie simplement que les forts oppriment ou exploitent les faibles tant que les faibles ne se révoltent pas contre les forts et que les victimes éventuelles n'ont pas trouvé un procédé sûr pour canarder et mitrailler à volonté leurs bourreaux. La liberté conçue comme régime ou comme principe, c'est un chaos, généralement douloureux.

Les citoyens qui ont un peu réfléchi ne se laissent donc pas intimider par des effets de mots. Ils définissent la liberté un pouvoir ou une force, force ou pouvoir qui vaut ce que valent ses sujets et son objet. Le ridicule éternel du XVIIIe siècle et du XIXe consiste à prendre la liberté pour une règle ou pour un but quand ce n'est qu'un moyen ou une matière.

* * *

La liberté vit dans peu d'hommes.

Qui dit liberté réelle dit autorité. La liberté de tester crée l'autorité du chef de famille. La liberté communale ou provinciale crée le pouvoir réel des autorités sociales qui vivent et résident sur place. La liberté religieuse reconnaît l'autorité des lois spirituelles et de la hiérarchie interne d'une religion. La liberté syndicale et professionnelle consacre l'autorité des

1. « Les hommes naissent et demeurent libres et égaux en droits » (art. I de la Déclaration des droits de l'homme et du citoyen).

2. Distinction classique dans la pensée contre-révolutionnaire, qui reproche à la Révolution de s'être prévalue d'une liberté théorique pour anéantir les libertés réelles des ordres, corporations, provinces, municipalités et chefs de famille.

3. Une fois n'est pas coutume, Maurras est ici au diapason de Rousseau.

4. Selon la théorie de l'équilibre des pouvoirs chère à Montesquieu.

disciplines et des règlements à l'intérieur des corporations et compagnies de métier.

Ce sont là des faits observables.

Si, pourtant, au lieu d'observer on rentre en soi pour réfléchir, on s'aperçoit que la nature même de la liberté positive, celle qui n'est pas conçue par rapport à un obstacle à surmonter, celle qui s'exerce et qui vit de source profonde, – la liberté, c'est la puissance.

Sociale, elle s'exerce dans la société et elle a pour point d'application non pas le marbre comme le pouvoir d'un sculpteur, ni la machine, comme le pouvoir d'un mécanicien, mais les hommes engagés avec nous dans la vie sociale.

Qu'est-ce donc qu'une liberté ? Un pouvoir.

Celui qui ne peut rien du tout n'est pas libre du tout. Celui qui peut médiocrement est médiocrement libre. Celui qui peut infiniment est aussi libre infiniment. Une des formes du pouvoir, c'est la richesse. Une autre de ces formes, c'est l'influence, c'est la force physique, c'est la force intellectuelle et morale. Sur quoi s'exercent diversement ces pouvoirs divers ? Sur des hommes. Et ce pouvoir, à qui appartient-il ? À des hommes. Quand une humaine liberté se trouve au plus haut point et qu'elle a rencontré d'humains objets auxquels s'appliquer et s'imposer, quel nom prend-elle ? Autorité. Une autorité n'est donc qu'une liberté arrivée à sa perfection.

Loin que l'idée d'autorité contredise l'idée de liberté, elle en est au contraire l'achèvement et le complément. La liberté d'un père de famille est une autorité. La liberté d'une confession religieuse est une autorité. Ce sont encore des autorités que la liberté d'une association, la liberté d'une commune, d'une province déterminées.

Quand on veut que l'État respecte dans l'ordre économique l'initiative privée, on demande, au fond, qu'il respecte ce que Le Play nommait d'un si beau mot : les autorités sociales. Toutes les libertés réelles, définies et pratiques, sont des autorités. La liberté opposée à l'autorité ; la liberté qui consiste à n'être point agi par les autres, mais aussi à ne point les agir, cette liberté neutre n'est pas conciliable avec la nature ni avec l'ordre de la vie.

Le droit et la loi

J'ai toujours cru que le privilège des droits représentait aussi le privilège des devoirs.

* * *

L'expérience de la nature des choses établit que le domaine du droit commun est fort restreint et qu'il y a, tout au contraire, une multitude de droits privés. Chaque groupe d'hommes, qui a sa vie particulière, mérite un traitement particulier. Qui se « privilégie » veut être traité conformément à son privilège, et quand ce vœu n'est pas exaucé, le sujet souffre, tout d'abord dans le corps dont il fait partie et secondement en lui-même, par suite de la déconsidération et du relâchement qui, de toute nécessité, atteint ce corps.

* * *

Le droit, pour s'imposer et même pour subsister, a besoin qu'on le fasse valoir, qu'on le soutienne et qu'on le publie. Il suppose l'activité ou s'évanouit, peu à peu, dans le sang et les cendres des hommes massacrés et des édifices incendiés, puis dans le froid sublime de ces espaces vides où va s'éteindre l'éclat de voix du plus véhément des rhéteurs.

C'est ce que les rhéteurs ne comprendront jamais. Ils passent leur vie à personnifier « le droit ». Mais les hommes d'action et les hommes d'analyse se demandent ce que peut être cette personne sans sujet, ce droit sans substrat vivant : à leur tour de ne pas comprendre l'antithèse qui traîne partout, ce droit qu'on oppose à la force, cette force dont on veut faire l'opposé du droit ! Autant mettre en opposition le triangle et la couleur. Il y a des triangles colorés, il peut y avoir des couleurs étendues en surfaces triangulaires. Je ne conçois pas un droit qui serait abstrait, qui serait séparé d'une personne morale ou matérielle en qui il existe, c'est-à-dire d'une force.

Il y a la force, plus ou moins forte, qui a droit ; il y a la force plus ou moins forte qui a tort ; mais l'être de raison qui, sans aucune force, serait le droit ou aurait le droit, c'est ce que je ne puis concevoir.

Le droit, qui a besoin de la force pour être reconnu, en a besoin encore pour être.

La déduction juridique part des principes du Juste et de l'Injuste, ses notions premières représentent déjà la deuxième ou la troisième puissance d'une haute abstraction, et ses définitions si vastes sont nécessairement flottantes quand il s'agit d'en adapter la généralité à la vie pratique : entre la multitude des faits particuliers souvent très divers, et qui parfois se contrarient, l'esprit est à peu près fatalement induit à perdre de vue les raisons impersonnelles d'arrêter son choix ou même de conduire son attention ; c'est alors qu'à défaut des raisons impersonnelles, apparaissent les autres : le motif personnel surgit, actif et vigilant, et l'idée du droit ne reste plus éclairée et guidée que par l'idée du moi, de ce moi qui n'est pas sans droits, mais qui prétend les avoir tous et qui gouverne instinctivement les démarches de la pensée vers son intérêt seul, parfois compris dans un sens tyrannique, mais toujours, à quelque degré, insoucieux du bon ordre, inconsciemment favorable à quelque anarchie.

Me préservent les cieux de dire que le Droit mène à l'anarchie, lui qui veut au contraire la régler et la pacifier ! Mais il est né guerrier. À mon avis, la préférence donnée à la méthode juridique sur la méthode empirique doit convenir aux sociétés florissantes, fortement assises sur des principes qui éclatent de toute part et sont obéis de chacun.

* * *

Séparez l'homme de sa famille, de sa nation, de son métier, dites-lui qu'il est roi, dites-lui qu'il est Dieu, et enivrez-le de l'idée de Justice, vous verrez de quel cœur il comptera les torts qui lui seront faits et quelles pourront être ses indulgences pour les torts qu'il lui arrivera de faire à autrui[1] ! Ce juge est trop partie, une partie trop intéressée et trop passionnée pour qu'il soit raisonnable de lui déférer théoriquement tout litige. Celui qui se reconnaît tous les droits commence par imposer au monde entier tous les devoirs, sans oublier les sanctions qui correspondront à tout manquement.

Là est la vraie folie de l'individualisme révolutionnaire, qu'il soit politique, social ou moral. Il est impossible qu'un animal aussi sensible, aussi triste, aussi vulnérable que l'homme, une fois placé sur l'autel intérieur que lui érige la dogmatique libérale, ne se croie pas, neuf fois sur dix, le créancier de ses semblables et de l'univers, au lieu que le plus misérable est au contraire leur débiteur à l'infini !

Cette illusion de la créance sur la société ne peut être qu'encouragée par l'absurde métaphysique des Droits.

Précisions sur la nature de la loi. D'après une vénérable maxime, la loi se fait par l'opération du souverain (*constitutione regis*), par l'acceptation du sujet (*consensu populi*). Sans doute nos juristes traduisent mal ces mots. Ils se figurent que *consensu* veut dire consentement exprès, ratification explicite, approbation formelle plus ou moins votée ou écrite.

Historiquement, politiquement, le génie humain est plus libre et plus expéditif ; son action s'embarrasse de moins de formalités et de paroles. Par consensus, il faut entendre l'adhésion de fait, tantôt bruyante comme l'acclamation qui suivait le sacre des rois, tantôt simple murmure approbatif dont Homère fait suivre la parole des chefs. ΕΠΕΥΘΥΜΗΣΑΝ ΑΧΑΙΟΙ[2]. Mais, dans l'immense majorité des cas, dans le cas dont on ne

1. Selon Maurras, ce risque n'existe pas dans le cas du roi légitime, car il est précisément l'incarnation d'une famille et d'une nation : il n'est pas à lui-même son propre maître, mais est comptable de ses actes devant une société et une tradition.

2. « Les Achéens firent entendre un murmure approbateur », phrase récurrente dans l'*Iliade*.

fait pas des historiettes, l'adhésion consiste dans le fait de n'élever aucune contradiction importante, de comprendre, d'exécuter.

Aller dire : « Monsieur le Sujet, voici une loi qui vous obligera. La voulez-vous bien ? Êtes-vous sûr de la vouloir ? Il nous faut votre signature », c'est proprement vouloir lui inspirer de dire « non », de discutailler à l'infini pour ne pas marcher. La haine du nouveau et l'esprit de contradiction sont assez forts dans l'homme pour qu'on ne mette pas le salut public à leur merci.

Mais il reste vrai que la loi doit être faite pour être obéie facilement. Une loi doit être acceptable. La loi n'est pas la loi lorsque son énoncé suffit pour provoquer les gens à l'enfreindre. Elle veut un *assentiment*, naturel et prompt.

Le parti qui attaque une loi dont nul ne prend la défense peut avoir tort ou avoir raison, ce n'est pas la question : l'auteur d'une telle loi n'en aura pas moins commis la faute politique de ne pas attendre des conjonctures meilleures et des dispositions plus favorables de l'esprit public. Sa loi n'est qu'un décret d'état de siège qu'il devra soutenir les armes à la main, sans qu'il ait le droit de se plaindre ou de s'étonner.

* * *

L'esprit des lois modernes s'est éloigné de l'esprit des lois qui régissent les faits de la vie réelle[1], et ces faits réels, ne pouvant pas avoir souci du chiffon de papier qui les dénature ou de l'araignée qui tisse sa toile dans le cerveau législatif, ont continué à se développer suivant les poids, les mesures et les nombres dont ils sont composés.

On dit : « Mais le fait peut être le crime ! Le fait peut être la monstruosité ! Le fait peut être l'erreur ! »

Assurément : la politique et la morale réalistes ne donnent pas les faits nus et crus pour les types et les modèles de la vie. Mais elles recommandent deux points :

D'abord considérer les lois selon lesquelles les faits réels sont enchaînés, car si les faits peuvent être vicieux ou criminels, les lois du vice et du crime ne le sont pas ; l'ordre des causes et des effets qui préside aux

1. Pour les juristes antiques, montre Michel Villey dans sa *Philosophie du droit*, le droit n'était pas le contraire du fait mais en procédait, selon la maxime latine *Jus ex facto oritur* (« le droit a son origine dans le fait », entendu comme un ensemble de données assez générales ou de comportements assez majoritaires et permanents pour qu'on puisse y voir l'expression d'une loi naturelle). Le droit moderne s'est détourné de cette conception réaliste au profit d'une approche idéaliste et subjectiviste : il ne part pas des faits, mais de droits reconnus *a priori* à tout sujet et qu'il s'agit d'imposer au réel. D'où des contradictions souvent insurmontables entre les revendications subjectives.

réalités même mauvaises n'est pas mauvais le moins du monde, il est même excellent à connaître et à calculer, connaissance et calcul qui seuls permettent l'action.

Second point, l'action n'a chance d'être sérieuse et utile qu'à la condition de viser un but défini et juste. Il ne suffit pas d'avoir un « idéal » en tête ni de se faire une idée quelconque du « droit » et du « devoir » : ce moralisme, ce jurisme, cet idéalisme doivent être conformes à la vérité idéale, morale et juridique. En d'autres termes, il faut d'abord avoir raison.

Une idée fausse est une idée fausse. La vouloir imposer au monde sous prétexte que le monde doit être gouverné par les idées est une prétention absurde dont l'application sera forcément criminelle ou funeste. Les idées ne sont pas égales entre elles. Tous les droits prétendus ne sont pas valables. Et toutes les manières de régler les mœurs ne sont pas dignes de respect. L'erreur moderne vient de cette assimilation brutale des systèmes contraires rêvés par le cerveau humain. C'est une erreur commode, assurément, pour les orateurs et pour les plaideurs. Elle autorise ceux-ci à soutenir toutes les causes. Elle permet à ceux-là de contenter tous les auditoires. Mais les peuples qui s'y confient le paient.

La propriété

La propriété est la sauvegarde naturelle de l'homme, animal industrieux plus encore que raisonnable, à qui ses besoins, sa faiblesse, le mécontentement qu'il apporte dès son berceau font un étroit devoir de transformer ce qui l'environne. Pascal a tort de se moquer de ces pauvres enfants qui disent : ce coin est à moi[1].

On ne dirait pas moi, si l'on ne disait mien. Sans propriété, l'homme est un condamné à mort.

* * *

Posséder, c'est commander, c'est disposer de soi, c'est pouvoir résister aux autres, c'est exercer une influence ne serait-ce que par réaction.

La propriété affranchit l'existence et confère une autorité au moins sur les biens de la terre et les fruits du travail.

1. Pascal semble en réalité avoir écrit : « Ce chien est à moi », mais Salomon Reinach a fait remarquer que le mot « coin » serait plus cohérent dans le contexte. La critique pascalienne du sentiment de propriété a par la suite été reprise et radicalisée par Rousseau.

L'hérédité

La nature procède le plus communément par imitation et répétition : mais elle a aussi ses innovations, ses caprices, ses initiatives. Dans ce cas elle agit avec une extrême vigueur.

Lorsqu'il lui plaît de faire naître un homme de guerre chez de paisibles magistrats, ou un marin sur une souche de vignerons, la vocation nouvelle est marquée assez fortement, elle est servie par une volonté assez ferme pour que toutes les résistances soient brisées. Mais ces résistances, ces difficultés, ont du bon. Ces épreuves sont des examens naturels, laissant passer les forts prédestinés, mais rejetant les autres dans la condition héréditaire qui leur est la plus convenable, car elle leur assure la défense et l'abri.

* * *

Comme moyen d'action vers un avenir, l'hérédité est le plus droit et le plus simple de tous.

Son utilité générale résulte du destin du producteur doué de raison, qui se reproduit avant de mourir.

La vie humaine serait indignement courte si la nature n'avait fourni aux sociétés une procédure qui transmette les fruits des travaux par le sang.

La flamme impersonnelle dont l'homme a le dépôt ne fait que le traverser pour courir à d'autres, mais délègue aux enfants qu'il procrée un pouvoir sur les biens qu'il a procréés comme eux et très souvent pour eux. La postérité inerte qui sort de ses mains sera vivifiée par sa postérité vivante.

Quand ses grands fils commencent à féconder son héritage, tout travailleur un peu amoureux de son œuvre sent avec vérité qu'il va vaincre deux fois la mort. Le pouvoir de léguer son reste donne à l'activité d'une vie bien remplie le plus haut laurier naturel.

Notons que les sociétés chrétiennes du Moyen Âge, pénétrées du sentiment surnaturel de la vie future, se sont toujours montrées extrêmement sensibles à la récompense terrestre du père dans le fils. Elles ont chanté, de toute leur âme, l'*Abraham et semini ejus in secula*[1].

Nos diverses races royales ou impériales sortent de nations ardemment convaincues de la réalité du royaume des cieux : comment des peuples moins croyants donneraient-ils moins d'attention au vœu charnel de la durée héréditaire ? Elle est leur unique défense contre le temps : ils n'ont que cette ancre à jeter sur l'abîme de l'avenir. À la rigueur, les ambitions

1. « Abraham et sa race à jamais » : extrait du *Magnificat*, dans lequel la Vierge Marie rend grâce à Dieu d'avoir honoré de génération en génération la promesse qu'Il avait faite au patriarche.

héréditaires auraient pu s'affaiblir par un brusque essor des espérances célestes ; l'inverse se comprendrait-il ?

On peut raisonner ainsi :

Si quelque Dieu caché dans le secret des cœurs ou planant sur l'abîme interplanétaire assiste, immobile et muet, ardent et tout-puissant, au développement des efforts de l'humanité, c'est sa loi même qu'il vérifie dans les choses et les hommes ; il ne peut qu'en bénir l'effet multiplié.

Mais si les espaces sont vides et si le cœur humain n'est lui-même assisté d'aucune « consolation internelle[1] », tous les bonheurs de l'être et tous les bienfaits de la vie en paraissent plus exposés à l'érosion du temps et aux coups de la mort, leur tradition, leur transmission semble donc plus précieuse dans l'immensité solitaire au perpétuel dénuement. Tout moyen de sauver ou de prolonger le tremblant effort personnel en devient plus sacré peut-être ! La pensée menacée s'en attache plus fermement à la philosophie de l'ordre et à la connaissance des lois de sa préservation. Que cet ordre succombe, le croyant garde le refuge de la Cité divine : celui qui ne croit plus subit la catastrophe de tout ce que son rêve disputait à la mort[2].

Devoir de l'héritage

Pour justifier ce que le sens commun, et la coutume maintiennent avec force, ne parlons pas droit, mais devoir.

Devoir de léguer et de tester.

Devoir d'hériter.

Ceux qu'on appelle déshérités ou prolétaires s'entendent quelquefois prêcher que cela n'est pas juste à leur point de vue. Cela est juste et bienfaisant pour tout le monde.

Le bien qui se fixe dans une famille naturelle ou légale peut avoir des sources douteuses : il se rachète et se moralise par sa fixité, par le ferme bienfait qu'il établit autour de lui en régularisant les conditions de la vie, en distribuant le travail, en rassurant, en préparant un point d'appui solide aux générations à venir.

---

1. Consolation intime ou intérieure. *L'Internelle consolation* est le titre accolé par certains éditeurs de l'ère moderne à *L'Imitation de Jésus-Christ*, célébrissime traité de dévotion de la fin du Moyen Âge.

2. Ce passage éclaire d'une lumière décisive la trajectoire intellectuelle et spirituelle de l'Occident moderne, mais aussi celle de Maurras lui-même : à la foi en Dieu se substitue la foi en la Nation (à droite) ou en l'Humanité (à gauche), deux communautés qui ont en commun de transcender l'individu et au travers desquelles il peut donc espérer se survivre de manière impersonnelle. Mais en dépit de ses tendances idolâtriques, Maurras n'a pas cessé d'aspirer à une transcendance réelle et à un salut personnel, ce dont témoigne sa poésie notamment.

Il n'y a pas de différence entre le dommage causé à la nature par la mort d'un bel animal, suivie du retour de ses éléments à la poussière universelle, et la destruction d'une fortune quelconque à la mort de son créateur.

Il y a perte sèche pour la société comme pour la nature, contraintes de recommencer un long et pénible travail.

Les organisations sociales prospères sont celles qui empêchent ces réalités de se résoudre dans le néant et qui aident à les garder de mourir tout entières : ces pourvoyeuses de la vie, étant les ennemies-nées de la destruction, ont fait de l'héritage une institution respectée, et du testament, on peut le dire, une espèce de sacrement[1].

La tradition

Tradition veut dire transmission.

* * *

La tradition rassemble les forces du sol et du sang. On la conserve même en quittant son pays, comme une éternelle tentation d'y faire retour.

* * *

La vraie tradition est *critique*, et faute de ces distinctions, le passé ne sert plus de rien, ses réussites cessant d'être des exemples, ses revers d'être des leçons.

* * *

Dans toute tradition comme dans tout héritage, un être raisonnable fait et doit faire la défalcation du passif[2].

La tradition n'est pas l'inertie, son contraire ; l'hérédité n'est pas le népotisme, sa contrefaçon.

* * *

1. La théologie catholique définit le sacrement comme le « signe sensible et efficace de la Grâce » : cette définition est transposable au testament en ce que celui-ci signifie de manière sensible (par une signature au bas d'un document) et efficace (puisque ce document a des conséquences juridiques) la grâce que fait le testateur au légataire en lui laissant ses biens.

2. C'est au nom de ce droit d'inventaire que Maurras refuse d'inclure la Révolution dans la tradition française : n'est traditionnel à ses yeux que ce qui fait vivre, non ce qui fait mourir.

Toutes les traditions ont eu un commencement et les sentiments de fidélité monarchique, s'ils remontent très haut, ne remontent point indéfiniment : ce qui a commencé peut se recommencer ; ce qui eut un point de départ peut en retrouver un second.

L'opposition de la raison et de la tradition, cela vaut l'antithèse de la réalité et de l'idée ou de l'art et de la nature, et cela peut s'assimiler à l'opposition du vinaigre et de l'huile, du doux et de l'amer, du fluide et du ferme, dans une cosmogonie de peuples enfants.

TROISIÈME PARTIE : LA CIVILISATION

Qu'est-ce que la civilisation ?

L'homme est un héritier. Peu de mots sont plus employés, peu de mots sont moins définis que celui-là. On entend quelquefois par civilisation un état de mœurs adoucies. On entend d'autres fois la facilité, la fréquence des relations entre les hommes. On imagine encore qu'être civilisé, c'est avoir des chemins de fer et causer par le téléphone. En d'autres cas, au minimum, cela consiste à ne pas manger ses semblables. Il ne faut pas mépriser absolument ces manières un peu diverses d'entendre le même mot, car chacune est précieuse : chacune représente une acception en cours, une des faces de l'usage, qui est le maître du sens des mots.

Trouver la vraie définition d'un mot n'est pas contredire l'usage, c'est au contraire l'ordonner ; c'est l'expliquer, le mettre d'accord avec lui-même. On éprouve une sorte de plaisir sensuel à survenir dans ce milieu troublé et vague pour y introduire la lumière avec l'unité.

Les faiseurs de dictionnaires ont trop à écrire pour s'encombrer sérieusement de ce souci. […] Nous pourrions dépouiller quantité de doctes volumes sans être plus avancés. Mieux vaut peut-être concentrer avec force son attention, songer aux sociétés que nous appelons barbares et sauvages, les comparer entre elles, voir leurs ressemblances, leurs différences et tâcher d'en tirer des indications.

* * *

Je vous épargnerai cette besogne d'analyse, qui risquerait de vous paraître fatigante, et ne vous en soumettrai que le résultat.

Celui-ci me paraît se défendre assez bien par l'évidence qui lui est propre.

Ne vous semble-t-il pas que le vrai caractère commun de toute civilisation consiste dans un fait et dans un seul fait, très frappant et très général ?

L'individu qui vient au monde dans une « civilisation » *trouve incomparablement plus qu'il n'apporte*. Une disproportion qu'il faut appeler infinie s'est établie entre la propre valeur de chaque individu et l'accumulation des valeurs au milieu desquelles il surgit.

Plus une civilisation prospère et se complique, plus ces dernières valeurs s'accroissent et, quand même (ce qu'il est difficile de savoir) la valeur de chaque humain nouveau-né augmenterait de génération en génération, le progrès des valeurs sociales environnantes serait encore assez rapide pour étendre sans cesse la différence entre leur énorme total et l'apport individuel quel qu'il soit.

Il suit de là qu'une civilisation a deux supports. Elle est d'abord un capital, elle est ensuite un capital transmis. Capitalisation et tradition, voilà les deux termes inséparables de l'idée de civilisation. Un capital… Mais il va sans dire que nous ne parlons pas de finances pures. Ce qui compose ce capital peut être matériel, mais peut être aussi moral[1].

L'industrie, au grand sens du mot, c'est-à-dire la transformation de la nature, c'est-à-dire le travail de l'homme, c'est-à-dire sa vie, n'a pas pour résultat unique de changer la face du monde ; elle change l'homme lui-même, elle le perfectionne, comme l'œuvre et l'outil perfectionnent l'ouvrier, comme l'ouvrier et l'œuvre perfectionnent l'outil. Le capital dont nous parlons désigne évidemment le résultat de cette triple métamorphose simultanée.

Le « sauvage » qui ne fait rien ou qui ne fait que le strict nécessaire aux besoins pressants de la vie, laisse à la forêt, à la prairie, à la brousse leur aspect premier. Il n'ajoute rien aux données de la nature. Il ne crée point, en s'ajoutant à elles, un fort capital de richesses matérielles. S'il a des instruments ou des armes, c'est en très petit nombre et d'un art aussi sommaire que primitif… Mais cet art, étant très sommaire, n'exige pas non plus, comme le fait toute industrie un peu développée, des relations multiples et variées entre voisins, congénères, compatriotes. Il contracte, sans doute, comme en toute société humaine, des mœurs, mais rudimentaires : elles sont sans richesse ni complexité. La coopération est faible, la division du travail médiocrement avancée : les arts et les sciences sont ce que sont l'industrie et les mœurs. Tout le capital social en est réduit à son expression la plus simple : ni pour le vêtement, ni pour l'habitation, ni pour la nourriture l'individu n'obtient des sociétés qui le forment autre chose que les fournitures essentielles ou les soins indispensables. Le fer fut longtemps ignoré ; on assure même qu'il y a des sauvages qui n'ont aucune idée du feu.

1. À rapprocher de la notion de patrimoine immatériel, reconnue depuis 2003 par l'Unesco.

* * *

Mais les capitaux particuliers à l'état sauvage ont encore cette misère d'être fragiles et bien rarement sujets à durer. C'est la hutte qu'il faut reconstruire sans cesse. C'est la ceinture ou le pagne d'écorce sèche. C'est la provision à rassembler quotidiennement. Aucun moyen d'éterniser les acquisitions. Je ne parlerai même pas de l'écriture ! Mais les langues parlées ne supportent qu'un très petit nombre d'associations de pensées. Il y a des secrets utiles précieux, découverts par fortune[1] ou selon d'ingénieuses observations personnelles, ils sont sujets à se perdre irréparablement dans la nuit. Point de mémoire collective, point de monument, nulle continuité.

Ou l'on se fixe, et le mouvement naturel des choses de la terre, qui se renouvellent sans cesse, ne s'arrête pas d'effacer méthodiquement toute trace de chaque effort. Ou l'on erre de lieux en lieux, et la course de l'homme vient ajouter sa turbulence aux autres causes de déperdition et d'oubli. Chaque tentative de constituer en commun des capitaux solides est exposée à des risques indéfinis.

La tradition n'est pas absente, parce qu'il n'y a point de société sans tradition, ni d'hommes sans société : mais elle est au plus bas. L'individu ne pourrait subsister sans elle : parce qu'elle est misérable et faible, la faiblesse et la misère des individus sont évidentes ; cependant, en présence d'un si maigre héritage, le nouveau venu peut se considérer, sans qu'il ait trop à rougir du peu qu'il apporte en regard de ce qu'il reçoit. S'il doit beaucoup à la société, il lui serait possible de la rendre sa débitrice.

* * *

Mais, tout au contraire, le civilisé, parce qu'il est civilisé, a beaucoup plus d'obligations envers la société que celle-ci ne saurait en avoir jamais envers lui. Il a, en d'autres termes, bien plus de devoirs que de droits.

Et quand je parle, en ceci, des civilisés, je ne veux point parler d'un de ces favoris de la nature et de l'histoire qui, nés Français, ou Italiens, ou Espagnols, ou même Anglo-Saxons[2], bénéficient des plus brillants, des plus heureux et des plus merveilleux processus du genre humain.

---

1. Par hasard.

2. On voit ici la hiérarchie que Maurras établit entre les peuples d'Europe occidentale : il place en tête les Latins (qu'il classe par ordre d'importance politique décroissante), puis les Anglo-Saxons, dont le vocabulaire et la tradition philosophique doivent beaucoup à la latinité *via* la colonisation romaine, la conquête normande et l'empire Plantagenêt. Les Germains ne sont pas mentionnés parce que extérieurs à la latinité, postule Maurras – de manière au demeurant contestable, puisque l'ouest du monde germanique a été soumis à Rome. Précisons enfin que cette hiérarchie n'est sans doute pas définitive à ses yeux, car la civilisation se transmet, s'acquiert, s'accroît ou le cas échéant régresse.

Je ne désigne même pas le membre d'une de ces petites nationalités secondaires qui participent, par leur position dans l'espace ou dans le temps, à nos vastes développements généraux.

Au-delà même de diverses clientèles de notre civilisation occidentale, l'étendue et l'immensité du capital accumulé, l'influence du nôtre crée des réserves trop nombreuses, trop puissantes, trop bien transmises, et trop éclatantes pour qu'il ne soit pas tout à fait ridicule d'y opposer, ou d'y comparer la frêle image d'un nouveau-né à peine distinct de sa mère. En des cas pareils, il est certain que l'individu est accablé par la somme des biens qui ne sont pas de lui et dont cependant il profite dans une mesure plus ou moins étendue. Riche ou pauvre, noble ou manant, il baigne dans une atmosphère qui n'est point de nature brute, mais de nature humaine, qu'il n'a point faite, et qui est la grande œuvre de ses innombrables prédécesseurs directs et latéraux, ou plutôt de leur association féconde et de leur utile et juste communauté.

Non, ne comparons pas des incomparables. Prenons plutôt des civilisations moins avancées, encore inachevées et barbares, où le chœur des idées, des sentiments et des travaux ne fait que bégayer ses antiques paroles : les âges héroïques, les tribus aux premiers temps de leur migration, ou les cités aux premiers jours de leur édifice, ou la mer aux jours de ses premiers matelots, les champs aux premiers jours de leur défrichement. Quel capital démesuré représentent le simple soc incurvé d'une charrue, la toile d'une voile, la taille d'un quartier de roc, le joug d'un chariot, l'obéissance d'un animal de course ou de trait ! Quelles observations, quels tâtonnements signifient les moindres données précises sur les saisons, sur la course des astres, le rythme et la chute des vents, les rapports et les équilibres ! Non seulement aucun homme isolé ne peut comparer son savoir au savoir général qu'exprime ceci, mais jamais une génération unique, en additionnant ses efforts, ne réaliserait rien de tel. Du point de vue individuel, si ce point de vue était admissible pour une intelligence et pour une raison humaine, on ne saurait voir une bêche ni une rame sans vénération : les deux pauvres outils passent infiniment ce que peut concevoir une imagination solitaire, à plus forte raison ce que peut accomplir un art personnel.

Comme les bêches et les rames se sont multipliées et diversifiées, comme les instruments de l'industrie et cette industrie elle-même n'ont cessé, par une activité séculaire, de s'accroître et de s'affiner : ainsi les civilisations accroissent, perfectionnent leurs ressources et nos trésors. Le petit sauvage était nourri par sa mère et dressé par son père à certains exercices indispensables. Rien de durable autour de lui, rien d'organisé. Ce qu'il avait de vêtements, on le lui cueillait ou il l'empruntait de ses mains aux arbres et aux herbes.

Ainsi du reste. Mais, autour de l'homme civilisé, tout abonde. Il trouve des bâtiments plus anciens que lui et qui lui survivront. Un ordre est préparé d'avance pour le recevoir, et répondre aux besoins inscrits soit dans sa chair, soit dans son âme. Comme les instruments physiques sont appropriés à la délicatesse des choses, il est des disciplines, des sciences et des méthodes qui lui permettent d'éclairer son image du monde et de se conduire lui-même. Je n'examine pas s'il a plus d'heur ou de malheur, car c'est une question tout à fait distincte de celle qui se pose ici ; je suis simplement forcé de constater qu'il a, beaucoup plus qu'un sauvage, la figure et l'attitude d'un débiteur.

Sa dette envers la société est à peu près proportionnée à l'intensité de sa vie : s'il vit peu, il doit relativement peu ; mais s'il profite des nombreuses commodités que ses contemporains, les ancêtres de ces derniers et les siens propres ont accumulées à son service, eh bien, sa dette augmente dans la même large proportion. Mais, dans un cas comme dans l'autre, il n'a point à espérer de la solder : quelques services que rende un individu à la communauté, il peut être vénéré par ses successeurs, c'est-à-dire rangé au nombre des communs bienfaiteurs de la race, mais, au point du temps où nous sommes, il ne s'acquittera jamais envers les devanciers. Inventez le calcul différentiel ou le vaccin de la rage, soyez Claude Bernard, Copernic ou Marco Polo[1], jamais vous ne paierez ce que vous leur devez au premier laboureur ni à celui qui fréta la première nef. À plus forte raison le premier individu venu et, comme on dit, l'Individu, doit-il être nommé le plus insolvable des êtres.

* * *

Mais, de tous ces individus, le plus insolvable est sans doute celui qui appartient à la civilisation la plus riche et la plus précieuse. S'il y a donc une civilisation de ce genre, ses membres débiteurs par excellence pourront tous se définir par ce caractère.

Nous devrions, je crois, protester contre une erreur assez commune du langage. On dit très indifféremment la civilisation et les civilisations. Non, cela n'est point la même chose du tout. Il y a en Chine une civilisation : c'est-à-dire un capital matériel et moral que l'on se transmet. Il y a des industries, des arts, des sciences, des mœurs. Il y a des richesses, des monuments, des doctrines, des opinions, des qualités acquises, favorables à la vie de l'être humain. Même phénomène aux Indes, au Pérou, si on le veut, à certains égards, au fond de l'Afrique, où se fondèrent des royautés puissantes, et dans les îles de l'Océanie. Ce qui est exceptionnel, sur la planète, ce n'est peut-être pas un certain degré de civilisation, mais plutôt une certaine sauvagerie. L'homme est conservateur, accumulateur, capitalisateur et traditionniste d'instinct. Quelque développées que soient pourtant ces différentes civilisations, elles ne sont pas, à proprement dire, la Civilisation.

La Civilisation ne sera définissable que par l'histoire. Il y eut un moment, dans les fastes du monde, où, plus inventif et plus industrieux

1. Soit un grand médecin, un grand astronome et un grand explorateur.

qu'il ne l'avait jamais été, l'homme s'aperçut néanmoins que tant d'art s'épuisait en vain. À quoi bon, en effet, majorer le nombre des biens et la quantité des richesses ? Toute quantité est susceptible d'accroissements nouveaux, tout nombre d'une augmentation indéfinie. Le merveilleux, le sublime, le grandiose ou l'énorme, tout ce qui dépend de la quantité ou du nombre des éléments utilisés, ne peut promettre à l'avidité de l'homme que déception. Une tour ou une colonne de cent pieds peut être haussée de cent autres pieds qui, eux-mêmes, peuvent être multipliés de même manière. Qu'est-ce donc que ces progrès tout matériels ? Ni en sciences, ni en art, ni même pour les simples commodités de la vie, cet amas de choses n'est rien. Plus il s'enfle, plus il excite, en nous désespérant, nos désirs.

Un poète, un pauvre poète tard venu dans un âge de décadence et qui assistait à la baisse de la Civilisation, Baudelaire, n'a pas mal défini la nature insatiable d'un désir qui essaye de se satisfaire par le nombre de ses plaisirs :

La jouissance ajoute au désir de la force.
Désir, vieil arbre à qui le plaisir sert d'engrais,
Cependant que durcit et grandit ton écorce,
Tes branches veulent voir le soleil de plus près
Grandiras-tu toujours, grand arbre plus vivace
Que le cyprès[1] *?...*

Les vers sont assez médiocres. Le sentiment est vrai, l'idée est profonde. Oui, le désir grandira toujours et, avec lui, la peine, le déboire et l'inquiétude. Les civilisations, en imposant leur dette à l'homme, ne lui promettront cependant qu'une course absurde et sans fin jusqu'à ce qu'il éprouve le sentiment de « l'infinie vanité de tout », comme disait l'infortuné Leopardi[2].

Mais, lorsqu'ils ont senti cette vanité des recherches, les Grecs n'ont pas voulu admettre qu'elle fût infinie. Ils ont cherché un terme à la course perpétuelle. Un instinct merveilleux, beaucoup plus que la réflexion, ou plutôt si l'on veut, un éclair de raison surhumaine ou divine leur a fait sentir que le bien n'était pas dans les choses, mais dans l'ordre des choses, n'était pas dans le nombre, mais dans la composition, et ne tenait nullement à la quantité, mais à la qualité. Ils introduisirent la forte notion des limites[3], non seulement dans l'art, mais dans la pensée, dans la science des mœurs. En morale, en science, en art, ils sentirent que l'essentiel ne tenait point aux matériaux, et, tout en employant les matières les plus précieuses, ils y appliquaient leur mesure. L'idée du « *point de perfection et de maturité* » domina ce grand peuple aussi longtemps qu'il resta fidèle à lui-même[4].

---

1. Baudelaire, « Le voyage » (*Les Fleurs du mal*).
2. Poète italien du XIXe siècle hanté par le tragique de la condition humaine.
3. Thème récurrent chez Maurras : voir les préfaces du *Chemin de Paradis* et d'*Anthinéa*, p. 135 et 145 de la présente édition.
4. Maurras reprend un fragment des *Caractères* de La Bruyère : « Il y a dans l'art un point de perfection comme de bonté ou de maturité dans la nature. » Les Grecs,

Le roi Salomon croyait faire de la science en dressant la nomenclature des plantes depuis la plus ténue jusqu'à la plus haute[1] : un Grec, Aristote, nous enseigna que ce catalogue de connaissances n'est qu'un point de départ, qu'il n'y a point de science véritable sans ordre et que l'ordre de la science n'est ni celui de la grandeur, ni celui de la petitesse. De même les artistes d'Égypte et d'Asie envoyèrent en Grèce des échantillons de leur savoir-faire ; en se développant sur cette terre et dans cette race favorisées, les modèles orientaux témoignèrent que l'art ne consiste pas à faire des colosses, ni à déformer la nature en grimaces de monstres, ni à la copier du plus près qu'il soit possible jusqu'au succès de la ressemblance parfaite : l'art grec inventa la beauté. Et pareillement, dans le gouvernement de soi-même, les moralistes enseignèrent que le bonheur ne tient pas à l'infinité des éléments que l'on s'approprie, ni non plus à l'avare sécheresse d'une âme qui se retranche et veut s'isoler[2] ; il importe que l'âme soit maîtresse chez elle, mais il importe aussi qu'elle sache trouver son bien et le cueillir en s'y élevant d'un heureux effort. La philosophie grecque aborda ainsi la vertu.

Cette Civilisation tout en qualité s'appela seulement, dans ses beaux jours, la Grèce. Elle fut Rome qui la dispersa dans l'univers, d'abord avec les légions de ses soldats et de ses colons, ensuite avec les missionnaires de la foi chrétienne[3]. Les deux Romes[4] conquirent de cette sorte à peu près le monde connu et, par la Renaissance, elles se retrouvaient et se complétaient elles-mêmes, quand la Réforme interrompit leur magnifique développement[5].

Les historiens et les philosophes sans passion commencent à évaluer exactement quel recul de la Civilisation doit exprimer désormais le nom

eux, exprimaient leur idéal de mesure par la formule « Rien de trop » (*Medèn agan*). Ils s'en détournèrent pendant l'ère hellénistique, caractérisée par un goût croissant pour le gigantisme et l'expression débridée des passions.

1. Fait mentionné dans la Bible, au Premier livre des Rois, mais de façon bien trop allusive pour autoriser Maurras à discréditer la science du roi Salomon : la volonté de rabaisser la pensée juive pour valoriser la pensée grecque est ici évidente.

2. Maurras critique ici l'ascétisme et le mysticisme individualistes qu'il croit percevoir dans les mentalités sémitiques.

3. La foi chrétienne serait donc l'héritière d'Athènes et de Rome : de fait, la formulation du mystère de la Trinité, qui constitue l'une de ses différences spécifiques d'avec le judaïsme et l'islam, a emprunté les catégories de la philosophie grecque ; de fait aussi, l'organisation de l'Église s'est moulée sur les structures de l'Empire romain, au point que le pape a repris le titre de pontife. Mais Maurras escamote purement et simplement le substrat juif du christianisme, ce qui est tout aussi absurde que d'en évacuer la dimension gréco-latine.

4. La Rome impériale et la Rome catholique.

5. Thème récurrent dans la pensée de Maurras : le protestantisme, d'origine germanique, est à ses yeux une rechute dans l'anarchie juive dont Athènes et Rome auraient sauvé l'Occident.

de la Réforme[1]. Nous devons en France de profondes actions de grâce au bon sens de nos rois et de notre peuple qui, d'un commun effort, repoussèrent cette libération mensongère. C'est leur résistance qui a permis le développement de notre nationalité au XVIe, au XVIIe siècle et même au XVIIIe siècle : si complet, si brillant, d'une humanité si parfaite que la France est devenue l'héritière légitime du monde grec et romain. Par elle la mesure, la raison et le goût ont régné sur notre Occident : outre les civilisations barbares, la Civilisation véritable s'est perpétuée jusqu'au seuil de l'âge contemporain.

Malgré la Révolution, qui n'est que l'œuvre de la Réforme reprise et trop cruellement réussie[2], malgré le romantisme qui n'est qu'une suite littéraire, philosophique et morale de la Révolution, on peut encore soutenir que la civilisation montre en ce pays de France d'assez beaux restes : notre tradition n'est qu'interrompue, notre capital subsiste. Il dépendrait de nous de le faire fleurir et fructifier de nouveau.

Un nouveau-né, selon Le Play, est un petit barbare. Mais, quand il naît en France, ce petit barbare est appelé à recevoir par l'éducation un extrait délicat de tous les travaux de l'Espèce. On peut dire que son initiation naturelle fait de lui, dans la force du terme, un homme de qualité.

Quelques-uns de nos voisins et de nos rivaux s'en doutent... Les Allemands sont des barbares, et les meilleurs d'entre eux le savent[3]. Je ne parle ni des Moscovites, ni des Tartares. Le genre humain, c'est notre France, non seulement pour nous, mais pour le genre humain. Les devoirs qu'elle a envers lui peuvent mesurer nos obligations envers elle[4].

* * *

De l'état de sauvagerie à l'état de civilisation barbare, de l'état de barbarie civilisée à l'état de Civilisation plénière, je me suis efforcé d'établir une suite de définitions qui soient claires. Je ne prétends pas en déduire une morale, ni les règles de la justice. Un gouvernement fort peut en tirer, pourtant, les principes d'une direction intellectuelle et civile.

---

1. C'était par exemple la thèse du catholique britannique Chesterton, contemporain de Maurras, pour qui le pessimisme anthropologique de Luther et ses attaques contre la raison, qu'il qualifiait de « putain du Diable », ont déterminé une énorme régression intellectuelle et morale.

2. Réforme et Révolution ont en commun le dogme du libre examen, comme l'ont volontiers souligné les protestants libéraux.

3. Maurras songe probablement à Goethe, mais certains passages de Nietzsche – ainsi lorsqu'il dit préférer la musique méditerranéenne de Bizet à la musique germanique de Wagner – vont dans le même sens.

4. Cette contestable pirouette permet à Maurras d'évacuer la tension entre sentiment national et sentiment universaliste.

Le progrès

Il ne faut pas croire au progrès général du monde. Il y a des progrès. Il y en a eu, et d'immenses, il peut y en avoir. Il n'y a pas d'avance régulière ni d'amélioration croissante, automatique des valeurs humaines dans le genre humain[1]. L'homme historique (car on sait à peine ce que c'est que l'homme préhistorique) est partout le même, ou très peu s'en faut[2]. Un point a été gagné, un seul, au Moyen Âge, par la prédominance d'un pouvoir spirituel reconnu de toute la République chrétienne, l'unité de ce pouvoir unique[3].

Ôtez cette unité vivante[4], comment voulez-vous que procèdent les rivalités de passions et d'intérêts multipliées par l'inintelligence ou la mésintelligence profonde des idées, des préjugés, des croyances, des langues[5] ?

Le train du monde n'est pas une courbe régulière ascendante, ni d'ailleurs descendante[6], c'est une ligne brisée, avec des hauts, avec des bas.

* * *

Il s'en faut que notre pensée se soit accélérée moitié autant que la vitesse de nos trains[7], et notre joie de vivre, si elle a augmenté, n'a point correspondu à la variété croissante des distractions et des tentations qui s'offrent à nous.

Sous l'universel changement qui nous abuse et nous enivre se cache quelque grande et profonde loi d'immobilité ou tout au moins d'équivalence compensatrice dans l'oscillation des divers changements…

---

1. Récusation des philosophies progressistes issues de l'hégélianisme, notamment le marxisme, mais aussi d'un certain discours darwinien.
2. C'est cette permanence globale de la nature humaine qui rend la connaissance de l'histoire si précieuse pour la politique, estime Maurras, qui reprend en l'occurrence une idée remontant à Thucydide.
3. Allusion au rôle arbitral que la papauté jouait dans l'Europe médiévale. Maurras prend bien soin de rappeler que son pouvoir était de nature spirituelle, car un pouvoir unique de nature temporelle représenterait une menace mortelle pour la nécessaire et féconde diversité du monde.
4. Vivante précisément parce qu'elle ne niait pas les réalités sur lesquelles elle s'appliquait, mais tentait de les organiser, de les fédérer.
5. La réponse est que ces rivalités, ne pouvant plus être arbitrées, débouchent sur la guerre à outrance : voir *Kiel et Tanger*, p. 541 de la présente édition.
6. Maurras renvoie dos à dos progressisme et « déclinisme », deux fatalismes qui rendent inutiles la réflexion et l'effort humains.
7. C'est l'une des explications de la catastrophe de 1914 : le progrès des transports a accéléré le processus de mobilisation, qui a pris de court les diplomates et ne leur a pas laissé le temps de désamorcer la machine infernale. Internet pose aujourd'hui des problèmes analogues.

… Rien peut-il rompre l'équilibre mystérieux, sans lequel la fortune et le plaisir de l'homme iraient déjà au ciel ?

* * *

Le désir et l'espoir du progrès humain, c'est-à-dire d'une continuité de gains collectifs, gardés d'âge en âge et dont la somme l'emporterait toujours sur la somme des pertes, me paraissent des sentiments d'un ordre excellent et qu'il convient de cultiver, en même temps que de surveiller, dans les jeunes âmes.

Mais rien n'assure que ce désir et cet espoir doivent être vérifiés dans les faits. En d'autres termes, je ne vois aucun moyen d'établir sainement comme un principe de philosophie naturelle, que le progrès humain soit fatal, ni non plus que, depuis deux mille cinq cents ans, depuis l'année de l'achèvement du Parthénon[1], si l'on veut, les hommes pris en corps ou, si l'on préfère, l'humanité occidentale ait fait aucun progrès sensible. On dit que le signe évident du progrès est un respect croissant des légères formes vivantes[2]. Je ne crois pas qu'on puisse estimer un progrès le respect de la hache pour le criminel homicide[3].

Que renferme l'idée de progrès ?… La persuasion où l'on est que les arts, les sciences et tout l'œuvre humain vont toujours du même pas est l'une des plus florissantes de nos idées reçues. C'est par elle, sur elle qu'on juge, qu'on induit et déduit… Sur elle reposent des systèmes entiers d'histoire artistique et morale.

C'est en vertu de cette idée qu'on veut à toute force établir que nos ancêtres du Moyen Âge, excellents architectes, devaient être de bons poètes bien qu'ils fussent assez médiocres en poésie. Et c'est d'après la même idée qu'on impose au vieil Homère un art, une langue et un goût de barbarie, les joailliers, les potiers et les statuaires de son époque étant encore plongés dans cette barbarie, bien qu'on ne puisse comparer sans injustice la divine grâce d'Homère au bégaiement de l'art mycénien.

* * *

Cette fausse idée de Progrès, telle qu'elle se pose dans les cervelles lettrées (elle a une expression plus sommaire chez l'ignorant), cette idée résulte donc d'une double opération d'anthropomorphisme.

1. Maurras fait de ce monument athénien le symbole même de la Grèce classique, qui représente à ses yeux une perfection inégalée.
2. Autrement dit de la vie humaine.
3. L'abolition de la peine de mort est pour Maurras un signe de décadence, non de civilisation.

1. On imagine chaque temps comme un être unique, dont toutes les parties sont des organes solidaires qui se développent d'une façon simultanée et concordante ;

2. On conçoit les temps successifs comme une suite d'accroissements réguliers continus de la même personne...

Ces deux conjonctures gratuites ont d'ailleurs rendu des services appréciables aux philosophes qui savaient l'art de les manier. Feignons un moment de les adopter l'une et l'autre. Elles ne suffisent pas à justifier l'idée du progrès comme on la formule aujourd'hui, car il reste à prouver quelques autres petites choses.

* * *

Si l'humanité forme un être unique et si chacune de ses phases forme un vivant système et un tout bien lié, rien ne prouve, premièrement, que cet être n'est pas d'un autre règne de la nature dans lequel la courbe à trois termes (naissance, développement et décadence) est remplacée par quelque autre rythme soit plus simple, soit plus complexe, par exemple des alternances d'éveil et de sommeil ainsi qu'on en observe chez quelques infusoires, ou tout régime de succession et de mouvement que l'on voudra imaginer.

Si l'on sacrifie cette première difficulté et qu'on admette que la loi de l'humanité soit celle que suivent les animaux supérieurs, rien ne prouve, secondement, que notre espèce n'ait point dépassé le point fixe de la maturité et que, cette saison de perfection, d'apogée et de plénitude ayant été jadis atteinte, nous ne venions sur le déclin.

Il faudrait donc, pour affermir l'idée de progrès, ajouter cette troisième conjecture, tout au moins aussi gratuite que les autres :

3. Ce grand Être[1] dont nous discernons l'unité dans chaque époque et dans la suite des époques est en deçà de l'âge mûr et sa croissance dure encore.

Je sais bien qu'on peut éviter ce postulat en recourant à celui-ci :

3 *bis*. C'est un grand Être d'une sorte particulière, qui a le pouvoir de se développer indéfiniment.

Le parti semble fort commode. Mais remarquez qu'en l'adoptant on change brusquement de méthode : après avoir prêté à l'humanité les deux premières phases de la vie de chacun de nous, naissance et organisation, on lui refuse la troisième et, lâchant brusquement cet anthropomorphisme ou ce zoomorphisme, on l'imagine comme un Dieu. On l'absout de la dégénérescence, on la délivre de vieillir, on la tient quitte de mourir, on lui suppose des forces inépuisables ; on lui donne la perspective du

1. Terme appliqué à l'humanité par Auguste Comte : voir dans le présent volume l'étude que Maurras lui a consacrée.

mouvement perpétuel, du perfectionnement sans limites... Voilà un remarquable défaut d'esprit de suite en un calcul qui exigerait le plus grand luxe de rigueur logique et de vigilance critique.

* * *

Il est vrai que cet acte d'incohérence est fructueux.

En niant la possibilité de la décadence, on désarme à l'avance toute critique. Rien n'autorise cet acte de foi dans le progrès indéfini du genre humain, assertion invérifiable ; mais rien non plus ne le dément.

Alléguer les pertes ou les déficits évidents et les régressions manifestes ne servirait qu'à susciter une distinction spécieuse entre les apparences et la réalité. Dire que notre globe ou que le soleil qui l'éclaire, en se refroidissant, diminueront et finalement ruineront les conditions de la vie humaine, c'est vouloir se faire répondre que le génie humain suppléera aux insuffisances de l'avare nature : les terres, les soleils voisins nous fourniront le calorique nécessaire, et nos neveux maîtres des espaces du ciel en seront quittes pour troquer cette médiocre demeure contre un astre plus beau, quand elle sera devenue inhabitable. Il leur suffira de savoir vaincre par la raison un petit sentiment de chauvinisme cosmographique.

* * *

Je répète donc qu'une foi rigoureuse, ingénieuse et peu délicate en matière de preuves défendra toujours le vieux dogme du Progrès, formulé en ces termes contre tous les assauts des esprits examinateurs. Mais cette foi est d'ordre mystique, non « scientifique », bien qu'elle ait usurpé souvent le dernier titre. On acquiert cette foi, comme je vous l'ai exposé, par un changement de méthode qui constitue une faute de logique : on s'y maintient par l'imagination et le sentiment.

Peut-être donc qu'il conviendrait aux progressistes de déployer moins d'arrogance et moins d'orgueil envers la foi religieuse des âmes les plus simples ; car, en somme, la leur ne diffère à aucun degré ni en aucun point de la foi du charbonnier lorsqu'elle repose sur le postulat que j'ai dit.

* * *

Laisseront-ils le postulat de la croissance illimitée et se rangeront-ils à cette conjecture que la race humaine soit un jeune organisme à peine échappé de l'enfance ? Ceci est plus logique, mais non pas plus certain. Il est fort bien de concéder au sens commun que notre genre humain, conçu comme un être vivant, est condamné un jour à périr comme le fruit quand il a mûri ; mais que la fleur soit à peine achevée, que le bouton ne fasse que d'éclore, voilà qui est moins assuré.

Toutefois, l'opinion demeurant invérifiable, prendrait quelque valeur et mériterait de la considération si elle était enracinée dans la pensée de la plupart des hommes. On pourrait y voir un signe de verdeur et de nouveauté, et un indice de la secrète jeunesse du monde, analogue à ce bouillonnement de verte sève sous l'écorce noirâtre et dénudée encore, à laquelle parviennent les souffles du premier printemps. Ici le sentiment, bien constaté partout, ferait une grave raison.

Pourquoi faut-il que ce sentiment soit presque introuvable ? C'est de vieillesse que se plaignent tous les hommes, si jeunes soient-ils, et si nouveaux que soient leurs groupes dans l'histoire ; l'adolescence, avec ses troubles, ses chaleurs et ses espérances diffuses, ne s'accuse ni dans leurs actes, ni dans leurs discours. Partout, même chez nous, lorsqu'on parle instinctivement et qu'on suit la nature, c'est les Anciens que l'on invoque, c'est du Passé qu'on tire sa gloire ou sa richesse, c'est dans l'Expérience que les savants comme les ignorants se réfugient et se retranchent en cas de difficultés.

Si l'on écoute le cœur de l'humanité, elle ne semble se souvenir que de l'Âge d'or ou du premier Paradis. Ce sentiment de mélancolique regret est général ; ce qui est fort peu répandu, au contraire, ce qui est exceptionnel, particulier à un peuple, à une caste, en un moment très limité de leur histoire, par exemple aux Français de la Révolution et de l'Empire, aux Anglo-Saxons contemporains, aux marchands de porcs américains vers 1868, à quelques électriciens d'aujourd'hui, c'est cette forte foi, qui confine à l'ivresse, dans l'avenir de leur race ou de leur métier, dans les progrès du genre de civilisation que leur rang représente ou que crée leur effort. Encore baisse-t-il, et laisse-t-il voir l'origine artificielle, livresque et scolaire de ses nuées et de ses fumées.

Pourquoi ne pas laisser son nom à l'espérance ? Pourquoi du juste orgueil des espaces terrestres et célestes vaincus, de la nature maîtrisée et humanisée, vouloir à toute force exprimer un dogme que rien n'autorise ?

QUATRIÈME PARTIE : LA SCIENCE POLITIQUE

Politique d'abord

Quand nous disons « politique d'abord », nous disons la politique la première, la première dans l'ordre du temps, nullement dans l'ordre de la dignité. Autant dire que la route doit être prise avant que d'arriver à son point terminus ; la flèche et l'arc seront saisis avant de toucher la cible ; le moyen d'action précédera le centre de destination.

De la biologie à la politique

Les idées issues des sciences de la nature et de la vie ont d'abord joué, dans le siècle écoulé, un rôle historique important ; rôle excitateur et libérateur qui est loin d'être achevé[1].

Beaucoup d'esprits, rencontrant d'une part certains aphorismes de politique courante, et les trouvant en opposition directe avec les principes qui règlent tout le reste de la nature, ont été amenés ainsi à examiner ces aphorismes : la nature est-elle constituée sur un principe et la société humaine sur un principe opposé ? ou les deux principes sont-ils les mêmes ? ou, sans être les mêmes et sans être contraires, ces principes ne sont-ils pas tout à la fois analogues et différents ? Voilà le problème que la biologie a puissamment contribué à poser et à bien poser. Qu'elle ait, par la suite, donné lieu à des confusions, qu'elle ait fait prendre de simples analogies, souvent lointaines, pour des identités[2], soit ! Mais les services primitifs n'en sont pas moins inoubliables.

Les uns ont été provisoires, et les autres sont permanents. Les idées biologiques ont agi par suggestion en mettant la science politique en état de bien saisir, par ses moyens, l'essence de l'hérédité *politique*, de la sélection *politique*, de la continuité *politique*. Elles ont en outre fourni et elles fourniront des contributions matérielles, qu'il est évidemment impossible de négliger : car, quelque distincte que soit l'hérédité politique de l'hérédité biologique, des rapports nombreux entre les deux ordres de fait découlent de ce que l'être social, l'homme, est aussi un être vivant, et soumis aux lois de la vie.

La science politique est autonome : cela ne veut pas dire qu'elle soit sans communication avec les autres sciences. La sociologie est distincte de la biologie : cela ne veut pas dire que ce soient deux étrangères sans rapport.

* * *

Une société peut tendre à l'égalité, mais, en biologie, l'égalité n'est qu'au cimetière.

Plus l'être vit et se perfectionne, plus la division du travail entraîne l'inégalité des fonctions, laquelle entraîne une différenciation des organes et leur inégalité, même l'inégalité de leurs éléments, de quelque identité originelle que ces éléments primitifs se prévalent : l'égalité peut être au bas degré de l'échelle, au départ de la vie, elle est détruite par les progrès de la même vie. Le progrès est aristocrate.

---

1. Allusion au darwinisme, entre autres.
2. Maurras se rallie donc au troisième des aphorismes qu'il vient de poser.

Cela ne prouve certes pas (pas encore) que notre progrès social doive s'accomplir de même manière que le progrès animal, aux dépens de l'égalité des individus ; cela ne prouve pas (pas encore) que les fonctions et les organes de l'État doivent être inégaux. Toutefois, cela introduit dans les esprits réfléchis, avec les notions claires des démarches constantes de la nature, le sentiment que ces démarches ne sont pas du tout celles que nous propose le dogme révolutionnaire. Ces esprits réfléchis sont ainsi conduits à hésiter entre deux conjectures : peut-être existe-t-il dans la nature universelle un règne humain, établi comme un empire dans un empire et dont la réglementation générale, différant de toutes les autres lois naturelles, leur est tout à fait opposée et en comporte le renversement absolu ; peut-être aussi, car la première hypothèse peu vraisemblable choque toutes les idées du temps, peut-être cette vue révolutionnaire est-elle fausse et le statut du genre humain doit-il faire aussi une large part aux lois d'autorité et de hiérarchie qui sont la providence visible des autres êtres.

* * *

Autant la méthode biologique comportait de danger si on l'eût maniée au titre de preuve, autant elle offre d'intérêt comme stimulant de la réflexion et instrument de la découverte, les idées sociales découvertes par cette voie pouvant être vérifiées et démontrées par une autre voie.

Ne craignons pas de trop accorder à l'analogie dans cet ordre. Elle est la reine de l'investigation pour toutes les disciplines du savoir[1]. Quelque différence qu'il y ait entre l'intestin, le foie, le cerveau chez l'homme et chez les divers mammifères, personne n'hésite à instituer entre ces organes des observations et des comparaisons dont profite la connaissance. Comment les lois très générales qui sont valables pour tous les degrés de l'être, depuis le bathybius[2] jusqu'au chimpanzé, n'auraient-elles aucun sens pour l'humanité ! Cela reviendrait à dire que le rocher, la plante, la bête sont des êtres pesants, mais que l'être humain n'a rien à voir avec la balance et les poids. L'unité du plan de la vie s'interromprait absolument et sous tous les rapports au seuil de la société humaine.

Même en admettant que nous soyons placés en dehors de la série animale, pétris et façonnés d'un autre limon que tout ce qui vit, est-il

1. L'analogie jouait un rôle central dans les philosophies antique et médiévale, qui ont tant marqué Maurras. Elle implique une vision hiérarchique du monde, puisqu'elle consiste à repérer une correspondance entre des entités se situant à des degrés différents, comme l'indique le préfixe grec *ana*, qui désigne un mouvement ascendant. Selon le philosophe Jean-François Mattéi, l'analogie est suspecte à la pensée démocratique, qui préfère procéder par mouvement descendant ou « catalogie » (ravalement des entités apparentées au même niveau, selon le principe du catalogue).

2. Substance découverte dans les fonds marins et dont le biologiste britannique Huxley crut à tort qu'elle formait transition entre la matière et la vie.

moralement possible que nous n'ayons aucune sorte d'affinité avec cette nature qui nous enveloppe et nous presse ? Les précautions banales qui empêchent de mourir l'universalité des races animées ne prendraient pas la moindre part à la sauvegarde de notre vie ! Si les « sublimes animaux », chers au poète romantique[1], sont aptes à nous offrir des modèles de stoïcisme moral, il serait tout au moins raisonnable de ne pas refuser non plus leurs leçons de persévérance dans l'être, de résistance matérielle, de prospérité et de durée physiques. Tel est au surplus le réflexe spontané de l'esprit humain : la sagesse des nations ne s'en est jamais privée ; ses fables, ses dictons ont souvent fait valoir les rapports parallèles des membres et de l'estomac, des rois et des nations. Les langues humaines identifient couramment le corps social et le peuple, les têtes et les chefs. Pure présomption ? Peut-être.

L'immense ratification générale apportée par les sciences de la nature n'est pareillement qu'une présomption. Mais cette présomption est corroborée. Car dès qu'on aborde l'étude directe, l'histoire propre des phénomènes spéciaux à l'homme, la doctrine aristocratique et monarchique est démontrée à sa place et à sa manière. Comte et Fustel peuvent confirmer Taine et Bourget[2], les lois spécifiques qui gardent de la mort l'homme en société ne sont pas celles des abeilles et des fourmis, elles sont du même ordre, de la même famille et s'accordent à refouler tout système de démocratie dans les causalités du mal et de la mort.

Dès lors, toutes les présomptions qui avaient annoncé ou fait pressentir la preuve directe, l'enveloppent de ce doux rayonnement d'évidences persuasives qui sont à la vérité, contemplée face à face, ce qu'est le jeu flatteur de la phosphorescence aux flèches rectilignes, aux coups droits de la lumière pure. Celle-ci fait son œuvre, le reste tient la place du plus utile des ornements.

Les lois

D'après Comte, la politique, fille de la biologie, enferme, comme une autre science, des lois précises, antérieures et supérieures aux volontés des hommes : c'est par rapport à ces lois naturelles que les législations doivent être jugées.

Une juste loi politique n'est point *une loi régulièrement votée*, mais une loi qui concorde avec son objet et qui convient aux circonstances[3]. On ne

1. Extrait du poème de Vigny « La mort du loup ».

2. Comte et Fustel représentent ici la philosophie et l'histoire, Taine et Bourget les emprunts des sciences humaines aux sciences naturelles.

3. Ce passage éclaire la célèbre distinction maurrassienne entre le pays légal (celui des lois régulièrement votées) et le pays réel (qui pâtit des lois régulièrement votées si celles-ci vont contre ses vrais besoins).

la crée pas, on la dégage et on la découvre dans le secret de la nature des lieux, des temps et des États.

* * *

Les formules politiques ne sont pas des gaufriers, et si les lois des nations, comme les lois du monde et de l'homme, sont immuables, il faut voir que toutes les situations de l'histoire et de la géographie sont originales.

Elles ont quelque chose d'unique qui doit être traité comme tel.

* * *

Il ne s'agit nullement de *lois du* DEVENIR, *de lois du mouvement des sociétés, de lois de leur* DYNAMISME, *mais bien des lois de leur* ÉTAT.

Il ne s'agit pas de déterminer *la* loi (jusqu'ici inappréhendée) suivant laquelle s'est ou se serait opérée l'évolution du genre humain ou de l'Occident civilisé, loi qui, si elle était connue, permettrait une déduction générale de l'avenir[1].

Non : il s'agit *des* lois suivant lesquelles se présentent certains faits, qui ont coutume de ne point surgir séparément.

Lois comparables à celles dont la nature et le laboratoire suivent l'action chaque jour. Elles consistent en liaisons constantes, et telles que, l'antécédent donné, on peut être sûr de voir apparaître le conséquent. Par exemple, l'élévation de l'eau à cent degrés et le phénomène de l'ébullition. Par exemple, l'avènement de l'élection démocratique et le phénomène de la centralisation. On peut empêcher l'eau de s'échauffer à cent degrés, où elle bout : on ne peut l'empêcher d'y bouillir. On peut empêcher la démocratie élective de se produire : si elle se produit, on ne peut l'empêcher de centraliser.

Autant la recherche des lois du *devenir* des sociétés semble avoir donné jusqu'ici des résultats flottants, chanceux, discutables, stériles, autant la poursuite des *constantes* régulières et des lois *statiques* se montre certaine et féconde. Ce que l'on raconte de leur complexité n'est qu'un sophisme paresseux. Qu'est-ce qui n'est pas complexe ? Quelle complexité bien étudiée ne rentre pas tôt ou tard dans le simple ? Ce qu'on ajoute pour exclure la connaissance politique de la vérité afin de la réduire à une vague vraisemblance vient de pauvres esprits trop intéressés à ne pas savoir.

Car s'il est vrai que l'expérience politique, au sens strict, est pure observation historique et échappe à une expérimentation proprement dite, c'est-à-dire, et cela va sans dire, à l'expérience du cabinet de chimie, il

1. C'est cette démarche que suit notamment le marxisme en érigeant la lutte des classes en principe à la fois explicatif et prédictif de l'évolution historique.

est vrai que cette large et claire expérience du passé épanche sur le théoricien politique un rayon de lumière dont le chimiste ne connaît point l'équivalence et que le physicien doit supposer et calculer. Le théoricien politique observe la suite et l'enchaînement des faits. Mais, d'autre part, ce qu'il sait de l'homme lui permet de saisir aussi ce qui engendre ces événements : le jeu intérieur des passions, des idées, des intérêts humains se montre à lui pur et nu, de sorte que son observation ne s'arrête pas aux signes, aux phénomènes, elle en saisit les raisons d'être, les génératrices. Dès lors l'historien ne se contente pas de voir et de faire voir que la démocratie électorale a pour effet de centraliser, il dit pourquoi cette chaîne est constante. Son observation est aussi une explication : le pouvoir né du vote est obligé, pour ne pas périr, de s'assurer des votants ; rien n'étant plus à craindre pour ce pouvoir que les libertés de ces votants, il est automatiquement induit à les confisquer une à une[1]. Cette psychologie serait sensible à la raison. Mais elle est attestée d'ailleurs, motifs et mobiles, par les discours et les écrits des contemporains de l'événement observé. Impossible de raconter le fait sans faire des allusions à ce qui se passe dans la tête et le cœur de ceux qui l'ont produit.

Dans le laboratoire de l'Histoire universelle, l'homme se trouve être sujet et objet de l'expérience. Mais cette situation paradoxale est peut-être ce qui donne aux conclusions de l'histoire politique une valeur qui n'appartient pas à celles du chimiste. Le chimiste en est réduit à des conjectures sur ce qui se passe à l'intérieur des corps interrogés ; l'historien et le politique connaît *par le dedans* comme les atomes les plus secrets de la cause spirituelle des réactions dont il est le témoin[2].

— Soit ! Mais alors, quel profit à cette connaissance ?

— Eh bien ! si nous possédions la loi d'évolution du monde et la courbe gubernatrice[3] de l'avenir, il nous serait facile de dire *absolument* : à telle date, en telle circonstance, tel événement sera.

Nous n'avons pas cette Loi, mais nous avons des lois, des constantes et celles-ci nous permettent de dire : si ceci arrive, cela arrivera. Telle cause posée, tel effet jaillira : ce point noir sur l'horizon marin annonce tel et tel orage. Si le Nombre des voix gouverne, l'Argent gouvernera après lui ; si la démocratie paraît, voici que viendra la ploutocratie. Où naît la démocratie, naîtra la centralisation, etc., etc.

* * *

1. Point développé plus loin, dans la section « La république démocratique et parlementaire "est" la centralisation ».

2. Raisonnement déjà présent chez Vico, philosophe napolitain du XVIIIe siècle dont la pensée annonce à bien des égards celle de Maurras, comme l'a souligné Pierre Boutang.

3. Qui gouverne.

Revenons sur nos pas. Si la politique peut être objet de science, il faut bien que les institutions primitives ne naissent point d'actes personnels comme les volontés, d'une convention, d'un contrat débattu entre des entités indépendantes, maîtresses de leur sort. Le postulat de la science positive, c'est que les sociétés soient des faits de nature et de nécessité. Mais, dès les débuts de cette jeune science, le postulat s'est vérifié. On n'a point trouvé trace du contrat primitif, ni du primitif solitaire, toute société humaine est apparue la contemporaine de l'homme. La loi, la loi civile et politique elle-même, est apparue un *rapport découlant de la nature des choses* conformément à la définition de Montesquieu[1] et contrairement à la définition démocratique de la Déclaration : « La loi est l'expression de la *volonté générale*[2]. » Rapport de convenance ou rapport de nécessité, la loi échappe à l'arbitraire : elle ne se décrète point librement, mais ressort de l'examen de situations qui ne dépendent pas de cette « Liberté ».

Tel fut le premier mot de la science politique à peine formée.

Le second mot qu'elle écrivit ne fut pas moins considérable, car ce fut le mot d'organisation.

Quand les Français seront devenus dignes de comprendre la portée et la profondeur du langage qu'ils ont hérité de leurs pères, ils ne diront plus *organisation*, ils retourneront au mot propre et diront *ordre*. Au lieu d'*organiser*, les verbes *ordonner* ou *mettre en ordre* prévaudront.

* * *

Un troisième mot d'une importance infinie est prononcé par la science politique. Elle enseigne que les sociétés qu'elle examine ne se composent nullement d'individus, mais de familles.

L'individu n'est pas une unité sociale[3]. La famille constitue seule cette unité. Les sociétés ne sont pas faites pour un âge d'homme[4] : elles se développent au-delà. Jusqu'à quel point ? Nous ne savons…

Mais l'existence de cette large vie qui nous enveloppe et qui nous soutient ne fait pas de doute. Pratiquement les sociétés sont peut-être des immortelles. Je ne vois pas pourquoi les plus fortes ne dureraient pas

1. Au chapitre premier de *L'Esprit des lois*.
2. Article 6 de la Déclaration des droits de l'homme et du citoyen.
3. C'est une unité biologique, comme l'indique l'étymologie, qui renvoie à son indivisibilité : l'individu est un être vivant que l'on ne peut couper en morceaux sans le blesser ou le tuer. C'est pourquoi, rappellera plus loin Maurras, un animal ou une plante sont des individus.
4. C'est-à-dire : pour la durée d'une vie d'homme.

autant que le genre humain. En tout cas, pour les concevoir, il faut les concevoir historiquement.

* * *

Un quatrième point s'établit dans la science politique, c'est le critère des sociétés. Quel est-il ? Une vie prospère[1]. Le Play invoque à chaque instant les exemples des sociétés prospères.

Ce fut surtout suivant ce critère empirique, et d'après l'état de la France et de l'Europe contemporaine qu'ont été jugés et condamnés les principes démocratiques et révolutionnaires par Renan, Taine, Balzac, Bonald, Burke, Macaulay[2], quelques autres.

La politique en arrive donc à se définir : *la science et les conditions de la vie prospère des communautés*. Un principe mortel, ou qui entraîne la diminution de la santé et de la prospérité générales, se trouve donc réfuté, désavoué automatiquement par cette science.

L'empirisme organisateur

Depuis l'âge où l'on croit penser, je n'ai jamais imaginé que les théories fissent naître les institutions. Mais, il est vrai, je ne saurais non plus contester la puissance d'une doctrine juste dans l'esprit d'un homme d'État, aucun fatalisme historique n'ayant jamais été mon fait. Si l'on veut, j'eus des « théories », et si l'on veut, j'en ai encore : mais, de tout temps, ces théories ont mérité leur nom, qui en montre la prudence et l'humilité, elles s'appellent l'*Empirisme organisateur*, c'est-à-dire la mise à profit des bonheurs du passé en vue de l'avenir que tout esprit bien né souhaite à son pays.

L'examen des faits sociaux naturels et l'analyse de l'histoire politique conduisent à un certain nombre de vérités certaines, le passé les établit, la psychologie les explique et le cours ultérieur des événements contemporains les confirme et les reconnaît ; moyennant quelque attention et quelque sérieux, il ne faut pas un art très délié pour faire une application correcte de ces idées, ainsi tirées de l'expérience, et que les faits nouveaux dégagés d'une expérience postérieure ont les plus grandes chances de vérifier.

La déduction est en ce cas la suite naturelle des inductions bien faites[3]. Le sens critique éveillé dans la première partie de l'opération n'éteint pas

1. Par quoi Maurras n'entend pas seulement l'aisance économique, mais aussi l'harmonie sociale, la fécondité intellectuelle et artistique, etc.

2. Les deux derniers noms de cette énumération montrent la dette de Maurras envers le conservatisme britannique.

3. Maurras a en tête la formule comtienne « Induire pour déduire afin de construire » ; voir dans le présent volume *Auguste Comte*.

son flambeau pendant les mystères de la seconde puisqu'il est convoqué au départ et à l'arrivée.

* * *

Nous ne sommes pas métaphysiciens[1]. Nous savons que les besoins peuvent changer. Il peut y avoir un moment où les hommes éprouvent la nécessité de se garantir contre l'arbitraire par des articles de loi bien numérotés. Il est d'autres moments où cette autorité impersonnelle de la loi écrite leur paraît duperie profonde.

Dans le premier cas, ils réclament des constitutions.

Dans le second cas, les statuts leur paraissent importer de moins en moins, c'est à la responsabilité vivante des personnes qu'on s'intéresse, et à leur action.

* * *

La méthode qui me sembla toujours la mieux accordée aux lois de la vie n'a jamais délivré un quitus général au « bloc » de ce que les Pères ont fait. En accordant à leurs personnes un respect pieux, l'esprit critique se réserve d'examiner les œuvres et les idées.

Mais l'esprit critique voit clair : l'esprit révolutionnaire ne sait ni ne veut regarder : *Du passé faisons table rase*, dit sa chanson[2]. Je hais ce programme de l'amnésie.

Non, point de table rase. Cependant, libre voie !

L'histoire

Notre maîtresse en politique, c'est l'expérience.

* * *

L'expérience ressemble à la Muse, elle est la fille de Mémoire[3].

* * *

1. Autre marque d'allégeance à Comte : pour Maurras, la politique relève d'une approche positiviste, d'où sa critique de l'idéalisme démocratique, qui n'est à ses yeux qu'une mauvaise métaphysique.

2. Extrait de *L'Internationale*.

3. Dans la mythologie grecque, les Muses, inspiratrices des arts, sont les filles de Zeus, le roi des dieux, et de Mnémosyne, déesse de la mémoire.

L'histoire n'est pas une épreuve de cabinet : cependant ses répétitions indéniables, en des circonstances tantôt identiques et tantôt diverses, permettent de dresser, avec une rigueur satisfaisante, des tableaux de présence, d'absence et de variations comparables à ceux qui favorisent le progrès de l'étude de la nature. On a beau soutenir sur le papier, qui souffre tout, l'*originalité* absolue, l'*unicité* des phénomènes historiques. Ils sont originaux, ils sont uniques, mais leur suite ne l'est pas.

Bainville admirait le tableau des monotones « suites » du monde et les stables vertus du composé humain[1]. Les va-et-vient de l'histoire portent des constantes telles que, bien conduite, elle permet des prévisions sans souffrir de dérogations.

L'expérience de l'histoire contient la science et l'art de ce genre de découvertes : si nulle idée préconçue n'en a réglé le développement, le résultat s'est trouvé être et est de plus en plus favorable aux idées de contre-révolution, d'antilibéralisme, d'antidémocratie. L'expérience de l'histoire est pleine des charniers de la liberté et des cimetières de l'égalité.

La constante humaine enseignée par l'histoire. L'art de bien veiller sur la sécurité des peuples rejoint les principes directeurs de tous les arts élémentaires ; la première vérité dont un philosophe ou un magistrat doive se pénétrer est que le monde se modifie avec une extrême lenteur, si toutefois il se modifie. Les parties variables sont les moins importantes. Ce qui importe apparaît constant. C'est sur les grands traits généraux de la constance humaine qu'il est urgent de nous régler toutes les fois que nous songeons à quelque arrangement d'avenir.

À force de nous montrer des masses qui *évoluent* et des aspects qui se *transforment*, on nous cache les ouvriers de l'évolution et les artisans de la transformation. Sans les chefs, sans les saints, sans les héros, sans les rois, l'histoire est inintelligible[2]. Une nation se compose de nations, une race de races, un État d'États. Qu'il s'agisse de la féodalité, des communes ou de l'Église, la vraie vie n'est point dans les membres successifs, accidentels et éphémères, mais dans les liaisons invisibles qui donnent à l'ensemble quelque unité. C'est de cela, non d'autre chose qu'il faut écrire l'histoire : l'histoire de France et non l'histoire des Français.

L'histoire universelle en son détail est impossible. La loi d'ensemble qui la simplifierait et la condenserait en une grande et forte leçon, cette loi générale ne me paraît pas découverte. L'historien utile sait isoler un fait, circonscrire une action, décrire un personnage : le fait, l'action,

---

1. Voir Jacques Bainville, *La Monarchie des Lettres*, édition établie et présentée par Christophe Dickès, Robert Laffont, coll. « Bouquins », 2011.

2. Maurras prend ici le contre-pied de l'école des Annales, en plein essor au moment où il écrit.

le personnage qui peuvent permettre de saisir un *comment* des choses humaines. Le champ de notre expérience en est augmenté et nous sommes mieux en mesure de comprendre et d'interpréter les faits présents et à venir.

Bien que les cas, les faits soient en nombre infini, si cependant vous connaissez avec un peu de détail et à fond la manière dont Chicago, Athènes et Quimper-Corentin[1] se sont développés, vous avez la chance de vous rendre compte aisément de la courbe suivie par la plupart des autres villes et des autres États. Certes, il faut toujours vous attendre à quelque surprise : la nature et l'histoire sont pleines de pièges tendus à la fatuité des mortels. Mais cette vérité est aussi contenue dans l'histoire d'Athènes, de Quimper et de Chicago…

Si, pour faire une fable, vous prenez dans la main une pincée de sable et que vous écoutiez le murmure confus des atomes innombrables, vous vérifierez si vous êtes sage, que, sur cent voix, quatre-vingt-dix-neuf conseillent *d'avoir confiance*. La centième dit *méfie-toi*, et le double conseil est juste, rien ne se faisant sans critique, rien sans foi.

La société

Conditions de vie de la société. Il est bien vrai qu'un très petit nombre d'individus exceptionnellement distingués et puissants transforment une société : ils ne le font qu'en transformant les institutions ou la religion, mais ce n'est jamais en modifiant une à une chaque tête de l'infini troupeau des individus.

« L'individu » en tant que tel, abstrait, l'individu considéré comme unité indifférente pouvant être Pierre ou Paul également, l'individu paraît composer la société ; en réalité, il ne la fait pas : il est fait et défait par elle.

Les individus agissants ne sont pas des individus. Ce sont des personnes. En s'y prenant très bien, en suivant les règles d'un art délicat et profond, en profitant de l'heure, en bénéficiant des situations, placées en un mot sur les points les plus propices, sachant faire jouer les *junctura rerum*, les points de conjonction des choses, ces personnes d'élite modifient et réforment le milieu social, et de là seulement il peut résulter pour « l'individu » des progrès correspondants, qui lentement acquis s'incorporent en lui d'âge en âge.

Le mythe égalité. L'égalité ne peut régner nulle part ; mais son obsession, son désir, établissent un esprit politique directement contraire aux besoins vitaux d'un pays : l'esprit démocratique tue la discipline militaire

1. Appellation de Quimper sous l'Ancien Régime : Corentin, nom du premier évêque du lieu, avait été ajouté à celui de la ville pour la distinguer de localités homonymes. La Révolution supprima naturellement cette référence chrétienne, que Maurras rétablit non moins naturellement.

et le peuple a besoin d'une armée ; l'esprit démocratique, par l'envie qu'il distille, tue la concorde civile, la cordialité, la paix entre particuliers, et le peuple a besoin de concorde, de paix, de cordialité.

* * *

Dans un État puissant, vaste, riche et complexe comme le nôtre, chacun assurément doit avoir le plus de droits possible, mais il ne dépend de personne de faire que ces droits soient égaux quand ils correspondent à des situations naturellement inégales. Quand donc, en un tel cas, la loi vient proclamer cette égalité, *la loi ment*, et, les faits quotidiens mettant ce mensonge en lumière, ôtant aux citoyens le respect qu'ils devraient au régime politique de leur pays, ceux-ci en reçoivent un conseil permanent d'anarchie et d'insurrection.

L'Association : fait de nature. Qu'est-ce que l'Association ? Y a-t-il un « droit » d'association pour l'individu ? Ne serait-il pas plus exact de dire qu'il y a pour lui un devoir, une obligation et, parlons en meilleur français, une *nécessité d'association* dans tous les cas où il peut vivre ?

Allons plus loin. L'individu forme-t-il la société ? La produit-il ? Où ? N'est-ce pas, au contraire, la société qui forme l'individu ? N'est-il pas partout son produit ?

Considérons encore le monde des êtres qui vivent. Il y a des espèces (elles sont très inférieures) où l'individu détermine une sorte de société ; ce sont les espèces où la reproduction s'opère par voie de scissiparité. Un être, dont toutes les parties semblent homogènes et presque identiques, se partage en deux, voilà deux êtres tout semblables. Ce n'est point le cas de l'animal supérieur ; là, il faut un couple, il faut deux individus très différents pour produire un troisième individu. Cet être nouveau ne naît pas d'*un générateur, ni même de deux générateurs, mais plus exactement de la société de ces générateurs. L'association est autre chose que l'addition des associés.* [...]

Mais, dans le genre humain, d'une part le nouveau-né est si faible, d'autre part il est appelé à de tels degrés de développement que la société ne le quitte jamais. Elle le reçoit et le continue, elle l'a précédé et elle le suit [...].

L'homme associé, tout à la fois groupé et isolé, réglé et libéré par l'association, n'est sans doute pas absolument meilleur que l'homme individuel ; il est tout simplement plus apte à une vie supérieure, à la vie de société. Il ose moins pour son caprice. Il a plus d'intérêt à oser pour le bien commun, la communauté qui le presse étant petite et le bien de la communauté plus proche du sien[1].

---

1. Maurras, marqué par l'héritage du mouvement fédéraliste provençal, anticipe la maxime *Small is beautiful.*

* * *

L'âge de l'association recommence. Les syndicats, les corps, les communautés et les compagnies de tout genre seront à ce XXe siècle ce que les cathédrales ont été au XIIe. La masse collective est devenue si forte qu'aucun individu ne se sentira de courage, de vie, de sûreté et par conséquent de bonheur qu'autant qu'il s'y verra fortement encadré, soutenu et discipliné dans une collectivité *secondaire* à laquelle le puissent rattacher toutes les fibres de sa chair et tous les ressorts de son âme.

Et, si l'on veut savoir le fond de ma pensée, je dirai qu'il en a toujours été ainsi dans tous les temps où l'homme a vécu normalement. L'anarchie générale du XIXe siècle a forgé aux meilleurs un cerveau révolutionnaire dans lequel se déforme la notion naturelle du moi humain. Le vrai moi, le moi spontané, est un nous, ou n'a pas de sens[1].

Un homme habitué à réfléchir avec rigueur et qui fait le compte de tout ce qu'il est d'autre que soi est terrifié de l'exiguïté et de la misère de son petit domaine strictement propre et personnel. Nous *sommes* nos ancêtres, nos maîtres, nos aînés. Nous *sommes* nos livres, nos tableaux, nos statues ; nous *sommes* nos paysages[2], nous *sommes* nos voyages, nous *sommes* (je finis par le plus étrange et le plus inconnu), nous *sommes* l'infinie république de notre corps, qui emprunte presque tout ce qu'il est de l'extérieur et qui le distille en des alambics dont la direction et le sentiment même nous échappent complètement.

* * *

La société n'est certes pas un grand animal dont les individus ne seraient que les cellules subordonnées[3]. Mais elle n'est pas non plus une de ces « mises en commun » de volontés que l'on appelle, en Droit, des associations.

La société n'est pas une association volontaire : c'est un agrégat naturel.

Elle n'est pas voulue, elle n'est pas élue par ses membres. Nous ne choisissons ni notre sang, ni notre patrie, ni notre langage, ni notre tradition. Notre société natale nous est imposée. La société humaine fait partie des besoins de notre nature. Nous avons seulement la faculté de

---

1. Maurras a en tête la trajectoire intellectuelle de son ami Barrès, passé de l'individualisme au nationalisme au fur et à mesure que ses romans mettaient au jour le soubassement collectif du « moi ».

2. Voir le poème « Où suis-je ? », p. 424 de la présente édition.

3. Critique implicite du totalitarisme.

l'accepter, de nous révolter contre elle, peut-être de la fuir sans pouvoir nous en passer essentiellement.

* * *

Pour l'esprit réaliste, averti par l'histoire, s'il n'est pas déformé par une fausse histoire du Droit, la vraie garante du droit individuel s'appelle d'abord la société, ensuite l'association.

Ayez une société solide, et dans laquelle le premier noyau social, la famille, soit fort : les droits primordiaux, qu'ils soient religieux, domestiques ou scolaires, auront leur ligne de repli et de défense.

Ayez des associations puissantes, des associations de métier notamment, et les autres droits essentiels trouveront leur assiette et fondement.

Ayez un État bien construit et ces droits distincts, divers, parfois en conflit, ne feront pas de la cité leur champ de bataille, parce que l'ordre public se trouvera aussi pourvu d'un garant de chair et d'os, son magistrat intéressé et responsable. Hors de là, vous n'aurez rien que partis qui se battront, intérêts qui s'entretueront.

* * *

Dans une société bien faite, l'individu doit accepter la loi de l'espèce, non l'espèce périr de la volonté de l'individu.

* * *

Une législation individualiste ne considérant que l'individu, sans tenir compte de la position qu'il occupe dans le monde, de sa famille, de sa classe, de son pays, de son travail, cette législation prétend sauver en premier lieu et faire respecter les droits de chacun. Elle inscrit, en effet, en très beaux caractères, cette maxime que de pareils droits sont infiniment respectables et qu'il faut les saluer très bas. Mais chaque individu, isolé au nom de la loi, se trouve incapable d'assurer l'exercice de ces fameux droits. Le voilà livré, sans défense, aux quelques organisations qui ont pu se créer en dépit de la loi ; leur échappe-t-il, il retombe sous les puissances de l'État, qui ont la loi pour elles par-dessus le marché.

* * *

Au point de vue du bonheur et de la défense de chacun, il n'est rien de plus important que ces sociétés secondaires et intermédiaires, celles qui garantissent le foyer, la vie locale et le métier. Mais pour qu'elles existent et résistent, il faut un autre pouvoir.

* * *

Il suffit de rien pour détruire. Il faut des années d'efforts, de labeur, de patience pour créer. Le sale souffle d'un rhéteur suffit à ruiner. La croissance des sociétés est plus lente que celle de l'embryon, du nourrisson et de l'enfant ; leur chute est relativement plus rapide encore que celle de l'être vivant que supprime une balle ou un coup de couteau.

L'État

La famille fonde l'État puisque, d'une part, la population n'existe que par elle, et que, d'autre part, c'est elle qui distingue la société politique des autres : société qui ne se recrute point par la volonté de ses membres, mais normalement par voie de génération, société où l'on naît et se reproduit[1]. Je suis membre de l'État français à cause de mon père, de ma mère et de leurs parents. Je puis ratifier ou décliner cette condition, *je ne la crée pas, et c'est elle qui me crée.* Les enfants adoptifs qui s'agrègent par d'autres voies à la grande famille française ne le font que parce qu'il y a un premier État français, famille de familles, engendré naturellement[2].

* * *

Toute doctrine de l'État dispensateur et distributeur de droits sera dissoute par cette simple observation que la société, tant spirituelle que temporelle, est antérieure, tant logiquement qu'historiquement, à l'État.

* * *

L'État et la société sont choses distinctes. La société commence à la famille, sa première unité. Elle se continue dans la commune, l'association professionnelle et confessionnelle, la variété infinie des groupes, corps, compagnies et communautés, faute de quoi toute vie humaine dépérirait. L'État n'est qu'un organe, indispensable et primordial, de la société.

---

1. Maurras suit ici Aristote qui, dans *Les Politiques*, définit la cité comme un ensemble de villages, le village comme un ensemble de familles et la famille comme le fruit de l'union d'un homme et d'une femme en vue de la procréation. La famille est donc bien la communauté prépolitique de base.

2. « Toute cité est naturelle puisque les communautés premières dont elle procède le sont aussi », écrit Aristote dans *Les Politiques.* Famille, village, cité sont pour lui comme pour Maurras les cadres dans lesquels l'homme peut atteindre son bonheur, c'est-à-dire sa finalité naturelle d'animal politique et social.

* * *

L'État, quel qu'il soit, est le fonctionnaire de la Société[1].

* * *

L'État, quand il est bien institué, n'a presque pas affaire aux individus[2]. C'est sur les sociétés dont il a la charge, et c'est aussi sur leurs rapports mutuels, que s'exercent ses principaux attributs : seuls les criminels, avec les héros et les saints, personnalités d'exception, ont des rapports avec l'État qui a le droit de connaître ces anomalies, ou pour les honorer, ou pour les châtier. Ajoutons à la liste des personnes en commerce direct avec l'État, le petit nombre des fonctionnaires, y compris les armées de terre et de mer. Pour tout le reste, un État normal laisse agir, sous son sceptre et sous son épée, la multitude des petites organisations spontanées, collectivités autonomes, qui étaient avant lui et qui ont chance de lui survivre, véritable substance immortelle de la nation.

Dans ces sphères distinctes, douées de privilèges aussi variés que leurs fonctions, se développera, non l'introuvable « Individu » qui n'y fleurit ni tous les vingt-cinq ans, ni tous les cent ans, ni jamais[3], mais la faune et la flore humaines des individus différents, bien nourris de leur territoire, préservés par cet air de leur classe et de leur pays, et stimulés aussi par l'atmosphère des groupes facultatifs auxquels leur honneur, leur intérêt ou leur plaisir les a régulièrement agrégés.

Du « cercle » de petite ville à l'Institut de France, il y a une série de groupes. L'individu y trouve des droits proportionnés à son rang et à ses services, à sa dignité et à sa valeur. Ainsi le moindre de nos compatriotes est-il privilégié du destin. Riche ou pauvre, il est patricien puisqu'il participe à la noble qualité de Français et qu'il jouit ainsi des puissantes prérogatives et de l'immense patrimoine matériel et moral mis gratuitement à sa disposition par tout ce qu'ont fait ses aïeux.

De leur œuvre immémoriale, entretenue et continuée par la tradition, découlent toutes les vertus, toutes les valeurs individuelles dont la nature n'avait fourni que le germe : la volonté, la liberté, le sentiment, la raison au degré où la société française a su élever tout cela. Fleur de la culture

1. On est là au cœur de l'opposition entre la pensée fédéraliste de Maurras et le totalitarisme fasciste, pour qui, disait Mussolini, « Rien d'humain ni de spirituel n'existe hors de l'État ».

2. Tel n'est pas le cas aujourd'hui, puisque l'État dispose d'une masse considérable de données sur tout un chacun.

3. On a vu *supra* que l'individu au sens où l'entend l'individualisme contemporain n'existe pas pour Maurras, car à ses yeux l'homme est avant tout un être social.

française, l'individu français n'en est certainement ni le principe, ni le but, ni la racine, ni le fruit.

* * *

Les souvenirs, les haines, les amours que les simples particuliers ne peuvent entretenir de façon constante, un État les prend à son compte, il en tient registre, registre qu'il met à jour de manière à exercer tous les droits, à soutenir tous les intérêts, à poursuivre tous les devoirs qui y sont relevés. Dans un État normal, les émotions publiques ne sont pas de simples coups de sensibilité, balayés, remplacés au premier vent contraire : elles deviennent la matière et la substance d'actes utiles, elles servent à recouvrer et à restaurer ce qui a pu être perdu par la communauté.

La raison d'État. La raison d'État est dans la nature des choses. Mais tant vaut un État, tant vaut sa raison.

La raison d'un État placé au-dessus des partis s'inspire des nécessités supérieures de l'existence de la nation.

Un État créé par les partis, ballotté entre les partis, n'a d'autre raison que celle qu'il peut avoir : elle est courte, bornée, successive, contradictoire. Elle couvre les intérêts particuliers au lieu de défendre les intérêts généraux.

Distinctions entre la morale et la politique

On ne peut point baser un raisonnable calcul politique sur l'espérance que le monde entier se trouvera un jour retourné dans le sens de la bonté.

* * *

La politique n'est pas la morale. La science et l'art de la conduite de l'État n'est pas la science et l'art de la conduite de l'homme. Où l'homme général peut être satisfait, l'État particulier peut être déconfit.

* * *

L'ordre de la politique et l'ordre de la conscience sont distincts. La conscience humaine poursuit des fins spirituelles, elle cherche le salut individuel. La politique, qui s'en tient au temporel, s'intéresse à la vie prospère des communautés ; elle détermine les conditions générales du bien public dans les groupes naturels que forment les hommes. Elle relève donc, comme ces groupes, d'un ensemble de Lois naturelles. Étant donné ces lois, qu'elle s'attache à discerner et à formuler avec toute la netteté de la science, elle trace et éclaire la conduite des politiques, à peu près comme la physiologie, la pathologie et la thérapeutique inspirent et dirigent la conduite des médecins.

* * *

Comme il y eut des phénomènes purement chimiques ou physiques dans l'organisation d'un Descartes ou d'un saint Vincent de Paul, toute société se construit suivant des nécessités naturelles dont il s'agit de connaître exactement l'essence, non d'affirmer ou de contester la justice et le bien-fondé. Nous ne savons s'il est juste qu'un fils ne puisse choisir son père, ou qu'un citoyen soit jeté dans une race avant d'en avoir manifesté le libre vœu, le libre choix. Nous savons que les choses ne sont pas maîtresses de se passer autrement. Est-il juste qu'une opinion bien intentionnée, quand elle est absurde, puisse perdre un État ? Peut-être, mais, pour le salut de cet État, l'important ne sera point de décider si la chose est juste, mais de la connaître pour l'éviter. L'infaillible moyen d'égarer quiconque s'aventure dans l'activité politique, c'est d'évoquer inopinément le concept de la pure morale, au moment où il doit étudier les rapports des faits et leurs combinaisons.

La morale se superpose aux volontés : or, la société ne sort pas d'un contrat de volontés, mais d'un fait de nature.

* * *

En examinant la structure, l'ajustage et les connexités historiques et sociales, on observe la nature de l'homme social (et non sa volonté), la réalité des choses (et non leur justice) : on constate un ensemble de faits dont on ne saurait dire après tout s'ils sont moraux ou immoraux, car ils échappent de leur essence à la catégorie du droit et du devoir, puisqu'ils ne se rapportent pas à nos volontés.

* * *

Il n'existe point de relation directe entre la perfection morale et la perfection des formes politiques, celle-ci étant liée à des objets bien étrangers à la moralité des hommes, comme la condition géographique ou économique de leur terroir.

* * *

Scipion s'impose par la douceur[1] ; or, il est *moralement* très bon d'être doux. Annibal s'impose par la terreur[2], or il est *moralement* très mauvais de semer l'effroi. Mais ce n'est pas en tant que puissances morales que la terreur ici, et là, la douceur ont agi. Elles ont agi dans une autre sphère, en tant que puissances de sentiment. Un cartésien dirait qu'Annibal aussi bien que Scipion se trouvent dans l'ordre mécanique bien plus que dans l'ordre moral : c'est par des impressions en quelque sorte machinales que ces deux généraux ont été puissants et heureux : la douceur de l'un et la terreur de l'autre correspondaient aux situations que l'un et l'autre visaient. Intervertissez les situations, donnez à Annibal les peuples que Scipion sut dompter par sa bonne grâce, il les soulèvera unanimement contre lui et ainsi se perdra peut-être ; donnez à Scipion les peuples qu'Annibal subjuguait par la rigueur, et sa mansuétude pourra bien ne leur inspirer que rébellion. En d'autres termes la tendresse et la dureté, la douceur et la violence, avant d'être des forces morales, sont des forces, et c'est en tant que forces qu'elles agissent en politique, heureuses ou malheureuses suivant le degré, l'instant, ou le lieu de l'application. Qu'est-ce à dire ? Que la bonté, ni au demeurant la malice, n'ont pas de vertu propre dans l'ordre des succès et des revers militaires ou politiques : quand un honnête homme est vainqueur, ce n'est pas l'honnêteté qui est victorieuse, ni la méchanceté quand c'est le méchant qui remporte. Ce domaine de la fortune politique est soumis à des lois particulières et spécifiques.

Du gouvernement

Organiser. [...] Organiser signifie différencier[3]. Différencier est le contraire d'égaliser. Une *nation* se compose de gens qui sont *nés* ici et non là[4]. Elle implique naissance, hérédité, histoire, passé. Elle constitue une première objection au rêve babélique de l'anarchie.

J'entends dire que pour organiser il faut détruire. Oui, dans l'ordre des faits une fois accomplis. Mais pour entraîner les esprits, pour les induire à réaliser un projet, l'ordre est inverse : il faut organiser avant de détruire et si l'on veut réussir à détruire.

---

1. Scipion l'Africain, adversaire d'Annibal dans la deuxième guerre punique, sut se concilier les populations espagnoles par sa mansuétude.

2. Les sources romaines insistent sur la cruauté d'Annibal, mais sans doute relèvent-elles en partie de la littérature de propagande.

3. Organiser signifie étymologiquement créer des organes et un organe se définit par la fonction spécifique qu'il remplit dans un organisme. Il est donc par principe différent d'un autre organe.

4. « La cité est une communauté déterminée que forment les gens semblables », écrit Aristote dans *Les Politiques* ; il admet certes qu'elle puisse accueillir des étrangers, mais à condition que ces derniers ne soient pas assez nombreux pour subvertir l'identité de la cité.

Tel est le sens de la parole attribuée généralement et, je crois, à tort, à Danton : « L'on ne détruit ce que l'on remplace. » Le mot serait digne de ce fonctionnaire de l'ancien régime, l'un des rares esprits politiques de la Révolution[1]. Pour changer ce qui existe, il faut avoir en tête autre chose que le décret d'un gouvernement provisoire et d'un appel au peuple. Les conceptions inconsistantes et mal définies ne poussent jamais à l'action. Tout au moins en imagination l'homme veut du solide et du précis.

Du vice de la discussion. L'art de faire traîner la discussion entre ceux qui savent et ceux qui ne savent pas est le plus élémentaire de tous les arts. Nous l'avons toujours pratiqué, enfants, au collège :

— Mais… Alors… Si…

Il suffit des trois petits mots dix fois et vingt fois répétés. Ils répondent à tout, et ils peuvent mener partout. Sans doute, le savoir est outillé pour dissiper un par un ces doutes de mauvaise foi, pour tout remettre dans le bon chemin ou dans le vrai jour. Mais ce travail fastidieux représente une énorme perte de temps, une égale déperdition de forces, sans compter qu'il produit nécessairement au-dehors cet ébranlement de la confiance, cet arrêt plus ou moins net des enthousiasmes qui s'élançaient. Telle est l'œuvre naturelle de la critique, quelle qu'elle soit, quand elle est développée dans les assemblées ou devant des publics nombreux. Il ne faut que quelques secondes pour les émissions de voix destructrices, il faut des heures et des heures pour reconstruire patiemment les vérités particulières les mieux dégagées par les compétences techniques : parfois même les plus robustes vérités de bon sens ne reviennent au jour que lentement et péniblement.

Ah ! C'est alors qu'il serait précieux pour un peuple qu'on puisse « la lui faire à l'influence ». C'est alors que l'autorité morale serait précieuse, celle qui entraîne avant de convaincre, celle qui persuade avant d'argumenter. Elle sauve de l'inertie ou du piétinement qui, dans la lutte politique ou militaire, sont les causes fatales des derniers malheurs.

Voilà pourquoi tous les maîtres de la science politique, qu'ils aient appartenu à l'école théologique comme Maistre et Bonald, ou à l'école positiviste, comme Comte et ses disciples[2], circonscrivent la discussion à l'ordre théorique, au domaine de l'élaboration, mais la proscrivent de l'action. Il n'y a pas de Religion de la discussion ni de Morale de la discussion, car dès qu'on agit moralement et religieusement, on ne discute plus, on se décide, on risque. Attendre en pareil cas la « certitude » après

1. L'estime que manifeste Maurras pour Danton tient sans doute à la conception très charnelle que ce dernier avait du patriotisme (cf. sa maxime « On n'emporte pas la patrie à la semelle de ses souliers ») et à son opposition à Robespierre.

2. Maurras ne reconnaît la qualité de « maîtres de la science politique » qu'aux auteurs dont il se réclame…

débat contradictoire, c'est se résigner à périr. Il n'y a pas de *Gouvernement de la discussion* : gouverner, c'est encore se confier, risquer. Mais ce risque de l'action morale, religieuse ou politique est le risque sage par excellence ; rien n'y serait plus imprudent ni plus irrationnel que de ne pas risquer[1]. Car on risque davantage encore à s'abstenir, à discuter et à délibérer, on risque le plus grave et on risque le pire, puisque l'ennemi est en armes ; si l'on n'arme pas contre lui avant lui, le risque que l'on court est celui de tomber désarmé sous ses coups.

Générosité de la puissance. L'amitié véritable de peuple à peuple n'est pas un phénomène sentimental, mais un fait d'ordre élémentaire et primitif attaché à un ordre de besoins quasiment physiques. Un peuple puissant s'attache d'autres peuples par les marques tangibles de l'amitié en leur faisant part de ce qu'il a, en les faisant participer de l'utile et agréable rayonnement de ce qu'il est.

Pour répandre le bien autour de soi, il faut donc premièrement être avec plénitude[2], et n'avoir consenti aucun rabais sur le chapitre de l'honneur. Il faut, secondement, *posséder, prendre, tenir*, si l'on veut donner[3], et cela suppose un ferme usage de la force, le rendement de cette force, et de judicieuses et généreuses distributions de son produit.

Refrain : *on ne fait de bien autour de soi qu'en faisant tout d'abord en soi de la force.* Travaille, agis, gagne, produis : ni les clients ni les pauvres ne quitteront ton seuil en te montrant le poing. Étends-toi comme un gueux au soleil ou à la pluie, dans le rêve inerte de ton destin : ce bien improductif n'excitera qu'envie, jalousie, haine dangereuse et tu te mettras en danger si tu perpétues ce spectacle d'inaction et de demi-gêne. Il montrera publiquement que tu ne peux être d'aucun secours à qui que ce soit. Ne serait-ce que pour être généreux, Peuple français, applique-toi à être fort.

L'action. On compose, on transige quand on a par ailleurs des sûretés. On manœuvre autour d'un pivot ferme et fort.

Mais, lorsque tout est à conquérir dans un milieu où tout se déplace, se transforme, se perd avec une rapidité inouïe, une seule méthode est recommandable parce qu'elle est seule forte et elle consiste à être soi-même, pleinement, intégralement, à s'organiser puissamment, à attirer à soi toutes les ressources et tous les moyens que l'on peut honnêtement espérer et, ainsi armé et doté, à marcher, à courir, le plus rapidement

1. Il y a sans doute ici une réminiscence du fameux pari de Pascal.
2. Nouvelle réminiscence de la formule thomiste *Agere sequitur esse*, « l'agir suit l'être » ou « l'action procède de l'existence », déjà sous-jacente *supra* dans la section consacrée à la force.
3. Point déjà développé dans *Les Politiques* d'Aristote.

possible, droit devant soi, hardiment, inflexiblement : tout ce qui ne meurt pas, tout ce qui n'entre pas en dissolution est voué, par la loi même de la nature, à s'agréger tôt ou tard à ce noyau dont la croissance est régulière et qui progresse vers un but bien en vue, d'un mouvement rectiligne et accéléré[1].

Connaissance et utilisation de l'intérêt. Dans l'immense majorité des êtres, l'intérêt personnel est le nerf de l'action privée. On ne produirait pas, on ne s'ingénierait pas à varier les modes de la production, de manière à obtenir le plus grand rendement avec le moindre effort, si l'aiguillon de l'intérêt n'y contraignait pas. Cet intérêt peut être égoïste, comme il peut être collectif. Il peut s'exercer au nom d'un homme seul, comme il peut agir au nom d'une famille ou d'une association : il s'exerce toujours aux mêmes conditions, par l'intermédiaire d'un cerveau et d'un cœur d'homme engagé dans la gestion de cet intérêt, récompensé par le succès et châtié par le revers, en un mot fortement, profondément, personnellement responsable.

Avec un État fort et des Associations puissantes, le rêve de Mirabeau pourrait se réaliser, ce rêve « *où le législateur se contenterait de parler à l'intérêt individuel, de lui fournir les moyens de s'exercer, et de le diriger invinciblement vers l'intérêt général, pour le plus grand bien de tous les ressorts politiques* ». En d'autres termes, selon le vœu d'Auguste Comte, un tel régime pourrait « *appeler les impulsions personnelles au secours des affections sociales* », en accordant aux particuliers tentés les libertés favorables au bien public.

« *L'intérêt général est la somme des intérêts particuliers*[2]. » Prenez le contre-pied de cette sottise : dites que l'intérêt général est une soustraction faite aux intérêts particuliers et vous vous rapprocherez de la vérité.

Cette soustraction ne se fait pas spontanément mais d'autorité. Les particuliers y consentent lorsque l'opération est faite ou qu'ils se voient contraints de la laisser faire. Un très petit nombre est capable d'apercevoir l'utilité des sacrifices consentis par les particuliers à l'État ; un plus petit nombre encore voit les dangers des sacrifices consentis par l'État aux particuliers.

Je ne crois, certes pas, que l'intérêt mène le monde, et je crois plutôt qu'il l'immobilise et le perd, mais il est évident que les atomes particuliers et particularistes dont se composent les masses du monde sont facilement entraînés dans la direction de leurs intérêts.

---

1. Dans cette section, Maurras livre à demi-mot le secret de sa radicalité politique : les idées qu'il défend sont trop minoritaires pour pouvoir s'imposer autrement que par une conquête-éclair, ou du moins le pense-t-il.

2. C'est la position classique du libéralisme, combattue par Rousseau à gauche comme par Maurras à droite.

Le désintéressement agit peu à l'état pur, sauf en quelques héros. L'intérêt pur guide souvent fort mal. L'art véritable du politique est de savoir discerner le point par lequel peuvent coïncider la passion et le devoir, l'intérêt privé et l'intérêt national.

L'argent. La richesse est un bien, sa concentration est une force, mais cette force se disperse et se dissout aux mains de l'individu qui en devient la simple dupe, dupe des choses matérielles, dupe de l'idée de profit quand il le convertit en prétendues satisfactions personnelles qui, de la première à la dernière, ne peuvent que tromper.

Quelque déguisement qu'il emploie, l'Argent est trop prétentieux, trop vaniteux, trop ambitieux de *tout avoir* pour qu'il soit possible de le méconnaître.

Pire encore que celui de la multitude et du Nombre qui, inerte et absurde, peut avoir de la fibre humaine, le *gouvernement* de l'Argent crée la déraison et le crime.

L'Argent rend de beaux services, quand il tient, *comme les autres forces humaines*, sa place de grand serviteur. Au-delà, au-dessus, il ne peut que détruire.

Souveraineté. Ni implicitement, ni explicitement, nous n'acceptons le principe de la souveraineté nationale, puisque c'est, au contraire, à ce principe-là que nous avons opposé le principe de la *souveraineté du salut public, ou du bien public, ou du bien général*[1].

* * *

Nous ne croyons pas à la souveraineté du peuple. Nous n'y croyons pas parce qu'elle n'existe pas. Quand on la proclame, cela veut dire qu'il n'y a plus de souverain réel et que les fonctions souveraines sont désormais exercées par n'importe qui, par le premier venu, ou par le dernier, et surtout par personne : les affaires d'État sont livrées au hasard des hasards ou tombent en pleine carence.

* * *

Le grand honneur de reconnaître et d'expier doit être réservé au type de gouvernement où la souveraineté est concentrée dans l'âme unique et dans

1. Cette opposition recoupe celle du « pays légal » et du « pays réel » : en régime républicain, pense Maurras, le premier ne peut prendre en compte les intérêts fondamentaux du second, car les grandes décisions y sont abandonnées à un personnel politique incompétent.

la personne vive d'un homme. Le myriapode[1] démocratique a la vie trop diffuse et le sens trop obtus pour entrevoir même le principe des grandes obligations politiques. Ni il ne les observe, ni il ne les viole, et non plus que les bêtes, à vrai dire, il ne pèche[2].

L'opinion. Où l'opinion gouverne, la spontanéité gouvernementale n'a même plus de centre, d'organe ni de lieu : athénien, polonais, français, l'État ne peut plus que flotter comme un bouchon de liège, sinon rouler comme une boule de billard[3]. Toutefois, si l'indépendance et l'initiative tombent ainsi à rien, cela n'annonce pas du tout la fin du mouvement et des tribulations : au contraire ! L'activité que nous n'avons plus, on nous l'imprime ; si nous ne marchons pas, on nous fait marcher.

* * *

Il ne s'agit pas de savoir l'opinion des neuf dixièmes des Français sur les conditions du salut public, mais bien quelles sont les conditions réelles de ce salut. Ne fût-on, à connaître ces conditions, qu'un seul contre 38 millions, on aurait raison de les proposer, de les soutenir, de plaider pour elles, de travailler à les faire prévaloir sur l'avis des autres, *par tous les moyens qui se présenteront.*

* * *

Quand on prend l'opinion courante pour arbitre, on l'engage dans la plus terrible des voies.

Aujourd'hui elle veut vivre, demain elle voudra mourir. Vous ne changerez pas la nature de l'homme, mais vous aurez détruit les sages précautions que les sociétés civilisées ont prises contre ces causes de mort.

* * *

J'écris fort tranquillement qu'un Prince qui se croira la créature de l'opinion ne pourra pas remplir la plus difficile partie de la fonction royale, qui est d'éclairer et de diriger l'opinion au lieu de la suivre, c'est-à-dire de la contredire parfois quand le salut public le veut. À la fin du XVIIIe siècle, à la veille de la Révolution, rien n'égalait l'impopularité de l'Autriche en

1. Nom savant de l'animal couramment appelé mille-pattes.
2. Le péché suppose une conscience que Maurras dénie aux assemblées issues du suffrage universel.
3. Pour Maurras, la démocratie expose la France aux mêmes périls que l'Athènes de Périclès (voir dans le présent volume la préface d'*Anthinéa*) et la Pologne du XVIIIe siècle (voir *Kiel et Tanger*, p. 541 de la présente édition).

des milieux français qui se croyaient « bien informés ». Toute l'histoire subséquente établit pourtant que la Monarchie et ses ministres, et leur système du renversement des alliances, avaient raison contre l'opinion la plus puissante et la plus répandue[1].

Il importe que le Prince sache et sente qu'il ne dépend pas de l'opinion, qu'il n'a pas été créé par elle, qu'il ne tient pas d'elle ses droits.

La guerre et la paix

Pour qui voit les choses et non plus les mots, le fléau de la guerre naît du jeu naturel des forces de la vie. Ce n'est pas un état exceptionnel, ce n'est pas un accès merveilleux et rare, mais au contraire l'effet presque constant, toujours redoutable des passions tendues et des intérêts déployés. Il suffit de laisser aller : les unes et les autres aboutissent à la lutte armée, aussi bien entre particuliers qu'entre nations ; la Paix qui y met fin naît d'un labeur profond, énergique, puissant, et, dès qu'il s'arrête, elle s'arrête aussi. On ne comprend rien à la paix si on ne la conçoit comme le chef-d'œuvre de l'art politique dans la vie sociale, nationale, internationale.

Pour faire ce chef-d'œuvre, il faut que tous le veuillent. Pour le détruire, il suffit d'un seul. Le perturbateur peut être nous-mêmes. Mais il peut être un autre. Raisonner comme s'il suffisait de détruire en nous ou dans quelques-uns d'entre nous, les instincts, les volontés et les forces de guerre, c'est précisément négliger ce qui domine tout le reste.

Qu'en effet, à côté de nous, ces instincts persistent dans un seul groupe de nations ou dans une seule nation, rien n'est fait pour la paix : un seul « chien enragé de l'Europe », quel qu'il puisse être, aura toujours raison de la Paix.

Nous ne troublerons pas la paix si nous sommes justes et sages et si, fidèles à la maxime de nos rois, *nous voulons toujours raison garder*[2].

Mais ni notre raison, ni notre justice, ni notre sagesse ne pourront suffire à empêcher la Paix d'être troublée ; nous serions moins raisonnables que des animaux si nous omettons d'apercevoir que la paix du Juste et du Sage succombera fatalement le jour où elle aura le malheur d'éveiller les convoitises extérieures sans paraître assez forte pour s'en garder et repousser l'agresseur ou l'usurpateur.

---

1. L'alliance avec l'Autriche déplaisait aux salons des Lumières parce qu'ils détestaient cette puissance catholique et conservatrice autant qu'ils admiraient la Prusse protestante et censément progressiste de Frédéric II. C'était ne pas voir que l'ascension de la Prusse représentait un très grave péril pour l'équilibre européen : preuve en fut donnée en 1870 puis en 1914. Maurras a ici en tête *L'Histoire de deux peuples* de son ami Bainville.

2. Maxime professée par Philippe le Bel et reprise par plusieurs de ses successeurs. La raison implique le sens des limites : Maurras n'est nullement partisan de l'expansionnisme à tout prix (voir *Kiel et Tanger*).

Le langage unilatéral des moralistes peut donc paraître inadéquat à la solution de ce problème politique à moins de recevoir un complément très strict, que l'on peut formuler ainsi : oui, en un sens, la Paix dépend, tout entière, des vertus morales d'Un seul, mais à la condition de ne pas oublier que, si la Sagesse et la Justice sont des vertus, la Prudence en est une autre, et une quatrième vertu s'appelle la Force[1].

Les disciples de Marx traitent d'une sorte de biens que tous les moralistes estiment précieux, légitimes et agréables, mais déterminés, mais comptés et de telle nature qu'ils diminuent quand on les consomme et qu'ils sont amoindris quand ils sont partagés[2]. La communauté de ces biens ne peut être poussée que jusqu'à un certain point seulement, il vient toujours une heure où il faut les rendre à la jouissance individuelle et les incorporer à un égoïsme personnel ou collectif, à un « ventre »[3]. La guerre est presque inhérente au partage de biens semblables : par leur nature même, ils la rendent toujours possible et même menaçante.

* * *

Le grand producteur, le producteur effréné de richesses matérielles, le travailleur qui s'enorgueillit de créer et de multiplier cette sorte de biens dont l'essence est d'être partagés, crée autour de lui ou en lui des puissances de destruction qui, en se développant, agiront à main armée. Car il créera des jalousies folles. Il s'enivrera lui-même de ses propres rêves et pour les mûrir plus rapidement, la suppression de toutes les rivalités s'offrira et s'imposera comme la plus prudente des ambitions. Il lui sera toujours possible de griser pour les entraîner en un mouvement belliqueux, ces éléments moyens qui d'eux-mêmes tendraient à préférer les douceurs de la consommation et de la jouissance. C'est ainsi que l'esprit d'équilibre conseillé par le premier degré du travail, de l'épargne et des autres arts dits pacifiques, est promptement rompu par l'esprit d'entreprise et d'initiative attaché à toute technique purement matérielle[4]. Il faut dépasser la conception des richesses divisibles et susceptibles d'être volées pour abolir ce genre de guerre de rapine qui est à la société des nations ce que le vol est à la société des familles.

* * *

1. Soit les quatre vertus cardinales distinguées par les philosophes grecs, et auxquelles les théologiens chrétiens ajoutèrent les trois vertus théologales de Foi, Espérance et Charité.
2. À savoir les biens matériels.
3. Le mot est de Jules Guesde [NdA].
4. Ce passage constitue une critique de la société industrielle en général, mais peut-être Maurras songe-t-il plus particulièrement au précédent de l'Allemagne wilhelmienne, car ses ambitions internationales grandirent parallèlement à ses succès industriels et à ses besoins de marchés extérieurs.

On se battra moins pour le bien-être matériel quand les hommes et les peuples en seront un peu détachés. Hors de ce détachement, hors de cet esprit catholique, toutes les perspectives d'avenir sont guerrières fatalement.

* * *

Quand bien même les raisonnements du pacifisme économique ne seraient pas faux comme des jetons[1], ils ne résoudraient rien encore. La question ne sera résolue que lorsque, l'humanité ayant retrouvé une communauté de pensée, une communauté de foi, on commencera à se comprendre un peu entre peuples. Affaire de pensée avant d'être une affaire de sentiment. Affaire de raison avant d'être une affaire de justice ou d'amour.

* * *

On a parfois raillé, traité de cercle vicieux, la définition de la vie, par Bichat, comme *l'ensemble des forces qui résistent à la mort.* Ce prétendu cercle est une vue de profonde philosophie qui rend hommage à la qualité exceptionnelle et merveilleuse de la réaction de la vie au milieu des assauts acharnés qu'elle subit de toutes parts[2].

Ainsi, la notion de la Paix, inspirée de son vrai amour et de sa juste estime, doit être conçue par rapport à la multitude infinie des éléments et des puissances qui conspirent tantôt à l'empêcher de naître, tantôt à la détruire à peine est-elle née.

Les *pacifistes* ignorent le prix de la paix : ils supposent la paix toute faite, naturelle, simple, spontanément engendrée sur notre globe. Or il faut qu'on la fasse. C'est le produit de la volonté et de l'art humain. Non, il n'est pas de qualité plus belle et plus noble que celle de *pacifique.* Mais elle convient uniquement au héros *qui la fait.* Il ne la trouve pas sous un chou. Pour la faire, il doit manier les outils qui s'appellent des armes. Avant la bombe et la grenade, c'était l'épée. Avant l'épée, la massue et le bâton.

Notre morale a un point faible. Nous croyons que les choses se gardent toutes seules. Nous croyons la paix fille de la nature. Pas du tout. La paix demande beaucoup d'efforts, d'intelligence, de dévouements ou de

1. Allusion à la théorie du « doux commerce » développée par Montesquieu et la tradition libérale, selon laquelle le renforcement des échanges internationaux serait un gage de paix. La Première Guerre mondiale lui a infligé un cinglant démenti, puisqu'elle a opposé des puissances dont les économies étaient très interpénétrées.

2. Bichat, l'un des plus grands médecins des années 1800, soulignait l'irréductibilité de la vie aux analyses matérialistes. Dans ce paragraphe, Maurras fait de la résistance et de la réaction des termes équivalents, puisque tous deux reflètent la tendance profonde de la vie. En conséquence, le terme « réactionnaire » n'est nullement péjoratif à ses yeux.

sacrifices, le passé du genre humain est là pour rappeler qu'aux nations comme aux familles il est plus difficile de conserver que d'acquérir et de conquérir.

CINQUIÈME PARTIE : LA DÉMOCRATIE

Naissance de la démocratie : le libéralisme

Les libéraux classiques et leur postérité anarchique et démocratique, issue de 1789, professent qu'un homme en vaut un autre, et, de là, justifient également la suppression des rangs sociaux, celle des corps de métiers, la disparition de toute variété dans les statuts des provinces, des villes, des foyers. Où l'ancien régime voyait une combinaison d'êtres différents par la valeur, le rôle, la fonction et qui ne devenaient pareils qu'au cimetière, le régime moderne a rêvé d'une juxtaposition de personnes supposées égales et identiques. En appliquant cette doctrine, les politiciens la diluaient afin d'en adoucir les absurdités par l'adjonction de principes contraires, mais, à l'état pur et franc, voilà ce qu'elle dit, voilà ce qu'elle fait, et pas autre chose.

Conséquences du libéralisme

1. L'esprit révolutionnaire. Créer des mécontents pour obtenir les agités, et jouir enfin du désordre, c'est le procédé ordinaire de l'esprit de révolution.

L'esprit révolutionnaire croit la politique appelée à donner des prix aux individus ; il oublie que sa tâche n'est que de faire prospérer les communautés. De cette confusion est sortie toute son erreur. Où la sagesse universelle pense bonheur collectif, bien public, unité collective, c'est-à-dire Famille, État, Race[1], Nation, le révolutionnaire pense bonheur et satisfactions du privé, en d'autres mots l'insurrection.

* * *

Le désordre révolutionnaire, fondé sur une philosophie individualiste, compte presque autant de complices qu'il peut y avoir en France de médiocres, d'envieux, de sots et de gredins.

* * *

1. Ce mot n'a pas chez Maurras une acception biologique, mais une acception culturelle (cf. l'expression de « race latine » chère à la tradition mistralienne, qui désigne l'ensemble des peuples dont la langue et la culture sont d'origine latine).

La Routine consiste à continuer aveuglément ce qui eut raison d'être et qui n'en a plus. Le propre de la Révolution est de tout mettre sens dessus dessous à propos de bottes[1]. L'effet commun de la Routine et de la Révolution est de piétiner : l'Inertie.

* * *

La Révolution vraie, ce n'est pas la Révolution dans la rue, c'est la manière de penser révolutionnaire[2].

* * *

Pour combattre toutes les traditions sociales, l'esprit révolutionnaire s'était tout d'abord présenté comme le lieutenant de la science, son ayant droit, son héritier présomptif. Et l'esprit révolutionnaire enseignait la science contre les religions, mais aussi contre les gouvernements.

Si, jusqu'à un certain point, la négation du métaphysique et du révélé, du surnaturel et du miraculeux, pouvait se prévaloir d'un certain progrès général de la connaissance du monde physique, celle-ci n'apportait rien ni ne pouvait rien apporter à cette critique des autorités et des inégalités sur laquelle s'appuie essentiellement la démocratie. La critique démocratique n'est pas physique, elle est métaphysique. Elle n'est pas née de la science, mais d'une religion, et fausse[3].

Recours à l'étranger. La Révolution procède en France d'un effort de l'Étranger et de ses suppôts en vue d'évincer l'indigène[4]. Cette conquête pacifique ne se peut pas sans le secours des pires. Quand une Puissance étrangère s'installe par la force des armes dans un pays donné, elle convoque les meilleurs, notables, princes, chefs et, leur imposant la délégation de sa

1. Vieille locution signifiant « sans raison valable ».

2. Maurras vise ici la bourgeoisie républicaine, à qui il reproche de professer à son insu des idées révolutionnaires dont elle ne mesure pas les conséquences.

3. Maurras songe notamment à la religiosité maçonnique. En parlant de fausse religiosité, il postule l'existence ou la possibilité d'une religiosité vraie.

4. Maurras pense que la Révolution française a été fomentée par l'Angleterre pour casser le décollage maritime de la France et que la République, fille de la Révolution, est la vitrine légale de ce qu'il appelle les « Quatre États confédérés », à savoir les Juifs, les protestants, les francs-maçons et les métèques. Dans les deux cas, Maurras part de faits avérés (la manipulation par Londres de factions extrémistes de la Révolution française, la présence de nombreux Juifs, protestants, francs-maçons et personnes d'origine étrangère dans le personnel politique républicain) mais il les extrapole en transformant indûment des corrélations en causalités ou des causes secondes en causes premières.

force, elle les tient pour responsables de la perception des impôts et de la sûreté de ses propres agents. Mais quand, au lieu de consolider l'occupation, il s'agit d'ouvrir les voies à l'armée d'invasion, c'est à la dernière lie du peuple que l'Étranger s'adresse. Il soudoie les démagogues afin qu'ils insurgent le vagabond sans feu ni lieu contre la partie possédante et laborieuse du pays. Il s'efforce d'obtenir que les moins intéressés à l'ordre public bénéficient du maximum de puissance publique. Il fait la Révolution et s'applique à déguiser cette Révolution en Gouvernement : trop heureux quand il peut, comme il l'a pu en France, obtenir des mesures de constitution et de législation générales dont les effets particuliers répétés chaque jour, en donnant avantage au criminel sur l'honnête homme, au bohémien ou au bohème sur le citoyen, établissent enfin la domination légale et presque régulière des plus insignes coquins. Un tel gouvernement, non content d'affaiblir toutes les défenses extérieures, les livre : il crée un état d'esprit d'impatience et de trahison ; stupéfait de son impuissance, à bout de vexations et de persécutions, le gros du peuple va chercher le gendarme où il est, c'est-à-dire au-dehors. L'Étranger prend alors figure de libérateur et vient pacifier les désordres qu'il a payés. Cela ne s'est pas vu seulement comme le croient nos naïfs historiens révolutionnaires dans les années 91 et 92 du siècle avant-dernier[1]. Toutes les républiques italiennes ont recouru, à peu près de même, à ce même gendarme qui s'appelait tantôt le César d'Allemagne[2], tantôt le podestat[3] de quelque château d'alentour.

Et ces villes grecques du temps de Polybe[4] !

Et tels conservateurs français du temps de Hitler[5] !

2. L'anarchie. L'anarchisme est la forme logique de la démocratie[6]. Mais on ne peut pas s'arrêter à un anarchisme idéal. C'est un principe qui réclame énergiquement sa réalisation intégrale. L'esprit d'un anarchiste,

1. Allusion à l'émigration d'une partie de la noblesse pendant la Révolution et à son alliance avec l'Autriche et la Prusse, qui marchèrent sur Paris en 1792. L'argument de Maurras est d'une insigne faiblesse, car cette partie de la noblesse ne représentait en rien « le gros du peuple ».

2. Allusion aux ambitions italiennes du Saint Empire romain germanique pendant le Moyen Âge et à son immixtion dans les luttes entre les cités-États de la péninsule.

3. Terme médiéval désignant le premier magistrat des villes du nord et du centre de l'Italie.

4. Historien grec du IIe siècle avant Jésus-Christ, témoin des derniers soubresauts des cités grecques avant leur conquête par les Romains.

5. Allusion à cette partie de la bourgeoisie française des années 1930 à laquelle on a prêté la maxime « Plutôt Hitler que Blum ».

6. Ce fragment ne doit pas faire oublier l'influence de l'anarchisme proudhonien sur le fédéralisme de Maurras. Sa pensée est à certains égards une synthèse d'anarchie et de monarchie, au point qu'on lui a prêté la formule « La monarchie, c'est l'anarchie plus un » – autrement dit une organisation dans laquelle le roi dispose par définition

s'il est droit, bien doué et conséquent avec lui-même, en arrive aisément à concevoir et à désirer l'état de nature. J'imagine que c'est alors pour lui, pour sa doctrine, un assez rude instant[1].

La vanité de l'anarchie. L'Anarchie prétend simplement détruire, pour les abolir à jamais, les liens qui, d'après elle, asservissent et déshonorent l'humanité : or, si nous la voyons procéder de bon cœur aux destructions qu'elle médite, nous la voyons refaire dans son propre sein, dans sa petite cité d'anarchie, tout ce qu'elle a détruit au-dehors[2].

Forte contradiction qui ôte au programme anarchiste son explication rationnelle et sa justification morale, car on n'a pas le droit de détruire ce qu'on se voit obligé de reconstruire ainsi sans délai. Mais ce n'est pas tout : le système social ainsi rabiboché a des chances nombreuses de se montrer inférieur à celui qu'il sera censé remplacer.

En admettant, pour tout simplifier, que des matériaux ramassés en un jour d'improvisation vaillent ceux qu'avait réunis et affermis l'épreuve des temps et en supposant qu'une génération, celle d'aujourd'hui, puisse valoir, à elle seule, la suite des innombrables générations qui l'ont précédée, le nouveau bâtiment social ne correspondra qu'à des besoins immédiats ou très récents ; il fera face à des nécessités éphémères et partielles ; il représentera le fruit d'une expérience courte, suggérée par un petit nombre de besoins très bornés. Il aura besoin de réparations constantes, de compléments perpétuels. On n'en jouira guère. Il faudra sans cesse y combler lacunes ou crevasses. Une *police* rudimentaire, une *justice*, une *armée*, une *marine*, une *diplomatie* rudimentaires, voilà donc ce qu'on nous offre pour faire suite à la diplomatie, à la marine, à l'armée, à la justice et à la police que l'industrie de trente siècles d'effort historique, éclairé par des millions de faits concrets, avait composées à loisir.

* * *

Détruire la Société pour la rebâtir dans ces conditions, c'est proposer de mettre en pièces un paquebot afin d'en extraire un radeau. Je ne sais rien de plus sauvage. Comment se fait-il que les anarchistes sincères et cultivés ne s'en soient jamais aperçus ?

---

des pouvoirs régaliens, mais laisse la société s'autogérer aussi largement que possible, se contentant d'arbitrer les différends qu'elle ne parvient pas à résoudre elle-même.

1. En effet, pense Maurras, l'état de nature reconstituerait des hiérarchies naturelles bien plus rigoureuses que celles de la société, puisque la force physique et l'intelligence tactique y primeraient toute autre qualité.

2. Maurras fait sans doute allusion aux expériences anarchistes de son temps (Makhno en Ukraine, les anarcho-syndicalistes en Espagne…), qui durent se doter d'un appareil de pouvoir et d'une armée.

Je ne nourris pas le rêve enfantin d'endoctriner les hommes qui ont embrassé la Révolution comme une carrière. Mais il y a ceux dont le destin n'est pas fixé et chez qui la raison fait élever la voix. Puis, il y a les jeunes gens. Toute la jeunesse française se devrait entendre dire et répéter, matin et soir, que l'anarchisme (et son succédané : le libéralisme) est essentiellement un attrape-nigaud. Il ne mène à aucune idée claire. Il n'emporte aucune satisfaction ni d'esprit, ni de fait, en dehors du métier de politicien.

* * *

On pourra détruire une société, on ne détruira pas la société. La nécessité sociale révèle et impose empiriquement sa puissance à ceux mêmes qui la contestent en théorie et dont la théorie ne peut même pas nous promettre un dégrèvement des charges sociales. Le joug social qu'ils conçoivent ne sera pas moins lourd que celui dont ils souffrent ; mais, appuyé à des institutions moins fortes, il sera moins utile, moins secourable et moins puissant. L'autorité y pourra être de qualité moins fine et moins ferme ; mais d'autant plus impérieuse, encombrante, tatillonne et portée à se mêler des moindres détails.

Tel a été *en fait* le résultat de notre Révolution.

Elle a détruit l'autorité monarchique, pour établir une autorité administrative beaucoup plus vexatoire. Elle a défait la collaboration hiérarchique des « ordres » pour établir des « classes » de moins en moins communicantes qui sont en guerre déclarée. D'un type social très perfectionné, le libéralisme de 1789 nous a fait descendre à un type élémentaire : l'anarchisme va-t-il nous faire descendre plus bas ?

Règne de la démocratie

Qu'est-ce que le démocratisme ? L'homme pratique demandera par qui est professée en France cette doctrine abstraite et, puisqu'elle règne, quels sont les hommes auxquels elle doit de régner. Le plus simple examen de la situation permet de répondre que ce ne sont pas des hommes.

Des hommes n'auraient pas eu le moyen d'exécuter, de faire durer ce tour de force. Songez que le plus grand, le plus ancien, le plus vénérable pouvoir spirituel d'une part[1], et d'autre part, la force matérielle, ceux qui portent l'épée, qui tiennent le fusil, qui pointent le canon sont tenus en échec, sont persécutés par un simple système d'institutions et d'idées : la démocratie ! Des hommes auraient faibli, se seraient divisés, querellés et dévorés les uns les autres en administrant cette institution et ce système. Il faut donc bien supposer autre chose, une organisation, des organisations,

1. L'Église catholique.

je spécifie des *organisations historiques*, des familles physiques ou psychologiques, des états d'esprit, de sentiment, de volonté hérités de père en fils depuis de longs siècles, des compagnies traditionnelles[1], des dynasties[2].

Dynasties juives et métèques.

Dynasties étrangères, celles par exemple qui ont fomenté la Révolution française[3] […].

* * *

Les défenseurs de la démocratie, ceux qui ne manquent point tout à fait de sens et d'intelligence, sont des mystiques purs : leur opinion ne se soutient que par un mélange de rêveries et d'impulsions véritablement subjectives. Ni l'histoire des hommes, ni l'étude de leur nature ne permet d'adhérer au démocratisme, comme à un principe supérieur.

La France a été mise par la Révolution dans un état matériel sensiblement voisin de l'individualisme démocratique. Toutes les organisations nationales ont été brisées[4], l'individu sans lien est devenu poussière. Des organisations étrangères, dès lors, n'ont cessé de grandir et de s'enraciner dans la société française ; car leur discipline intérieure se maintenait et s'affermissait à la faveur de notre émiettement. La doctrine démocratique qui fait de l'État une providence[5], du citoyen l'administré et le pensionné est leur plus puissant instrument de propagande et de conquête.

Empêcher les Français de s'organiser et de se qualifier en dehors de l'État, de l'Administration, dont elles font leur instrument, tel est donc

1. Allusion à la franc-maçonnerie.

2. Joseph de Maistre notait en 1796 que « La Révolution mène les hommes bien plus que les hommes ne la mènent » et en concluait qu'elle constituait en son essence un phénomène démoniaque. Maurras part du même constat, mais substitue à la conclusion métaphysique de Maistre une conclusion positive : la démocratie n'est pas le fait d'hommes, mais de groupes d'hommes.

3. Cette interprétation complotiste de la Révolution découle implicitement du raisonnement suivant : la monarchie est le meilleur des régimes ; par conséquent, elle n'a pu laisser s'installer en France les conditions d'une révolution ; donc, cette révolution a été fomentée de l'extérieur. Le raisonnement est doublement aberrant. Au plan historique tout d'abord, il est clair que les causes de la Révolution ont été principalement endogènes, même si des puissances étrangères ont pu y jouer un rôle marginal. Au plan logique d'autre part, expliquer la Révolution par un complot étranger revient à admettre que la monarchie a été incapable d'empêcher ce complot, ce qui ruine la thèse centrale de Maurras.

4. Allusion à la monarchie, aux trois ordres, aux provinces, aux communes et aux corporations.

5. Cette doctrine fut dénoncée par Tocqueville dans *L'Ancien Régime et la Révolution* (1856), puis par Émile Ollivier, opposant libéral au Second Empire, qui forgea en 1864 le terme « État-providence ». Partisan des corps intermédiaires, Ollivier contribua la même année au rétablissement du droit de coalition abrogé en 1791 par la loi Le Chapelier. Provençal et tenant de la décentralisation, il fut en contact avec Frédéric Mistral.

le programme naturel nécessaire de ces organisations pour peu qu'elles désirent continuer leur domination parmi nous.

On n'organise pas la démocratie[1]

1. Les théoriciens politiques nomment démocratie tout gouvernement (*cratéo*) confié à la majorité (*démos*), soit dérivant des volontés du plus grand nombre, des volontés individuelles mises en addition. La démocratie idéale serait celle dont tous les actes législatifs ou administratifs exprimeraient loyalement mais exclusivement la somme de ces volontés qui, pour être additionnées, doivent être conçues comme égales entre elles, quelles que soient les différences de leur valeur. Essentiellement la démocratie se fonde sur le système de l'égale valeur politique des individus.

2. Les biologistes admettent d'autre part que, dans un corps vivant, un organe est un élément différencié, autant dire créé ou devenu distinct des autres éléments par les dispositions particulières qu'il a reçues. Le foie et le cerveau, le cœur et l'estomac, appartiennent au même corps, sont faits des mêmes éléments fondamentaux, mais ont des qualités, des pouvoirs différents ; ce sont des organes.

Il y a des vivants presque inorganisés : ce sont des animaux dits inférieurs, dont tous les éléments cellulaires, identiques les uns aux autres par nature et par position, soumis au même régime, font aussi le même travail ; la décision du tout n'y est que le total de la décision des parties. Mais aussitôt que s'organisent ces vies inférieures, comme on l'observe dans les colonies animales, le régime d'égalité se modifie si bien qu'il disparaît. Chaque élément ou chaque groupe d'éléments s'applique à quelque fonction particulière, plus ou moins utile, agréable, noble et active, et ces fonctions et éléments se subordonnent eux-mêmes les uns avec les autres : par suite de cette division du travail et par suite aussi de cet ordre qui en résulte, chaque fonction s'accomplit beaucoup plus vite et beaucoup mieux. Il y a donc progrès, mais du même coup commencement d'inégalité.

Au fur et à mesure qu'on s'élève dans l'échelle animale, ces inégalités deviennent plus nombreuses, plus profondes et, si l'on y tient, plus choquantes. Elles sont en raison directe de la perfection organique. Si l'égalité est la formule de la justice, les vertébrés supérieurs sont de purs monuments d'*injustice immanente*, puisque des éléments de la même composition originelle y sont employés à des fonctions aussi cruellement inégales que

1. Cette section vise les courants politiques des années 1930 qui, constatant l'impuissance de la IIIe République à résoudre les problèmes de la société française, ont prétendu réformer la démocratie, notamment par un renforcement du pouvoir exécutif : les « jeunes-turcs » radicaux, les « non-conformistes », Tardieu, etc.

le sont par exemple la fonction sensitive et celle de la digestion. Les éléments ayant acquis des *qualités* fort différentes, le pouvoir directeur de l'ensemble revient non point au plus grand *nombre* de ces éléments, mais à ceux qui se trouvent le mieux *qualifiés* pour voir et pour prévoir : aux organes de la sensibilité et du mouvement.

— Vous qui parlez de donner ou de rendre des organes à notre peuple, voilà ce que c'est qu'un organe. Ne parlez plus d'organe, ne faites plus en sociologie cet emprunt d'une métaphore à la biologie ou convenez qu'un organe est un élément de différenciation, c'est-à-dire d'inégalisation : car l'organisation développe la qualité et diminue l'importance propre du nombre. Convenez-vous de cette vérité ? En ce cas, ne nous parlez plus d'organiser une démocratie, c'est-à-dire de tempérer un gouvernement d'égalité par l'inégalité ou usez du mot propre, et tombez d'accord avec nous qu'*organiser une démocratie, cela revient à la détruire.*

Au pouvoir de l'argent. Le progrès tel que le conçoit la Démocratie tend à assurer à l'individu des ressources viagères, mais en le rendant tributaire d'organisations capitalistes, extérieures et supérieures à lui et dont l'État est tantôt le gérant, tantôt le président, tantôt le maître absolu[1].

L'idéal du progrès démocratique fait du citoyen pauvre, non à proprement parler un rentier de l'État, mais un pupille et serf de l'État.

* * *

Dans un État tombé en démocratie, ses attributions naturelles (politiques, diplomatiques, militaires) tendent à disparaître ; mais il s'en crée d'autres en échange. D'abord hospitalier[2] et maître d'école, pourvoyeur des beaux-arts[3], marguillier[4], marchand d'allumettes et marchand de tabac[5], il tend à devenir l'échanson et le panetier universel. Il prend donc du pain et du vin où il y en a, dans le cellier des riches, dans la cave des riches, puis

1. Le premier cas est celui de la social-démocratie, le dernier celui des régimes totalitaires, avec une forme de transition entre les deux.

2. C'est-à-dire administrateur des hôpitaux, autrefois pris en charge par les municipalités, l'Église, les corporations…

3. Le propos est très contestable, car l'étatisation des arts ne date pas de la Révolution : les Académies de peinture et sculpture, de musique et d'architecture sont des créations étatiques remontant à Louis XIV, et dont la fusion en Académie des Beaux-Arts date de Louis XVIII.

4. Administrateur des biens des paroisses. Allusion au fait que, depuis la Révolution, la plupart des églises sont propriété des pouvoirs publics.

5. Ici encore, l'argument de Maurras est spécieux ou son information défaillante, car le tabac devint monopole d'État dès Louis XIV (même s'il était affermé) ; en revanche, le monopole des allumettes date de 1872.

des moins riches, puis des plus humbles possédants et, quand la richesse a fondu, il administre la disette et préside à la faim.

* * *

Il est sûr que de quelque façon qu'on s'y prenne, c'est l'Argent qui *fait* le pouvoir en démocratie. Il le choisit, le crée et l'engendre. Il est l'arbitre du pouvoir démocratique parce que sans lui ce pouvoir retombe dans le néant ou le chaos. Pas d'argent, pas de journaux. Pas d'argent, pas d'électeurs. Pas d'argent, pas d'opinion exprimée. L'argent est le géniteur et le père de tout pouvoir démocratique, de tout pouvoir élu, de tout pouvoir tenu dans la dépendance de l'opinion. […]

L'amour de l'argent est commun aux régimes, aux peuples et aux hommes. Il y a des variations dans le degré de cette avidité et de cette avarice, mais l'histoire universelle ne montre nulle part un gouvernement qui fût libre de l'amour de l'argent ou qui pût être absolument affranchi de son influence. Seulement il y a des régimes qui *existent* indépendamment de lui. Il y en a d'autres auxquels il donne naissance directement et qui sans lui ne seraient pas. Le Régent, par exemple, pouvait être un politique avide et cupide. Il n'était pas la créature de l'argent. Son autorité sortait d'autre source que la finance. La finance n'était pas la génératrice de son pouvoir, les liens honteux qui l'attachaient aux tripoteurs étaient d'abominables accidents personnels qui disparurent avec sa personne[1]. […]

Corrompu, corrupteur, c'étaient les vices du prince. Ils ne découlaient pas du principe. Lui mort, il suffisait qu'un prince honnête et modéré lui succédât pour que l'intégrité reprît ses droits. Au lieu qu'en démocratie l'élu peut être vertueux, il n'en est pas moins le produit et le producteur, l'effet et la cause de la ploutocratie souveraine. Elle l'a fait nommer, il la soutient donc, elle régénère son autorité en faisant renouveler son mandat, et il la défend de son mieux contre la justice et contre la nation.

Il n'y a pas d'exemple qu'on soit jamais sorti de ce terrible cercle autrement qu'en substituant les autorités *nées* aux autorités *élues* et le droit *héréditaire* au droit *électif*.

Le droit héréditaire, en vertu des faiblesses inhérentes au cœur humain, peut aboutir une fois, deux fois, dix fois à des scandales d'argent. Le droit populaire, de la propre énergie de son mouvement naturel, y aboutit *nécessairement*, et *toujours*, et *de plus en plus*.

1. Philippe d'Orléans, neveu de Louis XIV qui assuma la Régence pendant la minorité de Louis XV, fut compromis dans l'affaire de la Compagnie du Mississippi, dont les actions servaient à gager le papier-monnaie émis par la Banque royale. Leur effondrement entraîna la ruine de cette dernière (ou banqueroute de Law, du nom de son concepteur écossais), qui traumatisa durablement l'opinion publique française.

L'élection : moyen de gouvernement démocratique

Le mal, ce n'est pas le fait d'une élection, c'est le système électif étendu à tout, c'est la démocratie. « La démocratie, c'est le mal, la démocratie, c'est la mort[1]. »

Du suffrage universel. Toutes les fois que nous montrons quel mal politique, économique, intellectuel et moral a fait, fait et fera le régime électif à la France, il ne manque pas de nigauds pour répondre :

— Alors, vous ne voulez plus d'électeurs ni d'élus ? Alors, vous ne voulez pas que la nation puisse se faire entendre ? Vous voulez que ses affaires soient toutes faites d'en haut sans qu'elle ait le droit de dire son mot sur ses droits ?

Les plus nigauds ajoutent :

— Nous vous voyons venir, c'est au suffrage universel que vous en avez.

Nous en avons si peu au suffrage universel que nous voudrions l'étendre. Nous voudrions que les enfants à la mamelle, qui ne peuvent pas voter, fussent représentés par le suffrage de leurs parents[2]. Nous voudrions voir voter les femmes, du moins celles qui représentent une existence non engagée dans les liens du mariage, un intérêt non confondu dans les complexes intérêts du foyer[3]. Le suffrage universel ne nous « effraye » nullement. Nous sommes effrayés des choses auxquelles on l'applique. Mais, par rapport à ces choses-là, par rapport au Gouvernement, à la Souveraineté, le suffrage censitaire est aussi absurde, aussi incompétent que le suffrage universel. Dans l'ancienne Allemagne, celle qui était une République de Princes, le choix du souverain appartenait à sept électeurs[4] : ce choix du supérieur par une poignée d'inférieurs n'a pas fait moins de torts à l'Allemagne ancienne que n'en fait le même choix à la France moderne quand il est opéré par des millions d'électeurs. Le mal ne vient pas du nombre des votants, mais de l'objet sur lequel ils votent. Si on leur donne à décider

---

1. Citation de *L'Orme du Mail*, roman d'Anatole France.

2. Ce principe du suffrage familial fut réclamé par un certain nombre de conservateurs français à partir des années 1850. Il reposait sur l'idée qu'un chef de famille est moins porté à l'aventurisme politique, économique et social qu'un homme sans enfants. Le projet de Constitution du maréchal Pétain envisagea l'adoption de cette mesure en 1944, mais les circonstances en décidèrent autrement.

3. Sous la IIIe République, le thème du suffrage féminin fut porté à la fois par des partis de gauche au nom du principe d'égalité et par des partis de droite qui en attendaient un vote plus conservateur que celui des hommes vu le taux de pratique religieuse des femmes ; c'est à ce titre que le projet de Constitution du maréchal Pétain s'y rallia. À l'inverse, les radicaux étaient hostiles au suffrage féminin, en lequel ils voyaient un cheval de Troie du cléricalisme.

4. Ce système régit le Saint Empire du XIVe au début du XIXe siècle.

les tendances du Gouvernement, si on leur donne à choisir le Chef, il y a dix mille contre un à parier qu'ils éliront l'homme dont le nez leur plaira et qui n'aura pas plus de cerveau qu'une calebasse ; il y a dix mille contre un à parier qu'ils exigeront du gouvernement la politique de leur intérêt particulier, sacrifiant l'intérêt général, la politique du moindre effort et du moindre labeur sans se soucier du présent éloigné, ni du prochain avenir. Les princes électeurs de l'Allemagne agissaient là-dessus exactement comme les citoyens souverains de la République française. La dernière chose à laquelle penseront l'un et l'autre sera certainement l'intérêt public.

[…] Voilà pourquoi le Souverain intérêt public, voilà pourquoi le Chef gouvernant, responsable de l'intérêt public, ne doit pas être livré à la fortune de l'élection, qu'elle soit réglée par des dizaines ou par des millions d'hommes. Cet abandon général est absurde en soi ; il paraît plus absurde si l'on voit les perturbations que des élections de cette importance, de ce poids, de cette gravité causent à la nation.

La démocratie consiste à donner la direction générale et supérieure, le gouvernement et la souveraineté au nombre s'exprimant par la voie des suffrages. Ce n'est pas l'universalité du suffrage qui est à déplorer. C'en est le point d'application et la compétence faussée. C'est sur ce qu'il ignore le plus, c'est sur ce qu'il est le plus incapable de diriger, à savoir l'État, l'État central et souverain, que le suffrage est consulté, par la démocratie, et c'est là-dessus qu'il fonctionne le plus activement.

Le suffrage universel est conservateur. Nous n'avons *jamais* songé à supprimer le suffrage universel. On peut dire que le suffrage universel doit élire une *représentation* et non un *gouvernement*, sans vouloir supprimer ce suffrage, et en voulant tout le contraire.

Car ce suffrage, entre bien des vertus ou bien des vices, possède une propriété fondamentale, inhérente à son être même : *le suffrage universel est conservateur*[1].

Les théoriciens plébiscitaires n'ont pas tort de comparer le suffrage universel à la « masse » des physiciens. Il est à peu près aussi « inerte » qu'elle. Leur tort est de mal appliquer cette vérité, et de considérer un suffrage inerte soit comme le moyen de créer le Souverain, soit comme un ressort d'opposition et de révolution. Leur erreur sur le premier point est évidente. Sur le second, il suffit de songer qu'il faut un prestige bien fort, une popularité bien puissante pour émouvoir, pour ébranler un pesant amas de volontés qui ne concordent que dans l'idée d'un profond repos. L'appel au peuple peut être un utile et puissant levier dans les périodes de

1. Maurras se méfie du suffrage censitaire parce qu'il revient à abandonner les destinées du pays à des groupes sociaux qu'il juge très perméables aux idéologies utopiques et mondialistes. Selon lui, le peuple est plus terre à terre.

trouble, quand le gouvernement hésite et incline de lui-même à la mort. Il ne vaut pas grand-chose dans les autres cas. Il ne vaut rien contre un parti bien constitué, fort, uni, résolu à exploiter la nation jusqu'à l'os[1].

Hors les heures critiques, et tant qu'il paraît subsister un ordre matériel quelconque, le suffrage universel conserve tout ce qui existe, tout ce qui tend à exister. Il est conservateur de ce qui dispose de la puissance, de ce qui paraît bénéficier du succès : radical, si le gouvernement tend au radicalisme ; socialiste, si le socialisme paraît dominer le gouvernement.

La foule acquiesce, suit, approuve ce qui s'est fait en haut et par-dessus sa tête. Il faut des mécontentements inouïs pour briser son murmure d'approbation. La foule ressemble à la masse : inerte comme elle. Ses violences des jours d'émeute sont encore des phénomènes d'inertie ; elle suit la ligne du moindre effort ; il est moins dur de suivre des penchants honteux ou féroces que de leur résister par réflexion et volonté. La faculté de réagir, très inégalement distribuée, n'arrive à sa plénitude que dans un petit nombre d'êtres choisis, seuls capables de concevoir et d'accomplir autre chose que ce qui est[2].

Le nombre dit *amen*, le suffrage universel est conservateur.

L'état démocratique : la République française

La machine à mal faire. En république, nous ne vivons pas dans le domaine des raisons délibérées et réfléchies, mais dans l'ordre des causes brutes.

Flux ou reflux d'opinion, routine des bureaux, agitations et parades officielles, convoitises coloniales, opérations de groupes parlementaires et financiers, ces impulsions discontinues ne font pas une politique.

Un électeur conservateur et patriote devrait faire le bilan de ce que lui coûte une pareille *machine à mal faire*. Sacrifices d'argent. Ils sont considérables au temps électoral. Sacrifices d'idées, de jugement, de conviction, parfois d'honneur : il se donne un mal fou pour quelqu'un qui ne représente ni sa pensée, ni même une pensée qui lui soit tolérable dans l'ordre religieux, social, économique, national. En dernière analyse, ce quelqu'un est battu, sans autre bénéfice que d'avoir dispersé, démoralisé et découragé un nombre toujours croissant de braves Français.

Il faudrait réfléchir que, si telle est la règle du jeu, et c'en est bien la règle, il n'y a rien de plus immoral ni de plus dissolvant que de nommer cette erreur loi et règle ce péché.

Sous le nom de l'égalité, ce qu'elle fait n'est pas de l'ordre, c'est de l'anarchie inavouée, couverte, et l'on peut se demander si une anarchie

1. Ce parti est pour Maurras celui des tenants de la République.
2. À nouveau, Maurras établit une équivalence entre résistance et réaction.

nue et crue ne serait pas moins dangereuse que la pratique invétérée de cette règle et de cette loi.

La démocratie vénère obscurément l'anarchie, comme son expression franche, hardie et pure. Quand le malheur des temps l'oblige à la combattre, elle en subit secrètement la fascination, et c'est toujours de ce côté qu'elle tombera dès qu'une cause extérieure cessera de l'impressionner.

La République, dans l'esprit de sa fondation et de sa logique, ne doit admettre ni armée, ni famille, ni classes, ni épargne, ni propriété, ni ordre, ni patrie, rien enfin qui soit national ou social. Son point de départ révolutionnaire induit à laisser complaisamment se réaliser le programme révolutionnaire, sinon à le réaliser d'elle-même.

Le gouvernement des choses. Qui ne sent, qui ne voit la raison profonde de l'extrême précarité du bien sous le régime républicain ? Rien ne l'arrête, rien ne le fixe. Aucune institution n'est chargée de capitaliser les leçons de l'expérience. Nulle magistrature stable, et qui dure par elle-même, n'est capable de résister aux aveugles remous d'une opinion trompée.

La faiblesse de ses hommes compte pour infiniment peu auprès de la nocivité du régime. De quoi se plaint-on ? De ce que des intérêts importants soient traînés en longueur puis réglés brusquement par des improvisations plus que dangereuses. Le scandale est double. Mais il sort d'une source unique : de l'irresponsabilité *dans le temps*. À chaque minute de ce temps, on peut trouver un ministre pour bomber le torse, couvrir les subordonnés, revendiquer la paternité de tel ou tel acte. Mais, à trois mois ou à trois semaines de distance, le ministre a changé[1], il a changé de sa personne, il a changé de groupe et de parti, il est impossible de retrouver au pouvoir l'auteur de telles lenteurs, de telles négligences, de telles remises au lendemain et, si, par miracle, on le retrouve, il répond froidement qu'ayant dit *oui*, puis *non*, il n'a fait que subir les nécessités objectives. Elles sont variables et l'ont fait varier.

Elles seules comptent. C'est elles qui gouvernent. Se relâchent-elles de leur prise sur les factions et les assemblées, on se relâche aussi et on ne fait rien. Pressent-elles, on en est pressé, et l'on bâcle ce qui aurait dû être sérieusement mûri et profondément médité. Bref, l'homme abdique ostensiblement et s'en remet au gouvernement des choses muettes. Imaginons un chariot quelconque abandonné ainsi à la loi des forces aveugles ! C'est celle que l'on applique au char de l'État.

La république est une oligarchie. Telle est la « suite » du régime pour le gouvernement de la nation et quant aux affaires générales de l'État proprement dit, où son incompétence et son incapacité sont notoires.

1. Allusion à l'extrême instabilité de la IIIe République, qui connut 109 gouvernements en soixante-neuf ans.

Mais il y a des affaires qui lui sont propres et dans lesquelles la République fait montre d'une certaine continuité et même d'un certain savoir-faire : sa politique religieuse (une politique sectaire[1]), les éléments constants de sa politique de parti, l'art de servir et de rémunérer l'électeur. Là se dessinent des réalités nouvelles qu'il importe de voir.

Il n'y a point dans la République de frein à la République, bien qu'il y ait dans la monarchie des freins à la volonté du monarque. Qui dit royauté dit Conseils royaux, États du peuple[2]. Qui dit démocratie dit un double gouvernement : l'apparent, celui du nombre, le réel, celui des oligarchies et de l'or.

Observons la composition moyenne des groupes qui, autour du Pouvoir, exercent l'influence et, à l'occasion, meuvent l'autorité. Comme tous les gouvernements du monde, dès qu'ils sont un peu installés, la République est, dans sa somme, un gouvernement de familles. Quelques milliers de familles y occupent, par les assemblées et par les administrations, ce que l'on appelle les avenues du Pouvoir. Elles forment ce que l'on peut aussi nommer l'axe de ce pouvoir. Beaucoup de changements se font et se défont, autour de cet axe. Mais lui-même reste, dans l'ensemble, inchangé.

L'hérédité républicaine n'est pas un vain mot. Ni la noblesse républicaine. Même socialiste, Henri Salengro demande à succéder à Roger Salengro[3]. [...]

Le parlementarisme

L'instabilité obligatoire. Le député reçoit de ses électeurs un mandat d'entrepreneur de crises ministérielles. C'est par la crise et par la menace des crises que les représentants du peuple obtiennent du pouvoir exécutif ces faveurs et ces complaisances qu'ils ont la secrète mission d'obtenir de lui. Il faut que chaque député soit ministre ou ami des ministres. Dans un Parlement de plus de huit cents membres, cette situation exige un roulement dans le personnel ministériel. Il faut que les cabinets se succèdent avec une certaine fréquence.

Dans ces conditions, le contrôle exercé par des ministres aussi éphémères ne peut pas être sérieux. Le propre d'un ministre est d'ignorer son administration. Il travaille à se maintenir et, pour y réussir, il manœuvre

1. Allusion aux persécutions anticatholiques de la Révolution et à la lutte de la IIIe République contre l'Église.

2. Dans la monarchie traditionnelle dont rêve Maurras, le roi ne prend pas de décisions sans avoir consulté ses conseillers et la société s'auto-administre largement à travers les corporations, communes et provinces.

3. Roger Salengro, ministre de l'Intérieur du Front populaire, se suicida en novembre 1936 suite à la campagne de calomnies déclenchée contre lui par la presse de droite et d'extrême droite, dont *L'Action française* ; son frère Henri Salengro lui succéda en janvier 1937 en tant que député socialiste de Lille.

sur le terrain parlementaire. La Chambre, le Sénat, son cabinet d'audience pour le jour où il reçoit sénateurs ou députés, voilà le pays qu'il connaît. Il y excelle quelquefois… Pour le reste, cela va comme cela va, et, fatalement, au plus mal […].

Absence d'esprit national. Logiquement la République est une négation : l'exclusion d'un chef héréditaire, l'opposition à son retour. En réalité c'est un esprit, esprit qui peut s'accorder occasionnellement avec l'intérêt national, mais qui ne peut *être* cet intérêt, qui doit être tout autre chose, étant un esprit de lutte intérieure, de division intérieure, l'esprit d'un parti, d'un assemblage de partis. L'expérience montre que ce parti, quand il gouverne la France, est habituellement dominé par d'autres vues que l'intérêt national, vues religieuses, vues sociales, même dans sa politique extérieure : quand il ne gouverne pas c'est bien pis, il se rue sans ménagement contre toutes les réalités nationales, détruisant notre marine au profit de l'Angleterre sous Louis XVI[1], déclarant la guerre au monde pour le plaisir de renverser le même monarque[2] ; puis durant les trente-trois ans de la Restauration et du gouvernement de Juillet[3] luttant sans relâche contre toute la politique de paix[4], favorable à l'expansion allemande, au progrès prussien[5], applaudissant plus tard aux reculs des alliés naturels de la France, Sadowa en 1866[6], les chutes de Charles de Habsbourg en 1918, 1920, 1921[7].

Je ne crois pas qu'on puisse discuter cette tendance de l'esprit républicain. Elle est confirmée par tous ses actes, elle est attestée par les volumes

1. Allusion à la suppression du corps des officiers de marine par la loi du 15 mai 1791, dont les conséquences se révélèrent dramatiques au cours des guerres de la Révolution et de l'Empire.

2. En fait, la déclaration de guerre de la France à l'Autriche (20 avril 1792) résulta autant du souhait de Louis XVI de discréditer les révolutionnaires que du souhait des révolutionnaires de renverser Louis XVI. En revanche, ce sont les révolutionnaires qui déclarèrent la guerre à la Grande-Bretagne et aux Provinces-Unies (1er février 1793) puis à l'Espagne (7 mars 1793).

3. À nouveau l'on constate que Maurras ne dissocie pas la Restauration et la monarchie de Juillet : la forme monarchique des deux régimes prime à ses yeux leurs substantielles différences d'orientation.

4. Allusion au bellicisme des milieux républicains et bonapartistes, désireux de jeter à bas les traités de paix de 1815.

5. Par fidélité au principe des nationalités, la gauche française était favorable à l'unité allemande, que la Prusse était la mieux à même de réaliser et qu'elle réalisa effectivement. On a vu au demeurant que les salons des Lumières inclinaient déjà pour la Prusse protestante par haine de l'Autriche catholique.

6. Allusion à la défaite de l'Autriche face à la Prusse, bien accueillie par la gauche française alors qu'elle fut le prélude à la victoire de la Prusse sur la France en 1870.

7. Charles Ier de Habsbourg, petit-neveu de l'empereur autrichien François-Joseph Ier, lui succéda en 1916 mais dut renoncer au pouvoir en 1918, alors que l'Empire se disloquait. Il tenta vainement de remonter sur le trône de Hongrie en 1921.

de ses écrivains en vers et en prose. Il peut se sacrifier à la patrie, comme il peut se préférer à elle : naturellement, *il est une autre chose que notre patrie*. Il est l'adhésion à une sorte de confession religieuse dont les intérêts temporels *ne sont pas* nos intérêts nationaux.

L'esprit républicain étant ainsi tenté par la défense ou l'expansion de sa propre cause, il court sans cesse le risque du mauvais choix : l'assaut est si puissant, la résistance est si médiocre ! Certes, la plupart des républicains sont des Français comme nous, mais, si le patriotisme habite leur cœur, leur esprit politique est formé de conceptions qui sont *a-patriotes* et peuvent tendre à devenir antipatriotes. Que ce mot ne donne pas le change ! *Patriote* commença par signifier citoyen du monde[1], et il garda ce sens tant qu'il garda une attribution strictement républicaine. Quand l'usage le rendit conforme à son étymologie, il devint plus ou moins suspect[2] [...].

Le parlementarisme pur, ou le règne de l'argent. Nous savons, à n'en point douter, que le parlementarisme ne fut jamais « le palladium de la liberté[3] ».

Seuls d'entre tous les peuples, nous avons eu le parlementarisme tout pur. Pur de l'arbitrage de la monarchie, puisqu'on était en République. Pur de la direction de l'Église, puisqu'on était en anticléricalisme. Pur du contrôle des grands corps nationaux, puisque la Révolution – la Révolution et ses agents exécuteurs : le Consulat, l'Empire – avait tout disposé, non seulement pour détruire ces corps, mais pour les empêcher de se recomposer de façon durable et vivante. Le parlementarisme français ne pouvait même rencontrer ni supporter des garde-fous ou des contrepoids comparables à ce qui existe et fonctionne encore en Suisse dans la constitution cantonale[4], ni même à ce vestige des hautes traditions de la Couronne anglaise que les

1. Les acteurs de la Révolution française se définissaient comme patriotes en ce sens qu'ils affirmaient la souveraineté de la patrie contre celle du roi. Mais la patrie à laquelle ils se référaient était indissociable de l'idéologie universaliste des droits de l'homme, au nom de laquelle ils se voulaient citoyens du monde.

2. Maurras songe sans doute à la Ligue des patriotes du poète Paul Déroulède, qui s'écarta de plus en plus de l'orthodoxie républicaine.

3. Le palladium est un objet ou une institution protégeant une communauté donnée. Maurras emprunte l'expression « palladium de la liberté » à Rousseau, qui l'appliquait aux parlements provinciaux de l'ancienne Pologne. Non que Maurras soit défavorable à de tels parlements : il y voit au contraire des institutions excellentes, mais à condition que leur pouvoir soit équilibré par celui d'une monarchie puissante, ce qui n'était pas le cas en Pologne puisque la monarchie y était élective.

4. La Suisse occupe une position originale dans la pensée de Maurras. D'une part il blâmait l'esprit protestant et démocratique de Genève ; d'autre part, en bon héritier du mouvement fédéraliste provençal, il admirait le fédéralisme helvétique. Dans l'entre-deux-guerres, il entretint des liens privilégiés avec la Ligue vaudoise et son inspirateur Marcel Regamey, lui-même très marqué par la pensée maurrassienne. Enfin, Maurras admira le nationalisme farouche grâce auquel la Suisse préserva son indépendance

États-Unis appellent leur Haute Cour de justice et que nos *réformateurs sur le papier* ont l'enfantillage de se figurer pouvoir transplanter d'un trait de plume avec ses qualités d'impartialité et d'indépendance[1] !...

Nous avons eu le parlementarisme tout pur. En d'autres termes, par ce règne des parlementaires, la domination de l'Argent.

La Presse vérifie, jour par jour, anecdote par anecdote, comment, de l'électeur à l'élu, de l'élu au ministre, du ministre encore à l'élu et à l'électeur, tout se traite, se règle et se solde, ou plus ou moins, par de sales histoires d'argent.

La république démocratique et parlementaire « est » la centralisation. Parlementaire ou plébiscitaire, nulle République ne saurait décentraliser. Mettons tous les points sur les *i.* Je ne dis pas qu'il n'y ait point de république décentralisée. Je sais l'existence de la Suisse et celle des États-Unis[2]. Je dis que, de l'état de centralisation, une république, qu'elle soit parlementaire ou qu'elle soit plébiscitaire, ne peut passer à l'état décentralisé[3]. Et ceci pour une raison bien facile à saisir : *les grands pouvoirs publics y sont électifs*. Le gouvernement, quel qu'il soit, a donc intérêt, pour se faire réélire, à conserver dans sa main, le plus nombreux possible, les administrateurs des services publics, autrement dit à centraliser. Plus il a de fonctionnaires à sa dévotion, plus ce pouvoir central électif a de fortes chances de bien tenir ses électeurs, les fonctionnaires étant le plus précieux des moyens termes entre les électeurs et lui.

Loin donc qu'il puisse *vouloir* décentraliser, un gouvernement électif doit vouloir le contraire ; le terme naturel d'une république démocratique est, en effet, le socialisme d'État démocratique : le chef-d'œuvre de la centralisation et du fonctionnariat[4]. Le mécanisme de la centralisation

---

pendant la Seconde Guerre mondiale : d'où l'éloge appuyé qu'il fit de ce pays dans le *Soliloque du prisonnier*, non repris dans ce volume.

1. La Cour suprême américaine se compose de neuf juges nommés à vie par le président de la République avec le consentement du Sénat et ayant compétence sur les questions constitutionnelles et diplomatiques. La Haute Cour de la IIIe République, pour sa part, n'est autre que le Sénat lorsqu'il reçoit de la Chambre des députés la mission de juger le président de la République pour haute trahison ou les ministres pour crime commis dans l'exercice de leur fonction. Composée de membres élus et briguant généralement leur réélection, la Haute Cour française n'a donc pas l'indépendance de la Cour suprême américaine.

2. Ces deux pays ont été des confédérations lâches avant de devenir des fédérations, ce qui explique leur tradition décentralisatrice. À l'inverse, la République française s'est voulue unitaire dès le début.

3. Remarque inspirée à Maurras par le fait que la décentralisation est régulièrement promise par les partis d'opposition, qui l'oublient tout aussi régulièrement lorsqu'ils accèdent au pouvoir.

4. Le socialisme d'État démocratique correspond en gros à l'État-providence tel qu'il s'est mis en place en Europe après la Seconde Guerre mondiale. Ses caractéristiques

administrative est si efficace, ses effets sont si puissants et si continus qu'ils tendent à régir, non seulement les rouages de l'ordre politique, mais les meilleurs éléments du corps social.

Conséquences directes de la centralisation : 1. L'intermédiaire. Dans un système gouvernemental où trente-neuf millions d'hommes, fichés et classés dans des cartonniers innombrables, sont sujets à des règlements généraux uniformes et minutieux pour tout le détail de leur existence individuelle, sociale et civique, la discussion est continue, éternelle et inextinguible sur les modes de l'application : les cas douteux sont innombrables et quelque grave péril de favoritisme que présente le débat de ces cas individuels, l'application automatique de la réglementation comporterait des difficultés morales, matérielles même, et des iniquités plus graves encore. De la loi centralisatrice aux sujets de cette loi, il faut un intermédiaire constant. De l'administré aux administrateurs, il faut un avocat permanent, puissant sur l'administration. Tant que la centralisation l'asservira et l'opprimera, l'électeur aura besoin d'un porte-parole, d'un porte-parole bien armé, mis au centre des choses, et cet élu devra être fait de sa main, pétri de son argile, pavoisé aux modestes couleurs de son patelin.

La bureaucratie nationale est un abus que cet abus du parlementarisme tempère. Le député de clocher étant nécessaire au bon peuple, ce besoin populaire donne la mesure naïve du mal obscur mais très profond que fait à l'État le régime centralisé consubstantiel au régime républicain.

Ôtez la centralisation, faites régler sur place, mais régler véritablement, sans l'intervention oblique du parti gouvernant, la plupart des affaires administratives, judiciaires et fiscales qui hérissent l'existence du citoyen roi[1], la cote d'amour du député aura chance de disparaître. Elle ne peut disparaître en démocratie où la centralisation va croissant, même et surtout quand on s'y amuse à des entreprises de décentralisation de façade.

Le licou des institutions consulaires[2] n'est pas desserré par le député, mais la victime, le citoyen, le peuple, trouve en lui un organe qui lui sert à respirer et à soupirer : son murmure de réclamation repassera par *son* député, le député qu'il connaît, qu'il fréquente, l'homme d'une circonscription bien déterminée, celui dont il sait faire un représentant réel, un instrument direct.

---

avaient été anticipées dans les années 1890 par Frédéric Amouretti, ami intime et mentor de Maurras, et auparavant par Tocqueville. L'un et l'autre y voyaient une forme inédite de despotisme doux, devant accoucher d'une humanité totalement déresponsabilisée et par conséquent avilie.

1. Maurras résume ici la philosophie de la déclaration des jeunes félibres fédéralistes qu'Amouretti et lui rédigèrent en 1892 et qui est reproduite p. 489 de la présente édition.

2. C'est-à-dire des institutions centralistes mises en place sous le Consulat.

Le vrai mandat du député ou du sénateur, ce qui en fait la valeur et le prix, s'applique à des opérations qui n'ont lieu ni dans la salle des séances ni même dans les couloirs du Palais-Bourbon. L'office véritable, le service intéressant de l'élu du peuple consiste à faire des démarches au profit, j'allais dire en faveur de son électeur.

Faveur serait impropre et injuste. Il n'y a point de faveur quand il y a nécessité : et la nécessité, ici, n'est pas douteuse. Le réseau serré et tendu de notre mécanisme administratif nécessite en vérité cette médiation continue entre les bureaux ministériels parisiens et le justiciable de la périphérie.

* * *

Le seul cas déterminé dans lequel le citoyen puisse obtenir des garanties personnelles contre l'État est celui où il se fait client régulier de quelque puissance élective.

2. La bureaucratie : la prolifération des fonctionnaires. Dans un pays normal, fût-il constitué le mieux du monde, trop de fonctionnaires exposent l'État à subir beaucoup d'exigences. Mais, quand cet État repose tout entier sur l'élection, il est à leur merci : il suffit en effet aux fonctionnaires de s'entendre pour le brider, ce qui d'ailleurs n'avance en rien ni leurs affaires ni les affaires du pays[1].

L'État modèle comporte le plus petit nombre possible de fonctionnaires, tous fonctionnaires d'autorité[2], bien choisis, bien payés, et bien défendus. Tous les monopoles, toutes les fonctions parasites, toutes les charges qui ne sont pas essentiellement propres à l'État, y doivent être rendus à l'initiative privée. Les anciens salariés de l'État ne doivent point tarder à s'apercevoir qu'ils gagnent mieux leur vie, qu'elle est mieux assurée, et plus indépendante, dans la plupart des branches des industries et des administrations particulières.

* * *

Le très grand nombre des petites paies est plus coûteux que le petit nombre des gros appointements, et le gouvernement du Nombre comporte cette multiplication des petits fonctionnaires, cette disgrâce tacite mais

1. Maurras revient ici sur l'une de ses thèses centrales : tout pouvoir électif cherchant à être réélu, il multiplie les fonctionnaires pour s'en servir comme agents électoraux et devient peu à peu leur otage.

2. Le fonctionnaire d'autorité est celui auquel l'État délègue une part de ses pouvoirs régaliens, par opposition au fonctionnaire d'exécution, cantonné aux affaires courantes. Dans le système que défend Maurras, l'État serait pour l'essentiel limité à ses fonctions régaliennes et n'aurait donc nul besoin de fonctionnaires d'exécution.

sûre, infligée aux plus importants : la qualité et l'importance sont sacrifiées rondement ! Plus le service social est important, plus il est jalousé, diffamé, politiquement méprisé.

Exemple : le rempart commun de tout et de tous, l'armée, en est réduite aux salaires de famine et, comme il existe, en avant de l'armée qui soutient la guerre, un corps d'élite qui a pour mission de défendre la paix, ce corps, le corps diplomatique, est aussi celui dont les indemnités sont les moins proportionnées aux charges. Fatalité démocratique évidente : ne faut-il pas détourner les ressources du salut public au maintien des monopoles onéreux et à la subvention de la masse électorale, et des agents électoraux ? Ce n'est pas tout. La démocratie abolit naturellement les serviteurs gratuits qu'on pourrait appeler les serviteurs d'honneur qui se dévouaient à l'État en échange d'un peu de prestige, de considération et de dignité[1]. Quand l'État perd sa majesté, quand sa considération est livrée à tous les arbitraires politiciens, quand son prestige n'est plus un nom ni même un mot d'usage courant en conversation, on ne s'empresse guère à le servir pour rien. Lui-même, d'ailleurs, n'y tient pas.

Ces sortes de services comportent de l'indépendance et de la fierté : la jalousie, l'envie, l'ombrageux esprit d'égalité et d'uniformité qui sont le nerf de toute démocratie ne tolèrent pas ces vertus. Ceux qui les ont sont donc exclus, éliminés, de façon presque automatique, des services de l'État : la religion, la classe, l'origine, les idées politiques, autant de prétextes substantiels ! Il ne faut pas être dégoûté pour surmonter de telles barrières. Les gens bien élevés qui disposent d'une large aisance et qui seraient fiers de jouer, sans subsides ou avec des subsides dérisoires, un rôle administratif ou judiciaire de premier ou de second plan, les hommes de cette espèce, si fréquents en d'autres époques, ne peuvent qu'être très rares parmi nous. Ils ne s'y frottent même plus[2]. Les partis avancés leur ont trop bien marqué le cas qu'on pouvait faire d'eux : le rythme de la démocratie nécessite l'épuration périodique des emplois publics au même titre que l'aggravation cyclique de ses budgets.

3. L'étatisme. Il n'y a pas contradiction à résoudre, mais conséquence à remarquer, entre l'étatisme social et l'individualisme social. Un logicien qui part de la souveraineté de l'individu, et qui veut construire un État, peut mourir avant d'être sorti du moi fondamental et d'avoir élevé son système ; mais, s'il le construit, s'il le construit sur ce fondement

1. C'était traditionnellement le cas dans la diplomatie, précisément parce que cette fonction était mal rémunérée et qu'il fallait donc disposer d'une fortune personnelle pour s'y lancer.

2. Il y a, de temps en temps, des « ajustements » variés. Ils sont vite laissés en arrière par les *autres* dépenses [NdA].

individualiste, il ne peut concevoir ni réaliser autre chose que le despotisme de l'État. Théoriquement, son État est le plus absolu des souverains absolus, puisqu'il est l'émanation d'un total de souverainetés individuelles incoercibles et qu'il en reçoit toutes les forces, toute l'autorité, toute la majesté. Pratiquement, étant le seul produit de ces volontés souveraines, ne pouvant tolérer de groupe intermédiaire entre l'individu et lui, cet État tient à la merci de sa loi les personnes et les biens. *Chacun se trouve seul contre l'État, signe de tous*, et toutes les unités peuvent être ainsi broyées tour à tour par la masse unie et cohérente des autres. Celles-ci ont droit et devoir de se faire bloc, et celle-là, devant leur coalition, ne peut en fait ni en droit que subir.

* * *

Quand l'État devient tout, l'État n'est plus rien : c'est une thèse qui se soutient et qui se démontre. Mais la même thèse établit que chacun des citoyens tombe alors au-dessous de rien.

Quand il faut que tous agissent pour que quelqu'un agisse, chacun cesse d'agir, du moins avec initiative et progrès, et notre activité sociale devient la répétition mécanique, de plus en plus lente, et tendant même à l'inertie, des activités singulières et personnelles qui subsistent encore. La gestion financière de la République affaiblit la production de la richesse. La gestion financière frappe cette faible production de paralysie, tout en redoublant la consommation.

Limites de la justice dans la République. Notre justice est impuissante en raison de ce fait initial, qui domine la question : on a voulu trop lui donner. On a voulu lui donner tout. On a voulu absorber dans le Juste le Politique, et ramener à l'universalité de l'Ordre judiciaire ce qui est du domaine strict de l'État. Un État ne se passe point de raison d'État. Et c'est parce qu'il y a une raison d'État qu'il faut constituer l'État avec tant de soin ! Qu'il faut y concentrer le maximum de la sagesse, de la conscience, de la prudence, de la personnalité et de la justice ! Seul, un État très personnel, très pénétré de ses responsabilités personnelles peut exercer utilement les hautes prérogatives extrajudiciaires ou, si l'on veut, hyperjudiciaires qui lui sont dévolues[1]. Tant vaudra cet État, tant vaudront ses applications de la raison d'État. Si votre État est galvaudé dans les partis, s'il est l'esclave de la Finance ou de l'Étranger de l'intérieur, elles

1. Pour Maurras, il ne saurait y avoir de justice sans un État pour la faire respecter. Cette antériorité logique de l'État légitime le fait qu'il s'affranchisse des codes juridiques dans les cas extrêmes où est en jeu sa survie, condition première de la justice.

seront fort misérables ; au lieu de servir et de protéger le salut national, sa raison d'État servira « l'intérêt supérieur de la République », autrement dit les intérêts successifs et changeants des factions.

Les recours au « fait du prince » seront d'autant plus vils qu'ils ne seront ni avoués, ni invoqués directement. La prétention de tout traiter régulièrement, judiciairement et en forme, aura pour effet de fausser jusqu'à la forme même de la justice et de faire recevoir pour l'expression pure de la loi ce qui en sera le travesti. On voudra supprimer toute intervention de l'« arbitraire » pour éviter quelques abus ; mais on aura gagné, en échange, l'hypocrisie judiciaire avec ses interventions continues, ses violations chroniques, ses falsifications endémiques. Quand l'autorité légitime n'existe pas, sa fonction, qui est éternelle et nécessaire, est usurpée par le premier esclave venu. Nul pouvoir supérieur à la loi écrite n'existant, la Loi ne s'incarnant en aucune souveraineté vivante et capable de dire : « La Loi c'est moi[1] », on verra tous les magistrats en venir, par nécessité politique, à frauder la loi, ce qui enlève peu à peu à la loi toute autorité. Une loi que l'on tourne habituellement perd tout prestige et toute valeur.

Elle les perdra d'autant plus que les applicateurs et interprètes de la loi seront eux-mêmes diminués et humiliés davantage.

Qui écrira le détail de l'histoire de la magistrature française depuis « l'épuration » de Martin-Feuillée[2] ?

Qui comptera les cas dans lesquels les égaux ou les supérieurs du procureur général Fabre de l'affaire Rochette ont pu gémir sur telles ou telles des « plus grandes humiliations de leur vie »[3] !

Les partis

Nature des partis. Qu'est-ce que le gouvernement de la République ? Le gouvernement des partis, ou rien.

Qu'est-ce qu'un parti ? Une division, un partage. Les « *mots de la tribu*[4] » offrent souvent une contexture sacrée qui en contient, en conserve,

1. Paraphrase du mot fameux prêté à Louis XIV, « L'État, c'est moi », mais dont on n'est pas certain qu'il l'ait prononcé.

2. Félix Martin-Feuillée, garde des Sceaux de Jules Ferry en 1883-1885, « purgea » massivement la magistrature de ses éléments catholiques. Ce fut la plus grande « épuration » judiciaire de l'histoire de France.

3. Henri Rochette était un escroc bénéficiant de complicités dans le personnel politique radical et dont les manipulations financières ruinèrent de nombreux épargnants en 1908. En 1911, Monis, président du Conseil, aurait ordonné au procureur général Fabre de faire traîner l'instruction de cette affaire afin de protéger Caillaux, alors ministre des Finances, qui aurait couvert Rochette.

4. Maurras cite ici un fragment du célèbre poème de Mallarmé « Le tombeau d'Edgar Poe ».

en préserve le sens. Ici, il est limpide. Il n'y a qu'à fermer les yeux et écouter le son. *Parti !* Rouvrons les yeux : le spectacle contredit-il l'audition et l'entendement ?

Aucun résultat politique ne s'obtient, dans le fonctionnement normal du régime, que par cette opération diviseuse et cette lutte intestine. On arrive ainsi aux honneurs. C'est le jeu des partis qui élit. Une fois élu, on peut prêcher l'accord, mais surtout après avoir pris l'engagement formel de ne pas revenir devant l'électeur.

* * *

D'où viennent les partis ? Ou, plutôt, qu'est-ce qui donne aux partis et aux clans cette incurable ardeur dont le temps ne fait, parfois, que rafraîchir et renouveler la brûlure ? Nos clans naturels sont détruits, nos clans historiques passent pour être anéantis[1]. Mais les classes subsistent et notre État est constitué de manière à en tirer plus de mal que de bien.

Les révolutionnaires les exploitent toujours en s'efforçant de les légitimer par des antagonismes économiques *inexistants* car, loin de diverger, nos intérêts les plus essentiels convergent, *en fait.* L'intérêt général, sans être la somme des intérêts particuliers, les comprend néanmoins et les enveloppe : le plus haut, le plus profond des intérêts de chacun tend, sur le plan réel, à l'unité du tout. Le partage et la division sont des fléaux dont chacun aura à souffrir : pourtant, si beaux soient les appels à la conciliation, à la concession, à la convergence des actions et des vues, cette idée si naturelle reste bien froide en comparaison des chaleurs artificielles et des fureurs factices auxquelles les passions diviseuses élèvent leur fausse doctrine.

L'élément générateur des partis est passionnel et, presque toujours, personnel. Un homme, un nom servent de drapeau, et ce drapeau flotte et palpite d'autant plus vivement qu'un prétexte a été fourni, soit par une ambition trompée, soit par un déni de justice ou par son semblant, soit par une vengeance exercée ou subie.

* * *

La France est déchirée parce que ceux qui la gouvernent ne sont pas des hommes d'État, mais des hommes de parti. Honnêtes, ils songent seulement au bien d'un parti : malhonnêtes, à remplir leurs poches. Les uns et les autres sont les ennemis de la France. La France n'est pas un parti.

---

1. Par « clans naturels », Maurras entend vraisemblablement la famille, la corporation, la commune et la province ; par « clans historiques », les trois ordres d'Ancien Régime et la monarchie.

* * *

Dans un pays constitué comme la France, dans un pays qui n'est entièrement représenté ni par son aristocratie, ni par sa bourgeoisie, la République n'a duré que parce qu'elle a été la propriété d'un parti, d'un parti fermé, organisé assez jalousement pour répondre à tous les assauts[1].

Les idées des partis, les idées diviseuses ont, en République, des agents passionnés ; mais l'idée unitaire, l'idée de la patrie n'y possède ni serviteur dévoué ni gardien armé.

* * *

On ne fait pas la guerre sans provisions ni munitions. Il faut que, dans leur guerre, les partis vivent et combattent avec tous les objets qui leur tombent sous la main.

L'entente avec l'Étranger est l'ingrédient essentiel et classique du régime des partis. Possible et contingente sous tout autre gouvernement, elle est nécessaire en République. Il faut ou changer le régime, ou se résigner à ce mal.

* * *

De même il faut changer le régime ou se résigner, à peu près de la même manière, à une certaine dose de routine dans les grandes administrations dont la Marine et la Guerre donnent le type[2]. On n'y triomphe pas de la routine par l'esprit révolutionnaire qui anime les partis.

Le contrôle révolutionnaire du Parlement n'a jamais fait que superposer aux anciens abus des abus incomparablement supérieurs. Tout le mal que l'on voudra dire des bureaux, routiniers si l'on veut, mais compétents et expérimentés, ne sera jamais à mettre en balance avec les insanités d'une commission parlementaire ou d'un délégué du parlement, souvent ignare ou turbulent, touche-à-tout par définition.

* * *

1. Maurras ne songe pas à tel ou tel parti de l'échiquier politique, mais à l'hyperparti constitué par les tenants de l'idéologie républicaine, dont les nuances ont engendré les différents partis qu'il étudie plus bas.

2. Selon Maurras, l'esprit révolutionnaire favorise la routine administrative, car la valse des ministères empêche les ministres de se consacrer sérieusement à leur tâche ; dès lors, faute de directives claires, les bureaux se contentent d'expédier les affaires courantes suivant des procédures que rien n'incite à remettre en question. Maurras en veut pour preuve la gestion de la Défense nationale, qu'il étudie dans *Kiel et Tanger*.

Il n'est ni dit, ni écrit, ni pensé nulle part dans l'essence du régime républicain, que les questions militaires, les questions liées à la vie de patrie, soient supérieures à la République, supérieures à la querelle des partis. Les plus patriotes de nos républicains esquivent cette question de la priorité de la Patrie ou des Partis – de la France ou de la République –, en disant que ce sont là deux synonymes et que l'État républicain et l'État français ne font qu'un.

Mais la nature des choses se charge toute seule de la distinction, et c'est alors qu'au fur et à mesure des événements, les réactions strictement propres à chacun donnent la mesure des personnes, des caractères, des esprits.

* * *

Les partis, y compris le parti communiste[1], sont connus, réputés, avoués pour des syndicats d'intérêts personnels destinés à entretenir un parasitisme d'État.

Le vieux parti républicain[2]. Le vieux parti républicain a fait la République et il s'en vante : la République a fait sa situation actuelle et il en profite. Le mécanisme de cette double action historique n'est pas difficile à saisir. Faire la république, c'était poursuivre les partisans des régimes antérieurs, les noter[3], les chasser des emplois publics et leur donner tout aussitôt des successeurs intéressés au maintien de l'état des choses. La première révolution se créa une clientèle en vendant les biens nationaux[4] ; la troisième République s'est recruté son monde en « épurant » l'administration nationale et en la repeuplant de ses créatures[5].

Et l'on a formé de la sorte un vaste plexus d'intérêts maintenus en haleine par la crainte de la disgrâce, le désir de l'avancement. Tous ces intéressés, il faut le reconnaître, sont disciplinés à merveille. Ils ont une confiance complète dans leurs chefs de file ; et ceux-ci, à leur tour, ne « lâchent » point leurs clients. Ce tacite contrat bilatéral a pu s'appeler autrefois « union républicaine[6] ». Il pourra changer de nom et s'appeler même

1. Cette précision tient au fait que le parti communiste fonctionna longtemps comme une contre-société vivant en marge de la scène politique institutionnelle.

2. À nouveau, Maurras songe moins à un parti précis qu'à une nébuleuse regroupant centre droit et centre gauche.

3. C'est-à-dire les ficher.

4. C'est-à-dire les biens de la noblesse et du clergé.

5. Cette « épuration » s'est faite pour l'essentiel à partir de 1877, lorsque les républicains ont définitivement pris l'ascendant sur les monarchistes.

6. Groupe des années 1870-1890 formé par des radicaux ayant évolué vers des positions modérées.

l'union radicale-socialiste[1] : croyez bien que le personnel, à quelques têtes près, sera le même ; il se recrutera dans les mêmes milieux, il se gouvernera par la vue des mêmes intérêts de personnes et de clans.

* * *

Oui, les intérêts d'une race, d'une vaste famille. L'intérêt solidarisé d'un certain nombre de mille hommes. La loge maçonnique, le comité central[2] en étaient les deux foyers dans chaque chef-lieu de canton ; et ils étaient représentés dans les moindres hameaux par un émissaire de confiance, facteur rural, instituteur ou petit débitant d'alcool et de tabac[3].

Et il y avait là des gens intelligents ; et il y avait là aussi des gens infiniment stupides. Mais ni la stupidité ni l'intelligence n'étaient la caractéristique de cette curieuse brigade. Non pas même les appétits ! Non pas même les cupidités, ni les haines. Beaucoup de ces gens étaient riches. Il s'en trouvait même d'honnêtes. Cependant les figures de ces républicains d'origine, de ces républicains qui fondèrent la République, niaises ou fines, corrompues ou intègres, spartiates ou athéniennes, portent toutes un même trait : c'est un don de parler, d'intriguer, de mener la foule. Tous sont nés démagogues. Ils restent démagogues en quelque lieu qu'on les visite : au conseil municipal de Fouilly-les-Oies ou dans les bureaux de la Chambre, à la tribune du Sénat tout aussi bien qu'à la table boiteuse des estaminets borgnes.

* * *

Où ont-ils appris cela ? D'où tiennent-ils cet art du succès dans les assemblées ? Personne ne saurait le dire ; et personne ne peut nier qu'ils ne le possèdent. Cela est bien indépendant de l'éloquence, de l'autorité ou du mérite personnel.

Cette spécialité, qui n'appartient certes pas à la fine fleur du pays, ne correspond, non plus, en aucune façon, à la bonne moyenne des qualités françaises.

Mais c'est presque un trait ethnique ou professionnel : un instinct pareil fait les bons marins ou les bons cultivateurs. On naît démagogue comme

1. Maurras note ici la porosité entre le centre droit et le centre gauche.

2. Les partis républicains, et notamment le parti radical, avaient quadrillé la France de comités chargés de préparer les élections, de placer des personnes de confiance dans les emplois publics, de surveiller les opposants au régime, etc. Ce réseau doublait celui des loges maçonniques, autre élément clé de l'enracinement de l'idée républicaine dans le tissu social français.

3. D'où le centralisme de la IIIe République, soucieuse de contrôler les postes, l'école, les débits de boissons et les bureaux de tabac pour placer ses agents d'influence.

on naît juif. Comme les Juifs sont aptes au maniement de l'or, les vieux républicains sont aptes à « manier » les assemblées.

Je les ai comparés aux Juifs. Et voici une nouvelle ressemblance. L'or des Juifs est stérile. Il ne fait que de l'or[1]. Ainsi des aptitudes démagogiques du vieux parti républicain. Ce parti n'a rien pu, rien conçu, rien produit[2]. Il est politique de carrière et de profession ; et il n'a rien de politique. Sans doute il a fait la guerre aux conservateurs, mais en vertu d'une méthode bien plus que d'une doctrine : il lui fallait déposséder afin de posséder à son tour.

C'est le procédé d'une horde en pays conquis. La nôtre a mis la main sur les emplois, sur les profits : on serait bien embarrassé de dire qu'elle a eu, en outre, une conduite, des desseins suivis, des vues particulières ou générales sur nos affaires intérieures ou extérieures, hormis, il faut le dire, sur le plan anticlérical. Les résultats sont nuls au-dehors[3] comme au-dedans, et cependant c'est avec ce parti seulement que la République est possible.

* * *

Le procédé ne varie guère.

Le vieux parti républicain agit d'abord. Par des lois ou des décrets, il agit ; il dit ensuite aux électeurs : « Choisissez entre moi (c'est-à-dire entre les révolutions que j'ai faites) et la révolution inconnue, la mystérieuse anarchie, l'effroyable guerre civile qui éclaterait si moi, moi gouvernement révolutionnaire, révolutionnaire mais gouvernement, je n'étais pas là pour tout doser, retenir, mesurer[4]. »

* * *

Les grandes erreurs de l'esprit sont à la source de la plupart des dérèglements de l'action. Or, il est impossible de s'être trompé plus complètement, sur les idées et sur les choses, que l'élément sincère, l'élément fanatique du Vieux parti républicain.

---

1. Maurras reprend ici la condamnation traditionnelle de l'usure et de la spéculation, considérées comme immorales dès lors qu'elles ne créent aucune richesse réelle.

2. Un partisan de la IIIe République aurait beaucoup à objecter ici, notamment l'éducation primaire gratuite et obligatoire ou les lois sur la liberté de la presse ; mais Maurras rétorquerait que ces mesures ont été conçues dans l'intérêt du régime et non du pays.

3. Voir *Kiel et Tanger*.

4. Tendance présente depuis les débuts de la IIIe République, dont les fondateurs approuvèrent pour la plupart l'écrasement de la Commune. Par la suite, les républicains modérés se présentèrent comme des remparts face au socialisme, puis au communisme.

Les fondateurs de la République, ceux qui se trouvaient, il y a cent cinquante ans, en présence du fruit de l'œuvre capétienne, le royaume de France, la civilisation de la France, eurent deux idées directrices. La première était qu'il fallait changer tout cela, car ce composé politique, social, moral, n'étant pas bon ou ne valant pas cher, était à refaire de fond en comble. « Autre chose, mais non ceci ! » : tel fut le premier point de leur idéalisme. Secondement, ces réformateurs voulaient, les uns le parlement, comme en Angleterre, les autres la démocratie comme en Suisse, tous le protestantisme[1], comme en Prusse ; notre catholicisme leur paraissait inférieur, par définition, à la Réforme ; nos aristocraties[2] hiérarchisées sous le Roi leur semblaient lamentables au prix des bourgeoisies et paysanneries des Cantons[3] ; enfin, la concentration énergique du pouvoir proprement politique aux mains des successeurs de Louis le Grand et de Henri le Grand[4] leur semblait une tyrannie, comparée au bavardage des chambres et au « régime de cabinets ». Tout l'idéalisme d'alors procédait d'un triple mécontentement de nous-mêmes. On rêvait, sous trois formes, dans la direction des types jugés supérieurs, un « progrès » religieux, social et politique. Nous mesurons aujourd'hui les trois reculs nés de ce triple effort.

Le parti libéral. Le libéral en est resté aux vieux thèmes à la mode dans sa jeunesse et d'après lesquels il y avait antagonisme nécessaire entre une nation et son gouvernement. La coopération de la cité et de ses magistrats avec les citoyens, la solidarité fraternelle des États avec leurs sujets, la profonde réciprocité de services basée sur la communauté absolue de leurs intérêts, ces fortes vérités aujourd'hui très présentes à tout esprit jeune et vivant, saisissables dans l'examen de tout gouvernement national, étaient recouvertes, dans les cervelles, il y a un demi-siècle, par le problème métaphysico-juridique de la balance et du partage des Pouvoirs. Auguste Comte ne traitait de ce contresens politique et moral qu'avec le mélange de risée et de courroux qu'il témoignait à tous les succédanés de l'anarchie révolutionnaire pour en flétrir ce qu'il nommait déjà *le plus nuisible et le plus arriéré des partis*. Sauf au Palais[5], où ce byzantinisme sévit encore, beaucoup moins qu'autrefois du reste, les nouvelles générations en sont délivrées. Elles voient le public *avec* le gouvernement, au lieu de le voir

1. Maurras désigne ici l'esprit de libre examen plus que la religion protestante *stricto sensu*.
2. Le pluriel suggère que l'ancienne France ne comprenait pas une seule aristocratie, mais plusieurs : clergé, noblesse d'épée, noblesse de robe, corporations, élites provinciales et municipales...
3. Allusion à la Suisse.
4. Louis XIV et Henri IV.
5. Au Palais de justice, et plus généralement dans les milieux juridiques.

contre lui. Elles se représentent ce magistrat, ce chef, comme un protecteur ou un guide, un directeur (*rex*[1]), non comme un ennemi.

Le libéral ne pense pas sans le concours de cette méthode périmée. Il n'est pas le gouvernement ? Il est *donc* l'opposition. Il n'a pas le pouvoir ? Il a *donc* mandat de mettre tous les bâtons possibles et imaginables dans les roues du pouvoir. Pas de milieu entre l'exercice direct et l'opposition directe, le pouvoir absolu et la critique absolue. Ne lui parlez de concours, de collaboration. Ou que voudriez-vous dire ? Il ne comprend pas cette langue. Chef du gouvernement, il apportera la même frénésie à user de l'autorité qu'il emploie aujourd'hui à s'agiter contre elle : son libéralisme rageur se muera en jacobinisme violent, mais, dans les deux cas, il appliquera à son procédé gouvernemental la marque, ou parlons mieux, la tare de l'esprit révolutionnaire qui ne peut concevoir la société nationale sous le régime de l'union et de la paix. Il les lui faut toujours divisées contre elles-mêmes : au lieu de tendre à réaliser des convergences heureuses, il entrechoque, dans un dualisme éternel, d'irréductibles divergences dans l'intention plus ou moins avouée de les exploiter jusqu'au fond.

C'est l'esprit, c'est la *théologie* du régime. Si le libéralisme n'était modéré par le bon sentiment qu'ont parfois certains libéraux du danger qu'il fait courir à la paix intérieure du pays, il ne se déroberait pas indéfiniment à ses conséquences logiques autorisées par les fameux précédents de 1792 et 1871. Doubler la guerre étrangère d'une guerre civile ? Après tout, pourquoi pas ! Métaphysique d'un autre âge qui peut servir à mesurer la haute antiquité du fossile qui nous la sert. Elle mesure aussi l'antiquité et la fossilité de la République.

Le parti radical. Ce parti se définit suffisamment par son personnel : horde de destructeurs variés qui peuvent être divisés par des haines de personnes ou des compétitions d'appétits, mais réunis par un aliment collectif autour d'une pensée qui les discipline.

Qui passe le premier, cet aliment, cette pensée ? Est-ce la religion du désordre, le goût de la désorganisation, qui les jette ainsi sur le capital moral et matériel de la France ? Ou bien sa verve critique est-elle allumée par la perspective d'un pillage et de ses profits ? La réponse à cette question devrait nécessairement varier avec les personnes et selon les époques de leur carrière. En tout cas, les deux mobiles font bon ménage.

Ces deux manières de comprendre la Révolution ne se gênent aucunement et font coopérer les forces de l'esprit qui tend à détruire et les aspirations de la bourse qui veut se remplir. Dans cette association de

1. Le mot latin *rex*, qui désigne le roi, est de même étymologie que le mot « directeur » (celui qui dirige, c'est-à-dire qui rend droit).

désintéressements et de concupiscences, la doctrine ajoute aux intérêts qui la servent l'autorité, la majesté, la grandiloquence ; les intérêts fournissent à la doctrine une force de propulsion qui lui manquerait tout à fait si elle était livrée à ses propres moyens. La première séduit et rassure les naïfs, les secondes appâtent et rallient les coquins.

* * *

Comment ont pu s'accréditer chez un peuple qui n'est pas plus bête qu'un autre cette doctrine de division et cette œuvre de gaspillage qui ne tendent qu'à le tuer ? Drumont note parfois qu'on a peine à imaginer un peuple se détruisant de ses propres mains[1]. Mais on imagine fort bien un peuple détruisant un autre peuple et pour le mieux détruire, le trompant, l'enivrant et l'empoisonnant. Judith de Béthulie n'est pas toujours une belle veuve[2] : il y a des idées, des songes, des mirages qui, pour un temps du moins, paraissent plus beaux que Judith ; lorsque Judith s'appelle une philosophie, une sensibilité, une école ou une mode littéraire[3] et quand ce prestige, ce charme sont bien connus pour être, à coup sûr, meurtriers, il suffit de savoir en diriger les forces vers un ennemi. C'est ce qu'a fait, en France, depuis la fin du XVIIIe siècle, l'Étranger de l'intérieur aidé par celui du dehors, Anglais et Prussiens.

Sans doute l'engouement pour l'erreur Jean-Jacquiste[4] a cessé, depuis bien longtemps, d'être spontané, mais, depuis longtemps aussi, on a achevé, à la faveur de cet engouement, les opérations politiques grâce auxquelles on s'est emparé des hautes positions dans l'Administration, l'Université, les académies, d'où l'on est bien à l'aise pour imposer les rossignols d'il y a cent vingt ans. Ayant instillé à leurs adversaires, aux chefs du pays, toutes les idées et tous les sentiments capables de nous affaiblir et ainsi de nous asservir, les quatre États confédérés (juif, protestant, maçon, métèque[5]) commanderont tant que nous subirons l'autorité légale qui est demeurée sous l'empire de leur poison.

---

1. Maurras considérait Édouard Drumont comme l'un de ses maîtres.

2. Allusion à l'héroïne du Livre de Judith, dans l'Ancien Testament, qui séduit puis tue le général assyrien Holopherne pour l'empêcher d'exterminer les Israélites, après quoi ce sont ces derniers qui exterminent tous leurs ennemis dans l'empire assyrien.

3. Allusion au romantisme, dont on sait qu'il est toujours corrélé à la Révolution sous la plume de Maurras.

4. Allusion aux idées de Jean-Jacques Rousseau.

5. *Les quatre États confédérés* : dans un Conseil des ministres tenu en septembre 1898, comme les derniers adversaires de la révision du procès Dreyfus dénonçaient la puissance des Juifs, des protestants et des francs-maçons, M. Henri Brisson, président du Conseil et ministre de l'Intérieur, défendit énergiquement les trois groupes mis en cause, et s'écria, au cours de ses déclarations, que les Juifs, les francs-maçons

* * *

Il leur faut achever d'établir leur doctrine : d'où l'hostilité au catholicisme, particulièrement à l'école catholique. Il leur faut maintenir la centralisation : d'où la nécessité de limiter les concessions socialistes au point précis où l'administration perdrait la haute main sur les groupes ouvriers et leur permettrait la moindre vie autonome ; dans le cas contraire, accentuer le socialisme d'État en truffant le syndicalisme ouvrier du plus puissant syndicalisme des services publics. Enfin, il leur faut éviter d'alarmer les régions moyennes de l'opinion publique par un programme trop subversif. Mentir au centre, foncer sur la droite catholique et céder à la gauche de simples apparences : c'est le programme radical.

Sur le triple but, tout le monde est d'accord : Étatisme pour dominer, Anticléricalisme pour pervertir, Opportunisme pour n'être pas balayés[1].

… Et l'opportunisme prévaut de plus en plus depuis quelques lustres. Avec l'opportunisme, la corruption, la concussion et l'escroquerie.

Le parti socialiste. Qu'est-ce au fond que le socialisme ? C'est une solution du problème posé par la démocratie. La volonté du nombre étant *reine de l'État* ne peut pas ne pas tendre à devenir *reine de la société*, c'est-à-dire de l'ordre économique, à l'usine, au bureau, au champ, partout. Ne dites pas ce serait la ruine de tout. Le Nombre ne le croira jamais. Il agira toujours, s'il est le maître de l'État, de manière à s'emparer des richesses produites et des moyens de la production afin de se les partager. Cela, c'est l'inévitable. Il y a des démocrates qui tendent à ce résultat en décrétant que tout sera fonction d'État, monopole

---

et les protestants étaient L'OSSATURE DU RÉGIME RÉPUBLICAIN. Pour que cette *ossature* soit bien complète, il faut y ajouter un groupe injustement omis par M. Brisson, le groupe étranger des métèques installés en France à la place des Français, et protégés et favorisés par les lois de la République « française ».

Ces quatre oligarchies, de nature profondément internationale, toutes-puissantes et régnantes, ont été appelées les *quatre États confédérés*.

Nous nous rendons d'ailleurs compte qu'il faut faire une distinction entre les protestants, et nous l'avons faite : beaucoup d'entre eux se sont profondément enracinés de cœur et de chair dans la terre de France, ni leur patriotisme, ni leur nationalisme ne peut être mis en cause, mais les plus « avancés » d'entre eux se sont laissé dénationaliser. C'est à une équipe essentiellement protestante que nous devons l'école primaire anarchique, fondation des Buisson, des Pécaut, des Steeg, tout-puissants dans l'État [NdA].

1. L'opportunisme fut le courant politique dominant au début de la IIIe République. Il entendait borner son action aux réformes qui, dans le contexte, lui paraissaient opportunes (d'où son nom), repoussant les autres à une période ultérieure. Il regroupait donc la frange la plus modérée du personnel républicain. Mais Maurras suggère ici que cet état d'esprit a gagné des partis situés plus à gauche.

d'État, chaque citoyen devenant ainsi fonctionnaire. C'est le socialisme d'État : il sort du cœur et des entrailles de la démocratie ; ainsi résout-elle le problème qu'elle pose en se posant. D'autres pensent que l'égalité démocratique, déjà réalisée dans l'État, se poursuivra dans la société au moyen de la pompe aspirante de la fiscalité, l'État prenant aux particuliers tout ce qu'il faut pour les appauvrir afin qu'il puisse, lui, en enrichir le nombre paresseux : ce socialisme fiscal, autre émanation des viscères démocratiques, fournit une seconde solution. Le socialisme orthodoxe ou communisme scientifique fournit une solution un peu différente, plus pompeuse, plus précieuse, embrassant en apparence une organisation industrielle plus complexe et plus avancée, mais elle ne peut ni ne doit compter que comme l'une des solutions de l'unique problème dont les termes sont posés, dont les chiffres sont alignés dès le premier moment où la démocratie, atteignant son premier objet, s'empare de la force publique. Le Nombre, s'il est maître, ne peut tendre qu'à obtenir de la nation sujette *ce qu'il lui faut.*

De manière ou d'autre, quelque dictature du prolétariat *doit* permettre au Nombre de s'alimenter sans rien faire.

Écarter la solution socialiste proprement dite, négliger même le socialisme d'État, ce n'est résoudre rien et c'est laisser tous les *x* sur le tableau noir. Vous êtes démocrate ? Fort bien ! La démocratie veut devenir *œcocratique* (maîtresse de la maison), ploutocratique (maîtresse de la richesse), elle n'existe que par et pour cette volonté. Qu'y répondez-vous ? Oui ? Non ? Si c'est non, vous n'êtes pas démocrate. Si c'est oui, tous les inconvénients du socialisme reparaissent. Si c'est ni oui, ni non, tout se passe comme si c'était oui. Les faims, les soifs, les appétits, les convoitises éveillées par le seul mot de démocratie, se donnent carrière, ils règnent sur l'électeur, par l'électeur sur l'État, par l'État, sur les finances, et vous voilà, comme disait l'autre, au rouet[1].

Le parti communiste. En quoi le communisme diffère-t-il du socialisme révolutionnaire ? Par la méthode, en ce qu'il accélère le désordre. Par la doctrine, en ce qu'il ne fait pas grâce au compromis de la démocratie bourgeoise : il est égalitaire quant aux destructions, il est autoritaire et même hiérarchique lorsqu'il prétend reconstruire conformément aux intérêts et aux vues d'un parti. Le système d'oligarchie (maçonnique et juive) que la République française pratique sans le dire, le Communisme l'institue au grand jour et même l'avoue.

Mais il ne faut pas se perdre dans ces nuances. D'un peu haut, qu'est-ce que c'est que le socialisme ou « communisme » plus ou moins « scientifique » ?

1. « Être au rouet » : tourner dans un cercle vicieux.

C'est l'esprit de la république démocratique, c'est même l'esprit du libéralisme qui, venu de la politique, est introduit dans l'économie et dans le travail. *Eh ! quoi,* disaient les avancés aux doctrinaires du temps de Louis-Philippe[1], *vous établissez la monarchie constitutionnelle dans l'État et vous conserveriez la monarchie absolue dans l'usine et dans la manufacture ?* On regimbe, on chicane, mais la question est là. Si tout le monde est roi, tout le monde doit être patron. Si les affaires communes de la nation se trouvent bien gérées par la volonté de tous, comment la volonté de tous ne gérerait-elle pas encore mieux les affaires particulières d'un commerce et d'une industrie ? Du point de vue de l'intérêt général, la pente est directe : si le bien commun politique dit : *République*, le bien commun économique et social doit dire : *Communisme* à plus forte raison. Car qui peut le plus peut le moins. Si le pouvoir élu est excellent pour la Maison de la France, il doit être meilleur encore pour la maison Dupont et Durand.

Vous pouvez alléguer le droit : le droit de l'héritage, les droits de la propriété ! Je comprends ce légitimisme social. Mais il y avait un légitimisme politique qui alléguait le droit héréditaire d'une famille royale, son droit, fruit du plus utile et du plus puissant travail séculaire, au commandement du pays, qu'elle avait constitué comme une métairie ou comme un atelier.

Ce légitimisme politique est bafoué par les républicains. Pourquoi les socialistes et les communistes ne bafoueraient-ils pas le légitimisme social des républicains bourgeois d'aujourd'hui ?

Conclusion : du radicalisme au communisme, différences faibles ou nulles. Distinguer entre la révolution sociale et la révolution politique est absolument vain. Toutes les démocraties de l'histoire ont fait le double trajet ; l'article 1er disait *égalité politique* et, quand cette égalité, théorique du reste, a été admise, il a bien fallu dire, article 2, *égalité sociale* ; les deux termes n'appartiennent pas à des séries différentes, leur essence est la même, ils répondent aux mêmes besoins. En Grèce, en Italie, toute constitution démocratique eut pour effet d'imputer peu à peu aux « riches » les charges de la cité : ce qui avait pour effet d'aboutir aux plus sordides méthodes d'obstruction politique, de lâcheté civique et d'appauvrissement social.

Des villes florissantes, de grands États, de véritables empires ont été ainsi ruinés en cinq sec[2].

---

1. Les doctrinaires, ou royalistes libéraux, entendaient réconcilier le principe monarchique et l'héritage de la Révolution. Ils étaient socialement conservateurs, contrairement aux avancés.

2. Cinq secondes

* * *

Les communistes représentent une stricte observance : moins informé, moins attentif à la constitution politique et sociale de ce pays, telle qu'elle résulte des institutions de l'an VIII[1], leur marxisme judéo-moscoutaire omet ou feint d'omettre des facilités de révolution lente et de spoliation graduelle.

Au fond, pourtant, il ne se présente qu'à titre de stimulant et d'auxiliaire[2].

Stimulant, pour empêcher les socialistes de s'endormir dans leurs prébendes, leurs proconsulats et leurs sous-secrétariats. Auxiliaire, pour le grand soir. Dans la société comme dans la nature, il arrive que les choses procèdent tout d'abord par degrés fort nuancés, presque insensibles, mais il vient un moment où toute évolution a besoin de se compléter par une intervention de cette « grande accoucheuse de société[3] » qui s'appelle la Force. Ce fait de force plus ou moins brutal, plus ou moins explosif, ne serait certainement pas accompli par les bourgeois ventrus et flasques du type socialiste parlementaire. Mais les communistes sont là : quand ils auront « flambé » un certain nombre d'étages et de maisons, les socialistes parlementaires, leur ayant fait courte échelle aux grilles du Palais-Bourbon, s'occuperont de mettre en articles de Lois, proprets et nets, ces incendies, pillages et assassinats.

* * *

Pour les partis de gauche, il n'est en réalité jamais question de doctrine ni même de programme[4]. Un seul mot d'ordre, un intérêt : la lutte contre la réaction. Jamais un radical bien né ne se laissera enrégimenter sous une bannière suspecte de réaction. On lui montrera une bande d'étoffe rouge : comme le taureau fonce, le radical marchera[5]. Tel radical ne fait ainsi que suivre ses habitudes, tel autre suit sa passion. Il marche, et c'est l'essentiel. Il marche de manière à rencontrer ses frères socialistes autour de l'Urne, d'où la mauvaise Loi fait dépendre le sort du pays.

Cette conjonction du radical et du socialiste qui fait crier à l'immoralité est la plus naturelle du monde.

---

1. C'est-à-dire des institutions centralistes du Consulat dont Maurras a dénoncé plus haut la nocivité.
2. Rappelons qu'au moment où paraissent *Mes idées politiques* les communistes soutiennent les gouvernements du Front populaire sans y participer : ils en sont donc les auxiliaires.
3. Maurras reprend cette expression à Marx.
4. Affirmation évidemment fausse – voir par exemple la place de la doctrine dans les courants marxistes.
5. Allusion à la couleur rouge des drapeaux révolutionnaires.

* * *

Elle est aussi naturelle, pour le moins, que la conjonction finale du socialiste et du communiste.

Comment ne voit-on pas cela plus clairement ?

On ne saurait trop le redire, il existe dans le socialisme deux traits distincts, et le plus important n'est pas celui qui donne au socialisme son nom, le plan de règlement de la question dite sociale, qui s'entend plus particulièrement de la question ouvrière, telle qu'elle se pose dans la grande industrie. Ce socialisme, le plus vigoureux, le mieux défini, n'est pas celui de gros bataillons. La grande industrie en France n'est pas assez développée, malgré la guerre et l'après-guerre, pour expliquer la présence de nombreux socialistes à la gauche des radicaux. Mais, dans les régions les plus étendues de la France, là où dominent la vie rurale, l'artisanat, la petite industrie, le petit commerce, *socialiste* signifiait autrefois républicain extrême, républicain « sang de bœuf[1] », ultra radical. Cet extrémisme, cette outrance, s'appliquaient alors aux idées. Il y a très longtemps que les idées républicaines ont cessé de susciter l'enthousiasme ou la confiance. Leur fanatisme a subi une chute profonde. Le faible résidu qui subsiste ressemble beaucoup moins à un état d'esprit qu'à un intérêt, ou plutôt à l'idée d'un intérêt, mais d'un intérêt privé et quasi personnel. Le socialiste du Midi, par exemple, tend surtout à réaliser le programme démocratique étatiste : *tout le monde fonctionnaire, un petit emploi pour tout le monde*, sur un plan d'égalitarisme ingénu. Ce n'est pas autre chose que veut le radical. Dès lors, tous les deux veulent et doivent vouloir de gros budgets, avec de gros impôts spoliateurs.

* * *

Mais le radical, membre d'organisations où la grosse bourgeoisie n'est pas sans représentants, tend à placer le point de la spoliation un peu moins bas que ne ferait le socialiste. Le premier appelle à grands cris les gendarmes contre les gens qui possèdent plus des cent mille francs qu'il a dans son portefeuille. Le second, armé de sa fourche socialiste ou révolutionnaire, fait fonctionner la pompe aspirante à cinquante, vingt ou dix mille. Le principe est le même, parce que le sentiment qui l'inspire est aussi le même : l'envie.

Il ne faut pas se faire d'illusion, ni s'en laisser conter par une poignée de charlatans aux dents longues, l'analyse sévère du *complot électoral* donne cela et ne donne absolument que cela. Nous revivons les temps de

1. Nouvelle allusion au drapeau rouge.

la Cité antique où toutes les fois qu'un certain degré élevé de civilisation matérielle a été atteint, quand la ploutocratie, manœuvrant la démocratie, a fait disparaître le patriciat et la royauté, les biens collectifs réunis, y compris les trésors spirituels et moraux qui s'y joignaient, furent enveloppés dans la même ruine[1]. Ils le sont comme il le faut, au moyen de la même lutte furieuse entre les *pauvres* et les *riches*, entre la troupe des producteurs actifs et heureux et la foule des consommateurs pauvres et avides qui trouvent commode de s'adjuger le fruit du travail par la législation d'abord, par l'émeute, le sac et la tuerie ensuite. Il n'y a point de différence entre ces jeux des factions aujourd'hui et il y a deux mille ans. La démocratie politique fait la démocratie sociale. Le principe d'égalité attaché à la capacité du suffrage des personnes exige d'être étendu à la propriété de choses. Il n'y a pas un conservateur démocrate capable d'un peu de réflexion et d'esprit de suite qui puisse faire une réponse décente à la question : Pourquoi n'êtes-vous pas communiste ?

Le communisme dilué s'appelle socialisme. Le socialisme dilué s'appelle radicalisme, démocratisme, républicanisme. À quelque degré que soit portée la solution du principe-poison, on se rend compte qu'il tue naturellement, nécessairement, la Cité et l'État, la Patrie et l'Humanité.

SIXIÈME PARTIE : LES QUESTIONS SOCIALES

L'économie

L'économie étant la science et l'art de nourrir les citoyens et les familles, de les convier au banquet d'une vie prospère et féconde, est une des fins nécessaires de toute politique. Elle est plus importante que la politique[2]. Elle doit donc venir après la politique[3], comme la fin vient après le moyen,

1. Maurras place la ploutocratie à l'origine des campagnes en faveur de l'égalité économique. Le paradoxe n'est qu'apparent : selon Maurras, le but réel des ploutocrates n'est évidemment pas d'abolir les différences de richesse, mais d'utiliser la jalousie des masses pour détruire les élites traditionnelles. En effet celles-ci, bien que fortunées, tirent leur légitimité d'un autre principe que l'argent et représentent donc un obstacle aux ambitions des puissances financières. Dès lors, suggère Maurras, la victoire apparente du socialisme consacre en réalité l'hégémonie des ploutocrates.

2. En affirmant cela, Maurras ne tombe nullement dans l'économisme ou tout-économique, puisqu'il vient de préciser que l'économie est « une des fins nécessaires » de la politique : cela suppose qu'il y en a d'autres. De même, en écrivant que l'économie doit permettre « une vie prospère *et féconde* », il suggère qu'elle ne doit pas seulement remplir les ventres, mais encore favoriser le plein épanouissement de l'homme.

3. D'où la fameuse maxime maurrassienne : « Politique d'abord. »

comme le terme est placé au bout du chemin, car, encore une fois, c'est le chemin que l'on prend si l'on veut atteindre le terme.

* * *

En matière économique, plus encore qu'en politique, la première des forces est le crédit qui naît de la confiance.

* * *

L'essor économique incite au progrès politique.

L'ordre économique est l'ordre de la nature. La doctrine libérale assure que le bien social résulte mécaniquement du jeu naturel des forces économiques. Qu'est-ce qu'elle en sait ? Au fur et à mesure que les faits économiques viennent démentir son optimiste et fataliste espérance, elle nous répond : attendez, l'équilibre va se produire de lui seul. Mais cet équilibre fameux ne se produit pas[1]. Les conseils des économistes libéraux valent pour nous ce qu'auraient valu autrefois pour le genre humain une secte de naturistes qui lui aurait recommandé de se croiser les bras et d'attendre que la terre porte d'elle-même les fruits et les moissons. S'il eût écouté de tels sons, le genre humain attendrait encore ou serait mort de froid et de besoin.

Non, la nature, non, le jeu spontané des lois naturelles ne suffisent pas à établir l'équilibre économique. Mais prenons garde ; ces lois, auxquelles il serait fou de vouer une confiance aveugle et mystique, il serait encore plus fol de les négliger. Cultivons, tourmentons, forçons même l'ample et bizarre sein de la vieille nature, ajoutons à ses forces nos forces et notre sagesse, notre prévoyance et notre intérêt, doublons-les partout de nous-mêmes. Mais sachons que nous ne commanderons aux choses qu'à la condition de leur obéir[2]. Moissonner en hiver, vendanger au printemps, voilà l'impossible. Avant de moissonner et de vendanger, connaissons le temps naturel des vendanges et des moissons. Et, si nous voulons influer en l'améliorant sur l'ordre économique, connaissons-le. Par-dessus tout appliquons-nous bien à n'en méconnaître aucun fait essentiel. Nous payerions comme toujours ces oublis et ces ignorances ou plutôt notre peuple payerait notre grande erreur.

Rapports de l'économique et du politique. Il n'est pas vrai de dire que les crises économiques sont toujours les causes des crises politiques.

1. Rappelons que *Mes idées politiques* paraît alors que la France se débat encore dans les séquelles de la crise de 1929, qui a durement ébranlé le dogme libéral.

2. Maurras reprend ici l'une des plus célèbres maximes de sir Francis Bacon.

Pourtant il serait faux de dire qu'elles ne le sont jamais. La vérité est que les unes et les autres sont tour à tour cause et effet. Certaines explosions de 1789 ont résulté de la misère, mais, sans l'état d'esprit que le philosophisme avait déterminé chez les gouvernants et les gouvernés, les émeutes auraient-elles pu devenir des révolutions[1] ? En 1848, sans le licenciement des ateliers nationaux, on n'aurait pas eu les journées de juin, mais ces ateliers n'eussent jamais été ouverts sans les idées politiques de la crise de février[2].

Les phénomènes économiques semblent d'ailleurs jouer, en histoire, le rôle d'excitateur plutôt que de déterminateur ; ce sont des *causes matérielles* plutôt que des *causes formelles*[3].

* * *

Nous ne sommes pas sectateurs de l'État-providence, mais l'État a pourtant d'autres fonctions que la gendarmerie. Il a, sinon des fonctions d'économe, celles de contrôleur et de président de l'économie, et nous entendons bien que sa protection ne s'arrête pas aux produits, elle doit s'étendre aussi et tout d'abord à l'homme, leur producteur.

Que pourrait être l'avenir de la race, de la nation, si l'État se désintéressait des conditions faites par la vie à ses nationaux ?

La question économique et les lois sociales. Dites que nos lois sociales ont été bâties de travers sur un double principe de lutte des classes et d'uniformité d'organisation, vous serez près de la vérité. Vous y serez en plein si, opposant principe à principe, vous demandez qu'on légifère ou qu'on réglemente par région et par profession, après avis des compétences,

---

1. La réponse est évidemment négative, sans quoi toutes les jacqueries du Moyen Âge et de l'Ancien Régime eussent été des révolutions.

2. Les ateliers nationaux créés dans la foulée de la révolution de février 1848 avaient pour fondement le droit au travail proclamé par le gouvernement provisoire et devaient donc donner un emploi aux très nombreux chômeurs parisiens, mais ils n'y parvinrent pas. De plus, les élections d'avril 1848 furent remportées par des républicains modérés, hostiles à cette expérience socialisante. Les ateliers nationaux furent donc fermés en mai, ce qui déclencha l'insurrection ouvrière de juin 1848.

3. Maurras recourt ici aux catégories d'Aristote pour récuser la vulgate marxiste selon laquelle l'économie déterminerait la politique. L'économie conditionne certes la politique à titre de cause matérielle, car elle est l'une des matières sur lesquelles s'exerce l'art politique et avec lesquelles il doit par conséquent compter. Mais une même matière peut donner naissance à des réalités très différentes selon qu'elle reçoit telle ou telle forme ; la cause formelle prime donc la cause matérielle. En d'autres termes, l'économie impose ses problèmes mais ne détermine pas *a priori* la réponse que leur apportera la politique.

après accord direct des intéressés[1]. Mais, de grâce, que l'on ne nous oppose plus on ne sait quelle *fatalité* des lois de l'économie dont le jeu mécanique aurait déterminé un inévitable renchérissement de la vie en raison de toute élévation de salaire !

On dit : « C'est évident. » Ce n'est pas si évident que cela. Les lois que l'on formule supposent que l'on sous-entend : – *Toutes choses étant égales d'ailleurs*, nul autre facteur n'intervenant, nulle autre loi plus étendue n'étant mise en jeu. Votre loi, elle est vraie en système clos : je serais obligé de vendre plus cher *si*, payant davantage des ouvriers *qui ne me produiraient point de plus-value correspondante*[2], si, redis-je, j'étais tenu de réaliser les mêmes bénéfices qu'auparavant, mais que je sois tenu, en fait, de réaliser ces bénéfices-là, c'est une hypothèse vérifiée dans certains cas et démentie dans d'autres car un manque à gagner n'est pas nécessairement une perte, ni une cause de faillite ou de liquidation : on peut gagner moins et continuer de faire honneur à ses affaires ; en outre, il n'est pas inconcevable ni sans précédent qu'un accroissement du salaire de l'ouvrier détermine l'amélioration ou l'augmentation du produit.

Me dira-t-on que les ouvriers ne veulent pas ceci ? Que les patrons ne veulent pas cela ? C'est peut-être leur droit, mais l'expression de leur volonté, l'exercice de ce droit ne sont pas le jeu *fatal* d'une loi naturelle. D'autres idées et d'autres mœurs peuvent modifier ces volontés en les civilisant : l'antagonisme des deux droits témoigne du conflit de deux barbaries en présence, nullement d'une inflexible nécessité naturelle extérieure aux volontés.

Dans cette corruption du langage qui marque notre temps, l'on perd de vue le sens de la notion de loi en tant qu'elle est conçue comme le signe de succession entre deux faits. L'élévation de salaire et celle du prix des denrées peuvent être en rapport étroit, mais ce rapport peut et par conséquent doit être corrigé au moyen d'autres facteurs interposés à propos. Ici, une meilleure administration. Là, plus d'ardeur au travail. Plus haut, des finances épurées permettant d'alléger les charges publiques, une décentralisation rationnelle[3], une étude de la législation commerciale plus vigilante. En aucun cas, la « loi » économique ne peut signifier qu'une riche population doive mourir de faim toutes les fois que le salaire des ouvriers y est augmenté, car autant vaudrait dire que la loi de la pesanteur nous oblige fatalement à nous rompre le cou.

1. C'est le versant social du fédéralisme maurrassien.

2. C'est cette plus-value que l'expérience Blum n'a pas su provoquer et a même empêchée net (1936-1937) [NdA].

3. L'expérience Blum a procédé à rebours : centralisation, augmentation d'impôts, etc. (1936-1937) [NdA].

Les Lois donnent la table des constantes de la nature. C'est à l'homme de ne pas s'asservir à elles, mais bien de se servir de leur fidèle avis. Au nom des lois fatales de la chute physique, on s'en va en ballon, peut-être ira-t-on jusqu'aux astres. Les fatalités de l'économie doivent ainsi se composer en vue du bien de la nation. Il n'y a pas de protectionnisme, il n'y a pas de libre-échange qui tienne : il y a la vigilance et l'incurie, il y a l'organisation intelligente des tarifs ou la résignation à leur jeu automatique et mécanique, lequel ne peut être que désastreux comme toute résignation humaine aux caprices de la nature. Une situation matérielle aussi complexe que celle du sol français exigerait une police économique âprement et passionnément dirigée, mais cette police suppose aussi un État fort, vivace, dévoué aux intérêts de la patrie entière et non pas d'un parti ; un État occupé de l'avenir des peuples et non plus condamné à se débattre sans espoir dans chacune des plus misérables difficultés du présent ; un État bien servi, un État respecté, un État attentif aux particularités significatives et soucieux d'en interpréter et d'en traduire en acte chaque avertissement…

Les classes

Qu'il y ait des classes, que la reconnaissance de ce fait soit l'œuvre des partis les plus avancés, voilà sans doute une victoire du sens commun sur l'uniformité et l'égalité que rêva la démocratie libérale. Il y a des classes, il faut le dire et le crier : constituant, législateur ou administratif, un homme d'État devra tenir compte de la communauté d'intérêts et de goûts particulière aux habitants d'une même zone sociale. Vouloir agir en la négligeant revient à poser un problème en en biffant l'un des facteurs principaux. Mais ce facteur essentiel, il n'est pas le seul, il n'est pas essentiellement bienfaisant ; rien ne montre qu'il doive faire seul la paix sociale.

S'il arrive que l'on se batte de classe à classe, la paix ne règne pas toujours à l'intérieur de chacune. C'est entre pairs que l'on s'entretue le plus volontiers. La rivalité des Montaigus et des Capulets synthétise le cas des aristocraties gouvernantes[1] ; mais les bourgeoisies n'ont rien à leur envier, nous savons de quelles animosités violentes peuvent se poursuivre des familles d'avocats ou de marchands, et nous voyons les mêmes luttes fratricides dans ce que l'on nomme aujourd'hui la classe ouvrière.

Ces guerres intestines peuvent sans doute être apaisées par une sage vue de l'intérêt commun ? Mais il peut en être de même des luttes de classe à classe, à la faveur des importantes communautés d'intérêts qui, de l'une à l'autre, existent également.

---

1. Ce point a été détaillé *supra* dans la préface.

On peut diviser la société par paliers, par étages et par zones ; mais cette division naturelle n'est pas la seule : d'un degré à l'autre de cette échelle, il y a des rapports de solidarité fort étroits. Cela, du plus bas au plus élevé. L'industrie du pain, celle du bâtiment, s'étendent de la plus humble vie rustique ou urbaine aux rangs supérieurs de la plus haute société ; la solidarité entre tous ceux qui tendent à créer les mêmes produits peut et doit donc être aussi vive et profonde que la solidarité d'une même classe ; elle est autrement sociale et pacifiante !

Nous la préférons bien. Sans nier les classes, nous les subordonnons aux corps de métier qui réunissent toutes les classes et rassemblent les membres de la nation, au lieu de les parquer et de les diviser.

La classe et l'individu. L'être qui se déclasse[1], s'il le fait sans raison ou trop vite, risque de se faire du mal et d'en faire aux autres : un mal double et triple dont il faudrait faire l'économie dans l'intérêt de chacun et de tous.

L'esprit révolutionnaire croit la politique appelée à distribuer des prix aux individus, il ignore que la fonction politique est de faire prospérer la communauté. Où la sagesse universelle pense bonheur collectif, bien public, unité collective, c'est-à-dire famille, État, nation, l'esprit révolutionnaire pense bonheur et satisfaction du privé. Naturellement, au premier bruit de la nouvelle, l'individu accourt, frémissant, demandant sa part. Mais il y est trompé et cette part est vaine. Ce qui fait le malheur des groupes qui l'engendrent fait très rarement son bonheur ; ce qui ferait la paix et l'ordre de ces groupes ferait très fréquemment son ordre et sa paix. L'on appauvrit la substance d'un pays, l'on anémie un peuple quand on soutient que tout enfant intelligent doit passer, comme de roture en noblesse, du travail manuel des champs au travail manuel de la plume, échanger sa blouse contre la jaquette ou le veston du petit employé et de l'instituteur ; l'ordre de la communauté en souffre évidemment, mais le titulaire de ce transfert n'en est pas enrichi ni amélioré nécessairement ; s'il peut l'enorgueillir, cet avancement comporte aussi une rupture d'habitudes par défaut de préparation, qui peut le faire souffrir en l'exposant à des déboires et à des chagrins qui ne seront pas compensés[2].

Tout esprit objectif se rend compte que le difficile n'est pas d'*arriver*, mais de *tenir* de père en fils : les hauteurs sociales et même les places moyennes sont extrêmement malaisées à conserver au-delà de la première ou de la seconde génération : les tentations sont fortes, l'amollissement est

1. Qui change de classe. La suite du texte suggère que Maurras pense essentiellement à l'ascension sociale, bien que l'usage courant du terme « déclassement » évoque plutôt une déchéance.

2. C'est l'un des thèmes centraux du roman de Maurice Barrès *Les Déracinés*.

aisé, la chute probable. Comment les tâches de direction sociale seraient-elles exercées sans ce puissant et vaste mouvement spontané de translation séculaire qui apporte les bons, emporte les mauvais ? La merveille n'est pas que beaucoup se remplacent, c'est qu'un petit nombre ne soit pas remplacé. Quelques familles ont la vie dure par l'énergie de la fibre, la solidité de la tradition et la qualité de l'effort. Elles sont peu. L'État doit plutôt les aider : c'est l'élimination qui est le fait courant que l'on appelle le droit commun.

La vérité historique sur les classes. La Révolution a changé le cours naturel et le rythme normal de la vie en France. Il ne faut donc pas la louer, ni par conséquent la blâmer d'avoir inventé ce qu'aucun événement historique ne saurait inventer : un fait aussi naturel que ce mouvement qui renouvelle les hautes classes par l'ascension de familles, parfois même de tribus entières, venues du peuple. Comment se serait réformée l'aristocratie militaire en France après la guerre de Cent Ans ou après les guerres de Religion, si meurtrières, sans le mouvement de transfert qui fit passer la robe dans l'épée et qui renouvela la robe presque de fond en comble[1] ? Comment expliquer sans un mouvement du même ordre cette période louis-quatorzienne, *règne de vile bourgeoisie*, dit Saint-Simon[2], et qui porta le tiers état à son apogée[3] ? On ne peut pourtant pas juger des coutumes de l'Ancien Régime sur les effets de quelques ordonnances rendues deux ou trois lustres à peine avant 1789 et qui témoignent d'une pensée de réaction aussi passagère que folle[4]. Oui, le mouvement de 1789 fut précédé d'un accès de fièvre aristocratique qui détermina de fâcheux malentendus entre deux classes aussi voisines que l'étaient alors le tiers état et la noblesse, et qui eut aussi le malheur d'aliéner à une partie de la noblesse une partie

1. La noblesse de robe regroupait, sous l'Ancien Régime, les juristes et financiers de la monarchie, par opposition à la noblesse d'épée ou aristocratie traditionnelle des chefs de guerre. Mais ces catégories n'étaient pas des castes hermétiques, d'où le passage de l'une à l'autre décrit par Maurras.

2. Le duc de Saint-Simon, mémorialiste d'Ancien Régime, à ne pas confondre avec son cousin lointain le philosophe Saint-Simon, fondateur de la doctrine dite saint-simonienne au début du XIXe siècle.

3. Thèse chère à Maurras, et qu'il oppose à la vulgate selon laquelle la Révolution aurait porté au pouvoir le tiers état (à savoir la bourgeoisie, et non l'ensemble des non-nobles et non-clercs). Selon Maurras, c'est au XVIIIe siècle que la bourgeoisie française brilla de son plus vif éclat, parce que sa prospérité était alors protégée par la monarchie ; depuis la Révolution, au contraire, elle est menacée par le peuple. Cette interprétation est très schématique, mais ne peut être rejetée en bloc, notamment pour les pays de langue d'oc, où les parlements provinciaux et les franchises municipales d'Ancien Régime avaient favorisé l'épanouissement d'aristocraties bourgeoises. Ce fut le cas à Martigues, patrie de Maurras.

4. Allusion à la réaction aristocratique par laquelle la noblesse, à la fin de l'Ancien Régime, tenta d'enrayer la percée du tiers état, dans le clergé et l'armée notamment.

du peuple de Paris et de différentes provinces. Qu'est-ce, je vous prie, que ces anecdotes auprès de dix siècles de sagesse politique continue[1] ?

* * *

Le livre d'or du patriciat finit par se fermer à Venise[2]. En France jamais, même dans cet accès final, l'ancien régime ne cessa d'admettre le passage d'une classe à l'autre. Il l'admettait. Il le protégeait et, au besoin même, selon les temps, il le favorisait. Mais il ne le provoquait pas. Ou, pour mieux dire, il n'érigeait pas en *devoir* le parti de provoquer ces déclassements. La constitution de ce devoir contre nature, telle est précisément la tare du régime moderne ou plutôt, car ce régime n'existe pas à cause de cette tare[3], la tare de la conception moderne de l'État.

* * *

Tous les hommes politiques dignes de ce nom, à quelque temps et à quelque nation qu'ils appartiennent, savent qu'un *changement*, à quelque égard qu'il se produise, est un sujet digne des attentions et des précautions les plus vives.

Qu'un homme change de contrée et, selon l'expression de Maurice Barrès, qu'il se déracine, c'est une perturbation ; elle peut être heureuse et fructueuse si le sujet déraciné trouve sans grand retard et sans causer de trouble à l'entour, un meilleur sol, plus favorable à ses aptitudes. Encore faut-il y veiller, et ne pas supposer que le seul fait de ce changement soit un bien en soi.

De même, qu'un autre homme change de classe, c'est une autre perturbation, c'est un autre risque et qui peut être heureux pour le public comme pour le sujet déclassé, si celui-ci s'agrège en peu de temps à une autre classe et à d'autres fonctions mieux adaptées à ses conditions et à ses vertus personnelles : là encore, il ne faut pas croire que le seul fait de le chercher fasse trouver le mieux, et que le désir du progrès, même

1. On ne peut évidemment suivre Maurras lorsqu'il qualifie d'« anecdotes » l'une des causes majeures de la Révolution !

2. L'accès au patriciat vénitien, relativement courant jusqu'en 1320, devint exceptionnel à partir de cette date.

3. Pour Maurras, la république n'est pas un régime mais une absence de régime : elle est fondée sur le refus du roi, mot de même étymologie que « régime » ; donc, personne n'y gouverne réellement. Ce jugement s'applique bien à la IIIe République, dont beaucoup de constitutionnalistes estiment que son instabilité l'a empêchée de gouverner la France ; elle s'est contentée de l'administrer, puisque seule l'administration jouissait d'une vraie permanence. La monarchie républicaine de la Ve République a été pensée pour remédier à cet état de choses.

suivi d'effort, même couronné par un succès apparent, soit le progrès lui-même.

En un mot, le déclassement doit être traité par le Politique, s'il est nationaliste, comme un mal intrinsèque, duquel peuvent se dégager de grands biens, ou de plus grands maux. La considération des biens éventuels peut faire passer sur le mal passager qui en est la condition : mais le risque des maux possibles doit entrer en ligne de compte.

* * *

Or, voilà la partie du compte que néglige et que doit négliger l'esprit révolutionnaire. Étant libéral, cet esprit ne conçoit que des individus. Étant égalitaire et démocratique, cet esprit ne retient des individus que les valeurs et les capacités personnelles, sans calcul des capacités de circonstances, des valeurs de position. Il sera même déterminé par sa logique interne à considérer fort peu ces dernières comme, aussi bien, à exagérer les premières.

Le conflit social

Le premier souci du législateur doit être de soustraire le domaine social aux passions et aux intérêts de la politique.

* * *

La paix sociale ressemble à la paix des nations, elle dure par un effort qu'il faut renouveler sans cesse[1].

* * *

Il faudra poser la question sociale par rapport à ce qui en est l'objet.

On la pose en termes *subjectifs*, c'est-à-dire par rapport aux sujets en cause : patrons, ouvriers, prolétaires, propriétaires. Cela est naturel en République démocratique où tout dépend et doit dépendre de la volonté des individus, et qui votent.

On divise les citoyens français en classes, suivant le degré de fortune ou le rang qu'ils occupent, ou le grade auquel ils se sont élevés. De là ces formules brutales : ceux qui n'ont rien contre ceux qui ont tout, ceux qui peinent contre ceux qui jouissent, etc., etc. La vraie, la solide, la consistante réalité est absente de ces classifications tout accidentelles.

1. Thèse centrale de Maurras : le désordre est l'état normal des choses, l'ordre une création de l'art politique, toujours fragile et menacée.

Un paysan riche et un paysan pauvre, un propriétaire campagnard et un ouvrier agricole ont, en réalité, plus d'intérêts communs que n'en auront jamais entre eux un prolétaire des villes et un prolétaire des champs, un rentier de grande ville et un gros métayer. La distribution en classes, en zones sociales fondées sur la richesse ou le rang social est tout à fait fictive.

Il faut classer par profession, par *objet travaillé*, chaque catégorie ayant ses pauvres et ses riches, ses prolétaires et ses propriétaires, ceux-ci aidant ceux-là, ceux-là secourus par ceux-ci.

L'ancien cri juif allemand : « Prolétaires de tous les pays, unissez-vous[1] », n'a pas seulement été proféré de circonscription territoriale à circonscription territoriale, il a été porté de profession à profession, de métier à métier, de corps social à corps social.

* * *

Il n'y a pas un seul mal, le prolétariat. Il y a deux maux, le prolétariat et le capitalisme. De leur confrontation ressort l'idée de leur antidote commun.

Quel antidote ? L'incorporation du prolétariat à la société par l'opération des forces politiques et morales autres que le Capital : les forces du Gouvernement héréditaire, de la Corporation et de la Religion, qui ôteront au Capital son *isme* despotique, l'empêchant de régner tout seul.

Le paysan

Pourquoi le paysan n'est-il pas content de la place que la République lui fait dans le monde ? Pourquoi le fils du paysan français change-t-il de métier ? Pourquoi les campagnes françaises se dépeuplent-elles ? Pourquoi faut-il avoir recours à des hordes d'étrangers à l'époque des grands travaux ? Pourquoi, en dépit du machinisme, le vieux Pont-Neuf[2] reste-t-il vrai et entend-on de plus en plus que *la terre manque de bras* ?

La réponse est simple. Ce que la République pouvait faire pour le paysan était très limité. Le Kamtchatka[3] de ses concessions à l'antidémocratie aura été de permettre l'association rurale qui donna des fruits excellents[4]. Mais cette association a été strictement limitée aux contemporains. Le paysan

1. Phrase conclusive du *Manifeste du Parti communiste* de Marx et Engels (lequel n'était pas juif !).

2. Expression désignant une vieille rengaine, comme celles qu'on entendait autrefois sur le Pont-Neuf de Paris.

3. Extrémité orientale de l'Asie : Maurras utilise le mot de façon imagée pour dire « le maximum ».

4. Allusion au développement des coopératives agricoles.

peut contracter librement avec ses voisins et ses proches, en même temps qu'avec ses confrères les plus éloignés : il lui est défendu de contracter librement dans la durée des temps avec ceux qui descendent ou descendront de lui[1]. Il n'a ni cette liberté de tester, ni ces droits de substitution, véritable équivalent moderne de l'antique droit d'aînesse, et la terre en reste grevée du plus lourd des servages, qui sont : le partage égal et, par voie de conséquence inéluctable, les fortes hypothèques, au bout desquelles arrivent d'inévitables dépossessions[2]. Un élément moral, l'hérédité sainement comprise, est le seul qui assure la possession durable du premier des matériaux : le sol.

* * *

Une bourgeoisie de robins fut la principale bénéficiaire du lotissement de l'avant-dernier siècle[3]. Là où les paysans eurent vainement part aux dépouilles, les anciens possesseurs furent rapidement vengés par les dommages qui s'acharnèrent depuis lors sur la petite propriété. Je ne suis pas de ceux qui se représentent sous l'aspect de fatalités historiques insurmontables une évolution de la propriété vers le dépècement et la destruction. Mais, ce dépècement une fois produit et cette destruction acquise, le grand propriétaire une fois dépossédé, le petit propriétaire en profite peu : créature du financier et du marchand de biens, il en devient vite la victime.

Les parasites vivent sur lui et le dépouillent en peu de temps. Il n'est pas possible d'éviter ce parasitisme ; armé des droits de mutation et de succession écrasants qu'édicte la démocratie, le fisc est là pour dévouer la petite propriété à l'usure. Et l'usure, à son tour, reconstitue au lieu et place des domaines traditionnels des domaines parfois plus vastes, mais possédés collectivement, tristes avoirs de cette « fortune anonyme et vagabonde » qui dépossède tout agriculteur, pauvre ou riche, noble ou vilain, des cultures de la patrie.

* * *

1. C'est-à-dire de léguer son héritage indivis, ou du moins la majeure partie de son héritage, à celui de ses enfants qui lui paraît le plus à même de le faire fructifier, disposition interdite par la Révolution.

2. Le partage égalitaire a en effet entraîné le morcellement des exploitations, dont beaucoup sont devenues trop petites pour être rentables.

3. Allusion à la vente des biens nationaux, c'est-à-dire des terres de la noblesse et du clergé, pendant la Révolution. Les robins (ou hommes de loi) révolutionnaires furent parmi ses grands bénéficiaires, parce qu'ils contrôlaient le processus de séquestre, d'évaluation et de mise en vente dans des conditions souvent biaisées.

Les systèmes politiques ont des effets automatiques, et la volonté humaine, si libre soit-elle, a fort peu de moyens de les annuler. Le régime électif suppose l'égalité des électeurs qui suppose l'uniformité des fonctions : s'il est entendu qu'un homme en vaut un autre, qu'une fonction en vaut une autre, qu'on peut être indifféremment et tout aussi bien paysan, bourgeois, député, sénateur, président de la République, personne ne voudra plus être paysan, et chacun sera, peu ou prou, candidat à la présidence. La démocratie est une pompe aspirante, l'école y est l'organe essentiel de cette aspiration. On ne la réformera pas. C'est le régime qu'il faut détruire si l'on veut retrouver l'équilibre des intérêts, si l'on veut restaurer le cours des honneurs et des valeurs.

* * *

Le régime stérile a stérilisé la nation. Si le choix national ne se porte pas où il faut, si le travail des champs n'est pas aidé et continué, les chances d'avenir national tomberont à si peu de chose que l'unique moyen d'opposer force à force, cause à cause, facteur matériel à facteur matériel en démocratie sera perdu par le simple fait de cet abandon.

Comment est détruite la propriété. Il y a des partisans de la petite propriété. Il y a des partisans de la moyenne Ou de la grande propriété. Je n'ai jamais compris grand-chose à ces sortes de divisions, alors qu'il est si aisé de se rendre compte que les grandes exploitations appuyées sur de fortes assises héréditaires sont d'immenses biens historiques, mais que la petite et moyenne propriété, convenablement défendues, fournissent à chaque moment de la vie nationale une source admirable d'énergie intelligente et d'activité mesurée. Les démocrates ont coutume de procéder par des formules d'exclusion, entre lesquelles il n'y a pas grand-chose à concevoir. Nous procéderons au contraire par affirmations additionnées, composées, organisées. Il nous plaît de tenir sous un même regard les formes différentes par lesquelles s'enlacent et s'entraident les institutions naturelles. Où l'esprit révolutionnaire prophétise que *ceci tuera cela*[1], nous disons que *ceci pourra faire naître cela, aider cela ou s'arranger de cela.*

La grande propriété a besoin, pour se développer, de défendre, de guider et de patronner : comme, pour résister et pour se maintenir, la petite propriété a besoin d'être patronnée, guidée et défendue. Mais cette commune

1. Maurras cite ici un personnage de Victor Hugo, l'archidiacre Claude Frollo de *Notre-Dame de Paris*, qui commente l'invention de l'imprimerie en affirmant que le livre imprimé va tuer le livre de pierre (c'est-à-dire la cathédrale), que l'écrit va remplacer l'image et que la science va détrôner la religion.

nécessité mutuelle est soumise elle-même à une condition politique. À ces deux propriétés, il faut un État qui soit libre de la servitude de l'or. Pour que la petite et la grande propriété puissent faire appel au ministère de l'or *sans avoir à le redouter comme arbitre de tout*, il faut que l'État soit assez puissant pour dominer l'usure, assez sage pour modérer le fisc et le proportionner aux intérêts de la fortune nationale, celle qui est incorporée au sol, enfin assez maître de soi pour ne rien demander à l'élection démocratique.

L'ouvrier

Quand elle raisonne sur les ouvriers, la bourgeoisie pense et parle comme elle reproche aux ouvriers de vivre : elle divague sans souci du lendemain, sans prévoyance, sans égard à l'ensemble de la situation. Ne vous en tenez pas aux conversations d'hommes qui traduisent souvent plus que les idées de leur monde ; prenez, à titre d'expression de la sensibilité d'une classe, ce que les femmes disent sur ce sujet, et vous admirerez ce qu'on peut ajouter d'aveuglement à l'esprit de justice, au bon sens, à la charité.

Elles disent : L'ouvrier n'est-il pas plus heureux qu'autrefois ? Ne vit-il pas plus largement, ou plus commodément ? N'est-il pas mieux vêtu et logé ? Ne mange-t-il pas mieux ? C'est vrai. Elles oublient que tel est le cas général. La vie générale a relevé ses conditions de puissance matérielle, et ce progrès commun à tous n'est pas le progrès d'une seule classe : les griefs de celle-ci, s'ils existent, restent intacts.

— Les salaires ont augmenté, ajoutent-elles. Assurément. Mais tout a augmenté, y compris le prix de la vie. Et la remarque précédente se vérifie encore.

— Oui, mais le patronat ne s'est jamais montré aussi prodigue en bienfaisance, en assistance. Autant de suppléments à la paie, autant de subventions directes du Capital anonyme ou du Maître personnel… Et l'on ajoute volontiers si l'on parle des siens : — Mon père, ou mon frère, est si bon ! Mon mari est si généreux ! Que veut-on qu'ils fassent de plus ?

Mais rien. Ou plutôt une seule chose. Tout simplement, madame ou mademoiselle, ceci : qu'ils comprennent. Monsieur votre père, monsieur votre frère ou monsieur votre mari ne sont pas immortels. Ils peuvent être amenés à cesser leur exploitation. Leurs bonnes dispositions, mortelles et changeantes, comme tout ce qui vit, peuvent disparaître : d'excellentes, devenir iniques, de généreuses avares, de bienveillantes contrariantes et difficultueuses. Tout ce qui dépend d'eux variera-t-il ainsi ? Et la condition de l'ouvrier doit-elle être entraînée dans ces variations ?

La bonté de monsieur votre père ou de monsieur votre mari assure aux prolétaires qui dépendent de lui une position stable, un avenir réglé, une vieillesse à l'abri des premières nécessités. Si cette bonté change ? Si un acte de vente la remplace par l'indifférence d'une « société » ? Admettez-vous que tout le reste soit remis en question ? Que tout ce qui se croyait stable doive se remettre à branler ? Je ne dis point : *ce n'est pas juste*, je dis : *ce n'est pas possible*, car il s'agit là, non d'une action, mais d'un homme capable de penser et d'agir, qui doit vouloir renverser ce système d'instabilités oppressives. Si vous admettez l'impossibilité d'en rester là, vous discernez la vraie question, question de principe : – l'ouvrier sera-t-il maître de son lendemain ?

La question ne se pose pas très durement dans les petits métiers qualifiés et qu'on exerce dans des localités de moyenne étendue. Où chacun se connaît, les mœurs établissent d'elles-mêmes un minimum d'ordre et de paix. Les rigueurs anarchiques sont adoucies en fait. Elles se font sentir, en toute leur violence, dans les vastes agglomérations de grande industrie, où des milliers d'ouvriers embauchés individuellement occupent une place qui vaut parfois de gros salaires, mais ne l'occupent que par chance, pour un jour. Rien qui la garantisse. Ceux qui la perdent, perdent exactement tout ce qu'ils ont. S'ils n'ont rien épargné, il leur reste à tendre la main.

Mais là-dessus s'élèvent les voix que nous connaissons : « Tant pis ! C'était à eux… ! C'était leur affaire, quand ils gagnaient beaucoup. Chacun doit s'arranger », etc. On s'arrange en effet, et comme on peut. C'est un fait que l'ouvrier ne peut guère ou ne sait guère économiser. Mais, puisqu'on lui prêche de s'arranger, c'est un autre fait qu'il s'arrange en s'associant, en se coalisant avec les camarades. Son système d'arrangement est de demander, par la coalition et la grève, les plus gros salaires possibles, soit en vue de l'épargne, soit pour d'autres objets. On n'a pas à lui demander lesquels : c'est son affaire, c'est sa guerre. Oui. Le cas de la guerre de classes naîtra ou renaîtra quand une classe parlera du devoir des autres au lieu d'examiner si elle fait le sien.

* * *

Au lieu de se figurer tout ouvrier paresseux, agité, dissipateur, ivrogne, qu'on se représente un ouvrier normal, ni trop laborieux, ni trop mou, levant le coude à l'occasion, mais non alcoolique, la main large, non pas percée ; qu'on l'imagine ayant à faire vivre une femme et des enfants : je demande si ce prolétaire ainsi fait peut admettre facilement que son avenir ne dépende que de la bonté d'un bon monsieur, même très bon, ou des largesses d'une compagnie qui peut du jour au lendemain le rayer de ses effectifs ? Si l'on ne laisse à cet ouvrier normal d'autres ressources que d'épargner sur de gros salaires instables, ne l'oblige-t-on pas dès lors, en conscience, au nom même de ses devoirs de père et d'époux, à se montrer, devant l'employeur, exigeant jusqu'à l'absurdité, jusqu'à la folie, jusqu'à la destruction de son industrie nourricière ? En ce cas, *seule* l'exigence lui assure son lendemain.

Situation sans analogie dans l'histoire. Le serf avait *sa* glèbe[1] et l'esclave *son* maître[2]. Le prolétaire ne possède pas *sa* personne, n'étant pas assuré du moyen de l'alimenter. Il est sans « titre », sans « état ». Il est sauvage et vagabond. On peut souffrir de ce qu'il souffre. Mais plus que lui en souffre, la société elle-même. On comprend la question ouvrière quand on a bien vu qu'elle est là.

* * *

L'ouvrier, qui n'a que son travail et son salaire, doit naturellement appliquer son effort à gagner beaucoup en travaillant peu, sans scrupule d'épuiser l'industrie qui l'emploie. Pourquoi se soucierait-il de l'avenir des choses, dans un monde qui ne se soucie pas de l'avenir des gens ?

Tout dans sa destinée le ramène au présent : il en tire ce que le présent peut donner. Qu'il le pressure, c'est possible. Il est le premier pressuré.

— Mais il n'en tue pas moins la poule aux œufs d'or, ce qui n'en est pas moins d'un pur idiot.

— Admettons qu'il soit idiot, mon cher Monsieur. Et vous ? Vous le blâmez de compromettre son avenir : donc, vous le priez d'y songer ; or, voulez-vous me dire sous quelle forme un prolétaire salarié peut concevoir son lendemain ? Si ce n'est pas sous forme de gros salaire toujours enflé, il faudra bien qu'il se le figure comme la conquête de ce que vous nommez votre bien, et de ce qu'il appelle « instrument de sa production ». Ces prétentions, peut-être folles, sont celles qui devaient naître du désespoir d'un être humain réduit à la triste fortune du simple salarié. Tout lui interdisait la prévoyance raisonnable : sa prévoyance est devenue déraisonnable.

Elle n'en a pas moins produit de magnifiques vertus de dévouement mutuel.

L'honneur syndical, l'union des classes sont des forces morales qu'il ne faut pas sous-estimer, bien qu'affreusement exploitées, maximées et envenimées par les politiciens démocrates.

Et d'où vient cette exploitation ? Qu'est-ce qui la permet ? la produit et, quelquefois, la nécessite ?

* * *

1. Ce terme désignait à la fois la terre et les serfs qui y étaient attachés à vie. Le changement de propriétaire, par succession ou vente, ne changeait donc rien à la condition des serfs, qui conservaient leur moyen de subsistance.

2. Maurras postule ici qu'il est de l'intérêt du maître d'assurer la subsistance de l'esclave.

Le bourgeois ne comprend pas que, si l'ouvrier et lui n'ont pas encore abordé sérieusement et cordialement, en citoyens du même peuple, en organes d'un même État, la question difficile mais claire qui les obsède, c'est que la politique démocratique républicaine a dû dans son intérêt le plus égoïste les mettre aux prises sur des questions de façade et de pure apparence ! Lettré, cultivé, maître de grands loisirs pour la réflexion, le bourgeois n'a pas su lire ce que l'ouvrier qui pendait le buste de Marianne devant la Bourse du Travail[1] a pu déchiffrer couramment, le nom et le prénom de l'ennemi commun : politique ! démocratie !

Oh ! ce n'est pas infériorité de votre part, monsieur le bourgeois, c'est même plutôt prévoyance, et dans cette prévoyance, timidité. Vous ne voyez pas la question, parce que vous craignez de la voir, en raison des perspectives très sérieusement inquiétantes qu'elle pourrait vous découvrir. Car la question, la vraie question, qui est d'*établir* le prolétariat, représente et entraîne de votre part certaines concessions de fond, certains sacrifices de forme, qui réviseraient tout le régime économique existant. Or, vous voyez fort bien jusqu'où l'on peut vous faire aller, vous faire marcher et courir si vous entrez dans ce chemin-là. Si vous accordez A, on demandera B, il faudra aller jusqu'à Z. Autant défendre tout, puisqu'on déclare vouloir *tout prendre*, et qu'entre ceux qui se défendent comme vous et la jeune classe avide et ambitieuse qui vous attaque, personne n'est là, non *Personne*[2], pour faire respecter et durer un juste accord réciproquement consenti[3].

L'organisation du travail : corporation et syndicalisme

La corporation. Si, au XIIIe siècle et longtemps, très longtemps après, si, à la veille de la Révolution, la corporation rendait des services, ces services n'étaient pas limités à l'avantage privé de ses membres, elle comportait des avantages publics, je dis des avantages pour la société. L'ouvrier organisé dans le corps de métier bénéficiait de la force immense que l'association et l'union ajoutent à chaque unité humaine ; oui, mais la mise en ordre de

1. Cet épisode aurait eu lieu le 3 août 1908, après une série de mouvements sociaux violemment réprimés par Clemenceau, alors président du Conseil et ministre de l'Intérieur : il y eut sept morts pendant la révolte des vignerons du Languedoc (juin 1907), deux grévistes tués à Raon-l'Étape en juillet 1907 et six autres dans les grèves de Draveil-Villeneuve-Saint-Georges en juin-juillet 1908. L'Action française tenta alors un rapprochement avec les milieux syndicalistes, projet qui donna naissance au Cercle Proudhon en 1911.

2. Cette majuscule à la seconde occurrence du mot « personne » désigne en creux celui sans qui, pense Maurras, la question sociale ne peut trouver de solution : le roi.

3. Ces lignes furent écrites dès 1908, à l'occasion des grèves de Draveil-Vigneux [NdA].

ces unités contribuait à rendre la société stable et prospère : elle comportait donc une discipline pour le corps et pour les membres, pour le groupe et pour les personnes qui le composaient.

L'individu, comme on ose dire[1], n'était donc pas « libre » : pour être heureux, il subissait en bien et en mal « la force » du groupe, étant encadré et réglé dans la corporation aux époques mêmes où la corporation était florissante. Et ce n'est pas de l'abus du cadre ni de la règle que la corporation a péri.

La corporation avait décliné non parce qu'elle encadrait trop, mais parce qu'elle encadrait mal, parce que les cadres étaient devenus, à la longue, trop étroits, trop minutieux, qu'ils avaient prêté à la constitution de monopoles abusifs, parfois dangereux pour le public, parfois gênants pour certains spéculateurs et gens de corde dont le pouvoir était en train de grandir. Malgré tout, c'était sur cette vieille base très réformable que subsistait le travail national, et quand déjà, sous la royauté, la bande des économistes et des roussiens[2] l'ébranla, cette base, et voulut la rompre, le sentiment public, cabré, opposa des résistances telles qu'il fallut composer et céder du terrain. Les plaintes contre le corps de métier, ne venant pas de membres « opprimés » mais du dehors, surtout de politiciens théoriques et brasseurs d'affaires, les vieilles entraves gênèrent surtout les ambitieux et les exploiteurs, il fallut reculer. Le roi Louis XVI eut le bon sens de reculer : pas assez, mais un peu[3]. La Révolution, elle, ne recula pas. Elle fit le décret Le Chapelier que chacun peut lire en note de la page 2 de l'*Annuaire des syndicats*[4].

---

1. Si nous parlons d'ouvriers et de travailleurs français, ne disons pas : l'individu. Ce chien est un individu. Cet orme est un individu. Le premier venu des êtres vivants, si bas qu'on le prenne dans l'échelle organique, est un individu. Pour un Homme, pour un Ouvrier, pour un Français, j'emploie le seul terme convenable, je dis que c'est une personne et, rétablissant le mot propre, je ne fais pas seulement œuvre de grammairien, je préviens une erreur que la logique imposerait : car si l'individu est dieu, on ne met pas de laisse à cet individu chien, on ne met pas de broche en travers de cet individu poulet, on ne jette pas cet individu blé sous la meule [NdA].

2. Les rousseauistes, qui récusaient les corps intermédiaires au nom de l'unité nationale. Quant aux économistes dont parle Maurras, ils combattaient les corporations pour imposer le libéralisme.

3. Turgot, ministre des Finances de Louis XVI, présenta un décret visant la suppression des corporations en janvier 1776 ; le roi n'osa le soutenir jusqu'au bout vu les remous suscités par cette proposition.

4. Voici le texte de l'article III de la loi Le Chapelier, an II : « Si, contre les principes de la Liberté et de la Constitution, des citoyens attachés aux mêmes professions, arts et métiers, prenaient des délibérations ou faisaient des conventions tendant à refuser de concert ou à n'accepter qu'à un prix déterminé le secours de leur industrie ou de leurs travaux, lesdites délibérations ou conventions, accompagnées ou non de serments, sont déclarées inconstitutionnelles, attentatoires à la Liberté et à la Déclaration des Droits de l'Homme et de nul effet. »

Ce décret ne volait nullement au secours de commodités personnelles : il était l'expression de la théorie roussienne, et pas d'autre chose !

L'esprit de ce décret était d'interdire aux ouvriers (ou aux patrons) de se coaliser « pour leurs prétendus intérêts communs ». — Parce que leur communauté était oppressive pour les uns ou les autres ? Eh ! non : parce que leurs unions et associations portaient ombrage à la jalousie d'un État que les roussiens, appelés en ce temps-là jacobins, ne concevaient qu'absolu et sans limites, affranchi de toute société secondaire, conformément au vœu essentiel du *Contrat social.* C'est contre l'intérêt et la liberté des personnes, des personnes ouvrières et des personnes patronales que le fameux décret a été pris : les résistances violentes qu'il rencontra dès lors le prouvent surabondamment.

* * *

L'histoire ouvrière du XIXe siècle n'est qu'une longue aspiration et une réaction ardente des personnes ouvrières, des volontés ouvrières, contre le régime d'isolement « individuel » imposé par la Révolution, maintenu par le bonapartisme et le libéralisme bourgeois successeur du jacobinisme non moins despote, qui était parvenu à imposer ses folles doctrines à la royauté de Juillet, mais qui fut vaincu (à moitié et de la mauvaise manière), sous le Second Empire, quand le droit de coalition enfin reconnu fut *déchaîné* au lieu d'être organisé.

Du syndicalisme. La concentration syndicale répond à la concentration capitaliste, avec des armes similaires, et la lutte ne cesse d'être absolument

Les ouvriers et journaliers furent en outre avisés, par un arrêté du Comité de salut public, deuxième jour de prairial an II, que tous ceux qui se coaliseraient sur le terrain professionnel pour défendre leurs *prétendus intérêts communs* seraient traduits devant le tribunal révolutionnaire.

Une pétition fut adressée à l'Assemblée nationale par des milliers d'ouvriers de toutes les corporations ; Le Chapelier la fit rejeter, et il fit décréter que les réunions d'ouvriers étaient *inconstitutionnelles.* Enfin, à la tribune, il proclama qu'*il n'y avait plus que l'intérêt particulier de chaque Individu et l'intérêt général du gouvernement* [NdA].

Cette note de Maurras est entachée de trois erreurs factuelles. Tout d'abord, l'article cité est l'article IV et non l'article III de la loi Le Chapelier. Ensuite, cette loi fut promulguée le 14 juin 1791 et non en l'an II du calendrier révolutionnaire, à cheval sur 1793 et 1794. Enfin, c'est également en juin 1791 que Le Chapelier fit à la tribune la proclamation rappelée ci-dessus, non en prairial an II (mai 1794), date à laquelle il était déjà mort : soupçonné de « modérantisme » par les Jacobins, il avait été guillotiné en avril 1794. Ces confusions de dates sont certainement involontaires, mais peut-être pas sans signification : elles suggèrent que Maurras ramène toute la Révolution à l'an II, apogée des Jacobins et pic des violences révolutionnaires.

inégale ; il va falloir ou bien compter avec la masse ouvrière organisée ou bien se résigner à tout interrompre, à paralyser l'industrie, la nation, la civilisation.

La dernière hypothèse est inacceptable. *Il faut que l'œuvre soit.* Il faut que le monde moderne poursuive sa besogne propre, qui est d'aménager notre Terre[1]. Il faut donc qu'un traité intervienne entre les principes en guerre et au profit de tous. Les rapports du travail et du capital doivent être réglés par des engagements réciproques qui leur permettent de se concéder des garanties équivalentes établissant de part et d'autre la vie, la force et la prospérité.

La guerre sociale a des partisans. Quels qu'ils soient, quoi qu'ils veuillent, ils ne peuvent vouloir que cette guerre soit éternelle. Et l'immensité des dommages dont les deux camps sont également menacés, le camp ouvrier plus que le camp patronal, à vrai dire, montrera clairement que les avantages de la guerre, de ses labeurs, de ses exercices et de ses épreuves, ne peuvent être conçus qu'à titre transitoire. C'est à la paix qu'il faut en venir de toute façon[2] et, si l'on reconnaît que la paix sociale par le socialisme (ou mise en commun de tous les moyens de production) est une solution chimérique, d'une part, rudimentaire et barbare, de l'autre, on est ramené à la réalité syndicale, premier germe de l'organisation corporative, qui, d'elle-même, définit ou suggère un accord. Accord à la fois industriel et moral, fondé sur le genre du travail, inhérent à la personne du travailleur, et qui reconnaît à ceux qui n'ont point de propriété matérielle proprement dite une propriété morale : celle de leur profession, un droit : celui de leur groupe professionnel. C'est la seule idée qui puisse pacifier le travail en lui donnant une loi acceptable pour tous les intéressés. Mais la pacification et la législation du travail supposent un ordre politique. TANT QUE LES AMBITIEUX ET LES INTRIGANTS TROUVERONT DANS LES PERTURBATIONS SOCIALES LE MOYEN LÉGAL ET FACILE DE PÉNÉTRER DANS LES ASSEMBLÉES ET LES MINISTÈRES, LES LOIS MÊMES SERONT FORGÉES EN VUE DE PROVOQUER ET FACILITER CES PERTURBATIONS.

Ce régime-ci, c'est la prime aux agitateurs. Il organise, il règle très exactement leur carrière. Quiconque prêcha la grève et la désertion en est toujours récompensé par l'élection du peuple.

1. Réminiscence des doctrines saint-simoniennes, dont Maurras est partiellement l'héritier à travers l'influence qu'ont eue sur lui les écrits d'Auguste Comte.

2. Réminiscence d'Aristote et de saint Augustin, qui ont posé en principe qu'on fait la guerre pour parvenir à la paix et non le contraire. Maurras est donc aux antipodes des doctrines bellicistes cultivées par les régimes totalitaires : pour Lénine, Ludendorff et Hitler, la paix est une continuation et une préparation de la guerre.

On n'arrive pas autrement. Il faut passer sur les bas grades de la perturbation et de l'anarchie pour devenir gardien de l'ordre[1]. Le personnel du Gouvernement républicain se recrute par la Révolution.

SEPTIÈME PARTIE : RETOUR AUX CHOSES VIVANTES

La France et les Français

Nous mettons la France avant tout et, au service de la France, nous nous efforçons de placer des vues justes et des idées vraies.

Naître en France et de vieux sang français, alors même qu'on y procède du dernier des déshérités, c'est encore naître possesseur d'un capital immense et d'un privilège sacré. C'est porter avec soi, en soi, un titre d'héritage. C'est acquérir des possibilités de progrès moral et matériel qui n'ont été données avec cette abondance aux fils d'aucune autre nation.

* * *

Les longues durées historiques méritent, dans le passé, une admiration studieuse ; dans le présent, notre dévouement filial. Qu'il y ait une France, que la France subsiste, que ce trésor territorial, intellectuel et moral soit descendu, à travers les siècles, jusques à nous, c'est un bienfait que tout citoyen et tout homme digne de ce nom doivent s'attacher à prolonger et à perpétuer. Que la fin de chacun soit inévitable, les ouvriers de la société future ont le devoir de travailler à l'avenir, non, comme on nous le fait dire avec une rare sottise, d'après les anciens plans, mais sur des plans conformes à ces grandes lois éternelles qui permirent aux anciens plans d'être suivis.

* * *

L'assise de la nation française n'est très puissante, le dépôt de nos traditions ne s'est accumulé dans la race et dans le pays que parce que la France existe autrement que par une trentaine et une quarantaine de millions de têtes vivantes. Quarante millions d'hommes vivants, soit, mais un milliard d'hommes morts. La vraie assise, la voilà.

---

1. Maurras songe sans doute à Clemenceau, qui commença sa carrière politique à l'extrême gauche avant de devenir en 1906 le « premier flic de France », comme il le déclara lui-même, et de s'illustrer comme briseur de grèves aux méthodes expéditives, ainsi qu'on l'a vu plus haut.

Comme la France est politiquement antérieure aux Français, l'agriculture française est supérieure aux paysans français, l'industrie française aux industriels français. Pâturage et labourage, disait Sully[1] ; le grand ministre d'un grand roi[2] se gardait bien de dire : pâtres et laboureurs.

La patrie

La patrie : fait de nature. Notre patrie n'est pas née d'un contrat entre ses enfants, elle n'est pas le fruit d'un pacte consenti entre leurs volontés : voilà ce que l'esprit du XIXe siècle finissant admettait déjà. Mais voilà aussi ce qui faisait que les logiques tenants de l'individualisme révolutionnaire refusaient alors de servir, de saluer, même d'admettre l'idée de patrie. Seulement, celle-ci a su s'imposer par la force des menaces européennes : il a donc fallu que, peu à peu, le Gouvernement se patriotisât, et qu'il se militarisât, qu'il rentrât en un mot dans la ligne du plus grand intérêt qui nous soit commun[3]. Mais cette réaction de fait, cette réaction instinctive et physique, d'ailleurs contrariée par les forces et les intérêts républicains, n'est point ce qui justifie l'idée de patrie.

* * *

On est tenté de la définir une association d'intérêts ; mais si le mot d'intérêts porte un sens précieux, celui d'association en détruit l'effet, car « s'associer » est un acte de volonté personnelle, et ce n'est pas notre volonté qui nous a faits Français. Nous n'avons pas voulu notre nationalité, nous ne l'avons ni délibérée ni même acceptée. Quelques transfuges la quittent bien : ceux qui restent ne choisissent pas de rester. C'est un état dont ils s'accommodent et dont dix mille fois contre une, ils ne songent même pas à cesser de s'accommoder. Une association dure par l'acte continu de la volonté personnelle, mais la patrie dure au contraire par une activité générale supérieure en valeur, comme en date, à la volonté des personnes. La patrie est une *société naturelle*, ou, ce qui revient absolument au même, *historique*[4]. Son caractère décisif est la naissance. On ne choisit pas plus sa patrie – *la terre de ses pères* – que l'on ne choisit son père et sa mère.

1. La phrase complète est : « Pâturage et labourage sont les deux mamelles de la France. »

2. Henri IV.

3. Allusion au regain de patriotisme observé en France dans les années précédant la Première Guerre mondiale, avéré notamment par l'élection de Poincaré à la présidence de la République.

4. Cette équivalence entre nature et histoire ne vaut que pour l'espèce humaine : l'homme est par nature un animal historique parce qu'il est par nature un animal politique et que les institutions politiques diffèrent d'un pays à l'autre comme elles

On naît Français *par le hasard de la naissance*, comme on peut naître Montmorency ou Bourbon. C'est avant tout un phénomène d'hérédité.

La sensibilité démocratique et républicaine qui se débat instinctivement contre ces idées, et surtout contre leurs conséquences, fait ce qu'elle peut pour y échapper.

* * *

Les Français nous sont amis parce qu'ils sont Français, ils ne sont pas Français parce que nous les avons élus pour nos amis. Ces amis sont reçus de nous : ils nous sont donnés par la nature. Ne laissons jamais mettre cette charrue avant ce bœuf. Ne laissons pas dire non plus que, en mettant devant ce qui doit y être, nous sacrifions ce qui suit, car ce qui suit n'est bien qu'en étant à sa place. Rien ne serait plus précieux que d'avoir des Français unis par des liens d'amitié. Mais, pour les avoir tels, il faut en prendre le moyen et ne pas se borner à des déclarations et à des inscriptions sur les murs[1]. On fera plus pour l'amitié des Français en disant l'origine et les fortes raisons de leur communauté nationale qu'en leur imputant d'ores et déjà des sympathies théoriques, obligatoires. Les Français d'aujourd'hui s'étonneront si l'on commence par leur affirmer le caractère forcément amical de leurs relations civiques, car la vie sociale n'est aucunement une idylle, et les démentis à ce rêve, ne cessant de pleuvoir en fait, multiplieront les sujets de déception et d'irritation par lesquels l'amitié effective sera retardée.

* * *

Au contraire, l'étude de notre antique parenté française et de ses avantages accrus par dix siècles de collaboration graduelle réveillerait les sentiments par lesquels nos pères s'unirent, contre l'ennemi menaçant, autour du sceptre ami, de l'épée tutélaire, du patron et du défenseur couronné. Notre histoire montre qu'il est bien vrai que les États se fondèrent sur l'amitié, mais qu'il est extrêmement faux qu'une fois fondés, les États ne tiennent que sur cette base. Car l'amitié eut des effets. Elle créa une hérédité. C'est ce principe héréditaire qui joue alors au premier plan. Ainsi nous le suggère le nom même de la *patrie*[2] ; ainsi le crie plus haut encore le terme de *nation*, qui dit naissance ou ne dit rien.

Ainsi conçu dans sa moelle historique, dans son essence héréditaire, le patriotisme se rapproche de toutes les idées contre lesquelles la démocratie

évoluent d'une époque à l'autre. Les autres espèces vivantes sont bien l'objet d'une évolution biologique, mais leurs représentants n'en ont pas conscience.

1. Maurras vise ici le troisième terme de la maxime « liberté, égalité, fraternité ».
2. L'expression « terre des pères » suppose en effet la transmission de père en fils.

s'éleva de tout temps ; il fait disparaître les vieilles répugnances qui pourraient subsister contre la notion de souveraineté héritée. Quand on comprend qu'une patrie a pour fonction de résister aux orages du Temps, quand on conçoit la nation, comme Barrès, ainsi qu'« une chose éternelle », quand on sait que la France n'est pas *une réunion d'individus qui votent*, mais un *corps de familles qui vivent*, les objections de principe s'évanouissent et le sens historique réclame comme nécessité ou convenance ce qui semblait d'abord faire difficulté.

* * *

Certes, il faut que la patrie se conduise justement. Mais ce n'est pas le problème de sa conduite, de son mouvement, de son action qui se pose quand il s'agit d'envisager ou de pratiquer le patriotisme, c'est la question de son être même, c'est le problème de sa vie ou de sa mort.

Pour être juste (ou injuste), il faut tout d'abord qu'elle soit. Il est sophistique d'introduire le cas de la justice, de l'injustice ou de tout autre mode de la patrie au chapitre qui traite seulement de son *être*. Vous remercierez et vous honorerez vos père et mère parce qu'ils sont vos père et mère indépendamment de leur titre personnel à votre sympathie. Vous respecterez et vous honorerez la Patrie parce qu'elle est *elle* et que vous êtes vous[1], indépendamment des satisfactions qu'elle peut donner à votre esprit de justice ou à votre amour de la gloire. Votre père peut être envoyé au bagne : vous l'honorerez. Votre Patrie peut commettre de grandes fautes : vous commencerez par la défendre, par la tenir en sécurité et en liberté. La justice n'y perdra rien, la première condition d'une patrie juste, comme de toute patrie, étant d'exister, la seconde étant d'ailleurs de posséder cette indépendance de mouvement et cette liberté de l'action volontaire sans laquelle la justice n'est plus qu'un rêve.

L'égoïsme patriotique. Oui, le secours de l'homme est dû à tous les hommes. Œdipe et don Juan sont d'accord[2]. Cependant, il me semble me souvenir qu'il est plutôt recommandé de secourir d'abord notre prochain

1. Transposition de la célèbre justification que Montaigne donne de l'amitié qui le liait à La Boétie : « Parce que c'était lui ; parce que c'était moi », mais de sens contraire en fait, puisque la maxime de Montaigne définit une affection gratuite alors que celle de Maurras est l'expression d'une dette envers la patrie.

2. L'altruisme d'Œdipe apparaît déjà dans l'*Œdipe roi* de Sophocle : « Secourir les humains est un devoir sacré », lui fait dire Marie-Joseph Chénier dans son propre *Œdipe roi.* Quant à Don Juan, il se porte spontanément au secours d'un inconnu attaqué par des brigands dans la pièce que lui a consacrée Molière – à moins que Maurras ne songe à Don Juan d'Autriche, chef de la flotte chrétienne à la bataille de Lépante, toujours prêt à voler au secours de ses coreligionnaires.

et, comme le prochain, dans le langage sacré *proximus*, est un véritable superlatif, il en ressort que c'est aux êtres humains les moins éloignés de nous que doit s'adresser la première charité[1].

Est-ce égoïsme ? Non : nous y sortons de *nous*, de notre vrai *nous*, celui qui s'appelle *moi*. Il n'y a aucune trace d'égoïsme à prendre tout d'abord pour objet de nos soins les gens auprès de qui le sort nous fait vivre. C'est par un jeu mobile de métaphores que l'on dit : égoïsme national ou « égoïsme sacré[2] ». Ces égoïsmes collectifs n'ont pas de sujet personnel unique, qui en soit comptable. Les critiques de l'égoïsme national ainsi libellées n'ont aucun objet. *Celui qui sert sa patrie ne se sert pas, lui. Il se dévoue à autre chose que lui*. Et c'est d'ailleurs à ce groupe tout proche, maison, rue, village, que s'applique un amour du prochain réel et fécond.

Il y a sans doute les Chinois et les Thibétains que j'honore et admire, mais ils sont un peu loin pour en tirer aucun profit. Commençons par donner un coup d'épaule à notre voisin Ucalégon, surtout s'il brûle[3], c'est un principe de morale élémentaire, la politique le ratifie.

La nation

L'idée de nation n'est pas une « nuée » comme le disent les hurluberlus anarchistes, elle est la représentation en termes abstraits d'une forte réalité. La nation est le plus vaste des cercles communautaires qui soient, au temporel, solides et complets. Brisez-le, et vous dénudez l'individu. Il perdra toute sa défense, tous ses appuis, tous ses concours.

Libre de sa nation, il ne le sera ni de la pénurie, ni de l'exploitation, ni de la mort violente. Nous concluons, conformément à la vérité naturelle, que tout ce qu'il est, tout ce qu'il a, tout ce qu'il aime est conditionné par l'existence de la nation : pour peu qu'il veuille se garder, il faut donc qu'il défende coûte que coûte sa nation. Nous ne faisons pas de la nation un Dieu, un absolu métaphysique, mais tout au plus, en quelque sorte,

1. Maurras suit ici Aristote, le Décalogue (qui commande d'honorer son père et sa mère avant d'évoquer les devoirs envers tout autre homme ou femme) et saint Thomas d'Aquin, qui argumente ce point de la façon suivante : les affections naturelles ont la même origine divine que l'affection surnaturelle qui doit porter le chrétien à aimer tout homme ; il n'est donc nullement illégitime d'aimer ses proches plus que le reste de l'humanité, puisqu'on a pour eux à la fois un amour naturel et un amour surnaturel.

2. Expression par laquelle le Premier ministre italien Salandra définissait la politique de son pays pendant la Première Guerre mondiale.

3. Allusion au récit du sac de Troie que Virgile fait prononcer à Énée dans l'*Énéide* : voyant s'embraser les maisons de ses voisins Déiphobe et Ucalégon, le héros comprend que les Grecs ont réussi à pénétrer dans la ville et décide aussitôt de rallier des combattants pour essayer de les repousser. C'est exactement le rôle que Maurras aspire à jouer dans la France contemporaine.

ce que les anciens eussent nommé une déesse. Les Allemands déifiant l'Allemagne parlent de son vieux Dieu, comme de Jéhovah, seul, infini et tout-puissant[1]. Une déesse France entre naturellement en rapport et composition avec les principes de vie internationale qui peuvent le limiter et l'équilibrer[2]. En un mot, la nation occupe le sommet de la hiérarchie des idées politiques. De ces fortes réalités, c'est la plus forte, voilà tout.

Subsumant tous les autres grands intérêts communs et les tenant dans sa dépendance, il est parfaitement clair que, en cas de conflit, tous ces intérêts doivent lui céder, par définition : lui cédant, ils cèdent encore à ce qu'ils contiennent eux-mêmes de plus général.

* * *

La nation passe avant tous les groupes de la nation. La défense du tout s'impose aux parties.

* * *

Dans l'ordre des réalités, il y a d'abord les nations. Les nations avant les classes. Les nations avant les affaires.

* * *

Le droit des nations participe de leur inégalité. Il contient donc de l'identique et du différent.

Le sentiment national varie évidemment de peuple à peuple ; il y a des formes de gouvernement qui le protègent et le fortifient, d'autres qui le relâchent et le dissolvent. Sous ces formes différentes, des traditions inégales de force et d'efficacité sont maintenues – ou négligées – ou renoncées.

La diversité de ces éléments est une des causes de la diversité de l'Europe, qui, elle-même, réagit aussi sur les nations, par la variété de leurs cadres territoriaux, des besoins et des ambitions, et des satisfactions que ces ambitions ou ces besoins y reçoivent.

* * *

Les mots suffisent à le dire, on se met d'un parti, on naît d'une nation. On ne saurait trop répéter qu'il y a entre les deux termes la différence de l'Association à la Société.

---

1. On sent poindre ici la critique du monothéisme hébreu qui constitue l'un des socles de l'antisémitisme maurrassien.
2. Voir *Kiel et Tanger*.

Ceux qui s'associent créent l'élément commun établi entre eux. Les membres d'une société commencent par en être. Ils peuvent y adhérer ensuite, se révolter contre elle ou la quitter, mais elle leur préexistait. Si leur volonté personnelle crée leur conduite à son égard, son existence à elle ne dépend de la leur que dans une faible mesure, et fort éloignée.

* * *

Pour établir le caractère distinctif d'une nation quelconque, on peut se borner à considérer un unique moment de son histoire. Les qualités que l'on affirme d'un peuple doivent être des constantes, de manière à se révéler tout le long de sa vie.

L'homme et sa nationalité

Les organes de large unification, les créateurs de grandes nationalités, ce ne sont pas les personnes, leur troupeau immense de petites volontés autonomes. Celles-ci bornent leur champ à l'intérêt particulier de chacune d'elles et à celui, tout limitrophe, de la famille qui est le « prolongement » de soi. C'est tout ce que l'on peut demander au citoyen librement consulté. En histoire, tout le surcroît vient d'une race d'êtres bien différente, il vient de la petite poignée des chefs fondateurs, directeurs, organisateurs.

Ils ont perfectionné une vie sociale supérieure à la vie individuelle. Ôtez, supprimez ces cadres améliorés par eux, détruisez leurs fondations, essayez de tout ramener à « l'individu », donnez tout au Nombre, enlevez tout à la Qualité et vous verrez naître des formations nouvelles qui vaudront juste ce que vaut la moyenne personnelle. L'Italie vaut mieux que les personnes composant le peuple italien, de même que la France vaut mieux que nos Français ; mais c'est que ni notre France, ni l'Italie n'ont eu pour principe générateur le suffrage universel et le régime égalitaire[1]. L'une et l'autre reposent sur des générations de maîtres, de héros et d'artistes, de demi-dieux et de saints.

* * *

Il est vrai que la nationalité n'est pas un phénomène de race[2]. Il ne s'ensuit pas qu'elle soit le résultat artificiel d'un acte de volonté contrac-

1. En d'autres termes, pense Maurras, la France et l'Italie vivent sur leur héritage prédémocratique et mourront quand elles l'auront épuisé, sauf si elles ont entre-temps abandonné la démocratie.

2. Maurras a souvent souligné la diversité raciale de la France, creuset de Celtes, Ligures, Grecs, Latins, Francs, Maures, Vikings et autres, progressivement fédérés par

tante. Sans doute, et avec une certaine liberté, nous adhérons à notre race, à notre nationalité, à notre nation, mais on adhère comme on consent, de la façon la plus tacite, et l'adhésion est sollicitée, elle est emportée par une multitude de forces bienfaisantes, aimées et chéries contre lesquelles nous ne sommes même pas en garde et que nous subissons de tout cœur 9 999 fois sur 10 000.

Entre la Nature brute, celle qui est entendue au sens strict et direct, et l'artifice, juridique ou autre, issu de la volonté plus ou moins arbitraire de l'homme, il existe un intermédiaire que l'on pourrait appeler une seconde nature : la Société. La vie sociale fait essentiellement partie de la nature de l'homme, lequel ne peut absolument pas exister sans elle. La nationalité est une modalité de cet état naturel. On peut l'appeler un fait social. Il n'est point aussi rigoureusement nécessaire pour l'homme que le besoin de vivre en commun. On ne peut pas échapper à ce besoin, ni à la société qui le satisfait, au lieu qu'on peut changer de nationalité et même profiter de la diversité des nations pour vivre plus ou moins en marge de toute nationalité[1].

La nationalité dérive donc de la nature humaine définie et qualifiée par la société. Loin de figurer le simple vœu de notre volonté personnelle, elle correspond à une masse énorme de désirs, de passions, de besoins, d'aspirations, de coutumes, de mœurs, de manières d'être, de penser, de parler, qui va souvent jusqu'à modeler le physique et dans laquelle la conscience réfléchie et la volonté délibérée des personnes jouent un rôle qui peut être le premier, mais qui ne l'est pas toujours, ni le plus souvent.

Pour s'en convaincre, il suffit de considérer deux cas : réduite à elle-même, la formule juridique de l'idée de nation se détruit, c'est le *ubi bene, ibi patria* : si la patrie est où l'on est bien[2], là où l'on est bien est aussi la patrie ! Au contraire, dégagée d'ornements juridiques, l'idée de nationalité, telle que nous venons d'en montrer les composants naturels, sociaux, historiques, tient parfaitement debout ; on peut la décorer et la polir encore, pourtant le principal y est...

La double épreuve juge la valeur des conceptions en présence.

Le nationalisme

Il faut commencer par le commencement, il faut commencer par affirmer, enseigner, distribuer une doctrine positive, qui puisse intéresser ensemble les cerveaux et les cœurs. La discussion viendra ensuite. *Commencez par*

---

la religion catholique et la monarchie. La distinction qu'il établit entre race et nationalité est l'une des raisons de son opposition radicale au national-socialisme.

1. Attitude que Maurras désapprouve évidemment, puisqu'elle consiste à profiter des avantages de la nationalité sans en assumer les devoirs.

2. Formule romaine transmise par Cicéron.

poser l'idée de la France. Faites que vos contradicteurs à venir soient portés à donner la même importance que vous à l'indépendance française. Pour cela, développez la philosophie du nationalisme français. Motivez avec force les sentiments que vous voudriez enraciner parmi les esprits cultivés. Le meilleur moyen de prouver la valeur de l'idée de patrie, c'est de montrer de façon concrète ce que la nôtre vaut, ce que nous lui devons, comment elle nous enveloppe, nous soutient et nous prédestine de toute part. Notre histoire, bien analysée, peut égaler le plus émouvant des poèmes.

Patriotisme et nationalisme : définitions. Les deux mots, par leur passé et par leur étymologie comme par leur sens, ont des acceptions parfaitement distinctes. Patriotisme s'est toujours dit de la piété envers le sol national, la terre des ancêtres et, par extension naturelle, le territoire historique d'un peuple : la vertu qu'il désigne s'applique surtout à la défense du territoire contre l'Étranger. Comme le mot suppose une frontière déterminée, un État politique défini, il a quelque chose d'officiel et d'installé. Les intrigants et les flibustiers, comme disait Mistral, sont bien obligés de lui tirer le chapeau. Mais, si nécessaire que soit le patriotisme, loin de rendre inutile la vertu de nationalisme, il la provoque à la vie.

Nationalisme s'applique en effet, plutôt qu'à la Terre des Pères, aux Pères eux-mêmes, à leur sang et à leurs œuvres, à leur héritage moral et spirituel, plus encore que matériel.

Le nationalisme est la sauvegarde due à tous ces trésors qui peuvent être menacés sans qu'une armée étrangère ait passé la frontière, sans que le territoire soit physiquement envahi. Il défend la nation contre l'Étranger de l'intérieur. La même protection peut être due encore dans le cas d'une domination étrangère continuée dont la force consacrée par un droit écrit n'est pourtant pas devenue un droit réel, ainsi qu'il était arrivé, notamment, pour la Pologne[1], pour l'Irlande[2] et, plus anciennement, pour l'Italie du temps de *Mes prisons*[3].

* * *

De ce qu'un peuple impose doctrine ou méthode à un autre peuple, il ne s'ensuit pas du tout qu'il le rapproche d'une culture plus générale et plus voisine de l'universel. Cela peut arriver. Cela n'arrive pas toujours[4].

---

1. La Pologne fut partagée entre la Prusse, l'Autriche et la Russie de la fin du XVIIIe siècle à 1918.
2. L'Irlande fut occupée par les Anglais du XIIe siècle au début du XXe siècle.
3. Livre du patriote italien Silvio Pellico, emprisonné de 1820 à 1832 par les Autrichiens pour avoir contesté leur mainmise sur le nord de l'Italie.
4. Il se peut en effet que l'occupant soit plus fruste que l'occupé, ou au contraire ce dernier trop barbare pour bénéficier des lumières de l'occupant. À l'inverse, le type même

* * *

Le propre de l'esprit classique français est de s'enrichir par adaptation, par *intussusception*[1] de toutes les grandes découvertes de l'humanité[2]. Ainsi Rome, d'après Montesquieu, s'honora d'utiliser tous les engins de guerre, toutes les bonnes méthodes qu'elle put observer chez ses ennemis. Le Germanisme se renferme au contraire dans l'étroite prison d'un esprit national qui n'a d'humain que ses prétentions, car il est, en fait, très strictement circonscrit dans l'espace et dans le temps.

Il y a donc nationalisme et nationalisme ? Il y a donc autant de nationalismes que de nations ? Mais la même difficulté peut se poser pour le patriotisme aussitôt qu'il se distingue de la simple piété élémentaire du sol natal et de son clocher. Pas plus que les hommes, les patries ne sont égales ni les nations. L'esprit doit se garder en tout ceci du piège que lui tendent le vocabulaire de la démocratie internationale et celui des juristes inattentifs aux différences des matériaux de leurs déductions. Le vieux mot n'a pas cessé d'être vrai, qu'*une science est d'abord une langue bien faite*[3]. On n'abolit pas les distinctions nécessaires quand on les néglige. L'abstraction légitime a des règles précises, on peut les ignorer, cela ne suffit pas pour les anéantir.

Le gouvernement de la France

De l'aristocratie. La France n'est pas faite pour vivre en démocratie. Ni la France, ni aucun pays. La démocratie est un « mensonge universel », le mot n'est pas de moi, il est de Pie IX[4]. La démocratie est une maladie politique. On en sort ou en meurt. On ne vit pas en démocratie. Et ceux qui parlent de la *democracy* des pays anglais ne la connaissent pas. La

---

de l'occupation réussie est selon Maurras la colonisation de la Gaule par les Romains, preuve en est que le français descend du latin et non du gaulois. Dans certains cas enfin, c'est le colonisé qui assimile le colonisateur : ainsi les Francs, les Vikings et quelques Maures ont-ils été religieusement et linguistiquement absorbés par les Gallo-Romains.

1. Incorporation d'un apport extérieur par un organisme.

2. Pour Maurras, nationalisme français et universalisme ne sont donc nullement antagonistes.

3. Maurras emprunte cette phrase à Condillac.

4. Maurras se réfère ici à des propos tenus par le pape en 1874, et dont voici le libellé exact : « Remettre la décision des questions les plus graves aux foules nécessairement inintelligentes et passionnées, n'est-ce pas se livrer au hasard et courir volontairement à l'abîme ? Oui, le suffrage universel mériterait plutôt le nom de folie universelle, et, quand les sociétés secrètes s'en emparent, comme il arrive trop souvent, celui de mensonge universel. » Par « sociétés secrètes », Pie IX entendait essentiellement les loges maçonniques.

démocratie anglaise est ce que nous appelons, en bon grec et en bon français, une aristocratie (république à trois têtes, Couronne, Lords, Communes, conversations, *parlement* entre ces trois têtes). L'Amérique est une ploutocratie. Il n'y a de démocratie vivante que dans les pays déchirés et blessés à mort.

Mais l'aristocratie n'est pas le bon remède en France.

* * *

Qui pense au régime aristocratique ou bourgeois est obligé de considérer tout d'abord qu'il n'y a pas de gouvernement des Grands, sans rivalité entre les Grands. Les dissensions, les divisions, la haine des clans et des classes (à la gauloise) est le fléau constant des bourgeoisies, comme des aristocraties.

De braves gens leur disent : *Mais unissez-vous donc ! Mais cessez vos querelles de personnes !*

Et les plus grands appeleurs et crieurs d'union sont en même temps les plus grands communs diviseurs.

Et, sans un pouvoir unique, non électif, soustrait par sa nature à ces divisions, tout régime semblable est condamné aux ballottements des républiques grecques, italiennes, flamandes, aux déchirements de la France pendant les absences et les minorités de la guerre de Cent Ans, pendant les affaiblissements du pouvoir royal au XVIe siècle et au XVIIe, pendant l'interrègne du XIXe et du XXe[1].

Ce passé, que l'on peut trouver archaïque, est cependant explicatif : il rend raison de ce que nous voyons, il en apporte l'intelligence lumineuse.

* * *

La Tour du Pin disait que l'autorité ne naissait pas spontanément de la masse. Elle lui est extérieure, bien qu'elle y soit très ardemment désirée et que rien n'y soit plus utile. Ni les princes d'Allemagne, ni les eupatrides[2] d'Athènes, ni la chevalerie polonaise n'ont pu tirer de leurs Diètes et Conseils ce que la Diète et le Conseil ne contenaient pas. Plus les membres de ces assemblées avaient de valeur personnelle, mieux fonctionnait le *quot capita tot sensus*[3], et plus l'autorité appartenait aux éléments diviseurs. Il suffit de fermer les yeux du corps pour ouvrir cinq minutes les

1. L'expression d'interrègne renvoie à l'espérance de Maurras en une restauration monarchique.

2. Mot à mot les « bien nés » ou les « bienfaiteurs de la patrie », terme désignant l'élite athénienne.

3. « Autant de têtes, autant d'avis » en latin.

yeux de l'esprit : ces simples axiomes de vieille sagesse politique sont irrésistibles.

On y résiste cependant parce qu'on subit plus ou moins l'illusion de trois ou quatre grandes aristocraties dont le succès remplit l'histoire du monde. Il y a Rome, il y a Carthage, il y a Venise, il y a, de nos jours, la République impériale des Anglais.

* * *

Cette illusion est si forte que le grand Fustel de Coulanges lui-même y a été pris. On ne se rend pas compte que, dans ces rares exemples de réussite aristocratique, la nature avait fait des frais de préparation inouïs. À Rome, à Carthage, à Venise, à Londres, un *bien public d'une homogénéité parfaite* (ici la Terre, ailleurs la Mer) permettait à l'union des bons citoyens de se faire spontanément dans tous les cas difficiles, dans tous les cas mortels[1]. Partout où cette homogénéité n'existe pas, c'est-à-dire dans la plupart des cas, la République aristocratique est vouée à un échec rapide. Pour cette raison, elle a échoué à Athènes. Elle a échoué, échoue et échouera en France pour cette raison.

Les conditions géographiques. Nos Gaulois contemporains de Jules César n'ont manqué ni de générosité ni de dévouement à la cause de leur pays. Eux qui donnaient leur vie, ils ont su rarement se faire une concession d'amour-propre.

À qui, à quoi, l'eussent-ils d'ailleurs faite ? Au bien public ? Mais le connaissaient-ils ? Existait-il pour eux ? C'est à tort que l'on parle d'une nation gauloise. La Gaule était une expression géographique, et son territoire occupé par des races aussi diverses que les Celtes et les Ligures, les Ibères et les Kymris[2]. Ce territoire était lui-même, ce qu'il est plus encore aujourd'hui, d'une extrême variété de cultures et d'exploitation. Les aristocraties qui, d'un territoire exigu, surent fonder de grands empires, possédaient une situation économique très homogène, Carthage et Venise faisaient uniformément du trafic, Rome du labour et du pâturage : de là une unité de vues profonde entre ceux qui représentaient l'intérêt économique commun. Ici, c'est le contraire : les fédérations gauloises souffraient déjà de l'immense variété de l'effort économique français, tel que l'établit la variété de notre géographie.

---

1. Point développé par Maurras dans un article de *L'Action française* du 1er novembre 1924, p. 963 de la présente édition.

2. Peuple du nord de la Gaule « inventé » dans les années 1820 par l'historien romantique Amédée Thierry, frère d'Augustin Thierry, mais dont la recherche ultérieure a démontré l'inexistence.

* * *

Grande culture et petite culture, culture de la vigne et culture de la betterave ou des céréales, les intérêts sont déjà en antagonisme dans le seul domaine agricole ! Mais ajoutez les industries qui en procèdent et le commerce, qui est aussi très développé sur notre longue étendue de côtes que baignent trois mers, la disposition rayonnante des voies ferrées, la pente diverse des fleuves qui dicte son ordre aux canaux…

Toute élite *morale* qui, d'un pays ainsi construit, se dégagera par élection ou par sélection, pourra bien s'être recrutée par un comble de chance entre les éléments les plus représentatifs de la fortune nationale : plus ils exprimeront fidèlement la France, plus ils seront en guerre les uns contre les autres, non par étroitesse de cœur, mais par la diversité tyrannique de leurs points de vue respectifs les plus légitimes[1].

* * *

Avec la meilleure volonté du monde, ils travailleront à se neutraliser, à s'annuler les uns les autres, et enfin à *se soustraire* les uns des autres. Cette soustraction mutuelle, cet amoindrissement mutuel, tel sera leur commun et constant caractère. Ils ne pourront être ajoutés les uns aux autres, comme ils l'ont été autrefois, que par l'opération d'une force d'une autre essence, quoique fondée aussi sur la propriété – la propriété du commandement – par une force représentative des intérêts, mais les dominant comme l'intérêt général domine l'intérêt particulier et de la même manière que la prospérité politique représente et domine la prospérité économique dans un État.

De quelque façon qu'on la compose et si excellemment qu'on la recrute, nulle sélection, nulle coopération, nulle aristocratie française ne sentira et ne représentera exactement l'intérêt national de notre France au point de pouvoir la gouverner. Très bien faite, comme royaume, la France est un paradoxe géographique, un monstre européen, en régime républicain.

La seule absence d'un pouvoir indépendant, assez fort pour faire converger nos intérêts trop variés, nous voue à des luttes furieuses : chaque instant d'une vie pareille équivaut pour le pays à une blessure, qui le divise, qui l'épuise et le rapproche certainement de sa fin.

L'Empire, né de la Révolution. L'Empire est un gouvernement d'opinion, il est démocratique, plébiscitaire, électif. Il est donc *dépendant*. On peut en conclure sans peine qu'il n'est pas *indépendant*.

---

1. À rapprocher de la phrase prêtée au général de Gaulle : « Comment voulez-vous gouverner un pays qui a tant de sortes de fromages ? »

* * *

Ce qui manque à l'Empire, c'est le nationalisme. La royauté est nationaliste, c'est un grand fait. L'Empire est extra-national, c'est un autre fait[1].

* * *

Sans manquer de justice envers les gloires de l'Empire, les plus pures ont été très directement au rebours du profond intérêt français. Aucun Bourbon, aucun membre de la famille capétienne n'eût, *physiologiquement*, réussi à concevoir ou à consentir la politique extérieure de Napoléon III, qui fut un rêve d'étudiant international[2].

* * *

On conteste qu'il soit juste d'assimiler l'Empire et la Démocratie. Cette assimilation n'est pas de moi, elle est d'abord des empereurs et de leur parti. Les pièces de monnaie portèrent « République française, Napoléon empereur[3] ». L'Empire voulut quelquefois, non toujours, fonder l'hérédité ou la dynastie[4] : il n'en procédait pas. Son principe était révolutionnaire, électif, démocratique, il invoquait la volonté populaire exprimée par le plébiscite et, en fait, les groupes qui l'avouaient et le soutenaient se confondaient avec ce parti « avancé » et ce parti libéral qui furent au XIXe siècle le parti de la guerre. Il suffit de rappeler les dates de 1830, 1840, 1848, pour mettre au-dessus du débat ce dernier point[5].

---

1. Maurras veut dire par là que la monarchie bornait par principe sa souveraineté à la France alors que l'Empire aspirait à dominer un ensemble supranational étendu à l'Europe entière.

2. L'Action française reprochait à la politique extérieure de Napoléon III d'avoir favorisé l'émergence d'une Allemagne très menaçante pour la France et d'avoir brouillé la France et l'Italie, le tout au nom d'une idéologie démocratique, le principe des nationalités hérité de Napoléon Ier.

3. Ce fut le cas de 1804 à 1808, mais à partir de 1809 la mention « République française » fut remplacée par « Empire français ».

4. Notamment avec le mariage de Napoléon et Marie-Louise en 1810 puis la naissance du Roi de Rome en 1811.

5. Les révolutionnaires français de 1830 espéraient notamment abolir l'ordre européen défini en 1815, ce qui eût entraîné une guerre avec l'Autriche, la Prusse, la Russie, possiblement l'Angleterre ; tel fut encore leur espoir lors de la crise européenne de 1840, puis lors de la révolution de 1848. Chaque fois, monarchistes et conservateurs firent échouer ces vues. Napoléon III voulut au contraire les concrétiser en espérant en garder le contrôle, mais il n'y parvint pas et le processus se solda par la défaite française de 1870.

Sans doute, cette démocratie s'incarnait dans un homme, mais les meilleurs de nos théoriciens politiques ont enseigné, d'accord avec toute l'histoire ancienne et moderne, que la démocratie a plusieurs aspects : elle peut gouverner directement dans ses comices, ou déléguer un conseil et une assemblée, ou encore s'en remettre à un homme qui peut s'appeler Cléon ou Périclès, Gracchus ou Marius, certains Césars[1] ou les Napoléons.

On nomme démocratique un pouvoir qui procède ainsi du nombre dont il est l'élu, que ce pouvoir soit exercé par un ou par plusieurs.

Au pôle opposé, il se trouve que le pouvoir héréditaire peut résider dans une seule famille et dans son chef, le Roi, ou se distribuer entre plusieurs familles composant Patriciat, Sénat, comme aux Républiques de Venise et de Rome.

* * *

Il est tout à fait arbitraire de scinder le Consulat de l'Empire, il est non moins fictif de couper, comme d'autres le pourraient faire, le Consulat ou l'Empire de la Révolution. Tout cela, émanant exactement du même principe, fait corps et doit être jugé en corps. Cela forme la masse des vingt-cinq années de guerre et d'opérations diplomatiques qui se résument, du point de vue politique, du point de vue des résultats, dans les noms de Trafalgar, de Leipzig et de Waterloo ; si les traités de 1815 furent moins désastreux que ne l'a soutenu le libéralisme pendant un demi-siècle, ce fut grâce à l'expérience diplomatique de la Restauration[2]. À quelques hauteurs militaires et morales que se soient élevés nos drapeaux entre 1792 et 1815, il faut se rendre compte que la défaite en forme le dernier mot[3].

* * *

La Démocratie peut être l'Empire. L'Empire est une forme de la Démocratie.

La République plébiscitaire ou parlementaire est un gouvernement sujet de l'opinion et qui tire son principe de l'élection. L'Empire plébiscitaire est un gouvernement sujet de l'opinion et qui tire son principe de l'élection : alors même qu'il a cru devenir héréditaire, il a cherché, à la première menace d'ébranlement, son point d'appui dans l'opinion, dans l'élection,

---

1. Certains empereurs romains furent élus, d'autres succédèrent à leur père, d'autres encore furent portés au pouvoir par l'armée.
2. Et en particulier au rôle de Talleyrand.
3. Rappelons que la France de 1815 était plus petite que celle de 1792. Plus fâcheux encore furent les désastres navals de la Révolution et de l'Empire, qui laissèrent l'Angleterre maîtresse des mers pour un siècle.

tant par les décrets de 1860[1] et par le plébiscite de mai 1870[2] que par l'*Acte additionnel* des Cent-Jours[3].

Il *voulut* être héréditaire, mais il ne se *sentit* point tel. La politique extérieure et intérieure de Napoléon III fut gouvernée par l'interne nécessité du plébiscite, dans le sens de plaire aux majorités ; ordre matériel, large escompte de l'avenir, esbroufes diplomatiques et militaires, tout cela s'est tenu.

Le prince héréditaire doit tout d'abord être né tel et s'être habitué à concevoir en lui l'origine de sa puissance. Il a à la faire accepter. Il doit obtenir des *assentiments*. Il n'a pas à quêter de suffrage des *volontés*.

De la dictature : dictateur et roi. Les grandes crises ne se dénouent pas sans dictature. Le dictateur est donc nécessaire. Est-il suffisant ? L'histoire des grandes dictatures montre ce qu'il y a en elles d'heur et de malheur, le service qu'elles rendent, la pente qui les entraîne.

Il faut à la dictature des contrepoids. Non dans l'ordre de la liberté, cela serait contradictoire. Mais dans l'ordre de l'intérêt public. La dictature courte et collective, donc quasiment anonyme, ose tout et pour tout sauver, compromet tout, outre tout, abuse de tout. Elle devient rapidement tout aussi odieuse que la pire licence dans les régimes d'extrême anarchie. Les dictatures personnelles et viagères comportent plus de modération, parce qu'elles enferment une responsabilité directe et constante, parce que le souci de l'avenir ne peut pas leur être étranger. L'esprit humain est ainsi fait que l'empire des grands devoirs et l'expérience des grands pouvoirs l'instruisent à se mesurer.

Cependant, un homme seul, c'est peu. Une vie d'homme, un cœur d'homme, une tête d'homme, tout cela est bien exposé, bien perméable à la balle, au couteau, à la maladie, à mainte aventure. La seule forme rationnelle et sensée de l'autorité d'un seul est celle qui repose dans une famille, de premier-né en premier-né, suivant une loi qui exclut la compétition, et c'est un pouvoir tellement naturel que, comportant la dictature et la détenant de façon virtuelle, le chef qui l'exerce ne s'appelle plus dictateur : il est roi (comprenons bien le mot : *rex*, directeur et conducteur, fonctionnaire de l'intelligence), et cette magistrature royale, combinant les deux idées du commandement et de l'hérédité, est une chose tellement souple qu'elle ne cesse pas d'être elle-même lorsqu'elle varie avec le temps et affecte tantôt l'aspect paternel d'une simple présidence de ses Conseils

1. Allusion à la réforme de la Constitution qui marqua le passage de l'Empire autoritaire à l'Empire libéral.

2. Plébiscite par lequel les Français approuvèrent massivement les réformes libérales entamées en 1860, et qui avaient reconstitué le régime parlementaire.

3. Texte du 22 avril 1815, approuvé par plébiscite le 1er juin suivant, par lequel Napoléon Ier tenta de libéraliser son régime. Sa défaite à Waterloo, le 18 juin, fit que l'Acte additionnel ne fut jamais appliqué.

ou des États de son peuple, tantôt l'appareil de la dictature directe, tantôt la dictature indirecte au moyen d'un ministre de premier plan[1]. Comme il arrive pour les très grandes choses, l'institution est de beaucoup supérieure aux hommes[2]. Sa valeur principale est d'utiliser complètement le passé au profit du présent et néanmoins de n'y pas sacrifier l'avenir.

* * *

Nous tenons fermement pour ces deux termes de dictature et de royauté parce que, la dictature étant dans la nécessité et dans l'évidence des choses, si l'on écarte le Roi de cette fonction, pourtant inhérente à sa magistrature historique, elle sera remplie par des gens qui s'en feraient des titres à la faveur publique. On ne peut rien fonder chez nous en dehors de la royauté. Mais on peut avoir l'air de fonder quelque chose et ainsi vouer le pays à de nouveaux ébranlements.

La dictature royale offre en outre cet avantage de renouveler les titres de la monarchie nationale. Autant il convient de juger à leur valeur flottante et variable les fragiles papiers des Constitutions et des Chartes, autant il faut considérer ce qu'il leur arriva maintes fois de représenter. Avec ou sans papier, les dynasties se maintiennent en raison des services effectifs rendus à leur peuple.

Le nationalisme intégral : la monarchie

Le nationalisme intégral. Le patriote peut se croire républicain. Pourtant il aime mieux voir la force française s'unir et se multiplier devant les rivalités étrangères que de se diviser et de s'épuiser elle-même dans les conflits intérieurs. Quand il ne s'avoue point les muets sentiments de sa révolte généreuse au spectacle du déchirement chronique et systématique de la Cité, chaque fait de guerre intestine éveille en lui une horreur violente : ce qu'il évite de réprouver en général, il le blâme et le repousse en détail. Son républicanisme est un système auquel il peut croire, mais qu'il ne peut pas voir pratiquer sans souffrir. Il assigne à l'effet détesté des causes diverses : ce sont tantôt les hommes méchants (dont le Droit républicain lui enseigne à révérer l'égale valeur), tantôt des partis enragés (dont le même Droit valide les conflits et implique le gouvernement). Si bien qu'il est républicain sans consentir aux conséquences de la République ni à la condition de son fonctionnement. Il est vrai qu'il est patriote de la même

1. Maurras songe notamment à Richelieu, dont un buste ornait son bureau dans les locaux de l'Action française.

2. Idée centrale chez Maurras : l'institution a pour fonction première de pallier les défaillances des hommes et la durée limitée de leurs existences.

manière. Il veut relever sa patrie sans en vouloir le moyen comme il veut garder la République sans en admettre les effets ordinaires et naturels.

* * *

Un nationaliste conscient de son rôle admet pour règle de méthode qu'un bon citoyen subordonne ses sentiments, ses intérêts et ses systèmes au bien de la Patrie. Il sait que la Patrie est la dernière condition de son bien-être et du bien-être de ses concitoyens. Tout avantage personnel qui se solde par une perte pour la Patrie lui paraît un avantage trompeur et faux. Et tout problème politique qui n'est point résolu par rapport aux intérêts généraux de la Patrie lui semble un problème incomplètement résolu. Le nationalisme impose donc aux questions diverses qui sont agitées devant lui un commun dénominateur, qui n'est autre que l'intérêt de la nation. Comme pour ce Romain dont parlait Bossuet, l'amour de la Patrie passe en lui toute chose.

J'ai vu sur l'Acropole, jonchant la terrasse où s'élève la façade orientale du Parthénon, les débris du petit temple que les Romains, maîtres du monde, avaient élevé en ce lieu à la déesse Rome, et j'avoue que la première idée de cet édifice m'avait paru comme une espèce de profanation. En y songeant mieux, j'ai trouvé que le sacrilège avait son audace sublime. À la beauté la plus parfaite, au droit le plus sacré, Rome savait préférer le salut de Rome, la gloire des armes romaines et, non content de l'en absoudre, le genre humain ne cesse de lui en marquer sa reconnaissance. L'Angleterre contemporaine a donné des exemples de la même implacable vertu antique. Le nationalisme français tend à susciter parmi nous une égale religion de la déesse France[1].

La monarchie héréditaire est en France la constitution naturelle, rationnelle, la seule constitution possible du pouvoir central. Sans roi, tout ce que veulent conserver les nationalistes s'affaiblira d'abord et périra ensuite nécessairement. Sans roi, tout ce qu'ils veulent réformer durera et s'aggravera ou, à peine détruit, reparaîtra sous des formes équivalentes. Condition de toute réforme, la monarchie en est aussi le complément normal et indispensable.

Essentiellement, le royalisme correspond à tous les divers postulats du nationalisme : c'est pour cela qu'il s'est nommé lui-même le NATIONALISME INTÉGRAL.

La Monarchie. Au commencement de la royauté nationale, par-delà le phénomène de protection et de patronage, il faut placer d'abord un fait aussi complet, aussi primordial, aussi digne de vénération et d'admiration

1. Passage très révélateur quant au drame intérieur de Maurras : la France est pour lui le substitut de la foi qu'il a perdue, la nation une nouvelle Église.

que possible, le fait de force qui est aussi un fait d'amour, le fait de nature qui est aussi un acte de volonté : la paternité.

Les Rois de France ont été les Pères de la Patrie[1].

* * *

L'admirable ouvrage royal, si on le refait méthodiquement, pourra supporter des pressions et des chocs autrement forts que les pauvres petits mécanismes constitutionnels que nous offrent, de-ci de-là, de modestes réformateurs. Sera-t-il à l'épreuve du temps qui ronge tout ? Résistera-t-il à jamais ? Ce sont des questions transcendantes. Il n'est pas bon de les poser aux hommes.

Humainement, nationalement, nous ne sommes sûrs que d'une chose : la Monarchie reconstituerait une France mais sans la Monarchie la France périra.

* * *

On démontre la nécessité de la Monarchie comme un théorème. La volonté de conserver notre patrie française une fois posée comme postulat, tout s'enchaîne, tout se déduit d'un mouvement inéluctable. La fantaisie, le choix lui-même n'y ont aucune part : si vous avez résolu d'être patriote, vous serez obligatoirement royaliste. Mais si vous êtes ainsi conduit à la Monarchie, vous n'êtes pas libre d'obliquer vers le libéralisme, vers le démocratisme ou leurs succédanés. La raison le veut. Il faut la suivre et aller où elle conduit.

Le moindre mal, la possibilité du bien. N'étant pas les charlatans de la Monarchie, comme il y a des charlatans de la Démocratie, nous n'avons jamais enseigné que la Monarchie détourne par sa seule présence les maux dont la guerre civile ou la guerre étrangère, les épidémies physiques ou les pestes morales peuvent menacer les nations.

Ce que nous disons, c'est que, dans les pays qui sont faits comme la France, la Monarchie héréditaire réunit non les meilleures, mais les seules conditions de défense contre ces fléaux. La Monarchie n'est pas incapable d'erreur, mais elle est mieux armée que tout autre pouvoir pour la démêler, s'en garantir et en cas de malheur revenir à la vérité en procédant aux réparations nécessaires. Qu'une brusque évolution économique ou sociale,

---

1. Pour Maurras, la France n'est nullement un donné naturel, mais une œuvre d'art politique : composée de terroirs et de races très diverses, elle n'eût jamais trouvé son unité sans le compositeur que fut la monarchie et elle est par conséquent vouée à se dissoudre si elle reste sans monarchie.

intellectuelle ou religieuse s'impose, la Monarchie peut y présider soit heureusement, soit avec un minimum de dégâts. Si, pris dans un cyclone comme l'histoire en a vu parfois déchaîner, on essuie quelque révolution brutale, le passage est moins rude, le renversement moins complet quand cela se produit sous un chef, sous un prince dont la succession, étant réglée d'avance, exclura tout conflit de compétiteurs. Ainsi, en Monarchie, les intérêts supérieurs, les plus étendus, les plus graves sont placés dans une atmosphère assez haute et assez sereine pour qu'on puisse espérer que l'ouragan n'y monte pas. Si, malgré tout, il y arrive, eh bien ! tant pis. Le genre humain, au maximum de la détresse, aura toujours eu le maximum de ses garanties. Dans ce malheur, immense, le fléau serait plus fréquent, plus complet et plus douloureux si le pouvoir suprême était placé plus bas.

* * *

Même déchue, démoralisée, éperdue, la Monarchie emporte en elle-même *le sentiment* et elle laisse après elle *la notion* d'une responsabilité, d'une mémoire, d'une prévision, toutes choses dont les Parlements démocratiques sont dépourvus.

La Monarchie royale confère à la politique les avantages de la personnalité humaine : conscience, mémoire, raison, volonté ; le régime républicain dissout ses desseins et ses actes dans une collectivité sans nom, sans honneur ni humanité. Dès lors, comme la Monarchie représente naturellement la capacité du plus grand bien et du moindre mal, la République signifie la possibilité permanente du pire mal, du moindre bien. Quant aux éléments du mal et du bien, ce sont des données qui dépendent des circonstances et des hommes : nul régime ne crée les hommes ni leurs circonstances intellectuelles et morales. Manifestement la mise en œuvre républicaine gaspille et pervertit les admirables ressources d'esprit et de cœur qui lui sont fournies par la France. La Monarchie en a créé les conditions premières. Manifestement, elle créerait les conditions de leur Renaissance.

Oui, la République est le mal, oui le mal est inévitable en République. Et ce que nous disons de la Monarchie, c'est qu'elle est la possibilité du bien. Le bien public, impossible en République, est praticable en Monarchie ; même dans une monarchie qui manque son but, le mal public reste beaucoup moins nuisible qu'en république, car il est sujet à finir, avec le mauvais ministre ou le mauvais roi, et le mal républicain étant inhérent à la République ne saurait finir qu'avec elle.

* * *

Dans la monarchie française, l'autorité est indépendante, une, sans partage.

Pour la plupart des hommes du XIXe siècle et aujourd'hui encore, *absolutisme* est synonyme de *despotisme*, de pouvoir capricieux et illimité.

C'est absolument inexact : pouvoir *absolu* signifie exactement pouvoir *indépendant*[1] ; la monarchie française était absolue dès lors qu'elle ne dépendait d'aucune autre autorité, ni impériale ni parlementaire, ni populaire : elle n'en était pas moins *limitée*, tempérée par une foule d'institutions sociales et politiques héréditaires ou corporatives, dont les pouvoirs propres l'empêchaient de sortir de son domaine et de sa *fonction*. Son droit confinait à une multitude de droits qui la soutenaient et l'équilibraient. L'ancienne France était « hérissée de libertés[2] ».

* * *

Ni le vieux Guillaume[3], ni Victor-Emmanuel[4], ni Louis XIV n'ont été des princes médiocres, et cependant l'historien politique ou le politique philosophe est tenté de leur préférer ce magnifique Louis XIII, qui permit au grand Cardinal son incomparable dictature fondatrice et réparatrice[5].

La royauté est une institution telle que toute force nationale y est employée à sa valeur, presque sans déperdition, de manière à donner le maximum du rendement.

Dans une Prusse républicaine, il y eût de grandes chances pour que Bismarck, Moltke et Roon se fissent la guerre[6] ; la Prusse eût donc valu ce que valait le parti de l'un de ces hommes, du vainqueur, *moins* ce que valait la somme de chacun des partis vaincus.

Avec la royauté, la Prusse a valu Bismarck, *plus* Roon, *plus* Moltke, *plus* l'effet multiplicateur de leur bonne harmonie établie tant par la fonction que par la haute valeur personnelle du roi[7].

* * *

1. C'est de fait le sens du mot latin « *absolutus* ».
2. Expression de l'historien Frantz Funck-Brentano, proche de l'Action française.
3. Guillaume Ier de Hohenzollern, roi de Prusse puis premier empereur de l'Allemagne moderne en 1871.
4. Victor-Emmanuel II de Savoie, premier roi d'Italie en 1861.
5. De fait, Louis XIII et Richelieu trouvèrent une France extrêmement affaiblie et laissèrent à Louis XIV une France devenue la première puissance d'Europe. Compte tenu de l'affaissement de la France sous la IIIe République, Maurras voit en ces deux hommes des modèles plus adaptés que Louis XIV.
6. Ces trois hommes furent les artisans de l'unité allemande sous l'égide de la Prusse, dont Bismarck était le Premier ministre, Roon le ministre de la Guerre et Moltke le général en chef.
7. Guillaume Ier.

Nous ne songeons pas à restaurer en France une monarchie parlementaire. Elle est peut-être à sa place en Belgique où elle peut remplir une fonction nationale supérieure[1] et même en Angleterre dont elle *tient* l'Empire[2].

Pour nous, les immenses bienfaits de la Restauration ne nous ont jamais aveuglés sur la part excessive que le régime parlementaire y donnait aux excès du système électif. Il faut revenir à un régime qui rétablisse la distinction entre le Gouvernement, chargé de gouverner, et la Représentation, chargée de représenter[3]. Dans l'état présent des nations, les royaumes, les empires, les républiques se plaignent tous du gaspillage financier : ce gaspillage sort de la confusion générale du Parlement et du Souverain.

La monarchie française, « traditionnelle, héréditaire, antiparlementaire et décentralisée[4] », c'est-à-dire la Monarchie représentative et corporative est seule en état de mettre fin à cet abus.

* * *

La République a besoin de s'imposer aux consciences puisqu'elle repose sur des volontés. Elle a besoin de l'*enthousiasme* de ses sujets, qui sont ses électeurs et qui, nominalement, constitutionnellement, ont ses destinées dans leurs mains.

Au contraire, la Monarchie existe par sa propre force, *sua mole stat*[5]. Elle n'a pas besoin de consulter à chaque instant un prétendu souverain électeur. Il lui suffit en somme d'être tolérée, supportée [...]. La République est une religion. La Monarchie est une famille. Celle-ci n'a besoin que d'être trouvée acceptable. Celle-là exige que l'on suive ses rites, ses dogmes, ses prêtres, ses partis.

Hérédité et autorité. Les minorités, les régences forment la plaie des monarchies. Là est le défaut de ce mode de gouvernement qui n'est pas parfait, nul gouvernement ne l'étant, mais qui est le moins imparfait de tous.

---

1. Incarner l'unité nationale au-dessus des communautés wallonne et flamande.
2. Même idée qu'à propos de la Belgique : la mission première de la monarchie est d'unir des peuples très divers. Maurras semble suggérer que cette diversité ethnique induit une représentation parlementaire puissante, dont un pays plus homogène, comme la France, peut faire l'économie.
3. Pour Maurras, en somme, la représentation doit avoir un rôle consultatif.
4. Formule posée par Maurras dès sa célèbre *Enquête sur la monarchie* de 1900, non reprise dans ce volume.
5. « Elle tient par sa propre masse » : formule que Maurras reprend à Virgile qui, dans l'*Énéide*, s'en sert pour décrire la fermeté d'Énée face à ses ennemis. Ce fut aussi la maxime des Colonna, vieille famille de l'aristocratie romaine d'où sont issus trois papes du Moyen Âge.

Néanmoins, son défaut peut être atténué par une bonne loi de succession (la loi de la Maison de France, par exemple[1]), par l'esprit politique de la race régnante et aussi par la volonté, par le patriotisme, par la raison des citoyens, auxquels on demande, une fois ou deux chaque siècle, un effort sagement limité à quelques années. Les démocrates qui espèrent éviter ce fléau en proclamant la République ressemblent à Gribouille qui se noie dans la mer pour éviter d'être mouillé par l'eau du ciel[2] : car proclamer la République, c'est précisément établir à demeure le mal qu'ils veulent éloigner. C'est ériger en institution permanente une période de danger et de crise, c'est rendre la Minorité perpétuelle, c'est offrir la Régence à l'universelle compétition !

Avec quel art sublime et de quelle pointe rapide Jacques Bainville a buriné cette élégante assimilation[3] !

* * *

J'ai, pour mon compte, toujours pris garde de séparer les réflexions sur l'hérédité politique et économique d'avec les généralisations vagues, aventureuses et captieuses sur la stricte hérédité physiologique. Une aristocratie peut être formée de sangs assez divers, et, ce nonobstant, accomplir toutes ses fonctions les plus hautes, si d'autres conditions s'y prêtent favorablement. Il y a au début de l'histoire de France une aristocratie franque, une aristocratie scandinave[4], une aristocratie gallo-romaine : toutes les trois ont concouru à l'admirable système féodal.

Plus tard, le phénomène s'est répété dans les mêmes conditions.

C'est par l'hérédité *professionnelle*, qui n'était pas *l'hérédité des rangs ni des dignités*, que se forma cette sélection de familles, grâce à laquelle l'ancienne France a pu produire, d'âge en âge, pendant des siècles, un personnel si remarquable d'officiers, de juges, de diplomates, d'artisans, qui excellèrent en toutes sortes d'industries et de métiers.

* * *

Ceux qui souhaitent l'autorité feraient sagement de sentir que l'autorité ne se fabrique pas de main d'homme, ni par voie d'élection, que l'autorité est née, que c'est un don du ciel.

1. C'est-à-dire la primogéniture masculine.
2. Gribouille est un personnage imaginaire mentionné depuis le XVIe siècle. Il est l'archétype du sot timoré qui, voulant éviter un inconvénient quelconque, tombe dans des difficultés pires encore.
3. Elle figure dans sa célébrissime *Histoire de France*.
4. Les descendants de Vikings sédentarisés en Normandie et devenus sujets du roi de France par le traité de Saint-Clair-sur-Epte (911).

Les personnes éphémères n'ont pas à rechercher quel est celui d'entre eux qui est le plus apte à gouverner. C'est à l'ensemble des races françaises, ou bien plutôt à leur histoire de décider quelle est la famille-chef.

Deux de ces grandes familles, après de bons services, furent frappées de déchéance : les fils des Charles ont remplacé les fils des Clovis[1], puis les fils des Robert ont succédé aux fils des Charles[2].

Il n'y a pas de commune mesure entre l'œuvre mérovingienne ou carolingienne, et cette grande œuvre nationale de génération et de régénération à laquelle ont procédé, en un succès constant, les Robertiniens appelés depuis Capétiens[3]. Grâce peut-être à leur admirable loi de succession[4], ces princes modèles ont construit la patrie ou l'ont reconstruite. Quand ils tombaient, l'État déclinait avec eux. Quand ils se relevaient, l'État remontait aussi. Cela s'est vu deux fois à la guerre de Cent Ans (Charles V, Charles VII) ; cela s'est répété avec les guerres de Religion et sous Henri IV… La Fronde et Louis XIV nous en ont ébauché le dernier exemple avant que l'anarchie révolutionnaire nous conduisît à Trafalgar, Leipzig, Waterloo, Sedan[5] par une courbe descendante motivée par leur régicide ou par leur exil[6], et dans laquelle le retour momentané de trois d'entre eux détermina le point de relèvement national[7].

La famille qui, parmi ses ruines, s'arrogea le titre de IVe dynastie[8], a fait exactement la même faillite que l'anarchie révolutionnaire dont elle procédait.

Le choix de l'histoire est bien net.

---

1. Allusion au remplacement des Mérovingiens par les Carolingiens en 751.

2. Allusion au remplacement des Carolingiens par les Robertides ou Robertiniens en 987.

3. Ce nom semble venir de « *cappatus* », « portant la chape », habit ecclésiastique, et tenir au fait que les Robertides étaient abbés laïcs de l'abbaye Saint-Martin de Tours.

4. La primogéniture mâle garantissait en effet une continuité que n'offrait nullement les lois successorales des Mérovingiens et des Carolingiens, aux termes desquelles tous les fils du roi défunt héritaient de sa royauté : ne s'entendant pas sur son exercice, ils se battaient régulièrement, de sorte que toute succession était un cauchemar pour les populations.

5. Pour Maurras, la défaite de Napoléon III à Sedan, en 1870, est la suite logique des défaites de Napoléon Ier parce qu'elle procède de la même cause : l'origine révolutionnaire et démocratique des deux Empires.

6. L'exécution de Louis XVI en 1793, les exils de Louis XVIII en 1814, de Charles X en 1830 et de Louis-Philippe en 1848.

7. Les retours au pouvoir de Louis XVIII en 1814 puis 1815, l'accession au trône de Charles X en 1824 et celle de Louis-Philippe en 1830. Il peut sembler contradictoire que Maurras déplore dans le même temps l'exil de Charles X et l'accession au trône de Louis-Philippe, puisque celle-ci fut la conséquence de celui-là. C'est oublier que la révolution de 1830 aurait pu – et dû selon bon nombre de ses acteurs – déboucher sur une république, non sur une monarchie libérale.

8. Les Bonaparte, 4e dynastie après les Mérovingiens, les Carolingiens et les Capétiens.

Le roi

Corruptible en tant qu'homme, le Roi a comme roi un avantage immédiat et sensible à ne pas être corrompu : sa règle de sensibilité est de se montrer insensible à tout ce qui n'affecte que le particulier, son genre d'intérêt est d'être naturellement détaché des intérêts qui sollicitent au-dessous de lui tous les autres : cet intérêt est de s'en rendre indépendant.

Le Roi peut le méconnaître, il peut l'oublier. Mettons les choses au pire. Un esprit médiocre, un caractère faible l'exposent à l'erreur et à la méprise. Il n'importe pourtant ! Sa valeur, la valeur d'un homme, est incomparablement supérieure à celle de la résultante mécanique des Forces, à l'expression d'une différence entre deux totaux.

Quoi que vaillent son caractère ou son esprit, encore est-il un caractère, un esprit, c'est une conscience, un cœur, une chair d'homme, et sa décision représentera de l'humanité, au lieu que le vote 5 contre 2 ou 4 contre 3 représente le conflit de 5 ou de 4 forces contre 2 ou 3 autres forces. Les forces peuvent être, en elles-mêmes, pensantes, mais *le vote qui les exprime ne pense pas* : par lui-même, il n'est pas *une* décision, *un* jugement, *un* acte cohérent et motivé tel que le développe et l'incarne le Pouvoir personnel d'*une* autorité consciente, nominative, responsable.

* * *

Ce pouvoir juge en *qualité*. Il apprécie les témoignages au lieu de compter les témoins.

Bien ou mal, c'est ainsi qu'il procède, et ce procédé est supérieur en soi au procédé de l'addition et de la soustraction.

Ayant intérêt à savoir la vérité afin de rendre la justice, il encourage les uns, rassure les autres, et parfois n'en écoute qu'un, si un seul lui paraît digne d'être écouté. S'il y a lieu il le défend contre les embûches et les tentations des puissants. Ce discernement *humain* des valeurs intellectuelles et morales diffère, comme le jour de la nuit, du procédé aveugle et grossier des démocraties. L'idée de tout remettre à une espèce de combat singulier ou à une bataille générale des intérêts en cause est une *régression* qui répète, sous une forme neuve et beaucoup moins belle, ces duels judiciaires[1] dont les prédécesseurs de saint Louis se montraient déjà indignés.

Seule, la barbarie peut faire confiance aux solutions des majorités et du nombre. La civilisation fait intervenir aussi souvent que possible le

1. Pratique judiciaire médiévale consistant à trancher un litige en faisant battre en duel les deux parties.

discernement de la vérité, le culte du droit. Mais cela suppose que l'Un pris pour juge et pour chef se distingue des forces appelées à être arbitrées par lui. Le souverain n'est pas le sujet, le sujet n'est pas le souverain. En les mêlant, la démocratie brouille tout, complique tout, retarde tout et sa dégression ramène le monde aux plus bas étages de l'antique passé.

* * *

Si l'on compare les comparables : vices d'une assemblée aux vices d'un prince héréditaire, vertus d'une assemblée aux vertus d'un Roi, on s'aperçoit de graves différences. L'institution royale pallie ou combat les effets du mal, au lieu que l'institution républicaine les appuie et les amplifie. De même la Monarchie donne à la vertu des personnes royales un concours actif, permanent, au lieu que la Démocratie lasse, désespère, épuise ou corrompt, à toute force, ses meilleurs serviteurs.

* * *

La pire *sanction* de la « responsabilité » royale, c'est le régicide ou la déposition, ou la chute de la dynastie : encore peut-elle être appliquée le plus iniquement du monde, comme, par exemple, à Henri IV ou à Louis XVI. Mais l'idée de cette sanction est assez forte pour élever au-dessus d'elle-même la moyenne des rois. La conservation de leur vie, de leur gloire et de leur héritage se confond, dans la psychologie naturelle des rois, avec la conservation de l'État.

Ils sont intéressés à ce que l'État leur survive et, de fait, le nôtre n'a gravement succombé qu'une seule fois depuis 987 jusqu'à 1792[1]. Mais depuis cent quarante-quatre ans que le régime électif est officiellement établi parmi nous, ce ne sont que chutes, révolutions, désastres, glissements dont les responsabilités sont divisées tout à la fois dans l'étendue et dans la durée : divisées dans l'étendue, puisqu'elles se répartissent entre les chefs élus, leur parlement et l'opinion de tout un peuple ; divisées dans la durée puisque, en tant que responsabilités *politiques*, elles se limitent aux personnes sans se répercuter dans leur descendance.

* * *

Un roi détrôné devient un exilé misérable.

Un républicain qui a perdu le pouvoir est un grand personnage qui ne perd jamais l'espérance d'y revenir et qui vit entouré d'une cour de parasites actifs et remuants.

1. Année de la proclamation de la République.

C'est pourquoi si un roi est à la fois âpre et prudent au bien public, parce qu'il perdrait beaucoup à manquer de l'une et de l'autre de ces qualités, le républicain ne perd grand'chose ni à tout risquer, ni à tout négliger : il peut même se dire en tombant qu'il saura toujours tout rattraper et réparer *la prochaine fois* !

À ce prix-là, on peut se permettre tout. Érostrate brûlait le temple d'Éphèse, mais il y rôtissait dedans[1]. En régime républicain, on peut bouter le feu aux quatre coins de nos administrations, s'en tirer – et recommencer.

* * *

Hé ! Il n'est pas indifférent que le roi et les princes soient de bonnes gens et des gens capables !

Mais les bons règnes, les grands règnes, les restaurations brillantes sont toujours liés à l'esprit de l'institution qui rend ces hautes valeurs humaines infiniment plus fréquentes et infiniment plus productives qu'en République, pour la raison qu'un prince, deux princes, dix princes sont plus faciles à éduquer que dix millions d'électeurs ou, même, que neuf à dix centaines de ces politiciens pour la plupart improvisés, qu'on appelle parlementaires.

Mais enfin, l'essentiel du mécanisme royal ne repose pas sur la valeur des personnes, et la valeur du règne ne résulte pas de cet unique élément.

En République, tout tient à cela ! En République, *il faut* la vertu, la vertu héroïque, la vertu stoïque[2]. Ou il n'y a plus rien. Et le minimum de vertu exigible comporte une foi romaine[3] gardée aux promesses dont on a comblé l'électeur !

Dès lors que tout y dépend des suffrages donnés par l'électeur à un programme, le régime s'écroule et se déshonore, s'il n'y a pas fidélité de l'élu au programme de son électeur, au moins « dans la moyenne des cas ». Il se passe dès lors, il doit se passer, dans un pays républicain comme le nôtre, ce qui, par exemple, se serait passé au Moyen Âge si les serments de fidélité et d'hommage, fondements moraux de la hiérarchie féodale, n'avaient pas eu pour garanties courantes et normales un certain *tonus* moral et religieux, un certain sens de l'honneur qui rendait le système viable. Le système s'est affaibli quand ces vertus se sont affaiblies pour faire place à des états d'esprit et de cœur différents.

Au moins peut-on dire que la fidélité féodale a vécu, et a tenu durant plusieurs siècles ! Mais la vertu républicaine ? Même limitée à la seule

1. Cet événement eut lieu en 356 avant Jésus-Christ. L'incendiaire ne semble avoir été motivé que par la quête de la célébrité. Selon les historiens antiques toutefois, il n'a pas brûlé avec le temple mais a été exécuté après.

2. Idée développée notamment par Montesquieu dans *L'Esprit des lois*.

3. C'est-à-dire une foi inébranlable.

fidélité aux engagements électoraux, elle a été niée, dès son berceau de 1792, au premier pas, quand les assemblées ont centralisé pour exécuter un programme décentralisateur, quand elles ont fait la guerre pour appliquer un programme pacifique, quand elles ont détruit la monarchie qu'elles avaient mandat de maintenir. Ces assemblées ont donc visé le pouvoir seul et la condition de ce pouvoir personnel au lieu d'exécuter le mandat de leurs commettants. Ces assemblées d'usurpateurs étaient donc le contraire de la « vertu ».

Cette vertu républicaine n'a existé que dans les rêves d'un certain nombre de doctrinaires idéologues. La réalité les a toujours si bien annulés que les républicains de la IIIe République, à peine vainqueurs électoraux de la réaction, n'eurent rien de plus pressé que de déclarer *les temps héroïques bien révolus* et de prononcer la déchéance des *vieilles barbes*[1].

Par leur déchéance, l'institution a réalisé la déchéance de la Patrie.

Ils se mirent alors à gouverner entre eux pour leur usage et avantage, qu'aidaient, servaient, protégeaient confortablement les fictions et les réalités du régime. Mais ainsi fut précipitée la ruine de tout le reste.

Ou nous abjurerons ces fables menteuses, démolirons ces réalités dangereuses, relèverons la vérité politique et rétablirons la monarchie nationale, ou nous avons de sûres et tristes chances de devoir nous dire avant peu les derniers des Français.

---

1. Allusion au conservatisme social des républicains opportunistes parvenus au pouvoir en 1877-1879, en rupture avec ceux qu'ils considéraient comme les « vieilles barbes de 1848 ».

APPENDICE. ÉLOGE DU FASCISME SUPPRIMÉ DE LA VERSION DÉFINITIVE DE « LA POLITIQUE NATURELLE »

Ce bien renaît le long des frontières françaises. Les politiciens des démocraties vaincues ont dû réfugier chez nous leur désespoir. On comprend la fureur des Sturzo, des Nitti, des Labriola[1] ! Qu'est-ce en effet que le FASCISME ? Un socialisme affranchi de la démocratie. Un syndicalisme libéré des entraves auxquelles la lutte des classes avait soumis le travail italien. Une volonté méthodique et heureuse de serrer en un même « faisceau[2] » tous les facteurs humains de la production nationale : patrons, employés, techniciens, ouvriers. Un parti pris d'aborder, de traiter, de résoudre la question ouvrière *en elle-même*, toute chimère mise à part, et d'unir les syndicats en corporations, de les coordonner, d'incorporer le prolétaire aux activités héréditaires et traditionnelles de l'État historique de la Patrie, de détruire ainsi le scandale du prolétariat. Ce FASCISME unit les hommes pour l'accord : il fait jouer les forces naturelles ensemble, assure les fonctions sociales les plus variées avec l'aide des grands et l'aide des petits, tous les ouvriers de la même production étant classés par rapport à son OBJET commun et non par rapport à l'état, à la condition et à la place personnelle du SUJET, quel qu'il soit : il redevient possible de se parler entre citoyens, et, en effet, ils se parlent au lieu de s'injurier. L'État national invite à l'amitié et à l'union au lieu d'exciter à la haine et à la division comme le fait et doit le faire l'État démocratique électif. Rien ne défend d'espérer que les bonnes habitudes s'ensuivent et que la cordialité revienne se couler dans les rapports sociaux jusque-là dominés par un antagonisme envieux. Car tout est là ! Ou presque tout. Un des initiateurs

1. Sturzo fut le précurseur de la démocratie chrétienne ; le radical Nitti fut président du Conseil en 1919-1920 ; le socialiste Labriola fut ministre du Travail en 1920.
2. C'est l'étymologie du mot « fascisme ».

du syndicalisme agricole en France, Gailhard-Bancel, disait que la principale condition de ses succès a toujours tenu à un esprit de bienveillance et d'amitié, dû le plus souvent, dans sa catholique Ardèche, au sentiment religieux[1]. D'autres sentiments peuvent jouer de même : le patriotisme, le civisme, l'esprit de bon voisinage, que sais-je ? Mais pour que de telles impulsions prennent le dessus, il faut que le virus sécrété par les luttes de classe et de parti soit éliminé radicalement : l'État démocratique, la Démocratie sociale doivent périr. Cela ne va pas sans des « opérations de police un peu rudes[2] » contre les agitateurs de métier. Tout régime électif et parlementaire, par ses convulsions révolutionnaires légalisées, crée une tribu d'ardélions[3] active et vorace : on ne peut lui arracher sa pâtée que de force. Il a fallu en Italie une dictature. Le génie de la dictature et du dictateur a calmé, pacifié, ranimé un pays qui hésitait entre les fièvres et les langueurs. Il a rendu à son destin une race ardente, intelligente, patiente, courageuse. Il a réussi plus d'une fois à retourner, en l'adaptant au bien commun, ce qui eût pu le desservir. Quelques profondes différences qu'il faille faire entre la centralisation adoptée par l'Italie, dont l'unité date de 1870, et les libertés locales dues à un pays aussi anciennement unifié que le nôtre, nous devons voir cette évidence : par le FASCISME, le grand dégât communiste et les déceptions renaissantes du socialisme ont été épargnées à la péninsule, et il est absurde de soutenir que c'est au prix de l'écrasement du peuple. Le peuple ouvrier italien jouit depuis longtemps d'un statut que n'a point le nôtre. Une grande part y est faite, comme de juste, aux défiances humaines toujours en éveil, et qui ont raison de l'être : le régime s'attache à établir et à consolider la garantie des foyers modestes au moyen de Contrats solides. Mais les mêmes Contrats pourraient gagner ou perdre beaucoup de leur efficacité matérielle suivant l'esprit qui les détermine et le moral qui les anime. Or, l'élan naturel de l'amitié des hommes est ici reconnu, encouragé, primé, la Politique va d'accord avec la Religion[4] pour prêcher l'amour du prochain, c'est-à-dire du *plus proche*

1. Hyacinthe de Gailhard-Bancel, tenant du catholicisme social, trois fois député de l'Ardèche, s'opposa notamment à la politique anticléricale des radicaux au début du XXe siècle. Il était proche du Félibrige.

2. Expression utilisée en 1898 par l'académicien conservateur Eugène Melchior de Vogüé pour qualifier le coup d'État du 2 décembre 1851, qui permit à Louis Napoléon Bonaparte d'amorcer la transition de la Deuxième République au Second Empire.

3. Bons à rien, intrigants.

4. Allusion aux accords du Latran de 1929, qui marquèrent la réconciliation de la papauté et de l'Italie, brouillées depuis l'annexion des États pontificaux par la seconde au cours de la décennie 1860-1870. Ces accords consacrèrent l'abandon par la papauté de ses prétentions sur ses anciens États, en échange de quoi elle se vit reconnaître la souveraineté sur l'État du Vatican ; le catholicisme fut confirmé comme seule religion d'État.

de nos semblables, dans la rue, dans la ville, dans la province, dans l'État, le genre humain ne pouvant venir qu'en cinquième lieu.

Devant les résultats de cette politique de la *main tendue*[1], il est normal que les démocraties, ayant adopté la formule du *poing tendu*, se soient donné pour mot d'ordre commun « l'antifascisme » : leur plus grand intérêt vital est d'empêcher tout faisceau national de se former pour éteindre ou réduire les compétitions dont elles vivent. C'est pourquoi je conclus que nul ordre social ne naîtra ni ne pourra naître si l'on ne commence pas par arracher le monde ouvrier à la démocratie, après s'y être arraché soi-même, j'entends le bourgeois, beau premier[2].

1. Maurras détourne l'expression de son sens courant pour évoquer le salut fasciste.
2. Provençalisme fréquent chez Maurras : le français dirait « le tout premier ».

ITALIENS ET FRANÇAIS[1]

M. Mussolini est l'auteur de l'une des meilleures pages qui aient été écrites sur les relations de nos deux races : rien d'important n'est oublié, tout y est dit avec une propriété souveraine. Les temps passeront avec les hommes, les régimes deviendront ce qu'ils pourront : il restera utile de relire ce que le dictateur italien a dit un jour d'hiver du bel an 1927 à un journaliste parisien, M. Pierre Grivel, correspondant de la *Dépêche* de Tunisie.

« — En Italie, dit M. Mussolini, vous ne trouvez pas un homme, à plus forte raison un lettré, qui ne puisse lire le français et ne le parle à peu près couramment. Nos journaux consacrent trois colonnes au compte rendu des séances de votre Parlement, aux discours de vos ministres. On suit avec une complaisance marquée la production théâtrale parisienne et, sur nos scènes, une forte proportion des pièces qu'on joue sont empruntées à votre répertoire. Vos auteurs, ceux d'hier et ceux d'aujourd'hui, nous sont connus, autant que les nôtres. En revanche, combien êtes-vous en France de vrais italianisants, capables de parler notre langue, de suivre notre production littéraire, d'apprécier nos auteurs et nos poètes ?

« Une vingtaine, peut-être, guère davantage ! Et pourtant, reprend M. Mussolini, comme nous sommes faits pour nous entendre ! Ne parlons pas de sang latin, la race est quelque chose de bien vague ; il y a eu tant de mélange en cours des siècles[2]. Mais la civilisation, la culture, quel patrimoine commun admirable !

« Avec un Français, nous sommes immédiatement en confiance, sur un plan identique. Nous voyons en lui un frère, quelqu'un de chez nous. Avec un Anglais, nous devons déjà faire un effort pour le comprendre et pour être compris de lui ; avec un Allemand la différence s'accentue encore et c'est un abîme qui nous sépare d'un Russe.

« Voilà pourquoi, notre ménage France et Italie pourra par moments baigner dans une atmosphère orageuse, connaître des heures de bourrasque,

1. Extrait des *Vergers sur la mer* (1937).

2. Mussolini fut ultérieurement contaminé par le racisme hitlérien, d'où les lois raciales de 1938.

jamais nous n'irons jusqu'à la brouille, parce que nous sommes des frères qui se disputent parfois, mais qui s'aiment bien malgré tout.

« Certes, poursuit-il, nous avons le droit de souhaiter qu'en France on fasse un sérieux effort pour nous mieux connaître. À lire une certaine presse de chez vous, il semble qu'à chaque instant l'Italie soit sur le point de sombrer, victime du plus effroyable cataclysme.

« Reconnaître loyalement ce qui est, poursuit encore le Duce, ne peut que faciliter la solution des questions pendantes entre nous et permettra de travailler à la constitution d'un vaste bloc latin.

« Non seulement les nations ibériques, mais les républiques de l'Amérique latine, ont les regards tournés vers Rome et vers Paris. Fédérer ces forces multiples et ces peuples qu'anime une même foi, pour qui la même civilisation est un héritage commun, c'est assurer le sort du monde et se prémunir contre la menace de la barbarie.

« Ce que je vous dis là, je le répète à tous les Français qui viennent me voir. Tout ce qui sera tenté dans le sens d'une plus étroite entente entre nous, entre les nations latines en général, mérite d'être encouragé et loué. Nous y arriverons, c'est la nature même des choses qui l'exige. »

Il faudrait reprendre une par une ces importantes paroles. Revoyons-en quatre articles, un par un :

1. La question des langues. L'enseignement régulier de l'italien est très imparfait dans notre pays. Tout Français lettré, spécialement tout lettré de nos trente-trois départements de langue d'oc, déchiffre un texte italien en le devinant. Il suffirait, en marge des études latines, de quelques heures de grammaire italienne pour ajouter à cette connaissance de surface le sérieux, la solidité nécessaires à la pénétration complète d'un livre italien, même ardu. Le temps perdu à ne rien apprendre de l'anglais et de l'allemand inscrits au programme trouverait enfin un emploi utile. Par exemple, il ne faudrait pas que les examens, baccalauréat et les autres, donnassent à la langue méridionale ainsi apprise un rang de parente pauvre. Quelle qu'en soit la « facilité », le maniement théorique et pratique de cette langue devrait se classer au même rang que les idiomes du nord. Ce que je dis de l'italien s'applique aussi à l'espagnol dont le champ est plus étendu encore, puisqu'il occupe deux des trois Amériques[1].

2. Mussolini ne semble pas dupe de la doctrine de la fraternité de nos races. Il n'y a pas de races latines. Mais il y a un esprit latin. Il y a une culture latine. Il y a une civilisation latine, et qui institue, dans nos rapports d'homme à homme, une rapidité et une aisance incomparables. Pour reprendre le mot de Bainville, « on se comprend », presque sans avoir besoin de se traduire. Entre des êtres raisonnables et sociables, le point est capital.

1. L'Amérique centrale et du Sud.

3. La différence des régimes a aigri les relations. Mussolini ne demande pas, mais pourrait demander si les prédécesseurs du fascisme n'étaient pas pour le moins aussi « *misogalli*[1] » que les plus francophobes de ses partisans. Le nom de Crispi[2] pour l'avant-guerre, celui de M. Nitti[3] pour l'après-guerre, répondraient à la question. Que les radicaux français ne soient pas contents du discrédit des idées de 89 en Italie, c'est leur affaire et c'est leur droit. Ce qui n'est pas l'affaire, ni le droit, de personne, c'est de mettre en avant le patriotisme français et l'intérêt national pour la défense de *leurs* dogmes et préjugés. L'intérêt français veut la bonne entente avec l'Italie. La confusion violente établie entre cet intérêt sacré et celui de sectes ou de chapelles mérite une répression énergique de ce côté-ci des montagnes. L'Italie nouvelle se plaint. Il ne sera que juste d'ajouter nos plaintes aux siennes. Dans les conditions où il s'est établi, le fascisme exprime certainement le vœu de l'immense majorité de l'Italie[4]. Il est le chef-d'œuvre de ses éléments les meilleurs. Ni l'anarchie des communistes, ni celle des *popolani*[5] ne sont dignes d'un intérêt exceptionnel. Ceux qui voudront se reporter aux prévisions fort anciennes que nous faisions au moment de l'assassinat du roi Humbert[6] pourront les retrouver dans mon livre de Guerre de 1916, *Quand les Français ne s'aimaient pas*. Ils verront que, de tout temps, nous avons considéré le libéralisme et la démocratie comme des erreurs indignes de l'esprit latin.

L'Italie devait réagir, parce qu'elle se devait de réagir.

Comprenons-la. Imitons-la au lieu de laisser circuler des critiques et des lamentations qui font le jeu des pires ennemis de la paix.

4. Rome et Paris, double pôle du monde classique. Nécessité de les fédérer. Il n'y a rien de plus urgent ! Là, il y a près d'un tiers de siècle que nous nous attachons à l'examen des conditions propices à la formation de ce que l'on nomme, assez gauchement, le Bloc latin.

Un pareil « Bloc » ressemblerait aux pâtés de poudingue, appelés *nougat* par nos paysans, et dont la fermeté n'est pas à toute épreuve. La « fédération » dont parle Mussolini répond bien mieux aux exigences de l'amitié humaine : chose souple et complexe, comme la vie différenciée dans ses profondeurs, accordée et harmonisée vers ses sommets.

---

1. Gallophobes.

2. Président du Conseil italien à la fin du XIXe siècle, très hostile à la France en raison des rivalités coloniales opposant les deux pays.

3. Président du Conseil italien en 1919-1920, hostile aux sanctions contre l'Allemagne, que soutint au contraire Maurras.

4. De fait, le régime fasciste n'est devenu impopulaire qu'avec les revers de la Seconde Guerre mondiale.

5. Factions populaires dans la vie politique italienne du Moyen Âge.

6. Humbert Ier, deuxième roi de l'Italie unifiée, assassiné en 1900 par un anarchiste.

Pourquoi l'œuvre n'est-elle pas plus avancée ?

Je l'ai écrit cent fois, spécialement toutes ces dernières années, à la *Nación* de Buenos-Ayres dont j'ai été le correspondant parisien : parce que les bases de cette union ont été cherchées dans l'esprit révolutionnaire international. Les nations de tradition catholique ne peuvent se rencontrer et s'accorder que sur un plan d'idées, d'usages, de sentiments, de vertus catholiques. Hors de là, ni elles ne s'accorderont, ni elles ne s'entendront parler et penser, ni même il ne leur sera possible de se fréquenter.

Tout le monde connaît l'échec de cette politique de Garibaldi l'Ancien[1]. Mais qui connaît l'effort de M. de Tourtoulon, de M. de Berluc-Pérussis et de quelques autres amis de Mistral, aux temps reculés de la *Revue du Monde latin*[2] *?* Leur bon grain a germé dans une nuit profonde.

Deux étatismes

Il nous semble que le fascisme italien abuse gravement des interventions de l'État, jusque dans son régime corporatif.

Là, avouons un élément de différence.

Dans un pays aussi anciennement unifié que la France, les dangers de l'étatisme sont à la lettre, mortels.

Dans un pays aussi divers que l'Italie une certaine dose d'étatisme peut être excellente ou nécessaire.

Il y a un axiome : on ne décentralise pas la géométrie. Mais il y en a un autre, équivalent : on peut essayer de tout « étatiser », excepté le spirituel. Les pouvoirs *temporels* ont tout avantage à rester dans la mesure de leur droit, sans répondre à des empiétements, même fâcheux, par des usurpations qui seraient plus fâcheuses.

Les rois de France étaient de grands maîtres dans la science politique, quand ils écrivaient *Nous qui voulons toujours raison garder*[3]. C'est en se défendant de l'entraînement des passions que l'on tiendra intacte sa propre et « juste liberté ».

1. Artisan de l'unité italienne, Garibaldi relevait bien de « l'esprit révolutionnaire international » dont parle Maurras : il s'était impliqué notamment dans les guerres civiles d'Amérique latine.

2. Cette revue parut de 1883 à 1893.

3. Formule employée en 1286 par Philippe IV le Bel et reprise par plusieurs de ses successeurs.

ANTIGONE VIERGE-MÈRE DE L'ORDRE

Une nouvelle adaptation d'*Antigone* remet à l'ordre du jour[1] le drame de conscience posé par l'acte de désobéissance pieuse de la fille d'Œdipe à la tyrannie de Créon. Celui-ci, dernier roi de Thèbes, s'est permis d'interdire la sépulture de Polynice, frère d'Antigone, coupable d'avoir pris les armes contre la Cité. Mais la vierge thébaine méprise cette loi, affronte le tyran, ensevelit son frère, est condamnée à mort, bien qu'elle ait invoqué contre un délit d'un jour, les lois sûres, les lois inécrites des dieux.

On s'accorde généralement à comprendre cette révolte comme la voix de la conscience humaine, universelle et éternelle, élevée au nom d'un impératif stoïcien et kantien. C'est la protestation moderne de l'Un contre toutes les formes de la Communauté. C'est l'énonciation du droit de la Personne contre la Cité, c'est le conflit de la politique et de la morale : on va même jusqu'à dire l'hostilité de l'Âme au corps de la Société, la sédition de l'Individu contre l'Espèce. Ainsi fait-on d'Antigone une Ennemie de la loi Sociale et comme l'incarnation sublime de l'Anarchie. Je n'ose compter tous les bons humanistes et tous les hommes d'ordre qui ont adopté et recommandé cette interprétation.

C'est un contresens complet.

J'en ai toujours eu l'impression. Elle me semblait déjà claire dès ma lointaine première lecture, lorsque, voilà près de soixante-dix ans, sous la direction de mon cher Monseigneur Penon, j'essayais de déchiffrer le texte et de le comprendre, en osant même transporter un ou deux chœurs dans le pauvre bégaiement de mes rythmes français. Je viens de relire *Antigone*. Il n'y a pas de doute : l'anarchiste de la pièce n'est pas elle, c'est Créon. Créon a contre lui les dieux de la Religion, les lois fondamentales de la Cité, les sentiments de la Cité vivante. C'est l'esprit même de la pièce. C'est la

1. Allusion à la pièce de Jean Anouilh, dont la première représentation eut lieu à Paris le 4 février 1944.

leçon qui en ressort : Sophocle n'a pas voulu nous peindre seulement le sursaut de l'amour fraternel ni même, dans le personnage de Hémon, fiancé d'Antigone, celui de l'amour tout court. Ce qu'il veut montrer aussi c'est le châtiment du tyran qui a voulu s'affranchir des lois divines et *humaines*.

Antigone en a bien le sentiment. Dès le début, parlant de son dessein à sa sœur, en se prévalant de la beauté de l'acte, elle déclare refuser de manquer à la Loi souveraine que respectent les dieux. Lorsque le tyran lui reproche de préférer ce qu'elle aime à la patrie, c'est lui qui parle, c'est lui qui nous est montré prenant sa folie pour de la sagesse, et qui veut identifier son jugement particulier aux nécessités du salut public : toute la suite du drame va démontrer le contraire par la conséquence même de la mauvaise action de Créon qui détruira la Cité au lieu de la maintenir, ruinera l'Autorité et la Royauté au lieu de les sauver.

Que Polynice fût coupable d'avoir combattu contre sa patrie, rien de plus assuré. Mais il y a injustice, car démesure et disproportion entre la faute et la peine : pourquoi ? Parce que ce châtiment, la privation de sépulture, était le plus sévère, le plus violent qui pût être infligé dans la Cité thébaine. Imaginez dans la Cité chrétienne un criminel que le pouvoir temporel voudrait punir par la privation du salut éternel, par la précipitation dans l'enfer éternel… C'est ainsi que Créon a condamné le mâne[1] de Polynice à errer mille ans le long du Styx[2], faute de recevoir ces rites sacrés de la sépulture qui confèrent aussi aux survivants, à la famille antique, le droit de continuer dignement les ancêtres morts.

Créon aurait pu exercer sa puissance en outrageant le cadavre, en le couvrant d'opprobre, en multipliant contre lui les mémoriaux de l'exécration. Mais il passe son droit quand il prétend livrer la chair de son neveu coupable aux chiens et aux vautours. Il commet là un acte aussi inconstitutionnel que serait celui d'un roi de France s'avisant de désigner son successeur au détriment de son fils aîné, ou léguant sa couronne à une fille[3] ! L'usurpation du Droit ainsi commise par le Souverain est si formelle qu'elle est d'abord sentie par les craintifs vieillards du Chœur quand ils lui concèdent, mais en tremblant, la faculté de se servir de toutes les lois à sa guise envers les morts et les vivants : ils se doutent de l'illégalité monstrueuse ! Sous la menace, ils lui promettent de lui obéir, mais, disent-ils, de peur d'être mis à mort… Et quand la mauvaise nouvelle arrive, quand le garde vient dire que les rites interdits ont été mystérieusement décernés au corps de Polynice, les premiers mots du même

1. L'âme.
2. Fleuve des Enfers dans la mythologie grecque.
3. La loi de primogéniture masculine qui régissait la monarchie capétienne visait, par son arbitraire même, à empêcher les guerres successorales qui, sous les Mérovingiens et les Carolingiens, avaient ensanglanté la France.

Chœur sont pour demander au roi *si cela ne vient pas des dieux*, ainsi que les vieillards ne pouvaient s'empêcher de le penser d'abord en silence. Cela met Créon en fureur. Cet énergumène prétend qu'il est inadmissible de vouloir supposer que les dieux se soient mis en peine de Polynice. Il traite le Chœur de vieux et de fol, il l'accuse de rébellion contre son pouvoir, de jalousie, de perfidie... Ce n'est pas un Chef que fait parler Sophocle, ce n'est pas un homme d'État, c'est le tyran au sens moderne, le despote, égaré par le vertige du pouvoir. Sur quoi, le Chœur, demeuré seul, se plaint que l'homme soit sujet à toujours confondre les lois issues de frêles mains humaines avec les lois des dieux qui sont inébranlables. Il va jusqu'à conclure que le gouvernement d'un homme ainsi fait n'est pas bienfaisant pour la Ville, pour la Patrie. Ainsi ce personnage impersonnel manifeste l'esprit de l'ouvrage, et nous n'en sommes qu'au début.

Que répond Antigone au premier interrogatoire ? Que l'arrêt de Créon n'était pas légal. Il n'avait pas été promulgué par Zeus, ni enregistré par Dikè[1]. Un simple édit, même royal, n'est pas assez fort pour infirmer les principes inécrits, ces données synthétiques de l'Ordre, ces hautes traditions des Autels, des Foyers, des Tombeaux, dont nul ne connaît l'origine et auxquels la simple décision « d'un homme » ne peut se comparer. S'il la prend pour une folle, il se trompe : c'est lui qui est fou. Elle le lui dit. Ce qui l'enrage encore. Le Chœur a peur, Antigone affirme cependant devant lui que tous, ici, l'approuveraient si la crainte ne fermait les bouches devant un arbitraire puissant. Créon veut invoquer l'opinion publique de ses Thébains : « Ils voient comme moi, répond-elle, ils ne parlent que pour te plaire... »

Sophocle fait parler ses personnages selon leur caractère. Aussi Créon allègue-t-il le bien, le mal, les bons, les méchants, les amis, les ennemis. Cela ne peut toucher Antigone qui repousse de haut toutes ces excuses et plaidoiries personnelles. Survient Ismène, sa sœur ; elle revendique immédiatement une part dans l'acte dont elle reconnaît plus que la gloire : la légitimité. Elle regrette de n'avoir pas, elle aussi, honoré son frère mort. Là, le caractère tyrannique du rôle de Créon s'accuse et s'accentue encore. Le poète lui fait dire des paroles impies : d'un chef, il faut exécuter tous les ordres, *petits ou grands, justes ou non !* Après s'être déchaîné contre l'indiscipline et l'anarchie, ce possédé se retourne et s'insurge, en fait, contre la justice, qui est l'un des principes et l'une des fins de son autorité. Or cet argument de l'Autorité et de l'État n'est déjà point admis comme décisif par Sophocle, tel que Créon le fait valoir.

Prenons-y bien garde, lorsque son pauvre fils déchiré d'amour, le malheureux Hémon, veut fléchir son père, que fait-il ? Il évoque aussi l'intérêt du règne, celui de l'Autorité, de l'Ordre, de l'État. Il rapporte que toute la Cité murmure. Thèbes juge Antigone la moins coupable des femmes,

1. Déesse de la justice.

elle qui va mourir pour un acte si beau, quand on lui devrait plutôt une couronne d'or ! Voilà le cri public. Hémon demande à son père de s'en rendre compte, de ne pas s'en tenir à sa propre pensée, sa pensée isolée, ni à son sentiment *unique* (celui que la critique moderne prête à Antigone). Hémon veut que son père écoute les gens qui *pensent bien*.

« Telle est la voix du peuple entier de Thèbes, insiste Hémon.

— Alors, reprend le père, c'est le peuple qui va commander ?... »

Sur quoi, le jeune homme ose se tourner vers le Chœur et le prend à témoin que son père parle comme un enfant ! Le tyran argue de son droit sur la Cité. Le jeune homme répond qu'on ne peut pas régner sur un pays désert.

« Tu discutes ton père !

— Tu manques à la piété.

— Je maintiens mon pouvoir.

— Tu bafoues les dieux.

— Tu es asservi par une femme.

— Je ne suis pas, du moins, asservi par le Mal... »

Et, Créon accusant son fils de folie, peu s'en faut qu'il ne s'entende traiter de fou lui-même... Ce serait la seconde fois qu'il serait ainsi souffleté ! Donc, Thèbes, Hémon, Antigone pratiquent la même religion, ils suivent la même loi qui fait l'ambiance morale de la pièce, la pensée de Sophocle et de toute la Grèce. Loin de tenir à la solitude stoïque, Antigone est une légitimiste héroïque et farouche ; elle s'apparente à tous les rôles sympathiques de l'*Odyssée* et d'*Athalie*. Sophocle, Racine et Homère ont le cœur politique du même côté. C'est pourquoi, de tout temps, entre 1898 et 1944, l'Action française n'eut jamais cesse de rectifier, en ce sens, la définition d'Antigone.

*
* *

Mais Antigone marche à la mort : *Ô tombeau ! Ô lit nuptial !* Ses dernières paroles ont été pour protester qu'elle n'a violé aucune loi : « On l'accuse d'impiété, elle, la Piété même ! »

C'est alors que surgit un personnage qui, s'il restait le moindre doute sur la question, en trancherait les derniers nœuds. Figurons-nous, un quart d'heure après le supplice de Jeanne d'Arc, quelqu'un comme le Pape de Rome venant dire aux Anglais : « Oui, c'est bien cela, vous avez brûlé une sainte ! »

Le devin Tirésias[1] remplit ici ce rôle théologique : il vient affirmer à Créon, conformément au cri de la Ville, que le Ciel est contre lui,

1. Un des devins les plus fameux de la mythologie grecque.

qu'il court à de nouveaux désastres, que les augures et les présages le condamnent, lui ! Si les membres déchirés du corps sans sépulture ont soufflé leur peste sur ses autels, la faute en est au seul Créon : « Cède au mort, ne l'irrite plus, écoute une bonne parole... »

Ce qui ne manque pas de déchaîner, pour la dernière fois, les cris de fureur de Créon. Tirésias, qui fut son bon conseiller et son pontife dévoué, est traité de vendu, bravé, défié, bafoué, ce qui amène une sorte d'excommunication solennelle, dans laquelle le Pouvoir religieux fait connaître au Pouvoir civil, sorti de son cadre, tiré de son échelon, que l'expiation directe va commencer : un homme de la propre chair de Créon va périr parce qu'il a privé le mort des funérailles dues, parce que son impiété a violé les « *dieux d'en bas* » sur lesquels n'ont de pouvoir ni les hommes, ni même les dieux d'en haut : les Érinyes[1] déchaînées feront entendre des cris d'horreur et de fureur jusque dans le foyer de Créon.

Menaces effrayantes ! Elles ébranlent Créon, elles le retournent, il est trop tard. Antigone s'est tuée dans son tombeau, Hémon manque de tuer son père, et se tue lui-même. Le messager qui fait le récit conclut que pareil *manque de sagesse* est pour les hommes le pire des maux. Rien de plus exact. Contre la religion, contre les dieux, contre les lois fondamentales de la Cité et de la race et, je répète, contre son propre pouvoir, contre la mesure de la raison ou le bien de l'État, Créon est *le type accompli de l'insurrection*. Il s'accuse lui-même de son égarement, de l'isolement qu'il s'est infligé, et quand sa femme s'est immolée à son tour, il se confesse encore le seul coupable. Alors que le Chœur, désormais revenu à son mouvement spontané de la première scène, déclare le Bonheur fils de l'unique Sagesse et du Respect des dieux, tandis que l'orgueil du Moi humain est conduit à payer l'excès de ses prétentions. S'il y avait à célébrer quelque part les funérailles de quelque fameux Anarchiste couronné, je me demande quel autre thrène pourraient jouer les grandes orgues, à cette occasion.

Non, l'image courante d'Antigone est à réviser. C'est elle qui incarne les lois très concordantes de l'Homme, des Dieux, de la Cité. Qui les viole et les défie toutes ? Créon. L'anarchiste, c'est lui. Ce n'est que lui.

1. Déesses infernales, appelées « Furies » chez les Romains.

MAURRAS JOURNALISTE : *L'ACTION FRANÇAISE* (1908-1944)

LE NATIONALISME INTÉGRAL[1]

Obscurément, mais patiemment, avec la persévérance de la passion, voilà bien des années que l'Action française travaille : elle n'a jamais cessé de redire qu'elle s'adresse au Peuple français tout entier.

Elle l'a dit dans sa Revue. Elle l'a enseigné dans son Institut[2]. Elle l'a crié dans ses réunions et sur ses affiches. En tête du journal destiné à propager quotidiennement sa pensée, l'Action française a le devoir de répéter qu'elle n'a jamais fait appel à un parti. Vous sentez-vous Français ? Traitons des affaires de France au point de vue des seuls intérêts du pays. Voilà le seul langage que nous ayons tenu. Ce sera notre langage de tous les jours. Il ne s'agit pas de mettre en avant nos préférences personnelles, nos goûts ou nos dégoûts, nos penchants ou nos volontés. Nous prenons ce qu'il y a de commun entre nous – la patrie, la race historique[3] – et nous demandons au lecteur de se placer au même point de vue fraternel.

Ni les rangs sociaux, ni la nuance politique ne nous importent. La vérité se doit d'avancer dans tous les milieux. Nous savons qu'il y a partout du patriotisme et que la raison peut se faire entendre partout. Quelles que soient les différences des mœurs ou des idées, il existe des principes supérieurs et des communautés de sentiment plus profondes : là disparaît l'idée de la lutte des classes ou de la lutte des partis. Toutes nos conclusions politiques dérivent de ce principe fondamental : *il faut que notre France vive*, et de cette question posée non point par nous mais par les circonstances : *comment la préserver de toutes ces forces de mort ?*

---

1. *L'Action française*, n° 1, 21 mars 1908. Article cosigné par Henri Vaugeois, Léon Daudet, Charles Maurras, Léon de Montesquiou, Lucien Moreau, Jacques Bainville, Louis Dimier, Bernard de Vesins, Robert de Boisfleury, Paul Robain, Frédéric Delebecque, Maurice Pujo.
2. Fondée en 1898, l'Action française se dota d'une revue en 1899 et d'un institut de formation en 1906.
3. Par opposition à l'acception biologique du mot, que récuse Maurras.

Assurément, comme nos camarades de la presse nationaliste et conservatrice, nous mènerons de notre mieux la guerre à l'anarchie. Si tout patriote français nous est ami, si toute idée sérieuse nous paraît digne d'examen et de discussion, nous ne ferons aucun quartier aux idées, aux hommes, aux partis qui conspirent contre l'intérêt du pays. Vive l'unité nationale ! Périssent donc tous les éléments diviseurs ! Nous n'épargnerons ni cette anarchie parlementaire qui annule le pouvoir en le divisant, ni l'anarchie économique dont l'ouvrier français est la plus cruelle victime, ni l'anarchie bourgeoise qui se dit libérale et qui cause plus de malheurs que les bombes des libertaires.

Nous combattrons, comme nous le fîmes toujours, cette anarchie cosmopolite qui remet à des étrangers de naissance ou de cœur le gouvernement de la France, l'anarchie universitaire qui confie l'éducation des jeunes français à des maîtres barbares, les uns juifs, d'autres protestants, lesquels, avant d'enseigner parmi nous, devraient eux-mêmes se polir au contact de la civilisation, de l'esprit et du goût de la France. Nous montrerons dans la clarté qui suffit à leur faire honte les plaies d'anarchie domestique, tuant l'autorité des pères ou l'union des époux, et, la pire de toutes, l'anarchie religieuse acharnée à dissoudre l'organisation catholique ou tentant de refaire contre l'Église une unité morale en la fondant sur des Nuées[1].

Allons au fond du vrai : parce que, au fond, ce qui nous divise le plus est le régime républicain[2] et parce que cet élément diviseur par excellence est aussi celui qui organise, qui règle et qui éternise l'exploitation du pays qu'il a divisé, l'Action française appelle tous les bons citoyens contre la République.

Mais, dit-on, quelques-uns croient encore à la République. — Possible : ils se font rares. Ces derniers croyants perdront vite leur foi dès qu'ils nous auront accordé quelques minutes de l'attention et de la réflexion qu'un électeur doit accorder à la chose publique. Sans y passer huit heures par jour, comme Louis XIV, tout Français intelligent comprendra bien que ce qu'il y a de mieux à faire est de donner sa démission de souverain et de se décharger des besognes d'État sur quelqu'un de plus apte et de plus compétent. L'évidence lui fera dire, comme à l'un des plus grands amis de l'Action française : « Quand je songe que j'ai été républicain, je me battrais. »

Ce regret si noble est d'un ancien radical qui lutta contre le Second Empire et la politique du maréchal[3]. Et nous pourrons citer des regrets du même ordre émanant d'anciens libéraux, ou d'anciens collectivistes, ou d'anciens démocrates plébiscitaires. Ne les appelez pas convertis de l'Action française : ils sont des convertis du bon sens français. Nos vérités

---

1. Allusion à la philosophie de Kant, dont se réclamait la IIIe République.

2. Retournement de la formule de Thiers, « La république est le gouvernement qui nous divise le moins. »

3. Le maréchal de Mac-Mahon, premier président de la IIIe République, qu'il espérait remplacer par une monarchie.

politiques ne sont tirées d'aucun fonds d'imagination qui nous soit personnel. Elles vivent dans l'âme de nos auditeurs et de nos lecteurs. La seule chose dont on puisse se prévaloir ici, c'est d'avoir obligé le lecteur patriote à découvrir au fond de ses propres pensées et de ses propres sentiments élevés au maximum de la conscience lucide... Quoi donc ? *La nécessité d'un recours au Roi.*

Qui veut bien quelque chose en veut la condition. La condition de ce qu'on veut quand on réclame le respect de la religion, ou la paix sociale, ou la restitution de la France aux Français, cette condition préalable, c'est le Roi. Pas de Roi, pas de puissance nationale, pas de garantie pour l'indépendance de la nation. Pas de Roi, pas d'anti-maçonnisme efficace, pas de résistance à l'étranger de l'intérieur, pas de réformes bien conduites ni sérieusement appliquées.

C'est en cela précisément que réside le *nationalisme intégral.* Il met en ordre les problèmes français, il permet de les comprendre, et ce qu'ils peuvent offrir de contradictoire sans lui s'accorde en lui parfaitement ; par exemple, un Pouvoir central très fort et des Villes, des Provinces, des Corporations entièrement libres, au lieu de se détruire comme en République, se prêtent un appui réciproque et se consolident par l'opération de la monarchie[1].

C'est un fait ; nous le ferons voir. Mais c'est un autre fait que beaucoup de gens en sont frappés. C'est un troisième fait que, en tout temps, nos Princes, du fond de leur exil, ont senti cet accord et l'ont inscrit dans leur programme, qui n'a pas été fait pour les besoins de nos polémiques de 1908. Nos querelles du mois courant seraient réglées par l'application d'un principe posé, posé voici dix, vingt ou quarante ans, dans une lettre du comte de Chambord, du comte de Paris ou de Monseigneur le duc d'Orléans[2].

Les Français à qui cette évidence deviendra claire feront honneur à la vivacité d'esprit de leur race. Ensemble, diront-ils, nous avons fait une sottise noire en nous séparant de nos Rois : puisque rien de sérieux ne saurait se faire sans eux, le plus simple est de nous dépêcher de les rappeler, et avec eux, de nous remettre le plus tôt possible au travail.

À ce langage de bon sens, on n'objecte que la prudence des timides, ceux qui tremblent que la monarchie ne signifie « pour le public » le gouvernement des nobles et des curés (simple sottise de primaires), ou ceux qui (moins ignorants et plus impudents) savent combien ce préjugé est faux, mais qui en craignent la puissance. Nous ne craignons, pour notre part, aucune puissance d'erreur. Notre devoir est de les réduire l'une après l'autre en leur opposant l'évidence. Mais une évidence militera, dès l'abord, en notre faveur : c'est le recrutement du personnel de l'Action française.

---

1. Voir les écrits fédéralistes de Maurras repris dans le présent volume.

2. Soit le petit-fils de Charles X, le petit-fils de Louis-Philippe et son arrière-petit-fils, tous trois prétendants au trône de France.

Ceux que le *nationalisme intégral* rallia nous sont venus de toutes les classes et de tous les mondes. Ces hommes qui, depuis des années, travaillent, *sans un désaccord*, à la même œuvre de reconstitution nationale, sont le produit d'éducations et de milieux aussi différents que les Jésuites et le Lycée, l'École polytechnique et la Sorbonne, le barreau et l'armée, l'*Union pour l'Action morale* et *La Gazette de France*[1]. On pourrait dire qu'ils ne s'accordent sur rien, hors de la politique, et que, en politique, ils s'accordent sur tout. Car non seulement leur politique économique ou militaire, mais leur politique morale, leur politique religieuse est une. On a remarqué, dans leurs rangs, des hommes étrangers à la foi du catholicisme[2]. On n'en signale pas un seul qui n'ait mille fois déclaré que la politique religieuse de notre France est nécessairement catholique et que le catholicisme français ne peut être soumis à un régime d'égalité banale, mais y doit être hautement et respectueusement privilégié[3]. De sorte que l'accord intellectuel et moral déterminé par le nationalisme intégral de l'Action française peut être envisagé tout à la fois comme le dernier mot de la tolérance et comme le triomphe du Syllabus[4].

Et ces deux aspects ne sont pas contradictoires. Nous apportons à la France la Monarchie. La Monarchie est la condition de la paix publique. La Monarchie est la condition de toute renaissance de la tradition et de l'unité dans notre pays. C'est pour l'amour de cette unité, de cet ordre, que commence aujourd'hui notre guerre quotidienne au principe de la division et du mal, au principe du trouble et du déchirement, au principe républicain.

À bas la République ! et, pour que vive la France, vive le Roi !

LES VAISSEAUX DU ROI[5]

Quelques officiers de marine ayant placé leur espérance dans un appel à l'opinion, nous n'avons pas cessé de leur dire qu'ils se trompaient. Le débat de mardi aurait pu tourner autrement, le ministère être renversé, un nouveau cabinet arriver aux affaires, cela n'eût rien changé au fond de la question. Notre marine est ce qu'elle doit être : eu égard aux institutions, elle ne peut être autrement. Si l'on veut qu'elle change, il faut changer ces institutions.

1. Fondée en 1893, l'Union pour l'Action morale était républicaine alors que *La Gazette de France* était monarchiste.
2. À commencer par Maurras lui-même.
3. L'idée sous-jacente est que la monarchie qui a fait la France tirait sa légitimité du catholicisme, qui a façonné l'identité française sur tous les plans (religieux mais aussi intellectuel, esthétique, politique, etc.).
4. Recueil de propositions philosophiques, théologiques et politiques condamnées par le pape Pie IX en 1864. Sont notamment condamnés le libéralisme et le socialisme.
5. *L'Action française*, jeudi 10 décembre 1908.

PREMIERE ANNEE. — N° 205. | LE NUMÉRO QUOTIDIEN : *Cinq Centimes* | JEUDI 10 DECEMBRE 1908.

L'ACTION FRANÇAISE

ORGANE DU NATIONALISME INTÉGRAL

Tout ce qui est national est nôtre.
LE DUC D'ORLÉANS.

RÉDACTION — 3, Chaussée d'Antin, 3 — 10, Rue du Croissant, 10

HENRI VAUGEOIS, Directeur politique
LÉON DAUDET, Directeur Rédacteur en Chef

ADMINISTRATION

L'INSULTEUR DE JEANNE D'ARC

LA SORBONNE ENVAHIE

LES Vaisseaux du Roi

CHARLES MAURRAS.

DERNIÈRE HEURE

ÉCHOS

LA POLITIQUE

Grande Réunion patriotique

ORGANISÉE PAR L'« ACTION FRANÇAISE »

A LA MÉMOIRE DE GABRIEL SYVETON

LES CRIMES DE LA RÉPUBLIQUE

L'insulteur de Jeanne d'Arc

LA SORBONNE ENVAHIE

Ce qu'elle est aujourd'hui a été précisé de toute part. Le public s'est ému d'apprendre que nos vaisseaux n'ont pas pour trois heures de feu. Eh ! cette pénurie de munitions ne serait rien du tout, s'il n'y avait pénurie de tout le reste. Sachez, nous a dit un grand organe républicain, sachez que si l'escadre américaine venait mettre le siège devant Toulon, « Toulon, qui est notre plus grand arsenal, le plus grand réservoir du matériel de la France, qui renferme tous nos cuirassés », Toulon, « avec l'escadre de la Méditerranée, ne pourrait mettre en ligne autant de cuirassés que cette escadre ! » Et « les vaisseaux qui sortiraient de l'arsenal ne seraient ni aussi grands ni aussi puissamment armés que leurs adversaires ; ils seraient beaucoup moins modernes ». Ce n'est pas nous, énergumènes du nationalisme intégral, théoriciens et praticiens d'une opposition implacable, ce n'est pas nous qui parlons ainsi. Ces terribles nouvelles ont paru dans le plus grave et le plus pondéré de tous les journaux qui reçoivent les confidences du gouvernement. Et, poursuit-il, vous croyez peut-être que nous ne manquons que de navires ? « Il nous manque aussi des canons. » L'un des quatre gros canons placés sur un cuirassé s'étant fêlé l'autre jour, c'est d'ici un mois seulement que l'on sera en état de le remplacer. Encore est-ce un heureux hasard : si un pareil accident se renouvelait, la rechange serait impossible. « Pas de bateaux, pas de canons, pas de munitions. » Notre marine française tenait jadis le second rang en Europe. Sa puissance égalait la somme des forces des deux États qui venaient immédiatement après nous. Cette supériorité a été perdue. Peu à peu nous sommes descendus au troisième rang, puis au quatrième, et nous menaçons d'être « surpassés par la flotte japonaise ». Ainsi parle le journal de M. Adrien Hébrard, sénateur, un des fondateurs de la République. Avant de demander aux lecteurs de conclure, nous avons tenu à placer sous leurs yeux des faits supérieurs à toute discussion.

Seulement, rendons-nous bien compte que ces faits ne sont pas nouveaux. Remontons de ministère en ministère. Si le nom de Thomson demeure attaché à une série de catastrophes fameuses, son prédécesseur Pelletan gardera le surnom de « péril national » que lui conféra son collègue Doumer. Le prédécesseur de Pelletan fut M. de Lanessan, qui introduisit l'indiscipline dans les arsenaux et l'incoordination dans les services du ministère. M. Lockroy laisse le souvenir d'un effort, mais qui était commandé par les circonstances : c'était le moment de Fashoda, on venait de courir les risques d'une guerre avec l'Angleterre, guerre rêvée depuis deux ou trois ans par nos diplomates, escomptée, préparée par nos coloniaux, mais dont on avait oublié d'avertir la Marine[1] ! « Nos équipages sauront mourir », avait déclaré peu auparavant un amiral-ministre au Sénat. Ce n'est pas pour mourir, c'est pour tuer que les peuples raisonnables lèvent leurs armées de terre et de mer. Ballottée entre les Chambres et les bureaux la marine

1. Voir *Kiel et Tanger* dans le présent volume.

républicaine a toujours marché ou vogué vers la boucherie. Rouvrons le plus célèbre des rapports sur la marine, celui que fit, en 1878, un brillant centre-gauche qu'il me plaît de ne pas désigner par son nom[1] : vous y trouverez en substance ou en germe tout ce dont se plaignent aujourd'hui journalistes et amiraux. L'idée démocratique y prenait sa revanche de notre relèvement militaire. Elle disait à la marine : — Tu paieras pour l'armée de terre. Tu seras la sacrifiée.

La démocratie doit professer sur toute question de marine un parti pris essentiel et, par conséquent, éternel. Quand les affaires de l'État sont livrées à la décision du plus grand nombre, il peut se produire de tels événements que la nécessité d'une armée de terre s'impose directement à l'instinct de la conservation : chacun des électeurs-rois consent à sacrifier ce qu'il faut pour défendre le territoire des incursions de l'ennemi. Mais, comme une surface quelconque est nécessairement exprimée par un nombre supérieur au chiffre qui représente son périmètre, ainsi tout territoire un peu considérable doit compter pour une faible minorité les habitants de ses littoraux. Les citoyens intéressés aux risques et profits de la mer sont toujours noyés dans la masse compacte à laquelle l'éloignement des côtes procure l'ignorance et la sécurité dont les foules se contentent très bien. Il y a là une proportion immuable : si l'on compte les têtes, au lieu de peser les avis, les intérêts maritimes sont trahis nécessairement. Cela resterait vrai de pays entourés d'eau comme la Grande-Bretagne, à plus forte raison chez un peuple comme le nôtre, admirablement placé sur la mer, nullement réduit à en vivre.

Ce raisonnement paraît-il d'une simplicité trop brutale ? Et dira-t-on que le Nombre peut réfléchir ou que les événements de l'histoire ne sont pas figurés par le rapport « pi » ou que ces rapports d'arpentage sont une pure fantaisie ? Eh bien ! quittons la géométrie pour l'histoire. L'histoire des démocraties ne nous montre pas *un seul* cas d'une longue réussite à la mer. Les démocraties pêchent, cabotent, long-courent, mais toujours de façon pauvre et humble. Ce sont les monarchies et les aristocraties qui ont fondé tous les empires maritimes. Là et là seulement purent être mis en œuvre les avantages naturels de certaines situations. À première vue, des villes comme Gênes ou Carthage, prises entre la montagne, le désert et la mer, ou prisonnières de la mer comme l'est Venise, auraient dû se développer d'elles-mêmes du côté de la mer. Pas du tout. À Venise comme à Gênes, comme à Carthage, l'empire maritime est fondé par des sénats héréditaires, vraies dynasties administrées et gouvernées collectivement. C'est faute d'une aristocratie cohérente que l'empire maritime d'Athènes connut tant de vicissitudes et dura peu[2]. Les États-Unis d'Amérique n'ont

1. Il s'agit d'Étienne Lamy.

2. Athènes, démocratie radicale, perdit la guerre du Péloponnèse face à Sparte, au régime à la fois monarchique et oligarchique.

conçu leur force navale que du jour où s'est constituée l'oligarchie ploutocratique dont Roosevelt et M. Taft restent les fondés de pouvoir[1]. Le pays chez lequel la nécessité d'une force maritime est le plus apparent, confirme deux fois notre vue, car l'Angleterre est à la fois une aristocratie et une monarchie. Chez nous, c'est seulement de rois, de fils de roi, de ministres de roi, François Ier, Louis XIII et Richelieu, Louis XIV et Colbert, Louis XVI, Charles X, le prince de Joinville que provinrent tous nos sérieux succès sur la mer. En revanche, la première République anéantit nos forces navales, quand elles venaient de balancer l'Angleterre[2], et l'on vient de voir les dégâts de la troisième République, au moment où Guillaume II, par un exemple qui sera classique un jour, tirait du néant un matériel et un personnel maritimes dont on n'avait même pas l'idée, il y a trente ans[3] !

Chez nous, une marine forte est chose royale. On disait : les vaisseaux du roi. Tant qu'ils se leurreront d'espérance républicaine, nos marins lutteront contre la nature des choses, moins facile à surmonter que les océans. Cette nature, elle est royaliste, en pays français. Hors de la royauté, le peuple le plus spirituel de la terre est sujet à ne commettre qu'incohérences ; le plus fier, à abdiquer toute liberté. Ne nous a-t-on pas vus fonder un empire colonial sans nous être munis d'une forte marine ? Et, pour conserver nos sujets jaunes ou noirs, ne sommes-nous pas devenus les sujets du roi d'Angleterre ?

APRÈS VINGT ANS : PAIX OU GUERRE[4]

Nous nous sommes inclinés hier[5] devant la dépouille sanglante de M. Jean Jaurès, et nous avons immédiatement exprimé la réprobation que nous inspirait cet attentat deux fois criminel, puisqu'il est stupide. L'incomparable honneur qui vient d'être accordé à M. Jean Jaurès de tomber en signe de sa foi et de sa doctrine affranchit sa personne des jugements d'ordre moral sur sa politique et sur son action. Seules, ses idées restent exposées au débat qui ne peut mourir.

1. On trouve une analyse similaire dans les écrits de l'amiral américain Mahan.
2. C'est-à-dire de rétablir l'équilibre moral face à l'Angleterre : allusion aux succès français dans la guerre d'Indépendance américaine.
3. De fait, c'est l'Allemagne qui avait ravi à la France le deuxième rang naval mondial.
4. *L'Action française*, 2 août 1914.
5. Dès le soir de l'assassinat de Jaurès [le 31 juillet 1914] et dans son numéro du 1er août *L'Action française* avait énergiquement démenti les bruits qui attribuaient à un camelot du roi un attentat contraire à l'esprit et à la lettre des instructions données à nos amis. En raison de la crise extérieure, ils avaient été avertis d'avoir à éviter toute tentative de représailles même envers M. Caillaux, dont le procès venait de finir. « Nous nous inclinons devant la mort », ajoutait la note de *L'Action française* [note de 1916].

L'importante atténuation que les événements l'avaient contraint d'apporter à sa longue espérance d'une paix estimée éternelle et fatale[1], se charge de répondre, répond seule, mais sans réplique, à la grande question sur laquelle se jugent les intelligences humaines : — Eut-il tort ? ou eut-il raison ?

Depuis une vingtaine d'années, non seulement la France, mais le parti socialiste et démocratique français se trouvait au carrefour d'Hercule[2], entre le maximum et le minimum de l'effort national. Ma jeunesse a connu des socialistes presque chauvins. Il en était même d'antisémites[3], dont quelques-uns se retrouvèrent à l'affaire Dreyfus, contre Dreyfus ou bien sur un terrain de stricte neutralité. L'hypothèse d'un socialisme nationaliste n'était pas plus improbable qu'une autre vers l'année 1894. Le nationalisme sous-entend une idée de protection du travail et des travailleurs, et l'on peut même, au moyen de ces calembours qui sont fréquents en politique, y faire entrer l'idée de nationaliser le sol, le sous-sol, les moyens de production. Sans calembour, un sentiment national plus intense, avivé par une administration plus sérieuse des intérêts nationaux, en tant que tels, pouvait introduire dans l'esprit de nos lois un compte rationnel des fortes plus-values que la société ajoute à l'initiative et à l'effort des particuliers, membres de la nation. Cette espèce de socialisme nationaliste était viable à condition d'en vouloir aussi les moyens, dont le principal eût dépendu d'un gouvernement fortement charpenté. Si l'État doit être solide pour faire face à l'Étranger, il doit l'être bien davantage pour résister à cette insaisissable étrangère, la Finance, à ce pouvoir cosmopolite, le Capital !

Il fallait aussi renoncer à une bonne moitié de l'idée démocratique et convenir que le membre de la nation n'est pas le premier individu venu, qu'il est autre chose encore qu'un homme, à savoir un Français, né d'une famille française et que cette famille aurait comme lui-même des intérêts, des mœurs, des traditions, des droits particuliers. Auprès et au-dessous de lui, soumis à un droit particulier lui aussi, pouvaient exister des métèques, associés, sujets, hôtes, amis, mais non participants de notre communauté. Cette communauté tutélaire devait avoir les moyens d'être respectée si on lui donnait la charge de protéger. Ce respect était dû plus rigoureusement à l'armée dont les juridictions et l'autorité résument tant de responsabilités délicates, graves, vitales ! Le « communisme scientifique » ne répugnait aucunement, si on le prenait en lui-même, à cette discipline. Il y poussait

1. Allusion à l'intérêt croissant de Jaurès pour les questions de Défense dans les années 1910.

2. La tradition rapporte que le héros grec avait dû choisir dès sa jeunesse entre la voie de la Volupté et celle de la Vertu.

3. De fait, les milieux socialistes et anarchistes du XIXe siècle ont joué un rôle central dans la naissance de l'antisémitisme moderne, dont ils faisaient un corollaire de leur anticapitalisme.

même un peu. On l'accusait de préparer un avenir en forme de caserne. Eh ! bien, sur la caserne, il était naturel d'arborer le drapeau. À *La Cocarde* de Barrès, j'ai connu, il y a vingt ans, de ces socialistes *d'abord français*, particulièrement communs en Lorraine, et non sans de fortes raisons[1].

Raisons fortes qui pouvaient se réduire à une seule : la possibilité de la guerre. Mais ces raisons perdaient leur force, elles tombaient à plat si la guerre était impossible, si les progrès de la science, si le tribunal de La Haye[2], qui devait être établi en 1900, si l'unification socialiste qui devait se réaliser en 1904[3] nous assuraient une ère de paix européenne et planétaire. Sous une influence métaphysique « trop allemande[4] », M. Jean Jaurès et ses amis embrassèrent cette hypothèse pacifiste. Ils adoptèrent tout ce que l'autre excluait : le parlementarisme, le jeu des partis, le gouvernement sans chef personnel et sans durée ni tradition. Marcel Sembat l'a dit de la façon la plus explicite : les actes républicains et démocratiques des Français ont toujours sous-entendu qu'ils n'envisageaient pas l'hypothèse guerrière ; devant un avenir guerrier, il eût fallu s'unir au lieu de se quereller et donner à l'union pour vivant emblème, le Roi[5]. M. Jaurès et ses amis se montraient donc fidèles à la tradition républicaine ; à peine s'ils se distinguèrent, en en prenant une conscience absolue, en jouant tout, absolument tout, sur cette carte de la paix future, sur l'absurdité qu'ils prêtaient un peu gratuitement à nos retours au Moyen Âge, comme disaient, il y a quinze ans, ceux qui nous traitaient d'esprits attardés et visionnaires du passé.

Visionnaires, nous ! C'était eux qui nous le disaient ! Et, comme, au contraire, la nécessité d'être forts, en tant que nation, s'imposait de plus en plus à nos esprits ou plutôt à nos yeux et à tous nos sens, par son évidence grossière, nous recherchions avec une anxiété profonde les conditions et les moyens de la force de la patrie. Cette recherche nous avait aiguillés tout droit à la nécessité de l'action royaliste. On lit dans une page de l'introduction à l'*Enquête sur la monarchie*[6] :

« *Cela est très sensé*, me disait un socialiste à qui je communiquais nos premiers travaux, *seulement vous raisonnez comme s'il ne devait pas se produire de transformations*... »

---

1. Le patriotisme des Lorrains avait en effet été avivé par l'annexion de leur province à l'Allemagne.

2. Cour permanente d'arbitrage international.

3. Allusion à la naissance de la Section française de l'Internationale ouvrière.

4. Jaurès avait consacré sa thèse de philosophie aux origines du socialisme allemand chez Luther, Kant, Fichte et Hegel. Quant à l'expression « trop allemande », elle aurait été employée vers 1300 par Philippe le Bel pour dénoncer l'ambition expansionniste de l'Empire germanique.

5. Allusion au livre de Marcel Sembat *Faites un roi, sinon faites la paix*.

6. Enquête faite par Maurras en 1900.

Eux, raisonnaient comme si les transformations devaient se produire dans le sens de la pacification graduelle, caractérisée par un état de consommation pure, renouvelée de l'abondance et de l'oisiveté de l'âge d'or.

Évolutionnistes de formation[1], concevant l'avenir suivant un développement unilinéaire, à la manière de M. Léon Bourgeois[2], ce fut pour eux un simple jeu d'écriture ou de langage que de prouver par *a* plus *b* de combien de façons nous marchions, nous courions au régime de la société des nations, les idées nationales, les faits nationaux devant se décomposer avant même qu'une génération d'hommes eût vécu !

Nous soutenions la thèse contraire, nous montrions que, partout, grandes, petites, avancées, arriérées, les nationalités contemporaines frémissaient, se tendaient vers l'indépendance, vers l'influence ou, pour les plus fortes, vers la domination. Nous attestions toutes les couleurs de la carte[3]. Nous invoquions tous les récits des observateurs attentifs. Nous priions le public de se rendre compte de l'énorme pression exercée devant nous, sur nous, à Paris, par toutes les races de l'univers. Était-ce le moment de permettre à notre nationalité de fléchir ? Nous était-il permis de la laisser s'affaiblir quand tout conspirait, près de nous, et par conséquent contre nous, à se fortifier ?

« Cela nous est permis, répondait-on. Cela nous est même prescrit. Oui, c'est bien le moment ! Nous devons cheminer à la tête de tous les peuples, auxquels, comme en 1848, il nous faut déclarer la paix[4]. »

Voilà l'erreur qui a plus ou moins dominé depuis vingt ans la politique française. Elle l'a menée absolument pendant les quatorze ans qui s'étendirent entre Fachoda (1898) et Agadir (1911)[5]. Si cette erreur ne l'eût pas emporté, l'État-major général de l'armée française, ni le service de renseignements n'auraient eu à subir les affronts, les persécutions et les ruines qu'on leur infligea ; on n'eût pas offensé de parti-pris les arrêts de la juridiction militaire ; on n'eût pas infligé aux armées de terre et de mer l'humiliante direction des André-Picquart-Pelletan[6] ; on ne se fût pas privé, au dehors, de la magnifique influence européenne représentée par notre ambassade du Vatican[7], on ne se fût pas lancé dans ces vexations religieuses ni dans ces luttes de classe qui, pour être caractéristiques du régime démocratique et républicain, d'après Marcel Sembat, n'en détruisent pas moins les ressources

1. Allusion à l'influence des thèses de Lamarck et Darwin sur les idéologies progressistes.
2. Homme politique radical, pacifiste.
3. Les couleurs signalent les différents pays sur les cartes politiques.
4. Allusion aux idéaux de la révolution de 1848.
5. Voir *Kiel et Tanger* dans la présente édition.
6. Le général André se signala par le fichage des officiers ; le colonel Picquart démontra l'injustice dont fut victime Dreyfus ; Pelletan mena une politique désastreuse au ministère de la Marine.
7. La politique anticléricale de la IIIe république amena la rupture des relations diplomatiques entre la France et le Saint-Siège de 1904 à 1921.

intérieures d'un État qui doit manœuvrer au dehors. C'est parce que le souci extérieur n'existait point que l'on a pu persévérer dans ce régime démolisseur. Depuis 1911, on n'y a persisté que par habitude, et faux point d'honneur, nécessité de manœuvres parlementaires ou électorales : le cœur n'y était plus. Mais que de fois magistrats ou chefs responsables parurent murmurer des sommets du pouvoir : « Si nous avions su ! et si nous avions mieux prévu ! »

Il eût été possible de prévoir comme de savoir. L'histoire mieux interrogée aurait dû prévenir M. Jaurès et les socialistes qui le subissaient tous qu'ils tournaient le dos à leur siècle. L'évolution, comme ils disent, ne va pas à l'unité, mais bien à la diversité. Nous sommes moins près des États-Unis d'Europe, Bainville vous l'a souvent dit, qu'aux temps des Vergennes et des Choiseul[1], qui en étaient moins près qu'Henri IV, au moment du projet de paix perpétuelle, dont le simple rêve était de beaucoup inférieur à cette Unité du monde chrétien que le Moyen Âge a réalisée. Cette diversification croissante emporte des risques de guerre croissants. Ceux qui ne font que les découvrir d'aujourd'hui ont bien mal lu les avertissements que leur donnaient, dès 1897, la première guerre des Balkans, puis la guerre de l'Espagne et de l'Amérique, la guerre du Transvaal, la guerre de Chine, la guerre russo-japonaise et ce coup de Tanger que nul ne comprit, semble-t-il, si l'on s'en rapporte à l'histoire du parti socialiste et même de tout le parti républicain !... Il fallut l'envoi du *Panther* pour rouvrir enfin l'entendement d'une moitié environ du monde officiel[2]. L'autre moitié fut irréductible jusqu'à ces derniers jours : ni la guerre de Libye, ni les deux dernières guerres balkaniques, animées d'un nationalisme si décisif, ne réussirent à convaincre un pacifisme invétéré. Les concessions faites à l'évidence l'ont été, pour ainsi dire, sous la pression aiguë de ces dernières heures, Guillaume II avait contraint nos modérés à la loi de trois ans[3] : ce même Guillaume a acculé les jaurésiens à la sensation de la patrie en danger.

Il y avait même un vif contraste entre l'étendue des brutalités germaniques et la modicité des concessions de M. Jean Jaurès. Ce qu'il accordait était, je dois le dire, infiniment moins sensible que ce qu'il réservait encore. Plusieurs lui surent gré de son adhésion partielle à la vérité, mais l'immense majorité continuait de mesurer avec épouvante la gravité immense de son erreur. Sa mort tragique en de tels jours prend donc figure de symbole.

Avec Jaurès, s'évanouit l'ancienne façon, humanitaire, révolutionnaire, romantique, de rêver les rapports du présent et de l'avenir. L'homme meurt dans la défaite de son rêve. On dirait même qu'il en est mort. C'est la grande pitié de sa brusque agonie. La balle indigne et sotte tirée contre lui par

1. Ministres de Louis XVI et Louis XV respectivement.
2. L'arrivée devant Agadir de la canonnière allemande *Panther* (1911) déclencha une seconde crise franco-allemande après celle de Tanger (1903).
3. Le service militaire passa de deux à trois ans en 1913.

un fou[1] était pourtant d'un fou que menait l'accumulation des passions du moment, des épreuves de la veille, des aventures politiques suivies depuis vingt ans par Jaurès et par l'importante fraction du pays qui le suivait.

Et si, comme on le dit, le jeune assassin a passé par le Sillon[2], s'il a été bercé là-bas par la chanson non moins pacifiste et non moins humanitaire d'un autre Jaurès[3], il n'est pas impossible que ce coup de folie tire en partie son origine d'un coup de déception et que son acte de désespoir criminel soit né des désillusions radicales d'un esprit mal équilibré.

Villain eût été contenu en d'autres temps par la crainte de la vindicte publique : la situation révolutionnaire, la guerre privée, rendue possible par le scandaleux acquittement de l'assassin de Gaston Calmette[4], venait d'emporter ce frein social salutaire. Que pouvait-il rester en ce point, le plus faible de la société humaine, dans le tendre et farouche cerveau d'un agité dément ? Il y restait le vent qui passe, le souffle des angoisses et des soucis du jour. Je n'explique, ni je n'excuse. Je constate. Au degré le plus bas de l'échelle de l'être, à ce point d'intersection du crime et de la folie, dans ce domaine de l'irréflexion et de l'inconstance sinistres, la nature des choses françaises contemporaines est venue porter un témoignage, aussi douloureux que certain, de la profondeur de l'évolution nationaliste telle qu'elle était annoncée par la sagesse, par le patriotisme et par la raison depuis un laps de plus de vingt ans !

DEVANT L'ENNEMI[5]

Notre lien le plus fort est celui de la France, notre intérêt le plus pressant est de rester Français. Les circonstances qui rappellent aujourd'hui la vérité longtemps méconnue concourent à faire oublier cette longue méconnaissance, car jamais l'amitié nationale ne s'est exprimée dans Paris par des signes plus beaux. Dans la journée d'hier, parmi les cortèges qui sillonnaient toutes les avenues, promenant les drapeaux, chantant la résolution et l'enthousiasme, je n'ai pas aperçu un signe d'égarement ni d'absence et, ceux qui ont l'habitude des foules pardonneront ce trait direct, je n'y ai pas vu un ivrogne. Les visages des jeunes hommes respirent une volonté grave et forte, et les jeunes femmes qui leur disent adieu, dans l'extrême frivolité du vêtement d'aujourd'hui qui les fait ressembler à de grandes

1. C'était le bruit qui courait alors [note de 1916].

2. Raoul Villain avait effectivement fréquenté ce mouvement démocrate-chrétien honni par Maurras.

3. Marc Sangnier, fondateur du Sillon.

4. Calmette, directeur du *Figaro*, fut assassiné en mars 1914 par l'épouse de Caillaux, alors ministre des Finances, qui lui reprochait de faire campagne contre son mari.

5. *L'Action française*, 3 août 1914.

petites filles, n'en incarnent que mieux, droites, fières, sans un sanglot, les formes idéales de la Vaillance et de la Foi.

Les Français se réconcilient, l'esprit français reprend conscience de ses devoirs. Nous ne signerions pas toutes les syllabes de la lettre de M. Gustave Hervé[1] qu'on trouvera plus loin. Nous ne sommes pas sûrs de tout ce qu'il affirme. Mais l'accessoire est l'accessoire, et l'essentiel ici, c'est le cri final décisif de « Vive la France tout court ». C'est aussi notre cri, et nous le reprenons d'autant plus volontiers qu'il emporte la preuve d'une des idées qui nous ont toujours été les plus chères ; ce n'est pas, disions-nous, le cœur de la France qui est entamé, la tête seule est malade. Cette tête guérit par la force médicatrice de la réalité.

Puisse le souvenir des anciennes erreurs de M. Hervé le délivrer de celles qu'il commet encore aujourd'hui. Si la réaction de sa raison peut être complète, qu'elle le soit donc au plus tôt !

Désireux, pour notre part, de faire en ce moment tout effort capable de coopérer à la paix civique, nous suspendons, à dater d'aujourd'hui, le témoignage quotidien du crime commis contre les lois et contre la patrie par le plus haut tribunal de la République[2]. Nous nous proposons même de nous abstenir d'y faire aucune allusion. Hier, il fallait montrer les causes vives qui risquaient de nous affaiblir devant l'ennemi. Aujourd'hui, l'ennemi est là. Ne pensons qu'à le vaincre.

La même raison nous fait un devoir de demander à la population de Paris le plus grand calme devant les officines d'espionnage et de trahison. Les unes sont désertes, les autres peut-être habitées encore par des gardiens inoffensifs ou que l'ouverture des hostilités a réduits à l'impossibilité de nuire. Saisie depuis longtemps par les dénonciations du grand livre de Daudet[3], l'autorité civile a passé la main à l'autorité militaire. C'est celle-ci que la surveillance de l'espionnage concerne. Il est inutile et périlleux d'y mêler les rumeurs d'une multitude irresponsable et d'ailleurs forcément mêlée. Les bons citoyens s'abstiendront de ces mouvements ; pour ceux qui font partie de nos organisations, ils ont reçu l'ordre formel de s'abstenir de ces tumultes et de recommander le calme, conformément à leur mission de « gendarmes supplémentaires », telle que l'a formulée mille fois Maurice Pujo. La gravité des circonstances ajoute au sérieux de nos recommandations.

C'est dans un vif sentiment de haute et courtoise amitié qu'il faut saluer les manifestations des étrangers, nos hôtes, qui veulent rester nos amis. Beaucoup même voudraient nous défendre à main armée. Il ne dépend

1. Socialiste violemment antimilitariste devenu nationaliste en 1914 avant de tourner au fascisme dans l'entre-deux-guerres.

2. *L'Action française* évoquait régulièrement l'article 445 du Code d'instruction criminelle, car elle accusait la Cour de cassation d'avoir violé cet article lors de la réhabilitation de Dreyfus.

3. *L'Avant-guerre*, paru en 1913.

pas de nous, mais du gouvernement, de dire si l'aide doit être accueillie. Personne n'a le droit de repousser un concours loyal. Mais chacun doit exiger que l'ordre public n'en souffre pas. Investie par l'état de siège, l'autorité militaire peut accepter, refuser ou choisir.

Notre ferme opinion est que, pour le moment, il convient avant tout de laisser agir l'armée régulière. Si purement sincères et généreuses que soient les initiatives de légions internationales, à elle seule la diversité des langages représente une difficulté qui suffirait à faire naître ces confusions, ces malentendus qui sont les plus nuisibles, peut-être les plus dangereux, dans les rassemblements armés. Bien des guerres civiles ne naquirent pas autrement. C'est l'union civile qui importe et, pour la maintenir, il importe aussi de maintenir sévèrement les cadres de notre nationalité. Nous ne défendons pas autre chose en Lorraine !

LA POLITIQUE[1]

I. La victoire vue de Paris

Il faudra diviser en deux parties tout l'historique de cette mémorable journée.

Les cloches, le canon, la voix humaine répercutant ces cris du bronze et de l'acier, le battement des cœurs, l'élan général des âmes en auront marqué pour toujours la première partie. Il n'y eut pas d'hésitation. Il y eut réflexion pourtant avant de céder à la joie. Chacun vit se dresser, rigides, immobiles, froids, ses chers morts. Et puis, de façon instantanée, chacun s'est fait la réponse : Il n'y en aura plus. Le massacre est fini, enfin ! L'annonce officielle ou quasi officielle de ce bienfait (car dire armistice, c'est dire suspension et peut réserver des surprises), la liberté promise à la vie, aux arts, aux foyers, aux amitiés et aux amours eurent cette vertu de rejeter jusqu'à ce crêpe dont on songeait d'abord à voiler les drapeaux. L'éclat de la joie s'est propagé du plus grand au plus petit, des premiers aux derniers, par la promenade triomphale de toute une ville à travers les rues et les places les plus noblement faites, les plus purement dessinées qu'il y ait au monde. Quand Paris fut las de marcher, il se mit à chanter et, las de chanter, il dansa. La place de la Concorde sur les six heures était pleine de rondes ou de farandoles, et citoyens et citoyennes continuaient de s'y presser en tournant, en chantant longtemps après la nuit tombée. Voilà le premier aspect : c'est celui d'un chœur entonné par des centaines et des centaines de milliers de voix sur le même sujet immense du revers définitif ennemi.

1. *L'Action française*, 12 novembre 1918.

ONZIÈME ANNÉE. — N° 316. DEUXIÈME ÉDITION MARDI 12 NOVEMBRE 1918.

L'ACTION FRANÇAISE

ORGANE DU NATIONALISME INTÉGRAL

« Tout ce qui est national est nôtre. »
Le Duc d'ORLÉANS.

10 CENTIMES
14, rue de Rome, PARIS
TÉL.: LOUVRE 26-49, 26-50

FONDATEUR : Henri VAUGEOIS

DIRECTEURS POLITIQUES : LÉON DAUDET, CHARLES MAURRAS

Guillaume-Boche a franchi la frontière d'Albert Ier pour nous attaquer.

Nous aurions le droit de franchir la frontière de la reine Wilhelmine pour saisir et punir l'auteur de l'attentat.

Mais le royaume de Hollande ne doit-il pas livraison de ce criminel ?

L'ÉTERNELLE ALLEMAGNE

LÉON DAUDET.

UN « HYMNE » DE VICTOIRE, par Joachim Gasquet

L'Armistice est signé

LES HOSTILITÉS SONT SUSPENDUES

Les Boches se retireront au delà de la rive droite du Rhin

L'ALSACE-LORRAINE RENDUE A LA FRANCE

Indicible allégresse à Paris

ÉMOUVANTES SÉANCES AU PARLEMENT

La nouvelle officielle

La suprême entrevue

Le texte de l'armistice

CONVENTION

CONDITIONS DE L'ARMISTICE CONCLU AVEC L'ALLEMAGNE SUR LE FRONT D'OCCIDENT

LA POLITIQUE

I. La victoire vue de Paris

II. « Rive gauche du Rhin avec têtes de pont sur la rive droite »

III. L'armée et la révolution en Allemagne

IV. Devant un dogme

CHARLES MAURRAS.

ECHOS

Et maintenant, pensons à ce que doit être la paix

— J. B.

Une autre joie a commencé à se faire jour quand les journaux ont apporté le résumé des conditions de l'armistice. Elle s'est accentuée lorsque le texte de ces conditions lu dans les Chambres et propagé par d'universelles rumeurs commença d'être mieux connu. Ce fut alors, croissant avec les précisions, la joie de la pensée qui prenait de la force dans la conscience de notre sécurité établie, garantie maçonnée à chaux et à sable. Nous rentrions purement et simplement en Alsace-Lorraine comme on rentre dans la maison de ses parents. Le résumé disait cela, mais le texte authentique spécifiait que l'entretien des troupes d'occupation serait à notre charge ; et cela ajoutait à l'article 2 le dessein glorieux du sens de notre paix[1].

II. « Rive gauche du Rhin avec têtes de pont sur la rive droite »

Bien moins émouvantes, sans doute, mais fortes aussi, deux autres « précisions » du texte officiel, ont illuminé la soirée. Les stipulations navales, d'abord, dont nos lecteurs connaissent le haut intérêt, gage énorme et splendide si la révolution allemande n'est pas expressément chargée de le volatiliser ou de le cacher sous les eaux[2]. Puis la convention territoriale comportant la rive gauche du Rhin avec têtes de pont sur la rive droite.

On dit que la lecture de tout ce passage a donné lieu à quelques murmures à la Chambre du côté où l'on est plus sensible à l'intérêt des programmes et des partis qu'à la sécurité du peuple français et de ses armées. Ces mots, rive gauche du Rhin avec têtes de pont, fréquemment employés ici, furent le thème préféré des agitateurs occupés à calomnier et à flétrir la qualité de nos ambitions pour la France[3]. Modestes, simples ambitions : nous voulons que le citoyen français soit le mieux défendu possible contre les invasions ennemies qui cinq fois depuis la chute de la monarchie se sont abattues sur son territoire et sur ses foyers[4].

III. L'armée et la révolution en Allemagne

Cependant, il subsiste une armée allemande. Elle tenait notre territoire. Elle va cesser de le souiller. Elle n'est donc pas notre prisonnière. Elle emporte ses armes et ses drapeaux. Que va-t-il sortir de ce qui lui reste de force ?

1. Cela signifiait en effet que l'Alsace-Lorraine n'était pas une terre allemande occupée par le vainqueur aux frais du vaincu, mais une terre française faisant retour à la France.

2. En réalité, ce ne sont pas les révolutionnaires allemands qui saborderont les navires allemands mais les officiers de la marine allemande.

3. Allusion à certains hommes politiques de gauche opposés à tout gain territorial sur l'Allemagne.

4. Invasions de 1793, 1814, 1815, 1870 et 1914. Maurras suggère ici que seule la monarchie peut empêcher l'invasion.

La révolution est là[1]. Sera-t-elle une force révolutionnaire, qui, maintenue à bonne distance de notre rempart, se déchaînera en Allemagne et achèvera nos bonheurs ? Ou bien, disciplinée, rangée aux ordres des nouveaux pouvoirs, constituera-t-elle une réserve d'énergie à la disposition de la République impériale allemande qu'il est *au moins* sage de calculer[2] ? Rien ne permet d'admettre un parti plutôt que l'autre, et le peu de faits que nous connaissons peuvent confirmer aussi bien les deux hypothèses.

La révolution allemande ! Quelque agréables que soient de telles syllabes à des esprits qui les attendent depuis tant d'années, quelque conforme qu'apparaisse un tel événement à nos prévisions de toujours, jamais il n'a été plus indiqué de retenir ses préférences, d'arrêter ses inclinations, afin de bien voir, de voir vrai.

Il est vrai que, déjà, d'importantes certitudes sont acquises. Le caractère révolutionnaire de l'évolution de l'empire allemand n'est plus contestable aujourd'hui. L'essence révolutionnaire du peuple de Luther s'en est dégagée de plus en plus clairement[3]. Les événements décisifs d'août 1914, les actes par lesquels « le fédérateur allemand » s'insurgea contre le monde et le coalisa contre soi apparut un acte d'anarchie révolutionnaire international : « L'individualisme allemand, l'anarchisme absolu systématisé par l'Allemagne et devenu le principe de son État, devait fatalement renverser de lui-même cet État ainsi que les forces militaires ou civiles subordonnées, et c'est ce qui est arrivé effectivement : en juillet-août 1914, on a pu voir Guillaume II et son fils jeter, de leurs mains, sur leur propre empire, la bombe destinée à accomplir cette destruction par le faîte[4]. »

Ces lignes n'ont pas été écrites hier pour résumer les incidents de Berlin ou de Spa[5]. Nous les écrivions dans *L'Action française* du 17 octobre 1914. Elles sont recueillies dans le volume *La France se sauve elle-même*, où chacun pourra l'y retrouver en compagnie de certaines considérations du même ordre : celles du 17 septembre de la même année, « la révolution en Allemagne, peut-être que oui, peut-être que non » ou celles du 14 septembre, au lendemain de la bataille de la Marne, où l'on peut voir que cette victoire « en permet, en autorise, et en nécessite bien d'autres ; par la barrière ainsi rompue, par la carrière ainsi ouverte, tout devient possible

1. La révolution allemande d'octobre-novembre 1918 avait contraint Guillaume II à abdiquer le 9 novembre.

2. De fait, la Constitution de la république de Weimar (1919) maintiendra le terme « Reich » (« empire ») et les moyens d'une rapide remontée en puissance dont se servira Hitler.

3. Maurras considère le protestantisme comme un ferment révolutionnaire (voir « Annexes des *Trois idées politiques* », p. 701 de la présente édition).

4. Cet extrait montre que pour Maurras, un pouvoir débridé et agressif est tout aussi anarchique qu'une absence de pouvoir.

5. C'est-à-dire la révolution en cours.

en Europe, tout, y compris la chute de la dynastie des Hohenzollern et le retour des peuples allemands au régime des libertés germaniques[1] ».

Ces souvenirs ne sont nullement relevés pour la vaine satisfaction du « je l'avais bien dit ». Ils servent à établir que notre point de vue sur l'Allemagne n'a pas varié et que la méthode n'était pas indigne de confiance puisqu'elle aboutissait à des prévisions d'ensemble qui se réalisent. Leur portée est du reste la simple portée du bon sens. L'acte révolutionnaire de Guillaume II, quand il brisait toutes les mesures, n'était compréhensible qu'à titre d'échantillon du génie destructeur et révolutionnaire allemand. Comment douter aujourd'hui ni de l'un ni de l'autre ? Restent, il est vrai, de redoutables « bonnes habitudes » de politique monarchique et des vestiges utilisables de la tradition bismarckienne. Reste donc à nous méfier. Déjà sûr de l'essentiel, ne nous trompons pas sur la vitesse.

IV. Devant un dogme

On lira les incidents de la Chambre[2].

Je ne répondrai pas à M. Renaudel[3]. Quand il saura qu'en 1913, au banquet de nos jeunes amis de la classe[4], je me suis permis d'annoncer la victoire (cela est écrit dans nos collections) le malheureux verra qu'il eût mieux fait de ne rien dire, ne comprenant pas ce qu'il lit. Le discours de M. Renoult[5] est autrement intéressant en raison de quelques paroles qu'il faut retenir :

Notre hommage va enfin et c'est l'apothéose à la République elle-même (Vifs applaudissements répétés. – MM. les députés se lèvent)*, dont la vertu divine a fait le miracle de la victoire*[6].

« Miracle », « vertu divine », « apothéose ». Tel est ce vocabulaire de théologie inhumaine. Je ne lui répondrai, moi, que par les vers que Lucrèce a placés en avant de son effroyable peinture du sacrifice d'Iphigénie[7] : *Humana ante oculos foede cum vita iaceret in terris oppressa gravi sub religione*[8].

1. C'est-à-dire au système confédéral d'avant les réformes napoléoniennes puis l'unification bismarckienne.

2. Incident ayant suivi l'annonce de l'armistice.

3. Ce député socialiste avait rappelé que « certains », avant 1914, « soutenaient que la République ne pourrait préparer sérieusement la défense du pays ».

4. C'est-à-dire des conscrits partant au service militaire.

5. Député radical.

6. Le *Journal officiel* donne une version différente : « Enfin – et c'est l'apothéose – l'hommage solennel va à la République qui a fait le miracle de la victoire. »

7. Fille du roi Agamemnon, qui la sacrifia pour obtenir des dieux des vents favorables à l'expédition des Grecs contre Troie.

8. « La vie humaine gisait misérablement sur terre aux yeux de tous, écrasée sous le poids de la religion », Lucrèce, *De natura rerum*.

M. René Renoult peut prendre acte de mon serment : je le lui fais *par tous nos morts*. Après le carnage de quatre années, le plus vaste et le plus sanglant de l'histoire du monde, nous ne pouvons permettre de carnages nouveaux. Nous ne pouvons laisser faire de la France une seconde Iphigénie. Et la France elle-même n'est plus d'humeur à se laisser faire. Elle veut arrêter les frais. Voilà cent trente ans qu'elle fait le métier d'hostie des nations[1] : la France en a assez !

LUDENDORFF VAINQUEUR EN BAVIÈRE[2]

Les élections bavaroises donnent une énorme majorité à la réaction nationaliste, hypernationaliste. Les populistes ont plus de 610 000 voix, le bloc « raciste » en a 310 000, les paysans bavarois 131 000, la Droite nationale, 130 000 ; avec les 4 800 voix des populistes allemands, cela donne près de 1 400 000 réactionnaires. Les gauches, en y comprenant 7 000 chrétiens sociaux, n'arrivent même pas à 400 000.

On s'attendait à ce résultat. Ce qui étonne, c'est le rapide accroissement du bloc dit « raciste » sorti de terre en quelques mois et fondé ou échafaudé sur de vieilles imaginations périmées. Les rêveries de Fichte[3] suffisaient aux Allemands de 1813. Il faut enchérir aujourd'hui. Ils ont r'ouvert Gobineau, Chamberlain[4], ils y ont pris tout ce qui pouvait exciter et sustenter leur réveil national. Il ne faut attendre aucun scrupule critique du Germain non plus que du Juif.

Le vrai n'est pas le vrai pour eux. Le vrai c'est l'utile. Une philosophie, même abracadabrante, de la Race et du Sang, si elle permet quelque sursaut provisoire, leur est trois et quatre fois bienvenue. Cela doit être un motif nouveau de maintenir en France les véritables fondements du nationalisme, dans lequel l'élément primordial de la naissance entre en composition avec les facteurs historiques, non moins naturels, tradition, éducation, assimilation.

Cette victoire du « racisme » antisémite sans doute mais foncièrement luthérien et anticatholique[5], est une grande nouveauté dans cette Bavière, royaume de la Vierge, et vouée au blanc et au bleu. Ludendorff se déclare content. Mais qu'en pensent les Wittelsbach[6] ? Ce serait, sur le Rhin catholique, l'occasion

1. Soit depuis la Révolution.
2. *L'Action française*, 8 avril 1924.
3. Théoricien du nationalisme allemand et de la résistance à Napoléon.
4. Gobineau fut un théoricien raciste français du XIXe siècle, Houston Stewart Chamberlain un théoricien raciste britannique, gendre de Wagner, qui prit la nationalité allemande en 1916 puis soutint Hitler.
5. Le général Ludendorff, chef des nationaux-socialistes, n'était pas luthérien, mais néo-païen ; il était violemment anticatholique.
6. Dynastie bavaroise, chassée du pouvoir par la révolution de 1918.

d'une belle politique française si nous y avions, encore, depuis Pirmasens et Kaiserslautern[1], une politique française. La défaite du particularisme par le rejet de la motion qui eût facilité la révision de la Constitution mesure le terrain regagné par l'unité allemande. Eh ! nous l'avions abandonné[2] !

C'est un terrain de guerre. Le *Vorwærts*[3] avoue une joie égale à celle de Ludendorff. « *Si grand,* dit-il, *que soit le péril raciste au point de vue extérieur, le péril particulariste bavarois était encore plus grand au point de vue intérieur, car la restauration de la monarchie en Bavière aurait achevé l'écroulement de la République allemande.* »

En d'autres termes, mieux vaut la guerre que le retour à la monarchie. Mais les sozial demokrates auront à subir l'une et l'autre[4].

LA POLITIQUE[5]

I. L'Angleterre est une île

Un lumineux article de Jacques Bainville à *La Liberté* d'hier soir a expliqué la différence des arrêts électoraux en Angleterre et en France. Ils ne sont parfaits nulle part, mais c'est en Angleterre que la moyenne en apparaît le mieux ou le moins mal fondée en raison, et le plus sagement conservatrice même en des circonstances qui sembleraient le plus favorables à l'esprit révolutionnaire. À quoi cela tient-il ? demande Bainville, qui répond :

Toujours et tout simplement à ceci : que l'Angleterre est une île[6].

Et une petite île. Tellement surpeuplée que, même cultivée à fond, elle ne nourrit pas ses enfants :

L'Angleterre n'est plus seulement une île comme au temps de Michelet. C'est une île surpeuplée qui produit de quoi nourrir ses habitants deux jours par semaine. Les cinq autres jours, il faut, pour donner des vivres à tant de bouches, vendre des marchandises, en transporter, payer les aliments avec des produits industriels, des objets fabriqués, des bénéfices de fret, etc.

L'Anglais peut être socialiste tant qu'il croit à une meilleure organisation de la société et à une plus juste répartition de la richesse. Mais il y a

1. Villes de Rhénanie-Palatinat.
2. Allusion au manque de soutien français aux séparatistes rhénans, auxquels Maurras était très favorable.
3. Journal social-démocrate.
4. Maurras veut dire qu'ayant rejeté des monarchies légitimes et pacifiques, l'Allemagne subira une dictature belliciste – ce qui sera le cas.
5. *L'Action française*, 1er novembre 1924.
6. Phrase par laquelle Michelet ouvrait son cours sur l'Angleterre au Collège de France.

une chose qu'il est de temps en temps obligé de voir, par exemple quand le chômage s'accroît : c'est que si l'on distribuait entre tous les Anglais toutes les richesses du royaume, il faudrait encore, cinq jours par semaine, gagner et acheter au-dehors la nourriture de 45 millions d'individus.

Le parti conservateur représente justement la prospérité du commerce, la grandeur de la marine, la défense et l'expansion de l'Empire britannique, bref tout ce qui contribue à apporter des vivres.

Le parti conservateur est le parti de la politique d'Empire. Et la politique d'Empire, plus ou moins modérée, plus ou moins active, est imposée par la situation insulaire.

II. Un esprit public homogène

C'est donc là qu'il faut en venir. La situation insulaire inspire, suggère, impose presque un esprit public, c'est-à-dire une conception homogène du bien public. On peut être antipatriote, antimilitariste subversif, anarchiste, révolutionnaire, pour toutes les causes d'espoir et de désespoir qui agitent le cœur et la cervelle des hommes. Mais si l'on est national, on ne peut l'être là-bas que d'une façon. Le parti national est le parti de la mer et du commerce avec toutes leurs conséquences dont l'évidence est limpide.

Il n'y a rien de plus important pour la vie politique d'un peuple. Un bien public homogène, une vue homogène de l'intérêt public. Au temps où l'Action française avait ses catacombes à l'Institut d'Action française, bien avant la création du journal quotidien, nous avions coutume d'attirer sur ce point l'attention et la réflexion de nos premiers collaborateurs. L'étude des idées politiques de Fustel de Coulanges nous avait amenés à conclure avec le maître de l'histoire qu'il n'y a pas de grand État républicain sans une aristocratie[1]. Les démocraties républicaines sont condamnées à la démagogie ou au césarisme, à la dictature (militaire ou civile) ou bien à l'anarchie. Il n'y a de grande république, forte, durable, véritablement gouvernante, que l'aristocratie, naturellement pourvue d'organes de durée et d'autorité (exemples : Rome, Carthage, Venise), et c'est une république impériale de cette sorte, gouvernée par une aristocratie élargie, une république bourgeoise, que Fustel désirait pour son pays. Il se dissimulait si peu combien le rêve était difficile à réaliser qu'il plaçait à la Fronde[2], quand la noblesse française n'était pas affaiblie, le moment où une grande aristocratie républicaine aurait pu régner sur notre pays.

---

1. Rappelons qu'Amouretti, le mentor de Maurras, avait été le dernier disciple de Fustel.

2. Soit au milieu du XVIIe siècle.

III. Les aristocraties : leurs succès, leurs échecs

Ce scrupule ayant éveillé les nôtres, nous avons examiné à sa suite… Car nous nous sommes aperçu que, si l'aristocratie est nécessaire à la république, elle n'est pas suffisante pour la faire vivre. En effet, les régimes d'aristocratie républicaine n'ont pas tous également réussi. Beaucoup de républiques à constitution patricienne n'ont ni prospéré ni duré ; elles ont été dévorées et consommées rapidement par le fléau naturel des aristocraties qui est la rivalité des hautes Maisons, le conflit séculaire des Grands, qui font naturellement de la République « une dépouille ».

Quelle est la loi de ces fameux échecs ? Et quelle est la loi des succès du même régime ? C'est la question que nous nous sommes posée alors. La plus brillante, la plus heureuse, la plus durable des aristocraties devait être, si l'on considère le génie, l'intelligence et les dons naturels d'un peuple, l'aristocratie athénienne. Que lui manquait-il pour durer autant que la romaine ou la vénitienne ? Comment s'est-elle épuisée si rapidement ? Tant de héros, tant de grands hommes, tant de citoyens philosophes qui ont marqué avec une lucidité si cruelle la nature et la cause des maux publics au fur et à mesure qu'ils étaient annoncés ! On parle de leur légèreté de cervelle. Effet ! Non cause. Comment des hommes si intelligents pouvaient-ils être si légers sur leur essentiel ? Il faut qu'une cause plus générale ait créé ces mœurs de dissipation et de légèreté. Ne les exagérons pas, du reste. On se tenait à l'assemblée comme nous à l'église[1]. Le bien public était pour beaucoup une passion. Les meilleurs étaient fort nombreux. Ils ont tous échoué successivement. Pourquoi ?

Il est bien difficile de contester qu'une dualité profonde fût au cœur de la république des Athéniens, qu'on la suive dans ses mouvements chez Thucydide ou chez Aristote dans la structure de ses institutions[2]. La guerre entre la ville et le Pirée, c'est-à-dire le patriciat (urbain ou rural) et le port de commerce avec ses armateurs, ses capitaines, ses contremaîtres, ses marchands, n'était pas seulement la lutte de deux classes ou de deux civilisations, d'une thalassocratie et d'une grosse bourgeoisie conservatrice, c'était le conflit de deux esprits politiques dont chacun pouvait être sincère et désintéressé, c'était le conflit de deux biens publics également légitimes, au moins en apparence, et qui pouvait par conséquent passionner en sens contraire, de la meilleure foi du monde, les meilleurs citoyens. La nature des choses légitimait, si j'ose dire, le conflit civique au cœur même de la cité.

---

1. C'est du reste le mot grec désignant l'assemblée, « ecclesia », qui a donné le mot français « église ».

2. Thucydide a analysé la crise du modèle athénien dans *La Guerre du Péloponnèse* ; Aristote a étudié ses rouages dans sa *Constitution d'Athènes*, à laquelle Maurras consacra des conférences à l'Institut d'Action française.

La division était fatale, éternelle. Il eût fallu, soupire quelque part le faux Xénophon (dans une phrase si curieuse qu'elle a été reprise par Montesquieu), il eût fallu que l'Attique, au lieu d'être une presqu'île, fût une île[1].

Quel trait de lumière ! La position insulaire eût unifié, homogénéisé le bien public athénien. La politique d'Athènes n'aurait pas été tiraillée entre la Terre et la Mer. Ni le faux Xénophon ni Montesquieu n'ont remarqué les conséquences de cette vue. Le bien public était homogène à Rome ; de la terre au paysan soldat, et encore de la terre, et toute la terre italique ! La république aristocratique décline quand la politique navale et coloniale vient opposer au vieux patriciat latin la population mobile d'un autre Pirée ; les dictatures s'annoncent et la situation que l'anarchie allait dissoudre ne peut être sauvée que par la fin de la République, la Monarchie des Césars. Le bien public était plus homogène encore à Venise, vieille aristocratie qui régna sur un si vaste empire et si longtemps qu'elle y put mourir de sa belle mort. Là, l'ordinaire plaie des aristocraties, la rivalité des familles, peut s'étendre et s'approfondir, l'intérêt commun reste si clair, si net, si fort qu'il impose toujours l'unité suffisante : il était impossible à l'esprit public gouvernemental de méconnaître que tous les problèmes de l'État dépendaient de la sûreté et de la puissance sur la mer. Ni l'esprit de faction ni l'esprit de compétition ne pouvaient se dérober à cette évidence vitale. L'aristocratie dominante était donc serve d'un bien public évident qui dictait, au jour nécessaire, toutes les conciliations, toutes les unions, toutes les actions qu'il fallait.

État de fait très analogue à celui de l'Angleterre, sauf que le nombre légal des personnes et des familles associées au pouvoir est beaucoup plus grand en Angleterre qu'à Venise, que le livre d'or de l'aristocratie n'y a jamais été fermé et que, d'autre part, les Anglais ne se sont jamais résolus à se séparer de leur vieille monarchie qui rend infiniment plus de services matériels, idéaux, symboliques et moraux qu'on ne le raconte. On a beau dire que le pouvoir des Communes est sans limite, une espèce de loi très forte, très traditionnelle le dit, mais une autre loi non moins forte fait que la haute administration, que les corps de l'État monarchique, Amirauté, Office colonial, Office extérieur, y disposent d'une telle puissance réelle qu'ils ont influencé Lloyd George et MacDonald[2] sans que ni MacDonald ni Lloyd George les influençât. Ces institutions traditionnelles ajoutent donc beaucoup d'ancres et de lest à la « democracy » élective, mais celle-ci, même livrée à elle-même, subit encore, comme les aristocraties vénitienne et romaine, la discipline de ce bien public homogène et unifié, qui manquait à la république athénienne et faute de quoi celle-ci s'est perdue.

1. Le Pseudo-Xénophon écrivit vers 430 avant Jésus-Christ une *République des Athéniens* ; Montesquieu (qui le confond avec le vrai Xénophon) le cite dans *L'Esprit des lois* (XXI, 7) et en déduit une comparaison entre Athènes et l'Angleterre.

2. Premiers ministres britanniques des années 1910 et 1920.

IV. L'isthme français n'est pas une île

Reste l'inévitable retour : et nous ? Ceux d'entre nous qui rêvent de république nationale, de république modérée, de république bourgeoise, voire de république aristocratique, seront sages de concéder que si nous avons une noblesse et une bourgeoisie, nous n'avons pas d'aristocratie proprement dite. — Bah ! diront-ils, faisons-en une. Le pauvre mage Albert Jounet[1] avait dans sa poche une recette pour fabriquer une aristocratie. Napoléon aussi, du reste. Admettons. Quoi que l'on fasse, cette aristocratie, cette bourgeoisie, ou ces « cinq millions de Français éclairés » auxquels voulait se fier Fustel de Coulanges en 1875, poseront sur la terre de France qui, elle, ne change pas de forme, de caractère ni de produit, ou en change très lentement. Quel est donc le caractère du bien public français ? A-t-il la clarté, la simplicité, la grossière et splendide évidence du bien public anglais, vénitien ou romain ?

Ne sommes-nous pas plutôt, comme les Athéniens, sur une terre très variée où de grands intérêts, non pas certes contradictoires, mais différents, pères et mères d'idées et de partis adverses, peuvent et doivent créer, dans une atmosphère de bonne foi passionnée, des conflagrations irréductibles, en de telles conditions que l'État, au lieu d'être gouverné par la somme de ses bons éléments, soit exprimé seulement par la différence entre Bleus et Verts, Blancs et Noirs, gros-boutiens sérieux et petits-boutiens tragiques[2] ? L'*Histoire de France* de Bainville[3] montre ces conditions avec une clarté qui devrait faire réfléchir quiconque est capable de lier deux idées. Prenons une histoire particulière, l'histoire de notre marine. Une marine a toujours été indispensable. Elle devient de plus en plus nécessaire. Qui osera dire que l'esprit public français contient et comprend la nécessité de la flotte ? Il s'en occupe si peu que le meilleur interprète de l'opinion conservatrice républicaine, bourgeoise et aristocratique, M. Millerand, donnant un programme politique complet dans son discours d'Évreux[4], n'oubliait que l'organe nécessaire de la communication avec nos colonies ! Il n'y avait pas à Venise de parti conservateur qui pût se dire antinaval. Il n'y a pas de loyaliste parti anglais qui se prononce contre la défense et l'expansion sur mer. Chez nous, le difficile est d'avoir une ligue maritime puissante, un

1. Ésotériste français très actif dans les années 1890 et 1900.

2. Les Bleus et les Verts étaient des factions politiques rivales à Byzance ; les Blancs et les Noirs jouaient le même rôle dans la Florence médiévale, comme les petits-boutiens et les gros-boutiens dans l'île de Lilliput imaginés par Jonathan Swift (*Les Voyages de Gulliver*, 1721).

3. Parue en 1924 et très souvent rééditée jusqu'à nos jours.

4. Dans ce célèbre discours du 14 octobre 1923, Millerand, président de la République, plaidait pour un renforcement de l'exécutif, mais il dut démissionner l'année suivante en raison de ses différends avec le Cartel des gauches.

parti de la Mer. Il existait en Allemagne ? Oui, grâce à l'empereur. Veut-on un autre exemple ? Nos Affaires étrangères : le clan des *yes* et le clan des *ya*, comme dit Léon Daudet. Cette division, dans laquelle je ne méconnais point la part des méchancetés humaines ni de leurs trahisons, n'en a pas moins sa racine dans la structure même du pays français. Nous avons des intérêts économiques en Allemagne, nous avons des intérêts économiques en Angleterre. Si ces intérêts luttent librement sur notre sol, au point de pouvoir participer à la confection, à la génération des gouvernements, les directions politiques gouvernementales seront exprimées par la différence des forces entre le clan anglais et le clan allemand : c'est le pouvoir de l'étranger au centre même de l'État.

Telle est la situation naturelle, la situation brute de la France. Comment l'action humaine de la politique peut-elle y remédier ? En arrachant l'État aux partis, en créant un État indépendant des volontés et des intérêts, en demandant à un autre organe que la volonté des électeurs ou que le caprice des grands, la constitution du chef. C'est ce qu'ont fait, en acclamant leurs rois, nos admirables pères. Et, comme par un bon fait exprès de l'Histoire, du temps qu'il y avait des rois indépendants, les partis ne se disputant pas le pouvoir, on avait une politique étrangère indépendante et si l'opinion paysanne et militaire, puissante dans le conseil du roi, ne comprenait pas toujours la nécessité d'une marine, c'est un fait que toutes les fois que la France a disposé de flottes importantes, il s'est trouvé qu'un roi était à sa tête[1]. Le roi de France parti, le roi d'Angleterre a mis la France hors de combat. Cela doit vouloir dire quelque chose.

Ceci, je crois. Un pays fait comme la France ne peut être régi par la résultante de ses forces, elles sont trop complexes, trop variées. Il lui faut les choix d'une intelligence et d'une volonté. Encore cette volonté directrice ne doit-elle pas être désignée par les partis, cela ramènerait la situation qu'il faut éviter. Le pouvoir doit être indépendant et trouver en lui-même sa loi de renouvellement. Il le faut héréditaire. Patriote anglais, je pourrais être républicain dans leur île. Patriote français, il me faut opter pour le roi. La monarchie traditionnelle est la seule forme possible de l'unité et de l'homogénéité politiques en ce pays-ci.

---

1. Maurras oublie la marine de Napoléon III et ne connaît pas encore la belle marine des années 1930 ; il est vrai que l'une et l'autre n'ont pas survécu à la chute des régimes qui leur avaient donné le jour.

LETTRES OUVERTES AU PRÉFET MORAIN ET À SCHRAMECK[1]

I. Lettre ouverte à M. Morain, préfet de police

Monsieur le Préfet de police,

Pour être absolument en règle avec les usages, je viens m'acquitter auprès de vous d'une formalité dont il me semblait que les événements anciens et récents pouvaient me dispenser.

Le 22 janvier 1923, l'assassin Germaine Berton, qui, disait-elle, me cherchait, a tué Marius Plateau, mon ami, parce qu'il était mon ami et qu'il travaillait à la même œuvre nationale que moi.

Le 25 mai 1923, un autre assassin qui, de son aveu, me cherchait aussi, le nommé Taupin, est venu tirer des coups de revolver dans une salle de mon journal en manière d'avertissement, disait-il.

Le 26 mai 1925, un troisième assassin, Maria Bonnefoy, qui me cherchait aussi, dit-elle, a tué mon ami Ernest Berger parce que, dit-elle toujours, Ernest Berger me ressemblait.

Maria Bonnefoy sera certainement acquittée comme Germaine Berton, ou condamnée à quelque peine dérisoire, comme Taupin[2]. Les émules éventuels de ces trois assassins comptent sur cette impunité, et, dans ces conditions, Monsieur le préfet de police, il n'y a pas au monde un être sensé qui puisse concevoir que je sorte sans armes ; il n'y a pas non plus un homme sensé pour concevoir que mes amis, ceux qui me ressemblent par le visage ou par les idées, ceux qui travaillent avec moi, puissent se reposer du soin de leur sécurité sur les forces dont vous disposez.

Payant l'impôt comme les autres, ils ne sont pas protégés comme les autres. Ils sont réduits à se défendre par les moyens qui dépendent d'eux et non de vous, Monsieur le préfet de police.

Ces jours-ci, votre personnel a fait admirer sa promptitude et sa célérité quand il s'est agi de retrouver le bijou perdu d'une reine de la République, belle-sœur du secrétaire *particulier* de M. le président du Conseil. Mais les instigateurs de l'assassinat de Plateau courent encore, et ceux qui les connaissent ont été prudemment supprimés. Les assassins de Philippe Daudet sont encore en place, non loin de vous, Monsieur le préfet de police[3]. Ni les communistes assassins de Marseille ni ceux de la rue Damré-

1. *L'Action française*, 9 juin 1925.

2. De fait, elle fut déclarée folle, ce que contesta l'Action française.

3. Philippe Daudet, fils de Léon Daudet, avait été retrouvé mort par balle le 24 novembre 1923. L'enquête avait conclu à un suicide, mais l'Action française dénonça un assassinat commis par des anarchistes (avec lesquels l'adolescent était de fait en contact) et résultant d'une machination policière. Les zones d'ombre entourant l'affaire n'ont pas été pleinement dissipées.

mont n'ont payé leur dette[1]. Ils ne sont pas à la veille de la payer. Nous avons dit, écrit, imprimé, démontré par l'aveu patent des coupables, quelle camarilla de police s'opposait aux libres recherches de la justice dans l'affaire Philippe Daudet ; nous avons publié leur délibération criminelle tendant à peser et pesant en fait sur le gouvernement précédent pour arrêter l'œuvre du ministre, du parquet et du juge : nous n'avons pas vu l'ombre d'une sanction contre ces coupables certains.

Plus récemment enfin, nous avons connu avec clarté votre point de vue lorsqu'à la veille de la fête de Jeanne d'Arc (le 7 mai 1925) vous avez dit à un témoin digne de foi que vous protégeriez tous les Parisiens hormis les royalistes qui auraient à se débrouiller avec les communistes. Il est vrai que, le jour où ces paroles scandaleuses furent connues et publiées, un autre témoin également digne de foi est venu nous dire que vous démentiez et désavouiez ce propos. La valeur de vos deux sincérités successives n'est pas douteuse : vous avez dit, vous vous êtes dédit. Mais votre conduite ultérieure a bien montré quel était votre véritable sentiment. On pouvait hésiter là-dessus jusqu'à l'attentat de la rue Hermel ; depuis que vos agents ont désarmé les royalistes pour les livrer sans défense aux coups de scélérats internationaux, la preuve est établie, l'opinion est faite, tous les patriotes et tous les honnêtes gens vous diront comme moi, Monsieur le préfet, qu'ils seraient criminels et fous de compter sur vous et sur vos services pour les défendre et les garder : vous êtes trop occupé à préparer de mauvais coups d'accord avec les bandes que vous êtes censé combattre. Rue Hermel (des journaux qui nous sont hostiles, comme les *Débats*, l'ont constaté) il y avait le même soir deux réunions : l'une était tenue par les amis des assassins de la rue Damrémont, l'autre par les amis d'Ernest Berger, de Philippe Daudet et de Marius Plateau. La cause est entendue, Monsieur le préfet de police : ceux que vous avez ordonné de désarmer étaient les amis des victimes, non les amis des assassins[2].

Jamais un homme en place n'accorda une couverture aussi large à l'assassinat. D'autres épargnèrent le crime. Vous collaborez avec lui.

Cela dicte notre devoir. Ferait-il bon marché de son existence, un citoyen digne de ce nom sait ce qu'il doit à la patrie et à la société. Aucun Français de cœur n'abandonnera son pays à la horde anarchiste qu'un infâme régime soudoie, manœuvre, couvre et appuie par tous les moyens. Aussi

1. Le 12 février 1925, une attaque de militants de gauche contre une réunion de la Fédération nationale catholique fit deux morts dans les rangs de cette dernière à Marseille. Le 23 avril suivant, des communistes tuèrent quatre militants des Jeunesses patriotes rue Damrémont, à Paris.

2. Cet épisode eut lieu le 5 juin 1925, à Paris.

longtemps que ces idées, ces mœurs, ce personnel régneront, notre légitime défense fera du port du revolver non pas un droit, mais un devoir.

J'ai l'honneur de vous adresser, Monsieur le préfet, le salut de cette arme qu'il ne m'est pas permis de quitter.

II. Lettre ouverte à M. Abraham Schrameck, ministre de l'Intérieur

Monsieur Abraham Schrameck,

Des informations sûres permettent d'affirmer que vous êtes l'instigateur, l'initiateur, l'auteur responsable du guet-apens de la rue Hermel : c'est par votre ordre exprès que d'honnêtes gens ont été brutalisés, fouillés, désarmés pour être livrés sans défense aux ennemis de la patrie et de la société. Vos subordonnés ont eu le tort d'exécuter des ordres indignes, mais ces ordres viennent de vous.

D'autres informations non moins sûres permettent d'affirmer, monsieur Abraham Schrameck, que vous préparez autre chose, et mieux ou pis, comme on voudra. Les circonstances vous y obligent en effet ! Voici Daudet solennellement désigné par le suffrage des conservateurs de l'Anjou pour succéder à Jules Delahaye et se dresser à la tribune comme une statue vivante de la Justice[1]. Voici l'affaire Philippe Daudet engagée dans la voie qui ne peut aboutir qu'à déchirer d'affreux mystères et à engager les plus hautes responsabilités. Monsieur Abraham Schrameck, il vous faut une diversion. Alors, sous le prétexte fallacieux d'une action imaginaire contre les communistes que votre ami Léon Blum et votre ami Krassine[2] vous obligeront toujours à ménager et à respecter, vous préparez contre les Jeunesses patriotes et contre l'Action française une opération du même ordre, mais qui sera sérieuse : sièges centraux, journaux, permanences, domiciles particuliers à Paris, en banlieue, en province, seront semblablement et simultanément visités. Vos sicaires[3], monsieur Abraham Schrameck, n'auront qu'un but : nous désarmer. Vous raflerez tous les revolvers que vous pourrez trouver. *En une heure où des officiers allemands préparent à Paris, et dans certaines régions fort bien connues de vous, des révolutions analogues à celles de Moscou, de Munich et de Budapest*[4], lorsque l'ennemi

1. Daudet s'était porté candidat à la succession de Delahaye, sénateur conservateur du Maine-et-Loir, mais arrivé en tête au premier tour, il fut battu au second.

2. Premier ambassadeur soviétique en France.

3. Terme grec signifiant « les hommes au poignard », appliqué aux membres d'une secte extrémiste juive du Ier siècle avant Jésus-Christ. C'est évidemment à dessein que Maurras choisit un terme renvoyant à l'histoire juive.

4. Maurras spécule ici sur le rapprochement germano-soviétique concrétisé en 1922 par le traité de Rapallo. Quant à l'évocation des révolutions communistes de Moscou (1917), Munich et Budapest (1919), elle n'est pas innocente dans ce texte antisémite

public se prépare à saisir les particuliers au saut du lit, à les prendre pour otages, à les emprisonner et à les torturer, vous, ministre de l'Intérieur, vous vous disposez à aplanir la route de l'émeute et à leur livrer, avec femmes et enfants, les maisons des bons citoyens préalablement *désarmées.*

Voilà le crime auquel vous donnez, en ce moment, tous vos soins. Avant qu'il ne soit commis, je viens vous exposer une bonne chose, monsieur Abraham Schrameck : il vaut mieux pour vous qu'il ne soit pas commis, car ce crime sera très certainement châtié.

Je vous en parle avec la sérénité tranquille d'un homme qui a presque tout vu.

J'ai vu sur leur civière, sur leur lit d'hôpital le corps inanimé de Marius Plateau, de Philippe Daudet et d'Ernest Berger. Deux de ces bons Français ont été tués, en partie à cause de moi. Le troisième avait le tort d'être le fils d'un grand Français qui s'était rendu coupable de certains attentats sur la personne de quelques traîtres[1]. Devant ces crimes, j'ai dû faire la constatation, toujours amère pour un homme d'ordre, que les Français en deuil pouvaient se plaindre et accuser, c'était en vain, toujours en vain ! Vos services de police ou de justice leur opposaient la même constante volonté d'inertie. Mais j'ai vu autre chose, monsieur Schrameck. J'ai vu les yeux rougis et les poings serrés d'une noble et pieuse multitude française gonflée des révoltes de la justice, du sentiment de la plus sainte des vengeances. Cette foule énergique n'attendait qu'un signe de nous, j'oserais presque dire un signe de moi, pour se ruer sur les responsables et les châtier.

J'ai cru de mon devoir de m'interdire ce signe et d'arrêter cette colère. Qu'il soit ou non de la police, l'anarchiste professionnel sait tuer pour un oui ou pour un non. Les citoyens civilisés savent que la peine de mort ne doit être appliquée qu'à des criminels homicides et en des circonstances où la culpabilité certaine apparaît dans une évidence irrésistible. Nous avions de graves soupçons et des indices sérieux sur les vrais instigateurs de l'assassinat de Plateau. Mais ce n'étaient que des probabilités, et l'enquête judiciaire qui les eût précisés a été tuée dans l'œuf. L'enquête sur la mort de Philippe Daudet, conduite par le père de la victime, va lentement et sûrement. Mais le rideau ne fait que se lever, et toutes les forces de la Chancellerie, présidées par M. Steeg[2], tendent à ralentir et à retarder la lumière. Il est au moins douteux que l'on sache jamais la vérité sur le mystère de la mort d'Ernest Berger. Dans ces conditions, notre devoir est d'arrêter la

---

puisque les chefs de ces révolutions (respectivement Lénine et Trotsky, Kurt Eisner et Béla Kun) étaient d'origine juive, comme Maurras le rappelle plus loin.

1. Allusion aux campagnes de Daudet contre les pacifistes.

2. Théodore Steeg, alors ministre de la Justice, était le fils du pasteur Jules Steeg, un des concepteurs de l'école républicaine aux côtés de Jules Ferry. Pour l'Action française, les Steeg illustraient l'emprise du protestantisme sur l'idéologie et les structures de la IIIe République.

juste colère publique. *On ne sait pas* : comment juger, comment punir ? En revanche, il est vrai, voici un point placé en dehors de toutes les zones du doute : la tentative de désarmement de la rue Hermel est votre œuvre, monsieur Abraham Schrameck. Il n'y a pas non plus de doute possible sur l'auteur des préparatifs de désarmement dont les patriotes sont menacés. Cet auteur, c'est vous. Ce ne peut être que vous. Parmi les gouvernants qui s'associent moralement à votre crime, parmi ceux qui l'inspirent dans les insaisissables délibérations des Conseils, aucun n'est placé comme vous pour commander et décommander l'entreprise. Il dépend de vous de l'arrêter ou de la mettre en mouvement. De haut en bas, dans l'ordre de l'exécution, tout doit passer par vous. Donc, prenez-y garde ! inversement aussi, de bas en haut, l'itinéraire est le même, c'est par vous que tout doit passer.

Or, par bonheur ou par malheur, suivant le point de vue, il se trouve que votre personnage est éminemment représentatif.

Plus représentatif que celui de Caillaux. Plus que celui de Briand. Plus que celui de personne au monde.

Il est vrai que, par votre personne, vous n'êtes rien. Personne ne sait, nul ne saurait dire d'où vous sortez. Pas un Français sur 500 000 ne serait capable de renseigner là-dessus ceux qui sont de chez nous et dont on connaît les pères et les mères. On sait, on sait fort bien que votre collègue Steeg qu'une bouffonnerie du sort a mis à la Justice, est le fils d'un pasteur allemand qui n'a jamais pu produire ses pièces de naturalisation. De vous, rien n'est connu. Mais vous êtes le Juif. Vous êtes l'Étranger. Vous êtes le produit du régime et de ses mystères. Vous venez des bas-fonds de la police, des loges, et, votre nom semble l'indiquer, des ghettos rhénans. Vous nous apparaissez comme directeur des services pénitentiaires vers 1908 ou 1909. Là, vous faites martyriser Maxime Real del Sarte[1] et ses compagnons coupables d'avoir manifesté pour la fête de Jeanne d'Arc. Vos premiers actes connus établissent votre fidélité à la consigne ethnique donnée par votre congénère Alfred Dreyfus le jour de sa dégradation : « Ma race se vengera sur la vôtre[2]. » Votre race, une race juive dégénérée, car il y a des Juifs bien nés et qui en éprouvent de la honte[3], la race des Trotski et des Krassine, des Kurt Eisner et des Bela Kuhn, vous a chargé maintenant d'organiser la révolution dans notre patrie. Mais cela se voit un peu trop. C'est un peu trop clair. Vous symbolisez parmi nous, de façon un peu trop visible, l'Étranger qui s'est emparé par surprise du gouvernement et qui le fait servir à des fins antigouvernementales et antinationales.

1. Sculpteur et chef des Camelots du roi.

2. Cette phrase fut inventée par l'un des accusateurs de Dreyfus, le lieutenant-colonel du Paty de Clam.

3. Allusion aux Juifs d'Action française, dont René Groos, converti au catholicisme, qui s'en prit lui aussi à Schrameck.

Par la force d'un rôle ingrat, et faute de vous être arrêté à temps, vous êtes ainsi devenu, monsieur Abraham Schrameck, l'image exacte et pure du Tyran sur lequel les peuples opprimés ont exercé en tout temps leur droit, établi et vérifié, à la liberté. Vous nous appartenez aussi. Vous êtes, à la lettre, notre homme. La légende et l'histoire s'accordent pour vous dévouer au glaive ou à l'arc justiciers d'Harmodius et de Guillaume Tell[1]. En d'autres termes, par position et définition, vous êtes extrêmement bon pour le châtiment.

Tel quel, pourtant, vous nous rendrez cette justice : on vous a laissé tranquillement à la place qui n'est pas la vôtre, et vous n'y avez été ni inquiété, ni menacé, ni provoqué. Par amour de la paix et de l'ordre, on n'a songé à punir ni vos usurpations ni même votre domination. Oui, je le dis en rougissant, cette domination est soufferte, elle a été, elle est soufferte courageusement. Elle le sera encore. Mais, jusqu'à l'acte d'oppression, je vais plus loin, jusqu'à la menace, jusqu'à vos menaces de mort exclusivement. Nous ne souffrirons rien au-delà. Et, comme voici vos menaces, monsieur Abraham Schrameck, comme vous vous préparez à livrer un grand peuple au couteau et aux balles de vos complices, voici les réponses promises. Nous répondons que nous vous tuerons comme un chien.

Les dernières nouvelles sont tout à fait claires. Le communisme dispose de ressources énormes. C'est de compartiments de première classe, de chemins de fer, c'est d'avions coûteux, de luxueux aérostats que pleuvent sur les paisibles foules françaises les appels à la révolte et à la boucherie. Les armes perfectionnées abondent partout aux mains de l'émeute et du carnage organisé. Tout est prêt pour mettre à feu le pays et, ceux qui veulent résister, vous les désarmeriez ? C'est possible. Mais voici le certain. Il restera une arme pour vous abattre, vous !

Pour qu'il n'y ait pas de malentendu anthume ou posthume, j'en donne ici l'ordre formel à ceux qui veulent bien accepter mon commandement. Jusqu'à l'attentat que vous préparez, j'ordonnais la patience et j'interdisais la riposte. Cette fois, j'ordonne de riposter *sur vous*. Les ordres qui partent de cette maison sont obéis, vous le savez. Quand il a fallu se taire et se tenir devant les corps glacés de Marius et de Philippe, on s'est tu, on s'est retenu. Quand, le 31 mai 1923, trois hommes politiques se rendaient à une assemblée pour y faire l'éloge de l'assassinat de Plateau, il a fallu, par des violences légères, mais mesurées, les ramener au sentiment du juste et du vrai, MM. Moutet, Viollette et Sangnier[2] ont été purgés, encrés et bâtonnés comme ils le méritaient dans la proportion que j'avais prescrite. J'avoue que ces corrections artistes comportent des difficultés, il y faut beaucoup de concert, de discipline et

1. Harmodius tua le tyran athénien Hipparque en 514 avant Jésus-Christ ; Guillaume Tell, personnage légendaire de l'histoire suisse, aurait tué le bailli Gessler en 1307.
2. Respectivement socialiste, radical et démocrate-chrétien.

d'accord. Mais le coup mortel que vous mériterait l'attentat que vous méditez serait infiniment plus simple. Il n'y faut qu'un homme de cœur, et nous en avons des milliers. Cœur frémissant d'hommes d'élite que vos menaces et vos injustices ont soulevés. Nous les contenons à grand'peine. Il suffira de lever la herse : monsieur Abraham Schrameck, vous y passerez. Il vous suffira d'essayer de nous désarmer et de nous livrer à vos bourreaux chinois, vous subirez la peine à laquelle vous vous serez condamné. Je vous en donne la parole d'un homme qui a coutume de parler sérieusement et qui ne ment pas.

Ce que je dis sera. Je serai obéi, parce qu'on sait que l'ordre donné ne s'inspire d'aucune rancune personnelle et satisfera seulement aux suprêmes nécessités de la justice et de la patrie. J'ai, on le sait bien, négligé, méprisé de sanglantes injures qui s'adressaient à moi et aux miens pour qu'il ne fût pas dit que le pouvoir moral dont je disposais était dissipé au profit d'un sentiment particulier. Seul l'intérêt public vous jugera et vous frappera par ma voix.

Je n'ai d'ailleurs aucun grief personnel contre vous, monsieur Abraham Schrameck. Il m'est même arrivé de m'associer un jour à vos réclamations du sénateur des Bouches-du-Rhône quand l'intérêt électoral vous mit dans la nécessité d'appuyer des réclamations des pêcheurs de ma petite ville natale. C'est sans haine comme sans crainte que je donnerai l'ordre de verser votre sang de chien s'il vous arrive d'abuser de la force publique pour ouvrir les écluses de sang français sous les balles et les poignards de vos chers bandits de Moscou. Ce jour-là, les plus lâches des spectateurs ne pourront même dire que je vous aie causé le moindre mal, car vous l'aurez voulu, vous vous le serez fait à vous-même, vous aurez commis le forfait que je vous engage à vous épargner.

Il ne m'est pas possible de vous saluer, monsieur Abraham Schrameck, mais je vous avertis. Remerciez-m'en.

P.-S. : Les deux lettres que l'on vient de lire sont parties ce matin.

LA MOSQUÉE[1]

Quelques rues du centre de Paris sont égayées par de très belles robes de nos visiteurs marocains[2]. Il y en a de vertes, il y en a de roses, il y en a de toutes les nuances. Certains de ces majestueux enfants du désert apparaîtraient « vêtus de probité candide et de lin blanc[3] » si leur visage basané et presque noir ne faisait songer au barbouillage infernal. Que leurs consciences soient couleurs de robe ou couleur de peau, leurs costumes

1. *L'Action française*, 13 juillet 1926.
2. Allusion à la suite du sultan du Maroc Moulay Youssef, venu pour l'inauguration de la mosquée de Paris le 16 juillet 1926.
3. Citation de « Booz endormi », poème de Victor Hugo.

restent enviables : notre ami Eugène Marsan[1] m'est témoin que le plus négligent des hommes serait capable des frais de toilette qui aboutiraient à ces magnifiques *cappa magna*[2], à ces manteaux brodés de lune et de soleil. Notre garde républicaine elle-même, si bien casquée, guêtrée et culottée soit-elle, cède, il me semble, à la splendeur diaprée de nos hôtes orientaux.

Toute cette couleur dûment reconnue, il n'est pas moins vrai que nous sommes probablement en train de faire une grosse sottise. Cette mosquée en plein Paris ne me dit rien de bon. Il n'y a peut-être pas de réveil de l'Islam, auquel cas tout ce que je dis ne tient pas et tout ce que l'on fait se trouve aussi être la plus vaine des choses. Mais, s'il y a un réveil de l'Islam, et je ne crois pas que l'on en puisse douter, un trophée de cette foi coranique sur cette colline Sainte-Geneviève où enseignèrent tous les plus grands docteurs de la chrétienté anti-islamique[3] représente plus qu'une offense à notre passé : une menace pour notre avenir. On pouvait accorder à l'Islam, chez lui, toutes les garanties et tous les respects. Bonaparte pouvait se déchausser dans la mosquée, et le maréchal Lyautey user des plus éloquentes figures pour affirmer la fraternité de tous les croyants : c'étaient choses lointaines, affaires d'Afrique ou d'Asie. Mais en France, chez les Protecteurs et chez les Vainqueurs, du simple point de vue politique, la construction officielle de la mosquée et surtout son inauguration en grande pompe républicaine, exprime quelque chose qui ressemble à une pénétration de notre pays et à sa prise de possession par nos sujets ou nos protégés. Ceux-ci la tiendront immanquablement pour un obscur aveu de faiblesse. Quelqu'un me disait hier : « Qui colonise désormais ? Qui est colonisé ? Eux ou nous ? »

J'aperçois, de-ci de-là, tel sourire supérieur. J'entends, je lis telles déclarations sur l'égalité des cultes et des races. On sera sage de ne pas les laisser propager trop loin d'ici par des haut-parleurs trop puissants. Le conquérant trop attentif à la foi du conquis est un conquérant qui ne dure guère.

Nous venons de transgresser les justes bornes de la tolérance, du respect et de l'amitié. Nous venons de commettre le crime d'excès. Fasse le ciel que nous n'ayons pas à le payer avant peu et que les nobles races auxquelles nous avons dû un concours si précieux[4] ne soient jamais grisées par leur sentiment de notre faiblesse.

---

1. Écrivain particulièrement à cheval sur l'élégance.

2. « Grande chape », terme désignant originellement l'habit de chœur porté par les évêques et cardinaux catholiques.

3. Allusion à la Sorbonne, établie sur le flanc nord-ouest de la montagne Sainte-Geneviève, où enseignèrent entre autres l'Allemand saint Albert le Grand et l'Italien saint Thomas d'Aquin, les deux principaux phares de la pensée occidentale au XIIIe siècle.

4. Allusion au rôle des troupes coloniales dans la Grande Guerre, qui semble d'ailleurs avoir accéléré le projet de construction d'une mosquée à Paris, dans les cartons depuis longtemps déjà.

L'ACTION FRANÇAISE CONDAMNÉE. LES DOCUMENTS ET LES FAITS[1]

Je ne puis laisser à personne le soin de publier et de présenter au public les deux documents qui, hier, nous sont arrivés de Rome par le ministère de *La Croix*[2].

Ceux qui connaissent ma pensée et celle de l'Action française ne seront pas surpris du respect profond et, quoi qu'on en puisse dire, sincère, avec lequel sont accueillies de telles paroles. Pour ma part, je ne les couperai, je ne les interromprai d'aucune objection. Elles se développeront, avec la liberté que leur assure une autorité souveraine, jusqu'à leur terme. À ce point seulement, je demande, non à être entendu, à titre d'homme mortel, mais à faire entendre, respectueusement, des vérités qui sont de fait et que rien ne peut empêcher d'être ou d'avoir été.

Décret du Saint-Office condamnant certaines œuvres de Charles Maurras et le journal *L'Action française*

Le 29 janvier 1914 et le 29 décembre 1926.

Comme plusieurs ont demandé qu'il fût fait une enquête diligente sur la pensée et l'intention de ce Siège apostolique et surtout sur celles de Pie X d'heureuse mémoire touchant les œuvres et écrits de Charles Maurras et le périodique intitulé *L'Action française*, S.S. le pape Pie XI m'a ordonné à moi, soussigné, assesseur du Saint-Office, de rechercher avec soin les Actes et les dossiers de la Sacrée Congrégation de l'Index[3] – qui, comme tous le savent, a été jointe et incorporée au Saint-Office[4] – et de lui en faire un rapport.

Cette enquête achevée, voici ce qui a été constaté :

I. Dans la Congrégation préparatoire tenue le jeudi 15 janvier 1914 : « Tous les Consulteurs furent unanimement d'avis que les quatre œuvres de Charles Maurras : *Le Chemin de Paradis*, *Anthinéa*, *Les Amants de Venise* et *Trois idées politiques*, étaient vraiment mauvaises et donc méritaient d'être prohibées ; à ces œuvres, ils déclarèrent qu'il fallait ajouter l'œuvre intitulée *L'Avenir de l'intelligence*.

« Plusieurs Consulteurs voulurent qu'on y ajoutât aussi les livres intitulés *La Politique religieuse* et *Si le coup de force est possible*. »

1. *L'Action française*, 9 janvier 1927.
2. Un des principaux quotidiens catholiques.
3. Organisme chargé de dresser le « catalogue des livres interdits » (*Index librorum prohibitorum*), c'est-à-dire ceux que les catholiques ne devaient pas lire. Cet organisme a été aboli en 1966.
4. Juridiction compétente en matière doctrinale.

II. Dans la Congrégation générale tenue le lundi 26 janvier 1914 : « L'Éminentissime cardinal préfet a déclaré qu'il avait traité de cette affaire avec le Souverain Pontife et que le Saint-Père, en raison du nombre de pétitions à lui adressées de vive voix et par écrit, même par des personnes considérables, avait vraiment hésité un moment, mais enfin avait décidé que la Sacrée Congrégation traitât de cette affaire en pleine liberté, se réservant le droit de publier lui-même le décret.

« Les Éminentissimes Pères, entrant donc au cœur de la question, déclarèrent que, sans aucun doute possible, les livres désignés par les Consulteurs étaient vraiment très mauvais et méritaient censure, d'autant plus qu'il est bien difficile d'écarter les jeunes gens de ces livres, dont l'auteur leur est recommandé comme un maître et comme le chef de ceux dont on croit attendre le salut de la patrie. Les Éminentissimes Pères décidèrent unanimement de proscrire, au nom de la Sacrée Congrégation, les livres énumérés, mais de laisser la publication du décret à la sagesse du Souverain Pontife. Pour ce qui concerne le périodique *L'Action française, Revue bimensuelle*, les Éminentissimes Pères estimèrent qu'il fallait en décider comme des œuvres de Charles Maurras. »

III. Le 29 janvier 1914 : « Le secrétaire, reçu en audience par le Saint-Père, a rendu compte de tout ce qui s'est fait dans la dernière Congrégation. Le Souverain Pontife se met aussitôt à parler de *L'Action française* et des œuvres de M. Maurras, disant que de nombreux côtés il a reçu des requêtes lui demandant de ne pas laisser interdire ces œuvres par la Sacrée Congrégation, affirmant que ces œuvres sont cependant prohibées et doivent être considérées comme telles dès maintenant ; selon la teneur de la proscription faite par la Sacrée Congrégation, le Souverain Pontife se réservant toutefois le droit d'indiquer le moment où le décret devra être publié, s'il se présente une nouvelle occasion de le faire, le décret qui prohibe ce périodique et ces livres sera promulgué à la date d'aujourd'hui. »

IV. Le 14 avril 1915 : « Le Souverain Pontife (Benoît XV d'heureuse mémoire) a interrogé le secrétaire au sujet des livres de Charles Maurras et du périodique *L'Action française*. Le secrétaire a rapporté en détail à Sa Sainteté tout ce que la Sacrée Congrégation avait fait à ce sujet et comment son prédécesseur, Pie X, de sainte mémoire, avait ratifié et approuvé la proscription prononcée par les Éminentissimes Pères, mais avait différé à un autre moment plus propice la publication du décret. Cela entendu, Sa Sainteté déclara que ce moment n'était pas encore venu ; car, la guerre durant encore, les passions politiques empêcheraient de porter un jugement équitable sur cet acte du Saint-Siège[1]. »

1. Une condamnation de l'Action française en pleine guerre aurait pu apparaître comme un acte proallemand.

De plus, en raison des articles écrits et publiés, ces jours derniers surtout, par le journal du même nom, *L'Action française* et, nommément, par Charles Maurras et par Léon Daudet, articles que tout homme sensé est obligé de reconnaître écrits contre le Siège apostolique et le Pontife romain lui-même[1], Sa Sainteté a confirmé la condamnation portée par son prédécesseur et l'a étendue au susdit quotidien, *L'Action française* tel qu'il est publié aujourd'hui, de telle sorte que ce journal doit être tenu comme prohibé et condamné et doit être inscrit à l'Index des livres prohibés, sans préjudice à l'avenir d'enquêtes et de condamnations pour les ouvrages de l'un et de l'autre écrivain.

Donné à Rome, au palais du Saint-Office, le 29 décembre 1926.

Par ordre du Saint-Père,
Canali, assesseur.

Lettre du pape Pie XI au cardinal Andrieu

À S.Em. le cardinal Paulin-Pierre Andrieu, archevêque de Bordeaux.

Bien aimé et vénéré Monsieur le cardinal,

C'est de tout cœur que Nous vous remercions des bons et si pieux souhaits que vous venez de Nous envoyer par votre aimable lettre du 23 décembre passé et que Nous vous le rendons en implorant pour vous du divin Enfant toutes les grâces que votre âme de pasteur désire pour vous-même, pour votre clergé et pour votre peuple, qui sont aussi les nôtres et que Nous aimons tant parce qu'ils vous aiment, travaillent avec vous et répondent si généreusement à vos sollicitudes pastorales. Nous tenons à faire cela personnellement et sans intermédiaire pour vous dire encore une fois combien Nous apprécions la fidèle et généreuse coopération que vous Nous prêtez depuis quelques mois. Dans les feuilles ci-jointes, vous allez lire le premier un décret touchant la grave question de l'Action française, qui va paraître incessamment dans les *Acta Apostolicae Sedis*[2], avec les actes du premier Consistoire. Vous aviez un certain droit à cette prémice parce que, parmi vos vénérables confrères de l'épiscopat français, vous avez été le premier à soulever la question et le premier aussi à porter les conséquences

1. Le 24 décembre 1926 notamment, *L'Action française* avait publié en une un article intitulé « Non possumus », en latin « Nous ne pouvons pas » – sous-entendu : « nous incliner devant les remontrances du pape ». Or, cette locution renvoie au passage des Actes des Apôtres (IV, 20) où saint Pierre et saint Jean rejettent l'interdiction que leur font les autorités juives d'annoncer l'Évangile. Symboliquement donc, l'Action française adoptait le rôle des premiers chrétiens et renvoyait le pape à celui des Juifs, ce qui était d'une extraordinaire arrogance. La date de cet article – la veille de Noël – n'arrangeait rien...

2. En latin, *Actes du siège apostolique*, jounal officiel du Saint-Siège.

d'une telle initiative, toujours avec Nous, dès que votre cause est devenue la Nôtre, c'est-à-dire dès la toute première heure.

Comme vous allez voir, le décret a une importance assez grande, ne serait-ce que parce qu'il détruit d'un seul coup la légende qu'on a tissée, en bonne foi, comme Nous aimons à le croire, autour de Notre vénéré prédécesseur Pie X de sainte mémoire. Comme vous voyez, non seulement il en résulte que ni vous, ni Nous, ni Nos coopérateurs et exécuteurs n'avons été les premiers à Nous saisir de ladite question, mais il en résulte aussi que Nous avons fini là où Pie X a commencé.

Il est de toute évidence que Nous aurions employé de tous autres procédés si les documents que Nous publions avaient été à Notre connaissance ; mais ce n'est qu'après le jour du Consistoire que Nous les avons eus en Nos mains. Sans doute, il Nous était très pénible de voir opposer (comme on l'a si souvent fait plus ou moins ouvertement), le nom et la prétendue conduite de Notre vénéré prédécesseur à Notre nom et à Notre conduite vis-à-vis de l'Action française ; Nous avions le profond sentiment – dites le pressentiment – qu'une telle opposition ne répondait pas au vrai ; pour ne pas dire autre chose, Pie X était trop antimoderniste pour ne pas condamner cette particulière espèce de modernisme politique, doctrinaire et pratique, auquel Nous avons affaire[1] ; mais les documents positifs Nous manquaient, ils Nous ont manqué jusqu'à la toute dernière heure, et ce n'est qu'après des recherches réitérées, faites suivant des indications que Nous suggéraient les habitudes d'une vie passée en grande partie au milieu des livres et des documents, qu'on les a finalement retrouvés. Tout ceci s'explique facilement si on se rappelle qu'en l'an 1917 (*Motu Proprio*[2] du 25 mars), la S. Cong. de l'Index a été incorporée à celle du Saint-Office et ses archives unies à celles de celui-ci. Il est encore plus facile d'expliquer les délais auxquels Pie X et Benoît XV ont jugé opportun de soumettre la publication du décret que Nous promulguons : l'un et l'autre ont dit et Nous publions les considérations qui les ont inspirés ; et l'on ne peut pas ne pas remarquer que les interventions et les hautes pressions dont parle Pie X ne l'ont pas empêché d'approuver la proscription prononcée par la S. Cong. de l'Index jusqu'à vouloir y lier son nom, et en prescrivant la date de la publication en n'importe quel temps celle-ci aurait eu lieu. Nous Nous demandons plutôt pourquoi la divine Providence a permis tout ce retard dans la recherche et la découverte de documents si importants et si décisifs ; et Nous aimons à y voir non seulement une permission, mais une disposition providentielle dans le double but, d'un côté, de Nous engager à étudier toute la grave question

1. Pie XI accuse l'Action française de « modernisme » en raison du tour positiviste de la pensée de Maurras (voir *Auguste Comte*, p. 643 de la présente édition).
2. Document émis par le pape « de sa propre initiative » en latin.

personnellement et pour Notre compte, et, de l'autre côté de faire... *ut revelentur ex multis cordibus cogitationes*[1].

En effet, cette révélation des cœurs s'est produite dans une bien large mesure depuis la publication de votre lettre, mais plus encore en ces derniers temps et surtout dans les jours qui ont suivi le Consistoire du 20 décembre passé. Il s'est révélé une absolue absence de toute juste idée sur l'autorité du Pape et du Saint-Siège et sur sa compétence à juger de son extension et des matières qui lui appartiennent ; une absence non moins absolue de tout esprit de soumission ou tout au moins de considération et de respect ; une attitude prononcée d'opposition et de révolte ; un oubli ou plutôt un vrai mépris de la vérité, allant jusqu'à l'insinuation et à la divulgation d'inventions aussi calomnieuses que fausses et absurdes ; tout ceci s'est abondamment et si clairement révélé que beaucoup de bons catholiques ont vu et compris à qui et à quel esprit ils s'étaient fiés en pleine bonne foi. C'est au milieu de telles révélations de cœurs que la divine Providence a mis entre Nos mains les documents que Nous vous communiquons ; ce sont ces révélations qui ont mis le comble à la mesure et Nous font proscrire le journal *L'Action française*, comme Pie X a proscrit la revue bimensuelle du même nom. Quant aux livres de Charles Maurras, proscrits par Pie X, il est évident pour tout bon catholique que la proscription ne perd rien de sa force par le fait que l'auteur ait tenu à se faire son propre index[2], quand l'Index de la Sainte Église est intervenu, d'autant plus s'il déclare comme il l'a déclaré que, par là, il n'entend se mettre en règle avec aucune loi. C'est précisément de l'intervention de l'Index que les documents retrouvés témoignent, comme ils attestent aussi le persévérant jugement de l'Église sur la grave question du moment. Nous espérons que, révélée à l'heure qu'il est, une telle continuité du jugement suprême de cette Église que le Saint Esprit appelle *Columna et firmamentum veritatis*[3], suffirait à elle seule à éclairer les esprits, à dissiper les doutes, à tranquilliser les âmes, à ramener partout et en tous la paix. C'est Notre désir ardent, c'est Notre instante prière pour tous Nos chers fils de France et plus particulièrement pour cette bien-aimée jeunesse, qui toujours, mais surtout à l'heure qu'il est, garde la première place dans Nos prédilections et dans Nos sollicitudes apostoliques. Mais c'est à tous sans exception que Notre cœur paternel s'ouvre, offrant à tous l'accueil le plus indulgent et le plus tendre ; désireux de les consoler tous, si, pendant une heure que Nous espérons déjà passée sans retour, Nous en avons dû contrister quelques-uns afin de ne pas manquer à Nos redoutables responsabilités pour le salut de leurs âmes.

---

1. « que soient révélées les pensées secrètes de bien des gens » : citation de l'Évangile selon saint Luc (II, 35).
2. Maurras commente ce point plus loin.
3. « Colonne et soutien de la vérité » (saint Paul, Première épître à Timothée, III, 15).

Voilà, Monsieur le cardinal, les sentiments dont Nous vous prions de vous faire l'interprète, comme toujours fidèle, en vous donnant, à vous, à tout votre diocèse et à toute la France, les bénédictions les plus affectueuses.

Du Vatican, le 5 janvier 1927

Pius P.P. XI

Comme je l'ai exprimé hier soir par une note circulaire, à la presse parisienne, l'arrivée des deux documents n'a pas été sans causer une certaine surprise. On savait la condamnation prête, cela nous revenait de tous les côtés. On imaginait difficilement qu'elle pût éclater en pleine discussion du discours du Nonce et de la politique de Locarno[1]. Mais ne savait-on pas que, sur de tels sujets, nul ne nous fermerait la bouche ?

Quoi qu'il en soit, je n'aurai pas le mauvais goût d'opposer une contestation quelconque au jugement du Souverain Pontife sur ma personne, mon œuvre ou ma pensée. Nous avions cru de notre devoir de dire aux catholiques que certaines de mes œuvres n'étaient pas pour eux et nous nous étions fait ainsi, depuis de longues années (1912 !) notre propre Index. Le Saint-Père relève cet acte comme insuffisant, pis encore peut-être. Nul ne discutera ici le droit de l'Église. Peut-être eût-il été équitable de se souvenir que tel livre jugé condamnable en 1913 ou 1914 ne se présentait plus dans le même texte en 1926[2]. Mais peu importe ! Là encore, la décision appartient à qui juge, et le juge, ce n'est pas nous.

Tout cela est donc sans reproche, le murmure serait parfaitement inutile. Mais il me reste à dire que j'ai lu avec un étonnement douloureux les documents par lesquels le nom et l'autorité de Pie X sont invoqués et utilisés contre moi.

S.S. Pie XI nous apprend que le 20 décembre il ignorait encore ces documents qui n'ont été connus que d'hier. Ce retard lui paraît facilement explicable. Néanmoins, à lire et à relire ce passage de la lettre pontificale, il est clair que l'explication tirée d'un déménagement d'archives ne satisfait Sa Sainteté qu'à demi : car Elle en cherche d'autres, plus élevées. Cette inquiétude assez sensible est beaucoup plus vive chez moi : je ne puis m'empêcher de trouver suspects des textes dont le sens est en contradiction flagrante avec les témoignages que je possède depuis treize ans (et qui n'ont jamais varié) sur la pensée très claire de Pie X à mon égard.

1. Pie XI soutenait le rapprochement franco-allemand, qui avait débouché le 16 octobre 1925 sur les accords de Locarno, car il y voyait une condition de la paix en Europe. Maurras estimait au contraire que ce rapprochement serait instrumentalisé par l'Allemagne pour s'affranchir du traité de Versailles et réarmer.

2. Maurras avait supprimé les passages les plus antichrétiens dans les rééditions du *Chemin de Paradis* et d'*Anthinéa*.

Le décret exhumé nous donne la date à laquelle se réunit la congrégation de l'Index pour me juger : 15 janvier 1914. Précisément ce même jour, le Pape Pie X recevait en audience particulière un religieux éminent, ami de l'Action française[1], et lui disait :

— *Ils* sont aujourd'hui réunis pour *le* condamner...

— Je le sais, Saint-Père, dit le religieux, mais que feront-ils ?

— Ils ne feront rien. *Faranno niente*, répondit le Pape avec une extrême vigueur de regard et d'accent.

Avant de se retirer, le moine agenouillé pour la bénédiction, dit :

— Très Saint-Père, si j'osais, je vous demanderais une bénédiction spéciale pour Charles Maurras.

— Oui, répondit-il, envoyez-la-lui de ma part.

Le surlendemain, 17 janvier 1914, je reçus lettre et bénédiction.

Assurément, Pie X aurait pu changer d'avis, aux dates plus récentes marquées par les documents retrouvés : 26 janvier, 29 janvier 1914. Mais en juillet suivant, moins de six semaines avant la mort de Pie X, un autre Français[2] recevait de la même bouche sainte des déclarations aussi précises que les premières. C'était en réponse à mes remerciements pour la condamnation épargnée :

— *Elle est là,* dit le Pape, en montrant son bureau, *et elle n'en sortira pas.*

Pie X ajouta : — *Ils venaient, en colère, comme des chiens, me dire : Condamnez-le, Très Saint-Père, condamnez-le ! Je leur répondais : « Allez-vous-en, allez lire votre bréviaire, allez prier pour lui. »*

Le second témoin fit comme le premier. Il implora du pape Pie X une bénédiction spéciale pour moi. Elle lui fut accordée avec beaucoup de grâce, et c'est à cette occasion que le pape Pie X prononça sur moi la parole extraordinaire : *E un bel defensor della fede*[3].

Entre l'audience donnée le 15 janvier à mon premier témoin et les paroles, si bienveillantes, dites au second au mois de juillet, se placent ces mots d'une lettre du cardinal de Cabrières, rapportant une audience de Pie X, juin 1914 : « *Nous avons parlé de Maurras et j'ai vu le Saint-Père très résolu, et heureux de l'avoir protégé.* »

On sait que, tout dernièrement, *La Vie catholique* essayait d'invoquer contre moi des témoignages du cardinal de Cabrières[4]. On n'a pas oublié comment des textes formels lui ont fermé la bouche. *La Vie catholique* a murmuré d'obscures menaces. Elle n'a pas osé nous resservir le plat. Que répondre, en effet, à l'accablante vérité qui ruisselle du texte que nous plaçons au frontispice de ce numéro ? Peu de temps avant la fin d'une belle

1. Le père Thomas Pègues, dominicain, spécialiste de la pensée de saint Thomas d'Aquin, dont on sait combien elle a influencé Maurras.

2. Il s'agit de Camille Bellaigue, camérier de Pie X.

3. « C'est un beau défenseur de la foi. »

4. Évêque de Montpellier, félibre et monarchiste.

vie, le cardinal de Cabrières terminait sa lettre publique du 6 août 1920 par ces mots : « *Au revoir, mon cher Maurras, et bien respectueusement à vous dans le souvenir du pape Pie X dont la volonté expresse vous a gardé pendant la guerre pour le bien de notre pays.* »

Après les témoins qui vivent encore, voici donc le texte toujours vivant du noble témoin qui milite du fond du tombeau. En présence de telles dépositions, il me faut bien me demander ce que valent les documents qui ont dormi dans l'ombre pendant treize années, exposés à tous les outrages et qui en sont sortis de façon aussi opportune que merveilleuse : le Pape qu'ils ont trompé en a dû faire état. Mais, comme je l'ai dit hier soir à nos confrères de la presse, tous les gouvernements, toutes les chancelleries se ressemblent et les bureaux embarrassés ont rarement péché par excès de scrupule, qu'il s'agisse de solliciter, de forger ou de maquiller ! En 1914, quand la France était absente du Vatican depuis dix ans entiers[1], l'intrigue allemande tenue en respect par Pie X était déjà très forte. D'autres raisons nouvelles l'ont aggravée et fortifiée aujourd'hui.

*

* *

C'est donc à S.E. le cardinal de Bordeaux qu'a été adressée la primeur (ou les « prémices ») des nouveaux documents dont on vient de voir la valeur et la portée. Ces pièces, dont on peut dire tout au moins qu'elles sont suspectes, consoleront-elles le vénérable prélat d'Aquitaine d'avoir innocemment copié les mensonges et les faux de l'agent allemand Fernand Passelecq[2] ? Cette copie est démontrée au peuple français depuis avant-hier. Ces mensonges et ces faux soulèvent par toute la France une dérision triste et un rire amer que nous n'aurions pas voulu déchaîner. Ceux qui nous reprocheront de n'avoir pas tenté d'obtenir justice par d'autres moyens moins publics établiront par ce reproche qu'ils ignorent absolument tout le secret de notre histoire au long des quatre derniers mois.

Quoi qu'il en soit, la preuve est faite. C'est d'un agent pangermaniste belge que tout a découlé. Sa brochure propagée par l'abbé Trochu[3] en supplément de *L'Ouest-Éclair* a trompé le métropolitain de Bordeaux, l'erreur de Bordeaux a trompé la Métropole romaine et la cabale boche, proboche et philoboche a tout aggravé et envenimé.

1. Les débats sur la loi de séparation des Églises et de l'État avaient entraîné la rupture des relations diplomatiques entre la France et le Vatican en juillet 1904.

2. Cet avocat belge joua un rôle important dans la lutte contre l'influence maurrassienne chez les catholiques belges. Mais il ne semble nullement avoir été « l'agent allemand » dont parle Maurras : il a au contraire dénoncé dès la Première Guerre mondiale les visées allemandes sur la Belgique.

3. Prêtre démocrate-chrétien, fondateur en 1899 du journal *L'Ouest-Éclair*.

Ce n'est pas nous qui, en nous plaignant de Rome, voudrions accuser Rome. Les malheurs de la France et des Français à Rome sont dus au régime qui a laissé la France sans représentation et sans influence là-bas. Notre confiance, égale à notre respect, est supérieure à l'épreuve. Le fait d'être momentanément méconnus en un des lieux du monde dont nous avons attendu les biens spirituels et moraux les plus élevés ne peut absolument rien changer à nos idées là-dessus. À peine nous semblent-elles un peu plus difficiles à défendre.

Je ne parle certes pas au nom des catholiques. Comment un catholique serait-il ébranlé ! L'un d'eux me disait l'autre jour : « Le Pape est infaillible en matière de foi et de doctrine parce qu'il est informé par le Saint-Esprit, il est faillible dans le reste, comme un homme, parce qu'il a des hommes pour informateurs. »

Les non-croyants savent, d'autre part, que l'idée générale que l'on se fait d'une institution doit être tirée de l'ensemble de son développement et de son action.

La monarchie française nous est apparue bonne parce qu'elle a été le bien de la France pendant mille ans.

La Papauté nous est apparue excellente parce qu'elle représente un bienfait universel pour l'humanité pendant près de deux millénaires.

Aurions-nous cessé d'être monarchistes au lendemain de Rosbach[1] ? Comment cesser d'honorer et de vénérer le catholicisme au lendemain d'une petite erreur concernant quelques livres et leur auteur ?

Ces condamnations respectent nos devoirs à l'égard du Saint-Siège. Elles ne peuvent effacer aucun de nos devoirs envers la patrie. Je ne cesserai pas de la défendre ni de la mettre en garde contre la barbarie dont elle est menacée. Je n'arrêterai pas mon sillon, je n'interromprai pas mon œuvre, je ne trahirai pas une pensée dont la fécondité n'est pas discutable et dont l'Église même a eu des profits que je ne cherchais pas. Il y a un dossier de conversions catholiques opérées par *L'Action française* et même par son directeur indigne. Il y a un dossier des vocations sacerdotales qui se sont produites parmi nos jeunes gens. On nous apporte ce soir même, de la part de la présidente générale de l'association des Jeunes filles royalistes, étroitement unie de tout temps à l'Action française, un dossier des entrées en religion de leurs membres depuis dix ans : ces jeunes filles sont au nombre de 251 sur lesquelles 33 carmélites, 2 trappistines, 14 bénédictines, 7 dominicaines, 2 clarisses, 3 franciscaines, 8 visitandines, 18 augustines (Sacré-Cœur), 9 filles de la Charité de Saint-Vincent-de-Paul, 3 missionnaires, 13 auxiliatrices du Purgatoire. Les 140 autres se partagent entre des congrégations régionales. Ces jeunes

1. Défaite de l'armée de Louis XV face au roi de Prusse Frédéric II (1757).

Françaises nous lisaient : leurs belles voix pures diront si ce journal ou si nos livres les détournaient de leur devoir !

Je lis avec stupeur que non seulement *Anthinéa* et *Le Chemin de Paradis*, mais *L'Avenir de l'intelligence*, *La Politique religieuse* sont signalés comme des livres très mauvais. J'y vois aussi *Les Amants de Venise*… Il y a là-dessus un bon conte, qui est une histoire vraie.

En 1912, quand ma *Politique religieuse* arriva à Rome (c'est le livre qui m'avait valu la faveur de Pie X[1]), un saint religieux de nos amis, bien connu sous le nom du père Pie de Langogne[2], écrivit à un de mes maîtres les plus chers[3] : « À la bonne heure ! Voilà comment on aime à lire M. Maurras… Mais pourquoi s'amuse-t-il à écrire des livres frivoles et immoraux comme *Les Amants de Venise*… » Mon bon maître fut pris d'un fou rire. Poste par poste, il répondit : « Mais le titre de ces *Amants* vous a trompé ! Mais c'est un livre archimoral. Mais sans le mettre indistinctement dans toutes les mains, il peut servir beaucoup à détruire quelques-uns des pires sophismes du sentiment… » En union à cette pensée, je lisais, tout dernièrement, sous la plume d'un Prince de l'Église de France[4], une allusion transparente à ce petit livre : « Nul n'a mieux flagellé la fausse dignité de l'Amour romantique qui prétendait valoir pour lui seul, quelque indigne que fût son objet ou pernicieux que fussent ses ravages, thème antisocial qui a présidé à la destruction légale de la famille dont nous sommes les témoins épouvantés. »

Que Rome, évidemment trompée, censure le modeste appoint que portent nos faibles forces à la défense intellectuelle et morale de la civilisation contre l'anarchie, encore une fois, c'est son droit. Il ne m'appartient pas de protester. À côté de Rome, il y a la France. Je n'ai pas le droit de cesser la défense de mon pays. *Kiel et Tanger* n'a pas été censuré, et c'est bien heureux ! Nous nous tiendrons, très fermes, sur ce bout de rempart qu'a respecté la germanophilie devenue maîtresse de quelques avenues et antichambres du Vatican. Mais nous n'arrêterons pas non plus de redire à Celui qui a cru lire de mauvais sentiments dans les cœurs qu'il dépendait de Lui de les connaître directement et de les aimer.

1. Ce livre visait notamment les thèses démocrates-chrétiennes.
2. Archevêque de Corinthe et confesseur de Pie X.
3. Monseigneur Penon, évêque de Moulins, qui avait été le précepteur du jeune Maurras.
4. Le cardinal Charost.

LA POLITIQUE[1]

I. Le « Quo vadis ?[2] » de La Nation belge

Où va la France ? demande *La Nation belge* d'hier.

Un des plus sérieux services que l'on puisse rendre à nos compatriotes est d'extraire et de résumer l'article de nos amis du Nord.

La Belgique se demande où va la France sur le plan incliné des conversations, des ententes et des amitiés germaniques. Quand l'Allemagne réarme, quand la question se pose *résister* ou *capituler*, est-ce à la capitulation que vont les Français ?

En ce cas, la Belgique a des intérêts à défendre et même sa vie à sauver :

La Belgique ne veut pas être dupe. Servir de barrière à la France contre l'Allemagne, c'est le rôle qui lui imposent à la fois la géographie et l'Histoire. Elle le sait. Mais servir d'avant-garde à une France qui s'abandonnerait, c'est un rôle qui n'apparaît ni tentant, ni possible. Constitués par Rome, les gardiens du limes[3], *les Francs, tinrent bravement tête aux Barbares germaniques aussi longtemps que Rome se montra forte et décidée à faire respecter les frontières de son Empire. Mais le jour où Rome renonça à se défendre elle-même… on sait ce qu'il advint.*

Ce qui advint peut recommencer. Si la France lâche, elle sera lâchée. Lâchera-t-elle ? *La Nation belge* cite les scandales du *Temps* et du *Matin*… Puis,

Les « conversations » qu'Hitler a proposées, théâtralement et avec une insistance significative, ne peuvent avoir – on ne s'en cache pas en Allemagne – qu'un seul aboutissement : le réarmement du Reich et la révision des traités, c'est-à-dire des clauses territoriales et des traités.

Telle est l'aventure. Devant elle, il y a des Français solides pour voir clair et pour réagir. Ceux qui ne réagissent pas et qui se plaignent des infidélités polonaises sont des nigauds ou sont des fourbes. *La Nation belge* dit :

C'était à la France de s'entendre avec la Belgique pour dire à la Pologne :

— Notre frontière à nous est sur la Vistule, nous ne faisons pas de difficultés pour la reconnaître. Convenez, à votre tour, que votre frontière est sur le Rhin et la Meuse, et comportons-nous, les uns et les autres, en conséquence…

L'imbécillité des traités qui ont détruit l'Autriche et laissé l'Allemagne unifiée comportait cependant une garantie : la politique d'alliance et même de fédération étroite entre les pays appelés à former barrière

1. *L'Action française*, 21 décembre 1933.

2. En latin « Où vas-tu ? ». D'après la tradition, le Christ aurait posé cette question à saint Pierre fuyant les persécutions romaines.

3. Confins militaires de l'Empire romain.

contre l'Allemagne : Belgique, Pologne, Petite Entente[1], n'oublions pas l'Italie… Dès Clemenceau, il est impossible de l'oublier, cette politique a subi d'importantes fêlures. On a cru la rendre superflue au moyen des nuées et des fumées briandes[2]. Celles-ci dissipées, il eût fallu sentir l'urgente nécessité d'y revenir. Personne en France, personne dans les cercles de notre pays légal n'en a eu le courage. Et l'ennemi réarme, se réordonne, se refait à vue d'œil.

La Nation belge conclut :

Cette politique, voilà dix ans que La Nation belge*, en toute occasion, s'évertue à la défendre et à la prôner.*

Voilà dix ans, qu'était donc l'Allemagne ? Le cardinal-archevêque de Munich avait peut-être encore, sur sa table de travail, le « tout craque dans le Reich » de Stresemann[3]. La France était au zénith de sa puissance. Puissance politique, économique, militaire ; elle tenait les dés sur tous les tableaux.

Eh ! bien, ce passé récent est méconnu dans le pays légal français : pour échapper aux plus rationnels et aux plus naturels des reproches, le pays légal est unanime à nous crier que le retour aux Allemagnes[4] était « impossible » (qu'en sait-il ?) et, les uns pour dire quelque chose, les autres pour faire chorus avec le grand nombre ou pour garder contact avec quelques erreurs chéries, il existe même de bons Français pour taxer de chimère la seule opération qui eût été de bon sens !

II. Amis d'Hitler et de Bismarck ?

Mais laissons le rétrospectif.

Parlons du jour d'aujourd'hui, comme disait le concierge de Gavarni.

C'est aux bons Français qui se trompent, emportés par l'esprit de système, et même de bon système, par l'esprit de parti et même de bon parti, que je voudrais parler très posément, très clairement.

Il ne s'agit pas de balivernes à la d'Ormesson[5]. Il s'agit de choses sérieuses, d'erreurs graves, et, commises de bonne foi, qui peuvent mener très loin.

Une campagne est faite, des campagnes sont faites, quelquefois auprès de la jeunesse nationale, patriote, conservatrice, non pas précisément en faveur d'un parti d'Internationale blanche dont Hitler (tel Ludendorff autrefois) serait le gonfalonier, contre le communisme des Soviets, le communisme antihumain universel, barbare…

---

1. Alliance militaire entre la Tchécoslovaquie, la Yougoslavie et la Roumanie (1920), ultérieurement patronnée par la France.

2. Allusion au pacifisme de Briand.

3. En 1923, l'Allemagne était dans une situation économique désastreuse et des troupes franco-belges occupaient la Ruhr.

4. C'est-à-dire une confédération des divers États allemands.

5. Wladimir d'Ormesson, chroniqueur diplomatique et ultérieurement diplomate.

Non, les choses ne sont ni aussi avancées ni aussi claires. On se borne à louer Hitler, à exalter Hitler, à faire le simple dénombrement des bonnes choses que lui doit l'Allemagne : soit (si l'on s'est avancé de ce côté-là) pour l'expulsion des Juifs et la répression des révolutionnaires, soit pour le rétablissement d'un ordre moral et matériel solide. On y mêle un certain élément esthétique. On fait valoir des considérations d'intérêt et, sans aller toujours jusqu'à prôner les avantages qu'il y aurait à s'entendre ou (sinistre refrain) à causer on l'insinue. Sans l'insinuer, on voudra dire tout ce qu'il faut pour introduire cette araignée dans les meilleurs esprits.

Campagnes payées ? Quelques-unes, sans doute. De quelques autres, j'ose dire que je suis bien assuré du contraire. Une certaine pente est suivie, une certaine logique des doctrines, peut-être un goût suspect d'une illusoire et bien dérisoire justice. Mais ailleurs, à côté, coule certainement le fleuve d'or papier, et ce qu'il sème et fait pousser sur la mauvaise rive encourage, stimule la mauvaise végétation parallèle sur la bonne rive d'en face. Le bien et le pire sont ainsi entraînés dans un courant d'émulation dangereuse. On songe à l'arrogante formule des Allemands de 1917 « nous organiserons les sympathies » ; il y a longtemps que cette organisation est en train dans le vaste monde. Eh ! bien, cela commence à prendre, ici, je le répète, avec le concours de bonnes volontés innocentes que nous voudrions éclairer pour les arrêter à tout prix.

Des jeunes gens, au chaud patriotisme, charmés par leurs analogies du cœur avec les patriotes allemands, disent : — Il n'y a que nous qui pourrions nous entendre avec Hitler… Non, chers amis. Il n'y a que vous qui seriez capables de tenir le coup contre lui. Il n'y a que vous qui soyez en *état* de le faire réfléchir et de l'amener à de *véritables états* de paix. Il n'y a que vous dont la bravoure et l'intelligence constituent un véritable obstacle à la guerre. Votre rempart vivant est le vrai gage de la paix. Vous êtes les porte-respect de la France. Vous n'êtes pas, et vous ne pouvez être en rien les porte-voix de mirifiques propositions quelconques capables de supprimer les convoitises, les désirs, les envies, les intérêts qui font d'Hitler non l'ami de la France, mais l'amateur passionné des richesses françaises : si grand amateur qu'il est *déterminé tout entier* à vouloir se les approprier. Cette considération fondamentale étant posée, et moyennant le souvenir de ce fait que 65 millions d'hommes allemands sont placés sur une aire territoriale un peu inférieure à la surface de notre territoire, qui ne porte que 42 millions de Français, aucune réflexion sérieuse ne permet de prêter à Hitler aucune volonté d'accord véritablement pratique avec nous. Dire le contraire est se tromper du tout au tout, ou mentir. Propager ce mensonge contient de très gros dangers. Les voici.

Supposons (nous continuons à parler à des Français patriotes et de bonne foi), supposons que la campagne de sympathie désintéressée pour Hitler réussisse : il se trouve dans la meilleure moyenne de l'opinion nationale française des esprits disposés à suivre avec les illusions de l'amitié les divers mouvements de Hitler en Europe, et, les gauches ne demandant pas mieux que d'appuyer en ce sens[1], il y a presque unanimité à *plaider*, à *intercéder*, au besoin à *pardonner*, à chaque pas en avant de l'Islam hitlérien. Qu'arrive-t-il ? Un jour Hitler sera installé à Vienne, et la France ne bougera pas, les meilleurs des Français n'étant pas d'avis qu'elle bouge[2]. Un autre jour, Hitler s'établira dans le couloir polonais. Même immobilité de la France[3]. Même cause morale à cette immobilité. Un autre jour, Hitler reprendra Eupen et Malmédy à nos amis belges. Ceci émeut peut-être ? Mais les amitiés jouent, les admirations, les enthousiasmes : après tout, ces cantons belges sont-ils si importants que cela ! Bref, le halo du prohitlérisme joue autour de ces brigandages, les défend et les auréole, ce qui permet aux forces d'Hitler un rapide, puissant et formidable accroissement continu. Nous aurons laissé envahir et dépouiller nos amis. Nous aurons laissé des millions d'ex-Allemands rejoindre leurs ex-cadres du Reich. Et cette diminution matérielle des uns, cette augmentation matérielle des autres sera peu de chose auprès de l'immense développement du prestige hitlérien. Quand donc il redemandera l'Alsace et la Lorraine, quand il fera sonner toute la ferraille de la MittelEuropa sur le verrou de nos frontières, quelque chose le précédera qui fera déjà tout trembler… La guerre, oui la guerre, mais dans le vent de la défaite[4] !

Qu'on ne hausse pas les épaules.

Que l'on ne nous accuse pas de dessiner une histoire unilinéaire sans tenir compte du jeu des mobiles humains. Là où est la germanité l'humanité ne joue qu'un rôle petit, réduit, destiné à s'amincir et à s'effacer encore… Et puis, ce que je dis pour l'avenir a déjà été observé à peu près dans les mêmes termes au passé. Le prestige qui s'appelle Hitler aujourd'hui s'est appelé Bismarck. Leurs débuts furent différents. Ils se ressemblent néanmoins à partir d'une certaine crise de sentiment.

Le comte de Bismarck fut ambassadeur de Prusse à Paris, peu avant de devenir Premier ministre à Berlin : il avait obtenu chez nous les plus grands succès. Les liens noués à Paris lui furent utiles, dès la première année de l'action diplomatique et guerrière qui devait le conduire à détrôner notre empereur et à faire empereur son roi : 1863-1864, affaire des Duchés, guerre des duchés, notre « opinion », amoureuse de Bismarck, se prononce pour la Prusse ; le Danemark aisément battu, nous sommes roulés, mais contents ; 1866, affaire d'Autriche, mêmes cris d'amour à Paris, même

---

1. De fait, de nombreux hommes de gauche deviendront proallemands par pacifisme.
2. Cette prophétie se vérifiera en 1938.
3. Cette prophétie fut démentie par la déclaration de guerre de la France à l'Allemagne le 3 septembre 1939.
4. Bonne anticipation des années 1939-1940.

lâchage de l'Autriche, mêmes illuminations quand on sait que Bismarck a vaincu à Sadowa : le libéralisme prussien, le protestantisme prussien, le modernisme prussien sont à la mode. De quels honneurs est entouré M. de Bismarck quand il revient à Paris pour l'Exposition universelle de 1867 ? À la victoire s'ajoutait le nimbe moral dont nous parlions tout à l'heure et qui, cette fois, servira à intimider l'Europe, à débaucher nos alliés naturels, à nous réduire à l'isolement dans les semaines qui précédèrent le coup de Sedan, suivi du siège de Paris et du traité de Francfort ! Le gouvernement impérial avait commis des fautes énormes. Mais voilà celles de l'Opinion. Elles ne sont pas pardonnables.

Je raisonne, bien entendu, dans l'hypothèse, en partie exacte, où les laudateurs de Bismarck, entre 1862 et 1880, étaient des gens sincères qui ne trahissaient point. Mais, pour les autres, on a peut-être oublié ce qui se passa : Bismarck avait à Paris une équipe de reptiles de presse qu'il payait pour chanter les louanges de sa politique. Quand il se sentit assez fort, quand il vit approcher le jour où la guerre avec la France lui serait avantageuse, que fit M. de Bismarck ? Il coupa les vivres à ses reptiles parisiens, qui se hâtèrent de l'attaquer, conformément à son désir le plus profond !

— Français ! Français ! Français !

Il y a en politique des affaires qui sont, comme en géométrie, affaires de position. À voir celle-ci d'un peu haut, il n'y a presque pas de Bismarck ni de Hitler qui tienne. Il y a la juxtaposition d'une Allemagne puissante, et d'une France redoutable par l'esprit, par la volonté qui peut l'animer, par les amitiés nationales qui se groupent naturellement autour d'elle, par la solidité et la dureté du double et triple rempart dont elle est ainsi bordée ; mais cette France est vulnérable par le nombre de ses voisins de l'Est, leur faim, leur soif, et aussi par ce qui les tente dans les richesses de son Empire, par la mauvaise qualité de son gouvernement et de son parlement.

Français ! Français ! Français ! comprenez le piège que vous tend toute campagne d'accord, d'entente, de conversation avec ce voisin dont la satisfaction ne peut être trouvée, ni conçue, ni rêvée qu'à vos dépens. C'est un devoir de dire : — Armons. C'est un autre devoir de ne pas laisser se détendre ni désarmer la juste animadversion des esprits. Il ne s'agit pas de haine. Mais il s'agit de se garder contre les embûches du plus faux, du plus fol amour.

APRÈS LES VOLEURS, LES ASSASSINS[1]

I. Sanglants menteurs !

Le préfet de police que l'on a chassé l'autre jour[2] est parti en disant qu'il n'avait pas de sang sur les mains.

C'était exact. Le sang des assassinats perpétrés depuis 1923 a coulé par les mains de la Sûreté générale[3].

En revanche, à peine recrutés par M. Daladier et par M. Frot, les deux remplaçants de M. Chiappe, dénommés Bonnefoy-Sibour et Geay[4], ont largement versé, hier soir, le sang de Paris. Il y a des tués. Il y a des blessés, et en si grand nombre qu'un seul hôpital en avait reçu plus de 90, tous atteints gravement, non de coups de matraque, mais de balles tirées, pour ainsi dire, à bout portant. Au premier assaut du pont de la Concorde, en un très court espace de temps, plus de trois cents coups de feu ont été comptés et le dénombrement des blessés que l'on a lu plus haut se rapporte à cet *unique épisode de la journée !*

La soirée a été terrible, c'est dans la soirée que le nombre des morts, estimé d'abord à deux, puis à quatre, a subitement *triplé*, dit-on, à l'heure où je commence à écrire.

Dans les Champs-Élysées, occupés par la garde mobile, la fusillade n'a pas cessé durant de longues demi-heures. Or, en ce même instant, l'homme abject que la protection des voleurs et des escrocs vient de promouvoir assassin[5], lançait, par la voie de la presse, des déclarations inimaginables accusant de ses crimes ceux qui en ont le plus souffert, à la tête desquels notre Maxime Real del Sarte, blessé au même bras que les Allemands lui ont mutilé[6] ! Les coupables, et quels coupables, les voilà donc ! Mais coupables de quoi, ministre assassin ? Ils criaient : *À bas les voleurs !* Ils voulaient donner leur avis aux protecteurs de l'escroquerie[7], ils s'avançaient sur les ponts, à travers les places de la grande ville, en arborant le drapeau de l'honnêteté offensée : hommes, femmes, jeunes gens, anciens combattants couverts de décorations gagnées au péril de leur vie, toute la fleur du pays de France, contre toute la lie de votre monde politicien

---

1. *L'Action française*, 7 février 1934.
2. Jean Chiappe, démis le 3 février 1934 en raison de sa proximité avec les milieux de droite.
3. Voir *supra* l'article du 9 juin 1925.
4. Frot, socialiste, était le ministre de l'Intérieur du radical Daladier, président du Conseil. Bonnefoy-Sibour était préfet de police, Geay directeur de la Sûreté générale.
5. Édouard Daladier.
6. Real del Sarte, cofondateur des Camelots du roi en 1908, avait perdu l'avant-bras gauche à Verdun en 1916.
7. Allusion à l'affaire du Crédit municipal de Bayonne, escroquerie montée par Stavisky.

Vingt-septième année - N° 38 Mercredi 7 Février 1934

L'ACTION FRANÇAISE

ORGANE DU NATIONALISME INTÉGRAL

Tout ce qui est national est nôtre. — Le Duc d'ORLEANS.

Chef de la Maison de France, j'en revendique tous les droits, j'en assume toutes les responsabilités, j'en accepte tous les devoirs.

Le Duc de GUISE, héritier des quarante rois qui, en mille ans, firent la France.

Fondateur : HENRI VAUGEOIS — *Directeurs politiques :* LÉON DAUDET et CHARLES MAURRAS. — *Rédacteur en chef :* MAURICE PUJO.

PREFETS SANGLANTS

— Frot, Bonnefoy-Sibour et Geay, assassins !

Pour défendre les voleurs, vous avez versé le sang de Paris.

PARIS VOUS AURA !

Après les voleurs, les assassins

PARIS COUVERT DE SANG

Pour étouffer la révolte des honnêtes gens la garde mobile tire sur la foule

50 morts — Des milliers de blessés

Comme il fallait s'y attendre, le sang des Parisiens honnêtes a largement coulé. Un gouvernement de crapules innommables, que préside le misérable Daladier, aidé d'un effroyable bandit, le sieur Frot, ministre de l'Intérieur, assisté de l'amant de la fille Arlette Simon, mariée à l'escroquissime Stavisky, répondant au nom de Paul-Boncour, ministre de la Guerre, un pareil gouvernement de filles et de gredins a fait tirer sur le peuple de Paris, tirer à mitrailleuses, sauvagement. C'est, à l'en croire, le triomphe sanglant de la République de traîtres (Caillaux et Malvy), d'escrocs (Péret, Klotz, Dubarry, le Sarraut de Chautemps, et Cie), s'imposant à la France par le sang et par la terreur!

Paul-Boncour est un miroir à filles, une raclure de cabarets de nuit, succédant — pour l'abandon et la trahison à l'Allemagne — au maquereau bénit Aristide Briand. Ce protecteur de la cambrioleuse Arlette Simon-Stavisky, d'accord avec Frot, a fait tuer hier les bons et honnêtes Français qui venaient clamer leur indignation aux voleurs et pourris du Palais-Bourbon. Ce cabinet infâme a fait tuer pour des voleurs.

Peuple de Paris, la bande aux traîtres Caillaux et Malvy, qui t'a fait fusiller dans le dos pendant la guerre, qui t'a volé, avec le Malvy de Dufrenne, des milliers de morts en surcroît, la bande à Frot et à Dalimier, aux voleurs et aux cambrioleurs de l'épargne, cette bande-là veut t'avoir par la terreur. Elle ne t'aura pas! Du sang des morts d'hier, comme du sang de Plateau, de mon fils Philippe, de Berger, de Jean Guiraud, exécutés par les escrocs et les maîtres chanteurs de la Sûreté générale, va lever une moisson de vengeurs. A ta tête, à l'heure décisive, nous serons, peuple de Paris, heureux de verser notre sang, s'il le faut, pour ta délivrance, pour le salut de la patrie, pour l'anéantissement du RÉGIME DE MORT QUE L'ON APPELLE LA RÉPUBLIQUE, pour le Roi qui, seul, peut te délivrer!

Léon DAUDET.

LA POLITIQUE

I. Sanglants menteurs !

Au cœur de la République affolée

DALADIER REFUSE DE S'EXPLIQUER DEVANT LA CHAMBRE

Il quitte le Palais-Bourbon, par derrière, en longeant les murs, sans oser sortir en voiture

A la Concorde

Les charges

Après les assassinats

II. Le mensonge cafard

III. La prétention à l'énergie !

IV. Trois possibles

V. Le courage de la France

VI. Complots !

Charles MAURRAS.

ÉCHOS

que vous auriez dû être le premier à reformer et à châtier, si vous aviez eu de l'honneur ! Vraiment, ce sont ces nobles hommes que le ministre Daladier accuse d'avoir fait couler le sang ?

Le leur, oui. Le beau sang qui était à eux et qu'ils ont donné à la France, le beau sang juvénile et fier que nous saluons et pleurons. Mais, vous autres, dites-nous donc, n'est-ce pas dommage, grand dommage, que le sang des « *bourreaux barbouilleurs de lois*[1] », celui de Frot, celui de Daladier, celui de Blum, n'ait pas été versé le premier ?

II. Le mensonge cafard

Les misérables ! La haine violente que leurs crimes inspirent a beau s'enfler et fermenter, elle est encore inférieure au dégoût que leur méritent leurs menteries : — *Ce n'est pas nous, Monsieur ! C'est l'autre ! Il a commencé !*

Le peuple de Paris eût-il commencé à tirer (avec quelles armes ?) encore faudrait-il savoir qui a commencé à voler, à escroquer, à protéger escrocs et voleurs !

Mais tous les témoins de la première bataille sont unanimes. J'en ai vu de bandés, encore couverts de sang ; j'en ai vu, simples passants impartiaux, qui venaient déposer chez nous, parce qu'ils savent qu'il y a ici un suprême refuge de patriotisme et de civisme, de justice et de vérité. Tous ont dit la même chose : les gardes mobiles ont tiré sur le pont de la Concorde à l'instant précis où les assaillants venaient de se rendre maîtres des tuyaux de pompes à incendie que l'on avait pointés contre eux. (Le régime républicain est le plus archaïque de tous ; il se figure que l'on vient à bout des houles de colère d'un jeune peuple avec les moyens renouvelés du maréchal Lobau en mai 1831[2] !) Hier, pas plus que l'autre samedi, cette eau, ces pompes ne pouvaient servir à grand'chose ! Les tuyaux ont été arrachés et la marche a recommencé. Au même instant, des cavaliers désarçonnés et des chevaux sans cavalier causèrent un certain désordre, sous l'empire duquel ont retenti les premiers coups de feu et claqué les premières balles. Quand bien même on admettrait qu'à ce moment-là, une certaine panique ait pu s'emparer d'une troupe novice, mal commandée, troublée et démoralisée par les ordres frais de leurs nouveaux chefs, il faudrait dire : — Mais après ?

Après ? les noires horreurs des Champs-Élysées ! Après ? À l'instant même où le sanglant Daladier essayait de désavouer son crime, en en chargeant autrui, au même point du temps où il rédigeait le mensonge

1. Extrait de « Comme un dernier rayon », poème écrit par André Chénier peu avant son exécution. En citant ce poète victime de la Révolution, Maurras assimile le pouvoir républicain de 1934 aux terroristes de 1794.

2. Ce maréchal inaugura l'usage des pompes à incendie contre les manifestations républicaines et bonapartistes de la place Vendôme.

ignominieux qui n'a même plus ce bas allant, ce mouvement vil, mais fort, qui distingua les aveux des grands criminels de la jacobinaille[1], l'homme qui écrivait ces mensonges rampants avait soin de les contredire par son action.

Il tuait au moment où il tentait de se disculper de cette tuerie.

Voyez les heures, comptez bien.

On hésite entre deux exclamations :

— Ah ! le misérable !

Ah ! le péteux !

Le misérable qui veut couvrir à tout prix ses amis les brigands de la caverne enchaînés à la jouissance de leur trésor.

Le péteux qui n'ose pas dire : — Eh ! bien, c'est moi qui ai fait cela, pour sauver mes voleurs, soutenir mes escrocs, veiller à la liberté et à la vie des précieux Bonnaure[2] qui ont fait nos élections avec les chèques Stavisky et que je récompense comme il le faut !

Leur Bonnaure à la cocarde, c'est ça qui aurait du cran ! Mais l'heure du cran est passée pour ces messieurs. Ils n'ont que des habitudes : les habitudes du régime. Frapper et crier qu'on les frappe. Troubler et dire qu'on les trouble. Trahir et dire qu'on les trahit. Il y a cependant une chose qu'il n'a pas eu le toupet d'articuler pour le coup : M. Édouard Daladier n'a pas pu dire que les voleurs, ce n'est pas lui, c'est nous. Ils ont les poches pleines, et ceux d'entre eux qui n'ont pas été de la razzia sont consumés de l'ambition d'y gagner leur os.

III. La prétention à l'énergie !

Car il faut les voir comme ils sont :

Au soir du jour où il entrait dans le cabinet, Frot a déclaré au cours d'un dîner :

— Voilà trois ans que je travaille pour devenir ministre. J'y suis ; je ferai tout pour y rester. Je vais demander à Chiappe, pour arrêter cette affaire Stavisky, deux dossiers sur des gens de droite, deux dossiers sur des gens de gauche et un radical. S'il refuse, je verrai ce que j'ai à faire. Mais alors j'essaierai de faire une dictature de gauche.

On ne m'*aura* pas comme on a eu les autres.

La dictature de gauche, il y a des années que nous la voyons venir et que nous l'annonçons. La question est de savoir si, venue du pays fictif que nous appelons le pays légal, elle sera supportée par le pays réel. Et tout est là. D'abord là. Nous disons à Frot que cela ne prendra pas.

Frot ne nous écoutera pas.

Je viens de revoir son image et celle de Daladier au numéro de *Paris-soir*. Quelles gueules lamentables ! Et quelle pauvre lippe de gosses

1. C'est-à-dire des terroristes de 1793-1794.
2. Député radical-socialiste de la Seine, lourdement compromis dans l'affaire Stavisky.

malheureux ! Quels obliques regards de gamins pervers ! Deux pauvres types. Deux loques dépassées par l'événement. Et c'est ça qui peut donner l'ordre de verser le sang ! Et c'est ça qui le verse !

À regarder ces figures, si l'on peut dire, on donne raison à quelqu'un qui sait les choses et qui disait hier :

— Ce qu'ont fait Daladier et Frot, c'est une aventure qu'ils n'auront même pas voulue. Ils s'y lancent comme des brutes. Ces morts, cette émeute, cela a été fait de leurs mains, créé de toutes pièces. Une fantaisie macabre de fous.

N'oublions pas que la fantaisie est intéressée, la folie payée.

Espérons qu'ils la paieront.

Oui, au centuple !

Je m'en vais redire à M. Frot une chose importante et même grave, que l'on disait à l'Académie de médecine hier :

— Frot ministre ? Mais sa place est dans une maison de santé…

Et je ne donne pas le nom de la maladie que « *faisait* » M. Frot.

Mais tout le monde nomme les coups honteux que ce misérable vient de porter à Paris, à la France, à tout ce qu'il y a d'honneur dans notre pays en identifiant son action officielle à la défense des escroqueries d'un métèque nourricier de politiciens.

IV. Trois possibles

Trois possibles en présence :

Ou les assassins seront *décrétés d'accusation* par une Chambre, un Sénat, un Conseil municipal assez hardi, pour parler au nom de la France et de l'humanité.

Ou le peuple français *mettra les assassins hors la loi.*

Ou tout sera fini, d'un peuple tombé assez bas pour se résigner à être gouverné, trahi, vendu, escroqué, dépouillé et finalement mitraillé par l'écume de ses latrines.

V. Le courage de la France

Eh ! bien, non. Quelque chose de fort et de noble achève de se révéler dans les affreuses tueries d'hier. C'est l'impavide courage civique de la foule française sur laquelle on tirait.

Il n'y a pas eu de panique.

Il n'y a pas eu de désordre.

La foule a reculé pied à pied, et, toutes les fois qu'elle l'a pu, elle a repris hautement, vigoureusement l'avantage.

Jamais peut-être on n'avait vu ce degré stoïque d'abnégation dans une masse commandée et dirigée par la seule unanimité d'un sentiment juste, d'un plus juste ressentiment. Rien ne l'a découragée. Elle n'a pas cessé de se ruer à l'assaut, d'y revenir, de s'y obstiner sous le feu.

Des mots joyeux d'anciens combattants ont couru : — Mon vieux, ma vieille, on tire, on tire, mets-toi derrière le mur.

Comme il n'y a pas de mur place de la Concorde, on riait et on encaissait.

Tissier de Mallerais[1] me dit :

— Oui, sans doute, cette foule a été héroïque. Et cet héroïsme avait quelque chose d'affreusement naturel. À combien de Français la République des voleurs n'a-t-elle pas rendu la vie écœurante ? *Comment craindre la mort* quand il s'agit d'abattre un régime, un pouvoir qui a organisé la banqueroute de notre coûteuse victoire, qui met et qui garde au pinacle les traîtres condamnés de la guerre, a dilapidé nos finances, tué notre économie, souillé et ruiné notre justice, n'a plus d'autorité que celle d'une force qui devrait garder notre paix, protéger notre travail et nos frontières, et dont il abuse pour défendre ses pilleries, empoisonner la moralité publique et nous déshonorer devant le monde entier !

Il nous dégoûterait de la vie si nous devions rester ses esclaves.

Quand j'ai mis les premières lignes de cet article, le chiffre des morts était de deux, bientôt doublé. Les quatre sont devenus douze, et les douze sont trente à 2 heures du matin. À moins de 3 heures, les voilà cinquante[2].

Je n'ai pas besoin de dire que les sergents de ville ou les gardes mobiles qui ont trouvé la mort dans l'obéissance aux ordres absurdes de leurs trois nouveaux chefs méritent le même hommage que les trente manifestants massacrés.

Nous le leur donnons de tout cœur à ces Français mal commandés, criminellement commandés, commandés pour le Mal, commandés pour le Crime, à qui les Daladier, les Frot, les Bonnefoy-Sibour, les Geay, les Blum ont fait porter le poids douloureux de la défense de leurs vices de fous.

VI. Complots !

Et maintenant, conseil de cabinet tenu, ces pauvres gens nous échafaudent un complot.

Complot ? — Complot eux-mêmes !

Leur complot contre la Patrie.

Leur complot contre l'ordre.

Leur complot, suivi d'attentat, contre la sûreté, contre la bourse, contre la vie des citoyens.

Nous disions : — À bas les voleurs !

Ils nous font dire : — À bas les assassins !

Voilà leur complot tout cuit.

---

1. Cousin et secrétaire de Maurice Pujo, l'un des chefs de l'Action française.

2. Les chiffres officiels ne donnent que 14 morts le 6 février mais il y eut aussi plus de 650 blessés dont certains moururent par la suite.

À la dernière heure, on m'inculpe[1].
C'est un honneur auquel je suis habitué.

AU SUJET DE *MEIN KAMPF* (1934)

« Sur un scandale[2] »

Deux lignes de notre revue de la presse ont marqué notre réprobation pour un fait que Georges Deherme[3] dénonce avec énergie dans un entrefilet de sa *Coopération des idées*. Place et temps nous avaient manqué pour motiver à loisir notre sentiment. Mais le nécessaire nous paraît exprimé aux lignes suivantes de cette revue amie :

« Adolf Hitler s'oppose à ce que *Mein Kampf* soit traduit en français. Nous devons d'autant plus tenir à ce qu'il le soit. Un éditeur devait publier ce livre avertisseur. Naturellement, nos dirigeants dirigeables, plus soucieux de complaire aux Boches que de tenir en éveil l'esprit public, en ont interdit la mise en vente.

« Au surplus, le comité de la Société des gens de lettres a, dans sa séance du 26 février, voté à l'unanimité cet indigne ordre du jour : "Devant la publication de *Mein Kampf*, de M. Adolf Hitler, traduit en français malgré son refus notoire, et en l'absence de tous droits versés, le comité de la Société des gens de lettres de France proteste avec énergie contre l'usage de pareils procédés qui constituent une violation de la convention de Berne[4]."

« De tels "scrupules" s'expliquent : le Führer a laissé entendre qu'il userait de représailles, et ces excellents comptables craignent pour leurs "droits" de traduction. Et ce qui est d'aujourd'hui et personnel passe de beaucoup, pour eux, avant l'invasion et la défaite, qui n'est que pour demain et la patrie. »

Comment des écrivains français ont-ils pu méconnaître à ce point la hiérarchie des idées et même des intérêts ? Nous en avons rougi pour notre pays et notre métier.

« Le journal de Hitler à Paris[5] »

C'est bien en vain que l'on multiplie les tentatives destinées à nous donner le change sur la véritable identité du journal de Hitler à Paris. Il

1. Le bruit courut en effet d'une arrestation de Maurras, mais il ne fut pas confirmé par les faits.

2. *L'Action française*, 1er avril 1934.

3. Journaliste libertaire.

4. Convention signée en 1886 et régissant la protection des œuvres littéraires et artistiques.

5. *L'Action française*, 10 novembre 1934.

suffit de l'ouvrir avec attention pour y découvrir les ponts neufs[1] de la politique briande[2], les spécialités de M. de Papen[3].

Un certain nombre de journalistes français et étrangers se sont rendus, hier, en un déjeuner, à la Maison des Centraux, rue Jean-Goujon, pour discuter des problèmes que pose le plébiscite sarrois.

Au cours du repas, que présidait M. Gabriel Perreux, rédacteur en chef de *Paris-soir*, de nombreuses allocutions ont été prononcées. M. André Fribourg[4], notamment, *malgré les protestations de M. Jean de Pange*[5], a fermement déclaré que les Sarrois, s'ils se prononçaient, le 13 janvier prochain pour le retour à l'Allemagne, ne devaient pas espérer conserver la liberté d'échanges commerciaux franco-sarrois dont ils bénéficiaient actuellement. S'ils veulent redevenir allemands, ils devront accepter les conséquences logiques de ce nouvel état de choses et une barrière douanière sera immédiatement dressée entre Sarrebruck et Forbach.

Cette déclaration, très applaudie, a produit un gros effet sur l'auditoire.

On nous dit :

— Alors, vous préférez un Juif à un Français de bonne famille ?

Je n'ai jamais eu l'habitude de juger les idées d'après la courbe du nez ou la couleur du sang de ceux qui les défendent. Mais si l'on me pose cette question enfantine, il ne me déplaît pas de déclarer tout à trac que je préfère un Juif patriote à un aristocrate perdu de briandisme et de germanomanie.

Est-il besoin de dire que la signature de Pange a déjà brillé sur le ciel de la *Presse* ?

Les Français ne savent pas assez la peine que se donnent les Allemands ou, si l'on veut, les Hitlériens, et la salive et les invitations, et les machinations, et l'argent qu'ils dépensent, et les tonnes de papier qu'ils noircissent pour accélérer leur propagande chez nous. Je lis dans le *Journal de Liège*, résumant la *Gazette de Charleroi*, que le budget total de l'espionnage et de la propagande en Allemagne s'élève à 59 millions de francs belges *par mois*. Nous n'avons pas à prendre la responsabilité de ces chiffres, et nous ne savons pas si, comme l'annonce notre confrère belge, l'Allemagne peut ainsi entretenir « une vingtaine de revues et d'hebdomadaires français, deux quotidiens français, une nouvelle agence de presse française, une ligue antisémitique, etc., etc. ».

C'est possible. Autre chose l'est aussi. Restons-en à des certitudes, qui ne sont pas toutes très flatteuses pour une certaine catégorie de mortels.

Car nous connaissons l'extrême faiblesse de cœur particulière au monde littéraire et au monde politicien de tous les pays et de tous les temps.

1. Vieille rengaine ressassée par les chanteurs de rue sur le Pont-Neuf de Paris.
2. Allusion à la politique de réconciliation franco-allemande de Briand.
3. Homme d'État allemand, chancelier en 1932.
4. Député radical-socialiste de l'Ain.
5. Partisan de la réconciliation franco-allemande.

L'achat des plumes et de ce qui leur sert de conscience, pratiqué par Bismarck et par Frédéric II[1], reste d'usage courant à Berlin. Les écrivains français qui ont gardé le sens de leur dignité n'oublient pas que nos grandes associations littéraires se sont presque toutes prononcées pour la cause de l'ennemi en refusant à une maison d'édition française le droit d'éclairer le public français sur le texte primitif et sincère de *Mein Kampf.*

Des prétextes tirés du droit des gens ne peuvent contrevenir au droit de légitime défense d'une grande nation menacée. Des intérêts commerciaux d'édition et de librairie ne peuvent être invoqués contre les conditions de la vie du pays. Partie faute de place, et partie en raison d'un respect humain qu'elle regrette, l'*AF* a négligé de dénoncer cette honte. Cela nous est resté sur le cœur. Nous ne pouvons pas nous soustraire au souvenir d'une circonstance où notre profession, si belle, a subi un revers moral qui n'est pas très distant du véritable déshonneur.

Quant aux personnes qui veulent bien m'assurer, sous des formes diverses, généralement anonymes, leur admiration pour Hitler, je me bornerai, pour aujourd'hui, à les prévenir qu'elles sont manœuvrées probablement sans qu'elles s'en doutent pour préparer la guerre future : *toutes les boucheries franco-allemandes ont été préparées de même manière*, par des campagnes en l'honneur du roi de Prusse, de son grand chancelier ou de l'empereur allemand. Ne tendant qu'à donner plus haute idée de l'adversaire et qu'à diminuer la fibre morale de notre pays, ce battage a toujours précédé les chocs matériels destinés à nous administrer le coup du lapin.

Je trahirais si je ne rappelais ces antécédents historiques de Rosbach, de Sedan et de Charleroi[2]. Hitler peut correspondre à nos idées d'ordre, d'autorité, d'antisémitisme, l'éloge de Hitler ne correspond qu'à nous désarmer devant lui.

« Autour de *Mein Kampf*[3] »

Malgré toutes les blagues, toutes les intrigues et toutes les manœuvres, il y a quelque chose qui prime : la vérité.

Pour empêcher le peuple français de la connaître, Hitler avait demandé, Hitler avait obtenu, non seulement du gouvernement, mais (ô honte, ô sottise, ô sanie !) de nos tribunaux et de nos associations littéraires que la traduction complète de son livre *Mein Kampf* fût interdite sur notre sol… La vérité a pu percer tout de même.

Alors Hitler vient d'annoncer qu'une nouvelle édition allemande de *Mein Kampf* va paraître, expurgée des attaques contre la France… Comme si les attaques étaient ici l'intéressant ! Comme s'il s'agissait d'une simple question de qualificatifs sentimentaux ! L'important n'est pas de savoir de

1. Voir *L'Avenir de l'intelligence*, p. 589 de la présente édition.
2. Défaites françaises de 1757, 1870 et 1914.
3. *L'Action française*, 29 décembre 1934.

Vingt-septième année - N° 363 **ÉDITION DE 5 HEURES** Samedi 29 Décembre 1934

L'ACTION FRANÇAISE

25 cent. Paris et département de la Seine
30 cent. Départements et Colonies

ORGANE DU NATIONALISME INTÉGRAL

Tout ce qui est national est nôtre. — Le Duc d'ORLÉANS.

Chef de la Maison de France, j'en revendique tous les droits, j'en assume toutes les responsabilités, j'en accepte tous les devoirs.

Le Duc de GUISE, héritier des quarante rois qui, en mille ans, firent la France.

Fondateur : HENRI VAUGEOIS — *Directeurs politiques :* LÉON DAUDET et CHARLES MAURRAS. — *Rédacteur en chef :* MAURICE PUJO.

Il est curieux de constater que la France soit à la recherche d'un Etat, puisqu'elle a eu, une des premières parmi les nations européennes, la notion de ce que pouvait être un Etat, de sa mission, de son pouvoir et de sa mesure.

JOURNAL DES DEBATS.

Cette notion séculaire de l'Etat français, comportant la Monarchie, la conclusion s'impose :

Retrouver cette notion.

Refaire la Monarchie.

La contre-attaque de la Maçonnerie

Les projets, dits Marchandeau et Chéron, de dissolution et du désarmement des ligues nationales, — le Front rouge demeurant indemne — sont évidemment d'inspiration maçonnique. Ils récemment, à l'unanimité, membre de la commission de législation à la Chambre, qui a perfectionné les textes de guerre civile, l'assassin Frot est un Frère ∴ actif, et l'on n'a pas oublié son discours au Grand Orient, au lendemain du 6 février. Ce sanglant crétin ne rêve que de « remettre ça » et de faire casser la figure aux anciens combattants, faute de pouvoir, comme pour M. de Noblens, les mettre en bouillie à coups de matraque et de talon de botte. Si, au lendemain du massacre de la place de la Concorde, le misérable avait été jugé et exécuté, en compagnie de Daladier, de Cot, de Barthe, de Chappedelaine, de Bonnefoy-Sibour, si la justice avait passé, la France aurait une autre figure dans le monde et les Loges se tiendraient tranquilles.

Ce qui les meut actuellement, c'est la peur. Mises en cause en 1904, au sujet des fiches de délation, les Loges s'en tirèrent en faisant assassiner Syveton, leur principal accusateur, par la police de Sûreté générale et l'inspecteur François Maurice dit « Lulu », qui a avoué avant de mourir. [...]

Voilà qui est parfait et qui sera très efficace. C'est en effet, pour le sénateur ou le député ayant voté ces cochonneries, la perte assurée de son fauteuil ou de son siège, et je vois d'ici les abstentions!

Il faut d'ailleurs être insensé pour s'imaginer que le parlementarisme, soufflé par la Maçonnerie, puisse désormais arrêter la réaction nationale contre les voleurs et les assassins. Je répèterai, sans me lasser, qu'on ne se bat pas contre l'évidence.

Léon DAUDET.

ÉCHOS

[...]

Aidez-nous... N'aidez que nous!

LA POLITIQUE

I. Autour de « Mein kampf »

Malgré toutes les blagues, toutes les intrigues et toutes les manœuvres, il y a quelque chose qui prime: la vérité.

Pour empêcher le peuple français de la connaître, Hitler avait demandé, Hitler avait obtenu, non seulement du gouvernement, mais (ô honte, ô sottise, ô sanie!) de nos tribunaux et de nos associations littéraires que la traduction complète de son livre *Mein Kampf* fût interdite sur notre sol. La vérité a pu percer tout de même.

Alors Hitler vient d'annoncer qu'une nouvelle édition allemande de *Mein Kampf* va paraître, expurgée des attaques contre la France. Comme si les attaques étaient ici l'intéressant! [...]

II. Peuples visés et non visés : la vérité !

[...]

III. Armée nationale et armée de métier

[...]

IV. Réponse...

[...]

V. Pour « financer » l'action nécessaire et prochaine

[...]

Charles MAURRAS.

Hitler réhabilité

Nous avons toujours gagné un pari. Hitler a obtenu la rémission de ses péchés. Ses crimes mêmes ont trouvé leur pardon. Il peut recommencer en janvier les exécutions du 30 juin. Cette fois, comme on les attend, elles n'indigneront plus. Quant aux Juifs expulsés ou persécutés, quant aux social-démocrates jetés dans les camps de concentration, ils ont cessé d'intéresser qui que ce soit. On se consent de plaindre, quand on en a le temps, quelques chefs nazis fusillés ou à fusiller.

L'antisémitisme, quand il est allemand, ne soulève pas dans le monde le quart ni le dixième des protestations qui font tempête s'il se manifeste en Roumanie. Les atrocités bulgares sont restées fameuses, et l'on parle encore des massacres d'Arméniens. Mais l'Allemagne est grande. Elle est puissante. Et puis elle est l'Allemagne, et un préjugé favorable s'attache toujours à ce qui est germanique. [...]

— J. B.

LE SCANDALE LEVY-DUBOIS S'AGGRAVE

Et André Dubois n'est pas arrêté !

Des documents nouveaux font la preuve de la fraude

PAR MAURICE PUJO.

[...]

LIGUE D'ACTION FRANÇAISE

Samedi 5 Janvier 1935, à 21 heures

au CHALET EDOUARD, 33, rue Monin, Paris-12e

Grande Fête de Nuit

sous la présidence de M. Charles Maurras

[...]

quelles « attaques » verbales Adolphe Hitler est capable, mais quelle est sa pensée secrète, sa pensée profonde quant aux impulsions à donner au peuple allemand. Or, que *Mein Kampf* soit corrigé ou non, cette pensée n'y varie point : c'est celle de Guillaume II, celle de Bismarck, celle de Fichte, c'est celle que la géographie et l'économie assignent naturellement au peuple des Allemagnes. *Mein Kampf* dit ce que disait le Jean Gottlieb Fichte de 1808 aux étudiants de l'Université de Berlin : le destin de l'Homme allemand est hors de l'Allemagne, son centre de gravité est ailleurs dans le vaste monde. Son destin lui commande de germaniser l'Univers[1].

C'est un destin qui finira par s'accomplir si l'on ne commence par désunir la nation allemande, la dissiper, la « *dissipare* », suivant la formule du Vatican, à laquelle il est trop clair que le Vatican ne peut pas accorder les applications nécessaires.

LA RÉPUBLIQUE A ASSASSINÉ LA PAIX[2]

I. *Hitler remilitarise le Rhin...*

Depuis que Briand, l'infâme Briand, suivi par le stupide Tardieu, nous a condamnés à l'évacuation de Mayence (juin 1930[3]), le coup d'Adolphe Hitler nous pendait au nez, dès lors que tout moyen d'y riposter nous était ravi.

On est réduit à dire : soyons calmes.

Ma foi, oui, soyons-le.

Mais surtout, soyons lucides.

Pour y voir clair, rendons-nous compte des rapports des événements d'hier avec ceux d'avant-hier.

L'Action française les avait annoncés. *L'Action française* avait raison.

Nous nous sommes opposés de toutes nos forces à la ratification du pacte avec les Soviets[4]. Pourquoi ? Parce qu'il apportait moins de chances que de risques, moins de force, même imaginaire, que de menace, même éloignée. Non seulement l'ordure écrite nous découvrait et nous exposait dangereusement, mais elle devait fournir à Berlin un prétexte à de nouvelles perturbations... — *Y pensez-vous !* répliquaient là-dessus les imbéciles et les vendus : le vendu Buré[5] nous accusait de n'avoir pas lu le pacte.

---

1. Maurras voit bien les continuités entre le nationalisme allemand du XIXe siècle et le nazisme, mais elles lui masquent la spécificité de ce dernier.

2. *L'Action française*, 8 mars 1936.

3. Elle eut lieu alors que Tardieu était président du Conseil et Briand ministre des Affaires étrangères, mais résulta du rapprochement franco-allemand impulsé par Briand dès les années 1920.

4. Ce traité franco-soviétique d'assistance mutuelle, signé le 2 mai 1935, ne fut jamais appliqué tant la méfiance était grande entre les signataires.

5. Journaliste venu de l'extrême gauche, puis ayant évolué vers le conservatisme.

Vingt-neuvième année - N° 68 — ÉDITION DE 5 HEURES — Dimanche 8 Mars 1936

L'ACTION FRANÇAISE

ORGANE DU NATIONALISME INTÉGRAL

Tout ce qui est national est nôtre. — Le Duc d'ORLÉANS.

Fondateur : HENRI VAUGEOIS — Directeurs politiques : LEON DAUDET et CHARLES MAURRAS. — Rédacteur en chef : MAURICE PUJO.

Une manifestation à interdire

Celle qui doit avoir lieu aujourd'hui à Pacy-sur-Eure en l'honneur du misérable Briand qui a livré la sécurité de la France pour un « Locarno » aujourd'hui en pièces.

La République a assassiné la Paix

LA POLITIQUE

I. Hitler remilitarise le Rhin...

II. La Symbolique de Hitler!

III. Et l'Angleterre ?

IV. La réponse italienne

V. La politique de la France

VI. La lumière de Bainville évoquée par Léon Daudet par un triste jour

VII. Le secteur de M. Mandel

Charles MAURRAS.

Dissoudrez-vous la Vérité ?

FRANÇAIS,

A la suite de l'incident Blum provoqué par la police, le ministère Sarraut a prononcé la dissolution des Ligues d'Action française.

Il y a une chose qu'il ne dissoudra pas : c'est la vérité.

La vérité est même de plus en plus claire : au cours de la législature qui s'achève, les partis de gauche et d'extrême gauche, qui se disent les seuls vrais républicains, ont achevé de ruiner les finances publiques ; ils ont doublé les impôts de chacun et, pour donner sa vraie figure à la République,

Ils ont défendu les voleurs !

Ils ont poussé à la guerre !

FRANÇAIS,

Pour maintenir ce mensonge, on a dissous les Ligues d'Action française. On a espéré nous réduire au silence.

On s'est trompé.

Non, on ne dissout pas la vérité!

Non, on ne nous fait pas taire!

Contre les ennemis de notre pays, contre les écumeurs de l'épargne et du travail français, contre les assassins de la paix, nous continuerons à publier, à crier cette vérité.

Nous continuerons à servir la France.

LISEZ L' « ACTION FRANÇAISE » !

LE REICH DÉNONCE LES TRAITÉS DE LOCARNO ET DE VERSAILLES

Les troupes allemandes ont pénétré dans la zone rhénane démilitarisée

Le mémorandum allemand

A LA SOCIÉTÉ DANTE ALIGHIERI

La conférence de Charles Maurras sur Virgile

AUX AMBASSADEURS

Un magnifique éloge de Jacques Bainville par Léon Daudet

VENDEURS VOLONTAIRES

RÉGION PARISIENNE

ECHOS

A NOS PROPAGANDISTES

EN 2e PAGE :

Un peuple menacé par J. DELEBECQUE

Et des nigauds, profès en droit international, énuméraient docilement les articles numéro tel ou tel qui étaient destinés à donner tout apaisement à l'Allemagne et qui *devaient* lui interdire toute réaction… *Devaient !* c'est un bon mot. La réaction vient d'avoir lieu. De combien de coups de pied au derrière devrait-on payer, encore une fois, cette confusion des choses réelles avec un *devoir* légal que l'on n'a aucun moyen réel d'imposer ni de maintenir ! Le nommé Pierre-Étienne Flandin et le nommé Paul-Boncour[1] devraient en avoir l'anus tout sanguinolent.

II. La Symbolique de Hitler !

Cependant, les crétins de mauvaise foi qui président à nos destinées veulent faire croire que le chef allemand, s'il occupe la Rhénanie militairement, donne à cette occupation une forme purement symbolique. Simple formalité ! Ici, un bataillon. Là, une section. Ailleurs même, une escouade…

Ces misérables imposteurs n'oublient qu'un point : l'occupation réelle est faite, presque achevée depuis des semaines, même des mois. La presse belge nous en a informés. Les Français instruits, renseignés, compétents, leur ont fait écho. De ceux qui en ont charge, nul n'ignorait que les zones que Versailles et Locarno étaient censées démilitariser avaient reçu leur plein de soldats et de matériel sous des masques et des pseudonymes divers. Ces pseudonymes sont effacés, ces masques tombent, et les détachements militaires, porteurs de drapeau, en font la proclamation officielle.

Rien de plus, rien de moins.

À quoi bon se raccrocher à des apparences fallacieuses ? Et pourquoi prendre au mot les grimaces d'Hitler ?

III. Et l'Angleterre ?

… J'ai sous les yeux la pâle, la pauvre, l'inane, l'affreuse composition oratoire que M. Pierre-Étienne Flandin a cru pouvoir opposer aux actes de Berlin.

Jamais l'immense espace qui sépare le pays légal du pays réel n'est apparu si clairement que dans cette inqualifiable confrontation du jurisme démocratique et du réalisme nationaliste français : *Dénonciation unilatérale ! Négligence de la procédure !* Quand on songe à tous les avertissements qui ont été prodigués ici et ailleurs à nos mauvais clercs d'avoués grimés en hommes politiques !

Un seul point eût été intéressant à voir traiter dans le communiqué Flandin et Boncour.

La question de l'Angleterre.

1. Flandin, homme de la droite libérale, et Paul-Boncour, socialiste, avaient tous deux travaillé au traité franco-soviétique.

Que va donc faire l'Angleterre ? Ce pays prétendait nous obliger à lui prêter nos ports et nos arsenaux pour soutenir une guerre inutile, absurde, impie contre l'Italie[1] : va-t-il se préoccuper des menaces qui pèsent désormais sur la Belgique et sur la France, puisque l'auteur de ces menaces les avoue et porte le drapeau guerrier sur le Rhin ? Un Anglais a dit que le Rhin était sa frontière comme la nôtre. Ce mot qui (il m'en souvient fort bien) date de 1918 et a été écrit *d'abord* par Jacques Bainville, ce mot qui explique et sigille[2] l'entente franco-britannique, va-t-il régler l'action ? Nous attendons avec curiosité la réponse. Et, en l'attendant, nous demandons aux diviseurs de l'Alliance victorieuse de 1914-1918 ce qu'ils penseraient d'eux-mêmes s'ils étaient des esprits loyaux. Les offensives morales menées contre l'Italie par lord Robert Cecil[3] et ses dociles suiveurs du Gouvernement britannique furent des crimes contre la civilisation et contre le genre humain.

IV. La réponse italienne

... La situation est grave. Elle pourrait être beaucoup plus grave si, dans la même heure qui vient de sonner, le Fascisme romain avait fait une réponse moins raisonnable et moins pacifique. Ici, où l'on ne s'est jamais établi en conseiller, laudateur ou vitupérateur de Mussolini, on a aujourd'hui licence de l'approuver publiquement. Sa victoire lui a conféré autant de droits que de force. Les terribles complications qui naissent de la décision d'Hitler viennent accroître son autorité. Il peut beaucoup plus aujourd'hui qu'hier. Il pourra beaucoup plus demain qu'aujourd'hui. Mais, devant Mussolini, le gouvernement de Londres est-il capable de quelque sagesse ? Si oui, l'on peut compter sur de réelles chances de paix. Sinon, non.

De grandes destinées sont suspendues à cette condition. Elle n'a malheureusement rien de sûr.

V. La politique de la France

Et nous ?

L'événement nous guérira-t-il de la manie des Pactes et de la foi dans ces Pactes que l'on « dénonce » si facilement ?

Oui ; et nous ? Qu'est-ce que nous *ferons* ?

Et que *devons-nous* faire ?

D'abord être nous-mêmes ? Être d'abord fidèles à nous, à nos intérêts essentiels.

---

1. Il s'agissait de punir l'Italie de son agression contre l'Éthiopie (1935). Maurras dénonçait cette perspective, car elle risquait de pousser Mussolini dans les bras d'Hitler.
2. Scelle.
3. Militant pacifiste très influent en Grande-Bretagne.

Par conséquent, nous délivrer des alternatives fallacieuses dont nous accablent les deux tribus des Vendus et des Imbéciles qui sont établies au gouvernement.

Nous n'avons pas à marcher contre Hitler avec les Soviets.

Nous n'avons pas à marcher avec Hitler contre les Soviets.

Entre ces deux Kamtchatkas[1] de sotte démence, il y a l'étendue, l'immense étendue des intérêts occidentaux et de leur mise en garde.

C'est cette garde-là qui compte.

C'est la nécessité de la fortifier.

C'est la règle d'or de l'armement matériel et *moral*, et surtout politique.

C'est la nécessité de constituer, au plus tôt, un gouvernement *capable d'armer* ;

par conséquent de renverser la République,

par conséquent de lui substituer le seul gouvernement nationaliste qui soit : le Nationalisme intégral de la Monarchie.

LE NATIONALISME[2]

I. Le nationalisme « exagéré » et « mal compris »

Les amis de la tradition classique n'ont pas été les seuls à s'attrister des morsures étrangères du germanisme hitlérien sur la pensée de l'Italie. On a vu la protestation éclatante de la Papauté. Ce qui nous avait semblé absurde, du point de vue de la raison, aventuré du point de vue de la science, a été jugé hostile à la foi[3].

Nous sommes libres de toute arrière-pensée en enregistrant cette coïncidence. Mais elle vaut la peine d'être considérée. Le Vatican n'avait pas abusé de ses foudres à l'égard des idées-mères de la nouvelle Italie. Une sorte de compréhension mutuelle avait présidé aux rapports des deux pouvoirs, afin d'éviter des heurts inutiles[4]. Le nationalisme de Mussolini n'avait pas été mis en cause. Non plus que celui de Franco : le même qui, précisément, hier soir, s'est trouvé approuvé et béni, parce qu'il est arrivé au terme de la deuxième année de sa magnifique croisade[5].

Cela n'empêche S.S. le pape Pie XI de parler d'un nationalisme *exagéré*, d'un nationalisme *mal entendu*… Quel est-il ? Comment ne serait-ce pas l'allemand ?

1. Ces deux points extrêmes (le Kamtchatka étant situé à l'extrémité de l'Eurasie).
2. *L'Action française*, 19 juillet 1938.
3. Allusion aux protestations de Pie XI contre le « Manifeste de la race » publié par les autorités fascistes le 14 juillet 1938.
4. Allusion aux accords du Latran (1929).
5. Le gouvernement de Franco fut officiellement reconnu par le Vatican en juin 1938.

II. La race biologique

Nous disions, avant-hier, ce que le « racisme » comporte de fantaisies brutales, étrangères à l'Esprit. Il invoque des fondements « *biologiques* ». Ce sont des titres qu'il faudrait lire de près. Nous avons toujours été méfiants. Le Dr Charles Fiessinger[1] nous en félicitait dimanche matin à Fontainebleau. Ceux de nos amis qui voudront rouvrir l'un des grands livres de Jacques Bainville, le premier qui ait été publié depuis sa mort, *Lectures*, y verront à une page qu'il est facile de trouver, grâce à une table bien faite, comment un vieil aîné, hélas ! survivant[2], lui signalait, il y a 38 ans, les grands risques d'erreur contenus dans le « racisme » de Vacher de Lapouge[3] environ l'an 1900.

Nos critiques, nos hostilités d'esprit, nos objections ne sont donc pas nées pour la commodité du moment. Dès alors, nous disions, pensions et enseignions que les conflits des races humaines ne sont pas le nerf ni la clef de l'histoire. Et, si notre maître Fustel de Coulanges ne nous eût point avertis de la frivolité de cette théorie pour la France[4], nous eussions trouvé chez Madame de Sévigné un autre Coulanges, le bon Coulanges[5] dont les propos et les chansons démentaient aussi le rêve orgueilleux des hitlériens d'alors, démontraient que, riches et gueux, nobles et vilains, nous venons tous de la charrue et trois siècles avant Jules Lemaître[6] jugeaient comme lui absurde qu'une noblesse française pût s'estimer d'une « autre chair » et d'un autre sang que les autres...

Telle est la valeur du racisme dans notre hexagone français. Ni l'histoire, ni la science ne lui peuvent rien accorder.

III. Le mythe germain

Alors, c'est une religion, ou quelque chose qui l'y ressemble ?

Oui.

À la base du nationalisme, du nationalisme mal *compris* qu'on professe en Allemagne, il existe, en effet, quelque chose de mystique et de religieux.

Les ennemis de la France, souvent identiques aux ennemis du nationalisme français ont fait beaucoup de bruit autour d'une certaine Déesse France invoquée par André Chénier et, ici, à sa suite[7].

---

1. Militant de l'Action française et médecin personnel de Maurras.
2. Il s'agit de Maurras lui-même.
3. Anthropologue marxiste et eugéniste, rêvant d'articuler socialisme et sélection naturelle.
4. Fustel a insisté sur la fusion des races dans l'histoire de France.
5. Cousin et ami de Mme de Sévigné.
6. Écrivain nationaliste rallié à l'Action française.
7. Chénier saluait la « Déesse France » dans une pièce de théâtre inachevée. Maurras reprit volontiers l'expression, ce qui motiva l'accusation de paganisme de ses adversaires démocrates-chrétiens.

Il est facile de voir que ce motif de décoration poétique et pictural ne prétendait à aucun sens philosophique ni religieux. C'est une image Renaissance comme on en trouve partout depuis trois siècles, sur toutes nos murailles et sur tous nos frontons. Cette figure synthétique de l'allégorie française a pour elle de ne rien évoquer en dehors de ces images polythéistes dont chacune est équilibrée par une autre, dont aucune ne peut prétendre à l'absolu.

Ces demi-divinités, d'autant plus définies et limitées qu'elles sont enfermées dans des formes visibles, n'ont aucun rapport avec le Dieu de la métaphysique et de la foi. On peut les prendre pour les continuatrices des Olympe et des Parthénon. Elles ne siègent sur aucun Sinaï, et elles n'en descendent pas. Tout ce que l'on peut dire est qu'elles ont pu se fondre avec les Saints et les Saintes des patries modernes ; leurs images sensibles ont peut-être (et ce n'est pas sûr) composé, voisiné, fraternisé avec certaines garanties accordées par le Ciel à telle ou à telle entité nationale courante : sainte Russie, royaume de saint Étienne[1], couronne de saint Wenceslas[2], royauté catholique de l'Espagne, sceptre des rois Très-Chrétiens[3], ou procession des saints de France, comme on l'a vu à Reims l'autre jour.

De la canonisation à l'apothéose[4], il reste des distances appréciables et qui sont sensibles de loin !

Tout autre est l'idée que les Allemands ont voulu proposer et imposer de leur Dieu.

Ce n'est pas un Dieu de bonnes gens. C'est un Dieu absolu. Il sort des profondeurs de la métaphysique éternelle, il possède les attributs que les philosophes assignent à la divinité. Avant de procéder de Thor ou d'Odin, le vieux Dieu allemand possède toutes les prérogatives de Jéhovah. Mythiques ? soit ! D'abord ontologiques et surnaturelles. Ce qu'il décrète et qu'il ordonne pour le peuple élu, qui n'est pas le Juif, mais l'Allemand (car telle est sa contrefaçon fichtéenne et hitlérienne de l'Écriture), ce qu'il impose de la sorte réunit tous les caractères de la philosophie naturelle et de ce que la religion superpose à la nature. On peut se refuser à voir ces choses. Quand on a lu Fichte et Hitler, il en faut subir l'évidence.

IV. Le peuple élu : sa langue

Chez Fichte, en particulier, le germanisme est parfaitement divinisé, il n'y a point de peuple du monde qu'il permette de comparer au peuple germain.

1. La Hongrie.
2. Couronne de Bohême.
3. Titre des rois de France.
4. La canonisation catholique fait de son récipiendaire un saint, non un dieu, comme l'apothéose romaine.

La langue des Allemands vient du ciel[1]. Car elle a été la seule à conserver les racines concrètes de ses termes abstraits, tous les autres peuples du monde ayant subi de ce chef, la contamination de langues étrangères.

Je dois faire observer, à propos de cette thèse, qu'elle est d'une rare stupidité et que les abstractions germano-gothes, à demi enfoncées dans leurs radicaux originels, ne sont certainement ni plus claires, ni plus commodes, ni plus maniables que les termes évolués dont nous nous servons. La Grèce ne doit pas faire illusion : nous savons qu'il n'y a plus de mot « chemin » *meth'odos* au fond du mot « méthode ». Notre *méthode* à nous n'en est que plus clair et plus portatif. Il dit ce qu'il veut dire et ne dit pas autre chose. Tout le bagage de souvenirs concrets qu'y voudraient ajouter ses racines, n'est que surcharge et encombrement. Fichte reproche aux Germains émigrés d'avoir apostasié leur belle langue originelle. Ils se sont délivrés d'un véritable poids mort. Ils se sont assuré les conditions de l'essor supérieur dont témoigne toute la suite de leur union à leurs hôtes gallo-romains.

On rit de ces prétentions historico-morales, dont la hauteur vaut la bassesse : ces visées tombent rapidement au-dessous de tout, qu'il s'agisse de langue, de mœurs, d'esprit, de quoi que ce soit. Goethe savait que son peuple était barbare quand nous avions dix siècles de civilisation florissante derrière nous[2]. Ne dites pas que nous en exultons à l'excès. Nous nous bornons à constater ! La civilisation est un bien indivis : quand elle se répand sur les peuples, il leur appartient d'en extraire la fleur et le fruit.

Nous nous bornons à dire que le peuple germain n'a pas à nous traiter de sauvages alors que c'est nous qui avons les premiers tenu le flambeau et que nous demandons à en laisser briller partout la simple lumière.

V. L'Étatisme du nationalisme germain

Il est vrai, cet état d'esprit nous est un peu particulier. Cette faveur donnée à la libre splendeur des idées et des sentiments est quelque chose qui heurte, déconcerte et déroute l'une des dispositions les plus fortes du naturel germain. Son désir, son instinct, peut-être sa nécessité invétérée, est de tout régler et subordonner par une autorité d'État, dispensatrice souveraine.

Cette autorité, nous n'y sommes pas hostiles. Nous lui vouons même un respect passionné, à la condition qu'elle ne s'exerce que dans son ordre et qu'elle se mette au service de la sûreté et de la vitalité de la nation : sur ce plan, l'État nous paraît utile, nécessaire et même sacré.

Mais quand l'autorité de l'État est substituée à celle du foyer, à l'autorité domestique, quand elle usurpe sur les autorités qui président naturellement

1. Fichte développe cette thèse dans ses *Discours à la nation* allemande de 1808.

2. Goethe est selon Maurras l'un des rares allemands à avoir compris le génie du classicisme.

à la vie locale, quand elle envahit les régulateurs autonomes de la vie des métiers et des professions, quand l'État tue, ou blesse, ou paralyse les fonctions provinciales indispensables à la vie et au bon ordre des pays, quand il se mêle des affaires de la conscience religieuse et qu'il empiète sur l'Église, alors ce débordement d'un État centralisé et centralisateur nous inspire une horreur véritable : nous ne concevons pas de pire ennemi.

Qui, nous ? Les nationalistes français, les hommes qui estiment que les libertés domestiques, sociales, scolaires, professionnelles, religieuses, doivent être associées à toute organisation régulière de l'État national ; les hommes qui veulent resserrer l'État dans ses attributions essentielles afin de l'expulser de celles qu'il s'est arrogées sans droit.

Ces nationalistes sont donc les moins étatistes des hommes, ils sont les plus fermement convaincus de l'évidente nécessité de distribuer ou de redistribuer les pouvoirs : les pouvoirs qui viennent d'en haut lorsqu'ils émanent de l'autorité essentielle, et ceux qui s'élèvent d'en bas, quand ils expriment ces autorités spontanées qui sortent du cœur des hommes ou de leur sol, ou de leur sang.

VI. Le Nationalisme français

Donc, un nationalisme n'est pas un nationalisme exagéré ni mal compris quand il exclut naturellement l'étatisme.

Ce nationalisme exclut aussi la canonisation et l'apothéose d'une entité nationale (ou « raciale »), surtout celle, l'allemande, que son histoire ne qualifie nullement pour cela.

Ce nationalisme mesuré et bien compris n'exclut certes aucune des élévations collectives qui sont naturelles à l'homme à l'égard de la divinité : ni le *Gesta Dei per franco*[1], ni aucune des autres formules sacrées propres aux grands peuples du monde, n'ont à être répudiées, mais une des réactions du nationalisme exclut la prétention au privilège métaphysique. Non plus qu'on ne s'enfuit hors de l'humanité, on ne se place pas au-dessus de la nature humaine, toute insolente aspiration à une qualité dominatrice aboutit, de sa nature, au châtiment supérieur.

Le feu du Ciel ? Le feu du Ciel ! C'est le sort naturel de l'orgueil. Il ne faut pas que l'homme mortel veuille tout rejeter et fouler à ses pieds. Car, au nom de quoi, je vous prie ?

---

1. Allusion au récit de la Première Croisade par Guibert de Nogent (XIIe siècle), intitulé *Gesta Dei per Francos*, c'est-à-dire « Exploits de Dieu à travers les Francs ». Le mot « franco » et non « francos » dans cet article est soit une faute de typographie, soit un jeu de mots rendant hommage à Franco (mais alors on ne s'explique pas l'absence de majuscule).

LES ACCORDS DE MUNICH[1]

I. La paix gagnée – et comment !

La guerre est évitée, son péril conjuré. Notre *À bas la guerre – non, non pas de guerre – pas de guerre non, non –*, a été exaucé par l'événement[2]. Nous ne reviendrons pas sur les fortes, les irréfutables raisons qui nous installaient dans cette position inflexible. Si elles avaient été faibles, on les aurait discutées. Parmi tous les adjectifs qualificatifs qui nous ont été décochés, on ne relèverait pas l'ombre d'une idée.

Personne, ce qui s'appelle personne, n'a par exemple discuté notre distinction entre la guerre de défense où tout le monde français eût été d'accord et la guerre offensive que l'on voulait nous imposer en un moment où tout nous l'interdisait : la carte de géographie, et la lugubre histoire de ces vingt années écoulées, entre lesquelles les trois dernières ont si cruellement raréfié notre production !

Personne ne s'est soucié non plus de répondre à cette autre distinction essentielle entre les différents *non* que peut émettre un État : il y a le *non* verbal, dont les cocoricos de Sarraut, en 1936, sont le type, et dont l'effet pratique fut la honte pure[3], et les *non* réels, ceux de Joffre, de Foch et de Mangin[4], dont il faut commencer par avoir les moyens, lesquels, précisément, nous faisaient défaut, défaut qui ne tient ni au courage de nos hommes, ni à la valeur de leurs magnifiques chefs, ni à l'état de notre armée de terre, mais au sabotage de notre armée de l'air, qui formait le point vif d'une offensive « pou les Tchèques[5] ».

Ce qui a été fait pour éviter cette guerre devait être, en ces jours-là, une sorte d'adhésion constante, de soumission rituelle aux directions de l'Angleterre[6]. Il ne faut pas se plaindre, puisque la paix a été sauvée, mais il ne faut pas s'en louer parce que l'autonomie de la politique française n'y a guère brillé. On a couru au plus pressé et l'on a très bien fait.

---

1. *L'Action française*, 1er octobre 1938.

2. Les accords de Munich ont été signés la veille entre l'Allemagne, la France, le Royaume-Uni et l'Italie.

3. Allusion à la réaction de Sarraut, alors président du Conseil, lors de la remilitarisation de la Rhénanie par Hitler (mars 1936) : il déclara que la France ne laisserait pas Strasbourg sous le feu des canons allemands, mais ne fit rien, en raison de la passivité de la Grande-Bretagne et pour ne pas se rendre impopulaire avant les élections législatives d'avril 1936.

4. Allusion aux victoires françaises de la Grande Guerre.

5. Allusion à l'article de Léon Daudet paru dans ce même numéro de *L'Action française* : « On ne se battra pas "pou les Tchèques" ».

6. Cette soumission à Londres caractérisa très généralement la diplomatie française de l'entre-deux-guerres, signe que la France avait perdu confiance en elle-même.

Autre remarque digne d'intérêt. On n'a pu obtenir la paix qu'en insérant une correction essentielle dans la politique étrangère de nos dernières années. Les chefs de notre Antifascisme ont eu le rare bon sens de consentir, sur la demande anglaise, à une entrevue publique et amicale avec le chef des Faisceaux romains. Le jeune et beau Dunois[1] se plaint que nous élevions sur le pavois M. Mussolini. Qu'il aille porter sa plainte où il faut ! Nous ne sommes ni président du Conseil, ni ministre des Affaires étrangères. Nous, dans notre poste ici-bas, disions à ces Messieurs qu'il leur faudrait en passer par Rome. C'est ce qui vient de leur arriver. En 1934, Hitler était maté au moyen des régiments que Mussolini mettait sur le Brenner[2]. En 1938, on le modère, on le tempère, on le freine légèrement au moyen de l'arbitrage de M. Mussolini. C'est comme ça parce que c'est comme ça. Nous ne sommes pas assez injustes pour en accuser le jeune et beau Dunois. Il a tort de nous imputer une suite de causes et d'effets que nous nous étions modestement contentés de prévoir. Mais, au *Popu*[3], qui est le journal de Blum, on a des raisons sérieuses de tenir en une sainte horreur tout ce qui ressemble à une prévision juste. Le patron a tenu boutique du contraire ! Plaignons le jeune et beau Dunois, et disons, encore une fois, que l'Action française avait vu fort à l'avance, c'est-à-dire depuis trois ans, ce qui devait être et ce qui a été, sur ce point.

II. L'esprit public

L'Action française n'a pas été seulement pour la paix, mais pour ces conditions nécessaires de la paix. Elle prend donc allègrement et fièrement sa part des justes acclamations qui ont accueilli M. Édouard Daladier dès son arrivée au Bourget[4]. Le cri public a montré que, tout réfléchi, tout compté, après tant de dures méditations sur un cauchemar de huit jours, l'esprit public et l'intérêt public avaient fini par coïncider. Non que les manœuvres eussent manqué pour les dissocier ! Non que l'on n'eût point fait le possible et l'impossible pour opposer le sentiment de l'honneur français et même celui de son intérêt général éloigné, aux durs impératifs du salut immédiat qui disait *paix, paix, paix* et qui voulait la paix. Cette campagne était horrible par ce qu'elle avait d'impie, d'absurde et aussi par ses causes immédiates et lointaines dont les fils, tenus par l'ennemi public, aboutissaient çà et là à de bons cœurs emmanchés de pauvres

1. Journaliste socialiste dont Maurras se moque en le comparant au frère d'armes de Jeanne d'Arc.
2. L'Italie avait alors empêché la première tentative d'Anschluss.
3. *Le Populaire*, dont Blum est alors le directeur politique.
4. C'est-à-dire à son retour de Munich.

cervelles. Jamais, peut-être, depuis le 20 avril 1792[1], le gouvernement d'opinion n'avait mis la France plus près de sa ruine ! Il y avait quelqu'un pour freiner en 1830, quelqu'un pour le même office en 1840[2]. Mais la catastrophe de 1870 (où il y avait moins que personne[3]) n'eût été qu'un jeu d'enfant auprès du désastre auquel on nous précipitait en 1938.

L'esprit public a été utilement servi par la crainte des justes sanctions portées dans certaines hautes sphères du pouvoir. Ils ont eu peur.

La saisie de *L'Action française*[4] pour ce que *L'Ère nouvelle* d'hier appelait une galéjade et un pastiche, suffit à montrer que, chez M. Paul Reynaud et chez M. Mandel, la menace des nationaux est quelque chose de présent. Ils sont loin de la mépriser. Ils sont en garde contre elle. S'ils conforment à cette crainte leur action publique, c'est que leur action secrète a dû subir aussi, de ce fait, d'heureux tempéraments. Ces messieurs n'ont pas osé aller jusqu'au terme de leur pensée. Ils n'ont pas osé aller au bout de leur puissance. L'esprit public y a gagné un certain degré de liberté. Le mouvement de l'esprit public a pu collaborer aux joyeux événements d'avant-hier et d'hier. Il ne les a pas contrariés, il les a favorisés, attendus, acclamés. Ni communisme, ni panjurisme[5] n'ont compté : purs et simples fétus agités emportés par le souffle de leur propre folie. Un fait matériel a tout dominé : la libre respiration d'un grand peuple que d'artificieuses manœuvres avaient opprimé et qu'elles n'ont pas réussi à abattre.

À bas la guerre, disait-il. *Non, pas de guerre !... Pas de guerre, non, non !* Et il n'y a pas eu de guerre, et M. Daladier en a reçu des fleurs et des couronnes plein son chapeau, plein sa voiture, plein ses bras et son cœur. Il en recevra d'autres ! Beaucoup d'autres, l'acte de Munich correspondant à toutes les plus urgentes nécessités du moment.

III. Mais réfléchissez, prenez garde !

Cependant, on aurait tort de fermer les yeux à certaines clartés légitimes et même indispensables. On trompe le pays quand on dit que l'expérience de jeudi suffit à montrer que l'on peut se tirer de tous les mauvais pas par

1. Date de la déclaration de guerre de la France à l'Autriche, début des guerres de la Révolution et de l'Empire.

2. Allusion à la prudence du roi Louis-Philippe dans l'affaire belge de 1830 et dans la question d'Orient en 1840.

3. Allusion à la passivité de Napoléon III.

4. *L'Action française* du 29 septembre fut saisie parce qu'elle contenait un pastiche de *L'Internationale* menaçant de mort les représentants du pouvoir : « S'ils s'obstinent, ces cannibales, / À faire de nous des héros, / Il faut que nos premières balles / Soient pour Mandel, Blum et Reynaud ».

5. Idéologie ramenant toute la politique à une pure question de droit, donc indifférente aux faits.

des ententes pacifiques et que l'échange de bons propos internationaux réglera tout. Cette généralisation est plus qu'imprudente. Elle néglige toutes les expériences des dernières années, elle passe outre aux leçons éclatantes données au briandisme, au pacifisme, au genevisme[1] par des événements lumineux. Non, non, « la guerre » en soi n'a pas été vaincue par un certain sérum fabriqué à Munich.

L'immense gratitude que nous devons à M. Chamberlain[2], ne doit pas non plus nous voiler la double signification du pacte conclu hier entre lui et Hitler. Hitler a réalisé un des articles de son *Mein Kampf*, il a de nouveau collé, et du plus près qu'il l'a pu, à la puissance anglaise. Pour une concession qu'il lui a faite, il a obtenu un traité de non-agression entre Londres et Berlin, traité qui est classé directement à la suite du pacte naval[3]. Si l'on croit l'incident négligeable, on risque de se faire de nouveau moucher par l'événement. Car voilà qui dément la politique constante de l'Angleterre ! M. Chamberlain assure Hitler du désir qu'éprouve son peuple de ne point combattre le sien, au moment où Hitler devient par la force des choses l'arbitre du continent européen. On a certes vu des politiques embrasser leurs rivaux, afin de les étouffer. Mais ici, l'embrassade comporte quelque chose d'étonnamment gratuit et de singulièrement spontané ! Honorons et remercions M. Chamberlain. Cela ne nous dispense pas d'ouvrir des yeux clairs sur sa politique : au lieu de l'éloigner, la puissance d'Hitler l'attire, et c'est bien dangereux.

Il y a peu de jours, son Foreign Office était présenté comme devant militer aux côtés de la France et de la Russie (la Russie qui, depuis vingt et un ans, ne s'appelle plus dans les actes internationaux que l'URSS) et voilà aujourd'hui la politique anglaise dans la plus cordiale intimité de Hitler. C'est de l'empirisme, peut-être. Attention ! Que ce ne soit pas de l'empirisme désorganisateur[4].

Enfin, je lis que cette histoire justifie le pacte à quatre de ce pauvre Henry de Jouvenel[5] !

Parce que l'on est entré, par force, en conversation avec le « chien enragé de l'Europe[6] » et, pour lui concéder toute la moelle de son os, moins quelques centimètres de carbonate ou de phosphate de chaux, la rencontre est recommandée, que dis-je ? acclamée. J'ose m'avouer tout heureux et gaillard que ce système n'ait pas été appliqué plus tôt à la

---

1. Allusion à la Société des Nations, qui siégeait à Genève.
2. Premier ministre britannique.
3. En 1935, Londres avait admis le réarmement naval allemand dans certaines limites, ce qui revenait en fait à ouvrir la boîte de Pandore.
4. Soit le contraire de l'empirisme organisateur dont se réclame Maurras.
5. Ancien ambassadeur de France auprès de Mussolini et pacifiste, il préconisait un pacte entre la France, l'Italie, l'Allemagne et l'Angleterre.
6. Expression déjà utilisée pendant la Première Guerre mondiale à propos de l'Allemagne.

pauvre Europe. Où l'eût-il conduite si Henry de Jouvenel eût été écouté plus de quelques semaines ! Cela nous a fait perdre la Pologne. Prague subit[1]. À qui le tour ?... Nous subissons aussi la mauvaise fortune. N'en faisons pas la Règle et la Loi !

IV. Ce que gagne Hitler

Ce qu'il faut dire, ce qu'il importe de redire, c'est que nous avons été contraints, par les effets de nos malheurs récents, à calculer de plus grands malheurs et à en déjouer la menace. Nous avons fait tout ce qu'il fallait pour éviter le pire, et nous avons bien fait. Mais la situation n'en est pas simplifiée, ni allégée, ni embellie pour cela.

Et le bonheur d'Hitler, ce qui s'ensuit et s'ensuivra, aura des effets plus désastreux que tout si nous nous laissions engager le moins du monde à faire confiance à l'étrange quatrième[2] de ce loufoque pacte à quatre digne de quelque asile d'aliénés international.

La vérité est que notre paix forcée permet à Hitler des gains extraordinaires. La vérité est que, à travers tous les protocoles, tous les accords, tous les instruments diplomatiques, signés ou à signer, il vient de s'ouvrir, sans coup férir, une voie libre et splendide vers l'Orient. La vérité est que non seulement aux yeux de M. Neville Chamberlain, de son propre peuple et des peuples circonvoisins, mais de l'ensemble de l'Europe centrale, il apparaît le maître, l'arbitre, le chef. On parle de Sadowa. C'est une bêtise. Sadowa, comme disait Bainville, s'était joué entre Allemands. Et voici l'Allemagne bien dépassée, l'Allemagne emportée elle-même vers des destins danubiens et asiatiques dont personne n'a la mesure, mais, par là même, se constituant des forces nouvelles, qui, brusquement retournées contre l'Ouest, peuvent aussi devenir extraordinairement redoutables[3]...

Nous n'avons envie de rien farder ici. Ce que nous ne cessions de dire, en répétant qu'il ne fallait pas de guerre, et que cette guerre serait un suicide de la patrie, doit être redit de plus belle : l'abandon nécessaire qu'il a fallu souscrire crée de nouveaux devoirs impérieux, urgents et vitaux.

V. Alerte !

Loin de nous endormir sur aucune parole, loin de former aucun acte de foi dans la paix, qui, loin d'être fatale, est la plus contingente des choses,

1. Allusion au pacte de non-agression germano-polonais de 1934 et au dépècement en cours de la Tchécoslovaquie.
2. L'Allemagne.
3. De fait, les usines Skoda de Tchécoslovaquie constituèrent un grand atout pour le réarmement allemand.

et peut-être la plus fragile, nous disons que le peuple français est cruellement menacé et qu'il n'a plus d'espoir ni d'avenir que dans un sursaut rédempteur. Jamais il ne lui aura fallu autant travailler ni jamais autant se rassembler, s'unir, se réorganiser, refaire les alliances de l'Occident, repasser par Rome où siègent la victoire et la paix, s'armer enfin, s'armer pour le simple salut d'une vie que guettent, en vérité, trop de graves périls.

Alerte ! Alerte ! disions-nous pendant la crise. Il faut le répéter maintenant qu'un sursis nous est accordé – pour combien de temps ?

Alerte ! C'est ce que tous les vrais Français voient, sentent, disent, écrivent, et je veux terminer par ces lignes de l'un d'eux, parisien patriote, qui ne se laisse pas tromper à de fugaces nuées :

Si l'immédiat est sauvé, il reste demain. Il faudrait maintenant, avec plus d'acharnement que jamais, compléter notre réarmement encore bien déficient, refaire surtout un bloc national, et refaire nos alliances. Il faudrait surtout rompre une fois pour toutes avec l'ennemi (allié !) de Moscou, et briser le réseau occulte de ses agents en France.

Alors, la France, au lieu de suivre péniblement à la remorque, reprendrait bientôt la tête de l'Europe, réparerait avec honneur les capitulations de ces vingt années, et imposerait sa paix, la paix française, c'est-à-dire la vraie paix européenne, la paix humaine dans la justice et la sécurité de tous. Parce qu'elle aura montré sa force, sans, peut-être, avoir à s'en servir.

Mais ! Mais... Inutile de refaire l'énumération des mais qui, dès demain, dès aujourd'hui, vont faire avec acharnement obstacle au redressement du pays. Si, dans l'antre de Moscou, on doit ce matin faire la grimace, il y a en France des cavernes où la joie des bons Français doit provoquer des grognements.

Si la Bête est refoulée, elle est toujours bien vivante. Quels assauts nous réservent les mois qui viennent ! Seule, L'Action française *peut la braver et l'abattre. Refrain : ce ne sont pas des millions mais des* dizaines de millions *qu'il lui faut, non pour reprendre la lutte qu'elle n'a jamais cessée, mais pour la poursuivre jusqu'à la victoire finale, elle-même couronnée par le retour du roi fédérateur et réparateur. Hors de là point de salut ! Quelques riches Français (il en reste bien encore ?) à l'esprit lucide et au cœur bien placé, le comprendront-ils, et voudront-ils ajouter un noble poids d'or aux innombrables oboles de leurs pauvres concitoyens*[1] *?*

La question est posée. La question du grand mouvement d'opinion qui ne s'arrêtera pas à de faibles figures, ni à de vagues disputes de personnalités sans consistance ni valeur. Il faut reprendre tout ou presque tout par le fond, depuis le moral du pays légal où les profiteurs sont les maîtres, jusqu'à la zone des idées, où les ignorants, les imbéciles et les impulsifs ont un peu trop tenu le haut du pavé.

Alerte ! Et en avant !

1. *L'Action française* connaissait des difficultés financières chroniques.

VIVE LA FRANCE ÉTERNELLE[1] !

I. L'armée déployée

Le magnifique déploiement de troupes dont la revue du quatorze juillet va être l'occasion se rattache aux mesures de salut public qui dominent la vie de l'Europe.

Avec un retard scandaleux, avec des lendemains inqualifiables, on s'est enfin décidé à écouter ceux qui, depuis de longues années, énonçaient la nécessité d'armer en répétant : *armons*. Ces mois derniers, cette idée et ce mot sont devenus des choses. Tout n'a pas été fait de ce qui eût convenu. Les bons esprits n'oublient pas à se demander pourquoi nous n'avons pas été écoutés, en décembre dernier, quand nous avons préconisé l'ouverture d'une grande souscription nationale qui eût donné des milliards pour notre armement aérien. Des envois spontanés viennent de produire de quoi acheter une demi-douzaine d'appareils. Que serait-ce si tous les grands corps sociaux se fussent unis pour lancer un grand recours au pays réel ! Sans emprunt ni impôt, l'essentiel eût été trouvé, et vite.

Mais l'horreur éprouvée pour les hommes de droite, auteurs de la proposition, a été plus forte que le sens national. Rien au monde ne peut faire que nous ne soyons pas sous un gouvernement de partis.

Or, il faut y être le moins possible, voilà notre nécessité supérieure. Elle se fait sentir à son tour. De 1914 à 1918, tout ce qui a été fait de bon, s'il ne provenait pas de l'autorité militaire, procédait de ce que nous appelions la Mon-Archie de la Guerre[2]. Nous vivons maintenant sous la double nécessité, la Dy-Archie (si l'on veut) de sauver la Paix et de préparer la Victoire. Les deux cas font un devoir au pays de tout oser, de tout consentir pour accélérer et amplifier l'armement – donc de montrer, dans un raccourci fort et clair, ce qu'il a su faire de décisif en faveur de sa puissance.

II. Réflexions pour l'Ennemi

Les trente mille soldats qui défileront dans Paris, les innombrables citoyens qui les acclameront et qui les fleuriront établiront l'existence et l'accroissement des moyens d'action de la France. Ils diront à l'ennemi ce qu'ils doivent lui dire : notre morceau est dur, assez dur pour que l'assaut de l'agresseur soit bien assuré d'y briser sa mâchoire, et que celui-ci ait quelque intérêt à réfléchir avant de commettre une irréparable folie.

1. *L'Action française*, 14 juillet 1939.
2. Mot à mot le « Principe unique ». Maurras veut dire qu'une idée dominante peut tenir quelque temps le rôle d'un monarque (ainsi l'idée de Revanche qu'il étudie dans *Kiel et Tanger*).

Ce n'est pas que nous le jugions incapable de faire aucune folie, ni la pire. Nous n'avons jamais cessé de signaler ce qu'il y a de *dément* en lui. Et les idées de Jacques Bainville et les nôtres ont fait leur chemin dans le monde français, même officiel. Une partie de l'enseignement en est même si bien imprégnée, que l'on commence à savoir que les « nouveautés » d'Hitler sont contemporaines de Napoléon Ier[1], et que leurs applications les plus cyniques ont été réclamées sous Guillaume II, dès 1891, quand on fondait la « Ligue de tous les Allemands[2] » laquelle revendiquait non seulement l'ancienne Confédération germanique, mais les Pays-Bas, le royaume d'Arles, la Lorraine, la Bourgogne, le reste du monde. Un peuple capable de mettre noir sur blanc de telles extravagances est également capable de se précipiter, la tête la première, sur le mur d'airain qui le brisera.

Hitler qui dit *non* peut finir par dire oui.

Nous aurons avantage à le voir déraisonner après qu'il aura reçu tous les avertissements qui devraient lui faire accepter la raison. Ces avertissements tutélaires sont le thème de la grande journée de demain. Journée de forces militaires. Journée de volontés patriotes. Nous dirions : journée d'union, si nous n'étions pas en République, et si les chefs de la République ne répandaient, du haut de toutes leurs tribunes, le formulaire d'un enseignement aussi diviseur que menteur.

III. Encore Herriot...

Nous relevions hier le discours, moins infâme encore qu'abject, prononcé par Édouard Herriot.

Mais avant de parler à Paris, il était allé à Rouen. Un ami bien informé nous en écrivait, il y a quatre jours :

Je voudrais vous dire quelques mots de la conférence faite ces jours-ci à Rouen par Herriot sur la révolution et son œuvre scientifique à l'instigation de la Ligue maçonnique de l'Enseignement.

Il s'agissait surtout de réconforter l'École primaire et de la maintenir dans l'orthodoxie apprise aux écoles normales.

Comme les « brevets supérieurs » ont été dépourvus de tout moyen de juger par eux-mêmes et que le moindre bon sens a été étouffé, la tâche de l'« imposteur chaleureux » était facile.

Herriot avec bonhomie, après quelques concessions décentes (Lavoisier « stupidement exécuté[3] ») reconnut que l'instruction existait avant la révolution, mais cette précaution oratoire allait faire passer bien des jets de venin : la trahison du roi et des nobles, le « patriotisme » des révo-

1. Allusion aux idées développées par Fichte en 1808.
2. Ou Ligue pangermaniste (*Alldeutscher Verband*).
3. Le grand chimiste fut guillotiné en 1794.

lutionnaires, le peuple pieds nus et sans armes chassant l'ennemi. Les primaires exultaient. Puis la création des grandes écoles (M. Dunoyer[1] a fait justice de cela au Cercle Fustel de Coulanges), *le développement des sciences, Condorcet et sa perfectibilité indéfinie de l'espèce humaine prôné comme le précurseur de l'école laïque. Bien entendu, rien sur les déboires du subtil marquis ni sur son suicide en prison*[2]. *Ce n'est plus l'histoire romantique de Michelet*[3], *c'est à peine moins épais que de l'Aulard et du Bayet*[4]. *Mais la conclusion passe la limite de l'honnêteté. « La démocratie n'est pas un régime qui égalise les hommes par en bas, mais celui qui élève les hommes à la haute culture et à la vertu. »*

N'est-ce pas beau ?

« Plus un régime est démocratique, plus il doit encourager l'aristocratie de l'esprit. »

Le graphique des trois républiques fait rire de ces affirmations en 1939 !

En somme, à l'origine, la république n'avait pas besoin de savants[5], *maintenant, ils lui sont nécessaires. Qu'est-ce qu'une « aristocratie de l'esprit » qui conduit la démocratie à la souveraineté de l'individu au détriment de la famille et de la race elle-même, à la lutte des classes, à la destruction de toute morale, partant de toute vertu, au déchaînement des instincts les plus immoraux et au sacrifice des derniers signes matériels consistants : à l'altération des monnaies*[6] *! Si cette aristocratie est une fin en soi sans influence sur la démocratie, elle ne sert à rien. Herriot a-t-il voulu soutenir que cette aristocratie de l'esprit n'existait pas, mais qu'elle était nécessaire, par conséquent critiquer indirectement la démocratie telle qu'elle est ? A-t-il cherché à se recréer un titre à l'audience de la démocratie et... à ses bénéfices, bref, à s'épargner la fin de Condorcet, de Chénier et de Lavoisier, sans parler de celle de Robespierre, tout-puissant la veille du 9 Thermidor, guillotiné le lendemain ?*

Herriot sait *l'inconstance de la démocratie, la bêtise des masses, la précarité des idoles. Comment peut-il se flatter de retarder le moment où la démocratie et son inévitable suite, la démagogie, engloutira les aristocrates de l'esprit comme elle a englouti tous les autres ?*

---

1. Louis Dunoyer de Segonzac, président du cercle Fustel-de-Coulanges, vitrine universitaire de l'Action française.

2. Cet épisode eut lieu en 1794, mais les circonstances de la mort de Condorcet ne sont pas pleinement élucidées. Il ne fait de toute façon aucun doute qu'il aurait été guillotiné s'il n'était pas mort dans la prison de Bourg-la-Reine.

3. Voir le chapitre des *Trois idées politiques* consacré à Michelet, p. 685 de la présente édition.

4. Historiens favorables à la Révolution ; Bayet était le gendre d'Aulard.

5. Phrase prononcée par Coffinhal, président du Tribunal révolutionnaire, lors du procès de Lavoisier.

6. Allusion aux deux dévaluations de 1936 et 1937.

Il y a, en effet, de l'inquiétude, même de la peur, dans la plus récente agitation d'Édouard Herriot et de ses pareils.

IV. [...] Berlin, Moscou

[...] Nous sommes de trop vieux antihitlériens, de trop vieux antiboches pour ne pas être satisfaits des sanctions dont on semble vouloir frapper les imprudents ou les distraits qui (tels les cagoulards) n'ont pas voulu écouter nos avis sur l'Ennemi principal[1]. Mais Berlin, cet objet de complaisances séculaires de la démocratie et du libéralisme républicain, Berlin n'est pas tout. Il y a Moscou. Il y a les champs d'or ouralien et leur action sur la vie de toutes les nations, la nôtre y comprise. Il y a l'œuvre de pénétration conduite par les Soviets, surtout depuis qu'il est désiré que l'Alliance occidentale les épouse en cérémonie[2]. Le dernier communiqué de la Fédération républicaine[3] disait entre autres choses excellentes :

Le groupe constate avec inquiétude l'intensification des menées de l'Internationale communiste dans le pays, dans les usines travaillant pour la défense nationale et jusque dans l'armée. Il déclare que le soutien qu'il a jusqu'à présent accordé au gouvernement lui fait un devoir d'attirer l'attention du pays sur les graves dangers que les manœuvres communistes font courir à la sécurité nationale.

Cette action souterraine du communisme doit être suivie. L'est-elle ? Elle ne l'est pas. Fidèle à l'esprit de son discours de congé aux Chambres, M. Édouard Daladier se croit bien habile en fonçant d'un côté, tandis qu'il ménage ou ignore de l'autre. Ici ses meilleurs amis seront ceux qui lui diront qu'il commet de ridicules erreurs. Il croit se fortifier. Il s'affaiblit. Et non seulement il le verra, mais l'ayant éprouvé, il le payera.

L'Allemagne éternelle nous inonde de ses émissaires et de ses espions ? Mais sa complice non moins éternelle, Moscou, fait de même[4]. Et, quand un agent double de Moscou et de Berlin est pris, que fait le gouvernement de Paris ? Paris lâche tout ; il a peur de la vérité.

Cependant cette vérité s'impose. Elle est claire. N'importe quel regard sur la presse européenne, celle qui, libre, peut répondre d'un acte ou d'une idée, n'importe quelle vue sommaire de tout esprit normal, confirme et vérifie nos distinctions et nos défiances. Maurice Muret[5] écrivait, avant-hier, dans *La Gazette de Lausanne* :

---

1. Mouvement terroriste d'extrême droite auquel Maurras reproche de négliger le péril allemand.
2. Allusion au souhait de Staline d'une alliance anglo-franco-soviétique.
3. Droite libérale.
4. L'Allemagne et l'URSS ne sont pas encore « complices » au moment où écrit Maurras, mais ce dernier anticipe le pacte germano-soviétique du mois suivant.
5. Écrivain suisse influencé par la pensée de Maurras.

Il n'est plus possible de nier les sévères défaites éprouvées en territoire mandchou, dans la région de la rivière Kalka par les troupes soviétiques de la Mongolie extérieure[1].

L'agence Domei annonce que, depuis le 20 juin, 250 chars d'assaut soviétiques ont été mis hors d'usage par les Japonais.

Si le Japon voulait sérieusement battre en brèche l'influence soviétique en Extrême-Orient, cela lui serait facile. Comme en 1905 et 1906, les armées russes ne tiendraient pas devant le conquérant de race jaune[2]. ET VOILÀ POURTANT LE FACTEUR MILITAIRE DONT LES ANGLAIS ET LES FRANÇAIS S'EFFORCENT DE GAGNER L'APPUI ! *L'Angleterre est vraiment décevante. Alors que sa nouvelle politique de redressement commande l'admiration par tant de côtés, pourquoi donc a-t-elle lancé sur le tapis cet absurde projet de pacte avec les Soviets ?*

N'est-il pas évident que les Soviets font tout pour donner à entendre à l'Allemagne que si l'accord se conclut, ce ne sera pas sérieux, que tous les engagements pris par Moscou à l'égard de Berlin et vice versa gardent leur valeur[3] *?*

On regrette que le Quai d'Orsay, par crainte peut-être de voir les extrêmes gauches crier à la réaction (!!!), n'ait pas franchement détourné le gouvernement britannique d'un projet qui, quoi qu'il arrive, n'aura pas de sens.

Les Soviets ne veulent se lier avec personne, les Soviets veulent rester libres de pêcher la Révolution bolcheviste dans les eaux troubles d'une Europe en guerre, voilà le fait. Aveugle qui ne s'en rend pas compte.

Ces données d'ordre universel devraient tout dominer.

Au contraire, comme Muret le dit avec sa discrétion d'étranger ami de la France, elles sont subordonnées à nos actions de l'intérieur.

Un seul critère, un seul principe, une seule direction : l'ANTIFASCISME, et ceux qui pratiquent cette politique mi-partie moscoutaire et boche, osent, soit feindre un beau souci de l'intérêt national, soit accuser ceux qui les dénoncent de céder aux charmes et aux avoirs du Reich allemand !

Rions, rions-en bien ! Car l'ignoble désir et le vieil amour de la presse de gauche pour l'Allemagne sont constatés depuis des années et des siècles[4]. Ce gouvernement de gauche ferait bien d'interroger son miroir...

V. La prompte collecte de l'or

Voici la lettre que m'adressait, avant-hier, une mère française, pour nous exprimer son désir de sauver son cœur et sa vie au moyen de la paix :

---

1. En réalité, la bataille de Khalkin Gol (mai-septembre 1939) s'acheva sur une victoire soviétique.
2. En fait, la guerre russo-japonaise dura de 1904 à 1905.
3. Allusion aux contacts germano-soviétiques de l'entre-deux guerres.
4. Allusion à l'admiration des Lumières pour Frédéric II de Prusse, au soutien des libéraux français à l'unification de l'Allemagne, à la fascination de la IIIe République pour Kant, à celle des communistes pour Marx et Engels, etc.

Il y a 25 ans toutes les femmes de France, le visage inondé des larmes de la séparation, fouillaient leurs trésors secrets pour en tirer l'or qui aiderait à repousser l'ennemi.

L'or s'est mêlé au sang, pour abriter une victoire vaine, et gâchée par la faute de nos institutions.

Et maintenant, des menaces incessantes pèsent sur les enfants des sacrifiés.

Les femmes vont-elles encore pleurer ? avoir le cœur déchiré ? donner trop tard *leur obole ?*

Non, il ne faut pas attendre de collaborer encore à une œuvre de mort. Il faut tout donner avant *le sang ! tout tenter matériellement pour sauver nos enfants, nos maris, nos frères de ceux qui font un marché de leur chair.*

C'est pourquoi je vous porte ce soir ce petit morceau d'un or qui vous manque pour achever l'œuvre de salut, et je supplie toutes mes compagnes de France de faire le même sacrifice à ce solide rempart de la Monarchie *que vous nous construisez, le seul capable de défendre les Français contre l'envahisseur et contre l'anarchie.*

Donnons toutes nos parcelles d'or avant la chair de nos enfants !

L'or avant *le sang. Que les hommes y pensent !*

Puisse un langage aussi émouvant être compris, entendu et suivi ! Nous défendons la paix et nous défendons la victoire. Nous avons affaire à l'ensemble des boutefeux de la Juiverie[1]. Nous devons démêler tout ce que la situation internationale implique, naturellement, de rudes menaces. La rage des va-t-en-guerre montre ce qu'ils craignent de nous : leurs embûches honteuses confirment la même évidence…

Français, Françaises, au secours, vous n'êtes guère défendus que par les nôtres et par nous !

LE STATUT JUIF[2]

Le statut juif est officiellement annoncé, et l'est en termes excellents[3].

L'État français n'a point de peine à se défendre de tout esprit de représailles. Il n'en veut ni à la foi religieuse des Israélites, ni à leur sang, ni à leurs biens. Il veut sauvegarder l'esprit et la fortune du pays, comme il en a le devoir étroit.

Nos lecteurs se rappellent la vieille distinction constante faite à l'Action française entre l'antisémitisme de peau et l'antisémitisme d'État. Elle semble bien reparaître ici, mais sous une forme nouvelle.

Atténuée ? Aggravée ? Nous le saurons quand nous verrons les textes. D'après les communications officielles, le souci majeur du système est

1. Maurras vise en particulier Blum et Mandel, partisans de la fermeté face à l'Allemagne.
2. *L'Action française*, 19 octobre 1940.
3. Il s'agit du statut du 3 octobre 1940.

d'ordre éducatif et moral. Ce qu'il vise surtout – et combien justement ! –, c'est l'esprit du moderne Israël, son influence insinuante et bientôt dirigeante, et ses tendances éternelles à un degré d'individualisme qui s'appelle l'anarchie.

L'État français n'a donc pas perdu de vue les deux fermes colonnes de l'État juif, telles que les a proclamées un Juif de race et de cœur, notre contemporain, le célèbre Bernard Lazare[1], le fauteur de l'affaire Dreyfus :

a) *Le Juif est agent révolutionnaire ;*

b) *Le Juif est « conservateur de lui-même ».*

(Tiré de son livre *L'Antisémitisme et ses causes*, réimprimé il y a cinq ans.)

Mais comment le Juif est-il conservateur de lui-même ? Par quel procédé se conserve-t-il ? Ce n'est pas seulement son esprit qui agit, c'est, plus matériellement, sa coutume, c'est sa tradition, ce sont les mœurs héritées et les mœurs transmises, sans doute filles de l'esprit, mais distinctes de lui.

J'ignore si le nouveau statut tient compte ou tient un compte suffisant de cette étonnante puissance d'agrégation et de congrégation qui anime ce peuple anarchiste où les haines intestines sont si violentes !

Nous disions, il y a un demi-siècle :

« *Quand on laisse un Juif entrer dans un journal, il y en a six au bout de six mois ; au bout d'un an, il y en a douze, et ainsi de suite…* » À peine exagérions-nous. À la place de *journal*, mettez : *office*, *administration*, *commerce*, *industrie*, *salon*, *maison quelconque*, c'est la même chose et cette solidarité incomparable est naturellement multipliée par notre goût celtique de l'isolement, de la *bande à part*, et du *cavalier seul*. Contre un Français, tous les Juifs savent faire balle. Pour un Juif, il y a tous les Juifs, plus un certain nombre de Français dissidents ou subornés. La partie n'est pas égale. On n'aura rien fait tant qu'on n'aura pas considéré cet aspect du problème.

Ce dont il est surtout question, c'est d'interdire aux Juifs les postes d'administration, de direction, de formation des intelligences. Rien n'est plus sage, il faut bien espérer que l'on épargnera récriminations et gémissements sur aucune lésion aux droits sacrés de la personne humaine. Il n'est écrit nulle part entre les étoiles du ciel ni dans les profondeurs de la conscience qu'il soit offensant pour une personne humaine de ne pouvoir accéder à la direction ou à la gérance d'un théâtre ou d'un cinéma, d'une publication ou d'une université. Ce qui adhère aux droits de la personne humaine, c'est la moralité, la religion, la raison. Le statut des Juifs ne leur demandera pas de dire que 2 et 2 font 5 ni d'abjurer la foi hébraïque, ni de parler ou d'écrire contre la vérité et contre l'honneur. Ces points sauvegardés, nous sommes les maîtres de la maison que nos pères ont construite et pour laquelle ils ont donné leurs sueurs et leur sang. Nous avons le droit absolu de faire nos conditions aux nomades que nous recevons sous

1. Voir l'annexe III des *Trois idées politiques*, p. 707 de la présente édition.

nos toits. Et nous avons aussi le droit de fixer la mesure dans laquelle se donne une hospitalité que nous pourrions ne pas donner.

LA « COLLABORATION[1] »

— Êtes-vous partisan de cette collaboration ?
— Je n'ai pas à en être partisan.
— Adversaire, alors ?
— Non plus.
— Neutre ?
— Pas davantage.
— Vous l'admettez donc ?
— Je n'ai pas à l'admettre, ni à la discuter.

Nous sommes, grâce au ciel, sortis de ce régime de la Discussion, dans lequel tout allait à vau l'eau parce qu'il ne pouvait recevoir aucune direction continue : rien ne tenait à rien, ni autorité, ni responsabilité. Nous avons changé tout cela[2], il faut que le pays en ait le bénéfice.

Autrefois, on ne pouvait pas hésiter un seul instant à prendre des responsabilités globales et tragiques dans la carence absolue de tout gouvernement et de tout État. Là où l'État existe, où il fait son métier, notre devoir est double : d'abord le lui laisser faire, et puis le lui faciliter.

Pour le laisser faire, sachons ne pas nous mêler au centre essentiel de son activité qui est le libre choix d'une politique entre les systèmes divers qui s'offrent ou ne s'offrent pas ; pour le lui faciliter, multiplions les efforts pour ramasser autour de lui le plus grand nombre possible de bons citoyens, créer une atmosphère de *confiance* absolue, lui apporter la force énorme qui provient de l'adhésion positive de multitudes quand elles sont organisées et dirigées par un souffle puissant.

Mais il n'y a pas à délibérer sur le fond de son action, ce serait de l'anarchie pure.

Le plus grand malheur de la France serait qu'on y prît parti pour ou contre la « collaboration » et que les factions contraires se forment là-dessus ; cette dispersion et cette division nous seraient funestes. Tout doit aller au retranchement et au resserrement.

Le Maréchal est responsable. Il l'a admirablement dit. Comprenons…
— Mais si…
— Il n'y a pas de si. D'abord l'unification. Ne penser qu'à la *France, la seule France*… C'est pour elle qu'il faut travailler.

1. *L'Action française*, 1er novembre 1940. Cet article fait suite à l'entrevue entre le maréchal Pétain et Hitler à Montoire le 24 octobre précédent.
2. Citation de Molière (*Le Médecin malgré lui*, 1666).

L'action saine et utile de l'esprit public, en conséquence, doit se donner pour objet de contribuer à fortifier le mécanisme du pivot sur lequel tout roule et tout tourne, la tendance de l'action politique étant elle-même mise hors de cause.

Puisqu'elle est son affaire propre, nous devons, nous, songer à faire que la manœuvre de l'État, quelle qu'elle soit, soit pourtant la plus forte, la plus souple possible, son rendement aussi heureux que possible. Si la direction choisie par le Chef de l'État est parfaite, ses bons résultats seront accélérés et accrus par le concours du pays. Si quelque erreur s'est glissée au point de départ, la souplesse et la solidité de la machine de l'État sauront l'atténuer et la compenser, grâce au même concours.

Tout peut avoir des inconvénients, ou de graves défauts. Les uns pires, les autres moindres. Et le temps souffle là-dessus. On pouvait hésiter et stagner ou se recueillir indéfiniment avant Mers el-Kébir[1]. Là, les dés sanglants nous furent jetés aussi insolemment qu'un gant, par le Gouvernement de Londres et les coups de la furieuse campagne poussée droit à la tête et au cœur de la France – à son Gouvernement – manifestaient la volonté de nous asséner une nouvelle révolution française. Il n'y avait plus qu'à marcher contre Londres, contre sa Radio, contre sa malfaisante et perfide sottise. Un genre de choix nous était donc retranché de ce côté-là. D'autres courants se sont produits d'autre part et d'autres réactions dont il a bien fallu tenir compte.

— Mais que pensez-vous du parti adopté ?

— Je n'assistais pas aux délibérations, je n'ai pas vu le dossier : je ne pense rien ! Et cela ne me prive pas, attendu que, premièrement, j'ai quelques autres petites choses à penser et, secondement, qu'il me serait odieux de penser de travers, sans les éléments nécessaires pour penser juste ; troisièmement, que nous avons le devoir d'appliquer toute notre pensée à des choses immédiates, nécessaires et urgentes, où elle peut rendre de bons et utiles services, telles que le soin de donner au Gouvernement responsable tout l'adjuvant matériel et moral pour soutenir ses hautes responsabilités. La France entière doit être autour de lui. Ce grave labeur de ralliement reste, pour le moment, le premier et l'unique chantier de salut.

Principe vital : *Que le chef puisse faire sa politique*, dans les conditions optimes constituées par l'attitude et le mouvement du pays. Soutenons-le, acclamons-le, il n'est point d'autre méthode pour aider à maintenir fermement le Vaisseau de la France entre la zone de son plus grand bien qui reste attingible, et celle du moindre mal dans laquelle il peut toujours se sauver.

Voilà pourquoi, parlant hier en père, le Maréchal s'est résolu à parler « en chef » – un chef et un docteur – dont la suprême leçon aboutit à « la confiance dans la France éternelle ! ».

---

1. Allusion à l'agression britannique contre la flotte française le 3 juillet 1940, dont on mesure ici combien elle a contribué à orienter Vichy vers la collaboration.

LA POLITIQUE[1]

I. Croisade ou bien Défense nationale ?

Ainsi, *du mal au bien, de la joie à la peine*[2], les nouvelles se croisent en sens contraires : la soudure est assurée pour notre pain quotidien ; des incidents anglo-espagnols se dessinent ; une puissante flotte anglaise semble sortir de la Méditerranée, et, là-bas, là-bas en Amérique, M. Knox répond à M. Hoover[3], celui-là d'autant plus guerrier que celui-ci persiste dans le pacifisme ; les Soviets semblent vaciller, mais Palmyre tient, Palmyre tient comme Verdun, et c'est notre ministre de la Guerre qui en fait le rapprochement glorieux[4]…

Là-dessus, on me permettra de reprendre, avec beaucoup d'insistance, une observation faite hier.

Comment les Français qui ont le moyen, le désir, la généreuse volonté de se battre, ne vont-ils pas se battre en Syrie ?

Comment ne conçoivent-ils pas en tout premier lieu le service de la France, son utilité, sa nécessité ?

Un des fléaux des Français pendant ces derniers cent cinquante ans[5] est d'avoir élevé au-dessus de notre patrie des conceptions abstraites et des généralités prétendument humaines, mais qui l'étaient fort peu, car elles nous éloignaient du premier élément de l'humanité vivante qui n'est autre que notre Prochain, lequel s'appelle le Français[6].

Les guerres de propagande que la première révolution a faites furent des folies qui mirent à bas tout ce qu'il y avait de forces françaises en Europe, forces morales, forces physiques, forces politiques. Maurice Barrès, selon le mot cité, l'autre jour, par Émile Henriot[7], traitait de crétins « les gens de Coblentz[8] », parce qu'ils s'étaient absentés d'une grande gloire ; mais les crétins n'étaient pas du côté que Barrès pensait, les vrais crétins étant surtout ceux qui participaient, sous leur prétexte de croisade, au suicide révolutionnaire et impérial de leur propre patrie.

D'autres, non moins crétins, voulurent faire leur croisade de propagande au moment des révolutions de 1830 et de 1848. Louis-Philippe s'opposa

1. *L'Action française*, 3 juillet 1941.
2. Maurras cite déjà ces vers dans *L'Anthropophage*, un texte de 1931 non repris dans le présent volume, mais n'en indique pas l'auteur.
3. Knox était secrétaire d'État à la Marine, Hoover l'ancien président des États-Unis.
4. Allusion aux combats de Syrie entre vichystes et anglo-gaullistes. Le ministre évoqué est le général Huntziger.
5. C'est-à-dire depuis la Révolution.
6. Allusion à l'universalisme de la Déclaration des droits de l'homme, en lequel Maurras dénonce un vecteur de croisades idéologiques.
7. Écrivain à ne pas confondre avec Philippe Henriot, chef de la propagande de Vichy.
8. C'est-à-dire les nobles émigrés en Allemagne par peur de la Révolution.

à la première, Lamartine à la seconde[1] ; elles étaient plus folles encore que celle de 1792-1815 : aussi le Second Empire se chargea-t-il de les exécuter, et la force française y baissa d'un nouveau « cran[2] ». La récente dégringolade a été plus rapide encore, quand nous nous sommes mêlés – en 1939 – de faire la « guerre des démocraties ». Quel besoin aurions-nous aujourd'hui de retourner contre le communisme de Moscou celles de nos armes qui ne sont pas brisées[3] ? C'est chez nous, c'est à l'intérieur qu'il importerait de l'exterminer – je ne veux pas dire d'y massacrer de pauvres types –, je dis de reléguer leurs opinions sociales et politiques absurdes et dangereuses aussi loin que possible de nos *confins* – la vraie guerre étant réservée à nos assaillants de Palmyre, de Beyrouth et d'Alep, devant lesquels l'héroïsme français fait de nouvelles preuves de sa splendeur, dans les exploits étonnants que le général Huntziger est l'homme le mieux placé pour juger et qualifier.

Les vertus militaires qui, je le sais, bouillonnent au cœur d'une belle jeunesse, trouveront en Syrie de quoi s'employer comme il convient à la véritable tradition de notre pays : ces vertus ne sont pas celles d'un simple enthousiasme à la gauloise, si brave et généreux soit-il, et si digne de toute admiration. Ce sont les vertus qui réunissent à toutes les plus hautes beautés de cœurs valeureux – le mépris de la mort, le dévouement à la patrie, l'énergie morale invincible – une clarté de l'intelligence, qui choisit de servir utilement, et, s'il faut mourir, de *mourir*, comme disait Castelnau[4], *puissamment*. Le sublime abonde aux profondeurs du cœur français : raison de plus de ne pas le gaspiller ni le consommer en vain, mais de le faire concourir à sauver, à relever, à étendre, à développer toutes les virtualités du pays.

Les armées royales, celles que Du Guesclin et Jeanne d'Arc menèrent – ou Condé ou Villars –, ne cédaient en héroïsme à aucune autre armée.

Elles valaient les armées modernes qui se sont tant battues pour rien – ces armées royales par qui, selon l'aveu des Jacobins de 1794, quelque province nouvelle a toujours été le prix et le fruit de l'effort. Le composé gallo-romain que nous nommons génie français fait comme la synthèse des lumières politiques et sociales qui ont leur siège dans une bonne tête, et des ardeurs morales, chers foyers de beaux sentiments, qui échauffent de braves cœurs.

---

1. Louis-Philippe refusa d'intervenir dans la révolution belge ; Lamartine, ministre des Affaires étrangères de la IIe République, refusa d'intervenir dans le « Printemps des peuples ».

2. Les guerres du Second Empire débouchèrent en effet sur la catastrophe de 1870.

3. Maurras critique ici les Français qui songent à s'engager dans l'armée allemande pour combattre l'URSS. La Légion des volontaires français contre le bolchevisme fut créée le 8 juillet 1941 à l'instigation des Allemands.

4. Le général de Castelnau, un des plus remarquables chefs français de la Première Guerre mondiale.

Ne séparons pas ceci de cela, ne l'opposons pas, composons-le[1] et préférons à la croisade révolutionnaire ou contre-révolutionnaire, la bataille pour la Défense nationale, la bataille pour la Patrie.

Hier, en me parlant d'une triste et malheureuse poignée de vieilles connaissances très dévoyées, Maurice Pujo me disait :

« Eût-on imaginé qu'ils seraient quelque jour plus antisémites que patriotes ? »

Personne ne l'eût cru. Non, nous le voyons, hélas ! Cela précise notre devoir. Cela dicte la leçon, non nouvelle, mais éternelle, que nous devons à nos amis. La Patrie doit être servie avant tout, la France seule, la seule France, et bien avant la haine même du Juif, quelque juste et profonde et nécessaire qu'elle soit.

Les Juifs comme les Russes trouvent à qui parler dans le monde. N'y perdons pas notre poudre, ni notre temps, ni notre sang quand nous pouvons et nous devons appliquer tout cela à défendre l'Empire contre les traîtres et contre les Anglais. En Syrie, nos combattants volontaires ! En Syrie !

II. Un intermède d'Israël

Sous le bénéfice de cette observation, il ne serait pas mauvais de calmer un peu les Juifs ; même les sages parmi eux me semblent supporter sans nulle bonne grâce un revers que leur grand prophète Bernard Lazare leur faisait présager il y a quarante-sept ans[2].

En vérité, ils se plaignent trop, et leur susceptibilité de race passe toute mesure. Ont-ils réfléchi à ce qu'ils nous ont fait ? Je dis *ils* en corps. Et comment peuvent-ils trouver mauvais que le Français, si longtemps sous leur joug, prenne quelque licence de respirer un peu depuis qu'il en est soulagé ?

Antisémites d'État, nous ne sommes pas antisémites de peau ; cependant, nous sommes des hommes. Et comment des hommes ne se rappelleraient-ils pas ce qu'ils ont subi – depuis le sinistre jour où M. Joseph Reinach[3] menaça de tout chambarder, si on ne lui rendait pas son traître, et chambarda tout, en effet, devant le juste refus de la justice militaire française – jusqu'à ce jour non moins sinistre, où M. Mandel et sa bande anglo-continentale, nous précipitait dans le plus grand désastre de notre Histoire en sablant le champagne dans les grands hôtels des Champs-Élysées[4] ?

---

1. La politique maurrassienne rejoint ici l'esthétique maurrassienne de composition du cœur et de la raison.
2. Voir *supra* l'article du 19 octobre 1940.
3. Défenseur de Dreyfus dès 1894.
4. Georges Mandel, ministre des Colonies en 1938-1940, fut l'un des principaux partisans de la politique de fermeté vis-à-vis de l'Allemagne.

Ces crimes ne viennent pas de seuls juifs métèques arrivés en 1926 ou 1936, et récemment naturalisés, ils sont le fait de la puissance collective juive prise en corps d'État – d'État dans l'État – et son dommage immense enveloppait une multitude d'exactions grandes, moyennes et petites, subies par toutes les classes de notre population dans une infinité d'affaires privées. Le coup juif frappa souvent de façon très directe. Parfois aussi indirectement, mais on savait d'où il provenait. Ainsi se sont accumulés des souvenirs pleins de douleurs contre la race « insociale », mère et fille de tant de rapines et d'abus !

On insiste. On se dit, soi, étranger à ces mauvais coups. On excipe de services de guerre, de blessures, de morts même. On a raison. Mais la loi française, avec la même raison, tient compte de ces exceptions[1]. Elle les consacre. Elle donne aux « Juifs bien nés » le moyen d'invoquer de justes privilèges : ceux que j'aurais réclamés, s'il eût fallu, pour les fils de ce Pierre David[2] qui se recommanda à nous du baptême du sang. Mais ce point réglé, de quoi peut-on se plaindre ? Où subsiste une ombre d'iniquité ?

Je transcris ces griefs étonnants :

Les statuts passés, présents ou à venir sur les Juifs constituent un modèle de persécution systématique (!) un raffinement (!!). On jette une aumône aux anciens combattants ou aux ascendants de leurs morts. Ils pourront briguer une place d'allumeur de réverbères ou de troisième commis d'administration [...]. On purge l'université, la médecine, le barreau, on « lessive » la presse, le cinéma et la radio, on étouffe, on étouffera toute activité commerciale. Comme vous l'écriviez, avec une pointe sarcastique, il leur restera à travailler la terre ou à fabriquer quelque chose avec du néant (?). Les Juifs ne sont pas des terriens, c'est entendu, mais ils ont su s'adapter à la terre, en Palestine, et y rester.

Alors qu'ils s'y adaptent chez nous ! Il ne leur manque pas de quoi acheter de la terre. Pas plus que ne leur fait défaut le moyen de se procurer ces matières premières dont on tire des produits ouvrés, comme je les y exhortai sans aucune sorte de sarcasme, et de la meilleure foi. Ce labeur peut être pénible ? J'en conviens. Que l'on convienne de la réciproque : il a été pénible aux Français de voir détruire la belle armée de 1897 par M. Joseph Reinach et de voir contraindre leur pays à la déclaration de guerre anglo-juive du 3 septembre 1939.

1. Les lois antisémites du 3 octobre 1940 et du 2 juin 1941 admettaient des exceptions pour les anciens combattants et les Juifs « qui ont rendu à l'État français des services exceptionnels ».

2. Pierre David, grand admirateur de Maurras, était mort au front en 1918. Il avait d'avance qualifié ce sacrifice de « baptême ».

FRIPOUILLE ? NON, GRIBOUILLE[1]

L'autre jour, d'un gros livre destiné à nous insulter bassement et dont l'auteur est un de nos anciens collaborateurs[2], nous avons tenu à isoler l'intention politique : comme nous l'avons dit, c'est celle de Gribouille.

— Fripouille serait plus juste, me dit quelqu'un de sage.

— Non, Gribouille. Sans doute, comme l'a bien écrit M. Gignoux[3], cette cacographie maniaque peut accuser les sentiments les plus vils. Mais la dominante en est encore l'imbécillité. Jouer au patriote et gâter son jeu par cette fureur de salir et d'écarteler la patrie. Geindre ou hurler sur les misères de la guerre étrangère pour y ajouter les épices sanglantes de la guerre civile, c'est Gribouille[4] et sa politique qui se mirent dans ce crachat avant de s'y noyer.

Mon ami insiste :

— Le gros crachat de ces 664 pages va plus loin que l'effarante sottise dont il me semble que vous êtes uniquement ébloui. Cette volumineuse saleté essaye de salir non seulement *L'Action française* mais le gouvernement du Maréchal[5], l'Armée française et ses officiers, ses hommes, les vivants et les morts, et c'est peut-être là que l'on trouverait les plus basses immondices qui aient jamais été écrites sur les femmes de France. On voit que le triste garçon n'a pas trouvé la sienne dans notre pays[6]. Vous le connaissez bien, nabot impulsif et malsain, l'œil égaré, éminemment grégaire et cramponné à toutes les têtes du troupeau. Il faisait sa partie dans un petit groupe que l'idée de la seule France met en transes de rage et d'insultes. Mais, par littérature ou par crainte du mépris public, ces transfuges de notre alliance s'appliquaient à garder une certaine tenue. Notre auteur n'a pu se tenir. Il a été nerveux, il s'est mis à cracher, puis à vomir. En dépit des haines et de toutes les sales folies qui l'agitaient, son vomissement n'a pas été propulsé assez loin pour atteindre ceux qu'il visait. La morve est retombée sur lui, il en est couvert, il ruisselle. La frénésie, l'inconscience l'entraînent, à tous moments, à des aveux qui l'assimilent assez curieusement à une certaine catégorie de Juifs qui n'est pas la moins répugnante. Ce qu'il a appelé lui-même « l'épilepsie juive » et dont il offre

1. *L'Action française*, 12-13 septembre 1942.

2. Allusion au livre de Lucien Rebatet (1903-1972) *Les Décombres*, paru aux éditions Denoël fin juillet 1942 et véritable « *best-seller* » de l'Occupation : le premier tirage de 20 000 exemplaires se serait écoulé en seulement trois semaines (voir *Le Dossier Rebatet. Les Décombres – L'Inédit de Clairvaux*, édition établie et annotée par Bénédicte Vergez-Chaignon, Robert Laffont, coll. « Bouquins », 2015).

3. Journaliste et économiste rallié à Vichy.

4. Gribouille est un personnage populaire symbolisant la sottise.

5. Rebatet reprochait à l'Action française et à Pétain leur hostilité à l'Allemagne.

6. La femme de Rebatet était roumaine.

un exemple si parfait, fait de son livre une exhibition ingénue et cynique de tous les attributs du pourceau intégral.

— Parfois, il exagère, il en vient à se charger, à se barbouiller à outrance.

— Non, pas d'outrance ! Il se déshabille des pieds à la tête et découvre son moi. Ce qu'on y voit de plus dégoûtant, c'est la combinaison de l'agressivité et de la couardise : il faut bien admirer les attitudes de matamore que lui prête son livre, mais comment oublier ses tremblements de lièvre, cette crainte éperdue et perpétuelle d'un *attentat* si la voiture tardait un peu à venir le chercher à l'imprimerie la nuit[1] ? Une fois chez lui, il criait au chauffeur : « *Et surtout ne filez pas sans que je sois rentré et la porte bien refermée !* » Manifestement, il marchait sous un vol de gifles planantes et sur un champ électrique ensemencé de coups de pieds quelque part. Vous avez certainement su son histoire des premiers jours de juin 1940…

— La perquisition ?

— Oui, quand son ami L…, qui n'était pas encore arrêté, arriva un soir à l'imprimerie en proie à un rire inextinguible : il raconta comment le pauvre type, qui venait d'être perquisitionné, était dans un affolement sans limite d'autant qu'on avait découvert chez lui le « journal intime », destiné à faire un jour de la littérature, où il donnait ses appréciations sur son capitaine et les autres gradés du service dans lequel il s'était fait embusquer. Le garçon ne faisait que répéter avec terreur : « *Ils sont foutus de m'envoyer au front !* »

— Avez-vous vu le passage où il se plaint que *L'Action française* ne lui ait pas donné assez d'argent ? Quel toupet ! Lui qui totalisait des appointements supérieurs à tout autre collaborateur. Mais il ne faisait rien de ce pour quoi nous l'avions embauché. Il faisait – le moins possible – de la « présence » et l'occupait le plus souvent à écrire pour un autre journal[2]. Vint la mobilisation. Comme on lui donnait l'indemnité de ceux qui ne touchaient pas de l'autorité militaire une solde mensuelle et bien qu'il fût sans enfant, il ne cessa d'en implorer le double pour lui seul. On se laissa apitoyer : on le lui donna. Mais cela ne lui suffisait pas encore. Comme nous lui opposions la nécessité d'économiser les deniers qui nous étaient confiés, notre demi-refus le remplit d'une telle rage qu'il écrivit à celui qui l'en avisait : « *Ils me paieront ça après la guerre !* »

— C'est pourtant lui qui paie. Mais de sa honte.

— Il ne peut pas s'en douter.

— Ce garçon « intelligent » n'a que l'intelligence de la Bête. Ce ne sont pas ses yeux qui l'éclairent, c'est son groin.

— C'est pourquoi son livre fait surtout poudroyer d'épais nuages de méprises et d'erreurs qui ne sont pas toujours des impostures volontaires. On a affaire au subalterne qui ne comprend pas les propos échangés au-dessus de

1. Allusion à l'époque où Rebatet travaillait au journal *L'Action française*.
2. *Je suis partout.*

lui. Pas un fait, un mot ou un texte, pas une idée qui, rapporté par la Bête ne soit ainsi détourné, estropié, défiguré. Exemple, page 168, quand il rappelle l'opposition désespérée que nous avons faite à la guerre dans les derniers jours d'août 1939, il écrit tranquillement : « Maurras, du reste, était en train de se poser lui-même le bâillon sur sa magnifique clameur ; quelques heures avant... (la guerre), il venait de réclamer la censure. Il se déchargeait ainsi de sa responsabilité sur l'État en ruinant ce qui lui restait de pouvoir[1]. » Basta pour l'outrage : lâcher pied en un tel moment ! Il me voit aussi bête et plus couard que lui ! Mais ça ne tient pas debout : non « quelques heures » mais plusieurs jours avant la guerre, le gouvernement de Daladier avait pris un décret-loi qui lui permettait de supprimer à volonté n'importe quel journal, la presse était livrée au bon plaisir de son cabinet, toute garantie était supprimée, les menaces de suppression n'étaient pas déguisées, et seule l'existence d'une censure pouvait nous assurer un dernier reliquat de pouvoir et de liberté[2]. Il faut être ivre ou fou pour raconter juste le contraire.

CONTRE LE PESSIMISME[3]

Un père malheureux dont le fils vient d'être pris pour le service obligatoire en Allemagne[4] m'avoue qu'il n'est pas mécontent des termes du discours de M. Lachal, directeur général de la Légion[5], tels que nous les avons relevés l'autre jour.

— Enfin ! me dit-il à peu près, on en a fini avec les bobards d'une logomachie plus ou moins « mystique », on dit ce qui est : nous subissons et nous devons subir une *des douloureuses conséquences de la guerre*[6]...

— À quoi bon en effet, lui dis-je à mon tour, enduire de sucre et de miel les rebords d'une coupe dont rien ne peut atténuer l'amertume ? Et ne vaut-il pas mieux écarter tout ce qui peut faire illusion ? Sentir ce qui est dur comme dur. Le dire mou et doux ne ferait que tromper sans profit,

1. Le texte original est le suivant : « Maurras du reste était en train de nouer lui-même le bâillon sur ses magnifiques clameurs. Quelques heures avant, pour être plus libre en face de son papier, pour laisser courir sans scrupules sa plume, il venait de réclamer la censure. Il se déchargeait ainsi de sa responsabilité sur l'État en ruinant ce qui lui restait de pouvoir. » (Voir *Le Dossier Rebatet*, *op. cit.*, p. 186.)

2. En effet, le fait de pouvoir censurer les journaux ne rendait pas nécessaire de les interdire.

3. *L'Action française*, 23 mars 1943.

4. Le Service du travail obligatoire instauré en février 1943 par Vichy, sur pressions allemandes.

5. La Légion française des combattants, créée par le régime de Vichy le 29 août 1940, à ne pas confondre avec la Légion des volontaires français contre le bolchevisme, créée à l'instigation des Allemands le 8 juillet 1941.

6. C'était la rhétorique de Pierre Laval, chef du gouvernement de Vichy en 1942-1944.

Trente-sixième Année. — N° 80.

ÉDITION DE LYON

MARDI 23 MARS 1943

L'ACTION FRANÇAISE

ORGANE DU NATIONALISME INTÉGRAL

La France, La France seule...

FRANCE et COLONIES : UN franc

RÉDACTION et ADMINISTRATION 66, Rue de la République - LYON
Téléphone : FRANKLIN 28 - 63

Fondateurs : HENRI VAUGEOIS et LÉON DAUDET. — Directeur politique : CHARLES MAURRAS. — Rédacteur en chef : MAURICE PUJO

DANS LES BUREAUX

J. DELEBECQUE.

LA SITUATION MILITAIRE

SUR LE FRONT DE L'EST

Malgré le dégel la bataille se poursuit dans tous les secteurs

LA LUTTE SERA LONGUE déclare M. Churchill

Attaques anglo-américaines dans le sud tunisien

Communiqué italien

CATROUX INSTAURE au Liban et en Syrie une république provisoire

Un discours du chancelier Hitler

« Au cours des mois prochains nous transformerons nos succès actuels en une victoire totale »

« Les peuples ne peuvent désormais subsister qu'en prenant une attitude nette »

« Le judaïsme éternel a imposé une guerre sans pitié »

A propos des incidents de Thonon

LA CAMPAGNE DE MENSONGES DES PROPAGANDES ÉTRANGÈRES

Faite de pure invention et d'exagération outrancière cette campagne n'a d'autre but que de semer dans notre pays, le désordre et la panique

L'écrivain anglais Sisley Huddleston s'est fait naturaliser français

A LA MÉMOIRE DE MISTRAL

FRÉDÉRIC MISTRAL

La pression américaine sur la Martinique

Loterie Nationale

Cinquième tranche 1943

l'Exposition internationale contre le bolchevisme

LA POLITIQUE

I. — Contre le pessimisme

Charles MAURRAS.

LA JOURNÉE DU MARÉCHAL

Le colonel Bonhomme à Bar-le-Duc

LA RELEVE

Ceux qui partent

PETITES NOUVELLES

et peut-être ferait tort aux justes leçons de l'expérience et, par conséquent, à l'hygiène de la nation et à ce qui subsiste de sa santé morale.

Je ne sais ce qu'en pense mon interlocuteur, mais le chagrin l'a rendu singulièrement sévère pour l'ensemble de notre peuple. Le jugement général qu'il en porte me paraît même exagéré. Par exemple, il n'admet pas que nous « accablions » « uniquement » les Reynaud, Mandel, Blum et Daladier[1]. Pour un peu, il les déchargerait ! Il les décharge même. Après tout, ces gens-là n'étaient que des mandataires, et de qui ? De nous tous ! Les coupables, c'est nous tous. Le peuple français avait le gouvernement qu'il voulait. Les chefs qui auraient fait une autre politique auraient été renversés le lendemain et désavoués par tous !...

Voilà, ce me semble, une thèse que la douleur emporte bien au-delà de quelques tristes vérités.

S'il est vrai que nos quatre misérables ont fait la politique du scrutin de 1936 (autant qu'un scrutin peut contenir une politique !), cela ne peut s'entendre au sens large (et encore) que de la politique intérieure. Pour la politique étrangère, non. Non, absolument. L'opinion française n'était nullement pour la guerre. Elle était virtuellement contre. Autant en 1939 qu'en 1938, en ce moment de Munich, où la paix maintenue déchaîna de toute part de telles explosions de joie ! Il avait suffi d'une très vive campagne pour la paix pour y rallier l'immense majorité de l'opinion parisienne. Or, nous la recommencions. Nous la menions avec la même clarté et la même violence. Cette canaille de Daladier en avait peur. Pujo a raconté comment on lui avait envoyé de gros personnages de la police pour essayer d'obtenir le silence de *L'Action française* et le mien. La réponse de Pujo fut telle qu'il ne restait plus à Daladier qu'un parti : suspendre la liberté de la presse, briser notre arme dans nos mains. Ce qu'il fit. Ce qu'il n'eût pas fait s'il avait eu la moindre confiance dans l'opinion, s'il y avait trouvé le moindre appui sérieux. Son cabinet lui-même était divisé : jamais chef de gouvernement n'aura pris sous son bonnet, sans consulter autre chose que son plaisir, une telle responsabilité sur un objet de cette gravité, dans des conditions de légèreté et de personnalité aussi monstrueuses. Quand nous disons qu'il faut dire et redire, crier et recrier : « À bas Daladier, à bas Reynaud, à bas Mandel, à bas Blum ! » nous ne cédons ni à un ressentiment de polémistes, ni aux passions des partisans. Nous ne fabriquons aucune légende. C'est de l'histoire politique toute sèche, telle que nous l'avons vue et vécue ; telle qu'elle a été faite, je ne dis pas par des politiciens sollicités et fanatisés, mais froidement, consciemment, systématiquement, par de vrais criminels de droit commun. Il n'est pas

1. Tous jugés par Vichy lors du fameux procès de Riom (février-avril 1942) en tant que responsables présumés de la défaite. Blum et Daladier, dont la défense mit en difficulté l'accusation, furent condamnés à la prison à vie.

douteux que la France ait été trompée par ces mandataires infidèles. Ils ont trahi leurs commettants. On n'a pas seulement le droit de constater cette trahison, on en a le devoir. Certes, le peuple a eu cent fois tort de croire à la République, à la Démocratie, au Socialisme, à l'Internationale et à mille autres billevesées. Mais ces erreurs ne rachètent pas le crime que ses chefs ont commis contre lui. Émile Ollivier[1] et Napoléon III se sont trompés en 1870 : leur absurdité n'empêche nullement que le maréchal Bazaine ait trahi[2]. Nous tenons quatre Bazaine civils. Nous ne les lâcherons pas.

— Mais, répond-on, croyez-vous que nous sous serions sauvés en ne pas déclarant la guerre ? Au bout de quelques mois…

— Au bout de quelques mois, quoi ?

— Il nous serait arrivé comme à d'autres peuples. Nous aurions été emportés dans la fournaise et pris dans les tourbillons du fléau mondial.

— C'est possible. Est-ce sûr ? Vous n'en savez rien. Ni moi. Une seule chose peut être sûre, c'est que la guerre n'eût pas été déclarée par nous en ce cas. Et cela eût changé un très grand point à l'aspect général des affaires comme aux vues, aux idées, aux sentiments de nos combattants. Une guerre défensive, bien apparemment défensive, dans l'état d'esprit des Français, dans leur état moral, eût été autre chose que cette guerre offensive, inintelligible, pour appuyer une Pologne pour laquelle nous ne pouvions exactement et évidemment rien[3]. De plus, l'hypothèse d'un changement de gouvernement par la révolte de Paris en 1939 rend possible (autant que le *statu quo* mental et moral que vous supposez), un progrès ou tout au moins des correctifs de haute importance. S'il n'est pas absurde de juger que tout aurait été pareil, il ne l'est pas non plus de croire qu'au lieu de la *drôle de guerre* on eût pu préparer un armement sérieux ; au lieu d'envahir la Belgique, organiser une défense sur des positions solides ; au lieu d'écouter des fats à la Gamelin[4], rappeler en temps utile de dignes chefs. La preuve en est que ce dernier programme a été mis à exécution[5], mais trop tard…

Propos vains ! Représentations inutiles ! Beaucoup de nos affligés, dont on comprend la peine, sont aussi des désespérés ! Leur erreur me confond. Il leur faut un bouc émissaire à la taille de leur chagrin. Ils ont besoin d'inculper les Français au grand complet : les vieux, les jeunes, les bourgeois, les ouvriers, les paysans, nous sommes tous responsables,

1. Chef du cabinet en 1870.
2. Sa capitulation livra Metz aux Allemands le 28 octobre 1870.
3. En effet, la stratégie défensive que la IIIe République avait choisie – celle de la ligne Maginot – était incompatible avec une offensive lancée pour porter secours à la Pologne.
4. Chef des armées françaises en 1939-1940.
5. Allusion au renvoi du général Gamelin le 17 mai 1940 et à son remplacement par le général Weygand.

comme de cette alliance anglaise, que tant de gens ont voulue, alors qu'ils l'abominent aujourd'hui !

— Comme s'il ne s'était pas passé quelques petites choses, depuis, entre Dunkerque et Rouen[1] !… Mais vous croyez vraiment que les Français de 1939 ont été particulièrement anglophiles ?

— Bien sûr, ce sont eux qui se sont mis à la remorque de l'Angleterre. Eux et personne d'autre.

J'avoue que cette accusation me dépasse ! Pour la moyenne des Français, de ceux qui n'étaient ni juifs, ni financiers, ni affiliés à quelques bandes politiciennes, l'alliance anglaise était considérée comme une sorte de pis-aller ou de mal nécessaire, et ceux qui s'y résignaient le plus fermement étaient aussi les mêmes qui demandaient avec instance que l'on y mît toute la fierté, toute l'indépendance d'esprit, et toute la prudence dont on était capable. Le gros public avait plus de confiance dans les Américains qu'on voyait de moins près. Mais personne n'était d'avis de s'atteler à leur char. Rappelez-vous la révolte de Paris en 1929, quand l'Amérique demandait à ce gros benêt d'Herriot un argent qu'on ne lui devait pas : « pas un sou ! pas un sou[2] ! » Les journaux de M. Coty[3] n'y firent rien. Tout le monde était avec *L'Action française* pour le refus de payer. Et l'on ne paya point.

Je demande pardon de ce plaidoyer à des hommes qu'égarent de légitimes douleurs. Mais c'est un plaidoyer pour la France, c'est-à-dire au fond pour eux-mêmes : pour que leurs terribles épreuves n'en procréent pas de plus terribles encore. Nous n'arrangerons rien en nous abandonnant au sombre plaisir d'assombrir encore le tableau de nos deuils, de nos peines, de nos colères. À nous dire que la France « dépeuplée » et « dégénérée » ne pouvait rien et qu'elle ne peut rien pour elle-même, c'est, après avoir perdu le passé et le présent, piétiner notre avenir par-dessus le marché. C'est l'aliéner. C'est y renoncer. Plus nous nous défendrons de ce dangereux pessimisme, plus nous préserverons nos fils et nos neveux des conséquences unilatérales de nos calamités. La consigne des patriotes et des braves gens doit être de se garder la tête libre et le cœur haut. Ôtez cela, remplacez-le par d'obscurs et d'indistincts réquisitoires contre la patrie, il n'y a plus rien, rien, rien, que la décadence et la déchéance sans frein. Croyez-moi, on n'en sera pas plus heureux ! Une vie sans espoir est, pour le moins, aussi menteresse que l'autre[4].

---

1. Allusion au rembarquement des forces britanniques à Dunkerque et au combat retardateur des Français à Rouen (1940).

2. Cet épisode date en réalité de 1932. Les États-Unis, frappés par la crise de 1929, réclamèrent le remboursement des dettes de guerre françaises.

3. Parfumeur et magnat de la presse.

4. Sentence caractéristique de l'anthropologie maurrassienne, qui rejette dos à dos le pessimisme et l'optimisme.

MENACES JUIVES[1]

Le rôle joué par la Juiverie des deux mondes entre Moscou, Londres et New York doit être observé de plus près que jamais[2].

C'est à elle que remonte une grande part de la responsabilité de la guerre.

C'est par elle que tient la paradoxale alliance de l'Amérique, de l'Angleterre et des Soviets.

C'est par la juiverie encore que, un beau jour, la guerre renaîtra, cette troisième guerre mondiale dont parle *La Revue universelle*, puisque ce qui servait de colle et de ciment sera devenu l'agent de désorganisation révolutionnaire et ferment diviseur entre les vainqueurs éventuels.

Et, en attendant cette victoire-là, le rôle algérien de la juiverie[3], son rôle métropolitain, l'obscure intrigue par laquelle elle s'efforce d'attirer sur la France le poids des armées « alliées » et de la convertir en un immense champ de bataille[4] – l'état d'esprit « gaulliste » qu'elle a créé étant susceptible de faire croire aux alliés qu'ils trouveront appui et renfort en territoire français –, car les « alliés » n'ont aucun intérêt militaire à débarquer chez nous[5] – toutes ces manœuvres juives doivent être suivies, surveillées, déjouées sans pitié, sans quoi nous allons à des dévastations et à des massacres supérieurs à ce qui s'est vu en 1940.

Tout dépend de la vigilance des citoyens et de la fermeté avec laquelle ils sauront dénoncer ce qu'ils en surprennent et sauront en poursuivre le châtiment régulier, sinon prompt.

— Mais, disent-ils, on nous menace[6].

— Eh ! menacez aussi, ce sera dent pour dent. Entourez-vous d'hommes déterminés capables de vous protéger et, au besoin, de vous venger.

Des groupements français, rien que français, obligeant les pouvoirs publics à agir, les informant et les pressant, seraient également utiles et nécessaires contre la pieuvre juive qui fait sentir sa présence partout.

Un petit fait concret anecdotique permet parfois d'en saisir et d'en comprendre d'autres.

Nous avons sous les yeux un vieux numéro de ce *Droit de vivre*, organe de la « Ligue internationale contre l'antisémitisme » (la LICA[7]) que fonda

1. *L'Action française*, 2 février 1944.
2. Allusion à la forte proportion de Juifs dans les élites américaines et soviétiques ; elle était sans doute moindre en Grande-Bretagne.
3. Allusion au rôle de certains Juifs d'Algérie, en particulier le docteur Aboulker, dans la préparation du débarquement américain de novembre 1942.
4. Maurras est persuadé à tort que la Résistance intérieure est contrôlée par les Juifs.
5. Maurras témoigne ici d'une complète méconnaissance des données stratégiques.
6. Allusion à l'activité croissante de la Résistance.
7. Fondée en 1929, elle fut l'ancêtre de l'actuelle LICRA.

le juif Lekah, dit Bernard Lecache[1] – un numéro d'avril 1939 où grouillent toutes sortes de menaces et de menées bellicistes que masquent (plutôt mal) les jargons universitaires internationaux de la paix… Quelqu'un qui le lit avec nous voudrait avoir des nouvelles d'un certain Roger Worms[2], millionnaire et Front populaire, qui palabra parmi les orateurs du Conseil national extraordinaire de cette Ligue, dont rend compte ce numéro…

La spécialité de ce Roger Worms consistait à réclamer que l'on bourrât tous les villages français insuffisamment peuplés avec la fine fleur des ghettos du centre européen. Ses proches ne se contentaient pas de travailler à noyauter la population du pays. On y trouvait des personnes qui se faufilaient dans des parages où leur place n'était ni désirable, ni marquée.

L'une d'elles, extra-élégante, s'était adressée, me dit-on, à la « Bouée », cette œuvre si utile qui s'occupe de placer les jeunes filles de bonne éducation. La dame en question voulait choisir une jeune fille de bonne famille comme « nurse » pour ses enfants…

Elle reçut de manière si inconvenante et odieuse les pauvres jeunes filles qui se fourvoyèrent chez elle que la « Bouée » finit par refuser de lui en envoyer aucune autre :

— De parvenus plus insolents que ces gens-là, il n'y en avait pas.

On serait curieux de savoir si la noble famille est dans un camp de concentration, ou en Angleterre, ou en Amérique, ou en Afrique, ou si par hasard elle a gardé le droit d'épanouir ses beaux restes de prospérité dans quelque coin, favorisé ou non, de notre Côte d'Azur ? Dans la plupart des cas, la voilà hors d'atteinte et de portée, sauf en un seul, celui que nous mentionnons en dernier lieu : si la tribu nomade était restée en France, il faudrait faire cesser à tout prix une hospitalité scandaleuse et une tolérance qui touche à la folie.

Nous disons plusieurs fois par semaine que la meilleure manière de répondre aux menaces des terroristes est de leur imposer une légitime contre-terreur. L'axiome est applicable aux violences de parole et d'attitude dont se rendent coupables les hordes juives : le talion.

---

1. Fils de Juifs ukrainiens, il fut membre du Parti communiste français en 1922-1923, puis en fut exclu en raison de son appartenance à la franc-maçonnerie.
2. Résistant sous le nom de « capitaine Stéphane » (le futur Roger Stéphane).

LE PREMIER BIEN PUBLIC DE LA FRANCE

Sans inutile compliment, entrons tout de suite au vif, monsieur Vincent Auriol, mais procédons avec clarté. Nous voulons savoir quel est le premier bien public de notre pays et peut-être de tous les pays.

Laissons galamment le soin de la réponse à un étranger, M. Charles Morgan[1], Anglais, ami de la France, et membre de notre Institut, qui écrivit, il y a peu, dans le *Times littéraire*, ces mots que recueillit un de nos « digests » : « La politique intérieure, les salaires, l'habitation, *toutes les conditions de la vie*, dépendent de la politique étrangère. *C'est perdre son temps* que d'envisager l'une en la séparant de l'autre. » De donner sa raison, M. Charles Morgan le juge inutile, car elle est limpide : dès que les directeurs de la politique étrangère ne font plus ce qu'ils doivent, dans un pays donné, ses portes s'ouvrent, son rempart s'ébranle et l'invasion y passe : l'envahisseur supplante les premiers habitants, les met à la porte de leurs immeubles, déménage leurs biens mobiliers, dignes fruits des travaux et des salaires que rien n'a plus défendus. Toutes les conditions de la vie en sont bouleversées, recouvertes et emportées.

La politique étrangère avec tous ses effets de mise en défense militaire est donc ce qui s'oppose essentiellement au pire des maux. C'est d'elle que dépend le premier bien public : *n'être pas envahi*. Le premier intérêt commun à toute nation est de ne pas subir ce qui la déferait ; entre les intérêts nationaux, c'est le premier dans l'ordre du temps comme dans celui des valeurs. Cette vérité générale s'applique inégalement : elle vise les Français beaucoup plus que tout autre peuple.

Le grave risque d'être envahi reste assez faible pour les compatriotes de M. Charles Morgan. Comme le disait notre Weygand à leur Churchill au bord de la Loire, pendant l'invasion de 1940, ils sont défendus par le ruban bleu de la Manche, qu'ils appellent leur piège à tanks. Le seront-ils toujours ?

1. Écrivain britannique élu à l'Académie française en 1949.

Voici venir l'avion et le sous-marin, ou s'ils s'y décident, le tunnel sous la Manche. Ils ne l'ont pas encore creusé. Peut-être se murmurent-ils qu'il n'y a rien à comparer à cette chance de leur magnifique rempart insulaire. Il a toujours été le meilleur de leur ministre des Affaires étrangères. Les Chamberlain, ni les deux Pitt n'auront jamais valu la Manche[1].

Mais pour le pays et le peuple établi entre cette Manche, l'Océan, les Pyrénées, la mer, les Alpes et le Rhin, pour la France, le prix de la politique étrangère trouve un multiplicateur infini dans le nombre et l'importance de ses risques d'être envahi. Nous y sommes soumis tous, tant que nous sommes, de tous partis, rangs et fortunes, par la nature de la France et notre naturel français.

Aucun bobard révolutionnaire ne mordra sur cette évidence, monsieur Vincent Auriol. Quand j'étais enfant, j'écoutais là-dessus un paysan appelé Marius, qui était notre fermier ; en sa qualité de rouge sang de bœuf, il osait me dire : « Les Prussiens peuvent venir, ça m'est égal à moi, je n'ai rien au soleil ou si peu de chose, mon pauvre Piguières ! (c'était un petit bien, figues, olives, câpres, raisins, qu'il "menait" en toute propriété). Vous autres, les Prussiens vous prendront votre maison, votre campagne, et vous en souffrirez ; pas moi ! » Les dernières invasions ont démontré péremptoirement l'erreur de Marius. En 1940 comme en 1914, les propriétaires pouvaient encore se tirer d'affaire sous le maître étranger, ces bourgeois possédant des réserves utiles à consommer ; les ouvriers agricoles ou les prolétaires de l'industrie, n'ayant que leurs bras, perdaient tout, en perdant la garantie des lois de l'indépendance française : le caprice de l'envahisseur les faisait travailler à son gré comme des esclaves. Par conséquent, *les économiquement faibles* sont les plus protégés, les plus favorisés, par la cuirasse du pays, le fossé de la frontière et la muraille du rempart[2]. Ils seraient sages de soutenir ce rempart. Courir aux armes pour le border serait pour eux la première sagesse.

Nos risques d'invasion sont un mal endémique et démotique[3] ; la non-invasion, une espèce de luxe extrêmement rare chez nous.

Sur une trop grande longueur de l'hexagone français, le rempart naturel est absent ou très faible, en dépit des efforts de Vauban, de Séré de Rivières et de Maginot[4]. De Dunkerque à Belfort vient s'appliquer la somme immense des pressions exercées sur nous, du fond de la plaine asiate, à travers la succession des pays slaves et germains. Nous avons à tenir compte de cette prodigieuse poussée de barbaries, sans autre moyen d'y pourvoir que ce que nous y plantons de solide et de résistant.

---

1. La famille Chamberlain fournit trois hommes d'État au XXe siècle, la famille Pitt en avait fourni deux aux XVIIIe et XIXe siècles.

2. Maurras prend ici le contrepied de la formule de Marx selon laquelle « les prolétaires n'ont pas de patrie » ; il rejoint le point de vue de Jaurès, qui estimait que « les malheureux n'ont que la patrie ».

3. Qui concerne le peuple.

4. Fortifications des frontières françaises aux XVIIe, XIXe et XXe siècles respectivement.

Au revers de cette frontière fragile battue d'un assaut éternel, l'assaillant, quel qu'il soit, connaît un allié qui ne varie pas. C'est le brillant génie de nos guerres civiles, germé de l'Idée[1], arrosé du plus pur sang gaulois. La porte ou la poterne s'ouvre maintes fois du dedans au toc-toc des divers amateurs du dehors.

Témoin tout ce qui s'est passé.

I. De Rome et des Bourbons : l'État non envahi

Avant l'intervention de Rome, les migrations trouvaient chez nous leur écoulement naturel. Rome les arrêta aussi longtemps qu'elle en eut la force, qui s'épuisa. L'installation franque fut un campement suspensif. Les Carolingiens qui repoussèrent les Maures en vinrent assez vite à laisser, presque à chaque règne, les courses normandes converger avec les *pointes* bulgares, celles-ci soutenues d'incursions germaniques. Les premiers Capétiens font un vrai barrage qui tient ; il est parfois crevé. L'invasion rhénane, celle des Flandres et d'outre-Manche, puis de Bourgogne, encore entrecoupée d'agitations et de convulsions internes, renouvelle la double difficulté au long de six siècles et demi avec des rémissions et des suspensions : Saint Louis, Louis XI, François Ier. Cette houle des petites et des grandes invasions ne parvint pourtant pas (et c'est la grande merveille) à interrompre l'exécution du brillant dessein de nos fédérateurs royaux. Cette œuvre propre de notre unité française ne donnait point de relâche à nos Capétiens, pendant qu'ils s'efforçaient de tenir l'ennemi au large de leur capitale, leur peuple à l'abri de la percée du rempart ou de son éversion[2]. Sur ce dernier point ils n'ont tout à fait réussi qu'avec les Bourbons, bien que, à partir du fils de Charles VII, *l'habitant du centre, le paysan des bords de la Loire, n'ait jamais vu « son champ » traversé par l'ennemi.* Ses rois l'en gardaient. Ce point essentiel n'échappait pas à Fustel de Coulanges[3].

Premier grand résultat, dû à ce que pour rassembler leurs terres les Capétiens avaient aussi rassemblé leur pouvoir. Ils lui avaient imprimé cette structure stable qui les gardait d'être ni cooptés, ni partagés, ni élus. Ils s'étaient garantis contre l'intempérie de l'histoire en adoptant la succession héréditaire réglée de mâle en mâle, le droit d'aînesse excluant toute contestation et compétition de souveraineté, ce qui écartait les mortelles solutions de guerre intérieure, à la mode franco-celto-ligure, renouvelée de notre plus ancien état social. Après ces conflits conjurés, il restait bien deux risques : l'un naturel, inévitable, inhérent aux minorités, à leur régence[4], l'autre

1. C'est-à-dire des idéologies.
2. Contournement.
3. Fustel de Coulanges : *Leçons à l'Impératrice* [NdA].
4. Les *Mémoires* de Mme de Motteville montrent très clairement comment la reine étrangère devenait bonne Française du seul effet de sa régence et comment son bon frère de roi espagnol en était fait quinaud le plus normalement du monde [NdA].

tenant aux assemblées dites nationales et à leur immanquable menace de déchirement en faveur de quelque étranger. La constitution du pouvoir pouvait et devait être resserrée de ce côté-là ; elle le fut admirablement aux deux derniers siècles.

On a prétendu que les Capétiens ont centralisé. Ils ont unifié, ce n'est pas la même chose. Les Bourbons ont affermi et consolidé l'État en ajoutant à ses premières garanties une autorité assez cohérente pour ne rien devoir à personne et dont l'indépendance fut totale : *absolue*. Entendons la force illuminante du mot *absolutus* qui ne signifiait ni despotisme, ni tyrannie, comme l'ont cru les imbéciles. La Dynastie et la Nation, à l'heure de leurs plus hautes valeurs intellectuelles respectives, furent d'accord pour fonder cet *absolutisme royal*. Ceux qui s'y opposèrent furent des étourdis, des méchants ou des fanatiques : ils ne comprirent pas à quelle confusion du pouvoir, à quels tiraillements intestins et risques internationaux il s'agissait de faire face en remplaçant par un gouvernement d'action rapide et réelle ces « conversations sur le Gouvernement, ces délibérations sur les conduites à tenir », que les Anglais appelaient Parlement et les Français États généraux[1]. L'Allemagne et la Pologne n'étaient pas les seuls pays d'Europe dont l'Étranger pût manœuvrer, subsidier, corrompre les diètes. Notre Henri IV avait connu plus que le *vent de l'aile*[2] de ce péril : il l'avait subi et mesuré de très près quand les Espagnols tenaient garnison à Paris[3]. Une fois couronné et sacré, il lui arriva de promettre à des gens divers de réunir les États ; s'étant promis à lui-même de n'en rien faire, il tint cette sage parole. L'expérience de Marie de Médicis, en 1614, inspira à Richelieu la même détermination qui conduisit le système du Droit royal à sa perfection[4]. Le cardinal et son roi firent de l'horreur des États une règle de leur collaboration, un rayon de leur majesté. Cela devint un véritable principe de famille, obéi durant trois longs règnes ; tout à fait à la fin, vers 1770, la valeur politique de cette tradition fut marquée par la juste colère de Louis XV quand on lui proposa on ne sait quel retour à la vieille anarchie des États généraux.

Des historiens en ont fait grief au vieux Bien-Aimé[5]. Quelle irréflexion ! Quelle légèreté ! C'était la loi Bourbon qui se défendait dans le cœur profond du prince. Mais que défendait-elle ? Quel en était l'esprit ? Nos professeurs ne l'ont ni lu, ni vu. Beaucoup de ces messieurs n'ont d'yeux que pour les textes. Ils ne voient pas ce qui n'est écrit que dans les faits. Le mémorable document inécrit que j'invoque n'est pourtant dénué ni de volume ni de

1. Auguste Comte [NdA].
2. Maurras emprunte cette expression à Baudelaire (« Hygiène », 1887).
3. Dans les années 1580-1590, les Espagnols appuyaient à Paris la Ligue catholique opposée à Henri IV, encore protestant.
4. Allusion aux états généraux de 1614-1615, les derniers avant ceux de 1789.
5. Surnom de Louis XV.

poids. La bienfaisante *loi Bourbon est la même qui mit la France à l'abri de l'invasion, et c'est la seule qui ait eu ce grand effet.* En suspendant nos assemblées générales qui légalisaient et constitutionnalisaient nos disputes, au grand bénéfice de nos envahisseurs frontaliers, en déniant aux Parlements judiciaires la prérogative des États politiques, les Bourbons assurèrent la tranquillité de notre indépendance pour la bagatelle de cent cinquante ans.

Au juste cent cinquante-six ans. De 1636 à 1792. C'est ce qui ne s'était point vu depuis les empereurs romains. Avec des visages de chefs aussi différents que Louis XIII, Louis XIV, Louis XVI, *la Gaule fut fermée aux Germains*[1]. Les médailliers du grand règne savaient ce que parler veut dire : territoire barré aux invasions ! Sauf sur le littoral provençal et, une fois, sur le front alsacien, la frontière ne fut jamais violée que sur des lisières sans profondeur. Rocroi, Lens, Malplaquet, Denain[2] ne s'éloignent pas de l'extrême frontière du Nord. Sur de minces frontières dauphinoises, les milices de Philis de La Tour du Pin suffirent à repousser les forces du duc de Savoie[3]. Deux régences assez mouvementées n'ayant pas poussé l'imprudence jusqu'à *altérer le principe de la monarchie absolue* en réunissant les États, *la règle de l'inviolabilité du territoire ne fut pas altérée non plus*. Depuis le moment où les Impériaux quittèrent Corbie jusqu'à celui où les Prussiens entrèrent en Champagne, les Français de l'entre-deux ne subirent aucune de ces longues pénétrations qui avaient été courantes *dans les deux précédents millénaires*. De l'année du *Cid* à la dernière année de la monarchie, répétons ces deux grandes dates, 1636-1792, *l'ère de la non-invasion se confondit avec l'ère de la monarchie absolue.*

On vous dira que ces Français libres de l'Étranger furent esclaves de leurs rois. Ne vous en laissez pas conter. Tant sur l'idole royale que sur l'absence de rapports entre la nation et son chef, regardons aux réalités.

Si, comme il le voulait, comme le désiraient ses plus fidèles conseillers, M. le maréchal Pétain avait pu maintenir en vie, en usage, en fonction, le statut des Conseils généraux, non pour en tirer une Assemblée nationale dérivée de la loi Tréveneuc[4] – mais bien chaque assemblée de chaque département – le chef de l'État français aurait communiqué avec la nation française, autant et mieux que ne l'avaient fait ses prédécesseurs Doumergue, Doumer ou Lebrun[5], par cette Chambre et ce Sénat que la « profession parlementaire[6] » avait dégradés. Ce chef de l'État national, ces assemblées départementales auraient fait donner une idée moyenne

1. Maurras traduit ici la maxime latine *Clausa Germanis Gallia*, qui figure sur une médaille de 1683 louant Louis XIV d'avoir fait fortifier Strasbourg.
2. Grandes batailles du règne de Louis XIV.
3. Allusion à l'invasion savoyarde de 1692.
4. Loi de 1872 visant à pallier l'impossibilité de réunir le Parlement.
5. Les trois derniers présidents de la IIIe République.
6. André Tardieu [NdA].

et suffisante du pays. Eh ! bien, c'est à peu près sur le modèle d'une représentation partielle par Conseils généraux que l'on peut concevoir le rapport de la vie du royaume avec le règne des Bourbons.

Ni au XVIIe siècle, ni au XVIIIe, les assemblées particulières des pays d'État n'avaient été supprimées comme on le raconte. Elles avaient gardé une influence incalculablement supérieure à ce que la Révolution a laissé à nos assemblées locales. Richelieu avait-il fait disparaître les États de certaines provinces ? Ce n'est vrai qu'en un sens. Il les avait surtout émondées de la représentation individuelle et anarchique des fiefs par la noblesse turbulente qui faisait de ces réunions des émeutes ou des champs clos. Richelieu avait respecté les assemblées des communautés où la noblesse eut d'ailleurs ses représentants personnels : elles siégèrent jusqu'à la fin du régime. Les assemblées du Clergé tinrent aussi jusqu'à la fin. Jusqu'à la fin les corps municipaux. Vous pouvez chicaner sur leur indépendance ! Tout ce que vous direz n'empêche point qu'il faille attendre la Révolution ou l'Empire pour voir concentrer le pouvoir de toutes les mairies aux mains de leur préfet ! Jusqu'à la fin durèrent l'administration et la jouissance d'innombrables droits personnels et collectifs que reconnaissait l'État central et royal contraint de les ménager. Ce n'est pas moi, c'est Frantz Funck-Brentano[1] qui écrit que le pays était « hérissé de libertés ». Ces libertés touchaient encore à la licence médiévale, jusqu'à ce prétendu an Ier de la Liberté qui en scella l'enterrement administratif, commencé à la nuit du 4 août 1789. Cette même ère de la non-invasion et de l'absolutisme royal avait donc été le bon temps de toutes les franchises du peuple et du pays.

Mais alors, sur quoi donc portait essentiellement le pouvoir royal absolu ? Sur quoi posait la fermeté et la plénitude excellentes de leur monarchie ? Je réponds : sur *les affaires de l'État.* La distinction suivante peut en donner l'idée. Je la formule dans le langage d'aujourd'hui :

— Tout ce qui était proprement et uniquement *national* ressortissait à l'ordre purement *royal* de l'État.

— Ce qui, tout en étant très français, n'intéressait pas de façon directe la vie de l'unité française, se mouvait pratiquement au-dessous et presque en dehors du ressort propre et direct de la monarchie. Le « social » français n'était royal qu'en second ressort et comme en appel.

Il faut envisager l'étendue de ce dernier domaine tant collectif que personnel. Domaine domestique, local, professionnel, corporatif, religieux, que réglait un coutumier ayant force de loi. Sous des formes très variées, qui variaient très lentement elles-mêmes, vivait la foule des corps organisés et représentés. La valeur en était plus réelle que théorique. La doctrine des théologiens, celle des juristes royaux et de la Cour du Roi, celle du Roi lui-même, pouvaient bien réserver au Roi la propriété éminente des biens

1. L'historien Funck-Brentano était proche de Maurras.

des sujets, avec l'origine et la collation de leurs droits : la valeur intrinsèque et native de ces derniers droits a toujours été affirmée et défendue vigoureusement de manière à s'imposer dans l'effet. Cela est mieux compris si l'on s'élève jusqu'à considérer l'administration royale elle-même.

L'autorité féodale était née de la propriété du sol. L'autorité royale fit naître une propriété de ses fonctions, de ses offices et, quand cette monarchie enfin devenue absolue, soucieuse de garder cette indépendance, rencontra dans ses officiers propriétaires de leur grade plus qu'une limite, une menace d'opposition capable de l'affaiblir dangereusement, elle ne l'anéantit point, quoiqu'elle y songeât : bien plus, si elle créa contre eux des commissaires et des intendants, ces nouveaux agents furent souvent choisis entre des officiers déjà propriétaires d'une mission royale, et peu à peu leurs anciens collègues nantis s'offraient d'eux-mêmes à remplir de nouvelles missions. Cela eut pour effet de restaurer et de resserrer la discipline des administrations financières et judiciaires, mais aussi l'amalgame étroit ou, si l'on veut, la confusion de la fonction publique et la propriété privée. L'amalgame eut des avantages évidents. La confusion avait des inconvénients auxquels on porta des remèdes d'occasion et de détail. Elle était éminemment favorable au respect mutuel, aux ménagements réciproques des droits privés et du droit royal, et cela du bas en haut de l'échelle, à partir de l'officier inférieur qui briguait un poste de sub-délégué, jusqu'au majestueux intendant de Provence, véritable préfet régional, sorte de lieutenant du Roi pour le pays : car ce haut fonctionnaire ministériel ne pouvait être que le premier président du parlement d'Aix ; Versailles le nommait à cette présidence, mais devait le choisir parmi les propriétaires, héritiers ou acheteurs d'un siège de conseiller au dit Parlement.

Bien mieux, l'autorité suprême se trouvait quelquefois mise à la disposition d'une autorité subordonnée, celle-ci souveraine en son ordre comme il arrivait dans la singulière institution des lettres de cachet, pour lesquelles le Chef de l'État domestique (ou Roi du foyer[1]) obtenait du Chef de l'État politique (ou Roi de France) que la maréchaussée et les prisons fussent mises à son service contre ses enfants rebelles ou dévoyés. Dans ce curieux échange où le père était juge, le Roi marchait comme sergent.

Un tel foisonnement d'autorités enchevêtrées, qui se chevauchaient, cette inextricable multiplication des droits compétiteurs nécessitaient dans leurs rapports la mesure et la vigueur d'un pouvoir de contrôle et d'arbitrage, autant que de protection, qui présidât lui-même aux cas rivaux pour les trancher ou les protéger. Toutes nos républiques et leurs républicains tendaient donc un peu, parfois beaucoup, à se transformer volontairement en sujettes et en sujets du Roi et, comme ils le disaient, à solliciter de lui la *royalité*. Mais, par contre, cette simplification n'allait pas toute seule. Par ce qui se mêlait toujours de liberté, de propriété, d'hérédité, jusque dans la structure des

1. C'est-à-dire le père de famille.

offices royaux, la tendance à l'uniformité rencontrait d'autres forces très aptes à la contredire pour l'équilibrer. Souvent même ceux qui aspiraient le plus à l'ordre unitaire tenaient aussi le plus à la complexité comme à la richesse du pluralisme républicain. M. de Bonald les saluait comme des Français-types : citoyens en diable dans une sphère donnée et, dans la sphère voisine, véritables modèles de fidélité à l'unité nationale, personnifiée par le Roi.

Ce Roi exerçait donc une juridiction politique éminente, par tout le territoire, mais se superposait à cette prodigieuse foison de libertés hiérarchisées, développées sous lui selon l'adage *Sub rege republica*[1]. Il avait une fonction propre. Elle était ailleurs : son pouvoir personnel et direct se concentrait dans la politique extérieure et dans toute affaire d'État qui y touchait. L'armée, les flottes, la haute police, la haute justice, un système fiscal supérieur à la fantaisie des groupes contribuables, bien que sujet à leurs doléances critiques : c'était le *domaine du national*. Tout ce qui concernait l'indépendance de la Nation et la sauvait de l'invasion était à lui, saisi par lui, mis au-dessus de tout, et « séquestré », comme dit Renan, dans les mains royales. Ce « tout » national échappait ainsi au hasard des accidents inférieurs, cabales, disputes et débats de maîtres d'un jour, dont l'incompréhension et l'inaptitude auraient fait alors grand contraste avec la capacité, l'expérience et la réflexion des conseils royaux, dans leur exercice séculaire, appliqué à un *intérêt immortel*, disait Louis le Grand. Ni les créatures de l'émeute, ni celles du droit ou de l'élection, et non pas même les produits de longue sélection historique, détenteurs d'apanages ou de seigneuries, n'avaient ici titre valable contre les privilégiés du choix personnel que faisait le Roi, selon son gré et son plaisir, qu'ils fussent clercs, nobles, bourgeois, surtout bourgeois, d'après la seule considération de leur vertu et de leur talent : au besoin une favorite avait le pas dans ces matières sur les princes du sang : pourquoi pas, si elle servait ? Le verbiage des gazettes et des salons, l'éloquence des chaires et des Cours de Justice, les divisions de la Cour du Roi ou les clans de la famille royale devaient s'arrêter et se taire devant les volontés politiques du Roi, sanctuaire de la raison d'État.

Là, et là seulement, vivait le soin de dire la paix ou la guerre, d'élever les murailles, de presser l'armement, de construire des vaisseaux, d'appeler les troupes, de choisir l'allié ou de le rejeter, nonobstant l'avis, favorable ou contraire, d'agités ou d'agitateurs bénévoles qui n'avaient point de droit et avaient rarement la force. Sans les uns ou contre les autres, avec ceux-ci, avec ceux-là, furent menées à bien d'aussi grandes choses que la Succession d'Espagne[2] et le renversement des alliances[3]. Cette

1. En latin, « Sous le roi, la république ».
2. Accession au trône d'Espagne du petit-fils de Louis XIV (1700).
3. Alliance de la France et de l'Autriche contre la Grande-Bretagne et la Prusse (1756), alors que Paris et Vienne avaient longtemps été ennemis.

matière proprement royale appartenait à un seul conseil, le *Conseil d'en haut*, également dit *Conseil étroit* pour ce qu'on n'y voyait que quelques ministres, les seuls utiles pour ce traitement des *Affaires* par excellence que nous nommons étrangères et qui sont étroitement contiguës à toutes les conditions de la vie de l'État.

En raison même de l'étroitesse de la porte secrète et sublime où l'on avait la prudence de ne laisser passer que très peu de personnes, et comme en récompense de cet exclusivisme absolu que la haute alchimie bourbonienne réservait à la seule élite de l'élite, l'Étranger non plus ne pouvait pénétrer sur le sol sacré, l'Étranger ne mit jamais plus les pieds dans Paris depuis qu'il en avait été chassé par Henri le Grand à la fin du XVIe siècle si ce n'est à la faveur de la révolution de 1650[1] ; il n'y revint qu'après la déchéance bourbonienne et le supplice du roi martyr[2], à ces dates amères de 1814, 1815, 1870, 1940, 1944, dates impériales ou dates républicaines toutes les cinq, bien démocratiques, les affaires ayant été jetées en pâture au triste roi Démos, pour le plus grand malheur du pauvre roi Démos[3].

Ne vous figurez pas que cette politique nationale, strictement rassemblée dans la main du Roi, se retranchât ainsi le recours aux forces du sentiment national. Si la chronique des milices parisiennes appelées par le Cardinal au secours de Corbie peut être jugée trop ancienne, il y eut un mouvement pareil moins de cent ans plus tard, quand le territoire parut en danger, avant le rétablissement de Denain, lorsque l'appel royal fut lu au prône de toutes les églises de France[4]. Dans ce même ordre des participations de l'esprit public, l'élan des soldats de l'an II put égaler, non surpasser, l'enthousiasme des corps, des villes et des provinces pour la réfection de notre marine dans les derniers jours de Louis XV et les premiers de son successeur : il fallait des bateaux au Roi, l'on offrit des bateaux au Roi, et de bons bateaux que l'on vit à l'œuvre peu après, pendant la guerre d'Amérique, sous le commandement de Suffren[5] et de ses émules. Nous ne laisserons pas insulter par d'injustes oublis à ces belles heures où se maria l'esprit des citoyens aux fidélités des sujets.

Sous le *Conseil étroit*, il y avait un ministère *des Affaires* dont on a souvent décrit l'organisation et l'activité. Aucune preuve ne vaudra, je pense, celle-ci, pour en donner l'idée : « De mon temps, écrivait mélancoliquement Louis XVI, quelques heures peut-être avant le sacrifice du 21 janvier, le cabinet politique de la France jouissait de la confiance la

1. La Fronde.
2. Louis XVI, guillotiné en 1793.
3. C'est-à-dire le peuple.
4. En 1636, Richelieu leva des troupes à Paris pour contrer l'offensive espagnole sur Corbie ; en 1709, Louis XIV appelle son peuple à la mobilisation contre la menace d'invasion étrangère, ce qui provoque un sursaut décisif.
5. Le Provençal Suffren fut le plus valeureux marin du règne de Louis XVI.

plus étendue et de la prépondérance la plus marquée en Europe. Alors il dominait l'opinion par l'empire de la loyauté qui caractérisait la France ; la partie diplomatique et surtout le ministère des Affaires étrangères n'étaient composés que d'hommes consommés dans la connaissance des cours, dans celle des intérêts respectifs des puissances. Jaloux de maintenir la balance de l'Europe, le Cabinet de France influait sur toutes les négociations, sur tous les traités, de manière à éloigner constamment les motifs de rupture et de guerre entre les couronnes ; en un mot nos traités entre les différentes cours assuraient la tranquillité extérieure du royaume et les avantages de notre commerce avec toutes les puissances. Cette partie de l'administration ne demandait qu'à être constamment soignée et suivie d'après les principes établis[1]. » Soignée et suivie, elle l'était de très près. C'était ce soin, Richelieu disait déjà cet « esprit de suite », qui faisait l'intérêt supérieur, spécialement royal, de ce pénétrant regard de la France et de son action continue : l'importance primordiale en passait[2] de beaucoup tous nos autres intérêts nationaux. Les prétentieux Girondins s'empressèrent de ne pas le comprendre ; ils oublièrent même de le voir. Ils ne pensaient qu'au choc des doctrines dans leur tribune aux harangues. Ils concevaient l'Europe à la manière d'un Concile ou d'un Parlement. Louis XVI a décrit de la même plume lucide leur nullité et leur désordre tels qu'il les vit qui s'appliquaient à ouvrir une guerre de vingt-quatre ans et demi[3]. Cette guerre avait commencé, comme il l'écrit, par être *désastreuse*. Le désastre graduel et final de Trafalgar, de Leipzig, de Waterloo la régla, hélas ! définitivement. Était-ce pressenti par le malheureux prince ? Son pathétique adieu à la gestion sérieuse et saine de la monarchie absolue continue à faire admirer quel solide garde-frontière fut encore le moins doué de nos Bourbons !

Le dernier, le moins doué… Il nous est apparu néanmoins obsédé du même devoir. N'étant plus qu'un roi de carton, doté d'un veto dérisoire, quand pour déclarer la guerre à l'Autriche, il cédait, avoue-t-il, à « une faction plus forte que la raison et que l'intérêt national » et, ajoute-t-il piteusement, « pour éviter des maux plus grands encore ». Mais son repentir fut rapide comme une honte. Il en était obsédé les derniers jours de son règne. Prisonniers le soir du 10 août 1792, chassés de leur Palais, réfugiés à l'intérieur de la Législative dans la loge du Tachygraphe[4], qu'est-ce qui préoccupait en cette heure fatale Louis XVI et Marie-Antoinette ? Le vif désir de retrouver le procès-verbal du Conseil des Ministres d'avril, portant que, lui, Roi, avait bien voté contre cette guerre *voulue et procurée par*

1. *Appel de Louis XVI à la Nation*. Document retrouvé et remis en son jour par Me Isorni, p. 208 [NdA].
2. C'est-à-dire : en dépassait.
3. Les Girondins furent effectivement des fauteurs de guerre, mais Maurras omet de rappeler que plusieurs partisans de Louis XVI le furent aussi.
4. Personnes chargées de consigner par écrit les débats parlementaires.

les républicains, afin de pouvoir établir que la monarchie n'était pour rien dans ce qu'elle avait tant redouté.

II. Ce qui s'est passé (suite). Après les Bourbons. L'État envahi

Passons aux républiques et aux démocraties.

Les deux premières années de Marianne première[1] inaugurèrent son régime par deux invasions qu'il ne faut pas confondre : Valmy et Jemmapes n'empêchèrent pas Neerwinden[2]. L'une et l'autre furent glorieusement repoussées. Toutes les flambées patriotiques du monde n'y auraient pas suffi sans les profondes ressources en effectifs, population, matériel, intelligence, esprit militaire et autres forces matérielles et morales accumulées par le régime antérieur. Le glorieux canon de Valmy était l'œuvre du maître d'artillerie de Louis XV et de Louis XVI, Gribeauval. Les *volontaires* eux-mêmes se débandaient et fichaient le camp, ou ils tombaient comme des mouches tant que leur amalgame aux troupes royales ne leur eut pas appris les arts du combat. Sur mer, il est vrai, l'incendie de nos ports de guerre, judicieusement organisé par l'Angleterre[3], ne fut ni mieux rattrapé ni mieux compensé que l'émigration obligatoire de nos états-majors navals[4], et cela nous valut, en 1805, Trafalgar, dont l'effet dura un siècle et demi. Ce revers maritime ne serait pas à compter dans notre liste des invasions si la maîtrise de la mer obtenue par Louis XVI et perdue après lui n'avait eu des répercussions sur les batailles du continent. Autre souvenir ou retour de clarté de l'ancien régime : au lendemain des extravagances girondines, les jacobins du Comité de salut public virent, comme dans un éclair, l'essence nationale de la politique des Bourbons, ils la comprirent, ils lui rendirent dans leur jargon une moitié d'hommage. Voici les termes remarquables de leur arrêté du 14 octobre 1794 : « Le maître[5] était l'héritier de quelques principes de famille, de quelques axiomes, bases des visées de la maison de Bourbon, au préjudice des maisons rivales. Nos tyrans ne s'écartaient jamais de ces axiomes et, forts de l'industrie nationale, ils parvinrent à donner à la France les degrés d'étendue qui en ont fait la puissance la plus terrible au-dehors. Dans toutes nos guerres, une province nouvelle était la récompense de notre politique et de l'usage de notre force. »

---

1. La Première République.

2. Victorieuse à Valmy et Jemmapes (1792), l'armée révolutionnaire fut sévèrement battue à Neerwinden (1793).

3. Maurras est persuadé que l'agitation révolutionnaire dans les ports français fut machinée par des agents anglais. En réalité, elle eut surtout des causes endogènes.

4. Les officiers nobles s'expatrièrent pour échapper à la guillotine, ce qui priva la marine de son encadrement et concourut à l'accumulation de défaites qui suivit.

5. C'est-à-dire le roi.

De cette considération lumineuse devait sortir un effort de réorganisation et même de réaction diplomatique : si bien que, l'an III de la République, le royaliste provençal Barthélemy[1] put négocier la paix glorieuse de Bâle[2]. Simple déjeuner de soleil[3] ! Les ruines faites étaient bien faites. Personne, ni rien, ne les répara, pas même un Napoléon.

Ses victoires purent bousculer, sans parvenir à le rompre, le régulier enchaînement des causes et des effets. Un peu de temps, moins de vingt ans après les libérations de légende, vinrent, coup sur coup, deux invasions autrement pénétrantes que les premières, qui ne purent être repoussées, hélas ! En 1814 et 1815 elles abattaient la dictature populaire de l'Empereur[4], cette étonnante anarchie d'une Opinion que fascinait la gloire et d'une Autorité que l'outrance de l'ambition aveuglait. Ce commandement de maître-esclave était sans analogie avec le règne naturel de nos rois. Cette volonté débordante ne laissait rien de libre au-dessous d'elle, mais n'était pas libre elle-même. Son lucide génie définissait sa dépendance quand il soupirait le regret de n'être pas son successeur. Un pouvoir sans limite lui avait permis d'immenses acquisitions sans sagesse, bientôt dissipées sans retour, mais non sans un grave dommage qui n'est pas sans prolongements. Exemple : alors que de bons et beaux fruits de la succession d'Espagne, tant reprochés à Louis XIV, furent encore cueillis durant nos deux dernières guerres, nous n'avons pas fini de subir la dure conséquence du napoléonisme en Allemagne jusque dans nos plus horribles jours[5].

Le prince consort de Marianne II, Napoléon III[6], ne nous fit envahir qu'une fois en 1870, mais ce fut le numéro cinq et l'un des plus beaux, avec entrée de l'ennemi dans Paris, guerre civile et, comble de malheur, rentrée de Marianne III.

Qui dit Marianne dit interrègne ; qui dit interrègne dit invasion. Marianne III n'y alla pas de main morte ; ses invasions furent deux fois directes : 1914, 1940, deux fois et même trois fois indirectes, quand ses amis et alliés choisirent de nouveau notre territoire pour leur champ de bataille, à Alger en 1942, en Normandie et en Provence en 1944.

Pas plus aujourd'hui qu'hier, l'esprit politique français n'a encore compris pourquoi deux puissances maîtresses de la mer n'ont pas libéré la France par

1. Né à Aubagne [NdA].

2. Paix conclue en 1795 et entérinant les conquêtes révolutionnaires.

3. Expression désignant un bonheur éphémère.

4. « Votre général, affecté au trône par le peuple et élevé sur vos pavois » (Proclamation de Golfe-Juan, 1er mars 1815). Cet appareil mérovingien ne mesure pas mal la régression robespierriste de Bonaparte [NdA].

5. Maurras veut dire que le nationalisme allemand fut une conséquence des invasions napoléoniennes, dont les invasions de la France en 1814, 1815, 1870, 1914 et 1940 furent les répliques.

6. Louis-Napoléon Bonaparte avait été président de la IIe République avant de devenir empereur.

la mer du Nord, mais bien par la Manche, ni pourquoi, victorieuses dans la moyenne Italie, elles n'ont pas gagné Vienne et Berlin par la Haute-Italie, le Brenner, le Danube, mais se sont enfoncées dans l'inutile détour de la vallée du Rhône[1]. L'idée de préserver notre territoire des abominables dégâts qui devaient le ruiner serait venue à n'importe quel véritable Conseil d'État. Il n'y a pas de Conseil d'État sans un État ni (en France) d'État sans le Roi.

III. Le patriotisme ne tient pas lieu d'un État. Salut public et opinion patriote. Leur conflit

On croit suppléer à l'État, à son chef et à ses conseils au moyen du patriotisme. Cela peut être un emplâtre sur une jambe de bois. Cela peut aussi ressembler à du vitriol injecté dans une plaie vive. Pour être bienfaisant, le patriotisme doit être lucide. Son action doit être organisée, suivie, réglée, unifiée. Il ne doit surtout pas se diviser contre lui-même. Il est arrivé bien autre chose en 1940. Ne se fût-il produit que ce violent et public dissentiment de patriotismes, c'était un immense malheur. Entre citoyens divergeant, la multiplication et la variété des vues, leur contradiction, la fréquence des mauvais avis, la rareté des bons, leurs chocs et leurs luttes effrénées, le triomphe presque assuré des médiocres, sinon des pires, devait faire pleuvoir, en dépit de l'excellence de beaucoup d'intentions, tant de catastrophes politiques, économiques, mentales, morales, et si accablantes que, au point où nous voilà, il importe tout au moins de voir et de comprendre quel en a été l'affreux résultat.

La critique historique a démontré que le patriotisme ne fut qu'un facteur secondaire entre ceux qui ont présidé à notre bonne chance de 1792 à 1910. La réussite militaire de la Révolution française n'ôte rien aux graves faiblesses impliquées dans le *quot capita tot sensus*[2] propre au patriotisme des Gaulois, et qui les fit conquérir par César. Relisons la forte page où Albert Sorel[3], le 20 mars 1900, parlant aux Sciences Politiques, fit entrevoir aux auditeurs quel usage contradictoire pouvait être fait des vertus et des chansons du patriotisme. « Retenez, dit-il, cette leçon ; je l'ai reçue trop souvent de l'histoire que j'ai étudiée, j'ai tâché que mon enseignement en fût pénétré : c'est que le culte de la patrie n'est pas le culte d'un dieu inconnu ; il n'est rien s'il n'est pas un dieu vivant en chacun de nous, autour de nous ; il n'est rien si la patrie est une abstraction, un terme, fût-ce le terme suprême d'une algèbre sociale, s'il n'exprime qu'une cité déserte, un terme desséché, sans sillons et sans tombeaux, si cette patrie immatérielle créée par chacun

1. Maurras semble ignorer que le potentiel défensif allemand était bien plus grand en mer du Nord que dans la Manche et que les Alliés piétinaient en Italie.
2. En latin, « Autant d'opinions que d'hommes ».
3. Historien, spécialiste de la diplomatie.

à son image, pour son usage, selon un idéal au gré de ses doctrines, de ses désirs, de son orgueil, de ses intérêts, se détache de la patrie réelle, celle du sol et de ses hommes, pour s'évanouir dans l'espace comme un ballon qui s'enfuit vers le vide ; les citoyens ne l'aiment qu'en leur utopie et leur amour-propre ou ne l'aiment pas où seulement elle doit être connue et aimée, en leurs concitoyens, en leurs frères, en leurs ancêtres communs. »

Un certain patriotisme fit ainsi face féroce à tous les éléments réels de la patrie, en souriant à tout ce qui la divisait et l'affaiblissait.

S'appuyant sur l'Étranger en premier et dernier lieu, ou en ne cessant pas d'exalter une patrie idéale qui était alors sans force propre, comme elle s'est montrée depuis sans avenir, ce patriotisme a dégorgé pendant quatre ans le vocabulaire poissard de la Radio de Londres sur le pauvre sol et le pauvre peuple de France ; il a réussi à ruiner le sol et à déséquilibrer ce peuple, pour le déchirer, selon la menace d'Albert Sorel, par la concurrence des intérêts, des doctrines, des désirs, des orgueils, des amours-propres et des utopies… Rhétorique d'idylle bientôt rouge du sang français.

Un déchaînement de sensibilité incoordonnée se répand dans les directions confuses et contraires et s'y gaspille dans la mesure même de l'importance et de la gravité des passions en jeu, la hauteur et le prix de leurs nobles objets. La confusion est la même que dans les votes et dans les harangues de la démocratie. Elle est même pire, car ce qui s'y dépense est la vie des êtres et la substance de la patrie. Ce dont un régime personnel et humain est naturellement économe est inhumainement prodigué dans un système où personne n'est « l'État » et qui tend lui-même à n'avoir ni centre, ni configuration. Les comités irresponsables et frénétiques se disputent les foules hurlantes, mais leur malfaçon n'est pas beaucoup plus scandaleuse que celles des dictateurs élus de 1814, 1815 ou 1870 : un seul homme ne suffit pas à incarner la patrie ; il y faut le Roi.

La leçon de l'histoire acquit à cet égard une précision de ligne, de couleur, de nuance à laquelle nous n'avons pas encore accédé. Nous avons vu un effet défensif et préservateur de l'État royal – pas d'invasion –, un effet destructif, né de l'absence d'État que l'opinion patriotique n'a pu remplacer – l'invasion répétée devenue endémique. L'absence du *Moi-Roi* est si visiblement à la source de nos misères que l'invasion fatale nous a un *peu* quittés dès que les Bourbons nous sont un *peu* revenus de 1815 à 1848.

Et ce qui marqua leur retour fut leur conflit avec l'opinion qui se croyait patriote, mais qui, n'étant plus reine, voulait seulement le redevenir. C'est bien le plus beau de l'histoire. Écoutez-la, monsieur Vincent Auriol, cela nous ramène du milieu du XXe siècle aux premier et second tiers du XIXe ; sans y rien perdre, nous y gagnerons de revoir de près des époques sur lesquelles nous avons couru à grande vitesse. Nous en distinguerons mieux les génératrices invariables, par rapport à l'invasion et à son contraire, à ce premier bien public de la France que je veux serrer de plus près.

Donc, entre le grand Empereur (et ses deux entrées d'Anglais, d'Autrichiens, de Prussiens et de Russes dans Paris) et le petit Empereur (qui n'y laissa entrer que le roitelet de Prusse et les principicules de l'Allemagne du Nord), notre interrègne subit une interruption. Il y eut un retour à l'ancien règne ; trois princes y régnèrent, trois Bourbons.

Les bêtas leur reprochent de n'avoir pas échangé leurs préjugés de race contre le mirifique esprit de leur temps. Mais ce fut par ces préjugés qu'ils rendirent service à la France. C'est par là que s'expliquent fort bien leurs chutes. Par là aussi la non-invasion, tant qu'ils furent là.

Car il y eut non-invasion ! Tant qu'ils furent là, le Bourbon aîné de 1815 à 1830[1], le Bourbon cadet de 1830 à 1848[2], tant que chacun des trois put appliquer la règle d'or du gouvernement des Affaires étrangères par sa personne identifiée à la France et qui « connaissait l'Europe comme sa poche[3] », tant que la question de paix et de guerre dépendit surtout de lui et tant que le Prince fut en état de limiter, modérer et canaliser des initiatives indues, comme celles de M. de Chateaubriand en 1823[4], les choses se passèrent comme avant 1789, du temps où les Bourbons gouvernaient seuls : nous fûmes les maîtres chez nous. Aucune invasion de la France ne peut être mise au passif de Louis XVIII, de Charles X et de Louis-Philippe. Leur régime, le seul du XIXe siècle qui ait été sommé par le Roi, fut aussi exempté du sort commun de l'invasion. Il n'y a qu'à ouvrir les yeux sur notre passé pour voir que ce service immense n'alla pas tout seul.

Les deux premiers de ces princes fondaient une politique sage, mais parfaitement noble, sur la fatigue, l'épuisement et le dégoût d'un quart de siècle de saignées, d'abord glorieuses et indolores, puis torrentielles autant que cuisantes, portées au cœur de nos foyers[5]. Un très petit nombre de Français, qui voulaient recommencer la bataille, fit aux Bourbons la plus insensée des oppositions en invoquant l'honneur qui était sauf, et l'intérêt national entièrement travesti et méconnu par leurs embûches déloyales. Sans rien craindre de l'impopularité perfide que l'on semait à l'instigation de Londres et de Vienne contre eux, les Bourbons ne tombèrent pas dans le piège extérieur, ni ne cédèrent aux provocations complices de l'intérieur. Ils maintinrent haute et droite leur politique nationale de ferme résistance aux risques d'invasion. Ils tinrent bon, appuyés à ces traités de 1815 que

1. Soit la branche aînée de la maison de Bourbon, représentée par Louis XVIII de 1815 à 1824 et par son frère Charles X de 1824 à 1830.

2. En l'occurrence Louis-Philippe, issu de la branche cadette des Bourbon.

3. Jules Lemaître, à propos du duc d'Orléans qui aurait pu régner sous le nom de Philippe VIII, de 1894 à 1926 [NdA].

4. Chateaubriand fut l'un des instigateurs de l'expédition française en Espagne en 1823.

5. Les guerres de la Révolution et de l'Empire ont coûté la vie à plus d'un million de Français.

Proudhon devait réhabiliter[1], et, tout en élevant nos couleurs à Cadix, en Grèce et à Alger[2], ils n'admirent jamais (ce fut leur trait signalétique) nulle aventure susceptible d'aboutir à une invasion. Leur lutte contre les folies des libéraux, démocrates et napoléoniens conjugués, fut longue et harassante. Mais cela réussit : leur drapeau blanc disparut dans la paix européenne et la gloire africaine de Sidi-Ferruch[3].

Le troisième Bourbon qui leur succéda soutint une entreprise plus difficile encore.

Ce Louis-Philippe d'Orléans était un curieux homme. Il en resta longtemps des écus très bien frappés à son image. Dans ma petite enfance, des Orléanistes fidèles me faisaient admirer à l'avers son profil extrêmement ressemblant à celui du Roi-Soleil de qui il descendait deux fois par les femmes. Ses détracteurs le surnommaient le Napoléon de la Paix. Sa politique essentielle ne fut pas indigne de ces deux grands noms. Jusqu'au jour de sa chute (par « la plus bête des révolutions », écrit Paul Cambon[4]), son règne de dix-huit ans ne consista pas seulement à servir le principe de la *non-invasion*, comme tous les princes de sa maison ; au lieu que Louis XVIII et Charles X l'avaient servi contre leurs opposants et adversaires naturels, Louis-Philippe dut se roidir contre son propre parti, le parti libéral, le parti démocratique, le parti napoléonien, le parti de ceux qui l'avaient poussé au trône, le parti du « mouvement européen », l'allié de la révolution universelle, – le même, à peu près, monsieur Vincent Auriol, que celui des Blum et des Mandel[5], – faisant à Metternich, au tsar Nicolas et à Palmerston[6] les mêmes dangereuses menaces que vos gens prodiguaient au *fascisme* de Mussolini, de Franco et de Hitler, puis du seul Hitler, mais sans avoir pris soin de s'armer et de s'équiper en conséquence. Dès le début du Roi-Citoyen, bonapartistes, démocrates et libéraux avaient essayé de l'entraîner dans une bagarre européenne pour nous annexer la Belgique. Louis-Philippe ne se soucia même pas d'y établir un de ses fils, il fit la guerre, mais toute petite, et à la Hollande seule, installa un Cobourg à Bruxelles et lui donna sa fille en mariage, ce qui fit trois grands biens : la paix en Europe, la possibilité d'une alliance anglaise et cette neutralité d'une Belgique que le duc Albert de Broglie eut raison d'appeler vers 1900 le dernier bienfait de la Monarchie ; on put le voir en 1914[7].

1. Dans *Si les traités de 1815 ont cessé d'exister* (1864), le penseur anarchiste estimait que les traités de 1815 représentaient un facteur d'équilibre et de paix pour l'Europe.

2. Respectivement en 1823, 1828 et 1830.

3. Plage où débarqua en 1830 l'armée qui allait prendre Alger dans la foulée.

4. Un des diplomates les plus éminents de la IIIe République.

5. Blum, ancien chef du Front populaire, et Mandel, ministre des Colonies en 1938-1940, furent partisans d'une politique de fermeté envers l'Allemagne.

6. Soit les dirigeants autrichien, russe et britannique du deuxième quart du XIXe siècle.

7. La violation de la neutralité belge par l'Allemagne déclencha en effet l'entrée en guerre du Royaume-Uni.

Le parti de la guerre du temps de Louis-Philippe eut longtemps à sa tête ce petit Thiers qui se tenait, non sans raison, pour le Warwick du Roi régnant[1]. Peu à peu, les leçons pratiques des anciens petits-fils de Louis XIV parvinrent à instruire Thiers à la sagesse expérimentale de la Monarchie ; mais, en 1840, ce futur censeur de Napoléon III faillit réussir à mettre le feu à l'Europe en avançant de quelque trente ans vers les désastres de 1870 (Bainville), comme les Mémoires d'Émile Ollivier eurent beau jeu à le lui reprocher[2]. Mais le Roi ne s'était pas laissé ébranler. Ni la gratitude, ni l'amitié, ni le souci du parti auquel, somme toute, il appartenait, n'empêchèrent Louis-Philippe de renvoyer le jeune Thiers à ses chères études. Celui-ci rameuta les parlementaires. Le Roi tint bon. D'abord seul, puis arc-bouté à son Guizot[3], ce roi des Français continua à se conduire en roi de France : il sauva les Français malgré eux. Ce cauchemar des coalitions qui fut toujours présent à l'esprit d'un Bismarck faisait partie de l'instinct natif du Bourbon, de sa vigilance traditionnelle.

Pourtant, s'il ne voulait point faire de guerre dévastatrice, Louis-Philippe ne méconnaissait pas les risques de conflit ; il les mesurait et les prévenait. Son amour profond de la paix ne lui faisait pas croire, comme à votre cher Blum, au désarmement unilatéral[4]. Non, non : il armait au contraire, et solidement, sur terre et sur mer, où ses fils, Orléans, Aumale, Joinville, entretenaient un ardent esprit militaire. Sa loi de 1832 avait achevé l'organisation d'une armée supérieure encore à celle que ses deux prédécesseurs avaient restaurée. Il n'attaquait personne, il ôtait à chacun l'envie de l'attaquer. Tels étaient ses deux principes fondamentaux. Ils furent joyeusement piétinés : *primo*, par le second Empire qui, s'étant désarmé peu à peu, donna le signal du conflit ; *secundo*, par votre troisième République qui, d'abord, attira l'agression en se désarmant (1899, 1912)[5] et qui se désarma plus tard pour attaquer (1919, 1939).

On ne saurait parler de coïncidences fortuites. Napoléon III et Marianne III ont suivi leurs principes : ils ont sacrifié le bien public dont ils avaient la charge au mythe international dont ils étaient les dévots orants et pratiquants parce qu'ils le savaient populaire, et qu'ils en calculaient le rendement électoral.

Il ne faut pas oublier les choses de chair et de sang : fils de la reine Hortense et d'un amiral hollandais[6], exécuteur-juré du testament de Sainte-Hélène, ce Napoléon, qui n'était même pas Bonaparte, favorisa tant qu'il le

1. Thiers avait en effet poussé Louis-Philippe à prendre le pouvoir en 1830.
2. Thiers, président du Conseil en 1840, faillit déclencher une guerre européenne par sa politique aventureuse au Proche-Orient.
3. Un des principaux ministres de Louis-Philippe.
4. Blum avait été pacifiste avant de se rallier à une politique de fermeté à l'extérieur.
5. Voir *Kiel et Tanger*, p. 541 de la présente édition.
6. Selon une rumeur, Napoléon III était fils de l'amiral Ver-Huell.

put les deux unités qu'avait prônées son oncle putatif ; il fit donc l'Italie, laissa faire l'Allemagne et, ce mal fait, voulut le défaire, mais s'y défit avec la France[1]. Ses deux premiers mouvements étaient, croyait-il, des traits de son amour pour l'humanité ; le troisième, un gauche et malheureux retour d'attention pour l'intérêt français. Il se l'était rappelé trop tard ou trop tôt. On résumera un bilan d'incohérence en disant que ses vingt et un ans de dictature et de règne, de décembre 1848 à septembre 1870, se passèrent à dépenser, comme une tirelire, sur les plus inutiles des tapis rouges, les valeurs de la bonne armée de 1832.

La troisième République, avant de devenir démocratique, avait eu le mérite de refaire une nouvelle armée[2]. Un peu plus tard, elle s'efforça de la dilapider. Elle parvint même à la démoraliser pour quelques années. Sa politique extérieure eut aussi des phases. D'abord la fameuse régence de l'Idée de Revanche militaire : elle fut trahie tout de suite par les plus gros bonnets républicains, Grévy, Gambetta, Ferry. Puis vint l'Idée toute contraire, monsieur Vincent Auriol, et de plus en plus maîtresse des Gauches, que l'Allemagne, même bismarckienne, même impériale et royale, nous était une tendre amie. Cette illusion fut entretenue d'un côté par l'alliance tsarienne, elle-même amie de Berlin, d'autre côté par la croyance jaurésienne que l'Allemagne serait le pivot éternel de la social-démocratie en Europe. Sur quoi l'Allemagne nous sautait à la gorge, comme il était facile de le prévoir, pour quatre ans de massacre sanglant et pour l'occupation et la dévastation de dix départements. Notre victoire fut si incomplète qu'elle ne parvint pas à faire comprendre à vos amis de gauche la qualité formidable du péril de l'Est, car ils recommencèrent leurs anciennes mamours avec cette *Gretchen*, fût-elle hitlérienne. Vos Briand[3], vos Déat[4], vos Sangnier, vos Champetier, vos Gay[5], se baignèrent pendant plus de dix ans dans ses charmants sourires : quand ils en furent revenus, ce ne fut même pas, comme le pauvre Badinguet[6], par le sentiment d'un scrupule de défense française, car ils ne firent que subir un nouvel accès d'humanitarerie en sens inverse ; ils prirent la croix contre l'entité du Fascisme. Leur mouvement mal lancé, mal commencé, mal orienté, non préparé ni organisé, s'il vous débarrassa de Hitler, vous mit à dos Staline, tyran de la Pologne, épouvante de l'Occident. Cet énorme gaspillage d'argent, de sang et d'hommes, cette ruine prodigieuse des villes

1. Napoléon III aida le Piémont à unifier l'Italie et laissa la Prusse préparer l'unification de l'Allemagne ; il tenta trop tard de l'en empêcher, mais fut écrasé en 1870.

2. Sur ce point, voir *Kiel et Tanger*.

3. Artisan du rapprochement franco-allemand dans l'entre-deux-guerres.

4. Socialiste, passé au collaborationnisme pendant la Seconde Guerre mondiale.

5. Tous trois représentants de la démocratie chrétienne.

6. Surnom de Napoléon III, du nom de l'ouvrier dont il emprunta les vêtements pour s'évader incognito du fort de Ham (1846).

et des champs, tant en 1940, 1942, 1943 qu'en 1945, auront été plus que stériles, commises absolument pour rien. Les nouveautés de la quatrième Marianne ont aggravé la situation européenne de 1939. Son faux nez de patriotisme ne lui a point donné le sens de l'intérêt français.

CONCLUSION

J'ai assez écrit et parié pendant l'entre-deux-guerres contre les deux fatalités de la barbarie germanique : la nation allemande et le chef de bande qui l'incarnait. Après avoir donné tant d'avertissements que l'on n'a pas voulu entendre, j'ai le droit de poser ici que les crimes allemands, les crimes hitlériens – dûment comptés et recomptés, mis en tas comme les causes primordiales de nos calamités –, il reste, à côté d'eux, un monceau d'autres causes où foisonnent bien d'autres fautes, qui ne leur sont pas imputables : abandon de positions fortes, évacuation de places et de territoires, désarmement, sacrifice d'alliances, déclarations de guerre, dissidence, luttes civiles, ruines colossales qui ne sont pas venues de l'ennemi. Là, Hitler ni Mussolini ne sont plus pour rien ; ce qui compte c'est l'élément dirigeant, l'élément continu de la troisième République, l'esprit de la démocratie et son pays légal.

Par ce qu'elle a fait, voulu faire, oublié ou refusé de faire, la République numéro trois s'est désintéressée du *premier de nos biens publics* ; errement qui avait été le même depuis cent soixante ans pour tout le régime. Alors qu'une même menace, vieille de deux mille ans, se trouvant suspendue et planant sur les têtes françaises, le règne Bourbon s'était toujours efforcé de la détourner, tous les autres régimes avaient tendu à l'attirer avec une espèce d'automatisme.

Comme il sied aux choses humaines, le régime moderne avait eu des hauts et des bas. Du point de vue extérieur, ses bonnes heures coupées de simples distractions, de négligences ou d'absences, il y en avait eu de mauvaises où la trahison fut mélangée d'erreurs grossières, d'autres plus médiocres, où notre État nominal répondit comme un ludion aux pulsations de l'opérateur étranger ou révolutionnaire. Ce sont des détails. Leur résultat commun, qui ne variait point, fut de nous fabriquer les mêmes catastrophes et de nous y faire courir. Le bordereau de Dreyfus portait en filigrane les mots *Intérêt, Intérêt, Intérêt*[1]. Le bordereau de la Démocratie porte identiquement les mots *Invasion, Invasion, Invasion*. Elle n'y avait aucun intérêt, cependant ! Il lui manquait d'avoir intérêt à la non-invasion et de considérer l'hexagone français comme un champ paternel à tenir propre et clos.

1. Document de 1894 attribué à Dreyfus, mais en réalité écrit par Esterhazy.

Le moins qu'on puisse dire de sa manière de gérer la *politique extérieure* est que « ce n'est pas sérieux ». Ne vous ai-je pas convaincu ? Ou bien faut-il après l'idée recourir aux images coloriées ? Voici deux épisodes caractéristiques, le premier annonça la IVe République, le second la constitua.

DEUX BELLES IMAGES

a) Une politique étrangère

De ces deux épisodes, l'un très bref vous a déjà été raconté. J'en reprends tous les termes pour votre bien, et pour le nôtre : il s'agit d'éclairer la décadence de la patrie.

Votre livre l'avoue. Étant le « Maître de la douane », le ministre des Finances de Blum et de Daladier[1] a fait ce qu'il a pu pour ravitailler les Rouges espagnols en armes françaises par grand amour de leur ami M. Negrín[2]. M. Negrín et ses amis ont par bonheur perdu la partie en Espagne, malgré cet appui, et un peu grâce à notre opposition. Où en serait la France si vos poulains, alors serfs de Moscou, l'avaient emporté ? Mesurez-vous l'étendue d'un malheur qui serait vôtre autant que nôtre ? D'abord pendant la guerre, Hitler n'a pas pu passer par les cols des Pyrénées. Franco ne s'en est pas laissé conter[3]. Mais Staline, qui a fait ses preuves, est moins bête que Hitler. Il s'en serait donné avec son allié de 1940, celui de Berlin[4]. Quelle ruée barbare par tous les côtés de l'Occident ! Admettons qu'il se fût contenu. Dans l'Europe actuelle, je le répète, voyez-vous une république soviétique installée au revers sud des Pyrénées, sur la plaque tournante de l'Occident, gouvernée comme la Hongrie, la Pologne, la Bulgarie, la Roumanie, par les tyrans du *politburo* ? Vous auriez eu bonne mine pour attester les Droits de l'Homme, ou pour demander des dollars à M. Marshall, fût-ce par l'entremise du gracieux Léon Blum[5] !

Convenons-en : la corneille qui abat des noix, l'écureuil qui tourne en sa cage, la chauve-souris et l'étourneau battant de l'aile sous des lambris poudreux, le monstrueux Catoblépas[6] se dévorant les pattes sans s'en apercevoir, tous ces animaux ridicules, tous les symboles fabuleux de systèmes et de volontés suicides sont dépassés par une telle politique internationale ;

1. Vincent Auriol lui-même.
2. Président de la République espagnole pendant la guerre d'Espagne.
3. Allusion à l'entrevue de Franco et d'Hitler à Hendaye (1940).
4. Allusion au pacte germano-soviétique de 1939.
5. Blum négocia en 1946 l'annulation des dettes de guerre françaises envers les États-Unis.
6. Animal fabuleux.

quelque envie qu'on ait d'en rire, son effet ne peut être que la culbute tragique de la patrie.

Les manuels d'Histoire notent après chaque règne capétien le nombre et le nom des provinces ajoutées au domaine royal, et, par là, à l'unité nationale. Même les diffamateurs de Louis XV sont obligés de lui marquer deux bons points pour la Lorraine et la Corse. À partir du Grand Empereur, on lit pour la première fois dans les manuels que Napoléon laissa la France plus petite qu'il ne l'avait reçue. Et depuis ! Un mauvais suffragant de l'Empire britannique, le maréchal Smuts[1], disait en 1943 : « La France a cessé de compter pour longtemps. La France a disparu… Nous pouvons, quand on parle d'elle, employer les termes de grande puissance, mais cela ne servira pas à grand-chose. » Ces politesses du langage ne sont pas toujours employées. En juillet 1940, à Oran, à Mers el-Kébir, M. Churchill nous parlait à coups de canon[2]. Vous avez vu que, l'an 1945, une jeune et gracieuse princesse, propre héritière de l'Empire britannique[3], venait à Paris tout exprès pour nous lire au musée Galliera le conseil de ne pas trop céder au démon d'un nationalisme ombrageux. On ne peut que vous louer, monsieur Vincent Auriol, d'avoir écouté la leçon sans élever de rectification discourtoise. Peut-être, en avalant amour-propre et salive, vous parliez-vous à vous-même pour observer que le temps était déjà loin, pas très loin, 1936-1937, où, simple « Maître de la douane », l'on pouvait faire passer canons, munitions, avions à l'ami Negrín par-dessus les Pyrénées nonobstant les accords anglo-français de non-intervention ? Malgré l'absurdité, encore était-ce un faible signe d'indépendance. Une politique qui se situe entre les encouragements à une politique moscoutaire à Madrid et le respectueux silence observé devant les usurpations d'une future Majesté britannique ne laisse constater aucune extension de la France, même dans la simple catégorie de l'idéal.

b) Fondation de la IVe République

Ma seconde image coloriée n'est pas indigne de porter le titre que je viens d'écrire.

C'est de Londres que le maréchal Smuts a lancé ces vociférations antifrançaises de 1943. Elles coïncidaient avec un certain travail (constructeur, disent les uns, et, selon les autres, destructeur) qui se poursuivait alors dans la même métropole anglaise, bien que ses principaux ouvriers, les hommes de la *France libre*, n'y fussent plus représentés que par une infime portion de leurs comités et de leurs services, le reste étant passé à

1. Premier ministre d'Afrique du Sud de 1939 à 1948.
2. Allusion à l'attaque de la flotte française par la Royal Navy après l'armistice franco-allemand.
3. La future reine Élisabeth II.

Alger[1]. Mais c'est bien à Londres que le travail avait commencé quarante et un mois auparavant. Il y avait été inauguré pour le cent vingt-cinquième anniversaire de Waterloo, *le 18 juin 1940.*

Le signe est flamboyant. L'action qu'il a datée brille et brûle plus haut encore. Il convient de l'arrêter un instant à la première de ces deux dates.

De mars à juin 1815, le soldat chargé de victoire qui n'avait aucun titre à gouverner la France et qu'en avaient déchu de 1812 à 1813 ses cuisantes défaites, filles de ses erreurs, ce soldat glorieux se livrait à une improvisation insensée : il substituait à la Restauration historique de sa patrie une aventure sans raison, dont Waterloo devait être l'image, l'issue, le terme. Tout ce qu'il y avait de passion tricolore comme d'audace romanesque, de vigueur éphémère et de brutale énergie physique ou morale dans l'équipée du retour de l'île d'Elbe, fut payé et surpayé – *par la France* en perte de territoire et autres dommages – *par les Français* en morts, blessés, spoliés et autres victimes de l'invasion réamorcée. Tel fut le prix politique du coup de théâtre du grand empereur frappé ce jour de Juin.

De même, dans la crise contemporaine, le prétexte de chasser un envahisseur que limitait et que trompait à coup sûr le gouvernement patriote, paternel et sage du maréchal Pétain, ce prétexte ne fit rien d'autre que de réamorcer d'autres invasions et de rappeler sur nos têtes d'autres destructeurs, non moins dévastateurs, à leur seul bénéfice. Ce retour des Mariannides[2] nous valut la reflambée d'effroyables haines civiles, traînant d'inutiles massacres, de féroces persécutions, puis finissant par rappeler au pouvoir les anciennes autorités indigènes coupables, avec quelques autres maîtres nouveaux plus dénués encore de valeur, d'honneur, de crédit, et sous un même masque menteur de superpatriotisme outrancier. Les menées londoniennes de M. de Gaulle et de son clan étaient ces remèdes de Gribouille qui, nous rendant plus malades, avaient dû inspirer au maréchal Smuts tout le fond de ses abominables pronostics. Mais, en elles-mêmes, les deux catastrophes de 1815 et de 1940 se sont aggravées en pesant l'une sur l'autre dans la suite du temps. Forte différence, il est vrai : Bonaparte demeure historiquement responsable de ses pires erreurs, car il n'y a guère que du vent dans ces diverses hypothèses qui voulurent expliquer le départ de Porto-Ferrajo par des instigations anglo-autrichiennes. Mais le départ de Bordeaux et l'envol à Londres ne permettent pas d'affirmer la même liberté d'initiative.

Dans la clandestinité où vous avez écrit votre livre, monsieur Vincent Auriol, on nageait dans la nuit d'une duperie bien réglée. Mais la lumière vient, et tout commence à se savoir. Nous savons ce que recouvraient d'infernale industrie les sales clameurs diffamatoires dont la radio de Londres

1. En 1943, le siège de la France Libre fut déplacé de Londres à Alger, alors ville française.

2. Les républicains.

a, pendant quatre ans, souillé le ciel français. Nous ne pouvons plus ignorer que cela se faisait en vertu d'une politique générale qui tendait à nous animer les uns contre les autres au profit de notre voisin. Depuis que l'on a certaines informations, le dessin en est devenu transparent.

À Briare, le Maréchal avait refusé à M. Churchill sa guérilla « pour ne pas détruire la France[1] ». Ce souci, ce désir de maintenir vivante une France de chair et d'os, était un sentiment naturel au grand chef militaire et politique qui se sentait déjà responsable du pays. Ne fut-ce pas quelques minutes après ce refus que, rencontrant M. de Gaulle dans un couloir ou un escalier, M. Churchill le salua « l'homme du Destin » ? Le mot est acquis à l'Histoire. M. Churchill nous l'a confié. Attendait-il, espérait-il de cet « homme » fatal ce que lui avait refusé Pétain ? S'il ne lui demandait rien pour le moment, c'est que le simple brigadier[2] aurait répondu qu'à défaut de mauvaise volonté, le pouvoir de mal faire lui manquait encore. Retenons la salutation churchillienne.

M. Winston Churchill avait dû être mis sur la voie de ce qui préoccupait M. de Gaulle à ce moment-là. Nous avons toujours rendu hommage à ces préoccupations militaires d'un Français. Elles naissaient toutes seules de l'extrême amertume de la défaite. Elles tendaient à une revanche victorieuse et réparatrice ; elles consistaient donc essentiellement à méditer les conditions dans lesquelles pourrait être repris, le plus puissamment possible, un effort militaire rapide, pour rentrer dans la lutte, ramener des forces nouvelles, les armer, forger une troupe volontaire en marge de la France, mais non du tout contre la France, pour vaincre le vainqueur d'un jour. Ce coup de tête de M. de Gaulle devait ainsi germer. C'est ce qui dut sortir primitivement de son fond. Strictement, il ne tendait encore ni à opposer un gouvernement au gouvernement existant, ni à aligner une armée de quelques milliers d'hommes contre les cent mille hommes de l'armée de l'armistice, ni non plus à intituler « libre » une France exténuée, émigrée, soumise au bon plaisir de l'Angleterre et de ses intérêts, ni, moins encore, les trente-neuf millions de Français fidèles qu'un armistice inespéré, inespérable, mais sauveur, avait su rallier à Philippe Pétain.

Ces erreurs et folies de *l'homme du Destin* durent lui venir peu à peu et pas toutes seules. Le reste de bon sens qu'il nous faut imputer à M. de Gaulle, et surtout le degré de conscience française qu'il nous paraît obligatoire de lui supposer, interdit de lui prêter l'initiative de certaines pensées. Elles lui ont été soufflées. Encore pour les adopter a-t-il dû être vigoureusement cuisiné. Par qui ?

Nous ne le supposons pas. Nous le savons : par M. Spears.

---

1. La conférence interalliée de Briare eut lieu les 11 et 12 juin 1940, en pleine débâcle franco-britannique.
2. De Gaulle venait d'être nommé général de brigade.

Tout autour de l'hégire waterlienne du 18 juin 1940[1], avant, pendant et après cette date, il apparaît que ce M. Spears a conduit par le bout du nez notre ambitieux, inventeur méconnu, combattant de quelques journées, général de la veille, ministre d'un mois, déjà tombé. Certes, il bombycinait de sombres revanches désormais personnelles, en leur associant de justes réactions de Français endoloris, de soldats révoltés. Mais cet état l'a fait tomber tout nu sans défense sous la coupe de celui qu'on appelait le général Spears. Général ? On assure que c'est un titre de courtoisie. Ouvrons, encore une fois, les états de service de Spears : c'est un casier judiciaire, du point de vue français :

1° En mai 1940, M. Churchill accrédite Spears comme son ambassadeur personnel auprès du président du Conseil Paul Reynaud ;

2° Spears n'est pas un inconnu pour Reynaud. Au moins dès 1935, il a été son cornac à Londres. C'est pourquoi à Paris, à Cangé, à Briare, à Bordeaux, nous trouvons Spears traité en hôte, en compagnon, en ami ;

3° Reynaud fait à Spears une installation particulière au Comité de guerre, là où siège M. de Gaulle, comme sous-secrétaire d'État à la Défense nationale. Tous ces jours décisifs de mai et juin 1940, sur la Seine et la Loire, l'astucieux Spears et l'ambitieux mais naïf Gaulois travaillent en étroit contact, sur le plus vif de nos affaires sanguinolentes. Elles sont déjà perdues : tout le détail de leur agonie est immédiatement et minutieusement rapporté par Spears à M. Churchill. Celui-ci doit y répondre par des suggestions que nous n'avons pas. Le 14 juin, M. de Gaulle était en Angleterre ; le 16, il rentrait en France. Le 17, il repartait comme par hasard dans l'avion de M. Spears ;

4° Dans nos tout derniers jours de 1949, tous les voiles ont fini par tomber : M. Spears se trouve officiellement reconnu, classé, inscrit comme ennemi juré de la France, y compris son plus pâle pays légal[2]. On donnera peut-être, un jour, la même qualité à M. Churchill, mais ce n'est pas fait. Pour Spears on le dit, on l'écrit, on l'imprime. M. Spears a même reçu les brevets nominaux de cette inimitié. M. Pierre Brisson a refusé d'insérer ses lettres au *Figaro* qui en a tant vu ! *Le Monde* est obligé de lui infliger le même silence irrité et scandalisé. Cela fait souvenir que, bien auparavant, le général Spears a été l'objet d'accusations et tout au moins de plaintes désagréables de la part de personnages importants de la dissidence, tels que Catroux[3]. Ruptures qui datent de 1941 ! Alors qu'en avril 1941, M. Paul Reynaud, de son séjour près de Vals, écrivait au Maréchal pour protester contre les agressions *injustifiées, inconvenantes*, de la Presse de Vichy

1. Maurras compare le départ de Charles de Gaulle à Londres à celui de Mahomet à Médine pour se moquer de la posture prophétique du personnage.
2. Spears était accusé d'avoir liquidé la présence française en Syrie et au Liban.
3. Ancien gouverneur de l'Indochine, rallié à de Gaulle.

contre Spears appelé *l'un des plus sincères*[1] *et l'un des plus fidèles amis de la France*, Spears coalisait déjà contre lui quelques gros bonnets de l'émigration. Leur collaboration de 1940 devait être sans lendemain : bisbilles sérieuses et graves refroidissements, en avant de la déception totale ;

Et, 5° nous savons, nous, de source claire que cette déception aurait dû être évitée : pas un des avatars de Spears n'était imprévisible. Il suffisait que tout le monde officiel français ne se fût point abandonné les yeux bandés à ce *personnage dangereux, à ce juif très fin et très intrigant, qui voulait tout diriger*, et dont on lui avait donné le signalement très complet vingt années plus tôt : exactement en 1918. C'était du temps où nous avions à l'ambassade de Londres un diplomate actif et lucide, expérimenté, homme de caractère, de culture et de sens, l'admirable Paul Cambon. Par une lettre du 29 avril 1919, Paul Cambon avait chargé son frère et collègue Jules Cambon d'élever contre le « général Spears, qui n'est pas plus général que toi et moi », tous les barrages prémonitifs qui lui étaient dus. Cette lettre, je vous le répète, se lit au tome trois de la Correspondance de l'Ambassadeur. Il est impossible de supposer que la commission n'ait pas été faite et bien faite en son temps. Jules Cambon a survécu de longues années à son illustre frère. Il n'a pas pu manquer d'entendre reparler du chemin rapide que Spears faisait dans la société londonienne et dans l'État britannique : membre du Parlement, président du Comité anglo-français aux Communes, âme damnée de M. Winston Churchill. Les amitiés parisiennes de Spears étaient-elles assez puissantes pour combattre l'autorité morale des deux Cambon ? Mais la lettre de Paul ne contenait pas une simple appréciation, elle contenait une accusation formelle d'espionnage usuel ; il y était dit que Spears, du temps de Painlevé (1917), fouillait sur le bureau du ministre de la Guerre, explorait sa correspondance, en faisait des « bottes de rapports » pour Londres. La précision des griefs devait couper court à toute honnête intimité entre ce personnage et nos officiels, sauf le cas de connivence de ces derniers. Les intérêts de vanité et d'ambition, joints à l'intérêt collectif du Parti anglais, ont-ils déterminé une obstination volontaire ? Les Paul Reynaud, les Georges Mandel et compagnie, ont-ils agi comme s'ils ne voulaient pas savoir (ou avoir su) ce qu'il semble impossible qu'ils aient ignoré ? En 1918, Mandel était le factotum de Clemenceau ; Paul Cambon recommandait à son frère de ne pas encombrer le grand chef de ces détails : ils étaient donc naturellement destinés à Mandel, dont la mémoire,

1. Mal informé, comme toujours, et peu véridique, M. Paul Reynaud met en note que « c'est seulement *trois ans plus tard* [trois ans plus tard que 1941 !] que l'attitude du général Spears *au Levant* a donné lieu à des *critiques* ». Comme en termes galants ces choses-là sont mises ! Mais les chiffres n'entendent rien à la galanterie. M. Spears a donné lieu aux critiques des *Français gaullistes*, non en mai 1945, mais en 1941. Quand il a publié son livre en 1946, M. Paul Reynaud ignorait ou dissimulait ce grave point de chronologie. Dans quel intérêt ce silence ? [NdA].

excellent fichier, était imperturbable. Pourtant, l'échange de services entre ces messieurs et Spears alla croissant. À proportion qu'ils donnaient, ils recevaient. Le confident de Clemenceau devint celui de Spears. On vient de voir comment lui fut livrée l'innocence de M. de Gaulle. Clemenceau avait fait condamner Malvy et Caillaux[1] pour beaucoup moins.

Reste à discerner ce que dut faire et dire ce Spears rôdant ainsi d'ordre de Churchill autour de M. de Gaulle.

Les *Mémoires* de celui-ci le laissent voir. Relisons-les.

La difficile résistance britannique avait besoin de ne pas laisser à la France le mérite et l'honneur, puissant viatique de paix intérieure que l'armistice de Pétain avait arraché à Hitler.

Il fallait à Churchill, au peuple de Churchill, un ferme et farouche espoir dans nos troubles, nos disputes, nos dilacérations, nos diminutions : décadence quasi mortelle comme celle que devait nous assigner plus tard le maréchal Smuts. Anglais-type, petit-fils de Marlborough[2] (qu'on lise le haineux portrait de Louis XIV qu'il a publié récemment et que des journaux français ont reproduit sans une réserve), Churchill connaissait bien l'intérêt de son peuple comme diviseur nécessaire du nôtre. Ses calculs s'insérèrent à leur rang dans la série des mauvais coups reçus de Londres par nos trisaïeux de 1789, nos bisaïeux de 1830 et, en 1848, par nos grands-parents, par nous-mêmes en 1897, 1898. Ce fut alors la révolution dreyfusienne, en vue de Fachoda. Plus anciennement, en vue du triomphe victorien ou de Trafalgar et de Waterloo, nos révolutions ont été soufflées du même lieu, pour le même profit[3]. Mais la machination du coup de 1940 révèle plus qu'un intérêt : cette nécessité psychologique et spectaculaire qui fit que, même sous les bombes de Hitler, l'Angleterre put s'apparaître et se sentir en un meilleur point que la France ; elle conservait son unité en nous faisant perdre la nôtre. Quelques dures conditions que lui fit l'Amérique, le pourtour de son île exposait un même front à l'ennemi. Précieux bonheur dont la France serait déchue.

Telle étant la direction souhaitée, c'était à Spears de choisir les moyens. Comment manœuvra-t-il ? Quel ressort fit-il jouer ? Quelles ficelles tira-t-il ? Comment, en quelques semaines, l'honnête projet patriote d'une résistance militaire devint-il un plan d'assaut contre le système de résistance du Maréchal et de la malheureuse métropole française ? Comment le juste désir de faire une armée se transforma-t-il dans l'ambition contre nature de former un gouvernement ? Par quelles tentations diaboliques « l'homme de Churchill », en assiégeant « l'homme du Destin », parvint-il à ravaler un officier général, bien né, à ce rôle dissolvant de sa patrie

1. Pacifistes soupçonnés d'avoir eu des contacts avec des agents allemands.
2. Le lointain aïeul de Churchill fut le plus grand général anglais des XVIIe-XVIIIe siècles.
3. Cette fable est récurrente sous la plume de Maurras.

vaincue pendant que le vainqueur le tenait à la gorge ? M. de Gaulle est d'origine réactionnaire. Il n'a pas été intoxiqué de légendes révolutionnaires. Il est l'auteur d'une très belle et très juste critique de la funeste guerre à outrance de Gambetta, qui préfigurait pourtant la sienne[1]. Enfin, le loyalisme au gouvernement en temps de guerre avait été jusqu'à une espèce de religion, pour les gens de son cadre et de son milieu : Charette et Gambetta, Castelnau, Foch et Clemenceau, Lyautey et Millerand[2].

C'est la religion que nous avons toujours pratiquée nous-mêmes, ennemis violents de la République. Nous respections la République si elle portait le drapeau sur les champs de bataille. En 1914, nous avions compté parmi les premiers adhérents et même initiateurs de l'union sacrée. Nous avions demandé *les premiers* la censure de la presse. En 1939, nous avions recommencé, en vertu de l'adage traditionnel que les partis se taisent et que ces « parties » n'ont plus la parole dès que le *tout* de la Patrie est mis en jeu. C'était d'ailleurs aussi le thème des adjurations de nos princes, de leur tâche d'exil : nous leur obéissions avant de les avoir reçues.

C'est pourquoi entre le tentateur Spears et M. de Gaulle auraient dû se dresser les images de la Patrie, les défenses tutélaires de la Nation. Quelque degré de faiblesse que l'on pût redouter du nouvel État français, son nom à lui seul maintenait la possibilité d'une administration autonome. Il avait à sa tête le plus haut dignitaire de la hiérarchie militaire. En touchant à lui, on touchait à l'essence de l'armée, la discipline signe de l'ordre : si l'on y introduisait les variables des volontés individuelles, on en faisait des bandes de grandes compagnies peut-être, on dissolvait l'armée. Il ne s'agissait pas d'être pétainiste. Weygand ne l'était pas[3]. Mais il disait et écrivait que là était le Centre autour duquel il fallait se grouper. Il y avait là le gage de la cohérence et de l'unité. Hors de là le désordre patent, inévitable, s'étendait au pays tout entier. Il n'y avait donc qu'à maintenir chez nous ce que Churchill s'efforçait d'instituer dans son propre pays contre les partis parlementaires et populaires : il n'y avait qu'à nous laisser le bien incomparable de notre union. On pouvait aller combattre, *soi*, pour l'honneur de la race et la gloire du sang : rien ni personne n'obligeait M. de Gaulle à déborder ce juste programme en s'efforçant d'éparpiller de l'œuvre de ses mains toutes les plus précieuses pierres de nos foyers. – Rien ni personne que la langue dorée de Spears.

Insistons sur certaines préférences morales de M. de Gaulle. Ce n'était même pas un simple « bien pensant », comme il s'en trouvait dans la haute

1. Dans *La France est son armée* (1938).

2. Le général de Charette, catholique et petit-neveu du chef vendéen de 1793-1796, a loyalement servi le gouvernement du républicain Gambetta en 1871 ; de même, les catholiques Castelnau et Foch ont servi celui de l'anticlérical Clemenceau en 1918 ; enfin, le monarchiste Lyautey a servi celui de l'ancien socialiste Millerand dans les années 1920.

3. Le général Weygand était un disciple de Foch, qui n'aimait pas Pétain.

armée. Il avait connu de très près les doctrines du nationalisme français. Ses conférences au cercle Fustel de Coulanges, groupe apparenté à l'Action française, en sont un indice[1]. On en sait d'autres. Pujo les a publiés. M. Spears dut avoir fort à faire pour le détacher du *politique d'abord* civil et militaire, qui devait retenir le soldat frémissant, mais discipliné, à son digne poste de citoyen. Spears exploita sans doute des griefs personnels, mais, quelle qu'en fût la force, de tels griefs ne pouvaient vaincre facilement de rigoureuses habitudes d'esprit dont la rupture ne pouvait figurer qu'une incalculable multiplication de malheurs. À sacrifier cet essentiel, on devait voir l'effondrement qui suivrait. À le respecter, tout restait possible, libre et pur sur les plans définis de la longue bataille et de la victoire lointaine. Les désaveux de bouche, les anathèmes simulés, les radiations ostentatoires et paternelles, pouvaient agir et sévir, simulacres et simagrées dont personne ne se souviendrait au lendemain de la délivrance. Lorsque chacun disait à son voisin avec une simplicité émouvante que, au fond, Pétain et de Gaulle devaient s'être donné le mot[2], n'importe quel Français moyen, pourvu qu'il fût étranger à l'ignorantisme démocratique du pays légal, nourrissait naturellement des pensées et des sentiments qui vivaient en M. de Gaulle : ils lui interdisaient également la guerre à Pétain, et la guerre à Vichy, que Londres sollicitait de lui.

Cette sollicitation acharnée l'emporta. Comment ?

Passerons-nous sur les promesses et les offres matérielles ?... Faut-il passer ? Un ambitieux n'a pas besoin d'être cupide pour se dire devant la sterling qu'elle est le nerf de son ambition. M. de Gaulle a dû se dire que la loi de la sterling l'obligerait à en passer par les conditions politiques de l'Angleterre.

Le premier signe du succès de Spears et de la capitulation de sa victime apparaît dans l'extraordinaire facilité avec laquelle M. de Gaulle consentit (et peut-être collabora) au grossier expédient de l'union franco-britannique[3], piège que nous tendaient les lâcheurs d'Arras et de Dunkerque[4] pour faire de la France leur « Dominion ». Quel puissant amnésique opiacé M. Spears lui avait-il fait respirer ? Trois jours après, l'enlèvement de Bordeaux[5] conclut l'affaire. Pourtant, des sages à Londres (il y en eut)

1. Ces conférences eurent lieu en 1927.

2. Cette thèse fut notamment défendue par le colonel Rémy, une des grandes figures de la Résistance, venu de l'Action française.

3. Projet élaboré par Jean Monnet et Churchill, visant la fusion totale des deux nations pour empêcher une paix séparée entre la France et l'Allemagne. C'est de Gaulle qui en transmit le texte au gouvernement français le 16 juin 1940, mais il n'y voyait sans doute qu'une mesure de circonstance.

4. Allusion au rembarquement de l'armée britannique à Dunkerque (mai-juin 1940) après son échec à Arras.

5. Le départ de De Gaulle pour Londres.

dirent encore, d'après le rapport Morand[1] : *faites une légion, ne faites pas un gouvernement.* M. de Gaulle et les siens firent le gouvernement que Spears demandait ! Ils n'en furent pourtant pas dégoûtés par la vilenie des attentats contre nos bateaux, des bateaux de guerre et de commerce, leurs équipages, leurs états-majors dans les ports anglais[2]. Cet homme, dont l'honneur militaire expliqua (dit-on) la folle politique, n'a pas eu le cœur soulevé par les basses brutalités de la marine anglaise envers ses camarades de combat de la veille, surpris dans leur sommeil, arrêtés, internés. Avant qu'on en vînt à ces voies de fait, les talents de persuasion que Spears venait d'essayer sur M. de Gaulle avaient été de nouveau requis par Churchill. Ceux de nos officiers de terre et de mer qui étaient retenus en Angleterre furent copieusement arrosés de cette sagesse anglo-juive. « Il est indispensable, déclara M. Spears, indispensable pour l'intérêt de l'Empire britannique, que la France reste une démocratie. » L'argument d'utilité britannique n'eut pas tout le succès qu'on en attendait. M. Spears dut revenir à son poste d'ange gardien de M. de Gaulle. Le pacte du 7 août, inséré au *Times* du 8, dut être rédigé avec la collaboration de Spears[3]. Et ce dut être Spears qui détermina M. de Gaulle à transgresser, à peine signé, l'article qui stipulait que les troupes de la « France Libre » ne seraient jamais engagées contre leurs compatriotes[4]. On ne voit pas M. de Gaulle oubliant tout seul, de lui-même, un principe qu'il eût posé.

Sans parler de Mers el-Kébir – contre quoi les termes de sa protestation ont été proprement honteux et ignobles[5] – que de rancœurs pourtant dans ce début de leur alliance ! Que de crapauds et de couleuvres à avaler ! Tous ces mets furent savourés et digérés dans le joyeux enthousiasme de *faire du mal* à la France du Maréchal, et au clan militaire dont on n'était plus !

Plus qu'un simple mal, un mal superlatif. Un mal inverse et symétrique de celui que faisaient Déat et Sordet sous les ordres d'Abetz[6], sur les mêmes thèmes de l'armistice-fiction et de l'absorption germanique absolue ! Un mal équivalent à celui des pires traîtres, administré de la main de bons combattants qui se déclaraient patriotes. Quelque service que M. de Gaulle voulût offrir à la France, quelques épées vaillantes qu'il

1. L'écrivain et diplomate Paul Morand était en poste à Londres en 1939-1940 ; il se rallia à Vichy.

2. Cette saisie des bâtiments français eut lieu les 2 et 3 juillet 1940, en même temps que l'attaque des marins français à Mers el-Kébir.

3. Accord Churchill-de Gaulle organisant les forces militaires de la France Libre.

4. Allusion à l'expédition anglo-gaulliste contre Dakar, resté fidèle à Vichy, en septembre 1940.

5. De Gaulle admettait à contre-cœur la légitimité de l'attaque anglaise du 3 juillet 1940.

6. Ambassadeur d'Allemagne à Paris pendant l'Occupation, en contacts suivis avec les ultra-collaborationnistes comme Déat ou Sordet. Ce dernier fut exclu de l'Action française en 1940 en raison de son attitude proallemande.

eût ensuite mises à la disposition de cette patrie idéale, il y juxtaposa une fabrique de calomnies et d'impostures politiquement plus pernicieuses qu'elles ne furent abjectes moralement pour le corps et l'âme de la patrie.

Au fur et à mesure que les creuses sonorités de cet immonde répertoire s'éloignent de nous, on comprend de moins en moins leur essor persévérant. Comment purent-elles être débitées à ce degré, dans ce volume, en un si long temps ? Il était bien certain que la flotte n'était pas livrée. Ni l'empire. Ni les bases méditerranéennes. Ni la liberté de notre diplomatie. Que ces biens fussent exposés, on les exposait plus encore en les déclarant d'ores et déjà livrés ou conquis. Quant au moral, l'évidence était encore plus palpable. Sauf la *poignée de traîtres* de la presse, Abetz et leurs créatures, personne en France, et moins que personne le Maréchal, n'avait offert l'encens au règne nazi. Personne n'y désespérait de la France. Malgré le réquisitoire quotidien de M. de Gaulle, personne ne songeait à perdre de vue l'idée de l'indépendance, ni celle de la Revanche à tout prix, ni l'éventualité d'une nouvelle bataille à terme assez proche. On la préparait en secret, et pas seulement en Algérie. J'ai vu un diplomate officiel en Suisse s'en occuper activement. J'ai entendu, à Cannes, le général Weygand en parler comme de son souci journalier. J'en ai parlé moi-même à des cénacles de plus de cent auditeurs. Au surplus le passé suffisait à répondre de leur pensée présente. L'honnêteté élémentaire exigeait que l'on ne commençât point par travestir le malheur en apostasie : ce que l'orateur de Londres faisait sans pudeur. Rien ne pouvait mieux servir l'Allemagne. Sans doute le plan Churchill l'exigeait-il. Mais c'était un Français qui l'exécutait. Churchill pouvait-il tout sur lui ? Mettons l'erreur sur le compte de l'oubli. Supposons aussi la complète ignorance où l'on pouvait être du soin qui était pris, par exemple, de cacher du matériel de guerre par toute l'étendue de la zone non occupée. Dans la même zone, dont le Maréchal était le résistant en chef, nos polémiques d'août 1940 n'étaient point *clandestines* contre les Sordet, les Déat, les Suarez[1] ; elles déployaient très haut et très ferme l'oriflamme de la *dignité* sur laquelle nous n'avions aucune leçon à recevoir de transfuges et d'émigrés. *L'Œuvre* d'Abetz et l'*Inter-France* d'Abetz, toute la presse d'Abetz nous accusait publiquement, et le Maréchal à notre tête, de tout combiner en vue du relèvement national, par des prédications et par des actions, même par des initiatives renouvelées de Fichte, de Scharnhorst et de Stein, coryphées de la résistance prussienne après Iéna[2]. Et, en effet, par toute notre conduite, c'est à quoi nous pensions. Pour nous faire comprendre, nous nous référions parfois à ces modèles, sans avoir besoin d'aucun d'eux.

---

1. Georges Suarez, grand admirateur de Briand, est devenu proallemand par pacifisme, comme beaucoup d'autres collaborationnistes.

2. Le philosophe Fichte, le général Scharnhorst et le ministre Stein contribuèrent au relèvement de la Prusse, battue par Napoléon à Iéna (1806).

Nous travaillions publiquement. Un Français de Londres pouvait donc s'y tromper une fois, deux fois, trois fois, non pas s'y obstiner quatre ans. S'il y avait eu méprise initiale, elle était devenue mensonge éclatant ; et plus il mentait de la sorte, plus M. de Gaulle révélait une figure neuve qui tenait beaucoup plus du prédicateur que du général. Ses contrevérités écumantes feignaient de viser le chef ennemi et le manquaient souvent : elles ne rataient jamais le Maréchal, grand chef français dont le seul crime était de ne pas résister de la même manière que M. de Gaulle, mais beaucoup plus efficacement que lui ! C'est à cette efficacité suprême que la campagne de Londres porta les pires coups en semant beaucoup de murmures, de désordre, d'indiscipline et de malentendus.

En tant que militaire, le résultat commença par être fort maigre, hormis du côté de la petite armée de héros partie du Tchad, et qui monta jusqu'à Berlin, mais son chef ne fut pas M. de Gaulle. La gloire en est au général Leclerc ; les failles coloniales qui en résultèrent à Brazzaville et ailleurs reviennent à M. de Gaulle qui ne se déplaça que pour y mettre la main. Churchill dans les premiers temps semblait déçu ; il n'avait pas encore sa *guérilla rêvée*. Nous voyons, en novembre 1940, le Premier anglais traiter avec l'envoyé secret du Maréchal, M. Louis Rougier[1]. Il ne lâche pas M. de Gaulle non plus. Mais c'est à peine six mois plus tard que se produisent en Égypte, en Syrie, ailleurs, les premiers désaccords de fond avec Spears ; l'homme de Churchill rompt en visière ou plutôt se défile serpentinement avec divers représentants de la dissidence. Catroux, Thierry d'Argenlieu[2] (pas encore de Gaulle) doivent prendre garde à deux ou trois vérités qu'ils ont méprisées et qui se vengent d'eux. Ils croyaient Spears leur instrument, quand ils étaient les siens. Et voilà que très clairement l'homme agissait sans eux, contre eux, sans se gêner, et contre *la France Libre* bien entendu. Ils crurent avoir raison de lui par un recours au grand patron commun qui les envoya promener en bougonnant : « Spears est un ami », et Churchill retourna son cigare. Cette amitié n'était douteuse pour personne. Non sans surprise, M. Catroux le constata dans ses *Mémoires*.

Si l'illusion Catroux était tombée, l'illusion de Gaulle tenait encore. Malgré la résistance, vraie celle-là, de l'admirable général Dentz[3] qui avait lu dans le jeu anglais, M. de Gaulle avait mis deux armées françaises aux prises et s'en vantait, ou peu s'en faut. Il ajoutait à Beyrouth le 27 juillet 1941 : « Si pour des raisons stratégiques [Oh ! la ! la !] les armées de nos braves alliés britanniques sont entrées ici avec nous, c'est pour nous

1. Philosophe dont le rôle d'intermédiaire entre Pétain et Churchill n'est pas pleinement élucidé.

2. Amiral de la France Libre.

3. Chef des troupes vichystes qui tentèrent d'interdire la Syrie aux forces anglo-gaullistes dans l'été 1941.

aider… » La longue figure de cette dupe-née finit par s'allonger encore à l'évidence accrue des manques de parole de Spears et même de Churchill au clair soleil de leur commune duplicité. En conséquence de cette découverte, un gros accident faillit même se produire alors ; M. de Gaulle, qui excelle à jouer les mécontents, abusa-t-il de la permission de se cabrer et de protester ? Churchill en fut-il excédé ? À deux doigts de leur rupture, l'invasion de l'Afrique du Nord[1] vint montrer à Churchill combien M. de Gaulle restait indispensable à l'exécution de ses projets sur la France. Les contacts de Darlan avec l'Amérique[2], l'existence d'un parti Giraud[3] (celui-ci maréchaliste à fond), pouvaient rendre de fortes chances de retour à l'unité française. Sans le parti gaulliste, sans le facteur gaulliste, c'était fatal. Alors Churchill reprit de Gaulle en croupe. Leur liaison fut replâtrée, mais il ne paraît pas que Spears ait été rappelé alors : il ne gardera que les mérites d'un protagoniste et d'un précurseur.

Pris par leur faute dans le filet de la conspiration ourdie contre leur patrie, M. de Gaulle et ses camarades devront, un jour, apercevoir comme ils ont été dindonnés… Le chef-d'œuvre de Spears n'a été réalisé ni dans les indiscrétions effrontées qu'il se permettait sur le bureau ministériel de Painlevé en 1917, ni dans l'escamotage de la Syrie et du Liban entre 1941 et 1945. La grande gloire de l'Hébreu, son apogée se marque aux journées décisives de mai-juin 1940 entre Seine, Loire et Gironde, lorsque catéchisant, tentant, débauchant M. de Gaulle et, peut-être après lui, quelques officiers généraux ou supérieurs, Spears parvint à troubler et à dissocier, sous la botte de l'Étranger, en pleine crise de défaite et de débâcle, la belle élite militaire de la patrie, y propagea l'indiscipline et créa le schisme moral qui contribua tant à faire échouer le magnifique sauvetage de Philippe Pétain ! De là sortirent pour moitié (le reste étant l'œuvre d'Abetz et de Déat, de Sordet et de leurs proboches) nos convulsions intérieures, *orages désirés*[4] de la Vieille Angleterre et qui auraient dû faire honte à des soldats français. Plus destructeur encore que les premières *guérillas* souhaitées du patron, ce maître ouvrage de l'*ami* Spears nous fut d'un sincère ennemi mortel. Si j'étais son concitoyen, je me demanderais si Spears n'a pas mieux servi Albion que Disraeli[5] en personne.

Disraeli n'a pas su inculquer à l'Île natale le ferme espoir que son Empire, même moribond, allait voir l'empire français se décomposer le premier.

1. Allusion au débarquement allié de novembre 1942.
2. Les États-Unis ne reconnaissaient pas la France Libre à cette époque, d'où leur proximité avec Darlan, ancien homme fort de Vichy.
3. Général français évadé d'Allemagne, grand admirateur de Pétain mais désireux de reprendre le combat contre les Allemands.
4. Expression que Maurras emprunte à un passage célèbre du *René* de Chateaubriand.
5. Célèbre ministre de la reine Victoria.

Disraeli a fait de sa reine une impératrice. Il n'a pas imposé à la France envahie pour la neuvième fois une quatrième république. Disraeli fut fait lord Beaconsfield pour des réussites moins éclatantes. À quand la Seigneurie pour Spears ?

« Il est indispensable pour l'intérêt de l'Empire britannique que la France reste en démocratie. »

Ces paroles d'or de l'esprit politique anglais sont inscrites sur le socle idéal de la quatrième Marianne. On les mettra sur ses écus, si elle en a jamais.

Notre république démocratique a dû de revivre au succès rapide et complet des desseins entrepris dans la collaboration d'un Britannique traditionnel de très vieille souche et d'un jeune aventurier, simple sujet anglais.

L'Étranger est cofondateur de la Quatrième République, comme de la Troisième, comme de la Seconde, comme de la Première, dans un intérêt étranger, tel qu'il vivait au cœur de Spears et de Churchill.

Comment ont-ils été si puissants ? Comment n'ont-ils trouvé aucun obstacle devant eux ? La mauvaise qualité du personnel et des institutions était-elle déjà capable de tout souffrir ?

Hélas ! nous n'avons pourtant pas signalé tous les parrains de Spears, faute d'avoir touché au point vif d'une carence qui a tenu un rôle majeur dans les libres évolutions de Spears à travers ce personnel et ces institutions. Que faisaient pendant ce temps, à ce ministère des Affaires étrangères dont nous savons la primauté sur toutes les autres affaires, que faisaient ses MM. Lebureau[1] ou ce qu'en avaient laissé subsister nos démolitions séculaires ?

Il y avait eu là, et il y avait encore des fonctionnaires exercés, instruits, vigilants. Il y avait des hommes de talent, de labeur et de caractère qui, de génération en génération, se passaient dans leurs cartons verts les usages, les manières, les traditions, les secrets : parfois (M. Paul Reynaud en a convenu), ils devaient se faire les professeurs de leurs ministres, créatures de l'élection, démagogues ignorants qui venaient de la Chambre et du Sénat. Le thème est très connu : il nous est arrivé à tous, dans les hasards de l'existence, de rencontrer de ces vieux Français rompus aux affaires qui parlaient de leurs grands chefs en élevant au ciel des regards chargés d'ironie, de pitié ou de rage. Mais ce n'était pas à eux de commander ; ils n'étaient que des informateurs ou des exécuteurs. Dans quelles amères sottises les avait-on embarqués ? Ils récapitulaient : s'exposer à la guerre avec l'Angleterre sans marine, à la guerre avec l'Allemagne sans armée ; partir pour une grande politique coloniale avec une marine marchande en diminution ; traiter de pair et compagnon avec l'Allemagne en refusant de voir si elle armait ou n'armait pas, rêver de paix avec elle en lui abandonnant toutes nos positions fortes, rêver de lui faire la guerre sans avoir pris la précaution de réarmer à fond, rêver encore que Hitler bluffait après Prague

1. Expression désignant les bureaucrates.

et après Vienne... Ce que valaient toutes ces rêveries obtuses, M. Lebureau le savait bien et les jugeait à leur mérite, mais quoi ? Le bureaucrate est comme la rime de Boileau, un esclave ne sait qu'obéir[1]. Et puis les administrations ne délibèrent pas entre elles ; elles se connaissent à peine, surtout dans l'ataxie naturelle aux démocraties. Les directions du Quai d'Orsay fonctionnaient à part des Conseils supérieurs de la Guerre ou de la Marine. On ne peut demander à M. Lebureau de faire autre chose que son métier ; il lui devait suffire de rire ou de pleurer dans les tirs à hue et à dia d'une politique extérieure prédestinée par l'incoordination essentielle de son État.

Eût-il été normal, l'exercice de cette bureaucratie n'aurait pas manqué de gêner dans une certaine mesure le vil accroissement des influences étrangères dont celle de Spears fut le type. Mais la corruption du régime, déjà fort anormale, ne l'avait-elle pas induit à caser au sommet de tous ses services des individus dont la corruption ressemblait à la sienne ? Par le choix de ses secrétaires généraux, les spécialistes honorables ou distingués du Quai d'Orsay furent mis aux ordres de deux ou trois coquins. [...]

Certes, la diplomatie de la rue et celle des tréteaux parlementaires avaient bien ouvert à l'Étranger certaines voies d'accès, mais combien moins dangereuses que les cabinets secrets où ses agents les plus directs se rendaient maîtres de notre paix et de notre guerre, en sus des formations de nos gouvernements ! Voyez l'inefficacité totale des agitations extérieures de 1935, 1936, 1937, pour la guerre à l'Italie et à l'Espagne : que les foules braillassent : « Des canons ! Des avions ! » ou que cent quarante parlementaires signassent leur manifeste pour les sanctions[2], ces extravagances foraines rencontraient malgré tout des oppositions et des contradictions efficaces. Il était facile de les écraser dans l'œuf. Comparez à cela la puissante et profonde pénétration des intrigues obscures et des manœuvres souterraines qui ont bel et bien décidé de tout à l'intérieur et à l'extérieur, la déclaration de guerre et la dissidence gaulliste ! Quel électeur moyen aurait pu se douter, les premier et deux septembre 1939, que l'Angleterre nous avait mis la corde au cou pour nous traîner à sa remorque à Berlin ? Lequel, au 18 juin 1940, se serait avisé qu'à la faveur de nos plus cruelles défaites, un *général Spears* menait le même travail de taupe au centre de nos Affaires, y trouvait le moyen de débaucher nos états-majors, de dresser une France contre la France et d'installer à l'Étranger un État faussement français contre notre État national ?

Tels auront littéralement été nos malheurs.

Telles leurs causes.

---

1. Allusion à *L'Art poétique* de Boileau (1674), bréviaire du classicisme, qui subordonne la rime au sens.

2. Sanctions contre l'Italie, qui avait agressé l'Éthiopie en 1935. Maurras y était opposé car il estimait que cela pousserait Mussolini dans les bras d'Hitler, ce qui fut le cas.

Les comptes et les recomptes auraient dû revenir à dire : À tout pays, à la France plus qu'à tout autre, il faut un organe de politique extérieure primant tout, pour couronner son être et défendre sa vie. À tout prix donc, il faut retrouver, Quai d'Orsay, un personnel, une direction, un gouvernement.

Or, qu'a-t-il été fait en ce sens ?

Depuis cinq années que tout recule et dégringole, il n'y a pas eu le moindre progrès. Voyez le relèvement de l'Allemagne, cinq ans après que le Roosevelt de 1945[1] parlât tout naturellement de la dissocier et d'y rétablir quelque chose comme neuf dynasties. C'était le temps où volontiers Bidault se plaignait d'avoir à plagier Jacques Bainville[2]. Il n'est plus question que de l'unité du Reich et de son intégration à l'Europe où il nous dominerait et ne ferait que réaliser le plan de Hitler en jetant sur nos territoires la pénétration juridique, l'occupation mécanique de vingt millions d'hommes qu'elle a de trop : ni vos fonctionnaires, ni vos ministres n'ont prévu cela. [...]

Le chaos sanglant, dont le monde a cru sortir, a subi la combinaison de toutes les plus antiques roueries et des plus hardies nouveautés ; je m'explique : on y a brassé six mille ans d'astuce juive d'un Spears, avec les cinq cents ans de brutale mercantilité d'un Marlborough, on y a mêlé le fanatisme hégélo-marxien du moscoutaire[3] et les stupéfiantes improvisations des autodidactes américains. Ceux-ci étaient particulièrement aptes à reperdre une victoire ainsi remportée. Les autres n'étaient pas sans apporter les plus larges capacités de gâchis. Pour y faire face toutes les accumulations de l'art, de la science, de la tradition et du génie français auraient dû être requises, avec leur don de ramener au clair du plus grand commun dénominateur, pour aiguillonner convenablement les Marshall, les Hopkins, les Cordell Hull, les Roosevelt, les Truman[4]. Eux avaient le ton. Chacun d'eux se sentait et se voyait quelqu'un. Il fallait les mettre en contact avec des Français qui eussent leur valeur d'affinement historique. C'est drôle : vous n'avez pas paru y penser ou vous avez fait comme si vous n'aviez eu rien ni personne. Votre pays légal, dont une partie se recrute tout à fait hors du pays, en est contraint à pratiquer de tels principes qu'il en est graduellement abruti. Votre Schuman[5], qui a de bons antécédents domestiques et personnels, est devenu à cette école la faiblesse même et le radotage très pur. On ingurgite à d'autres une incroyable capacité

---

1. Le président américain Franklin D. Roosevelt, non son cousin Théodore Roosevelt, président du début du XXe siècle.
2. Le démocrate-chrétien Bidault fut ministre des Affaires étrangères en 1944-1946, puis en 1947-1948.
3. C'est-à-dire du partisan de Moscou.
4. Gouvernants américains.
5. Le démocrate-chrétien Schuman fut l'un des principaux artisans du rapprochement franco-allemand sous la IVe République.

de mentir même à soi. J'ai lu des pages de votre Bidault où le jour est intrépidement chassé du plein midi. Dans un discours naguère prononcé pour la protection de son portefeuille, il lui est arrivé de citer l'énorme pourcentage dans lequel nos voisins de Suisse affectent leurs ressources à la Défense nationale. Un autre politique français aurait tout quitté, tribune, assemblée, portefeuille, baromètre et tous les hochets, pour aller prendre quelque part efficace à éclairer l'opinion nationale, à l'écouter, et à la soulever pour le seul bien qui vaille : l'imitation du bon ouvrage suisse, la reconstruction de notre rempart. Mais les énormes chiffres suisses qu'il donnait (30 p. 100, je crois) ne l'ont même pas touché quand il les prononçait ; il ne s'en est pas ému, il a continué de faire briller dans ses oraisons néo-briandistes la même souple et verbeuse immobilité. Bidault n'est rien. Et votre Blum pas davantage, ce vieux Blum qui, certain jour encore, administrait la preuve de ses dons de prévoyance en sautant de surprise à la nouvelle de la dévaluation de la livre. [...]

Londres songe d'abord à Londres, comme il a toujours fait, et sa façon de songer ensuite à Paris n'a jamais rien valu. Vous avez dû entendre dire qu'aux derniers temps de Tournefeuille il arrivait à M. Doumergue de faire oraison[1] ? À la huguenote, s'entend[2]. Ses prières du matin et du soir étaient pourtant d'un vieux lettré. On prétend qu'elles consistaient à corroborer l'axiome du héros qui passa pour le plus sage de tous les Grecs : « Le gouvernement de plusieurs n'est pas bon ; qu'il y ait un seul chef, un roi[3]. »

Mais un roi national.

Pas un roi des Troyens, ni des Britanniques.

Un roi de France, monsieur Vincent Auriol.

ÉPILOGUE

Je ne chercherai pas à vous appâter en vous dorant la pilule. Une combinaison de parlement et de royauté donnerait une simple garantie de forme. Les expériences du XVIIIe et du XIXe siècle montrent qu'aucune n'est viable de notre point de vue des Affaires étrangères, car on continuerait à mettre celles-ci en commun contre l'Opinion et le Prince. Pour que le prince soit utile, il faut qu'il les dirige seul ; il le faut si l'on veut sortir de ce règne despotique, ignorant, vénal et ténébreux qui s'appelle la République,

1. Doumergue, qui avait été président de la IIIe République, avait pris sa retraite à Tournefeuille (Haute-Garonne).
2. Doumergue était protestant.
3. Propos d'Ulysse au chant II de l'*Iliade*.

pour obtenir l'intégrité du territoire, sa non-invasion, sa non-occupation, l'indépendance de l'État et de la Nation.

Le roi que je vous propose, c'est le roi de *Conseils*, qu'il saura rendre *hauts* et *étroits*, pour en bannir les curiosités et ingérences de l'Étranger.

Le roi absolu, dans tout ce qu'il a de royal, dans sa fonction nationale de protecteur de la frontière et de garde du rempart, le fonctionnaire couronné, aux mille yeux, aux millions d'épées et de lances, que vous montre cet exposé. Sans lui, il n'y a rien de fait, ou nous serons en route pour une nouvelle invasion ! [...]

LE TROISIÈME BIEN PUBLIC DE LA FRANCE

Qui doit payer ?

Resterait, pensez-vous, à mettre en cause celui de qui tout est venu. Mais sommes-nous sûrs que M. de Gaulle soit lui-même normal ? Ce gigantisme ? Ce verbalisme ? Cette incohérence ? Je ne méconnais pas ce qu'il eut de valeur. J'ai aidé et soutenu (sans le nommer pour ne pas lui nuire) sa doctrine de réformes du matériel et de la tactique de guerre[1]. (Notre *Action française* faisait en sa page militaire exactement les mêmes campagnes que lui.) Mais, dès ces temps lointains, ses erreurs de jugement étonnaient. Là où les Assemblées républicaines refusaient d'allonger la durée du service parce que ce n'était pas électoral, il rêvait de leur faire adopter son « armée de métier », comme si la même Assemblée ne devait pas subir l'horreur nerveuse de ses « prétoriens[2] » ! Le patronage parlementaire et publicitaire de M. Paul Reynaud ne lui servit de rien. Leur programme tomba à plat. Or tous les deux affirmant que, sans l'exécution de leur programme, nous ne serions pas en état d'entreprendre la guerre ni de la soutenir, tous les deux se sont mis du parti de la guerre, de la guerre offensive de 1939 ! C'est un défi à l'intelligence. Cependant, il faut retenir une chose : leur collaboration d'abord. Alors, est-ce que M. Reynaud et M. de Gaulle ne collaboraient pas d'ores et déjà avec Spears et avec Churchill ? Bien avant que M. Reynaud devînt président du Conseil et qu'il rédigeât son accord du 28 mars 1940 qui, *dans l'état de nos forces* (bien connu d'eux), nous faisait le soldat sacrifié de l'Angleterre, bien avant que M. Reynaud appelât M. de Gaulle à un éphémère sous-secrétariat, la question se pose de savoir si M. de Gaulle n'était pas dans le secret

1. Allusion aux écrits stratégiques publiés par de Gaulle dans l'entre-deux-guerres.
2. La gauche craignait qu'une armée de métier ne devienne l'arbitre des luttes politiques intérieures, comme l'avaient été les Prétoriens de la Rome antique.

de M. Reynaud, de M. Mandel, de M. Buré[1], de tous ces boutefeux qui voulaient en découdre sur l'heure et à tout prix contre Hitler armé jusqu'aux dents ? Je ne connais pas de document positif qui l'affirme. Il n'est pas interdit non plus de se représenter le général de brigade de Gaulle comme un simple sous-lieutenant qui voulait partir avant l'heure et avant l'ordre. On sait néanmoins que pendant les journées critiques, fin mai, début juin, il fut soumis à la fréquentation journalière de ce « général Spears » dont il ne faut jamais oublier l'immortel portrait par M. Paul Cambon, en 1918. [...] Le 17 juin, M. de Gaulle, qui revenait d'une mission officielle à Londres, se renvolait pour Londres, mais de son seul gré et dans l'avion de Spears, qui l'entraînait sans doute à changer de métier.

M. de Gaulle ne savait qu'un métier : militaire. Il le savait sérieusement. Le mois précédent, il avait mis le pied à l'étrier de la gloire. Sa brillante conduite de chef et de soldat, sous Abbeville, lui avait mérité une citation éclatante, signée de Weygand. Je n'entre pas dans la discussion de ces états de service. Ils sont tels. Mais la carrière militaire de M. de Gaulle s'arrête là : il bifurque, il s'enferre dans une intrigue internationale. Ce porte-épée tourne au porte-plume et au porte-voix. L'on gagne sans lui les batailles, il n'en livre plus. Son nom qui aurait pu briller au firmament de Giraud, de Leclerc, de Juin, de De Lattre, et pourquoi pas, de Kœnig, de Revers[2], reçoit de plus en plus une signification terre à terre et même souterraine, limitée à une politique fort ténébreuse ! C'est l'art royal de Platon. Il n'en sait pas un mot.

J'ai dépouillé, la plume à la main, les cinq cent trente et une pages de ses *Discours aux Français* ; elles renseignent sur la noblesse et les limites de cet esprit.

La partie strictement militaire contient des observations et des précisions utiles sur le cours et la durée de la guerre. Dès que l'ordre politique est effleuré, c'est la catastrophe. M. de Gaulle bat la campagne. Il annonce exactement ce qui n'arrive point et ce qui ne peut arriver. Plus son jugement est général, plus il est faux. On lui voit juger, par exemple, que « la passivité de la France est mortelle ». Il veut parler de sa patience et de son attente, de ce qui a été proprement vital et sauveur pour notre patrie. La passivité apparente a permis à la France, comme à la Rome de Fabius[3], exactement, de subsister. D'après M. de Gaulle, les Allemands sont maîtres, non seulement du sol de Vichy, mais de l'esprit

1. Journaliste hostile aux accords de Munich.

2. Maurras mêle ici des officiers issus de l'armée de Vichy (Giraud, Juin, de Lattre, Revers) et d'autres d'emblée ralliés à la France Libre (Leclerc, Kœnig).

3. Général romain qui organisa la défense de l'Italie contre Hannibal en refusant toute confrontation directe avec ce dernier, estimant que l'armée romaine n'était pas encore prête.

qui le gouverne. Vichy va tout livrer, la flotte et l'Empire, Vichy va se transporter à Paris, pour y mieux subir l'étreinte ennemie, Vichy va entrer en guerre contre l'Angleterre, un jour prochain, que dis-je, demain, ce soir. Vichy ne peut faire autrement, d'après M. de Gaulle, alors que, dans la réalité visible et tangible, l'effort de Vichy se déploie tout entier à rester où il est, à garder la flotte, à sauver l'Empire, même contre M. de Gaulle, à interdire la mobilisation et la guerre contre les Anglo-Saxons. Avec le même fracas, M. de Gaulle vaticine que les exigences de Hitler vont augmenter, ce qui est un peu moins faux : il ne voit pas que la résistance du Maréchal augmente aussi. « Mille forces, dit-il, mille forces centrifuges s'exercent sur notre malheureuse patrie. » Il n'y en a pourtant que deux à redouter, celle de Hitler-Abetz-Déat et la sienne ; bref, la Proboche et la Subanglaise.

Il aime à s'exprimer pompeusement sur ce qu'il nomme l'avenir du monde. Après la défaite de Hitler, dit-il, la paix entre les Alliés, leur union étroite est sûre et certaine. On pouvait le souhaiter et y travailler : de là à l'affirmer fatale, quelle ineptie ! Parce que l'ennemi commun était extrêmement redoutable, cette coalition fut peut-être de toutes celles de l'histoire la plus solide ; Hitler vaincu, elle était vouée à la prompte liquéfaction par l'immense contrariété des intérêts engagés. Entre Français et Anglo-Saxons, le primat de civilisation était incontestable, mais ils ne pouvaient invoquer d'autre principe, ni d'autre fin que la liberté : or, la Libération acquise, que restait-il ? Des nations libres de tirer à hue et à dia, comme il est arrivé, leur guerre froide comprise.

L'imagination verbeuse de M. de Gaulle prévoyait aussi la reconnaissance des droits de la France, sa grandeur, le bonheur des hommes. Pourquoi ? Parce que cette guerre était ce que l'avaient voulue les Anglais, une guerre de religion, une croisade. Il va jusqu'à conclure qu'« elle n'est que morale », il répète « uniquement affaire de morale ». Son insistance scandalise le lecteur le plus distrait qui, à quelques pages de là, doit trouver des affirmations non moins catégoriques, non moins répétées, qui renversent l'exclusive en invoquant, cette fois, « les froides et claires réalités », portant que « la force mécanique », « l'écrasement à la mécanique » est « la condition *sine qua non* » de la même guerre morale. Même entrechoc paisible entre la théorie du « salut public, première des lois » et le système de la mystique acrobatique d'une France, faite pour ne vivre que dans les risques, suspendue aux abîmes, nourrie de catastrophes, dans la vocation plénière du suicide christologique : la guerre, alors conçue comme une fin en soi, sans rapport avec la vie réelle d'une nation, qu'on ne doit tout de même pas tuer par amour, ni d'un territoire habité, cultivé, qu'il ne faut pas non plus transformer en désert. On a cependant lu autrefois, du même M. de Gaulle, une juste critique de la guerre à outrance à la Gambetta : c'est la guerre qu'il fait. Il énonce bien de beaux espoirs de résurrection ; mais il invoque à l'appui les lendemains d'Iéna et d'Auerstaedt, ceux qui réveillèrent la Prusse ; il a oublié que, pour se relever, la Prusse a dû respirer, non dans une suspension d'armes, non dans un simple armistice, mais dans une paix de feinte collaboration militaire qui lui a permis, avec un peu de « passivité », d'entrer par deux fois dans Paris[1]. La Prusse eût-elle continué la guerre à tout prix, l'écrasement total lui en eût coupé les moyens. Pour garder ces moyens, Anglais, Autrichiens et Russes imitèrent le Prussien contre l'ennemi napoléonien. Par des trêves humiliantes, ou de très lourdes paix, ils retrouvèrent le chemin de la victoire. Ainsi encore les Allemands de 1918 à 1940. Condition générale de toute politique, c'est là aussi une branche de l'art militaire, et l'on ne comprend pas qu'un homme de métier ait passé quatre longues années à tourner les passions populaires contre les feintes, les ruses de guerre et les autres méthodes de tromper qui sont du principe de l'escrime et de la diplomatie autant que de la stratégie et de la tactique. Le corps à corps et le tirez droit n'y sont que l'enfance ou le dernier chef-d'œuvre de l'art. Tant d'absurdes déblatérations en désaccord perpétuel avec des faits publics sont inintelligibles du point de vue français. Le haché-menu de la France, ses guérillas destructrices, son implacable dilacération entre les partis ne servaient pas le seul intérêt anglais : l'intérêt de Hitler y trouvait son compte. M. de Gaulle répondait aux deux besoins complémentaires de l'Ennemi. N'y a-t-il pas pris garde ? Quoique néopoliticien et assis devant une table à écrire, l'ex-général avait dû avoir des retours de pensée sur son premier état. Sa mémoire se perdait avec son reste de jugement dans les demi-folies de son ambition.

… Je ne suppose là que des distractions, des oublis, je ne sors pas de l'involontaire. Mais ce serait bien fort ! Voici plus fort si l'on y pense : cette adhésion première (elle est énoncée dans les *Discours*) à la déclaration d'une guerre perdue d'avance, faute d'un matériel que lui-même exigeait. Plus fort ce refus obstiné à l'évidence de notre désastre militaire, passager, sans doute, mais irrésistible par la débâcle, par l'exode, par le désordre et l'épuisement. Quand nous ne saurions pas qu'il a bel et bien dit au général Odic[2] : « L'armistice était nécessaire ; ne le dites jamais », nous n'aurions jamais admis que le général de Gaulle ait pu méconnaître la supériorité de cette solution sur trois autres : le combat désespéré poursuivi sans terme et sans raison en massacres vains ; la fuite en Afrique où l'alliance hispano-italienne, jointe à la possession des ports de Provence, eût animé de forces nouvelles l'élan victorieux des armées de Hitler ; enfin

1. La Prusse vaincue à Iéna (1806) dut « collaborer » avec Napoléon jusqu'en 1812, avant de le chasser d'Allemagne en 1813 puis d'envahir la France en 1814 et 1815.

2. Aviateur tenté de se rallier à la France Libre, mais qui ne s'entendit pas avec de Gaulle.

la capitulation sans conditions qui nous aurait réduits au sort des autres vaincus d'Europe, extermination générale des populations, déménagement complet de leurs biens ! M. de Gaulle n'est pas un clerc fanatisé, il n'a pu se tromper au-delà d'une certaine mesure. Quand il adhérait (ou même collaborait) au projet d'union franco-britannique, il savait, il ne pouvait pas ne pas savoir que le *condominium* de notre Empire équivaudrait à sa donation pure et simple à la Grande-Bretagne, mieux équipée et mieux organisée que nous, au renoncement total à notre indépendance – sous les réserves de quelque *home rule* peut-être, et encore ! [...]

Que le Maréchal servît de « bouclier » à la France, que le général Weygand lui forgeât en Afrique une bonne « épée » (et qui a bien joué), M. de Gaulle n'a pas voulu le dire ou a dit tout le contraire. Il a crié à tue-tête que Hitler poursuivait la conquête morale du pays ; il a bien été forcé de voir que le Maréchal et ses fidèles de « la France seule » ont fait avorter le plan hitlérien ; Abetz et les siens en conviennent, recommençant, échouant encore contre cette opposition des mêmes Français que les serviteurs de l'Allemagne accablent d'insultes. Ni M. de Gaulle, ni ses tenants ne sont pour rien dans leur victoire de vrais Résistants et d'Opposants au grand jour. Il le sait. Il s'en venge en les traitant de renégats de notre patrie. Le renégat, c'est lui. Son langage est le même, au fond, que celui des proboches de la presse de Paris. Il ose écrire que l'armistice ne laisse qu'« une apparence de souveraineté » (les stipendiés de Berlin écrivent de même : « L'armistice est une fiction »). Eux et lui se déchaînent contre cet instrument sauveur, ils le nient, le salissent, le défigurent. Mais c'est M. de Gaulle qui, de Londres, est le plus libre de bien mentir. Tantôt la flotte est livrée, tantôt elle va l'être ou attend de l'être. Elle ne l'a jamais été. De même toutes les bases navales de l'Empire. Dakar est plein d'Allemands, crie-t-il. Il n'y avait pas un Allemand à Dakar. En Syrie avec « ses braves alliés britanniques » qui se sont joints à lui pour des « raisons » purement « stratégiques » et, assure-t-il (on ne saurait trop citer cette perle oratoire), après avoir aboli de sa seule autorité le mandat français, il se laissa rapidement supplanter par ses chers Goddons[1]. Ses propres discours de Syrie, à Beyrouth, à Damas, le confondent, l'accablent, relus à notre soleil. On se dit : Quel grand gosse ! Sinon, quel criminel !

Mais voici qui éclaircit encore ce triste rôle. Ne craignons pas de récapituler ce qui a été vu sous un autre éclairage.

Les Américains débarquent à Alger. M. de Gaulle n'y est non plus pour rien, car, si les Alliés le tiennent, ils ne sont pas tenus par lui. Son espèce de comique très apparent les met en défiance. Il applaudit pourtant et semble vouloir porter secours à la victoire. Mais à peine finit-il de

1. Surnom donné aux Anglais lors de la guerre de Cent Ans, qui transcrit leur juron « *God damn !* ».

claquer des mains, Darlan paraît en train de réunir les Alliés (ou l'un des deux) à Vichy, ce qui traverserait les intérêts anglais. Spears et Churchill étaient tout prêts à laisser tomber leur poulain gaullique. Ils comprennent leur faute en le voyant qui se précipite, crie des désaveux ou des réserves sur Darlan, ameute ses clients et complices d'Amérique (qui ne sont pas des Américains) et ravive et restaure et perfectionne tous les moyens du schisme et de la division. Voilà celui qu'il nous faut, disent Spears et Churchill. C'est bien l'homme de leur destin ! Jusqu'où M. de Gaulle est-il allé pour contenter ses maîtres ? On le saura peut-être. Mais déjà combien de soupçons ? Darlan est tué[1]. La voie est libre. M. de Gaulle s'unit à Giraud en s'efforçant de détacher ce brave soldat de Vichy et de l'unité de la France. Lui-même s'applique à rallier ou rattacher de son mieux tout le personnel de nos anciens naufrageurs, juifs, maçons, communistes, tous ceux qui, subanglais ou proboches, jouent en public la carte de la guerre à Hitler, mais la font à Pétain. Ces réfugiés de Londres ou d'Amérique sont reflués en Afrique. « Personne », disait déjà Anatole France à la Béchellerie[2], « personne ne peut se faire une idée de l'assujettissement où notre personnel politique est tombé à l'égard de l'Angleterre ». Il parlait en 1917, quand Pétain n'avait pas encore recueilli l'assentiment de toute la France réelle dans l'éviction d'un personnel incapable et taré. L'ambition sans talent est la plus avide de toutes. L'ambition déchue, et déchue à bon droit, est la plus acharnée. C'est elle qui va composer désormais le principal ferment de la clientèle de M. de Gaulle. Elle s'est mise à parler un faux jargon nationaliste. Les mots ne l'ont jamais gênée, ils ne parviennent pas à lui faire avaler sa langue. Ce monde d'anciens désarmeurs devient militariste aux reflets du fanion de M. de Gaulle. Les sacrifices d'une belle jeunesse servent de façade au retour des Mariannides dans un intérêt étranger, intérêt qui s'oppose à la réaction nationale du salut public, car souvenons-nous qu'il nous veut (Spears *dixit*) en « démocratie ».

Alors, M. de Gaulle, qui d'abord déclinait la protection d'aucun parti et qui se réclamait de tous (il se présentait comme *Français, soldat, catholique*), fait peau neuve, cocarde neuve, et dénonce comme ennemis publics les adversaires de la « souveraineté nationale », autrement dit : la République. Il multiplie ses professions de démocrate et, pour mieux couper tous les ponts, attaque violemment les élites françaises, leur reproche ce qu'elles font pour faire vivre les Français dans le malheur. Après quelques discours où se gardait encore un peu de mesure et de contrôle personnel, dès la mi-août 1940, il injurie quiconque n'a pas adopté le paradoxe de

1. Il est assassiné le 24 décembre 1942 à Alger par Fernand Bonnier de La Chapelle. On ne sait toujours pas avec certitude qui était le commanditaire de cet assassinat.

2. Propriété d'Anatole France, proche de Tours.

sa conduite ni abjuré les évidences de la discipline et du bon sens. Il n'accorde plus à personne le bénéfice de la sincérité et crache des ramas de soupçons infamants contre ses anciens camarades et ses anciens chefs. La patrie devient une secte, le patriotisme un Covenant[1]. Le sien. Qui ne l'a pas signé *doit* avoir désespéré de la France, tenu la défaite pour définitive et reconnu Hitler pour vainqueur éternel. En vain résonnent, dans tous les cœurs et les esprits, les actes de foi du Maréchal que vérifient, soir et matin, les quolibets et les sarcasmes de la presse d'Abetz. Le flux des vains outrages, porté pendant quatre ans par les ondes anglaises, se substitue de soi aux faits méconnus et à la raison bafouée.

Un riche écrin de perfidies et de brutalités recueille toutes les plus viles épithètes dont les folliculaires de la démagogie aiment à se servir parce qu'elles tendent à flétrir et à avilir. Aussi n'est-ce point sans malaise qu'on voit ce vociférateur en uniforme d'officier expliquer la *résistance* héroïque du général Dentz par « la servitude militaire[2] ». Le dégoût monte aux lèvres lorsque, par la même embouchure, est mêlée à la tapageuse invective contre « la sclérose par l'âge » une superlificoquentieuse[3] épigramme qu'il a trouvée enfin !... Il en est si content qu'il la répète quatre fois : *Le Père la Défaite*[4] *!*

La passion ne suffit pas à expliquer ces écarts et ces culbutes. Il y faut d'âpres intérêts. Les intérêts d'une ambition vulgaire et divisée entre rivaux et concurrents, chacun appliqué à brûler ses vaisseaux, affectant de les brûler mieux que le voisin, qui le menace de l'enchère et qu'il menace de la sienne, attentif à prévenir l'écornifleur éventuel, surtout aux heures de départ, quand on prend son rang et son vent, son train et son allure. Churchill est là qui veille, Spears qui surveille : n'ont-ils pas sous la main quelque autre candidat ? Qui sait ! Mais les outrances de M. de Gaulle le rassurent lui-même ! Elles vont passer et outrepasser toute la plus large espérance des maîtres alliés : « l'homme du Destin » s'adjuge sans comparaison les priorités qu'il lui faut.

Dans ce stade, à défaut d'un autre talent, se révèlent de très réelles aptitudes au verbiage. Habileté de procureur, redondances de cuistre, art de fuir ou d'esquiver les questions, tours qui les escamotent, averse de mots pour noyer les idées plus que minces, déclamations sonores, apostrophes, prosopopées, tohu-bohu d'évocations de grands hommes : « Maréchal Foch ! » « Président Clemenceau ! », beaux en-têtes des paragraphes, car la répétition est la plus puissante des figures de rhétorique, intrépide macédoine de tous les lieux communs applaudis, sans souci de les accorder.

1. Mot anglais désignant l'alliance entre Dieu et les croyants.
2. Allusion au livre de Vigny *Servitude et grandeur militaires* (1835).
3. Équivalent argotique de « merveilleux », « inouï ».
4. Cette expression inverse contre Pétain celle de « Père la Victoire » appliquée à Clemenceau.

Tout ce que perdent à l'examen l'intelligence ou le caractère de M. de Gaulle est regagné par la façade et le ronron. La gravité des événements et le haut prix de leur enjeu peuvent imprimer à l'occasion sur ce fleuve de mots un murmure de tragédie. Ce ne sont pourtant que des mots dont la banalité vous saisit à la gorge : « Lutte du mensonge contre la vérité, de l'ombre contre la lumière, du mal contre le bien » (II, 250). C'est du Hugo le plus coco. Ailleurs, la « Nation » nous est proposée qui « s'apprête pour l'instant où, au signal donné par nous, elle mettra sur chaque point de notre sol un ennemi à mort ».

Mais combien y a-t-il de « points » sur le sol français ? Hugo était moins vague. Il comptait l'armée prussienne : quelques centaines de mille hommes, et les peuples français étant des millions, il disait à ceux-ci : « Soufflez[1]. » M. de Gaulle conseille aussi de souffler. Il oublie d'expliquer ce qu'il entend par une « Nation ». Il ne veut sans doute pas qu'on s'y mette à quarante millions contre « un » ennemi. Chacun des quarante millions ne peut non plus être chargé d'en tuer un. Car alors, il n'y aurait pas assez d'ennemis sur le sol sacré. M. de Gaulle a lancé ce mot, comme tant d'autres, après avoir oublié d'y cacher un sens.

Ce verbalisme, caractéristique de sa manière, fait contraste avec l'émouvante simplicité des appels du Maréchal. Mais le désordre romantique n'est pas sans fruit. Ce rauque étranglement sibyllin rallia naturellement à M. de Gaulle les anciens auditoires du pays légal habitués à « vibrer » aux voix connues de Jaurès, de Gambetta et de leurs élèves. Ce prêche, bien démocratique et républicain, lui recrutait un large public parmi nos émigrés d'Angleterre et d'Amérique, puis d'Algérie. Et ce ton délivrait M. de Gaulle d'antécédents qui le gênaient (famille, grade, relations, idées, armée de métier, conférences du cercle Fustel de Coulanges) et le mettait à l'alignement des fils de Marianne en le brevetant de loyalisme démocratique auprès de Churchill et de Spears. L'encanaillement de l'esprit, l'encanaillement du discours et celui de la voix achevaient de lui recruter son véritable parti. La mécanique est bien connue, en voici l'équation : M. de Gaulle était *pour* Spears ce qu'était Gambetta *pour* un autre protecteur étranger qui ne souhaitait ni puissance, ni santé à la France, M. de Bismarck[2].

C'est pourquoi le *soldat*, le *catholique*, le *Français* de tout à l'heure dira sans sourciller : « *Les Français n'ont qu'un drapeau*, le drapeau du Quatorze Juillet. » La diffamation du Maréchal étendue aux classes bourgeoises sera étendue à la « structure sociale » du pays. De discours en discours, on donnera à entendre que l'ordre ancien est périmé. L'« homme du destin » sera aussi l'homme des « aubes », des « aurores », des grands soirs. Il bâtit

---

1. Citation d'un appel à la résistance lancé par Victor Hugo le 17 septembre 1870.
2. Allusion au fait que le chancelier Bismarck favorisa l'installation de la IIIe République, voyant en elle un régime qui affaiblissait la France.

comme une maison neuve, et avec un bazar d'épatantes réformes, on verra ce qu'on verra. Jamais candidature à la députation ne fut agrémentée de promesses plus vaguement chatoyantes : tous les plus rouges-rouges en seront distancés, et de telles préfaces amèneront sans difficulté les législations d'Alger, les comportements de Paris. Personne ne pourra plus s'étonner du beau salut fait à un déserteur comme Thorez, impatronisé ministre illico[1], à tel mutin de la mer Noire pour son titre antinational[2]. Le plus pur sang français répandu à torrents dans nos villes et nos champs n'offensera point les narines de M. de Gaulle. L'on dirait qu'il s'était longuement préparé à ce rite essentiel de la révolution. En échange, car tout cela ne s'est pas fait *gratis* (non, non, donnant, donnant), M. de Gaulle s'est vu combler de joujoux et d'amusettes. On lui a fait des présents constitutionnels sur papier doré. Il croira tenir tout dans sa main. Un premier texte lui assurait, dès Londres, à l'intérieur de sa coterie, des pouvoirs présidentiels, ministériels, parlementaires, princiers : il nommait à tout, choisissait tout, tranchait sur tout et pour l'enfoncer dans cette béatitude, les « Puissances » extérieures, si elles y mettaient du temps et faisaient des difficultés, finissaient, elles aussi, par le reconnaître *de facto*, puis *de jure*…

Mais il ne prend pas garde que ce ne sont que de pauvres mots, *ad pompam et ostentationem sunt verba et voces praetereaque nihil*[3]… La guerre finit au milieu de 1945. Moins d'une année après, février 1946, le malheureux homme est réduit à s'effondrer dans sa démission de tout, après la constatation de son impuissance. Il fait place aux vieux possesseurs d'état, en faveur desquels on l'a fait marcher[4].

Sans doute il a fait des réserves : il les répète à haute voix, sans variante, depuis quatre ans. Ayant tout lâché, il va tout reprendre. Pas tout. Il désavoue toute prétention à la dictature. Il salue la République, le Parlement, l'Élection. Il ne se réserve plus qu'une espèce de droit de réformateur et de lubrificateur à l'égard des méchants qui… des méchants que… des… quoi encore ?

On n'aurait pas prévu le surnom dont il affuble ces méchants : « les Séparatistes », dit-il ! Lui ! Mais, le 18 juin 1940, il a été le premier des séparatistes, voire des séparateurs. Autre comble : ces séparateurs nouveaux, ce sont les gens qu'il a lui-même remis en selle, de sa blanche

---

1. Thorez, secrétaire général du parti communiste, déserta en septembre 1939 sur l'ordre de l'URSS, qui venait de pactiser avec l'Allemagne. Fin 1945, il devint ministre de la Fonction publique dans le gouvernement du général de Gaulle.

2. André Marty, un des chefs de la mutinerie qui secoua la flotte française en 1919, puis fut un agent de Staline dans la guerre d'Espagne ; au lendemain de la Seconde Guerre mondiale, il était le n° 3 du PCF.

3. « Ce sont des mots, des phrases pour la pompe et l'ostentation, rien de plus » : phrase attribuée à divers orateurs latins.

4. Allusion à la démission du général de Gaulle, en butte à l'hostilité des revenants de la IIIe République.

main, les communistes. Sans le savoir, n'est-ce pas ? Il ne savait pas que Moscou, le Moscou de 1939 disposait souverainement de Thorez et de son parti ? La vassalité moscoutaire, la subalternité prorusse est même tout ce qu'il y a d'un peu fixe dans le PC. Nos communistes varient sur tout hormis là-dessus. M. de Gaulle n'y avait pas pris garde : il a de ces distractions !... Ce qui ne peut être une distraction, c'est la curieuse modification des manières, du langage et du ton. Nous avons vu de quelles sales couleurs il enguirlanda les chefs patriotes. Maintenant, pour les Thorez et les Duclos, pour les Gouin et les Ramadier[1], pour tout le personnel de la quatrième République, le fleuret gaullique s'est moucheté, le discours s'est fait galamment et courtoisement parlementaire. Plus ces gens ont tué, filouté, torturé, plus ils se sont rempli les poches et sali les mains, plus M. de Gaulle leur arrondit les phrases qu'il aiguisait et empoisonnait à l'adresse du Père de la Patrie. Changement à vue. Mais pas beau. Il achève un portrait qui n'est point à son avantage.

On en vient à se demander si M. de Gaulle n'a pas fait tout le mal dont il était capable et s'il peut désormais se surpasser lui-même. La réponse ne peut faire de doute. Il la prépare. Il vient de réussir à mettre en lumière un des traits encore imparfaitement dévoilés de son caractère : une extrême crédulité. Il a donné, voilà dix ans, dans le projet d'union « totale » de la France et de l'Angleterre offert par Churchill à Reynaud. Il y a collaboré, dit-on. Il a donné dans le projet de la non moins totale union de la France et de l'Allemagne avancé par le chancelier Adenauer. M. de Gaulle est l'homme qui baye à toute grue. Que si le Bon Dieu lui prête dix ans de vie nouvelle, il arborera le pompon d'une union franco-russe ou franco-antipodienne ou franco-lunaire, selon les suggestions du premier bavard. Il n'est qu'un point sur lequel il soit toujours en garde et en guerre, c'est celui de l'unité française. Une spirituelle caricature qui date de 1946 le représente déployant une carte de France et appliqué à la déchirer de haut en bas, avec cette légende : *Un général de division*. La promotion du brigadier[2] est dure, non inique ; consomme-t-elle son destin ? Est-ce lui qui doit expier ?

Je n'ai rien adouci des raisons de le croire. Ce ne serait pourtant ni sensé, ni politique, ni tout à fait équitable. Il faut tenir compte aussi, un compte exact et prudent, des phénomènes d'aliénation collective auxquels donne déjà lieu son image historique. Nous traversons ici un champ de passions où se mêlent aux fortes haines légitimes des admirations délirantes qui ne sont pas sans analogie avec les passions napoléoniennes. Ces dernières ont eu quelque chose de beau, d'indiscuté et d'exaltant pour n'importe quel homme de France, en raison de la haute splendeur de leur pure gloire

1. Duclos était le n° 2 du PCF ; Gouin et Ramadier étaient socialistes.
2. De Gaulle n'était que général de brigade, non de division.

guerrière. Bien que son dix-huit juin ait équivalu pour M. de Gaulle à sa démission personnelle de combattant, il ne lui en a pas ravi tout le prestige. Ses coups de gorge, où tant de Français furent pris, sonnent des échos de bataille. Son verbal et verbeux *De bello gallico*[1] peut encore faire illusion pour des milliers de patriotes que rassemble le service sincère de la patrie. Il est respectable par eux, comme ils sont intouchables et glorieux, eux-mêmes. Héros de cette confusion dramatique, il n'en a pas été le martyr ; il y a gagné des grandeurs et même des profits ! Cela lui a permis de distribuer toutes sortes de biens et de faire des créatures. Cela ajoute encore au feu des discussions au milieu desquelles il serait malaisé de faire recevoir un jugement de l'ordre pratique et moral. Le maréchal Ney portait sur son cou la charge et le deuil d'au moins la moitié des soixante mille cadavres de Waterloo[2]. La Cour des Pairs aurait cependant été sage de le laisser aller avec son remords, et le roi Louis XVIII, malgré le cri des femmes, eût bien fait de le gracier. Il faut plaider ainsi la cause de M. de Gaulle. Le degré de sa vanité l'ouvrira difficilement à des réflexions sur ses fautes. Mais rien n'empêche de lui garder ouverte une voie de réparation : puisqu'il a des talents militaires, un gouvernement fort, dans un grave péril, pourrait les éprouver et lui confier une division, une brigade, compagnie ou escouade de troupes sûres. On verrait ce que l'on verrait. Anéantir ces dons de commandement nous ferait coopérer à l'une de ces diminutions du pays dont il eut le secret. Notre patriotisme est moins prodigue que le sien des ressources de la patrie. […]

1. Jeu de mots de Maurras pouvant se traduire par « la guerre gaullienne » comme par « la guerre des Gaules », titre du célèbre livre de Jules César.

2. Ney, chargé par Louis XVIII d'arrêter Napoléon en 1815, s'était en fait rallié à lui, ce qui rendit possible les Cent-Jours et la bataille de Waterloo. Au cours de cette bataille, par ailleurs, Ney commit une lourde faute tactique. Cela dit, le bilan donné par Maurras est très exagéré, Waterloo ayant fait quelque 10 000 morts.

M. MAURRAS NÉGLIGE-T-IL TROIS POINTS ?

[…] Mais vos freluquets gémiront aussi que nos vieux contes ne leur apprennent rien de ce qu'ils disent savoir des trois grands problèmes de l'heure :

Celui de l'union franco-allemande ;
Celui de l'Europe confédérée ;
Celui de la bombe atomique.

Grands points d'interrogation qui couvrent tout et qui changent tout, diront-ils. M. Maurras se confine dans une histoire périmée. Car ils se figurent que le passé historique, avec son poids vivant, s'oblitère comme un vieux timbre.

M. Maurras, poursuivent-ils, ne semble pas se douter de ces trois actualités aveuglantes. Elles sont en vue : les voit-il ? Dites-leur donc que ce n'est pas les ignorer que de s'en taire, monsieur Vincent Auriol !

Si je vous ai dit peu de chose ou rien de ces trois monstres dont les têtes cornues sont branlées à tout bout de champ, c'est qu'on n'en parle que pour en dire des riens.

Mon silence vaut mieux qu'un choc de bulles vides.

Il n'est cependant pas impossible de les remplir d'un certain nombre d'observations pertinentes.

A. *D'abord l'Europe.* La nôtre ? Celle de 1950 ? Bon ! D'aujourd'hui ou de l'an mille, elle n'a pas changé de position sur la planète ; ses lacs, ses mers et ses montagnes n'ont pas plus bougé que ses fleuves ou ses grandes voies de communication terrestres. Aujourd'hui comme hier, force est de l'aborder par ceux des points qui nous touchent et que nous approchons, par leur état réel, leur état actuel, et non les termes éloignés et flottants qui sont à naître et à connaître. Le procédé cartésien ne varie pas non plus. Si on l'interdit et que, au lieu d'aller du connu à l'inconnu, l'on procède par le double inconnu de l'espace et du temps, l'on voit danser et voltiger beaucoup de flammes habillées en demoiselles élues, en déesses mythiques ou en fées juridiques : rien de positif. Ce que nous savons le mieux de l'Europe *est* la France et ses voisins immédiats. Ce point de départ est tellement obligé que, les premiers, vous l'avouez : l'Europe russe vous échappe. Alors ? Pourquoi vouloir commencer par le bord qui confine à la lointaine Panrussie, au lieu de vous en prendre à son honnête bord français ?

Le mécanicien veut un point d'appui, un pivot, pour que l'action précise soit effective. Pourquoi le refuser au politique ? À l'Assemblée de Genève[1], on partait du Droit, autant dire : de ce qui doit être, mais de ce qui n'est point. Aussi n'a-t-on fait que de faux pronostics et des faux pas ; on n'a rien eu, bien que l'on prétendît à tout.

Partez donc de ceci : l'Europe dont on parle n'existe pas. Ou plus. Ou pas encore. Ou pas du tout. Ce qui se vaut. On réalise une abstraction par des propos écrits et dits. Il lui manque cette unité qui tire l'être du néant. Vous voulez la lui donner ? Faites ! Ne faites pas comme si c'était fait. Pour le moment, je vois en Europe des Français, des Anglais, des Allemands, des Slaves, des Grecs. Ils sont Européens ? Comme l'étaient leurs grands-pères d'il y a dix siècles. Il serait même exact de dire qu'en l'an 800 ou 900, ils étaient moins éloignés de leur unité qu'aujourd'hui. Les idées, les croyances, les mœurs différaient moins. La distance n'est raccourcie que pour les corps : cela ne les dispose pas à mieux s'entendre, au contraire, faute d'une langue et d'une foi qu'ils aient en commun : ils ne l'ont plus[2]. Quelques notions communes de science exacte ou expérimentale ne diminuent en rien les écarts qui sont nés de la double carence d'une langue et d'une foi, car c'est de là que poindront les sentiments et de ceux-ci leur mouvement. Il est au surplus assez curieux qu'il soit question d'unifier le gouvernement des hommes, alors qu'on n'est pas encore arrivé à l'unité pour le service des choses : le système métrique est encore loin d'être adopté par les communautés du peuple anglais.

On dit : l'Europe est divisée par les nations. Non les peuples qui n'aspirent qu'à se rapprocher.

Savez-vous ce que signifie le mot *Europe* pour le moment ?

Une espèce de cache-misère. Ou, si vous voulez, un faux nez. Disons que l'une fait fonction de feuille de vigne pour dissimuler les réalités de l'Allemagne ; l'autre rend le même service pour l'Angleterre.

Aux années de l'occupation hitlérienne, les gens de *L'Effort* de Lyon, MM. Rives, Eschadour, Spinasse[3], plaidant la même cause que *L'Œuvre* parisienne de Déat, entendaient toujours par *Europe* l'unité du continent sous la direction de Berlin. Nous ne cessions de les adjurer de laisser

1. La Société des Nations de l'entre-deux-guerres.
2. Maurras traduit ici son regret du temps où toute l'Europe occidentale était catholique.
3. Socialistes passés au collaborationnisme. Maurras estropie le nom de Peschadour.

tomber ces voiles pour montrer aux Français le sale *pudendum*[1] à nu. Ils ne l'ont jamais fait. Nous avons dû arracher nous-mêmes un pseudonyme dont le sens honteux et hostile n'était pas dénié.

D'autre part, aux années antérieures, que s'était-il passé dans le cercle de Briand, Paul Reynaud, Paul-Boncour[2] ? Ils ne pouvaient se tromper sur la Société des Nations. Leur maigre bon sens devait néanmoins suffire à comprendre que, moyennant le vote de ses Dominions et l'absence de l'Amérique[3], l'Angleterre passait reine aux abords du Léman. À nos orateurs, les mots et leur chant ! À elle le règne effectif. Cette royauté s'exerça quelquefois, rarement, pour venir très médiocrement à notre aide ; la plupart du temps ce fut pour nous nuire en protégeant nos ennemis, en contrecarrant notre action ou encore en nous laissant tomber sans grande élégance.

Ces deux expériences (antérieures à la victoire de 1945) installaient donc sous l'étiquette de l'Europe deux dominations successives axées sur nous, de l'Ouest, puis de l'Est. Je n'étais ni pour l'une ni pour l'autre. Qu'est-il arrivé ?

Malgré les apparences fugitives qui firent suite à l'écrasement de Hitler, l'ignorance anglo-saxonne et la triste aboulie de nos gouvernants provisoires ont multiplié tant d'erreurs que rien ne changea d'essentiel. L'Europe subira et déjà subit deux impératifs qui alternent. Celui d'une Allemagne que la Russie s'applique à doubler, celui d'une Angleterre que l'Amérique veut dominer. L'Angleterre a fait de grandes pertes ; celles de l'Allemagne sont plus grandes encore. Nous aurions dû en profiter. Un gouvernement *français* n'y aurait pas manqué ! Nous n'y avons rien gagné qui vaille, et nos risques de subordination sont restés ou sont redevenus les mêmes qu'auparavant. L'Allemagne prend ostensiblement la tête de ce qu'on a l'impudence d'appeler l'ordre nouveau : ses anciens protecteurs et complices anglais de 1918 à 1935, M. Winston Churchill beau premier, font chorus avec elle pour lui ouvrir les voies. Ce à quoi travaillaient Guillaume II et Hitler est repris par les menus machiavels à la Spears et par leurs complices ou dupes. Les Hohenzollern et les Hitlériens y mettaient seulement plus de franchise ; les Anglo-Saxons d'autrefois, moins de brutalité. Mais c'est la même intrigue. L'Europe, dont on fait les plans, ne peut rien avoir d'une libre réunion de volontés nationales, quelque assemblée élue que l'on y fabrique. On aura le contraire même de la liberté. Mais, dit-on, ce sera la paix. Ni l'un ni l'autre. Nous allons le montrer sur l'heure.

Au préalable, notons quel grave mauvais point vous venez de marquer à Londres, monsieur Vincent Auriol. Passe pour la visite ! Mais le discours !

1. Parties génitales.
2. Paul-Boncour, socialiste, représenta la France à la SDN.
3. Le Sénat américain avait rejeté en 1919 l'adhésion des États-Unis à la SDN par isolationnisme.

Votre discours du printemps dernier ! Il a paru fait sur mesure pour ratifier l'autre discours, celui qui fut prononcé, l'autre année, devant vous, au musée Galliera, par la jeune et jolie héritière du trône britannique[1] : elle nous conviait d'un accent fort vif, d'un air violent, à nous relâcher de notre souveraineté et à nous abstenir d'un nationalisme désuet. Vos propos de 1950 ont paru tout calqués sur les siens de 1948. Chaque mot leur faisait un écho littéral. Et moi qui vous reprochais de l'avoir écoutée sans broncher ! Écoutez-vous vous-même : « Il nous faut, avez-vous dit, consentir à notre vocation commune les limitations nécessaires. »

Mais, ajoutez-vous, « parler de vocation commune, cela est sous-entendre un engagement réciproque ». Y croyez-vous ? Explicite pour vous, l'engagement reste plus que vague pour nos voisins. Preuve : à mi-chemin des deux discours, en 1949, l'Angleterre en dévaluant sa livre comme elle l'a fait, par son procédé rapide et brutal, a signifié au monde qu'elle n'avait aucune envie de rien abdiquer de sa souveraineté ni du nationalisme qui en est le substrat. Elle le signifie encore quand elle est obligée d'avouer, pour son parti le plus populaire, qu'elle ne veut pas d'une autorité européenne en matière de charbon et d'acier[2]. L'Angleterre ajoute à la même preuve par les difficultés spontanées qu'elle oppose aux folies de Strasbourg[3]. Il n'y a pas de peuple plus national, sinon les Juifs – peut-être.

Qu'attendre d'une telle voisine ? Que vous vous y confiiez sans réserve ? Nous devons escompter, comme en 1939, la domestication de nos hommes publics, l'asservissement de leur politique, l'embauchage de nos armées et de nos flottes pour son propre service, le drainage de notre argent, bien qu'elle en ait plus que nous, l'absorption et la digestion de notre empire colonial, bien que le sien soit très branlant ou parce qu'il l'est.

— … Nous avons eu déjà idée de cela. Oui, en 1939. Mais aussi en 1919-1929. En 1944. Qu'un Français aille faire des grâces devant la perspective de semblables retours, cela est vraiment un peu trop républicain : « La République, en France, est le règne de l'Étranger[4]. »

B. Arrivons à l'*Union franco-allemande*, car le programme européen d'en face, celui des Philoboches, ne vaut pas mieux[5]. Il est pire et d'extravagance superlative.

Pour nous mettre à la mode, commençons par les conséquences économiques.

---

1. La future Élisabeth II. Maurras revient sur un point qu'il a déjà évoqué plus haut.
2. Allusion aux négociations qui débouchèrent en 1951 sur la création de la Communauté européenne du charbon et de l'acier, à laquelle le Royaume-Uni n'adhéra pas.
3. Allusion au Conseil de l'Europe créé en 1949 et siégeant à Strasbourg.
4. Leitmotiv de l'Action française depuis 1900.
5. Allusion à l'idée, émise par le chancelier Adenauer en mars 1950, d'une union franco-allemande impliquant un Parlement et une nationalité uniques.

Un M. Ciantini, que je n'ai pas l'honneur de connaître, mais qui doit être quelqu'un de très bien (il fait partie de l'Assemblée de l'Union française[1]), a écrit ces paroles marquées au coin du bon sens : « Que demain l'on ouvre nos frontières (il le faudra bien en cas d'union totale) aux produits industriels allemands, et ce sera la faillite absolue de l'industrie française. Allez-vous l'admettre ? Non. Et cependant si, sous la menace d'un grand pays comme les États-Unis, notre gouvernement est obligé d'y consentir, ce sera la paralysie de notre propre industrie ; ce sont nos ouvriers qui seront jetés dans le chômage, le chômage avec tout son cortège de maux et de désordres sociaux. » Autrement dit : la révolution et la ruine.

Mais les conséquences politiques sont les plus graves. La France et l'Allemagne, d'étendues à peu près pareilles, sont très inégalement peuplées. On peut les comparer à deux vases contigus, fermés l'un à l'autre de toutes parts, mais non tout à fait étanches. Malgré les cloisons des douanes et des frontières, en dépit des profondes différences des lois, des mœurs et maintenant des cœurs, un certain suintement ou débordement se produit du vase le plus rempli vers celui qui l'est moins. Le vase français, depuis quelque soixante-quinze ans, a subi effusion et pénétration pacifiques du liquide allemand dans une assez forte proportion, notamment sous la forme juive ; cependant les cloisons nationales tiennent distincts les deux récipients. Que ces frontières sautent, que les États s'unifient, que les vases qui étaient deux n'en fassent plus qu'un, la loi physique des équilibres liquides va jouer, instantanée, automatique, inexorable entre les soixante-dix millions d'Allemands de-ci, les quarante-deux millions de Français de-là. Ces cent douze millions d'Européens de la cité unifiée tendront rapidement à se répartir moitié moitié. C'est-à-dire, cinquante-six d'un côté et cinquante-six de l'autre. Nous aurons donc à recevoir sur notre territoire, pour notre quote-part légitime et égale (56 – 42 = 14), quatorze millions d'Allemands.

Ne dites pas que l'Allemagne de Bonn, l'occidentale, sera seule à s'unir à nous. C'en est presque pire. Cette Allemagne de l'Ouest n'a pas une surface tout à fait égale à une moitié de la France, celle qui ne nourrit que vingt millions de Français : elle contient pour la même surface quelque quarante ou cinquante millions d'hommes. À elle seule (et sans penser à l'Allemagne orientale), elle devra donc se débarrasser sur notre dos de quinze millions d'êtres. Ce n'est pas de la polémique. C'est de l'arithmétique :

$$20 + 50 = 70$$
$$70 : 2 = 35$$
$$35 - 20 = 15$$

1. Assemblée unissant la France et son empire colonial sous la IVe République.

Au nom et pour le droit de la seule Allemagne de Bonn, voilà qu'il va nous arriver à coup sûr quinze millions de sujets nouveaux ! Peut-être vingt, car il faut tenir compte de l'énorme pression exercée d'Est en Ouest depuis les transferts de populations[1] !

Où les mettrons-nous ? Où nous mettrons-nous nous-mêmes avec ce nouveau chiffre de soixante millions d'habitants (40 + 20) ? Sur six Français, cela fera deux Boches, un sur trois. En d'autres termes, sur un tiers de la bonne terre que nos pères ont construite et aménagée, M. Reynaud, M. Schuman, M. Churchill et leurs amis de Strasbourg appelleront et installeront une population qui n'aura ni notre langage, ni nos mœurs, ni nos sentiments, ni notre esprit ; ces Barbares feront le tiers de notre peuplement.

En 1939, en 1914, dix ou douze millions de Français ont couru aux armes, deux millions sont morts pour s'épargner quelque chose comme cela…

— Eh ! pourquoi pas, si l'on eût évité la guerre…

N'ayons pas la naïveté de le croire. En échappant à la guerre extérieure, nous en aurions subi une autre, civile, entre les habitants de la veille et ceux du jour qui en emménageant nous déménageaient, guerre qui eût passé toutes nos plus anciennes conflagrations intestines, pour la fureur avec laquelle on s'y fût disputé chaque mètre carré de terre arable et chaque mètre cube d'air à respirer.

Avec un peu de mémoire et d'information, nos inventeurs de fusion ou de fédération européenne pourraient se rappeler que les guerres de sécession et les expéditions punitives sont celles qui ont fait couler le plus de sang humain dans l'Ancien et le Nouveau Monde ! On prêtait à M. Schuman une bonne tête lorraine. Elle vaut la tête extra-légère de M. Reynaud. Ils ne voient pas que leur adhésion au plan Adenauer coûterait à la France et aux Français une expropriation universelle. Est-ce que le pays légal devient fou ? Ou leur suffit-il d'y vivre pour perdre la tête ?

Voilà ce qu'il faut regarder attentivement : quel déluge surviendrait pour peu que l'écluse frontalière s'entrebâillât. Nous serions recouverts par un limon de qualité discutable. Qui pourrait l'empêcher ? Nous ne serions plus entre nations alliées comme aux deux dernières guerres, je dis, j'écris : nous serions la même nation ! Brrr…

Telles sont les billevesées de l'européisme à l'anglaise et à l'allemande. Voilà où court sans le vouloir l'auguste sénat de Strasbourg. C'est nous qui, de tout l'Occident, avons le plus petit nombre d'habitants au kilomètre. Nous aurons donc à héberger le plus d'intrus. Il n'y a pas à dire que c'était fatal. Nulle fatalité ne nous oblige à démolir notre rempart quand il tient debout. Ou, si c'était fatal, ne vous en mêlez pas et laissez : que la fatalité

1. 14 millions d'Allemands se réfugièrent à l'ouest de l'Allemagne entre 1944 et 1950, fuyant l'Armée rouge ou expulsés par les nouveaux gouvernements communistes d'Europe centrale.

se débrouille sans vous ! Inutile de lui frayer ce cours de torrent déprédateur et dévastateur ! Mais ce n'est pas fatal du tout. Le fatalisme marxiste n'est qu'une blague. L'histoire n'est pas toute faite. On la fait ; elle est infléchie ou propulsée par des causes nombreuses entre lesquelles l'action intelligente et volontaire de l'homme n'est pas la moindre. L'action française consiste, par définition, à faire que l'on n'installe pas sur le territoire de la France vingt millions de gens qui ne soient pas ses fils. Résistance, monsieur Vincent Auriol ; c'est le cas de le dire, ah ! oui ! cette résistance-là se confond avec notre vie de peuple. Pendant les derniers mille ans, la France a résisté avec un succès constant à quelque chose d'assez pareil : ce formidable empire romain-germanique qui, par le droit canon et le droit civil, autant que par les armes, voulait persuader aux rois de France qu'ils étaient ses feudataires[1] et ses confédérés. Dès le haut Moyen Âge, ni les rois ni le peuple de chez nous n'ont entendu de cette oreille-là ! Louis XIV et jusqu'à Louis XV expliquaient que cette prétention était rejetée par eux comme par tous leurs ascendants. Le germanique et faux César[2] eut beau s'offrir avec sa toise et son niveau, nos rois de Paris se proclamaient empereurs dans leur royaume. La curie romaine eut parfois l'imprudence de joindre ses instances à celle de l'Empereur ; plus d'une fois le Pape romain fut tout heureux et tout aise de trouver chez nous un asile hors du domaine impérial, avec des défenseurs loyaux et puissants, contre la monarchie universelle qui aurait emporté toutes les libertés. Cette résistance royale suscitée par la Géographie et l'Histoire ne peut changer avec la République. Alors elle doit redoubler : un régime à plusieurs têtes, étant infiniment plus perméable et maniable pour l'étranger, doit se montrer plus attentif et plus prudent. Allons, allons, monsieur Vincent Auriol, envoyez-moi promener le nouveau Saint Empire ! Regardez plutôt du côté qu'il faudrait imiter : la prudente Helvétie. Qu'un tel empire soit grimé en confédération d'Europe ou en union subaméricaine, la France ne pourrait y jouer le rôle d'une Prusse en Allemagne ou d'un Piémont en Italie. Avec son influence économique et militaire réduite, la France y deviendrait forcément satellite, et de quels soleils noirs[3] ! Elle pencherait à la condition d'Athènes sous Rome, mais une Athènes administrée et moralement gouvernée par ses métèques et ses esclaves.

Merci ! Nous ne nous sentons pas l'âme de « *graeculi*[4] » !

Sans doute, hélas ! en ces affaires qu'elle connaît mal, l'Amérique essaie de nous faire la leçon[5]. Ne dites pas tout de suite qu'il lui serait impossible

1. C'est-à-dire ses vassaux.

2. Maurras cite ici son ode à « La bataille de la Marne », reproduite p. 371-372 de la présente édition.

3. Maurras emprunte cet oxymore au poème de Nerval « El Desdichado » (1854).

4. Terme latin signifiant « petits grecs » et désignant avec mépris les précepteurs grecs qui instruisaient les enfants romains de la bonne famille.

5. Allusion aux pressions américaines en faveur d'un rapprochement franco-allemand.

d'entendre raison. Cette dernière décade d'années, elle a fait des écoles assez cuisantes et coûteuses qui ne lui permettent plus d'être trop myope ni butée[1]. Adressez-vous à sa curiosité d'esprit et à sa générosité de cœur, à son goût de la justice, à son sens nouveau-né de l'histoire : de vieux Français ont eu, ont et auront son audience. Tous les Chambrun ne sont pas communistes, les Choiseul-Praslin ne sont pas tous idiots[2]. Ce pays de la démocratie (qu'on dit), cette grande ploutocratie est aussi le pays de Poe, c'est-à-dire depuis Homère au livre I de l'*Iliade*[3] ou Shakespeare (rôle d'Ulysse dans *Troïlus et Cressida*[4]), le pays de l'auteur de la plus profonde réaction intellectuelle contre Démos-Roi : l'Amérique est la glorieuse patrie de l'Apologue des *Chiens de la Prairie* et du colloque entre *Monos et Una*[5]. Ces maîtres textes, que Baudelaire a traduits, sont une des sources de notre esprit. Réimplantez-les dans leur terre natale. Regreffez-les sur les rameaux verts de leurs jeunes universités. Qu'ils y soient remis en vigueur ! Référez-vous à eux. Appuyez-vous dessus pour vous faire comprendre outre-océan, dans les écoles et les journaux ; cela vaudra mieux que d'y envoyer des petits gagneurs comme Blum et Reynaud. En admettant, ce dont je doute, que la Banque américaine ou le Département d'État n'eussent aucune attention en réserve pour la haute philosophie et la grande politique, il pouvait arriver, avant l'affaire de Corée, que les crédits Marshall nous fussent fermés. Cela est moins à craindre[6]. Le craindrait-on encore, ce serait un grand malheur à coup sûr ! Moindre malheur, infiniment moindre que la distribution de la terre de France entre vingt millions de nouveaux venus allemands, même sans armes, et que leur installation dans notre pré carré. Exposez simplement cela à la Banque. Ses dollars continueraient à nous faire du bien, beaucoup de bien : mais ils sont trop chers ; dites-le. Elle comprendra. Nous avons travaillé, nous savons épargner, nous pouvons vouloir encore rester maîtres de nos jardins.

Cette explication ferme aurait l'effet de distendre nos alliances et nos amitiés ? Eh ! non ! Elle les referait. Les alliances ne se nouent pas, comme tant de gens se le figurent, en se précipitant à la tête de ceux dont on a besoin et en présentant le dos pour qu'on y monte. Il ne faut même pas

1. Allusion à la Seconde Guerre mondiale et à la guerre froide, dont Maurras suggère qu'elles ont sanctionné l'aveuglement de la diplomatie américaine face à l'Allemagne et à l'URSS.

2. Allusion au résistant Gilbert de Chambrun, proche des communistes, et au duc Gabriel de Choiseul-Praslin, issu de l'Action française et rallié à la résistance gaulliste.

3. Allusion à la tirade monarchiste d'Ulysse, déjà citée *supra*, qui se trouve en fait au livre II de l'*Iliade*.

4. Ulysse y exhorte les Grecs à respecter l'autorité du roi Agamemnon.

5. Nouvelles d'Edgar Allan Poe de tonalité antidémocratique.

6. Maurras veut dire que les États-Unis ont trop besoin de leurs alliés pour prendre le risque de se les aliéner.

se fier à des implorations contre l'ennemi commun, à des supplications de lever la bannière fédérative. Cela peut venir en son temps. Consultez là-dessus la meilleure tête politique extérieure qu'ait eue votre République III. Paul Cambon dit que les médiateurs de l'alliance russe aux années 80 et 90 « n'ont jamais compris *que pour être pris au sérieux, il faut rester soi-même* » ; « ils ont cru qu'il fallait se livrer pour obtenir quelque chose ». Lui-même avait mis en bon train l'alliance anglaise, que l'on a gâchée après lui, quand on s'est subalternisé, « subalternisé à plaisir » à Londres comme, d'après lui, on le faisait déjà en 1897 à Pétersbourg. « Décidément, reprenait-il, les démocraties ne comprennent rien à la politique extérieure[1]. » Le travail d'alliance, quand il est bien mené, est un travail artiste et savant, qui doit commencer par faire désirer à nos partenaires possibles, en tout premier lieu, pour leur bien, une bonne occasion de se mettre en rapport avec nous. Il faut donc accéder soi-même à un certain degré de réalité, d'activité et de puissance. À l'heure actuelle, la réforme intérieure devrait tout primer. Commençons par nous. Notre sécurité. Notre unité. Notre concorde. Notre bon ordre. Notre labeur. Nos forces militaires propres ; celles-ci, les plus puissantes et les plus rapides possible. Voilà les chevilles ouvrières des alliances, leurs centres attractifs et leurs pointes d'aimantation. Si cela manque, il ne faut pas compter qu'on nous le donnera pour rien. Sans le quant-à-soi, sans cette valeur politique et militaire en soi, on ne signe aucun traité, on ne contracte aucune alliance.

Ou les papiers signés, ceux qu'on signera ne serviront qu'à nous duper. On les déchirera ; déjà on les déchire. Voyez comment se sont perdus tant d'instruments diplomatiques en avant de la dernière guerre ! L'Italie était à nos côtés, et même avant nous, contre Hitler, en juillet 1934 sur le Brenner, et non pas les soixante mille hommes qu'y avait alignés Mussolini, mais l'opinion nationale italienne entière qui ne tenait pas du tout à avoir pour voisine la grande Allemagne du Nord : une faible Autriche faisait mieux son affaire[2]. Mais l'Italie était *fachiste*, direz-vous. Et puis après ? Si elle était antiboche ? *Fachiste* ou non, vous l'avez ruée dans les bras de Hitler. D'ailleurs, la Belgique n'était pas *fachiste*. Elle mettait le fasciste Degrelle en minorité. Cependant elle s'est éloignée de vous, tout comme l'Italie, par la même faute de vous. Cela ne lui a pas profité ? La politique du roi Albert lui était plus avantageuse que celle de son successeur ? D'accord, d'accord. La Belgique a commis cette faute contre elle-même ? D'accord aussi. Nous la lui aurions épargnée *en lui donnant confiance en nous*. C'est ce que vous lui avez enlevé par vos agitations sociales vaines. La Russie n'était pas *fachiste*. Elle ne nous a pas moins lâchés en 1939, juste le temps de nous faire battre par ces Allemands qu'elle détestait,

1. *Correspondance de Paul Cambon*, t. Ier, pages 421 et 429.
2. Allusion à l'échec de la première tentative d'Anschluss en 1934.

mais qui lui semblaient mieux organisés que nous[1]. Et la Pologne ? Et la Petite-Entente[2] ? La première n'a pas été empêchée de faire avec Berlin de dangereux tours de valse[3] ; elle les a payés, mais nous aussi. La seconde ne nous croyait même pas aptes à lui livrer les armements qu'elle nous avait commandés, parce que nos ouvriers ne se sentaient plus citoyens de leur cité, ni patriotes de leur patrie. Comment la Petite-Entente eût-elle cru en nous ? Telle fut la première racine de nos déboires extérieurs. L'énergique Angleterre elle-même nous a lâchés sur le continent, elle s'est dérobée à nos plans offensifs devant Arras, elle s'est embarquée d'elle-même avant que nous eussions demandé l'Armistice, après nous avoir refusé les escadrilles dont nous avions besoin, parce que ses espions avaient vu de trop près que notre préparation militaire était faible : l'Angleterre n'avait d'héroïsme disponible que pour elle-même. Les serments épistolaires de fidélité qu'elle avait échangés avec Paul Reynaud en mars 1940 ont été comme s'ils n'étaient pas, ils n'ont repris quelque valeur qu'à l'idée angoissante que nous avions une flotte et que nous pourrions la livrer sans nous avoir valu le moindre avantage : la fatale lettre de Reynaud a servi à motiver les coups de canon de Mers el-Kébir. Croire à l'utilité des diplômes dorés sur tranche sans la contrepartie d'une puissance propre, résidant en nous, *en nous seuls*, convenait parfaitement bien à ce personnel d'avocats, de professeurs, d'orateurs et de scribouillards, où les tracés de langue et de plume étaient pris pour autre chose que des signes et leur lettre fuyante pour des réalités.

Un État contracte les sérieuses alliances qu'il lui plaît à peu près dans cette mesure où il peut s'en passer. L'État verbeux qui les mendie en obtient l'apparence, mais n'en tire qu'un pauvre profit. On m'a mis en prison, monsieur Vincent Auriol, parce que je dis cela dans les journaux avec quelque clarté depuis cinquante ans. Cela gêne les parleurs et la clientèle qui profite d'eux. Mais les événements de ce demi-siècle font que ces vérités sont vues de mieux en mieux sans avoir besoin d'être dites ; vous n'êtes plus assez jeune pour l'ignorer. Les longues vies renseignent. Dites aux Coquebins[4] qui vous harcèlent de brocards contre moi qu'ils n'ont pas eu le temps d'y penser. Conseillez-leur de s'aviser de ce qui mettrait un peu de plomb dans leur jeune tête.

C. *La bombe atomique ?*

Après l'Allemagne, après l'Europe, ils se trompent encore en m'accusant d'on ne sait quelle indifférence à la bombe atomique : là, comme au reste,

1. Allusion au pacte germano-soviétique de 1939.

2. Alliance entre la Tchécoslovaquie, la Yougoslavie et la Roumanie (1920), avec appui ultérieur de la France.

3. Allusion au pacte de non-agression germano-polonais de 1934.

4. Jeunes gens niais.

j'évite le parlage. Mais voyez cette feuille : je la déchire d'un vieux calepin. J'étais prisonnier à Riom quand il fut question d'Hiroshima et de ses deux cent mille victimes. La page datée est intitulée : « l'Atome et la Nation » :

« 8-9 août 1945. Il serait inutile et ridicule de faire le parallèle entre le roi Louis XV et M. Truman. Ils ont agi en sens inverse, mais les deux chefs d'État ont fait à coup sûr ce qu'ils devaient juger le meilleur.

« On apportait au Roi bien-aimé une invention qui, renouvelant et perfectionnant le feu grégeois[1], eût fait périr ses ennemis par milliers. La France était assez puissante pour être généreuse, l'état du monde le lui permettait ; le roi fit payer à l'inventeur une forte somme pour obtenir un silence éternel sur sa découverte. L'admirable est qu'il fut obéi. Les temps ont bien changé ! L'homme moderne vit sous la menace d'armes mortelles contre lesquelles il n'a d'autre défense que des armes supérieures. La seule obligation qui s'imposait au président Truman était, en prenant conscience de l'accroissement de forces dont son peuple bénéficie, de remercier publiquement l'Éternel d'avoir fait ce présent à la libre Amérique plutôt qu'à l'Allemagne esclave ou qu'au Japon qui en meurt, ou même à ses chers alliés anglais, russes ou français, car chez nous comme ailleurs le problème atomique était à l'étude ; nos caves du Collège de France en savent, je crois, quelque chose[2].

« Si Truman eût agi autrement, il eût failli au premier devoir de sa charge qui est d'assurer la vie et la santé des peuples qui lui sont confiés. Le genre humain tout entier lui est certainement fraternel, mais il doit tenir les Américains pour « ses plus que frères ». Le barbare Guillaume II disait : « l'humanité finit aux Vosges ». Sans enfermer le genre humain entre les rives atlantiques et pacifiques, le Président américain reconnaît dans ses compagnons son prochain *le plus tangent* ; il doit le servir et l'aimer le premier, comme nous l'ordonne à nous-mêmes, pour les nôtres, l'esprit catholique et classique, si l'on continue à y parler bon latin et à traiter le mot *proximus* en superlatif[3]. C'est pour eux que M. Truman pense et agit à ras de terre, c'est en leur nom qu'il s'agenouille et lève les bras au Très-Haut. Il n'y a rien à redire à sa décision qui a fait périr une ou deux grandes villes ennemies avec plusieurs centaines de milliers d'habitants, et la solennelle action de grâces qui a suivi les deux exploits est tout à fait justifiée, soit dit sans aucune ironie.

« Voilà ce que nous constatons. Et maintenant, comme le Faune de Mallarmé, *réfléchissons*[4]. L'épouvantable engin est la découverte d'hier. Mais ce n'est pas d'hier que la philosophie la prévoyait et en déduisait les effets possibles. Le XIXe siècle en a été obsédé. Soit par la désintégration de l'atome, à laquelle on pensait peu alors, soit par tout autre truc, l'on rêvait d'un immense

1. Liquide inflammable utilisé par la marine de guerre byzantine.
2. Allusion aux recherches de Frédéric Joliot-Curie, professeur au Collège de France.
3. Voir *Mes idées politiques*, p. 717 de la présente édition.
4. Allusion au poème de Mallarmé « L'Après-midi d'un faune » (1876).

réseau mortifère qui suffit à entraîner la perte de vastes collectivités : cet instrument devait donner à ses maîtres la domination du monde et de ses destins[1]. Le chimiste Marcellin Berthelot fut-il à la source de cette pensée ? Son ami Renan en exprima le charme tragique, l'éventuel effet futur[2].

« Mais Renan considérait la détention de ce secret tout-puissant comme devant être le privilège naturel de quelques savants. Il déférait à la science seule ce sceptre du fer et du feu universel. Il est pourtant de fait que, de nos jours, la science ne tient que le rôle d'une servante. Les savants sont des serviteurs. Leur secret n'est devenu le bien, ni même la possession et la propriété exclusive d'aucun corps scientifique, tel que notre Institut ou notre Académie des sciences, devant laquelle Renan, après Voltaire, voulait que le Seigneur fît désormais ses miracles : les savants n'ont pas travaillé pour eux, ni pour leur caste, ni pour une caste quelconque, par exemple de capitalistes ou d'oligarques cosmopolites[3]. Ni davantage pour une classe d'hommes unie par une secte philosophique ou une confession. Non pas même pour une race d'individus de même sang et partout répandue, comme les Juifs, qui sont ce qu'il y a de plus amorphe et de plus volatil, en fait de poussière humaine, sur la planète.

« Alors, pour qui ont travaillé nos savants contemporains ? Pour *la* Nation ? Ce n'est pas assez dire. Ils ont agi chacun pour la sienne. On a vu que Berlin, Londres, Paris couraient sur la même piste. Washington a touché le poteau. Il est probable et même certain que des engins pareils ou supérieurs pourront être forgés ailleurs avant peu. Dans l'état présent de nos disciplines, les distances de l'émulation scientifique tendent à se raccourcir. Mais n'importe. Il faut, dans l'instant, voir que nous avons eu affaire à des équipes *nationales*. Félicitons Washington de son énergie au travail et de son bonheur à l'ouvrage, mais ne négligeons pas l'autorité accrue et croissante de l'idée de Nation !

« Cette idée s'est imposée encore une fois : le pur esprit s'est vu contraint de la servir. On peut préférer la façon magnanime dont la Nation française, personnifiée par son roi Bien-Aimé, réduisit la France à cette impossibilité de nuire qui était de l'ordre de la charité : la conduite du président Truman n'atteste pas moins cependant la primauté maintenue d'un genre d'esprit, cet esprit national qui continue d'être, d'apparaître et de prouver *la plus grande des forces des temps que nous vivons*, depuis des siècles et pour des siècles sans doute encore, quelque doute qu'en fassent les sots.

---

1. Ce thème apparaît notamment chez Jules Verne, dans les romans du capitaine Danrit, les bandes dessinées de Robida, etc.

2. Berthelot travailla à la mise au point de nouveaux explosifs pendant la guerre de 1870. Renan évoque « l'arme absolue » dans son troisième *Dialogue philosophique* (1871).

3. Il n'en est plus de même aujourd'hui, car de grands groupes industriels ont acquis des savoirs et des pouvoirs stratégiques (ainsi dans le domaine numérique et dans le domaine spatial).

« Les choses étant telles, il ne peut rien avoir de plus enviable aux pauvres hommes que de former une Nation.

« Ce bonheur n'est pas donné indifféremment à tous, ni à tous accessible. Nulle créature historique n'est moins sujette que la Nationalité à l'improvisation artificielle. Elle ne naît pas du premier sursaut de volonté venu. Le volontarisme démocratique y est pour peu, l'Histoire pour beaucoup. Rien n'importe donc plus aux Nations constituées que de *tenir*, de *durer* et de ne pas laisser défaire leur faisceau de forces invétérées. Ce qui ne veut pas dire qu'elles aient intérêt à tourner à l'empire. Ce qui signifie même le contraire. Mais ce qui leur conseille de bien s'organiser et de se gouverner le mieux possible pour se conserver saines, fortes, unies. Tout est là. On verra ensuite.

« Le temps de voir venir ne manquera probablement pas, ni celui de méditer sur les disproportions croissantes entre les instruments de vie et de mort que manient les pygmées humains et leur degré d'intelligence et de volonté.

« Que l'on ne dise pas : le mal vient des Nations acharnées à s'entre-tuer. Le mal essentiel vient de l'homme né homicide et carnassier[1]. Si l'on vient au détail, les plus cruelles de ces entre-tueries ne sont pas l'œuvre des corps de nations, mais des démo-ploutocraties, des mauvais gouvernements populaires et de la grande idée nationalitaire, qui n'est pas le Nationalisme, mais l'*idée* de l'égalité des Nations[2].

« Pour fixer le degré de bien attaché à la vie nationale, il suffit d'émettre une hypothèse qui réglera tout.

« Supposons les bombes atomiques aux mains d'une secte de fanatiques et de désespérés, dans le goût des Nihilistes, des Skospsky ou des Doukhobors de la vieille Russie[3]. Le péril du monde serait singulièrement rapproché. La plus cruelle des nations, la plus mal gouvernée subit encore, malgré tout, un reliquat de règle et d'ordre humain qui peut opposer limite ou frein à ce nouveau mal. Mais, capté par une anarchie civile, morale ou religieuse, le même grand outil de mort créerait un degré de subversion convulsive que pourrait suivre de très près ce retour au néant auquel tous les chaos confinent.

« Au contraire, que la bombe-atome demeure la servante d'une cité, il faudra en remercier le ciel avec la même ferveur que M. Truman, car les freins et les lois civiles constitueront la suprême petite membrane qui pourra servir de défense et de séparation d'avec les conspirateurs suicidaires de la planète : il subsistera ce petit ordre interposé. »

Bref, le moindre mal de la bombe-atome doit consister en ce qu'elle reste la propriété d'une nation. Les nations sont des amitiés d'immenses amitiés

1. L'agnostique Maurras retrouve ici le dogme du Péché originel.

2. Les « entre-tueries » ici évoquées vont des guerres de la Révolution et de l'Empire à la Seconde Guerre mondiale.

3. Les Skopsky ou Skoptzy pratiquaient l'ablation des parties génitales ; les Doukhobors étaient adeptes d'un christianisme anarchiste influencé par Tolstoï.

humaines. Ces familles de familles gardent bon gré mal gré quelque chose d'humain. Non les sectes, non les écoles. Non les associations volontaires unies par de simples vues de l'esprit. C'est ce qui donne aux guerres religieuses tant de férocité. Le grand vice de l'hitlérisme est venu de la greffe d'une philosophie « germaniste » sur le fond sauvage « germain », disons mieux : d'un barbarisme sur une barbarie. Le vice majeur du soviétisme tient à la greffe marxiste sur un fond panslave indégrossi. Plus la secte superposée à la Nation devient toute-puissante et moins elle accorde aux hommes : ses nationaux comptent de moins en moins pour elle, elle cesse de les compter pour autre chose qu'un numéro administratif de matériel animé. La dénationalisation générale des peuples est bien la pire des épreuves qui dissolvent le genre humain[1].

Telles furent mes premières réactions sur la bombe. Je vous les ai transcrites, monsieur Vincent Auriol, sauf quelques corrections de forme. Notez qu'elles ont abordé leurs objets du point par lequel ils nous étaient préhensibles, en cheminant du proche au moins proche et du connu à l'inconnu, suivant les réalités voisines et tangentes, le lieu de la bombe, les qualités de ses propriétaires actuels, ou possibles, ou futurs… En revanche, aucune spéculation sur des conventions juridiques n'aura tenté notre attention, quelque opportunité qu'il y eût à en établir entre ennemis, fabricateurs ou exécuteurs de menaces réciproques, attendu qu'à certain degré d'inimitié ces formalités deviennent égales à zéro. On peut travailler à diminuer ou même à faire disparaître les sentiments hostiles ; on peut s'appliquer à en éliminer les causes multiplicatrices ou accélératrices, comme le marxisme, le germanisme, l'antipapisme ; mais, si on les laisse s'ajouter à la cupidité, à l'ambition, à l'orgueil, à la domination et aux autres vieilles passions naturelles à l'homme, nulle pactomanie ne servira de rien ; car les unes, pour tuer, et les autres, pour ne pas mourir, feront le même assaut des moyens de détruire, qui sont moyens de vaincre, les plus exacts et les plus parfaits, sans égard à aucun mot écrit ni dit. En d'autres termes, faisons ce que nous pouvons pour sortir de la jungle, recivilisons-nous et débarbarisons-nous. Si nous restons en barbarie, ne faisons pas semblant de n'y être plus par le moyen de simulacres de papier.

Conclusion : un gouvernement digne du nom français devrait tendre à ce que la France eût à tout prix le secret de la bombe et la bombe elle-même, coûte que coûte. Le manque d'argent n'est pas une excuse. La France doit avoir ce qu'il lui faut pour son nécessaire vital ; les solitudes africaines et océaniennes ne lui manqueraient pas pour expérimenter son engin[2].

---

1. Maurras suggère que le recul des identités nationales entraîne par réaction la recherche de solidarités idéologiques prédisposant au fanatisme. Cette hypothèse rend bien compte du lien que l'on constate aujourd'hui entre la mondialisation et l'essor de l'islamisme.

2. Rappelons que les essais nucléaires français commencent dans le Sahara en 1960 et se poursuivent en Polynésie à partir de 1966.

Sa fabrique au meilleur compte devrait être assignée à la recherche pour but essentiel et rapide : l'espace, le temps, la matière sont nés pour être les vaincus de l'intelligence. Lorsque le traité de Versailles eut interdit aux Allemands les gros cuirassés, ils en fabriquèrent de « poche » et « poussèrent » leurs sous-marins. Il n'y a point de mal à faire comme eux là-dessus. Une discipline sérieuse imposée à nos physiciens, chimistes, mécaniciens et inventeurs de toute sorte, doit faire briller sur eux la récompense des distinctions nationales les plus élevées, afin qu'ils se sentent en état perpétuel de tension, en service de réquisition soutenue. Au lieu de les considérer comme des sorciers haïtiens, des takatas calédoniens[1] et d'autres bêtes curieuses, on devra les tenir pour les prêtres de la patrie[2], les premiers citoyens dont la République (et surtout la Monarchie) ait besoin, leur fertile savoir étant l'amplificateur naturel d'une volonté patriote ; toute allégeance moscoutaire, toute inclinaison ou tentation de ce côté-là figurerait d'ailleurs de leur part une notation d'infamie comparable au pire attentat contre la sécurité de leurs compatriotes et la survivance de leur nation. Les cachots bien noirs et les couperets bien tranchants ne sont pas pour les chiens.

La règle d'or du salut public exige cette police. Est-elle faite ? On voit discuter, non décider. Il arrive d'énoncer des motifs suffisants d'agir. Au moment du dispositif, on recule en fermant les yeux. Les controverses sur la bombe ont surtout aidé à réduire, à maigrir et à ratatiner nos autres moyens militaires. La manie des spécialités permettait à de grands orateurs de venir, du même air entendu, dire aux tribunes ou aux commissions que l'engin nouveau annule les autres. Le reste ne vaut plus pipette. Pure ferraille ! Aux magasins ! Ces bavards, qu'en savent-ils ? On les acclame. D'autres ont le même succès en certifiant que l'objet est trop cher pour nous. Notre budget en crèverait. Résignons-nous. Néanmoins les deux phrases de l'abandon bien balancées, respirant un faible courage, un troisième orateur surgit et, nouveau Jaurès, adapte aux deux lâchetés un grand air de marche guerrière ; les cœurs héroïques en soient consolés ! L'on n'en vient pas moins de voir que ce qui a le plus manqué aux Américains en Corée a été simplement la bonne vieille infanterie, toujours reine des batailles. L'étude approfondie de la bombe mystérieuse aurait dû être poursuivie comme si nous n'avions possédé aucun autre appareil militaire et toutes les forces de notre organisation de guerre classique être perfectionnées comme s'il n'eût pas été question de bombe atomique auprès d'elles[3]. Au creux de l'idée fixe se sont combinées la nonchalance et la fainéantise, dont il ne faut pas séparer

1. Évoqués par Jean Mariotti dans *Takata d'Aimos* (1930).

2. Réminiscence de la religion positiviste (voir *Auguste Comte*, p. 643 de la présente édition).

3. Maurras a parfaitement compris les règles de la guerre froide : dissuasion nucléaire au centre, conflits conventionnels à la périphérie.

une archaïque dose d'antimilitarisme reviviscent pour atteindre à un résultat défini par Daladier : « Pendant les trois ans qui suivirent la Libération, la France a dépensé mille milliards pour ne pas avoir d'armée[1]. » Mais un homme vigoureux, un esprit inventif s'est appelé M. Ramadier : il a pu mettre sur pied jusqu'à cinq divisions ! Pas même les 100 000 hommes de la petite armée de l'Armistice[2] ! Votre Révolution nous a plus désarmés que Hitler. C'est qu'elle était pire Française qu'il n'a été bon Allemand.

Au lieu donc de dauber sur les soucis et les insoucis de M. Maurras, vos jeunes gens feraient mieux de reprendre la vieille sagesse qui rétablirait en tout ceci, comme il convient en zone obscure, un peu de méthode et de sens. Plus suranné que moi, le vieil Épictète[3] disait déjà : « Faisons d'abord ce qui dépend de nous, et pour le reste, demeurons fermes et tranquilles. » Bombe, Alliances, Europe, Amérique, Allemagne, et tout, faisons d'abord ce que nous pouvons saisir, fabriquer et modifier nous-mêmes. Agissons en tout premier lieu par la réforme, l'ordre et le progrès chez nous. Quand nous aurons remis en place les institutions, les idées, les gens raisonnables, et quand nous aurons mis dehors les gens, les idées et les institutions convaincus de malfaçon et de déraison, nous serons en état d'attendre fermement et tranquillement nos destins de vie et de mort.

---

1. *Revue politique et parlementaire*, juillet 1949, page 3.

2. La comparaison entre l'armée de Vichy et celle des débuts de la IVe République a également été faite par le général de Lattre.

3. Philosophe stoïcien des Ier-IIe siècles après Jésus-Christ.

ÉPILOGUE

MAURRAS, LE JUGE ET LE BON DIEU

par Martin Motte

Du 24 au 27 janvier 1945, Maurras dut répondre de son comportement du temps de guerre devant la Cour de justice de Lyon. Son entrée en scène fut à la hauteur de sa réputation : ce vieillard de soixante-seize ans, qui risquait le poteau d'exécution, se présenta la francisque à la boutonnière et, après lecture de l'exposé des faits, renversa les rôles en déclarant à l'accusateur qu'il ne le raterait pas ! De ce procès, nous avons ici retenu le réquisitoire du commissaire du Gouvernement Thomas et la plaidoirie de maître Goncet. Nous les avons fait suivre d'un court texte en prose et d'un poème, tous deux de 1950, en lesquels on peut voir les testaments de Maurras.

* * *

Le chef d'inculpation de Maurras était un des plus graves qui soient, puisqu'il était accusé d'intelligence avec l'ennemi. Dans son réquisitoire, Thomas concéda qu'il avait été « un très grand patriote » pendant la Première Guerre mondiale mais estima que, muré dans sa « tour d'ivoire » intellectuelle, il avait ensuite perdu contact avec les réalités alors même que ses doctrines pernicieuses étaient adoptées par l'Italie fasciste et l'Allemagne nazie. Tout en reconnaissant qu'il était resté antiallemand et que certains de ses disciples étaient tombés les armes à la main face à l'occupant, Thomas invoquait les articles de l'accusé contre la Résistance pour conclure qu'en servant Vichy il avait bel et bien fait le jeu de Berlin, donc méritait la mort.

Maurras répondit que Vichy et la Résistance avaient été deux façons différentes et également légitimes en leur principe de servir la France. Il dénonça en outre les pièces sur lesquelles s'était appuyé Thomas : de fait, elles avaient été préparées par un certain Verdenal, qui se trouvait en prison pour vol, faux et usage de faux. Il ajouta enfin qu'il était parfaitement indifférent au verdict qui le menaçait – « Je suis un vieil homme. Douze balles dans la peau, ce n'est rien du tout » –, mais qu'ayant toujours combattu l'Allemagne, il ne pouvait laisser dire qu'il l'avait servie.

Vint la plaidoirie de maître Goncet. Dès lors que l'accusation avait reconnu le patriotisme de Maurras, soutint-il, elle devait lui accorder les circonstances atténuantes pour ses erreurs de jugement. Il réfuta ensuite l'intelligence avec l'ennemi, qui eût impliqué des contacts entre Maurras et des agents allemands. Non seulement ces contacts n'avaient jamais eu lieu, mais toute l'œuvre de Maurras depuis son entrée en politique avait eu pour but de conjurer une invasion. Le chef d'inculpation, d'ailleurs communiqué à l'accusé deux mois après son arrestation, n'était donc qu'un prétexte : il s'agissait en réalité d'abattre un vieil ennemi de la République. Quant à soutenir que Mussolini et Hitler avaient adopté les idées de Maurras, c'était n'avoir rien compris à ces dernières, dont la tonalité fédéraliste contredisait à angle droit les systèmes totalitaires.

Goncet rappela par ailleurs le louche passé du faussaire Verdenal, qui avait été en relations avec les Allemands avant de devenir un résistant de la vingt-cinquième heure. Pour avoir fait confiance à un tel personnage, l'accusation avait bâti son réquisitoire sur « des faux par omission, des faux par adjonction, des faux par troncation ou par transformation ». Restait que Maurras avait bel et bien écrit des articles terribles, notamment celui du 2 février 1944, dont on se demanda s'il n'avait pas entraîné l'assassinat par la Milice de Pierre Worms[1]. Goncet montra que tel n'était pas le cas, mais de toute évidence l'article en question était une très lourde pierre dans le jardin de Maurras. C'est sans doute pourquoi l'avocat, avant même d'en venir à ce point, avait rappelé le chaos qu'avait connu la France dans les derniers mois de l'Occupation : « Il y avait le vrai maquis, le faux maquis, les authentiques malfaiteurs, des bombes tous les soirs ; les gens étaient menacés, d'autres assassinés… »

Maurras fut finalement condamné pour intelligence avec l'ennemi, mais on lui reconnut des circonstances atténuantes qui lui épargnèrent la peine de mort. Si ce verdict était à peu près inévitable en raison du contexte, il n'en était pas moins étrange. Il est clair en effet que Maurras n'avait jamais eu l'intention de servir l'Allemagne ; les collaborationnistes parisiens s'étaient d'ailleurs déchaînés contre sa germanophobie. Par ailleurs, son influence pendant la guerre fut très limitée, car l'Action française, en perte de vitesse depuis la condamnation pontificale de 1926 et les crises internes qu'elle avait connues dans les années 1930, ne pesait plus grand-chose. On ne peut donc affirmer que le soutien de Maurras ait été vital pour Vichy et qu'il ait en cela fourni un concours objectif à l'occupant.

---

1. Article reproduit p. 1037 de la présente édition.

À une échelle plus fine en revanche, le vieux penseur monarchiste était resté un acteur de la guerre franco-française qui, pendant l'Occupation, avait fait couler le sang. Mais ici, ses accusateurs étaient juges et parties. Le pétainisme assumé de Maurras faisait en effet de lui le parfait bouc émissaire de défaillances dans lesquelles ils avaient eu leur part de responsabilités. Sa condamnation tombait à point nommé pour faire oublier que la grande majorité des radicaux et des socialistes élus en 1936 avait voté les pleins pouvoirs au Maréchal le 10 juillet 1940 et que les communistes, liés par le pacte entre Hitler et Staline, avaient collaboré avec l'occupant aux lendemains de l'invasion. De même les égarements de Maurras pendant les quatre années de l'Occupation permettaient-ils d'occulter les quatre décennies au cours desquelles il avait démontré l'incompatibilité entre les institutions de la IIIe République et les exigences de la Défense nationale…

Qu'on ait tiré prétexte de la conduite de Maurras pendant la guerre pour régler des comptes bien antérieurs, Roger Étiemble, précepteur de Roger Worms, l'avait compris : « Vous avez voulu déshonorer le royaliste, vous voilà désarmés devant l'antisémite[1] », lança-t-il aux accusateurs. La remarque attire l'attention sur la part effectivement marginale que tint le drame juif dans le procès Maurras. Une des explications en est qu'on mesurait très mal son ampleur : l'Armée rouge ne découvrit Auschwitz que le 27 janvier 1945 et les Américains n'entrèrent à Buchenwald qu'en avril[2]. En outre, les Français de 1945 appréhendaient leur histoire immédiate en termes nationaux : pour eux, la défaite de 1940 et l'Occupation avaient d'abord été des épreuves infligées à la France, non des étapes vers la « solution finale » hitlérienne. La souffrance des Juifs français ou réfugiés en France n'était pas niée, mais dans un pays qui déplorait quelque 600 000 morts, sa spécificité n'était pas pleinement perçue.

Que conclure, sinon que le procès Maurras ne pouvait être éludé ni tranché de façon équitable ? Au demeurant, la vie de Maurras tout entière n'avait-elle pas été tissée de semblables contradictions ?

* * *

La plus ancienne de ces contradictions fut aussi la dernière que Maurras dut affronter : celle de son rapport à Dieu. Les deux textes de 1950 constituent à cet égard de précieux témoignages. Le premier, fragment d'une lettre à Pierre Boutang, atteste que Maurras n'a rien renié de ses convictions

1. Cité par Stéphane Giocanti, *Maurras. Le chaos et l'ordre*, Paris, Flammarion, 2006, p. 466.

2. Les Soviétiques étaient entrés à Maïdanek dès septembre 1944 et l'armée de Lattre au Struthof en novembre 1944, mais ces deux camps avaient été évacués, de sorte qu'il était difficile de savoir ce qui s'y était passé.

politiques, mais l'expression qu'il leur donne frappe par sa tonalité « apocalyptique » (le mot y est) et ses références bibliques appuyées. Il présente en effet sa pensée comme une nouvelle arche de Noé « catholique, classique, hiérarchique, humaine », capable de braver les fureurs de l'histoire et, dans le cas contraire, d'attester au moins la « primauté invincible de l'Ordre et du Bien ». On retrouve ici la perspective platonicienne qui caractérise la poésie maurrassienne : si les plus hautes et légitimes aspirations de l'homme ne peuvent être satisfaites sur terre, il n'est pas déraisonnable d'espérer qu'elles le seront au Ciel, car d'où leur viendrait sans cela le halo d'Éternité avec lequel elles se présentent à la conscience ? Maurras disait s'arrêter « au bord du mythe tentateur », mais – comprenne qui pourra – il confessait en même temps sa « foi dans la vraie colombe, comme au vrai brin d'olivier[1] ».

Quant à la bouleversante « Prière de la fin », elle est sans doute la tentative la plus poussée de Maurras pour débrouiller l'invraisemblable écheveau de sa vie intérieure. Les trois premières strophes semblent exprimer la satisfaction du devoir accompli : le poète rappelle son combat « pour une patrie, pour un roi, les plus beaux qu'on ait vus sous le ciel » et professe une fois encore que Paris a hérité le meilleur d'Athènes et de Rome (mais de Jérusalem il n'est toujours pas question). Dans ce combat, affirme-t-il, son « vieux cœur de soldat n'a point connu la haine » et n'a battu que pour les « seuls vrais biens » du Dieu auquel il s'adresse. Mais qui peut croire que Maurras a ignoré la haine ? Et comment peut-il être sûr qu'il a servi Dieu, puisqu'il confesse ne pas savoir qui Il est dès le premier vers de la quatrième strophe ?

Le début de la prière ne constitue donc pas une affirmation, mais un souhait : Maurras y rêve d'un Maurras qui n'aurait jamais connu les contradictions dans lesquelles il n'a cessé de se débattre. Ces contradictions occupent les quatre dernières strophes. Maurras s'y décrit enfin tel qu'il est pour conclure que son cas le dépasse et en abandonner le dernier mot au Dieu inconnu. Pas si inconnu, cependant, car Il se donne sous les espèces de la « paix certaine », « de l'Espérance et de l'Amour »[2]...

---

1. Nous avons montré ailleurs le parallélisme frappant qui existe entre ce texte et un poème lui aussi biblique, apocalyptique et platonicien écrit au soir de sa vie par Frédéric Mistral, « Lou Parangoun » (« L'Archétype ») : « Mistral-Maurras : les enjeux d'une filiation », dans Michel Leymarie, Olivier Dard et Jeanyves Guérin (dir.), *Maurrassisme et littérature*, Villeneuve-d'Ascq, Presses universitaires du Septentrion, 2012, p. 36.

2. On trouvera la conclusion de cette odyssée spirituelle dans les livres du chanoine Cormier : *Mes entretiens de prêtre avec Charles Maurras*, Paris, Plon, 1953, et *La Vie intérieure de Charles Maurras*, Paris, Plon, 1955.

LE PROCÈS DE CHARLES MAURRAS
COUR DE JUSTICE DE LYON, 24-27 JANVIER 1945

RÉQUISITOIRE DE M. LE COMMISSAIRE DU GOUVERNEMENT THOMAS[1]

Monsieur le Président[2],

Messieurs de la Cour,

Je ne ferai pas à Maurras un procès d'opinion. Je ne lui reprocherai pas d'avoir été monarchiste, je ne lui reprocherai pas d'avoir été antidémocrate. Avant guerre, il avait tous les droits. Il pouvait faire toutes les campagnes qui lui plaisaient : la liberté d'opinion était entière. Quand il attaquait les Juifs, quand il attaquait à ce moment les communistes, ceux-ci pouvaient se défendre. Ils ne s'en sont d'ailleurs pas privés.

Mais quand le pays est en guerre, quand la France est battue, ses territoires envahis, tous les hommes, quels qu'ils soient, juifs, communistes, patriotes, à quelque parti qu'ils appartiennent, ont le droit absolu de pouvoir défendre leur pays, et en aucun cas, ils ne peuvent être critiqués, attaqués, désignés à l'envahisseur contre lequel ils luttent.

En outre, applaudir à certaines lois, à certaines décisions prises par le gouvernement de Vichy, décisions qui sont prises en faveur de l'ennemi, les répandre, les propager, les approuver, c'est également venir en aide à l'Allemagne, à la puissance occupante, c'est agir contre les intérêts de la France.

De quoi est inculpé Maurras ? Vous le savez, Messieurs, de par le réquisitoire : de trahison. Par le mot « trahison », j'entends intelligence avec une puissance étrangère ou avec ses agents, en vue de favoriser les entreprises de cette puissance contre la France.

J'ai également retenu à son encontre un autre article du code pénal, l'article 76, pour bien situer, bien préciser le débat. Cet article vise quoi ? Des campagnes de presse, campagnes de démoralisation de l'armée, de la nation, et ceci, en vue de venir en aide à la puissance étrangère.

1. Audience du 26 janvier 1945.
2. Il s'agit d'Henri Vainker.

En somme, je me place entièrement sur le terrain des faits. Je ne discuterai aucune des idées de Maurras. Je ne ferai pas état des théories maurrassiennes qui ont été exposées longuement, aussi bien par le prévenu lui-même que par ses défenseurs. Je m'en tiendrai uniquement à quoi ? À ses dénonciations, d'abord, dénonciations qui relèvent non des idées, mais qui sont du droit commun. Je m'en tiendrai ensuite aux campagnes de presse, campagnes qui sont exposées dans les nombreux numéros de *L'Action française*, que je possède, qui sont là, qui sont à la disposition de la Cour, qui sont à la disposition de la défense. On pourra en vérifier les articles. Si j'ai fait une erreur, vous pourrez la relever. Ces articles sont là, ils me restent.

On a discuté longtemps de la théorie de Maurras. Mais la théorie de Maurras, elle est dans les pièces que je possède ; elle vous est soumise, et c'est de là que j'en tirerai mes arguments.

À cette inculpation de trahison, Maurras se cabre avec quelle violence ! Il m'a répondu le premier jour[1] : ne parlons pas de menace, c'est absolument inutile.

Mais enfin, comme il vous l'indique, tout son passé, toute sa vie d'honneur, toute son existence, son talent d'académicien célèbre par ses doctrines – il vous a invoqué le parrainage de très grands noms de nos chefs militaires qui, à l'Académie française, l'ont accompagné et félicité sur cet ouvrage dédicacé : *Au plus Français des Français*[2] – il semble que tout proteste contre cette odieuse – ainsi la qualifie-t-il – inculpation que je lui reproche.

Ce n'est pas tout de protester. Il faut établir les faits, et il m'appartient de le faire.

De nombreux témoins entendus à cette barre vous ont parlé de Maurras. Ils vous ont parlé de sa doctrine. Ils vous ont tous dit qu'il est incapable de dénoncer. Le grand ennemi de l'Allemagne, c'est lui. Il a toujours lutté contre elle, par ses conférences, par ses ouvrages, de toutes les façons.

Je n'en disconviens pas. Je suis le premier à reconnaître qu'en 1914-1918, Maurras a été un très grand patriote, qu'il a rendu des services signalés à la France, qu'il a été un grand Français, qui, à ce moment, chassait la trahison, qu'il a expurgé certains membres du gouvernement

1. « Soyez tranquille, Monsieur le Procureur, je ne vous "raterai" pas ! » (Charles Maurras, audience du 24 janvier 1915.)

2. « Puisque nous en sommes à l'Académie, je vous dirai qu'en juin 1939, le jour de ma réception à l'Académie française, les maréchaux Joffre et Foch […] étaient morts. Mais, assis à ma droite, la poitrine barrée du grand cordon de la Légion d'honneur, le maréchal Franchet d'Esperey se faisait le grand honneur de me parrainer. […] Et puisque j'en suis au témoignage des maréchaux de l'Académie, j'ai le fier devoir de dire que, lorsque en 1941, il me fit l'honneur de m'envoyer *Paroles aux Français*, le maréchal Pétain y inscrivit de sa main, sous son nom, ces cinq mots : "Au plus Français des Français" » (*id.*).

qui n'avaient pas fait leur devoir, qu'il a donc été un grand citoyen, un grand Français[1].

Mais, ceci dit, je reviens de nouveau aux faits.

Avant d'y revenir, je pourrais donner, vous donner quelques indications sur Maurras. Il s'est présenté très longuement dans un mémoire qu'il vous a lu[2], et dont je ne voudrais pas reprendre les principaux passages.

En résumé, c'est un journaliste, un doctrinaire, académicien par la suite, vous le savez. Mais ce qu'il y a d'intéressant, ce sont ses théories.

D'abord Maurras, il vous l'a dit, a été boulangiste. C'est le grand général, le pouvoir d'un seul, le pouvoir absolu, le champion du panache, si je puis ainsi m'exprimer.

Après, il est venu à la monarchie, mais la monarchie de Maurras est un peu particulière. Je m'excuse de ces diversions sur la doctrine maurrassienne. La monarchie de Maurras, c'est la monarchie absolue. La monarchie héréditaire, antidémocratique. Chez lui, il n'est pas question de liberté, d'égalité. Il retient cependant la fraternité vis-à-vis de ses disciples maurrassiens, mais les deux premiers termes en sont bannis par lui. Il n'y a donc, dit-il, ni liberté, ni égalité.

Après ce tableau – c'est son droit absolu d'avoir ces théories, c'est indiscutable et je n'y ferai aucune critique – je me permets d'ajouter quelques ombres. Les ombres, vous les connaissez.

Maurras est d'abord sourd[3]. C'est une infirmité physique. Mais ne l'empêche-t-elle pas d'entendre toutes les voix qui montent de la France ? Et cette infirmité ne lui permet pas de recueillir certains renseignements qui sont précieux. Comme tout doctrinaire, il vit dans l'absolu. Il vit dans une « tour d'ivoire ». C'est un homme peu perméable aux événements actuels dont il ne se rend pas compte.

Un des témoins de la défense l'a bien signalé. Maurras est sourd, mais quelque peine que j'aie à lui faire cette critique, n'a-t-il pas aussi des œillères ? Comme tout doctrinaire, il est enfermé dans certains principes absolus, sans se rendre compte où il va.

Quand, quelquefois, l'aboutissement de ses principes, la réalité qui est au bout – car c'est bien beau de régner dans l'absolu, il faut de temps en temps revenir sur terre – quand ces principes arrivent à des choses mauvaises, arrivent au mal, aux dénonciations, à des résultats fâcheux, alors, quelque chose ne va plus : c'est que les principes ne sont pas bons.

1. Durant la Grande Guerre, Maurras et les siens avaient notamment combattu l'ancien président du Conseil Joseph Caillaux et le ministre de l'Intérieur Louis Malvy, liés aux milieux anarchistes et pacifistes.

2. Durant sept heures, debout, Charles Maurras a lu et commenté les 160 pages dactylographiées de sa longue déclaration.

3. Deux interprètes, Joseph Roger et Marie-Aimée Boulard de Gathelier, sont désignés pour transmettre à l'accusé les questions qui lui sont posées.

Les principes en eux-mêmes, je ne les discute pas, mais ce que je discuterai, ce sont les fruits : tout arbre doit être jugé à ses fruits.

Qu'ont apporté les théories maurrassiennes ?

On a reproché à Maurras sa germanophobie. Ceci a été fait par la presse parisienne. La défense ne va pas manquer d'en faire état. Il y a, au dossier, un grand nombre d'articles émanant de la presse parisienne, signés de Luchaire[1], de Brasillach[2], d'autres encore dont je ne me souviens plus les noms, qui critiquent violemment Maurras ; on critique chez lui sa germanophobie ; on mène des campagnes parce qu'on le traite de « Français plus Français que les autres ».

C'est certain, je le reconnais. Mais vous savez, Messieurs, quand Doriot[3], Déat[4], Laval[5] s'accusent mutuellement, naturellement de trahison, qu'est-ce que cela signifie ? Ils ne sont pas d'accord entre eux. En tirer des conclusions sur notre plan à nous, sur le plan national, sur le plan de la France, cela ne signifie pas grand'chose.

Après cette esquisse de Maurras, ce n'est pas, évidemment, dans une cour de justice, qu'on peut faire un portrait pareil d'un homme dont le talent est immense, dont la presse étrangère a reproduit à la fois les articles, les conférences, les opinions. Il est difficile, en quelques mots, d'en faire un tableau saisissant.

[suivent trois paragraphes consacrés à Maurice Pujo, codirecteur de *L'Action française* et inculpé comme Charles Maurras d'intelligence avec l'ennemi]

Vous savez, Messieurs – il est inutile d'insister, mais je le redirai en deux mots – que, le 10 juin je crois, devant la menace allemande, les dirigeants de *L'Action française* se sont repliés d'abord sur Poitiers, Limoges et ensuite Lyon[6].

1. Ce journaliste pacifiste et européiste, en son temps proche de Briand et de Blum, devint dès les années 1930 un partisan de l'Allemagne nazie. Il fut fusillé en 1946.

2. Ancien de l'Action française, il avait rompu avec Maurras et était devenu proallemand. Il fut fusillé en 1945.

3. Ancien militant communiste ayant évolué vers le fascisme, il combattit sous uniforme allemand et fut tué en Allemagne en 1945.

4. Ancien député socialiste devenu proallemand, il fut condamné à mort par contumace en 1945.

5. Ancien député socialiste ayant évolué vers la droite, Laval pilota la collaboration entre Vichy et l'Allemagne. Il fut fusillé en 1944.

6. Le 10 juin 1940, effectivement, la rédaction de *L'Action française* quittait Paris pour gagner Poitiers, où six numéros du journal furent imprimés (du 13 au 18 juin), puis Limoges et enfin Lyon – au 66, rue de la République… –, où le premier numéro à paraître est celui du 28-29 octobre 1940.

Tout de suite, ce quotidien a reparu ici. Charles Maurras, presque tous les jours, a écrit des articles, l'article de fond, un article sur la politique aussi bien étrangère que sur la politique intérieure.

Pujo a écrit également quelques autres articles. Vous me permettrez – il y en a un certain nombre au dossier, et je m'adresse à la défense de Pujo – de ne pas les lire entièrement. C'est une expression édulcorée des articles de Charles Maurras.

Vous connaissez maintenant, *grosso modo*, les théories de Maurras.

Voilà donc le champion du nationalisme intégral, l'auteur du slogan « La France, la France seule ». Comment cet homme en arrive-t-il à faire quoi ? À collaborer avec les agents de l'ennemi, avec la Gestapo, et finalement à dénoncer des Français ?

C'est assez curieux. Vous savez que, chez Maurras, il y a une haine profonde de la démocratie. Il la hait sous toutes ses formes. Pendant un demi-siècle, il a lutté contre elle. Comme nous l'avons dit, c'était bien son droit. Mais pour en arriver à la trahison, un fait curieux s'est passé.

Les doctrines de Maurras n'ont pas triomphé en France. Le pouvoir absolu n'a pas régné. Le Français, individualiste, s'y oppose entièrement. Mais ses doctrines, ce maître, ce pouvoir absolu ont triomphé dans d'autres endroits, notamment en Italie d'abord, ensuite en Allemagne.

Alors, un seul homme a régné sur les consciences et sur les cœurs. Il y a eu une propagande unique. Toute opposition a été supprimée. La pensée a dû se taire. Il n'y avait plus que la pensée officielle qui régnait. Une police féroce pourchassait, traquait. C'était donc le régime du pouvoir absolu.

Évidemment, cette doctrine, qui s'est produite à l'étranger, n'est pas venue en France. Alors, qu'est-il arrivé ?

Nous sommes en guerre. Je n'ai pas, ici, à indiquer quelles en sont les causes. C'est hors du procès. La France est battue. La France agonise. Le régime détesté, la République démocratique contre laquelle Maurras avait fait la guerre pendant des années, s'écroule. Les hommes politiques sont en fuite, emprisonnés. La « gueuse », ainsi que l'a appelée souvent Maurras, en désignant la République, est à terre. Maurras voit sa doctrine enfin triompher.

Que dit-il alors ? Je vous donne lecture des articles de Maurras. Il écrit : « La pire de nos défaites a eu le bon résultat de nous débarrasser de la démocratie [...]. » Je me permets d'indiquer le numéro : 15 janvier 1942. « L'armistice a été un grand bienfait. Notre chef est apparu[1]. L'armistice

1. Extrait de l'article du 2 janvier 1942, non du 15 : « Nous avons récolté un grand bienfait : l'armistice – au milieu de beaucoup de maux, de gênes, de troubles, d'incertitudes, l'incomparable félicité de pouvoir déposer les armes et interrompre le combat quand il n'y avait plus moyen de le soutenir utilement. [...] Les événements de cette taille ne sont pas communs. Il en est cependant un autre, de même importance. *L'apparition d'un chef.* »

a été réglé, signé. Il serait stupide et impie d'en transgresser les règles. Il serait fou de revenir sur les conditions acceptées. Que deviendrions-nous hors de lui ? le Maréchal le dit : nous serions des déserteurs de la patrie ou ses envahisseurs[1]. »

Il ajoute, le 17 avril 1942 : « Nous sommes des vaincus, nous ne devons pas l'oublier. Mais un chef providentiel nous est né. Le Maréchal est là. Ce qu'il fait sera bien fait. On le suivra, les yeux fermés, jusqu'au bout du monde. Tout montre qu'il dispose du blanc-seing de la France. Le Maréchal sait ce que nous ne savons pas[2] », etc.

Je me résume : il a été un des premiers à créer, en faveur du Maréchal, ce qui a été appelé, par la suite, « la confiance dans la nuit ».

L'opinion publique ainsi trompée par Maurras, l'opinion aveuglée – on parle déjà de « la confiance dans la nuit » – a suivi évidemment les directives de Vichy, les yeux fermés, puisque personne ne pouvait plus rien voir.

Tous les jours, comme je vous l'indiquais, Maurras écrivait un article. Celui-ci était diffusé très largement, soit par la radio, soit par les comptes-rendus de presse qui étaient faits souvent par Vichy.

Par conséquent, sa pensée, même pour ceux qui n'avaient pas acheté *L'Action française*, était connue de tout le monde. Ses articles étaient, bien entendu, reproduits à l'Étranger, et donnaient donc de l'opinion publique de notre pays une image qui n'était certainement pas exacte. C'est vous dire la responsabilité que pouvait encourir Maurras.

Parmi les campagnes les plus violentes qu'on puisse lui reprocher, vous avez d'abord celle menée contre les Juifs.

Maurras est un farouche antisémite. Grâce à la défaite, grâce au gouvernement, il va pouvoir enfin satisfaire ses haines. Il n'y a pas de jour, je dirai pas d'article où il ne dénonce le péril juif comme étant le fauteur de notre défaite, comme étant le responsable de tous nos malheurs, et il faut expulser du pays tous ces misérables.

Il les dénonce, d'une façon générale, à la police. Il demande que des pouvoirs extraordinaires soient confiés au commissariat aux Questions juives, organisme qui, vous le savez, s'occupe de la spoliation des biens israélites.

---

1. Extrait de l'article du 9 janvier 1942, non du 15 : « Nous avons dû consentir aux règles de la neutralité. Il serait stupide et impie de les transgresser. Nous avons dû cesser d'être des combattants dans la guerre étrangère ou même dans tout ce qui ressemble à la lutte civile, il serait fou de rêver de revenir sur les conditions acceptées. Que deviendrions-nous hors de là ? le Maréchal l'a dit : des déserteurs de la patrie ou ses adversaires. »

2. Le texte exact est le suivant : « Au cours de cette veille, il ne faut jamais oublier que l'on est des vaincus. Cependant le Maréchal est là. Ce qu'il fait sera bien fait. On le suivra les yeux fermés jusqu'au bout du monde. Tout montre qu'il dispose du blanc-seing de la France. [...] Les affaires extérieures appartiennent au Maréchal, au Cabinet du Maréchal, à son gouvernement. Le Maréchal sait ce que nous ne savons pas. »

Il signale que les Israélites préparent l'invasion de la France, et réclame contre eux des châtiments exemplaires (journal du 27 novembre 1942).

À chaque instant, il regrette les difficultés et les lenteurs de la répression antisémite, répression qui est organisée, je ne dirai pas sur ses directives, mais presque.

Cette attitude est particulièrement odieuse. Quand nous sommes en temps de paix, en temps normal, que les victimes peuvent se défendre, eux aussi ont leurs journaux. Il y a les tribunaux ; si Maurras les diffame, ils peuvent l'attaquer, et ils ne s'en sont pas privés d'ailleurs.

Mais quand le pays est occupé, quand ces malheureux sont traqués par la police allemande, après l'avoir été par la police française, quand on parle d'eux, quand on les dénonce, quand tous ces malheureux sont spoliés de leurs biens, arrêtés c'est bien se joindre à la Gestapo que d'organiser ces campagnes.

Alors, on l'a interrogé sur ce point. Que vous dit-il ? Que l'antisémitisme français, l'antisémitisme maurrassien n'avait aucun rapport avec l'antisémitisme de Goebbels[1]. Mais quels étaient les résultats ? Les résultats étaient toujours les mêmes : ceux-ci étaient arrêtés, déportés, torturés quelquefois, ou fusillés.

Dans un de ses articles, notamment au 1er février 1944, il recommande à ses lecteurs de dénoncer les Juifs. Je m'excuse auprès du public, auprès de vous, Messieurs, d'avoir à chaque instant, à lire des articles de Maurras, mais en somme toute l'accusation est là ; il n'est pas intéressant de faire, à chaque instant, des lectures, mais toute l'accusation repose sur les nombreux articles de Maurras. On n'a pas à discuter, il l'a écrit, c'est lui qui parle, ce n'est pas moi.

Il vous a dit, tout à fait au début, qu'on extrayait contre lui des poussières, des grains de plomb et qu'il attend le boulet, la balle, je ne dirai pas mortelle – ce n'est pas l'expression – mais qu'il attend une accusation plus forte.

Mais, du détail, on arrive à un ensemble, et ce détail n'est pas si oiseux que Maurras veut bien l'indiquer. Il en résulte des faits précis.

Je lis donc, dans un article « Menaces juives » (*Action française* du 1er février 1944[2]) : « Toutes ces manœuvres doivent être suivies, surveillées, déjouées sans pitié, sans quoi nous allons à des dévastations et à des massacres supérieurs à ce qui s'est vu en 1940. Tout dépend de la vigilance des citoyens et de la fermeté avec laquelle ils sauront dénoncer ce qu'ils en surprennent, et sauront en poursuivre le châtiment régulier sinon prompt. »

Je crois, bien que ce soit une poussière d'histoire, que cet article était significatif et que je n'ai pas besoin de commenter.

Messieurs, quand un dénonciateur – vous l'avez déjà jugé – vous signale un Israélite, que celui-ci est arrêté, vous le condamnez justement. Mais

1. Ministre nazi de la Propagande.

2. En réalité, dans *L'Action française* du 2 février 1944, non celle du 1er.

quand il les dénonce tous à la fois, sans parler des cas particuliers, vous avez la même condamnation à prononcer.

Maurras est-il toujours antiallemand ? C'est certain, et je le reconnais toujours, mais, par une sorte de déviation, chaque fois qu'une loi, qu'un fait nouveau en faveur de l'occupation existe, régulièrement il rejoint le gouvernement de Vichy.

En somme, c'est indirect ; lui-même refuse de collaborer avec l'Allemagne, c'est entendu, je le reconnais, mais quand c'est Vichy qui ordonne, quand c'est le Maréchal qui l'ordonne, Maurras célébrera aussi bien la Relève, la Milice, les luttes contre les Juifs, et autres campagnes menées par le gouvernement de Vichy.

Ainsi, le 22 juin 1942, il félicitait Laval d'organiser la Relève. Il ajoute : « Si les ouvriers partent outre-Rhin, ils rendront service à la France, obtiendront des avantages matériels[1]. »

Cette opération est envisagée par lui comme une sorte d'additif à l'armistice[2] ; il applaudit à un message du Maréchal organisant cette institution qu'il justifie par des questions de fait et de droit ; il trouve généreux que, par esprit de solidarité, les ouvriers ou les intellectuels français partent pour l'Allemagne pour relever leurs camarades prisonniers ; il lui paraît normal que la France fournisse à la machine de guerre allemande des hommes, des ouvriers pour grossir les armements pour le Grand Reich.

Maurras se défend, une fois de plus, d'avoir collaboré avec l'Allemand, mais, en fait, il y revient. Il est certain que, dans un autre article – je ne les ai pas tous en mémoire, ils sont nombreux – il parle de héros qui acceptent le devoir pur, mais cruel, de partir pour l'Allemagne faire la relève ; il les célèbre ; en somme il les engage. Tout est là.

Quand on favorise les entreprises d'une puissance étrangère – ce que je retiens contre Maurras –, la trahison paraît établie.

Maintenant, j'arrive à des faits beaucoup plus graves. Maurras, dans un article paru les 16 et 17 octobre 1943, dénonçait une famille entière. Je vais vous en donner encore une lecture, je m'en excuse, mais elle est si importante que je crois devoir le faire.

---

1. Il y a assurément une erreur de date : ce passage ne figure pas dans *L'Action française* du 22 juin 1942, qui est précisément la date à laquelle la Relève – qui prévoit le retour d'un prisonnier de guerre français pour le départ de trois ouvriers spécialisés en Allemagne – est annoncée dans un discours de Pierre Laval.

2. Voir « Après l'appel du président Laval », en une de *L'Action française* du 9 juillet 1942 : « Ainsi me semblent résumés les motifs de l'opération projetée [la Relève] en ce qu'ils concernent proprement les individus : leur intérêt d'une part, leur sentiment du juste et de l'honneur de l'autre. Cela peut donc se concevoir comme une sorte d'additif à l'armistice, les Allemands disent : nous avons fait tant de prisonniers, nous en libérons tant, contre tant d'ouvriers qui vont venir librement chez nous. »

Voilà l'extrait de l'article. Je prends les trois premières phrases : « Une famille entière, qui jouissait d'une excellente réputation, s'emploie activement à la propagande gaulliste et antinationale. Il y a deux ans, une perquisition avait amené la découverte de tracts dactylographiés dans le bureau du chef de famille. Depuis, le fils aîné est en relations avec les communistes, ou avec certains parents et amis gaullistes actuellement détenus à la suite d'attentats terroristes commis dans la région, d'affichages de placards imprimés contenant des menaces de mort, des excitations au terrorisme à l'aide de bombes dans une certaine affaire, dite des "bombardiers". La famille en question, réputée comme des plus honorables, est arrivée à cette collusion d'abord par un dérèglement d'esprit commun à beaucoup de gens, ensuite, pense-t-on, par ses relations avec un Juif, châtelain du village. »

L'article est des 16-17 octobre.

Vous avez entendu tout à l'heure un témoin, l'inspecteur de police Bouvard. Il avait reçu, au début d'octobre 1943, une plainte. Les trois premières phrases sont exactement les mêmes que celles relevées dans l'article de Maurras. Mais la lettre de plainte, adressée à la police judiciaire, contient les noms qui sont prononcés : il s'agit de la famille Fornier, directeur d'assurances et fondateur d'une banque locale.

Dans l'article de Maurras, rien n'est indiqué.

Que se passe-t-il ? Le 27 novembre 1943, les membres de la famille signalée par Maurras sont arrêtés par la Feldgendarmerie de Bourg[-en-Bresse]. Ce sont : M. Fornier, ses trois fils, un jeune homme, Ivan Dupont. M. Fornier et un de ses fils sont enfermés pendant cinquante-deux jours à Montluc. Deux autres sont envoyés en Allemagne. Quant au jeune Dupont, interné à Montluc, à la suite d'un attentat commis sur un soldat allemand quai Saint-Clair, il est fusillé avec vingt-deux de ses codétenus, de ses camarades, dans les caves de la Gestapo, à ce moment École de Santé, avenue Berthelot, à Lyon.

Voilà des faits qui sont d'une précision éclatante.

Par conséquent, article du journal, suivi d'une lettre à la police.

L'inspecteur Bouvard a fait une enquête ; c'est un Résistant, un patriote, il n'a rien trouvé. Il a quand même invité, je le reconnais, la famille Fornier à se méfier.

Vous connaissez les résultats de cette descente de police. On a su, par la suite, que c'était Francisque Girard, un milicien de Bourg, influent, dont le fils est également milicien, qui avait adressé cette lettre, d'abord à *L'Action française*, ensuite à la police.

La défense dira peut-être : On l'a adressée aussi à la Gestapo. Mais alors, quand *L'Action française* se joint à la Gestapo, quand elle publie une lettre de dénonciation, quand la police en reçoit une, que se passe-t-il ? C'est que la police allemande, la Gestapo lyonnaise, qui, chaque jour, reçoit les numéros de *L'Action française*, qu'elle dépouille soigneusement, quand elle voit ces dénonciations, s'en empare. Voilà le résultat, il est terrible.

J'ajoute d'autres faits qui viennent à la suite.

Vous savez que le 1er février 1944 – je vous ai donné tout à l'heure un extrait de ce journal – Maurras fait état d'un numéro du journal *Le Droit de vivre*, organe de la lutte contre l'antisémitisme. Il écrit : « Il conviendrait d'avoir des nouvelles d'un certain Roger… » Je ne dis pas le nom. « … multimillionnaire, membre du Front populaire, qui figurait », etc.

Et il ajoute : « On serait curieux de savoir si sa noble famille est dans un camp de concentration, ou en Angleterre, ou en Amérique ou en Afrique du Nord, ou si, par hasard, elle a gardé le droit d'épanouir ses beaux restes de prospérité dans quelque coin favorisé ou non de notre Côte d'Azur[1] ».

Que s'est-il passé par la suite ? Je l'ignore, mais la dénonciation était formelle. Il s'agissait de la Côte d'Azur, et le nom du dénoncé figurait en bonne place sur *L'Action française*.

On vous a lu, au début de l'audience[2], la déposition de monsieur Paul Claudel, ambassadeur, qui déclare : « J'ai été averti par l'autorité administrative qu'à deux reprises monsieur Maurras m'avait dénoncé, une première fois comme inspirateur principal de *Témoignage chrétien*, et une deuxième fois dans des circonstances où un certain résultat paraît avoir été obtenu. En effet, un agent de la Gestapo s'est présenté à mon ancien domicile, 4, avenue Hoche, à Paris… »

Il le réclamait ; à ce moment, il avait quitté son appartement.

Je continue – et je m'en excuse – encore par des citations.

Le 25 février 1943, dans un article intitulé « Pour ceux qui devraient se cacher[3] », il écrit, en parlant des démocrates-chrétiens : « Il n'y aurait qu'à rééditer quelques colonnes de leur journal *L'Aube* pour envoyer ces messieurs par les voies les plus rapides jusqu'au poteau d'exécution. Ces dignes coauteurs de toutes nos détresses n'ont subi aucune punition appréciable. Champetier de Ribes s'est majestueusement retiré dans ses terres du Béarn. Bidault enseigne tranquillement l'histoire, une histoire à

---

1. Le texte exact est le suivant : « Nous avons sous les yeux un vieux numéro de ce *Droit de vivre*, organe de la Ligue internationale contre l'antisémitisme (la LICA) […]. Quelqu'un qui le lit avec nous voudrait avoir des nouvelles d'un certain Roger Worms, millionnaire et Front populaire, qui palabra parmi les orateurs du Conseil national extraordinaire de cette Ligue […]. On serait curieux de savoir si la noble famille est dans un camp de concentration, ou en Angleterre, ou en Amérique, ou en Afrique – ou si par hasard, elle a gardé le droit d'épanouir ses beaux restes de prospérité dans quelque coin, favorisé ou non, de notre Côte d'Azur ? », « Menaces juives », *L'Action française* du 2 – et non du 1er – février 1944. Voir l'article complet p. 1037.

2. Le mercredi 24 janvier 1945.

3. L'article s'intitule « Pour ceux qui devraient aller se cacher » et figure dans *L'Action française* du 26 et non du 25 février 1943.

sa mode, dans un lycée qui n'est pas loin. Je ne sais où Francisque Gay peut bien promener le remords ou l'inconscience[1]. Mais il n'est pas dit que la justice sera toujours manchote. Son poing solide peut s'abattre un jour ou l'autre sur ces scélérats[2]. »

Le 20 juillet 1943, nouvelle attaque contre MM. Bidault, toujours « professeur dans un lycée qui n'est pas loin », et Champetier de Ribes.

Le 29 septembre 1943, nouvelle récidive. Il désigne les démocrates-chrétiens et leurs chefs, MM. Bidault, Gay et Champetier de Ribes, comme faisant campagne en faveur de « leurs chers Anglais ». Il dit : « C'est de ce côté-là qu'une recherche bien menée ferait trouver de véritables conspirateurs[3]. »

Le 27 septembre 1941, il avait déjà attaqué monsieur Champetier de Ribes en disant : « Si j'avais l'honneur d'être le chef du parquet général d'une certaine ville du Sud-Ouest, rien ne me paraîtrait plus expédient qu'une certaine expédition dans les locaux du chef du parti démocrate-chrétien, Champetier de Ribes. »

Que se passe-t-il ? Ces dénonciations ont été faites en 1943, le 20 juillet, le 29 septembre 1943.

En mars 1944, à la suite d'un nouvel article, la Gestapo fait une descente, exactement le 23 mars 1944, dans le bureau de la rue Garancière, où MM. Gay et Bidault ont leurs bureaux. Elle arrête dix personnes. Trois sont actuellement en Allemagne. Je n'en dirai pas les noms, c'est inutile, elles peuvent courir là-bas des risques de représailles. Monsieur Francisque Gay vous a indiqué que deux d'entre elles avaient été affreusement mutilées, torturées pendant soixante-douze heures[4].

---

1. Ces trois hommes avaient été influencés par les idées de Marc Sangnier, qui fut le principal adversaire de Maurras dans les milieux catholiques.

2. L'extrait exact est le suivant : « Les cinq années 1935, 1936, 1937, 1938, 1939 débordèrent de leurs discours, de leurs articles va-t-en-guerre, il n'y aurait qu'à rééditer quelques colonnes de leur journal *L'Aube* pour convoyer ces messieurs, par les voies les plus rapides, jusqu'au poteau. C'est par eux que nous avons subi tour à tour l'invasion, la défaite, les douleurs qui devaient en sortir, celles de nos morts, de nos blessés, de nos prisonniers, de nos réfugiés vagabonds et de tant d'autres martyrs. Ces dignes coauteurs de toutes nos détresses n'en ont subi aucune punition appréciable. Champetier de Ribes s'est majestueusement retiré dans ses terres du Béarn. Bidault enseigne tranquillement l'histoire, une histoire à sa mode, dans un lycée qui n'est pas loin. Je ne sais où M. Gay peut bien promener le remords ou l'inconscience. Hier, je croyais au remords possible. Aujourd'hui, les excitations que ces messieurs font circuler à travers l'innocente jeunesse me font pencher pour l'inconscience. Mais il n'est pas dit que la justice sera toujours manchote. Son poing solide peut s'abattre un jour ou l'autre sur les scélérats. »

3. « Conspirations » et non « conspirateurs » (voir « Contre ceux qui essaient d'attirer la foudre », *L'Action française*, 29 septembre 1943).

4. Au cours de l'audience du 25 janvier 1945, à la question du président : « Quelles furent les conséquences de la perquisition de la Gestapo dans vos bureaux ? »,

J'ajoute une remarque : au moment de la perquisition, monsieur Gay vous l'a indiqué, un numéro de *L'Action française* se trouvait sur un bureau sous les yeux du chef, du commandant de la Gestapo qui travaillait et qui faisait la perquisition[1].

Je ne fais aucun commentaire, mais une simple constatation que je vous prie, Messieurs les Jurés, de bien vouloir retenir.

Ainsi, donc, voilà quatre dénonciations consécutives. Des personnes ont été nommément désignées. Les conséquences en ont été tragiques : fusillade, déportations, arrestations.

Maurras a été entendu à ce sujet. Qu'a-t-il dit ? Toujours le même principe. Quand il écrivait, ce n'était pas pour prévenir les Allemands, bien entendu, c'était simplement pour prévenir les victimes. Même quand il les désignait à la vengeance, il voulait prévenir, il voulait parer aux déficiences de la police.

Le résultat ? Quand on signale publiquement un patriote à des Allemands, que les Allemands prennent son nom, son adresse, que se passe-t-il ? Ce sont les arrestations. Nous ne sommes plus dans le domaine des idées – et je vous prie de le retenir – nous sommes dans le domaine du droit commun, de la dénonciation tout court. Livrer des patriotes français, des résistants à l'ennemi, les dénoncer, c'est de la trahison.

Maurras a également salué avec joie la création de la Milice. « Oh !... bonheur ! » (je me souviens des termes) « une institution nouvelle nous est née ».

Francisque Gay fit la réponse suivante : « Les conséquences sont trois arrestations de mes collaborateurs, dont mon gendre, dont je préférerais que le nom ne soit pas cité, même à l'audience, encore qu'il l'ait été à la radio, ce qui est extrêmement fâcheux pour des hommes qui sont aujourd'hui déportés. Il n'est pas exact, comme on l'a dit dans des journaux de Paris, qu'il y avait eu deux fusillés à la suite de cette perquisition. Pour ma part, je suis dans l'impossibilité d'établir qu'il y a eu une relation de cause à effet entre les délations de M. Maurras et la perquisition qui a eu lieu chez nous, et qui s'est terminée par trois arrestations et trois déportations. On a établi une souricière, et une douzaine d'amis qui sont venus me voir dans les jours qui ont suivi la perquisition, ont été arrêtés, mais relâchés après quinze jours ou trois semaines. Il n'y a donc eu que trois de mes collaborateurs définitivement déportés, dont nous sommes sans nouvelles, l'un était l'agent de liaison, par malheur, de Georges Bidault. »

1. « Lorsque la perquisition a eu lieu chez moi, je me trouvais, par un hasard providentiel, en tournée dans le Midi, entre Marseille et Toulouse. [...] À ce moment-là, de divers côtés, pendant une des journées de la perquisition – la perquisition a duré cinq jours – une des employées, rentrant dans mon bureau, avait trouvé, étalé sous les yeux de l'inspecteur de la Gestapo, un numéro de *L'Action française*. Elle a essayé de savoir la date de ce numéro. Elle s'est approchée, et immédiatement, elle a été bousculée. Elle n'a pas pu voir par exemple quel était le numéro. Il traîne peut-être dans mon bureau quelques numéros de *L'Action française*. Est-ce que c'est un ancien numéro ? Est-ce que c'est un numéro apporté par la Gestapo ? Je dois dire que je l'ignore complètement » (audience du 25 janvier 1945).

D'abord, il la félicite en indiquant qu'elle aidera puissamment les forces de police à réprimer la Résistance, à venir en aide au maintien de l'ordre, en somme, par sa rapidité d'exécution, à créer un climat favorable, un climat plus heureux, pour la police de Vichy. Il s'y est associé de grand cœur.

On l'a interrogé par la suite. Il vous a parlé de cas de conscience concernant les miliciens de l'Action française qui s'adressaient à leurs chefs pour savoir s'il fallait ou non continuer à rester dans la Milice ou, au contraire, s'en écarter. Maurras, dit-il, les a déconseillés.

Il est assez singulier, quand même, que la question se soit posée pour certains membres de l'Action française.

À ce sujet, je voudrais le dire hautement. Je ne fais pas le procès de l'Action française, Dieu m'en garde ! Je sais très bien que, parmi l'Action française, s'il y a eu des miliciens, s'il y a eu des Francisque Girard, ces bons Français dont parlait Maurras, qui maintenant luttent en Allemagne, il y en a qui se sont battus admirablement, qui ont résisté, qui sont morts, après avoir subi, pour certains d'entre eux, d'épouvantables tortures. Il y a eu des martyrs parmi les gens de l'Action française.

J'en arrive à une campagne particulièrement odieuse : celle contre le gaullisme en général.

Le 9 avril 1941, Maurras écrivait : « Les plus âpres, les plus longues des anciennes campagnes antigaullistes sont de nous et nous les renouvelons tous les jours[1]. »

Cet aveu mérite d'être retenu. Il n'y a pas un jour, un article dans *L'Action française*, où Maurras n'attaque les gaullistes qui entrent en lutte contre les Allemands, contre ceux qui se battent, qui veulent libérer la France. Tout lui est bon : l'injure quotidienne la plus vile, les calomnies, les mensonges, rien n'y manque.

Il vous indique : « Le mal qu'a fait la défaite est sans rapport avec le nombre des dissidents : cette petite poignée d'hommes aura servi de masque à toutes les hypocrisies[2]. »

Dans un autre ordre d'articles, quand il parle des difficultés de notre ravitaillement, c'est la menace gaulliste, ce sont les affameurs. Et il ajoute : toute la pègre est unie en faveur du gaullisme.

Après ses invectives Maurras réclame des sanctions sévères contre les membres de la Résistance et tous les fonctionnaires restés fidèles au régime disparu, ces derniers doivent être « saqués » sans pitié.

1. En réalité dans *L'Action française* du 9 août 1941 et non celle du 9 avril.

2. Le texte exact est le suivant : « Le mal qu'a fait la dissidence est sans rapport avec le nombre et l'importance des dissidents. Cette petite poignée d'hommes aura servi de masque à toutes les hypocrisies, de prétexte et d'appât à toutes les tromperies. » Il figure dans *L'Action française* du 9 mai 1942.

Il demande l'application plus fréquente de la peine capitale. « Je ne suis pas sûr, dit-il, qu'une application plus fréquente de la peine de mort si souvent méritée n'apporterait pas un premier allègement au problème » (*L'Action française*, 20-21 mars 1943[1]).

Maurras va plus loin encore. « Si la peine de mort ne suffit pas pour venir à bout du gaullisme, il faut prendre des otages parmi les membres de leur famille et les exécuter » (*L'Action française*, 30 août-1er septembre 1943[2]).

Il y a pire : vous connaissez le procès Pucheu[3], la peine de mort a été prononcée par la cour de justice d'Alger. Cette condamnation, qui menaçait beaucoup de personnes en France et en faisait trembler d'autres à l'approche de la libération que certains voyaient à l'horizon, les faisait trembler.

Alors, pour empêcher ces condamnations, eh bien Maurras suggère quoi ? La prise d'otages parmi les proches et les parents de ce qu'il appelle les « bourreaux » d'Alger.

Voilà comment est traitée la justice française par Maurras.

Chaque fois que l'armée française de la libération se bat, lutte pour la France, meurt pour la France, Maurras la critique violemment ; quand une possession combat pour sa libération, quand la Syrie est libérée, qu'écrit Maurras : « Nous souhaitons aux généraux de Gaulle et Catroux[4], dont les troupes libèrent la Syrie, la pile, la grande pile qu'on souhaite de tout cœur[5] » (*L'Action française*, 10 juin 1941).

Contre ces chefs, je crois inutile de revenir à toutes les injures ; elles reviennent quotidiennement sous la plume de ce polémiste. Il n'y a pas un jour où les injures les plus viles, les plus méchantes qu'il peut trouver dans son imagination ne soient proférées à l'égard des chefs de la Résistance.

Quand d'autres colonies sont libérées, chaque fois que d'autres possessions d'Afrique s'étendent, que notre armée entre en triomphatrice dans une ville qu'elle libère sur de nouveaux territoires, il pousse des cris de haine.

À la suite du débarquement des Alliés en Algérie, il regrette que certains officiers français qui ont facilité le débarquement n'aient pas été exécutés (*AF* 7 février 1943). Il ajoute le 27 avril 1943 : « Les gaullistes sont des

---

1. Nous n'avons pu trouver le numéro de *L'Action française* dans lequel figure ce passage : ce n'est pas dans celui des 20-21 mars 1943.

2. Là encore, nous ne savons pas dans quel(s) numéro(s) de *L'Action française* figure ce passage : il n'est pas dans celui du 30 août, ni dans ceux du 31 août ou du 1er septembre 1943.

3. Ministre de l'Intérieur de Vichy en 1941, fusillé en 1944.

4. Ancien gouverneur général de l'Indochine, rallié à de Gaulle.

5. L'extrait exact est le suivant : « Conseil de guerre ou Cour martiale, la justice française s'est prononcée sur le cas de MM. de Gaulle et Catroux. Mais, par exemple, en Syrie, ils mériteraient une pile, la grande pile, celle qu'on leur souhaite de tout cœur ! », « Contre l'unité de la France », *L'Action française* du 11 – et non du 10 – juin 1941.

partisans armés qui n'ont rien de régulier et qu'une armée française aurait le droit de fusiller à toute capture[1]. »

Que peut-on dire de plus, est-il besoin de commenter ces lignes ? Je le crois inutile.

Les soldats français, gaullistes même, tombant au champ d'honneur, sont par lui injuriés, sont par lui piétinés, c'est le cas de le dire, quand ils se battent pour libérer la France.

Dans un article de *L'Action française* du 8 octobre 1943[2], il publie sous la rubrique « Les Noms » – encore une lecture, je m'en excuse : « À la chute de leurs appareils dans la Seine, trois des aviateurs bombardeurs de Paris[3] ont été capturés. Interrogés par les Allemands, ils ont avoué leur qualité de gaulliste et par conséquent de Français. Nous ne perdrons pas notre temps en invectives ni en lamentations. Il ne nous appartient pas davantage de requérir le châtiment de compatriotes ainsi tombés entre les mains de l'étranger. Notre rôle est plus simple : il consiste à demander que ces misérables ou ces malheureux soient connus par leurs noms, leurs prénoms, leurs métiers, lieux de naissance et d'origine, tout ce qui peut permettre de les identifier ; cette identification bien déterminée leur infligera le pilori moral qu'ils ont mérité… »

À la suite de la parution de cet article, j'ai reçu – plus exactement M. le Président, vous avez reçu – une lettre de M. Valin, chef de l'état-major général de l'armée de l'air. J'en donne lecture ainsi que j'en ai demandé la permission à M. le Président en vertu de son pouvoir discrétionnaire. Elle est ainsi conçue :

> Monsieur le Président,
>
> C'est en ma qualité d'ancien combattant des forces aériennes françaises libres que j'ai estimé nécessaire de témoigner.
>
> C'est au nom des meilleurs fils de France ralliés depuis 1940 sous le signe de la croix de Lorraine, dans le noble but de libérer leur pays, que je viens rétablir l'exactitude des faits dénaturés par M. Charles Maurras dans son article du 8 octobre 1943. C'est au nom de tous ceux qui sont tombés depuis quatre années dans tous les ciels de bataille du monde que je viens demander justice contre leurs diffamateurs.

1. Ce passage ne figure pas dans *L'Action française* du 27 avril 1943. Quant à l'allusion aux officiers français « qui ont facilité le débarquement », que Thomas dit provenir du quotidien du 7 février 1943, elle n'y apparaît pas non plus à cette date (numéro du 6-7 février).

2. Nous n'avons pu trouver le numéro de *L'Action française* dans lequel figure ce passage, qui n'est pas dans celui du 8 octobre (peut-être est-il dans le numéro du 7 octobre, ou dans celui du 16, les seuls dudit mois d'octobre 1943 à ne pas être disponibles sur le site Gallica de la BNF, où sont disponibles quasiment tous les numéros de *L'AF* – 12 937 très exactement – de 1908 à 1944).

3. Les bombardements du 3 octobre 1943 ont été menés par le groupe « Lorraine » (auquel a appartenu le capitaine navigateur Pierre Mendès France jusqu'en novembre 1943). Les cibles étaient la centrale électrique et la station de transformation de Chevilly-Larue, au sud de Paris.

Je ne reprendrai pas l'article écrit par M. Charles Maurras, il est au dossier ; je ne raconterai pas les faits relatifs au bombardement du 3 octobre 1943. Le lieutenant Luchési, l'un des acteurs de cette opération, un pilote de cet équipage, a été désigné par mes soins pour rétablir la vérité…

Par l'audition de ce témoin, Messieurs, je comptais vous faire entendre la voix de l'armée française, mieux que je ne pourrais le faire moi-même. Il vous aurait expliqué comment cela s'est passé. Un artifice de la procédure m'en a empêché, je le regrette bien sincèrement. Je m'excuse auprès de vous, Messieurs les Jurés, de ne pouvoir vous faire entendre la voix de ces héros qui se sont battus pendant des années.

Le général ajoute :

Je tiens, par conséquent, à affirmer que les objectifs assignés aux escadrilles de Forces aériennes françaises libres ont toujours été de caractère strictement militaire.

Par ailleurs, je suis fier de dire que les tirs de nos équipages ont toujours été extrêmement précis : les photos prises à chaque mission en sont la preuve, en particulier le bombardement de Chevilly-Larue.

Pour ajouter un élément de plus à la précision habituelle, ce sont des canons de petits calibres qui ont abattu nos deux avions ; à quelques centaines de mètres plus haut certainement aucune perte n'aurait été subie.

Nos camarades qui reposent au cimetière de Charenton sont morts pour avoir voulu épargner des vies françaises[1]. Ils ne sont hélas pas les seuls, puisque le groupe "Lorraine" a perdu jusqu'à ce jour 112 tués ou disparus.

L'ensemble des pertes des Forces aériennes françaises libres compte 556 tués ou disparus. À ma connaissance, je n'ai jamais vu dans aucune guerre un effectif renouvelé deux ou trois fois.

Voici, Monsieur le Président, toute la vérité sur les soi-disant bombardeurs de Paris.

Signé : Valin

Je tiens ce document à la disposition de la défense.

Maurras a mené également d'autres campagnes très violentes contre les communistes. Il se rendait bien compte que les partisans communistes étaient, plus que beaucoup d'autres, ligués contre l'envahisseur, que, chez eux, se trouvaient les résistants, que, parmi eux, se trouvaient les plus farouches des patriotes qui défendaient le sol français[2].

Quelles campagnes il a menées ! Sans cesse il les désigne à la répression, à chaque instant, à chaque occasion il exige des représailles contre ce parti.

Encore des citations : « Il faudrait que d'énergiques mesures soient prises à bref délai telles que l'exécution sommaire, pour chaque attentat commis, d'un certain nombre d'otages pris avec soin dans les prisons qui

1. Au cours du bombardement, l'avion Douglas « Boston » du lieutenant Yves François Lamy est touché. Afin d'épargner les habitations vers lesquelles il se dirige, le pilote détourne son appareil et percute le pont de Tolbiac avant de s'abîmer dans la Seine. Aucun des quatre membres de l'équipage ne survécut.

2. Thomas oublie de rappeler que le parti communiste avait été en contact avec l'Occupant en 1940, suivant en cela les consignes de l'URSS, alliée à l'Allemagne nazie depuis l'année précédente.

abritent les meneurs communistes… À défaut de pouvoir s'emparer des exécutants de l'attentat, le dur régime des otages ainsi choisis parmi les chefs communistes est peut-être terrible, il serait terrifiant[1]… » (*L'Action française*, 30 août 1943.)

« Ceux qui ont attiré des représailles contre la France les subiraient aussi de sa part. On annonce enfin que les voilà condamnés à mort. Mieux vaudrait traiter un certain nombre de prisonniers communistes comme otages et les exécuter sans tarder[2]… » (*L'Action française*, 8 septembre 1943.)

À la suite de nouveaux actes de la Résistance, il écrit, le 27 septembre 1943 : « Je reprends la proposition : puisqu'on tient en gage quelques-uns des chefs du mouvement communiste auquel nous devons ces homicides éhontés, pourquoi ne pas faire un tri parmi eux et ne pas passer par les armes les plus hauts gradés, en attendant que les coupables directs enfin saisis soient châtiés ? »

D'ailleurs, Maurras assimile aux communistes certains suspects, « les protégés de Blum, de Daladier et de leur survivance encore en liberté » et il demande contre eux une énergique, une ardente et efficace répression (12 novembre 1943[3]).

Est-il besoin de commenter ces lignes ? d'y ajouter quelque chose. Quand il parle, en fait de violence, on ne peut rien ajouter… – je serais en dessous. La Cour peut être édifiée sur ce qu'il demande.

Voilà quelles sont ses exigences, quelles sont ses demandes, demandes d'arrestations d'otages. Y a-t-il quelque chose de plus odieux que ce procédé qui consiste à prendre d'innocentes victimes et leur faire supporter les fautes ou prétendues fautes des autres ? C'est peu français !

Est-ce que cela fait bien partie des doctrines maurrassiennes ?

On arriverait à demander qu'on arrêtât les otages aussi bien communistes que gaullistes, que les parents des chefs de notre armée d'Afrique. Voilà où aboutit la doctrine maurrassienne.

Comment ceci peut-il s'appeler ? Je crois qu'il n'y a pas de discussion possible : c'est de la trahison. En faisant des campagnes odieuses, Maurras

---

1. En réalité dans *L'Action française* du 31 août 1943.

2. L'extrait exact est le suivant (Maurras réagit aux récents bombardements alliés) : « Que Paris, Poitiers, Lyon soient ainsi ensanglantées par des criminels de droit commun passés à la propagande communiste, cela ne ressemble pas mal au genre de beauté de ces malheureux. Qu'ils arrivent à faire accepter d'un certain nombre d'autres malheureux le prétexte ou l'excuse du patriotisme, c'est un sujet nouveau d'admirer le point de décadence auquel en est venue une part de l'esprit public. On annonce enfin que les voilà condamnés à mort. Mieux vaudrait traiter un certain nombre de communistes prisonniers comme des otages et les exécuter sans tarder. Ceux qui ont attiré des représailles sur la France les subiraient aussi de sa part », « Autres violences à condamner », *L'Action française*, 8 septembre 1943.

3. En réalité dans *L'Action française* du 11 novembre 1943.

a commis le pire des crimes, celui que je lui reproche aujourd'hui et contre lequel il s'insurge.

Il se prétend très loin de l'Allemagne ; tous ses disciples fervents vous l'ont dit. Mais qui est-ce qui a commencé par le dur régime des otages ? c'est bien ce pays, et sur ce point Maurras rejoint les doctrines allemandes. Je le constate au passage.

Vous savez, Messieurs, qu'après l'instauration du STO[1], et malgré les articles de Maurras pour encourager les jeunes gens qui en étaient les victimes à partir outre-Rhin, un certain nombre d'entre eux, beaucoup d'entre eux ont quitté la France, quand ils l'ont pu, et rejoint l'armée gaulliste ; d'autres ont gagné ce qui a été appelé le « maquis ».

Ce maquis, qui a commencé à faire parler de lui, a naturellement soulevé le courroux de Maurras. À chaque instant celui-ci le dénonce : il faut, par tous les moyens, attaquer les patriotes ; il les discrédite ; il feint de ne voir dans le maquis qu'un ramassis de voyous, appartenant à la pègre internationale. Il parle sur un ton de fausse pitié de ces jeunes Français qui se sont résolus ou résignés à mener une existence de misère et de banditisme, délinquants politiques errant sur la lisière de la criminalité de droit commun.

Henriot[2] n'avait pas dit autre chose. Lui aussi a été un insulteur du maquis ; je reconnais qu'il dépassait Maurras, car en fait d'insultes, il était difficile d'aller plus loin qu'Henriot. Voilà Maurras qui se joint à lui.

Le maquis, c'était la Résistance sous toutes ses formes ; c'était d'abord le fait par les jeunes gens d'échapper au STO, ensuite c'était la création de l'armée de la libération, en attendant qu'elle pût être armée, encadrée, équipée, et qu'elle pût lutter contre l'Allemagne.

Pour Maurras, la répression contre le maquis est inefficace, les peines d'amende ou de prison insuffisantes, il réclame contre les patriotes la peine de mort. Si l'on veut en finir, on ne peut plus compter sur les lois anciennes ni sur les tribunaux existants, eussent-ils été érigés en tribunaux d'exception ; la loi martiale doit être proclamée, la Cour martiale établie et dans les quarante-huit heures les criminels interrogés et exécutés (*L'Action française*, 12 octobre 1943[3]).

---

1. Le Service du travail obligatoire. Vichy, par la loi du 16 février 1943, astreint au travail obligatoire en Allemagne les jeunes Français par tranches d'âge successives. Convocations et rafles se succèdent et marquent un tournant décisif dans l'histoire des organisations de la Résistance. Le maquis en effet devient alors consubstantiel au STO : c'est la montée spontanée dans les montagnes de jeunes réfractaires fuyant la réquisition.

2. Venu de la droite catholique, Henriot fut secrétaire d'État à la Propagande de Vichy. Il fut abattu par des résistants.

3. En réalité, dans *L'Action française* du 11 octobre 1943, et non celle du 12 : « Il tombe sous le sens que les attentats contre l'occupant ne peuvent que se tourner aux dépens de l'occupé, et par extension, aux dépens de toute la patrie elle-même. [...]

Quand, maintenant, nous poursuivons les gens pour trahison, on y met un peu plus de temps ; leurs explications demandent quelquefois plus de deux jours, c'est tout à l'honneur de la justice d'aujourd'hui ; mais quand c'est Maurras qui le demande, c'est sans pitié qu'on doit les juger, sans les entendre, ils doivent être exécutés sur-le-champ. Vous connaissez le fonctionnement des Cours martiales : le prévenu, sur un simple rapport de police, sans être entendu, sans défenseur, est jugé, condamné sans qu'il ait pu recevoir ni le secours d'un avocat, ni quoi que ce soit qui puisse servir à la défense. Maurras ajoute : « Pour réprimer les offenses subies par les patriotes, nous répétons qu'il doit y avoir à Toulouse comme à Grenoble des têtes de communistes et de gaullistes connus. Ne peuvent-elles pas tomber ? L'important est de trier, de juger, de condamner, d'exécuter. On ne rétablira qu'à ce prix une ombre de sécurité[1]. »

J'arrive, Messieurs – nous sommes en février 1944 où un certain nombre d'articles de *L'Action française* ont paru – au drame des plus émouvants de la Résistance, j'en arrive à ce qui s'est passé en Haute-Savoie, au plateau des Glières. Je m'excuse d'y revenir, mais Maurras en a parlé et c'est bien mon tour d'aller défendre ceux qu'il a si injustement accablés de critiques.

Le plateau des Glières se trouve entre Annecy, Bonneville et Petit-Bernard ; l'accès de ce plateau assez élevé est défendu par des montagnes abruptes, par des forêts ; les voies d'accès sont rares, facilement défendables. Pour cette raison, des jeunes gens s'y étaient réfugiés. Ils sont cinq

---

Tout cela porte le signe de la folie, d'une folie plus ou moins collective, mais cruelle, mais sanguinaire et dont il faut que l'État, je dis l'État français vienne à bout, à tout prix. Mais ce n'est pas par des raisonnements ou des objurgations qu'il pourra en triompher au point où en sont les choses. La répression ne sera pas obtenue davantage par des amendes pécuniaires [...]. Quant à la prison, [...] elle ne fait pas peur non plus [...]. Alors ? Alors il ne subsiste que le châtiment radical d'où l'on ne revient pas : seul actif et seul exemplaire. Pourquoi la peine de mort est-elle si rarement appliquée à des gens qui ont tué ? [...] On accuse avec raison les Anglo-Américains de s'en prendre indistinctement aux combattants et aux civils. Par l'inertie de la justice, ou sa faiblesse, on commet un pire forfait : c'est la vie civile tout entière que l'on ébranle et que l'on détruit. Si l'on veut en finir, et il faut en finir, on ne peut plus compter sur les lois anciennes ni sur les tribunaux existants, eussent-ils été érigés en tribunaux d'exception : la loi martiale doit être proclamée, la cour martiale établie et, dans les quarante-huit heures, les criminels interrogés, jugés et exécutés » (« Les modes d'une répression efficace »).

1. Le texte exact est le suivant : « Nous répétons qu'il doit y avoir à Toulouse comme à Grenoble des têtes de communistes et de gaullistes connus. Ne peuvent-elles pas tomber ? Nous ajoutons qu'il ne suffit pas de s'assurer des gens comme, paraît-il, on le fait, puis qu'on se flatte de quelques milliers d'arrestations. L'important est de trier, de juger, de condamner, d'exécuter. On ne rétablira qu'à ce prix une ombre de sécurité. Quand des sanctions frappées un peu haut ne serviraient que d'exemple, ce serait un bon pas du côté de la paix publique », « Les deux listes », *L'Action française*, 3 janvier 1944.

à six cents[1] ; ils étaient commandés, avant qu'il ne fût assassiné[2], par le lieutenant Tom – nous savons son nom – le lieutenant Tom Morel, du 27e bataillon de chasseurs alpins. Cet officier, plein de valeur, avait autour de lui des sous-officiers qui encadraient ses troupes. C'était là-haut que battait le cœur de la France ; c'était là le centre du maquis. Là flottait le drapeau à la croix de Lorraine ; les issues étaient soigneusement gardées, le plateau était bien défendu.

D'abord la Milice, les GMR[3] s'y frottèrent, mais ils y furent si vertement reçus qu'ils n'insistèrent pas. En Allemagne, cela faisait mauvais effet ; des avions anglais avaient jeté des armes, des munitions, trop rares malheureusement.

La campagne commence. Le préfet de la Haute-Savoie, le général Marion, est désigné ; il rassemble ses troupes ; la Milice, les GMR sont là. Comme je vous l'ai dit, quelques accrochages, mais rien de sérieux. Mais alors l'Allemagne vient à la rescousse contre le maquis ; combien de milliers d'hommes ? Je ne sais ; ils combattaient, peut-être, à vingt contre un ; artillerie, avions, tout s'y mêle. L'assaut au plateau est donné, les combats s'engagent.

Nous avons suivi à la radio, avec quelle angoisse, les péripéties de ce drame. Nous savions que chaque fois qu'un poste du maquis tombait, des hommes étaient torturés et exécutés. Les Allemands étaient là ; derrière venait la Milice, peut-être pour achever les blessés, fusiller les fermiers du voisinage qui avaient recueilli les échappés du massacre.

Le combat fut impressionnant. Près de deux cent cinquante d'entre eux trouvèrent la mort. Je n'invente rien ; il a paru il y a quelque temps à Lyon, au centre d'information, une série de photos, de documents concernant le plateau des Glières ; tous les Lyonnais ont pu les voir et tous ceux-là qui sont dans la salle ne contesteront pas mes paroles. La vaillance du maquis est célébrée par tous les journaux, de la presse helvétique en particulier.

Que recueille-t-on du côté français ? La haine d'Henriot[4], les injures, la boue que l'on jette à ces hommes. Quand le maquis est vaincu à vingt

---

1. Le 31 janvier 1944, alors que la Haute-Savoie est mise en état de siège par les autorités françaises, 120 hommes arrivent sur le plateau, commandés par le lieutenant Morel. Rejoints par les Francs-tireurs et partisans (FTP) et des républicains espagnols en février et mars, ils forment un bataillon d'environ 450 hommes. Voir « Glières (maquis des) », dans François Marcot (dir.), *Dictionnaire historique de la Résistance*, Robert Laffont, coll. « Bouquins », 2006, p. 723-724.

2. Le 10 mars 1944.

3. Groupes mobiles de réserve.

4. La bataille des Glières fut aussi une bataille radiophonique entre Maurice Schumann, qui lance le 2 février 1944, sur les ondes de la BBC, un appel aux patriotes retranchés sur le plateau – il devient le porte-voix des résistants –, et Philippe Henriot, secrétaire d'État à l'Information et à la Propagande du régime de Vichy, qui vilipende sur Radio-Paris, dès le mois de janvier, deux fois par jour, les « terroristes apatrides », les « traîtres sanguinaires » et les « communistes assassins ».

contre un, ces malheureux sont là prisonniers avant d'être exécutés, et ils sont l'objet d'insultes, leur chef également.

Qu'est-ce qu'écrit Maurras ? Parce que là nous sommes en pleine lutte, en pleine bataille, en plein combat ; les Français de la Résistance luttent à un contre vingt ; il y a non seulement le nombre contre eux, mais il y a le matériel auquel ils ne peuvent opposer que leurs poitrines et leur courage ; ils tombent.

Oui ou non, a-t-il trahi son pays en favorisant les entreprises de l'ennemi contre la France ? C'est intéressant de le savoir. Il écrit le 24 février 1944[1] :

« Vers l'expiation.

« Au cours des opérations menées en Haute-Savoie pour le maintien de l'ordre (ou le retour à l'ordre), un officier a été tué ainsi que trois gardes : le capitaine Jung, les gardes Carriou, Lansallot et Couty. M. le général Marion, préfet de la Haute-Savoie, a prononcé, le 14 février, sur les quatre tombes ainsi ouvertes par la guerre civile, une allocution qu'il importe de reproduire et de propager. En voici d'abord le texte :

« "Bien douloureux devoir que de rendre un dernier hommage, au nom du gouvernement, au capitaine Jung, aux gardes Carriou, Lansallot et Couty, tombés au service de la France !

« "Au service de la France, c'est-à-dire au service de l'ordre dans la France, de l'ordre dans notre beau pays déchiré par d'inconcevables divisions, dont le département de la Haute-Savoie donne, hélas ! le si triste exemple.

« "La mort des braves gens n'est jamais inutile : en tombant sous des balles tirées sur ordre d'hommes de votre sang, gardes du 5e régiment, vous avez déchiré le masque qui recouvrait leurs aberrations." »

Et le préfet de la Haute-Savoie continuait : « Ceux que nous pleurons aujourd'hui et qui dorment maintenant leur dernier sommeil, ce sont, et je m'adresse aux populations de la Haute-Savoie, ceux qui, souvent malgré vous – car il est triste de penser que la peur seule commence à faire réfléchir certains – sont venus pour vous protéger contre toutes les exactions et tous les crimes, contre les réactions aussi dont vous avez eu en maints endroits à subir les rigueurs. Car celui qui paie, en définitive, c'est bien toujours le Français[2]. »

Et Maurras écrit en commentant ces paroles odieuses : « Pour la patrie, il faut comprendre la haute portée des paroles du général Marion. Ce n'est évidemment pas de gaieté de cœur qu'il a dû, dû par devoir, ce qui n'est pas un pléonasme, s'engager dans l'austère chemin de ces répressions nécessaires. Une incidente de son discours s'adresse, avec justesse, à des insensés en qui l'anarchie du maquis a éveillé une certaine complaisance aussi longtemps que "la peur" ne s'en est pas mêlée. Mais la peur est venue. Enfin ! et salutaire ! et purificatrice et illuminante. Notre interlocuteur

1. En réalité dans *L'Action française* du 23 février 1944 et non celle du 24.
2. Neuf mois plus tard, le général Marion fut exécuté par des résistants.

d'avant-hier nous disait, lui aussi, que le pays n'a été retourné contre le banditisme qu'à partir du moment où il en a souffert très directement et s'est mis à craindre le pire. Auparavant, c'était pris pour un jeu presque innocent. Le jeu est devenu terrible. Et maintenant ce sont les défenseurs de l'ordre qui sont applaudis pour ce qu'ils rendent au pays la respiration de la paix. »

Et, plus loin : « Ces chefs félons, ne sont heureusement pas tous des Français. Il s'en est trouvé, cependant, pour écouter "la voix lointaine de l'Étranger", utiliser son or et ses machines et pour jouer les patriotes aux côtés de la "racaille internationale" ! Un seul mot peut être prononcé sur eux : celui de criminels, si l'on ne veut arguer de quelque ivresse peu lucide. Mais la pire de ces folies se dégrise devant le sang. »

Et il ajoute : « Ils avaient toute liberté quand ils s'y sont placés, et ce ne sont pas les mises en garde ni les adjurations des patriotes clairvoyants qui leur ont manqué. C'est presque volontiers qu'ils ont fait la nuit dans leur cerveau, de manière à laisser entrer de la boue dans leur cœur. Leur responsabilité est épouvantable. Si, ce dont l'on peut douter, s'il subsiste en eux une ombre de conscience, elle doit endurer des transes cruelles. »

Voilà en quels termes Maurras parle des héros du plateau des Glières, des plus beaux combattants de la Résistance.

On l'a interrogé sur ce fait. Que vous a-t-il répondu ? Ce mot odieux en évoquant les attentats, parce que le maquis se défendait, il vous a répondu : « Que Messieurs les assassins commencent[1] », ces mots célèbres.

Messieurs les Jurés, vous répondrez à ce mot et vous direz de quel côté se trouve l'assassin.

[suit un paragraphe consacré à Maurice Pujo]

En ce qui concerne Maurras – nous arrivons à mes conclusions, je n'ai pas retenu longtemps l'attention de l'auditoire, j'ai voulu parler simplement des faits, invoquer des passages trouvés au dossier, je me suis servi des articles émanant de Maurras, je n'ai rien inventé – il vous a parlé ; c'est sur sa voix, c'est sur ce qu'il a écrit que vous allez le juger. Il ne peut pas le renier, il en a la paternité absolue.

Comment ce polémiste qui pendant cinquante ans a lutté contre la démocratie, en est-il arrivé là ? Tous les témoins vous ont dit : il était incapable de trahir, de rien faire. Et cependant les faits sont indéniables, indiscutables.

Comme je vous l'ai indiqué au début de l'audience, je ne fais pas ici un procès d'opinion, je l'ai jugé sur ses faits, sur ses dénonciations, polémiques de presse, campagnes antinationales. On ne peut pas ergoter sur

1. « Si les assassins commencent, il faut appliquer plus souvent la peine de mort » (Charles Maurras, audience du 24 janvier 1945).

ce que je viens d'indiquer ; je n'ai rien inventé ; vous pouvez le constater par vous-même à la lecture des journaux d'Action française.

Les faits sont établis, nets, précis. La responsabilité de Maurras est entière. Ce vieillard est d'une lucidité parfaite. C'est un théoricien, un doctrinaire absolu. Quand on lui a dit au cours des audiences : vos théories vous entraînent bien loin, vous favorisiez l'Allemagne par certains côtés, il vous a répondu : Qu'y puis-je ? C'est le doctrinaire, celui qui a des œillères, qui plane, et cependant, au bout, voilà la réalité : les patriotes fusillés, dénoncés et des insultes contre notre armée et ses chefs.

Maurras a fait un mal immense à la France par son talent, d'abord, par son génie d'académicien.

Il s'est recommandé de hauts personnages militaires. Mais je peux vous dire aussi : le petit-fils de Clemenceau est mort en Syrie pour la libération[1], le petit-fils du maréchal Foch[2] a été blessé grièvement devant Dakar. Ces héros sont là, ils ont des droits. Ils ne sont pas maurrassiens, eux, ils ne suivent pas l'Action française. Ils se battent pour libérer leur pays.

Bien souvent, au cours de cette guerre, dans certains pays restés encore neutres, les germanophiles qui savent toujours utiliser leur propagande, et qui sont toujours légion dans ces pays, ont tiré des flèches dans le carquois que tous les jours leur apportait *L'Action française*. Ils s'en sont servis. Pourquoi donc ? Pour glorifier le gouvernement soi-disant légal, pour combattre la Résistance, pour combattre les patriotes ; ils ont lutté ; ils ont peut-être empêché l'arrivée des armes aux gares du maquis.

Et puis, Messieurs, il y a quelque chose d'odieux que je vois malheureusement tous les jours, c'est le poison maurrassien.

Il a inoculé le venin à certaines personnes. Il est quand même lamentable – nous nous en rendons compte devant la cour de justice – de voir des combattants de la Grande Guerre qui se sont battus admirablement, qui ont lutté sur le champ de bataille avec un patriotisme évident, qui sont mutilés dans leur chair. Eh bien, comment ces gens-là sont-ils arrivés, soit à faire partie de la Milice, soit à y envoyer leur fils ? C'est quelque chose d'absolument invraisemblable. On les interroge, et souvent, ils sont d'Action française, je ne dis pas : toujours, mais souvent, malheureusement.

Quel est le responsable ? C'est Charles Maurras, c'est indiscutable.

Il vous dira, comme tous les doctrinaires, « si mes disciples ont abusé de ma pensée… ». Quand on est comme lui un polémiste, qu'on écrit si

1. Le commissaire du gouvernement confond sans doute avec quelqu'un d'autre : nul petit-fils de Clemenceau n'est mort en Syrie pendant la Seconde Guerre mondiale.

2. Le commandant Jean Bécourt-Foch, qui a bel et bien participé à l'expédition de Dakar en septembre 1940, est mort dans un accident aérien le 15 août 1944, à Oran. Il sera fait Compagnon de la Libération trois mois plus tard (décret en date du 21 novembre 1944).

souvent, quand tout le monde peut lire ses articles, sans les comprendre parce que ceux de Maurras ne sont pas toujours saisissables, c'est une responsabilité qu'il endosse, non seulement parmi les victimes, non seulement parmi la Résistance, mais également parmi ceux qui ont combattu la Résistance et qui sont en voie d'être jugés, condamnés et quelquefois exécutés.

D'ailleurs, comme je vous l'ai dit au début de cet exposé, cet homme a des œillères, il n'y a pas d'autre expression.

Quel est le patriote ? C'est lui. Le criminel ? Il vous l'a dit : c'est moi. Il faudra quand même, par votre verdict, nous départager ; c'est à cela que nous devons arriver.

Je me résume rapidement : Maurras a été diffamateur d'honnêtes soldats et de leurs chefs ; il menait des campagnes violentes contre eux. L'armée, tous ceux qui se battent encore sur le front, tous ces soldats qui luttent et qui tombent tous les jours, ils en ont assez d'avoir été salis, diffamés, de voir en face d'eux certains miliciens qui, sous l'uniforme allemand, font feu contre eux. Ils ont le droit d'être protégés. Il ne faut pas oublier que notre pays est en guerre.

Toute faiblesse de votre part contribuerait à affaiblir le moral de notre armée. Ces hommes qui luttent ont le droit d'être défendus de toutes les façons, aussi bien des campagnes de presse que de la calomnie.

Je n'ai pas eu l'occasion de faire entendre la voix de notre armée, mais vous la comprenez. Ma faible voix n'est peut-être pas suffisante pour exprimer tout ce que pensent nos soldats. Voyez vous-mêmes la gravité de ce qu'a fait Maurras contre nos soldats.

Maurras a été le partisan de la Milice. Il a loué le général Marion, le général bourreau de la Haute-Savoie ; il a été l'instigateur de la prise d'otages et de leur exécution. Il a été complice par toutes ses campagnes d'otages, de communistes, de Juifs. Nous en sommes revenus aux faits de droit commun ; eh bien, ils sont graves : dénonciations précises et exécutions.

On vous dira – la défense ne manquera pas de plaider, car on vous a lu des lettres – que Maurras est le plus grand talent de la France, que c'est un génie. C'est certain. Mais la responsabilité se mesure également au talent et au génie. Il est âgé : soixante-seize ans, c'est un vieillard, et on vous demandera pitié pour lui.

Eh bien, quand un vieillard fait tuer des jeunes gens, il ne mérite aucune pitié.

Je ne suis, Messieurs, pas seul à cette barre ; j'ai, derrière moi, tout un cortège d'ombres qui m'accompagnent : ce sont les morts du maquis, les morts israélites, tous les fusillés, les torturés, ceux qui, à l'heure actuelle, meurent en Allemagne. Ceux-là aussi, Messieurs, vous demandent justice. Je ne sais pas si je me fais suffisamment entendre. J'ai sur moi une écrasante et terrible responsabilité, car je parle au nom de tant de morts, de tant de torturés, c'est en leur nom, Messieurs, que je demande justice.

Une seule peine doit être appliquée à Maurras, c'est la peine de mort. Il n'y a pas d'autre solution, je vous la demande instamment.

Quant à ce qui concerne son complice Pujo, vous apprécierez s'il doit ou non partager le sort de son maître.

L'audience est levée.

Le lendemain, après une suspension prolongée due à l'absence d'un juré qui est aussitôt remplacé par un suppléant, l'audience est reprise, et la parole est donnée au ministère public pour une communication.

M. LE COMMISSAIRE DU GOUVERNEMENT THOMAS. – J'ai à donner connaissance à la Cour de deux télégrammes que je viens de recevoir.

Un des témoins de l'accusation, le capitaine Stéphane[1], se trouve en mission au Front. Il s'excuse de ne pouvoir venir. Il maintient intégralement sa déposition contre Maurras.

Maintenant, en ce qui concerne M. Worms, qui a été tué, ainsi que je l'indiquais dans mon exposé des faits[2], à la suite d'une dénonciation de Maurras, parue dans *L'Action française* du 1er février 1944[3], j'ai voulu faire vérifier le fait, puisqu'on m'a indiqué que la date de la mort était à peu près concomitante.

Hier, dans mon réquisitoire, je n'en ai pas parlé. J'ai fait état de la dénonciation, mais je n'ai rien dit des résultats, afin d'être absolument certain de ce qui s'était passé. Pour cela, j'ai envoyé un télégramme. Voici la réponse : « En janvier 1944, Worms domicilié à Saint-Jean-Cap-Ferrat, a été enlevé et tué dans l'arrondissement de Draguignan. Me suis dessaisi au procureur de la République de Draguignan à qui je demande par télégramme de vous renseigner. »

La mort était de janvier 1944, je constate que la dénonciation était du 1er février[4] de la même année, à quelques jours près. C'est dans un souci d'objectivité parfaite que j'ai voulu donner cette indication.

M. LE PRÉSIDENT. – C'est un argument dont on n'a pas parlé dans le réquisitoire, pour qu'il puisse être invoqué après.

M. MAURRAS. – Je demande la parole.

Monsieur le Président, Messieurs les Jurés, je ne viens pas parler pour parler, ni pour lire un papier. Ce que je fais, en ce moment, est un acte.

---

1. Le fils de Pierre Worms.
2. Lors de l'audience du 24 janvier 1945.
3. En réalité du 2 février 1944, non du 1er.
4. Du 2 février.

Peut-être serez-vous surpris, et vous le premier, Monsieur l'avocat de la femme sans tête[1], d'apprendre que votre réquisitoire d'hier, ce fatras inqualifiable et innommable, a failli me causer une légère gêne et un petit embarras. Mais cela ne venait pas de vous, pas du tout ! cela venait uniquement de l'intervention et de la lettre de M. Valin, de l'état-major général de l'armée de l'air.

Par bonheur, l'explication que je vous apporte sera aussi claire que cet aveu. On ne pourrait pas la suspecter d'avoir été imaginée pour parer à une difficulté du moment, car elle était au dossier bien avant les débats. Je l'avais dit et même écrit à l'instruction.

L'article dont M. Valin croit avoir le droit de se plaindre, un article intitulé : « Des noms… des noms » se rattache à la série de ceux que nous avions écrits pour tromper le Boche…

M. le Président. – Le juré qui était absent vient d'arriver. Le juré suppléant est nommé. Je crois que nous ne pouvons pas revenir sur sa nomination. Êtes-vous d'accord ?

Me Goncet. – Oui.

M. Maurras. – Mes éminents défenseurs, mes éminents avocats sauront expliquer cet incident, ce détail du procès, beaucoup mieux que je ne puis le faire, parce qu'ils savent parler, et ce n'est pas mon métier. Mais je tiens cependant à redire qu'en ce moment, ce n'est pas une parole que j'apporte, c'est un acte, un acte d'humanité, un acte de patriotisme. Je reviens là-dessus.

L'article dont M. Valin croit avoir le droit de se plaindre se rattache à la série de ceux que nous avions écrits pour tromper le Boche, exactement comme les écrivains libéraux du XIXe siècle trompaient la surveillance de Napoléon III et de ses fonctionnaires.

Ils y forgeaient de petites fables pour se faire entendre à moitié, et au contraire, faire ressortir des vérités qu'ils camouflaient.

Il était arrivé ceci : c'est que, de ce ton inimitable et, dès lors, presque toujours reconnaissable, que le Boche sait donner à ses inventions, les dépêches avaient annoncé que trois aviateurs français qui bombardaient Paris étaient tombés dans la Seine et avaient été faits prisonniers.

Par les gens qui la débitaient et par ce qu'elle disait, la nouvelle nous paraissait deux fois fausse, nous paraissait être deux inventions des Boches, et nous ne pensions pas qu'il y ait eu des captures d'aviateurs français aux bords de la seine, et nous ne pensions pas non plus que Paris eût été bombardé par des aviateurs français.

Voilà notre état d'esprit à nous, à Lyon. Et alors, il nous semblait d'ailleurs impossible que des hommes de notre sang vinssent jeter des bombes sur la terre de la patrie.

1. Nom que Maurras donnait à la république.

Notre thèse était celle-là : nous ne croyions pas que c'était possible. Et c'est pourquoi, pour gêner l'ennemi et, si possible, lui fourrer le nez dans son ordure, nous décidâmes de demander bruyamment : « les noms !... les noms ! » Si vous avez fait prisonniers des aviateurs français, dites-nous quels ils sont. Et nous ajoutions à la cantonade : « Les noms ? vous ne les donnerez pas, et pour cause : parce que vous ne les avez pas, vous, les Boches » !...

Monsieur le Président, pour une raison ou pour une autre, ces noms ne furent pas donnés.

En effet, les Boches ne donnèrent pas les noms, et nous vécûmes dans l'innocente illusion d'avoir ainsi mis les Boches dans l'embarras et de les avoir convaincus de mensonge. La lettre de M. Valin que j'ai connue hier établit que, par hasard, les Boches n'avaient pas menti : les escadrilles françaises avaient bien fait ce que nous jugions impossible : jeter leurs engins sur la terre de France.

Fort heureusement, la même lettre de M. Valin fait toucher du doigt que des précautions délicates, et même des précautions héroïques avaient été prises pour ne faire de mal qu'au dispositif ennemi.

Nous voyons aussi dans cette lettre que les précautions de leur piété patriotique ont été cruellement payées par ceux qui les prenaient.

Et c'est pourquoi, dans un sentiment qui rejoint les uns et les autres, et dont vous avez douté, Monsieur l'avocat de la République, dans un sentiment qui nous unit tous, je dis : Paix, honneur et gloire à tous les sacrifiés. Nous les enveloppons dans le même deuil que leurs frères de sacrifice, ceux de nos concitoyens qui ont payé de leurs biens, de leur sang, et souvent de leur vie, la même opération déchirante. Ni les unes ni les autres de ces victimes françaises ne devraient pouvoir se plaindre d'être diffamées par des hommes de leur patrie.

Dans tous les cas, permettez-moi d'ajouter un mot qui sort tout naturellement d'un cœur français. Puisse vraiment approcher l'heure où tous pourront se réunir dans le sentiment, dans l'accord, dans la concorde profonde de tous les cœurs français.

On n'était pas du même avis. On se trompait peut-être sur les idées. On ne savait pas comment employer les mêmes moyens pour la sauvegarde et pour le rachat de la patrie. Mais, au fond, on était d'accord et on était Français avant tout, on était pour la France, et pour la France seule, pour la France éternelle.

Voilà l'explication que je me devais de vous apporter. J'aurais pu ne pas vous la donner si je ne l'avais déjà communiquée à l'instruction.

Maintenant, quant au reste, Monsieur l'avocat de la femme sans tête, permettez-moi de vous répéter que, vraiment, ce n'est pas sérieux.

Ce que j'ai appelé, au commencement, une fumisterie, glisse évidemment à quelque chose qui ressemble à une farce sinistre, mais qui participe avant tout de la forfaiture. Vous avez eu pour collaborateur un faussaire[1], et véritablement le réquisitoire fourmille des mêmes faux qui se trouvent dans l'acte d'accusation et dans le rapport d'information.

Ce sont des faux qui sont délicats. Il faudrait des heures et des jours pour les voir en détail. Mais, véritablement, ce qui est à voir, ce qui domine tout, c'est ce qui manque complètement de sérieux dans cette discussion.

Pendant quatre jours, ici, nous avons pris les mêmes textes, nous les avons expliqués. Nous vous avons dit que vous vous trompiez complètement sur leur signification. Nous vous disons que, notamment, au sujet de la Relève, vous avez commis un contresens énorme.

Eh bien, ce contresens qui est dans le rapport d'information, que ce soit M. Verdenal avec lequel, Monsieur l'avocat de la République, vous avez une étonnante ressemblance physique, mais la ressemblance morale est encore plus forte, véritablement, nous vous l'avons signalé. Nous avons signalé ce faux pour vous montrer que c'était une erreur matérielle flagrante.

Puis, vous critiquez ma violence… Vous triomphez ? il y a des violences qui sont nécessaires. Quand on est en présence d'une accusation indigne, on a le droit d'être indigné, et j'use de mon droit, et je vous en accable, et je vous en accablerai jusqu'au dernier moment.

On peut faire tout ce qu'on veut. On peut, si on veut, si on dispose de la puissance immatérielle, dire que toutes les raisons données ne comptent pas, revenir perpétuellement sur ce qu'on a dit. Mais je n'en suis plus à constater dans votre réquisitoire une phrase transcrite telle quelle du rapport de M. Verdenal. Cela dit tout.

Seulement, observons une chose : c'est que vous êtes revêtu de grands pouvoirs. Vous avez une très belle robe, vous avez une toque magnifique. Je respecte l'autorité partout où elle est, et je vous assure que je ne méprise pas du tout ce dont vous disposez.

---

1. Allusion à René Verdenal, professeur de philosophie désigné comme expert pour ce procès, chargé, ainsi qu'il le dit lui-même dans sa déposition, « de préparer un rapport sur l'activité journalistique de Charles Maurras, au nom de la délégation régionale de l'Information, donc du Commissariat de la République. C'était un service d'épuration de la presse qui avait été créé au Commissariat de l'Information ». À la question de Me Goncet, l'avocat de Maurras : « où est-il maintenant, et pourquoi ? », Verdenal n'a d'autre choix que de reconnaître qu'il est actuellement en prison, d'où il a été extrait le temps du procès, inculpé de « vols, faux et usages de faux ». Et Me Goncet d'insister : « Nous ne voulons pas juger, mais sur l'énonciation des faits, il est essentiel de savoir que c'est en qualité de membre du comité d'épuration que M. Verdenal a commis un certain nombre d'infractions à la loi qui sont qualifiées "vols", et qui sont qualifiées "faux". […] La seule chose que nous voulons faire remarquer aujourd'hui, c'est que M. le commissaire du Gouvernement persiste à se servir d'un rapport rédigé par quelqu'un qu'il poursuit d'autre part » (déposition de M. René Verdenal, audience du 26 janvier 1945). Voir *infra*, p. 1152 *sq*.

Mais enfin, si maintenant, tout cela ne sert plus à rien, si au lieu d'être l'expression de la justice, le moyen de savoir où est la vérité et la raison, on n'oppose qu'une fin de non-recevoir, les gens finissent par se dire : cela ne sert absolument à rien, et on les supprime.

Je vous signale ceci, parce que c'est une conspiration que vous faites contre vous-même, contre vos fonctions, contre votre budget, prenez garde à cela, réfléchissez-y. Vous êtes intéressé vous-même, Monsieur l'avocat de la République, à rendre une bonne justice. Je vous en parle dans la simplicité de mon cœur. Je ne suis qu'un vieux philosophe, vous pouvez mépriser la philosophie, mépriser les idées légèrement, mais véritablement, la fonction que vous exercez – je ne dis pas : le métier que vous faites – vous obligerait à quelques devoirs.

Vous êtes très content de vous ? Je vous envie de tout mon cœur. Je suis beaucoup moins content de moi, et cependant, ma vie vaut mieux que la vôtre.

Eh bien, si cela continue, vous me direz : Maurras est violent. Maurras, par ses colères, par ses façons de secouer la barre, indispose les auditeurs. C'est très bien, c'est de l'opinion, mais cela n'a pas d'importance.

Au fond, ce qui est certain, c'est que vous confondez perpétuellement les choses et l'impression qu'elles peuvent produire. Quand je vois, dans votre réquisitoire, des faux cent fois réfutés devant ces messieurs, ici, et qui reviennent toujours, je suis inquiet. Cela m'est égal, je suis un vieil homme. Douze balles dans la peau ou rien, ce n'est rien du tout. Je songe à tous les pauvres gens, toutes les petites gens qui sont sans défense, qui ne peuvent pas parler, et qui se trouvent en votre présence. Qu'est-ce qu'ils deviennent ? Que devient la justice avec vous ?

Et vous dites que je ne suis pas démocrate ? Je suis ardemment démophile. J'adore le peuple, et spécialement le peuple de France, et je tremble d'horreur en pensant à la manière dont la justice peut lui être assénée, ou ce qu'on appelle la justice.

Vous trouvez effroyable qu'un homme parle de peloton d'exécution si souvent dans ses articles ? Mais, moi je trouve que ces choses qui vous paraissent effroyables sont extrêmement naturelles et anodines quand on songe à qui elles s'appliquent.

Je les applique essentiellement et d'abord aux hommes, aux partis, aux collectivités qui, d'une part, ont attiré sur la terre de France cette guerre abominable, cette guerre dont nous supportons les conséquences en ce moment, après six années, et qui, en même temps qu'ils l'attiraient, osaient prêcher le désarmement.

Ici, devant un témoin, un témoin qui n'était pas agressif, qui ne poussait pas du tout à la passion, je n'ai pas pu me contenir, parce qu'il avait la responsabilité, d'une part, d'avoir poussé à la guerre, et d'autre part, d'avoir poussé au désarmement.

Je prétends, que quelque cri que je pousse, si peu harmonieux qu'il soit, si désagréable qu'il puisse être aux oreilles subtiles et délicates, il y a tout de même une évidence : les hommes qui ont sciemment et volontairement poussé à la guerre sont justiciables du peloton d'exécution. Cela, je le dirai jusqu'à mon dernier souffle. C'est la vérité, comme deux et deux font quatre et comme quatre et quatre font huit.

Mais d'autre part, Monsieur l'avocat de la femme sans tête – ce n'est pas de moi, c'est de Marcel Sembat qui est un ami de Jaurès, c'est un républicain[1] qui disait : la république est la femme sans tête, vous êtes l'avocat, je vous appelle par votre nom – d'autre part, vous m'avez accusé d'intelligence avec l'ennemi en vue de favoriser ses entreprises.

Je vous ai défié de citer un seul fait concret qui pût ressembler à cette qualification. Vous ne l'avez pas fait. C'est une plaisanterie, mes éminents avocats vous le diront.

Mais moi, pendant toute ma vie, d'abord, pendant quatre ans ensuite, à Vichy, à Poitiers, à Lyon, partout, j'ai fait tout ce qui dépendait de moi pour contrecarrer, pour déjouer les entreprises de l'ennemi.

Eh bien, vous n'avez tenu aucune espèce de compte de ces deux démonstrations. Ce que vous avez dit ou rien, c'est la même chose.

Alors, en présence d'une situation pareille, je vous dirai que vos accusations de violence, c'est certainement ce qui peut tenir le moins.

Raisonnons. Ne restons pas sur le terrain de l'inimitié. Je ne voudrais pas faire de cela une histoire de parti ou d'idéologie. Simplement, sur le point essentiel, vous n'avez pas pu trouver un fait concret quelconque montrant que j'ai eu des intelligences avec l'ennemi en vue de son triomphe. Nous avons dissipé toutes les nuées.

Vous n'avez pas répondu un mot non plus, sinon un mot misérable, à la question de savoir que, pendant quatre ans, je me suis opposé à la faction allemande de Paris, de toutes mes forces. J'ai été vilipendé par elle.

Selon vous, cela ne signifie rien. Ensuite, à la page suivante, cela signifiait peu de choses.

Arrangez cela comme vous voulez, cela ne me regarde pas. Sur ces deux points, vous avez été très vague.

Je tiens à vous dire, Monsieur l'avocat de la République, que la violence n'est pas du tout dans mes paroles, comme il y paraît : elle est dans la situation. La violence, c'est que vous soyez à la place où vous êtes et que je n'y sois pas !...

1. Illustre figure de la SFIO et auteur en 1913 de *Faites un roi, sinon faites la paix*, un pamphlet pacifiste dans lequel il concède à Maurras que la république est un régime inadapté à la guerre.

PLAIDOIRIE DE Me GONCET[1]

Monsieur le Président,

Messieurs les Jurés[2],

Exténué par une besogne écrasante qu'il a fallu mener à bien dans des délais ridicules, les nerfs rompus par des événements personnels qui ont attendu aujourd'hui pour m'atteindre, la voix cassée par de constants refroidissements contractés dans les couloirs glacés des cabinets d'instruction, je dois remplir ma tâche.

Lourde tâche… tâche écrasante, a-t-on dit et écrit de tous côtés !

Quelle tâche ?

S'il s'agit de remonter le courant créé par une opinion déchaînée, s'il s'agit de me heurter à des choses déjà faites, oui, tâche écrasante !

Mais j'espère, que dis-je, je sais que je plaide devant des hommes qui ne sont pas seulement les éléments d'un tribunal à caractères révolutionnaires, mais devant des hommes dignes de ce nom et qui ne peuvent pas ne pas savoir que pour « juger », il ne faut rien décider avant que la dernière parole soit tombée au nom de l'accusé.

Oui ! je sais que je suis devant des hommes qui pensent ainsi.

Alors, allons-y !

Monsieur le commissaire du Gouvernement ! Vous savez admirablement, depuis le temps que vous me connaissez, que je réserve à votre personne le respect que, du moins, je lui dois, aux termes du serment que prêtent les gens qui portent ma robe.

Ce respect, je vous le conserve intact, je vous l'affirme !

Mais vous avez lancé un réquisitoire abominable.

---

1. Audience du 27 janvier 1945.

2. Il s'agit de MM. Giron, Samuel, Méjat et Henry, jurés, et de MM. Dumas et Maniglier, jurés suppléants, tous « choisis sur les listes fournies par tous les mouvements de Résistance » (*La Marseillaise de Lyon*, 24 janvier 1945).

Ce réquisitoire, il m'appartient : je vais le disséquer, le retourner, le creuser, le fouiller et j'en sortirai le ver qui le ronge pour l'écraser dans cette salle !

Comment ! Monsieur le commissaire du Gouvernement, dans ce procès que vous faites à un sourd où tout est écrit et restera écrit, vous n'avez pas pensé à honorer votre réquisitoire d'une circonstance atténuante, je ne dis pas en étudiant, mais seulement en regardant Maurras ?

Dans votre exposé des faits, vous dites, sous votre signature, que ce fut un homme merveilleux de patriotisme. Et cela ne vous a pas incité à dire, au moment où vous réclamiez contre lui le châtiment suprême que, pour le cas où votre thèse serait vraie, il y a des circonstances atténuantes pour Maurras ? Allons donc !

Et outre son patriotisme, son courage, son âge ?

Vous avez simplement imaginé que la défense lancerait des appels à la pitié parce qu'il s'agit d'un vieillard de soixante-dix-sept ans !

Pour connaître de la défense en général, vous ne connaissez pas l'homme contre lequel vous avez requis ce soir la peine de mort.

On a dit dans la presse qu'en cas de condamnation à mort, retenez-le bien, il n'y aura de Maurras aucun recours en grâce.

Vous aurez demandé l'exécution : vous la subirez, et je ne comprends pas que, comme une véritable forme de circonstance atténuante, vous n'ayez pas infligé à votre propre regard la considération de ce vieillard.

Comment ? Vous n'avez pas réalisé cet acte affreux par lequel douze balles fouillant sa chair, feraient venir à ses lèvres, pendant qu'il tombera, le filet de sang qui marquera que le coup de grâce est inutile !

Vous ne vous êtes jamais ému à cette pensée ?

Pourquoi ?

Parce que peut-être vous avez espéré – et combien je vous admire alors – que l'action de la défense allait barrer la route à l'injustice que vous avez amorcée et que, peut-être, j'échapperais au châtiment suprême, vous rendant ainsi la paix de votre conscience.

Cependant prenez garde, Monsieur le commissaire du Gouvernement ! Maurras ne se fait, lui, aucune illusion sur le procès qui lui est fait aujourd'hui, et il a placé ces audiences sous la double invocation de Jeanne d'Arc et d'André Chénier[1].

Cela lui a donné de temps en temps des allures qui ont été critiquées.

Eh bien ! ces allures aussi auraient dû vous inciter à apercevoir des circonstances atténuantes, parce qu'elles révèlent un courage, une force physique, une volonté et pour tout dire, une hauteur morale et une splendeur intellectuelle dont je souhaite à tout le monde de bénéficier quand

1. Ces symboles ont bien sûr un sens politique puisque Jeanne d'Arc fut brûlée par les Anglais et qu'André Chénier fut guillotiné par les Jacobins. De surcroît, Jeanne d'Arc incarne le patriotisme et Chénier la poésie, deux passions de Maurras. Enfin, l'une et l'autre furent victimes de verdicts iniques.

nous aurons, les uns et les autres, atteint l'âge de celui que vous poursuivez.

Voilà ce que j'avais à dire, avant tout, contre l'épouvantable surprise que j'ai ressentie en entendant tomber de vos lèvres, glacial, votre appel à la mort.

Écoutez maintenant ce qu'est votre dossier, comment il est né, comment il s'est développé, à quoi il a abouti : assistez à la chute lamentable du monument que vous avez construit avec la lecture de quelques articles qui allaient vous permettre, dans une salle d'assises, de demander la mort de celui que trop de gens, autre part, veulent voir disparaître.

Vous savez déjà, qu'un soir, à *L'Action française*, dès après la libération, de jeunes communistes sont venus saccager les locaux[1].

Vous savez comment ces jeunes gens, plus ou moins enthousiastes, plus ou moins irréfléchis, sont venus, non seulement prendre possession des locaux, mais se distribuer même des objets personnels : réchauds électriques, fers à repasser, chaussures !

Je ne crois pas que Maurras leur en veuille particulièrement. Il sait ce qu'est la bagarre, ce qu'est la révolution, et croyez que rien de cela ne l'étonne particulièrement.

Mais, moi, je relève un signe déjà, grâce à cette première opération. Maurras, depuis longtemps, était détesté par ses adversaires qui l'avaient voué au pilori. Alors, dès la première minute, on s'est précipité sur tout ce qui pouvait lui appartenir et, sans aucune sorte de discernement, ni de discrétion, on s'en est emparé.

On voulait agir de la même façon pour s'emparer de sa personne. Mais comment faire ?

Eh bien voilà : Maurras est quelque part[2], qui attend les événements, lorsqu'il reçoit la visite de cinq agents accrédités par la presse américaine et qui viennent lui poser un certain nombre de questions[3]. Cette interview vous démontre, Monsieur le commissaire du Gouvernement, qu'à l'étranger on a conscience de la grande valeur de M. Maurras.

Il n'est pas très prudent pour lui de répondre ; il peut y avoir à cette interview quelques inconvénients.

---

1. Le 6 septembre.

2. Au vu du contexte, Maurras a quitté son domicile lyonnais de la rue Franklin et s'est installé rue Vaubécour sous l'identité de M. Berre, en référence à l'étang bien connu.

3. « Le lundi 4 septembre, mon collaborateur Auphan vient me dire que quatre [*sic*] journalistes attachés à l'armée américaine qui venait d'entrer à Lyon désiraient avoir une conversation avec moi, et me prendre un [*sic*] interview sur les événements. Bien que caché dans Lyon à cause des communistes, je me mis à la disposition de ces confrères d'outre-mer. [...] Une heure après, j'étais à mon domicile rue Franklin, nos confrères m'y rejoignirent, la conversation s'engageait » (Charles Maurras, audience du 25 janvier 1945). L'entretien paraîtra dans l'*Evening Star* trois jours plus tard.

Maurras répond et, dans une phrase qui le dépeint tout entier, il dit : « J'ai fait alors mon devoir de Français comme je devais le faire. »

Arrêter Maurras, c'était tout de même un peu gros !

Les Allemands ne s'y étaient point essayés.

Les Français ont hésité, mais un beau soir[1], on vient de la Préfecture chercher MM. Maurras, Pujo et Auphan et on leur dit : « M. le Commissaire de la République[2] veut absolument vous entendre à propos de l'interview que vous avez consentie à des journalistes américains. »

On les accompagne, ou, si vous voulez, on les emmène à la Préfecture.

Ils y passent la nuit sur une chaise. Le lendemain matin, on leur raconte que M. Yves Farge était en conférence avec le général de Lattre de Tassigny. L'après-midi, on leur dit : « M. Yves Farge n'a pas le temps de vous recevoir encore, faites-nous un rapport. »

Ils écrivent un rapport.

Puis on leur dit : « Tout cela n'est qu'un prétexte ; vous êtes arrêtés. »

Halte-là !...

Si vous aviez contre Maurras des griefs de l'importance de ceux que vous développez gravement aujourd'hui, est-ce qu'il était besoin de commencer par piller *L'Action française* ?

Est-ce qu'il était besoin de s'emparer du prétexte d'une interview donnée à des Américains ?

Allons donc ! Si votre inculpation tient aujourd'hui, elle tenait à cette époque : il n'y avait qu'à délivrer un mandat d'arrêt contre M. Maurras immédiatement, franchement, publiquement !

Le rapport rédigé à la Préfecture, on n'a jamais pu le retrouver et le dossier révèle que M. Yves Farge, spécialement interrogé à ce sujet, a déclaré : « Je ne me souviens plus du tout de cette histoire. »

Le général Doyen qui aurait été au courant de l'arrestation, dit : « Je ne me souviens pas du tout avoir lu un rapport quelconque. »

M. Grafmeyer qui, à la Préfecture, a dû connaître de ces incidents, déclare : « Je n'ai jamais rien vu passer ! »

Par conséquent, on a fait usage d'un prétexte.

L'Administration, et non pas vous, Monsieur le commissaire du Gouvernement, s'est emparée de Maurras, de Pujo et d'Auphan non pas du tout parce qu'il s'agissait de dénonciation ou de trahison qui ne regardaient que vous, mais tout simplement parce qu'il était opportun et possible, étant donné les événements, de faire ce qu'un journal a d'ailleurs osé imprimer : prendre la revanche « contre une voix qui s'est tue ».

Et cela au nom de la liberté revenue !!!

1. Le vendredi 8 septembre 1944.
2. Yves Farge, issu de la Résistance.

Poursuivons.

C'est le 8 septembre au soir que Maurras, Pujo et Auphan ont été arrêtés.

Ce ne sera que le 2 octobre suivant que M. le commissaire du Gouvernement lancera un ordre d'informer comportant ce détail amusant, fourni à M. Rousselet, juge d'instruction désigné : « Il pourra décerner tous mandats de dépôt et même d'arrêt. »

On ne se doutait nullement au parquet de la cour de justice que ceux que l'on « pouvait » arrêter l'étaient déjà depuis un mois !

Quoi qu'il en soit, vous, quand vous avez lancé votre inculpation, vous l'avez fait tout de suite en choisissant ce qu'il y avait de plus grave et vous avez dit : « J'inculpe en vertu des articles 75 et 76 du Code pénal. »

Pendant qu'on y est !... cela fait mieux !

Or l'article 75, qu'est-ce que c'est ?

C'est intelligence avec l'ennemi en vue de favoriser son entreprise.

Vous sentiez bien que le terrain était glissant, mais vous avez semblé dire que, d'une façon générale, la jurisprudence des Cours de Justice assimile à la trahison prévue, par l'article 75, toute une foule de petits faits accessoires, tels par exemple que les dénonciations plus ou moins suivies d'effet.

Moi je vous réponds :

L'article 75 est un article solennel. Il ne vise pas des broutilles, il vise le grand crime de la trahison, c'est-à-dire le fait du Français infiniment méprisable qui, contre son pays, va trouver l'étranger, lui fait des offres, lui propose des révélations, s'entend avec lui moyennant profit et compromet la situation de son pays. Voilà l'article 75.

Vous avez visé aussi l'article 76, c'est-à-dire l'entreprise au bénéfice de l'ennemi d'une campagne de dénigrement, de démoralisation de la marine et de l'armée. C'est le fait de celui qui, d'abord avec l'Allemagne, moyennant profit, fait tout son possible pour que l'armée, pour que la marine perdent leur confiance en elles-mêmes et soient mises en état d'infériorité (art. 76, dernier paragraphe).

Dites-moi, Monsieur le commissaire du Gouvernement ! Même en soutenant, avec le talent magnifique dont vous avez fait preuve hier, l'accusation contre Maurras, est-ce que vous aviez vraiment l'impression que, même si les faits que vous lui reprochez étaient vrais, ils tomberaient sous le coup des articles 75 et 76 du Code pénal ?

Mais qu'est-ce que vous allez donc réserver à l'espion ? Qu'est-ce que vous réserverez à celui qui touche de l'argent pour trahir son pays ? Qu'est-ce que vous réserverez à celui qui a reçu des mains de l'étranger l'argent nécessaire à l'inspiration de ses articles ?

La même peine ?

C'est bien ce que j'allais vous dire et ce que je vous disais tout à l'heure.

Pour Maurras, point de circonstances atténuantes... Comme pour Béraud[1], par exemple, n'est-ce pas ? Qu'on écrive pour l'Allemagne en recevant de l'argent, ou qu'on écrive au sein du plus magnifique désintéressement, pour vous il n'y a pas de nuance : la pauvreté, même de Maurras, ne vous a jamais paru une circonstance atténuante ?

Eh bien ! laissez-moi interrompre mon raisonnement pour vous raconter cette petite histoire.

On a paru dire l'autre jour, sans le faire tout à fait exprès, que l'Action française était un mouvement politique qui n'intéressait que les classes élevées de la société.

Maurras a répondu : « *L'Action française* intéresse tout le monde et toutes les classes sociales. »

Or, imaginez, si vous pouvez, que Maurras, jusqu'aux derniers temps qui ont précédé la Libération, gagnait beaucoup moins d'argent que le plus petit ouvrier qualifié de l'imprimerie : 4 000 francs par mois.

Il a fallu pour qu'il consente à relever cet appointement, qu'Auphan lui dise un jour : « C'est indécent, vous ne pouvez continuer comme cela. Il existe à l'imprimerie des gens qui gagnent de 6 000 à 8 000 francs par mois, et vous, le « maître », vous vous contentez de 4 000 francs ! »

On a eu toutes les peines du monde à faire accepter par Maurras, 5 000 francs !

Et je vous défie solennellement, Monsieur le commissaire du Gouvernement, vous qui avez tous les pouvoirs, de démontrer qu'il y a quelque part dans un coffre-fort, quelque part sur le territoire français, quelque part à l'étranger, un élément de patrimoine qui diffère des 5 000 francs que Maurras recevait de *L'Action française.*

Si, il y avait les droits d'auteur. Mais depuis la guerre les chèques qui provenaient des éditeurs étaient immédiatement endossés au profit d'une œuvre de prisonniers.

Si, il y a à Martigues la maison paternelle.

Cela ne vous a pas paru magnifique, Monsieur le commissaire du Gouvernement ?

Et alors, Maurras ! Il faut l'envoyer au poteau d'exécution ? Comme ceux qui se sont enrichis ?

Comparez donc avec Stéphane Lauzanne[2], par exemple, dont on dit que depuis je ne sais combien d'années, il se serait enrichi pour publier des articles favorables à la thèse allemande, qui s'en est tiré avec vingt

1. Journaliste venu de la gauche pacifiste et ayant évolué vers l'extrême droite à partir de 1934. Condamné à mort en 1944, il fut grâcié par de Gaulle.

2. Journaliste proallemand, condamné à vingt ans de réclusion pour intelligence avec l'ennemi (1944).

ans et qui, je crois, n'en fera que cinq, parce que la Cour, m'a-t-on dit, aurait dépassé le montant de la peine qu'il était possible de lui infliger.

Et Suarez[1] ! Et Béraud ! Et d'autres !

Vous mélangez tout cela et vous dites : « Maurras, le "pauvre" Maurras, le magnifique Maurras, Maurras le patriote, Maurras le grand esprit français, latin, Maurras l'académicien, Maurras le grand penseur, Maurras l'écrivain, Maurras le poète, tout cela, zéro… poteau d'exécution ! »

Maurras, encore une fois, n'est pas dupe du procès qui lui est fait. Mais, moi, je conserve l'espoir que je vais pouvoir en triompher.

Lui n'a plus d'espérance. Il n'a qu'une espérance, c'est que tout ce qui a été écrit, dans vingt ans et même bien avant, constituera l'élément où devant une autre juridiction, la sévérité des jugements sera fonction du sort qui m'attend à la fin de cette audience… Évidemment !

Je continue donc : l'article 75, l'article 76 n'ont absolument rien à faire dans les faits mêmes dont vous vous prévalez. Même si les éléments de votre procès se trouvaient effectivement réunis, comme vous l'annoncez, vous ne pourriez jamais parvenir à démontrer que, sciemment ou avec une intention quelconque de se rapprocher de l'Allemagne, dont il a toujours eu horreur, Maurras a pu consentir à faire quoi que ce soit au profit de cette dernière contre son pays.

Et vous l'avez bien senti, vous qui avez dit hier, au terme d'un raisonnement singulier pour un membre du Ministère public : « peu importent les intentions, ce sont les faits qui comptent ».

Vous jugez des faits, Monsieur le commissaire du Gouvernement ? Vous ne jugez pas des hommes ?

Alors Maurras peut s'en aller d'ici ? Sa personne a peu d'importance, ce sont les faits qui vous importent ?

Cependant il me semble que le jour où il sera devant le poteau d'exécution que vous voulez dresser pour lui, c'est bien lui qui sera là, et c'est bien sa personne qui recevra les douze balles que vous dites lui destiner.

Allons, voyons ! Pourquoi raisonner autrement que d'habitude ?

Quand on veut donner à une décision un aspect de justice, il faut respecter les règles de la justice. C'est aussi bon pour Maurras que pour vous et que pour moi, pour le jury ou pour M. le Président, et pour n'importe qui.

Nous sommes tous appelés un jour ou l'autre à passer devant une juridiction à caractère populaire ou révolutionnaire.

Il faut, pour les uns comme pour les autres – c'est le principe même de la grande égalité républicaine – que les règles soient les mêmes.

Observons-les donc.

Il faut, pour que Maurras puisse être condamné, non pas seulement des faits ; il faut que ces derniers soient le résultat d'une intention coupable.

1. Écrivain pacifiste passé au collaborationnisme, fusillé en 1944.

Et si des résultats vous inquiètent, auxquels il aurait tout de même atteint sans en avoir l'intention formelle, mais peut-être par imprudence ou par manque de renseignements, et si ces faits vous ont paru suffisamment inquiétants pour les soumettre à la cour de justice, ayez donc la prudence d'invoquer, non pas les articles 75 et 76, mais peut-être l'article 83[1] et le décret du 3 novembre 1939[2].

Je vais vous démontrer que votre procès ne vaut rien. Je ne sais pas si j'aurai, au bout du compte, du succès, mais, de toute façon, votre procès ne vaut rien et j'en ai personnellement l'intime conviction absolue.

Même s'il valait tel que vous l'exposez, les articles 75 et 76 resteraient inapplicables.

C'est pourquoi, à genoux devant M. le Président de la Cour, sans vouloir déposer de conclusions qui donneraient à ce débat une tournure que j'ai toujours combattue, je demande qu'on veuille bien de toute façon poser la question subsidiaire relative à l'article 83.

M. le Président fait un signe d'assentiment.

Je vois qu'il n'y aura pas d'autre difficulté sur ce point.

Voyons maintenant plus spécialement votre procédure.

Maurras est arrêté le 8 septembre 1944. L'information ne s'ouvre que le 2 octobre suivant.

Écoutez-moi bien, tous ceux qui, dans cette salle ou ailleurs, avez prétendu que Maurras était assisté d'un défenseur maquisard de la procédure, qui s'est acharné à ralentir la marche de la Justice.

Maurras, arrêté le 8 septembre, est interrogé pour la première fois le 5 décembre : c'est le dossier.

Pendant quatre mois, il n'a rien su des faits qui lui étaient reprochés.

Mais pendant ce temps, une campagne s'élevait par-dessus sa tête, et qu'au fond de son cachot il ignorait.

---

1. Article 83 du code pénal, modifié par le décret-loi du 29 juillet 1939 : « Si elles sont commises en temps de guerre, les atteintes à la sûreté extérieure de l'État seront punies des travaux forcés à temps. Si elles sont commises en temps de paix, elles seront punies d'un emprisonnement d'un à cinq ans, et d'une amende de 1 000 à 10 000 F. Toutefois, l'emprisonnement pourra être porté à dix ans et l'amende à 20 000 F à l'égard des infractions visées à l'article 79, 1°, à l'article 80, 1°, à l'article 81, 1°, à l'article 82, à l'article 103 ou à l'article 104. Dans tous les cas, les coupables pourront être en outre, frappés pour cinq ans au moins et vingt ans au plus, de l'interdiction des droits mentionnés en l'article 42 du présent code. Ils pourront également être frappés d'interdiction de séjour pour une durée de cinq à vingt ans. La tentative du délit sera punie comme le délit lui-même. Le délit commis à l'étranger sera punissable comme le délit commis en territoire français.

2. Article 1er : « Il est ajouté, entre les troisième et quatrième alinéas de l'article 83 du code pénal, un alinéa ainsi conçu : "En temps de guerre, tous autres actes, sciemment accomplis, de nature à nuire à la défense nationale, seront punis, s'ils ne le sont déjà par un autre texte, d'un emprisonnement d'un an à cinq ans et d'une amende de 1 000 à 10 000 F." »

Il paraît que Lyon et Paris se sont arraché l'honneur de juger Maurras. Il n'en savait rien. Il n'avait rien demandé. Il n'avait encore rien dit.

Il était emprisonné, et il attendait qu'on veuille bien lui dire, avec l'expérience qu'il a des mésaventures qui honorent les journalistes, par quoi diable on pouvait bien justifier son arrestation !

Un jour Maurras a appris par un communiqué du Commissariat de la République, que c'est vous, Messieurs, qui recevriez l'honneur de le juger.

Dans les journaux, on ajoutait : Cela est une victoire !

Maurras n'avait rien dit sur la question de compétences, car il connaît bien la jurisprudence concernant les journalistes.

Laissez-moi d'ailleurs vous dire, entre nous, étant donné la connaissance que mon client a de la nature du procès qu'on lui fait, qu'être jugé à Paris ou à Lyon, cela lui était bien égal. Les difficultés restaient du même ordre.

On a parlé des indulgences de Paris par rapport à la sévérité des juges lyonnais. Je trouve, moi, que les écrivains tombent comme des mouches dans notre capitale et, personnellement, je me serais bien gardé de rechercher une juridiction autre que celle de la ville que je connais, face à des gens dont la façon de voir et de sentir doit être assez voisine de la mienne.

Cependant Maurras, qui pense surtout à l'avenir – il vous l'a dit, ce vieillard merveilleux : « J'ai l'avenir devant moi » – s'est tenu ce langage : « Mais est-ce que, par exemple, on va s'imaginer que je ne sens rien à ce qui se passe ? » Et il a raisonné en des termes qui n'étaient pas très loin, Monsieur le commissaire du Gouvernement, de ceux qu'il vous réservait tous ces jours et que je me garderai bien de prendre à ma charge.

Il s'est dit : « D'ordinaire un juge d'instruction est saisi par un acte judiciaire ou du moins juridique. D'ordinaire, les principes de cette République que je me permets parfois de rudoyer, veulent que le judiciaire soit séparé de l'administratif par des cloisons rigoureusement étanches ! Pourquoi me fait-on passer à côté d'une règle aussi essentielle ? »

En effet, voyez-vous un peu ce juge d'instruction – M. Rousselet – dont les seuls mots que je dirai le concernant, c'est qu'il fut, dans cette affaire, tout à fait exemplaire de courtoisie et d'humanité, tout en protestant contre les questions qu'il a dû nous poser (nous ne prétendons point valider le procès qu'il nous a fait), mais enfin nous reconnaissons que c'est un des meilleurs juges qu'on puisse avoir quand on a besoin d'impartialité, de compréhension aussi bien que de dignité, mais voyez-vous tout de même M. Rousselet se déclarant incompétent au lendemain du communiqué du Commissariat de la République qui proclame que c'est par une véritable victoire que l'affaire vient à Lyon !

Croyez-vous que cela était possible, alors que circulaient des bruits et que même on écrivait dans la presse que, soit du côté du ministère, soit du côté du Commissariat de la République, on avait discuté à coups de démissions ! Voyez-vous qu'après que la menace de démission venant de Lyon s'était avérée la plus forte, M. Rousselet refuse le dossier en se déclarant incompétent ! C'était évidemment impossible. N'exigeons pas des héroïsmes pour un pareil procès.

Alors Maurras a dit : « je ne veux pas de cela. Que M. Rousselet soit un magistrat excellent, je n'en veux point disconvenir. Qu'il soit gêné dans son indépendance par les victoires politiques du Commissariat de la République, je le comprends fort bien. Mais qu'on m'impose ce genre de mœurs, alors je proteste. »

Et le voilà devant la Cour de cassation, par une requête en suspicion légitime, non pas contre M. Rousselet personnellement, mais contre tout juge du ressort qui ne peut plus avoir l'indépendance nécessaire pour statuer suivant les privilèges de sa fonction, notamment pour statuer sur sa compétence.

Ah ! Cela fit une belle musique !

Je ne sais pas comment les journaux se sont procuré des renseignements erronés, mais dès le lendemain matin, voilà que commence une campagne passionnée : Maurras veut retarder sa comparution devant les juges.

Or, Messieurs, entendez bien ceci : la requête a été déposée le 28 novembre par Me Durnerin, avocat à la Cour de cassation, et l'arrêt a été rendu le 1er décembre !

Vous pensez peut-être que Maurras n'a été pour rien dans cette célérité. Écoutez la lettre de Me Durnerin :

> Conformément à vos instructions, j'ai déposé votre requête et je fais l'impossible pour obtenir qu'il soit statué au plus vite.
>
> J'ai rendu visite à M. le conseiller rapporteur, je compte vous faire connaître la solution dès mercredi.

Monsieur le Président ! J'en appelle à votre grande connaissance des affaires et de la procédure. Avez-vous vu une seule fois dans votre prestigieuse carrière, un pourvoi en cassation solutionné en trois jours ? Eh bien, c'est là l'œuvre de Maurras dont on dira quand même qu'il a, par tous les moyens possibles, ralenti la procédure dirigée contre lui.

Or donc, on a commencé le premier interrogatoire le 5 décembre.

Le suivant n'a eu lieu que le 5 janvier, et c'est entre-temps que Maurras a tenu à la disposition du juge d'instruction le fameux mémoire de 125 pages dont on a profité pour rire de lui. J'invite qui que ce soit à parcourir ce mémoire. Quand Maurras parle, sa voix est faible[1]. Quand il écrit, sa plume est forte et la documentation s'inscrit en lignes magnifiques, dont vous n'empêcherez jamais que l'histoire connaisse.

Je serais d'ailleurs désireux, si Monsieur le Président veut bien l'accorder, et si cela peut être de quelque utilité, que chacun de MM. les jurés ait un exemplaire de ces 125 pages parfaitement condensées.

---

1. En raison de sa surdité.

Cent vingt-cinq pages qui répondent à quoi ? À des questions de Monsieur le juge d'instruction dont je vais vous donner la liste, pour vous démontrer que M. Rousselet, à cette époque, ignorait absolument quelle sorte d'inculpation précise il convenait de diriger contre Maurras.

Écoutez bien :

1. Avez-vous dénoncé ?

R. — Pas du tout.

2. *Curriculum vitae*

3. Avez-vous trahi ?

— Pas question.

4. Résumé de votre action politique antérieure à 1939.

5. Êtes-vous coupable de la mort de quelque israélite ?

— Pas le moins du monde.

6. Votre prise de position au lendemain du désastre de 1940.

7. Que pensez-vous de la collaboration franco-allemande ?

Si Maurras n'avait commis aucun délit, peut-être pouvait-on ainsi parvenir à lui en faire commettre un !

8. Que pensez-vous du gouvernement de Vichy ?

9. Que pensez-vous du départ des travailleurs français en Allemagne ?

10. Que pensez-vous des réfractaires ?

11. Que pensez-vous de la Milice ?

12. Que pensez-vous des Cours martiales ?

Vous avouerez tout d'abord que sur un aussi vaste programme se rapportant à quelqu'un qui a soixante ans d'activité, qui a écrit des monceaux de livres auxquels il peut soit faire allusion, soit se reporter à titre de référence, 125 pages dactylographiées de mémoire, cela n'avait rien d'excessif.

Voulez-vous d'autre part m'accorder qu'il n'était question dans tout cela ni de trahison, ni de dénonciation.

Voulez-vous maintenant me laisser vous raconter que, lorsque Maurras a été arrêté et lorsque nous nous sommes précipités pour lui tendre la main, pour des raisons qui ne regardent personne, mais auxquelles je ferai allusion tout à l'heure, nous nous sommes aussitôt rendus auprès du juge d'instruction et nous lui avons dit : « Voulez-vous, s'il vous plaît, nous faire savoir ce qu'il y a dans ce dossier ? »

Nous n'étions pas très loin du 5 décembre. Maurras était arrêté depuis le 8 septembre.

Monsieur le commissaire du Gouvernement, si, sur ce point, comme d'ailleurs sur tous les autres, je dis un mot qui soit inexact, je vous en prie, prenez sur vous de m'interrompre, je vous assure que je ne vous en ferai aucun grief.

Le premier jour que nous sommes allés voir le dossier à l'instruction, était-il question de dénonciation, de trahison ? Pas du tout.

Il y avait, pour tout document – entendez-moi bien, Messieurs les Jurés, parce que cela est important –, il y avait pour tout document une lettre de

M. Paul Claudel, que nous n'avons jamais pu lire. Non pas que M. le juge d'instruction Rousselet ait l'habitude de soustraire des pièces à l'attention des défenseurs – j'ai pour lui une affection personnelle, que je ne cache pas, et je suis incapable de prononcer quoi que ce soit de disgracieux à son endroit – mais parce que M. Rousselet n'était pas très sûr que cette pièce resterait dans le dossier et il n'était pas très sûr que les termes dans lesquels elle était rédigée étaient particulièrement opportuns.

La lettre de M. Paul Claudel a disparu du dossier.

Il restait uniquement la plainte d'un monsieur dont il vous fait plaisir que je ne dise pas le nom – cela, c'est de la coquetterie – parce que tout le monde a pu le lire dans les journaux, nous l'appellerons le capitaine Stéphane, je ne veux rien vous refuser.

Le capitaine Stéphane a déposé une plainte dont je parlerai tout à l'heure, et vous verrez dans quels termes ; mais M. le juge d'instruction ne paraissait guère lui accorder une importance considérable, puisqu'il ne s'est point empressé d'interroger M. Maurras sur ce point.

Donc, la lettre de M. Paul Claudel, qui n'existe plus, donc la plainte du capitaine Stéphane, et nous resterons avec ces deux seules pièces pendant plusieurs semaines.

Ah ! cependant, il y avait autre chose : cela figure au dossier.

Et là, je m'indigne ! Un plaisantin, un farceur, un inconscient, un je ne sais quoi s'est amusé à adresser au juge d'instruction – et rassurez-vous, à beaucoup d'autres, notamment au bâtonnier, au cardinal, à l'avocat de Maurras – une carte postale, ou plus exactement une photographie de carte postale et sur cette photographie figure un texte qui s'adresserait à une dame Déat, et à côté de ce texte, l'individu, qui se prétend jociste[1] et qui a expédié le document, a inscrit des mentions qui, suivant que son envoi s'adressait à la défense ou à l'accusation, devaient transformer la pièce en une décharge ou une charge. Au dossier de l'instruction, cela restait une charge de toute façon.

Ce document que je n'approche qu'avec précaution, contient un certain nombre de phrases inintelligibles :

> Chère Madame,
> Dès que possible, attaquer à *L'Œuvre*, car nous avons découvert sa divine surprise : c'est de Gaulle à l'Élysée. Il a refusé d'assister à l'exécution des communistes place Bellecour et il subvient aux rebelles de la Haute-Savoie. Nous avons découvert son mot d'entente avec Giraud : c'est Fage, nom d'un ami de Giraud tué en 1916 par nos troupes ; d'ailleurs de Gaulle et Giraud n'ont pas l'air d'être au courant…, etc.

Mon client parlait tout à l'heure de la « diplomatie dada[2] » de M. Paul Claudel. C'est là le style « dada » du plaisantin.

---

1. C'est-à-dire membre des Jeunesses ouvrières chrétiennes.
2. « Camille Barrère a été, avec les frères [Paul et Jules] Cambon, l'un des trois grands ambassadeurs de la République. Paul Claudel a été l'un de ses plus médiocres

Vous aviez recueilli avec une précaution infinie ce document, en vous demandant si vous ne commenciez pas à tenir Maurras ! Pensez donc !

Quelques jours après, un autre document est arrivé dans le dossier.

Celui-là est à faire dresser les cheveux sur la tête : un journal dont je ne veux pas dire le nom[1] parce qu'immédiatement il m'en voudrait et il écrirait sur mon compte des choses très désagréables, publiait un document singulier. Il s'agissait d'une lettre de la Feld-Kommandantur au sieur de Brinon, ambassadeur à Paris, et on lisait :

> Nous avons bien reçu vos envoyés munis de vos notes concernant Maurras ; il n'y a plus rien à tenter, il refuse toutes les offres d'une commandite et il refuse de devenir propriétaire de la maison qu'il habite rue de Verneuil et que nous lui offrons
> À Lyon, le 10 janvier 1943.

La signature était écrite en caractères gothiques et la lettre ajoutait que, par contre, V. Philippe a accepté.

Vous pensez si le journal qui avait recueilli ce document a triomphé et proclamé que Maurras avait trahi ! La lettre disait cependant qu'il n'en était rien.

Il était tout de même flagrant que la correspondance visant M. Maurras était adressée par la Feld-Kommandantur ! Et on a imprimé cela très sérieusement, et à la suite de cela, M. le juge d'instruction Rousselet a soigneusement plié le journal et l'a mis dans le dossier de l'instruction.

Comme il n'y avait pas grand'chose, cela faisait mieux que rien.

Il n'y a qu'un malheur, c'est que sur le même papier de la même Feld-Kommandantur, le même plaisantin qui signait en caractères gothiques, en adressait un autre exemplaire à Monseigneur Gerlier[2] qui en fut bien embarrassé et se hâta de me le faire parvenir en me disant : « Je ne sais pas si cela peut vous servir, ni même si c'est bien sérieux, mais je vous l'envoie à toutes fins utiles. »

Raisonnons : sur des papiers vierges qu'on avait réussi à prendre à la Feld-Kommandantur au moment de la libération, un inconscient s'est amusé à écrire des textes, histoire de faire quelque chose dans l'affaire Maurras.

Dans toutes les affaires déférées aux juridictions criminelles, le même phénomène est observé.

Il y avait tout de même quelque chose qui aurait dû attirer l'attention du juge d'instruction et faire rejeter ce document ignoble du dossier.

---

agents. Il a pratiqué ce que Bainville a appelé la diplomatie dada. Son témoignage est aussi du genre dada » (Charles Maurras, audience du 24 janvier 1945). Le mouvement dada, né en Suisse au début du XXe siècle, se caractérise par une remise en cause de toutes les conventions esthétiques, idéologiques et politiques (« Dada n'était pas seulement l'absurde [...]. Ce que nous voulions, écrira Tristan Tzara en 1963, c'était faire table rase des valeurs en cours [...] »).

1. Il s'agit du *Démocrate*, organe hebdomadaire du Parti radical et radical-socialiste.

2. Archevêque de Lyon, fervent pétainiste mais également défenseur des Juifs, reconnu « Juste parmi les nations » à titre posthume.

Depuis longtemps, en effet, en Allemagne et notamment depuis la survenance de celui que Maurras n'a cessé d'appeler « le chien enragé de l'Europe[1] », des ordonnances extrêmement sévères ont été prises pour la disparition des caractères gothiques.

La répression qui s'est attachée à l'exécution de ces ordonnances a été, comme il se doit outre-Rhin, féroce.

Par conséquent, lorsqu'en 1943 un officier allemand écrit à la Feld-Kommandantur en signant son nom en caractères gothiques, la fumisterie éclate.

J'admets qu'on n'a pas parlé de cette pièce, mais constatons seulement qu'elle est restée dans le dossier.

Devant votre juridiction spéciale, les règles juridiques s'estompent et il nous est difficile à nous, défenseurs, de connaître les bornes certaines entre lesquelles se meut votre conviction, et il est permis d'avoir peur que, dans votre salle de délibération, encore que M. le Président soit là pour remettre toutes choses au point, vous soyez excusable de vous emparer de ce document et de dire : « Pourquoi M. le commissaire du Gouvernement n'a-t-il rien dit de ce document important ? »

Eh bien, tout près du 5 décembre, il n'y avait dans le dossier Maurras que les quatre documents dont je viens de parler.

Toutefois, voilà que survint enfin un document qui voulait avoir l'air d'être massif.

Je vous fais tout de suite une confidence, Monsieur le commissaire du Gouvernement : M. Rousselet ne nous en a jamais officiellement parlé et aucun interrogatoire n'a porté sur cette pièce.

Je reconnais très volontiers que jamais vous n'avez fait allusion à ce document, et cependant vous vous êtes emparé des éléments qu'il vous a apportés, qui étaient évidemment commodes puisqu'ils constituaient une sorte de table des matières d'un certain nombre d'articles de Maurras sur lesquels vous avez exercé votre sévère jugement.

En ce faisant d'ailleurs, je vous démontrerai aisément que vous avez tout mélangé, que vous avez cité des articles introuvables aux dates que vous énoncez, que vous avez donné des dates tronquées, des phrases qui ne sont pas celles qui ont été imprimées.

Enfin, peu importe.

Ce qui est important, c'est que le document était d'un nommé Verdenal.

Qui était ce Verdenal ?

Nous ne pouvions parvenir à le savoir. Il paraissait toutefois qu'il s'agissait d'un professeur au lycée du Parc[2]. Quel crédit ne devait-on accorder à cette autorité !

1. Hitler.
2. À Lyon, dans le VIe arrondissement à côté du parc de la Tête-d'Or – d'où son nom.

Mais enfin, d'ordinaire, c'est le parquet général, le parquet de première instance, le juge d'instruction qui font placer dans un dossier officiel de semblables documents.

Ici, cela venait de M. Verdenal, sans qu'on parvienne à savoir quel était l'intermédiaire expéditeur du document.

La question a été posée à M. Verdenal, hier, à ce sujet : malgré notre insistance nous n'avons pas obtenu de réponse.

Il y avait lieu d'être très inquiet au sujet de ce M. Verdenal, car son rapport au sujet de M. Maurras avait eu le don d'imprimer à ce dernier des propulsions analogues à celles d'un noyau de cerise pincé entre le pouce et l'index.

Il a fallu lire dans le rapport Verdenal que Maurras était un traître de grande qualité, cette appréciation résultant d'une série de mensonges, de faux proprement dit, de faux par omission, d'articles tronqués, de phrases mensongères, etc., etc.

Peine perdue que cette inquiétude sur la difficulté de combattre un tel document provenant d'un professeur.

Nous apprenions un beau jour que celui qui avait eu la confiance du juge d'instruction et du parquet de la cour de justice, et dont on avait accepté la production pour la ranger soigneusement dans le dossier, était à Saint-Paul[1] inculpé d'avoir volé et d'avoir fait des faux.

Cette inculpation dans une autre affaire, lui allait comme un gant dans l'affaire Maurras ; il avait volé à ce dernier ce qu'il appelle son état civil, en en faisant un autre homme et il avait manié l'art de faire des faux avec un maximum d'habileté coupable.

M. Verdenal a essayé de se dégager de nos critiques et M. le commissaire du Gouvernement qui est, à certains moments, très gentil pour ceux que par ailleurs il conserve à la prison Saint-Paul, nous disait hier : « Il ne faut pas exagérer : c'est tout simplement un prévenu et il y a beaucoup d'exemples que les détenus que je conserve pendant longtemps à la prison sortent exonérés des inculpations qui pèsent contre eux. »

Eh bien, je souhaite qu'il y ait précisément ce soir avec Maurras un exemple de cette nature !

Mais voici tout de même ce qui résulte des renseignements que nous avons fait prendre et vérifier :

M. Verdenal exerçait les fonctions de professeur au lycée du Parc. À partir de septembre 1944, il avait été président du Comité de libération de Collonges.

À ce titre, il s'était présenté chez un certain nombre de commerçants et notamment chez une dame Dutrève, qui a été vue et dont le mari avait été arrêté pour trafic illicite. Et, sous prétexte de marché noir, Verdenal s'était rendu chez Mme Dutrève et avait fait saisir toutes les denrées qui étaient dans sa maison. Il paraît qu'on n'a jamais su ce que ces denrées étaient devenues.

1. En prison. Voir note 1, p. 1136.

Mais aussi il lui aurait pris une somme de soixante mille francs et lui aurait dit : « Cela représente la valeur du marché noir que vous avez fait. »

La pauvre femme aurait donné les 60 000 francs.

Un beau jour, n'ayant plus un sou, elle est allée retrouver M. Verdenal et l'aurait supplié de lui redonner 5 000 francs. Il aurait eu peur et donné les 5 000 francs contre un reçu.

Mais devant le 5, il mit un 1. Cela faisait 15 000 francs. Il aurait renouvelé cette manière de faire à quelques reprises : Mme Dutrève a déposé plainte et M. le commissaire du Gouvernement a fait incarcérer M. Verdenal.

L'auteur du rapport qui porte son nom est encore en prison : il y est depuis plusieurs semaines, ce qui fait bien penser que son inculpation ne fait pas long feu et que l'homme reste détenu dans les termes de la prévention qui l'atteint.

Bonne chance à M. Verdenal à qui je n'en veux point personnellement !

Quoi qu'il en soit, avoir laissé dans le dossier de l'instruction un document dans de semblables conditions, cela donne la mesure de la valeur de votre inculpation.

Que voulez-vous que je vous dise ? Si vous aviez quelque chose de vraiment solide, de vraiment sérieux, qui soit capable d'envoyer justement Maurras au poteau d'exécution, vous n'auriez pas, Monsieur le commissaire du Gouvernement, un rapport Verdenal dans un dossier désert !

Et alors, Messieurs, dans l'intervalle de ce temps qui durait, non pas grâce à nous, mais parce que l'instruction avait besoin de ce temps pour ramasser ses pièces, sont arrivés un certain nombre de documents qui ont aujourd'hui campé l'accusation et aidé M. le commissaire du Gouvernement.

De ces documents, il y en aura jusqu'au jour de l'audience puisque, grâce à votre haute loyauté bien connue, nous venons d'avoir connaissance d'un télégramme… qui renverse à tout jamais et retourne contre son auteur une des plaintes les plus caractérisées dont vous avez cru devoir faire usage contre Maurras.

J'ai fini de vous parler de M. Verdenal, mais j'ai tout de même, en ce qui le concerne, encore quelque chose à vous dire.

Vous avez entendu un témoin, sur la sincérité duquel vous ne pouvez vous tromper. M. Justinien vous a dit qu'il avait parfaitement connu M. Verdenal dans les stalags allemands. Je vous rapporte ce qu'il a dit : « Les Allemands n'avaient rien à refuser à M. Verdenal[1]. »

---

1. Marcel Justinien, quarante-trois ans, agent de fabrique », est venu déposer au tribunal le 26 janvier 1945. À la question de Me Goncet : « Est-ce que le témoin n'a pas connu en Allemagne, dans le Stalag, un nommé Verdenal. Qu'en pense-t-il ? », celui qui a été prisonnier « pendant trente-deux mois au Stalag V B » répondit ceci : « M. Verdenal était prisonnier au même Stalag que moi. J'en pense assez de mal. Verdenal était, comme moi, d'origine lorraine par ses parents, et à ce titre, il avait le choix de rester au Stalag et de rester Français, ou bien d'être libéré et de devenir boche. Verdenal a opté pour l'Allemagne et a été libéré alors qu'il n'y avait aucune libération

Je constate que celui qui a fait contre Maurras le plus abject rapport, est celui qu'un témoin sincère désigne comme l'ami certain des Allemands.

Messieurs, ne croyez point que j'aie l'intention d'être aussi long sur la suite du dossier comme je viens de l'être sur les préliminaires.

Je sais que votre temps est précieux.

Toutes les choses qui ont déjà été dites vont me permettre d'être plus bref.

Je ne cesserai de l'être, pour devenir très précis, que quand il s'agira d'examiner dans un détail rigoureux ce que l'on reproche d'une façon plus ferme à Maurras, à savoir quelques articles et les fameuses dénonciations ; je n'ai pas du tout, mais pas du tout, l'intention d'escamoter le débat.

En quelques mots très rapides, Messieurs.

Un beau matin, alors qu'il était âgé de dix-sept ans et demi, Maurras quitte Martigues et gagne Paris.

C'est l'heure, en France, où un incident lamentable de notre histoire vient de surgir : l'affaire Dreyfus qui dresse les uns contre les autres la plupart des Français.

Quoi qu'il en soit, dans la situation sociale de ce moment, on distingue un singulier mouvement qui a pour effet, sinon pour but, de discréditer complètement l'armée française.

Je ne voudrais pas être vulgaire, mais c'est l'heure des « gueules de vache » qui, sur les murs et sur les affiches, désignent les officiers dont on se moque dans la rue.

Le jeune Maurras rejoint alors un groupe d'intellectuels qui devaient faire parler d'eux.

Il y avait là Vaugeois, dont le grand-père avait voté la mort de Louis XVI, Montesquiou, Lasserre, il y avait là déjà Maurice Pujo, il y aura plus tard Bainville et beaucoup d'autres.

Ils rédigeaient une *Petite Revue grise* d'*Action française*. Ils s'étaient donné cette mission inscrite en toutes lettres sur la couverture de la petite publication, d'examiner les événements, non plus suivant la tendance de l'époque, c'est-à-dire sous le jeu des réactions personnelles de chacun suivant ses commodités ou ses convictions, mais bien en prenant pour départ et pour objectif le seul intérêt de la patrie.

C'était nouveau et audacieux pour l'époque où cela se passait.

---

au début de 1941. Nous n'avons pas été surpris, au fond, de cette libération, bien que nous en ayons été écœurés, parce que nous savions tous qu'il était *persona grata* auprès des Allemands. [...] Verdenal avait si bien la confiance des Allemands que c'est lui qui avait été choisi pour donner des leçons d'allemand aux prisonniers français [...]. »

L'état d'esprit, que je vous ai signalé, de notre pays devait rapidement conduire, sur le plan international, à de graves incidents parmi lesquels se détache celui d'Agadir[1].

À ce moment, la *Petite Revue grise* devint la grande *Action française*.

Le grand quotidien se donne pour mission de lutter avec acharnement et passion contre tous ceux qui veulent affaiblir l'armée, le pays, et veulent mettre la France en état de moindre résistance vis-à-vis de l'étranger.

Souvenez-vous de la lutte de Léon Daudet, de ses campagnes acharnées pour dénoncer l'espionnage allemand.

Et c'est la guerre de 1914-1918.

Jusqu'à la fin du grand conflit, je puis aller très vite, car je possède un double quitus pour Charles Maurras.

Il y en a d'abord un, Monsieur le commissaire du Gouvernement, plus précieux que le vôtre propre ; souffrez que je lui donne donc la préférence, je vous dirai ensuite le grand prix que j'attache au vôtre.

Le premier vient de M. Poincaré qui écrivait dans un de ses livres, *Au service de la France* : « Depuis le début de la guerre, Léon Daudet et Charles Maurras ont oublié leur haine contre la république et les républicains, pour ne plus penser qu'à la France. »

Et dans votre exposé des faits, Monsieur le commissaire du Gouvernement, vous avez écrit vous-même : « Servi par un grand talent, cet écrivain qui fait partie de l'Académie française, dont le prestige en France est très grand en raison du patriotisme qu'il a déployé pendant la guerre de 1914-1918… »

Nous voici donc bien d'accord, jusqu'en 1918 tout le monde est du même avis ; Maurras est un grand patriote.

Il a poursuivi des traîtres, il a aidé à ce qu'ils soient conduits devant la Haute Cour, et il a fait la plus forte pression pour que M. Clemenceau accepte le pouvoir et que grâce à lui sans doute, la France ait la victoire.

À l'heure du traité de Versailles, la grande voix de Maurras reprend son véritable accent ; ce n'est plus la guerre : il reprend la lutte.

Il veut que le traité de Versailles soit fait d'une façon convenable : il ne parviendra point à ses fins.

Les articles de *L'Action française* ne sont pas tous signés de lui, mais Jacques Bainville écrira dans ses colonnes une phrase restée fameuse, dénonçant « un traité beaucoup trop doux pour ce qu'il a de dur ».

La thèse générale de *L'Action française* sera qu'il faut démembrer l'Allemagne.

Très vite, comme vous le savez, la France perdue dans l'euphorie, abandonnera petit à petit tout ce qu'elle avait obtenu par le traité de Versailles.

1. Voir *Kiel et Tanger*, p. 541 de la présente édition.

Ce fut d'abord l'abandon de la rive du Rhin contre la garantie anglo-américaine.

Le Sénat américain ne ratifia point la garantie et, Gros-Jean comme devant, nous nous sommes trouvés sans garantie du tout.

Maurras cria tant qu'il put. Puis ce fut l'abandon de la créance allemande. Puis ce furent de grotesques événements.

Un chancelier allemand, le chancelier Brüning, invité par un Français qui le fait assister à la messe de Notre-Dame des Victoires, sous prétexte de convertir le monde chrétien à la thèse d'un rapprochement franco-allemand : ce Français s'appelait Champetier de Ribes.

Un autre Français invite à grand fracas des Allemands notoires dans sa propriété personnelle[1], sous prétexte d'entraîner l'opinion à ce rapprochement. Tout cela aboutit à Locarno, après quoi M. Briand affirme à Stresemann que les rapports alarmants des officiers français sont par lui tout simplement jetés au panier[2].

Et comme Maurras proteste contre tout cela, pour le plus grand bien de la France, ceux qui poursuivent le rapprochement impossible et combien préjudiciable le dénoncent aux pouvoirs religieux et entraînent contre lui l'anathème dont il a tant souffert. C'était la façon que les politiciens qui le poursuivent aujourd'hui avaient trouvée, à ce moment déjà, pour le mettre en difficulté.

En 1930, ce fut l'abandon de Mayence. Je vous assure, Messieurs, que je n'ai point désir, parce que ce n'est point l'heure, de faire de la politique. Mais je vous pose la question en vous rappelant vos connaissances et vos souvenirs : qui sont ceux qui abandonnèrent Mayence ? Qui sont ceux qui nous font poursuivre aujourd'hui[3] ?

Mais laissons cela.

Donc, on abandonne Mayence, tandis que Maurras, d'une voix moins éteinte que celle que vous avez entendue tous ces jours, criait en des articles incessants : « Mayence ! Mayence ! Mayence ! »

Il a crié cela dix fois, vingt fois. Il ne voulait pas qu'on abandonne cette porte et cette clé essentielles dont Napoléon disait que c'était la clé et la porte permettant d'atteindre le territoire allemand et l'Europe centrale et de surveiller militairement et efficacement les voies de l'invasion.

Et dois-je rappeler – ce n'est peut-être pas très prudent, mais j'ai l'impression que vous ne m'en voudrez pas si, d'aventure, dans le feu de la

1. Marc Sangnier, dans son château de Bierville (qu'il a acheté en 1921), à Boissy-la-Rivière (Essonne).

2. Les accords de Locarno (1925), négociés notamment par Briand, président du Conseil, et le chancelier allemand Stresemann, étaient censés apaiser les relations franco-allemandes.

3. Aux termes du traité de Versailles, la France devait occuper Mayence jusqu'en 1935. Son évacuation prématurée illustra la détente franco-allemande consacrée par les accords de Locarno. Elle fut applaudie par les partis de gauche.

discussion, je dis quelque chose contre un parti politique ; ce qui vous intéresse, c'est seulement la justice ; si nous avons chacun nos idées, gardons-les bien, mais il s'agit seulement ce soir de savoir si Maurras a trahi. Je vais donc dire ce que je voulais dire.

M. Blum, au moment de Mayence, laissait tomber du haut de la tribune française : « M. Hitler n'a aucune chance ; vous verrez qu'aux élections, il n'aura pas dix voix. »

Après Mayence, les élections au Reichstag apportèrent à Hitler 180 voix.

Qui avait eu raison de crier et de crier tant qu'il était possible : c'était évidemment Maurras.

Survient l'Anschluss. Monsieur le commissaire du Gouvernement, vous m'attendiez à ce moment.

Vous avez dit hier une énormité. Vous n'avez pas lu Maurras, Monsieur le commissaire du Gouvernement, et vous ne savez pas du tout ce qu'est la monarchie recherchée par Maurras. Il n'y a pas longtemps que je le sais moi-même, mais je vais essayer de vous le dire.

Il est entendu que Maurras, au moment de l'Anschluss a voulu s'opposer de toutes ses forces à cette opération et aussi qu'il a voulu conserver l'Italie à la cause française. Laissez-moi vous dire que si l'Italie était restée à côté de nous, M. Hitler n'aurait peut-être pas existé si vite et si fort. Maurras n'avait donc pas tort de vouloir ce qu'il voulait.

Mais vous, vous lui dites : « Là, vous êtes pris la main dans le sac, M. Maurras. Vous avez voulu conserver l'alliance avec M. Mussolini parce que vous êtes un traître… — Pourquoi ? Eh bien parce que M. Mussolini est un étatiste et que la forme de son gouvernement vous allait comme un gant. »

Encore une fois, vous ne connaissez rien aux théories de l'Action française, Monsieur le commissaire du Gouvernement.

Encore une fois, il y a entre le fascisme et les théories monarchistes de Maurras, des différences essentielles et fondamentales.

Je ne veux pas me lancer dans un cours sur les opinions de celui que vous poursuivez ; ce serait insupportable à beaucoup de gens et cela vous ferait trop plaisir. Je vous donnerai seulement cette différence de base : le fascisme de Mussolini est centralisateur, la monarchie selon Maurras est décentralisatrice.

Lorsque donc vous nous cherchez une mauvaise petite chicane en nous affirmant que si Maurras a voulu mettre Mussolini « dans sa poche », c'est parce que ce dernier avait un système de gouvernement qui lui convenait, nous pouvons vous répondre en toute vérité : vous vous trompez complètement.

Notez bien, Monsieur le commissaire du Gouvernement, que lorsque Maurras voulait conserver les bonnes grâces de l'Italie à la France, il n'avait pas tout à fait tort. Souvenez-vous d'une chose que vous savez certainement aussi bien que moi, c'est qu'au moment où Hitler a résolu l'Anschluss – ce qui nous amènera tout à l'heure à parler de l'excellent ouvrage de Mme la comtesse de Dreux-Brézé[1] – il avait bien l'intention de marcher sur Vienne et que c'est alors que Mussolini a porté ses divisions sur le Brenner. Laissez-moi donc vous dire que s'il avait continué à diriger ses divisions contre Hitler, au lieu de les mettre au service de ce dernier, les choses, sans doute, auraient été un peu moins mal pour nous.

Maurras raisonnait ainsi au moment où l'Italie s'est lancée dans la campagne d'Éthiopie. C'est pourquoi il a protesté contre les sanctions et contre ceux qui voulaient déclarer la guerre à l'Italie sous prétexte de lui apprendre à rester chez elle.

Maurras disait alors : « Laissons l'Éthiopie et laissons l'Italie s'occuper d'elle. Tant qu'elle sera occupée là-bas, elle songera moins à favoriser les desseins d'Hitler. »

Revenant d'une conférence lointaine, après avoir entendu des gens au courant de la chose militaire, il donne des avis, des conseils : « On ferait bien d'occuper telles ou telles positions. »

On lui répondit : Ces occupations sont inutiles car nous n'avons pas d'avions, et il revint même à Maurras qu'un homme d'État français contre lequel il n'a jamais cessé de lutter et qu'il n'avait jamais cessé de considérer comme un traître[2], l'avait lui-même trahi auprès du chef d'État italien en lui racontant les conseils d'occupation qu'il avait préconisés.

Je vous en supplie, Messieurs, écoutez-moi bien dans ce passage essentiel.

Maurras va dire à Daladier : « Vous n'avez pas d'avions, il faut peut-être regretter ceux qui sont en Espagne[3], mais nous, les journalistes, nous bénéficions d'une certaine puissance auprès de l'opinion publique ; je mets la mienne à votre service en vue de préconiser une souscription qui pourra rapporter des sommes assez considérables pour construire des avions. » M. Daladier fait interdire la souscription et déclarer la guerre alors que la France n'avait pas huit cents avions à sa disposition.

Et parce que Maurras entre en lutte contre ceux qui se disposent ainsi à déclarer la guerre, il sera condamné à deux cent cinquante jours de prison pour avoir parlé de lutter contre les adversaires de l'intérêt français avec des couteaux de cuisine[4].

---

1. Comtesse Joachim de Dreux-Brézé, *Deux mois chez les nazis d'Autriche*, préface de Charles Maurras, Paris, Les Œuvres françaises, 1936. La comtesse fut la dernière maîtresse de Maurras.

2. Allusion à Pierre Laval.

3. Alors qu'éclate la guerre civile espagnole, en 1936, Franco et le Front populaire espagnol demandent des avions qui à l'Italie et à l'Allemagne, qui à la France (dès le 19 juillet 1936, *via* Léon Blum qui vient d'accéder à la tête du Front populaire) et à l'Union soviétique. Après bien des tergiversations, la France n'enverra que 25 chasseurs et 20 bombardiers.

4. *L'Action française*, et Maurras en particulier, mène depuis 1935 une campagne extrêmement virulente contre Blum (« un homme à fusiller, mais dans le dos », 9 avril 1925) et contre 140 (142 en réalité) membres du Parlement signataires d'un manifeste protestant

En bref, tant que la France disposait contre l'Allemagne d'une position forte, on disait contre Maurras qu'il ne fallait faire de guerre à aucun prix et qu'il n'y avait qu'à s'incliner lorsque les Allemands reprenaient petit à petit tous les éléments qu'ils avaient dû abandonner par le traité de Versailles. Une fois que les dispositions du traité de Versailles ont été complètement anéanties, alors que l'Italie, exaspérée contre nous, devenait menaçante, les mêmes adversaires des intérêts français voulurent partir en guerre.

C'était Munich.

Maurras a fait tout ce qu'il a pu pour inciter le monde à retarder la guerre, ne fût-ce que pour quelque temps, tandis qu'il publiait une longue série d'articles : « *Armons*, ARMONS, ARMONS ».

Ces articles-là sont-ils au dossier ? Il y en avait autant que *L'Action française* pouvait alors en contenir.

Puis vient la question de Dantzig, et Maurras écrit : « Que pouvez-vous pour la Pologne ? »

La France fait une sottise épouvantable, elle n'a qu'un système uniquement défensif, elle ne peut mettre des roulettes sous ses remparts, elle n'a point d'aviation.

Ceux qui n'avaient rien fait, quand on avait la force, pour s'opposer aux violences allemandes du traité de Versailles, voulaient alors la guerre à tout prix.

Maurras avait, comme toujours, cent fois raison, Monsieur le commissaire du Gouvernement.

Nous sommes en 1939 ; votre admiration s'arrête, dans votre exposé des faits, à 1918 : vous avez du retard.

Nous voici donc en 1939, et la guerre éclate, ou plus exactement continue. Mais dès 1937 Maurras avait publié un livre qu'il avait intitulé *Devant l'Allemagne éternelle*.

Rassurez-vous, je n'ai pas l'intention de faire beaucoup de lectures, mais j'en ferai tout de même deux, parce que les phrases qui sont écrites,

---

contre l'invasion de l'Éthiopie par l'Italie (dont Blum). Maurras donne dans *L'Action française* le nom de ces « intellectuels ou […] prétendus "intellectuels" » et ajoute : « Ceux qui poussent à la guerre [car il estime que prendre des sanctions contre l'Italie revient à la pousser dans les bras de l'Allemagne, ce qui conduira sûrement à la guerre] doivent avoir le cou coupé. Comme la guillotine n'est pas à la disposition des bons citoyens, ni des citoyens logiques, il reste à dire à ces derniers : — Vous avez quelque part un pistolet automatique, un revolver ou même un couteau de cuisine ? Cette arme, quelle qu'elle soit, devra servir contre les assassins de la paix, dont vous avez la liste » (13 octobre 1935). La réédition de cet article le 13 janvier 1936 entraîna la condamnation de Maurras, le 21 mars, à quatre mois de prison. Et alors que son appel était encore en instance, il réitéra ses menaces contre « ce vieux chameau sémitique de Blum » – « disons que le type [Blum] a été dressé, parfaitement dressé, par nos soins : au fouet, en attendant le couteau de cuisine » (16 mai 1936) – et écopa dans un autre tribunal d'une peine supplémentaire de huit mois de prison. Le 26 mai 1936, en appel, la première peine fut ramenée à trois mois au lieu de quatre, qui s'ajoutèrent aux huit autres : Maurras fut donc condamné à onze mois de prison.

il faut que vous les ayez dans vos mémoires au moment où vous délibérerez.

Sans doute, ces écrits, Monsieur le commissaire du Gouvernement, les méconnaissez-vous. Voilà cependant ce que Maurras, entre tant d'autres choses, a écrit sur les Allemands :

« Nous n'avons pas le droit de glisser sur de tels faits, parce qu'ils gouvernent la conduite de l'ennemi. Nous devons les savoir par cœur.

« D'après leur type bien connu, les volontés et les passions germaniques n'auront pas peur d'être ce qu'elles sont. Les Allemands ne craindront pas de se satisfaire, nous pouvons nous tenir pour exposés à subir des conditions pires que la mort.

« Fort de sa mission de messie humain, ce peuple de seigneurs, cette race de maîtres s'entraîne déjà à compter quelles légitimes violences devront être imposées aux mâles des peuples vaincus et quelles hontes pèseront sur leurs femmes et sur leurs enfants.

« Ces femmes que vous croyez à vous, jeunes Français, ne vous appartiendront plus dans le songe de l'Allemand ; ni vos fils, ni vos filles. Jeunes pères de famille, un statut nouveau de l'humanité se prépare, un droit particulier est élaboré, un code de nouveaux devoirs auprès desquels les pauvres petites corvées et translations germaniques de 1918 feront l'effet de jeux d'enfants… »

Ainsi le travail obligatoire, les déportations, les assassinats, tout cela Maurras l'avait prévu et quand, en 1941, au repas offert par M. Goirand, on vient lui dire que peut-être il serait tenté de changer quelque chose à son livre, il répond : « Eh bien, vous allez voir, donnez-moi ce livre », et au bas de la dédicace qu'il avait faite à son hôte longtemps auparavant, il ajoute : « Sans qu'il soit nécessaire que je raye de ce volume le moindre des mots qu'il contient. »

Vous avez, Monsieur le commissaire du Gouvernement, parlé de Maurras, mais jamais vous n'avez dit un seul mot de son œuvre littéraire. Sans doute, n'est-ce pas le procès. C'est cependant le procès de rechercher ce qu'il pense des Allemands jusque dans ses poèmes.

Écoutez de quelle façon il les déteste[1] :

Ô toi, plus basse que les terres
D'où sont vomis tes combattants,
Ô dans ta paix et dans ta guerre,
Singe inutile des Titans,
Race allemande qu'enfle et grise
L'impunité de la traîtrise
Et l'ignorance de l'honneur,
Aucun reproche ne te presse
Comme tu manques de sagesse
Qui de tout temps souilla ton cœur.

---

1. Extraits de « La bataille de la Marne » (dont un fragment est repris p. 371 de la présente édition).

Contemplez, Monsieur le commissaire du Gouvernement la photographie d'un Teuton :

> Ainsi s'épandent, chair trop blonde,
> Où frise un poil décoloré,
> Les torses gras où surabonde
> Un intestin démesuré !
> Fille du Nombre et de la Masse,
> Ainsi s'accroît la populace
> Des demi-hommes aberrants :
> Mais ni volume ni stature,
> Nulle méprise de nature
> Ne les assoit sur notre rang.

Et encore :

> Non, la germaine multitude
> Brute naquit et gardera
> Le parler rauque et l'âme rude
> Que nul baptême n'ondoiera :
> Quelque bienfait que l'on t'inflige
> Le dur orgueil à son vertige
> De longs murmures te meurtrit
> Tu te déchires à toi-même
> Et détruisant tous ceux qui t'aiment
> Tu te repais de leurs débris.

Eh bien, comme trahison, ce n'est pas mal.

Donc, Messieurs, en 1939 la guerre recommence et celui qui avait ainsi décrit et prévu les Allemands et qui avait donné la marque de la haine qu'il avait pour eux, qui avait entraîné toute la France à préparer la guerre, reprend sa traditionnelle position ; plus de politique, plus d'attaque sauf contre les traîtres avérés ; il ne songe plus qu'à une seule chose : soutenir la guerre et ceux qui sont chargés de la faire.

Quand j'entends dire, Messieurs, qu'il a découragé l'armée et la marine… On n'a donc pas lu ses articles. On les a donc lus de travers. Comment, en tout cas, les a-t-on lus pour pouvoir soutenir qu'il attendait la défaite pour s'en réjouir ?

Faut-il ici relire tout ce qu'il a écrit pour tenter l'impossible ? Les chars allemands inaugurent en Pologne la fameuse pénétration en pointes rapides, mais nos militaires endormis portant belles manchettes et beaux boutons distribuent des cigarettes aux troupes étonnées. Aucun d'eux ne se soucie de savoir comment la France pourra supporter ce qui, en quelques jours, écrase la Pologne.

Et à quelque temps de là, c'est au tour de la France à subir l'écrasement.

Le désespoir envahit l'armée, mais Maurras s'efforce de faire surgir et d'entretenir l'espoir. Les Polonais n'ont peut-être pas su s'y prendre, la France possède de grands stratèges ; si l'ennemi avance en pointe, on attaquera les flancs et on réduira les poches.

Et quand la vérité éclatera sur la singulière faiblesse de notre armement[1] et que Pétain et Weygand seront désignés pour examiner les chances qui nous restent, Maurras soutiendra encore le moral de la France et de toutes ses forces, de tout son talent, de toute son autorité.

Entre nous, soyons donc sincères ; qui donc, à ce terrible moment de notre histoire, croyait encore parmi nous que la victoire fût possible ? Dans notre ville, on voyait s'enfuir des soldats mal habillés, traînant quelquefois un fusil, et beaucoup plus souvent des valises, les officiers de préférence dans des automobiles de luxe. Devant ce spectacle navrant, disons-le, les uns et les autres nous étions bien fixés.

Eh bien, Maurras tentait encore de nous rassembler ; il écrivait : « Prenons patience, Pétain et Weygand sont deux grands soldats, l'espoir est militaire[2]. »

Pourquoi, Monsieur le commissaire du Gouvernement, n'avoir point aussi lu cet article ?

Quelques jours plus tard, encore, il écrivait un article intitulé : « Jusqu'au bout[3] ! »

Et c'est quand Pétain et Weygand ont conclu sur l'expertise qu'on leur avait confiée et qu'ils ont dit : « Tout est inutile, il ne faut plus continuer ce sera un massacre et nous perdrons tout[4] », que Maurras s'est alors donné pour tâche de soutenir de toutes ses forces ceux qui avaient la charge et la responsabilité du pays.

Il n'a pas suivi ceux qui ont dit : « Abandonnons la France, fuyons aux colonies, nous nous défendrons là-bas. » Il a au contraire soutenu, comme d'autres, qu'on n'emportait pas la patrie à la semelle de ses souliers.

Il a fait des comparaisons réellement justifiées et il vous disait ces derniers jours : « Je pense qu'il n'est pas toujours bon d'aller jusqu'au bout du combat ; les armistices sont faits précisément pour que le plus faible essaye encore d'obtenir du plus fort les quelques choses qu'il n'aurait plus s'il allait jusqu'au bout. »

En 1870, l'Allemand demandait à la France, au début, deux milliards et une partie de l'Alsace. Après le bout du combat, il a fallu cinq milliards, toute l'Alsace et une partie de la Lorraine.

1. En réalité, le rapport de forces était plus équilibré au début de la guerre que ne le croyait Maurras.

2. « L'espérance est militaire », en réalité, est le titre d'un article paru dans *L'Action française* le 4 mars 1918 et repris par Maurras dans le numéro du 12 juin 1940.

3. *L'Action française* du 30 mai 1940.

4. Le 12 juin 1940, lors de la réunion du Conseil suprême interalliés qui se tient à Breteau (Loiret), et alors que le front est enfoncé (les Allemands pénétreront deux jours plus tard dans un Paris déclaré « ville ouverte »), Pétain et Weygand écartent les projets de « réduit breton » ou d'évacuation des forces vers l'Algérie puis de fusion franco-britannique et déclarent être partisans d'un armistice rapide et complet afin d'éviter l'anéantissement et l'occupation totale du pays.

Si en 1918, les Allemands n'avaient pas arrêté le combat avant d'aller jusqu'au bout, ils auraient été dans l'impossibilité de se relever comme ils l'ont fait et d'entreprendre une autre guerre. Et tant d'autres exemples.

Maurras s'est donc incliné devant les conclusions des deux experts militaires[1] et voilà que dès cet instant on a organisé contre lui une ignoble diffamation. Figurez-vous, Messieurs, qu'il avait écrit un livre – que, rassurez-vous, je ne vous lirai pas – mais qui a pour titre *De la colère à la justice*. Dans ce livre, il se trouve qu'il parle de la rencontre qu'il fit un jour du Maréchal après une cérémonie au tombeau de Mistral. Le Maréchal révéla qu'il avait connu Mistral et l'aimait. Ainsi donc, cela encore s'ajoutait aux autres dons du Maréchal : la science de la diplomatie, la valeur littéraire, la science tout court, la sécurité du jugement, etc. Et Maurras dit que la rencontre d'un tel homme, comblant et surpassant tous les espoirs, était une « divine surprise ».

Enfin, Messieurs, pourquoi s'étonnerait-on de ce panégyrique ? Voulez-vous remarquer que jamais le général de Gaulle, à qui on voudrait faire dire tant de choses qu'il ne dit pas, ne dit jamais rien contre Pétain.

Je vous affirme que j'ai pour notre général de Gaulle une admiration sans bornes, qui va aussi à ses qualités de pondération et de délicate discrétion, dont la preuve n'est plus à faire.

Souvenez-vous de ce que lisait tout à l'heure Me Breuillac sous la signature de Charles de Gaulle, et qui concernait le maréchal Pétain[2].

---

1. « À la première rumeur de l'armistice, *L'Action française* élevait à Poitiers, où elle paraissait, le cri qu'elle répétera en reprenant sa publication : "Fou, et fou à lier serait n'importe quel Français qui voudrait substituer son jugement à celui qu'ont émis les compétences militaires des Pétain et des Weygand." Ces grands Français avaient sous les yeux tous les renseignements sur ce qu'il importait de savoir. Absolument personne ne pouvait en juger comme eux. Que des spécialistes aigris élèvent leur murmure, ce n'est qu'une offense au bon sens. De tous ceux qui voudraient poursuivre la lutte à outrance, pas un n'ignore maintenant qu'elle est impossible sur le territoire de la métropole ; ils veulent la réfugier dans nos colonies ! Cela équivaudrait à abandonner la France et à la livrer tout entière. Quand la reverrait-on ? Peut-être jamais », déclaration de *L'Action française* du 26 juin 1940 (confiée à l'Agence Havas de Bordeaux).

2. « Enfin, voulez-vous que je vous lise un portrait qui venait d'être fait du maréchal Pétain, dans un livre paru en 1935 ? Ce portrait est admirable [...]. Je lis : "Du jour où l'on dut choisir entre la ruine et la raison, le maréchal Pétain s'est trouvé promu. Excellent à saisir en tout l'essentiel, le pratique, il domine sa tâche par l'esprit. [...] Entre ce personnage lucide et l'action sans surenchères que requièrent désormais le combat et les combattants, l'harmonie est si complète qu'elle semble un décret de nature. D'ailleurs la confiance prend parti pour un maître dont on sait qu'il a dédaigné la fortune des serviteurs. Puissance de l'esprit critique, sauvegarde des faveurs banales, grandeurs de l'indépendance qui reçoit l'ordre, capte des conseils, mais se ferme aux influences [...]." C'est beau, cela. Savez-vous de qui est l'extrait ? Je vais vous le dire : cet ouvrage, paru en 1935, a été publié à nouveau en 1944. Son auteur a eu la grande élégance de n'y rien changer. La citation que j'ai faite est extraite d'un

Tout le monde disait du bien de cet homme. Pourquoi voulez-vous que Maurras ait été à ce moment le seul à en dire du mal ?

Maurras disait donc : « C'est une divine surprise d'avoir, dans la défaite, rencontré le maréchal Pétain », et un nommé Déat a eu l'audace d'écrire que Maurras avait considéré la défaite comme une divine surprise ?

Cette diffamation va être reprise partout et par tous, et même le clergé la fera sienne.

Une émission radiophonique où parlera un prêtre[1] stigmatisera celui « qui a osé appeler la défaite une divine surprise ».

Du fond de sa prison, Maurras aura beau se révolter et extérioriser la plus légitime des colères, la diffamation fera son chemin.

Maurras veut répondre, mais « c'est une voix qui s'est tue » et ses ennemis le savent bien.

Contre cette diffamation, jamais la moindre rectification n'interviendra, sauf tout de même celle du religieux conférencier de la radio qui, sans même corriger son émission malveillante, se contentera de publier une rectification aigre-douce dans un journal qui s'intitule *Moissons*.

Hardi donc. L'opinion est en marche. Maurras est un traître, il a qualifié la défaite de divine surprise.

Si j'ai bien compris, Monsieur le commissaire du Gouvernement, votre réquisitoire, dans la partie où il était peut-être le moins clair, je pense que, faisant vôtre cette phrase falsifiée, vous faites à Maurras grief d'avoir considéré la survenance du maréchal Pétain comme un événement heureux.

Notez que vous auriez quelque difficulté pour lui en vouloir. On vous a lu les appréciations et les compliments de M. Jeanneney que l'on considère cependant comme n'ayant point démérité et celles de M. Herriot qui est considéré quasi comme n'ayant pas démérité[2]. Pourquoi Maurras ne se serait-il point incliné devant les compliments officiels de ces hautes autorités encore actuelles ?

Mais en réalité vous reprenez ici le même grief que vous avez fait à propos de Mussolini et vous soupçonnez Maurras d'avoir accueilli la défaite comme une divine surprise, parce qu'elle devait amener le gouvernement autoritaire du maréchal Pétain que vous voulez voir ressembler au système gouvernemental désiré par Maurras.

Mais la réponse est la même que celle que je vous ai faite tout à l'heure ; le gouvernement autoritaire, tel que l'a organisé la transmission

---

volume qui s'appelle *La France et son armée*, dont l'auteur est Charles de Gaulle » (plaidoirie de Me Breuillac, avocat de Maurice Pujo, audience du 27 janvier 1945).

1. Il s'agit du père François Varillon sj, qui dénonça à l'antenne de Radio-Lyon au cours d'une émission sur l'actualité catholique, le 5 octobre 1944, « le poète qui baptisa la défaite une divine surprise ».

2. Jeanneney présidait l'Assemblée nationale qui vota les pleins pouvoirs au maréchal Pétain ; Herriot appuya ce dernier. Les deux hommes appartenaient au parti radical.

au maréchal Pétain des pouvoirs des Chambres françaises, n'a rien de commun avec la monarchie désirée par l'Action française, et votre grief s'effondre, ce qui est d'ailleurs logique puisqu'il puisait ses sources dans la diffamation de M. Déat.

Seulement, si vous ne pouvez rien contre ce que je viens de dire, vous entendez arrêter mon raisonnement avec la politique de Montoire, et vous dites à Maurras : à partir de ce moment, vous n'aviez plus le droit de rester à côté de Pétain.

Oh, je sais très bien où vous voulez m'entraîner, mais moi, je sais très bien où je n'irai pas.

Maurras vous a donné, lui, sa position par rapport à la collaboration.

Le mot venait d'être lancé et, à son sujet, il a publié ce que voici :

> Je suppose que je rencontre quelqu'un qui me parle de la collaboration et qui me dise :
>
> — Maurras, que pensez-vous de la collaboration ? Êtes-vous partisan de ce que le maréchal appelle la « collaboration » ?
>
> — Je n'ai pas à en être partisan.
>
> — Adversaire, alors ?
>
> — Non.
>
> — Neutre ?
>
> — Pas davantage.
>
> — Vous l'admettez donc ?
>
> — Non, je n'ai pas à la discuter[1].

Voilà la position de Maurras ; elle est nette. Elle est compréhensible, je vais tâcher de l'expliquer.

Je frise le danger. Mais prenez garde, je ne fais pas le panégyrique de la politique de Pétain.

Je ne veux pas soumettre le verdict que vous devez rendre à la forme d'une approbation ou d'une désapprobation de la politique de Pétain. Ce n'est à aucun point de vue la question.

La question, la voilà.

Est-ce que Maurras, changeant brusquement d'avis, a voulu favoriser l'Allemand, ou s'il a simplement été convaincu que Pétain était le seul homme qui ait en mains les pièces et les éléments de discussion nécessaires ?

Est-ce qu'il ne s'est point dit : ce vieillard avisé, qui connaît le boche et qui sait comment il faut le traiter, arrivera avec le mot de « collaboration » à lui tirer des mains des avantages nécessaires, donc laissons-le faire ?

Mais je sais ce que vous me répondez pour m'entraîner plus avant dans une discussion dangereuse. Vous dites : « Pétain, vous l'avez soutenu, vous avez fait vôtre sa politique, peut-être l'avez-vous même inspirée. »

---

1. Voir « La "collaboration" », *L'Action française*, 1er novembre 1940, p. 1024 de la présente édition.

Ce n'est pas le procès.

Si vous voulez me faire condamner pour avoir suivi la politique de Pétain, il faudrait d'abord que vous démontriez que Pétain est un traître.

C'est possible, moi je n'en sais rien.

Si, ayant suivi sa politique et même s'en flattant, il me faut, pour solliciter de vous un acquittement, démontrer que Pétain n'est pas un traître, je ne le peux. Je ne suis pas son défenseur. Le procès, d'ailleurs, n'est pas ouvert et ce n'est pas ce soir qu'il doit ici s'ouvrir[1].

Mais voilà la formule qui règle le conflit.

C'est le second moment où vous m'attendiez ? Me voici : je vais m'échapper de votre prévention à caractère spécial.

Vous ne me ferez pas dire ce que je pense de Pétain, mais ce que je vais vous dire et que vous ne pourrez pas oublier, c'est que, connaissant bien maintenant le tempérament de Maurras, son humeur et sa haine du boche, s'il s'est attaché à la personne de Pétain, quel qu'il soit, c'est qu'il avait en tous cas, lui Maurras, la conviction formelle, profonde et absolue que ce n'était pas un traître.

Et cela suffit.

Vous n'allez tout de même pas condamner Maurras pour trahison dans l'instant, Messieurs, où vous sentez que sa volonté formelle et absolue est précisément de ne pas trahir.

Que m'importe ce qu'est Pétain. Vous saurez cela plus tard. Ce qui nous intéresse ce soir, c'est ce qu'est Maurras.

Or, Maurras c'est un homme droit, loyal, cassant. S'il a suivi le Maréchal, c'est qu'il a eu la conviction qu'il ne trahissait pas.

Je dois me garder d'être maladroit, grands dieux. Cependant, il est une chose qui m'angoisse : faut-il maintenant que j'en parle ? Dois-je, au contraire, me taire ? Je ne sais trop.

Je voudrais bien n'en point parler, car vous-même n'en avez rien dit, Monsieur le commissaire du Gouvernement.

Cependant, je reste inquiet parce que les journaux ont parlé avant moi et que MM. les jurés ont leurs yeux attentifs depuis longtemps dirigés vers Maurras : il porte la francisque.

Voyez, Messieurs, je vais loin dans la voie des confidences. Vous verrez d'ailleurs tout à l'heure, quand je prendrai vos mains dans les miennes en vous demandant de me faire confiance, qu'il faut que j'aille loin dans les confidences : je n'escamote rien, alors que je pouvais me taire sur cette francisque.

On m'a dit un jour : « Si Maurras vient à la cour de justice avec cette francisque, à coup sûr c'est la mort. »

---

1. Le procès du maréchal Pétain s'ouvrira le 23 juillet 1945 devant la Haute Cour de justice de Paris. Il s'achèvera le 15 août suivant par la condamnation à mort de l'accusé. La sentence sera commuée en peine de réclusion à perpétuité par le général de Gaulle le 17 août.

Évidemment, ce serait la mort, si je venais vous dire : « Acquittez l'homme parce qu'il porte la francisque, qui représente ici la politique du maréchal Pétain. »

Je vous mettrais dans ce dilemme où vous avez cherché à m'enserrer, Monsieur le commissaire du Gouvernement, en venant dire : « Messieurs les Jurés, le condamner ou l'acquitter, c'est condamner ou approuver la politique du maréchal Pétain. »

Encore une fois, là n'est pas la question. Vous jugez Maurras. Eh bien, à propos de Maurras et de la francisque qu'il porte, je vous apporte la preuve qui doit vous être singulièrement précieuse et de son courage et de sa fidélité et de sa loyauté.

Il ne trahit pas. Apprenez d'ailleurs, si vous ne le saviez pas, et je l'ignorais naguère encore, que la francisque n'est pas un insigne : c'est une décoration. Elle a été remise par le Maréchal personnellement à Maurras[1] en vertu d'un brevet nettement authentifié.

Maurras considère cette francisque comme une décoration qu'il a reçue de l'homme qu'il estime avoir été un grand Français, à tort ou à raison, et il pense que, de même qu'après la chute de l'Empereur on a porté et brigué la Légion d'honneur – dont lui, d'ailleurs, n'a point voulu – après la chute du Maréchal qui subira un jour le jugement de la France et de l'Histoire, et comme dans son âme, son cœur et sa conscience il ne reproche rien à celui à qui il garde sa fidélité, même dans le pire des dangers, il vient devant la cour de justice porteur de sa décoration.

J'aime mieux cela que l'attitude de M. Claudel, sur le témoignage duquel vous vous êtes cependant singulièrement appuyé, vous l'accusation.

C'est ainsi que se pose la question de Maurras et de la collaboration, car ne pensez pas du tout que j'aie l'intention de me tirer des difficultés du procès avec une pirouette.

Vous pourriez me répondre : tout ce que vous racontez là, c'est très joli, mais quoique votre client ne vous entende point, vous ne le dites que pour lui faire plaisir ; cependant que devient l'inculpation dont vous venez de parler ? Oui ou non, Maurras a-t-il fait de la collaboration ?

Là, voyez-vous, Monsieur le commissaire du Gouvernement, votre réquisitoire craque, s'effrite et tombe. Vous n'avez pas pu ne pas reconnaître dans votre exposé des faits que Maurras était un grand patriote jusqu'en 1918. Vous vous êtes arrêté en 1918 parce que vous n'avez pas voulu examiner plus loin. Heureusement, vous êtes allé au moins jusque-là.

Il aurait fallu que vous nous expliquiez pourquoi il aurait changé d'avis et pourquoi, alors que toute son œuvre antérieure est foncièrement antiallemande, il serait subitement devenu collaborateur.

1. Le 8 mai 1943 (francisque n° 2068).

Il faut une raison pour changer d'avis. Un caractère et une volonté comme le caractère et la volonté de Maurras ne changent pas si facilement d'avis. Depuis tant d'années et dans des circonstances identiques, il a eu des réactions tellement semblables. Pourquoi aurait-il changé d'avis ?

Je ne sais si vous avez essayé de le savoir, vous n'avez en tout cas pas tenté un seul mot pour l'expliquer.

Il vous a raconté comment les Allemands ont pillé et saccagé son appartement, comment ils l'ont chassé d'hôtel en hôtel pour le pousser jusque dans les meublés, comment ils lui ont volé jusqu'à des souvenirs personnels auxquels il accordait tant de prix[1].

Pourquoi voulez-vous qu'il se prenne d'affection pour ceux qui ont interné MM. Pujo et Calzant[2] ? Quels avantages pouvait-il attendre ? Il n'a jamais voulu, lui, recevoir un centime allemand.

Voilà encore une circonstance atténuante que vous n'avez jamais signalée, Monsieur le commissaire du Gouvernement.

Les Allemands ont réquisitionné sa propriété de famille à Martigues. Le percepteur l'a convoqué pour lui verser les prestations correspondant à cette réquisition, vous en avez la preuve ; il a repoussé cela du pied. Il n'a jamais accepté pour son journal la moindre des subventions dont tous les autres journaux étaient gourmands.

Ces subventions étaient de l'ordre de 300 000 francs par mois ; lui, Maurras, touchait de son journal 4 000, puis 5 000 francs par mois, et c'est tout. Pourquoi voulez-vous donc qu'il ait changé d'avis ?

Je ne voudrais pas être désagréable à mes confrères de Paris ou d'ailleurs en paraissant accepter sans contrôle ce qui a conduit à certaines décisions de la cour de justice, alors que je n'ai pas connu les débats ; mais enfin, quand on demande pourquoi Béraud avait changé d'avis, on répond que c'était parce qu'il était payé. Quand on a condamné Suarez à mort, on a dit que Suarez avait trahi pour de l'argent. Et vous mettez sur le même pied Maurras et les autres.

1. « À leur arrivée à Paris, le troisième jour, les Allemands avaient mis les scellés sur mes domiciles personnels, rue de Verneuil, rue de Bourgogne. Ils se mirent à piller et à repiller rue du Boccador, le siège de *L'Action française* [...], ils emportèrent tout ce qui restait [...], collections, registres, meubles, sans négliger les livres, bibelots, meubles, autographes, reliques et souvenirs précieux dont mon cabinet personnel entre autres, était garni. [...] À Martigues, les Allemands ont occupé ma maison, sillonné mon jardin de leurs tranchés et miné ma colline. [...] À Lyon, ce sont les Allemands qui m'ont chassé d'hôtel en hôtel. Avant de me réduire à vivre en meublé, une de leurs perquisitions au Grand Nouvel Hôtel avait arraché le nœud du ruban tricolore qui décorait une belle image de la cathédrale de Strasbourg au-dessus de ma table de travail » (Charles Maurras, audience du 25 janvier 1945).

2. Le 22 juin 1944, Pujo et Calzant furent emprisonnés par les Allemands au fort de Montluc, « peut-être à la suite d'une intrigue de la Milice, pour n'être relâchés que sur les interventions pressantes de Maurras » le 10 juillet. Voir Eugen Weber, *L'Action française*, *op. cit.*, p. 518.

Voyez-vous, Monsieur le commissaire du Gouvernement, c'est l'argent qui fait les traîtres.

Maurras est la pauvreté même, une pauvreté volontaire, une pauvreté conscieneuse et digne, une pauvreté continue. Il a toujours mené le même combat, pourquoi voulez-vous donc qu'il ait changé ?

On vous a lu quelques-uns des innombrables articles de presse qui vous démontrent ce que l'on pensait de l'autre côté des frontières. Je veux bien ne pas reprendre des lectures, mais tout de même, j'ai dans mon dossier des numéros du *Parizer Zeitung*. Certains sont écrits en allemand, d'autres en français. Et n'empêchez pas mon client de rire quand il les lit et qu'il entend l'accusation. Vraiment, cela ne va pas tout à fait ensemble.

En voici un : « Der Greis von Martigues Charles Maurras : Portat eines einsamen » – « Le vieillard de Martigues Charles Maurras : portrait d'un solitaire[1] ».

Mais voici du français qui est tout de même de l'allemand : « En dehors de sa polémique et de ses accusations, on ne peut relever à son actif aucun programme positif qu'il eût pu inculquer aux larges masses populaires ; aucune construction d'avenir en vue de la renaissance de son pays. »

Voici un article de la *Deutschland Französisch* où l'on écrit que les Allemands ne sont pas du tout dupes de Maurras qui est, en réalité, un anglophile et un ami des Américains, quelque effort qu'il fasse pour s'en cacher.

On ne vous avait pas encore donné l'avis des Anglais : le voici. Le journal *The Tablet* parlant de *L'Action française*, déclare « qu'elle ne peut être accusée de collaboration, à moins que collaboration ne signifie l'absence de défi ouvertement lancé aux Allemands ».

Et le journal ajoute : « *L'Action française* a été la principale inspiratrice de "l'attentisme", c'est-à-dire de la politique de résistance telle qu'elle est possible à Vichy »[2].

Et encore plus loin : « Mais parmi les Français qui ont fui la France pour combattre sous les ordres du général de Gaulle, il y en a beaucoup qui ont dû leur éducation politique à *L'Action française*, et nous croyons pouvoir assurer que Maurras n'est pas réellement animé contre eux des sentiments d'amertume qu'il manifeste… »

Voilà ce que pensent les étrangers.

Vous allez pouvoir, Messieurs les Jurés, vérifier tout cela ; vous aurez dans mon dossier toute une série d'articles – et ils sont loin d'être les seuls – dont je ne veux pas vous donner la lecture, mais que vous verrez si vous le désirez. Je vous dis notamment que vous trouverez parmi mes pièces une publication qui s'appelait *Combat*, qui a consacré tout un numéro

1. *Parizer Zeitung*, 16 mai 1944.
2. *The Tablet*, 11 juillet 1942.

à démontrer que Maurras est le traître de l'organisation européenne et qu'il fait tout ce qu'il peut pour faire échouer cette construction européenne[1].

Mais, M. le commissaire du Gouvernement dit : « Cela ne veut rien dire du tout ; il s'agit simplement de gens qui, tous, trahissent et se jettent des injures par-dessus les barricades. »

Vous trouvez que cela ne veut rien dire du tout ? Voulez-vous supposer un instant que ce soir vous ayez gain de cause et que le jury, impitoyablement prononce la seule peine qui, dites-vous, apparaisse à votre conscience devoir s'appliquer à Maurras : la peine de mort. Qui s'en réjouira ? Les Allemands.

Attention, Monsieur le commissaire du Gouvernement, aux « entreprises de nature à favoriser l'ennemi ».

Vous demandez la condamnation à mort de Maurras ? Vous pouvez être sûr qu'en Allemagne, dès qu'on connaîtra la nouvelle, ce sera la plus vive satisfaction, et je puis vous assurer que notre pays ne gagnera rien à cela. Et si Maurras est condamné, les Allemands diront en se gaussant : « Ils ont trouvé le moyen de tuer eux-mêmes le pire de nos ennemis. »

Vous dites que tous ces articles ne veulent rien dire et que ces injures que Maurras a reçues par-dessus les barricades ne révèlent rien en sa faveur ? Moi, je vous réponds qu'elles aboutissent à quelque chose de grandement dramatique.

Voulez-vous supposer encore, Monsieur le commissaire du Gouvernement, que les Allemands aient été vainqueurs ?

Du même siège que celui que vous occupez, un distingué magistrat du ministère public aurait conduit ce soir la même accusation, pour des intérêts exactement opposés et qui auraient tendu à la même peine, pour les mêmes motifs.

« Condamnez Maurras à mort, aurait-on dit, car il s'est opposé de toutes ses forces, comme cela n'a cessé d'être écrit, à la construction de l'Europe et il a ainsi trahi. »

Concevez-vous situation plus dramatique que celle-là ?

---

1. La revue s'intitulait en réalité *Notre combat* et était dirigée et publiée par André Chaumet. Le 27 mars 1943, elle consacrait un fascicule entier à l'« énigme de Maurras » auquel participèrent notamment Lucien Rebatet (« Maurras, maniaque de l'antigermanisme jusqu'à la puérilité, feint de s'être réfugié dans la logomachie lunaire de la "France seule". En réalité, ce royaliste a rejoint le clan de la guerre juive, de la démocratie déchaînée, du jacobinisme sanglant, de la maçonnerie, d'un libéralisme aux abois tendant les bras à Staline ») et Ramon Fernandez (« Pour Maurras, l'Europe était menacée par un danger matériel et un danger moral. Le danger matériel consistait dans le développement territorial d'une Allemagne unie et forte ; le danger moral était provoqué par l'influence de l'idéologie germanique sur notre enseignement officiel… Est traître, pour Maurras, tout Français qui nourrit des croyances dont les sources sont à l'étranger, et tout particulièrement en Allemagne »). Les extraits de presse ont été remis par Maurras à la cour de justice lors de l'audience du 25 janvier 1945.

Qu'on soit Français, et bien Français, et qu'on soit poursuivi par les ennemis de la France, c'est normal. Mais pour Maurras, être poursuivi ce soir par les gens de sa patrie, c'est odieux.

Voyez-vous, Monsieur le commissaire du Gouvernement, il faut permettre à Maurras d'être de temps en temps disgracieux quand il vous parle et qu'il stigmatise l'origine des pouvoirs qui vous sont conférés pour demander qu'on l'emmène au poteau d'exécution.

Comment, d'autre part, voulez-vous, Messieurs, chasser de votre délibéré des dépositions comme celle de M. Justinien ? Voici un homme qui s'est évadé d'Allemagne dans des conditions tragiques. Il vous raconte que, dans les stalags, il avait été « repéré » parce qu'étant de l'Action française. Un officier allemand l'a molesté en lui affirmant qu'il savait ce qu'était l'Action française.

Il parlait admirablement le français. Il connaissait fort bien Maurras ; il affirmait qu'on ne pouvait tromper personne et que l'Action française était l'ennemi numéro un de l'Allemagne et qu'il fallait abattre Maurras à tout prix. M. Justinien vous a dit qu'il avait évité de justesse des sanctions en faisant l'imbécile, ce qui n'a pas dû lui être commode. Mais vous savez qu'il est bon parfois de démontrer aux Allemands qu'on est moins intelligents qu'eux ; ils acceptent très volontiers cette agréable démonstration.

Comment encore chasser de votre délibération la déclaration du capitaine Darcel[1] ? Je ne sais quel effet vous a produit ce garçon. Moi, je le trouve magnifique.

Il s'est évadé, je ne peux vous dire dans quelles conditions, certains de ses camarades pouvant encore essayer d'employer le même moyen ; mais quand on songe à la qualité de la volonté nécessaire à la réalisation d'un pareil programme d'évasion, il faut, devant la cour de justice, accueillir avec respect un tel témoignage.

Or, le capitaine Darcel vous a dit : « Charles Maurras est considéré en Allemagne comme un ennemi capital. »

Cependant, M. le commissaire du Gouvernement insensible poursuit : « Ce sont là des histoires, ce qu'il faut, c'est le poteau d'exécution. »

Que voulez-vous que l'on vous dise ? Quelle qualité d'arguments peut vous plaire ? Vous semblez me dire : « Et les articles ? » J'y viens. Je n'esquiverai pas le débat. Mais laissez-moi vous donner les explications les unes après les autres.

Tenez, voici encore une chose prise sur le vif. Je ne pourrai pas me permettre ce que je vais dire devant une cour d'assises ordinaire, mais devant une juridiction révolutionnaire…

J'en demande tout de même pardon à M. le commissaire du Gouvernement et à M. le Président qui me pardonnent d'avance, j'en suis sûr.

1. À l'audience du 26 janvier 1945.

Un jour, on a apporté à Maurras la « liste Otto », c'est-à-dire la liste des ouvrages interdits par les Allemands[1]. Maurras se précipite. On avait oublié – l'on devait bientôt réparer cela – d'interdire un de ses ouvrages et, sur la couverture, dans un de ces gestes de colère que, de temps en temps il vous oppose, il écrivit : « M… alors. »

Voilà. Tant pis, je crois d'ailleurs que c'est français, et que l'Académie française, à laquelle appartient mon client, a depuis longtemps accepté le mot. Il est vilain, mais la phrase est splendide.

Voilà, Monsieur le commissaire du Gouvernement, à quelles sources vous pouvez puiser la véritable inspiration, la véritable volonté, le véritable standing et, pour tout dire, la véritable intention de l'homme qui soutient quelquefois l'injure à la bouche ou au bout de la plume : « Je suis Français, je n'admets pas que l'on m'arrache mon état civil. »

Il réagit, il réagit vivement et, non seulement ce n'est pas là quelque chose dont il faille lui tenir rigueur, c'est, au contraire, ce dont vous auriez pu faire une circonstance atténuante et qui est en réalité une circonstance probante qui renverse votre accusation.

Il y a, Monsieur le commissaire du Gouvernement, dans la procédure, quelque chose qui peut paraître vous avoir échappé.

Vraiment, comment avez-vous pu ne pas la voir et comment avez-vous pu ne pas la révéler à MM. les jurés ? Votre impartialité qui n'a jamais été en cause se serait cependant magnifiquement révélée si vous aviez fait à ce propos ce que vous avez fait tout à l'heure pour le télégramme dont vous avez donné lecture.

Vous n'avez donc pas lu, dans l'interrogatoire du 8 janvier, cette phrase essentielle de M. le juge d'instruction Rousselet ?

Ce n'est même plus moi qui vous demande, au point où en sont les débats, d'acquitter M. Maurras, c'est M. le juge d'instruction. Cela vous a échappé.

Écoutez : « Dans votre mémoire, vous avez affirmé que, par votre action, vous avez fait échouer la collaboration telle que l'entendaient Laval et Déat, que vous êtes pour quelque chose dans l'attentisme du Maréchal et que vous avez souhaité la défaite allemande. Nous voulons bien l'admettre… »

Or, vous permettez, vous n'avez vu Maurras que depuis le jour de l'audience ; M. Rousselet l'a vu tant et tant de fois, il l'a interrogé, il l'a tenu sur la sellette ; il a supporté ses dictées, il a entendu ses réflexions, il a transcrit ses interrogatoires, il a lu de ses ouvrages et il a parcouru les mêmes articles que vous. Et à la fin de son interrogatoire, il dit à Maurras : « Vous n'êtes pas collaborateur, vous n'avez rien fait pour l'Allemagne,

1. Ainsi nommée en référence à l'ambassadeur allemand à Paris Otto Abetz, la « liste Otto » a été publiée le 28 septembre 1940 et recense 1 060 ouvrages retirés de la vente par les éditeurs ou interdits par les autorités allemandes.

je l'admets. » Et vous, vous dites : « Il ne faut pas prêter attention à tout cela, à mort, à mort, c'est l'essentiel. »

Savez-vous, Monsieur le commissaire du Gouvernement, pendant toutes les années que M. Maurras a vécu à Paris et pendant toutes les années où il a vécu à Lyon, quelle était l'unique décoration de son cabinet de travail ?

Eh bien, c'était une gravure de la cathédrale de Strasbourg, dans un cadre qui comportait un nœud bleu, blanc, rouge[1], à quoi est venu s'ajouter, après 1940, le fanion tricolore de la section d'Action française de Thionville. Cela, croyez-vous, ne veut rien dire ? Cela, croyez-moi, veut dire quelque chose : vous l'ignoriez, maintenant vous le savez.

Dès le début de votre réquisitoire, vous n'avez pas voulu me prendre de face et de front, et vous avez prétendu que vous ne vouliez aucune discussion sur mes opinions politiques ; vous m'avez attaqué par des « pointes de chars » ; eh bien, je vais vous attaquer sur vos flancs.

Vous avez dit : « Et la Milice ? »

Que vous ayez dit cela avant d'entendre Maurras, je l'aurais compris, mais que, dans votre réquisitoire, vous ayez encore eu la possibilité de dire de Maurras qu'il a soutenu la Milice, c'est plus fort que tout.

On vous a donné des explications très simples. On vous a dit : Pujo se méfiait déjà des SOL[2]. Quand on parlé de Milice, Maurras fut séduit quelques instants parce que – et on est bien obligé de le reconnaître sans faire de panégyrique maladroit – Darnand avait été, pendant la guerre de 1914-1918 et pendant celle de 1939-1940, un remarquable combattant ; ce sont tout de même des petites choses qui comptent. Et Maurras a pensé que la création d'une Milice simplement destinée à renforcer la police trop surmenée du pays était une bonne chose.

Quelques jours plus tard, on lui a dit : « Attention, Darnand a partie liée avec les Allemands. » Aussitôt Maurras est devenu féroce contre les miliciens.

Il y a une chose qui a passé inaperçue jusqu'à présent. Elle est dans la procédure.

Maurras était à Martigues quelques jours après que Darnand eut exposé à Lyon les motifs pour lesquels il avait créé la Milice et juré ses grands dieux que cette Milice ne ferait aucune politique et ne serait en aucune façon soumise à des autorités étrangères.

En allant prendre son train, Maurras rencontre quelques jeunes gens de l'Action française qui lui demandent s'ils peuvent s'enrôler dans la Milice. Maurras répondit affirmativement, en disant qu'ils pouvaient essayer et que

1. Maurras l'a évoquée lui-même lors de l'audience du 25 janvier 1945 : voir note 1, p. 1169.

2. Le Service d'ordre légionnaire, créé à Nice par Joseph Darnand en août 1941 et qui s'étendit rapidement à toute la zone non occupée. La Milice, créée le 30 janvier 1943, en est l'émanation. Pierre Laval en est le chef, Darnand le secrétaire général (mais le véritable chef opérationnel).

ce serait sans doute très bien. Mais arrivant à la gare, quelqu'un lui raconte que Darnand a partie liée avec les Allemands. Alors Maurras manque son train, rentre à la maison, court après les jeunes gens et leur dit que, sous aucun prétexte, il ne fallait faire partie de la Milice.

Immédiatement des consignes partent de l'Action française ; elles sont à mon dossier, elles étaient rédigées prudemment parce qu'elles risquaient de tomber aux mains des Allemands ; de toute façon, une chose était claire : il y avait incompatibilité absolue à ce qu'on appartienne à la fois à l'Action française et à la Milice.

Que voulez-vous de plus ? Loin d'encourager les adhésions à la Milice, Maurras a donné des ordres pour qu'on n'en fasse pas partie.

Je sais bien ce que vous allez me dire : il y a des gens de l'Action française qui sont allés à la Milice, il y en a même qui sont allés à la LVF[1], il y en a peut-être d'autres qui ont trahi…

Vous est-il venu à l'idée de rendre M. Cachin responsable de M. Doriot ? Vous est-il venu à l'idée de rendre M. Blum responsable de M. Déat[2] ?

L'essentiel c'est que l'Action française et Charles Maurras n'aient jamais cédé ; on n'avait pas le droit quand on était membre de l'Action française de faire partie de la Milice.

En ce qui concerne la LVF il en a été de même et MM. les jurés pourront trouver au dossier l'article que Maurras avait rédigé de la meilleure façon possible pour avertir qu'il ne fallait pas aller à la Légion des volontaires français.

Écoutez cela : « Mais le public, mais le pays ont le droit et même le devoir d'adjurer les bonnes têtes et les bons cœurs de garder l'essentiel de leur dévouement à la France, à la seule France, et non au premier venu. Certains de ces zélateurs sont tout à fait à leur place dans ce rôle. On se fût étonné de ne pas les y voir… C'est dans le même intérêt de l'épargne nationale – mais d'une épargne de chair française – que nous marquons le contraire de l'enthousiasme au projet d'envoyer des Français combattre sur le front russe… »

Les consignes sont formelles : pas de Milice, pas de LVF.

Et nous voici maintenant parvenus à la partie essentielle, à la partie vraiment délicate de mon effort.

Je vous jure d'être loyal. Je n'ai jamais manqué à mon serment.

Monsieur le commissaire du Gouvernement, je vais découvrir le ver dont je parlais tout à l'heure et l'écraser.

Vous avez tenté, dans une accusation singulière, de placer le jury en face de certains faits, et vous avez dit : « Ces faits, ils existent, les articles,

1. Légion des volontaires français (contre le bolchevisme), fondée le 8 juillet 1941 peu après le lancement de l'opération allemande « Barbarossa » contre l'URSS.

2. En d'autres termes, le communiste Cachin et le socialiste Blum ne sont pas responsables de l'évolution fasciste de l'ex-communiste Doriot et de l'ex-socialiste Déat.

ils sont écrits. » Et vous avez sûrement pensé : « Comment le défenseur de Maurras va-t-il pouvoir s'échapper de l'accusation dans laquelle je l'enserre en raison des articles dont j'ai donné lecture ? »

Laissez-moi tout d'abord vous dire, Monsieur le commissaire du Gouvernement, une chose dont je ne saurais démordre : si nous avions le temps, si nous étions devant la Haute Cour, si nous n'étions point devant une juridiction composée d'admirables volontaires dont le temps est précieux, si l'on pouvait procéder à des lectures interminables, je vous démontrerais le plus facilement du monde ce dont je vous ai souvent averti, à savoir qu'en puisant la liste de vos articles et leur contenu dans le rapport de Verdenal, vous faisiez vôtres des faux par omission, des faux par adjonctions, des faux par troncation ou par transformations.

Malgré cela, vous avez voulu conserver cette méthode, et vous avez puisé des indications dans le rapport Verdenal.

Eh bien, j'ai là devant moi plusieurs pages qui ont été faites en toute hâte hier soir, quand j'ai constaté que votre réquisitoire avait persisté à reproduire les éléments de cet odieux document.

Toutes les parties que je vous montre écrites en rouge représentent les articles rectifiés ; les parties en bleu représentent des parties d'articles faussement transcrites.

Je regrette de ne pouvoir me livrer au travail consistant à reprendre chaque article visé par M. le commissaire du Gouvernement, le lire tel qu'on vous le présente, puis le relire tel qu'il a été écrit : je vous garantis que ce serait édifiant.

Quand on campe une accusation capitale, si même on s'est trouvé tenu de bousculer une procédure pour qu'elle aille très vite, il faut tout de même prendre le temps de vérifier ce qu'on va dire.

Vous avez commis dans votre réquisitoire deux fautes :

1. Vous avez transcrit des articles inexacts ; c'est impardonnable, et l'avenir ne vous le pardonnera pas, quoi qu'il arrive.

2. Vous avez pensé qu'il me serait impossible de justifier certains articles.

Vous avez pensé, là encore : « Comment le défenseur va-t-il pouvoir s'expliquer sur les articles que j'ai visés, même partiellement exacts ? Il ne sera pas commode, à l'époque où nous sommes, à l'avocat d'expliquer comment Maurras a pu entrer en lutte contre le général de Gaulle sans par cela même devenir un traître. »

Vous avez senti avec satisfaction à quel point le terrain devenait glissant pour moi, et j'ai bien compris, à votre imperturbable sourire, que vous vous attendiez à voir s'écrouler mes efforts au cours de cette démonstration.

Eh bien, Messieurs les Jurés, c'est l'heure où je voudrais que nous nous rapprochions tout à fait ; c'est l'heure où nous allons ensemble procéder à un examen rigoureux des véritables intentions de Maurras.

Vous êtes bien d'accord avec moi, n'est-ce pas, pour estimer que, pour condamner Maurras à mort et même à n'importe quelle peine, il faut que vous soyez, au fond de vous-mêmes, terriblement sûrs de l'intention mauvaise que vous condamnez ?

Et même, Messieurs, si une presse plus ou moins justement déchaînée – les journalistes sont évidemment d'excellentes gens et je leur dirais volontiers que leur profession est une de celles qui m'auraient plu après la mienne – si donc les journalistes ont fait en sorte d'organiser l'opinion d'une façon telle que si un acquittement était prononcé toute la ville resterait stupéfaite, que voulez-vous que cela fasse au regard de la grande Justice ?

Rien, sûrement rien.

Est-ce que vous pourriez penser en toute tranquillité, si vous n'étiez pas sûrs de la culpabilité de celui que vous jugez, qu'un jour sur le pavé humide, dans l'aube blafarde, Maurras restera étendu sanglant, la chair feuillée de douze balles ?

Pour vouloir des choses pareilles, il faut être sûrs, singulièrement sûrs, profondément sûrs.

Pour que je puisse discuter avec quelques chances les délicates questions qui m'attendent maintenant, il me faut toute votre impartialité de juges, il faut que vous fassiez abstraction totale dans vos esprits de certaines obligations à caractère de mandat qui, peut-être, caractérisent la justice révolutionnaire que vous représentez.

Laissez-moi donc vous dire : on vous a souvent répété, au cours de procès de même nature, de la place même que j'occupe : « Nous avons confiance en vous. »

Quelle stupidité. Le prévenu qui prononce cette phrase ne le fait que sous condition résolutoire ; il a confiance en vous tant qu'il pense que vous l'acquitterez ; il vous fera au contraire une réputation terrible si vous le condamnez, encore que ses imprécations soient arrêtées par l'exécution de votre sentence.

Eh bien moi, j'emploie une formule différente et je vous dis : Faites-moi confiance…

Enfin, Messieurs, nous sommes faits pour nous entendre.

Mon grand-père, sachez-le, était un canut de la Croix-Rousse, et chaque semaine, en mettant dans mon portefeuille les cinq sous qu'il me destinait, il rêvait pour son petit-fils des grandeurs de la présidence de la République.

Mes parents étaient de modestes ouvriers qui ont travaillé tant qu'ils ont pu pour me permettre d'embrasser la carrière de mon rêve ; la plus belle de toutes… celle qui consiste à accourir au premier appel pour faire tomber les chaînes qui font souffrir les hommes.

Et ce soir je vous dirai encore que j'ai souvent défendu des communistes et, tenez, voici un de mes meilleurs souvenirs.

C'était naguère au Conseil de guerre. Un éminent et magnifique magistrat du ministère public requérait, la poitrine constellée de décorations, résistant notoire, mais qui ne souffrait pas les communistes, et c'était encore, à cette époque pourtant récente, une opinion presque publique.

Contre ces communistes, on venait de créer des sections spéciales et les magistrats qui jugeaient étaient recrutés parmi des officiers de gendarmerie et de chasseurs alpins.

Déjà les inculpés étaient jugés par ceux qui se croyaient leurs victimes.

Et le commissaire du Gouvernement disait : « Messieurs, vous ne répondez de vos décisions que devant vos consciences ; vous avez été placés à nos frontières sociales pour nous garantir contre le désordre intérieur ; ne vous embarrassez point des accents de la défense ; vous êtes couverts par mon réquisitoire ; condamnez à mort. »

Le client que je défendais était visé, comme tous les autres. Le réquisitoire avait fait une impression terrible. Quelques confrères me prièrent d'élever, au nom de tous, une protestation contre ce réquisitoire écrasant.

Le débat fut pathétique, le ciel nous fit triompher, nous avons passé à côté de la peine capitale.

Et je me souviendrai toute ma vie de cette petite salle obscure et enfumée, où les quelque vingt prévenus se trouvaient entassés pendant le délibéré. Et comme je leur rendais visite pour leur donner un peu d'espoir, j'ai vu, dans cette obscurité brumeuse, le flot de ces vingt hommes s'enfler comme une marée et chacun d'eux s'accrocher à mon cou et me donner l'accolade.

Voilà le hasard des souffrances, le hasard du secours de la défense ; hier, c'étaient les communistes, ce soir c'est Maurras.

La conviction est la même, mon sacerdoce est le même, le moyen d'atteindre vos consciences est le même. Je plaide aujourd'hui devant vous de la même façon que je plaidais hier devant la section spéciale.

Hier j'ai échappé au martyre, et ce soir, Messieurs, pour le même but, dans la même pensée, dans la même volonté, pour la même justice, j'espère fermement que je pourrai vous convaincre.

Comment vais-je donc pouvoir m'expliquer sur la campagne faite par Maurras contre le général de Gaulle, les gaullistes, les maquisards et m'attaquer aux articles qui sont ce qu'ils sont, avec les rectifications qui s'imposent ?

Très simplement.

Pour savoir si Maurras a trahi – et c'est la seule question qui se pose – il faut bien tout de même qu'il ait eu l'intention de faire ce qu'il a fait ou d'écrire ce qu'il a écrit dans le but que cela profite aux Allemands.

C'est bien là la question, n'est-ce pas ? la seule question.

Pour le condamner il faut deux choses : sa volonté et qu'elle ait profité aux Allemands.

Il ne suffit pas qu'il y ait simplement concordance entre la volonté des Allemands et les écrits de Maurras ; il faut qu'il y ait eu un véritable profit d'un côté, une véritable volonté de l'autre.

Vous attendez que je fasse la critique du général de Gaulle, Monsieur le commissaire du Gouvernement.

Comme vous avez pensé que j'allais succomber en glorifiant la politique du maréchal Pétain et en subordonnant le sens d'un verdict de la cour de justice à l'approbation d'une politique aujourd'hui contestée.

Vous avez vu que je ne me suis point risqué à cela ; je ne fais ici aucune politique et perdez l'espoir de me voir tomber sur le point essentiel où vous comptez le plus facilement triompher.

Vous allez, Messieurs les Jurés, me comprendre très bien.

Nous sommes sous un régime de liberté, soit. Il ne faut tout de même pas qu'il soit à sens unique. Et je vous parle notamment de la liberté de l'intelligence. Il est incontestablement permis maintenant de penser quelque chose sur n'importe quoi. Sur la qualité d'un vin, par exemple, il est permis d'avoir chacun son opinion. Un tel le trouve bon, l'autre le trouve mauvais. Est-ce que vous pensez qu'il faille pour avoir été un bon Français, qu'un Français n'ait eu que les réactions de la grenouille, qui ne peut sauter que dans un seul sens, et dans une seule direction ? Pensez-vous que, pour avoir été résistant, il ait fallu l'être d'une seule manière ? Que faire, alors, des chances d'erreur, quand elles sont loyales ?

Sans doute, aujourd'hui, est-il facile de distinguer la vérité ; sans doute, aujourd'hui, est-il trop facile de juger. L'expérience a réussi.

Il n'y a évidemment plus d'hésitation possible ; c'était aux côtés du général de Gaulle qu'il fallait se porter pour suivre le triomphe des armes alliées.

Mais voulez-vous vous souvenir, Messieurs, du temps très récent où, dans la salle des pas perdus, nous nous traînions, moroses, en devisant.

L'atmosphère devenait de plus en plus irrespirable ; le débarquement était impatiemment attendu et beaucoup doutaient qu'il se ferait jamais. « Mais non, il n'y aura pas de débarquement », disaient les uns qui se croyaient renseignés. D'autres disaient : « Nous avons des tuyaux, c'est pour la semaine prochaine. »

La radio, de son côté, dans son style sibyllin, annonçait la visite à Grégoire[1]. Était-ce un bombardement ? Était-ce le débarquement ? On hésitait. On s'énervait. On attendait, il le fallait bien.

Pensez-vous donc, Messieurs, que c'était trahir que d'envisager et même de vouloir la délivrance de la France par un moyen différent de celui qui, aujourd'hui, a réussi, mais qui, alors, se faisait tellement attendre ?

Pensez-vous que c'était trahir la France que d'estimer, à travers les méthodes envisagées pour la libération, qu'il pouvait y en avoir plusieurs ?

Et Maurras qui aime sa patrie comme une chienne aime ses petits et qui grogne dès que l'on approche de l'un d'eux, croyez-vous qu'il n'avait pas le droit de penser qu'il y avait une autre façon de délivrer la France que d'appeler sur notre terre les armées étrangères pour massacrer notre

1. Allusion probable aux messages codés que Radio-Londres envoyait aux résistants.

Normandie, notre vallée du Rhône et faire, parmi nous et parmi les nôtres, tant de victimes ? Le sujet est brûlant, je risque de vous choquer ; cependant, je ne vous donne pas mes opinions personnelles.

Le plus grand nombre parmi nous a suivi le magnifique espoir et tout le monde a salué notre grand militaire ; mais avant qu'il n'arrive, pensez-vous qu'un homme ne pouvait pas se dire sans trahir qu'on pouvait et peut-être qu'on devait agir différemment ? Pensez-vous qu'il soit jugé définitivement que, pour atteindre Berlin, il fallait passer par Cherbourg et par Marseille ? Est-ce que la contemplation d'une carte ne vous a jamais suggéré les possibilités (dont je ne dis rien d'autre, car je ne suis pas un stratège) qu'il y avait de passer par le nord ou par le sud de l'Europe, Hambourg, les Balkans ou quelque autre endroit ?

Quand Maurras vous crie : « Je ne suis pas du tout un collaborateur, j'ai toujours été l'inverse d'un traître, je n'ai jamais voulu favoriser l'Allemagne, mais je voulais qu'on écrase Berlin sans casser la France », croyez-vous que c'est là le langage d'un traître et que j'aurai ce soir une infortune tellement complète que, sous prétexte que des événements et le triomphe du général de Gaulle sont survenus, vous apprécierez qu'il était défendu à Maurras d'avoir pensé qu'on pouvait obtenir une libération plus économique pour notre territoire et pour notre sang ?

Alors, regardez comme tout s'éclaire, Monsieur le commissaire du Gouvernement, quand Maurras parlait du maquis.

Je vous en supplie, suivez donc la pensée de l'homme, sa pensée profondément patriotique. Souvenez-vous de la fable antique des deux femmes qui se disputaient un enfant. Le juge ne pouvait distinguer quelle était la véritable mère. Il envoie chercher un glaive et déclare : « On va fendre l'enfant en deux parties et vous en aurez chacune la moitié. »

Celle qui n'est rien pour l'enfant ne dit rien, mais la véritable mère, dans un cri déchirant, pour sauver le fruit de ses entrailles, s'écrie : « Donnez-le à l'autre, mais ne lui faites aucun mal. » Voilà le patriotisme de Maurras.

Vous pensez qu'il a trahi parce qu'il a essayé d'obtenir que les armées libératrices ne passent point par la France ?

Quand vous lui dites : « Vous avez lutté contre le maquis, vous avez prôné les cours martiales », il vous répond : « Je n'ai lutté contre le maquis que pour deux raisons : 1. Parce que cela créait le désordre et la désunion en France ; 2. Parce que je voulais m'opposer par-dessus tout à ce que les Anglais et les Américains pensent qu'il y avait sur notre territoire toute une armée prête pour les recevoir et faciliter leur tâche, parce que je sentais bien que les Anglais et les Américains allaient choisir cette solution pour faire des économies, pour eux tout à fait admissibles, ayant à vaincre d'énormes difficultés, alors que s'ils n'avaient pas été tentés par cette réalité, ils auraient peut-être passé ailleurs et nous aurions intactes notre Normandie, notre vallée du Rhône et nos belles provinces aujourd'hui saccagées. »

Voilà le secret, voilà la substance des articles. C'est trahir, cela ?

J'aurais eu tant de difficultés pour vous faire admettre ce noble sentiment humain qui veut qu'on ne soit pas forcé de faire de la politique à sens unique.

Vous avez essayé, Monsieur le commissaire du Gouvernement, d'allumer le scandale de MM. les Jurés par l'appétit de Maurras pour les cours martiales.

Voilà encore un point terriblement délicat.

Que va-t-il arriver si je m'explique franchement ?

Je n'ai pas eu beaucoup de succès hier en lançant dans cette salle cette phrase qui était comme une sorte de sondage : il valait beaucoup mieux, disais-je, faire comme voulait Maurras et emprisonner les patriotes dans les prisons françaises que de les voir emprisonner par la Gestapo.

Ah, j'ai été bien reçu. Il y eut de ce côté de la salle un remous grandissant. Eh bien, savez-vous à quoi je pensais ? Je pensais que vous ne réfléchissiez pas. Mais je pense que ce soir le jury va réfléchir.

Je pensais au jour heureux entre tous, quoique singulièrement triste, où un général français qui s'appelait de Lattre de Tassigny, qui venait d'être arrêté, passait devant la seconde cour d'appel de Lyon où siégeait une cour martiale[1].

Nous étions là quelques-uns très anxieux. Mme de Lattre de Tassigny allait d'un groupe d'amis à un autre, en demandant, d'ailleurs sans faiblesse : « Que va-t-il arriver ? »

Un grand magistrat présidait. Le général de Lattre de Tassigny fut condamné à dix ans de prison.

Oui, Messieurs, il avait été arrêté par des autorités françaises, incarcéré dans une prison française, jugé et humainement condamné par un tribunal français. Et quelques jours après, des gens dont j'ai vu quelques-uns dans la salle, portant la même robe que moi, faisaient en sorte que le général de Lattre de Tassigny prenait le large.

Il devait rejoindre un petit pays qui s'appelle Pont-de-Vaux, se réfugier chez un hôtelier que je connais bien, qui est mort aujourd'hui, et tout près de là un avion anglais l'emportait sur ses ailes de gloire.

Laissez-moi vous dire, laissez-moi vous crier que s'il n'y avait pas eu l'arrestation, l'emprisonnement, la condamnation de De Lattre de Tassigny par des autorités françaises, la Gestapo se serait emparée de lui, il serait aujourd'hui torturé, fusillé.

Or, aujourd'hui, nous avons son armée magnifique et nous avons l'Alsace.

Voilà ce que c'est que de savoir diriger la répression, ne serait-ce que pour la soustraire à l'ennemi qui est là.

1. Officier de l'armée d'armistice, le général de Lattre rejeta l'ordre donné par Vichy de ne pas résister à l'invasion de la zone libre par les Allemands (11 novembre 1942), ce qui lui valut d'être condamné à dix ans de prison.

Que vous a dit Maurras ? Il vous a répété : « Pensez-vous que j'aie de l'appétit pour des condamnations faites d'avance, contre n'importe quel citoyen ? À un moment où la censure était particulièrement sévère et où les répressions étaient si dangereuses, j'écrivais dans mon journal pour qu'on ne permette jamais, dans les régions où les troubles se révélaient le plus vivement, [à] la Gestapo de s'emparer de la direction de la répression. J'ai insisté toutes les fois que, dans une région quelconque, les bagarres devenaient trop violentes, pour que l'ordre soit assuré par la police française et qu'on évite les interventions de la Gestapo. »

Est-ce vrai, cela ?

Mais toute l'œuvre de Maurras est basée sur cela.

Il y a encore un aspect de ses écrits que je n'ai pas mis en lumière encore.

Il ne faut pas oublier que Maurras est un historien. Je ne veux pas vous dire que nous devrions tous connaître notre histoire sur le bout des doigts ; je n'oublie pas que je fus un jour recalé à mon baccalauréat pour un zéro en histoire. Maurras aussi, paraît-il, a échoué à son baccalauréat de philosophie[1]. C'est un comble.

On peut dire, en tout cas, qu'il s'est singulièrement réhabilité depuis. Quant à moi, j'ai tenté de le faire aussi, soit en apprenant un peu mieux le passé de mon pays, soit en m'associant par mon modeste dévouement à l'histoire qui s'est écrite depuis 1917 où je me suis battu volontairement, à dix-huit ans.

Il y a eu, Messieurs, en France, de multiples époques où le pays s'est divisé.

Souvenons-nous de la guerre de Cent Ans. Armagnacs contre Bourguignons. Les uns firent appel aux Anglais et ce fut le traité de Troyes qui livrait la France à nos voisins.

Sous Louis XI, les Français se battirent contre les Bourguignons ; on fit appel aux Suisses et cela ne fut point gratuit.

Plus tard, au cours des guerres de Religion, les calvinistes s'égorgèrent avec les catholiques. Cette fois, ce sont les Espagnols qui furent appelés à l'aide ; ils vinrent mettre de l'ordre, mais cela faillit nous coûter le royaume de France.

Toutes les fois que le pays fut divisé, il dut faire appel à l'étranger et la catastrophe fut au bout de l'aventure.

Souvenez-vous de cela, Messieurs ; ce n'est pas indécent que de le dire devant votre cour ; ce n'est pas porter atteinte à votre juridiction révolutionnaire que de faire ce rapide et discret rappel de notre histoire.

Dès avant le débarquement, l'atmosphère chez nous était irrespirable ; il y avait le vrai maquis, le faux maquis, les authentiques malfaiteurs, il y avait des bombes tous les soirs, de tous les côtés ; les gens étaient menacés, d'autres assassinés. Nous avons eu même dans notre Palais une copieuse

1. Il échoue bel et bien à son second baccalauréat en juillet 1885, du fait d'une copie de philosophie jugée trop thomiste, mais est admis en novembre : il finit même premier en sciences et en philosophie.

distribution de menaces. Il est des confrères, des avoués qui ont reçu des menaces de deux côtés ; des nôtres furent assassinés.

Vous ne comprendriez pas que Maurras, sans une seconde vouloir profiter à l'Allemagne, à cause de ses connaissances d'historien, de sa qualité de Français, de sa qualité de patriote, a considéré cette situation comme complètement inacceptable. Eh bien, il s'est dit : « Que va devenir la France si le désordre continue au rythme auquel il se poursuit ? L'Allemand va faire des ravages – et Dieu sait s'il en a fait – et si nous continuons, l'étranger va se charger de tout remettre en place. »

Heureusement le débarquement est survenu et tant pis, et même tant mieux si tout cela s'est révélé inexact.

Mais voulez-vous me permettre deux hypothèses ?

Et si le débarquement et si l'entreprise du général de Gaulle avaient échoué ? Car enfin on nous a assez dit que cette opération était difficile. Pas un de nous n'était sûr qu'elle allait pouvoir s'opérer. Nous étions tous dans l'angoisse. Nos excellents amis les Anglais ont dû faire des prodiges pour y parvenir. On a fait passer dans les salles de cinéma des films représentant l'effort colossal qui a été nécessaire ; on sait maintenant qu'à un certain moment tout était presque perdu, que le vent avait fait perdre les ports mobiles qu'on essayait d'installer, que la marine américaine avait considérablement souffert, que, pour un peu, la marine anglaise aurait subi le même sort et que le débarquement a failli échouer.

Si le débarquement avait échoué, quel est celui grâce à qui nous aurions conservé la seule chose qui nous aurait permis d'être encore debout, d'assister à des pourparlers et d'obtenir quelques miettes pour la France ?

Mais voyons, c'est Maurras. On est bien obligé de le reconnaître.

Le débarquement a réussi, l'Allemand est chassé, Maurras ne demande pas mieux, croyez-le.

Ma seconde hypothèse ? Je ne sais pas du tout quel chemin elle va faire dans vos esprits. C'est un rêve que j'ai fait, auquel Maurras est étranger.

Voulez-vous imaginer que, sur notre territoire qui venait d'être libéré, le maréchal Pétain, enfin débarrassé de Laval et des trois D[1], et le général de Gaulle se soient l'un et l'autre tendu la main, ayant l'un et l'autre pratiqué la résistance, croyez-vous, Monsieur le commissaire du Gouvernement, que l'unité française n'était pas d'un seul coup rétablie ?

Il n'y avait plus ni gaullistes, ni pétainistes, il n'y avait que des Français : le rêve.

Et en faisant celui-là, j'en commençais un autre, celui du bon vieux temps où, comme on l'a écrit quelque part, dans nos prisons il n'y avait que des voleurs et des assassins.

La réalité, hélas, est différente.

1. Marcel Déat, Joseph Darnand et Jacques Doriot.

Autre chose encore a hanté mon esprit.

Après son procès, un journal lyonnais adressait à Béraud la réflexion suivante : « Vous dites que vous n'êtes ni Anglais, ni Allemand, mais en tout cas, vous n'avez jamais travaillé que contre l'Angleterre. »

On ne peut pas dire cela à Maurras. Il n'a travaillé que contre les Allemands, et en tout cas beaucoup plus contre eux que contre les Anglais.

Il n'a, en tout cas, jamais trahi et la preuve en est qu'il n'a jamais, à aucun moment, dans aucun article, demandé qu'on prenne les armes contre l'Angleterre[1].

Il a toujours lutté avec acharnement contre cette idée ; à aucun moment il n'a accepté de céder des bases, à aucun moment il n'a envisagé que la marine puisse passer entre les mains des Allemands.

Il n'a jamais trahi l'Angleterre ; il n'a jamais accepté qu'on parle de lui déclarer la guerre.

Il a discuté contre l'Angleterre. Il a imaginé qu'on pouvait la déterminer à faire pression sur les centres vitaux allemands, de façon à déterminer les occupants à se retirer de chez nous, autrement qu'en portant la guerre sur notre territoire en passant par Cherbourg et par Marseille.

Si l'expérience a réussi, encore une fois tant mieux. Mais ce n'est pas cela qui peut faire que Maurras ait trahi.

Est-il nécessaire que je m'explique davantage sur le maquis ? Je vous défie de trouver un article par lequel vous puissiez faire dire à Maurras qu'il a voulu livrer le maquis à l'ennemi ou interrompre la formation du maquis en faisant intervenir les Allemands ou leur Gestapo.

Vous n'êtes pas du tout dans la note vraie si vous avez lu des articles dans ce sens, ce n'est jamais comme cela qu'ils ont été écrits.

Lorsque le maquis a entraîné dans certaines parties du pays des difficultés immenses, qui étaient notoirement connues, lorsque tous ces pauvres jeunes gens qui se cachaient dans les forêts, sans argent, sans vêtements, sans nourriture, descendaient chez les particuliers, dans les banques, chez les percepteurs, dans les bureaux de tabac, la situation était intenable, les paysans tremblaient, il n'y avait plus de sécurité sur les routes, la terreur entraînait la contre-terreur, l'indulgence de certains créait des difficultés dans la population ; c'était intenable, Maurras ne voulait pas qu'on perpétue cette situation qui arrivait à d'impossibles excès.

Encore une fois, le maquis s'est révélé la gloire de notre pays. C'est très bien. Et ne comptez pas sur moi pour contester cela, mais il n'y a pas de trahison dans le fait d'avoir envisagé le patriotisme sous une forme différente et d'avoir imaginé des débarquements moins coûteux.

---

1. Ce point est inexact : l'article du 3 juillet 1941, reproduit p. 1026 de la présente édition, appelait à combattre les Anglais en Syrie ; il est vrai qu'ils avaient attaqué ce territoire vichyste.

J'en arrive à un incident qui va colorer ma pensée et là, vraiment, Monsieur le commissaire du Gouvernement, vous n'avez pas été gentil.

Un jour des avions sont venus bombarder Paris ; il y eut de nombreuses victimes.

Le lendemain la presse proallemande publiait que les aviateurs étaient des gaullistes qui étaient venus bombarder leurs frères.

Maurras n'en a rien cru et souvenez-vous, à ce moment-là, nous étions bien tous de son avis, et nous avons pensé, comme lui : les Allemands nous racontent une histoire pour nous révolter contre les bombardements anglais, et ils veulent nous faire croire que ces derniers nous ont fait bombarder par des Français.

Comment vouliez-vous que Maurras explique cela dans son journal ? Il fit alors un article dans lequel il disait : « Les noms, donnez-nous les noms, et tous les renseignements et toutes les indications concernant ces aviateurs. » Il pensait que les Allemands seraient très ennuyés. Or, que voulez-vous, c'étaient bien effectivement des gaullistes qui avaient bombardé Paris.

Croyez-vous que c'est trahir son pays et que c'est travailler au bénéfice de l'Allemagne que de penser que quand on est aviateur français, même pour la plus noble des causes, il ne faut pas bombarder Paris ; que quand on est Français il ne faut pas, même pour l'avenir du pays, venir bombarder des Français ? Ou alors, pour admettre cela – et nous l'admettons aujourd'hui, évidemment – il fallait avoir un héroïsme à forme spéciale, une foi débordante dans l'aventure qui allait arriver. Mais de toute façon, allez-vous déshonorer Maurras et dire qu'il a trahi sous prétexte qu'il a estimé que l'on aurait mieux fait de laisser ces aviateurs sur le terrain de départ et de réserver leurs bombes pour l'ennemi au lieu de causer de tels ravages dans des familles françaises et d'ajouter encore à la douleur terrible dont la population ne cessait de supporter le poids ?

Vous reprochez à Maurras d'avoir fait aussi contre l'Angleterre, à propos de ces bombardements, de très sévères articles.

Relisez-les, je vous assure que nous ne pourrons pas ne pas être d'accord, Maurras disait aux aviateurs anglais : « Vous faites chez nous beaucoup de mal ; en ce faisant vous travaillez contre votre propre propagande et vous faites précisément le jeu de l'ennemi qui parvient aisément à vous faire haïr. »

Même dans notre palais de justice, parmi des éléments bien connus pour leurs sentiments, on finissait par dire : « Si ces bombardements continuent il n'y aura bientôt plus de gaullistes en France. »

En quoi était-ce servir l'ennemi ? On l'a si peu servi que, sous l'impulsion du maquis français, de la Résistance française, des Forces françaises de l'intérieur, des forces françaises, anglaises et américaines, Hitler a dû renoncer au plus beau des rêves qu'il avait faits et que nous pouvons enfin respirer librement.

Il ne me reste plus, Messieurs, et cela sera beaucoup plus vite fait, qu'à examiner ce qu'on a appelé les « dénonciations » de Maurras.

Vous comprenez maintenant pourquoi le dossier Maurras n'a pu que sombrer dans une misérable affaire de dénonciation qui, finalement, paraissait la seule susceptible d'être soutenue.

Ainsi la montagne accouche d'une souris.

On est parti de l'idée de la grande trahison visée par l'article 75 ; il ne reste plus que quatre ou cinq affaires dites de « dénonciation », dont pas une ne résiste à l'examen le plus sommaire.

Mais permettez une réflexion préalable.

Vous comprenez admirablement que si Maurras avait voulu dénoncer et pratiquer la dénonciation, il n'aurait pas employé son journal et vous n'auriez pas à examiner quatre affaires de dénonciation ; vous auriez toute une série de dénonciations de Maurras qui auraient été constamment fournies au gouvernement de Laval.

Or, il n'existe rien de pareil.

M. le commissaire du Gouvernement a dit : « Maurras, vous êtes antisémite. »

Je vais aller très vite sur ce sujet.

Vous n'avez pu vous empêcher de reconnaître qu'on a le droit d'être antisémite, l'essentiel étant d'après vous de ne pas, pendant les périodes où l'ennemi est chez nous, créer des difficultés aux Juifs déjà persécutés par les Allemands.

Eh bien, permettez-moi de vous dire que si Maurras avait fait des dénonciations pendant l'occupation allemande alors qu'il était antisémite, il devrait y avoir des centaines et des centaines d'israélites condamnés grâce à lui, envoyés à la Gestapo grâce à lui ou ruinés grâce à lui.

Or, vous n'avez dans votre dossier qu'une seule affaire concernant un israélite, et vous avez, avec votre franche loyauté, fourni vous-même la preuve que votre poursuite s'effondre ; le Juif n'a pas succombé en suite d'une dénonciation de Maurras, il était mort avant l'article que vous reprochez à mon client[1].

Sans même donc examiner les articles extériorisant l'antisémitisme de Maurras, ce qui serait trop long, vous voudriez faire condamner Maurras à mort sous prétexte qu'il aurait été antisémite pendant l'occupation allemande, alors qu'en quatre années vous n'avez pu lui imputer la dénonciation que d'un seul Juif, et encore faut-il que vous vous aperceviez ce soir que la plainte du capitaine Stéphane était mensongère.

Voilà, n'est-il pas vrai, une réflexion qui s'imposait.

1. Voir la communication du commissaire du Gouvernement Thomas, p. 1133.

Maurras délateur, Maurras vendant quotidiennement ses compatriotes. Vous n'avez pu ramasser que trois ou quatre hypothèses que vous voulez essayer de faire tenir.

La plus pernicieuse de ces hypothèses, celle à laquelle je m'attache en premier lieu, c'est l'affaire de Bourg.

Laissez-moi vous dire que devant le juge de paix, si un témoin ment et se souvient mieux des faits qu'il rapporte plusieurs mois après leur date que le premier jour qui les suit, la victime de ce mensonge paiera quelques francs de plus, cela sera regrettable, mais n'aura pas d'autre importance.

Mais dans une affaire qui peut se terminer par une condamnation à mort, allez-vous accepter d'inscrire sur le front de Maurras qu'il est un délateur, sans avoir une preuve immédiate, certaine, complète, sincère ?

Or, entendez-moi bien : qui est venu le premier raconter l'histoire de Bourg ? C'est un policier du nom de Bouvard. Je ne lui veux, certes, que du bien ; c'est un résistant qui, quand il recevait des plaintes, allait prévenir celui qui en était l'objet. Tous les policiers n'ont pas été comme celui-là.

Mais je lui reproche de s'emballer ; il faut qu'il suive la foule et le mouvement de l'opinion, et il dit : « Maurras est certainement un délateur. »

Quand il est venu à l'instruction[1], M. Bouvard nous a dit ceci : « Il est certain que c'est par suite de cette campagne de *L'Action française* ou par suite d'une intervention directe de la Milice… »

Mais les deux choses ne se ressemblent pas.

Et il a ajouté cet aveu : « Je n'ai jamais personnellement vu dans *L'Action française* l'article auquel M. Guérin fait allusion. »

Quand M. Bouvard est venu à votre barre, par un hasard merveilleux, il se souvient tout à coup de tout ce qui le faisait hésiter autrefois ; il a affirmé que la dénonciation venait de *L'Action française* et pas du tout de la Milice, et il a affirmé avoir vu l'article de *L'Action française* alors qu'à une date beaucoup plus rapprochée des faits il était beaucoup moins sûr et ne se souvenait pas d'avoir lu l'article en question[2].

Dans une affaire comme celle-là, où le prévenu encourt la peine capitale, je vous supplie d'exiger des témoins qui soient très sûrs. Or, que voulez-vous, M. Bouvard a varié.

Un substitut du procureur de la République de Lyon, qui était à ce moment-là juge d'instruction à Bourg, et qui s'appelle M. Guérin, a fait

1. Le 26 janvier 1945.

2. Maître Goncet l'a relevé dès l'audience du 26 janvier 1945 : « Voulez-vous me permettre de constater que les précisions données par le témoin aujourd'hui sont différentes de celles données à l'instruction ? Ses souvenirs et accusations se sont singulièrement précisés. Aujourd'hui, le témoin nous dit : "J'ai lu l'article de *L'Action française*. Il me semble me souvenir que c'est un article en bas d'une page." Voilà ce qu'il a dit à l'instruction : "Je n'ai pas, personnellement, vu dans *L'Action française* l'article auquel M. Guérin fait allusion" – exactement l'inverse d'aujourd'hui. »

un rapport dans lequel il dit que c'est certainement *L'Action française* qui a dénoncé la famille Fornier, et il donne dans ce rapport les détails de l'affaire, telle que Maurras l'a d'ailleurs exposée dans son journal.

En deux mots, de quoi s'agit-il ?

Il s'agit d'une famille Fornier qui était publiquement connue pour ses sentiments gaullistes ; je vous signale d'ailleurs que, quelque temps avant les faits qui vont nous occuper, les enfants de M. Fornier avaient été condamnés pour distribution de tracts.

M. Fornier est le maire d'une petite commune où, depuis je ne sais combien de temps, figurait sur le monument aux morts un immense V peint en noir.

M. Fornier était un résistant splendide, mais tout le monde à Bourg le savait et il n'était possible à personne de l'ignorer, tout le monde le proclamait et les condamnations encourues étaient notoires. Aucun doute, la famille Fornier était une famille de résistants.

Un beau jour, un habitant de Bourg reçoit une bombe dans sa maison. Vous voudrez bien m'accorder que, même en temps de guerre, et même sous l'occupation allemande, il n'est pas agréable de recevoir une bombe.

Notez d'autre part que, ce jour-là, il n'y avait pas que cette bombe posée à ce seul endroit. On en a semé dans toute la ville. Cela a fait du bruit, les victimes se sont plaintes.

Le monsieur dont je vous parle, chez qui on a mis la bombe, se plaint aussi. Il rédige sa plainte et, content de sa rédaction, il va la montrer à deux personnes : au directeur de la Milice et à Maurras.

Chez le directeur de la Milice, bien entendu, il s'exprimera différemment qu'il ne le fera chez M. Maurras. Il donna au premier toutes les explications pour que les coupables soient retrouvés, châtiés et mis hors d'état de nuire.

À Maurras, il ne tient pas tout à fait le même discours, et il lui dit : « Vous qui avez la possibilité dans votre journal de saisir l'opinion, voulez-vous signaler ce scandale : on a mis chez moi des bombes, j'ai déposé une plainte, mais un sieur Guérin, juge d'instruction, à qui on a fait connaître les coupables, a mis tout le monde en liberté provisoire, etc., etc. »

Et Maurras prend sa plume.

Enfin, qu'appelez-vous donc une dénonciation ?

Une dénonciation, c'est pour moi un acte malpropre que l'on fait volontairement, pour entraîner contre quelqu'un que l'on connaît et que l'on désigne, une sanction.

Je dénonce mon voisin à la Gestapo en disant : « M. X demeurant à tel endroit, a fait telle chose. »

Or, l'article de Maurras est tout à fait différent. Lisons : « Une famille entière… – *laquelle ?* –… et qui jouissait d'une excellente réputation… – *il n'y a pas qu'une famille entière qui jouisse d'une excellente réputation* –… s'emploie activement à la propagande gaulliste et antinationale…

– *il n'y a pas qu'une famille jouissant d'une excellente réputation qui se soit occupée de gaullisme et de manœuvres alors jugées antinationales, et Dieu merci*... Il y a deux ans, une perquisition avait amené la découverte de tracts dactylographiés dans les bureaux du chef de famille... – *il n'y a là aucune indication précise* –... Depuis, le fils aîné est en relation constante avec des communistes et avec certains parents et amis de gaullistes et communistes actuellement détenus à la suite des attentats terroristes commis dans la région, d'affichage de placards imprimés contenant des menaces de mort, d'excitations au terrorisme à l'aide de bombes dans une certaine affaire dite “des bombardiers”. La famille en question, réputée des plus honorables, est arrivée à cette collusion d'abord par un dérèglement de l'esprit, commun à beaucoup de gens, ensuite par des relations avec un Juif châtelain du village. L'ancien préfet n'a jamais cru à la nocivité de l'action gaulliste... »

Et voilà comment M. le commissaire du Gouvernement dit à Maurras : « Vous avez trahi parce que vous avez dénoncé Fornier. »

Enfin, voyons, il n'y pas le nom de Fornier, il n'y a pas le nom du village, il n'y a pas le nom de la famille en question, il n'y a même pas le nom du département ; il n'y a même pas d'initiales, absolument aucune indication, et *L'Action française* paraît à Lyon.

Maintenant que vous connaissez Maurras, que vous savez que c'est un ennemi convaincu des Allemands, vous admettez que cet important dossier qui a fait tellement de bruit dans le monde, se ramène tout simplement à l'affaire de la dénonciation de la famille Fornier, alors que celle-ci n'a jamais été nommée dans son journal ?

En fait, M. Fornier fut arrêté, c'est désastreux, évidemment. On l'emmena à la Gestapo ; est-ce qu'il s'est douté un instant que *L'Action française* était à l'origine de son arrestation ?

Pas le moins du monde, et il vous le dit dans son témoignage à l'instruction : « Je suis resté quarante-cinq jours sans être interrogé et, au bout de ce temps, quand on m'a interrogé, la similitude entre la plainte et l'article m'a fait penser que *L'Action française* pouvait être pour quelque chose là-dedans... »

Or, lisez la plainte : une partie sans doute est identique au texte confié à Maurras pour introduire une réclamation au bénéfice de celui qui avait reçu les bombes. Mais la plainte, elle, est rigoureusement détaillée, les noms y figurent, les indications précises y sont, les adresses sont mentionnées.

Vous savez, pour l'avoir proclamé, que quand le chef de la Milice de Bourg reçoit une plainte, il la porte à deux endroits : à la police française en qui il n'a aucune espèce de confiance, et ensuite à la Gestapo dont il attend l'intervention effective ; pourquoi voulez-vous, pour les besoins du procès Maurras, pour voir saigner cet homme au pied du poteau d'exécution, imaginer et soutenir que ce n'est pas la plainte détaillée qui a entraîné l'arrestation, mais bien l'article sibyllin qui ne donnait aucun détail, ni aucune indication ?

Voilà pourquoi Maurras vous crie : « Ce n'est pas sérieux » et vous répète : « Ce n'est pas sérieux. »

Vous êtes tombé sur cet article ; vous avez été trop heureux de sa concomitance avec les faits. Certains ont été trop contents de penser qu'il y avait là l'occasion de prendre une revanche contre une plainte qui avait eu pour effet de mettre un magistrat dans l'inquiétude et d'en faire suspendre un autre de ses fonctions. Vous avez monté l'affaire Maurras dénonciateur, mais vous ne faites que d'essayer sans succès de reporter sur lui la responsabilité d'une coïncidence, et c'est tout.

Le reste, la preuve morale, la preuve qui est nécessaire à la conviction intime de MM. les jurés, la preuve que Maurras avec toute sa loyauté, sa légendaire droiture, son « état civil » tel qu'il est, s'est livré une seule fois à une dénonciation aussi sordide, en prenant toutefois la précaution de n'inscrire ni nom, ni adresse, ni pays, ni département, alors que pendant ce temps-là, un traître authentique a minutieusement dénoncé avec toutes les indications, cette preuve, vous pensez l'avoir apportée et vous croyez pouvoir dire que Maurras est un traître et qu'il faut l'exécuter.

Mais vous allez voir, Messieurs, que si l'affaire Fornier est la plus pernicieuse de celles qui furent imaginées contre Maurras, elle n'est pas unique en son genre et que la plus typique après elle, qui lui ressemble comme une goutte d'eau ressemble à une autre goutte d'eau, apparaît ce soir comme la plus belle « fumisterie » que vous puissiez rencontrer.

Un jour – et je vise là la première pièce parue au dossier – un monsieur qui veut qu'on l'appelle le capitaine Roger Stéphane, écrit une lettre au commissaire de la République ; il commence par écrire d'un petit style patelin : « Je vous envoie ces petits renseignements, vous en ferez ce que vous voulez... » Et il dit : « Voilà ce qui est arrivé le 2 ou le 3 février... »

Vous allez voir qu'il est heureux que nous ayons le télégramme communiqué par M. le commissaire du Gouvernement, encore que j'avais tout ce qu'il fallait pour défendre Maurras sans cela.

Le 2 février, dit le capitaine Stéphane, l'éditorial de Maurras se terminait ainsi : « La famille de ce petit youtre – c'est de moi qu'il s'agit – doit se trouver quelque part sur la Côte d'Azur ; il faut l'en chasser par tous les moyens... »

Et comme le capitaine Stéphane s'aperçoit que sa lettre ne donne aucun résultat, il en écrit une seconde, après être allé trouver un avocat qui ne prendra pas la peine de lire les textes et qui écrira la seul chose qu'il ne fallait pas dire : « En effet, dans un article paru le 3 février[1] dans

1. Il s'agit bien du 2 février : voir l'article complet p. 1037.

L'Action française, et dont je vous prie de trouver ci-joint copie, j'étais dénoncé, et quelque temps après, mon père était enlevé et assassiné… »

Ce singulier capitaine Stéphane, que j'aurais bien voulu voir à la barre des témoins – mais, voyez-vous, il faut se méfier des témoins qui accusent quand on ne les voit pas et qui ne veulent pas maintenir leurs accusations devant le public – joint à sa lettre la soi-disant copie de l'article où on lit : « La famille de ce petit pantin est sur la Côte d'Azur ou en Afrique du Nord ; dans le premier cas il l'en faudrait chasser par tous les moyens. Il n'y a qu'une façon de répondre au terrorisme ; c'est d'appliquer la peine du talion, le contre-terrorisme… »

Et l'avocat qui transmettait la plainte écrivait : « Je me porterai partie civile devant la cour de justice. »

En droit c'était là une sottise.

C'était une sottise aussi au regard de la moralité des débats car, voyez-vous, le législateur qui vous a installés sur vos sièges n'a pas voulu que vous soyez influencés par des intérêts civils.

Vous êtes là pour vous prononcer d'après vos seules consciences et vous n'avez pas à être excités par un plaideur qui réclame pour son portefeuille, il n'y a pas de partie civile recevable devant la cour de justice.

Cependant, on opposait à Maurras avec sérieux : « Cette affaire est cousue de fil blanc, n'oubliez pas que vous êtes antisémite. »

Notez, Messieurs, que rien n'est plus faux : il y a des Juifs à l'Action française ; il y a des Juifs qui se sont battus pour la France et qui, au moment de mourir, ont écrit que Maurras était un grand homme[1]. Il y en a qui ont laissé après leur mort des documents qui trahissent l'affection et l'admiration qu'ils avaient pour lui ; j'ai là un de ces documents.

C'est que, Monsieur le commissaire du Gouvernement, Maurras, à l'inverse de Goebbels qui n'était pas encore né quand Maurras était déjà un grand philosophe[2], ne pratique pas l'antisémitisme de peau, de race. Il ne s'attaque qu'aux Juifs qui veulent nous faire du mal sur notre territoire ; il demande comme sanction qu'on les en chasse. Mais il aime le Juif aimable, le Juif bien né, le Juif qui n'abuse pas de notre hospitalité.

Celui qui m'aura permis de lutter de la façon la plus efficace contre la plainte du capitaine Stéphane, et je ne sais quelles couronnes lui tresser ce soir, c'est le juge d'instruction.

M. Rousselet a recherché la date exacte de l'article et quand il l'a trouvée, il a pu constater qu'il ne ressemblait en rien à la soi-disant copie qu'avait osé en donner l'israélite en question.

Il n'y était pas question de « petit youtre », ni de « petit pantin », ni de domicile sur la Côte d'Azur ; il n'était pas question de menaces de mort.

1. Ainsi le sergent Pierre David, tué à l'ennemi en 1918.
2. Maurras est né en 1868, Goebbels en 1897.

Maurras expliquait simplement que ce Juif avait écrit un ouvrage aux termes duquel il proposait de peupler les villages de France avec la fine fleur des ghettos de l'Europe centrale.

Maurras disait : « Vous allez un peu fort si vous croyez que c'est pour cela qu'on vous a ouvert les portes de notre pays », et il ajoutait : « On serait curieux de savoir si la noble famille est dans un camp de concentration, ou en Angleterre, ou en Amérique, ou en Afrique, ou si par hasard elle a gardé le droit de s'épanouir dans quelque coin favorisé ou non de la Côte d'Azur… »

Et on aurait dénoncé le capitaine Stéphane, disait ce dernier, parce qu'effectivement, deux jours après cet article, on était venu enlever son père pour le donner à la Gestapo qui n'en avait point voulu, puis on l'avait assassiné.

Malheureusement pour l'accusation, M. le capitaine Stéphane parle trop et il parle mal. Et un beau jour, il a ajouté : « J'ai d'ailleurs appris qui a assassiné mon père et je vous signale qu'une plainte est actuellement pendante devant le tribunal de Draguignan. »

J'attendais les diligences de M. le commissaire du Gouvernement ou du juge d'instruction, et je pensais qu'on allait faire des démarches auprès de ce tribunal de Draguignan pour se faire communiquer le dossier ; on ne l'a jamais fait, je ne sais pourquoi.

Mais M. le capitaine Stéphane ajoutait avec une rouerie criminelle : « Mon père a été assassiné par M. de Susini. »

Vous voyez le danger pour Maurras : Action française… de Susini. La jeune noblesse intoxiquée par les doctrines d'Action française. L'événement cadrait avec la date de l'article ; l'article avait tout de même parlé de la Côte d'Azur. Évidemment la Côte d'Azur est longue, large et je ne vois guère comment cette simple indication pouvait faire retrouver le capitaine Stéphane. Mais enfin on retrouva de Susini. Or, il ne s'appelait pas du tout de Susini, mais Susini tout simplement et sans particule. On l'interrogea et on lui demanda ce qu'il pensait de cette histoire.

Écoutez ce qu'il a répondu : « Dans le courant de janvier 1943, un chef milicien du nom de Valin, dont j'avais fait la connaissance à Vichy… – *vous notez, Messieurs, un an avant l'article* – … m'a demandé de rechercher si une famille Stéphane dont un des membres était officier dans l'armée du général de Gaulle, avait des représentants à Lyon. Mes recherches sont restées négatives, et je me suis rendu à Marseille vers la fin de janvier 1943, afin d'y rencontrer Valin qui s'y trouvait à ce moment. Celui-ci m'a confié qu'il était certain qu'un des membres de la famille Worms avait sa résidence sur la Côte d'Azur ; il n'a pas précisé le lieu. Par ces propos, j'ai compris que Valin avait l'intention d'arrêter cet israélite… – *un an auparavant* – … Je ne me suis pas occupé davantage de cette affaire, j'ignore ce qui a pu se passer par la suite. Je ne connais pas l'adresse de Valin, je vous affirme que je n'ai pas trempé dans l'assassinat. Je n'ai pas eu connaissance d'un article de Maurras au sujet de ce Stéphane. »

Voilà donc quelle était notre situation, et ce soir j'étais bien fondé à vous dire : « Permettez, la Côte d'Azur, c'est très grand, des Worms il y en a des quantités sur la Côte d'Azur, à Lyon, dans le Nord et partout ailleurs. Comment vouliez-vous qu'on recherche et qu'on retrouve ce Worms sur tout le littoral de la Côte d'Azur et cela en deux jours ? »

Voyez-vous, Monsieur le commissaire du Gouvernement, qu'est ce capitaine Stéphane ? Vous n'allez pas le poursuivre pour injures à la magistrature ? Il vous a fait faire un réquisitoire ; il vous a fait menacer Maurras de mort, et voilà qu'on apprend ce soir qu'en janvier 1944 M. X…, domicilié à Saint-Jean-Cap-Ferrat, a été enlevé et tué dans l'arrondissement de Draguignan, alors que l'article est du 1er février[1] 1944.

Par conséquent, le père du capitaine Stéphane était mort quand l'article a paru. Et ce dernier a osé, par trois plaintes successives, dénoncer Maurras comme un délateur et lui faire encourir la peine capitale !

Et vous croyez, après cela, que je crois, moi, à l'affaire du Bourg ?

Croyez-vous, après cela, qu'on vous a fait faire du beau travail, sous la pression d'une opinion déchaînée et d'une presse qui va constater que dans votre dossier, rien ne tient et que vous serez obligés, vous Messieurs les Jurés, de prononcer un acquittement, à moins de commettre quelque chose de monstrueux ?

On a essayé de dire ensuite que Maurras avait dénoncé des démocrates-chrétiens.

Les trois dont il s'agit, heureusement, se portent très bien : MM. Bidault, Champetier de Ribes et Gay jouissent de la meilleure santé du monde.

Vous n'avez pas senti encore dans cette affaire que les gens s'étaient trouvés entraînés par un courant d'opinion et qu'à la dernière minute ils se sont dit : « Qu'allons-nous faire ? On ne peut pourtant pas dire que Maurras nous a dénoncés ? »

Ce sont tous trois de vieux adversaires politiques, de vieux adversaires en littérature, des gens avec lesquels les injures s'échangent depuis toujours.

Si Maurras avait voulu se venger, croyez-vous qu'il avait besoin d'écrire dans *L'Action française* des articles sibyllins ? S'il avait voulu trahir, il n'avait qu'à le faire directement au sein du gouvernement Laval, auprès de Laval ou des trois autres ; s'il avait voulu trahir en faveur de l'Allemagne, il n'avait qu'à avertir n'importe quel membre de la Gestapo et MM. Champetier de Ribes, Bidault et Gay auraient été facilement arrêtés et passés par les armes, parce qu'à ce moment-là il y avait suffisamment

1. Du 2 février.

à dire sur tout ce qui fait leur gloire d'aujourd'hui : il était facile de démontrer qu'ils faisaient tous trois partie de la Résistance.

Eh bien, vous avez entendu M. Gay. Il vous a dit qu'il avait paru des articles dans *L'Action française*, mais qu'il n'avait jamais pensé qu'ils lui faisaient courir un danger quelconque : il n'a jamais changé quoi que ce soit à son genre de vie à cause de ces articles.

Or, à l'instruction, il était allé jusqu'à dire ce que vous allez écouter.

Voyez, Messieurs, comme il ne faut pas s'enflammer et comme, avant de prononcer des condamnations si graves, il faut faire très attention à ce que disent les témoins : « Il me serait facile d'extraire des articles de Maurras à cette époque des textes suffisants pour le condamner. Il me serait encore plus facile de prouver, avec pièces à l'appui, que Maurras s'est livré sur le plan policier à de nombreuses dénonciations. »

Maurras s'est demandé comment M. Gay pouvait dire cela à une époque, et il a dit au juge d'instruction : « Eh bien, j'attends, et au plus vite, les productions de M. Gay. »

On les a demandées, réclamées, on a envoyé des commissions rogatoires : rien, rien du tout, pas la moindre production de M. Gay.

À la fin de son dernier interrogatoire, Maurras fit remarquer au juge d'instruction qu'il fallait considérer cette plainte comme inexistante puisqu'elle était basée soi-disant sur des documents dont on avait annoncé l'envoi, mais que depuis trois mois on n'avait rien reçu.

Et à l'audience nous avons vu M. Gay.

Je sais qu'on a beaucoup critiqué l'attitude de M. Maurras qui n'a pas entendu M. Gay dernière façon, et qui s'est élevé avec vigueur contre ce témoin alors qu'il venait de faire amende honorable. Il était resté sous le coup de l'histoire des dénonciations policières que vous avez essayé de lui opposer, Monsieur le commissaire du Gouvernement.

Souvenez-vous que vous avez demandé vous-même à M. Gay à la barre : « Est-ce qu'il n'est pas à votre connaissance que Maurras a dénoncé auprès de certaines administrations des démocrates-chrétiens ? » Et M. Gay a répondu : « Absolument pas »[1].

Tout cela ne tenait pas, Maurras, évidemment, ne peut être un dénonciateur.

À l'instruction, M. Gay avait dit encore : « J'ai tellement été victime d'une dénonciation de Maurras que, lorsque les agents de la Gestapo sont venus, l'un d'eux avait dans les mains un numéro de *L'Action française*. C'était grave. » Et Maurras répondait : « Il faudrait tout de même qu'on le démontre ; comment me faire croire que les Allemands vont lire *L'Action*

1. M. le commissaire du Gouvernement Thomas : « Le témoin n'aurait-il pas eu connaissance d'autres dénonciations faites par Maurras, aux autorités administratives ? » M. Gay : « Non. Je n'ai eu que celles qui ont été produites au cours de ce procès et dont j'ai vu le récit dans les journaux » (audience du 25 janvier 1945).

française pour avoir des renseignements ? La Gestapo est autrement renseignée sur les gens qui ont une activité aussi ouverte. »

Et M. Gay, à la barre, a rectifié et vous a dit qu'il n'était revenu dans son bureau qu'un mois après la perquisition ; qu'il ne savait pas comment les choses s'étaient passées, mais que, comme il y avait toujours sur son bureau des numéros de *L'Action française* et que les Allemands étaient là pour faire une perquisition, il n'y avait rien d'étonnant à ce qu'à un certain moment un Allemand se soit emparé d'un de ces numéros pour le parcourir[1].

Et voilà comment on écrirait l'histoire et comment, si les prévenus ne bénéficiaient point d'une défense attentive, on enverrait à l'échafaud ou au poteau d'exécution des gens qui sont parfaitement innocents.

Et de trois.

M. Bidault, lui, vous a déclaré qu'il n'avait rien à dire.

M. Champetier de Ribes vous a dit qu'il ne s'était jamais considéré, à aucun moment, comme menacé par les articles de Maurras. « Je sais seulement, dit-il, qu'à plusieurs reprises il a demandé dans *L'Action française*, à des dates que je ne me rappelle plus, qu'il soit procédé à mon arrestation, mais je ne crois pas que ses interventions aient pu me porter préjudice car je n'ai été l'objet d'aucune perquisition. J'ai simplement été envoyé dans un camp de concentration sur l'ordre de M. Laval. »

On a entendu aussi un nommé Rousseaux qui vous a dit ne rien savoir de direct sur les dénonciations dont Maurras est accusé et sur les arrestations qui ont pu en être la conséquence.

Vous voyez, je vais très vite, parce que nous sommes pressés, mais constatez que je n'escamote rien. Vous êtes en présence de témoignages dont vous allez garder le souvenir, aucun de ces démocrates-chrétiens n'a voulu prendre la responsabilité de dire qu'il croyait que Maurras, dans *L'Action française*, avait commis des dénonciations.

Paul Claudel ? Faut-il vous en parler ? Une lettre de lui était la première pièce qui figurait au dossier. Que vous dit-il, M. Claudel ?

M. Claudel en sait plus long que M. Poincaré et bien plus long que M. le commissaire du Gouvernement. Il dit : « Vous n'y connaissez rien, Monsieur Poincaré, quand vous déclarez que, pendant la guerre de 1914-1918 Maurras fut un parfait patriote. Et vous, Monsieur le commissaire du Gouvernement, vous vous trompez quand vous dites la même chose. »

M. Claudel qui, lui, à ce moment-là était un grand ambassadeur, faisait campagne en Amérique.

Nous savons que ses affirmations sur l'activité de Maurras en 1914-1918 sont absolument inexactes et mensongères, et nous possédons pour cette période un double quitus qui vous apparaîtra autrement précieux que les affirmations de ce curieux témoin.

1. Voir note 1, p. 1120.

M. Claudel dit encore que sur la dénonciation de Maurras il aurait pu être l'objet de certains inconvénients, mais qu'il ne se trouvait pas là au moment opportun pour cela et que, s'il est bien vrai qu'on est venu pour le déménager, il est non moins vrai que son mobilier était parti depuis longtemps.

Vous voyez, Messieurs les Jurés, jusqu'où l'on va, jusqu'où l'on tombe dans ce procès de trahison, avec cette déclaration de M. Claudel.

On lui envoyait les Allemands, mais il était déjà parti…

Vraiment, M. Claudel se cachait. Qui l'eût cru en contemplant les journaux illustrés de l'époque.

Mais lisez donc cette *Ode au Maréchal* de ce collaborateur-type, caméléon aussi, qui vient, dans des vers dont Maurras n'apprécie pas la facture, chanter une ode au Maréchal pour lui dire qu'il ramasse la France mourante sur une route où elle pourrait bien se faire violer. Et qui ajoute qu'il a fallu que cette pauvre France vive « un rêve baroque dans cette baraque » pendant soixante-dix ans.

Cette baroque baraque, c'est la République que ce soir vous représentez si bien, Messieurs.

Enfin, il paraît que cette ode devait faire beaucoup de plaisir au Maréchal.

Mais savez-vous pourquoi Claudel a écrit ainsi cette ode au Maréchal ? Vous ne le savez pas, Monsieur le commissaire du Gouvernement ? Eh bien, écoutez, c'est drôle.

Il y a à Lyon une dame qui s'appelle Mme Grignon-Faintrenie ; c'est la directrice de l'Université des Heures[1] ; elle a reçu des lettres de M. Claudel, elle m'en a confié une.

Elle a pris cette responsabilité de me permettre de la verser aux débats pour que je puisse ridiculiser, comme il convient, un témoin parfaitement coupable de faux témoignage et qui se donne des façons de résistant contre un collaborateur. Voici cette lettre : « J'ai bien reçu votre aimable lettre et je vous remercie de l'occasion que vous m'avez fournie dans des conditions si difficiles, avec un succès si complet, en vue de faire entendre du public lyonnais la pièce avant de faire son tour dans la France libre… – *Écoutez bien cela : vraiment M. Claudel a bien fait de rester chez lui et de ne pas venir à votre barre* – … Je tiens surtout à Vichy et dans cette pensée, j'ai composé un grand poème qui, je l'espère, fera plaisir au Maréchal… »

On m'a dit que M. Claudel écrirait actuellement un ouvrage au cours duquel il reconnaîtrait qu'il « est difficile d'avoir été plus bête » ; c'est une manière de récidive.

Plus tard, il a composé une ode en tous points semblable à la première, mais pour le général de Gaulle cette fois.

La France n'est plus sur la route, au risque d'être violée, mais il la définit : « Le genre de femme que je suis. »

1. Centre culturel très actif de 1917 à 1964.

Vous allez condamner Maurras à mort pour faire plaisir au caméléon Claudel ? Parce qu'il a osé soutenir qu'il était inconnu des Allemands et que c'étaient les articles de Maurras qui l'avaient dénoncé ?

Mais souvenez-vous donc des films que nous avons contemplés où l'on voyait M. Claudel au milieu des casquettes allemandes, alors qu'il venait de solliciter les subventions nécessaires pour faire jouer son *Soulier de satin* à la Comédie-Française, devant ces messieurs d'outre-Rhin réunis, qui voulaient paraître émerveillés.

Eh bien, Monsieur le commissaire du Gouvernement, si vous avez conservé le souvenir de cela, quand vous aurez étudié la plainte en faux témoignage que Maurras va reprendre contre Claudel, vous pourrez chercher querelle à ce dernier et lui demander de quel faiseur est sa livrée pour qu'il en change si facilement.

Il reste un témoin dont on a dit si peu de choses : M. Folliet[1].

On a fait venir M. Folliet. On l'a fait venir, il a dit : « Maurras est un vieil adversaire, je me suis toujours battu avec lui ; je ne veux rien dire contre lui[2]. »

Il avait dit au juge d'instruction : « Vous trouverez toutefois ce que je pense de Maurras dans un numéro de *La Chronique sociale de France* que vous pourrez vous procurer très facilement[3]. » Je me le suis procuré et voilà la conclusion de la pensée de M. Folliet : « Les larmes et les grincements de dents conviendraient mieux lorsqu'on pense que l'issue de ses attaques sera une plus grande confusion des idées, et, en définitive, pour parler chrétien, la perdition des âmes... »

Ce n'est pas du tout le procès ; vous n'allez pas juger Maurras pour avoir, suivant les termes de ce fervent catholique « organisé la perdition des âmes ».

Voilà, Messieurs, j'ai fini.

Ai-je protégé Maurras comme il convenait qu'il le fût ? Je vous ai beaucoup critiqué, Monsieur le commissaire du Gouvernement, non pas vous-même mais à cause de votre réquisitoire.

1. Militant du catholicisme social lyonnais.

2. « Monsieur le président, Messieurs les Jurés, [...] mon témoignage sera bref et simple. Sur le fond de l'affaire, je n'ai rien à dire, car je ne suis qu'un lecteur intermittent de *L'Action française*. Touchant la personne de M. Maurras, je ne peux rien dire. Je l'ai toujours beaucoup combattu, et j'estime que ce n'est pas la préface au jugement impartial qui convient lorsqu'il s'agit de la vie et de l'honneur d'un homme » (audience du 26 janvier 1945).

3. « Ce qui m'a valu ma citation ici, c'est un article que j'ai publié en septembre 1943, dans *La Chronique sociale*, où je protestais contre certaines polémiques de Maurras, contre les mouvements de jeunesse catholique. J'ai écrit cet article, mais je ne peux rien y ajouter. [...] Je n'entends rien dire de plus, car j'estime qu'il y a une différence entre ce qu'on a écrit dans la chaleur du combat et le jugement qu'on prononce dans une atmosphère comme celle-ci » (*id.*).

Vous vous êtes engagé, croyez-moi, dans une bataille qui, d'ici quelques années, très peu d'années, sera à nouveau et sévèrement jugée.

Quant à moi, mon chagrin commence à la pensée de mon insuffisance pour protéger Maurras que je vais vous livrer, Messieurs de la Cour.

Votre jugement va commencer. Avant qu'il ne commence, laissez-moi porter dans votre salle de délibération la gravure de la cathédrale de Strasbourg, son petit nœud tricolore et le fanion de Thionville. Laissez-moi aussi jeter dans vos souvenirs le nom de Jacques Maurras, neveu et fils adoptif[1] de celui que j'ai défendu.

Le lieutenant Maurras ne peut mieux vous être présenté que par la citation parue à *L'Officiel* du 21 novembre 1942 : « C'est un jeune officier animé du plus haut sentiment du devoir, qui a parfaitement réalisé les missions confiées à sa section durant les combats du 9 au 29 mai, donnant partout l'exemple du plus complet sang-froid et du mépris le plus absolu du danger. »

Ce lieutenant Jacques Maurras a été sollicité par les Allemands, dans l'Oflag où il est prisonnier, pour devenir travailleur libre. J'entendais l'autre jour dans la salle, lorsqu'on a annoncé qu'il avait refusé de le devenir, quelques voix mal renseignées qui murmuraient en regardant l'inculpé : « Et lui qui voulait tellement y envoyer les autres, que n'y a-t-il envoyé son neveu et fils adoptif ? »

Je m'aperçois d'ailleurs à l'instant que voilà une question qui n'a pas été éclaircie : Charles Maurras et le STO. Je me hâte de réparer cet oubli.

Il a écrit à ce sujet : « Ce n'est pas une partie de plaisir, c'est un esclavage » et vous vous souvenez que, quand on lui a communiqué les informations de M. Laval, devant M. Bonnefoy il s'écriait à tout instant : « C'est idiot, c'est idiot. C'est idiot ce que vous faites, Monsieur Laval, de présenter le STO comme une partie d'agrément, comme une obligation agréable à satisfaire. C'est l'esclavage comme je l'avais prévu dans *Devant l'Allemagne éternelle* et dans tous mes articles. »

Mais il a dit et ajouté qu'il fallait prendre garde que l'Allemagne était toute-puissante, qu'il fallait s'étonner qu'elle n'ait pas pris nos jeunes gens pour les enrôler de force.

On aurait pu négocier : un prisonnier contre un travailleur. Laval qui n'hésitait jamais avec le patrimoine de la France a offert, lui, trois travailleurs pour un prisonnier.

Maurras avait protesté, mais il disait : « Partez pour l'Allemagne puisqu'il le faut, aussi bien pour ceux qui s'y trouvent déjà que pour ceux qui doivent en revenir ; il le faut pour les paysans français qui ont fait les

1. À la mort de son frère Joseph, le 22 novembre 1924 à Saigon (où il était médecin à l'hôpital militaire), Charles Maurras décide d'adopter les enfants de celui-ci, Jacques, Hélène et Jeanne.

frais de la guerre et pour l'agriculture française qui manque d'hommes, tandis que les ouvriers ont été épargnés par le combat. Partez, mais gardez l'esprit français et national, soyez là-bas comme dans la marmite de la sorcière et restez prêts à agir au moment opportun. Si vous ne partiez pas, c'est un autre qui devrait partir à votre place, peut-être plus mal placé que vous, et c'est un prisonnier de moins que nous verrions revenir. »

Il n'y avait aucune sorte de trahison à dire aux jeunes gens : vous partez en esclavage, mais partez avec l'esprit français et quand il le faudra, rendez-nous la vie en nous rapportant la victoire.

Mais le lieutenant Jacques Maurras, en sa qualité d'officier prisonnier, n'était pas astreint au travail obligatoire ; il avait le choix. Il a choisi en donnant la mesure de l'esprit maurrassien dont il aura donné le plus bel exemple.

Écoutez ce qu'il écrit : « Comme je te remercie de la formation que tu m'as donnée. C'est grâce à elle que j'ai pu aborder en homme le premier choc avec la vie. J'ai eu le sang-froid nécessaire et j'espère avoir été digne du nom que je porte. [...] L'épreuve est dure, mais courage, nous touchons à son terme ; nous n'aurons que plus de mérite d'avoir supporté avec dignité et courage ce qui fait la grandeur de l'homme. »

Et Charles Maurras écrivait quelque part après cette nouvelle, en parlant de ce soldat qu'il avait adopté pour fils : « Je suis très fier de lui, nous avons grand sujet de l'être ; il faudrait trouver un moyen de lui dire que je l'embrasse de tout mon cœur. »

Messieurs, c'est fini.

Pour la France d'hier, je vous supplie de laisser vivre ses gloires, de les laisser sans tache, elles sont nécessaires à notre vie.

Pour la France d'aujourd'hui, je vous dis : vous avez un rôle sacré à jouer ce soir, c'est de dire qu'il ne faut pas s'enflammer, que la justice est grande, que les grands hommes de notre pays doivent être défendus et conservés.

Et pour la France de demain, je puis vous annoncer que si le verdict est celui que j'attends, elle vous sera reconnaissante de n'avoir renouvelé ni le procès de Jeanne d'Arc, ni celui de Chénier.

Il ne me reste plus qu'une dernière chose à faire, c'est, avec le grand chef qui nous a délivrés, en espérant le verdict que j'attends, qui rejoindra vos mains et celles de Maurras, de pousser le grand cri que le général de Gaulle jette avec tant d'amour toutes les fois qu'il nous parle : « Vive la France ! »

M. le Commissaire du Gouvernement. – Je me permettrai de faire une observation, une simple observation qui soit connue de tout le monde, sur une question de procédure. Je dois dire publiquement que seules comptent aux débats les dépositions des témoins et les pièces lues à l'audience. Tout ce qui se trouve dans le dossier n'est qu'un élément d'information. J'ai également à la disposition de la Cour tous les numéros de *L'Action française* avec le répertoire qui se trouve en tête et qui permet de retrouver immédiatement les articles incriminés ou visés par mon réquisitoire.

M. LE PRÉSIDENT. – Maurras, avez-vous quelque chose à ajouter pour votre défense ?

M. MAURRAS. – Monsieur le Président, Messieurs les Jurés, je ne ferai pas un discours, ni même une allusion aux magnifiques paroles de mon défenseur. Je vous dirai simplement un point qui m'intéresse pour l'avenir national, c'est que pendant ces débats qui ont été si longs, on ait tant parlé de l'Angleterre d'une part, de l'Allemagne de l'autre, et si peu de ce qui est le point central et le point vital de cette affaire, c'est-à-dire de la France, de la France seule, de la seule France, de la France éternelle.

Je lui ai consacré ma vie, mes sueurs, mes forces. Si je pouvais lui donner maintenant mon sang, je vous assure que rien ne serait plus glorieux et plus agréable pour moi.

Après quelques mots de Maurice Pujo, le président et les jurés se retirent. À l'issue d'une très longue délibération, la Cour donne son verdict : Maurras est déclaré coupable du crime d'intelligence avec l'ennemi prévu par l'article 75 du code pénal. Elle admet toutefois les circonstances atténuantes et épargne donc à Maurras l'application de la peine de mort que le commissaire du Gouvernement avait requise contre lui pour lui infliger, au final, la détention perpétuelle et la dégradation nationale[1].

En sortant de la salle, Maurras s'écrie : « C'est la revanche de Dreyfus ! »

Il est conduit à la prison de Riom pour purger sa peine. En mars 1947, il est transféré à celle de Clairvaux où il reste jusqu'en août 1951, date à laquelle il est transféré à l'hôtel-Dieu de Troyes.

Le 16 mars 1952, il est gracié par le président Vincent Auriol et assigné à résidence à la clinique Saint-Grégoire à Saint-Symphorien-lès-Tours.

Il meurt le 6 novembre suivant.

1. Maurice Pujo, lui, fut condamné à cinq ans de prison, à la dégradation nationale et à une forte amende. Il cria « Vive la France ! » en sortant de la salle.

EXTRAIT D'UNE LETTRE À PIERRE BOUTANG (1950)[1]

Nous bâtissons l'arche nouvelle, catholique, classique, hiérarchique, humaine, où les idées ne seront plus des mots en l'air, ni les institutions des leurres inconsistants, ni les lois des brigandages, les administrations des pilleries et des gabegies – où revivra ce qui mérite de revivre, en bas les républiques, en haut la royauté, et, par-delà tous les espaces, la papauté.

Même si cet optimisme était en défaut, et si, comme je ne crois pas tout à fait absurde de le redouter, la démocratie étant devenue irrésistible, c'est le mal, c'est la mort qui devaient l'emporter, et qu'elle ait eu pour fonction historique de fermer l'histoire et de finir le monde, *même en ce cas apocalyptique*, il faut que cette arche franco-catholique soit construite et mise à l'eau face au triomphe du Pire et des pires.

Elle attestera, dans la corruption universelle, une primauté invincible de l'Ordre et du Bien. Ce qu'il y a de bon et de beau dans l'homme ne se sera pas laissé faire. Cette âme du bien l'aura emporté, tout de même, à sa manière, et, périssant dans la perte générale, elle aura fait son salut moral et peut-être l'autre. Je dis *peut-être*, parce que je ne fais pas de métaphysique et m'arrête au bord du mythe tentateur, mais non sans foi dans la vraie colombe, comme au vrai brin d'olivier, en avant de tous les déluges.

1. Citée dans Pierre Boutang, *Maurras, la destinée et l'œuvre*, Plon, 1984, p. 627.

LA PRIÈRE DE LA FIN

Seigneur, endormez-moi dans votre paix certaine,
Entre les bras de l'Espérance et de l'Amour ;
Ce vieux cœur de soldat n'a point connu la haine,
Et pour vos seuls vrais biens a battu sans retour.

Le combat qu'il soutint fut pour une patrie,
Pour un roi, les plus beaux qu'on ait vus sous le ciel :
La France des Bourbons, de Mesdames Marie,
Jeanne d'Arc et Thérèse et Monsieur Saint-Michel.

Notre Paris jamais ne rompit avec Rome ;
Rome d'Athènes en fleur a recueilli le fruit :
Beauté, raison, vertu, tous les honneurs de l'homme,
Les visages divins qui sortent de ma nuit ;

Car, Seigneur, je ne sais qui vous êtes. J'ignore
Quel est cet artisan du vivre et du mourir,
Au cœur appelé mien quelles ondes sonores
Ont dit ou contredit son éternel désir ;

Et je ne comprends rien à l'être de mon être :
Tant de dieux ennemis se le sont disputé !
Mes os vont soulever la dalle des ancêtres :
Je cherche, en y tombant, la même vérité.

Écoutez ce besoin de comprendre pour croire !
Est-il un sens aux mots que je profère ? Est-il,
Outre leur labyrinthe, une porte de gloire ?
Ariane me manque, et je n'ai pas son fil.

Comment croire, Seigneur, pour une âme que traîne
Son obscur appétit des lumières du jour ?
Seigneur, endormez-la dans votre paix certaine,
Entre les bras de l'Espérance et de l'Amour.

REMERCIEMENTS

Je tiens à remercier chaleureusement Jean-Luc Barré, directeur de la collection « Bouquins », d'avoir accueilli le Martégal ; mon éditeur Christophe Parry, dont la persévérance a permis de faire aboutir ce projet, qui a supporté avec une charité édifiante mes multiples retards et a eu l'heureuse idée de faire figurer les extraits du procès Maurras ; Muriel Le Menez, qui a fabriqué ce livre ; Marianne Thévin et René Clémenti, qui l'ont corrigé.

Je remercie enfin tout particulièrement Mme Nicole Maurras de la confiance qu'elle m'a accordée et des documents qu'elle m'a fait connaître.

INDEX DES NOMS DE PERSONNE

A

B

C

D

E

F

H

I

J

M

N

O

P

R

S

T

U

V

W

X

Y

Z

U

V

W

X

Y

Z

TABLE DES MATIÈRES

AUTOBIOGRAPHIE

ESTHÉTIQUE

POÉSIE

POLITIQUE

ÉPILOGUE

DANS LA MÊME COLLECTION

HISTOIRE, PHILOSOPHIE & ESSAIS

AMOUROUX, Henri
La Grande Histoire des Français sous l'Occupation
TOME I : Le Peuple du désastre — Quarante millions de pétainistes
TOME II : Les Beaux Jours des collabos — Le Peuple réveillé
TOME III : Les Passions et les Haines — L'Impitoyable Guerre civile
TOME IV : Un printemps de mort et d'espoir — Joies et douleurs du peuple libéré

La Grande Histoire des Français après l'Occupation
Les Règlements de comptes — La page n'est pas encore tournée

ANTHOLOGIE MONDIALE DE LA STRATÉGIE
Des origines au nucléaire
Édition établie par Gérard Chaliand, nouvelle édition mise à jour
Préface de Lucien Poirier
Postface de Pierre M. Gallois

ARON, Raymond
Mémoires (édition intégrale)
Préfaces de Nicolas Baverez et de Tzvetan Todorov

ATTALI, Jacques
Verbatim
TOME I : 1981-1986 — TOME II : 1986-1991

Les Penseurs du monde : Pascal, Marx, Gândhî
Blaise Pascal ou le Génie français — Karl Marx ou l'Esprit du monde — Gândhî ou l'Éveil des humiliés

AUGUSTIN, saint
Sermons sur l'Écriture
Édition établie par Maxence Caron

BAINVILLE, Jacques
La Monarchie des lettres
Histoire, politique et littérature
Édition établie et présentée par Christophe Dickès

BARK, Dennis L. — GRESS, David R.
Histoire de l'Allemagne (1945-1991)
Traduction d'Odile Demange

BENNASSAR, Bartolomé
Histoire des Espagnols (VIe siècle-XXe siècle)

BENOIST-MÉCHIN, Jacques
Soixante jours qui ébranlèrent l'Occident, 10 mai-10 juillet 1940

BOORSTIN, Daniel
Les Créateurs
Traduction de Béatrice Vierne

Les Découvreurs
D'Hérodote à Copernic, de Christophe Colomb à Einstein, l'aventure de ces hommes qui inventèrent le monde
Traduction de Jacques Bacalu, Jérôme Bodin et Béatrice Vierne

Histoire des Américains
L'Aventure coloniale — Naissance d'une nation — L'Expérience démocratique
Traduction de Y. Lemeunier, M. Blanc, H. Christol, J.-C. Crapoulet, M. Gervaud, Y. Guieu et F. Boris

BOYER, Régis
Les Vikings
Histoire, Mythes, Dictionnaire

CHEBEL, Malek
L'Érotisme arabe

CLEMENCEAU, Georges
Correspondance (1858-1929)
Édition établie et annotée par Sylvie Brodziak et Jean-Noël Jeanneney

CONQUEST, Robert
La Grande Terreur, *précédé de* Sanglantes Moissons
Traduction de Marie-Alyx Revellat et de Claude Seban

CORBIN, Alain
Une histoire des sens
Le Miasme et la Jonquille — Le Village des « cannibales » — Le Monde retrouvé de Louis-François Pinagot
Édition établie et présentée par Pascal Ory

CORRESPONDANCES CONJUGALES, 1914-1918
Édition établie et présentée par Clémentine Vidal-Naquet

COURTOIS, Stéphane — WERTH, Nicolas — PANNÉ, Jean-Louis — PACZKOWSKI, Andrzej — BARTOSEK, Karel — MARGOLIN, Jean-Louis
Le Livre noir du communisme
Crimes, terreur, répression
Édition établie sous la direction de Charles Ronsac

DARU, Pierre
Histoire de la république de Venise
Édition établie par Alessandro Fontana et Xavier Tabet
TOME I : Des origines à la bataille de Lépante (1571) — TOME II : Après la bataille de Lépante jusqu'à la chute de la République (1797)

DAUDET, Léon
Souvenirs et polémiques
Nouvelle édition, préface d'Antoine Compagnon

DELUMEAU, Jean

De la peur à l'espérance

La Peur en Occident (XIVe-XVIIIe siècle) — Guetter l'aurore — Parcours, recherches, débats

Édition établie par Pascal Ory

DINO, duchesse de

Souvenirs et Chronique

Édition établie et présentée par Anne et Laurent Theis

DROYSEN, Johann Gustav

Histoire de l'hellénisme

Histoire d'Alexandre le Grand — Les Successeurs d'Alexandre

Traduction sous la direction d'Auguste Bouché-Leclercq

ELLIOTT, John H.

Olivares (1587-1645)

L'Espagne de Philippe IV

Traduction de France-Marie Watkins avec la collaboration de Claire Le Ho-Devianne

L'ENFANT ET LE GÉNOCIDE

Témoignages sur l'enfance pendant la Shoah

Textes choisis et présentés par Catherine Coquio et Aurélia Kalisky

ÉRASME

Éloge de la folie — Adages — Colloques — Réflexions sur l'art, l'éducation, la religion, la guerre, la philosophie — Correspondance, *précédé d'un* Dictionnaire d'Érasme et de l'humanisme

Édition et Dictionnaire d'Érasme *établis par Claude Blum, André Godin, Jean-Claude Margolin et Daniel Ménager*

EUROPES

De l'Antiquité au XXe siècle. Anthologie critique et commentée

Édition établie et présentée par Yves Hersant et Fabienne Durand-Bogaert

FABRE, Jean-Henri

Souvenirs entomologiques. Études sur l'instinct et les mœurs des insectes

Édition établie par Yves Delange

TOME I : Première à cinquième série

TOME II : Sixième à dixième série, *suivi d'un* Répertoire général analytique *par le Dr G.-V. Legros, complété par Yves Delange*

FEBVRE, Lucien

Vivre l'Histoire

Combats pour l'Histoire — Pour une histoire à part entière

Édition établie par Brigitte Mazon

Préface de Bertrand Müller

FRANÇAIS EN RÉSISTANCE

Carnets de guerre, correspondances, journaux personnels

Anthologie établie et présentée par Guillaume Piketty

LES FRANÇAIS VUS PAR EUX-MÊMES

Le Siècle de Louis XIV

Anthologie des mémorialistes du siècle de Louis XIV

Textes choisis et présentés par Alain Niderst

Le XVIIIe Siècle
Anthologie des mémorialistes du XVIIIe siècle
Par Arnaud de Maurepas et Florent Brayard
Préface de Daniel Roche

Le Consulat et l'Empire
Textes choisis et présentés par Alfred Fierro

FRANCE BAROQUE — FRANCE CLASSIQUE, 1589-1715
Par René et Suzanne Pillorget
TOME I : Récit — TOME II : Dictionnaire

FRAZER, James George
Le Rameau d'or
Édition établie par Nicole Belmont et Michel Izard
TOME I : Le Roi magicien dans la société primitive — Tabou ou les Périls de l'âme
TOME II : Le Dieu qui meurt — Adonis — Atys et Osiris
TOME III : Esprits des blés et des bois — Le Bouc émissaire
TOME IV : Balder le Magnifique — *Bibliographie générale*

FUMAROLI, Marc
La Grandeur et la Grâce
Quand l'Europe parlait français — Le Poète et le Roi

Le Livre des métaphores
Essai sur la mémoire de la langue française

FURET, François
Penser le XXe siècle
Un itinéraire intellectuel : l'historien journaliste, de *France-Observateur* au *Nouvel Observateur* (1958-1997) — Interventions : sélection d'articles parus dans *Le Débat* (1981-1997) et *Commentaire* (1985-1997) — Le Passé d'une illusion : Essai sur l'idée communiste au XXe siècle — Fascisme et communisme : Correspondance avec Ernst Nolte (1996-1997)
Préface de Pierre Hassner

GABORY, Émile
Les Guerres de Vendée
La Révolution et la Vendée — Napoléon et la Vendée — Les Bourbons et la Vendée — L'Angleterre et la Vendée
Édition établie par Xavier du Boisrouvray

GALLO, Max
Jules Vallès — Jean Jaurès

Napoléon
Le Chant du départ — Le Soleil d'Austerlitz — L'Empereur des rois — L'Immortel de Sainte-Hélène

GAULLE, Charles de
Lettres, notes et carnets
Présentés par l'amiral Philippe de Gaulle et préfacés par Jean-Luc Barré
TOME I : 1905-1941 — TOME II : 1942-mai 1958 — TOME III : juin 1958-novembre 1970

GIBBON, Edward
Histoire du déclin et de la chute de l'Empire romain
Édition établie par Michel Baridon
TOME I : Rome de 96 à 582 — TOME II : Byzance de 455 à 1500

GOURMONT, Remy de

La Culture des idées

Le Joujou *et trois autres essais* — La Culture des idées — Le Chemin de velours. Nouvelles dissociations d'idées — Physique de l'amour. Essai sur l'instinct sexuel — Épilogues. Réflexions sur la vie, 1895-1898 — Promenades philosophiques : Première série — Deuxième série — Troisième série — La Petite Ville, *suivi de* Paysages — Pendant l'orage — Pendant la guerre. Lettres pour l'Argentine

Préface de Charles Dantzig

GREEN, Peter

D'Alexandre à Actium

Du partage de l'Empire au triomphe de Rome

Présenté par Paul Veyne

Traduction d'Odile Demange

Dictionnaire des personnages par Maurice Larès

Bibliographie adaptée par Bernard Legras

GRIMAL, Pierre

Voyage à Rome

La Rome antique — Vivre dans la Rome antique — L'Âme romaine — Promenades romaines — Guide : Nous partons pour Rome

Rome et l'amour

Des femmes, des jardins, de la sagesse

L'Amour à Rome — Les Amours des dieux — La Femme romaine — Vierges et Matrones — Images de femmes — Les Hommes et les jardins — La Littérature et les paysages — L'Art des jardins — La Sagesse romaine — Sagesse et Pouvoir — Sagesse épicurienne et sagesse stoïcienne — Le Sacré — Histoire d'un sage : Mémoires de T. Pomponius Atticus

GUEVARA, Ernesto

Combats d'un révolutionnaire

Voyage à motocyclette — Second voyage à travers l'Amérique latine — Souvenirs de la guerre révolutionnaire cubaine — Journal du Congo — Jounal de Bolivie — Justice globale

Préface de Jacobo Machover

GUICCIARDINI, Francesco

Histoire d'Italie (1492-1534)

Édition établie par Jean-Louis Fournel et Jean-Claude Zancarini

TOME I — TOME II

GUIZOT, François

Histoire de la révolution d'Angleterre

Édition établie par Laurent Theis

HISTOIRE AUGUSTE

Les Empereurs romains des IIe et IIIe siècles

Vie d'Hadrien — Vie d'Aelius — Vie d'Antonin le Pieux — Vie de Marc Aurèle — Vie de Vérus — Vie d'Avidius Cassius — Vie de Commode — Vie de Pertinax — Vie de Didius Julianus — Vie de Septime Sévère — Vie de Pescennius Niger — Vie de Clodius Albinus — Vie de Caracalla — Vie de Géta — Vie de Macrin — Vie de Diaduménien — Vie d'Élagabal — Vie d'Alexandre Sévère — Vie des deux Maximins — Vie des trois Gordiens — Vie de Maxime et Balbin — Vie des deux Valériens — Vie des deux Galliens — Vie des trente tyrans — Vie de Claude — Vie d'Aurélien — Vie de Tacite — Vie de Probus — Le Quadrige des tyrans — Vie de Carus, Carin et Numérien

Édition bilingue latin-français établie par André Chastagnol

HISTOIRE DU MARIAGE

Sous la direction de Sabine Melchior-Bonnet et Catherine Salles

JERPHAGNON, Lucien

Les Armes et les Mots

Histoire de la Rome antique. Les armes et les mots — Les Divins Césars. Idéologie et pouvoir dans la Rome impériale — Histoire de la pensée. D'Homère à Jeanne d'Arc

Préface de Jean d'Ormesson

KIERKEGAARD, Søren

Œuvres

L'Alternative *(également connu sous le titre* Ou bien… Ou bien…*)* — La Répétition *(également connu sous le titre* La Reprise*)* — Stades sur le chemin de la vie — La Maladie à la mort

Traduction de Paul-Henri Tisseau

Édition établie par Régis Boyer

KNIBIEHLER, Yvonne et SAGAERT, Martine

Les Mots des mères

Du XVIIe siècle à nos jours

LACARRIÈRE, Jacques

Méditerranée

En cheminant avec Hérodote — Promenades dans la Grèce antique — L'Été grec — Le Buveur d'horizon

Édition établie sous la direction de Pascal Charvet

LAMARTINE, Alphonse de

Histoire des Girondins

Édition établie par Anne et Laurent Theis

Préface de Mona Ozouf

TOME I : Livres premier à trente et unième — TOME II : Livres trente-deuxième à soixante et unième

LAVISSE, Ernest

Louis XIV

Histoire d'un grand règne (1643-1715)

Édition établie par René et Suzanne Pillorget

LEA, Henry Charles

Histoire de l'Inquisition au Moyen Âge

Traduction de Salomon Reinach

Préface de Bartolomé Bennassar

LÉVI, Éliphas

Secrets de la magie

Dogme et rituel de la haute magie — Histoire de la magie — La Clef des grands mystères

Édition établie et présentée par Francis Lacassin

LEYS, Simon

Essais sur la Chine

Les Habits neufs du président Mao — Ombres chinoises — Images brisées — La Forêt en feu — L'Humeur, l'honneur, l'horreur

Préface de Jean-François Revel

LE LIVRE DES ÉGYPTES

Sous la direction de Florence Quentin

LUCIEN DE SAMOSATE

Œuvres complètes

Traduction d'Émile Chambry, révisée et annotée par Alain Billault et Émeline Marquis, avec la collaboration de Dominique Goust

MABILLON, dom Jean

Œuvres choisies

Dom Mabillon, *par dom Henri Leclercq* — Traité des études monastiques — La Règle de notre bienheureux père saint Benoît, avec les statuts de messire Étienne de Poncher, évêque de Paris — Lettre d'un bénédictin à Mgr l'évêque de Blois touchant le discernement des anciennes reliques, au sujet d'une dissertation de M. Thiers contre la sainte larme de Vendôme — Dissertation sur le culte des saints inconnus, lettre d'Eusèbe à Théophile — La Mort chrétienne — De la controverse à la définition de l'identité bénédictine — Jean Mabillon et le monachisme, *par Odon Hurel*

Édition établie par Odon Hurel

MACAULAY, Thomas Babington

Histoire d'Angleterre

Depuis l'avènement de Jacques II (1685) jusqu'à la mort de Guillaume III (1702)

Édition établie par Michel Derouard

Tome I : Chapitres I à XII — Tome II : Chapitres XIII à XXV

MACHIAVEL

Premiers Écrits politiques — Le Prince — Discours sur la première décade de Tite-Live — L'Art de la guerre — Vie de Castruccio Castracani — Histoire de Florence — Écrits littéraires — Lettres familières, *précédé d'un* Dictionnaire de Machiavel, *par Christian Bec*

Édition et traduction établies par Christian Bec

McPHERSON, James M.

La Guerre de Sécession (1861-1865)

Traduction de Béatrice Vierne

Préface de Philippe Raynaud

MADELIN, Louis

Histoire du Consulat et de l'Empire

Présentation et index par Johan Ranger

Tome I : La Jeunesse de Bonaparte — L'Ascension de Bonaparte — De Brumaire à Marengo — Le Consulat

Tome II : L'Avènement de l'Empire — Vers l'empire d'Occident (1806-1807) — L'Affaire d'Espagne (1807-1809) — L'Apogée de l'Empire (1809-1810)

Tome III : La Crise de l'Empire (1810-1811) — L'Empire de Napoléon — La Nation sous l'Empereur — La Catastrophe de Russie

Tome IV : L'Écroulement du grand Empire — La Campagne de France — L'Interrègne impérial — Les Cent-Jours. Waterloo

MAGGIORI, Robert et DELACAMPAGNE, Christian

Philosopher

Réflexions philosophiques des grands penseurs contemporains

MAISTRE, Joseph de

Œuvres

Six Paradoxes à Mme la marquise de Nav… — Considérations sur la France — Sur le protestantisme — Essai sur le principe générateur des constitutions politiques — Les Soirées de Saint-Pétersbourg — Éclaircissement sur les sacrifices, *suivi d'un* Dictionnaire *établi par Jean-Louis Darcel, Pierre Glaudes et Jean-Yves Pranchère*

Texte établi, annoté et présenté par Pierre Glaudes

MARIE-ANTOINETTE

Anthologie et Dictionnaire

Textes choisis, présentés et annotés par Catriona Seth

MASSIGNON, Louis

Écrits mémorables

Textes établis, présentés et annotés sous la direction de Christian Jambet par François Angelier, François L'Yvonnet et Souâd Ayada

TOME I — TOME II

MAURIAC, François

Journal — Mémoires politiques

Journal, *annoté et présenté par Jean Touzot* — Le Bâillon dénoué — Mémoires politiques, *annotés et présentés par Laurence Granger*

Édition établie et présentée par Jean-Luc Barré

Correspondance intime

Réunie et présentée par Caroline Mauriac

MICHELET, Jules

Histoire de la Révolution française

Présentation de Claude Mettra

TOME I : Livres I à VII

TOME II : Livres VIII à XXI, *suivis d'un* Dictionnaire des personnages *établi par Alain Ferrari*

Le Moyen Âge : Livres I à XVII de l'Histoire de France

Présentation de Claude Mettra

Chronologie d'Alain Ferrari

Renaissance et Réforme : Histoire de France au XVIe siècle

Préface de Claude Mettra

Chronologie de Véronique Bedin

MOMMSEN, Theodor

Histoire romaine

Édition établie par Claude Nicolet

TOME I : Des commencements de Rome jusqu'aux guerres civiles

TOME II : Fondation de la monarchie militaire — Les Provinces sous l'Empire

LE MONDE ET SON HISTOIRE

Édition dirigée par Maurice Meuleau

Le Monde antique et les débuts du Moyen Âge (vers 3000 av. J.-C.-XIIe siècle apr. J.-C.), *par Maurice Meuleau et Luce Pietri*

Les Révolutions européennes et le partage du monde (XVIIIe siècle-XIXe siècle), *par Louis Bergeron* — Le Monde contemporain (1914-1938), *par Marcel Roncayolo*

Le Monde contemporain de la Seconde Guerre mondiale à nos jours (le second XXe siècle), *par Marcel Roncayolo*

MONTESQUIEU

Pensées — Le Spicilège

Édition établie par Louis Desgraves

LES MORALISTES DU XVIIe SIÈCLE

Sentences, maximes et pensées diverses, *présentées et annotées par J. Lafond* — LA ROCHEFOUCAULD : Maximes et Réflexions diverses, *et* MME DE SABLÉ : Maximes, *présentées et annotées par A.-A. Morello* — ABBÉ D'AILLY : Pensées diverses, *présentées et annotées par J. Lafond* — ÉTIENNE DE VERNAGE : Nouvelles Réflexions, *présentées et annotées par J. Lafond* — PASCAL : Pensées, *présentées et annotées par Ph. Sellier* — JEAN DOMAT : Pensées, *présentées et annotées par J. Lafond* — Discours sur

les passions de l'amour, *présenté et annoté par J. Lafond* — La Bruyère : Les Caractères, *présentés et annotés par P. Soler* — Dufresny : Amusements sérieux et comiques, *présentés et annotés par J. Chupeau*
Édition établie par Jean Lafond

MOUSNIER, Roland
L'Homme rouge
Vie du cardinal de Richelieu

MÜLLER, Max
Mythologie comparée
Édition établie, présentée et annotée par Pierre Brunel

NAPOLÉON À SAINTE-HÉLÈNE
Par les « quatre évangélistes », Las Cases, Gourgaud, Montholon et Bertrand
Textes choisis, préfacés et commentés par Jean Tulard

NIETZSCHE, Friedrich
Œuvres
Édition établie par Jean Lacoste et Jacques Le Rider
Notes de Peter Pütz
Tome I : La Naissance de la tragédie — Considérations inactuelles — Humain, trop humain — Aurore
Postface de Jean Lacoste
Tome II : Le Gai Savoir — Ainsi parlait Zarathoustra — Par-delà le bien et le mal — La Généalogie de la morale — Le Cas Wagner — Le Crépuscule des idoles — L'Antéchrist — Ecce homo — Nietzsche contre Wagner — Dithyrambes de Dionysos
Postface de Georges Liébert
Index des noms et des notions par Jean Lacoste et Jacques Le Rider

NOLTE, Ernst
Fascisme et Totalitarisme
Le Fascisme dans son époque : L'Action française. Le Fascisme italien. Le National-socialisme — Les Mouvements fascistes : l'Europe de 1919 à 1945. Seconde partie : Les Mouvements fascistes nationaux — « La querelle des historiens » : *sélection d'articles* (1988-1996) *et extrait de* Quand tombe la nuit (2001) — Les Fondements historiques du national-socialisme
Édition établie et présentée par Stéphane Courtois

PLUTARQUE
Vies parallèles
Traductions de Robert Flacelière et Émile Chambry
Présentations de Jean Sirinelli
Tome I : Thésée et Romulus — Lycurgue et Numa — Solon et Publicola — Thémistocle et Camille — Périclès et Fabius Maximus — Alcibiade et Coriolan — Timoléon et Paul-Émile — Pélopidas et Marcellus — Aristide et Caton l'Ancien — Philopœmen et Flamininus — Pyrrhos et Marius — Lysandre et Sylla — Cimon et Lucullus — Nicias et Crassus — Sertorius et Eumène
Tome II : Agésilas et Pompée — Alexandre et César — Phocion et Caton le Jeune — Agis et Cléomène. Les Gracques — Démosthène et Cicéron — Démétrios et Antoine — Dion et Brutus — Artaxerxès et Aratos — Galba et Othon — *Index des noms propres*

PROMENADES AU LOUVRE
En compagnie d'écrivains, d'artistes et de critiques d'art
Édition présentée et établie par Jean Galard

REBATET, Lucien
Le Dossier Rebatet
Les Décombres — L'Inédit de Clairvaux
Édition établie et annotée par Bénédicte Vergez-Chaignon
Préface de Pascal Ory

REEVES, Hubert

Les Secrets de l'Univers

Chronique des atomes et des galaxies — Dernières nouvelles du cosmos — L'Heure de s'enivrer — Patience dans l'azur

REINACH, Joseph

Histoire de l'affaire Dreyfus

Préface de Pierre Vidal-Naquet

Introduction d'Hervé Duchêne

TOME I : Le Procès de 1894 — Esterhazy — La Crise

TOME II : Cavaignac et Félix Faure — Rennes — La Révision

REINACH, Salomon

Cultes, mythes et religions

Édition établie par Hervé Duchêne

RENAN, Ernest

Histoire des origines du christianisme

Édition établie, préfacée et annotée par Laudyce Rétat

TOME I : Vie de Jésus — Les Apôtres — Saint Paul, *précédé d'un* Dictionnaire de Renan, *par Laudyce Rétat*

TOME II : L'Antéchrist — Les Évangiles — L'Église chrétienne — Marc-Aurèle

LE RETOUR DES EXILÉS

La lutte pour la Palestine de 1869 à 1997

Édition établie et présentée par Henry Laurens

REVEL, Jean-François

Histoire de la philosophie occidentale

Pourquoi des philosophes — La Cabale des dévots — Histoire de la philosophie occidentale, de Thalès à Kant

Préface de Philippe Raynaud

RIASANOVSKY, Nicholas V.

Histoire de la Russie des origines à nos jours

Traduction de l'américain par André Berelowitch

Postface de Françoise Thorn

LE ROMAN VRAI DE LA IIIe ET DE LA IVe RÉPUBLIQUE (1870-1958)

Édition établie sous la direction de Gilbert Guilleminault

TOME I : 1870-1918 — TOME II : 1919-1958

SÉNÈQUE

Entretiens — Lettres à Lucilius

Édition établie par Paul Veyne

SERGE, Victor

Mémoires d'un révolutionnaire et autres écrits politiques

Deux Russes : Léon Tolstoï et Egor Sazonov — L'Esprit révolutionnaire russe — La Ville en danger : Petrograd, l'an II de la Révolution — Pendant la guerre civile — Les Anarchistes et l'expérience de la Révolution russe — Lénine 1917 — Les Coulisses d'une Sûreté générale — Vie des révolutionnaires — Destin d'une Révolution. URSS 1917-1937 — Mémoires d'un révolutionnaire 1905-1941 — Puissance et limites du marxisme — Pour un renouvellement du socialisme — Trente ans après la Révolution russe — Lettres à Emmanuel Mounier — Lenin's Heir ? — Entretien avec Victor Alba

Édition établie par Jean Rière et Jil Silberstein

STANISLAS LESZCZYNSKI
Édition établie et présentée par Anne Muratori-Philip

TACITE
Œuvres complètes
Livre sur la vie de Julius Agricola — De la Germanie — Dialogue des orateurs — Les Histoires — Les Annales
Édition établie par Catherine Salles

TAINE, Hippolyte
Les Origines de la France contemporaine
L'Ancien Régime — La Révolution — Le Régime moderne
Nouvelle préface de Jean-Paul Cointet
Édition établie par François Leger

TALLEYRAND, Charles-Maurice, prince de
Mémoires et Correspondances
Édition intégrale établie et présentée par Emmanuel de Waresquiel

LE TEMPS DES HÉROS
Récits épiques de l'humanité
Édition établie et présentée par Gérard Chaliand

THIBAUDET, Albert
Réflexions sur la politique
Les Princes lorrains (1924) — La République des professeurs (1927) — Les Idées politiques de la France (1932) — Choix d'articles parus dans : *La Nouvelle Revue française*, la *Revue de Genève*, *L'Europe nouvelle, Les Nouvelles littéraires, La Dépêche* (1911-1936) — *Annexes*
Édition établie et présentée par Antoine Compagnon

THOMAS, Hugh
La Conquête du Mexique
Traduction de Guillaume Villeneuve

La Guerre d'Espagne (juillet 1936-mars 1939)
Traduction de Jacques Brousse, Lucien Hess et Christian Bounay

La Traite des Noirs (1440-1870)
Traduction de Guillaume Villeneuve

THUCYDIDE
Histoire de la guerre du Péloponnèse, *précédée de* En campagne avec Thucydide, *par Albert Thibaudet* — Dictionnaire de Thucydide, *sous la direction de Jacqueline de Romilly, de l'Académie française*
Édition et traduction établies par Jacqueline de Romilly

TOCQUEVILLE, Alexis de
De la démocratie en Amérique — Souvenirs — L'Ancien Régime et la Révolution
Édition établie par James T. Schleifer, Jean-Claude Lamberti et Françoise Mélonio

TODOROV, Tzvetan
Le Siècle des totalitarismes
Face à l'extrême — Une tragédie française — L'Homme dépaysé *(extraits)* — Mémoire du mal, tentation du bien

TREVELYAN, George Macaulay
Histoire sociale de l'Angleterre
Six siècles d'histoire de Chaucer à la reine Victoria

Nouvelle traduction par Odile Demange
Édition établie par Jean-Pierre Poussou

VAN GENNEP, Arnold
Le Folklore français
TOME I : Cérémonies familiales : Du berceau à la tombe — Cérémonies périodiques, cycliques et saisonnières : Carnaval-Carême, Pâques
TOME II : Cérémonies périodiques, cycliques et saisonnières *(suite)* : Cycle de mai, Cycle de la Saint-Jean, Cérémonies agricoles de l'été, Cérémonies agricoles de l'automne
TOME III : Cérémonies périodiques, cycliques et saisonnières *(fin)* : Cycle des Douze Jours : Noël, De Noël aux Rois *(rédigé par Bernadette Guichard)* — Textes inédits sur le folklore français contemporain, *présentés et annotés par Nicole Belmont* — Essais divers de folklore
BIBLIOGRAPHIES : Questionnaires — Provinces et pays — Bibliographie méthodique — Index des auteurs cités, Index des provinces — Bibliographie personnelle d'Arnold Van Gennep, *établie par Francis Lacassin*

VENISE ET LA RÉVOLUTION FRANÇAISE
Les 470 dépêches des ambassadeurs de Venise au doge (1786-1795)
Édition et traduction de l'italien établies par Alessandro Fontana, Francesco Furlan et Georges Saro

VIEL CASTEL, Horace de
Mémoires sur le règne de Napoléon III, 1851-1864
Texte présenté et annoté par Éric Anceau

WILSON, Arthur
Diderot
Sa vie et son œuvre
Traduction de Gilles Chahine, Annette Lorenceau et Anne Villelaur

Composition et mise en pages
Nord Compo à Villeneuve-d'Ascq

Cet ouvrage a été achevé d'imprimer en mars 2018
sur les presses de Normandie Roto Impression s. a. s.
61250 Lonrai (Orne)
N° d'impression : 1801206

Imprimé en France